소방승진

소방전술 최종모의고사

소방위·장 공통

시대에듀

2025 시대에듀 소방승진 소방전술 최종모의고사

Always **with you**

사람의 인연은 길에서 우연하게 만나거나 함께 살아가는 것만을 의미하지는 않습니다.
책을 펴내는 출판사와 그 책을 읽는 독자의 만남도 소중한 인연입니다.
시대에듀는 항상 독자의 마음을 헤아리기 위해 노력하고 있습니다. 늘 독자와 함께하겠습니다.

화재감식평가기사 · 산업기사, 소방승진(위험물안전관리법, 소방전술, 소방기본법, 소방공무원법)시험과 관련된 도서문의, 자료 및 최신 개정법령, 추록, 정오표는 저자가 운영하는 진격의 소방카페를 통해 확인하실 수 있습니다.

진격의 소방(cafe.naver.com/sogonghak)

머리말 PREFACE

공부에 들어가기 전에…

먼저, "시대에듀 소방승진 시리즈"를 사랑해주신 모든 소방공무원 여러분께 감사드립니다. 덥고 습한 여름날 일선 현장에서 화재진압, 구조구급, 행정업무에 이어 비번 날에도 쉬지 못하고 책과 씨름을 해야 하는 수험생의 입장을 경험자로서 충분히 이해할 수 있습니다.

이렇듯 경험자로서 충분히 공감하기에 본 문제집을 통해 반드시 알고 있어야 할 핵심내용을 모의고사 형식으로 풀어봄으로써 지금까지 공부한 것을 최종마무리로 다져 여러분들이 결국에는 꼭 합격하여 승진의 기쁨을 만끽하시길 간절히 바랍니다.

도서의 특징

"소방위"로 합격의 영광에 이르기까지 저자 또한 몇 번의 승진시험 실패의 아픈 경험이 있었던 것도 사실입니다. 그동안 시중에 출간된 수험서를 탐독하여 장단점을 비교분석하였습니다. 또한, 예상(기출)문제 풀이 경험, 출제위원의 출제성향 파악 등을 바탕으로 수험자의 마음을 반영한 입장에서 최소의 노력으로 최대의 효과를 만들어 좋은 성과를 맺을 수 있도록 승진시험에 대한 수많은 노하우를 싣고자 노력하였습니다.

❶ 소방학교 기본교재를 중심으로 승진시험에 완벽 대비할 수 있는 요점정리와 문제로 구성하였습니다.
❷ 핵심요약을 따로 첨부하여 공부하는 데 복습효과를 극대화하고 불필요한 시간을 줄였습니다.
❸ 2019~2021년 소방위·장·교 기출문제를 최대한 복원하였고, 2022~2024년 소방위·장·교 기출문제를 수록하였습니다.
❹ 승진시험에 직접 응시한 저자가 경험한 기출 및 예상문제를 통하여 출제경향을 파악하고 충분한 해설로 이해를 돕고자 노력하였습니다.

이렇듯, 다수의 승진시험 경험을 바탕으로 수험자의 마음을 반영한 "시대에듀 소방승진 시리즈" 문제집으로 준비한다면 각 계급으로의 승진시험에 좋은 성과가 있으리라 기대합니다.

편저자 **김영규**

이 책의 구성과 특징 STRUCTURES

빨리보는 간단한 키워드

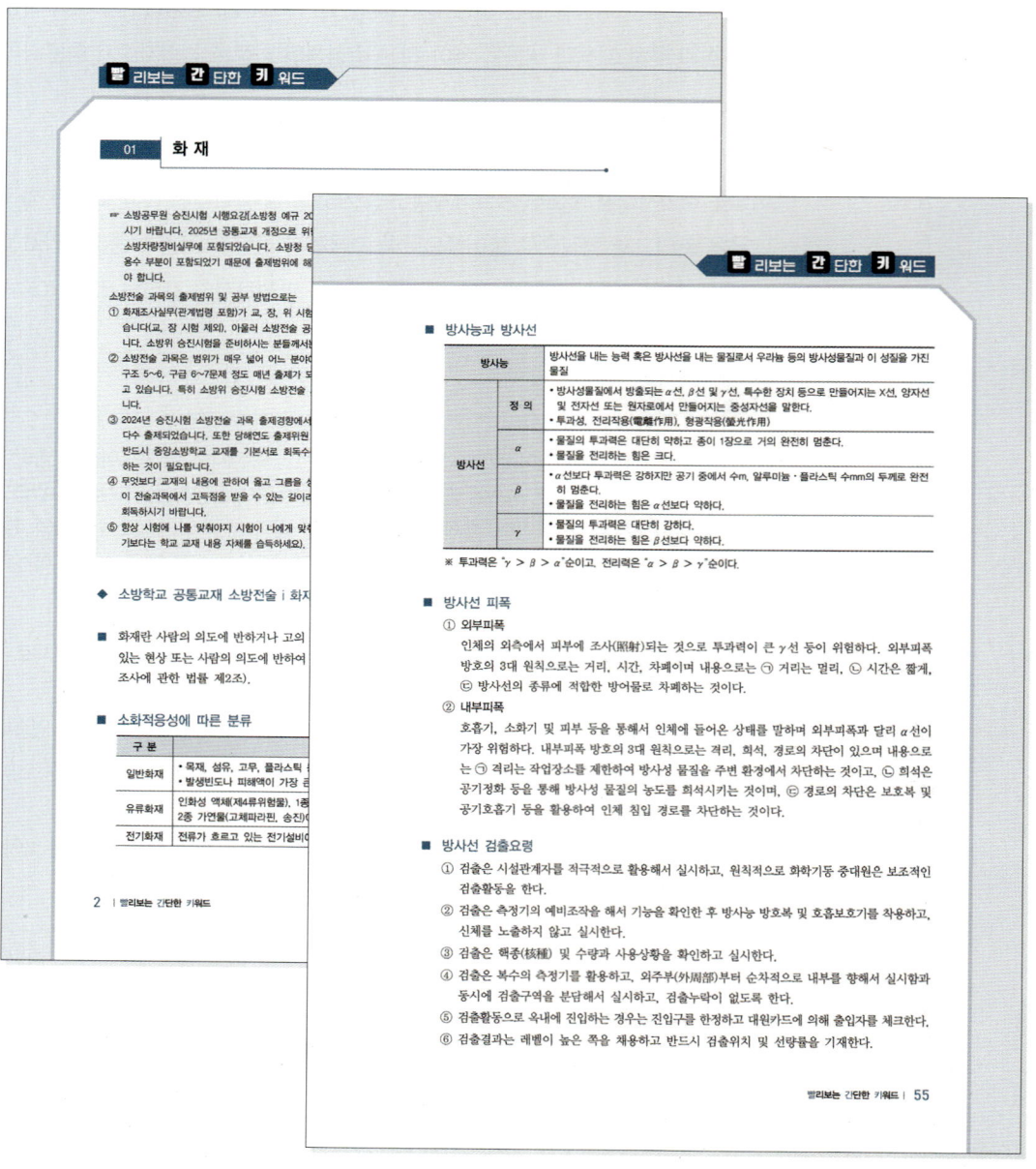

▶ 시험에 자주 나오는 이론을 핵심만 요약하여 빨리보는 간단한 키워드로 수록하였습니다. 시험보기 전 간단하게 학습했던 내용을 상기시키고 시험에 임할 수 있도록 하였습니다.

합격의 공식 Formula of pass | 시대에듀 www.sdedu.co.kr

최종모의고사 및 기출유사문제, 기출문제

▶ 저자가 직접 구성한 총 25회분의 최종모의고사와 과년도 기출유사문제 및 기출문제를 수록하였습니다. 최종모의고사를 풀어보며 공부한 이론을 복습해보고 2019~2021년까지의 기출유사문제 및 2022~2024년 소방위·장·교 기출문제를 통해 시험의 출제경향을 파악하고 실전 감각을 키워보세요.

이 책의 구성과 특징 STRUCTURES

OX 문제와 빈칸노트

▶ 시험에 자주 나오는 이론과 공부하면서 혼동하기 쉬운 지문 등을 모아 OX 문제와 빈칸노트로 구성하였습니다. OX 문제와 빈칸노트를 풀어보면서 핵심 지문을 확실하게 암기하고 시험에 대비해 보세요.

시험과 관련된 정보를 파악할 수 있는 카페

▶ 소방승진, 화재감식평가기사·산업기사 저자가 운영하는 진격의 소방(cafe.naver.com/sogonghak) 카페에서 시험과 관련된 도서문의, 자료 및 추록, 개정법령, 정오표를 확인하실 수 있습니다.

시험안내 INFORMATION

시험실시권자

① 소방청장 : 신규채용 및 승진시험과 소방간부후보생 선발시험(소방공무원법 제11조)
다만, 소방청장이 필요하다고 인정할 때에는 대통령령으로 정하는 바에 따라 그 권한의 일부를 시·도지사 또는 소방청 소속기관의 장에게 위임할 수 있다.

② 시험실시권의 위임(소방공무원 승진임용 규정 제29조)
시·도 소속 소방공무원의 소방장 이하 계급으로의 시험 : 시·도지사

시험시행 및 공고

시험실시권자	소방청장, 시·도지사, 시험실시권의 위임을 받은 자
공 고	일시·장소 기타 시험의 실시에 관한 사항을 시험실시 20일 전까지 공고
응시서류의 제출	**소방공무원 승진임용 규정 시행규칙 제30조** ㉠ **응시하고자 하는 자** : 응시원서(시행규칙 별지 제12호 서식)를 기재하여 소속기관의 장 또는 시험실시권자에게 제출 ㉡ **소속기관장** : 승진시험요구서(시행규칙 별지 제12호의2 서식)를 기재하여 시험실시권자에게 제출하여야 함

시험과목

필기시험의 과목은 다음 표와 같다(소방공무원 승진임용 규정 시행규칙 제28조 관련 별표 8).

구 분	과목수	필기시험과목
소방령 및 소방경 승진시험	3	행정법, 소방법령Ⅰ·Ⅱ·Ⅲ 선택1(행정학, 조직학, 재정학)
소방위 승진시험	3	행정법, 소방법령Ⅳ, 소방전술
소방장 승진시험	3	소방법령Ⅱ, 소방법령Ⅲ, 소방전술
소방교 승진시험	3	소방법령Ⅰ, 소방법령Ⅱ, 소방전술

※ 비 고
(1) **소방법령Ⅰ** : 소방공무원법(같은 법 시행령 및 시행규칙을 포함한다. 이하 같다)
(2) **소방법령Ⅱ** : 소방기본법, 소방시설 설치 및 관리에 관한 법률 및 화재의 예방 및 안전관리에 관한 법률
(3) **소방법령Ⅲ** : 위험물안전관리법, 다중이용업소의 안전관리에 관한 특별법
(4) **소방법령Ⅳ** : 소방공무원법, 위험물안전관리법
(5) **소방전술** : 화재진압·구조·구급 관련 업무수행을 위한 지식·기술 및 기법 등

승진시험과목 『소방전술』 세부 출제범위 (소방공무원 승진시험 시행요강 제9조 제3항 관련)

분야	출제범위	비고
화재분야	화재의 의의 및 성상	-
	화재진압의 의의	
	단계별 화재진압활동 및 지휘이론	
	화재진압 전술	
	소방용수 총론 및 시설	
	상수도 소화용수설비 등	
	재난현장 표준작전 절차(화재분야)	소방교 및 소방장 승진시험에서는 제외
	안전관리의 기본	-
	소방활동 안전관리	
	재해의 원인, 예방 및 조사	
	안전교육	
	소화약제 및 연소 · 폭발이론	소방교 승진시험에서는 제외
	위험물성상 및 진압이론	
	화재조사실무(관계법령 포함)	
구조분야	구조개론	-
	구조활동의 전개요령	
	군중통제, 구조장비개론, 구조장비 조작	
	기본구조훈련(로프, 확보, 하강, 등반, 도하 등)	
	응용구조훈련	
	일반(전문) 구조활동(기술)	
	재난현장 표준작전 절차(구조분야)	소방교 및 소방장 승진시험에서는 제외
	안전관리의 기본 및 현장활동 안전관리	-
	119구조 · 구급에 관한 법률(시행령 및 시행규칙 포함)	
	재난 및 안전관리 기본법(시행령 및 시행규칙 포함)	소방교 및 소방장 승진시험에서는 제외
구급분야	응급의료개론	-
	응급의학총론	
	응급의료장비 운영	
	심폐정지, 순환부전, 의식장해, 출혈, 일반외상, 두부 및 경추손상, 기도 · 소화관이물, 대상이상, 체온이상, 감염증, 면역부전, 급성복통, 화학손상, 산부인과질환, 신생아질환, 정신장해, 창상	소방교 승진시험에서는 제외
소방차량 정비실무	소방자동차 일반	-
	소방자동차 점검 · 정비	
	소방자동차 구조 및 원리	
	고가 · 굴절 사다리차	

이 책의 차례 CONTENTS

※ 도서의 내용 및 오류 관련 문의는 진격의 소방(cafe.naver.com/sogonghak) 카페에서 하실 수 있습니다.

핵심이론정리 빨리보는 간단한 키워드

1~25회 최종모의고사

제1회 최종모의고사	3
제2회 최종모의고사	9
제3회 최종모의고사	15
제4회 최종모의고사	21
제5회 최종모의고사	27
제6회 최종모의고사	32
제7회 최종모의고사	38
제8회 최종모의고사	43
제9회 최종모의고사	49
제10회 최종모의고사	55
제11회 최종모의고사	61
제12회 최종모의고사	68
제13회 최종모의고사	74
제14회 최종모의고사	80
제15회 최종모의고사	86
제16회 최종모의고사	91
제17회 최종모의고사	97
제18회 최종모의고사	103
제19회 최종모의고사	109
제20회 최종모의고사	114
제21회 최종모의고사	120
제22회 최종모의고사	125
제23회 최종모의고사	130
제24회 최종모의고사	135
제25회 최종모의고사	141

1~25회 정답 및 해설

제1회 정답 및 해설	**149**
제2회 정답 및 해설	**154**
제3회 정답 및 해설	**159**
제4회 정답 및 해설	**163**
제5회 정답 및 해설	**169**
제6회 정답 및 해설	**173**
제7회 정답 및 해설	**177**
제8회 정답 및 해설	**182**
제9회 정답 및 해설	**187**
제10회 정답 및 해설	**191**
제11회 정답 및 해설	**197**
제12회 정답 및 해설	**202**
제13회 정답 및 해설	**207**
제14회 정답 및 해설	**211**
제15회 정답 및 해설	**216**
제16회 정답 및 해설	**221**
제17회 정답 및 해설	**226**
제18회 정답 및 해설	**230**
제19회 정답 및 해설	**235**
제20회 정답 및 해설	**240**
제21회 정답 및 해설	**244**
제22회 정답 및 해설	**248**
제23회 정답 및 해설	**252**
제24회 정답 및 해설	**256**
제25회 정답 및 해설	**260**

이 책의 차례 CONTENTS

기출유사문제 · 기출문제

19년 소방장 기출유사문제	267
19년 소방교 기출유사문제	279
20년 소방위 기출유사문제	289
20년 소방장 기출유사문제	302
20년 소방교 기출유사문제	317
21년 소방위 기출유사문제	331
21년 소방장 기출유사문제	343
21년 소방교 기출유사문제	357
22년 소방위 기출문제	368
22년 소방장 기출문제	381
22년 소방교 기출문제	396
23년 소방위 기출문제	409
23년 소방장 기출문제	421
23년 소방교 기출문제	433
24년 소방위 기출문제	443
24년 소방장 기출문제	457
24년 소방교 기출문제	470

실력확인 (OX 문제/빈칸노트)

소방전술 1-1 화재진압 및 현장활동	483
소방전술 1-2 현장안전관리	566
소방전술 1-3 연소이론	575
소방전술 2-1 구조개론	593
소방전술 2-2 구조장비	598
소방전술 2-3 기본구조훈련	615
소방전술 2-4 응용구조훈련	620
소방전술 2-5 구조기술	623
소방전술 3-1 응급의료 개론 및 장비운영	665
소방전술 3-2 임상응급의학	687

빨간키

빨리보는 간단한 키워드

합격의 공식 시대에듀 www.sdedu.co.kr

시험장에서 보라!

시험 전에 보는 핵심요약 키워드

시험공부 시 교과서나 노트필기, 참고서 등에 흩어져 있는 정보를 하나로 압축해 공부하는 것이 효과적이므로, 열 권의 참고서가 부럽지 않은 나만의 핵심키워드 노트를 만드는 것은 합격으로 가는 지름길입니다. 빨·간·키만은 꼭 점검하고 시험에 응하세요!

01 화재

☞ 소방공무원 승진시험 시행요강[소방청 예규 2021.3.8.(별표 1)]에 따라 계급별 시험범위를 명확하게 구분하여 공부하시기 바랍니다. 2025년 공통교재 개정으로 위험물 성상과 소방용수 분야가 소방전술 교재에서 삭제되고, 예방실무와 소방차량장비실무에 포함되었습니다. 소방청 담당자 확인 결과 소방전술 세부출제 범위[별표1]에 위험물 성상과 소방용수 부분이 포함되었기 때문에 출제범위에 해당합니다. 소방전술 공통교재와 전술 범위에 해당하는 교재로 준비하셔야 합니다.

소방전술 과목의 출제범위 및 공부 방법으로는

① 화재조사실무(관계법령 포함)가 교, 장, 위 시험에 포함되었으며 재난현장 표준작전 절차가 전술 출제범위에 명시되었습니다(교, 장 시험 제외). 아울러 소방전술 공통교재 1-1 지휘이론 부분이 전체 삭제되고 SOP에 내용이 추가되었습니다. 소방위 승진시험을 준비하시는 분들께서는 개정된 SOP 내용을 반드시 확인하셔야 합니다.

② 소방전술 과목은 범위가 매우 넓어 어느 분야에서 몇 문제가 출제될지 정확히 통계를 낼 수 없지만, 화재분야 6~7, 구조 5~6, 구급 6~7문제 정도 매년 출제가 되고 있으며 그 외 나머지 부분에서 계급별로 범위마다 1~2문제씩 추가되고 있습니다. 특히 소방위 승진시험 소방전술 과목에서는 재난 및 안전관리기본법이 2~4문제 꾸준히 출제되고 있습니다.

③ 2024년 승진시험 소방전술 과목 출제경향에서 보듯이, 공통교재 내용 그대로 지문을 만들고 단어만 바꾸는 문제가 다수 출제되었습니다. 또한 당해연도 출제위원 성향에 따라 단답식 문제도 출제가 되었습니다.(특히 구급분야) 따라서 반드시 중앙소방학교 교재를 기본서로 회독수를 늘리는 공부방법으로 단원 전체를 폭넓게 이해하고 꼼꼼하게 체크하는 것이 필요합니다.

④ 무엇보다 교재의 내용에 관하여 옳고 그름을 생각하기보다는 교재 자체가 현재 시험 범위이기 때문에 암기와 이해만이 전술과목에서 고득점을 받을 수 있는 길이라 생각하시고, 소방학교 공통교재를 기본서로 하여 반드시 교재 전체를 회독하시기 바랍니다.

⑤ 항상 시험에 나를 맞춰야지 시험이 나에게 맞춰줄 거라는 생각은 절대 하시면 안 됩니다(나의 경험과 지식을 반영하기보다는 학교 교재 내용 자체를 습득하세요).

◆ 소방학교 공통교재 소방전술 ⅰ 화재 1

■ 화재란 사람의 의도에 반하거나 고의 또는 과실에 의하여 발생하는 연소현상으로 소화할 필요가 있는 현상 또는 사람의 의도에 반하여 발생하거나 확대된 화학적 폭발 현상을 말한다(소방의 화재조사에 관한 법률 제2조).

■ 소화적응성에 따른 분류

구 분	내 용	적응화재별 표시	표시색
일반화재	• 목재, 섬유, 고무, 플라스틱 등과 같은 일반가연물의 화재 • 발생빈도나 피해액이 가장 큰 화재	A	백 색
유류화재	인화성 액체(제4류위험물), 1종 가연물(락카퍼티, 고무풀), 2종 가연물(고체파라핀, 송진)이나 페인트 등의 화재	B	황 색
전기화재	전류가 흐르고 있는 전기설비에서 불이 난 경우의 화재	C	청 색

금속화재	• 나트륨, 칼륨, 마그네슘과 같은 가연성 금속의 화재 • 금속화재에 대한 소화기의 적응화재별 표시는 D로 표시하고 있으나 현재 국내의 규정에는 없음	D	무 색
가스화재	• 메탄, 에탄, 프로판, 암모니아, 아세틸렌, 수소 등 가연성 가스의 화재 • 가스화재에 대한 소화기의 적응화재별 표시는 국제적으로 E로 표시하고 있으나 현재 국내에서는 유류화재(B급)에 준하여 사용하고 있음	E	황 색

■ 화재 유형에 따른 분류(화재조사 및 보고규정 제9조)

구 분	내 용
건축·구조물 화재	건축물, 구조물 또는 그 수용물이 소손된 화재
자동차·철도차량 화재	자동차, 철도차량 및 피견인 차량 또는 그 적재물이 소손된 화재
위험물·가스제조소 등 화재	위험물제조소 등, 가스제조·저장·취급시설 등이 소손된 화재
선박·항공기 화재	선박, 항공기 또는 그 적재물이 소손된 화재
임야화재	산림, 야산, 들판의 수목, 잡초, 경작물 등이 소손된 화재
기타 화재	위에 해당되지 않는 화재

■ 화재의 소실정도에 따른 분류(화재조사 및 보고규정 제16조)

구 분	내 용
전 소	건물이 70% 이상 소실되었거나 그 미만이라도 잔존부분을 보수하여도 재사용이 불가능한 화재
반 소	건물의 30% 이상 70% 미만이 소실된 화재
부분소	전소 또는 반소화재에 해당되지 아니하는 화재

■ 화재합동조사단을 구성·운영하는 화재의 종류

사상자가 많거나 사회적 이목을 끄는 화재 등 대통령령으로 정하는 대형화재 등(소방의 화재조사에 관한 법률 시행령 제7조)

① 사망자가 5명 이상 발생한 화재
② 화재로 인한 사회적·경제적 영향이 광범위하다고 소방관서장이 인정하는 화재

※ 소방기본법 시행규칙 제3조 제2항의 긴급상황보고에 해당하는 화재를 대형, 중요, 특수화재로 구분하였으나, 화재조사 및 보고규정 전면 개정(23.3.8.)으로 삭제되고, 화재조사법에 대형화재만 명시

빨리보는 간단한 키워드

■ **소방기본법 시행규칙 제3조 제2항 상황보고에 해당하는 화재**

② 종합상황실의 실장은 다음 각 호의 어느 하나에 해당하는 상황이 발생하는 때에는 그 사실을 지체 없이 서면·팩스 또는 컴퓨터통신 등으로 소방서의 종합상황실의 경우는 소방본부의 종합상황실에, 소방본부의 종합상황실의 경우는 소방청의 종합상황실에 각각 보고해야 한다.

1. 다음 각목의 1에 해당하는 화재
   가. 사망자가 5인 이상 발생하거나 사상자가 10인 이상 발생한 화재
   나. 이재민이 100인 이상 발생한 화재
   다. 재산피해액이 50억원 이상 발생한 화재
   라. 관공서·학교·정부미도정공장·문화재·지하철 또는 지하구의 화재
   마. 관광호텔, 층수가 11층 이상인 건축물, 지하상가, 시장, 백화점, 「위험물안전관리법」 제2조제2항의 규정에 의한 지정수량의 3천배 이상의 위험물의 제조소·저장소·취급소, 층수가 5층 이상이거나 객실이 30실 이상인 숙박시설, 층수가 5층 이상이거나 병상이 30개 이상인 종합병원·정신병원·한방병원·요양소, 연면적 1만5천제곱미터 이상인 공장 또는 「화재의 예방 및 안전관리에 관한 법률」 제18조제1항 각 목에 따른 화재경계지구에서 발생한 화재
   바. 철도차량, 항구에 매어둔 총 톤수가 1천톤 이상인 선박, 항공기, 발전소 또는 변전소에서 발생한 화재
   사. 가스 및 화약류의 폭발에 의한 화재
   아. 「다중이용업소의 안전관리에 관한 특별법」 제2조에 따른 다중이용업소의 화재
2. 「긴급구조대응활동 및 현장지휘에 관한 규칙」에 의한 통제단장의 현장지휘가 필요한 재난상황
3. 언론에 보도된 재난상황
4. 그 밖에 소방청장이 정하는 재난상황

   ※ 소방기본법의 내용으로 전술범위에는 포함되지 않지만, 공통교재에 있는 내용이기 때문에 출제될 가능성을 염두에 두고 암기할 필요가 있다.

■ **무염화재와 유염화재**

① 무염화재는 일반적으로 다공성 물질에서 발견되며, 화염은 크게 발생하지 않으나 연기가 나고, 빛이 나는 화재로, 심부화재(Deeply seated burning)에 해당한다. 겉 천(가죽)을 씌운 가구, 이불솜, 석탄, 톱밥, 폴리우레탄 재질의 매트리스와 같은 물질은 대표적인 무염화재의 연소물질에 해당한다. 이와 같은 다공성 연소물질은 대기 중의 산소가 천천히 스며 들어가면서 연소범위가 서서히 확산된다. 연기가 나거나 무염화재와 같은 유형은 재발화의 원인이 되기도 한다.

② 유염화재는 열과 화염이 크게 발생하는 일반적인 화재유형이다. 대표적인 목재화재는 나무 조각이 외부 열에 의해 가열되면 건조되면서 먼저 수증기가 배출되고 나무 표면이 변색되면서 열분해(분자의 결합이 열로 인해 끊어져 물질의 상변화가 일어나는 현상)가 일어난다. 열분해에 의해 다시 연소가스를 배출하고 주위에 있는 화염에 의해 점화되어 연쇄적으로 불꽃을 발생시킨다. 점화된 화염은 가열된 나무 주위를 뒤덮게 되면서 주위의 산소와 혼합되어 화염이 더욱 크게 확산하는 연속적인 과정을 거친다. 발생된 화염 열은 대기 중으로 방출되거나 일부는 연소 중인 나무로 다시 복사열이 되어 되돌아오면서(대략 전체 열의 1/3까지) 화재는 계속해서 진행된다.

■ 표면화재와 심부화재
  ※ 소방전술 1-2(화재) 연소이론에 해당하는 내용으로 소방교 시험 제외/ 위의 무염화재, 유염화재와 연관하여 개념 정리
  ① 일반적으로 표면화재의 연소특성은 가연물 자체로부터 발생된 증기나 가스가 공기 중의 산소와 혼합기를 형성하여 연소한다. 연소속도가 매우 빠르고 불꽃과 열을 내며 연소하므로 일명 불꽃연소라고 하며 연소 시 가연물·열·공기·순조로운 연쇄반응이 필요하다.
  ② 심부화재는 표면화재와 달리 순조로운 연쇄반응이 아닌 가연물·열·공기 등의 화재의 요소만 가지고 가연물이 연소하는 것으로서 연소속도가 느리고 불꽃 없이 연소하며 가연물과 공기의 중간지대에서 연소가 국부적으로 되는 표면연소의 형태를 보이기 때문에 일명 표면연소 또는 작열연소라고 한다.

■ 열 발생과 전달
  ① 온도만이 언제 상태의 변화가 일어날지를 결정하는 유일한 요인은 아니다. 또 다른 요인으로는 압력이 있다. 물체 표면에 작용하는 압력이 감소하게 되면, 온도의 끓는점 역시 감소한다. 그 반대의 현상 또한 같다.
  ② 액체에 대한 일반적인 표현은 비중이다. 비중은 일정부피의 어떤 액체에 대한 질량의 비를 같은 부피의 물에 대한 질량의 비와 비교한 비율을 의미한다. 그러므로 물은 1의 비중을 갖는다. 1보다 작은 비중을 갖는 액체는 물보다 가볍고 반대로 1보다 큰 비중을 갖는 액체는 물보다 더 무겁다.
  ③ 기체에 대한 표현은 증기밀도이다. 증기밀도는 공기와 관련한 가스나 증기의 밀도로 정의된다. 대기 중 공기가 비교기준으로 사용되므로, 공기는 1의 증기 밀도를 가진다. 1보다 작은 증기 밀도를 가지는 기체는 상승하게 되며, 1보다 큰 증기 밀도를 가지는 기체는 하강하게 된다.
  ④ 화학적 변화 및 물리적 변화는 에너지의 교환을 포함한다. 물질이 변환될 때에 에너지를 발산하는 반응을 발열반응이라 하며, 에너지를 흡수하는 반응을 흡열반응이라 한다. 가연물이 공기 중에 연소하게 되면, 가연성가스는 공기 중에서 화학적으로 산소와 반응하게 되고, 열에너지 및 빛 에너지가 발열반응으로 발산된다. 액체에서 기체(수증기)로 상태가 변하는 물은 에너지를 필요로 하므로 이러한 변환이 흡열반응인 것이다.

⑤ 지구상에서 비교적 보편적인 화학현상 중의 하나가 산화이다. 산화는 산소와 다른 요소 간의 화학적 결합의 형태이다. 산소는 지구상에서 가장 보편적인 요소 중의 하나이며(대기 중 21%가 산소로 구성되어 있다), 지상에서 발견되는 거의 모든 요소와 반응한다. 산화는 발열 반응이며 에너지를 발산한다. 산화반응으로 가장 잘 알려진 예는 철에 녹이 스는 것이다. 산소와 철이 결합하게 되면 녹이라고 불리는 붉은 화합물을 생성하게 된다. 이러한 반응은 발열 과정이므로 언제나 열을 생성한다. 정상적으로 그 과정은 매우 느리고, 발산하는 열은 그것이 발견되기 전에 사라진다. 만약 녹이 스는 물질이 한정된 공간에 있고, 열이 소멸되지 않는다면, 이때의 산화과정은 한정된 공간 내의 온도를 증가시키게 된다.

■ 열의 전달유형

전 도 (Conduction)	어떤 금속 막대기의 끝이 화염에 의해 가열되면, 열은 막대기 전체로 전달된다. 이러한 에너지의 전달은 물체 내의 증가된 원자의 활동에 기인한다. 열이 막대의 한끝에 전달되면, 그 끝부분에 있는 원자들은 주변에 있는 원자들보다 더 빠르게 움직이기 시작한다. 이러한 움직임은 원자들 간에 충돌을 증가시키는 원인이 된다. 에너지는 충돌 시 부딪치는 원자로 전달되게 된다. 에너지는 열의 형태로 막대기 전체로 전달된다. 일반적으로, 모든 화재의 초기단계에 있어서 열의 전달은 거의 전적으로 전도에 기인한다. 이후 화재가 성장하면서 뜨거운 가스는 발화원으로부터 떨어져 있는 대상 물체(주변의 내장재 또는 가연물들)로 유동하게 되고, 전도는 다시 열을 전달하는 한 요인이 된다. 건축자재 또는 기타 가연물들과 직접적으로 접촉하는 가스의 열은 전도에 의해 대상 물체로 전달된다.
대 류 (Convection)	화재가 성장하기 시작할 때, 그 주변의 공기는 전도에 의해 가열된다. 공기와 연소물질은 뜨거워진다. 손을 화염 위에 올려놓게 되면, 손이 불에 직접적으로 닿지 않더라도 열을 느낄 수 있게 된다. 열은 대류에 의해 손으로 전달되게 된다. 대류는 가열된 액체나 가스의 운동에 의한 열에너지의 전달이다. 열이 대류현상에 의해 전달될 때, 유동체(액체나 가스 등의 물질로 유동성을 갖는다)는 한 장소에서 다른 장소로 움직이거나 순환한다. 모든 열의 전달은 따뜻한 곳에서 차가운 곳으로 열이 흐르는 것이다.
복 사 (Radiation)	중간 매개체의 도움 없이 발생하는 전자파(광파, 전파, 엑스레이 등)에 의한 에너지의 전달이다. 복사는 전자파의 움직임이므로 그 에너지는 빛의 속도로 직선으로 여행한다. 모든 따뜻한 물체는 열을 발산한다. 복사에 의한 열 전달의 단적인 예로는 태양열이 있다. 태양열 에너지는 빛의 속도로 태양에서 공간(진공)을 통과하여 지표면을 따뜻하게 한다. 복사는 대부분의 노출화재(화재가 시발된 건물이나 가연물들로부터 떨어져 있는 건물이나 가연물들에 점화되는 화재)의 원인이다. 화재가 더 커지게 되면, 열의 형태로 점점 더 많은 에너지를 발산하게 된다. 대형 화재의 경우, 어느 정도 떨어져 있는 주변의 건물이나 가연물들이 복사열에 의해 발화되는 것이 가능하게 된다. 복사에 의해 전달되는 열에너지는 일반적으로 전도이나 대류를 방해하는 대기나 진공상태를 통과하여 이동한다. 복사에너지를 반사하는 물질들은 열의 전달을 방해하게 된다.

■ 화재의 진행단계

① 발화기 : 연소의 4요소들이 서로 결합하여 연소가 시작될 때의 시기를 말한다. 발화의 물리적 현상은 스파크나 불꽃에 의해 유도되거나 자연발화처럼 어떤 물질이 자체의 열에 의해 발화점에 도달한다. 발화시점에서 화재는 규모가 작고 일반적으로 처음 발화된 가연물에 한정된다. 개방된 지역이거나 구획실이거나 간에 모든 화재는 발화의 한 형태로서 발생한다.

② 성장기 : 발화가 일어난 직후, 연소하는 가연물 위로 화염이 형성되기 시작한다. 화염이 커짐에 따라 주위 공간으로부터 화염이 상승하는 공간으로 공기를 끌어들이기 시작한다. 최초 발화된 가연물의 화재가 커지면서, 성장기 초기는 야외 개방된 곳에서의 화재와 유사하다. 그러나 개방된 곳에서의 화재와는 달리, 구획실의 화염은 공간 내의 벽과 천장에 의해 많은 영향을 받는다. 첫 번째 영향은 화염 속으로 흡수되는 공기의 양이다. 공기는 화재에 의해 생성된 뜨거운 가스보다 차갑기 때문에 화염이 갖고 있는 온도에 대해 냉각효과를 가진다. 구획실의 벽과 관련하여 가연물들의 위치는 흡입되는 공기의 양을 결정하고, 냉각효과의 크기를 결정한다. 벽 근처에 있는 가연물들은 비교적 적은 공기를 흡수하고, 보다 높은 화염온도를 지닌다. 구석에 있는 가연물들은 더욱 더 적은 공기를 흡수하고, 가장 높은 화염온도를 지닌다. 만일, 가연물과 산소가 충분하다면 성장기는 지속될 것이다. 성장기에 있는 구획실 화재는 일반적으로 '통제된 가연물' 상황이다. 화재가 성장할 때, 천장 부분에 있는 가스층 온도가 높아짐에 따라 구획실 내 전반적인 온도는 상승한다.

③ 플래시오버(Flashover) : 성장기와 최성기간의 과도기적 시기이며 발화와 같은 특별한 현상이 아니다. 플래시오버(Flashover) 시기에 구획실 내부의 상태는 매우 급속하게 변화하는데 이때 화재는 처음 발화된 물질의 연소가 지배적인 상태로부터 구획실 내의 모든 노출된 가연성 물체의 표면이 동시 발화하는 상태로 변한다. 성장기 천장 부분에서 발생하는 뜨거운 가스층은 발화원으로부터 멀리 떨어진 가연성 물질에 복사열을 발산한다.

④ 최성기 : 구획실 내의 모든 가연물이 화재에 관련될 때에 일어난다. 이 시기에, 구획실 내에서 연소하는 가연물은 이용 가능한 가연물의 최대의 열량을 발산하고, 많은 양의 연소생성가스를 생성한다. 발산하는 연소생성가스 양과 발산하는 열은 구획실의 배연구(환기구)의 수와 크기에 의존한다. 구획실 연소에서는 산소공급이 잘 되지 않으므로 많은 양의 연소하지 않은 가스가 생성된다. 이 시기에, 연소하지 않은 뜨거운 연소생성 가스는 발원지에서 인접한 공간이나 구획실로 흘러 들어가게 되며, 보다 풍부한 양의 산소와 만나면 발화하게 된다.

⑤ 쇠퇴기 : 화재가 구획실 내에 있는 이용 가능한 가연물을 소모하게 됨에 따라, 열 발산율은 감소하기 시작한다. 다시 한번, 구획실 내의 가연물이 통제되면, 화재의 크기는 감소하게 되어, 구획실 내의 온도는 내려가기 시작한다. 타다 남은 잔화물은 일정 시간 동안 구획실 온도를 어느 정도 높일 수도 있다.

■ 화재진행에 영향을 미치는 요소들
① 배연구(환기구)의 크기, 수 및 위치
② 구획실의 크기
③ 구획실을 둘러싸고 있는 물질들의 열 특성
④ 구획실의 천장 높이
⑤ 최초 발화되는 가연물의 크기, 합성물 및 위치
⑥ 추가적 가연물의 이용가능성 및 위치

■ 플래임오버(Flameover) 현상

복도와 같은 통로공간에서 벽, 바닥 표면의 가연물에 화염이 급속하게 확산되는 현상을 묘사하는 용어. 벽, 바닥 또는 천장에 설치된 가연성 물질이 화재에 의해 가열되면, 전체 물질 표면을 갑자기 점화할 수 있는 연기와 가연성 가스가 만들어지고 이때 매우 빠른 속도로 화재가 확산된다. 플래임오버 화재는 소방관들이 서 있는 뒤쪽에 연소 확대가 일어나 고립되는 상황에 빠질 수 있다. 목재 벽과 강의실책상, 극장, 인테리어 장식용 벽, 그리고 가연성 코팅재질의 천장은 충분히 가열만 되면 플래임오버를 만들 수 있다.

■ 백드래프트현상과 플래시오버현상의 차이점

구 분	백드래프트(Backdraft)현상	플래시오버(Flashover)현상
연소현상	훈소상태(불완전연소상태)	자유연소상태
산소량	산소 부족	상대적으로 산소공급 원활
폭발성 유무	폭발현상이며 그에 따른 충격파, 붕괴, 화염폭풍 발생	폭발이 아님
악화요인 (연소확대의 주 매개체)	공기의 유입(산소)	열(축적된 복사열)
발생 시점	성장기, 쇠퇴기	성장기의 마지막이자 최성기의 시작점

■ 백드래프트(Backdraft) 대응전술

배연(지붕환기)	연소 중인 건물 지붕 채광창을 개방하여 환기시키는 것은 백드래프트(Backdraft)의 위험으로부터 소방관을 보호할 수 있는 가장 효과적인 방법 중 하나이다. 상황이 허락한다면, 지붕에 개구부를 만들어 환기한다. 비록 백드래프트에 의한 폭발이 일어나더라도, 대부분의 폭발력이 위로 분산될 것이다.
급냉(담금질)	화재가 발생된 밀폐 공간의 출입구에 완벽한 보호 장비를 갖춘 집중 방수팀을 배치하고 출입구를 개방하는 즉시 바로 방수함으로써 폭발 직전의 기류를 급냉시키는 방법이다. 이와 같은 집중방수의 부가적인 효과는 일산화탄소 증기운의 농도를 폭발 하한계 이하로 떨어뜨리는 것이다. 이 방법은 배연법만큼 효과적이지 않지만, 이것이 유일한 방안인 경우가 많다.
측면공격	화재가 발생된 밀폐 공간의 개구부(출입구, 또는 창문) 인근에서 이용 가능한 벽 뒤에 숨어 있다가 출입구가 개방되자마자 개구부 입구를 측면 공격하고, 화재 공간에 집중 방수함으로써 백드래프트 현상을 방지하는 방법이다.

■ 백드래프트(Backdraft)의 징후와 소방전술

징후		소방전술
건물내부 관점	건물외부 관점	
• 압력차에 의해 공기가 빨려들어오는 특이한 소리(휘파람소리 등)와 진동의 발생 • 건물 내로 되돌아오거나 맴도는 연기 • 훈소가 진행되고 있고 높은 열이 집적된 상태 • 부족한 산소로 불꽃이 약화되어 있는 상태(노란색의 불꽃)	• 거의 완전히 폐쇄된 건물일 것 • 화염은 보이지 않으나 창문이나 문이 뜨거움 • 유리창 안쪽에서 타르와 같은 물질(검은색 액체)이 흘러내림 • 건물 내 연기가 소용돌이침	• 지붕배연 작업을 통해 가연성가스와 집적된 열을 배출시킨다(냉각작업). • 배연작업 전에 창문이나 문을 통한 배연 또는 진입을 시도해서는 안 된다. • 급속한 연소현상에 대비하여 소방대원은 낮은 자세를 유지한다. • 일반적으로 적절한 내부공격 시점은 지붕배연 작업 후이다.

■ 플래시오버(Flashover)의 징후와 특징

징후	특징
• 고온의 연기 발생 • 롤오버 현상이 관찰됨 • 일정공간 내에서의 전면적인 자유연소 • 일정공간 내에서의 계속적인 열집적(다른 물질의 동시가열) • 두텁고, 뜨겁고, 진한 연기가 아래로 쌓임	• 실내 모든 가연물의 동시발화 현상 • 바닥에서 천장까지 고온상태

■ 플래시오버(Flashover) 대응전술

배연 지연	창문 등을 개방하여 배연(환기)함으로써, 공간 내부에 쌓인 열을 방출시켜 플래시오버를 지연시킬 수 있으며 시야를 확보할 수 있다.
공기차단 지연	• 배연(환기)과 반대로 개구부(창문)를 닫아 산소를 감소시킴으로써 연소 속도를 줄여 지연시킬 수 있다. • 이 방법은 관창호스 연결이 지연되거나 모든 사람이 대피했다는 것이 확인된 경우, 적합하다.
냉각 지연	분말소화기 등 이동식 소화기를 분사하면 완전한 소화는 불가능하나, 일시적으로 온도를 낮출 수 있으며, 플래시오버를 지연시키고 관창호스를 연결할 시간을 벌 수 있다.

※ 플래시오버의 대표적인 전조현상으로 고온의 연기발생과 롤오버(Rollover) 현상이 관찰 된다는 점에 유의해야 한다. 자세를 낮춰야 할 정도로 고온의 농연이 있다면 플래시오버의 가능성을 고려해야 한다. 또한 롤오버 현상이 관찰된다면 플래시오버의 전조임을 기억해야 한다.

■ 롤오버(Rollover) 현상

연소과정에서 발생된 가연성가스가 공기 중 산소와 혼합되어 천장부분에 집적된 상태에서 발화온도에 도달하여 발화함으로서 화염의 끝부분이 빠르게 확대되어 가는 현상을 말하는 것으로 화재가 발생한 장소(공간)의 출입구 바로 바깥쪽 복도 천장에서 연기와 산발적인 화염이 굽이쳐 흘러가는 현상이다.

이러한 현상은 화재지역 위층(천장)에 집적된 양압의 뜨거운 가연성 가스가 화재가 발생되지 않은 상대적 음압의 다른 부분으로 이동하면서 화재가 빠르게 확대되는 원인이 된다.

■ 플래시오버현상과 롤오버현상의 차이점

구 분	플래시오버(Flashover)현상	롤오버(Rollover)현상
복사열	열의 복사가 강함	열의 복사가 플래시오버현상에 비해 상대적으로 약함
확대범위	일순간 전체공간으로 확대됨	화염선단부분이 주변공간으로 확대됨
확산 매개체	공간 내 모든 부분(상층과 하층) 가연물의 동시발화	상층부의 고온 가연성가스의 발화

■ 화염이 산소에 반응하는 속도를 결정하는 요인

① 화점의 위치
② 화재의 공기 공급량 또는 연료량
③ 공기 유입구로부터 화점까지 거리
④ 화점에서 배연구까지의 거리
⑤ 입구와 출구의 모양
⑥ 연기의 흐름에서 개구부의 유형과 형태

■ 연소의 4요소와 소화원리 비교

제거요소	가연물	산 소	에너지	연쇄반응
소화원리	제거소화	질식소화	냉각소화	억제소화

① 질식소화
  ㉠ 불연성 기체로 덮는 방법
  ㉡ 불연성의 폼(Foam, 거품)으로 연소물을 덮는 방법
  ㉢ 유화(乳化)소화 : 비중이 물보다 큰 중유(重油) 등의 유류화재 시 물 소화약제를 무상(霧狀, 안개형태)으로 방사하거나, 포소화약제를 방사하는 경우 유류표면에 엷은 층(유화층, 물과 유류의 중간성질)이 형성되어 공기 중 산소공급을 차단시켜 소화하는 방법
  ㉣ 고체로 연소물을 덮는 방법
  ㉤ 연소실을 완전하게 밀폐하여 소화하는 방법
  ㉥ 팽창질석으로 소화하는 방법

② 제거소화
  ㉠ 화재현장에서 복도를 파괴하거나 대형화재의 경우 어느 범위의 건물을 제거하여 방어선을 만들어 연소를 방지하는 방법(가연성 고체물질을 제거하여 소화)
  ㉡ 산림화재를 미리 예상하여 평소에 방화선(도로)을 설정하고 있는 것
  ㉢ 전기화재의 경우 전원을 차단하여 소화하는 방법
  ㉣ 가연성 가스화재인 경우 가연성가스의 공급을 차단시켜 소화하는 방법
③ 냉각소화
  ㉠ 연소의 4요소 중 에너지(열, 점화)를 제거, 발화점 이하로 내려가게 하여 소화하는 방법
  ㉡ 화재진압 시 방수활동은 연소과정에서 물의 흡열반응을 이용하여 열을 제거하는 것
④ 부촉매소화(억제소화)
  분말소화기와 할론 소화기의 소화원리처럼 연소과정에 있는 분자의 연쇄반응을 방해함으로써 화재를 진압하는 원리

■ 소방장비

"소방장비"란 소방업무를 효과적으로 수행하기 위하여 필요한 기동장비·화재진압장비·구조장비·구급장비·보호장비·정보통신장비·측정장비 및 보조장비를 말한다.

※ 소방장비 분류 등에 관한 규정 별표1 참고

■ 화재대응매뉴얼의 종류

표준매뉴얼	대부분의 화재대응에 공통적으로 적용하기 위해 작성되는 것으로, 필수적인 처리절차와 임무, 기관별 처리사항을 규정하여 각 기관별 또는 부서별 실무매뉴얼을 수립하는 데 활용된다.
실무매뉴얼	표준매뉴얼에 규정된 필수적인 처리절차와 임무, 기관별 처리사항을 근거로 각 기관별 또는 부서별로 작성되는 것으로 화재대응분야별 현장조치 및 처리세부절차를 규정하고 있으며, 고층건물 화재진압 대응매뉴얼, 다중밀집시설 대형화재 실무매뉴얼, 원전(방사능)화재 등 분야별 실무매뉴얼이 이에 속한다.
특수화재 대응매뉴얼	지하철화재 등과 같은 특수시설 및 특수유형화재에 대한 일반적 대응매뉴얼로 실제 화재현장에 적용하는 절차보다는 진압에 필요한 사항과 화재특성에 따른 대응 시 유의사항 등으로 이루어진 매뉴얼로 대상별 매뉴얼 작성과 화재진압대원의 전문성 향상을 목적으로 작성된다.
대상별 대응매뉴얼	사회발전과 첨단복합건물의 등장으로 그 중요성이 커지고 있어 주요대상별 화재대응 매뉴얼의 필요성이 제기되고 있으며, 이에 따라 중요 목조문화재나 고층건물, 지하연계복합건축물 등에 대한 대상별 매뉴얼이 작성되고 있다. • 인적, 물적 피해가 매우 큰 대상물 • 연소 확대가 빠르고 처음부터 화재의 최성기를 예측하여 필요한 소방력을 투입하여야 할 대상물 • 문화재 등 사회적 영향이 크고 특별한 보호를 필요로 하는 대상물 • 폭발, 유독가스 등의 발생위험이 있어 소방대원의 안전확보상 필요한 대상물 • 특수한 장비, 특수한 소화수단을 필요로 하는 대상물 • 특이한 소방대 운용과 현장행동을 필요로 하는 대상물

■ 현장대응활동 검토회의(현장대응활동 검토회의 운영규정)
① 목적 : 이 규정은「소방기본법」제16조제1항에 따른 소방활동에 대한 소방기관의 현장대응활동 검토회의 계획 수립, 구성 등에 관하여 필요한 사항을 정하여 현장대응활동 검토회의의 효율적인 운영을 목적으로 함
② 정의 : 이 규정에서 현장대응활동 검토회의란 특별시·광역시·특별자치시·도·특별자치도(이하 "시·도"라 한다) 소방본부장 또는 소방서장(이하 "소방기관의 장"이라 한다)이「소방기본법」제16조제1항에 따른 소방활동을 종료한 후 해당 소방활동 상황을 분석 검토하여 화재예방 및 대응활동의 자료로 활용하고자 하는 회의를 말한다.
③ 검토계획의 수립 등
  ㉠ 소방청장은 현장대응활동 검토회의기본 계획을 매년 수립하여 시·도에 시달하여야 한다.
  ㉡ 소방본부장은 매년 시·도 검토회의 시행 계획을 수립하여 소방청장에게 보고하여야 한다.
  ㉢ 검토회의 계획에는 다음 각 호의 사항이 포함되어야 한다.
    • 검토회의 개최 대상 및 시기에 관한 사항
    • 검토회의 구성, 준비, 내용에 관한 사항
    • 그 밖에 소방청장 또는 시·도 소방기관의 장이 필요하다고 판단하는 사항
④ 검토회의 개최 시기 등
  ㉠ 검토회의는 사고발생일로부터 20일 이내에 개최한다.
  ㉡ 검토회의는 관할 소방본부 또는 소방서에서 개최한다. 다만, 특별한 사정이 있을 때에는 서면 또는 영상 회의로 대체할 수 있다.
  ㉢「재난 및 안전관리 기본법」제53조에 따른 긴급구조활동에 대한 평가 시에는 이 규정에 따른 검토회의를 생략한다.
⑤ 검토회의의 구성
  ㉠ 회의 주재는 관할 소방서장이 하되 필요한 경우 소방본부장이 할 수 있다.
  ㉡ 참석자
    • 소방활동에 참여한 사람(긴급구조통제단 각 부, 필요시 유관기관 담당자를 포함한다.)
    • 예방업무 담당공무원
    • 그 밖에 화재규모, 현장활동 등을 참작하여 소방기관의 장이 필요하다고 지정하는 사람
⑥ 결과보고
  소방기관의 장은 검토회의 종료 후 별지 서식을 참고하여 현장대응활동 종합보고서를 작성, 소방청장에게 지체없이 보고하여야 한다.
  ※ 검토회의 대상을「소방기본법」제16조 제1항에 따른 화재진압, 인명구조·구급 등으로 확대하며, 소방청장 및 시·도 소방기관의 장이 매년 현장대응활동 검토회의 계획을 수립하도록 하고, 검토회의 개최시기, 구성, 준비, 순서, 결과보고 등을 시·도 소방기관의 실정 등을 고려하여 현실에 맞게 탄력적으로 운영하도록 '소방활동 검토회의 운영규정' 제명을 '현장대응활동 검토회의 운영규정'으로 변경하였다(참고 : 공통교재는 개정 전 내용 수록).

■ 의사결정 능력개발 수단
① 멘토식학습법(Mentors)
② 재난의 경험
③ 모의훈련(Simulation Training)
④ 건물구조에 대한 지식정보
⑤ 화재에 대한 지식정보
⑥ 전략과 전술(Strategy and Tactics)
⑦ 의사결정의 관리감독

■ 화재진압전략의 활동과정

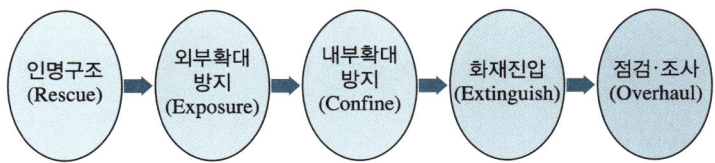

이러한 5단계(RECEO)에 따른 화재진압전략의 대응우선순위 전략개념은 마지막 6단계에 "화재발생 부지(장소) 내 현장 안전조치(Safeguard)"를 추가하여 6단계(RECEOS) 대응우선순위 전략개념으로 활용되고 있다.

■ 화재진압활동 중 현장도착 시 소방용수 배치
① 소방용수 유도 및 부서
  ㉠ 현장 도착하여 연기나 열기를 확인할 수 없어도 반드시 소방용수를 점령하여 주수할 수 있는 태세를 갖춘다.
  ㉡ 선착대 소방용수에 여유가 있는 경우 후착대는 자기대의 소방용수 점령에 집착하지 말고 선착대 소방용수와 차량을 효과적으로 활용한다.
② 흡수관 조작
  ㉠ 흡수관을 연장하는 경우 흡수관의 반동이나 발이 걸려 넘어지지 않도록 주의하고, 소화전 등에 결합하면 밸브를 열기 전에 반드시 결합 상태를 확인한다.
  ㉡ 소화전, 저수조 등의 위치에는 로프 등으로 표시하고 전락방지 조치를 취한다.
③ 소화전 흡수
  ㉠ 펌프로 이물질이 들어가는 것을 예방하기 위하여 흡수관을 결합하기 전에 소화전을 개방하여 관내의 모래 등을 배출시킨다.
  ㉡ 흡수관의 결합을 확실하게 하고 반드시 확인한다.
  ㉢ 배관 말단의 소화전에는 유입되는 물의 양이 적기 때문에 방수구의 수를 제한한다.
  ㉣ 소화전으로부터 흡수중일 때에 다른 출동대로부터 송수를 받으면 송수된 물이 펌프를 경유하여 수도배관 속으로 역류할 수도 있으므로 유의한다.

④ 소화전 이외 소방용수 흡수
　㉠ 흡수관은 저수조의 경우 최저부(最底部)까지 넣지만 연못 등에서는 흡수관 스트레이너(Strainer)가 오물에 묻힐 가능성이 있으므로 적당한 길이로 투입한다.
　㉡ 수심이 얕은 경우는 물의 흐름을 막아 수심을 확보하고 스트레이너가 떠오르지 않도록 유의한다.
　㉢ 오염된 물은 원칙적으로 사용하지 않는다. 또 부득이하게 사용한 경우에는 연소가 방지된 시점에서 흡수를 정지한다.
　㉣ 수심이 얕은 흐르는 물의 경우에는 스트레이너를 물이 흐르는 역방향으로 투입하여 스트레이너가 떠오르는 것을 방지한다.
　㉤ 수심이 깊은 연못 등은 바닥의 오물이 흡수되지 않도록 흡수관을 로프로 묶어서 스트레이너가 바닥에 닿지 않도록 한다.
　㉥ 수량이 적은 하천의 경우 후착대는 선착대보다 위쪽에서 흡수하지 않는다.
　㉦ 담 너머에 소방용수가 있는 경우는 사다리 등을 활용해 원칙적으로 2명 이상으로 실시한다.

■ 건물 유형별 안전도 평가

안전도	취약부분	위험요인 및 진압전술
1등급(내화구조)	가연성 내장재의 양	• 연소확대 요인 : 공기조화시스템(HVAC) 배관과 자동노출 • 진압전술 : 고가 사다리차 등을 통하여 접근한 후 분무방수. 화재 층 창문과 위층 창문 사이의 벽 부분에 방수하는 것이 바람직. 특히, 건물 내부에 진입팀이 진입한 상태라면 화염이 분출되는 창문에 직접 방수해서는 안 되며 두 창문 사이의 벽 부분에 방수
2등급(준 내화구조)	가연성 지붕 덮개	내부에 진입하여 화재를 진압할 때, 지붕에 연소가 어느 정도 진행되었는지 확인하고, 지붕 붕괴의 위험성 판단. 필요하다면, 지붕에 확산된 화염을 진압하기 위해 관창(호스)을 지정
3등급(조적조)	숨은 공간(다락방)이나 작은 구멍	• 연소확대 요인 : 숨은 공간이나 작은 구멍 • 진압전술 : 숨은 공간을 통한 연소 확대 원리는 주로 대류에 의해 이루어진다. 숨은 화점을 검색할 때는 가열된 가스와 불꽃이 위로 올라가서 다락방과 같은 상층부 공간에 점화되어 연소가 확대된다는 점에 유의. 따라서 의심되는 공간, 특히 벽과 천장을 순서대로 개방 개방 순서는 하단부분 벽체 가까운 곳에서 화재가 발견되면 바로 위의 벽을 먼저 개방, 상단 부분 벽 안에서 화재가 발견되면 천장을 개방, 천장에서 화재가 발견되면 천장 테두리 부분을 개방하여 방수

4등급(중량 목구조)	내부 구조물에 목재 사용	• 위험요인 : 창문에서 나오는 화염과 복사열 • 진압전술 : 화재가 최성기에 도달하기 전에 통제되지 않는다면, 유사시 창문을 통해 나오는 복사열로부터 안전한 곳으로 차량과 장비를 재배치, 소방용수 지원도 안정적으로 될 수 있도록 조치, 인접 건물을 보호하기 위한 방수 준비 붕괴가 진행될 때는 먼저 바닥이 붕괴되고, 그 다음으로 벽체가 외부로 밀린다는 것을 고려하여 붕괴 위험구역을 지정, 따라서 이 경우의 진입과 방어활동은 붕괴 위험구역을 벗어난 안전한 곳에서 수행
5등급(경량 목구조)	건물 구조물(골조와 벽체) 대부분이 목조	인접건물 연소확대 방어(외부 방수 유지)

■ **붕괴 위험성 평가[벽, 골조(기둥과 대들보), 바닥층 평가]**

안전도	취약부분	붕괴 위험요소
1등급(내화구조)	콘크리트 바닥 층의 강도	바닥 층의 갈라짐, 휘어짐, 갈라진 콘크리트 틈새로 상승하는 불꽃과 연기
2등급(준 내화구조)	철재구조의 지붕	불안전한 지붕, 보의 강도저하 (대원 안전 : 수평배연전술)
3등급(조적조)	벽	외부방향으로의 붕괴
4등급(중량 목구조)	지붕과 바닥층을 지탱하는 트러스트 구조의 연결부	벽채 중심부분이 위험, 내부 진압활동 불가로 건물붕괴로 인한 순직 위험성은 상대적으로 낮음
5등급(경량 목구조)	벽	3~4개의 벽체 동시 붕괴, 대원의 매몰 가능성이 큼

■ **현장지휘관의 책임완수를 위해 요구되는 능력**

의사결정능력	신속하고 정확한 의사결정을 내리기 위해 필요한 사항 • 가정과 사실의 구별(즉, 추측된 불완전한 정보와 실제정보의 구별) • 현장작전상황의 환류(재검토)를 통해 작전계획을 변경할 수 있는 유연한 자세 • 표준대응방법의 개발 • 행동개시 후에는 즉시 관리자의 역할로 복귀(전술적 책임은 위임)
지시와 통제능력	효과적인 지시와 통제를 위한 4가지 고려사항 • 스트레스 관리 : 보다 세부적인 문제에 대해 권한위임 원칙을 적용함으로써 자신과 하위 지휘관의 스트레스를 줄여준다. • 고독한 방랑자관리 : 권한은 위임하되 모든 책임은 자신이 진다는 고독한 단독지휘관으로서의 행동준비가 되어야 함 • 중간점관리 : 초기지시와 활동상황을 수시로 평가하여 상황변화에 맞게 재지시 및 통제 • 부족자원관리
재검토와 평가	일반적으로 보고는 보고자의 범위 내에서 관찰된 상황만을 설명하므로 다른 사람의 보고서에 의문을 제기하고 보고자가 완전히 정확하게 알고 있는지 확인하고 의사결정을 내려야 함

■ 현장지휘관의 바람직한 자질과 성향
   ① 대원의 임무에 대한 존중 자세
   ② 냉정하고 침착한 지시와 통제능력
   ③ 훈련과 경험에 의한 전문적 지휘지식
   ④ 행동지향적이 아니라 지시지향적 태도(의사결정 중심의 태도)
   ⑤ 상황을 안정시킬 수 있는 대안제시능력(문제해결능력)
   ⑥ 심리적 체력적 대응능력
   ⑦ 의사전달능력(무전기사용능력 등)
   ⑧ 안전이 확보된 타당한 위험의 감수능력
   ⑨ 모든 직원에 대한 관심과 공정성 유지
   ⑩ 자신과 다른 사람, 장비, 그리고 전략과 전술적 접근법에 대한 한계 인식능력
   ⑪ 지휘에 대한 존중태도 및 훈련되고 일관성이 있는 태도

■ 지휘권 확립에 필요한 8가지 행동요소
   ① 1단계 : 지휘권 이양(지휘명령에 대한 책임 맡기)
   ② 2단계 : 지휘소 설치
   ③ 3단계 : 기존의 상황평가정보 획득(현재까지의 상황 평가하기)
   ④ 4단계 : 주기적으로 상황을 평가하고 예측
   ⑤ 5단계 : 화재 건물의 1, 2차 검색을 관리
   ⑥ 6단계 : 화재 완진 선언
   ⑦ 7단계 : 화재현장 조사
   ⑧ 8단계 : 화재현장 검토회의 주재(대응활동 평가)

■ 정보수집의 우선순위

제1순위	대피지연자가 있는가?, 전원 피난완료 했는가?, 부상자가 있는가? 등 인명에 관한 정보
제2순위	가스누설과 폭발, 유독가스 등에 의한 2차 화재발생 및 위험에 관한 정보
제3순위	연소확대 위험여부, 계단, 건축시설 및 옥내소화전 등의 소방용 설비 사용가부와 소방 활동상 필요한 정보
제4순위	피해상황, 출화 원인 등 예방, 진압상 문제점

■ 화점확인방법

외부에서 화점확인방법	내부에서 화점확인방법
• 창 등 개구부로부터 연기가 분출하는 경우는 연기가 나오는 층 이하의 층을 화점층으로 판단하고 행동한다. • 최상층의 창 등으로부터 분출속도가 약한 백색 연기가 나오는 경우는 아래층에 화점이 있는 경우가 많다. • 야간의 경우 조명이 점등하고 있는 층보다 조명이 소등되어 있는 층에 화점이 있는 경우가 많다.	• 옥외로 연기가 분출 또는 옥내에 연기가 있는 경우는 공조설비 등을 즉시 정지시킨다. • 공조설비 등이 정지하고 있는 경우 또는 공조설비 등이 없는 경우에는 연기가 있는 최하층을 확인한다. • 화점에 가까울수록 연기의 농도는 진하고 유동은 크고 빠르다(계단, 닥트 등은 제외). 중성대가 있으면 자세를 낮게 하여 연기의 유동방향으로 거슬러 확인한다. • 시건되어 있는 실내는 문의 변색, 문틈에서의 연기분출 또는 문, 벽, 상층의 바닥에 손을 접촉하여 온도 변화에 의해 확인한다. • 연기가 충만하고 있는 경우는 각층 계단실의 출입구 및 방화문을 폐쇄·옥탑실 출입구 및 피난층 출입구를 개방하여 배연을 행하면서 확인하는 것이 원칙이다. • 화점에서 멀수록 연기의 속도는 급속하게 저하한다. 유동속도의 완만, 열기가 적은 연기는 화점에서 떨어져 있는 것으로 판단한다.

■ 화점확인방법[알람밸브(유수검지장치)]

알람 밸브가 작동될 때 그 원인을 찾는 5단계 활동

① 1단계 : 우선 수신기상에 표시된 층을 확인하고 이 구역을 검색한다. 수신기상에 정확한 위치와 층이 확인되지 않을 수도 있다.

② 2단계 : 스프링클러 시스템을 리세팅(Resetting)한 후 경보가 다시 발생하는지 확인한다. 경보가 다시 울리면, 화재이거나 파이프 누수일 가능성이 크다.

③ 3단계 : 건물 위층부터 검색을 시작한다. 검색분대는 꼭대기 층에서부터 계단을 내려오면서 각 층 입구에서 물소리나 연기 냄새가 나는지 확인해야 한다. 강추위가 계속되는 날씨인 경우에는 난방이 안 되는 층과 복도에 설치된 스프링클러 파이프가 동파되었거나 새고 있는지 확인한다.

④ 4단계 : 가압송수장치의 펌프를 확인한다. 만약 펌프방식(지하수조)의 가압송수장치이면 지하실에 설치된 펌프를, 고가수조방식이면 옥상층에 설치된 압력수조의 각종 계기판을 확인하고, 파이프에 귀를 대고 물이 흐르는 소리가 나면 스프링클러 시스템에 물이 공급되고 있다는 것을 나타낸다. 만약 물이 누수되거나 물소리가 나지 않는다면, 낮은 층에서 발생하는 연기가 없는지 건물 옆면을 관찰한다. 이 단계의 활동은 3단계와 동시에 시작할 수 있다.

⑤ 5단계 : 소방시설관리업체로 하여금 소방시설에 대한 전반적인 점검과 보수를 하도록 조치한다.

빨리보는 간단한 키워드

■ 공기호흡기 사용가능시간 산출 공식

$$\text{사용가능시간(분)} = \frac{[\text{용기내압력(MPa)} - \text{여유압력(MPa)}] \times \text{용기용량}(\ell)}{\text{매분당호흡량}(\ell/\min)}$$

$$\text{탈출개시압력(MPa)} = \frac{\text{탈출소요시간(min)} \times \text{매분당호흡량}(\ell/\min)}{\text{용기용량}(\ell)} + \text{여유압력(MPa)}$$

※ $1\text{kg/cm}^2 ≒ 0.1 \text{ MPa}$

★ 공기호흡기 관련 계산 공식에 대한 해설
- 25년 학교 공통교재 화재부분과 구조부분 계산 공식 단위가 상이함. 화재분야는 kgf/cm^2, 구조분야는 MPa이므로 두 공식의 단위 이해 필요
$1\text{kgf/cm}^2 ≒ 0.1\text{MPa}$ 의 단위변환을 이해하고 출제가 된 경우 지문과 답의 단위를 확인하여야 한다.

1. 예를 들어, kgf/cm^2의 단위가 사용된 공식으로 사용가능시간 계산 시,

$$\text{사용가능시간(분)} = \frac{[\text{충전압력}(\text{kgf/cm}^2) - \text{탈출소요압력}(\text{kgf/cm}^2)] \times \text{용기용량}(\ell)}{\text{분당호흡량}(\ell/\min)}$$

충전압력 300kgf/cm^2의 6.8L 용기를 사용하여 경보 벨이 울릴 때까지 사용할 경우, 활동 대원이 매분 40L의 공기를 소비한다고 하면,

$$\text{사용가능시간(분)} = \frac{(300 - 55) \times 6.8}{40} = \text{약 } 41(\text{분})$$

2. 학교교재에 수록된 MPa의 단위가 사용된 공식으로 사용가능시간 계산 시,

$$\text{사용가능시간(분)} = \frac{[\text{충전압력(MPa)} - \text{탈출소요압력(MPa)}] \times \text{용기용량}(\ell)}{\text{분당호흡량}(\ell/\min)}$$

충전압력 30MPa의 6.8L 용기를 사용하여 경보 벨이 울릴 때까지 사용할 경우, 활동 대원이 매분 40L의 공기를 소비한다고 하면(경보개시압력 : 5.5MPa),

$$\text{사용가능시간(분)} = \frac{(30 - 5.5) \times 6.8}{40} = \text{약 } 4.2(\text{분})$$

★ 따라서, 출제된 공식에 맞게 단위변환을 해야 한다.

$$\text{사용가능시간(분)} = \frac{[(\text{충전압력(MPa)} - \text{탈출소요압력(MPa)}] \times 10 \times \text{용기용량}(\ell)}{\text{분당호흡량}(\ell/\min)}$$

※ $300\text{kg/cm}^2 \rightarrow 30 \text{ MPa}$로 단위가 변환되었기 때문에 10을 곱해줘야 함($1\text{kg/cm}^2 ≒ 0.1 \text{ MPa}$)

$$\text{탈출개시압력} = \frac{[\text{탈출소요시간(min)} \times \text{분당호흡량}(\ell/\min)]}{\text{용기용량}(\ell)} \times 0.1 + \text{여유압력(MPa)}$$

※ 여유압력(MPa)과 단위를 맞춰야 하기 때문에 0.1을 곱해줘야 함($1\text{kg/cm}^2 ≒ 0.1 \text{ MPa}$)

■ 화점 상층의 진입

진입계단을 확보하고자 할 때	• 특정의 계단을 선정하여 1층과 옥상의 출입구를 개방한다. • 화점층의 계단실 출입문을 폐쇄하여 계단실 내의 연기를 배출시킨다.
직상층에 진입하는 경우	• 창을 최대한 개방하고 실내의 연기를 배출시킨다. • 화점층에서 화염이 스팬드럴(Spandrel)보다 높게 나올 때는 개방하지 않는다.
닥트스페이스, 파이프샤프트	• 화염과 연기가 최상층까지 분출하는 경우가 많으므로 최상층에 신속히 관창을 배치한다. • 최상층의 창, 계단실 출입구를 개방한 후 닥트스페이스, 파이프샤프트 등의 점검구(점검구가 없는 경우는 부분파괴에 의해 개방)를 개방하고 내부 상황을 확인한다.
직상층에서 깊숙이 진입할 때	특별피난계단, 피난사다리, 피난기구 등의 위치를 확인하고 반드시 퇴로를 확보하여 놓는다.

※ 직하층의 진입대와 긴밀한 연락을 취해 최대의 방어효과가 발휘되도록 활동 내용을 분담 또는 조정한다.
※ 연결송수관설비. 옥내소화전 설비. 기타 소화활동상 필요한 설비 등 해당 건물의 설비를 최대한 활용한다.

■ 인명검색 시 내부진입
① 지휘자의 지시에 의해 우선 순위에 따라서 진입경로를 선정하되 진입순서는 원칙적으로 다음과 같다.
　㉠ 출화건물, 주위건물 순으로 한다.
　㉡ 화점실, 인근실, 화점층, 화점상층, 화점하층의 순위로 한다.
② 진입경로의 선정은 신속, 정확, 안전의 관점에서 판단한다.
③ 진입구 설정을 위한 파괴는 지휘자의 명령에 의해 실시한다.
④ 내부진입에 이용할 수 있는 수단
　㉠ 옥내(외)계단
　㉡ 특별피난계단, 비상용승강기
　㉢ 피난교
　㉣ 창 등의 개구부
　㉤ 적재 사다리, 사다리차, 굴절차 등
　㉥ 벽, 창 등의 파괴

구조대상자 운반법

안아 올려 운반구출	요구조자의 부상 부위가 허리부분의 경우는 피한다. 주로 구출 거리가 짧은 경우에 이용한다.
끈 운반구출 (깔개, 커튼, 띠 등으로 응용)	로프 대신 담요, 커튼 등도 응용할 수 있다. 위를 보게 하여 넘어지지 않도록 양팔로 완전히 확보한다. 요구조자의 부상 부위가 허리부분인 경우는 피한다.
전진 또는 후퇴 포복구출	요구조자는 낮은 위치에 있으므로 짙은 연기 중의 구출에 적합하다. 주로 구출거리가 짧은 경우에 활용한다.
메어서 운반구출	요구조자의 부상 부위가 허리 또는 복부부분의 경우는 피한다.
양쪽 겨드랑이 잡아당겨 구출	주로 구출거리가 짧은 경우에 활용한다.
1인 확보 운반구출	요구조자의 부상부위가 가슴부분 또는 허리부분의 경우는 피한다. 주로 구출 거리가 짧은 경우에 활용한다.
뒤로 옷깃을 끌어당겨 구출	요구조자는 낮은 위치에 있으므로 짙은 연기 중의 구출에 적합하다.
소방식 운반구출	① 허리부분에 가랑이를 벌리고 후퇴하면서 상반신을 일으킨다. ② 겨드랑이에 머리를 넣어 허리부분을 끌어올려 한쪽 발을 앞으로 내민다. ③ 대퇴를 구부려 일으켜 손목을 잡아 일으킨다.
모포 등을 이용하여 끌어당겨 구출	요구조자는 낮은 위치에 있으므로 짙은 연기 중의 구출에 적합하며 발부분의 모포 등을 묶으면 요구조자의 이탈을 막을 수 있다. 요구조자의 부상에 대하여는 그다지 고려할 것 없이 구출할 수 있다.
등에 업고 포복구출	요구조자는 낮은 위치에 있으므로 짙은 연기 중의 구출에 적합하다. 주로 구출거리가 짧은 경우에 활용한다.

피난 유도원의 임무 및 주의사항

① 필요한 수의 피난 유도원을 지정하여 화점층 및 직상층에 배치한다.
② 자력피난 가능자 유도를 위한 필요한 인원은 대략 다음과 같다.
    ㉠ 계단 출입구 2명, 통로 모퉁이 1명
    ㉡ 집단유도는 성인 50명당 유도원 1명, 어린이 20명당 유도원 1명 정도가 적합

배연형태의 분류

① 자연배연 방식
    ㉠ 수직배연 : 건물의 경우 천장, 지붕의 배출구를 파괴 또는 개방하여 배출구로 하는 방식이다.
    ㉡ 수평배연 : 벽에 있는 창문이나 출입문을 개방하여 배연하는 방식이다.
② 강제배연 방식
    ㉠ 송풍기 활용
    ㉡ 분무주수 활용
    ㉢ 배연차 활용
    ㉣ 고발포 활용
    ㉤ 제연설비 및 공기조화설비 활용

■ 자연환기에 의한 배연

수직배연	배연요령	• 일반적으로 가열된 연기 및 유독가스를 지붕 등 윗방향으로 배출할 수 있도록 지붕을 파괴하는 등 환기구를 만드는 것을 말한다. • 화재로부터 생성된 뜨거운 가스를 배출하는 데 가장 효과적인 방법이다. • 지붕파괴가 힘든 내화구조의 콘크리트 지붕 등의 수직배연은 제한적일 수밖에 없다. 그러한 건물의 경우는 최상층의 창문이나 옥탑 등의 개구부를 개방하여 배연한다.
	유의점	• 부적절한 강제 환기와 병행하면 자연환기는 그 효과가 감소한다. • 유리창의 과잉파괴가 행해지면 수직 환기 효과가 감소한다. • 배연이 되고 있는 수직 환기구나 통로에서 주수를 하면 기류의 방향을 돌려놓는 결과가 되므로 주의한다.
수평배연	배연요령	• 창문이나 출입문처럼 벽에 있는 출구를 통하여 연기가 빠져나가게 하는 것이다. • 수평배연은 바람의 방향에 따라서 풍상방향의 개구부를 급기구로 풍하방향의 개구부를 배출구로 설정하는 것이 가장 효과적이다. • 일반적으로 수직배연을 하기에 알맞은 건물이 수평배연에도 좋다.
	유의점	• 바람이 불지 않을 때에는 수평배연의 효과가 감소한다. • 바람의 영향을 받는 곳은 급기구와 배기구 설정에 유의한다. • 아래층에서 배출된 연기가 상층의 개구부를 통해 유입되지 않도록 유의한다.

■ 송풍기 활용 배연

① 활용 요령
  ㉠ 소방대원이 실내에 진입하지 않고도 강제 환기를 시작할 수 있다.
  ㉡ 자연환기의 흐름을 보충하기 때문에 수평 및 수직 환기의 효과와 같다.
  ㉢ 설치하기가 편리하고 배연의 강도를 조절할 수 있다.
  ㉣ 모든 건물에 응용할 수 있다.

② 유의사항
  ㉠ 송풍기는 자연바람과 같은 방향으로 설치하여 효율성을 배가하여야 한다.
  ㉡ 송풍기 근처의 창문이나 출입문은 가능한 한 폐쇄하여 공기흐름에 방해가 되지 않도록 해야 한다. 또한 화점실이 분리되어 있다면 가장 먼저 화점실 문을 폐쇄하여 화염과 연기가 외부로 확산되는 것을 차단하고 배연을 실시하여야 한다.
  ㉢ 출입구에 송풍기를 설치할 경우 송풍기에서 나온 공기의 원추(圓錐)가 입구를 완전히 덮을 수 있도록 출입구로부터 적당한 거리를 둔다.
  ㉣ 배출구의 크기와 급기구의 크기가 같도록 하는 것이 효율적이다.
  ㉤ 공기가 너무 많이 공급되게 하여 오히려 급격하게 연소 확대될 우려가 있으므로 유의하여야 한다.
  ㉥ 배출구가 되는 방향의 요구조자나 활동대원의 안전을 확인한 후 실시한다.
  ㉦ 송풍기를 이용한 배연을 통해 계단실 등의 구획된 공간의 연기가 제거되었으면 배기구를 차단하고 구획된 공간에 송풍기의 양압이 유지되게 하여, 화점실 문 개방 등 연기가 배연이 완료된 공간에 들어오는 것을 방지하고 화점실 문 개방 시 화점실의 화염 및 연기의 압력이 화점실 공격을 준비하는 대원들에게 위험상황을 발생시킬 수 있는 것을 방지한다.

■ 분무주수를 활용한 배연
① 일반적 유의사항
화점실의 연소상황에 따라서 확산주수를 하거나 또는 분무주수로 전환하여 간다. 그런데 통상의 방어활동의 상황을 보면 소화효과의 전제조건을 생각하지 않고 연기가 체류하면 무조건 분무주수에 의해 배연하고자 하는 경향이 강하다. 본래 소방활동은 화재에 의한 피해의 경감을 목적으로 하는 것이나, 무분별하게 다량의 방수를 하기 때문에 수손피해를 초래한 예가 적지 않다. 특히 고층 공동주택의 화재로 화점층에 방수한 물이 아래층의 연소위험이 없는 부분에 흘러 들어가기 때문에 일부 주민들로부터 과잉방수에 대한 항의가 발생하는 사례도 증가하고 있다. 현대화된 소방활동에 있어서는 최대한 수손피해 방지를 하는 것은 당연하며, 수손피해 방지 조치와 병행하여 필요 최소의 방수에 의해 최대의 소화효과를 얻도록 노력해야 한다.
② 분무주수에 의한 배연요령
급기구측에서 분무주수하여 기류를 이용하는 배연방법이다.
㉠ 관창 전개각도 60° 정도로 급기구를 완전히 덮을 수 있는 거리를 주수 위치로 선정한다. 개구부가 넓은 경우에는 2구 이상의 분무주수로 실시한다.
㉡ 관창압력은 0.6MPa 이상 분무주수를 한다.
㉢ 배기구측에 진입대가 있을 때는 서로 연락을 취해 안전을 확보하면서 방수한다.
㉣ 특히 화염과 배기구 사이에 요구조자 또는 구조대원이 위치해 있다면 화염에 의한 큰 위험을 초래할 수 있어 정확한 확인과 주의가 요구된다.

■ 간접공격법(로이드레만 전법)
① 개 요
연기와 열을 제거하기 위해 물의 흡열작용에 의한 냉각과 환기에 의한 옥내 고온기체 및 연기의 배출을 보다 유효하게 하기 위한 안개모양의 방수를 간접공격법(로이드레만 전법)이라 한다. 즉, 물의 큰 기화잠열(538cal)과 기화 시의 체적팽창력을 활용하여 배연·배열하는 방법인 것이다.
② 간접공격법의 요령
㉠ 연소물체 또는 옥내의 온도가 높은 상층부를 향하여 주수한다.
㉡ 고온에 가열된 증기에 의해서 대원이 피해를 받지 않는 위치를 선정한다.
㉢ 주수 시 개구부는 가능한 한 작게 하는 것이 위험성을 감소시킨다.
㉣ 가열증기가 몰아칠 가능성이 있는 경우는 분무주수에 의한 고속분무로 화점실 천장면에 충돌시켜 반사주수를 병행한다. 이때 외부에서 실내로 간접공격 시 물줄기의 형태는 직사주수하여, 분무주수 시 물줄기를 타고 화점실로 공급되는 공기의 양을 최소화 한다.
㉤ 옥내의 연소가 완만하여 열기가 적은 경우는 간접공격법의 전법을 이용하는 것이 효과는 적으므로 유의한다.

■ 상황별 배연작전
　① 인명구조 중점의 배연작전
　　다층 건물에서 화재 발생 시, 가장 높은 부분에 있는 개구부를 통해 배연하는 것
　② 화재진압 중점의 배연작전
　　㉠ 공격방향과 반대쪽에 있는 창문이나 문을 통해 배연하는 것
　　㉡ 반드시 진압팀(관창수)의 행동개시와 동시에 시행
　③ 폭발방지 중점의 배연작전
　　㉠ 초기에 옥상 채광창이나 옥상 출입구를 제거
　　㉡ 화재가 상가건물 앞쪽에서 발생했을 때, 상가건물 뒤쪽에 이중벽이 존재한다면 뒤쪽을 배연하는 것은 바람직하지 못하므로 앞쪽 개구부를 통해 배연. 이때, 앞쪽 개구부를 개방(제거)할 경우 최소 좌우 한쪽 이상에 경계관창을 배치
　　㉢ 앞문이 개방되어 가열된 가스가 빠져나간 후에, 화재가 오히려 되살아 날 수 있음. 따라서 배연이 이루어진 후, 경계관창에 배치된 팀(내부에 투입할 진압팀이 없다면)은 신속하게 내부진입 시도
　④ 확산방지 중점의 배연작전
　　천장(또는 지붕) 공간 내의 화염이 인근 천장으로 확대되는 것을 방어하기 위해 화재발생 장소(구역)의 천장을 먼저 파괴하여 화염과 농연을 방출
　⑤ 고층건물 화재 배연작전
　　㉠ 저층 건물에서, 농연의 흐름을 좌우하는 요소는 화재로 인한 열, 대류의 흐름, 연소 압력(Fire pressure), 창문 등 개구부 개방을 통한 외부 공기에 의해 결정됨. 고층건물에서 농연은 이러한 요소에 더하여 굴뚝효과(Stack effect, 연돌효과라고도 함)와 공조시스템(HVAC System)의 영향을 받음. 저층건물에서 배연하는 것은 상대적으로 덜 복잡하며 두 가지 원리만 고려
　　　• 수평배연
　　　• 수직배연
　　㉡ 고층건물에서의 배연은 훨씬 복잡한 변수들이 작용한다.
　　　• 창문이나 개구부 개방 시 농연 통제불능
　　　• 굴뚝효과
　　　• 공조시스템
　　　• 초고속 엘리베이터의 이동 등

ⓒ 주거용 고층건물과 상업용 고층건물 화재 배연작전 비교(공통교재 내용 숙지)
- 주거용 : 굴뚝효과 최소화로 배연작업이 효과적
- 상업용 : 심각한 생명의 위험이 없고 화재를 통제할 수 없을 경우 배연 금지, 화재가 완전히 진압된 후에는 배연금지 방침은 변화됨
 → 상업용 고층건물 배연방식
 창문개방, 창문파괴, 송풍기 사용, 공조시스템(HAVC System)을 통한 배연, 배연을 위한 굴뚝효과 활용, 계단지정, 배연을 위한 계단 이용

■ 소방호스 사리기

한겹말은 소방호스	방 법	소방호스를 일직선으로 편 다음 숫 카플링 쪽에서 암 카플링 쪽을 향하여 굴리면서 감아 가는 것
	사용용도	일반적으로 소방호스 보관대에 보관할 때, 화재현장에서 사용 후 철수하기 위해 적재할 때 등에 사용
두겹말은 소방호스	방 법	소방호스를 두겹으로 포개어 놓고 겹쳐진 채로 소방호스를 감아 가는 것
	사용용도	좁은 장소 등에서 소방호스가 감겨진 상태에서 곧바로 사용하고자 할 때 주로 사용
접은 소방호스	방 법	소방호스를 일정한 길이로 접어서 포개어 놓는 방법
	사용용도	주로 소방차량에 적재할 때, 화재현장에서 사용 후 철수할 때

■ 소방호스의 적재방법

아코디언형 적재	적재방법	소방호스를 적재함 가장자리에 맞추어 겹겹이 세워서 적재하는 방법이다.
	장·단점	• 장점 : 적재하기가 쉽고 적재함에서 손쉽게 꺼내 운반할 수 있다. • 단점 : 소방호스가 강하게 접히는 부분이 많다.
말굽형 적재	적재방법	적재 모양이 말굽을 닮아서 붙인 명칭으로 소방호스를 적재함 가장자리에 맞춰 주변을 빙 둘러서 세워 U자 모양으로 적재하는 방법이다.
	장·단점	• 장점 : 소방호스가 강하게 접히는 부분이 적다. • 단점 : 어깨운반 시 등에 불편하다.
평면형 적재	적재방법	접은 형태의 소방호스를 눕혀서 평평하게 적재함 크기에 맞추어 적재하는 방법이다.
	장·단점	• 장점 : 소방차의 진동 등에도 덜 닳는다. • 단점 : 소방호스가 강하게 접혀 눌린다.
혼합형(특수형) 적재		소방호스의 적재형태를 혼합하거나 구경이 다른 소방호스를 연결구를 사용하여 혼합 적재하는 방법이다.

■ 옥내 소방호스 연장

① 선착대 호스전개

최초의 호스는 일반적으로 불길이 배출되고 있는 창문을 향해 방수해서는 안 된다. 창문이 아닌 출입문을 통해 진입 또는 공격하는 큰 장점 중 하나는 희생자들 대부분이 출입문 안쪽이나 복도에서 발견된다는 점이다.

② 2착대 호스전개

호스전개의 우선순위 결정은 기본적으로 "RECEO"원칙을 기준으로 판단해야 한다.
"RECEO"원칙 : 생명보호(Rescue) → 외부확대 방지(Exposure) → 내부확대 방지(Confine) → 화재진압(Extinguish) → 재발방지를 위한 점검·조사(Overhaul)

㉠ 만약 인접 건물로의 확산과 같이 외부노출 문제가 존재한다면, 두 번째 호스는 그 곳으로 전개
㉡ 인접 건물이 없다면 창문에서 나오는 불꽃은 노출문제를 발생시키지 않는다. 대부분의 화재의 경우, 가시적인 외부노출 문제가 없다. 노출 문제는 대부분 내부에서 발생
㉢ 만약 불꽃이 계단실로 올라가거나, 밀폐 공간 내에서 연소가 확대된다면 두 번째 호스는 내부 연소 확대를 방어하기 위해 배치. 두 번째 호스배치 또한 첫 번째 호스 배치 원칙(접근경로)을 따라야 함
㉣ 두 번째 호스배치를 창문이 아닌 출입문을 통해 접근하는 4가지 이유
   - 두 번째 호스배치를 첫 번째 호스배치와 같은 접근경로를 따르도록 할 때, 폭발이나 Flashover, 붕괴 상황이 전개될 경우에 첫 번째 진압팀을 보호하는 데 도움을 줄 수 있다.
   - 첫 번째 호스팀이 진압에 실패하면, 두 번째 호스팀이 그 자리로 가서 화재를 진압 할 수 있다.
   - 한 진압팀이 진압하기에 화재의 규모가 너무 큰 경우 다른 진압팀이 추가로 합류하여 진압해야 한다.
   - 두 번째 호스배치가 필요 없다면, 두 번째 호스는 직 상층 또는 인접 공간으로의 확산을 방어하기 위해 즉각 배치될 수 있다.

③ 부적절한 호스배치

㉠ 다층 구조의 건축물 화재에서 화점 층의 화재가 진압되지 않은 상태에서 상층계단으로 진입하는 경우에 심각한 대원고립 현상이 야기(ex. 4층 다세대 주택화재-2층이 화점 층)
㉡ 1차 진입팀이 잠긴 2층 출입문을 개방하지 못한 상태에서 3층으로 호스를 재배치하는 것은 매우 위험하다. 특히 이때 2층 창문을 통한 외부공격이 이루어지게 되면 내부 화염을 출입구 방향의 복도와 계단(천장공간을 통하여)으로 몰아가게 되고 이때 3층 진입팀은 고립상황에 직면하게 된다. 이와 같은 상황은 출입문을 갑자기 개방한 경우에 "프래시오버(Flashover)"가 발생되면서 화염을 통제하지 못하는 경우에도 발생한다.
㉢ 부적절한 호스배치의 실수를 방지하기 위해서는 다음 5가지 사항을 유의해야 한다.
   - 다층구조 건물화재에서 강제진입의 중요성 인식
   - 첫 번째 호스팀은 화점 층의 내부계단을 방어하면서 출입문에서 외부창문 방향으로 진압해 나가야 한다.
   - 두 번째 호스팀은 첫 번째 호스를 보충하는 것을 원칙으로 하고 안전하고 필요한 경우(검색 및 상층부 확대방지 목적 등)에만 위층으로 연결해야 한다.

- 어떤 호스팀도 불길을 지나쳐서 소방호스를 배치해서는 안 된다.
- 진입할 때 문을 갑자기 개방해서는 안 되며, 가능한 천천히 개방하되 위험한 경우에는 처음부터 손잡이를 로프로 감은 다음 문을 원격 조정하는 것이 안전하다.

④ 연결송수관 설비 활용

일반적인 상가건물에서 심각한 화재가 발생한 경우에 연결송수관과 연결된 옥내소화전으로부터 전개된 최초의 호스는 화재 발생 층이 아닌 그 아래층 소화전에 연결되어야 한다.

⑤ 고정소화설비의 활용
  ㉠ 화재현장에 도착하여 화재건축물을 평가할 때 반드시 고정 소화설비인 "연결살수설비와 연결송수관설비"의 활용에 대한 평가가 우선적으로 이루어져야 한다.
  ㉡ 연결살수설비와 연결송수관설비(옥내소화전)가 모두 설치된 건물인 경우에 화점층에 진입하는 팀이 있을 때는 연결송수관설비(옥내소화전)에 우선적으로 물이 공급되도록 해야 한다. 이것은 진입팀을 보호하기 위한 활동이다. 연결살수설비에 대한 물 공급은 그 다음 우선순위에 해당된다.

⑥ 샤프트 화재(Shaft Fires)
  ㉠ 다층구조 건물의 샤프트(수직통로) 화재에서 화재가 수직 통로로 확대되고 있다면 호스를 꼭대기 층으로 전개하는 것은 필수적이다. 샤프트 화재는 열기, 불꽃, 연기가 꼭대기 층에 축적되면서 인접 공간으로 확대된다.
  ㉡ 첫 번째 호스가 화점 층에 전개되었다면, 그 다음으로 꼭대기 층으로 호스를 전개한다. 수직 통로나 계단실을 통해 연소가 상층부로 확대되는 것이 발견되면 인명 위험과 그 가능성을 반드시 염두에 두어야 한다.
  ㉢ 상층부에 체류하는 연소 생성물을 배연시키고 화재가 급속히 확대되는 것을 방지하기 위해 모든 창문, 지붕 채광창 등을 개방해야 한다.
  ㉣ 샤프트 화재는 낮은 층으로 확대되기 전에 꼭대기 층까지 확대되며, 화염과 가연성 가스가 위로 상승함에 따라, 상층부의 온도가 급격히 상승하게 된다. 샤프트 화재 건물에서 가장 뜨거운 온도가 감지되는 곳은 꼭대기 층의 개방 통로이다.
  ㉤ 따라서 화재가 수직으로 확대될 때, 대원들이 활동 불가능한 온도로 상승하기 전에 (옥내소화전)호스를 꼭대기 층으로 전개하여 배연활동과 연소확대를 방지하고, 희생자 검색활동을 해야 한다.

■ 공격적·소극적 내부진압전술

공격적 내부진압전술	• 출입구로 진입하여 연소 중인 건물이나 복도로 호스를 전개해야 한다. • 배연을 위해 상층부 파괴나 지붕배연을 시도해야 한다. • 엄호관창이 배치되기 전에 건물에 진입해서 발화지점을 검색해야 한다. • 화재가 완전히 진압되기 전에 희생자 구조를 위한 예비검색을 실시한다. • 화재가 완전 진압되기 전에 화재 발생 위층을 검색해야 한다. • 배연을 위해 창문을 파괴해야 한다. • 문을 개방하기도 하고, 내부에 불길이 있을 때 문을 닫아야 하는 경우도 있다. • 숨은 공간에 연소 확대의 우려가 있는지 확인하기 위해 벽이나 천장을 파괴해야 한다. • 화재 현장으로 신속하게 진입하기 위해 40mm 호스를 이용한다. • 소화전과 같이 지속적인 소방용수 공급원보다는 제한된 소방용수 환경에서 화재를 진압해야 한다.
소극적 내부진압 전술	• 출입구로 진입하여 호스를 전개하지 않는다. 추가적인 호스는 화재를 제한하기 위해 전개된다. • 지붕배연을 하지 않고 기타 개구부를 통해 배연한다. • 엄호관창이 배치되지 않는 한 화재지역을 검색하지 않는다. • 지휘관의 지침에 따라 화재가 진압될 때까지 예비검색을 하지 않는다. • 화재가 진압되기 전에 화재 발생 위층으로 올라가 검색하지 않는다. • 지시가 없는 한, 창문을 파괴하여 배연시키지 않는다. • 지시가 없는 한, 문을 개방하지 않는다. • 지시가 없는 한, 숨은 공간에 연소 확대의 우려가 있는지 확인하기 위해 벽이나 천장을 파괴하지 않는다. • 천천히 하나의 65mm 관창을 전개한다. • 소화전과 같이 지속적인 소방용수 공급원이 확보되지 않는 한, 내부진압을 하지 않는다.

■ 소방호스지지 및 결속(고정)요령

소방호스 지지요령	• 충수된 소방호스의 중량은 65mm가 약 80kg, 40mm가 50kg이다. • 소방호스의 지지, 고정은 소방호스에 로프로 감아매기를 하는 것이 효과적이며 원칙으로 1본에 1개소를 고정한다. • 소방호스의 지지점은 결합부의 바로 밑이 가장 효과적이다. • 4층 이하의 경우는 진입층에서 고정한다. • 5층 이상의 경우는 진입층 및 중간층에서 고정한다. • 지지, 고정은 송수되기 전에 임시고정을 실시하고 송수된 후 로프가 미끄러지지 않도록 고정한다.

결속(고정)
요령
	• 베란다의 난간 등은 강도를 확인한 후 이용한다.
	• 난간이 없는 베란다의 경우는 물받이 등의 강도를 확인하여 이용한다.
	• 개구부에 갈고리 등을 걸쳐 이것을 이용하여 고정한다.
	• 창, 유리를 파괴하여 창틀을 이용한다.
	• 방안에 있는 책상과 테이블 등을 이용하여 로프로 고정한다. 중간층으로 소방호스를 끌어올려 가능한 한 내부의 가구 등에 감는다.
	• 로프를 매달아 고정하는 방법
	  – 높은 층으로의 연장 시에 그 중간에 지지물이 없을 때는 진입층 등에서 로프로 매달아 내려 고정한다.
	  – 로프를 매달아 고정할 때는 소방호스보다도 로프 신장율이 크므로 로프 쪽을 짧게 한다.

■ 대상별 관창 배치

일반목조건물 화재	• 연소위험이 큰 쪽으로부터 순차 배치한다. • 관창은 각 차량에 적재되어 있으므로 분무전환을 할 수 있는 것을 사용한다. • 방수구는 3구를 원칙으로 한다.
구획별 관창 배치	• 인접 건물로 비화위험이 있는 화재는 연소위험이 있는 방향에 배치하고 기타 관창은 필요에 따라 배치한다. • 도로에 면하는 화재는 도로의 접하지 않는 쪽을 우선으로 배치하고 풍횡측 및 풍상측의 순으로 포위한다. • 구획 중앙부 화재는 풍하측을 우선으로 하고 풍횡측 및 풍상측의 순으로 포위한다.
화재성상별 관창 배치	• 제1성장기의 경우는 옥내에 진입하여 화점을 일거에 소화한다. • 제2성장기의 경우는 옥내에 진입하되, 2층 이상 건물의 경우는 고층부분을 중점으로 하고 단층일 때는 천장 속을 중점으로 한다. • 최성기의 경우는 연소 건물의 풍하측에 우선으로 배치하고 풍횡측, 풍상측의 순으로 포위한다. 단, 풍상, 풍횡측에 있어서도 인접건물 간격이 좁을 경우는 위험도에 따라서 배치한다. 또한 경사지에 있으면 높은 측을 우선한다.
대규모 건물	• 대구경의 관창을 사용한다. • 관창 배치 우선순위는 인접건물 또는 연소위험이 큰 곳으로 한다. • 방수포를 건물 측면에 배치하여 활용한다. • 연소저지선을 설정할 때의 관창 배치 중점장소는 방화벽, 방화구획, 건물의 구부러진 부분, 옥내계단부분 등으로 한다. • 학교, 기숙사 등의 건물은 연소방향에 있는 적은 천장구획(12m 간격 이내)을 방어 중점으로 천장을 파괴하여 천장에 주수한다. • 사찰, 중요문화재 건물의 접근이 곤란할 때는 방수포를 활용하여 고압으로 대량 방수한다.
기상조건별 관창 배치	• 풍속이 5m/sec 이상이 되면 비화발생 위험이 있으므로 풍상측에 비화경계 관창을 배치한다. • 풍속이 3m/sec를 초과하면 풍하측의 연소위험이 크므로 풍하측을 중점으로 관창을 배치한다. • 풍속이 3m/sec 이하가 되면 방사열이 큰 쪽이 연소위험이 있으므로 그 방향을 중점으로 관창을 배치한다. • 강풍(대략 풍속 13m/sec 이상) 때는 풍횡측에 대구경 관창을 배치하여 협공한다.

■ 주수요령

직사주수	주수요령	• 확실한 발 디딤 장소를 확보하고, 관창수와 관창보조는 주수 방향과 소방호스가 직선이 되도록 위치한다. • 관창수는 반동력과 충격에 대비하여 무게중심을 앞으로 두고 연소실체를 목표로 주수한다. • 전개형 분무관창을 사용하는 경우 관창의 압력이 0.3MPa 미만일 때는 관창수 1인, 0.3MPa 이상일 경우는 관창보조가 필요하다. 반동력은 약 2MPa 이하가 적당하다. • 목표를 겨냥하여 주수하고, 광범위하게 소화하기 위해서는 상하, 좌우 또는 원형 등의 응용방법을 활용하며 관창의 개폐조작은 서서히 한다.
	주수특성	• 사정거리가 길고, 다른 방법에 비해 바람의 영향이 적으므로 화세가 강해 접근할 수 없는 경우에 유효하다. • 파괴력이 강해 창유리, 지붕 기와 등의 파괴, 제거 및 낙하위험이 있는 물건의 제거에도 유효하며, 목표물에 대한 명중성이 있다. • 반동력이 커서 방향전환, 이동주수가 용이하지 않다. • 장애물에 대해서는 주수 범위가 좁아 용이하다. • 옥외에서 옥내로 또는 지상에서 높은 곳으로 주수하는 경우 반사주수를 실시하면 유효하다. 단, 사정거리 및 사정각도에 주의한다.
	안전관리	• 반동력의 감소에 유의한다. 관창 뒤 2m 정도에 여유소방호스를 직경 1.5m 정도의 원이 되도록 하면 반동력은 약 0.1MPa 정도 줄게 된다. • 고압으로 위험이 있는 경우 자세를 낮추고 체중을 앞발에 실어 버틴다. • 고압으로 가까운 물건에 주수하면 반동력이 증가하므로 주의한다. • 주수 위치를 변경할 경우는 일시 중지하고 이동한다. • 송전 중인 전선에의 주수는 감전의 위험이 있으므로 안전거리를 확보할 필요가 있다. 보통 1mA는 안전치가 되고 있지만 조건, 피로 등을 고려하면 그 이상의 거리를 확보하여 주수할 필요가 있다.
고속 분무주수	주수요령	• 관창압력 0.6MPa, 관창 전개각도 10~30° 정도를 원칙으로 한다. • 주수방법 등은 직사주수와 같은 요령으로 한다.
	주수특성	• 주수범위가 직사주수보다 넓다. • 화점에 접근할 수 있는 경우는 소화에 유효하다. • 연소저지에 유효하며, 닥트스페이스, 파이프샤프트 내 등의 소화에 유효하다. • 사정거리는 직사주수보다 짧고 파괴력도 직사주수보다 약하다. • 감전의 위험은 직사주수보다 적으며 전도화염의 저지에 유효하다. • 직사주수보다 반동력이 적고, 파괴 시 충격력이 적다. • 고압으로 유류화재에 질식효과가 있다.
	안전관리	직사주수 요령의 안전관리와 동일하다.

종속 분무주수	주수요령	• 관창압력 0.3MPa 이상, 관창 전개각도는 30° 이상으로 한다. • 관창의 개폐는 서서히 조작하며, 소화, 배연, 차열, 엄호, 배열 등 주수 목적을 명확히 하여 실시한다. • 옥내 또는 풍상에서 활용하는 것이 효과적이며, 고온이 되고 있는 부분 또는 연소실체에 직접 소화수가 도달하는 위치에 주수한다. 또한 냉각주수의 경우는 간접주수 해도 좋지만 수손 방지를 충분히 고려한다. • 화면이 적은 경우는 전체를 덮도록 한다. • 소규모 유류화재를 소화할 경우는 표면을 덮도록 고압주수한다. • 소구획 실내의 배연을 목적으로 한 주수는 개구부 전체를 덮도록 한다.
	주수특성	• 주수범위가 넓다. 따라서 연소실체에의 주수가 가능하다. • 분무수막에 의한 냉각효과가 크며, 검색 진입대원의 신체보호에 유효하다. • 소구획실 내에서의 소화 주수에 유효하다. • 파괴를 필요로 할 때는 충격력이 약해 부적당하다. • 전개각도에 의해 시야가 가려 전방의 상황파악이 어렵다. • 사정거리가 짧으므로 화열이 강한 경우는 연소실체에 직접 주수는 곤란하며 바람과 상승기류의 영향을 받는다. • 용기, 소탱크의 냉각에 유효하며, 소규모 유류화재, 가스화재의 소화에 유효하다. • 주수에 의한 감전위험은 비교적 적다.
	안전관리	• 배연, 배열 등을 실시할 때는 주수 부분을 명시하여 백드래프트와 배연 측의 안전에 유의하면서 행한다. • 도시가스의 분출을 수반하는 화재의 경우는 주위의 연소방지에 주력을 해놓고 가스 차단방법이 확정되고 나서 소화한다. • 화점실 내에 주수하는 경우는 열기의 분출에 주의하고 개구부의 정면에 위치하는 것을 피해 주수하되, 내부의 상황을 확인하면서 진입한다. • 진입 시에는 관창에 얼굴을 접근시켜 자세를 낮게 한다. • 전기 기기, 전선 등의 전압이 33,000V 이하의 경우 주수 거리는 2m 이상 떨어져 실시한다. 그러나 가급적이면 송전 중인 전선에의 주수는 피한다.
저속 분무주수	주수요령	• 간접공격법에 가장 적합한 주수방법이다. • 주수위치는 개구부의 정면을 피하고, 분출하는 증기에 견딜 수 있도록 방호한다. • 연소가 활발한 구역에서는 공간 내의 고열이 있는 상층부를 향해 주수한다. • 분출하는 연기가 흑색에서 백색으로 변하고 분출속도가 약해진 때에는 일시 정지하여 내부의 상황을 확인하면서 잔화를 소화한다.
	주수특성	• 입자가 적어서 기류의 영향을 받기 쉬우며 증발이 활발하다. • 수손이 적고 소화시간이 짧다. • 벽, 바닥 등의 일부를 파괴하여 소화하는 경우에 유효하다.
	안전관리	• 소구획 화점실의 경우는 증기의 분출이 특히 강렬하므로 주수위치의 선정은 신중히 행한다. • 주수목표 측의 개구부 면적을 적게 하고 외벽면의 개구부를 크게 하면 배연, 배열효과가 크고 대원의 피로를 적게 할 수 있다.

확산주수	주수요령	• 보통 직사 또는 분무주수로 하는 것이 효과적이다. • 확실한 발판을 확보한다. • 관창수는 반동력에 의한 충격에 대비하여 체중을 전방에 두고 오른손으로 소방호스 결합부 부근을 허리에 댄 다음, 왼손으로 관창부분을 잡고 방수한다.
	주수특성	• 광범위하게 주수하는 것이 가능하며, 소방력이 적을 때의 방어에 유효하다. • 낙하물의 제거 및 냉각에 유효하며, 저압의 경우 잔화정리에 유효하다.
	안전관리	• 높은 장소에 주수하는 경우는 낙하물에 주의한다. • 저각도 또는 수평상태로 방수하는 경우 다른 대원의 직격에 주의한다. • 다른 소방대와 연계하여 주수방향에 사람이 없는 것을 확인한다. • 반동력에 주의하여 보조자를 둔다. • 관창수의 교대 시에 주의한다.
반사주수	주수요령	• 직사주수 또는 분무주수로 한다. • 천장 등에 있어서는 반사 확산시켜 목표에 주수한다. • 압력, 주수각도에 따라 도달거리, 확산의 범위가 변하므로 상황에 따라서 이동, 휘둘러서 압력의 변화를 이용한다. • 안전한 발판을 확보한다.
	주수특성	• 직접 연소실체에 주수할 수 없는 곳(사각)의 소화에 유효하다. • 옥외에서 옥내의 사각지점 소화에 유효하다. • 내화건물 내 축적된 열의 냉각에 효과적이지만 수손방지에 대하여 유의할 필요가 있다. • 주수효과의 확인이 곤란하므로 효과 없는 주수가 되기 쉬운 결점이 있다.
	안전관리	• 고압의 경우 파괴나 낙하물에 의해 위험이 생기기 쉬우므로 다른 소방대와 연계하여 활동한다. • 가열된 소구획의 방, 천장에 주수하는 경우 열기, 증기에 주의한다. • 벽체 등에 주수할 때 충격에 의한 반동력이 크므로 주의한다.

■ **간접공격법(로이드레만 전법)**

① 간접공격법의 전제조건
   ㉠ 연소물체 또는 옥내의 온도가 높은 상층부를 향하여 주수한다.
   ㉡ 고온에 가열된 증기에 의해 대원이 피해를 받지 않는 위치를 선정한다.
   ㉢ 주수 시 개구부는 가능한 한 작게 하는 것이 위험성을 감소시킨다.
   ㉣ 가열증기가 몰아칠 염려가 있는 경우는 분무주수에 의한 고속분무로 화점실 천장면에 충돌시켜 반사주수를 병행한다.
   ㉤ 천장 속 등의 부분은 분무주수 하는 것이 효과적이다.

② 간접공격법 효과의 판단
   ㉠ 주수 중의 실내에서 배출되는 연기와 증기량에서 다음과 같이 판단한다.
      • 제1단계(= 주수 초기) : 연기와 화염의 분출이 급격히 약해진다.
      • 제2단계(= 주수 중기) : 흑연에 백연이 섞여 점점 백연에 가깝다.
      • 제3단계(= 주수 종기) : 백연의 분출속도가 약한 것으로 일시 중지하여 내부 상황을 확인한다. 이 단계에서 작은 화점이 존재할 정도의 화세는 약하므로 서서히 내부에 진입하여 부분국소 주수로 수손방지에 유의하면서 잔화를 정리한다.

ⓒ 간접공격법에 의하면 90% 이상 수중기화하는 것이 가능하므로 바닥면에 다량의 물이 있으면 주수정지의 시기를 잃었다고 판단한다.

ⓒ 옥내의 연소가 완만하여 열기가 적은 연기의 경우는 이 전법을 이용하더라도 효과는 적으므로 개구부 개방 등에 의해 연기를 배출하면서 화점을 확인하여 직사주수 또는 고속 분무주수를 짧게 계속하는 편이 수손피해를 적게 할 수 있다.

■ 엄호주수의 요령

대원에 대한 엄호주수	엄호주수가 필요한 경우	• 농연과 열기가 충만한 실내에서 인명검색을 할 때 • 가연성가스, 유독가스 중에서 소방활동을 할 때 • 소방활동 중에 농연, 열기 등이 휩쓸아칠 염려가 있을 때 • 복사열이 강한 장소에서 직사주수 작업을 할 때 • 열이 강한 장소에서 셔터 파괴 시 • 바닥파괴 시 갑자기 열이 솟구쳐 오를 때
	엄호주수 요령	• 관창압력 0.6MPa 정도로 분무주수를 한다. • 관창각도는 60~70°로 하고 관창수 스스로가 차열을 필요로 할 때는 70~90°로 한다. • 엄호주수는 작업 중인 대원의 등 뒤에서 신체 전체를 덮을 수 있도록 분무주수로 한다. • 강렬한 복사열로부터 대원을 방호할 때는 열원과 대원 사이에 분무주수를 행한다.
구조대상자에 대한 엄호주수		연소 중의 실내에서 연기, 열기에 휩싸여 있는 구조대상자가 있거나 또는 대원이 복사열에 의해 접근이 곤란할 경우의 주수 요령은 다음과 같다. • 구조대상자가 있다고 생각되는 직근의 천장 또는 벽면으로 주수한다. • 유효사정을 확보하기 위해 고속분무(10~15°)로 주수한다. • 주수 종별은 반사주수 또는 상하 확산주수로 수막을 형성하여 차열한다.

■ 3D 주수기법

① 화재가 발생되어 연소 중인 가연물질 표면과 실내 전체에 퍼져있는 연기에도 주수하는 방식. 즉, 공간을 3차원적(다각도)으로 활용하는 화재진압 방식을 말한다.

② 3D 주수기법 적용 시 가장 적합한 물방울 사이즈는 대략 0.3~0.4mm가 일반적이며, 실제 상황에서 물방울 크기를 측정하기 위한 가장 효과적인 방법은 숏펄싱 주수 시 공기 중에 4~5초간 물방울들이 남아 있는 것을 확인하는 방법이다.

③ 3D 주수기법은 해당 구획실의 크기가 $70m^2$ 이상일 경우 부적합하다고 볼 수 있다.

④ 3D 주수기법은 펄싱(Pulsing), 페인팅(Painting), 펜슬링(Penciling)으로 나눌 수 있다.

펄싱 기법	의 미	해당 공간을 3차원적으로 냉각시키는 방식	화재환경을 제한하고 통제하며 화점실까지 도달하게 도와주는 것
	주수방법	주수를 통해 주변의 공기와 연기를 냉각시키는 것	
페인팅 기법	의 미	벽면의 온도를 낮추고 열분해를 중단시키는 것	
	주수방법	벽면과 천장의 온도를 낮추고 열분해 중단시키는 것	
펜슬링 기법	의 미	연소 가연물에 직접 주수하여 화재 진압을 하는 방법	실제 화재진압용 기술
	주수방법	화점에 직접 주수를 하면서 화재를 진압하는 방식	

※ 펄싱과 페인팅 주수기법은 직접 화재진압방식을 대체하는 것이 아니라 화재를 진압하는 곳까지 도달하게 도와주는 기법이다.

■ 펄싱 주수기법

간헐적으로 물을 뿌려주는 것을 말하는 것으로 해당 공간을 3차원적으로 냉각시키는 것으로 숏펄싱, 미디움펄싱, 롱펄싱 기법이 있다.

숏펄싱 기법	의 의	건물내부에 진입하기 전 출입문 상부에 주수를 하여 물이 증발하는지 흘러내리는지를 관찰하여 증발할 때는 어느 위치에서 증발하는지를 판단하여 출입문 내부 천장부분에 주수한다. 문개방 시 내부의 가연성가스와 산소가 혼합되어 자연발화될 가능성이 있기 때문이다. 그리고 내부에 진입해서 상부로 주수를 하여 산소농도를 낮추고 가연성 가스를 희석시켜 자연발화 온도에 도달하는 것을 방지하며, 대원 머리 위 또는 근처에 고온의 화재가스가 있을 경우 바로 사용하도록 한다. 이때 1초 이내로 짧게 끊어서 주수하며, 물의 입자(0.3mm 이하)가 작을수록 효과가 높은 장점을 가지고 있다.
	요 령	• 확실한 발 디딤 장소를 확보하고 낮은 자세를 유지한다. • 관창수는 화점실 진입 전 머리 위쪽 및 주변 상층부 연기층을 목표로 주수한다. • 관창보조는 소방호스를 땅에 살짝 닿도록 들어서 잡아준다. • 관창수가 담당하는 부분은 앞부분이며, 나머지 수관의 반동이나 무게는 보조자가 담당한다. • 관창의 노즐은 오른쪽 방향 끝까지 돌려서 사용한다. • 관창의 개폐조작은 1초 이내로 짧게 끊어서 조작한다. • 좌(우)측, 중앙, 우(좌)측 순으로 상층부에 짧게 끊어서 3~4회 주수한다.
미디움펄싱 기법	의 의	숏펄싱과 롱펄싱의 중간 주수기법으로 1~2초의 간격으로 주어진 상황에 따라서 방어와 공격의 형태로 적용할 수 있다.
	요 령	• 확실한 발 디딤 장소를 확보하고 낮은 자세를 유지한다. • 관창수는 화점실 진입 전 전면 상층부 연기층 및 간헐적 화염을 목표로 주수한다(주수한 물이 모두 기화하는 것이 아니라 일부는 가스층을 뚫고 천장 표면에 부딪혀 표면 냉각효과를 갖기도 한다). • 관창보조는 소방호스를 땅에 살짝 닿도록 들어서 잡아준다. • 관창의 노즐은 오른쪽 방향 끝까지 돌려서 사용한다. • 관창의 개폐조작은 1~2초 이내로 끊어서 조작한다. • 좌(우)측, 중앙, 우(좌)측 순으로 전면 상층부에 끊어서 3~4회 주수한다.
롱펄싱 기법	의 의	상부 화염 소화, 가스층 희석 및 온도를 낮추어 대원들이 내부로 더 깊이 침투할 수 있도록 하며, 주어진 상황에 따라서 3~5초의 간격으로 다양하게 적용한다.
	요 령	• 확실한 발 디딤 장소를 확보하고 낮은 자세를 유지한다. • 관창수는 구획실 앞쪽 상층부 연기층 및 화염을 목표로 주수한다. • 관창보조는 소방호스를 땅에 살짝 닿도록 들어서 잡아준다. • 피스톨 관창의 노즐은 오른쪽 방향 끝까지 돌려서 사용한다. • 관창의 개폐조작은 2~5초 이내로 끊어서 조작한다. • 좌(우)측, 중앙, 우(좌)측 순으로 상층부에 주수하며 구획실 공간 전체 용적을 채울 수 있도록 수차례 나눠서 주수한다.

■ 페인팅 주수기법
① 내부 벽면과 천장을 페인트칠하듯 물을 살짝 주수하는 방식으로 벽면과 천장이 나무와 같은 가연성 물질로 구성되어 있으면 표면냉각과 열분해 감소 효과가 있으며, 불연성 물질로 되어 있으면 복사열 방출을 줄여 가연물 열분해를 방지하고 가연성 연기층을 냉각시키는 효과가 있다.
② 지나치게 많은 양의 주수는 하지 않는다. 냉각 후에 결과를 보기 위해 잠시 기다린 후 쉿쉿 소리가 들리면 매우 높은 온도를 의미하고 바닥에 물이 떨어지는 소리는 낮은 온도를 의미한다.
③ 벽면이 매우 뜨겁다면 너무 많은 증기가 발생하지 않도록 페인팅 주수 중단 시간을 길게 할 필요가 있다.
④ 페인팅 주수요령
   ㉠ 움직임이 크므로 펄싱 주수 자세보다 좀 더 높은 자세를 유지한다.
   ㉡ 관창수는 화점실 접근 시 문틀 주변에 주수(불이 다른 구역으로 번지지 않도록 냉각)하고, 화점실 진입 시 벽면 및 천장을 목표로 주수한다.
   ㉢ 반동력이 크지 않으므로 이동에 용이하다.
   ㉣ 관창의 노즐은 오른쪽 방향 끝에서 왼쪽으로 조금 열어서 사용한다.
   ㉤ 관창의 개폐장치는 조금 열어 물줄기가 보이게 벽면과 천장에 닿을 정도로 조작한다.
   ㉥ 주수 시 페인트칠을 하듯 위에서 아래로, 천장 한쪽 끝에서 반대쪽 끝으로 지그재그 방식으로 적정량을 주수하도록 한다.
   ㉦ 매우 높은 열량을 가진 벽면에 주수 시 많은 수증기가 발생하지 않도록 주의한다.

■ 펜슬링(penciling) 주수기법
① 직사주수 형태로 물방울의 크기를 키워 중간에 기화되는 일이 없도록 물을 던지듯 끊어서 화점에 바로 주수하여 화재진압을 시작하는 방식이다. 연소 중인 물체의 표면을 냉각시켜 주면서 다량의 수증기 발생을 억제하고, 열 균형을 유지시켜 가시성을 유지시키는 효과가 있다.
② 펜슬링 주수요령
   ㉠ 확실한 발 디딤 장소를 확보하고 낮은 자세를 유지한다.
   ㉡ 관창수는 화점을 목표로 주수한다.
   ㉢ 반동력이 크므로 관창보조는 소방호스를 땅에 살짝 닿도록 들어서 잡아준다.
   ㉣ 관창의 노즐은 오른쪽 방향 끝에서 왼쪽으로 1/4바퀴 돌려 직사주수 형태로 사용한다.
   ㉤ 관창의 개폐장치를 열어 물줄기를 던지듯 끊어서 조작한다.
   ㉥ 구획실 내 화점이 여러 곳일 경우 펜슬링(화점), 펄싱주수(공간), 펜슬링 그리고 페인팅 기법을 반복하면서 주변공간을 냉각시키고 화재를 완전히 진압한다.

■ **연소확대 방지**

현대적 소방전술의 최우선 원칙은 연소 확대를 막는 것이다. 물론 이 원칙은 인명구조 우선 원칙에 앞서는 것은 아니며 재산상의 손실을 최소화하기 위한 전술이다.

화재를 억제시키는 것과 연소 확대를 방지하는 것은 다른 의미이다. 화재를 억제시키는 것은 화재가 발생한 공간 범위를 벗어나지 않도록 억제하는 것을 말하며, 연소 확대를 방지하는 것은 화재가 억제범위를 벗어나지 않도록 하는 것으로 연소 확대를 방지하는 것이 더 큰 우선순위의 대상이다. 즉, 연소 확대를 막는 것은 화재를 중단시키는 것이고, 화재를 억제시키는 것은 화재를 봉쇄하는 것을 말한다. 그러므로 화재를 억제시키기에 앞서 연소 확대를 우선적으로 막아야 한다.

① 숨겨진 공간 확인
  ㉠ 천장을 가진 건축물 화재의 경우 화재가 발생한 장소 근처에 있는 천장을 개방하여 불꽃이 천장을 관통했는지 여부 확인
  ㉡ 냉난방 시스템의 흡입관 주위의 천장을 개방해 보고 불꽃이 천장을 통과하여 흡입관 주위에 침투되지 않았는지 확인
  ㉢ 배연을 위해 개방한 창틀을 확인
  ㉣ 화재 지점 근처의 벽 속을 조사
    숨겨진 밀폐 공간을 개방할 때는 인근에 반드시 즉시 주수가 가능한 관창을 배치해야 한다. 층과 층 사이의 연소 확대가 우려되는 구조의 건물인 경우에는 벽 안이나 천장 속에 연소가 확대 되었다고 판단되면 즉시 추가 진압팀을 화재 발생 위층에 배치하고 바닥 또는 벽을 개방해야 한다. 화재가 이미 이 층을 통과했다면, 진압팀을 즉시 상층(꼭대기 층)으로 이동시키고 지붕 공간이나 다락방을 검색해야 한다. 이러한 조치는 특히 수직 통로를 가진 개조된 건물인 경우에 더욱 필요하다.

② 창 문
  인접 건물이나 상층부로의 연소 확대 유무를 확인할 때 창문 주변을 가장 우선적으로 확인해야 한다. 불꽃이 창문을 통과한 흔적이 있다면 인접한 건물 또는 상층부 공간 내부로 연소가 확대되었을 가능성이 높다. 이 경우에는 즉시 지휘소에 연소 확대 우려사실을 알리고 진압팀의 추가배치를 요청한다.

③ 지붕공간
  ㉠ 수평 연소 확대여부를 판단하기 위하여 인접 공간을 확인할 때, 화재발생 장소의 전후좌우에 위치한 인접 구획 공간의 천장을 개방해 보고 천장 또는 지붕 공간을 통해 들어오는 연기나 불꽃이 있는지 반드시 확인한다.
  ㉡ 경사지붕으로 된 주택과 같은 건물은 천장부분의 확인과 함께 지붕외관을 통해 연기의 발생 유무를 확인하고 연소 확대 여부를 판단한다.

④ 지하공간
  ㉠ 출입구를 통한 호스전개가 불가능한 상황에서 연소 확대를 방어하기 위해서는 다른 진입 경로를 찾기 위해 인접 지하공간이나 건물 뒤쪽을 살펴보아야 한다.

ⓒ 진입이 불가능한 상황에서 화재진압의 실익이 크다면 개구부를 통해 폼액을 주입한다. 만약 폼액 주입이 효과가 있다면, 배연을 시작하고 농연에 의해 진입대원들이 방향을 잃지 않도록 주의 깊게 관찰해야 하며, 인접 공간이나 건물로 향하는 모든 문, 창문, 통로 등의 숨겨진 통로를 확인한다. 여기서 가장 우선적으로 확인해야 할 곳은 상층부로 향하는 수직 통로(구멍)이며 이곳을 완벽하게 차단해야 한다. 인접 건물로의 확대 방지를 위해 사전에 가장 효과적으로 방어할 수 있는 전략적 위치에 소방호스를 배치하여야 한다.

ⓒ 폼액 주입이 효과가 없을 경우 장시간의 방어적 진압을 준비하고, 불길이 전체 건물로 확대되는 것에 대한 대비책으로 지하 공간 직상 층에 미리 대량 방수를 하는 것도 고려해야 한다.

⑤ 노출방어 ▶ 건물과 건물 사이에서 발생하는 복사열에 의한 연소 확대를 막기 위한 전술적 가이드라인

ⓐ 가장 효과가 없는(적은) 전술은 워터커튼(Water Curtain)을 설정하는 것이다. 복사열은 작은 물방울 사이의 공간을 통해 통과되기 때문에 물의 낭비가 가장 심하다.

ⓑ 화재가 소규모나 65mm 관창 이용이 가능할 때, 화재발생 건물(지점)에 직접 방수하고 진압한다.

ⓒ 화재가 대규모이고 화점진압의 효과가 없을 때에는 40mm 관창을 이용하여 인접 건물의 측면에 직접 방수한다.

ⓓ 인접 건물에 복사열에 의한 연소 확대가 이미 진행되었거나 확대 우려가 높은 경우에는, 건물 내부로의 연소 확대를 막기 위해 인접 건물 내부(개구부가 있는 층)에 호스팀이 배치되어야 한다.

■ 소방시설의 활용

종 류	활용요령(중요 부분 요약)
자동화재탐지설비	• 발화지점의 위치확인은 수신기에서 화재표시등 및 지구표시등의 점등위치로 확인 • 음향장치(지구경종, 비상방송설비 사이렌 등)가 정상적으로 송출되는지 확인 • 수신기의 전원이 차단되어 있는 경우 수신기 문을 열고 전원스위치를 확인
연결송수관설비	• 송수는 단독 펌프차대(펌프차)의 1구 송수, 소방용수가 먼 경우에 중계대형 • 송수계통이 2 이상일 때는 연합송수가 되므로 송수구 부분의 송수압력이 같아지도록 펌프를 운용, 뒤에서 송수하는 펌프차대는 약 10% 정도 높은 압력으로 송수
연결살수설비	• 관계자로부터 청취 또는 최초진입대원의 상황보고 등으로 판단하여 연소범위를 확실히 파악하고 활용. 특히, 개방형헤드의 경우 송수구역을 오인하여 송수하면 다량의 수손을 초래할 염려가 있음 • 송수구는 65mm 쌍구형으로 설치하여야 하나 살수헤드수가 10개 이하인 것에 있어서는 단구형의 것으로 할 수 있음 • 펌프의 송수압력은 1~1.5Mpa를 목표로 조작
옥내소화전 설비	• 연결송수관 겸용 소화전함의 표면에는 소화전 이외에 "방수구"의 문자가 표시 • 소방대 방수준비가 완료될 때까지 또는 파이프샤프트, 덕트 및 소규모 화재의 경우는 적극적으로 옥내소화전을 활용

스프링클러설비	• 스프링클러가 설치된 건물의 효과적인 화재진압을 위해서 적절한 배연이 필요
이산화탄소 · 할로겐화합물 소화설비	• 이산화탄소 소화설비의 가스비중은 공기비중의 1.5배이며 방출 후 기화가스는 침강 하므로 당해 설비를 설치한 층보다 아래층에 방호구역이 있는 경우는 그 방사구역으로부터 누출된 가스 등을 예측하여 행동
제연설비	• 제연설비의 활용은 화재 초기부터 중기까지의 활용이 효과적이고 중기 이후 대량의 연기가 발생할 때에는 제연효과가 적음 • 제연설비 작동시에 환기설비가 작동되고 있으면 공기가 휘돌아 제연효과가 저하되므로 환기설비를 정지 • 스모크 타워(smoke tower) : 원격조작의 경우에는 방재센타 등에 의하여 작동 상황을 확인하고 수동인 경우에는 배연구의 개폐유무에 관하여 관계자로부터 의견 청취 • 지하주차장 : 제연설비의 작동방법이 방재센타 등에 의한 원격작동인지 또는 연기감지기에 의한 연동작동인지를 확인

■ 목조건물 화재진압

① 목조건물 화재의 특성
　㉠ 화염 분출면이 크고 복사열이 커서 접근하기 곤란하다.
　㉡ 인접 건물로의 연소 속도가 매우 빠르고 다량 방수나 인접 건물에의 예비 방수가 중요하다.

② 화재진압의 원칙
　목조건물 화재진압의 기본은 신속성이다. 건물상황은 일반적으로 단순하지만, 연소속도가 빠르므로 조기방수가 진압의 포인트이다.
　㉠ 초기단계에서는 화점에 진입하여 집중 방수하여 진압한다.
　㉡ 화재중기에서는 옥내진입 시 화재의 역류(Backdraft)에 주의하고 공기호흡기를 장착한다. 또, 옥내진입은 반드시 방수와 병행한다.
　㉢ 가장 화세가 왕성한 때는 화세 제압 이상으로 주위로의 연소방지에 중점을 둔다.
　㉣ 건물의 내벽, 다락방과 같은 구획부분, 복도, 계단실 등을 연소방지 중점개소로 선정한다.
　㉤ 외벽 또는 내벽 등이 방수에 방해가 될 때는 국부파괴를 하여 방수사각이 생기지 않도록 한다. 특히, 목조건물 화재의 경우 방수 효과는 두드러지게 나타나는 것이 보통이며, 같은 장소에 수분 동안 방수해도 화재상황의 변화가 없으면 연소실체에 물이 닿지 않는 것이므로 방수위치를 변경할 필요가 있다.

③ 관창배치
　목조건물 화재는 주위건물로의 연소 확대 저지를 중점으로 하기 때문에 관창의 배치도 연소위험이 큰 쪽, 연소할 경우 진압활동이 곤란한 쪽으로의 배치를 우선한다.
　㉠ 관창배치의 우선순위는 화재의 뒷면, 측면 및 2층, 1층의 순으로 한다.
　㉡ 바람이 있는 경우 풍하, 풍횡, 풍상의 순으로 한다.
　㉢ 경사지 등은 높은 쪽, 횡, 낮은 쪽의 순으로 한다.
　㉣ 화재건물에 내화조 건물이 인접해 있는 경우는 내화조 건물에 개구부가 있다고 생각하고 경계 및 연소방지를 위하여 내화조 건물내부로 신속하게 경계관창의 배치 또는 확인을 한다.

④ 화재진압 요령
  ㉠ 현장도착 시, 화재발생 건물의 관계자 및 부근에 있는 사람으로부터 구조대상자, 부상자, 건물내부의 상황 등 소방 활동에 필요한 정보를 적극적으로 수집한다.
  ㉡ 구조대상자 등 인명위험의 정보를 수집한 때에는 인명검색을 최우선적으로 전개한다.
  ㉢ 연소 중인 건물내부의 검색, 구조 활동은 반드시 엄호방수를 받으면서 내부로 진입한다.
  ㉣ 현장 최고지휘자가 인명위험이 없다고 판단한 경우에는 화재진압을 중점적으로 실시한다.
  ㉤ 선착대로서 인명검색 외에 여력이 있는 경우에는 화세의 제압에 맞추어 연소위험이 가장 큰 쪽에 진입하여 활동한다.
  ㉥ 후착대는 선착대와 연계하여 활동하며 특히, 선착대가 진입하고 있지 않은 연소 확대 위험이 있는 장소에 진입한다.
  ㉦ 인접건물에 연소위험이 있는 경우에는 분무방수(고속) 등으로 예비주수를 하여 연소를 저지한다.
  ㉧ 지붕이 타서 파괴된 경우에는 비화의 염려가 있으므로 비화경계 활동을 실시한다.
  ㉨ 방수관창의 수는 필요 최소한으로 하여 과잉방수를 하지 않도록 한다.
  ㉩ 적재사다리 또는 인접건물의 베란다 등을 활용하여 화점에 확실하게 방수한다.

■ 방화조건물 화재진압
  ① 화재의 특성
    ㉠ 화재초기의 연소상황은 대개 목조화재와 비슷하다.
    ㉡ 화재초기 이후는 건물의 외벽과 처마의 사이가 적기 때문에 연기가 밖으로 나오기 어렵다. 따라서 공기의 유입이 적고 연기나 열기가 충만하기 쉽다.
    ㉢ 건물 내에는 훈소 상태가 되면 목조건물 화재에 비하여 연소가 완만하다.
    ㉣ 화연이 벽체내부를 따라 확산되어 예기치 않게 건물전체로 확대되는 경우가 있다.
    ㉤ 화재의 최성기 이후에는 몰타르의 박리, 외벽의 도괴가 일어나기 쉽다.
    ㉥ 몰타르벽이기 때문에 방수한 물이 침투하기 어렵고 외벽, 처마, 지붕 속에 잔화가 발생하기 쉽다.
  ② 화재진압의 원칙
    원칙적으로는 목조건물의 경우와 마찬가지지만, 목조건물 화재와 비교하면 연소확대 속도는 느리다. 또, 기밀성도 높으므로 화점 및 연소범위를 파악하는 것이 진압활동의 포인트이다.
    ㉠ 선착대는 화점건물 및 주변건물의 인명검색을 우선적으로 실시한다.
    ㉡ 소화활동은 연소위험이 큰 곳에 진입하여 연소방지를 중점으로 실시한다.
    ㉢ 인접건물로의 연소는 창 등의 개구부와 처마를 통하여 이루어지는 경우가 많으므로 이 부분은 조기에 방수할 수 있도록 한다.
    ㉣ 방화조 건물은 내부에 농연이 충만하고 화점의 확인이 곤란하기 때문에 필요한 경우 분무방수 등으로 제거하면서 화점발견에 노력한다.
    ㉤ 벽체 혹은 천장 속에 들어간 불의 확인은 열화상카메라 등 장비를 통해 확인한다.

③ 관창배치
  ㉠ 뒷면을 최우선으로 하고 측면, 2층 및 1층의 순으로 옥내진입을 원칙으로 한다.
  ㉡ 풍향, 주위의 건물배치를 고려하여 관창배치의 우선순위를 결정한다.
  ㉢ 연소건물에 내화조 건물의 개구부가 면하여 있는 경우는 내화조건물에 관창을 배치한다.
④ 화재진압 요령
  ㉠ 분무방수에 의한 배연, 배열을 하고 화점을 확인 후 연소실체에 방수한다.
  ㉡ 농연이 충만해 있는 경우는 낮은 자세로 중성대로부터 들여다보고 화점위치를 확인한다.
  ㉢ 벽이나 지붕속 등의 화원은 천장을 국부 파괴하여 화점에 방수한다.
  ㉣ 농연, 열기가 건물에 충만해 있는 경우는 플래시오버에 주의하고 문을 조금 열어 내부에 방수를 한 다음 개방한다.
  ㉤ 인접건물로의 연소는 개구부에서 불꽃이 분출하기 시작한 때부터 지붕이 파괴될 때까지가 가장 위험하다. 따라서 이 시기에 인접건물과의 사이에 경계관창을 배치한다.
  ㉥ 개구부가 적고 방수사각이 생기기 쉬운 건물은 외벽을 국부 파괴하여 방수구를 설정한다.
  ㉦ 방화조 건물의 화재방어는 몰타르의 박리, 낙하, 외벽의 붕괴에 주의한다.
  ㉧ 잔화처리는 벽속, 처마속, 지붕속 등에 잔화가 남기 쉬우므로 육안, 촉수, 국부파괴에 의하여 잔화를 처리하고 재연소방지에 노력한다.
  ㉨ 방화조 건물의 2층은 방수한 물이 바닥에 고여 상당한 중량이 되므로 만약 바닥이 타고 있으면 잔화처리 등을 위해 사람이 올라갔을 때 붕괴될 염려가 있다.

■ 내화조건물 화재진압
① 내화조건물 화재의 특성
  내화조건물은 철근콘크리트조, 조적조, 석조, 콘크리트조 및 블록조 등 주요구조부가 내화성능을 가진 건물이다. 여기서는 3층 이상 7층 미만의 중층 내화조건물 화재방어요령에 관하여만 기술한다. 일반적으로 내화조건물의 화재는 건물 주요구조부는 타지 않기 때문에 기밀성이 우수하고 초기의 연소는 완만하다.
  ㉠ 화재초기에는 화세도 약하고, 외부의 공기가 유입되지 않는 상태에서는 연기의 중성대가 확실하게 나타난다. 자세를 낮추면 화점도 비교적 쉽게 발견할 수가 있다.
  ㉡ 증기를 지나면 농연, 열기가 실내, 복도에 충만하여 내부진입도 어렵고 화점확인도 어렵게 된다. 또, 파이프샤프트, 계단, 닥트 등을 연소 경로로 하여 상층으로 연소 확대된다.
② 인명구조
  ㉠ 소방활동은 인명구조를 최우선으로 한다.
  ㉡ 구조대상자에 관한 정보는 애매한 내용이라고 해도 추적하여 확인한다.
  ㉢ 인명검색은 대별로 임무를 분담하여 모든 구획을 한다.
  ㉣ 구조대상자가 있는 경우 열기로부터 몸을 보호하기 위하여 직접 분무방수를 한다.
  ㉤ 유독가스나 연기를 마시고 쓰러져 있는 사람을 발견한 경우는 기도확보 등 현장에서 응급처치가 가능한 경우 현장에서 실시하고 구급대와의 연계하에 구명에 노력한다.

③ 관창배치
　㉠ 관창은 급기측, 배기측의 2개소 이상의 개구부에 배치하고 방수는 급기측에서 실시하며, 배기측은 원칙적으로 경계관창으로 한다.
　㉡ 경계관창으로서 화점 직상층 및 좌우측의 공간에 경계선을 배치하고 관창까지 송수하여 연소 확대에 대비한다.
　㉢ 내화조건물은 닥트 및 파이프스페이스 등의 공간을 경로로 한 연소확대가 예상되므로 각 층 및 각 실의 경계와 확인을 조기에 실시한다.

④ 배연요령
　㉠ 하층을 급기구, 상층(옥탑 : Penthouse)을 배연구로 설정하여 옥내 계단의 연기를 배출시켜(Clear Zone을 설정) 피난자의 탈출 및 대원의 활동을 쉽게 한다.
　㉡ 배연설비를 적절하게 활용한다.
　㉢ 급기측, 배기측으로 진입한 각 대는 서로 연락을 취하여 배연 및 소화활동의 효과를 높인다.
　㉣ 필요한 경우 분무방수로 배연한다.

⑤ 화재진압 요령
　㉠ 화점실에 연기의 중성대가 있는 경우에는 자세를 낮게 하여 실내를 직접 보고 구조대상자 및 화점을 확인한다.
　㉡ 방수는 수손방지를 위하여 분무방수 및 직사방수를 병용하여 실시한다.
　㉢ 개구부를 급격하게 개방하면 역류(Backdraft)에 의한 화상 등의 염려가 있으므로 방수를 하면서 천천히 개방한다.
　㉣ 내화조 건물에서 개구부가 적을 때에는 파괴기구로 개구부를 만든다.
　㉤ 야간에는 조명기구의 활용으로 방어효과를 높인다.
　㉥ 초기에 구조대상자가 없는 것이 확인된 상황에서의 소방활동은 화세제압을 중점으로 하여 연소확대 방지에 노력한다.
　㉦ 공기호흡기를 착용하고 내부진입을 적극적으로 시도하고 반드시 화점에 방수한다.

⑥ 수손방지
　㉠ 내화조 건물에서는 농연, 열기가 있어도 함부로 방수해서는 안된다. 이러한 방수는 화점 확인을 어렵게 하고 수손의 원인이 되므로 반드시 화점을 확인하고 방수한다.
　㉡ 밀폐된 아파트 등 소구획된 실내에서는 방수량이 적은 포그건(Fog Gun) 등을 사용한다.
　㉢ 화점 하층의 방 등에 천장에서부터 누수가 있는 경우는 가구 등에 방수커버를 덮어 오손을 방지한다. 또, 실내의 수용물만 탄 소규모 화재의 경우 화재실내에서도 마찬가지의 오손방지를 적극적으로 한다.
　㉣ 건물 지하에 있는 기계실 및 전기설비에 물이 들어가지 않도록 모래주머니, 방수커버 등으로 조치한다.

■ 지하 화재진압
  ① 지하실 화재의 특성
    ㉠ 농연이 충만하기 때문에 진입구, 계단, 통로의 사용이 곤란하다.
    ㉡ 공기의 유입이 적기 때문에 연소가 완만하지만, 시간이 경과함에 따라 복잡한 연소상태를 나타낸다.
    ㉢ 출입구가 1개소인 경우에는 진입이 곤란하고 급기구, 배기구의 구별이 어렵다.
    ㉣ 지하실에 전기실, 기계실 등이 설치되어 있는 경우에는 소방대의 활동이 매우 위험하다.
  ② 화재진압의 곤란성
    ㉠ 농연, 열기에 의한 내부 상황의 파악이 어렵고, 활동장애 요소가 많다.
    ㉡ 진입구가 한정되어 활동범위의 제한을 받는다.
    ㉢ 진입구가 1개소인 경우에는 한 방향으로만 현장 활동을 하게 되어 혼잡하고 활동에 지장을 초래한다.
    ㉣ 장비와 기자재의 집중 관리장소를 현장 가까이에 둘 수 없는 경우가 많다.
  ③ 화재진압 요령
    ㉠ 지하실에는 불연성가스 등의 소화설비가 있는 경우가 많으므로 내부의 구획, 통로, 용도, 수용물 등을 파악한 후 행동한다.
    ㉡ 진입개소가 2개소인 경우에는 급기, 배기방향을 결정한 후 급기측에서 분무방수 또는, 배연기기 등을 이용하여 진입구를 설정한다.
    ㉢ 개구부가 2개소 이상일 때는 연기가 많이 분출되는 개구부를 배연구로 하고, 반대쪽의 개구부를 진입구로 한다.
    ㉣ 소화는 분무, 직사 또는 포그 방수로 한다. 또, 관창을 들고 진입하는 대원을 열기로부터 보호하기 위하여 필요한 경우에는 분무방수로 엄호 방수한다.
    ㉤ 급기측 계단에서 화학차를 활용하여 고발포를 방사(放射)하여, 질식소화를 한다.
    ㉥ 고발포를 방사하는 경우에는 화세를 확대시키는 경우도 있기 때문에 상층에 경계관창의 배치를 소홀히 해서는 안 된다.
    ㉦ 대원이 내부 진입할 때에는 확인자를 지정하고, 출입자를 확실하게 파악, 관찰하여야 한다.
    ㉧ 농도가 진한 연기와 열기가 가득하여 진입이 곤란한 경우에는 상층부 바닥을 파괴하여 개구부를 만들고, 직접 방수하여 소화하는 경우도 있다.

■ 대규모 목조건물 화재진압
  ① 대규모 목조건물화재의 특성
    일반적으로 대규모 목조건물은 목구조의 창고, 정비소, 공장, 사찰 등이 있으며, 목조학교도 여기에 해당된다. 대규모의 목조구 화재는 화세가 강하고, 연소속도도 빠르기 때문에 확대될 위험이 크다. 또, 다량의 불티가 비산하기 때문에 비화(飛火)의 발생위험도 높다.

② 화재진압의 곤란성
　㉠ 화재의 면적이 넓어 관창배치를 조기에 설정하기가 곤란하다.
　㉡ 화세가 강하고 대량방수를 필요로 한다.
　㉢ 기둥, 보 등이 타면 건물의 붕괴 위험이 있다.
　㉣ 연소확대된 경우의 화재진압은 방화벽 등 구획장소 이외에서는 곤란하다.
　㉤ 천장이 높은 건물이 많고, 지붕 속이나 천장 속으로 물이 침투되기 어렵다.
　㉥ 화세가 격렬하고, 복사열이 강렬하며, 화재의 면적이 넓기 때문에 건물에 접근하는 것이 곤란하다.
　㉦ 공장 등에서 지붕이 불연재인 경우에는 화염이 위로 분출되지 못하므로 불꽃이나 연기가 옆으로 연소확대한다.
③ 화재진압 요령
　㉠ 수량이 풍부한 소방용수를 선정한다. 연못, 수영장, 저수조, 하천 등의 소방용수를 점령하여 대량 방수태세를 취한다.
　㉡ 옥내에 진입할 때의 관창배치는 화염의 확대를 고려하여 여유호스를 확보하면서 진입한다. 천장 속의 화염확대는 빠르므로 여유거리를 취하여 천장 등의 파괴를 하면서 화점에 방수한다.
　㉢ 옥내로 진입 곤란한 경우의 관창배치는 화점건물의 화세제압과 인접건물로의 연소방지로 구분하여, 연소방지 후 화점 건물로 진입수단을 마련한다.
　㉣ 연소 확대 방지에는 방화벽, 계단구, 건물의 굴곡부 등에 관창을 집중시킨다.
　㉤ 방수는 붕괴, 낙하를 방지하기 위하여 높은 곳을 목표로 한다.
　㉥ 복사열이 크고 비화위험이 있으므로 부근의 건물에 대하여 주의를 기울인다.
　㉦ 붕괴, 천장낙하에 주의하고, 직사방수로 떨어지기 쉬운 것을 떨어뜨린 후 진입한다.

■ 위험물화재 진압을 위한 물의 사용
① 물을 냉각제로 사용
　물은 위험물(B급) 화재를 소화하거나 노출물을 보호하기 위한 냉각제로써 사용될 수 있다.
② 기계적인 도구로 물 사용
　소방호스에서 나온 물로, 연소하고 있든 아니든 간에 B급 가연물을 안전하게 연소할 수 있는 곳이나 발화물을 더 쉽게 진압할 수 있는 곳으로 옮겨 놓을 수 있다.
③ 대체 매개물로써 물 사용
　새고 있는 탱크나 송유관에서 나오고 있는 기름을 대체하는 데 물을 쓸 수 있다. 가연물이 새 나와서 계속 타고 있는 화재는 새고 있는 송유관 속으로 물을 역으로 보내거나 탱크의 새는 곳보다 더 높이 물을 채워서 소화할 수도 있다. 필요한 물의 비율이 크기 때문에, 화재진압을 위해 인화성 액체를 희석시키는 데 물은 거의 이용하지 않는다. 그러나, 이 기법은 새는 것을 막을 수 있는 작은 화재에 유용한 방법이다.

④ 물을 보호막으로써 사용

액체가연물이나 기체가연물의 밸브를 잠그기 위해 전진하는 대원들을 보호하기 위한 막을 만들 때 소방호스를 쓸 수 있다. 첫 번째 소방호스는 보호막용으로 쓰고, 보조 소방호스를 포함하여 두 번째 소방호스는 화재진압과 안전유지에 쓰는 것이 좋다. 인화성 액체나 기체가연물 탱크가 화염에 노출되었을 때는 릴리프밸브를 잠글 때까지 최대 유효 사거리에서 직사방수를 해야 한다.

■ 위험물의 유별 특성과 소화방법

종류	소화방법
1류	① 직사, 분무방수, 포말소화, 건조사가 효과적이다. ② 분말소화는 인산염류를 사용한 것을 사용한다. ③ 알칼리금속의 과산화물에의 방수는 절대 엄금이다.
2류	① 직사, 분무방수, 포말소화, 건조사로 소화하지만, 고압방수에 의한 위험물의 비산은 피한다. ② 금수성 물질(금속분 등)은 건조사로 질식소화한다.
3류	① 방수소화를 피하고 주위로의 연소방지에 중점을 둔다. ② 직접 소화방법은 건조사로 질식소화 또는 금속화재용 분말소화약제를 사용하는 정도이다. ③ 보호액인 석유가 연소할 경우에는 CO_2나 분말을 사용해도 좋다.
4류	① 소화방법은 질식소화가 효과적이다. 그 수단으로서 연소위험물에 대한 소화와 화면 확대 방지 태세를 취하여야 한다. ② 소화는 포, 분말, CO_2가스, 건조사 등을 주로 사용하지만, 상황에 따라서 탱크용기 등을 외부에서 냉각시켜 가연성 증기의 발생을 억제하는 수단도 생각할 수 있다. ③ 평면적 유류화재의 초기소화에 필요한 포의 두께는 최저 5~6cm이어야 하기 때문에 연소 면적에 따라 필요한 소화포의 양을 계산한다. ④ 화면 확대를 방지하기 위하여 토사 등을 유효하게 활용하여 위험물의 유동을 막는다. ⑤ 유류화재에 대한 방수소화의 효과는 인화점이 낮고 휘발성이 강한 것은 방수에 의한 냉각소화는 불가능하다. 그러나 소량이면 분무방수에 의한 화세 억제의 효과가 있다. 또, 인화점이 높고 휘발성이 약한 것은 강력한 분무방수로 소화할 수 있다.
5류	① 일반적으로 대량방수에 의하여 냉각소화 한다. ② 산소함유 물질이므로 질식소화는 효과가 없다. ③ 위험물이 소량일 때 또는 화재의 초기에는 소화가 가능하지만, 그 이상일 때는 폭발에 주의하면서 원격소화 한다. 셀룰로이드류의 화재는 순식간에 확대될 위험이 있으며, 물의 침투성이 나쁘기 때문에 계면활성제를 사용거나, 응급한 경우 포를 사용해도 좋다.
6류	① 위험물 자체는 연소하지 않으므로 연소물에 맞는 소화방법을 선택한다. ② 제6류 위험물은 금수성(禁水性)이다. ③ 위험물의 유동을 막고, 고농도의 위험물은 물과 작용하여 비산하며 인체에 접촉하면 화상을 일으킨다. ④ 발생하는 증기는 유해한 것이 많으므로 활동 중에는 공기호흡기 등을 활용한다. ⑤ 유출사고 시는 유동범위가 최소화되도록 적극적으로 방어하고 소다회, 중탄산소다, 소석회 등의 중화제를 사용한다. 소량일 때에는 건조사, 흙 등으로 흡수시킨다. ⑥ 주위의 상황에 따라서 대량의 물로 희석하는 방법도 있다.

위험물화재의 특수현상 개념 비교

구 분	오일오버(Oilover)	보일오버(Boilover)	후로스오버(Frothover)	슬롭오버(Slopover)
특 성	화재로 저장탱크 내의 유류가 외부로 분출하면서 탱크가 파열하는 현상	탱크표면화재로 원유와 물이 함께 탱크 밖으로 흘러 넘치는 현상	유류표면 아래 비등하는 물에 의해 탱크 내 유류가 넘치는 현상	유류표면온도에 의해 물이 수증기가 되어 팽창, 비등함에 따라 유류를 외부로 비산시키는 현상
위험성	위험성이 가장 높음	대규모 화재로 확대되는 원인	직접적 화재발생요인은 아님	직접적 화재발생요인은 아님

유해화학물질비상대응핸드북(ERG) 활용 방법

① 위험물차량의 형태나 표시 또는 관계자의 송장 등에서 UN번호(노랑), 영문 물질명(청색), 한글 물질명(갈색)을 확인한다.
② 확인된 해당 물질명(영문, 한글)이나 UN번호, CAS번호의 지침 번호를 찾아 주황색 부분에서 대응방법을 찾는다.
③ ①번 사항에서 유해물질목록이 음영으로 표시되어 있으면 녹색 부분을 찾아 초기이격거리와 방호활동거리를 확인한다.
④ 물질 미확인 시 : 지침번호 111번을 활용한다.

유해화학물질비상대응핸드북 색인별 유해물질 목록

■ 초기이격거리 및 방호활동거리

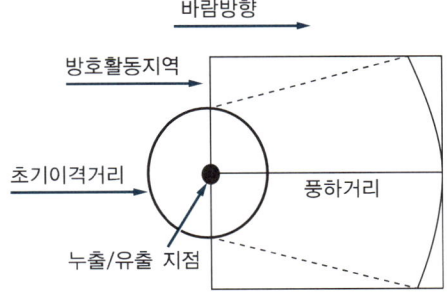

- 초기이격거리 : 유출/누출이 일어난 지점 사방으로 모든 사람을 격리해야 하는 거리, 반경으로 표시
- 초기이격지역 : 사람의 생명을 위협할 정도의 농도에 노출될 수 있는 풍상·풍하 사고 주변지역
- 방호활동거리 : 유출/누출이 일어난 지점으로부터 보호조치가 수행되어야 하는 풍하거리
- 방호활동지역 : 사람들이 무기력해져서 인체 건강상 회복할 수 없을 정도의 심각한 영향을 줄 수 있는 사고 지점으로부터 풍하방향 지역

■ 플랜트 가스폭발
① 폭발 위험성의 예지(폭발위험성분석)
　㉠ 정적 위험성의 예지
　　가연성, 독성, 부식성 등 물성에 기인하는 위험성과 외부의 힘, 열응력, 상변화, 진동, 유동소음, 고온, 저온 등 상태의 위험성의 경우가 있다. 이러한 정적 상태에 대한 위험성을 분석 및 예측하여 제거대책을 세운다.
　㉡ 동적 위험성의 예지
　　화학반응의 진행, 계의 온도, 압력상승에 의한 물질의 위험성 증대와 부하(負荷)의 변화에 의한 위험성증가 등 어떤 조건의 변화에 따라 시간과 함께 변화하는 위험성의 경우이다. 이것은 과거의 재해분석과 작동운전경험 등을 근거로 점검표를 작성하여 위험요인을 찾아낸다.
② 발화원의 관리
　폭발예방의 수단으로서 발화원을 없애는 것은 매우 효과적인 방법으로 발화원은 화염, 고열물질 및 고온표면, 충격·마찰, 단열압축, 자연발화, 화학반응, 전기, 정전기, 광선 및 방사선 등을 들 수 있다.

■ 블레비(BLEVE) 현상과 파이어볼(Fire Ball)

① 블레비(BLEVE ; Boiling Liquid Expanding Vapour Explosion)란 가연성 액화가스 주위에 화재가 발생한 경우 기상부 탱크강판이 국부 가열되어 그 부분의 강도가 약해지면 탱크가 파열되고 이때 내부의 가열된 액화가스가 급속히 팽창 분출하면서 폭발하는 현상을 말한다.

② 블레비 등에 의한 인화성 증기가 분출 확산하여 공기와의 혼합이 폭발범위에 이르렀을 때 발생하는 공 형태의 화염, 즉 원자폭탄이 폭발할 때 생기는 버섯형의 화염덩어리를 파이어볼(Fire Ball)이라 한다.

■ 블레비(BLEVE) 현상의 발생과정

① 액체가 들어있는 탱크주위에 화재발생 → ② 탱크벽 가열 → ③ 액체의 온도 상승 및 압력상승 → ④ 화염과 접촉부위 탱크 강도 약화 → ⑤ 탱크파열 → ⑥ 내용물(증기)의 폭발적 분출 증가

이와 같은 과정을 거치는 경우 만약, 가연성 액체라면 탱크파열 시 점화되어 파이어볼(Fire Ball)을 형성하게 되나 블레비 현상이 화재에 기인한 것이 아닌 경우 탱크파열 시 증기운폭발을 일으킨다.

■ 블레비(BLEVE) 예방법

① 감압시스템에 의하여 탱크압력을 낮춰준다.
② 화염으로부터 탱크로의 입열을 억제한다(탱크외벽의 단열조치, 탱크를 지하에 설치, 물에 의한 탱크표면의 냉각장치 설치 및 가스를 안전한 곳으로 이송조치).
③ 폭발방지 장치를 설치한다.

■ 가스의 불완전연소 현상

황 염	정 의	버너에서 황적색염이 나오는 것은 공기량이 부족해서지만, 황염이 길어져 저온의 피열체에 접촉되면 불완전연소를 촉진시켜 일산화탄소를 발생시키므로 주의한다. 일차공기의 조절장치를 충분히 열어도 황염이 소실되지 않으면 버너의 관창구경이 커져서 가스의 공급이 과대하게 되었거나 가스의 공급압력이 낮기 때문이다. 또한 용기로부터의 자연기화의 경우 잔액이 적은 경우에 황염이 발생하는 것은 가스의 성분변화와 가스의 공급저하에 의한 것이다.
리프팅 (선화)	정 의	염공(가스분출구멍)으로부터의 가스유출속도가 연소속도보다 크게 되었을 때 가스는 염공에 접하여 연소치 않고 염공에서 떨어져서 연소한다. 이것을 리프팅이라고 하며 연소속도가 낮은 LPG는 리프팅을 일으키기 쉬운 경향이 있다.
	원 인	• 버너의 염공(가스분출구멍)에 먼지 등이 끼어 염공이 작게 된 경우 혼합가스의 유출속도가 빠르게 된다. • 가스의 공급압력이 높거나 관창의 구경이 큰 경우 가스의 유출속도가 빠르게 된다. • 연소가스의 배출불충분으로 2차 공기 중의 산소가 부족한 경우 연소속도가 느리게 된다. • 공기조절장치를 너무 많이 열어 가스의 공급량이 많게 되면 리프팅이 일어나지만 가스의 공급량이 적게 될 때는 백드래프트 또는 불이 꺼지는 원인이 된다.

플래시백 (flashback : 역화)	정 의	가스의 연소가 가스분출 구멍의 가스 유출속도보다 더 클 때, 또는 연소속도는 일정해도 가스의 유출속도가 더 작게 되었을 때 불꽃은 가스분출 구멍에서 버너 내부로 침입하여 관창의 선단에서 연소하여 플래시백(flashback)을 일으킨다.
	원 인	• 부식에 의해서 가스분출 구멍이 크게 되면 혼합가스의 유출속도가 상대적으로 느려져 플래시백의 원인이 되며, 관창구경이 너무 작다든지 관창의 구멍에 먼지가 부착하는 경우는 코크가 충분하게 열리지 않아 가스압력의 저하로 플래시백의 원인이 된다. • 가스버너 위에 큰 냄비 등을 올려서 장시간 사용할 경우나 버너 위에 직접 탄을 올려서 불을 일으킬 경우는 버너가 과열되어서 혼합가스의 온도가 올라가는 원인이 되며 또한 연소속도가 크게 되어 플래시백 현상이 나타나기 쉽다.
블로우 오프 (Blow off)	정 의	선화상태에서 가스분출이 심하여 불꽃이 노즐에서 떨어져 꺼져버리는 현상을 말한다.

■ **가스종류별 성상과 소화법**

(1) 액화석유가스(LPG)

① 일반가정에서의 소화활동

㉠ 일반가정의 경우 건물화재에 준하여 행동하고, 안전하게 접근할 수 있을 때에는 용기의 메인밸브를 차단하여 가스분출을 중지시키고, 화재 때문에 가열될 경우에는 폭발할 위험이 있으므로, 유효한 차단물을 이용하여 용기가 넘어지지 않도록 분무주수로 냉각시킨다.

㉡ 건물화재의 진화 후에도 용기의 화염이 소화되지 않았을 때에는 가스방출이 끝날 때까지 연소시키는 것이 좋다.

② LPG를 다량 취급하는 장소

㉠ 충전되어 있는 용기를 다량 취급하는 장소의 화재는 차례차례로 용기가 가열되어, 안전밸브 작동에 의하여 화면의 확대가 빠르고 사방으로 비산하는 것도 생각할 수 있으나 가스의 유동은 거의 없다.

㉡ 방어에 있어서는 유효한 차단물을 이용하고, 집적소에 대하여는 다량으로 주수를 하여 냉각시키고 대원의 접근은 절대로 피하여야 하며, 방수포나 원격조정 방수기구 등으로 원격주수를 하여 위해 방지에 세심한 주의를 하여야 한다.

③ 탱크로리, 저장탱크 등의 소화활동

탱크로리, 저장탱크의 경우 가스의 유동은 거의 없는 것으로 예측할 수 있으므로, 주위에 연소방지와 용기의 냉각에 중점을 둔다. 착화할 때까지 장시간이 소요되면 가스의 유동범위가 넓어지므로, 여러 가지 화원으로 인해 여러 곳에 독립화재가 발생한다. 하수도 등에 유입된 가스로 인하여 2차 폭발 가능성이 있다.

④ 소방용수 부서
  ㉠ 원칙적으로 풍상, 풍횡의 위치에 있는 소방용수(소화전 등)에 부서하고 경계구역 내의 것은 사용하지 않는다.
  ㉡ 하천, 맨홀 등은 가스의 분출점이 될 위험성이 있으므로 사용하지 않는다.
  ㉢ 부서하는 소방용수(소화전 등)의 부근에 지하 시설물의 맨홀 등이 있는 경우에는 폭발위험에 주의한다.
  ㉣ 가스가 체류하기 쉬운 장소는 분무주수로 가스를 확산시키도록 한다.

⑤ 진 입
  ㉠ 진입은 풍상, 풍횡으로부터 접근하는 것을 원칙으로 한다.
  ㉡ 부득이 분출장소에 접근할 경우 대량의 물 분무주수를 하고, 그 내부를 행동범위로 한다. 엄호대원은 가능한 신체노출부위를 적게 하고, 전신의 피복을 완전히 적신다.
  ㉢ 대원은 행동 중 피복의 정전기를 제거하도록 한다.
  ㉣ 경계구역에 펌프차 등이 진입하여서는 안 된다.
  ㉤ 풍향의 변화에 주의한다.
  ㉥ 무선기의 발신, 확성기의 사용, 징 박은 구두를 신고 진입하는 것을 피한다.

⑥ 주 수
  ㉠ 소방용수 부서위치 결정 시 폭발에 의한 위험방지를 위하여 건물 밑이나 담 가장자리 등 가스가 체류할 장소는 피하고 가능한 넓은 장소에 부서한다.
  ㉡ 연소방지를 위한 주수는 직접 연소위험이 있는 부분에 주수하는 것과 연소염을 차단하는 분무주수 방법이 있다.
  ㉢ 용기의 폭발방지를 위한 주수는 화염에 의한 온도상승을 방지하기 위한 것이므로, 탱크 등과 연소화염이 떨어져 있는 경우는 그 중간에 분무방수를 하면 복사열을 차단하는 효과가 있다.
  ㉣ 미연소가스가 유동하는 지하시설, 하천, 건물내부 등은 고속분무주수하여 가스를 조기에 확산·희석시켜 연소확대를 방지한다.

(2) 액화천연가스(LNG)
  ① 특 성
    ㉠ 액화 시 체적이 1/600으로 축소, 무색·투명하다.
    ㉡ 주성분이 메탄으로서 비중이 0.65로 공기보다 약 절반가량 가벼워 누설 시 대기 중으로 증발하여 프로판, 부탄가스보다 폭발위험이 적다.
    ㉢ 연소 시 공해물질이 거의 없는 청정연료이다.
    ㉣ 불꽃 조절이 용이하고, 열효율이 높다.
    ㉤ 지하 배관으로 공급되므로 연료 수송이 용이하다.
    ㉥ 무색·무취의 기체이나, 메르캅탄이라는 부취제를 첨가(마늘 썩는 냄새)하여 누설 시 쉽게 감지할 수 있도록 하였다.

② LNG화재의 소화

누설된 LNG가 착화된 경우에는 누설원을 차단해야 하며, 화재의 소화에는 분말소화기를 사용한다. 그러나 일단 소화가 되더라도 누설된 LNG의 증발은 정지가 가능하지 않아, LNG가 기화하여 부근의 공기 중에 확산, 체류하여 재발화할 우려가 있어 상황에 따라 누설된 LNG를 전부 연소시키는 방법이 효과적이기도 하다.

■ 전기화재의 대응활동 원칙

① 어떤 전선도 소방대원이 직접 끊지 말고 기다려서 훈련된 전기기사가 끊도록 한다. 지금 당장 끊지 않으면 안 되는 상황에서 훈련을 받은 소방대원이 알맞은 장비를 가지고 있을 때는 예외이다.
② 전기위험이 있을 때는 항상 소방대원은 완전 방화복을 착용하고 정식으로 시험하여 승인된 절연도구만을 사용해야 한다.
③ 모든 전선에 고압이 흐르고 있다고 생각하고 다룬다.
④ 소방대원은 감전과 화상 뿐만 아니라 전기 아크 때문에 생길 수 있는 시력 손상에 대해서도 경계해야 한다. 전선에서 발생한 아크를 직접 쳐다보아서는 안된다.
⑤ 끊어진 전선을 봤을 때는 안전을 위해 양쪽으로 전신주 한 구간을 위험지역으로 생각해야 한다. 쇼트 때문에 다른 전선도 이미 약해져서 나중에 떨어져 내릴 수 있기 때문이다.
⑥ 전선이 한 가닥 이상 떨어져 있고, 한 가닥에서 아크가 발생하고 다른 한 가닥은 그렇지 않을 때는 모든 전선이 똑같이 위험한 것으로 간주한다.
⑦ 전류가 흐르는 전기장치 주위에는 직사방수를 해서는 안 된다. 적어도 관창 압력 700kPa로 분무방수해야 한다. 그리고 소방장비는 이러한 지역 가까이에서 사용해서는 안된다.
⑧ 머리 위쪽에 있는 전선근처에서는 사다리, 소방호스 또는 장비를 올리고 내리는데 주의를 기울여야 한다.
⑨ 담장에 대해서도 특별히 중요하게 생각해야 한다. 일단 전류가 흐르는 전선이 담장, 철재 방호책 등에 닿아 있는 한 전하가 걸리게 된다. 담장이 길기 때문에 사람들을 보호하는 데는 곤란한 위험이 생길 수 있다.
⑩ 소방대원은 전선이 땅에 떨어져 있는 지역에서는 조심스럽게 나아가야 하고, 발에서 따끔 따끔 아픈 감각을 느낄 때는 조심해야 한다. 안전화에 있는 탄소 때문에 적은 양의 전하가 충전된 지면으로 흐른다는 징후이다.
⑪ 전선과 접촉되어 있는 소방차나 자동차를 소방대원이 만져서는 안 된다. 거기에 신체를 접촉하면 감전이 일어나도록 땅으로 통하는 회로를 완성하는 셈이 될 것이다. 만약 감전된 소방차에서 빠져 나올 필요가 있을 때는 소방대원이 소방차와 지면에 동시에 닿지 않도록 소방차로부터 뛰어나와야 한다.

⑫ 전선이 떨어진 지역과 작업위치 사이의 충분한 안전거리를 유지함으로써 지면 경사 위험을 피한다. 지면경사(ground gradient)는 저항이 가장 적은 통로를 따라 (가장 높은 곳에서 가장 낮은 곳으로) 지면으로 흐르는 전도체를 통과하는 경향을 말한다. 지면에 닿아있는 곳으로부터 수 m 떨어져 있는 물체의 표면을 통하여 전류를 방출하는 전도체가 땅바닥에 눕혀져 있는 상태에서 일반적으로 있는 일이다. 전압이 높으면 높을수록 멀리 흐를 가능성이 높다. 만약 소방대원이 전선이 떨어진 지역에서 소방호스, 사다리, 곡괭이 장대(pike pole), 또는 다른 물건을 끌고 다닌다면 그들은 지면경사 상황에 들어서고 있는 위험에 처하게 된다. 만약 소방대원의 발과 접지해 있는 물체 사이에 전기적인 잠재성 측면에서 다른 점이 있다면, 전류가 소방대원을 통과하여 끌고 다니는 물체를 통하여 지면으로 되돌아간다는 것이다.

■ 고층건물 화재진압의 곤란성(전술적 환경)
① 건물높이로 인한 전술적 제한
② 넓은 구획의 건물구조로 인한 전술적 제한
③ 반응시간(Reflect Time) : 고층건물화재는 반응시간이 매우 느리다.
④ 건물설비시스템(소방시설 등)의 결함사례
⑤ 통신
⑥ 창문 : 소방전술 관점에서 고층건물은 창문이 없는 건물로 간주되어야 한다.
⑦ 내화구조 : 대부분의 고층 건물은 소방전술적 관점에서 더 이상 내화구조의 건축물로 보기 어렵다.
⑧ 중앙공조시스템 : 작동되지 않는 경우 화재발생 시 연기와 열이 공조시스템을 통해 확대되는 경우가 많다.

■ 고층건물 화재진압 전술 일반
내화구조(耐火構造) 건물 화재방어에 준하는 일반적인 진압전술 외에 고층건물 화재진압전술 요령은 다음과 같다.
① 화점층 및 화점상층의 인명구조와 피난유도를 최우선으로 한다. 다만, 대규모 건물에서 피난은 모든 사람이 옥외로 대피할 때까지 많은 시간이 필요하고, 피난 시 농연에 의한 질식 위험이 있으므로 피난 지시를 할 것인지, 실내에 잔류하도록 할 것인지는 화재상황을 고려하여 신속하게 결정한다. 선착대는 방재센터로 직접 가서 화점층의 요구조자 유무, 소방설비의 작동상황, 자위소방대의 활동상황, 건물내부 구조 등 상황을 확인한다. 현장지휘관은 선착 대장 및 관계자로부터 수집한 정보 등을 종합적으로 분석 판단하여 연소저지선, 제연수단 및 소화수단을 결정한다.

② 다수의 피난자가 있는 경우에는 피난로 확보를 위해 화재진압 활동을 일시 중지하고, 방화문을 폐쇄하여 연기확산 방지조치를 하고, 특별피난계단과 부속실 내의 연기를 배출(클리어존, clear zone)한다. 피난시설의 활용은 옥내특별피난계단, 피난장소는 화재 발생 위아래로 2~3층 정도 떨어진 지역으로 거주인원을 이동시킨다.
③ 1차 경계범위는 당해 화재구역의 직상층으로 한다. 직상층이 돌파될 우려가 있는 경우는 그 구역 및 그 구역 직상층을 경계범위로 하고 순차적으로 경계범위를 넓힌다.
④ 화점층이 고층인 경우 소방대 진입은 비상용 엘리베이터를 활용하여 화점층을 기점으로 2층 이하까지 이용하고 화점층으로의 진입은 옥내특별피난계단을 활용한다.
⑤ 발화층이 3층 이상인 경우에는 원칙적으로 연결송수관을 활용한다. 건물에 설치되어 있는 연결송수관의 송수구 수에 따라 연결송수관 송수대, 스프링클러 송수대를 지정하고 필요한 경우에는 보조 펌프도 활용한다. 내부 소방호스 연장은 소방대 전용 방수구에서 2구 또는 분기하여 연장한다.
⑥ 배연수단을 신속하게 결정한다. 인명검색·화점검색에 있어서 제2차 안전구획으로의 연기오염 방지 조치를 하고 피난 완료 시까지 특별피난 계단의 연기오염 방지에 노력한다.
⑦ 방화구획, 개구부의 방화문 폐쇄상황을 확인한다.
⑧ 화점을 확인한 시점에서 전진 지휘소를 직하층에 설치하고, 자원대기소를 전진지휘소 아래층에 설치하여 교대인력, 공기호흡 예비용기, 조명기구 등의 기자재를 집중시켜 관리한다.
  ※ 공통교재와 SOP 223 초고층 건물 화재 현장대응절차 내용에 상이 한 부분이 있습니다. 자세한 설명은 빨간키 187 페이지 참고하세요.
⑨ 인명구조를 위해 사다리차 등의 특수차량도 효과적으로 활용하고, 외부공격은 지휘관의 통제에 따라 실시한다.
⑩ 화점층 내부로 진입한 진압대는 소방전용 방수구를 점령하여 화재를 진압한다. 경계대는 화점의 직상층 계단 또는 직상층에 배치한다. 진입대의 활동거점은 화점층의 특별피난계단 부속실에 확보하는 것을 원칙으로 한다. 방수는 직사, 분무방수를 병행하며 과잉방수에 의한 수손피해 방지에 노력한다. 초고층건물의 경우 소방설비의 규제가 엄격하므로 급격한 연소확대는 적다고 생각해도 좋다. 따라서 방수에 의한 소화활동을 함부로 성급하게 해서는 안 된다.

■ **고층건물 화재 시 농연으로부터 안전을 확보하기 위한 6가지 수칙**
① 화재발생 층으로부터 2~3층 아래 엘리베이터에서 내려, 계단을 통해 화점층에 진입하고, 유사시 신속한 후퇴상황에 대비하여 계단위치와 대피방향을 사전에 확인할 것
② 복도의 배치구조를 확인할 것
③ 강제 진입 시, 유사시의 긴급대피에 필요한 인근 호실(내화조 구획공간)로의 접근권을 확보할 것
④ 진압팀(관창수)이 화점에 접근할 수 있을 정도로 호스연장팀이 호스를 충분히 끌어놓았는지 확인할 것

⑤ 강제진입과 동시에 진입한 출입문을 장악하고 통제할 것
⑥ 열과 연기가 심하지 않은 소형 화재의 경우, 아파트(각 호실) 내부를 인명검색할 경우 한 명 이상의 대원을 반드시 복도에 배치할 것

■ 고층화재 진압 시 사용되는 전략

정면공격	• 소방대원들이 화점층 진입통로를 따라 호스를 전개하여 직접적으로 진압하는 공격적 전략으로 고층건물화재에서 가장 흔하고 성공적으로 사용되는 전략이다. • 고층화재 사례 중 95% 정도는 이와 같은 정면공격전략에 의해 진압된다.

측면공격	• 정면공격이 실패한 경우 적용할 수 있는 유용한 공격전략으로, 두 번째로 흔한 전략이다.
	• 굴뚝효과(Stack Effect)나 창문을 통한 배연작업이 개시될 때 발생하는 강한 바람에 화염이 휩쓸려 정면공격팀(1차 진압팀)을 덮치거나 덮칠 우려가 있을 때, 이와 같은 측면공격전략은 매우 유용하다.
	• 측면공격은 정면공격이 시행되고 있는 동안 보조적 수단으로도 실행될 수 있다.
	  – 이때에는 상호 교차방수에 의한 부상이나 안전사고가 발생하지 않도록 두 팀 상호 간의 긴밀한 의사소통이나 팀워크 유지를 위한 지휘조정이 필수적이다.
	  – 터널효과에 따른 화염의 위협은 측면공격을 시작하기 위해 다른 문이나 창문을 개방할 때마다 문제가 될 수 있으므로 항상 터널효과를 고려한 공격과 후퇴준비가 필수적이다.
	• 측면공격은 인명검색을 하고 있는 대원이 비교적 열과 연기로부터 자유로운 두 번째 접근통로를 발견했을 때 선택적으로 사용할 수 있다.
	• 개방형 층계 구조로 된 오피스텔용 고층건물과 각 층의 모든 지점을 두 방향에서 접근할 수 있는 주거용 고층건물화재에도 측면공격전략이 이용될 수 있다.
	• 단일 접근통로를 가지고 있는 주거전용 고층건물의 경우 측면공격은 거의 사용할 수 없다.

방어적 공격	• 화재진압보다 확산방지에 주력하는 전략으로 정면공격과 측면공격 모두 실패했을 때 취하는 방어적 공격 전략이다. • 출동대는 화재발생 층에 있는 모든 가연물이 소진될 동안 계단을 통제하는 것이 핵심사항이다. • 각 층의 연소물이 소진되는 시간은 가연물의 양에 따라 대개 1~2시간 이상 걸린다. • 방어적 공격에 있어, 상층부로의 확산 여부는 대개 건물에 사용된 내화건축자재의 종류에 달려있다. • 계단실에 일반관창을 호스에서 분리하여 휴대용 일제방사관창으로 화재확산을 막는 데 주력할 수 있다. 휴대용 일제방사관창(Deluge Nozzle)은 화염에의 접근성을 높이고 소수의 인력으로 운용할 수 있는 장점이 있으나 일반관창을 사용할 때보다 더 높은 압력을 유지해야 한다. • 공격적 방어 전략에서 성공 여부는 건물 자체의 내화성에 달려 있다. • 공조시스템과 같은 통로가 폐쇄되어 있다면 화재는 상층부로 확대되지 않을 수도 있다. • 계단실을 방어하는 팀이 계단실을 성공적으로 통제하는 동안 별도의 방어팀을 구성하여 상층부의 바닥과 방화벽이 변형·파괴되지 않도록 냉각방수를 해야 한다.
공격유보	• 공격유보 전략은 심각한 화재상황이 진행 중이며 화재가 통제될 수 없다는 판단이 내려질 때 이용되는 전략이다. 즉, 사람들이 화점층 위에서 아래층으로 대피하고 있는 동안 화점층에 진입할 때 문틈으로 연기와 열이 계단실로 유입되는 상황이라면 공격을 유보하기로 결정해야 한다. • 인명검색팀이 화점층을 검색할 필요가 있을 경우에는 검색팀이 진입한 즉시 출입문을 닫아야 한다. • 진입공격이 가능하다면 다른 층계를 이용하여 화재를 진압하거나 모든 대피자들이 나올 때까지 기다려야 한다.

외부공격	• 화재발생 시점이 일과시간 이후이거나 진압작전이 가능한 저층부분에서 더 많이 발생된다는 점을 이용한 전략이다. • 사다리차를 인명구조가 가능한 곳에 부서한 후 신속하게 사다리를 전개해야 한다. 사다리차의 용도는 인명구조가 우선이고 그 후 외부공격에 대한 지휘관의 지시가 있을 경우에만 외부공격에 합류해야 한다. • 화점층이 사다리차 전개 높이 아래이거나, 내부 정면공격과 측면공격이 실패한 경우, 즉시 외부공격을 시도해야 한다. • 외부 방어적 공격에 사용되는 사다리차 전개각도는 75°이다. 이 각도는 사다리차의 최적 접근 각도이다. • 공격지점에 대한 수평적 유효 방수거리를 최대화 시키기 위해서는 관창의 조준 각도를 수평에서 32°가 되게 해야 하며, 수직으로 최대의 유효 방수거리를 유지할 수 있도록 하기 위해서는 관창의 각도는 75°가 되도록 해야 한다. • 이와 같은 조건하에서 외부공격에 사용되는 고가사다리차의 유효 방수도달거리는 13~15층이다.

■ **고수(공간방어)전략(Defend-in-place strategy)**

고층건물 화재 시 모든 거주자들이 안전하고 신속하게 대피하는 것이 항상 가능하지도, 반드시 올바른 선택이지도 않다. 이때는 대부분의 거주자가 건물 안에 남아 있는 동안 화재를 진압하는 고수전략(Defend-in-place strategy)을 고려할 필요가 있다. 이 전략의 성공여부는 다음 두 가지 요소에 달려있다.

① 화재가 특정 공간(장소) 범위 안에서 제한될 수 있는 건물구조를 가지고 있을 것
② 거주자들 모두 해당 공간(건물) 내에 머무르라는 현장지휘관의 명령을 듣고 따르거나 통제가 가능하다는 확신이 있을 것 등

이러한 두 가지 요소를 충족시키기 위해서는 초기에 건물구조에 대한 상황판단이 가능하여야 하고 건물 내 비상방송시스템의 정상적 작동, 무선통신, 기타 특정 공간 내에서 화재를 억제할 수 있는 전술적 환경이 충족되는 등 신중한 지휘판단이 필요하다. 또한 대피로 인한 대량 인명피해위험성이 공간방어전략에 의한 위험성보다 클 경우로 한정하여 사용하여야 한다. 또한 고층건물 화재 시 이와 같은 전략이 유효하기 위해 자동 스프링클러 시스템은 물론, 화재 진압 후 연기를 배출시키는 제연 시스템도 정상적으로 작동되어야 한다.

■ **고층화재의 주요확산 경로**
① 자동노출(창문) ② 커튼 월
③ 다용도실   ④ 공조덕트

■ **전략·전술의 개념**

전 략	문제상황에 효과적으로 대응하기 위한 기본방침(계획)으로 주로 최상위 현장조직(또는 지휘관)단위에서 적용된다.
전 술	전략적 방침(계획)을 실행하기 위한 구체적 방법으로 최하위 현장조직단위에서 적용된다(전략을 달성하기 위한 구체적 수단 또는 방법).

■ 전략의 유형

공격적 작전	• 화재 초기 또는 성장기에 건물내부로 신속히 진입하여 초기검색과 화재진압이 이루어지는 형태로, 화재를 진화하는 데 초점이 맞추어진다. • 주로 소방력이 화세보다 우세할 때 적용한다.
방어적 작전	• 화재의 연소확대를 방지하는 데 초점을 맞추는 형태로, 내부공격을 할 수 없는 화재상황에서 장시간의 외부대량방수를 통해 연소확대를 차단하거나 저절로 소화될 때까지 외부에서 방수하는 것을 말한다. • 방어적 작전상황 하에서는 원칙적으로 소방대원이 발화지점에 진입하는 것이 금지되며, 주변통제가 중요시된다. • 소방력이 화세보다 약한 경우와 주로 화재의 성장기 또는 쇠퇴기에 적용된다.
한계적 작전	• 화재의 진행상황으로 보아 이미 공격적 작전상황의 끝에 가깝고, 방어적 작전상황의 시작에 해당될 때 적용되는 작전형태이다. • 내부공격이 궁극적으로 효과적이지는 않지만 구조대상자의 안전을 위해 내부공격이 이루어지는 경우이거나 내부공격을 중단하고 외부공격을 해야 할 시점, 즉 전략변경이 요구되는 시점에 적용되는 전략형태이다. • 한계적 작전상황 하에서는 공격적 작전과 방어적 작전이 동시에 이루어지는 것을 의미하지는 않으며, 주로 외부에서의 방어적 작전을 준비 또는 대기하고 있는 상황에서 인명구조와 연소확대 방지를 위해 내부공격이 필요한 경우이다.

■ 전술의 유형

포위전술	• 관창을 화점에 포위 배치하여 진압하는 전술형태 • 화점을 기준으로 포위 진압하는 공격적 개념
공격전술	관창을 화점에 진입 배치하는 전술형태
블록전술	• 주로 인접건물로의 화재 확대 방지를 위해 적용하는 전술형태로 블록(Block)의 4방면 중 확대가 가능한 면을 동시에 방어하는 전술 • 화점이 있는 블록(Block)을 기준으로 포위 진압하는 방어적 개념
중점전술	화세(또는 화재범위)에 비해 소방력이 부족하여 전체 화재현장을 모두 커버할 수 없는 경우 사회적, 경제적 혹은 소방상 중요한 시설 또는 대상물을 중점적으로 대응 또는 진압하는 전술형태
집중전술	부대가 일시에 집중적으로 진화하는 작전으로, 예를 들면 위험물 옥외저장탱크 화재 등에 사용

■ 블록(Block)전술과 포위전술의 비교

블록(Block)전술	포위전술
화점이 있는 블록(Block)을 기준으로 포위 진압하는 방어적 개념	화점을 기준으로 포위 진압하는 공격적 개념

■ 방사능과 방사선

방사능		방사선을 내는 능력 혹은 방사선을 내는 물질로서 우라늄 등의 방사성물질과 이 성질을 가진 물질
방사선	정의	• 방사성물질에서 방출되는 α선, β선 및 γ선, 특수한 장치 등으로 만들어지는 X선, 양자선 및 전자선 또는 원자로에서 만들어지는 중성자선을 말한다. • 투과성, 전리작용(電離作用), 형광작용(螢光作用)
	α	• 물질의 투과력은 대단히 약하고 종이 1장으로 거의 완전히 멈춘다. • 물질을 전리하는 힘은 크다.
	β	• α선보다 투과력은 강하지만 공기 중에서 수m, 알루미늄·플라스틱 수mm의 두께로 완전히 멈춘다. • 물질을 전리하는 힘은 α선보다 약하다.
	γ	• 물질의 투과력은 대단히 강하다. • 물질을 전리하는 힘은 β선보다 약하다.

※ 투과력은 "$\gamma > \beta > \alpha$"순이고, 전리력은 "$\alpha > \beta > \gamma$"순이다.

■ 방사선 피폭

① 외부피폭

　인체의 외측에서 피부에 조사(照射)되는 것으로 투과력이 큰 γ선 등이 위험하다. 외부피폭 방호의 3대 원칙으로는 거리, 시간, 차폐이며 내용으로는 ⊙ 거리는 멀리, ⓒ 시간은 짧게, ⓒ 방사선의 종류에 적합한 방어물로 차폐하는 것이다.

② 내부피폭

　호흡기, 소화기 및 피부 등을 통해서 인체에 들어온 상태를 말하며 외부피폭과 달리 α선이 가장 위험하다. 내부피폭 방호의 3대 원칙으로는 격리, 희석, 경로의 차단이 있으며 내용으로는 ⊙ 격리는 작업장소를 제한하여 방사성 물질을 주변 환경에서 차단하는 것이고, ⓒ 희석은 공기정화 등을 통해 방사성 물질의 농도를 희석시키는 것이며, ⓒ 경로의 차단은 보호복 및 공기호흡기 등을 활용하여 인체 침입 경로를 차단하는 것이다.

■ 방사선 검출요령

① 검출은 시설관계자를 적극적으로 활용해서 실시하고, 원칙적으로 화학기동 중대원은 보조적인 검출활동을 한다.
② 검출은 측정기의 예비조작을 해서 기능을 확인한 후 방사능 방호복 및 호흡보호기를 착용하고, 신체를 노출하지 않고 실시한다.
③ 검출은 핵종(核種) 및 수량과 사용상황을 확인하고 실시한다.
④ 검출은 복수의 측정기를 활용하고, 외주부(外周部)부터 순차적으로 내부를 향해서 실시함과 동시에 검출구역을 분담해서 실시하고, 검출누락이 없도록 한다.
⑤ 검출활동으로 옥내에 진입하는 경우는 진입구를 한정하고 대원카드에 의해 출입자를 체크한다.
⑥ 검출결과는 레벨이 높은 쪽을 채용하고 반드시 검출위치 및 선량률을 기재한다.

■ 방사선 위험구역의 설정
　① Hot Zone
　　㉠ 출입자에 대하여 방사선의 장해를 방지하기 위한 조치가 필요한 구역이다.
　　㉡ 공간방사선량률 20μSv/h 이상 지역은 소방활동 구역이며 공간방사선량률 100μSv/h 이상 지역에 대해서는 U-REST 등 방사선 전문가들이 활동하는 구역이다.
　② Warm Zone
　　㉠ 소방・구조대원 등 필수 비상대응요원만 진입하여 활동하는 공간으로 일반인 및 차량의 출입을 제한하기 위하여 설정하는 지역이다.
　　㉡ 공간방사선량률이 자연방사선준위(0.1~0.2μSv/h) 이상 20μSv/h 미만인 지역으로 Hot Zone과 경찰통제선 사이에 비상대응조치를 수행하기에 필요한 공간이다.
　③ Cold Zone
　　경찰통제선(Police Line) 바깥 지역으로 공간방사선량률이 자연방사선준위(0.1~0.2μSv/h) 수준인 구역이다.

■ 방사선 위험구역의 소화활동
　소화활동은 시설관계자와 연대하고, 다음에 의해 실시한다.
　① 소화수단은 되도록 시설에 설치되어 있는 소화설비를 활용함과 동시에 고발포 활용에 대해서도 고려하고, 주수에 의한 오염확대의 위험이 없는 경우는 적극적으로 물에 의한 소화를 실시한다.
　② 관리구역 내에 있어서 주수는 방사성 물질에 직접 주수하는 것을 피하고, 방사성 물질의 비산 및 유출을 방지한다.
　③ 화재상황에서 관리구역 내에 주수할 필요성이 있는 경우에는 직사주수는 피하고, 저속분무주수를 원칙으로 한다.
　④ 소화수에 의한 오염확대를 방지하기 위해 주수는 최소한으로 한다.
　⑤ 이산화탄소 및 할로겐화합물 소화설비를 활용해서 소화하는 경우는 특히 산소결핍의 2차 재해방지에 노력함과 동시에 화재실의 압력증가에 따른 오염확대방지에 노력한다.
　⑥ 관계시설의 화재로 주수를 위한 접근이 대원의 피폭방지가 불가능한 경우 인접 소방대상물로의 연소방지를 우선으로 소화활동을 한다.
　⑦ 오염된 연기가 외부로 분출할 가능성이 있는 경우는 개구부의 파괴, 또는 개방은 지휘자의 지시에 의한다.
　⑧ 잔화처리는 반드시 시설관계자의 입회하에 실시함과 동시에 특히 위험구역에서는 쇠갈고리 등을 활용하고 직접 손으로 접촉하지 않는다.
　⑨ RI 관계시설 주변 화재의 경우는 RI 관계시설로의 연소방지를 고려하고, 소화활동을 한다.

◆ 소방학교 공통교재 소방차량장비실무 제5편 소방용수시설

■ 소방용수시설 설치 공통기준(소방기본법 시행규칙 별표 3)
  ① 국토의 계획 및 이용에 관한 법률 제36조 제1항 제1호의 규정에 의한 주거지역·상업지역 및 공업지역에 설치하는 경우 : 소방대상물과의 수평거리를 100m 이하가 되도록 할 것
  ② 그 외 지역에 설치하는 경우 : 소방대상물과의 수평거리를 140m 이하가 되도록 할 것

■ 소방용수 시설별 설치기준(소방기본법 시행규칙 별표 3)

소화전의 설치기준		상수도와 연결하여 지하식 또는 지상식의 구조로 하고, 소방용 호스와 연결하는 소화전의 연결금속구의 구경은 65mm로 하여야 한다.
급수탑의 설치기준		급수배관의 구경은 100mm 이상으로 하고, 개폐밸브는 지상에서 1.5m 이상 1.7m 이하의 위치에 설치하도록 하여야 한다.
저수조의 설치기준	낙 차	지면으로부터 낙차가 4.5m 이하가 되어야 한다. 급수를 계속하면 저수조의 수위가 점점 낮아져 낙차가 커지는 경우를 고려하여 최하면이 4.5m 이내만 유효수량으로 산정하여야 한다.
	수 심	흡수부분의 수심이 0.5m 이상이어야 한다. 소방펌프차가 흡수를 할 때 흡수관의 스트레너가 수중에 충분히 침수하여야만 공기가 들어가지 않고 흡수가 가능하기 때문이다.
	위 치	소방펌프차가 쉽게 접근할 수 있어야 한다. 용이하게 부서할 수 있는 요건은 흡수관 1본(15m)으로 쉽게 급수할 수 있는 위치까지 접근할 수 있는 공간이 있어야 한다.
	흡수관 투입구	흡수관의 투입구가 사각형인 경우에는 한 변의 길이가 0.6m 이상, 원형인 경우에는 지름(직경)이 0.6m 이상이어야 한다.
	설 비	흡수에 지장이 없도록 토사, 쓰레기 등을 제거할 수 있는 설비를 갖추어야 한다.

■ 소방용수시설 표지의 설치기준
  ① 지하에 설치하는 소화전 또는 저수조의 경우 소방용수표지는 다음의 기준에 의한다.
      ㉠ 맨홀뚜껑은 지름 648mm 이상의 것으로 할 것, 다만, 승하강식 소화전의 경우에는 이를 적용하지 않는다.
      ㉡ 맨홀뚜껑에는 "소화전·주정차금지" 또는 "저수조·주정차금지"의 표지를 할 것
      ㉢ 맨홀뚜껑 부근에는 노란색 반사도료로 폭 15cm의 선을 그 둘레를 따라 칠할 것
  ② 지상에 설치하는 소화전, 저수조 및 급수탑의 경우 소방용수표지는 다음과 같다.
      ㉠ 안쪽 문자는 흰색, 바깥쪽 문자는 노란색으로, 안쪽 바탕은 붉은색, 바깥쪽 바탕은 파란색으로 하고, 반사재료를 사용해야 한다.
      ㉡ 규격에 따른 소방용수표지를 세우는 것이 매우 어렵거나 부적당한 경우에는 그 규격 등을 다르게 할 수 있다.

◆ 소방학교 공통교재 소방전술ⅰ 화재 2

■ 소방활동의 특수성

확대 위험성과 불안정성	재해는 예고 없이 돌발적으로 발생하고 항상 상태변화의 연속으로 예측이 극히 곤란하다. 또한 인적·물적 피해의 확대 위험성을 수반하며 급속하게 진행되므로 대상물이 불안정한 특성이 있다.
활동장해	재해현장에는 출동 시 교통혼잡, 화재현장에서의 화염 및 연기 등에 의한 활동장해 등의 소방대원의 행동을 저해하는 각종 요인이 있다.
행동의 위험성	재해현장에서 소방대원의 행동은 평상시에 있어서 일반인의 생활행동과 역행하는 등 전혀 다른 위험성이 존재하고 있다. 예 담을 넘는 행위, 사다리를 활용하여 인접 건물로 진입, 통행이 어려운 곳을 통과하는 경우, 화염 등으로 위험하여 들어갈 수 없는 곳을 진입하여야 하는 경우
활동환경의 이상성	화재현장은 항상 정상적인 상태를 상실한 상황이 연출된다. 또한 가스, 유류, 화공약품 등에 의한 폭발현상 등 예측 불가능한 상황이 항상 잠재되어 있으며, 사람들은 이상심리에 지배되어 긴장, 흥분상태에 있고, 소방대원의 심리상태도 역시 마찬가지이다.
정신적·육체적 피로	현장활동은 많은 체력이 소모되는 격무이며, 예고 없이 갑작스럽게 이루어지므로 시간이 경과할수록 정신적·육체적 피로가 가중된다.

■ 소방안전관리의 특성

일체성·적극성	안전관리에 대한 일체성의 예로서 수관연장 시 수관을 화재 건물과 가까이 두고 연장하지 않도록 하는 것은 화재건물의 낙하물체나 고열의 복사열에 의한 수관손상을 방지하여 결과적으로 진압활동이나 인명구조 시 엄호주수가 완전히 이루어질 수 있도록 하기 위한 것이다. 이는 대원 자신의 안전으로 연결되어 소방활동이 적극적으로 실행될 수 있도록 한다. 안전관리의 일체성, 적극성은 효과적인 소방활동을 염두에 둔 적극적인 행동대책이라고 할 수 있다.
특이성·양면성	• 소방 조직의 재난현장 활동은 임무 수행과 동시에 대원의 안전을 확보하여야 하는 양면성이 요구된다. • 재난현장의 위험성을 용인하는 가운데 임무수행과 안전 확보를 양립시키는 특이성·양면성이 있다.
계속성·반복성	안전관리는 끝없이 계속·반복적으로 실시되어야 한다. 재해현장의 안전관리는 출동에서부터 귀소하여 다음 출동을 위한 점검·정비까지 계속된다. 그러므로 평소 지속적인 교육훈련의 반복과 장비 점검 및 정비를 철저히 실시함이 안전관리의 중요한 요소가 된다.

■ 재해(사고)발생 이론 : 하인리히 이론

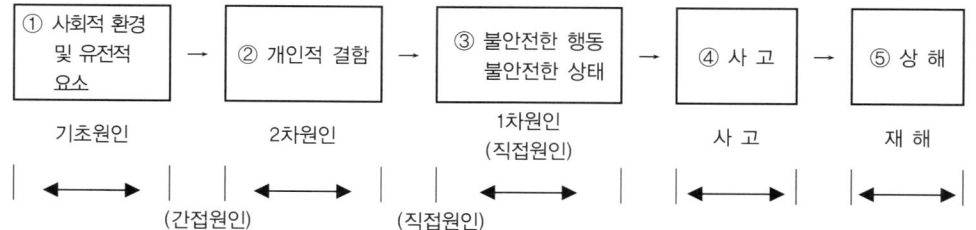

① 사회적 환경 및 유전적 요소	무모, 완고, 탐욕, 기타 바람직하지 못한 성격은 유전에 의해서 계승되며, 환경은 바람직하지 못한 성격을 조장하고 교육을 방해할 것이다. 유전 및 환경은 모두 인적 결함의 원인이 된다.
② 개인적 결함	신경질, 무분별, 무지 등과 같은 인적 결함은 불안전한 행동을 일으키거나 또는 기계적, 물리적인 위험성이 존재하게 하는 데 밀접한 원인이 된다.
③ 불안전한 행동이나 불안전한 상태	매달려 있는 짐 아래에 서 있다든지, 안전장치를 제거하는 등과 같은 사람의 불안전한 행동, 방호장치 없는 톱니바퀴, 난간이 없는 계단, 불충분한 조명 등과 같은 기계적 또는 물리적인 위험성은 직접적인 사고의 원인이 된다.
④ 사 고	물체의 낙하, 비래(飛來)물에 의한 타격 등과 같은 현상은 상해의 원인이 된다.
⑤ 상 해	좌상, 열상 등의 상해는 사고의 결과로서 생긴다.

※ 안전관리활동에 의해 제거할 수 있는 것은 ③의 불안전 행동과 불안전 상태이다. 그러므로 사고·재해를 방지하기 위해서는 불안전한 행동 및 불안전한 상태의 두 개를 모두 없애지 않으면 안 된다는 것이다.

■ 재해연쇄이론 : Frank Bird 이론

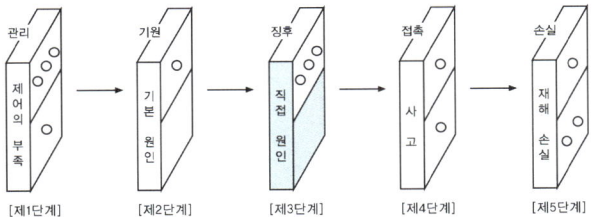

기본원인-기원(2단계) : 재해 또는 사고에는 그것의 기본적인 또는 배후 원인이 되는 개인의 제반 요인 및 작업에 관한 여러 요인이 있다. 재해의 직접원인을 해결하는 것보다는 오히려 그 근원이 되는 기본원인을 찾아내어 가장 유효한 제어를 달성하는 것이 중요하다.

■ 버드의 1 : 10 : 30 : 600의 법칙

17만 5천 건의 사고를 분석한 결과 중상 또는 폐질 1, 경상(물적 또는 인적상해) 10, 무상해사고(물적 손실) 30, 무상해·무사고 고장(위험순간) 600의 비율로 사고가 발생한다는 이론

■ 깨진 유리창 이론

깨진 유리창 하나를 방치해 두면 그 지점을 중심으로 범죄가 확산된다는 이론으로 사소한 무질서 혹은 결함을 방치하게 되면 나중에는 더 큰 피해나 피해의 확대가 일어날 수 있다는 개념

① 1969년 미국 스탠퍼드 대학교 필립 짐바르도(Philip Zimbardo) 교수의 실험

치안이 허술한 골목에 동일한 차량 두 대를 보닛을 열어 둔 채로 방치, 그중 한 대는 창문을 깨뜨린 상태로 둠. 일주일 후 두 대의 차량을 확인해 보니 창문이 깨진 차량이 더 많은 범죄행위를 유발한 사실을 확인

② 뉴욕 시장으로 취임한 루돌프 줄리아나는 강력한 의지를 가지고 뉴욕시 정화작업에 돌입 주요 거점에 CCTV를 설치하여 낙서한 사람들을 끝까지 추적. 지하철역 내부의 벽을 깨끗하게 청소하고 범죄를 집중 단속
  → 주위 환경이 전체적으로 더러울 때 사람들은 오물을 쉽게 버린다. 하지만 주위가 깨끗할 때는 자신의 부적절한 행동이 다른 사람들에게 쉽게 들통날 우려가 있기 때문에 그러지 못한다.
③ 위의 사례에서 볼 수 있듯이 결국 정상상태 또는 문제가 드러나지 않은 상태에서는 위험요소가 적지만 일단 사소한 결함이나 문제점이 발생하기 시작했을 때 대처하지 않거나 방치하면 그 이후에는 돌이킬 수 없는 위험이나 피해가 발생할 수 있다는 것이 '깨진 유리창 이론'의 핵심이다. 이 이론을 안전관리의 측면에서 본다면 위험요소가 발견되거나 확인되었을 때 그 즉시 보완하고 대처해야 이후 큰 사고를 막을 수 있다는 개념으로 해석할 수 있다.

이 세상에는 여러 가지 계산법이 있다. 우리가 흔히 아는 '1+1'의 값은 '2'이다. 하지만 에디슨은 '1+1=1'이라고 하였다. 물방울 하나에 물방울 하나를 더하면 서로 엉켜 커다란 물방울 하나가 되기 때문이다. 시너지 효과를 중요시하면 '1+1=3' 또는 그 이상이 될 수도 있다. 하지만 깨진 유리창 이론에서는 '100-1=0'이다. 사소한 실수 하나가 전체를 망가뜨리기 때문이다. 이를 역으로 활용한다면 '100+1=200'이 될 수 있다는 점을 기억해야 한다.

■ 재해의 기본원인(4M)
  ① Man(인간)   ② Machine(작업시설, 기계)
  ③ Media(작업, 매체)   ④ Management(관리)

■ 재해의 기본원인으로서의 4M

Man (인간)	① 심리적 원인 : 망각, 걱정거리, 무의식 행동, 위험감각, 지름길 반응, 생략행위, 억측판단, 착오 등 ② 생리적 원인 : 피로, 수면부족, 신체기능, 알코올, 질병, 나이 먹는 것 등 ③ 직장적 원인 : 직장의 인간관계, 리더십, 팀워크, 커뮤니케이션 등
Machine (작업시설, 기계)	① 기계·설비의 설계상의 결함 ② 위험방호의 불량 ③ 본질 안전화의 부족(인간공학적 배려의 부족) ④ 표준화의 부족 ⑤ 점검 정비의 부족
Media (작업, 매체)	① 작업 정보의 부적절 ② 작업자세, 작업동작의 결함 ③ 작업방법의 부적절 ④ 작업공간의 불량 ⑤ 작업환경 조건의 불량

Management (관리)	① 관리조직의 결함 ② 규정·메뉴얼의 불비, 불철저 ③ 안전관리 계획의 불량 ④ 교육·훈련 부족 ⑤ 부하에 대한 지도·감독 부족 ⑥ 적성배치의 불충분 ⑦ 건강관리의 불량 등

■ 재해예방의 4원칙

예방 가능의 원칙	천재지변을 제외한 모든 인위적 재난은 원칙적으로 예방이 가능
손실 우연의 원칙	사고의 결과로서 생긴 재해 손실은 사고 당시의 조건에 따라 우연적으로 발생한다. 따라서 재해방지의 대상은 우연성에 좌우되는 손실의 방지보다는 사고 발생 자체의 방지가 되어야 한다.
원인 연계의 원칙	사고발생에는 반드시 원인이 있고 대부분 복합적으로 연계되므로 모든 원인은 종합적으로 검토되어야 한다.
대책 선정의 원칙	사고의 원인이나 불안전 요소가 발견되면 반드시 대책을 선정 실시하여야 하며 사고예방을 위한 가능한 안전대책은 반드시 존재한다. • 재해방지의 세 기둥(3개의 E) 　- Engineering(기술적 대책) : 안전 설계, 작업환경·설비의 개선, 행정의 개선, 안전기준의 설정, 점검 보존의 확립 등 　- Education(교육적 대책) : 안전지식 또는 기능의 결여나 부적절한 태도 시정 　- Enforcement(관리적 대책) : 관리적 대책은 엄격한 규칙에 의해 제도적으로 시행되어야 하므로 다음의 조건이 충족되어야 함 　　ⓐ 적합한 기준 설정 　　ⓑ 각종 규정 및 수칙의 준수 　　ⓒ 전 작업자의 기준 이해 　　ⓓ 관리자 및 지휘자의 솔선수범 　　ⓔ 부단한 동기 부여와 사기 향상

■ 재해조사의 순서

① 1단계 : 사실의 확인
② 2단계 : 직접원인과 문제점의 확인
③ 3단계 : 기본원인과 근본적 문제점의 결정
④ 4단계 : 대책수립

안전교육의 방법

종 류	내 용
강의식 교육	(1) 장 점 ① 경제적이다(다수에게 많은 지식을 일시에 제공 가능). ② 기초적인 내용, 논리적인 설명에 효과적이다. ③ 시간이 절약된다. ④ 강의내용이나 진행방법을 자유롭게 변경시킬 수 있다. ⑤ 교육생 상호 자극에 의한 학습효과가 높아진다. ⑥ 정보전달에 효과적이다. (2) 단 점 ① 일방적, 획일적, 기계적이므로 교육생이 단조로움을 느낀다. ② 교육생 개개인의 이해정도를 파악하기 어렵다. ③ 교육생을 수동적인 태도에 몰아넣고, 스스로 생각하려는 적극성을 잃게 된다. ④ 교육 중 질문을 받게 되는 경우가 드물기 때문에 강의에 흥미를 잃기 쉽다.
시범실습식 교육	(1) 장 점 ① 행동요소를 포함하는 기술교육에 적합하다. ② 교육생의 적극적인 참여를 가져온다. ③ 이해도 측정이 용이하다. ④ 의사전달의 효과를 보완할 수 있다. (2) 단 점 ① 시간이나 장소, 교육생의 수에 제한을 받는다. ② 사고력 학습에 부적합하다. (3) 진행방법 : 설명 – 시범 – 실습 – 감독 – 평가
토의식 교육	(1) 개 념 피교육자 간의 토의를 전제로 해서 목적하는바 최선책을 취해나가는 방식. 이것은 인간이 동료들 사이에 듣고 싶은 「사회적 욕구」, 자기의 의견을 인정받고 싶은 「존경욕구」, 자기의 생각을 반영시키고 싶은 「자아실현욕구」 등에 따른 기법, 학습활동에의 능동적인 참여와 자주적인 학습을 조직해서 피교육자 상호 간의 계발작용도 기대할 수 있는 효과가 큰 기법. 특히 "인간은 자기가 참여하고 납득해서 받아들인 결과로서의 결정에는 가장 능동적으로 따르는 법이다"라는 것 때문에 그룹미팅 등에 광범위하게 활용되고 있는 기법으로 이 교육은 어느 정도의 안전지식과 실제의 경험을 가진 자에 대한 교육으로서 효과적이다. (2) 목 적 ① 적극적이고 자발적으로 참여할 수 있도록 한다. ② 교육내용의 이해도를 정확히 측정한다. ③ 여러 사람의 지식과 경험을 공유한다. ④ 집단심리를 터득하고 회의 운영기술을 습득한다. (3) 토의 조건 ① 공평한 발언기회를 부여한다. ② 자유로운 토의의 분위기가 조성되어야 한다. ③ 참가자는 주제에 어느 정도 지식과 경험이 갖추어져야 한다. ④ 강사는 토의의 목적과 방법을 명확히 하여 교육생을 유도한다.

사례연구법 (문제해결식 교육)	(1) 장 점 　① 현실적인 문제의 학습이 가능하다. 　② 흥미가 있고 학습동기를 유발할 수 있다. 　③ 의사소통 기술이 향상되며 관찰력과 분석력을 높일 수 있다. (2) 단 점 　① 원칙과 룰(rule)의 체계적 습득이 어렵다. 　② 적절한 사례의 확보가 곤란하다. 　③ 학습의 진보를 측정하기 힘들다. 　※ 문제의 핵심을 잡아 기본적 행동으로 만들어 내는 프로세스(process)에 성공한다면 가장 효과가 큰 훈련기법 (3) 진행단계 : 제1단계(도입 및 사례의 제시) – 제2단계(사례의 사실파악) – 제3단계(다수의 문제점 발견) – 제4단계(핵심 문제점 발견) – 제5단계(해결책 수립) – 제6단계(피드백(Feed Back)]
역할기법 (Role Playing)	(1) 개 념 　현실에 가까운 모의적인 장면을 설정하여 그 안에서 각자가 특정한 역할을 연기함으로서 현실의 문제해결을 생각하는 방법과 능력을 몸에 익히는 방법이다. 루마니아 태생 모레노(J.Moreno)가 창안한 심리극에서 유래된 것으로, 인간관계의 문제를 해결하는 기법으로 기업에서 많이 활용 (2) 장 점 　① 연기자는 학습내용을 체험하여 몸으로 배울 수 있고 자기의 행동에 관해서 여러 가지 의견을 들을 수 있다. 　② 일정한 역할을 주어 실제적으로 연기를 시켜봄으로 관찰능력을 높이고 감수성이 향상된다. (3) 단 점 　① 관리력 등 높은 정도의 능력 훈련에는 적당하지 않다. 　② 취해야 할 자세를 강의로 가르치고 그것을 연기하는 등 다른 방법과 결합하는 것이 필요하다. 　③ 연기자가 진지해지지 않는 경향이 있다. (4) 실시단계 : 설명 – 워밍업 – 역할 결정 – 연기 실시 – 분석·검토 – 재연

■ 위험예지훈련 진행사항

라운드	문제해결 라운드	위험예지훈련 라운드	위험예지훈련 진행방법
1R	위험사실을 파악 (현상파악)	어떠한 위험이 잠재하고 있는가?	모두의 토론으로 그림 상황 속에 잠재한 위험요인을 발견한다.
2R	위험원인을 조사 (본질추구)	이것이 위험의 요점이다.	발견된 위험요인 가운데 이것이 중요하다고 생각되는 위험을 파악하고 ○표, ◎표를 붙인다.
3R	대책을 세움 (대책수립)	당신이라면 어떻게 할 것인가?	◎표를 한 중요위험을 해결하기 위해서는 "어떻게 하면 좋은가?"를 생각하여 구체적인 대책을 세운다.
4R	행동목표를 설정 (합의요약)	우리들은 이렇게 한다.	대책 중 중점실시 항목에 ※표를 붙여 그것을 실천하기 위한 팀 행동 목표를 세운다.

빨리보는 간단한 키워드

■ **위험예지훈련 시 유의사항**

토론 시 유의사항	훈련시트 작성 시 유의사항
• 편안한 분위기에서 행한다. • 전원이 자유롭게 발언한다. • 발언에 대하여 비판은 하지 않으며 논의도 하지 않는다. • 타인의 이야기를 잘 듣고 서로가 자기의 생각을 높여가도록 한다. • 질보다는 양을 중요시한다.	• 시트는 대원의 친숙도가 큰 상황(예 사고 사례나 신체 훈련의 상황 등)으로부터 선정하는 방법이 부드럽게 진행이 된다. • 한 장의 시트에 여러 가지 상황을 기입하지 말아야 한다. • 아주 자세한 부분까지 그려 넣지 말아야 한다. • 간단한 조사, 잘못된 조사가 되어서는 안 되기 때문에 고의로 제작한 도해가 아니어야 한다. • 어두운 분위기가 아닌 밝은 분위기로 그려진 것이 좋다. • 도해의 상황이 광범위한 활동 등에 미치는 경우에는 그 가운데의 특정 부분에 한정하여 실시하는 것도 하나의 방법이다.

※ 최근 안전관리에 관한 문제가 자주 출제되는 경향이 있습니다.
공통교재 1-2, 부록1.「소방현장안전관리지침」부분을 반드시 살펴보시기 바랍니다.
  • 화재진압활동 안전수칙   • 구급현장 안전관리
  • 화재현장 소방작전 활동 안전관리   • 소방차 출동 및 귀서 시 교통사고 예방
  • 구조현장 안전관리   • 소방훈련 기본안전관리

■ **소방의 화재조사에 관한 법률**

정의(제2조)

① 이 법에서 사용하는 용어의 뜻은 다음과 같다.
　1. "화재"란 사람의 의도에 반하거나 고의 또는 과실에 의하여 발생하는 연소 현상으로서 소화할 필요가 있는 현상 또는 사람의 의도에 반하여 발생하거나 확대된 화학적 폭발현상을 말한다.
　2. "화재조사"란 소방청장, 소방본부장 또는 소방서장이 화재원인, 피해상황, 대응활동 등을 파악하기 위하여 자료의 수집, 관계인등에 대한 질문, 현장 확인, 감식, 감정 및 실험 등을 하는 일련의 행위를 말한다.
　3. "화재조사관"이란 화재조사에 전문성을 인정받아 화재조사를 수행하는 소방공무원을 말한다.
　4. "관계인등"이란 화재가 발생한 소방대상물의 소유자·관리자 또는 점유자(이하 "관계인"이라 한다) 및 다음 각 목의 사람을 말한다.
　　가. 화재 현장을 발견하고 신고한 사람
　　나. 화재 현장을 목격한 사람
　　다. 소화활동을 행하거나 인명구조활동(유도대피 포함)에 관계된 사람
　　라. 화재를 발생시키거나 화재발생과 관계된 사람

화재조사의 실시(제5조)

① 소방청장, 소방본부장 또는 소방서장(이하 "소방관서장"이라 한다)은 화재발생 사실을 알게 된 때에는 지체 없이 화재조사를 하여야 한다. 이 경우 수사기관의 범죄수사에 지장을 주어서는 아니 된다.
② 소방관서장은 제1항에 따라 화재조사를 하는 경우 다음 각 호의 사항에 대하여 조사하여야 한다.
  1. 화재원인에 관한 사항
  2. 화재로 인한 인명·재산피해상황
  3. 대응활동에 관한 사항
  4. 소방시설 등의 설치·관리 및 작동 여부에 관한 사항
  5. 화재발생건축물과 구조물, 화재유형별 화재위험성 등에 관한 사항
  6. 그 밖에 대통령령으로 정하는 사항
③ 제1항 및 제2항에 따른 화재조사의 대상 및 절차 등에 필요한 사항은 대통령령으로 정한다.

벌칙(제21조)

다음 각 호의 어느 하나에 해당하는 사람은 300만원 이하의 벌금에 처한다.
1. 제8조제3항을 위반하여 허가 없이 화재현장에 있는 물건 등을 이동시키거나 변경·훼손한 사람
2. 정당한 사유 없이 제9조제1항에 따른 화재조사관의 출입 또는 조사를 거부·방해 또는 기피한 사람
3. 제9조제3항을 위반하여 관계인의 정당한 업무를 방해하거나 화재조사를 수행하면서 알게 된 비밀을 다른 용도로 사용하거나 다른 사람에게 누설한 사람
4. 정당한 사유 없이 제11조제1항에 따른 증거물 수집을 거부·방해 또는 기피한 사람

과태료(제23조)

① 다음 각 호의 어느 하나에 해당하는 사람에게는 200만원 이하의 과태료를 부과한다.
  1. 제8조제2항을 위반하여 허가 없이 통제구역에 출입한 사람
  2. 제9조제1항에 따른 명령을 위반하여 보고 또는 자료 제출을 하지 아니하거나 거짓으로 보고 또는 자료를 제출한 사람
  3. 정당한 사유 없이 제10조제1항에 따른 출석을 거부하거나 질문에 대하여 거짓으로 진술한 사람
② 제1항에 따른 과태료는 대통령령으로 정하는 바에 따라 소방관서장 또는 경찰서장이 부과·징수한다.

빨리보는 간단한 키워드

■ **소방의 화재조사에 관한 법률 시행령**

화재합동조사단의 구성·운영(제7조)

① 법 제7조 제1항에서 "사상자가 많거나 사회적 이목을 끄는 화재 등 대통령령으로 정하는 대형화재"란 다음 각 호의 화재를 말한다.
  1. 사망자가 5명 이상 발생한 화재
  2. 화재로 인한 사회적·경제적 영향이 광범위하다고 소방관서장이 인정하는 화재

② 법 제7조 제1항에 따른 화재합동조사단(이하 "화재합동조사단"이라 한다)의 단원은 다음 각 호의 어느 하나에 해당하는 사람 중에서 소방관서장이 임명하거나 위촉한다.
  1. 화재조사관
  2. 화재조사 업무에 관한 경력이 3년 이상인 소방공무원
  3. 「고등교육법」 제2조에 따른 학교 또는 이에 준하는 교육기관에서 화재조사, 소방 또는 안전관리 등 관련 분야 조교수 이상의 직에 3년 이상 재직한 사람
  4. 「국가기술자격법」에 따른 국가기술자격의 직무분야 중 안전관리 분야에서 산업기사 이상의 자격을 취득한 사람
  5. 그 밖에 건축·안전 분야 또는 화재조사에 관한 학식과 경험이 풍부한 사람

③ 화재합동조사단의 단장은 단원 중에서 소방관서장이 지명하거나 위촉하는 사람이 된다.

④ 소방관서장은 화재합동조사단 운영을 위하여 관계 행정기관 또는 기관·단체의 장에게 소속 공무원 또는 소속 임직원의 파견을 요청할 수 있다.

⑤ 화재합동조사단은 화재조사를 완료하면 소방관서장에게 다음 각 호의 사항이 포함된 화재조사 결과를 보고해야 한다.
  1. 화재합동조사단 운영 개요
  2. 화재조사 개요
  3. 화재조사에 관한 법 제5조 제2항 각 호의 사항
  4. 다수의 인명피해가 발생한 경우 그 원인
  5. 현행 제도의 문제점 및 개선 방안
  6. 그 밖에 소방관서장이 필요하다고 인정하는 사항

화재감정기관의 지정기준(제12조)

① 법 제17조 제1항에서 "대통령령으로 정하는 시설과 전문인력 등 지정기준"이란 다음 각 호의 기준을 말한다.
  1. 화재조사를 수행할 수 있는 다음 각 목의 시설을 모두 갖출 것
      가. 증거물, 화재조사 장비 등을 안전하게 보호할 수 있는 설비를 갖춘 시설
      나. 증거물 등을 장기간 보존·보관할 수 있는 시설
      다. 증거물의 감식·감정을 수행하는 과정 등을 촬영하고 이를 디지털파일의 형태로 처리·보관할 수 있는 시설

2. 화재조사에 필요한 다음 각 목의 구분에 따른 전문인력을 각각 보유할 것
   가. 주된 기술인력 : 다음의 어느 하나에 해당하는 사람을 2명 이상 보유할 것
      1) 「국가기술자격법」에 따른 국가기술자격의 직무분야 중 화재감식평가 분야의 기사 자격 취득 후 화재조사 관련 분야에서 5년 이상 근무한 사람
      2) 화재조사관 자격 취득 후 화재조사 관련 분야에서 5년 이상 근무한 사람
      3) 이공계 분야의 박사학위 취득 후 화재조사 관련 분야에서 2년 이상 근무한 사람
   나. 보조 기술인력 : 다음의 어느 하나에 해당하는 사람을 3명 이상 보유할 것
      1) 「국가기술자격법」에 따른 국가기술자격의 직무분야 중 화재감식평가 분야의 기사 또는 산업기사 자격을 취득한 사람
      2) 화재조사관 자격을 취득한 사람
      3) 소방청장이 인정하는 화재조사 관련 국제자격증 소지자
      4) 이공계 분야의 석사 이상 학위 취득 후 화재조사 관련 분야에서 1년 이상 근무한 사람
3. 화재조사를 수행할 수 있는 감식·감정 장비, 증거물 수집 장비 등을 갖출 것

■ **화재조사 및 보고규정**

정의(제2조)
① 이 규정에서 사용하는 용어의 정의는 다음과 같다.
   1. "감식"이란 화재원인의 판정을 위하여 전문적인 지식, 기술 및 경험을 활용하여 주로 시각에 의한 종합적인 판단으로 구체적인 사실관계를 명확하게 규명하는 것을 말한다.
   2. "감정"이란 화재와 관계되는 물건의 형상, 구조, 재질, 성분, 성질 등 이와 관련된 모든 현상에 대하여 과학적 방법에 의한 필요한 실험을 행하고 그 결과를 근거로 화재원인을 밝히는 자료를 얻는 것을 말한다.
   3. "발화"란 열원에 의하여 가연물질에 지속적으로 불이 붙는 현상을 말한다.
   4. "발화열원"이란 발화의 최초 원인이 된 불꽃 또는 열을 말한다.
   5. "발화지점"이란 열원과 가연물이 상호작용하여 화재가 시작된 지점을 말한다.
   6. "발화장소"란 화재가 발생한 장소를 말한다.
   7. "최초착화물"이란 발화열원에 의해 불이 붙은 최초의 가연물을 말한다.
   8. "발화요인"이란 발화열원에 의하여 발화로 이어진 연소현상에 영향을 준 인적·물적·자연적인 요인을 말한다.
   9. "발화관련 기기"란 발화에 관련된 불꽃 또는 열을 발생시킨 기기 또는 장치나 제품을 말한다.
   10. "동력원"이란 발화관련 기기나 제품을 작동 또는 연소시킬 때 사용되어진 연료 또는 에너지를 말한다.
   11. "연소확대물"이란 연소가 확대되는데 있어 결정적 영향을 미친 가연물을 말한다.
   12. "재구입비"란 화재 당시의 피해물과 같거나 비슷한 것을 재건축(설계 감리비를 포함한다) 또는 재취득하는데 필요한 금액을 말한다.

13. "내용연수"란 고정자산을 경제적으로 사용할 수 있는 연수를 말한다.
14. "손해율"이란 피해물의 종류, 손상 상태 및 정도에 따라 피해금액을 적정화시키는 일정한 비율을 말한다.
15. "잔가율"이란 화재 당시에 피해물의 재구입비에 대한 현재가의 비율을 말한다.
16. "최종잔가율"이란 피해물의 내용연수가 다한 경우 잔존하는 가치의 재구입비에 대한 비율을 말한다.
17. "화재현장"이란 화재가 발생하여 소방대 및 관계인 등에 의해 소화활동이 행하여지고 있거나 행하여진 장소를 말한다.
18. "접수"란 119종합상황실(이하 "상황실"이라 한다)에서 유·무선 전화 또는 다매체를 통하여 화재 등의 신고를 받는 것을 말한다.
19. "출동"이란 화재를 접수하고 상황실로부터 출동지령을 받아 소방대가 차고 등에서 출발하는 것을 말한다.
20. "도착"이란 출동지령을 받고 출동한 소방대가 현장에 도착하는 것을 말한다.
21. "선착대"란 화재현장에 가장 먼저 도착한 소방대를 말한다.
22. "초진"이란 소방대의 소화활동으로 화재확대의 위험이 현저하게 줄어들거나 없어진 상태를 말한다.
23. "잔불정리"란 화재 초진 후 잔불을 점검하고 처리하는 것을 말한다. 이 단계에서는 열에 의한 수증기나 화염 없이 연기만 발생하는 연소현상이 포함될 수 있다.
24. "완진"이란 소방대에 의한 소화활동의 필요성이 사라진 것을 말한다.
25. "철수"란 진화가 끝난 후, 소방대가 화재현장에서 복귀하는 것을 말한다.
26. "재발화감시"란 화재를 진화한 후 화재가 재발되지 않도록 감시조를 편성하여 일정 시간 동안 감시하는 것을 말한다.

화재 유형(제9조)
① 법 제2조 제1항 제1호의 화재는 다음 각 호와 같이 그 유형을 구분한다.
  1. 건축·구조물화재 : 건축물, 구조물 또는 그 수용물이 소손된 것
  2. 자동차·철도차량화재 : 자동차, 철도차량 및 피견인 차량 또는 그 적재물이 소손된 것
  3. 위험물·가스제조소등 화재 : 위험물제조소등, 가스제조·저장·취급시설 등이 소손된 것
  4. 선박·항공기화재 : 선박, 항공기 또는 그 적재물이 소손된 것
  5. 임야화재 : 산림, 야산, 들판의 수목, 잡초, 경작물 등이 소손된 것
  6. 기타화재 : 위의 각 호에 해당되지 않는 화재
② 제1항의 화재가 복합되어 발생한 경우에는 화재의 구분을 화재피해금액이 큰 것으로 한다. 다만, 화재피해금액으로 구분하는 것이 사회관념상 적당하지 않을 경우에는 발화장소로 화재를 구분한다.

화재건수 결정(제10조)

1건의 화재란 1개의 발화지점에서 확대된 것으로 발화부터 진화까지를 말한다. 다만, 다음 경우는 각 호에 따른다.

1. 동일범이 아닌 각기 다른 사람에 의한 방화, 불장난은 동일 대상물에서 발화했더라도 각각 별건의 화재로 한다.
2. 동일 소방대상물의 발화점이 2개소 이상 있는 다음의 화재는 1건의 화재로 한다.
   가. 누전점이 동일한 누전에 의한 화재
   나. 지진, 낙뢰 등 자연현상에 의한 다발화재
3. 발화지점이 한 곳인 화재현장이 둘 이상의 관할구역에 걸친 화재는 발화지점이 속한 소방서에서 1건의 화재로 산정한다. 다만, 발화지점 확인이 어려운 경우에는 화재피해금액이 큰 관할구역 소방서의 화재 건수로 산정한다.

사상자(제13조)

사상자는 화재현장에서 사망한 사람과 부상당한 사람을 말한다. 다만, 화재현장에서 부상을 당한 후 72시간 이내에 사망한 경우에는 당해 화재로 인한 사망으로 본다.

부상자 분류(제14조)

부상의 정도는 의사의 진단을 기초로 하여 다음 각 호와 같이 분류한다.

1. 중상 : 3주 이상의 입원치료를 필요로 하는 부상을 말한다.
2. 경상 : 중상 이외의 부상(입원치료를 필요로 하지 않는 것도 포함한다)을 말한다. 다만, 병원치료를 필요로 하지 않고 단순하게 연기를 흡입한 사람은 제외한다.

소실정도(제16조)

① 건축·구조물의 소실정도는 다음의 각 호에 따른다.
   1. 전소 : 건물의 70% 이상(입체면적에 대한 비율을 말한다. 이하 같다)이 소실되었거나 또는 그 미만이라도 잔존부분을 보수하여도 재사용이 불가능한 것
   2. 반소 : 건물의 30% 이상 70% 미만이 소실된 것
   3. 부분소 : 제1호, 제2호에 해당하지 아니하는 것
② 자동차·철도차량, 선박·항공기 등의 소실정도는 제1항의 규정을 준용한다.

소실면적 산정(제17조)

① 건물의 소실면적 산정은 소실 바닥면적으로 산정한다.
② 수손 및 기타 파손의 경우에도 제1항의 규정을 준용한다.

화재합동조사단 운영 및 종료(제20조)
① 소방관서장은 영 제7조 제1항에 해당하는 화재가 발생한 경우 다음 각 호에 따라 화재합동조사단을 구성하여 운영하는 것을 원칙으로 한다.
　1. 소방청장 : 사상자가 30명 이상이거나 2개 시·도 이상에 걸쳐 발생한 화재(임야화재는 제외한다. 이하 같다)
　2. 소방본부장 : 사상자가 20명 이상이거나 2개 시·군·구 이상에 발생한 화재
　3. 소방서장 : 사망자가 5명 이상이거나 사상자가 10명 이상 또는 재산피해액이 100억원 이상 발생한 화재

■ 건물동수 산정(화재조사 및 보고규정 별표 1)
① 주요구조부가 하나로 연결되어 있는 것은 같은 동으로 한다. 다만 건널 복도 등으로 2 이상의 동에 연결되어 있는 것은 그 부분을 절반으로 분리하여 다른 동으로 본다.
② 건물의 외벽을 이용하여 실을 만들어 헛간, 목욕탕, 작업실, 사무실 및 기타 건물 용도로 사용하고 있는 것은 주건물과 같은 동으로 본다(그림참조).

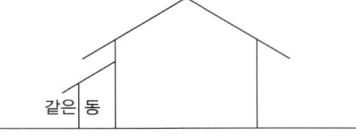

③ 구조에 관계없이 지붕 및 실이 하나로 연결되어 있는 것은 같은 동으로 본다(그림참조).

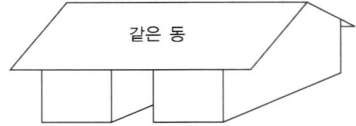

④ 목조 또는 내화조 건물의 경우 격벽으로 방화구획이 되어 있는 경우도 같은 동으로 한다(그림참조).

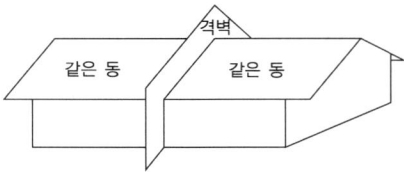

⑤ 독립된 건물과 건물 사이에 차광막, 비막이 등의 덮개를 설치하고 그 밑을 통로 등으로 사용하는 경우는 다른 동으로 한다.
　예 작업장과 작업장 사이에 조명유리 등으로 비막이를 설치하여 지붕과 지붕이 연결되어 있는 경우(그림참조)

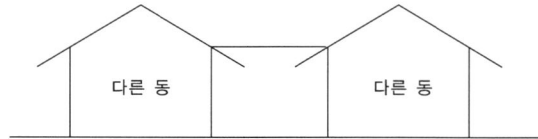

⑥ 내화조 건물의 옥상에 목조 또는 방화구조 건물이 별도 설치되어 있는 경우는 다른 동으로 본다. 다만, 이들 건물이 기능상 하나인 경우(옥내 계단이 있는 경우)는 같은 동으로 한다.
⑦ 내화조 건물의 외벽을 이용하여 목조 또는 방화구조건물이 별도 설치되어 있고 건물 내부와 구획되어 있는 경우 다른 동으로 본다. 다만, 주된 건물에 부착된 건물이 옥내로 출입구가 연결되어 있는 경우와 기계설비 등이 쌍방에 연결되어 있는 경우 등 건물 기능상 하나인 경우는 같은 동으로 한다.

■ 화재피해금액 산정(화재조사 및 보고규정 제18조)
① 화재피해금액은 화재 당시의 피해물과 동일한 구조, 용도, 질, 규모를 재건축 또는 재구입하는 데 소요되는 가액에서 경과연수 등에 따른 감가공제를 하고 현재가액을 산정하는 실질적·구체적 방식에 따른다. 다만, 회계장부상 현재가액이 입증된 경우에는 그에 따른다.
② 제1항의 규정에도 불구하고 정확한 피해물품을 확인하기 곤란한 경우에는 소방청장이 정하는 「화재피해금액 산정매뉴얼」(이하 "매뉴얼"이라 한다)의 간이평가방식으로 산정할 수 있다.
③ 건물 등 자산에 대한 최종잔가율은 건물·부대설비·구축물·가재도구는 20%로 하며, 그 이외의 자산은 10%로 정한다.
④ 건물 등 자산에 대한 내용연수는 매뉴얼에서 정한 바에 따른다.
⑤ 대상별 화재피해금액 산정기준은 별표 2에 따른다.
⑥ 관계인은 화재피해금액 산정에 이의가 있는 경우 별지 제12호서식 또는 별지 제12호의2서식에 따라 관할 소방관서장에게 재산피해신고를 할 수 있다.
⑦ 제6항에 따른 신고서를 접수한 관할 소방관서장은 화재피해금액을 재산정해야 한다.

■ 화재피해금액 산정기준(화재조사 및 보고규정 별표 2)

산정대상	산정기준
건 물	「신축단가(m^2당) × 소실면적 × [1 − (0.8 × 경과연수/내용연수)] × 손해율」 공식에 의하되, 신축단가는 한국감정원이 최근 발표한 '건물신축단가표'에 의한다.
부대설비	「건물신축단가 × 소실면적 × 설비종류별 재설비 비율 × [1 − (0.8 × 경과연수/내용연수)] × 손해율」 공식에 의한다. 다만 부대설비 피해액을 실질적·구체적 방식에 의할 경우 「단위(면적·개소 등)당 표준단가 × 피해단위 × [1 − (0.8 × 경과연수/내용연수)] × 손해율」 공식에 의하되, 건물표준단가 및 부대설비 단위당 표준단가는 한국감정원이 최근 발표한 '건물신축단가표'에 의한다.
구축물	「소실단위의 회계장부상 구축물가액 × 손해율」 공식에 의하거나 「소실단위의 원시건축비 × 물가상승률 × [1 − (0.8 × 경과연수/내용연수)] × 손해율」 공식에 의한다. 다만 회계장부상 구축물가액 또는 원시건축비의 가액이 확인되지 않는 경우에는 「단위(m, m^2, m^3)당 표준단가 × 소실단위 × [1 − (0.8 × 경과연수/내용연수)] × 손해율」 공식에 의하되, 구축물의 단위당 표준단가는 매뉴얼이 정하는 바에 의한다.
영업시설	「m^2당 표준단가 × 소실면적 × [1 − (0.9 × 경과연수/내용연수)] × 손해율」 공식에 의하되, 업종별 m^2당 표준단가는 매뉴얼이 정하는 바에 의한다.
잔존물제거	「화재피해액 × 10%」 공식에 의한다.

기계장치 및 선박·항공기	「감정평가서 또는 회계장부상 현재가액 × 손해율」 공식에 의한다. 다만 감정평가서 또는 회계장부상 현재가액이 확인되지 않아 실질적·구체적 방법에 의해 피해액을 산정하는 경우에는 「재구입비 × [1 − (0.9 × 경과연수/내용연수)] × 손해율」 공식에 의하되, 실질적·구체적 방법에 의한 재구입비는 조사자가 확인·조사한 가격에 의한다.
공구 및 기구	「회계장부상 현재가액 × 손해율」 공식에 의한다. 다만 회계장부상 현재가액이 확인되지 않아 실질적·구체적 방법에 의해 피해액을 산정하는 경우에는 「재구입비 × [1 − (0.9 × 경과연수/내용연수)] × 손해율」 공식에 의하되, 실질적·구체적 방법에 의한 재구입비는 물가 정보지의 가격에 의한다.
집기비품	「회계장부상 현재가액 × 손해율」 공식에 의한다. 다만 회계장부상 현재가액이 확인되지 않는 경우에는 「m^2당 표준단가 × 소실면적 × [1 − (0.9 × 경과연수/내용연수)] × 손해율」 공식에 의하거나 실질적·구체적 방법에 의해 피해액을 산정하는 경우에는 「재구입비 × [1 − (0.9 × 경과연수/내용연수)] × 손해율」 공식에 의하되, 집기비품의 m^2당 표준단가는 매뉴얼이 정하는 바에 의하며, 실질적·구체적 방법에 의한 재구입비는 물가정보지의 가격에 의한다.
가재도구	「(주택종류별·상태별 기준액 × 가중치) + (주택면적별 기준액 × 가중치) + (거주인원별 기준액 × 가중치) + (주택가격(m^2당)별 기준액 × 가중치)」 공식에 의한다. 다만 실질적·구체적 방법에 의해 피해액을 가재도구 개별품목별로 산정하는 경우에는 「재구입비 × [1− (0.8 × 경과연수/내용연수)] × 손해율」 공식에 의하되, 가재도구의 항목별 기준액 및 가중치는 매뉴얼이 정하는 바에 의하며, 실질적·구체적 방법에 의한 재구입비는 물가정보지의 가격에 의한다.
차량, 동물, 식물	전부손해의 경우 시중매매가격으로 하며, 전부손해가 아닌 경우 수리비 및 치료비로 한다.
재고자산	「회계장부상 현재가액 × 손해율」 공식에 의한다. 다만 회계장부상 현재가액이 확인되지 않는 경우에는 「연간매출액 ÷ 재고자산회전율 × 손해율」 공식에 의하되, 재고자산회전율은 한국은행이 최근 발표한 '기업경영분석' 내용에 의한다.
회화(그림), 골동품, 미술공예품, 귀금속 및 보석류	전부손해의 경우 감정가격으로 하며, 전부손해가 아닌 경우 원상복구에 소요되는 비용으로 한다.
임야의 입목	소실 전의 입목가격에서 소실한 입목의 잔존가격을 뺀 가격으로 한다. 단, 피해액산정이 곤란할 경우 소실면적 등 피해 규모만 산정할 수 있다.
기 타	피해 당시의 현재가를 재구입비로 하여 피해액을 산정한다.

※ 적용요령
① 피해물의 경과연수가 불분명한 경우에 그 자산의 구조, 재질 또는 관계자 및 참고인의 진술 기타 관계자료 등을 토대로 객관적인 판단을 하여 경과연수를 정한다.
② 공구 및 기구·집기비품·가재도구를 일괄하여 재구입비를 산정하는 경우 개별 품목의 경과연수에 의한 잔가율이 50%를 초과하더라도 50%로 수정할 수 있으며, 중고구입기계장치 및 집기비품으로서 그 제작연도를 알 수 없는 경우에는 그 상태에 따라 신품가액의 30% 내지 50%를 잔가율로 정할 수 있다.
③ 화재피해액금액 산정매뉴얼은 본 규정에 저촉되지 아니하는 범위에서 적용하여 화재피해액을 산정한다.

◆ 소방학교 공통교재 소방차량장비실무

■ 소방자동차 기관의 주요 구성품 및 장치

소방펌프차 기관은 실린더블록(실린더, 피스톤, 링), 실린더헤드(캠축, 흡 배기밸브 장치), 크랭크케이스(크랭크축, 타이밍기어 및 체인) 등 주요구조부와 기동장치, 냉각장치, 윤활장치, 연료장치, 전기장치로 구성되어 있다.

기동장치	• 기동장치는 기관의 압축, 운동부품의 마찰 등에 의한 저항을 극복하고, 기관을 시동이 가능한 최저 회전속도 이상으로 회전시킬 수 있어야 한다. 소방자동차기관에서는 자기착화에 필요한 압축열을 계속 유지할 수 있는 최저 회전속도 이상으로 크랭킹(Cranking)시켜야만 기관을 시동시킬 수 있다. • 소방자동차기관의 기동장치는 기본적으로 기동전동기, 에너지 공급원(=축전지), 시동 스위치, 그리고 시동 릴레이 등으로 구성된다. • 기동장치는 다음 요건을 구비해야 한다. 　- 항상 언제라도 기동할 준비가 갖추어져 있어야 한다. 　- 어떤 온도하에서도 충분한 기동력을 발생시킬 수 있어야 한다. 　- 견고하고 내구성이 있어야 한다. 　- 수리가 용이하며, 소형, 경량이어야 한다.
냉각장치 (Cooling System)	• 냉각장치는 기관을 냉각하여 과열을 방지하고 기관의 온도를 약 80~90℃로 알맞게 유지하는 기능이다. • 냉각장치의 주요 구성부품은 라디에이터(Radiator), 워터펌프(Water Pump), 워터 재킷(Water Jacket), 서모 스탯(Thermostat : 수온 조절기) 등으로 구성된다. • 기관의 냉각 방식에는 외부 공기로 기관을 직접 냉각하는 공냉식, 냉각수를 기관의 내부로 순환시켜 냉각하는 수냉식이 있다.
윤활장치 (Lubricating System)	• 기관의 작동을 원활하게 하고, 그 작동이 기관의 수명을 다할 때까지 오래 유지하기 위해 운동 마찰부분에 엔진 오일을 공급하는 장치이다. • 윤활장치는 기본적으로 마모의 방지, 밀봉작용 및 냉각작용의 3대 작용은 물론 세척작용, 응력분산작용, 방청작용 등의 여러 가지 작용을 한다.
연료장치	• 연료장치는 기관의 연소실 내에서 폭발할 수 있는 혼합기체를 폭발범위의 입자로 분사시켜 연소실로 공급하는 장치이다. • 연료를 저장하는 연료탱크, 연료 속에 들어있는 수분 또는 불순물을 제거하는 여과장치, 분사펌프에 연료를 공급하는 연료공급펌프, 연료를 각 실린더에 분사하는 분사펌프 등으로 구성되어 있다. • 연료탱크는 연료에 대하여 충분한 내식성이 있는 구조와 재질로 되어 있으며 6시간 방수할 수 있는 양의 연료를 저장할 수 있는 크기다.
전기장치	• 전기장치는 기관의 작동과 관련된 기관의 전기장치와 기관 이외의 자체 각부에 장치된 차체 전장품으로 나눌 수 있다. • 축전기의 용량은 20시간율로 100A 이상이고 발전기는 용량 300W 이상의 발전장치가 설치되어 있다. 최근의 소방펌프차 축전지는 전력소비가 많아 150Ah 이상을 기본 장착하고 있다.

■ 소방펌프조작 시 일어날 수 있는 현상

원심펌프의 캐비테이션
(공동현상)
	• 소방펌프 내부에서 흡입양정이 높거나, 유속의 급변 또는 와류의 발생, 유로에서의 장애 등에 의해 압력이 국부적으로 포화 증기압 이하로 내려가 기포가 발생하는 현상이 일어날 수 있는데, 이 현상을 캐비테이션(공동현상)이라 한다.
	• 캐비테이션 발생 시 다음과 같이 조치하여야 한다.
	  - 흡수관측의 손실을 가능한 작게 한다.
	  - 소방펌프 흡수량을 높이고, 소방펌프의 회전수를 낮춘다.
	  - 동일한 회전수와 방수량에서는 방수밸브를 조절한다.
	  - 흡수관의 스트레이너 등에 이물질이 있는 경우 이를 제거한다.

수격현상 (Water Hammer)	• 관내에 물이 가득 차서 흐르는 경우 그 관로 끝에 있는 밸브를 갑자기 닫을 경우 물이 갖고 있는 운동에너지는 압력에너지로 변하고 큰 압력 상승이 일어나서 관을 넓히려고 한다. 이 경우 압력상승은 압력파가 되어 관내를 왕복하는데 이런 현상을 수격현상이라고 한다. • 압력파가 클 경우에 가장 약한 부분이 파손될 수 있어 소방펌프에서는 임펠러 파손을 막기 위해 역류방지밸브(논리턴밸브)를 설치하고 있다.
맥동현상 (Surging)	• 펌프 가동 중 마치 숨을 쉬는 것과 같은 또는 맥박이 뛰는 것과 같은 현상이 발생할 수 있다. • 소방펌프 조작판의 연성계와 압력계 바늘이 흔들리고 동시에 방수량에 변동이 일어나는 현상이 발생한다. • 이 현상을 맥동현상이라 하며 마치 스프링에 충격을 가했을 때 발생하는 진동 즉 서징(Surging)과 같다 하여 붙여진 이름이다. • 주로 수원이 부족할 때 발생하기 때문에 흡수하여 방수하거나 중계 송수할 때 연성계의 수치를 확인하여 연성계 수치 이상 압력으로 방수하지 않도록 주의해야 한다.

■ 진공펌프 동력전달장치

진공펌프 동력전달장치에는 롤러클러치, 벨트방식을 사용하는 기계식과 전자클러치를 사용하는 전기식이 있다.

① 전자클러치 방식

    전자클러치 코일에 DC24V에 전원이 공급되면 마그네틱(magnetic) 로터에 강한자속이 발생되어 아마투어를 끌어당기면 클러치가 연결되어 동력을 전달한다.

    ※ 2세대 진공펌프 작동방식

② 피스톤 방식

    피스톤의 왕복운동으로 공기를 제거하는 방식

    ※ 현재 적용되고 있는 작동방식

■ 지수밸브

① 지수밸브는 주 펌프의 상부에 설치되어 있다.
② 진공펌프가 작동되면 펌프 내부가 진공상태가 되어 이와 연결된 다이어프램이 아래쪽으로 내려가서 진공펌프와 주 펌프실이 연결된 작은 통로가 열린다.

③ 이때 열린 통로로 주 펌프실 내부 공기가 진공펌프로 빨려 나가면서 주 펌프 내부의 진공상태가 가속화 되면서 흡수관을 통한 외부의 물이 주 펌프내부로 빨려 올라와 임팰러 날개를 통해 방수라인으로 방출되게 된다. 흡수가 완료되면 양수된 주 펌프실은 압력이 발생하고 이 압력으로 지수밸브의 다이어프램이 밀려 올려지면서 진공펌프로 통하는 통로가 막히고 주 펌프 물이 진공펌프로 들어가게 되는 것을 막아준다.
④ 다이아프램이 불량이면 진공 작용을 하지 못하고 또한 방수가 진행될 때 진공펌프를 통해 물이 나오는 경우가 있다.

■ **역류방지밸브**
① 주 펌프 상부에 위치하며 펌프에서 토출된 물이 다시 펌프로 유입되지 않도록 체크밸브 역할과 펌프의 효율을 높이고, 방수라인에서 발생할 수 있는 수격작용으로부터 펌프를 보호하는 역할을 한다.
② 주 펌프를 진공할 때 방수라인 쪽 기밀을 유지하여, 펌프보다 아래에 있는 물을 주 펌프 내부에 채우는 진공을 보조하는 기능도 하고 있다.
③ 역류방지밸브 시트에 이물질이 끼지 않도록 유지하여야 하며 테스트는 주 펌프 내부를 진공시켜 놓고, 방수구를 손으로 막고 방수밸브를 열었을 때 손이 빨려 들어가는 느낌이 난다면 역류방지밸브 불량을 의심할 수 있고, 신속하게 수리 요구해야 한다.
④ 역류방지밸브 필요 이유 중 또 하나는 양수(진공해서 물을 끌어올림)해서 펌프 속에 물이 있는 상태로 방수를 하지 않을 때 물이 다시 빠지지 않도록 유지해 주는 방수압력 유지기능이다. 이 때문에 잠시 방수를 멈추었다가도 연속적으로 방수가 가능한 것이다.

■ **동절기 소방펌프 부동액 주입**
① 동절기에 소방펌프를 작동시켰다면 반드시 펌프 및 각 배관의 배수 작업을 실시해야 하며, 혹한기에는 펌프 터빈날개 및 방수구 등에 부동액 원액을 주입하여 동결을 방지하여 출동에 즉시 대응할 수 있어야 한다. 보관함 부동액의 양은 약 4L 정도이다.
② 부동액 주입방법
㉠ 진공펌프를 이용하는 방법(방수구는 직접적 관련은 없지만 모든 밸브는 닫혀 있다)
차량이 안정화되고 펌프 및 배관의 배수가 완료된 상태에서 PTO 연결 → 진공펌프를 작동시킨다(비상스위치 사용권장). 이때 연성계 바늘은 진공측으로, 지수밸브 스핀들은 아래로 내려간다. → 진공이 형성되면 진공펌프를 정지시킨다. → 부동액 주입밸브를 2~3초간 열었다가 다시 닫는다.
※ 부동액 주입은 펌프 내부에 물 없이 PTO를 작동시키는 것이므로 짧은 시간 내에 부동액 주입 작업을 마쳐야 하며, 만일 부동액 주입밸브를 먼저 열고 진공펌프를 작동시키면 부동액이 진공펌프로 흡입되어 외부로 배출된다.

ⓒ 진공펌프를 이용하지 않는 방법

차량이 안정화되고 펌프 및 배관의 배수가 완료된 상태에서 → 부동액 밸브를 열어 일정량을 흐르게 한 후 닫는다. → 지수밸브 스핀들을 손으로 눌러 부동액을 펌프 내부로 흐르게 한다(지수밸브가 펌프상부에 설치되어 있을 경우). → PTO를 약 5초 정도 작동시킨 후 해제한다(소방펌프를 작동시켜 부동액이 잘 도포되도록 함).

■ 소방차의 폼 혼합방식

펌프 프로포셔너 방식	• 방수측과 흡수측 사이의 바이패스 회로상에는 폼 이젝트 본체와 농도 조정밸브가 설치되어 있다. • 펌프의 방수측 배관에 연결된 송수밸브의 개방으로 물은 송수라인을 통해 폼 이젝트 본체에서 분출되고, 이때 농도 조정밸브를 통과한 폼액이 물과 혼합되어 펌프 흡입측으로 유입된다.
라인 프로포셔너	라인프로포셔너 방식은 일반 방수라인 끝을 제거한 후 벤츄리관이 설치된 전용 관창을 포 소화약제 통에 직접 넣어 포 소화약제를 흡입 혼합하여 방출하는 방식을 말하며 거의 사용되지 않고 있다.
프레져사이드 프로포셔너 방식	• 방수측 배관에 플로우미터를 설치해 배관 내 유속을 감지하여 송수량을 측정한다. • 송수량에 따라 컨트롤유닛에 세팅해 둔 농도조절 값에 따라 약제 압입용 펌프가 폼 원액을 방수측 라인에 압입 하는 구조로 되어있다. • 펌프프로포셔너 방식에 비해 폼 혼합량이 균일하다는 장점은 있으나, 압입용 펌프를 별도로 설치하여야 하는 등 설치비용이 비싼 단점이 있으며 적용방식은 전기식 또는 기계식으로 폼을 1%~6%까지 적용한다.
압축공기포 방식(CAFS)	• 물과 폼원액을 가압된 공기 또는 질소와 조합하여 기존의 포와는 완전히 다른 형태의 부착성이 매우 뛰어난 균일한 형태의 포를 형성하는 시스템이다. • 압축공기포는 소화 효과가 매우 뛰어나고 부착성이 우수할 뿐만 아니라 높은 분사 속도로 원거리 방수가 가능하다. 또한 물 사용량을 1/7 이상으로 줄여 수손 피해를 최소화할 수 있다.

■ 펌프차 배관계통도

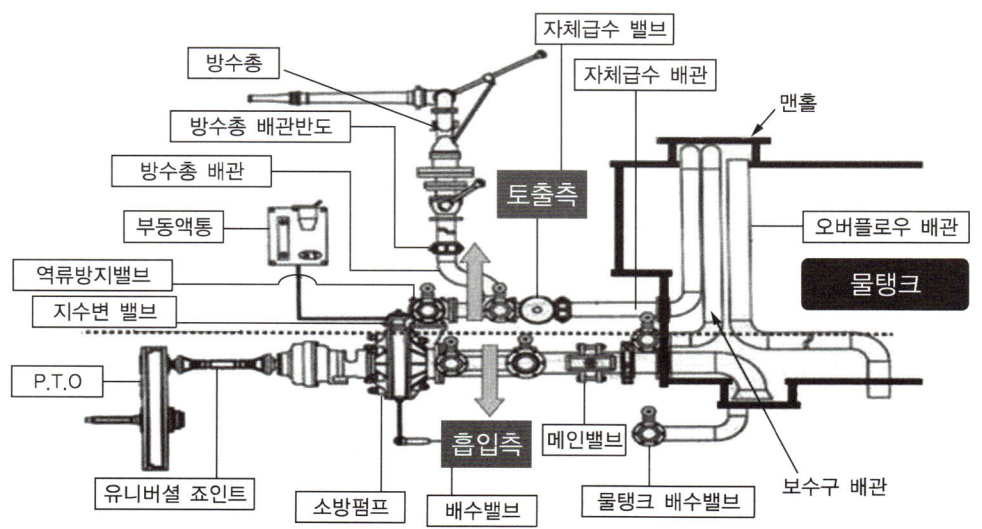

■ 소방고가차(사다리/굴절) 사용용도의 제한
① 고압선 작업용으로 사용하지 않는다.
② 특수물질 수송용으로 사용하지 않는다.
③ 크레인 대용으로 사용할 수 없다. 어떠한 상황하에서도 사다리나 붐으로 중량물을 들어 올려서는 안 되며 장비에 표준 적재량 이외의 물건은 적재할 수 없고 또한 승강기나 바스켓에는 허용 하중을 반드시 준수해야 한다.
④ 화물수송용으로 사용하지 않는다. 승강기 및 바스켓은 이삿짐수송 또는 기타 화물 수송에 대한 안전이 고려되지 않았다.
⑤ 사다리 장비는 승강기나 바스켓에 실린 하중을 수직으로 올리거나 내리기 위한 목적으로만 설계된 장비이며 따라서 수평으로 당기거나 미는 작업은 금지되어 있다.

■ 고압선 안전수칙
① 사다리 전개 시 고압 전선의 감전에 주의
② 전선이 가까운 곳에서 작업할 때에는 최소한 5m의 거리를 유지하여야 함
③ 전선과의 접근한도

전 압	접근한도
0~1000KV	3feet(1m)
1~110KV	10feet(3m)
110~220KV	14feet(4m)
220~400KV	17feet(5m)
전압량을 모를 때	17feet(5m)

④ 장비가 전선을 접촉하였을 때 생기는 감전에 주의
⑤ 끊어진 전선은 통전중으로 인식하여 함부로 만지지 않는다(감전).
⑥ 모든 전선으로부터 최소 5m 이상 거리를 유지하여야 함
⑦ 리모트 컨트롤의 케이블이나 컨트롤 박스는 전도체임을 항상 명심해야 함

※ 여기서부터 소방교 승진시험 제외 부분입니다.

■ 소화약제의 구분

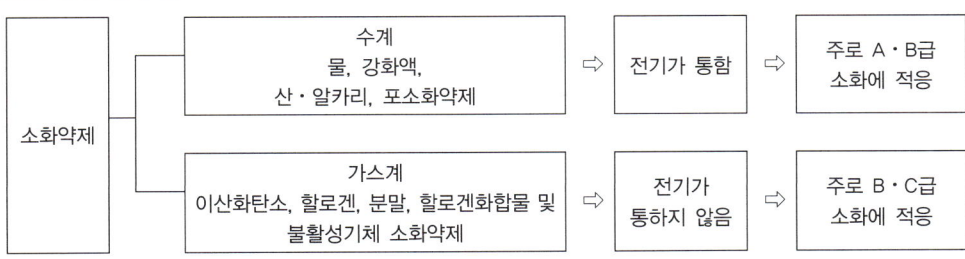

■ 각종 소화약제의 특성 비교

특성 \ 종류	수계 소화약제		가스계 소화약제		
	물	포	이산화탄소	할로겐화합물	분말
주된 소화 효과	냉각	질식, 냉각	질식	부촉매	부촉매, 질식
소화속도	느리다	느리다	빠르다	빠르다	빠르다
냉각 효과	크다	크다	적다	적다	극히 적다
재 발화 위험성	적다	적다	있다	있다	있다
대응하는 화재규모	중형~대형	중형~대형	소형~중형	소형~중형	소형~중형
사용 후의 오염	크다	매우 크다	전혀 없다	극히 적다	적다(1)
적응 화재	A급	A, B급	B, C급	B, C급	(A), B, C급

■ 물의 주수형태

봉상	방법	막대 모양의 굵은 물줄기를 가연물에 직접 주수하는 방법
	특징	• 소방용 방수노즐을 이용한 주수가 대부분 여기에 속한다. • 가장 널리 사용되고 있다. • 열용량이 큰 일반 고체 가연물의 대규모 화재에 유효한 주수 형태이다. • 감전의 위험이 있기 때문에 어느 정도의 안전거리를 유지하여야 한다.
적상	방법	스프링클러 소화설비 헤드의 주수 형태로 살수(撒水)라고도 한다.
	특징	• 저압으로 방출되기 때문에 물방울의 평균 직경은 0.5~6mm 정도이다. • 일반적으로 실내 고체 가연물의 화재에 사용된다.
무상	방법	물분무 소화 설비의 헤드나 소방대의 분무 노즐에서 고압으로 방수할 때 나타나는 안개 형태의 주수로 물방울의 평균 직경은 0.1~1mm 정도이다.
	특징	• 소화 효과의 측면에서 본 최저 입경은 열전달과 물방울의 최대 속도와의 관계로부터 이론적으로 유도해보면 0.35mm 정도이다. • 유류화재에 물을 사용하면 연소면이 확대되기 때문에 물의 사용을 금하고 있지만 중질유화재(중질의 연료유, 윤활유, 아스팔트 등과 같은 고비점유의 화재)의 경우에는 물을 무상으로 주수하면 급속한 증발에 의한 질식 효과와 에멀전 효과에 의해 소화가 가능하다. • 일반적으로 물을 사용하여 소화할 수 있는 유류화재는 유류의 인화점이 37.8°C(100°F) 이상인 경우이다. • 무상 주수는 다른 주수법에 비하면 전기 전도성이 좋지 않기 때문에 전기화재에도 유효하나 이때에는 일정한 거리를 유지하여 감전을 방지해야 한다.

■ 물 소화약제의 첨가제

동결방지제(부동제)	의 미	저온에서의 동결을 방지하기 위해 첨가하는 약제
	특 징	일반적으로 자동차 냉각수 동결방지제로 많이 사용되는 에틸렌글리콜[ethylene glycol, $C_2H_4(OH)_2$]을 가장 많이 사용하고 있다.
증점제	의 미	물은 유동성이 커서 소화 대상물에 장시간 부착되어 있지 못하기 때문에 방사되는 물 소화약제의 가연물에 대한 접착성질을 강화시키기 위하여 첨가하는 물질이다.
	특 징	• 물의 사용량을 줄일 수 있고 높은 장소(공중 소화)에서 사용 시 물이 분산되지 않으므로 목표물에 정확히 도달할 수 있어 소화 효과를 높일 수 있다(산림화재 진압용으로 많이 사용). 반면 증점제를 사용하면 가연물에 대한 침투성이 떨어지고 방수 시에 마찰손실이 증가하고, 분무 시 물방울의 직경이 커지는 등의 단점이 있다. • 증점제로 유기계는 알킨산나트륨염, 펙틴(Pectin), 각종 껌 등의 고분자 다당류, 셀룰로오스 유도체, 비이온성 계면 활성제 등이 있다. 산림화재 시 대표적으로 사용하는 유기계 증점제로는 CMC(Sodium Carboxy Methyl Cellulose)와 Gelgard(Dow chemical사의 상품명) 등이 있다. • 무기계로는 벤토나이트, 붕산염 등이 사용되고 있으며, 이들을 기계적으로 혼합하여 슬러지상으로 만들어 주로 산림화재에 사용하고 있다.
침투제	의 미	물은 표면장력이 커서 방수 시 가연물에 침투되기가 어렵기 때문에 표면장력을 작게 하여 침투성을 높여주기 위해 첨가하는 계면활성제의 총칭을 침투제(Wetting Agent)라 한다.
	특 징	일반적으로 첨가하는 계면활성제의 양은 1% 이하이다. 침투제가 첨가된 물을 "Wet Water"라고 부르며, 이것은 가연물 내부로 침투하기 어려운 목재, 고무, 플라스틱, 원면, 짚 등의 화재에 사용되고 있다.
강화액 소화약제	의 미	동절기 물 소화약제가 동결되는 단점을 보완하고 물의 소화력을 높이기 위하여 화재에 억제 효과가 있는 염류를 첨가한 것
	특 징	• 염류로는 알칼리 금속염의 탄산칼륨(K_2CO_3)과 인산암모늄[$(NH_4)_2PO_4$] 등이 사용되고 여기에 침투제 등을 가하여 제조한다. • 수소 이온농도(pH)는 약알칼리성으로 11~12이며, 응고점은 $-30 \sim -26°C$이다. • 색상은 일반적으로 황색 또는 무색의 점성이 있는 수용액이다. • 강화액의 소화 효과는 물이 갖는 소화 효과와 첨가제가 갖는 부촉매 효과를 합한 것이다. • 용도는 주로 소화기에 충약해서 목재 등의 고체 형태인 일반가연물 화재에 사용한다.
Rapid Water	의 미	소화활동에서 호스 내의 물의 마찰손실을 줄이면 보다 많은 양의 방수가 가능해지고 가는 호스로도 방수가 가능해지는데 이와 같은 목적을 위해 첨가하는 약제이다.
	특 징	미국의 Union Carbide사에서 Rapid Water라는 명칭의 첨가제를 발매했는데 성분은 폴리에틸렌옥사이드로 물의 점성이 약 70% 정도 감소하여 방수량이 증가하는 효과를 가져온다.
유화제	의 미	중유나 엔진오일 등은 인화점이 높은 고 비점 유류이므로 화재 시 Emulsion형성을 증가시키기 위해 계면활성제(Poly Oxyethylene Alkylether)를 첨가하여 사용하는 약제

산 알칼리제	특 징	산(H_2SO_4)과 알칼리($NaHCO_3$)의 두 가지 약제가 혼합되면 화학작용에 의하여 이산화탄소와 포(거품)가 형성되어 용기 내에서 발생된 이산화탄소의 증기압에 의하여 포가 방출된다. 주로 소화기에 이용되며 내통과 외통으로 구분하여 따로 약제를 저장하며 내부저장용기에 물 30%와 진한 황산 70%의 수용액, 외부저장용기에는 물 90%와 탄산수소나트륨 10% 수용액을 충전하여 사용하는데 저장 및 보관, 용기에 대한 부식성, 불완전한 약제의 혼합이 소화의 신뢰성이 떨어뜨려 거의 사용을 하지 않고 있다. 산과 알칼리 소화약제는 수용액 상태로 분리 저장되어 있다가 방출 시 중간 혼합실에서 알칼리와 산이 화학작용한다. 이때 CO_2의 발생에 의하여 방출원의 압력을 동력원으로 사용하며 소화기에 사용하는 것으로서 A급 화재에만 사용되고 있다.

■ 물 소화약제의 한계

B급 화재 (유류) 적용 시	물보다 비중이 작은 누출 유류의 화재에서 주수를 하면 유류입자가 물의 표면에 부유함으로써 오히려 화염면을 확대시킬 수 있다. 물보다 비중이 큰 유류인 중유의 탱크 화재에서는 무상(霧狀)이 아닌 봉상(棒狀)이나 적상(適狀)으로 분사하면, 물의 분사 압력으로 불이 붙은 중유입자가 물입자와 함께 탱크 밖으로 비산하여 화재를 더욱 확대시킬 우려가 있다. 따라서 석유류 화재에 있어서는 물의 적용은 신중하여야 하며 중유화재에는 분무상의 물을 분사하여 유화소화를 하는 것이 유리하다.
C급 화재 (전기) 적용 시	전기화재에서 물을 사용한 소화는 가능하지만 감전사고의 위험이 있다. 이러한 감전사고의 위험성을 줄이기 위해서는 일정한 거리를 유지하면서 무상으로 분사하여야 한다.
D급 화재 (금속) 적용 시	제3류위험물에 해당하는 리튬(Li), 나트륨(Na), 칼륨(K) 등 알카리금속과 칼슘(Ca) 등의 알카리토금속, 제2류위험물에 해당하는 철가루, 마그네슘 등 금속 또는 금속가루는 물과 반응하여 가연성·폭발성인 수소가스가 발생한다. 따라서 이들은 화재 시 물을 사용하면 오히려 화재가 확대되며 특히 화염의 온도가 높은 경우에는 이와 같은 현상이 두드러지게 나타난다. 따라서 물이 함유된 소화약제는 금속화재에 절대로 사용해서는 안 된다.

특수화재와 물	• 화학제품(카바이드, 아산화물)
	  화학제품과 물이 반응하면 가연성가스와 열이 발생되어 오히려 화재를 확대시키는 것으로, 생석회가 물에 젖은 상태에서 열 방출이 되지 않으면 일정시간 후 자연발화한다.
	• 가연성 금속
	  K, Al, Mg, Na, Zn, Fe 등 가연성 금속은 물과 반응 시 수소를 발생시키고 금속화재에서 연소반응 온도가 높기 때문에 더욱 위험하게 된다.
	• 방사성 금속
	  물이 방사능에 오염 시 처리가 어려우므로 물은 소화약제로써 적합하지 않다.
	• 가스화재
	  가스화재에서는 수용성 가스에 적용 시 분무상으로 방사하면 가스농도가 희석돼 연소범위 이내가 되어 소화가 가능하며 주로 화재가 발생했을 때 과열된 탱크의 냉각 시 탱크 외부에 분무하면 탱크 내부 온도가 낮아지게 되어 가연성 증기의 발생이 억제되고 소화가 되는 것이다.

물과 반응하는 화학물질	금속류 외에 물과 반응하여 조연성·가연성 가스 또는 독성가스가 발생하는 화학물질이 있다. • 제1류위험물에 해당하는 무기과산화물(과산화나트륨, 과산화칼륨, 과산화칼슘 등), 삼산화크롬(CrO_3) 등은 물과 반응하여 산소가 발생한다. • 제3류위험물에 해당하는 알킬알루미늄, 알킬리튬, 탄화칼슘(CaC_2), 탄화알루미늄 등은 물과 반응하여 메탄·에탄·아세틸렌 등 가연성가스를 생성한다. • 제3류위험물인 금속의 인화물(인화칼륨, 인화칼슘 등)은 물과 만나면 맹독성 포스핀가스(PH_3)가 발생하며, 제6류위험물인 질산은 물과 만나면 급격히 발열하여 폭발에 이르기도 한다.

그 밖의 한계	• 방사성 물질 화재에서 물을 사용하면 방사능오염이 확대될 수 있으며 고온의 표면에 물이 닿는 경우 수증기폭발이 발생할 수 있으므로 가연물의 성질과 상태를 정확히 파악하는 것이 중요하다. • 중요한 문화재나 가치가 높은 예술품의 화재 시 주수에 의한 수손피해로 그 가치가 훼손될 수 있으므로 물로 소화가 가능할지라도 가스계소화약제 등 다른 소화약제의 적용을 고려하여야 한다.

■ 포소화약제의 종류

화학포 소화약제	2가지 소화약제가 화학 반응을 일으켜 생성되는 기체(이산화탄소)를 핵으로 하는 포

공기포 소화약제	• 포소화약제와 물을 기계적으로 혼합시키면서 공기를 흡입하여(공기를 핵으로 하여) 발생시킨 포로 일명 기계포라고도 한다.
	• 크게 단백계와 계면활성계로 나누어진다.
	  – 단백계 : 단백포, 불화단백포 소화약제
	  – 계면활성계 : 합성계면활성제포, 수성막포, 알콜형포(수용성액체용포) 소화약제

포의 팽창비에 따른 분류	• 저발포용 포 : 팽창비가 20 이하인 포
	  – 가장 일반적인 형태의 포로서 보통 고정포방출구, 포헤드 및 포소화전 등을 사용한다.
	  – 주차장에 사용하는 포소화전 및 호스릴포는 저발포 약제이어야 한다.
	  – 단백포, 불화단백포, 합성계면활성제포, 수성막포, 알코올포 등이 저발포 포소화약제로 사용된다.
	• 고발포용 포 : 팽창비가 80 이상 1,000 미만인 포(합성계면활성제포)
	  – 고발포용 방출구를 사용하며, 넓은 장소의 급속한 소화, 지하층 등 소방대의 진입이 곤란한 장소에 매우 효과적이다.
	  – A급화재에 적합하며 B급화재의 경우는 저발포보다 적응성이 떨어진다.
	  – 구획된 공간에 포가 방출되면 시야 제한, 난청, 호흡장애, 방향감각 상실 등으로 인명 피해의 우려가 있다.

■ 포소화약제의 구비조건

① 내열성 : 방출된 포가 파포되지 않기 위해서는 내열성이 강해야 하며 특히 B급 화재에서 포의 내열성능이 매우 중요하다.

② 발포성 : 포 거품의 체적비율을 팽창비라 하며 수성막포는 5배 이상, 기타는 6배 이상이어야 한다. 25% 환원시간(발포상태에서 원래 포가 깨어져 포 수용액으로 환원되는 시간으로서 포 중량의 25%가 되는 시간을 25% 환원시간이라 한다)은 합성계면활성제포의 경우 3분 이상이며 기타는 1분 이상 유지하여야 한다.

③ 내유성 : 포가 유류에 오염되거나 파포되지 않아야 한다. 내유성이 강한 소화약제로는 불화단백포가 있으며 유류 탱크 내부 또는 표면아래에서 분출되는 표면하주입방식에 이용된다.

④ 유동성 : 유류화재에 방사 시 유면상을 자유로이 확산할 수 있도록 유동되어야 한다.

⑤ 점착성 : 포소화약제의 소화효과는 질식성이므로 표면에 잘 점착되어야 한다.

빨리보는 간단한 키워드

■ 포소화 효과 및 적응 화재

소화 효과	• 주된 소화 효과는 포가 가연물질의 표면을 덮기 때문에 나타나는 질식 효과와 상당량의 수분에 의한 냉각 효과이다. • 고발포 포의 경우는 포가 차지하는 체적이 매우 크기 때문에 대류와 복사에 의한 열의 이동 차단, 주변 공기의 배출, 가연성 증기의 생성 억제 등의 소화 효과도 기대할 수 있다. • 포는 얇은 막으로 이루어져 있지만 점착성이 좋고 내열성이 있기 때문에 이상과 같은 소화 효과를 나타내게 된다.

적응 화재	• 비행기 격납고, 자동차 정비공장, 차고, 주차장 등 주로 기름을 사용하는 장소, 특수 가연물을 저장, 취급하는 장소, 위험물 시설(제1, 2, 3류위험물의 일부와 제4, 5, 6류 전부)에 사용된다.
	• 합성계면활성제 포소화약제의 경우 팽창범위가 넓어 LNG가 저장탱크로부터 유출될 때 고발포의 포로 덮어서 외기로부터의 열을 차단해서 증발을 억제시켜 소화하기도 한다.
	• 포소화약제는 소화 후의 오손 정도가 심하고, 청소가 힘든 결점 등이 있고 또한 감전의 우려가 있어 전기화재나 통신 기기실, 컴퓨터실 등에는 부적합하다.
	• 이 외에도 특별한 경우를 제외하고는 다음과 같은 경우에도 사용할 수 없다.
	  - 제5류위험물과 같이 자체적으로 산소를 함유하고 있는 물질
	  - Na, K 등과 같이 물과 반응하는 금속
	  - 인화성 액화가스

■ 포소화약제의 발포배율

① 발포배율 : 포가 원래의 포 수용액 상태로 돌아가는 데 소요되는 시간

② 발포배율과 환원시간 : 발포배율이 커지면 포의 직경이 커지고 포의 막은 얇아진다. 반면 발포배율이 작으면 포의 직경이 작아서 포의 막은 두꺼워진다. 따라서 포의 막이 두꺼울수록, 포의 입자가 균일할수록 포의 환원시간은 길어진다.

③ 발포배율과 유동성 : 포 원액 종류에 따라 유동성은 다르지만 동일한 원액에서 발포배율이 커지면 유동성은 증가한다.

④ 발포배율과 내열성 : 같은 원액의 경우 환원시간이 긴 것일수록 내열성이 우수하며, 이는 화염에 노출되어도 포가 쉽게 깨지지 않기 때문이다. 일반적으로 유동성이 좋으면 내열성이 부족해지며, 발포배율이 작아지면 환원시간과 내열성은 커지나 유동성은 나빠진다.

■ 이산화탄소의 소화 효과

① 질식 효과

이산화탄소의 가장 큰 소화 효과는 질식 효과이다. 질식 효과는 앞에 설명한 것처럼 대기 중의 산소 농도가 어느 정도 이하로 떨어지면 소화되는 효과로 소화에 필요한 이산화탄소의 농도는 가연물의 종류에 따라 달라진다. 일반적으로 소화를 위한 이산화탄소의 농도는 대개 34vol% 이상으로 설계되며, 이때 산소의 농도는 14vol% 정도가 된다.

② 냉각 효과

냉각 효과는 유류탱크 화재에서처럼 불타는 물질에 직접 방출하는 경우에 가장 효과적으로 나타난다. 산소 농도 저하에 따른 질식 효과가 사라진 후에도 냉각된 액체(유류)는 연소에 필요한 가연성 기체를 증발시키지 못하기 때문에 재연소를 방지할 수 있다. 특히 방출되는 이산화탄소에 미세한 드라이아이스 입자가 존재하는 경우에는 냉각 효과가 한층 더 커지게 된다.

■ 이산화탄소의 소화약제의 적응화재
- 이산화탄소는 연소물 주변의 산소 농도를 저하시켜서 소화하기 때문에 자체적으로 산소를 가지고 있거나, 연소 시에 공기 중의 산소를 필요로 하지 않는 가연물 이외에는 전부 사용할 수 있다.
- 일반화재(A급 화재), 유류화재(B급 화재), 전기화재(C급 화재, 이산화탄소는 전기 절연성)에 모두 적응성이 있으나 주로 B·C급 화재에 사용되고 A급은 밀폐된 경우에 유효하다. 밀폐되지 않은 경우에는 이산화탄소가 쉽게 분산되고 가연물에 침투되기가 어렵기 때문에 효과가 아주 미약하다.
- 이산화탄소는 표면 화재에 우수한 효과를 나타내나 심부 화재에 사용하는 경우에는 재발화의 위험성이 있다. 그러므로 심부 화재의 경우에는 고농도의 이산화탄소를 방출시켜 소요 농도의 분위기를 비교적 장시간 유지시켜 줌으로써 일차적인 소화는 물론 재발화의 가능성도 제거해 줄 필요가 있다.
- 이산화탄소는 사용 후 소화제에 의한 오손이 없기 때문에 통신기기실, 전산기기실, 변전실 등의 전기 설비, 물에 의한 오손이 걱정되는 도서관이나 미술관, 소화 활동이 곤란한 선박 등에 유용하다. 그리고 주차장 등에도 사용되나 인명에 대한 위험 때문에 무인의 기계식 주차탑 이외에는 사용하지 않는 것이 바람직하다. 이외에도 제4류위험물, 특수 가연물 등에도 사용된다.

■ 이산화탄소의 소화약제의 사용제한
이산화탄소 소화약제는
① 소화 후 소화약제에 의한 오손이 없다.
② 한랭지에서도 동결될 염려가 없다.
③ 전기 절연성이다.
④ 장시간 저장해도 변화가 없다.
⑤ 자체 압력으로 방출되기 때문에 방출용 동력이 필요하지 않는 등의 장점으로 오래 전부터 사용되어져 왔으나 다음과 같은 경우에는 사용을 제한하고 있다.
　㉠ 제5류위험물(자기 반응성 물질)과 같이 자체적으로 산소를 가지고 있는 물질
　㉡ CO_2를 분해시키는 반응성이 큰 금속(Na, K, Mg, Ti, Zr 등)과 금속수소화물(LiH, NaH, CaH_2)
　㉢ 방출 시 인명 피해가 우려되는 밀폐된 지역

■ 할론 소화약제의 적응화재
① 주로 유류화재(B급화재), 전기화재(C급화재)에 유효하며 밀폐된 장소에서 방출하는 전역방출 방식의 경우는 일반화재(A급화재)에도 유효하다.
② 사용 가능한 소화 대상물은 다음과 같다.
　㉠ 기상, 액상의 인화성 물질
　㉡ 변압기, oil switch 등과 같은 전기 위험물

ⓒ 가솔린 또는 다른 인화성 연료를 사용하는 기계
ⓔ 종이, 목재, 섬유 같은 일반적인 가연물질
ⓜ 위험성 고체
ⓗ 컴퓨터실, 통신기기실, control room 등
ⓢ 도서관, 자료실, 박물관 등

③ 할론(Halon)은 사용 후에도 화재 현장을 오염시키지 않기 때문에 특히 통신기기실, 전자계산 기실, 변전실 등 전기 기기가 있는 장소나 도서관, 자료실, 박물관 등에 적합하다. 또한 화학적 억제 효과에 의해 소화가 이루어지기 때문에 이산화탄소보다는 심부 화재에 더 효과적이다.

④ 한편, 사용이 제한되는 소화 대상물은 다음과 같다.
ⓐ 셀룰로오스 질산염 등과 같은 자기 반응성 물질 또는 이들의 혼합물
ⓑ Na, K, Mg, Ti(티타늄), Zr(지르코늄), U(우라늄), Pu(플루토늄) 같은 반응성이 큰 금속
ⓒ 금속의 수소 화합물(LiH, NaH, CaH$_2$, LiAH$_4$ 등)
ⓓ 유기과산화물, 히드라진(N_2H_4)과 같이 스스로 발열 분해하는 화학제품

⑤ 그러나 할론 소화약제는 CFC(chloro fluoro carbon : 불염화탄소)계열의 물질로 오존층 파괴의 원인 물질이다. 이로 인하여 최근 할로겐화합물 및 불활성기체 소화약제가 권장되고 있다.

■ **할로겐화합물 소화약제의 종류**

Freon Name	상품명	화학식
FC-3-1-10	PFC-410	C_4F_{10}(Perfluorobutane)
HCFC BLEND A	NAF S-III	$CHCl_2CF_3$(HCFC-123) : 4.75wt%
		$CHClF_2$(HCFC-22) : 82wt%
		$CHClFCF_3$(HCFC-124) : 9.5wt%
		$C_{10}H_{16}$: 3.75wt%
HCFC-124	FE-241	$CHClFCF_3$(Chlorotetrafluoroethane)
HFC-125	FE-25	CHF_2CF_3(Pentafluoroethane)
HFC-227ea	FM-200	CF_3CHFCF_3(Heptafluoropropane)
HFC-23	FE-13	CHF_3(Trifluoromethane)
HFC-236fa	FE-36	$CF_3CH_2CF_3$
FIC-13I1	Triodide	CF_3I
FK-5-1-12	Novec 1230	$CF_3CF_2C(O)CF(CF_3)_2$

불활성기체 소화약제의 종류

Freon Name	상품명	화학식(성분)
IG-01	Argotec	Ar(Argon)
IG-100	NN100	N_2(Nitrogen)
IG-541	Inergen	N_2(Nitrogen) : 52% Ar(Argon) : 40% CO_2(Carbon dioxide) : 8%
IG-55	Argonite	N_2(Nitrogen) : 50% Ar(Argon) : 50%

GWP

일정무게의 CO_2가 대기 중에 방출되어 지구온난화에 기여하는 정도를 1로 정하였을 때 같은 무게의 어떤 물질이 기여하는 정도를 GWP(Global Warming Potential, 지구온난화지수)로 나타내며 다음 식으로 정의된다.

$$GWP(지구온난화지수) = \frac{물질\ 1kg이\ 기여하는\ 온난화\ 정도}{CO_2\ 1kg이\ 기여하는\ 온난화\ 정도}$$

ODP

대체물질의 오존파괴능력을 상대적으로 나타내는 지표(Ozone Depletion Potential : 오존파괴지수)

$$ODP(오존파괴지수) = \frac{어떤\ 물질\ 1kg이\ 파괴하는\ 오존량}{CFC-11\ 1kg이\ 파괴하는\ 오존량}$$

독성 검토

① ALC(Approximate Lethal Concentration) : 실험용 쥐의 1/2이 15분 이내에 사망하는 농도로 ALC값이 클수록 물질의 독성은 낮다.
② NOAEL(No Observed Adverse Effect Level) : 농도를 증가시킬 때 아무런 악영향도 감지할 수 없는 최대농도
③ LOAEL(Lowest Observed Adverse Effect Level) : 농도를 감소시킬 때 악영향을 감지할 수 있는 최소농도
④ LC50(50% Lethal Concentation) : 반수(半數) 치사농도(ppm)

빨리보는 간단한 키워드

■ 분말소화약제의 종류 및 특성

종 별	주성분	분자식	색 상	적응화재
제1종 분말	탄산수소나트륨 (Sodium bicarbonate)	$NaHCO_3$	-	B급, C급
제2종 분말	탄산수소칼륨 (Potasium bicarbonate)	$KHCO_3$	담회색	B급, C급
제3종 분말	제1인산암모늄 (Monoammonium phosphate)	$NH_4H_2PO_4$	담홍색 (또는 황색)	A급, B급, C급
제4종 분말	탄산수소칼륨과 요소와의 반응물 (Urea-based potassium bicarbonate)	$KHCO_3 + (NH_2)_2CO$ $= KC_2N_2H_3O_3$	-	B급, C급

■ 분말 소화약제별 특성

제1종 분말 소화약제 ($NaHCO_3$)	개 요	• 탄산수소나트륨($NaHCO_3$)을 주성분으로 하고 이들이 습기에 의해 고화되는 현상을 막기 위해 금속의 스테아린산염이나 실리콘 수지로 표면 처리(방습처리) • 분말의 유동성을 높여주기 위하여 탄산마그네슘($MgCO_3$), 인산삼칼슘[$Ca_3(PO_4)_2$] 등의 분산제를 첨가한 약제이다.
	소화효과	• 주성분인 탄산수소나트륨이 열분해 될 때 발생하는 이산화탄소와 수증기에 의한 질식 효과 • 열분해 시의 흡열 반응에 의한 냉각 효과 • 분말 운무에 의한 열방사의 차단 효과 • 연소 시 생성된 활성기가 분말의 표면에 흡착되거나, 탄산수소나트륨의 Na^+이온에 의해 안정화되어 연쇄 반응이 차단되는 효과 • 탄산수소나트륨은 약 60℃에서 분해되어 270℃와 850℃ 이상에서 열분해 • 일반적인 요리용 기름이나 지방질 기름의 화재 시 비누화(Saponification)반응 → 질식소화 효과와 재발화 억제 효과 • 유류화재 및 전기화재에는 유효하나 일반화재에는 잘 사용되지 않음(일반 가연물의 표면 화재에는 일시적인 소화효과가 있음)
제2종 분말 소화약제 ($KHCO_3$)	개 요	• 주성분이 탄산수소칼륨($KHCO_3$)으로 제1종 분말 소화약제와 거의 동일하다. • 제1종에 비하여 소화효과는 우수한 편이며 약제는 담회색으로 착색되어 있다.
	소화효과	• 소화효과는 제1종 분말 소화약제보다 우수하나 요리용 기름이나 지방질 기름과 비누화 반응을 일으키지 않기 때문에 이 경우에는 제1종 분말 소화약제보다 소화력이 떨어진다. • 제2종 분말 소화약제가 제1종 분말 소화약제보다 소화 능력이 우수한 이유는 칼륨(K)이 나트륨(Na)보다 반응성이 더 크기 때문이다. 즉, 부촉매 효과가 더 크다. ※ 알칼리 금속에서 화학적 소화 효과 : Cs > Rb > K > Na > Li • 탄산수소나트륨 계열의 것은 불꽃과 만나면 황색의 빛을 내는 반면, 탄산수소칼륨 계열의 것은 자주색의 빛을 내기 때문에 일명 purple K(미국 Ansul사의 상품명)라고도 부른다. • 유류화재 및 전기화재에는 유효하나 일반화재에는 잘 사용되지 않는다. • 소화효과는 제1종 분말 소화약제와 거의 비슷하다.

제3종 분말 소화약제 ($NH_4H_2PO_4$)	개 요	• 작열 연소의 소화에 큰 소화력을 발휘하지 못하는 분말 소화약제의 단점을 보완하여 만들어진 소화약제로 A급, B급, C급의 화재에도 사용할 수 있기 때문에 ABC 분말 소화약제라고도 부른다. • 주성분은 알칼리성의 제1인산암모늄($NH_4H_2PO_4$) (중탄산칼륨과 중탄산나트륨은 산성염)이며, 약제는 담홍색으로 착색되어 있다. • 인산은 물과의 결합 정도에 따라 메타인산, 파이로인산, 오쏘인산으로 나누어져 있다.
	소화효과	• 열분해 시 흡열 반응에 의한 냉각 효과 • 열분해 시 발생되는 불연성 가스(NH_3, H_2O 등)에 의한 질식 효과 • 반응과정에서 생성된 메타인산(HPO_3)의 방신 효과 • 열분해 시 유리된 NH_4^+와 분말 표면의 흡착에 의한 부촉매 효과 • 분말 운무에 의한 열방사의 차단 효과 • 오쏘인산에 의한 섬유소의 탈수·탄화 작용 • 제1인산암모늄은 열에 불안정하며 150℃ 정도에서 열분해 시작
제4종 분말 ($KC_2N_2H_3O_3$)	개 요	제2종 분말을 개량한 것으로 탄산수소칼륨($KHCO_3$)과 요소($CO(NH_2)_2$)와의 반응물 ($KC_2N_2H_3O_3$)을 주성분으로 하는 약제이다.
	소화효과	• 단독으로도 소화력이 큰 탄산수소칼륨에 요소를 결합시킨 것으로 입자는 보통 크기이지만 이것이 화염과 만나면 산탄처럼 미세한 입자가 분해되어서 커다란 비표면적을 갖기 때문에 큰 소화력을 발휘하게 된다. • 소화력은 분말 소화약제 중 가장 우수하다. 특히, B급, C급 화재에는 소화효과가 우수하나 A급 화재에는 별 효과가 없다.

■ **제3종 분말 소화약제가 A급 화재에도 적용될 수 있는 이유**

① 제1인산암모늄이 열분해 될 때 생성되는 오쏘인산이 목재, 섬유, 종이 등을 구성하고 있는 섬유소를 탈수 탄화시켜 난연성의 탄소와 물로 변화시키기 때문에 연소 반응이 중단된다.

② 섬유소를 탈수·탄화시킨 오쏘인산은 다시 고온에서 열분해 되어 최종적으로 가장 안정된 유리상의 메타인산(HPO_3)이 된다. 이 메타인산은 가연물의 표면에 유리상의 피막을 형성하여 연소에 필요한 산소의 유입을 차단하기 때문에 연소가 중단된다.

③ 따라서 일반 가연물의 불꽃 연소는 물론 작열 연소에도 효과가 있으며 한 번 소화된 목재 등은 불꽃을 가까이 해도 쉽게 재착화되지 않는다. 그러나 제2종과 마찬가지로 요리용 기름이나 지방질 기름과는 비누화 반응을 일으키지 않기 때문에 이들의 화재에는 사용되지 않는다.

④ 우리나라에서는 차고나 주차장에 설치하는 분말 소화 설비의 소화약제는 제3종 분말을 사용하도록 규정하고 있다.

■ CDC(Compatible Dry Chemical)

① CDC는 포와 함께 사용할 수 있는 분말 소화약제를 의미한다.

② 분말 소화약제는 빠른 소화 능력을 갖고 있으나 유류화재 등에 사용되는 경우는 소화 후 재착화의 위험성이 있다. 반면, 포 소화약제는 소화에 걸리는 시간은 길지만 소화 후 장시간에 걸쳐 포가 유면을 덮고 있기 때문에 재착화의 위험은 아주 적다. 따라서 이들의 장점만을 살리기 위하여 두 가지 약제를 함께 사용하는 방법(먼저 분말 소화약제를 사용하여 빠른 시간 내에 화염을 제거하고 이어서 포를 방사하여 재착화를 방지하는 방법)을 생각하게 되었으나 분말 소화약제의 소포성(消泡性) 때문에 실현되기 어려웠다. 이에 소포성이 없는 분말 소화약제인 CDC(Compatible Dry Chemical)가 개발되게 되었다.

③ 초기의 CDC는 탄산수소나트륨을 주제로 하였으나 방습 처리제로 사용되는 스테아린산 마그네슘 등의 금속 비누가 소포 작용을 일으키기 때문에 이를 방지하기 위하여 활석(talc, $Mg_3(Si_4O_{10})(OH)_2$) 등을 사용하여 방습 처리했다. 그 후 탄산수소칼륨을 주성분으로 한 제품이 제조되어 성능은 조금 향상되었으나 소화 활동상의 요구를 만족할 만한 성능은 나타내지 못했다. 따라서 어떤 분말 소화약제와 만나도 소포되지 않는 포 소화약제를 개발하게 되었다. 이렇게 해서 개발된 것이 앞에서 설명한 수성막포 소화약제와 함께 트윈 에이전트 시스템(twin agent system)으로 사용되게 되었다.

④ 분말 소화약제 중에서는 ABC 분말 소화약제가 가장 소포성이 적기 때문에 이것을 개량해서 소포성이 거의 없는 CDC를 개발하여 주로 비행장에서 사용되고 있다.

■ 금속화재용 분말 소화약제의 종류

G-1	• 흑연화된 주조용 코크스를 주성분으로 하고 여기에 유기 인산염을 첨가한 약제이다. • 흑연은 열의 전도체이기 때문에 열을 흡수하여 금속의 온도를 점화 온도 이하로 낮추어 소화한다. 또한 흑연 분말은 질식 효과도 있다. • Mg, K, Na, Ti, Li, Ca, Zr, Hf, U, Pt 등과 같은 금속화재에 효과적이다.
Met-L-X	• 염화나트륨(NaCl)을 주성분으로 하고 분말의 유동성을 높이기 위해 제3인산칼슘(tricalcium phosphate, $Ca_3(PO_4)_2$)과 가열되었을 때 염화나트륨 입자들을 결합하기 위하여 열가소성 고분자물질을 첨가한 약제이다. • Mg, Na, K와 Na-K 합금의 화재에 효과적이고 고온의 수직 표면에 오랫동안 붙어 있을 수 있기 때문에 고체 금속 조각의 화재에 특히 유효하다.
Na-X	Na 화재를 위해서 특별히 개발된 것으로 탄산나트륨을 주성분으로 하고 여기에 비흡습성과 유동성을 향상시킬 수 있는 첨가제를 첨가한 약제이다.
Lith-X	• Li 화재를 위해서 특별히 만들어진 것으로 Mg이나 Zr 조각의 화재 또는 Na과 Na-K 화재에도 사용된다. • 흑연을 주성분으로 하고 유동성을 높이기 위해 첨가제를 첨가하였다.

■ 연소의 형태

① 연소의 형태에 따라 불꽃연소(화염연소)와 표면연소(작열연소)로 구분할 수 있다. 불꽃연소는 가연성가스에 산소가 공급됨으로써 불꽃을 동반하는 연쇄반응을 말하며, 표면연소는 고체상태의 가연물 표면에 산소가 직접 공급되어 연소가 진행되는 것으로서 불꽃을 동반하지 않는다.

② 불꽃연소의 대표적 사례로는 고체 가연물의 분해연소, 자기연소, 증발연소, 액체 가연물의 증발연소가 있다. 목재와 종이 등은 고체가 열에 의하여 분해되어 가연성가스로 변화하여 산소가 혼합되어 연소하며 이를 분해연소라 한다. 셀룰로이드와 같이 이미 산소를 포함하고 있는 물질은 공기 중의 산소가 필요하지 않으며 이러한 물질의 연소를 자기연소라 한다. 나프탈렌·유황 등은 열에 의해 고체에서 기체로 증발하여 연소하기에 증발연소라 한다. 액체 가연물은 가연물 액체의 표면으로부터 증발하여 가연성가스가 발생하며 공기 중의 산소와 혼합되어 연소한다. 대표적으로 가솔린과 같은 석유류의 액면에서의 연소가 이에 해당한다.

③ 표면연소만 일어나는 물질로는 목탄(숯), 코크스, 금속분 그리고 쉽게 산화될 수 있는 금속물질(알루미늄, 마그네슘, 나트륨 등)이 있다. 연탄·목재·종이·짚 등은 불꽃연소와 표면연소가 연이어 발생한다. 즉 고체 상태에서 열분해된 가연성가스가 연소할 때 불꽃연소가 일어나며 이후 표면연소로 진행한다.

④ 기체는 연소형태에 따라 정상연소와 비정상연소로 구분할 수 있다.

■ 가연성가스의 산소농도 증가와 불완전연소의 원인

가연성 가스를 공기 중에서 연소시킬 때 공기 중의 산소 농도가 증가하면	불완전연소의 원인
• 연소속도는 빨라짐 • 화염의 온도는 높아짐 • 발화온도는 낮아짐 • 폭발한계는 넓어짐 • 점화에너지는 작아짐	• 가스의 조성이 균일하지 못할 때 • 공기 공급량이 부족할 때 • 주위의 온도가 너무 낮을 때 • 환기 또는 배기가 잘 되지 않을 때

■ 연소불꽃의 색상에 따른 온도

연소불꽃의 색	온도(℃)	연소불꽃의 색	온도(℃)
암적색	700	황적색	1,100
적색	850	백적색	1,300
휘적색	950	휘백색	1,500 이상

■ 발화점이 낮아지는 이유와 달라지는 요인

발화점이 낮아지는 이유	발화점이 달라지는 요인
• 분자의 구조가 복잡할수록 • 발열량이 높을수록 • 압력, 화학적 활성도가 클수록 • 산소와 친화력이 클수록 • 금속의 열전도율과 습도가 낮을수록	• 가연성가스와 공기의 조성비 • 발화를 일으키는 공간의 형태와 크기 • 가열속도와 가열시간 • 발화원의 종류와 가열방식

■ 가연성증기의 연소범위

기체 또는 증기	연소범위(vol%)	기체 또는 증기	연소범위(vol%)
수 소	4.1~75	에틸렌	3.0~33.5
일산화탄소	12.5~75	시안화수소	12.8~27
프로판	2.1~9.5	암모니아	15.7~27.4
아세틸렌	2.5~82	메틸알코올	7~37
에틸에테르	1.7~48	에틸알코올	3.5~20
메 탄	5.0~15	아세톤	2~13
에 탄	3.0~12.5	휘발유	1.4~7.6

■ 정전기 및 자연발화를 방지하기 위한 예방대책

정전기를 방지하기 위한 예방대책	자연발화를 방지할 수 있는 방법
• 정전기의 발생이 우려되는 장소에 접지시설을 설치한다. • 실내의 공기를 이온화하여 정전기의 발생을 예방한다. • 정전기는 습도가 낮거나 압력이 높을 때 많이 발생하므로 상대습도를 70% 이상으로 한다. • 전기의 저항이 큰 물질은 대전이 용이하므로 전도체 물질을 사용한다.	• 통풍 구조를 양호하게 하여 공기유통을 잘 시켜야 한다. • 저장실 주위의 온도를 낮춘다. • 습도 상승을 피한다. • 열이 축적되지 않는 구조로 적재한다.

■ 기체의 연소

확산연소 (발염연소)	연소버너 주변에 가연성 가스를 확산시켜 산소와 접촉, 연소범위의 혼합가스를 생성하여 연소하는 현상으로 기체의 일반적 연소 형태이다. 예 LPG - 공기, 수소 - 산소의 경우
예혼합연소	연소시키기 전에 이미 연소 가능한 혼합가스를 만들어 연소시키는 것으로 혼합기로의 역화를 일으킬 위험성이 크다. 예 가솔린엔진의 연소와 같은 경우
폭발연소	• 가연성 기체와 공기의 혼합가스가 밀폐용기 안에 있을 때 점화되면 연소가 폭발적으로 일어나는데 예혼합연소의 경우에 밀폐된 용기로의 역화가 일어나면 폭발할 위험성이 크다. • 이것은 많은 양의 가연성 기체와 산소가 혼합되어 일시에 폭발적인 연소현상을 일으키는 비정상연소이기도 하다.

■ 액체의 연소

증발연소(액면연소)	• 액체의 가장 일반적인 연소형태로 액체 가연물질이 액체 표면에 발생한 가연성 증기와 공기가 혼합된 상태에서 연소가 되는 형태 • 연소원리는 화염에서 복사나 대류로 액체표면에 열이 전파되어 증발이 일어나고 발생된 증기가 공기와 접촉하여 액면의 상부에서 연소되는 반복적 현상 예 에테르, 이황화탄소, 알코올류, 아세톤, 석유류 등

분해연소	• 점도가 높고 비휘발성이거나 비중이 큰 액체 가연물이 열분해하여 증기를 발생케 함으로써 연소가 이루어지는 형태 • 상온에서 고체 상태로 존재하고 있는 고체 가연물질의 경우도 분해연소의 형태를 보임 • 점도가 높고 비휘발성인 액체의 점도를 낮추어 버너를 이용하여 액체의 입자를 안개상태로 분출하여 표면적을 넓게 함으로써 공기와의 접촉면을 많게 하여 연소시키는 액적연소도 있음

■ 고체의 연소

표면연소(직접연소)	고체 가연물이 열분해나 증발하지 않고 표면에서 산소와 급격히 산화 반응하여 연소하는 현상이다. 목탄 등이 가연성 가스를 발생하지 않고 그 물질 자체가 연소하는 현상으로 불꽃이 없는 것(무염연소)이 특징이다. [예] 목탄, 코우크스, 금속(분·박·리본 포함) 등, 나무와 같은 가연물의 연소 말기
증발연소	고체 가연물이 열분해를 일으키지 않고 증발하여 증기가 연소되거나 먼저 융해된 액체가 기화하여 증기가 된 다음 연소하는 현상(액체의 증발연소 형태와 같다)이다. [예] 황(S), 나프탈렌($C_{10}H_8$), 파라핀(양초) 등
분해연소	• 고체 가연물질을 가열하면 열분해를 일으켜 나온 분해가스 등이 연소하는 형태이다. • 열분해에 의해 생기는 물질에는 일산화탄소(CO), 이산화탄소(CO_2), 수소(H_2), 메탄(CH_4) 등이 있다. [예] 목재·석탄·종이·섬유·프라스틱·합성수지·고무류 등 ※ 연소가 일어나면 연소열에 의해 고체의 열분해는 계속 일어나 가연물이 없어질 때까지 계속된다.
자기연소(내부연소)	가연물이 물질의 분자 내에 산소를 함유하고 있어 열분해에 의해서 가연성 가스와 산소를 동시에 발생시키므로 공기 중의 산소 없이 연소할 수 있다. [예] 제5류위험물인 니트로셀룰로오스(NC), 트리니트로톨루엔(TNT), 니트로글리세린(NG), 트리니트로페놀(TNP) 등

■ 유해생성물질

일산화탄소(CO)	• 무색·무취·무미의 환원성이 강한 가스로서 300℃ 이상의 열분해 시 발생한다. • 13~75%가 폭발한계로서 푸른 불꽃을 내며 타지만 다른 가스의 연소는 돕지 않는다. • 혈액 중의 헤모글로빈과 결합력이 산소보다 210배나 강하므로 흡입하면 산소결핍 상태가 된다(인체허용농도는 50ppm).
이산화탄소(CO_2)	• 무색·무미의 기체로서 공기보다 무거우며 가스 자체는 독성이 거의 없다. • 다량이 존재할 때 사람의 호흡 속도를 증가시키고 혼합된 유해 가스의 흡입을 증가시켜 위험을 가중시킨다(인체에 대한 허용농도는 5,000ppm).
황화수소(H_2S)	• 황을 포함하고 있는 유기 화합물이 불완전 연소하면 발생하며 계란 썩은 냄새가 난다. • 0.2% 이상 농도에서 냄새 감각이 마비되고 0.4~0.7%에서 1시간 이상 노출되면 현기증, 장기 혼란의 증상과 호흡기의 통증이 일어난다. • 0.7%를 넘어서면 독성이 강해져서 신경 계통에 영향을 미치고 호흡기가 무력해진다.
이산화황(SO_2)	• 유황이 함유된 물질인 동물의 털, 고무 등이 연소하는 화재 시에 발생되며 무색의 자극성 냄새를 가진 유독성 기체로 눈 및 호흡기 등에 점막을 상하게 하고 질식사할 우려가 있다. • 양모, 고무 그리고 일부 목재류 등의 연소 시에도 생성되며 특히 유황을 저장 또는 취급하는 공장에서의 화재 시 주의를 요한다(아황산가스라고도 한다).

암모니아(NH₃)	• 질소 함유물(나이론, 나무, 실크, 아크릴 플라스틱, 멜라닌수지)이 연소할 때 발생하는 연소생성물로서 유독성이 있으며 강한 자극성을 가진 무색의 기체이다. • 냉동시설의 냉매로 많이 쓰이고 있으므로 냉동창고 화재 시 누출가능성이 크므로 주의해야 하며, 독성의 허용 농도는 25ppm이다.
시안화수소 (HCN)	• 질소성분을 가지고 있는 합성수지, 동물의 털, 인조견 등의 섬유가 불완전 연소할 때 발생하는 맹독성 가스로 0.3%의 농도에서 즉시 사망할 수 있다. • 청산가스라고도 하며, 인화성이 매우 강한 무색의 화학물질로 연소 시 유독가스를 발생시키고, 특히 수분이 2% 이상 포함되어 있거나 알칼리 등이 포함되어 있으면 폭발할 우려가 크다.
포스겐($COCl_2$)	• 열가소성 수지인 폴리염화비닐(PVC), 수지류 등이 연소할 때 발생되며 맹독성가스로 허용농도는 0.1ppm(mg/m3)이다. • 일반적인 물질이 연소할 경우는 거의 생성되지 않지만 일산화탄소와 염소가 반응하여 생성하기도 한다.
염화수소(HCl)	• PVC와 같이 염소가 함유된 수지류가 탈 때 주로 생성되는데 향료, 염료, 의약, 농약 등의 제조에 이용된다[독성의 허용농도는 5ppm(mg/m3)]. • 자극성이 아주 강해 눈과 호흡기에 영향을 준다.
이산화질소(NO_2)	질소셀룰로오스가 연소 또는 분해될 때 생성되며 독성이 매우 커서 200~700ppm 정도의 농도에 잠시 노출되어도 인체에 치명적이다.
불화수소(HF)	• 합성수지인 불소수지가 연소할 때 발생하며 무색의 자극성 기체이며 유독성이 강하다. • 허용농도는 3ppm(mg/m³)이며 모래·유리를 부식시키는 성질이 있다.

■ 연기의 이동력

① 굴뚝효과(Stack Effect, 연돌효과)
② 부력(Buoyancy Force)
③ 팽 창
④ 바람의 영향
⑤ HVAC 시스템
⑥ 엘리베이터 피스톤 효과

■ 중성대의 형성

건물화재가 발생하면 연소열에 의한 온도가 상승함으로서 부력에 의해 실의 천장 쪽으로 고온기체가 축적되고 온도가 높아져 기체가 팽창하여 실내와 실외의 압력이 달라지는데, 실의 상부는 실외보다 압력이 높고 하부는 압력이 낮다. 따라서 그사이 어느 지점에 실내와 실외의 정압이 같아지는 경계면(0포인트)이 형성되는데 그 면을 중성대(Neutral Plane)라고 한다. 그러므로 중성대의 위쪽은 실내 정압이 실외보다 높아 실내에서 기체가 외부로 유출되고 중성대 아래쪽에는 실외에서 기체가 유입되며, 중성대의 상부는 열과 연기로, 그리고 중성대의 하층부는 신선한 공기가 존재하게 된다.

■ 중성대의 활용
① 화재현장에서는 중성대의 형성 위치를 파악하여 배연 등의 소방활동에 활용하는 요령이 있어야 한다. 즉, 배연을 할 경우에는 중성대 위쪽에서 배연을 해야 효과적이며, 이것은 또한 새로운 공기의 유입 증가 현상을 촉발하여 화세가 확대될 수 있음에 유의해야 한다.
② 밀폐된 구획 공간에서 화재가 발생했을 경우에는 외부로부터 신선한 공기의 유입이 없으므로 연소는 서서히 진행될 것이다. 만일 구획 공간의 아래쪽에 개구부가 있어 신선한 공기가 지속적으로 유입되는 조건이라면 보다 빠른 연소 확대가 진행될 것이며, 동시에 연기 발생량도 증가할 것이다. 연기 발생량의 증가는 연기층의 하강 속도 증가로 이루어지기에 재실자의 생존 가능성은 더욱 낮아진다.
③ 화재 현장 도착 시 하층 출입문으로 짙은 연기가 배출된다면 상층개구부 개방을 고려하고, 하층 개구부에서 연기가 배출되고 있지 않다면 상층개구부가 개방되어 있다고 판단하고 신선한 공기가 유입되는 출입문 쪽을 급기측으로 판단한다.
④ 반대로 상층개구부를 개방한다면 연소는 확대되지만 발생한 연기는 빠른 속도로 상승하여 외부로 배출되므로 중성대의 경계선은 위로 올라가고 중성대 하층의 면적이 커지므로 대원과 대피자들의 활동공간과 시야가 확보되어 신속히 대피할 수 있다.
⑤ 중성대를 상층(위쪽)으로 올리기 위해선 배연 개구부 위치는 지붕중앙부분 파괴가 가장 효과적이며, 그 다음으로 지붕의 가장자리 파괴, 상층부 개구부의 파괴 순서가 효과적이다.

■ 물리적 폭발
진공용기의 압괴, 과열액체의 급격한 비등에 의한 증기폭발, 용기의 과압과 과충진 등에 의한 용기 파열 등이 물리적인 폭발에 해당한다. 대표적인 예로는 BLEVE(Boiling Liquid Expanding Vapor Explosion)가 있으며, 비점이 낮은 인화성 액체(유류)가 가득 차 있지 않는 저장탱크 주위에 화재가 발생하여 저장탱크 벽면이 장시간 화염에 노출되면 윗부분의 온도가 상승하여 재질의 인장력이 저하되고 내부의 비등현상으로 인한 압력상승으로 저장탱크 벽면이 파열되는 현상을 말한다.

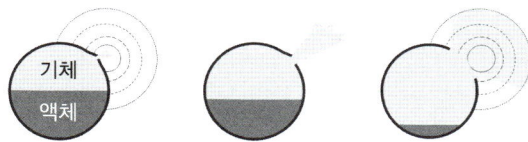

[화학반응이 없는 탱크에서 BLEVE의 발생 메커니즘]

■ 화학적 폭발의 종류

연소폭발	• 연소폭발은 비정상연소에 해당하며 가연성 가스, 증기, 분진, 미스트 등이 공기와의 혼합물, 산화성, 환원성 고체 및 액체혼합물 혹은 화합물의 반응에 의하여 발생된다. • 연소폭발 사고의 대부분은 가연성 가스가 공기 중에 누설되거나 인화성 액체 저장탱크에 공기가 혼합되어 폭발성 혼합가스를 형성함으로서 점화원에 의해 착화되어 폭발하는 경우가 많다. 이러한 가연성 가스의 폭발은 폭풍과 충격파를 동반하기 때문에 구조물에 심각한 피해를 입힌다. • 연소폭발은 폭발의 주체가 되는 물질의 종류에 따라 가스, 분진, 분무폭발로 분류할 수 있다.

분해폭발	• 산화에틸렌, 아세틸렌, 히드라진 같은 분해성 가스와 디아조화합물 같은 자기분해성 고체류는 분해하면서 폭발하며 이는 단독으로 가스가 분해하여 폭발하는 것이다.
	• 아세틸렌은 분해성 가스의 대표적인 것으로 반응 시 발열량이 크고, 산소와 반응하여 연소 시 3,000℃의 고온이 얻어지는 물질로서 금속의 용단, 용접에 사용한다.
	  – 고압으로 압축된 아세틸렌기체 : 고압으로 저장할 때는 불활성 다공 물질을 용기 내에 주입하고 여기에 아세톤액을 스며들게 하여 아세틸렌을 고압으로 용해 충전하는 방법을 사용
	  – 용해 아세틸렌을 저장할 때 : 용기 내에 가스층 간의 공간이 없도록 하고 아세틸렌의 충전 시 용기에 발열되는 경우에 냉각시키고, 충전 후에도 온도가 안정될 때까지 냉각하여야 함

중합폭발	• 중합해서 발생하는 반응열을 이용해서 폭발하는 것이다. • 중합반응은 고분자 물질의 원료인 단량체(모노머)에 촉매를 넣어 일정온도, 압력하에서 반응시키면 분자량이 큰 고분자를 생성하는 반응이다. • 대부분 발열반응을 하므로 적절한 냉각설비를 반응장치에 설치하여 이상반응이 되는 것을 방지하여야 한다. • 중합이 용이한 물질은 반응중지제를 준비하여야 한다. • 중합폭발을 하는 가스로는 시안화수소(HCN), 산화에틸렌(C_2H_4O) 등이 있다.
촉매폭발	촉매에 의해서 폭발하는 것으로 수소(H_2) + 산소(O_2), 수소(H_2) + 염소(Cl_2)에 빛을 쪼일 때 일어난다.

■ 기상폭발과 응상폭발

기상폭발	• 수소, 일산화탄소, 메탄, 프로판, 아세틸렌 등의 가연성 가스와 조연성 가스와의 혼합기체에서 발생하는 가스폭발 • 종류 : 가스폭발, 분해폭발, 분무폭발, 분진폭발
응상폭발	• 용융 금속이나 금속조각 같은 고온물질이 물속에 투입되었을 때 고온의 열이 저온의 물에 짧은 시간에 전달되면 일시적으로 물은 과열상태가 되고 급격히 비등하여 폭발현상이 나타나게 되는 것으로 수증기 폭발이 대표적 • 종류 : 증기폭발(보일러폭발, 수증기폭발, 극저온 액화가스의 증기폭발, 전선폭발)

■ 분진폭발

① 폭발성 분진의 종류
    ㉠ 탄소제품 : 석탄, 목탄, 코크스, 활성탄
    ㉡ 비료 : 생선가루, 혈분 등
    ㉢ 식료품 : 전분, 설탕, 밀가루, 분유, 곡분, 건조효모 등
    ㉣ 금속류 : Al, Mg, Zn, Fe, Ni, Si, Ti, V, Zr(지르코늄)
    ㉤ 목질류 : 목분, 콜크분, 리그닌분, 종이가루 등
    ㉥ 합성 약품류 : 염료중간체, 각종 플라스틱, 합성세제, 고무류 등
    ㉦ 농산가공품류 : 후춧가루, 제충분(除蟲粉), 담배가루 등

② 분진의 폭발성에 영향을 미치는 인자
  ㉠ 분진의 화학적 성질과 조성
    • 분진의 발열량이 클수록 폭발성이 크며 휘발성분의 함유량이 많을수록 폭발하기 쉽다.
    • 탄진(석탄의 미립자)은 휘발분이 11% 이상이면 폭발하기 쉽고, 폭발의 전파가 용이하여 폭발성 탄진이라고 한다.
  ㉡ 입도와 입도분포
    • 분진의 표면적이 입자체적에 비하여 커지면 열의 발생속도가 방열 속도보다 커져서 폭발이 용이해진다.
    • 평균 입자경이 작고 밀도가 작을수록 비표면적은 크게 되고 표면 에너지도 크게 되어 폭발이 용이해진다.
    • 입도분포 차이에 의한 폭발특성 변화에 대해서는 상세히 알 수 없으나 작은 입경의 입자를 함유하는 분진의 폭발성이 높다고 간주한다.
  ㉢ 입자의 형성과 표면의 상태
    • 평균입경이 동일한 분진인 경우, 분진의 형상에 따라 폭발성이 달라진다. 즉 구상, 침상, 편상 입자 순으로 폭발성이 증가한다.
    • 입자표면이 공기(산소)에 대하여 활성이 있는 경우 폭로시간이 길어질수록 폭발성이 낮아진다. 따라서 분해공정에서 발생되는 분진은 활성이 높고 위험성도 크다.
  ㉣ 수 분
    분진 속에 존재하는 수분은 분진의 부유성을 억제하고 대전성을 감소시켜 폭발성을 둔감하게 한다. 반면에 마그네슘, 알루미늄 등은 물과 반응하여 수소를 발생하므로 위험성이 더 증가한다.
③ 폭발 압력
  ㉠ 분진의 최대폭발압력은 양론적인 농도보다 훨씬 더 큰 농도에서 일어난다(가스폭발의 경우와 다름).
  ㉡ 최대폭발압력 상승속도는 입자의 크기가 작을수록 증가하는데 이는 입자의 크기가 작을수록 확산되기 쉽고 발화되기 쉽기 때문이다.

■ 폭연과 폭굉

폭연 (Deflagration)	정 의	개방된 대기 중에서 혼합가스가 발화할 경우 연소가스는 자유로이 팽창하여 화염속도가 늦은 경우에는 압력과 폭발음이 거의 발생하지 않지만 화염속도가 빠르고 압력파를 만들면 폭발음이 발생하게 된다.
	충격파 전파속도	음속보다 느리게 이동한다(기체의 조성이나 농도에 따라 다르지만 일반적으로 0.1~10m/s 범위).
	특 징	• 폭굉으로 전이될 수 있다. • 충격파의 압력은 수 기압(atm) 정도이다. • 반응 또는 화염면의 전파가 분자량이나 난류확산에 영향을 받는다. • 에너지 방출속도가 물질전달속도에 영향을 받는다.

폭굉 (Detonation)	정의	발열반응의 연소과정에서 압력파 또는 충격파의 전파속도가 음속보다 빠르게 이동하는 경우를 말하는 것으로 충격파란 초음속으로 진행하는 파동이며, 충격파를 받는 매질은 같은 압력의 단열 압축보다 높은 온도상승을 일으킨다. 매질이 폭발성이면, 그 온도상승에 의하여 반응이 계속 일어나 폭굉파를 일정속도로 유지한다.
	충격파 전파속도	음속보다 빠르게 이동한다(1,000~3,500m/s 정도로 빠르며, 이때의 압력은 약 100MPa).
	특징	• 압력상승이 폭연의 경우보다 10배, 또는 그 이상이다. • 온도의 상승은 열에 의한 전파보다 충격파의 압력에 기인한다. • 심각한 초기압력이나 충격파를 형성하기 위해서는 아주 짧은 시간 내에 에너지가 방출되어야 한다. • 파면에서 온도, 압력, 밀도가 불연속적으로 나타난다.

■ UVCE와 BLEVE

① UVCE(Unconfined Vapor Cloud Explosion) : 저장탱크에서 유출된 가스가 대기 중의 공기와 혼합하여 구름을 형성하고 떠다니다가 점화원(점화스파크, 고온표면 등)을 만나면 발생할 수 있는 격렬한 폭발사고이며, 심한 위험성은 폭발압이다.

② BLEVE(Boiling Liquid Expanding Vapor Explosion) : 가스 저장탱크지역의 화재발생 시 저장탱크가 가열되어 탱크 내 액체부분은 급격히 증발하고 가스부분은 온도상승과 비례하여 탱크 내 압력의 급격한 상승을 초래하게 된다. 탱크가 계속 가열되면 용기강도는 저하되고 내부압력은 상승하여 어느 시점이 되면 저장탱크의 설계압력을 초과하게 되고 탱크가 파괴되어 급격한 폭발현상을 일으킨다. 인화성 액체저장탱크는 화재 시 BLEVE 억제를 위한 탱크의 냉각조치(물분무장치 등)를 취하지 않으면 화재발생 10여 분 경과 후 BLEVE가 발생할 수도 있다.

◆ 소방학교 공통교재 예방실무2 제2편 위험물 성상

■ 위험물의 분류

제1류위험물 (산화성고체)	물질자체는 연소하지 않지만 다른 물질을 강하게 산화시키는 성질을 가지고 있는 고체로서 가연물과 혼합할 때 열, 충격, 마찰에 의해 분해하여 매우 강렬하게 연소를 일으키는 물질이다.
제2류위험물 (가연성고체)	화염에 의해 착화하기 쉬운 고체 또는 비교적 낮은 온도(섭씨 40도 미만)에서 인화하기 쉬운 고체로서 발화하기 쉽고, 연소가 빨라 소화가 곤란한 물질이다.
제3류위험물 (자연발화성물질 및 금수성물질)	공기와 접촉하면 자연적으로 발화하거나 물과 접촉하여 발화 또는 가연성 가스가 발생하는 물질이다.
제4류위험물 (인화성액체)	액체로서 점화원에 의해 쉽게 인화가 되는 물질이다.

제5류위험물 (자기반응성물질)	고체 또는 액체로서 가열하면 분해하여 비교적 낮은 온도에서 다량의 열을 발생하거나 폭발적으로 반응하는 물질이다. 물질 자체에 산소를 포함하고 있어 조연성 가스 없이도 연소가 일어난다.
제6류위험물 (산화성액체)	물질 자체는 연소하지 않는 액체이지만 가연물과 혼합하면 가연물의 연소를 촉진하는 물질이다.

■ 제1류위험물(산화성고체)

정 의	• 고체로서 산화력의 잠재적인 위험성 또는 충격에 대한 민감성을 판단하기 위하여 소방청장이 정하여 고시하는 시험에서 고시로 정하는 성질과 상태를 나타내는 것 • 산화력의 잠재적 위험성을 판단하기 위한 시험이란 연소 시간 측정시험으로 목분에 산화성고체를 혼합하여 연소 시간을 측정하는 것이고, 충격에 대한 민감성을 판단하기 위한 시험이란 적린과 산화성고체를 혼합하여 충격을 가함으로써 혼합물이 폭발하는 여부를 시험하는 것 • 산화성고체는 제6류위험물 산화성액체와 더불어 자신은 불연성이지만 조연성의 성질이 있어서 연소속도를 빠르게 하기 때문에 위험물안전관리법상 위험물로 분류하여 관리하고 있음
일반적 성질	• 대부분 산소를 포함하는 무기 화합물(염소화이소시아눌산은 제외) • 반응성이 커서 가열, 충격, 마찰 등으로 분해하여 O_2를 발생(강산화제) • 자신은 불연성 물질이지만 가연성 물질의 연소를 도움(지연성, 조연성) • 대부분이 무색결정이거나 백색 분말 • 물보다 무거우며 물에 녹는 것이 많고, 수용액(水溶液)에서도 산화성이 있음 • 조해성이 있는 것도 있음 • 단독으로 분해 폭발하는 경우는 적지만 가연물이 혼합하고 있을 때는 연소·폭발 • 물과 작용하여 열과 산소를 발생시키는 것도 있음. 무기과산화물, 퍼옥소붕산염류 등은 물과 반응하여 산소를 방출하고 발열. 특히 알칼리금속의 과산화물은 물과 급격히 반응
저장 및 취급방법	• 가열금지, 화기엄금, 직사광선차단, 충격·타격·마찰 금지 • 용기가 굴러 떨어지거나 넘어지지 않도록 조치할 것 • 공기, 습기, 물, 가연성 물질과 혼합, 혼재 방지, 환기가 잘 되는 냉암소에 저장 • 강산과의 접촉 및 타류 위험물과 혼재금지 • 분해촉매, 이물질과의 접촉방지, 조해성물질은 방습, 용기는 밀봉해야 함
화재진압방법	• 알칼리금속의 과산화물 및 이를 함유한 것은 물을 절대로 사용하여서는 안 됨. 초기단계에서 탄산수소염류 등을 사용한 분말소화기, 마른 모래 또는 소화질석을 사용한 질식소화가 유효 • 폭발위험이 크므로 충분한 안전거리를 확보하고 보호장비를 착용하여야 함 • 가연물과 격리하는 것이 우선이며, 격리가 곤란한 경우, 물과 급격히 반응하지 않는 것은 다량의 물로 냉각소화가 가능함 • 소화잔수도 산화성이 있어 오염 후 건조된 가연물은 발화할 수 있음

■ 제2류위험물(가연성고체)

정 의	• 고체로서 화염에 의한 발화의 위험성 또는 인화의 위험성을 판단하기 위하여 고시로서 정하는 시험에서 고시로 정하는 성질과 상태를 나타내는 것을 말한다. • 화염에 의한 발화의 위험성을 판단하기 위한 시험은 액화석유가스의 불꽃을 가연성고체에 10초간 접촉시켜 그 연소성을 시험하는 것이고, 인화의 위험성을 판단하기 위한 시험으로는 세타밀폐식인화점측정기로 인화점을 측정한다. • 가연성고체는 다른 가연물에 비해 착화온도가 낮아 저온에서 발화가 용이하며 연소속도가 빠르고 연소 시 다량의 빛과 열을 발생한다. • 일반적으로 입자의 크기가 작은 분말상태일수록 연소위험성이 증가하는 이유로는 비표면적의 증가로 반응면적의 증가, 체적의 증가로 인한 인화, 발화의 위험성 증가, 보온성의 증가로 인한 발생열의 축적 용이, 비열의 감소로 인한 적은 열로 고온 형성, 유동성의 증가로 인한 공기와 혼합가스 형성, 부유성의 증가로 인한 분진운의 형성, 복사선의 흡수율 증가로 인한 수광면의 증가, 대전성의 증가로 인한 정전기의 발생 등이 있다.
일반적 성질	• 비교적 낮은 온도에서 착화하기 쉽고, 연소속도가 빠르며 연소열이 큰 고체이다. • 모두 산소를 함유하고 있지 않은 강한 환원성 물질(환원제)이다. • 산소와의 결합이 용이하고 저농도의 산소하에서도 잘 연소한다(L.O.I가 낮다). • 철분, 금속분, 마그네슘은 물과 산의 접촉으로 수소가스를 발생하고 발열한다. 특히, 금속분은 습기와 접촉할 때 조건이 맞으면 자연발화의 위험이 있다. • 대부분 비중이 1보다 크며 물에 녹지 않는다. • 산화제와 혼합한 것은 가열, 충격, 마찰에 의해 발화 또는 폭발위험이 있다. • 유황가루, 철분, 금속분은 밀폐된 공간 내에서 부유할 때 분진폭발의 위험이 있다. • 연소 시 다량의 유독가스가 발생하고 금속분 화재인 경우 물을 뿌리면 오히려 수소가스가 발생하여 2차 재해를 가져온다.
저장 및 취급 방법	• 화기엄금, 가열엄금, 고온체와 접촉방지 • 강산화성 물질(제1류위험물 또는 제6류위험물)과 혼합을 피한다. • 철분, 금속분, 마그네슘분의 경우는 물 또는 묽은 산과의 접촉을 피한다. • 저장용기를 밀폐하고 위험물의 누출을 방지하여 통풍이 잘 되는 냉암소(冷暗所)에 저장한다.
화재진압방법	• 황화인은 CO_2, 마른 모래, 건조분말에 의한 질식소화를 한다. • 철분, 금속분, 마그네슘은 마른 모래, 건조분말, 금속화재용 분말 소화약제를 사용하여 질식소화한다. • 적린, 유황, 인화성 고체는 물을 이용한 냉각소화가 적당하다. • 제2류위험물 화재 시는 다량의 열과 유독성의 연기가 발생하므로 반드시 방호복과 공기호흡기를 착용하여야 한다. • 분진폭발이 우려되는 경우는 충분히 안전거리를 확보한다.

■ 제3류위험물(자연발화성물질 및 금수성물질)

정 의	• 공기 중에서 발화의 위험성이 있는 것을 말하고, 금수성 물질이란 물과 접촉하여 발화하거나 가연성 가스를 발생시킬 위험성이 있는 물질이다. • 대부분 자연발화성과 금수성을 모두 갖고 있으나 황린은 금수성이 없는 자연발화성 물질이며, 알칼리금속(K, Na 제외)과 알칼리토금속은 자연발화성이 없는 금수성 물질이다.
일반적 성질	• 무기 화합물과 유기 화합물로 구성되어 있다. • 대부분이 고체이다(단, 알킬알루미늄, 알킬리튬은 고체 또는 액체이다). • 칼륨(K), 나트륨(Na), 알킬알루미늄(RAl), 알킬리튬(RLi)을 제외하고 물보다 무겁다. • 물과 반응하여 가연성가스를 발생시킨다(황린 제외). • 칼륨, 나트륨, 알칼리금속, 알칼리토금속은 보호액(석유) 속에 보관한다. • 알킬알루미늄, 알킬리튬은 물 또는 공기와 접촉하면 폭발한다(헥산 속에 저장). • 황린은 공기와 접촉하면 자연 발화한다(pH 9의 물 속에 저장). • 가열 또는 강산화성 물질, 강산류와 접촉으로 위험성이 증가한다.
저장 및 취급 방법	• 용기는 완전히 밀폐하고 공기 또는 물과의 접촉을 방지하여야 한다. • 제1류위험물, 제6류위험물 등 산화성 물질과 강산류와의 접촉을 방지한다. • 용기가 가열되지 않도록 하고 보호액에 들어있는 것은 용기 밖으로 누출되지 않도록 한다. • 알킬알루미늄, 알킬리튬, 유기금속화합물은 화기를 엄금하고 용기내압이 상승하지 않도록 한다. • 황린은 저장액인 물의 증발 또는 용기파손에 의한 물의 누출을 방지하여야 한다.
화재진압방법	• 절대로 물을 사용하여서는 안 된다(황린 제외). • 화재 시에는 화원의 진압보다는 연소확대 방지에 주력해야 한다. • 마른모래, 팽창질석, 팽창진주암, 건조석회(생석회, CaO)로 상황에 따라 조심스럽게 질식소화한다. • 금속화재용 분말 소화약제에 의한 질식소화를 한다.

■ 제4류위험물(인화성액체)

정 의	• 액체로서 인화의 위험성이 있는 것을 말하며, 인화의 위험성이란 액체가 온도 상승에 의해 증기가 발생하게 되고 점화를 시키면 증기가 점화원에 의해 순간 연소하는 현상을 말한다. • 인화의 위험성을 판단하기 위한 시험으로 인화점 측정시험이 있으며, 태그 밀폐식, 신속평형법, 펜스키마텐스 밀폐식, 클리브랜드 개방식 등이 있다.
일반적 성질	• 물보다 가볍고 물에 녹지 않는 것이 많다. • 대부분 유기 화합물이다. • 발생증기는 가연성이며 대부분의 증기비중은 공기보다 무겁다. • 발생증기는 연소하한이 낮아(1~2vol%) 매우 인화하기 쉽다. • 인화점, 발화점이 낮은 것은 위험성이 높다. • 전기의 불량도체로서 정전기의 축적이 용이하고 이것이 점화원이 되는 때가 많다. • 유동하는 액체화재는 연소 확대의 위험이 있고 소화가 곤란하다. • 대량으로 연소 시엔 다량의 복사열, 대류열로 인하여 열전달이 이루어져 화재가 확대된다. • 비교적 발화점이 낮고 폭발위험성이 공존한다.

저장 및 취급 방법	• 화기 또는 가열을 피하며, 고온체와의 접근을 방지하여야 한다. • 낮은 온도를 유지하고 찬 곳에 저장한다. • 직사광선을 차단하고 통풍과 발생증기의 배출에 노력한다. • 용기, 탱크, 취급시설 등에서 누출을 방지하여야 한다. • 정전기의 발생·축적·스파크 발생을 억제하여야 한다(접지한다). • 인화점이 낮은 석유류에는 불연성가스를 봉입하여 혼합기체의 형성을 억제하여야 한다.
화재진압방법	• 수용성과 비수용성, 물보다 무거운 것과 물보다 가벼운 것으로 구분하여 진압에 용이한 방법과 연계하는 것이 좋다. • 초기화재 : CO_2, 포, 물분무, 분말, 할론 • 소규모화재 : CO_2, 포, 물분무, 분말, 할론 • 대규모화재 : 포에 의한 질식소화 • 수용성 석유류의 화재 – 알코올형포, 다량의 물로 희석소화 • 물보다 무거운 석유류의 화재 – 석유류의 유동을 일으키지 않고 물로 피복하여 질식소화 가능, 직접적 인물에 의한 냉각소화는 적당하지 않다. • 대량화재의 경우는 방사열 때문에 접근이 곤란하므로 충분한 안전거리를 확보한다. • 대형 tank의 화재 시는 boil over, slop over등 유류화재의 이상현상에 대비하여 신중한 작전이 요구된다.

■ 제5류위험물(자기반응성 물질)

정 의	• 고체 또는 액체로서 폭발의 위험성 또는 가열분해의 격렬함을 판단하기 위하여 고시로 정하는 시험에서 고시로 정하는 성질과 상태를 나타내는 것 • 분자 내 연소를 하는 물질로서 외부로부터 산소의 공급 없이도 연소, 폭발할 수 있는 물질
일반적 성질	• 대부분 유기 화합물이며 유기과산화물을 제외하고는 질소를 함유한 유기 질소화합물이다(하이드라진 유도체는 무기 화합물). • 모두 가연성의 액체 또는 고체물질이고 연소할 때는 다량의 유독가스가 발생한다. • 대부분이 물에 잘 녹지 않으며 물과 반응하지 않는다. • 분자 내에 산소를 함유(조연성)하므로 스스로 연소할 수 있다. • 연소속도가 대단히 빨라서 폭발성이 있다. 화약, 폭약의 원료로 많이 쓰인다. • 불안정한 물질로서 공기 중 장기간 저장 시 분해하여 분해열이 축적되는 분위기에서는 자연발화의 위험이 있다. • 가열, 충격, 타격, 마찰에 민감하며 강산화제 또는 강산류와 접촉 시 위험성이 현저히 증가한다. • 유기과산화물은 구조가 독특하며 매우 불안정한 물질로서 농도가 높은 것은 가열, 직사광선, 충격, 마찰에 의해 폭발한다.
저장 및 취급 방법	• 잠재적 위험성이 크고 그 결과는 폭발로 이어지는 것이 많으므로 사전안전조치가 중요하다. • 화염, 불꽃 등 점화원의 엄격한 통제 및 기계적인 충격, 마찰, 타격 등을 사전에 피한다. • 직사광선의 차단, 강산화제, 강산류와의 접촉을 방지한다. • 가급적 작게 나누어서 저장하고 용기파손 및 위험물의 누출을 방지한다. • 안정제(용제 등)가 함유되어 있는 것은 안정제의 증발을 막고 증발되었을 때는 즉시 보충한다.

화재진압방법	• 자기연소성 물질이기 때문에 CO_2, 분말, 할론, 포 등에 의한 질식소화는 효과가 없으며, 다량의 물로 냉각 소화하는 것이 적당하다. • 초기화재 또는 소량화재 시 분말로 일시에 화염을 제거하여 소화할 수 있으나 재발화가 염려되므로 최종적으로 물로 냉각 소화하여야 한다. • 화재 시 폭발위험이 상존하므로 화재진압 시 충분히 안전거리를 유지하고 접근 시 엄폐물을 이용하며 방수 시 무인방수포 등을 이용한다. • 밀폐공간 내에서 화재발생 시에는 반드시 공기호흡기를 착용하여 유독가스에 질식되는 일이 없도록 한다.

■ 제6류위험물(산화성액체)

정의	• 산화력이 있는 액체로서 산화력의 잠재적인 위험성을 판단하기 위하여 고시로서 정하는 시험에서 고시로서 정하는 성질과 상태를 나타내는 것이다. • 산화력의 잠재적 위험성을 판단하기 위한 시험이란 연소시간 측정시험으로 목분에 산화성액체를 혼합하여 연소시간을 측정한다. • 산화성액체는 제1류위험물 산화성고체와 더불어 자신은 불연성이지만 조연성의 성질이 있어서 연소속도를 빠르게 하기 때문에 위험물안전관리법상 위험물로 분류하여 관리하고 있다. • 일반적으로 산화성액체는 산화성고체보다 더 위험하다고 할 수 있는데 이는 산화성액체는 그 자체가 점화원이 될 수 있고 액체상이기 때문이다.
일반적 성질	• 모두 불연성 물질이지만 다른 물질의 연소를 돕는 산화성·지연성 액체이다. • 산소를 많이 함유하고 있으며(할로겐간화합물은 제외) 물보다 무겁고 물에 잘 녹는다. • 증기는 유독하며(과산화수소 제외) 피부와 접촉 시 점막을 부식시키는 유독성·부식성 물질이다. • 염기와 반응하거나 물과 접촉할 때 발열한다. • 강산화성 물질(제1류위험물)과 접촉 시 발열하고 폭발하며 이때 가연성 물질이 혼재되어 있으면 혼촉발화의 위험이 있다.
저장 및 취급 방법	• 용기의 파손, 변형, 전도방지 　　　　• 가연성 물질, 강산화제, 강산류와의 접촉방지 • 용기 내 물, 습기의 침투방지 　　　　• 가열에 의한 유독성가스의 발생방지
화재 진압방법	• 화재 시 가연물과 격리한다. • 소량화재는 다량의 물로 희석할 수 있지만 원칙적으로 물을 사용하지 말아야 한다. • 유출 시 마른 모래나 중화제로 처리한다. • 화재진압 시는 공기호흡기, 방호의, 고무장갑, 고무장화 등 보호장구는 반드시 착용한다.

02 소방학교 공통교재 소방전술 ⅱ 구조

■ **구조활동의 3대원칙**
① 현장의 안전확보
② 명령통일
구조현장뿐만이 아니라 모든 소방활동에 있어서 명령의 통일성을 유지하는 것은 매우 중요하다. 명령통일이라고 하는 것은 '한 대원은 오직 한 사람의 지휘관에게만 보고하고 한 사람의 지휘만을 받는다.'는 것이다. 단지 계급이 높다고 해서 자신의 직접 명령계통에 있지 않은 대원에게 지시·명령을 내리는 것은 현장의 혼란을 가중시킬 뿐이므로 절대적으로 피해야 한다. 대원의 안전에 위협이 되는 심각한 위험상황이 발생하여 현장에서 긴급히 대원을 철수하는 등 급박한 경우 외에는 반드시 명령통일의 원칙을 준수하여야 한다.
③ 현장활동의 우선순위 준수
모든 사고 현장에 있어서 가장 우선하여 고려할 사항은 인명의 안전(Life safety)이고 그다음 사고의 안정화(Incident stabilization), 재산가치의 보존(Property conservation)의 순서이다.

■ **구조활동의 우선순위**
인명을 구조하는 과정에 있어서는 구조대상자의 생명을 보전하는 것이 가장 중요하므로『구명(救命)』을 최우선으로 하고 다음에『신체구출』,『정신적, 육체적 고통경감』,『피해의 최소화』의 순으로 구조활동의 우선순위를 결정한다.

■ **초기대응 절차(LAST)**
① 1단계 - 현장 확인(Locate)
재난·사고가 발생하면 먼저 사고장소와 현장 상황을 정확히 파악해야 한다. 또한 현장의 지형적 조건(접근로, 지형), 일출이나 일몰시간, 기후 및 수온 등을 고려해서 구조대의 활동에 예상되는 어려움과 유의해야 할 사항을 판단한다. 이 'L'의 단계에서 필요한 인력과 장비, 지원을 받아야 할 부서 등을 정확히 파악하는 것이 이후 전개되는 구조활동의 성패를 좌우한다.
② 2단계 - 접근(Access)
구조활동의 실행 단계로 안전하고 신속하게 구조대상자에게 접근하는 단계이다. 사고 장소가 바다나 강이라면 구조대원 자신이 물에 들어가지 않아도 되는 안전한 구조방법을 우선 선택하고 산악사고라면 실족이나 추락, 낙석 등의 위험성이 있는지 주의하며 접근한다.
③ 3단계 - 상황의 안정화(Stabilization)
현장을 장악하여 상황이 더 이상 악화되지 않고 안전이 유지될 수 있도록 조치하는 단계이다. 구조대상자를 위험상황에서 구출하고 부상이 있으면 적절한 응급처치를 한다. 이후 주변의 위험요인을 제거하여 더 이상 사고가 확대되지 않도록 조치한다.

④ 4단계 - 후송(Transport)
구조대상자가 아무런 부상 없이 안전하게 구출되는 것이 최선의 구조활동이지만 사고의 종류나 현장상황에 따라 심각한 손상을 입은 구조대상자를 구출할 수도 있다. 이 경우 현장에서 제공할 수 있는 응급처치는 상당히 제한적이다. 또한 외관상 아무런 부상이 없거나 경상으로 보이는 경우에도 심각한 손상이 있거나 후유증이 발생할 수 있기 때문에 구조대상자는 일단 의료기관으로 후송하는 것을 원칙으로 한다. 이와 같이 'T'는 마지막 후송단계로서 사고의 긴급성에 따라 적절한 이동수단을 사용하여 의료기관에 후송하는 것으로 초기대응이 마무리된다.

■ 구조대장(현장지휘관)의 임무
① 신속한 상황판단
② 대원의 안전확보
③ 구조작업의 지휘 : 구조대장은 특별한 경우가 아니면 직접 구조작업에 뛰어 들지 말고 구조대 전체를 감독해야 한다. 구조작업을 적절히 지휘 통솔하는 것이 한 사람의 일손을 구조작업에 더 투입하는 것보다 훨씬 중요한 일이다.
④ 유관기관과의 협조 유지

■ 구출방법의 결정원칙
① 가장 안전하고 신속한 방법
② 상태의 긴급성에 맞는 방법
③ 현장의 상황 및 특성을 고려한 방법
④ 실패가능성이 가장 적은 방법
⑤ 재산피해가 적은 방법

■ 구출방법 결정 시 피해야 할 요인
① 일반인에게 피해가 예측되는 방법
② 2차 사고의 발생이 예측되는 방법
③ 개인적 추측에 의한 현장판단
④ 전체를 파악하지 않고 일면의 확인에 의해 결정한 방법

■ 구조활동의 순서
① 현장활동에 방해되는 각종 장해요인 제거
② 2차 사고의 발생위험 제거
③ 구조대상자의 구명에 필요한 조치
④ 구조대상자의 상태 악화 방지에 필요한 조치
⑤ 구출활동 개시

- **장애물 제거 시의 유의사항**
    ① 필요한 기자재 준비
    ② 대원의 안전 확보
    ③ 구조대상자의 생명·신체에 영향이 있는 장애를 우선 제거
    ④ 위험이 큰 장애부터 제거
    ⑤ 장애는 주위에서 중심부로 향하여 순차적으로 제거

- **장비 선택 시 유의사항**
    ① 사용 목적에 맞는 것을 선택한다. 절단 또는 파괴, 잡아당기거나 끌어올리는 등의 구조활동을 수행하기에 적합한 장비를 선택한다.
    ② 활동공간이 협소하거나 인화물질의 존재, 감전위험성, 환기 등 현장상황을 고려하여 특성에 맞는 것을 선택한다.
    ③ 긴급 상황에 맞는 것을 선택한다. 급할 때는 가장 능력이 높은 것을 선택한다.
    ④ 동등의 효과가 얻어지는 경우는 조작이 간단한 것을 선택한다.
    ⑤ 확실하게 효과를 기대할 수 있는 것을 선택한다.
    ⑥ 위험이 적은 안전한 장비를 선택한다.
    ⑦ 다른 기관이나 현장 관계자 등이 보유하는 것과 현장에서 조달이 가능한 것으로 효과가 기대되는 것이 있으면 활용을 적극적으로 검토한다.

- **구조대 응원요청 판단기준**
    ① 구조대상자가 많거나 현장이 광범위하여 추가 인원이 필요한 경우
    ② 특수차량 또는 특수장비를 필요로 하는 경우
    ③ 특수한 지식, 기술을 필요로 하는 경우
    ④ 기타 행정적, 사회적 영향으로부터 필요하다고 생각되는 경우

- **구급대 응원요청 판단기준**
    ① 사고개요, 부상자 수, 상태 및 정도를 부가하여 필요한 구급차 수를 요청
    ② 필요한 구급차의 대수는 구급대 1대당 중증 또는 심각한 경우는 1인, 중증은 2인, 경증은 정원 내를 대략의 기준으로 함

- **지휘대 응원요청 판단기준**
    ① 사고 양상이 2개 이상 구조대의 대처를 필요로 하는 경우
    ② 다수의 사상자가 발생한 경우
    ③ 구급대를 2대 이상 필요로 하는 경우

④ 기타 관계기관과 연계하여 활동할 경우
⑤ 사고양상의 광범위 등으로 정보수집에 곤란을 수반하는 경우
⑥ 사고양상이 특이하고 고도의 판단을 필요로 하는 경우
⑦ 경계구역 설정이 필요하다고 판단되는 경우
⑧ 소방홍보상 필요하다고 판단되는 경우(사고의 특이성, 구조활동의 형태, 기타 특별한 홍보상황이 있는 경우)
⑨ 소방대원, 의용소방대원, 일반인 및 관계자 등의 부상사고가 발생한 경우
⑩ 제3자의 행위에 의한 중대한 활동장애 및 활동에 따르는 고통 등이 있는 경우
⑪ 행정적, 사회적 영향이 예상되는 경우
⑫ 기타 구조활동상 필요하다고 판단되는 경우

■ **전문의료진 응원요청 판단기준**
① 의료인에 의한 전문 응급처치가 필요하다고 판단되는 경우
   ㉠ 구조대상자의 이송 가부(可否) 판단이 곤란한 경우
   ㉡ 구조대상자의 상태 그대로 이송하면 생명에 위험이 있다고 판단되는 경우
   ㉢ 다수의 구조대상자가 있는 경우
   ㉣ 다량출혈, 가스중독 등이 있다고 판단되는 경우
   ㉤ 구조대상자가 병자, 노인, 유아 등 체력이 저하된 상태인 경우
   ㉥ 구출에 장시간을 요한다고 판단되는 경우
   ㉦ 기타 필요하다고 인정되는 경우
② 구조대원의 안전관리상 필요한 경우
   ㉠ 활동상 의학적 조언을 필요로 하는 경우
   ㉡ 구조작업 중 부상 또는 약품 등에 의한 오염 등이 예상되는 경우

■ **구조요청을 거절할 수 있는 범위**
※ 구조요청의 거절이나 비긴급 상황일지라도 무조건 거절하는 것이 아니고 다른 수단에 의한 조치가 불가능한 경우에는 필요한 안전조치를 취하여야 한다. 구조요청을 거절할 수 있는 범위는 아래와 같지만 이러한 경우라도 현장의 상황을 종합적으로 고려하여 거절하는 범위를 최소화해야 한다. 즉, 단순히 잠긴 문의 개방을 요청한 경우에도 실내에 갇힌 사람이 있거나 가스렌지를 켜놓은 경우 등에는 안전조치를 취해 주어야 하고, 시설물의 파손이나 낙하 등으로 피해가 예상되는 경우 역시 필요한 조치를 취해야 한다. 또한 구조대상자가 구조대원에게 폭력을 행사하는 등 구조활동을 방해하는 경우에도 구조활동을 거절할 수 있지만 구조대상자가 위급한 경우에는 구조활동을 하여야 한다.
① 단순 잠긴 문 개방의 요청을 받은 경우
② 시설물에 대한 단순 안전조치 및 장애물 단순 제거의 요청을 받은 경우
③ 동물의 단순 처리・포획・구조 요청을 받은 경우
④ 그 밖에 주민생활 불편해소 차원의 단순 민원 등 구조활동의 필요성이 없다고 인정되는 경우

■ 장비조작 시 주의사항(작업 전의 준비)
① 헬멧, 안전화, 보안경 등 적절한 보호장비 착용
   ㉠ 옷깃이나 벨트 등이 기계의 동작 부분에 말려 들어갈 수도 있으므로 주의한다. 특히 체인톱이나, 헤머드릴 등 고속 회전부분이 있는 장비의 경우 실밥이 말려들어갈 수 있으므로 면장갑은 착용하지 않는 것이 원칙이다.
   ㉡ 고압전류를 사용하는 전동 장비나 고온이 발생하는 용접기 등의 경우에는 반드시 규정된 보호장갑을 착용해야 한다.
   ㉢ 반지나 시계, 목걸이 등 장신구는 안전사고를 유발할 수 있고 부상을 악화시킬 수 있으므로 착용을 금지한다.
   ㉣ 분진이나 작은 파편이 발생하는 작업을 수행할 때에는 보호안경을 착용한다. 헬멧(또는 방수모)의 보호렌즈만으로는 충분히 보호되지 않는다.
② 모든 장비는 사용하기 전에 이상 유무 점검
   ㉠ 장비 자체의 이상 유무
   ㉡ 연료의 주입여부, 윤활유의 양 및 상태
   ㉢ 전선 피복의 상태, 접지여부 등
③ 엔진동력 장비의 경우 엔진오일 점검
   ㉠ 4행정기관(유압펌프, 이동식 펌프 등)은 엔진오일을 별도로 주입하므로 오일의 양이 적거나 변질되지 않았는지 수시로 점검한다.
   ㉡ 2행정기관(동력절단기, 체인톱, 발전기 등)은 엔진오일과 연료를 혼합하여 주입하므로 반드시 2행정기관 전용의 엔진오일을 사용하며, 정확한 혼합 비율을 지키는 것이 중요하다. 오일의 혼합량이 너무 많으면 시동이 잘 걸리지 않고 시동 후에도 매연이 심하다. 반면 오일의 양이 적으면 엔진에 손상을 주어 기기의 수명이 단축될 수 있으므로 항상 혼합점검을 철저히 하고 사용 전에 기기를 흔들어 잘 혼합되도록 한 후 시동을 걸도록 한다.
④ 충분한 작업공간을 확보하고 화재, 감전, 붕괴 등 위험요인 제거
⑤ 장비는 견고한 바닥에 설치하고 확실히 고정하여 움직임 방지
⑥ 보조요원을 확보하여 우발 상황에 대처할 수 있도록 하고 작업반경 내에는 장비조작에 관여하지 않는 대원과 일반인의 접근을 통제한다.
⑦ 톱날을 비롯하여 각종 절단 날은 항상 잘 연마되어야 한다. 날이 무딘 경우에 안전사고의 확률이 더욱 높다.

■ 로프 재료에 따른 성능 비교
① 인장강도 : H.Spectra® Polyethylene > Kevlar® Aramid > 나일론 > 폴리에스터 > 폴리에틸렌 > 마닐라삼 > 면
② 내충격력 : 나일론 > 폴리에스터 > 폴리에틸렌 > 마닐라삼 > 면 > H.Spectra® Polyethylene = Kevlar® Aramid
③ 내마모성 : H.Spectra® Polyethylene > 폴리에스터 > 나일론 > 마닐라삼 > Kevlar® Aramid > 폴리에틸렌 > 면

■ 매듭과 꺾임에 의한 로프의 장력변화

매듭의 종류	매듭의 강도(%)
매듭하지 않은 상태	100
8자 매듭	75~80
한겹고정 매듭	70~75
이중 피셔맨매듭	65~70
피셔맨매듭	60~65
테이프매듭	60~70
말뚝매듭	60~65
옭매듭(엄지매듭)	60~65

■ 로프의 성능기준

구 분	성능 기준
개인용 로프	내용 : 9mm 이하 × (20mm 이상) 구성 : 보관가방 포함
정적로프	내용 : 11mm 이상 구성 : 보관가방 포함
동적로프	내용 : 10.2mm 이상 구성 : 보관가방 포함
수난구조로프	내용 : 11mm 이상 구성 : 보관가방 포함

■ 정적 로프와 동적 로프
구조활동에 사용하는 로프는 신축성에 따라 크게 동적 로프(Dynamic rope)와 정적 로프(Static rope)로 구분할 수 있다.
① 정적 로프는 신장율이 5% 미만 정도로 하중을 받아도 잘 늘어나지 않으며, 마모 내구성이 강하고 파괴력에 견디는 힘이 높은 반면 유연성이 낮아 조작이 불편하고 추락 시의 하중이 그대로 전달되는 단점이 있다.

② 동적 로프는 신장율이 7% 이상 정도로서 신축성이 높아 충격을 흡수하는 데 유리하므로 자유낙하가 발생할 수 있는 암벽등반에 유리하다. 일반 구조활동 정적 로프나 세미스태틱(Semi-static Rope) 로프가 적합하고, 산악 구조활동과 장비의 고정 등에는 동적 로프가 적합하다.
③ 보통 동적 로프는 부드러우면서 여러 가지 색상이 섞인 화려한 문양이고, 정적 로프는 뻣뻣하며 검정이나 흰색, 노란색 등 단일 색상으로 만들어져 외형만으로도 쉽게 구분할 수 있다.

■ 로프 관리상 주의사항
① 열, 화학약품, 유류 등 로프를 손상시킬 수 있는 어떤 요인과도 접촉하지 않도록 한다. 대부분의 로프는 석유화학제품이므로 산, 알칼리 등의 화학약품과 각종 연료유, 엔진오일 등에 부식·용해된다.
② 로프를 밟거나 깔고 앉지 않도록 한다. 로프의 외형이 급속히 마모되고 무게를 지탱하는 능력이 떨어진다.
③ 로프를 설치할 때 건물이나 장비의 모서리에 직접 닿지 않도록 한다. 로프보호대, 천, 종이박스 등을 덮어서 마찰로부터 로프를 보호한다.
④ 대부분의 로프는 장시간 햇볕(특히 자외선)을 받으면 색이 변하고, 강도가 저하된다. 잘 포장해서 어둡고 서늘한 곳에 보관한 로프는 8년이 경과되어도 손상되지 않지만 새 로프일지라도 장시간 옥외에 진열, 방치하면 강도가 많이 약해진다.
⑤ 정기적으로 로프를 세척하여 이물질을 제거한다. 로프의 섬유사이에 끼는 먼지나 모래는 로프 자체를 상하게 하고 카라비너나 하강기 등 관련 장비의 마모를 촉진시킨다. 세척할 때에는 미지근한 물에 중성 세제를 알맞게 풀어 로프를 충분히 적시고 흔들어 모래나 먼지가 빠져나가도록 한다. 부드러운 솔로 가볍게 문질러 주면 좋다. 물이 어느 정도 빠지면 그늘지고 통풍이 잘 되는 곳에 말린다. 세탁기는 세탁과정에서 로프가 꼬이고 마찰을 발생시키기 때문에 사용하지 않도록 한다.

■ 일반적인 로프의 수명
① 시간 경과에 따른 강도 저하
  ㉠ 로프는 사용 횟수와 무관하게 강도가 저하된다.
  ㉡ 특히 4년 경과 시부터 강도가 급속히 저하된다.
  ㉢ 5년 이상 경과된 로프는 폐기한다(UIAA 권고사항).
② 로프의 교체 시기(관리 잘 된 로프 기준, 대한산악연맹 권고사항)
  ㉠ 가끔 사용하는 로프 : 4년
  ㉡ 매주 사용하는 로프 : 2년
  ㉢ 매일 사용하는 로프 : 1년
  ㉣ 스포츠 클라이밍 : 6개월

㉤ 즉시 교체하여야 하는 로프
- 큰 충격을 받은 로프(추락, 낙석, 아이젠)
- 납작하게 눌린 로프
- 손상된 부분이 있는 로프

■ 슬링(Sling)
① 슬링은 평평한 띠처럼 생긴 일종의 로프로, 로프에 비해 유연성이 높고, 다루기 쉬우며 신체에 고정하는 경우 접촉 면적이 넓어 안정감 있게 사용할 수 있다.
② 슬링은 보통 20~25mm 내외의 폭으로 제조되며 형태에 따라 판형슬링(Tape Sling)과 관형슬링(Tube Sling)으로 구분한다.
③ 로프에 비해 상대적으로 값이 싸기 때문에 짧게 잘라서 등반 시의 확보, 고정용 또는 안전벨트의 대용 등으로 다양하게 활용한다.
④ 슬링은 같은 굵기의 로프보다 강도는 우수하지만 충격을 받았을 때 잘 늘어나지 않기 때문에 슬링을 등반 또는 하강 시에 로프 대용으로 사용하는 것은 매우 위험하다.

■ 하강기류
- 8자 하강기(Descension 8 Clamp), 구조용 하강기, 튜브
- 그리그리(GriGri)
- 스톱하강기(Stopper)
- 아이디 하강기 : 다기능 핸들을 사용하여 하강 조절 및 작업 현장에서 위치잡기가 용이하며, 고소작업 및 로프엑세스 작업용으로 제작된 개인 하강용 장비이다.

■ 특수도르래
① 로프꼬임 방지기(SWIVEL) : 로프로 물체를 인양하거나 하강시킬 때 로프가 꼬여 장비나 구조 대상자가 회전하는 것을 방지
② 수평2단 도르래(TANDEM) : 도르래 하나에 걸리는 하중을 2개의 도르래로 분산
③ 정지형 도르래(WALL HAULER) : 도르래와 쥬마를 결합한 형태, 도르래의 역회전을 방지

■ 측정용 장비
① 방사선 계측기
측정·관리해야 하는 주요 대상 방사선은 하전입자(α선, β선), 전자기파(γ선, X선) 및 중성자이다. 그러나 이들 방사선을 직접 측정(검출)해서 식별할 수 있는 계측기(검출기)는 없다. 측정 방법으로 계측기에 걸린 전기장과 방사선의 전리작용으로 발생하는 전류를 측정하는 간접적인 방법이 대표적이며, 일부 특정 방사선 경우 필름을 감광시키는 현상을 이용하기도 한다.

㉠ 개인선량계(Personal dosimeter)

개인이 휴대하여 실시간으로 개인의 방사선 피폭량을 측정하기 위한 검출기로는 방사선의 사진작용을 이용하여 필름의 흑화도로 피폭선량을 측정하는 필름뱃지, 방사선을 받은 물질에 일정한 열을 가하여 물질 밖으로 나오는 빛의 양으로 피폭선량을 측정하는 열형광선량계(TLD ; Thermoluminescence Dosimeter), 방사선이 공기를 이온화시키는 원리를 이용, 이온화된 전하량과 비례하여 눈금선이 이동되도록 하여 현장에서 바로 피폭된 방사선량을 알 수 있도록 된 포켓선량계, 전하량을 별도의 기구로 측정하여 피폭된 방사선량을 알 수 있는 포켓이온함과 포켓 알람미터, 전자개인선량계 등이 있다.

㉡ 방사선 측정기(Radioscope)

개인이 휴대하여 실시간으로 방사선율 및 선량 등을 측정하며 기준선량(율) 초과 시 경보하여 구조대원의 안전을 확보하기 위한 장비이다. 가장 보편적으로 사용되는 장비이다. 방사선 측정기는 연 1회 이상 교정하여 사용하여야 한다.

㉢ 핵종 분석기(Radionuclide Analyzer)

개인이 휴대하여 실시간으로 방사선량 측정 및 핵종을 분석하는 장비로서 감마선 스펙트럼을 분석하여 감마 방사성 핵종의 종류를 파악한다. 주로 무기 섬광물질 또는 반도체를 사용하여 제작되며 핵종분석기능 이외에도 방사선량률, 오염측정과 같은 다양한 기능을 탑재하는 경우가 일반적이다. 다른 휴대용 장비들에 비해 상대적으로 무게와 부피가 크므로 항시 휴대 운용은 제한적이다.

㉣ 방사성 오염감시기(Radiation Contamination Monitor)

방사능 오염이 예상되는 보행자 또는 차량을 탐지하여 피폭여부를 검사하는 장비로서 주로 알파, 베타 방출 핵종의 유출 시 사용한다. 일반적으로 선량률 값을 제공하지 않고, 시간당 계수율 정보를 제공한다. 따라서, 측정하고자 하는 물체 및 인원에 대한 방사성 오염여부 판단용으로 사용되며, 미치는 영향에 대해서는 추후 정밀검사가 필요하다.

② 잔류전류검지기(Electric Current Detector)

㉠ 사용방법
- 상단의 링 스위치를 오른쪽으로 1단 돌리면 경보음과 함께 약 3초간 기기 자체 테스트를 한다. 자체 테스트가 끝나면 고감도 감지가 가능하다. 스위치를 계속 돌리면 "고감도→ 저감도 → 초점감지 → off"의 순서로 작동한다.
- 처음에는 고감도로 조정하여 개략적인 위치를 파악하고 이후 단계를 낮춰가면서 누전 부위를 확인한다.
- 전기가 통하는 부위에 기기가 직접 닿지 않도록 한다.
- 장기간 사용하지 않을 때에는 건전지를 분리해(빼) 놓는다.

■ 절단구조용 장비
① 동력절단기
② 체인톱 : 킥백(장비가 튀어오르는 현상) 주의
③ 공기톱
④ 유압절단기 : 절단날이 하향 10~15° 각도를 유지

■ 중량물작업용 장비
① 맨홀구조기구
② 에어백 : 2개의 에어백을 겹쳐 사용하면 들어 올리는 높이는 높아지지만 능력이 증가하지는 않는다. 즉 소형 에어백과 대형 에어백을 겹쳐서 사용하여도 최대 부양능력이 소형 에어백의 능력을 초과하지 못하는 것이다. 들어 올리는 물체가 쓰러질 위험이 높기 때문에 3개 이상을 겹쳐서 사용하지 않는다. 에어백의 팽창 능력 이상의 높이로 들어올려야 하는 경우에는 받침목을 활용한다.
③ 유압엔진펌프
④ 유압전개기
　㉠ 주요 문제점 및 해결방안

문제점	조치방법
커플링이 잘 연결되지 않을 때	• Lock ling을 풀고 다시 시도한다. • 유압호스에 압력이 존재하는지 점검한다. • 엔진작동을 중지하고 밸브를 여러 번 변환 조작한다[만일 이것이 안 될 때에는 강제로 압력을 빼 주어야 한다(압력제거기를 사용하거나 A/S 요청)].
컨트롤 밸브를 조작하여도 전개기가 작동하지 않을 때	• 펌프를 테스트한다(펌핑이 되고 매뉴얼 밸브가 오픈포지션에 있어야 함). • 유압 오일을 확인하고 양이 부족하면 보충한다.
전개기가 압력을 유지하지 못할 때	• 시스템에 에어가 유입되었을 때 • 핸들의 밸브가 잠겨 있는지 확인한다. • 실린더 바닥의 밸브를 재조립한다.
컨트롤 밸브 사이에서 오일이 샐 때	• 커플링의 풀림 여부 확인 • 안전스크류를 조인다. • 계속 오일이 새면 씰을 교환한다.

⑤ 유압절단기
⑥ 유압램

■ 보호장비

① 공기호흡기

$$\text{사용가능시간(분)} = \frac{[\text{용기내압력(MPa)} - \text{여유압력(MPa)}] \times \text{용기용량}(\ell)}{\text{매분당호흡량}(\ell/\min)}$$

$$\text{탈출개시압력(MPa)} = \frac{\text{탈출소요시간(min)} \times \text{매분당호흡량}(\ell/\min)}{\text{용기용량}(\ell)} + \text{여유압력(MPa)}$$

※ $1\text{kg/cm}^2 ≒ 0.1 \text{ MPa}$

② 방사능보호복

㉠ 구성 : 방사능보호복의 세트는 방사능 보호복(밀폐식 공기호흡기 착용형, NBC마스크 착용형 등), 개인 선량 경보계로 구성된다.

㉡ 방사능 보호복의 성능조건
- 일반조건 : 방사능보호복은 호흡기 또는 신체 일부·전부를 방사선으로부터 차폐할 수 있는 기능을 가진 특수원단(납 또는 특수재질)으로 제작된 것이며 개인선량계를 착용할 수 있는 구조일 것
- 특수조건
  - 알파, 베타 또는 알파, 베타, 감마, 중성자, X-ray로부터 보호될 수 있는 것
  - 밀폐식 공기호흡기 착용형 또는 NBC마스크 착용형
  - 방사선 방호에 대한 인증기관 인증서를 반드시 첨부할 것

③ 화학보호복

㉠ 화학보호복의 세트는 화학보호복, 공기호흡기, 쿨링시스템, 통신장비, 비상탈출 보조호흡장비, 검사장비(테스트킷), 착용보조용 의자, 휴대용 화학작용제 탐지기, 소방용 헬멧으로 구성된다.

㉡ 화학보호복은 그 수명 및 제작사의 일반적 기준에 따라 1회용(Disposable, Limited), 재사용(Reusable, Unlimited)으로 구분되며, 수요기관의 예산범위, 소방대원의 선호도에 따라 결정될 수 있으나, 1회용 화학보호복이라 할지라도 제독 등 관리를 철저히 하면 재사용할 수 있고, 재사용할 수 있는 화학보호복이라 할지라도 유독물질에 장시간 노출되어 오염되었을 경우에는 폐기를 권장한다.

㉢ 화학보호복(레벨 A) 착용방법
- 공기조절밸브호스를 공기호흡기에 연결한다.
- 공기호흡기 실린더를 개방한다.
- 화학보호복 안면창에 성애방지제를 도포한다(손수건과 함께 휴대하는 것이 좋음).
- 화학보호복 하의를 착용한다.
- 공기호흡기 면체를 목에 걸고 등지게를 착용한다.
- 공기조절밸브에 호스를 연결한다.
- 무전기를 착용한다(비상탈출용 칼 휴대).

- 면체를 착용하고 양압호흡으로 전환한다(양압 및 바이패스 상태 점검).
- 헬멧과 장갑을 착용한다.
- 보조자를 통해 상의를 착용 후 지퍼를 닫고 공기조절밸브의 작동상태를 확인한다.

■ 로프매듭 시 주의 사항
① 매듭법을 많이 아는 것보다는 잘 쓰이는 매듭을 정확히 숙지하는 것이 더욱 중요하다.
② 매듭은 정확한 형태를 만들고 단단하게 조여야 풀어지지 않고 하중을 지탱할 수 있다.
③ 될 수 있으면 매듭의 크기가 작은 방법을 선택한다.
④ 매듭의 끝 부분이 빠지지 않도록 충분한 길이(11~20cm 정도)를 남겨두고 주매듭을 묶은 후 옭매듭 등으로 다시 마감해 준다.
⑤ 사용 중에 이상이 없는지 수시로 확인한다.
⑥ 로프는 매듭 부분의 강도가 저하된다는 사실을 기억한다.

■ 매듭의 종류(마·이·움)
① 마디짓기(結節) : 로프의 끝이나 중간에 마디나 매듭·고리를 만드는 방법
② 이어매기(連結·結合·結束) : 한 로프를 다른 로프와 서로 연결하는 방법
③ 움켜매기(結着) : 로프를 지지물 또는 특정 물건에 묶는 방법

■ 로프 매듭법

구 분	종 류	암기요령
마디짓기	8자, (고정, 두겹고정, 세겹고정), 나비매듭, (옭매듭, 두겹옭매듭), 줄사다리	8고나올줄
이어매기	한겹, 두겹, 8자연결, 피셔맨, 바른	한두번8자피바
움켜매기	말뚝, 절반, 잡아, 감아, 클램하이스트	말뚝절반에잡아감아끝냄(클램)

■ 마디짓기(결절) – 8고나올줄

종 류		장·단점
8	8자	옭매듭보다 매듭부분이 커서 다루기 편하고 풀기 쉬움
	(두겹)8자	• 간편하고 튼튼하기 때문에 로프에 고리를 만드는 경우 가장 많이 활용 • 로프에 고리를 만들어 카라비너에 걸거나 나무, 기둥 등에 확보하는 경우 활용 • 만드는 방법 – 로프를 두 겹으로 겹치는 방법 – 한 겹으로 되감기하는 방법
	(이중)8자	로프 끝에 두 개의 고리를 만들 수 있어 확보물에 카라비너를 고정하는 경우 유용

고	고정	• 굵기에 관계없이 묶고 풀기가 쉬우며 조여지지 않으므로 로프를 사람이나 물건에 묶어 지지점을 만드는 경우 활용 • 구조활동에 많이 사용되는 중요한 매듭 – "매듭의 왕"
	(두겹) 고정	• 로프의 끝에 두 개의 고리를 만들어 활용 • 수직맨홀 등 좁은 공간으로 진입하거나 구조대상자 구출에 활용 • 완만한 경사면에서 확보물 없이 3명 이상이 한줄 로프를 잡고 등반하는 경우 중간에 위치한 사람들이 이 매듭을 만들어 어깨와 허리에 걸면 로프가 벗겨지지 않고 활동이 용이
나	나비	• 로프 중간에 고리를 만들 필요가 있을 경우에 사용하며 다른 매듭에 비하여 충격을 받은 경우에도 풀기가 쉬운 것이 장점 • 중간 부분이 손상된 로프를 임시로 사용하고자 하는 경우에 손상된 부분이 가운데로 오도록 하여 매듭을 만들면 손상된 부분에 힘이 가해지지 않아 응급대처 가능
옭	옭	• 마디를 만들어 도르래나 구멍으로부터 로프가 빠지는 것을 방지 • 절단한 로프의 끝에서 꼬임이 풀어지는 것을 방지할 때 사용 • 가장 단순한 형태의 매듭
	(두겹) 옭	• 로프의 중간에 고리를 만들 필요가 있을 때 사용하는 간편한 매듭 • 힘을 받으면 고리가 계속 조이므로 풀기가 힘듦
줄	줄사다리	옭매듭을 일정한 간격으로 만들어 로프를 타고 오르거나 내릴 때에 지지점으로 이용

■ 이어매기 – 한두번8자피바

종류	장·단점
한 겹	• 굵기가 다른 로프를 결합할 때 사용 • 주 로프는 접어둔 채 가는 로프를 묶는 것이 좋으며 로프 끝을 너무 짧게 묶으면 쉽게 빠지므로 주의
두 겹	한겹매듭에서 가는 로프를 한 번 더 돌려 감은 것으로 한겹매듭보다 더 튼튼하게 연결할 때에 사용
8자연결	많은 힘을 받을 수 있고 힘이 가해진 경우에도 풀기가 쉬워 로프를 연결하거나 안전을 확보하기 위한 매듭으로 자주 사용
피셔맨	• 두 로프가 서로 다른 로프를 묶고 당겨서 매듭부분이 맞물리도록 하는 방법 • 신속하고 간편하게 묶을 수 있으며 매듭의 크기도 작음 • 두 줄을 이을 때 연결매듭으로 많이 활용되는 매듭이지만 힘을 받은 후에는 풀기가 매우 어려워 장시간 고정시켜 두는 경우 주로 사용 • 매듭 부분을 이중으로 하면(이중 피셔맨매듭) 매듭이 더욱 단단하고 쉽사리 느슨해지지 않음
바른	• 묶고 풀기가 쉬우며 같은 굵기의 로프연결에 적합 • 로프 연결의 기본이 되는 매듭 • 힘을 많이 받지 않는 곳에 사용하지만 굵기 또는 재질이 서로 다른 로프를 연결할 때에는 미끄러져 빠질 염려가 있음 • 직접 안전을 확보하는 매듭에는 부적합(반드시 매듭부분을 완전히 조이고 끝부분은 옭매듭으로 마감) • 짧은 로프가 서로 다른 방향으로 묶이면 로프가 미끄러져 빠지므로 주의

■ 움켜매기(결착) – 말뚝 절반에 잡아감아 끝냄(클램)

종 류	장·단점
말 뚝	• 로프의 한쪽 끝을 지지점에 묶는 매듭으로 구조활동을 위해 로프로 지지점을 설정 시 사용 • 묶고 풀기는 쉬우나 반복적인 충격을 받는 경우에는 매듭이 자연적으로 풀릴 수 있으므로 매듭의 끝을 안전하게 처리 • 풀리지 않는 로프끝 처리법 　– 옭매듭 　– 주 로프에 2회 이상의 절반매듭
절 반	• 로프를 물체에 묶을 때 간편하게 사용 • 묶고 풀기는 쉬우나 결속력이 매우 약하기 때문에 절대 단독 사용금지
잡 아	• 안전밸트가 없을 때 구조대상자의 신체에 로프를 직접 결착하는 고정매듭의 일종 • 구조대상자의 구출이나 낙하훈련과 같이 충격이 심한 훈련이나, 신체에 주는 고통을 완화하기 위하여 사용 • 긴급한 경우 이외에는 사용금지
감 아	• 굵은 로프에 가는 로프를 감아매어 당기는 방법 • 고리부분을 당기면 매듭이 고정되고 매듭부분을 잡고 움직이면 주 로프의 상하로 이동시킬 수 있으므로 로프등반이나 고정 등에 많이 활용 • 감는 로프는 주 로프의 절반 정도 굵기일 때 가장 효과적이며 3회 이상 돌려 감아야 함
클램 하이스트	• 감아매기와 같이 자기 제동이 되는 매듭 • 주 로프에 보조로프를 3~5회 감고 로프 끝을 고리 안으로 통과시켜 완성 • 하중이 걸리면 매듭이 고정되고 하중이 걸리지 않으면 매듭을 위아래로 움직일 수 있음

■ 신체묶기 응용매듭

① 두겹고정매듭
　㉠ 맨홀이나 우물 등 협소한 수직공간에 구조대원이 진입하거나 구조대상자를 구출할 때
　㉡ 한줄 로프를 잡고 여러 사람이 등반할 때
② 세겹고정매듭
　㉠ 들것을 사용할 수 없는 장소에서 안전벨트 없이 구조대상자를 끌어올리거나 매달아 내려 구출할 때 사용하는 방법
　㉡ 경추나 척추 손상이 의심되는 구조대상자 또는 다발성골절환자에게는 사용하면 안 됨
③ 앉아매기 : 안전벨트대용 3m 정도 길이의 로프나 슬링 필요

■ 응용매듭 : 기구묶기

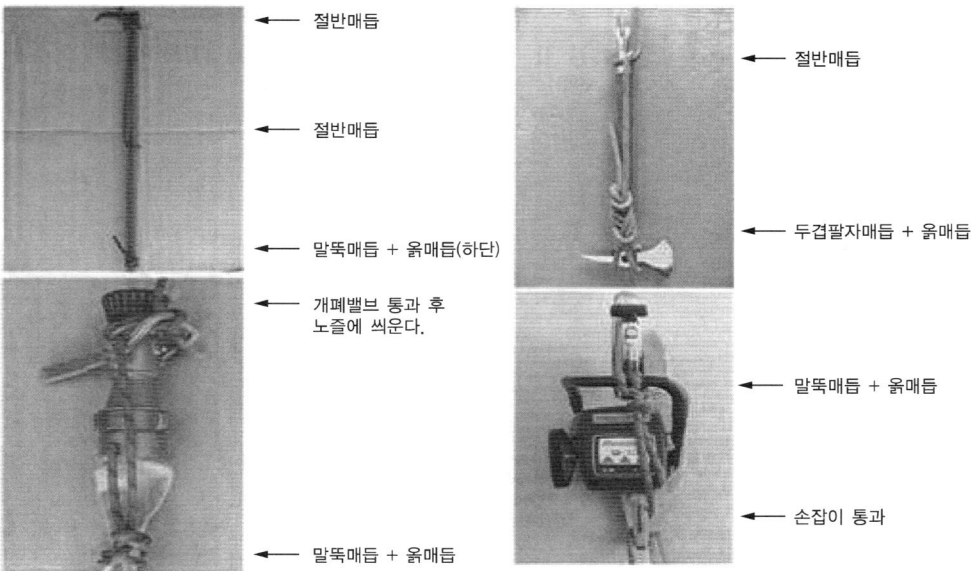

■ 로프정리
① 나비모양사리기
　㉠ 한발감기 : 50~60m 정도의 비교적 긴 로프를 사리는 방법으로 로프가 지그재그 형태로 쌓이므로 풀 때에도 엉키지 않음
　㉡ 어깨감기 : 60m 이상 긴 로프를 사리는 방법
② 둥글게사리기 : 비교적 짧은 로프를 신속히 사리는 방법으로 무릎이나 팔뚝을 이용. 로프를 풀 때 엉킬 가능성 높음
③ 8자모양사리기 : 나비형 사리기와 함께 로프가 꼬이지 않게 사리는 방법으로 풀 때 꼬이지 않는 장점. 굵고 뻣뻣한 로프나 와이어로프 등을 정리할 때 편리
④ 사슬사리기 : 과거 화물차 기사 사용했던 방법으로 원형이나 8자형 사리기보다 꼬이거나 엉키는 확률 낮음. 이 방법은 마지막 끝처리가 잘되어야 하는데, 잘못될 경우 푸는 방법도 잘 익혀 두어야 함. 마지막 1m 정도의 여유줄을 남겨 놓고 마지막 사슬을 여유줄에 묶는데 절대로 여유줄이 매듭 안으로 들어가서는 안 되며 고리를 작게 사리는 것이 좋음
⑤ 어깨매기 : 로프를 휴대하고 장거리를 이동하기 위한 방법

■ 지지점 만들기 : 용어
① 지지점(支持點) 또는 확보점(確保點) : 로프를 직접 묶어 하중을 받게 되는 곳
② 현수점(懸垂點) : 수직방향으로 설치하는 로프가 묶이는 곳
③ 지점(支點) : 연장된 로프에 카라비너, 도르래 등을 넣어 로프의 연장 방향(결국「힘」의 방향)을 바꾸는 장소
④ 앵커(Anchor) : 지지점과 현수점, 지점 등을 통칭

■ 현수로프설치 원칙
① 지지점은 완전한 고정물체에 충분히 지탱할 수 있는 강도를 가져야 하고 안전성을 철저히 확인한다.
② 로프는 두 겹으로 사용하는 것이 원칙이며, 특히 직경 9mm 이하는 반드시 두 겹을 사용해야 한다.
③ 하강 로프의 길이는 하강지점(지표면)까지 로프가 완전히 닿고 1~2m 정도의 여유가 있어야 한다.
④ 하강지점의 안전을 확인하고 로프를 투하한다. 로프 가방(Rope Bag)을 사용하면 로프가 엉키지 않고 손상을 방지할 수 있다.
⑤ 필요하면 현수로프를 보조로프로 고정하여 움직이지 않도록 한다.

■ 회수로프설치
① 로프감기 : 하강 또는 도하 후에는 매듭의 반대 방향으로 당겨 회수하는 가장 간단한 방법
② 회수설치
　㉠ 최종 하강자가 로프 설치를 바꾸어 쉽게 회수하도록 하는 방법이다.
　㉡ 안전사고의 위험은 비교적 적으나 별도의 지지물이 필요하다.
　㉢ 확보물이 설치되어 있는 암벽에서 하강할 때 많이 활용한다.
③ 회수 매듭법(Blocking Loop)을 이용하는 방법 : 하강지점에서 풀 수 있는 회수 매듭법이다.

■ 1인 운반법
① 끌기법 : 급박한 상황에서 단거리를 이동하는 경우
　㉠ 구조대상자 끌기(소방관 끌기) : 화재현장이나 위험물질이 누출된 긴급한 상황에서 의식이 없는 환자를 단거리 이동시킬 때 사용하는 방법
　㉡ 담요를 이용한 끌기 : 부상 정도가 심한 구조대상자를 이동시킬 때 사용하는 방법
　㉢ 경사 끌기 : 의식이 없거나 움직일 수 없는 구조대상자를 계단이나 경사에서 아래로 이동시킬 때 사용하는 방법
② 업기법
　㉠ 소방관 운반 : 비교적 큰 힘을 들이지 않고 장거리를 이동 가능
　㉡ 끈 업기 : 구조대원의 두 손이 자유로운 게 장점

■ 2인 운반법

① 들어올리기(안장법/사지운반법)
　　㉠ 구조대상자를 앉혀 운반하는 방법 : 의식이 없는 구조대상자에게는 사용 불가
　　㉡ 구조대상자의 등 뒤로 손을 넣어 들어 올리는 방법
② 의자활용하기 : 계단이나 골목과 같이 협소한 장소

■ 산소 부족 시 발생하는 신체적 증상

산소 농도	증 상
21%	-
17%	산소부족을 보충하기 위해 호흡이 증가하며 근육운동에 장애를 받는 경우도 있다.
12%	어지러움, 두통, 급격한 피로를 느낀다.
9%	의식불명
6%	호흡부전과 이에 동반하는 심정지로 몇 분 이내에 사망한다.

■ 유독가스

종 류	발생조건	허용농도(TWA)
일산화탄소(CO)	불완전 연소 시 발생	50ppm
아황산가스(SO_2)	중질유, 고무, 황화합물 등의 연소 시 발생	5ppm
염화수소(HCL)	플라스틱, PVC	5ppm
시안화수소(HCN)	우레탄, 나일론, 폴리에틸렌, 고무, 모직물 등의 연소	10ppm
암모니아(NH_3)	열경화성 수지, 나일론 등의 연소 시 발생	25ppm
포스겐($COCL_2$)	프레온 가스와 불꽃의 접촉	0.1ppm

■ 건물화재 시의 구조대상자 1차 검색(Primary Search)

1차 검색은 화재가 진행되는 도중에 검색작업이 진행되는 것을 말하며 생명의 위험에 처한 사람을 신속히 발견하는 것이 목적이다. 때로는 1차 검색이 극히 불리한 상황에서 진행되지만 그럼에도 불구하고 신속하고 빈틈없이 이루어져야 한다.

- 대원들은 가능한 한 빨리 구조대상자들의 위치를 파악하여야 한다.
- 가능하다면 인명검색과 함께 새로이 발견되는 상황들에 대하여도 보고한다.
- 검색이 진행되는 동안 연기와 화재의 확산을 막기 위해서 아직 불이 붙지 않은 장소의 문은 닫는다.
- 먼저 후미진 곳을 검색하고 방의 중심부로 이동한다.

■ 건물화재 시의 구조대상자 2차 검색(Secondary Search)
2차 검색은 화재가 진압되어 위험 요인이 다소 진정된 후에 진행한다. 2차 검색은 빈틈없이 살피면서 공을 들여야 하는 작업으로 또 다른 생존자를 발견하고 혹시 존재할지도 모르는 사망자를 확인하는 작업이다.
- 화재진압과 환기작업이 완료되면 2차 검색을 위한 대원들을 진입시킨다.
- 2차 검색은 신속성보다는 꼼꼼함이 필요하다. 1차 검색 때에 발견하지 못한 공간이나 위험성을 확인해야 하기 때문에 절대 소홀히 할 수 없는 작업이다.
- 1차 검색과 마찬가지로 좋은 소식이든 나쁜 소식이든 새로이 확인되는 사항이 있으면 즉시 보고한다.

■ 갇혔거나 길을 잃은 경우
숫 커플링이 향하는 쪽으로 기어 나간다.

■ 자동차 사고의 일반적 특성
① 현장 접근이 용이하고 활동공간이 넓다.
② 출동 장애요인이 많다.
③ 사상자가 발생한다.
④ 2차 사고의 발생 위험이 높다.
⑤ 재난 수준의 대형사고가 발생할 수도 있다.

■ 자동차 사고 구조 시 안전조치
① 유도표지의 설치 범위는 도로의 제한속도와 비례한다. 즉, 시속 80km인 도로에서 사고가 발생한 경우 사고지점의 후방 15m 정도에 구조차량이 주차하고 후방으로 80m 이상 유도표지를 설치한다.
② 곡선도로에서 사고가 발생한 경우 곡선 시작부분에 주차하고 후방으로 80m 이상 유도표지를 설치한다.

■ 수상구조 방법
① 인간사슬구조
　㉠ 다수의 구조대원이 손을 맞잡고 물에 빠진 사람을 구조하는 방법
　㉡ 물살이 세거나 수심이 얕아 보트의 접근이 불가능한 장소에 적합한 방법
　㉢ 가장 가까이 접근하는 사람은 허리정도의 깊이까지 들어가 구조
　㉣ 체중이 가벼운 사람이 사슬의 끝부분에 위치
　㉤ 손바닥이 아니라 각자의 손목 위를 잡음
② 구명환과 로프를 이용한 구조 : 구조대상자보다 조금 멀리 던짐
③ 레스큐 튜브(Rescue Tube) 활용 구조
④ 구조로켓

⑤ 구명보트에 의한 구조 : 익수자에게 붙잡을 것을 빨리 건네주는 것이 가장 중요
  ㉠ 보트는 바람을 등지고 구조대상자에게 접근
  ㉡ 구조대상자가 흘러가는 방향으로 따라가면서 구조
  ㉢ 구조대상자가 격렬하게 허우적거릴 때 : 구명부환 또는 붙잡을 수 있는 물체를 건네줌
  ㉣ 작은 보트 : 전면이나 후면으로 끌어올림
  ㉤ 모터보트 : 전면이나 측면으로 끌어올림
  ㉥ 의식이 있고 기력이 충분하다고 판단되는 경우 : 무리하게 보트로 끌어올리려 시도하지 말고 매달고 끌어 육지로 운행

■ 직접구조 기술 방법
  ① 의식 있는 구조대상자 : 가슴잡이
  ② 의식 없는 구조대상자
    ㉠ 한 겨드랑이 끌기 – 후방접근
    ㉡ 두 겨드랑이 끌기 – 후방접근
    ㉢ 손목 끌기 – 전방접근

■ 잠수물리
  ① 밀도 : 부피에 대한 질량의 비율($\rho = \frac{M(질량)}{V(부피)}$), 예 물 : 9,800N/m³, 공기 : 12N/m³
  ② 빛의 전달 : 실제보다 25% 가깝고 크게 보임
  ③ 소리의 전달 : 대기보다 4배 빠름 – 소리방향 판단 곤란
  ④ 열의 전달 : 공기보다 25배 빠름 – 잠수복 필히 착용
  ⑤ 절대압 : 기압 + 수압
    물속 10m → 2기압(공기 1기압 + 물 10m 1기압)
  ⑥ 부력 : 부피에 해당하는 물의 무게만큼 뜨는 성질
    ㉠ 양성부력 : 어떤 물체의 무게가 물속에서 차지하는 부피에 해당하는 물의 무게보다 가벼우면 물에 뜨게 되는 것
    ㉡ 음성부력 : 반대로 물의 무게보다 무거우면 가라앉는 것
    ㉢ 중성부력 : 두 현상을 적절히 조절하여 뜨지도 가라앉지도 않는 것
  ⑦ 공기소모 : 바닷물에서는 수심 매 10m마다 수압이 1기압씩 증가됨. 즉, 수면에서 1분에 15L의 공기가 필요하다면 20m에서는 45L의 공기가 필요함

■ 잠수장비의 구성 및 관리
　① 기본장비
　　㉠ 수경, 숨대롱, 모자, 신발, 장갑
　　㉡ 오리발 : 보관 시 분가루, 실리콘스프레이를 뿌려 보관
　　㉢ 잠수복 : 체온유지, 상처보호, 양성부력으로 체력손실방지. 보편적으로 수온이 24℃ 이하에서는 발포고무로 만든 습식잠수복을 착용, 수온이 13℃ 이하로 낮아지면 건식잠수복을 착용하도록 권장
　② 부력장비
　　㉠ 중량벨트 : 모든 장비착용상태에서 눈높이에 수면이 위치하도록 조절
　　㉡ 부력조절기(BC) : 양성부력 제공, 비상시 구조장비 역할
　③ 호흡을 위한 장비
　　㉠ 공기통(Tank)
　　　• 수압검사 : 최초는 5년, 이후 3년마다
　　　• 육안검사 : 1년마다
　　　• 고압가스 안전관리법에서는 신규검사 후 10년까지는 5년마다, 10년 경과 후에는 3년마다 검사를 받도록 규정
　　　• 장기간 보관 : 공기를 50bar로 압축하여 세워두고, 사용 시 새 공기를 압축하여 사용
　　㉡ 호흡기(Regulator) : 공기통에서 나오는 공기를 주변의 압력과 같게 조절하여 주는 장치. 호흡기는 민물(강) 잠수는 깨끗한 물로 세척만으로 좋을 수 있으나, 바닷가에 접한 소방서(구조대)는 사용 빈도에 따라서 1년에 한번 정도는 전체 분해 후 청소, 소모품교환을 하는 일명 "오버홀(overhaul)을 하는 것을 권장한다(전문기관에 의뢰).
　　㉢ 옥토퍼스(Octopus) : 비상용 보조호흡기
　④ 계기 및 보조장비
　　㉠ 계기 : 압력계, 수심계, 나침반, 다이브 컴퓨터
　　㉡ 보조장비 : 칼, 신호기구, 잠수용 깃발, 수중랜턴, 잠수표

■ 수중활동 시 주의사항
　① 압력평형 : 이퀄라이징(Equalizing) 또는 펌핑
　　㉠ 압력평형이 잘 되지 않으면 약간 상승하여 실시하고 다시 하강한다.
　　㉡ 상승 중에는 절대로 코를 막고 불어 주면 안 된다.
　② 수경압착 : 수압을 받아 수경이 얼굴에 밀착되어 통증을 느낄 수 있다. 이때 수경 내의 압력을 유지하기 위해서 수경의 테두리를 가볍게 누르고 코를 통해 수경 내부로 공기를 불어넣어 준다.

③ 잠수 및 상승
　㉠ 하강 및 수중활동 : 수면에 도착했을 때 50bar가 남아 있도록 잠수계획을 세우는 것이 좋다.
　㉡ 상 승
　　• 머리를 들어 위를 보며 오른손을 들어 360° 회전하면서 상승
　　• 왼손으로 부력조절기의 배기 단추를 잡고 위로 올려 공기를 조금씩 빼면서 분당 9m, 즉 6초에 1m를 초과하지 않는 속도로 상승
　　• 수심 5m 정도에서 5분 정도 안전감압정지를 마치고 상승

■ 긴급상황 조치
① 비상 수영 상승 : 수중에서 호흡기가 모두 고장을 일으키거나 공기가 떨어졌을 때 안전하게 수영해서 상승하는 방법이다. 수심이 얕을수록 쉽게 할 수 있으며 보통 15~20m 이내의 수심에서는 용이하게 성공할 수 있다.
② 보조호흡기(Octopus)를 이용한 상승 : 공기가 떨어진 다이버는 그 즉시 신호를 보내어 자신이 위급상황임을 알리고 보조호흡기로 공기를 공급해 줄 것을 요청한다. 공급자는 즉시 자신이 물고 있던 호흡기를 요청자에게 주고 자신은 자기의 보조호흡기를 찾아 입에 물고 호흡한다.
③ 짝호흡 상승 : 수심이 깊고 짝이 비상용 호흡기를 가지고 있지 않은 경우에 한 사람의 호흡기로 두 사람이 교대로 호흡하면서 상승하는 방법(가장 힘들고 위험), 호흡은 한 번에 두 번씩만 쉰다. 가능한 한 상승속도는 정상속도(분당 9m)를 초과하지 않도록 한다.

■ 구 조
① 다이버가 수면에서 허우적거리는 경우 : 부력조절기를 팽창시킨 후 중량벨트를 떨어뜨리도록 지시
② 수면에 떠서 의식이 없는 다이버의 경우
　㉠ 빨리 다가가 부력조절기에 공기를 넣는다.
　㉡ 바로 누운 자세를 취해주고 웨이트 벨트를 풀어준다.
　㉢ 계속 인공호흡을 하면서 해안이나 배로 헤엄친다.
③ 물속에서 의식이 없는 다이버의 경우
　㉠ 빨리 다가가 중량벨트를 풀어준다.
　㉡ 다이버의 머리부분을 잡고 수면으로 올라간다.
　㉢ 상승 중에는 다이버의 고개를 뒤로 젖혀 폐 속의 팽창된 공기가 배출되도록 한다.
　㉣ 긴급한 경우에는 부력조절기에 공기를 넣어 상승 속도를 빨리한다.
　㉤ 수면에 도착하면 인공호흡을 실시하면서 해안이나 배로 향한다.

- **잠수표의 원리**
  ① 헨리의 법칙 : 압력 하의 기체가 액체 속으로 용해되는 법칙, 용해되는 양과 그 기체가 갖는 압력이 비례한다는 것(예 사이다 거품)
  ② 홀데인(John Scott Haldane)의 이론 : 용해되는 압력이 다시 환원되는 압력의 2배를 넘지 않는 한 신체는 감압병으로부터 안전하다는 이론
  ③ 최대 잠수 가능시간(무감압 한계시간) : 상승 중 감압정지를 하지 않고 일정의 수심에서 최대로 머물 수 있는 시간이 수심에 따라 제한됨
  ④ 잔류질소 : 체내에는 잠수하기 전보다 많은 양의 질소가 남아 있는 것

- **잠수에 사용되는 용어**
  ① 실제 잠수시간 : 수면에서 하강하여 최대수심에서 활동하다가 상승을 시작할 때까지의 시간
  ② 잠수계획 도표
  ③ 잔류 질소군 : 잠수 후 체내에 녹아 있는 질소의 양(잔류질소)의 표시를 영문 알파벳으로 표기한 것. 가장 적은 양의 질소 - A
  ④ 수면 휴식시간 : 잠수 후 재 잠수 전까지의 수면 및 물 밖에서 진행되는 휴식시간
  ⑤ 잔류 질소시간 : 체내의 잔류 질소량을 잠수하고자 하는 수심에 따라 결정되는 시간으로 바꾸어 표현한 것
  ⑥ 감압정지와 감압시간
     ㉠ 감압정지 : 실제 잠수 시간이 최대 잠수 가능시간을 초과했을 때에 상승도중 감압표상에 지시된 수심에서 지시된 시간만큼 머무르는 것
     ㉡ 감압시간 : 머무르는 시간
  ⑦ 재 잠수 : 스쿠버 잠수 후 10분 이후에서부터 12시간 내에 실행되는 스쿠버 잠수
  ⑧ 총 잠수시간 : 재 잠수 때에 적용할 잠수시간의 결정은 총 잠수시간으로 전 잠수로 인해 줄어든 시간(잔류 질소시간)과 실제 재 잠수 시간을 합하여 나타냄
  ⑨ 최대 잠수가능 조정시간 : 최대 잠수 가능시간에서 잔류질소 시간을 뺀 나머지 시간
  ⑩ 안전정지 : 스쿠버잠수 후 상승할 때에 수심 5m 지점에서 약 5분간 정지하여 상승속도를 완화하는 것

■ 잠수병의 종류와 대처방법

병명	정의	증상	예방법	치료법
질소마취 (하강 시)	고압의 질소가 마취 작용	몸이 나른, 술취한 기분, 엉뚱한 행동	30m 이상 잠수(X)	후유증 없음
산소 중독	산소부분압이 0.6 대기압 이상 공기를 장시간 호흡 시(높으면 더 빠르다)	근육경련, 멀미, 현기증, 발작, 호흡곤란	순수 산소를 사용하지 말고 반드시 공기 사용	
탄산가스 중독	잠수 중 탄산가스가 몸속에 축적(다이빙 중에 공기를 아끼려고 숨을 참으면서 호흡한다든지 힘든 작업을 할 경우 생김)	호흡이 가빠지고 숨이 차며 안면 충혈, 심할 경우 실신	크고 깊은 호흡을 규칙적으로 하는 것	
감압병 (상승 시)	오랜 잠수 후 갑자기 상승하면 외부 압력이 급격히 낮아지므로 몸속의 질소가 과포화된 상태가 되고 인체의 조직이나 혈액 속에 기포를 형성	• 경미한 경우 : 피로감, 피부가려움증 • 심한 경우 : 호흡곤란, 질식, 손발이나 신체 마비	• 30m 이상 잠수(X) • 상승속도 준수(9m/min)	재가압 요법
공기색전증 (상승 시)	압력이 높은 해저에서 압력이 낮은 수면으로 상승할 때 호흡을 멈추고 있으면 폐 속의 공기는 팽창하고 결국에는 폐포를 손상시키며, 공기가 폐에서 혈관계에 들어가 혈관의 흐름을 막음으로써, 혈류를 공급받아야 되는 장기에 기능 부전을 일으켜 발생하는 질환을 통칭	기침, 혈포, 의식불명 등	• 부상 시 호흡을 멈추지 말 것 • 급상승 금지 • 해저에서 공기가 없어질 때까지 머물지 말 것	재가압 요법

① 질소마취
  ㉠ 수중으로 깊이 내려갈수록 질소 부분압도 증가하여 질소가 인체에 마취작용을 일으키는 것
  ㉡ 수심 30m 지점 이상 질소마취 가능성 커짐
  ㉢ 증세 : 몸이 나른해지고 정신이 흐려져 올바른 판단 불가, 술에 취한 것과 같은 기분이 들어 엉뚱한 행동을 함
  ㉣ 후유증이 없기 때문에 수심이 얕은 곳으로 올라오면 정신이 다시 맑아짐
② 산소 중독
  ㉠ 산소의 부분압이 0.6 대기압 이상인 공기를 장시간 호흡할 경우 중독
  ㉡ 증세 : 근육 경련, 멀미, 현기증, 발작, 호흡곤란
  ㉢ 예방법 : 순수 산소를 사용하지 말고 반드시 공기를 사용하는 것
③ 탄산가스 중독
  ㉠ 원인 : 다이빙 중에 공기를 아끼려고 숨을 참거나 힘든 작업을 할 경우 발생
  ㉡ 증세 : 호흡이 가빠지고 숨이 차며 안면 충혈과 심할 경우 실신하기도 함
  ㉢ 예방법 : 크고 깊은 호흡을 규칙적으로 하는 것

④ 감압병
  ㉠ 원인 : 오래 잠수 후 갑자기 상승하면 외부 압력이 급격히 낮아지므로 몸속의 질소가 과포화된 상태가 되고 인체의 조직이나 혈액 속에 기포를 형성하는 것
  ㉡ 증 세
    • 경미한 경우 : 피로감, 피부가려움증
    • 심한 경우 : 호흡곤란, 질식, 손발이나 신체 마비
  ㉢ 치료법 : 재가압 요법으로 다이버를 고압 챔버에 넣고 다시 압력을 가해서 몸 속에 생긴 기포를 인체에 녹아 들어가게 하고 천천히 감압하는 것(재가압을 위해서 다이버를 물속에 다시 들어가게 하는 것은 매우 위험)
  ㉣ 예방법 : 수심 30m 이상 잠수하지 않으며, 상승 시 1분당 9m의 상승 속도를 준수하는 것
⑤ 공기색전증
  ㉠ 압력이 높은 곳에서 낮은 수면으로 상승할 때 호흡을 멈추고 있으면 폐속의 공기가 팽창하여 폐포를 손상시키며, 공기가 폐에서 혈관의 흐름을 막음으로써 장기에 기능 부전을 일으켜 발생하는 질환
  ㉡ 증세 : 기침, 혈포(血泡), 의식불명
  ㉢ 치료법 : 감압병과 마찬가지로 재가압 요법을 사용
  ㉣ 예방법 : 부상할 때 절대로 호흡을 정지하지 말고 급속한 상승을 하지 않으며, 해저에서는 공기가 없어질 때까지 있어서는 안 됨

■ **수중탐색 : 줄을 사용하지 않는 탐색형태**
① 가장 간단한 탐색형태로 아무런 장비나 도구 없이 탐색하는 방법
② 계획과 수행이 쉬운 반면 줄을 이용한 방법보다 정확도가 떨어지는 단점이 있음

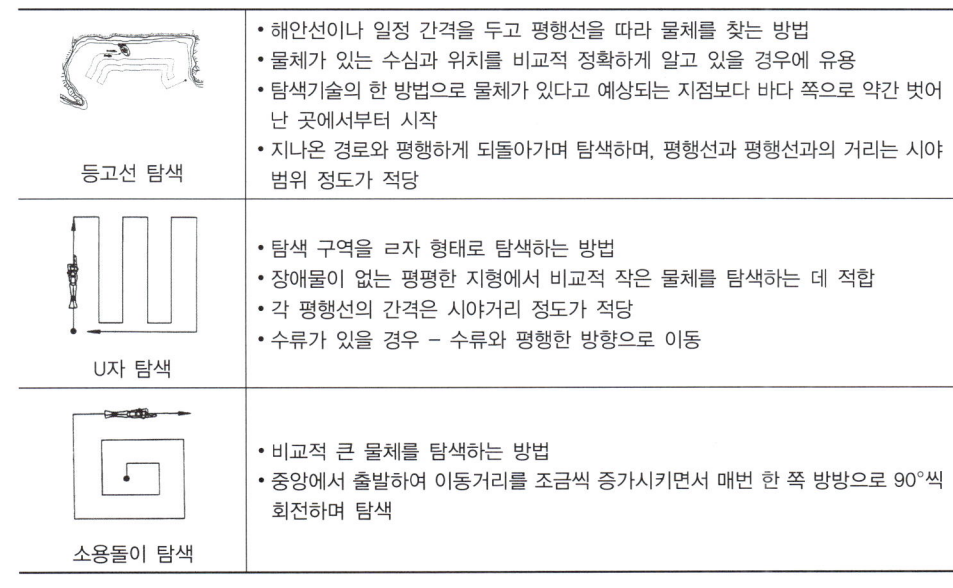

등고선 탐색	• 해안선이나 일정 간격을 두고 평행선을 따라 물체를 찾는 방법 • 물체가 있는 수심과 위치를 비교적 정확하게 알고 있을 경우에 유용 • 탐색기술의 한 방법으로 물체가 있다고 예상되는 지점보다 바다 쪽으로 약간 벗어난 곳에서부터 시작 • 지나온 경로와 평행하게 되돌아가며 탐색하며, 평행선과 평행선과의 거리는 시야 범위 정도가 적당
U자 탐색	• 탐색 구역을 ㄹ자 형태로 탐색하는 방법 • 장애물이 없는 평평한 지형에서 비교적 작은 물체를 탐색하는 데 적합 • 각 평행선의 간격은 시야거리 정도가 적당 • 수류가 있을 경우 – 수류와 평행한 방향으로 이동
소용돌이 탐색	• 비교적 큰 물체를 탐색하는 방법 • 중앙에서 출발하여 이동거리를 조금씩 증가시키면서 매번 한 쪽 방방으로 90°씩 회전하며 탐색

■ 수중탐색 : 줄을 이용한 탐색형태

① 줄을 이용하지 않는 탐색보다 정확함
② 특히 물의 흐름이 있는 곳이나 작은 물체를 찾을 때 효과적
③ 시야가 불량한 곳에서는 줄을 이용한 신호를 보낼 수 있음

탐색 방법	설명
원형 탐색 (Circling Search)	• 시야가 좋지 않으며 탐색면적이 좁고 수심이 깊을 때 사용 • 인원과 장비의 소요가 적은 반면 탐색할 수 있는 범위가 좁음 • 중앙에서 구심점이 되어 줄을 잡고, 다른 한 사람이 줄의 반대쪽을 잡고 원을 그리며 한 바퀴 돌면서 탐색. 중앙에 있는 사람이 시야거리만큼 줄을 조금 풀어서 더 큰 원을 그리며 탐색하는 방법을 반복
반원 탐색 (Tended Search)	• 조류가 세고 탐색면적이 넓을 때 사용 • 원형 탐색을 응용한 형태로 해안선, 방파제, 부두 등에 의해 원형탐색이 어려울 경우 반원 형태로 탐색 • 원형 탐색과의 차이점 : 원을 그리며 진행하다 계획된 지점이나 방파제 등의 장애물을 만날 경우 줄을 늘리고 방향을 바꾸어서 반대 방향으로 전진하며 탐색한다는 것 • 정박하고 있는 배에서 물건을 떨어뜨릴 경우 : 수류가 흐르는 방향으로 약간 벗어나게 되기 때문에 수류가 흘러가는 방향만을 반원탐색으로 탐색하는 것이 효과적
왕복 탐색 (Jack stay Search)	• 시야가 좋고 탐색면적이 넓을 때 사용 • 탐색구역의 외곽에 평행한 기준선을 두 줄로 설정하고, 기준선과 기준선에 수직방향의 줄을 팽팽하게 설치 • 실제 구조활동 시는 두 명의 다이버가 동시에 같은 방향으로 이동하면서 수색 • 특히 시야가 확보되는 않는 경우 긴급사항이 발생 시 반대에서 서로 비껴 지나가는 방법은 맞지 않으며 인명구조사 1급 교육 시에도 두 명의 다이버는 동시에 같은 방향으로 이동하며 수색하는 방법으로 교육을 실시
직선 탐색 (Sajas Search)	• 시야가 좋지 않고 탐색면적이 넓을 때 사용 • 구조대원의 인원수에 따라 광범위하고 폭넓게 탐색할 수 있으나 대원 상호 간에 팀워크가 중요 • 먼저 탐색할 지역을 설정하고 수면의 구조대원이 수영을 하며 수중에 있는 여러 명의 구조대원을 이끌면서 탐색

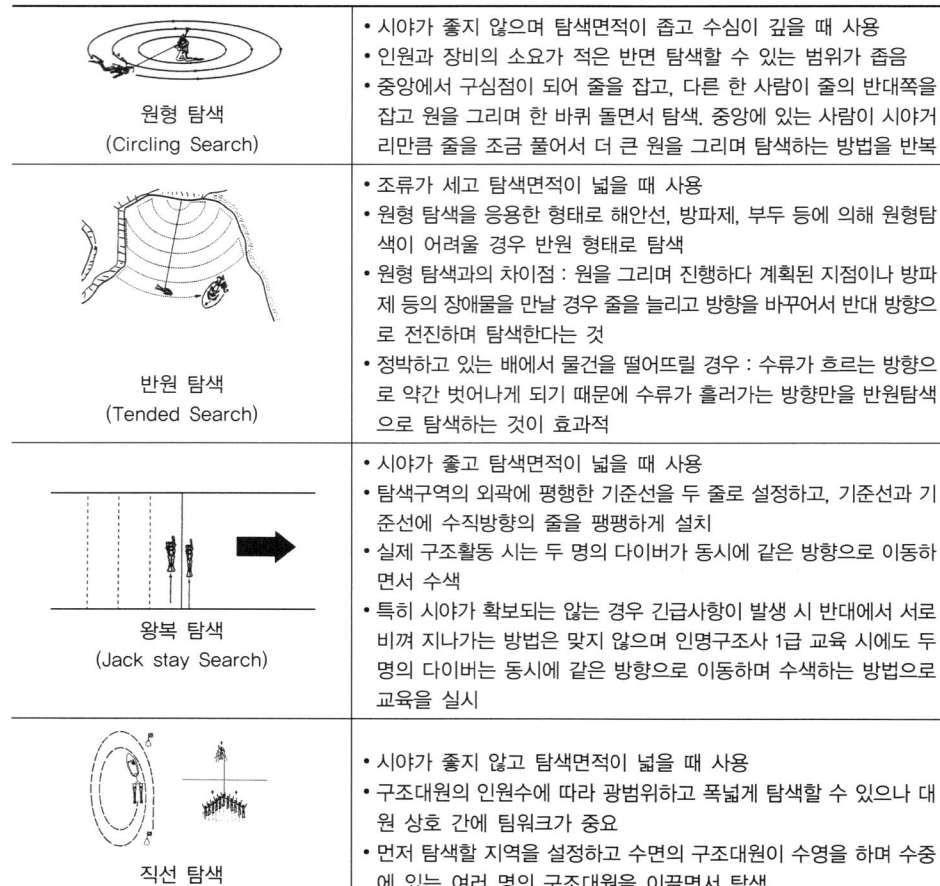

※ 이 밖에도 탐색 방법이나 환경에 따라 각자 신호를 만들어 사용할 수 있음

■ 표면공급식 잠수
　① 선상이나 육상의 기체공급원(공기 또는 혼합기체)으로부터 유연하고 견고한 생명호스를 통해 물속의 잠수사 헬멧에 기체를 지속적으로 공급해주는 방식
　② 행동범위에는 제약을 받지만 무엇보다 장시간 체류할 수 있어 효율적
　③ 수상과 수중의 잠수사 간에 통화가 가능
　④ 수상에서 잠수사의 수심을 정확히 측정 가능
　⑤ 잠수사의 모든 행동을 표면에서 지휘·통제 가능

구 분	스쿠버 잠수	표면공급식 잠수
한계수심	• 비감압 한계시간을 엄격히 적용한다. • 안정활동수심 60ft(18m)에 60분 허용한다. • 130ft(40m)에서 10분 허용. 단, 100ft(30m) 이상 잠수 시 반드시 비상기체통 또는 트윈(Twin) 기체통을 착용해야 한다.	• 공기잠수 시 최대 작업수심 190ft(58m) • 60ft(18m) 이상, 침몰선 내부, 폐쇄된 공간 등에는 반드시 비상기체통을 착용
장 점	• 장비의 운반, 착용, 해체가 간편해 신속한 기동성을 발휘한다. • 잠수 활동 시 적은 인원이 소요된다. • 수평, 수직 이동이 원활하다. • 수중활동이 자유롭다.	• 공기공급의 무제한으로 장시간 해저체류가 가능 • 양호한 수평이동과 최대 조류 2.5노트까지 작업 가능 • 줄 신호 및 통화가 가능하므로 잠수사의 안전 및 잠수 활동 확인 • 현장 지휘 및 통제가 가능
단 점	• 수심과 해저체류시간에 제한을 받는다. • 호흡 저항에 영향을 받는다. • 지상과 통화를 할 수 없다. • 조류에 영향을 받는다(최대 1노트). • 잠수사 이상 유무의 확인이 불가능하다. • 오염된 물, 기계적인 손상 등 신체보호에 제한을 받는다.	• 기동성 저하 • 수직이동 제한 • 기체호스의 꺾임 • 혼자서 착용하기가 불편함

■ 건축구조물의 종류 및 특성(구성양식에 따른 분류)
　① 가구식(架構式/post and lintel construction) 구조 : 구조체인 기둥과 보를 부재의 접합에 의해서 축조하는 방법
　② 일체식(一體式/rigid frame construction) 구조 : 기둥과 보가 하나로 성형된 것으로 라멘(Rahmen)구조라고 함
　③ 조적식(組積式) 구조 : 내력벽면을 구성하는 데 있어 벽돌, 블록, 돌 등과 같은 조적재인 단일부재를 교착재(모르타르)를 사용하여 쌓아올린 구조
　④ 입체트러스(space truss frame) : 트러스를 3각형, 4각형, 6각형 등의 형태로 수평, 수직방향으로 결점을 접합하여 구조체를 일체화시켜 지지하는 구조. 주로 지붕구조물이나 교량에 사용되는 구조양식

⑤ 현수구조(懸垂構造/suspension structure) : 모든 하중을 인장력으로 전달하게 하여 힘과 좌굴로 인한 불안정성과 허용응력을 감소시켜 지붕 및 바닥 등을 인장력을 가한 케이블로 지지하는 구조. 주로 교량에 사용됨

⑥ 막구조(膜構造/membrane) : 합성수지 계통의 천으로 만든 곡면으로 공간을 덮는 텐트와 같은 구조 원리를 이용하여 내면에 균일한 인장력을 분포시켜 얇은 막을 지지하는 구조. 체육관 등과 같이 넓은 실내공간이 필요한 구조물의 지붕에 사용

⑦ 곡면구조(曲面構造/thin shell) : 철근콘크리트 등의 얇은 판이 곡면을 이루어서 외력을 받게 되는 구조로서 쉘(shell)과 돔(dome)이 있다

⑧ 절판구조(折板構造/folded plate) : 평면 판을 접어서 휨 모멘트에 저항하는 강성을 높여 외력에 저항할 수 있도록 일체화시킨 구조로서 지붕구조에 주로 사용됨

■ 콘크리트의 크리프 증가 원인

① 재령이 적은 콘크리트에 재하시기가 빠를수록(+)
② 물 : 시멘트비(W/C)가 클수록(+)
③ 대기습도가 적은 곳에 콘크리트를 건조상태로 노출시킨 경우(+)
④ 양생이 나쁜 경우(-)
⑤ 재하응력이 클수록(+)
   * 크리프(Creep) : 물체가 힘을 받을 때 변형이 시간과 함께 진행되는 현상
   * 재령 : 콘크리트를 부어 넣은 후부터 완전하게 굳어지기까지의 경과 일수
   * 재하시기 : 구조체에 하중을 가하는 시기
   * 재하응력 : 누르는 힘(재하)에 대한 버티는 힘

■ 콘크리트의 내구성 저하요인

① 하중작용 : 피로, 부동침하, 지진, 과적
② 온도 : 동결융해, 화재, 온도변화
③ 기계적 작용 : 마모
④ 화학적 작용 : 중성화, 염해(염분을 사용한 골재), 산성비
⑤ 전류작용 : 전식(電蝕)
   * 부동침하 : 구조물의 기초에 지반 압밀이 균등하게 가해지지 않아 지반의 침하량이 일정하지 않은 현상
   * 동결융해 : 콘크리트가 저온과 고온의 환경에 반복적으로 노출되면서 동결과 융해를 반복하여 서서히 열화되는 현상

■ 콘크리트의 화재성상

① 압축강도의 저하 : 주요구조부의 강도에 치명적인 영향을 미쳐 붕괴위험성을 가져올 수 있다. 고온에서는 콘크리트의 압축강도가 저하되며 콘크리트 중의 철근의 부착강도는 극심하게 저하된다.
② 탄성계수의 저하 : 온도가 증가됨에 따라 재료의 탄성이 저하되고 약화된다.
③ 콘크리트의 박리 : 박리 속도는 온도 상승 속도와 비례하며 콘크리트 중의 수분함량이 많을수록 박리 발생이 용이하다. 즉 구조물 내의 수증기압 상승으로 인장응력이 유발되고 박리가 발생하는 것이다.
④ 중성화속도의 급격한 상승 : 콘크리트가 고온을 받으면 알칼리성을 지배하고 있는 $Ca(OH)_2$ (수산화칼슘)가 소실되며 이에 따라 철근부동태막(부식을 방지하는 막)이 상실되어 콘크리트가 중성화된다. 콘크리트의 중성화(알칼리성의 상실)는 철근콘크리트의 수명을 단축시키는 근본적이고 치명적인 원인이 된다.
⑤ 열응력에 따른 균열 발생 : 표면온도와 콘크리트 내부의 온도 차이에 의한 열팽창율 차이에 따라 내부 응력이 발생하고 이 열응력이 콘크리트의 압축강도보다 커지면 균열이 발생한다.
⑥ 콘크리트 신장의 잔류 : 화재에 따른 콘크리트의 온도가 500℃를 넘으면 냉각 후에도 잔류신장을 나타낸다.

■ 콘크리트 폭열에 영향을 주는 인자

① 화재강도(최대온도)
② 화재의 형태(부분 또는 전면적, 구조물의 변형 및 구속력의 강도 결정)
③ 골재의 종류
④ 구조형태(보의 단면, 슬래브의 두께)
⑤ 콘크리트의 함수량(굳지 않은 습윤 콘크리트는 높은 열에 의한 증기압)
   ※ 폭열의 원인 : 급격한 온도 상승에 따라 내부에 포함된 수분이 수증기가 되어 콘크리트를 빠져나오는 속도보다 더 많이 발생할 때

■ 붕괴의 유형

경사형	팬케이크형(예 삼풍 - 시루떡)
- 마주보는 외벽 중 하나가 결함 - 삼각형 공간이 발생하며, 그 공간에 생존자 갇힘	- 마주 보는 외벽 모두 결함 - 바닥이나 지붕이 아래로 무너져 내린 경우 - 생존자가 갇힐 공간이 거의 없는 유형

V자형	캔틸레버형(예 오클라호마)
- 무거운 물건들이 바닥 중심에 집중 - 양 측면에 생존공간 발생 가능성 높음	- 가장 안전하지 못하고 2차 붕괴에 취약한 유형 - 충격으로 한쪽벽판 or 조립부분은 무너지고 다른 한쪽은 원형유지

■ 붕괴사고 현장 인명탐색

① 구조의 4단계

신속한 구조 → 정찰 → 부분 잔해 제거 → 일반적인 잔해 제거

② 탐색장비를 활용한 탐색활동

현장확보 → 초기평가 → 탐색 및 위치 확인 → 생존자에 접근 → 응급처치 → 생존자 구출

■ 항공기 사고의 구분

① **항공기 사고** : 항공기의 추락, 충돌, 화재, 폭발 및 불시착 등과 같은 규모가 큰 이상사태에 의하여 탑승자나 제3자가 사망, 행방불명, 기체 또는 지상시설 등이 크게 손상되는 것

② **운항 중 사건** : 항공기가 지상에서 활주 중 다른 항공기나 기타 구조물과 가벼운 충돌을 하는 경우, 공중에서 사고의 발생 가능성이 있는 여러 가지 상황들이라고 볼 수 있는 near miss나 기체시스템의 고장 등으로 긴급 착륙을 하는 경우 또는 공항에서의 항공교통관제(ATC)규칙을 위반하는 행위 등과 같은 이상상태 즉 항공기가 운항준비 사태 또는 운항 중에 탑승자나 제3자에게 가벼운 손상 또는 지상의 시설을 파손, 기타 안전운항에 영향을 미칠 정도의 위반행위 등 항공기 사고보다 가벼운 이상사태

③ **운항 장애** : 운항 중 사건보다 경미 – 타이어펑크, 지상에서 출발했다가 사정에 의하여 회항하는 경우, 대체 비행장에 착륙하는 경우

■ 엘리베이터의 안전장치

① **조속기** : 카의 속도를 일정하게 유지

② **전자브레이크** : 엘리베이터의 운전 중에는 브레이크슈를 전자력에 의해 개방시키고 정지 시에는 전동기 주회로를 차단시킴과 동시에 스프링 압력에 의해 브레이크슈로 브레이크 휠을 조여서 엘리베이터가 확실히 정지

③ **비상정지장치** : 카의 하강속도가 현저히 증가한 경우, 가이드레일을 강한 힘으로 붙잡는 장치로 조속기에 의해 작동

④ **리미트 스위치** : 최상층 및 최하층에 근접할 때 정지

⑤ 화이널 리미트 스위치 : 리미트스위치 작동 안 될 때 모든 전기회로를 차단시켜 정지
⑥ 완충기 : 카가 중간층을 지나치는 경우, 충격을 완화시키는 것
    ㉠ 정격속도가 60m/min 이하 : 스프링완충기
    ㉡ 정격속도가 60m/min을 초과 : 유압완충기
⑦ 도어 인터록스위치 : 승장도어의 행거케이스 내에 스위치와 자물쇠가 설치
    ㉠ 모든 승강도어가 닫혀있지 않을 때는 카가 동작할 수 없음
    ㉡ 카가 그 층에 정지하고 있지 않을 때는 문을 열 수가 없음
    ㉢ 비상정지 장치와 더불어 중요한 장치
    ㉣ 비상해제장치 부착 인터록스위치는 특별한 키로 해제하여 승장측에서 문을 열 수 있음
    ㉤ 카도어를 손으로 열 때 손으로 인터록을 벗겨 승장도어를 열 수 있음
⑧ 통화설비 또는 비상벨 : 카내의 전용통화설비 또는 비상벨
⑨ 정전등 : 정전 시 바닥 면에 1룩스 이상의 밝기를 1시간 이상 유지
⑩ 각층 강제 정지장치 : 심야 등 한산할 때 범죄 예방목적으로 목적층에 도달하기까지 각층에 순차로 정지하면서 운행

■ **가스의 분류**

구 분	분 류	성 질	종 류
상태에 따른 분류	압 축	임계온도가 낮아 상온에서 압축하여도 액화되지 않고 기체 상태로 압축된 가스	수소, 산소, 질소, 메탄
	액 화	임계온도가 높아 상온에서 가압 또는 냉각에 의해 비교적 쉽게 액화되는 가스	암모니아, 염소, 프로판, 산화에틸렌
	용 해	가스의 독특한 특성 때문에 용매를 추진시킨 다공 물질에 용해시켜 사용되는 가스	아세틸렌
연소성에 따른 분류	가연성	• 산소와 결합하여 빛과 열을 내며 연소하는 가스 • 폭발 하한이 10% 이하인 것과 폭발 상/하한의 차가 20% 이상인 것	메탄, 에탄, 프로판, 부탄, 수소 등
	불연성	스스로 연소하지도 못하고 다른 물질을 연소 시키는 성질도 갖지 않는 가스	질소, 아르곤, 이산화탄소 등 불활성가스
	조연성	• 가연성 가스가 연소되는 데 필요한 가스 • 지연성 가스	공기, 산소, 염소 등
독성에 따른 분류	독 성	• 공기 중에 일정량 존재하면 인체에 유해한 가스 • 허용농도가 200ppm 이하인 가스	염소, 암모니아, 일산화탄소 등
	비독성	유해하지 않은 가스	산소, 수소 등

가스용기의 도색방법

① 용기의 상단부에 폭 2cm의 백색(산소는 녹색)의 띠를 두 줄로 표시
② "의료용"표시 각 글자마다 백색(산소는 녹색)으로 가로·세로 5cm로 띠와 가스 명칭 사이에 표시하여야 한다.

가스 종류	도색의 구분		
	가연성가스, 독성가스	의료용	그 밖의 가스
액화석유가스	밝은 회색	–	–
수 소	주황색	–	–
아세틸렌	황 색	–	–
액화암모니아	백 색	–	–
액화염소	갈 색	–	–
그 밖의 가스	회 색	회 색	회 색
산 소	–	백 색	녹 색
액화탄산가스	–	회 색	청 색
헬 륨	–	갈 색	–
에틸렌	–	자 색	–
질 소	–	흑 색	회 색
아산화질소	–	청 색	–
싸이크로프로판	–	주황색	–
소방용용기	–	–	소방법에 따른 도색

MSDS(Material Safety Data Sheet / 물질안전보건자료 정의)

① LC(Lethal Concentration) : 대기 중 유해물질의 치사 농도(ppm)
② TD(Toxin Dose) : 사망 이외의 바람직하지 않은 독성작용을 나타낼 때의 투여량
③ LD(Lethal Dose) : 실험동물에 대하여 24시간 내 치사율로 나타낼 수 있는 투여량(mg/kg)
  ※ 「경구투여 시 LD50 ≤ 25mg/kg(rat)」이라는 의미는 「쥐를 대상으로 실험했을 때 쥐의 몸무게 1kg당 25mg에 해당하는 양을 먹였을 경우 실험대상의 50%가 사망했다」는 뜻임
④ IDLH(Immediately Dangerous to Life and Health) : 건강이나 생명에 즉각적으로 위험을 미치는 농도
⑤ TLV(Threshold Limit Value), TWA(Time Weighted Average)는 작업장에서 허용되는 농도

■ 유해화학물질 관리법, 산업안전보건법 표시방법

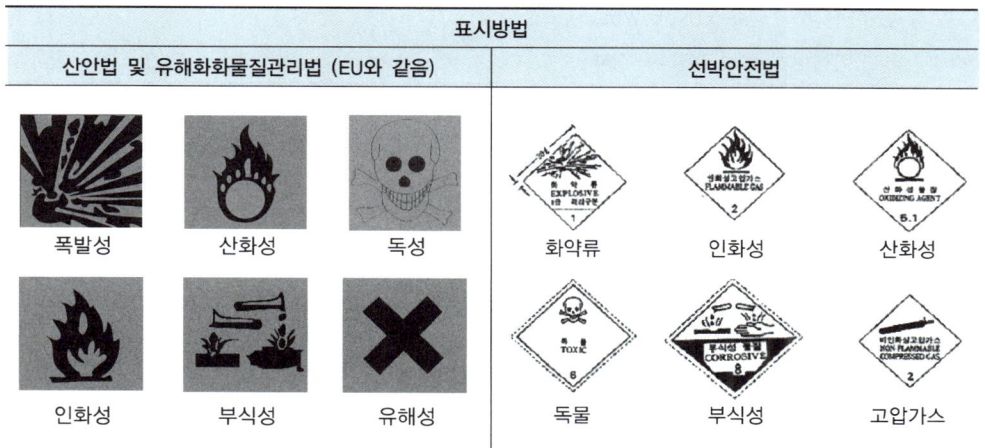

■ 국제적으로 통용되는 위험물 표지 : 미국 방화협회(NFPA 704) 표시방법

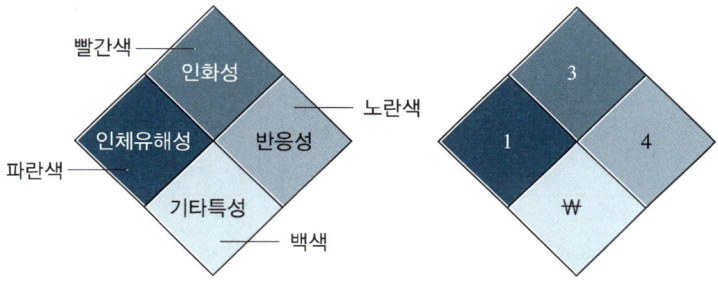

① 도표는 해당 화학물질의 "인체유해성", "화재위험성", "반응성", "기타 중요한 특성"을 나타내고 특별한 위험성이 없는 "0"에서부터 극도의 위험을 나타내는 "4"까지 다섯 가지 숫자 등급을 이용하여 각 위험성의 정도를 나타낸다.
② 마름모형 도표에서 왼쪽은 청색으로 인체유해성을, 위쪽은 적색으로 화재위험성을, 오른쪽은 황색으로 반응성을 나타낸다. 특히 하단부는 주로 물과의 반응을 표시하기 위해 사용되는데 "₩"는 물의 사용이 위험하다는 것을 나타내고 산화성 화학물질은 O/X로 표시하기도 한다.
③ 화학물질의 유해성 확인 목적이 아니고 안전조치수립의 지침이다.

■ 국제적으로 통용되는 위험물 표지 : 미국 교통국(Department Of Transportation) 수송표지
① 각 Placard의 색상이 가지는 의미
    ㉠ 빨간색 : 가연성(Flammable)
    ㉡ 오렌지 : 폭발성(Explosive)
    ㉢ 노란색 : 산화성(Oxidizer)

ㄹ 녹색 : 불연성(Non-Glammable)
ㅁ 파란색 : 금수성(Not Wet)
ㅂ 백색 : 중독성(Inhalation)

Division of Class (위험물질종류)	Hazard	Placard(색상 : 위험물의 특성)
1	폭발성 물질 (Explosive)	오렌지
2	가스 (Gases)	빨간색　　녹색　　백색　　노란색
3	액체물질 (Liquids)	빨간색
4	고체물질 (Solids)	(빨간색·백색)　파란색　빨간색
5	산화제 (Oxdizer)	노란색
6	중독성 물질 (Poisons)	백색
7	방사능 물질 (Radioactive)	(노란색·백색)
8	부식성 물질 (Corrosives)	(백색·흑색)

■ 화학물질 세계조화시스템(GHS)
화학물질 세계조화시스템(GHS ; Globally Harmonized System)은 화학물질의 안전한 사용, 운송, 폐기를 위해 국제적으로 이해하기 쉽게 설명된 화학물질 분류체계와 위험물 표시를 전세계에 하나의 공통된 시스템으로 운영하여 화학물질에 노출된 사람과 환경을 보호하기 위한 인프라를 구축하는 사업이다.

[심벌의 비교]

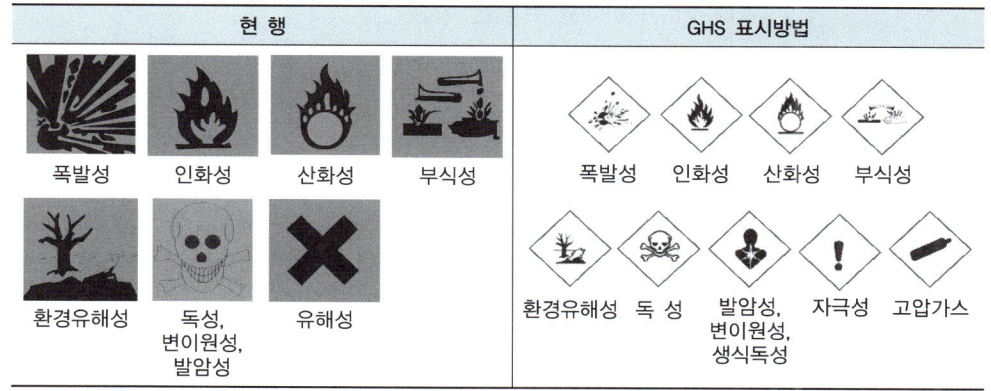

■ 유해물질사고 대응 절차
① 격리 및 방호
  ㉠ 신속한 현장 격리 – 누출 위험물의 확산방지 및 오염 차단
  ㉡ 오염구역 표시하고 주변 시민 대피
  ㉢ 오염의심환자는 오염을 제거(탈의・세척 등)하고 신속히 의료기관 이송
② 경계구역 설정
  ㉠ 경계구역 설정 시 고려사항
    • 누출된 유해물질의 종류와 양
    • 지형 및 기상상황
  ㉡ 현장파악이 곤란하거나 전문 대응요원이 도착하지 않은 경우 : 최소한 330Feet(100m)를 경계구역으로 설정
  ㉢ 경계구역
    • 위험지역(Hot Zone) : 붉은색 표시
      – 사고가 발생한 장소와 그 부근으로서 누출된 물질로 오염된 지역
      – 구조와 오염제거활동에 직접 관계되는 인원 이외에는 출입을 엄격히 금지
      – 구조대원들도 위험지역에 머무는 시간을 최소화

- 경고지역(Warm Zone) : 노란색 표시
  - 구조대상자를 구조하고 안전조치를 취하는 등 구조활동을 위한 공간
  - 구조활동에 필요한 각종 장비를 설치하고 필요한 지원을 수행
  - 제독·제염소를 설치하고 모든 인원은 이곳을 통하여 출입, 제독·제염을 마치기 전에는 어떠한 인원이나 장비도 경고지역을 벗어나서는 안 됨
- 안전지역(Cold Zone) : 녹색 표시
  - 지원인력과 장비가 머무를 수 있는 공간
  - 오염의 확산에 대비하여 개인보호장구를 소지하고 풍향이나 상황의 변화를 주시

■ 개인방호복
① A급 방호복(Level A Protective Clothing)
  ㉠ 분진이나 증기, 가스 상태의 유독물질을 차단할 수 있는 최고등급의 방호장비
  ㉡ 착용자뿐만 아니라 공기호흡기까지를 차폐할 수 있는 일체형 구조
  ㉢ 내부의 압력을 높여 외부의 공기와 접촉하지 않도록 함
  ㉣ 건강이나 생명에 즉각적으로 위험을 미치는 농도(IDLH)의 유독가스 속으로 진입할 때 사용
  ㉤ 피부에 접촉하면 손상을 입을 수 있는 유독성 물질을 직접 상대하며 작업하는 경우에 사용

② B급 방호복(Level B Protective Clothing)
  ㉠ 헬멧과 방호복, 공기호흡기로 구성
  ㉡ 위험물질의 비산에 의하여 손상을 입을 수 있는 액체를 다룰 경우 사용
  ㉢ 장갑과 장화가 방호복과 일체형인 경우도 있고 분리된 장비도 있음
  ㉣ 분리된 장비를 사용할 때에는 손목과 발목, 목, 허리 등을 밀폐하여 유독물질이 방호복 안으로 들어오지 못하게 해야 함

③ C급 방호복(Level C Protective Clothing)
  방독면과 같은 공기정화식 호흡보호장비를 사용하여 B급과 호흡보호장비에서 차이가 있음

④ D급 방호복(Level D Protective Clothing)
  ㉠ 호흡보호장비가 없이 피부만을 보호하는 수준
  ㉡ 소방대원의 경우 헬멧과 방화복, 보안경, 장갑을 착용한 상태
  ㉢ 위험이 없는 Cold Zone에서 활동하는 대원만 D급 방호복을 착용

■ 제 독
① 비상제독
  ㉠ 소방호스를 이용하여 물 또는 세척제를 뿌려서 오염물질을 제거
  ㉡ 대부분의 오염물질은 물로 60~90%까지 제독이 가능
  ㉢ 신경계 작용물질의 중독은 오염된 의복을 벗고 신선한 공기에 15분 동안 노출하여 예방
  ㉣ 많은 사람을 동시에 제독할 필요성이 있는 경우에는 소방차 사이 일정 부분을 구획하여 통로를 만들고 이곳을 소방차로 분무 방수하면서 오염된 사람들을 통과하게 하며 제독

② 제독소
  ㉠ Warm Zone 내에 위치하며 경계구역 설정과 동시에 설치
  ㉡ 전용 장비를 이용한 제독소를 설치할 수 있지만 수손방지막을 활용하여 간이제독소를 설치 가능
  ㉢ 40mm 또는 65mm 수관으로 땅에 적당한 크기의 구획을 만들고 그 위를 수손방지막으로 덮으면 오염물질이 밖으로 흐르지 않도록 할 수 있음
  ㉣ 제독소 내부는 오염지역에 가까운 구획부터 Red Trap, Yellow Trap, Green Trap의 3단계로 구획하고 Red Trap에서부터 제독을 시작
  ㉤ 구획의 크기는 제독인원에 비례하여 결정

③ 순 서
  ㉠ Red Trap 입구에 장비수집소를 설치하고 손에 들고 있는 장비를 이곳에 놓도록 한다. 장비는 모아서 별도로 제독하거나 폐기한다.
  ㉡ 방호복을 입은 상태에서 물을 뿌려 1차 제독(Gross Decon)을 한다.
  ㉢ Yellow Trap으로 이동하여 솔과 세제를 사용하여 방호복의 구석구석(발바닥, 사타구니, 겨드랑이 등)을 세심하게 세척한다.
  ㉣ 습식제독작업이 끝나면 Green Trap으로 이동해서 동료의 도움을 받아 보호복을 벗는다.
  ㉤ 마지막으로 공기호흡기를 벗는다. 보호복의 종류에 따라 공기호흡기를 먼저 벗어야 하는 경우도 있다. 보호복과 장비는 장비수집소에 보관한다.
  ㉥ 현장 여건에 따라 샤워장으로 이동하여 탈의하고 신체 구석구석을 씻도록 한다.
  ㉦ 휴식을 취하면서 건강상태를 확인한다.
    ※ 오염확산 : 직접오염, 2차 오염 – 직접오염과 접촉하는 사람
    ※ 제독 또는 제염 : 오염을 방지하고 정화하는 조치(제독 : 유독물질, 제염 : 방사능 물질)

■ 누출 물질의 처리
  ① 화학적 방법
    ㉠ 흡수(Absorption)
      • 주로 액체 물질에 적용하는 방법
      • 누출된 물질을 스펀지나 흙, 신문지, 톱밥 등의 흡수성 물질에 흡수시켜 회수
      • 둘 이상의 서로 다른 물질을 동시에 흡수시키고자 하는 경우에는 화학반응에 따르는 위험성이 없는지 확인
    ㉡ 유화처리(Emulsification)
      • 유화제를 사용하여 오염물질의 친수성을 높이는 방법으로 처리
      • 주로 기름(Oil)이 누출되었을 경우에 사용(특히 원유 등의 대량 누출 시에 적용)
      • 환경오염문제로 논란 가능성

ⓒ 중화(Neutralization)
  - 주로 부식성 물질에 사용하는 방법
  - 중화과정에서 발열이나 유독성 물질생성, 기타 위험성이 발생할 수 있으므로 화학자의 검토가 필요
  - 위험을 감소시키기 위해서 오염물질의 양보다 적게 조금씩 투입
ⓓ 응고(Solidification)
  - 오염물질을 약품이나 흡착제로 흡착, 응고시켜 처리 가능
  - 오염물질의 종류와 사용된 약품에 따라 효과가 달라짐
  - 응고된 물질은 밀폐, 격납
ⓔ 소독(Disinfection)
  - 주로 장비나 물자, 또는 환경 정화를 위해 표백제나 기타 화학약품을 사용해서 소독
  - 사람의 경우에는 화학약품을 사용하는 것보다 물로 세척하는 것이 더 효과적

② 물리적 방법
  ㉠ 흡착(Adsorption)
    - 활성탄과 모래는 일반적으로 널리 사용되는 흡착제
  ㉡ 덮기(Covering)
    - 고체(특히 분말형태의 물질)는 비닐이나 천 등으로 덮어서 확산을 방지
    - 휘발성이 약한 액체에도 적용 가능
  ㉢ 희석(Dilution)
    - 오염물질의 농도를 낮추어 위험성을 줄이는 방법
    - 가스가 누출된 장소에 신선한 공기를 불어넣거나 수용성 물질에 대량의 물을 투입하는 방법을 사용
  ㉣ 폐기(Disposal)
    - 장비나 물품에 오염이 심각하여 제독이 곤란하거나 처리비용이 과도하게 소요되는 경우 폐기
  ㉤ 밀폐, 격납(Overpacking)
    - 오염물질을 드럼통과 같은 밀폐 용기에 넣어 확산을 차단하는 방법
  ㉥ 세척, 제거(Removal)
    - 오염된 물질과 장비를 현장에서 세척하거나 제거
    - 제거된 물질은 밀폐 용기에 격납
  ㉦ 흡입(Vacuuming)
    - 고형 오염물질은 진공청소기로 흡입, 청소하여 위험성을 줄일 수 있음
    - 일반 가정용 진공청소기는 미세분말을 통과시키기 때문에 분말 오염물질에는 적용할 수 없음
    - 정밀 제독을 위해서는 고효율미립자 필터를 사용한 전용 진공청소기를 사용
  ㉧ 증기 확산(Vapor Dispersion)
    - 실내의 오염농도를 낮추기 위해 창문을 열고 환기시킴
    - 고압송풍기를 이용하면 보다 효과적으로 오염물질을 분산시켜 빠른 시간에 농도를 낮출 수 있음

- **구조현장 안전관리**

    ※ 최근 안전관리에 관한 부분의 출제 빈도가 높습니다.

    소방학교 공통교재 소방전술 2, 현장 안전관리 부분을 꼭 공부하시기 바랍니다.

119 구조 · 구급에 관한 법령

- **구조 · 구급 기본계획**
    ① 수립 · 시행권자 : 소방청장
    ② 내 용
      ㉠ 구조 · 구급서비스의 질 향상을 위한 정책의 기본방향에 관한 사항
      ㉡ 구조 · 구급에 필요한 체계의 구축, 기술의 연구개발 및 보급에 관한 사항
      ㉢ 구조 · 구급에 필요한 장비의 구비에 관한 사항
      ㉣ 구조 · 구급 전문인력 양성에 관한 사항
      ㉤ 구조 · 구급활동에 필요한 기반조성에 관한 사항
      ㉥ 구조 · 구급의 교육과 홍보에 관한 사항
      ㉦ 그 밖에 구조 · 구급업무의 효율적 수행을 위하여 필요한 사항
    ③ 통보 및 자료제출 요청 : 중앙행정기관의 장 및 시 · 도지사
    ④ 제출 : 국회 소관 상임위원회
    ⑤ 수립 : 구조 · 구급정책협의회(중앙정책협의회)의 협의를 거쳐 5년마다, 기본계획 시행 전년도 8월 31일까지

- **구조 · 구급 집행계획**
    ① 수립 · 시행권자 : 소방청장
    ② 내 용
      ㉠ 기본계획 집행을 위하여 필요한 사항
      ㉡ 구조 · 구급대원의 안전사고 방지, 감염 방지 및 건강관리를 위하여 필요한 사항
      ㉢ 그 밖에 구조 · 구급활동과 관련하여 중앙 정책협의회에서 필요하다고 결정한 사항
    ③ 수립 : 중앙 정책협의회의 협의를 거쳐 계획 시행 전년도 10월 31일까지 수립

- **시 · 도 구조 · 구급 집행계획**
    ① 수립 · 시행권자 : 소방본부장
    ② 내 용
      ㉠ 기본계획 및 집행계획에 대한 시 · 도의 세부 집행계획
      ㉡ 구조 · 구급대원의 안전사고 방지, 감염 방지 및 건강관리를 위하여 필요한 세부 집행계획

　　　　ⓒ 법 제26조 제1항의 평가 결과에 따른 조치계획
　　　　ⓔ 그 밖에 구조·구급활동과 관련하여 시·도 정책협의회에서 필요하다고 결정한 사항
　　③ 제출 : 소방청장
　　④ 수립 : 시·도 구조·구급 정책협의회의 협의를 거쳐 시행 전년도 12월 31일까지 수립

■ 119 구조대의 편성·운영
　① 일반구조대
　　　⊙ 시·도의 규칙에 따라 소방서마다 1개 대(隊) 이상 설치
　　　ⓒ 소방서가 없는 시·군·구 : 해당 시·군·구 지역의 중심지에 있는 119안전센터에 설치
　② 특수구조대
　　　⊙ 화학구조대 : 화학공장이 밀집한 지역
　　　ⓒ 수난구조대 : 내수면지역
　　　ⓒ 산악구조대 : 자연공원 등 산악지역
　　　ⓔ 고속국도구조대 : 고속국도
　　　ⓜ 지하철구조대 : 도시철도의 역사(驛舍) 및 역 시설
　③ 직할구조대
　　　⊙ 설치목적 : 대형·특수 재난사고의 구조, 현장 지휘 및 지원
　　　ⓒ 설치장소 : 소방청 또는 시·도 소방본부
　　　ⓒ 고속국도구조대를 설치 가능
　④ 테러대응구조대
　　　⊙ 설치목적 : 테러 및 특수재난에 전문적으로 대응
　　　ⓒ 설치장소 : 소방청과 시·도 소방본부에 각각 설치
　⑤ 국제구조대·국제구급대
　　　⊙ 소방청장은 국제구조대·국제구급대를 편성·운영하는 경우 다음 각 호의 구분에 따른 임무를 수행할 수 있도록 구성
　　　　• 국제구조대 : 인명 탐색 및 구조, 안전평가, 상담, 응급처치, 응급이송, 시설관리, 공보연락 등의 임무
　　　　• 국제구급대 : 안전평가, 상담, 응급처치, 응급이송, 시설관리, 공보연락 등의 임무
　　　ⓒ 국제구조대·국제구급대의 효율적 운영을 위하여 필요한 경우 국제구조대·국제구급대를 소방청에 설치하는 직할구조대에 설치 가능
　　　ⓒ 국제구조대·국제구급대의 파견 규모 및 기간은 재난유형과 파견지역의 피해 등을 종합적으로 고려하여 외교부장관과 협의하여 소방청장이 정한다.
　　　ⓔ ⊙~ⓒ에서 규정한 사항 외에 국제구조대·국제구급대의 편성·운영에 필요한 사항은 소방청장이 정한다.

ⓜ 국제구조대원·국제구급대원의 교육훈련

	국제구조대원	국제구급대원
전문 교육훈련	붕괴건물 탐색 및 인명구조, 방사능 및 유해화학물질 사고 대응, 유엔재난평가조정요원 교육 등의 내용	국제 항공이송 관련 교육, 해외 응급의료체계 등의 내용
일반 교육훈련	응급처치, 기초통신, 구조 관련 영어, 국제구조대 윤리 등의 내용	기초통신, 구급 관련 영어, 국제구급대 윤리 등의 내용

⑥ 구조대의 출동구역
  ㉠ 소방청에 설치하는 직할구조대 및 테러대응구조대 : 전국
  ㉡ 소방본부에 설치하는 직할구조대 및 테러대응구조대 : 관할 시·도
  ㉢ 소방청 직할구조대에 설치하는 고속국도구조대 : 소방청장이 한국도로공사와 협의하여 정하는 지역
  ㉣ 그 밖의 구조대 : 소방서 관할 구역

  ※ 출동구역 밖으로 출동할 수 있는 경우(소방청장의 요청이나 지시에 따라)
   1. 지리적·지형적 여건상 신속한 출동이 가능한 경우
   2. 대형재난이 발생한 경우
   3. 그 밖에 소방청장이나 소방본부장이 필요하다고 인정하는 경우

⑦ 구조대원의 자격기준
  ㉠ 소방청장이 실시하는 인명구조사 교육을 받았거나 인명구조사 시험에 합격한 사람
  ㉡ 국가·지방자치단체 및 공공기관의 구조 관련 분야에서 근무한 경력이 2년 이상인 사람
  ㉢ 응급구조사 자격을 가진 사람으로서 소방청장이 실시하는 구조업무에 관한 교육을 받은 사람

■ 119 구급대의 편성·운영
  ① 소방청장등은 위급상황에서 발생한 응급환자를 응급처치하거나 의료기관에 긴급히 이송하는 등의 구급업무를 수행하기 위하여 대통령령으로 정하는 바에 따라 119구급대(이하 "구급대"라 한다)를 편성하여 운영하여야 한다.
  ② 소방청장은 응급환자가 신속하고 적절한 응급처치를 받을 수 있도록 「의료법」 제27조에도 불구하고 대통령령으로 정하는 바에 따라 보건복지부장관과 협의하여 구급대원의 자격별 응급처치의 범위를 정할 수 있다. 다만, 대통령령으로 정하는 범위는 「응급의료에 관한 법률」 제41조에서 정한 내용을 초과하지 아니한다.
  ③ 소방청장은 구급대원의 자격별 응급처치를 위한 교육·평가 및 응급처치의 품질관리 등에 관한 계획을 수립·시행하여야 한다.

- **119구급대의 종류**
    ① 일반구급대 : 시·도의 규칙으로 정하는 바에 따라 소방서마다 1개 대 이상 설치하되, 소방서가 설치되지 아니한 시·군·구의 경우에는 해당 시·군·구 지역의 중심지에 소재한 119안전센터에 설치할 수 있다.
    ② 고속국도구급대 : 교통사고 발생 빈도 등을 고려하여 소방청, 시·도 소방본부 또는 고속국도를 관할하는 소방서에 설치하되, 시·도 소방본부 또는 소방서에 설치하는 경우에는 시·도의 규칙으로 정하는 바에 따른다.

- **구급대의 출동구역**
    ① 일반구급대 및 소방서에 설치하는 고속국도구급대 : 구급대가 설치되어 있는 지역 관할 시·도
    ② 소방청 또는 시·도 소방본부에 설치하는 고속국도구급대 : 고속국도로 진입하는 도로 및 인근 구급대의 배치 상황 등을 고려하여 소방청장 또는 소방본부장이 관련 시·도의 소방본부장 및 한국도로공사와 협의하여 정한 구역
    ③ 구급대는 제1항에도 불구하고 다음 각 호의 어느 하나에 해당하는 경우에는 소방청장등의 요청이나 지시에 따라 출동구역 밖으로 출동할 수 있다.
        ㉠ 지리적·지형적 여건상 신속한 출동이 가능한 경우
        ㉡ 대형재난이 발생한 경우
        ㉢ 그 밖에 소방청장이나 소방본부장이 필요하다고 인정하는 경우

- **구급대원의 자격기준**
    ① 의료인
    ② 1급 응급구조사 자격을 취득한 사람
    ③ 2급 응급구조사 자격을 취득한 사람
    ④ 소방청장이 실시하는 구급업무에 관한 교육을 받은 사람
        ※ ④에 해당하는 구급대원은 구급차 운전과 구급에 관한 보조업무만 할 수 있다.

- **119 구급 상황관리센터**
    ① 설치·운영 : 소방청장이 대통령령으로 정하는 바에 따라
    ② 업무평가권자 : 보건복지부장관
    ③ 119 구급상황관리센터 근무자 자격기준
        ㉠ 의료인(의사·치과의사·한의사·조산사 및 간호사)
        ㉡ 1급·2급 응급구조사 자격을 취득한 사람
        ㉢ 응급의료정보센터에서 2년 이상 응급의료에 관한 상담 경력이 있는 사람

④ 수행업무
  ㉠ 응급환자에 대한 안내·상담 및 지도
  ㉡ 응급환자를 이송 중인 사람에 대한 응급처치의 지도 및 이송병원 안내
  ㉢ ㉠, ㉡과 관련된 정보의 활용 및 제공
  ㉣ 119구급이송 관련 정보망의 설치 및 관리·운영
  ㉤ 감염병환자등의 이송 등 중요사항 보고 및 전파
  ㉥ 재외국민, 영해·공해상 선원 및 항공기 승무원·승객 등에 대한 의료상담 등 응급의료서비스 제공

■ 119항공대의 편성·운영
  ① 편성·운영권자 : 소방청장, 소방본부장
  ② 직할구조대에 설치 가능
  ③ 설치목적
     ㉠ 초고층 건축물 등에서 요구조자의 생명을 안전하게 구조
     ㉡ 도서·벽지에서 발생한 응급환자를 의료기관에 긴급히 이송
  ④ 수행업무
     ㉠ 인명구조 및 응급환자의 이송(의사가 동승한 응급환자의 병원 간 이송을 포함한다)
     ㉡ 화재 진압
     ㉢ 장기이식환자 및 장기의 이송
     ㉣ 항공 수색 및 구조 활동
     ㉤ 공중 소방 지휘통제 및 소방에 필요한 인력·장비 등의 운반
     ㉥ 방역 또는 방재 업무의 지원
     ㉦ 그 밖에 재난관리를 위하여 필요한 업무
  ⑤ 항공기의 운항 등
     ㉠ 119항공대의 항공기는 조종사 2명이 탑승하되, 해상비행·계기비행(計器飛行) 및 긴급 구조·구급 활동을 위하여 필요한 경우에는 정비사 1명을 추가로 탑승시킬 수 있다.
     ㉡ 조종사의 비행시간은 1일 8시간을 초과할 수 없다. 다만, 구조·구급 및 화재 진압 등을 위하여 필요한 경우로서 소방청장 또는 소방본부장이 비행시간의 연장을 승인한 경우에는 그러하지 아니하다.
     ㉢ 조종사는 항공기의 안전을 확보하기 위하여 탑승자의 위험물 소지 여부를 점검해야 하며, 탑승자는 119항공대원의 지시에 따라야 한다.
     ㉣ 항공기의 검사 등 유지·관리에 필요한 사항은 소방청장이 정한다.
     ㉤ 소방청장 및 소방본부장은 항공기의 안전운항을 위하여 운항통제관을 둔다.

- 구조·구급활동
    ① 구조활동의 거절이 가능한 경우
        ㉠ 단순 문 개방의 요청을 받은 경우
        ㉡ 시설물에 대한 단순 안전조치 및 장애물 단순 제거의 요청을 받은 경우
        ㉢ 동물의 단순 처리·포획·구조 요청을 받은 경우
        ㉣ 그 밖에 주민생활 불편해소 차원의 단순 민원 등 구조활동의 필요성이 없다고 인정되는 경우
    ② 구급활동의 거절이 가능한 경우
        ㉠ 단순 치통환자
        ㉡ 단순 감기환자. 다만, 섭씨 38도 이상의 고열 또는 호흡곤란이 있는 경우는 제외
        ㉢ 혈압 등 생체징후가 안정된 타박상 환자
        ㉣ 술에 취한 사람. 다만, 강한 자극에도 의식이 회복되지 아니하거나 외상이 있는 경우는 제외
        ㉤ 만성질환자로서 검진 또는 입원 목적의 이송 요청자
        ㉥ 단순 열상(裂傷) 또는 찰과상(擦過傷)으로 지속적인 출혈이 없는 외상환자
        ㉦ 병원 간 이송 또는 자택으로의 이송 요청자. 다만, 의사가 동승한 응급환자의 병원 간 이송은 제외
    ③ 소속 소방관서 3년 보관 : 구조활동일지, 구급활동일지, 구조·구급 거절확인서

- 구조된 사람과 물건의 인도·인계
    ① 구조된 사람, 사망자 또는 물건 인도·인계자 : 지역을 관할하는 재난안전대책본부장(시·군·구청장)
        ㉠ 구조된 사람이나 사망자의 신원이 확인되지 아니한 때
        ㉡ 구조된 사람이나 사망자를 인도받을 보호자 또는 유족이 없는 때
        ㉢ 구조된 물건의 소유자를 알 수 없는 때

- 구조·구급증명서
    ① 신청인
        ㉠ 인명구조, 응급처치 등을 받은 사람
        ㉡ 구조·구급자의 보호자
        ㉢ 공공단체 또는 보험회사 등 환자이송과 관련된 기관이나 단체
        ㉣ 제1호부터 제3호까지에 해당하는 자의 위임을 받은 자
    ② 신청인 확인서류
        ㉠ 주민등록증, 운전면허증, 여권, 공무원증 등 본인을 확인할 수 있는 신분증
        ㉡ 위임 등을 증명할 수 있는 서류
        ㉢ 구조·구급자의 보험가입을 증명할 수 있는 서류
        ㉣ 그 밖에 구조·구급활동에 관한 증명자료가 필요함을 입증할 수 있는 서류

■ 과태료 부과기준(시행령 별표2)

위반행위	근거 법조문	과태료 금액(단위 : 만원)		
		1회 위반	2회 위반	3회 이상 위반
법 제4조 제3항을 위반하여 구조·구급활동이 필요한 위급상황을 거짓으로 알린 경우	법 제30조 제1항	200	400	500
법 제4조 제3항을 위반하여 구조·구급활동이 필요한 위급상황인 것으로 거짓으로 알려 구급차등으로 이송되었으나 이송된 의료기관으로부터 진료를 받지 않은 경우	법 제30조 제1항	500		

■ 감염방지대책
① 소방청장 등은 구조·구급대원의 감염 방지를 위하여 구조·구급대원이 소독을 할 수 있도록 소방서별로 119감염관리실을 1개소 이상 설치하여야 한다.
② 구조·구급대원은 근무 중 위험물·유독물 및 방사성물질(이하 "유해물질 등"이라 한다)에 노출되거나 감염성 질병에 걸린 구조대상자 또는 응급환자와 접촉한 경우에는 그 사실을 안 때부터 48시간 이내에 소방청장 등에게 보고하여야 한다.
③ 보고를 받은 소방청장 등은 유해물질 등에 노출되거나 감염성 질병에 걸린 구조대상자 또는 응급환자와 접촉한 구조·구급대원이 적절한 진료를 받을 수 있도록 조치하고, 접촉일부터 15일 동안 구조·구급대원의 감염성 질병 발병 여부를 추적·관리하여야 한다. 이 경우 잠복기가 긴 질환에 대해서는 잠복기를 고려하여 추적·관리 기간을 연장할 수 있다.
④ 119감염관리실의 규격·성능 및 119감염관리실에 설치하여야 하는 장비 등 세부기준은 소방청장이 정한다.

■ 건강관리대책
① 소방청장등은 소속 구조·구급대원에 대하여 연 2회 이상 정기건강검진을 실시하여야 한다. 다만, 구조·구급대원이 「국민건강보험법」 제52조에 따른 건강검진을 받은 경우에는 1회의 정기건강검진으로 인정할 수 있다.
② 신규채용 된 소방공무원을 구조·구급대원으로 배치하는 경우에는 공무원 채용신체검사 결과를 1회의 정기건강검진으로 인정할 수 있다.
③ 소방청장등은 제1항에 따른 정기건강검진의 결과 구조·구급대원으로 부적합하다고 인정되는 구조·구급대원에 대해서는 구조·구급대원으로서의 배치를 중지하고 건강 회복을 위하여 필요한 조치를 하여야 한다.
④ 구조·구급대원은 구조·구급업무 수행으로 인하여 신체적·정신적 장애가 발생하였다고 판단하는 경우에는 그 사실을 해당 소방청장등에게 보고하여야 한다.
⑤ 제4항에 따른 보고를 받은 소방청장등은 해당 구조·구급대원이 의료인의 진료를 받을 수 있도록 조치하여야 한다.
⑥ 구조·구급대원의 정기건강검진 항목은 행정안전부령으로 정한다.

- **감염병환자 등의 이송범위 및 방법 등**
  ① 소방청장 등은 감염병 확산에 따른 전국적 또는 지역적 재난 상황의 발생이 우려되는 경우로서 다음 각 호의 어느 하나에 해당하는 경우에는 감염병환자 등의 이송 등의 업무를 수행할 수 있다.
      ㉠ 감염병 확산으로 인하여 주의 이상의 위기경보가 발령된 경우로서 보건복지부장관 또는 질병관리청장이 요청하는 경우
      ㉡ 그 밖에 소방청장이 감염병의 대규모 확산 방지 및 대응에 필요하다고 인정하는 경우
  ② 소방청장 등은 ①에 따라 이송 업무를 수행하는 경우에는 감염병환자 등을 다음 각 호의 기관 또는 시설에 이송할 수 있다.
      ㉠ 중앙감염병전문병원 또는 권역별 감염병전문병원
      ㉡ 감염병관리기관
      ㉢ 격리소 또는 진료소
      ㉣ 감염병의심자 격리시설
  ③ 소방청장은 감염병환자 등을 이송하는 구조·구급대원이 감염병에 감염되는 것을 방지하기 위하여 필요한 인력과 감염 방지 시설·장비 등을 확보해야 한다.

- **감염병환자 등의 통보**
  ① 질병관리청장 및 의료기관의 장은 구급대가 이송한 감염병환자 등과 관련된 감염병이 다음 각 호의 어느 하나에 해당하는 경우에는 소방청장 등에게 그 사실을 즉시 통보해야 한다.
      ㉠ 제1급감염병
      ㉡ 결핵, 홍역 또는 수막구균 감염증
      ㉢ 그 밖에 구급대원의 안전 확보 및 감염병 확산 방지를 위하여 소방청장이 보건복지부장관, 질병관리청장 등 관계 기관의 장과 협의하여 고시하는 감염병
  ② ①에 따른 통보의 방법은 다음 각 호의 구분에 따른다.
      ㉠ 질병관리청장이 통보하는 경우 : 행정안전부령으로 정하는 감염병 발생 통보서를 정보시스템을 통하여 소방청장에게 통보
      ㉡ 의료기관의 장이 통보하는 경우 : 행정안전부령으로 정하는 감염병 발생 통보서를 정보시스템, 서면 또는 팩스를 통하여 소방청장 또는 관할 시·도 소방본부장에게 통보. 다만, 부득이한 사유로 정보시스템 등으로 통보하기 어려운 경우에는 구두 또는 전화(문자메시지를 포함한다)로 감염병환자 등의 감염병명 및 감염병의 발생정보 등을 통보할 수 있다.
  ③ ②에 따라 정보를 통보받은 자는 법 및 이 영에 따른 감염병과 관련된 구조·구급 업무 외의 목적으로 정보를 사용할 수 없고, 업무 종료 시 지체 없이 파기해야 한다.
  ④ 소방청장은 구조·구급활동을 위하여 필요하다고 인정하는 경우에는 구급대가 이송한 감염병환자등 외에 ① 각 호의 어느 하나에 해당하는 감염병과 관련된 감염병환자 등에 대한 정보를 제공하여 줄 것을 질병관리청장에게 요청할 수 있다.

⑤ 소방청장 등은 감염병환자 등과 접촉한 구조·구급대원이 적절한 치료를 받을 수 있도록 조치하고, 접촉일부터 15일 동안 구조·구급대원의 감염병 발병 여부를 추적·관리해야 한다. 이 경우 잠복기가 긴 감염병에 대해서는 잠복기를 고려하여 추적·관리 기간을 연장할 수 있다.

03 소방학교 공통교재 소방전술 ⅲ 구급

■ 응급구조사의 법적책임
① 치료기준 : 응급구조사가 응급환자에게 적절한 치료를 위하여 행동해야만 하는 방식
  ㉠ 사회의 관행으로 정해진 기준 : 유사한 훈련과 경험을 가진 분별력 있는 사람이 유사한 상황에서 장비를 이용하여 동일한 장소에서 어떻게 행동했을까? 하는 것을 판단하는 기준이다.
  ㉡ 법률에 의한 기준 : 응급의료의 기준은 법규, 법령, 조례 또는 판례에 의하여 정해진다.
  ㉢ 전문적 또는 제도화된 기준
    • 전문적 기준 : 응급의료에 관련된 조직과 사회에서 널리 인정된 학술적인 사항에 의한 기준
    • 제도화된 기준 : 특수한 법률과 응급구조사가 속해 있는 단체에서의 권장사항에 의한 기준
② 과실주의
  ㉠ 과실주의는 법적 책임의 기본이다. 한 개인이 응급처치를 할 의무가 있어서 해당되는 응급처치를 시행했을 때, 처치기준을 따르지 않아서 상해가 빚어지면 법적 과실이 인정된다. 구급대원의 부주의한 행동에 대하여 법적 문제가 제기된 경우, 그 사실이 진술되고 조사되기 전에는 일방적으로 한 개인에게 책임이 있다고 판결 내릴 수는 없다. 구급대원의 행위는 적절한 치료기준과 비교된 후 판단되어야 한다. 구급대원은 과거력(이전에 있던 질병)에 대해서는 책임이 없다. 그러나 구급대원이 치료기준을 위반함으로써 환자의 상태를 악화시킨 사항에 대해서는 책임이 있다고 판결이 될 수 있다.
  ㉡ 과실에 대한 민법적 판단은 행동기준에 대한 개인의 행위를 재물의 손실로서 평가하는 제도이다. 한 개인이 부당한 손해 및 상해를 받게 되거나, 기왕의 상태가 악화되는 경우 상해나 악화를 유발한 사람은 상해 받은 사람에게 보상하여야 할 것이다.
    ※ 유기 : 환자에게 적절한 치료를 계속 제공하지 못한 것을 유기라고 정의한다. 유기는 구급대원이 법적으로나 도덕적으로 범하지 말아야 할 가장 중대한 행위이다.

③ 동의의 법칙
  ㉠ 고시된 동의(명시적 동의)

> ※ 고시되어야 할 중요한 내용
> • 환자에게 발생하거나 발생 가능한 진단명
> • 응급검사 및 응급처치의 내용
> • 응급의료를 받지 않을 경우의 예상결과 또는 예후
> • 기타 응급환자가 설명을 요구하는 사항

  ㉡ 묵시적 동의
   • 즉시 응급처치가 절실하게 필요한 사람으로 응급처치에 동의했을 것이라고 추정한다.
   • 법률적으로 사망이나 영구적인 불구를 방지하기 위하여 긴급한 응급처치를 필요로 하는 환자는 그에 대한 치료와 이송에 동의해야 한다는 입장이다.
   • 긴급한 상황에만 국한된다(무의식환자와 쇼크, 뇌 손상, 알코올이나 약물중독자).
   • 환자가 의식불명 또는 망상에 빠져 있거나 신체적으로 동의할 수 없는 경우에 적용된다. 환자의 동의를 구할 수 없으나 책임을 질 만한 보호자나 친척이 있는 경우에는 그들에게 허락을 얻어내는 것이 바람직하다.
  ㉢ 미성년자 치료에 있어서의 동의
  ㉣ 정신질환자의 동의
  ㉤ 치료 거부권

■ 현장 안전 중 위험물질의 처치 단계

단 계	처 치
최초 반응자	위험물질의 위험성을 인지하고 알리며 필요하다면 지원을 요청
최초 대응자	• 위험물로부터 사람과 재산을 보호 • 위험물로부터 안전한 거리에 위치 • 확대를 저지
전문 처치자	• 위험물 유출을 막거나 봉합 및 정지시킴 • 처치자에 대한 활동을 명령하거나 협조

■ 감염방지 및 개인보호 장비

① 전염질환의 특징

질 병	전염 경로	잠복기
AIDS	HIV에 감염된 혈액, 성교, 수혈, 주사바늘, 모태감염	몇 개월 또는 몇 년
수 두	공기, 감염부위의 직접 접촉	11~21일
풍 진	공기, 모태감염	10~12일
간 염	혈액, 대변, 체액, 오염된 물질	유형별로 몇 주~몇 개월
뇌수막염(세균성)	입과 코의 분비물	2~10일
이하선염	침 또는 침에 오염된 물질	14~24일
폐렴(세균성, 바이러스성)	입과 코의 분비물	며 칠
포도상구균 피부질환	감염부위와의 직접 접촉 또는 오염된 물질과의 접촉	며 칠
결 핵	호흡기계 분비(비말 등), 공기	2~6주
백일해	호흡기계 분비물, 공기	6~20일

② 현장 도착 후 예방법(기본 예방법)
  ㉠ 날카로운 기구를 사용할 경우에는 손상을 당하지 않도록 주의한다.
  ㉡ 바늘 끝이 사용자의 몸쪽으로 향하지 않도록 한다.
  ㉢ 사용한 바늘은 다시 뚜껑을 씌우거나, 구부리거나, 자르지 말고 그대로 주사바늘 통에 즉시 버린다.
  ㉣ 부득이 바늘 뚜껑을 씌워야 할 경우는 한 손으로 조작하여 바늘 뚜껑을 주사바늘에 씌운 후 닫도록 한다.
  ㉤ 주사바늘, 칼날 등 날카로운 기구는 구멍이 뚫리지 않는 통에 모은다.
  ㉥ 심폐소생술 시행 시 반드시 일방향 휴대용 마스크를 이용하며 직접 접촉을 피한다.
  ㉦ 피부염이나 피부에 상처가 있는 처치자는 환자를 직접 만지거나 환자의 검체를 맨손으로 접촉하지 않도록 한다.
  ㉧ 장갑은 한 환자에게 사용하더라도 오염된 신체부위에서 깨끗한 부위로 이동할 경우 교환해야 한다.

③ 전파경로

전파경로	원 인	관련질환(병명)
공 기	작은 입자(5μm 이하)가 공기 중의 먼지와 함께 떠다니다가 흡입에 의해 감염	홍역, 수두, 결핵
비 말	큰 입자(5μm 이상)가 기침이나 재채기, 흡입(suction) 시 다른 사람의 코나 점막 또는 결막에 튀어서 단거리(약 1m 이내)에 있는 사람에게 감염	뇌수막염, 폐렴, 패혈증, 부비동염, 중이염, 백일해, 이하선염, 인플루엔자, 인두염, 풍진, 결핵

접 촉	직접 혹은 간접 접촉에 의해 감염	• 소화기계, 호흡기계, 피부 또는 창상의 감염이나 다제내성균이 집락된 경우 • 오랫동안 환경에서 생존하는 장 감염 • 장출혈성 대장균(O157:H(7)), 이질, A형 간염, 로타 바이러스 • 피부감염 : 단순포진 바이러스, 농가진, 농양, 봉소염, 욕창, 이, 기생충, 옴, 대상포진 • 바이러스성 출혈성 결막염

■ 소독과 멸균

① 용어 정의
  ㉠ 세척(Cleaning) : 대상물로부터 모든 이물질(토양, 유기물 등)을 제거하는 과정으로 소독과 멸균의 가장 기초단계이다. 일반적으로 물과 기계적인 마찰, 세제를 사용한다.
  ㉡ 소독(Disinfecting) : 생물체가 아닌 환경으로부터 세균의 아포를 제외한 미생물을 제거하는 과정이다. 일반적으로 액체 화학제, 습식 저온 살균제에 의해 이루어진다.
  ㉢ 멸균(Sterilization) : 물리적, 화학적 과정을 통하여 모든 미생물을 완전하게 제거하고 파괴시키는 것을 말하며 고압증기멸균법, 가스멸균법, 건열멸균법, H_2O_2 Plasma 멸균법과 액체 화학제 등을 이용한다.
  ㉣ 살균제(Germicide) : 미생물 중 병원성 미생물을 사멸시키기 위한 물질을 말한다. 이 중 피부나 조직에 사용하는 살균제를 피부소독제(Antiseptics)라 한다.
  ㉤ 화학제(Chemicals) : 진균과 박테리아의 아포를 포함한 모든 형태의 미생물을 파괴하는 것으로 화학멸균제(Chemical Sterilant)라고도 하며, 단기간 접촉되는 경우 높은 수준의 소독제로 작용할 수 있다.

② 소독
  ㉠ 소독 수준
    물체의 표면에 있는 미생물 및 세균의 아포를 사멸하는 데 있어 그 능력별 수준을 다음과 같이 나눌 수 있다. 제품의 설명서를 잘 참조하여 효과적이고 적절한 소독을 하도록 한다.
    • 높은 수준의 소독(high level disinfection) : 노출시간이 충분하면 세균 아포까지 죽일 수 있고 모든 미생물을 파괴할 수 있는 소독수준이다.
    • 중간 수준의 소독(intermediate level disinfection) : 결핵균, 진균을 불활성화 시키지만 세균 아포를 죽일 수 있는 능력은 없다.
    • 낮은 수준의 소독(low level disinfection) : 세균, 바이러스, 일부 진균을 죽이지만, 결핵균이나 세균 아포 등과 같이 내성이 있는 미생물은 죽이지 못한다.
  ㉡ 소독효과의 영향인자들
    • 소독제의 농도
    • 미생물 오염의 종류와 농도
    • 유기물의 존재
    • 접촉 시간
    • 물리적·화학적 요인
    • 생막(Biofilm)의 존재

- **감염관리**
  ① 건강검진
    ㉠ 신규채용 시 건강검진
      감염성 질환 여부와 감수성 여부를 확인하고, 필요시 발령 전에 적절한 예방접종을 받을 수 있도록 조치한다.
    ㉡ 정기적 신체검진
      매년 2회씩 모든 구급대원을 대상으로 건강검사를 실시하며, 감염성 질환이 있는지, 감염성 질병에 대한 감수성 여부를 확인한 후 필요에 따라 예방접종이나 치료를 해야 한다.
  ② 예방접종
    ㉠ 감염 질환에 노출되기 전, 정기적인 신체검진이나 신입직원 채용 검진을 통하여 노출되기 쉬운 감염질환으로부터 감염을 예방하기 위해 예방접종을 실시하는 것이 효율적이다. 예방접종은 다음의 내용을 고려하여 결정하도록 한다.
      • 백신을 맞지 않은 사람에게 발생할 수 있는 결과
      • 주로 접촉하는 환자 및 주변 환경의 종류
      • 예방접종으로는 파상풍(매 10년마다), B형 간염 인플루엔자(매년)
      • 소아마비, 풍진, 홍역, 볼거리
    ㉡ 몇몇 예방접종은 부분적인 예방역할만 하므로 풍진, 홍역, 볼거리에 대해서는 자체 면역 정도를 검사해야 한다. 결핵피부반응 검사는 1회/년 이상 실시해야 한다. 예방접종 후에는 항체가 있다 하더라도 개인안전조치 및 보호 장비를 꼭 착용해야 한다.

- **위험물 사고현장 구급활동**
  ① 현장은 크게 3개 구역(오염구역/오염통제구역/안전구역)으로 나눠지며, 개인보호장비가 없거나 위험물질 대응교육 및 훈련을 받지 않은 구급대원이라면 안전구역에서 구조대원이 제독을 끝마친 환자를 구조해 나올 때까지 대기해야 한다.

② 오염구역에서의 구급활동
   오염구역에서 개인보호장비를 착용한 상태에서 환자를 평가하고 처치하는 것은 어려우므로 오염구역에서의 환자처치는 다음과 같이 제한될 수밖에 없다. 이때 중요한 사항은 환자이동으로 인한 오염구역 확장을 주의해야 한다.
   ㉠ 빠른 환자 이동(단, 척추손상 환자 시 빠른 척추고정 적용)
   ㉡ 오염된 의복과 악세사리는 현장에서 가위를 이용해 제거 후 사용한 의료기구 및 의복은 현장에 남겨두고 환자만 이동(의복 및 의료기구는 오염되었다는 가정하에 실시)
   ㉢ 들것에 시트를 2장 준비 또는 이불을 가져가 옷을 제거한 환자의 신체를 덮어야 함
   ㉣ 환자의 추가 호흡기계 오염을 방지하기 위해서 독립적 호흡장치(SCBA) 사용
   ㉤ 양압환기가 필요한 환자의 경우 산소저장주머니가 달린 BVM 사용

③ 오염 통제구역에서의 구급활동
   ㉠ 오염 통제구역은 오염구역과 안전구역 사이에 위치해 있으며 제독 텐트 및 필요시 펌프차량 등이 위치해 오염을 통제하는 구역. 이 구역 역시 오염 가능성이 있는 곳으로 적정 장비 및 훈련을 받은 최소인원으로 구성되어 제독활동을 진행
   ㉡ 오염구역 활동이 끝난 후에는 대원들은 제독활동을 해야 하며 환자들은 오염구역에서 제독 텐트에 들어가기 전에 전신의 옷과 악세사리를 벗어 비닐백에 담아 밀봉 후 다시 드럼통에 담아 이중으로 밀봉(유성펜을 이용해 비닐백 위에 이름을 적기)
   ㉢ 제독 텐트는 좌·우로 남녀를 구분하여 처치하며 보통 가운데 통로는 대원들이 사용. 텐트 내부는 호스를 이용해 물이나 공기 또는 약품으로 제독활동을 하며 텐트 출구 쪽에는 1회용 옷과 슬리퍼 또는 시트가 준비되어 있음
   ㉣ 오염통제구역 내 구급처치는 기본인명소생술로 기도, 호흡, 순환(지혈), 경추 고정, CPR, 전신중독 평가 및 처치가 포함. 정맥로 확보 등과 같은 침습성 과정은 가급적 제독 후 안전구역에서 실시해야 하며 오염통제구역에서 사용한 구급장비는 안전구역에서 사용해서는 안 됨

④ 안전구역에서의 구급활동
   안전구역은 현장지휘소 및 인력·자원 대기소 등 현장활동 지원을 하는 구역으로 구급대원이 활동하는 구역. 대량환자의 경우 중증도분류를 통해 환자를 분류한 후 우선순위에 따라 병원으로 이송.

■ 대형사고 현장 최초 도착 시 차량 배치 요령
① 구급차량의 전면이 주행차량의 전면을 향한 경우 : 경광등과 전조등을 끄고 비상등만 작동
② 사고로 전깃줄이 지면에 노출된 경우 : 전봇대와 전봇대를 반경으로 한 원의 외곽에 주차
③ 차량화재가 있는 경우 : 화재차량으로부터 30m 밖에 위치
④ 폭발물이나 유류를 적재한 차량으로부터는 600~800m 밖에 위치
⑤ 화학물질이나 유류가 누출되는 경우 : 흘러내리는 방향의 반대편에 위치

⑥ 유독가스가 누출되는 경우 : 바람을 등진 방향에 위치

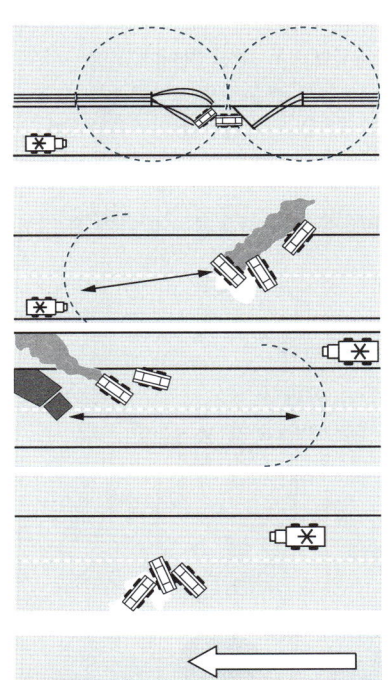

끊어진 전선
전선이 끊어졌거나, 전신주가 파손된 사고현장
위험구역 : 손상된 전신주 옆 전신주를 중심으로 원을 그린 외곽에 주차
한전에서 전기를 끊을 때까지 또는 전문주고팀이 전선을 고정시킬 때까지 위험구역 밖에 있어야 한다.

연소 중인 차량
위험물(화학물, 폭발물)을 실은 차량이 아니라면 구급차량은 30m 밖에 바람을 등지고 주차시켜야 한다.

위험물질을 실은 차량이 연소 중인 경우
위험물질을 실은 차량이거나 위험물질이 불에 노출된 사고현장일 때 물질의 성격에 따라 위험구역이 결정된다. 쌍안경을 통해 위험물 게시판을 읽고 위험물질에 따라 바람을 등지고 적정거리를 유지한다.

연료누출
연료가 누출된 지대보다 높은 곳에 구급차를 세워야 하나 높은 지대가 없다면 가능한 멀리 위치해야 한다. 또한 구급차 옆에 누출된 물질이 올 수 있는 하수구(도랑)는 피해야 한다. 구급차 측매장치는 537.7℃ 이상에서 발화되므로 주의해야 한다.

위험물질
위험한 화학물질의 누출은 건강에 영향을 미치고 냄새유무와 상관없이 바람을 등지고 주차시켜야 한다. 위험물질이 확인되었다면 전문가의 조언을 구해 행동을 해야 하는데 위험물질이 아니면 15m, 위험물질(폭발물 등)이라면 최소 600~800mm 밖에 주차시켜야 한다.

■ **환자 분류**

신속한 평가를 통해 응급 처치 및 이송순위를 결정하는 것을 말한다. 다수의 환자가 발생하면 많은 환자가 보다 나은 처치를 받을 수 있도록 결정해야 한다. 이를 위해서는 중증 정도에 따라 응급처치를 제공하고 신속한 평가로 다음 4가지로 분류해야 한다.

① 긴급 환자(적색) : 긴급한 상황

　생명을 위협할만한 쇼크 또는 저산소증이 나타나거나 임박한 경우. 만약 즉각적인 처치를 행할 경우에 환자가 안정화될 가능성과 소생 가능성이 있는 경우

② 응급 환자(황색) : 응급 상황

　손상이 전신적인 증상이나 효과를 유발하지만, 아직까지 쇼크 또는 저산소증 상태가 아닌 경우. 전신적 반응이 발생하더라도 적절한 조치를 행할 경우 즉각적인 위험 없이 45~60분 정도 견딜 수 있는 상태

③ 비응급 환자(녹색) : 비응급 상황

　전신적인 위험 없이 손상이 국한된 경우로 최소한의 조치로도 수 시간 이상 아무 문제가 없는 상태

④ 지연 환자 (흑색) : 사망

대량 재난 시에 임상적 및 생물학적 사망이 명확히 구분되지 않는 상태와 자발 순환이나 호흡이 없는 모든 무반응의 상태를 죽음으로 생각한다. 몇몇 분류에서는 어떤 처치에도 불구하고 생존 가능성이 희박한 경우를 포함.

■ 중증도 분류법

환자 분류는 M-MASS, START 분류법이 중증도 분류 구역 내에서 사용되는데 이는 신속한 분류 및 처치를 위해서 사용된다.

START분류법을 요약하자면

① 우선 걸을 수 있는 환자는 지정된 장소로 이동하라고 말한다.
② 남아 있는 환자에 대해 의식, 호흡, 맥박을 확인하여 분류한다.
　　㉠ 긴급 환자 - 의식 장애, 호흡수 30회/분 초과, 말초맥박 촉진 불가능
　　㉡ 응급 환자 - 의식 명료, 호흡수 30회/분 이하, 말초맥박 촉진 가능
　　㉢ 지연 환자 - 기도 개방 후에도 무호흡, 무맥
③ 지정된 장소로 온 환자들을 다시 평가하면서 분류한다.

◇ 1단계 : Modified M.A.S.S(분류중점-선착대)

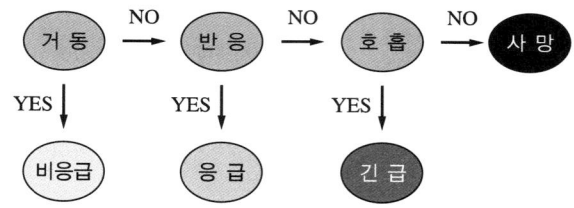

1. 거동이 가능한 환자는 비응급으로 그룹화 할 수 있다.
2. 거동이 불가능하나 반응이 있는 환자는 응급으로 그룹화 할 수 있다.
3. 거동이 불가능한 환자는 긴급으로 그룹화 할 수 있는데, 여기에는 BLACK(지연) 환자가 포함되어 있으며, 이는 호흡 유무로 감별가능하다.

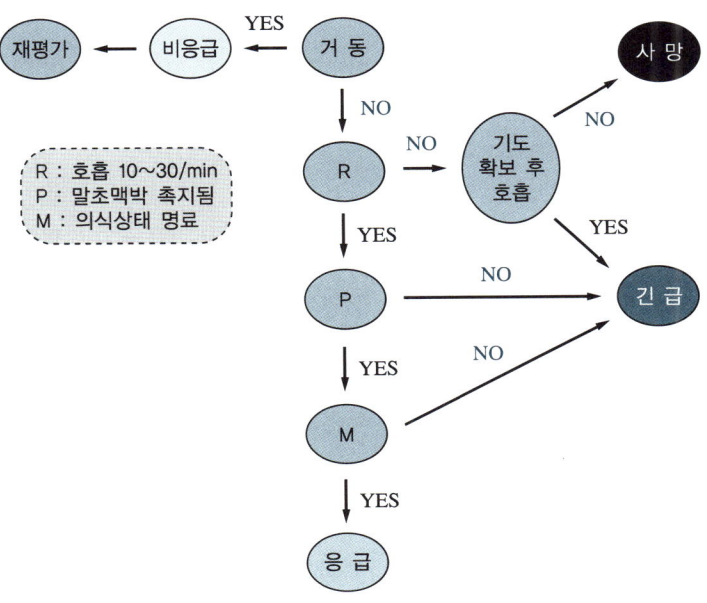

◇ **2단계 : START(이송중점-후착대 도착)** ※ 임시의료 설치되면 시작
1. 거동이 가능한 환자는 비응급으로 그룹화하고 추후 다시 개별적인 평가를 한다.
2. 거동이 불가능한 환자에서는 'R(호흡수) P(맥박수) M(의식수준)' 세 가지 요소를 체크하고 한 가지라도 이상이 있을 경우에는 긴급, 모두 이상 없을 경우에는 응급으로 분류한다. 다만, 호흡이 전혀 없는 환자에서는 기도 확보를 시도해보고, 호흡이 있다면 긴급, 없다면 지연으로 분류한다.

④ START 분류법은 신속, 간결 그리고 일관성 있게 분류해야 한다. 환자평가는 RPM을 기본으로 한다.
  ㉠ Respiration : 호흡
  ㉡ Pulse : 맥박
  ㉢ Mental Status : 의식 수준

⑤ 지정된 곳(구급차 또는 근처 건물 등)으로 모인 환자는 의식이 있으며, 지시를 따를 수 있고 걸을 수 있으므로 뇌로의 충분한 관류와 호흡·맥박·신경계가 적절히 작용한다는 것을 알 수 있다. 따라서 비응급 환자로 분류하고 지정된 곳으로 가지 못하는 환자는 긴급, 응급, 지연 환자로 분류된다.

⑥ 남아 있는 환자 중에서 우선순위를 분류하는데 의식 장애가 있는 환자를 우선으로 START 분류법을 이용해 신속하게 분류해야 한다. 분류하는 도중에는 환자 상태에 따라 아래의 3가지 처치만을 제공하고 다른 환자를 분류해야 한다.
  ㉠ 기도 개방 및 입인두 기도기 삽관
  ㉡ 직접 압박
  ㉢ 환자 상태에 따른 팔다리 거상

■ 호흡 확인
호흡이 없는 환자가 기도개방처치로 호흡을 한다면 긴급환자, 그래도 호흡이 없다면 지연환자로 분류한다. 호흡수가 분당 30회 초과면 긴급환자, 30회 이하라면 응급환자로 분류한다.

■ 맥박 확인
환자 상태가 무의식, 무호흡, 무맥이라면 지연환자로 분류하고 호흡은 없고 맥박이 있다면 긴급환자로 분류한다. 호흡과 맥박이 모두 있는 환자라면 다음 환자로 넘어가야 한다.

■ 의식 수준
의식이 명료하다면 응급환자로 의식장애가 있다면 긴급환자로 분류한다.

■ 지정된 장소에 모인 환자
걸을 수 있다고 해서 모두 비응급 환자라 분류해서는 안 되며 그 중에서도 의식장애, 출혈, 쇼크 전구증상 있는 환자가 있을 수 있다. 따라서 START 분류법에 의해 호흡, 맥박, 의식 수준을 평가해 재분류해야 한다.

■ 신체역학
① 신체역학이란 신체를 적절히 사용함으로써 부상을 방지하며 들어 올리고 운반하기를 용이하게 하는 것이다. 다음과 같은 신체역학을 통해 보다 안전하고 효과적인 환자 들어 올리기와 이동을 실시할 수 있다.
  ㉠ 물체의 무게가 얼마나 되는지, 들어 올리는 데 도움이 필요한지를 먼저 생각한다.
  ㉡ 계획을 세우고 나서, 들어 올리고 운반할 계획을 동료와 서로 의논한다. 환자를 편안하게 하기 위해, 그리고 자신들의 안전을 위해 운반 과정 동안 계속하여 대화하도록 한다.
  ㉢ 물체를 가능한 한 몸 가까이 붙여야 한다. 신체역학상 이렇게 함으로써 들어 올리는 동안 허리보다는 다리를 사용할 수 있게 된다. 몸에서 멀어질수록 부상의 가능성은 높아진다.
  ㉣ 들어 올릴 때 등을 일직선으로 유지하고 다리, 엉덩이의 근육을 이용한다.
    • 허리 근육은 다리 근육보다 약하기 때문이다. 다리를 약간 벌리고 발끝을 밖으로 향하게 한다.
    • 슬리퍼 등과 같은 것은 안 되며 안전화를 착용해야 한다.
  ㉤ 들어 올릴 때 몸을 틀거나 비틀지 말아야 하며 다른 동작을 하게 되면, 부상의 원인이 될 수 있다.
  ㉥ 갑작스런 움직임은 피해야 한다.
  ㉦ 한 손으로 들어 올릴 때는 한쪽으로 몸을 굽히는 것을 피해야 한다. 허리를 항상 일직선을 유지하도록 한다.

② 손을 뻗고 당기는 법
　환자를 움직이는 것은 관절과 근육에 심각한 손상을 야기시킬 수 있으므로 다음과 같은 일반적인 원칙을 알아야 한다.
　㉠ 허리를 고정시킨다.
　㉡ 손을 뻗을 때 몸을 뒤트는 행동은 피해야 한다.
　㉢ 어깨 높이 이상으로 손을 뻗을 때에는 허리를 과신전해서는 안 된다.
　㉣ 물체와 38~50cm 이상 떨어져 있으면 안 되며 가급적이면 물체에 가깝게 접근해야 한다.
　㉤ 잡아당기는 것보다 가급적이면 미는 동작을 사용한다.
　㉥ 밀 때에는 손뿐만 아니라 상체의 무게를 이용해야 한다.
　㉦ 허리를 고정한 후에 실시해야 한다.
　㉧ 물체가 낮다면 무릎을 꿇고 실시해야 한다.
　㉨ 머리보다 높은 물체를 밀거나 당기는 것은 피해야 한다.

■ 환자 안전
폭력적인 환자나 척추손상 환자를 이동하는 것은 어려운 일로 잘못하면 영구적인 손상이나 사망에 이를 수 있다. 따라서 이동전에 완전히 신체 고정을 해야 한다.
① 긴급이동
　㉠ 환자나 대원에게 즉각적인 피해를 줄 수 있는 위험한 환경일 때 이동하는 것으로 화재, 화재 위험, 위험물질이나 폭발물질, 고속도로, 환자의 자세나 위치가 손상을 증가시킬 때, 다른 위급한 환자에게 접근할 때 사용된다.
　㉡ 고정 장치를 이용할 시간이 없을 때 사용되므로 척추손상을 초래할 수 있어 위급한 경우에만 사용해야 한다. 만약 시간이 허용된다면 척추 고정을 실시한 후에 이동해야 한다. 이동 방법으로는 1인 환자 끌기, 담요 끌기 등이 있다.
② 응급 이동
　㉠ 환자의 상태가 즉각적인 이송이나 응급처치를 요하는 경우에 사용하는 것으로 쇼크, 가슴손상으로 인한 호흡곤란 등이 있다.
　㉡ 긴급 이동과 차이점은 척추손상에 대한 예방조치를 할 수 있다는 점이다. 긴급구출은 차량사고에서 짧은 척추고정판이나 조끼형 구조장비로 고정시킬 충분한 시간이 없을 때 사용된다.
　㉢ 보통 척추손상 의심환자를 차량 밖으로 구조하는데 약 10분 정도 걸리는 것을 1~2분으로 단축시킬 수 있다. 그러나 이 방법은 척추 손상 위험이 높다. 긴급구출은 3명 이상의 대원이 한 팀으로 실시해야 한다.
③ 비 응급 이동
　충분한 평가와 처치를 실시한 후에 이동하는 것으로 다음과 같은 원칙이 있다.
　㉠ 계속적인 처치와 추가적 손상 및 악화를 예방한다.
　㉡ 환자 이동에 따른 구급대원 손상가능성을 최소화시킨다.
　㉢ 종류 : 직접 들어올리기, 무릎-겨드랑이 들기법, 바로누운자세 환자이동, 시트 끌기

- 환자 이동 장비
  ① 주 들것
     ㉠ 환자는 주 들것에 항상 안전하게 고정되어야 한다. 만약, 환자의 손이 고정되어 있지 않다면 주 들것 밖으로 나와 있어 무언가를 잡을 수 있으므로 유의해야 한다.
     ㉡ 가능하다면 주 들것의 바퀴를 이용해 환자를 이동시킨다. 이때, 환자의 다리가 진행방향으로 먼저 와야 하며 대원 모두 진행방향을 향해 위치해야 한다. 바닥이 고르지 못한 지역은 주 들것이 기울 수 있으므로 주의해야 한다.
     ㉢ 바닥이 고르지 못하다면 4명의 대원이 주 들것의 네 모서리에 위치해 환자를 이동시킨다.
     ㉣ 대원이 2명이라면 한명은 머리 쪽, 다른 한명은 다리 쪽에서 이동해야 하며 대원은 서로 마주보아야 한다. 뒤로 걷는 대원은 불편할 수 있으나 환자 안전을 위해서는 필요한 자세이며 대원 간의 상호 대화가 필요하다. 2명의 대원이 이동 시에는 각별한 주의가 필요하며 이동통로가 협소할 때 주로 사용된다.
  ② 보조 들것
     ㉠ 보조 들것으로는 알루미늄형, 텐트형, 중량의 플라스틱형, 코트형·천형 등이 있다.
     ㉡ 보조 들것은 주 들것을 사용할 수 없는 장소에서 환자를 이동시킬 때 그리고 다수의 환자가 발생했을 때 사용된다.
     ㉢ 보조 들것은 대부분 바퀴가 없기 때문에 환자 무게에 맞는 충분한 이동대원이 있어야 한다는 단점이 있다.
  ③ 의자형(계단용) 들것
     ㉠ 계단용으로 환자를 앉은 자세로 이동시킬 때 사용된다.
     ㉡ 좁은 복도나 작은 승강기 그리고 좁은 공간에 유용하며 호흡곤란 환자를 이동시키기에 좋다. 단, 척추손상이나 하체손상 환자 그리고 기도유지를 못하는 의식장애 환자에게 사용해서는 안 된다.
     ㉢ 계단을 내려올 때에는 환자의 다리가 먼저 진행방향으로 와야 하며 다리 측을 드는 대원의 가슴과 환자의 다리가 수평을 이루어야 한다.
  ④ 분리형 들것
     ㉠ 현장에서 매우 많이 활용되는 들것으로 알루미늄이나 경량의 철로 만들어 졌으며 다발성 손상환자나 골반측 손상이 있는 환자에게 매우 유용한 장비이다.
     ㉡ 들것을 2부분이나 4부분으로 나누어 바로누운 환자를 움직이지 않고 들것에 고정시켜 이동시킬 수 있다.
     ㉢ 등 부분을 지지해 주지 못하기 때문에 척추손상환자를 고정하는 데에는 효과가 적다.
  ⑤ 척추 고정판
     ㉠ 목뼈나 척추손상 의심환자를 고정 및 이송 시 들것 대용으로 많이 활용되는 장비로 나무, 알루미늄, 플라스틱 중합체로 만들어지며 누워있거나 서 있는 환자에게 사용된다.

ⓒ 특히 자동차사고로 차량에서 환자를 구출할 때 구출고정대와 함께 많이 사용하며 목뼈나 척추손상 의심환자를 고정할 때는 딱딱하여 등쪽에 불편감을 초래하므로 몸이 닿는 바닥에는 패드를 대어 주는 것이 좋다.
　⑥ 바스켓형 들것
　　　㉠ 플라스틱 중합체나 금속테두리에 철사망으로 만들어져 있다.
　　　ⓒ 주로 고지대·저지대 구출용과 산악용으로 사용되며 긴 척추고정판으로 환자를 고정한 후에 바스켓형에 환자를 결착시킨다. 플라스틱 재질은 자외선에 노출되면 변형될 수 있기 때문에 직사광산을 피해 보관해야 한다.
　⑦ 가변형 들것
　　　㉠ 좁은 곳을 통과할 때 유용하며 천이나 유연물질로 만들어져 있다.
　　　ⓒ 손잡이는 세 군데 혹은 네 군데에 있으며 보관할 때 쉽게 접히거나 말린다.
　　　ⓒ 척추손상 의심 환자를 1인이 운반할 때에는 적절하지 않다.

■ 환자 자세의 종류와 적용에 대한 기본사항
　① 머리나 척추 손상이 없는 무의식환자는 좌측위나 회복자세를 취해준다. 이 자세들은 환자의 구강 내 이물질이나 분비물을 쉽게 제거할 수 있다. 또한 구급차 내 이송 중 환자와 구급대원이 마주 볼 수 있는 자세이기 때문에 환자처치가 용이하다.
　② 호흡곤란이나 가슴통증 호소 환자는 환자가 편안해 하는 자세를 취해 주는 것이 좋다. 보통은 좌위나 앉은 자세를 취해준다.
　③ 머리나 척추 손상이 의심되는 환자는 긴 척추고정판으로 고정시킨 후 이송해야 한다. 필요시 환자의 구강 내 이물질이나 분비물을 제거하기 위해서는 왼쪽으로 보드를 약간 기울일 수 있다.
　④ 쇼크환자는 다리를 20~30cm 올린 후 바로 누운 상태로 이송한다. 머리, 목뼈, 척추손상 환자에게 시행해서는 안 된다.
　⑤ 임신기간이 6개월 이상인 임부는 좌측위로 이송해야 한다. 만약 긴 척추고정판(spine board)으로 고정시킨 임부라면 베개나 말은 수건을 벽면과 임부 사이에 넣어 좌측위를 취해 준다.
　⑥ 오심/구토 환자는 환자가 편안해 하는 자세로 이송한다. 보통은 회복자세를 취해 주며 만약, 좌위나 반좌위를 취한 환자라면 기도폐쇄를 주의하고 의식저하 환자는 회복자세로 이송해야 한다.

■ 기도확보유지 장비
　① 입인두기도기
　　　㉠ 무의식 환자의 기도유지를 위해 사용
　　　ⓒ 크기 선정방법
　　　　・입 가장자리에서 귓불까지
　　　　・입 중심에서부터 하악각까지

② 코인두기도기
  ⊙ 의식이 있는 환자에게 일시적으로 기도를 확보해 주기 위한 기구로 입인두 기도기를 사용할 수 없을 때 사용
  ⓒ 크기 선정방법
    • 길이 : 코끝에서 귓불 끝까지의 길이
    • 크기 : 콧구멍보다 약간 작은 것
③ 후두마스크 기도기(LMA) : 기본 기도기(입·코인두 기도기)보다 기도확보가 효과적이며 후두경을 사용하지 않고 기도확보 가능, 환자에게 비침습적이고 적용이 쉬우므로 병원 전 처치에 효과적
④ 후두튜브(LTS) : 기도 확보가 쉽고 환자에게 적용시간이 짧으며 어려운 기도확보 장소에서도 빠르게 적용이 가능
⑤ 아이 겔(I-Gel) : 튜브 형태의 성문위 기도기와 차별적으로 부드러운 젤 형태로 모양이 만들어진 기도기로 기존의 기도기보다도 환자에게 적용시간이 짧고 적용이 쉬우나 정확하게 환자에게 맞지 않을 수 있음. 하지만 병원 전 단계에서 성공적으로 활용
⑥ 기관 내 삽관(Intubation) : 환자의 기도를 확실하게 유지시키고, 환기 조절을 할 수 있음. 기관 내 경로를 통한 약물을 투여할 수 있음

■ 호흡유지 장비
  ① 흡인기
    의식이 없는 환자의 구강 또는 비강 내 타액, 분비물 등 이물질을 신속하게 흡인하기 위한 기구이며 작동원리에 따라 전지형(충전식)과 수동형으로, 사용범위에 따라 고정식, 이동식으로 분류할 수 있다.
    ⊙ 흡인압력 : 300mmHg 이상
    ⓒ 사용압력 : 80~200mmHg 이상
  ② 코삽입관
    ⊙ 비강용 산소투여 장치로 환자의 거부감을 최소화
    ⓒ 낮은 산소를 요구하는 환자에게 사용
    ⓒ 유량을 분당 1~6L로 조절하면 산소농도를 24~44%로 유지할 수 있음
    ⓔ 성인용, 소아용으로 구분
    ⓜ 유량 속도가 많아지면 두통이 야기될 수 있음
    ⓗ 장시간 이용 시 코 점막 건조를 예방하기 위해 가습산소를 공급
    ⓢ 비강 내 손상이 있는 환자에게는 사용 억제
  ③ 단순얼굴마스크
    ⊙ 입과 코를 동시에 덮어주는 산소공급기구
    ⓒ 6~10L의 유량으로 흡입 산소농도를 35~60%까지 증가 가능

ⓒ 이산화탄소 배출구멍이 있으나 너무 작아 불편감을 호소
ⓔ 이산화탄소 잔류로 인해 산소공급량은 높을수록 효과적
④ 비재호흡마스크
ⓐ 심한 저산소증 환자에게 고농도의 산소를 제공하기에 적합
ⓑ 체크(일방향) 밸브와 산소저장낭이 달려 있음
ⓒ 최소 분당 10~15L 유량의 산소를 투여하면 85~100%의 산소 공급가능
⑤ 벤튜리 마스크
ⓐ 특수한 용도로 산소를 제공할 경우에 사용되며 표준 얼굴 마스크에 연결된 공급배관을 통해 특정 산소 농도를 공급해 주는 호흡기구
ⓑ 만성폐쇄성폐질환(COPD)환자에게 유용
ⓒ 일정한 산소가 공급될 때 공기의 양도 일정하게 섞여 들어가는 형태
⑥ 포켓 마스크
ⓐ 입대입 인공호흡 시 환자와 직접적인 신체접촉 피할 수 있음
ⓑ 유아에 사용 시 마스크를 거꾸로 하여 기저부가 코위에 놓이도록 사용
⑦ 백-밸브 마스크 소생기
ⓐ 병원 전 환기장치로서 가장 보편적으로 사용
ⓑ 보유 산소장비 없이 즉각적인 초기 환기 제공 가능
ⓒ 산소를 추가 투여하지 않은 상태로 21% 정도의 산소 공급
ⓓ 산소저장주머니 없이 분당 10~15L : 40~60% 산소 공급
ⓔ 산소저장주머니 연결 후 분당 10~15L : 거의 100% 산소 공급
⑧ 자동식 산소소생기
ⓐ 무호흡/호흡곤란 환자에게 자동 또는 수동으로 산소 공급
ⓑ 과압방지 장치가 있음(50~60 cmH$_2$O)
ⓒ 환자에게 고농도(100%) 산소공급 가능

■ 순환유지장비
① 기계식 가슴압박 장치
② 자동 심장충격기 사용법
ⓐ 환자의 무의식, 무호흡 및 무맥박을 확인한다(도움요청 포함).
ⓑ 전원버튼을 눌러 자동 심장충격기를 켠다.
ⓒ 환자에게 일회용 전극을 정확한 위치에 붙인다.
ⓓ 일회용 전극을 자동 심장충격기에 연결한다.
ⓔ 모든 동작을 중단하고 분석단추를 누른다.
ⓕ 제세동을 시행하라는 말과 글이 나오면 환자와의 접촉금지를 확인한 후 제세동 버튼을 누른다.
ⓖ 제세동을 시행한 후 즉시 2분간 심폐소생술을 시행한다.
ⓗ 2분마다 심장의 상태를 재분석한다.

■ 환자이동장비
① 주 들것 : 구급차에 환자를 옮겨 싣고 내리는 데 필요한 장비
② 분리형 들것 : 양쪽으로 분리하여 사용할 수 있어 환자이송 시 2차 손상을 방지할 수 있음. 들것 중앙이 개방되어 있으며, X-선 투시도 가능. 다발성 외상 환자를 긴 척추 고정판에 옮길 때 유용
③ 바구니형 들것 : 수평구조 시 분리형인 경우 연결부위 추가 결착 필요, 눈판 및 얼음구조 시 유용, 척추손상 환자에게는 단독사용보다 긴척추고정판에 1차 고정 후 사용
④ 가변형 들것 : 좁은 계단 및 공간 이동 시에 유용, 단독으로는 척추고정이 안 됨
⑤ 접이식 들것(보조들것) : 다수 환자 발생 시에 간이 침상으로 사용 가능, 재질에 따라 척추고정이 되는 들것도 있음
⑥ 계단형 들것 : 척추고정이 안됨. 들것 자체로 구급차에 옮길 수가 없으므로 가변형 들것을 사용하는 것이 바람직함

■ 외상처치장비
① 목보호대(경추 보호대)
   머리를 중립자세로 유지하고 어깨에서 하악까지의 높이를 측정하여 적절한 장비 선택
② 머리 고정장비
   목 보호대만으로는 경추의 완전한 고정이 불가능하다. 머리고정장비를 긴 척추고정판 등과 함께 사용하여 완벽한 경추고정을 유지하여 이송 시 안전을 확보할 수 있다.
③ 철사부목
   ㉠ 신체에 적합하도록 변형 가능
   ㉡ 착용감을 위해 붕대로 감아주면 더 좋음
④ 패드(성형) 부목
   단순하게 성인 신체의 긴뼈 골절시에 사용하도록 만들어진 부목으로 현장에서 신속하게 고정이 가능
   ㉠ 사지골절에 사용하기가 적합
   ㉡ 결착 시 벨크로로 되어있어 신속결착이 가능하나 관리가 필요
   ㉢ X-ray 촬영이 가능
⑤ 공기부목
   ㉠ 지혈효과가 있음
   ㉡ 온도와 압력의 변화에 예민함
   ㉢ 부목 압력을 수시로 확인 필요 : 부목 가장자리를 눌러 양쪽벽이 닿을 정도
   ㉣ 개방성 골절이 있는 환자에게 적용 불가

⑥ 진공부목
　㉠ 변형된 관절 및 골절에 유용
　㉡ 전신진공부목은 척추고정이 안됨
⑦ 긴 척추고정판
　들것으로 많이 사용되다 보니 들것으로 오인하는 경우가 많지만 척추손상이 의심되는 환자를 고정하는 전신용 부목임

■ 환자평가
① 현장확인 : 현장이 안전한지를 확인하고 위험물을 평가하거나 통제
② 1차 평가 : 치명적인 상태를 발견하고 현장에서 바로 처치하기 위한 목적
③ 주요병력 및 신체 검진 : SAMPLE력 평가(환자의 호소에 따른 자료수집)
④ 세부 신체검진 : 일반적으로 비외상 환자보다 외상환자 평가에 더 의미 있음
⑤ 재평가 : 보통 15분마다 평가해야 하며 위급한 환자인 경우는 5분마다 평가

■ 1차 평가

1. 첫인상 평가
2. 의식평가(뇌손상)

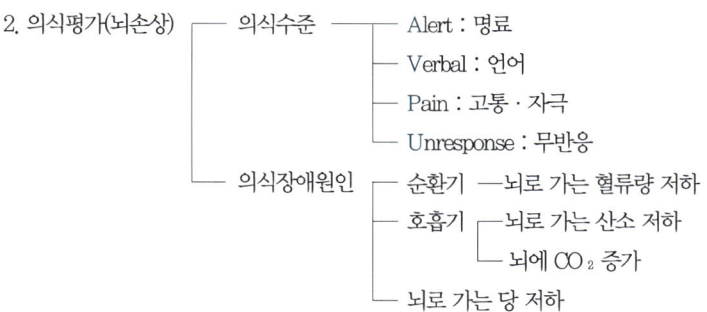

3. 기도 평가
　─ 머리기울임/턱들어올리기법 : 비외상환자
　─ 턱밀어올리기법 : 외상환자
　─ 입·코인두 기도기 삽입

4. 호흡평가

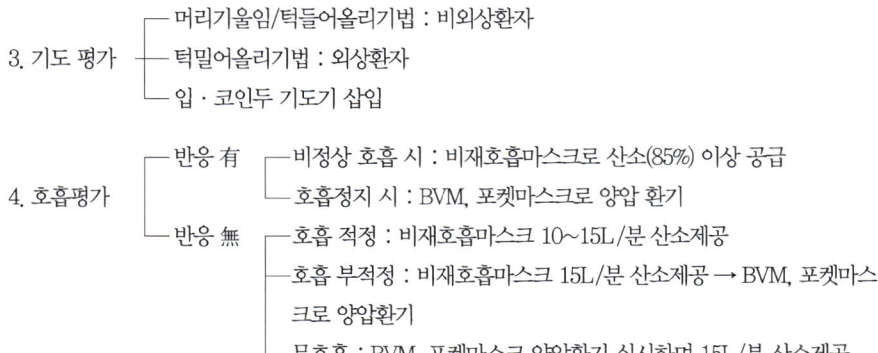

5. 순환평가
- 맥박
  - 일반인 : 노동맥 → 목동맥 촉진 ┐ 무맥 시
  - 12개월 이하 영아 : 위팔동맥 촉진 ┘ → CPR
- 외부출혈 – 통나무굴리기법으로
- 피부
  - 피부색
    - 창백 : 실혈, 쇼크, 저혈압, 정신적 스트레스로 인한 혈관 수축
    - 청색증 : 부적절한 호흡 또는 심장기능 장애로 인한 저산소증
    - 붉은색 : 심장질환과 중증 일산화탄소 중독, 열 노출
    - 노란색 : 간 질환
    - 얼룩덜룩한 색 : 일부 쇼크 환자
  - 피부상태·온도
    - 차갑고 축축함 : 쇼크, 열손상, 흥분(관류 부적절, 혈액량 감소)
    - 차가운 피부 : 차가운 환경 노출
    - 뜨겁고 건조함 : 열, 중증열손상
  - 모세혈관 재충혈 – 손발톱 2초 이내 정상회복

6. 소아평가
- 기도개방 시 과신전주의
- 피부 – 흐느적 거리거나 늘어지면 비정상
- 연령별 호흡맥박수 확인
- 느린맥은 부적절한 기도유지·호흡 때문
- 모세혈관 재출혈 확인
- 비정상적 환자 자세 기록
- 발바닥 때렸을 때 울어야 정상

7. 우선순위(위급정도·이송여부 판단)
- 일반적으로 인상 좋지 않음
- 무의식·의식장애
- 호흡곤란
- 부적절한 순환징후
- 지혈 안 되는 출혈
- 난산
- 호흡 or 심정지
- 90mmHg 이하 수축기압과 같이 나타나는 가슴통증

■ 2차 평가

1. SAMPLE력
   - Signs / Symptoms
     - 증상 : 환자가 말하는 주관적 내용
     - 징후 : 시·청·촉진의 객관적 내용 (문진×)
   - Allergies : 알레르기
   - Medications : 복용약물
   - Past : 과거병력
   - Last : 마지막 섭취 음식물
   - Events : 질병·손상을 야기한 사건

2. 생체징후

구 분 \ 판단기준	① 맥박(30S × 2)	② 호 흡	③ 혈 압	
			수축기압	이완기압
성 인	60~100회/분	12~20회/분	90~150 (나이 + 100)	60~90
청소년(12~15)	60~105회/분	15~30회/분	80 + (나이 × 2)	$\frac{2}{3}$ 수축기압
학령기(7~11)	70~110회/분	15~30회/분	114	76
4~6	80~120회/분	20~30회/분	105	69
2~4	80~130회/분	20~30회/분	99	65
6~12月	80~140회/분	20~30회/분		
5月	90~140회/분	25~40회/분		
신생아	120~160회/분	30~50회/분		

- 맥박의 양상
  - 빠르고 규칙적
    - 강 : 운동, 공포, 열, 고혈압, 임신, 출혈초기
    - 약 : 쇼크, 출혈후기
  - 느림 : 머리손상, 약물중독, 심질환, 소아산소결핍
  - 불규칙 : 심전도계 문제
  - 무맥 : 심장마비, 중증출혈, 중증저체온증

- 호흡의 양상
  - 정상 호흡
  - 호흡곤란 : 끙끙거리거나 천명, 비익확장, 호흡보조사용, 뒷당김, 아동의 경우 갈비뼈 사이와 빗장뼈 올라감
  - 얕은호흡 : 가슴·배가 미미하게 오르내림
  - 시끄러운 호흡
    - 코고는 소리 : 기도폐쇄 → 개방
    - 쌕쌕거림 : 천식·내과문제 → 처방약 복용유무 확인 및 신속한 이송
  - 꾸르륵 소리 : 기도에 액체 있음 → 흡인, 이송
  - 귀에 거슬리는 소리(까마귀 소리) : 현장처치로 완화 안 됨 → 이송

- 피부 – 색(손톱, 입술, 아래눈꺼풀), 온도(손등으로 측정), 상태변화 평가
- 동공
  - 수축 : 살충체 중독, 마약남용, 녹내장약, 안과치료제
  - 확대 : 공포, 안약, 실혈
  - 비대칭 : 뇌졸중, 머리손상, 안구손상, 인공눈
  - 무반응 : 뇌산소결핍, 안구부분손상, 약물남용
  - 불규칙 : 만성질환, 수술 후 상태, 급성손상

■ 현 병력 – OPQRST : 의식이 있는 환자
  ① 발병시점(Onset of the event) : 증상이 나타날 때 무엇을 하고 있었는지? (휴식 중/활동 중/스트레스), 시작이 갑자기 또는 천천히 시작됐는지? (혹은 만성적인지)
  ② 유발/완화(Provocation or Palliation) : 어떤 움직임이나 압박 또는 외부요인이 증상을 악화 또는 완화시키는지? (쉬면은 진정이 되는지?)
  ③ 질(Quality of the pain) : 어떻게 아픈지 환자가 표현할 수 있게 개방형으로 질문한다. (표현 : 날카롭게 아픈지/뻐근한지/짓누르는 아픔인지/찢어지게 아픈지 등) (패턴 : 지속되는지/간헐적으로 나타나는지 등)
  ④ 부위/방사(Region and Radiation) : 어느 부분이 아픈지 그리고 아픈 증상이 다른 부위까지 나타나는지? 이것은 종종 턱과 팔에 방사통을 호소하는 심근경색환자 진단에 중요 요소가 될 수 있다.
  ⑤ 중증도(Severity) : 어느 정도 아픈지? (0에서 10이라는 수치로 비교 표현/0은 통증이 없는 것을 의미하며 10은 죽을 것 같은 통증을 의미한다)
  ⑥ 시간[Time(history)] : 통증이 얼마간 지속되는지? 통증이 시작된 이후로 변화가 있었는지? (나아졌는지/심해졌는지/다른 증상이 나타났는지) 이전에도 이런 통증을 경험했는지?
  ※ 질문은 개방형 질문을 사용해서 단답형의 대답이 나오지 않도록 주의해야 한다.

■ 주요병력 및 세부 신체검진(외상환자)
  ① 중증 외상 : 현장 확인과 1차 평가, 손상기전 확인 → 척추 고정 → 기본소생술 제공 → 이송여부 결정 → 의식수준 재평가 → 빠른 외상평가 → 기본 생체징후 평가 → SAMPLE력 → 세부 신체검진
  ② 경증 외상 : 현장 확인과 1차 평가, 손상기전 확인 → 주 호소와 손상기전과 관련된 부분 신체검진 → 기본 생체징후 평가 → SAMPLE력 → 세부 신체검진
  ③ 빠른 외상 평가

신 체	평 가
머 리	얼굴과 머리뼈 시진, 촉진
목	JVD(목정맥팽대) : 울혈성심부전증이나 위급한 상태

가슴	• 비정상적인 움직임 : 연가양 가슴 • 호흡음 : 허파 위와 아래 음을 양쪽 비교하면서 청진
배	팽창, 경직(촉진), 안전벨트 표시(소아인 경우 중상 의심)
골반	골반을 부드럽게 누를 때와 움직일 때의 통증 유무, 대·소변 실금
팔다리	• 맥박 : 양쪽 발등동맥과 노동맥 비교 • 감각 : 의식이 있으면 양쪽 비교해서 질문하고 무의식인 경우 통증자극 • 운동 : 의식이 있으면 손가락과 발가락 움직임을 지시하고 무의식인 경우 자발적인 움직임 유무를 관찰

■ **기도유지**

① 기도확보

㉠ 머리기울임/턱들어올리기법

기도를 최대한 개방시키는 방법으로 기도를 유지하고 호흡을 원활하게 하기 위해 사용/혀로 인한 기도폐쇄에 가장 좋은 방법

- 환자를 누운자세로 취해준 다음 한손은 이마에 다른 손의 손가락은 아래턱의 가운데 뼈에 둔다.
- 이마에 있는 손에 힘을 주어 부드럽게 뒤로 젖혀 준다.
- 손가락으로 턱을 올려주고 아래턱을 지지해 준다. 단, 기도를 폐쇄시킬 수 있는 아래턱 아래의 연부조직을 눌러서는 안 된다.
- 환자의 입이 닫히지 않도록 한다. 이를 위해서는 엄지손가락으로 턱을 아래쪽으로 밀어 주는데 이때 손가락을 입안으로 넣으면 안 된다.
- 주의사항 : 의식이 없거나 외상 환자의 경우 대부분 척추손상을 의심할 수 있으므로 위의 방법을 사용해서는 안 된다.

㉡ 턱 밀어올리기(하악견인법)

의식이 없는 환자이거나 척추손상이 의심될 경우 사용하는 방법

※ 위의 두 가지 방법으로 기도를 개방한 후 입안에 이물질이 있다면 제거한다.

② 기도유지 보조기구

㉠ 보조기구 사용 규칙

- 구역반사가 없는 무의식 환자인 경우에만 입인두기도기를 사용할 수 있다. 구역 반사는 인두를 자극하면 구토가 일어나는 반사로 무의식 환자에게는 보통 일어나지 않는다.
- 기도기를 사용하기 전에 손으로 환자의 기도를 개방한다.
- 삽입할 때 환자의 혀를 안으로 밀어 넣지 않도록 주의한다.
- 만약 환자에게 구역반사가 나타나면 기도기의 삽입을 즉시 중단하고 손으로 계속 기도를 유지하며 기도기를 삽입하여서는 안 된다.
- 기도기를 삽입한 환자인 경우 계속 손으로 기도를 유지하고 관찰해야 하며 필요하다면 흡인할 준비를 해야 한다.
- 구역반사가 나타나면 즉시, 기도기를 제거하고 흡인할 준비를 해야 한다.

ⓒ 입인두기도기
기도가 개방되면 기도를 유지하기 위해 입인두기도기를 삽관할 수 있다. 곡선형 모양에 대개는 플라스틱으로 만들어져 있다.
ⓒ 코인두기도기
코인두기도기는 구역반사를 자극하지 않아 사용빈도가 높다. 구강의 상처가 있거나 입을 벌릴 수 없는 경우 그리고 구역반사가 있는 환자 모두에게 사용될 수 있다. 대부분 부드럽고 유연성 있는 라텍스 재질로 연부 조직의 손상이나 출혈 가능성이 적다.

③ 인공호흡방법
인공호흡이란 수동 또는 자동식의 양압으로 허파에 공기나 산소를 공급하는 것으로 다음과 같이 다양한 방법이 있다.
㉠ 입 대 마스크(포켓마스크)
㉡ 2인 백-밸브마스크(BVM)
㉢ 1인 백-밸브마스크(BVM)
㉣ 자동식 인공호흡기

④ 흡인과 흡인기
㉠ 흡인은 진공을 이용해 이물질을 제거하는 기구로 의식변화가 있거나 호흡장애가 있는 환자는 스스로 이물질을 배출할 수 없기 때문에 흡인이 필요하다. 흡인은 상기도에서 그렁거리는 소리가 들릴 때마다 즉시 실시해야 한다. 다양한 형태의 흡인기가 있으며 흡인본체, 분비물을 모으는 통, 튜브, 흡인관이 있다. 현장에서는 고정용과 휴대용이 있다.
㉡ 흡인 시 일반적인 유의점
- 흡인하는 동안 감염예방에 주의
- 성인의 경우 한번에 15초 이상 흡인해서는 안 된다.
- 경성 흡인관을 사용할 때 크기를 잴 필요는 없으나 연성 카테터를 사용할 때는 입인두기도기 크기를 잴 때와 같은 방법으로 실시해야 한다. 흡인기는 조심스럽게 넣어 흡인해야 하며 환자는 대개 측위를 취해 분비물이 입으로 잘 나오도록 해주어야 한다. 목 또는 척추 손상 환자는 긴 척추 고정판에 고정시킨 후 흡인해 주어야 한다. 경성·연성 카테터는 강압적으로 넣어서는 안 되며 경성은 특히, 조직손상과 출혈을 일으킬 수 있다.

⑤ 산소 치료
㉠ 비재호흡마스크와 코삽입관의 비교

기 구	유 량	산소 %	적응증
비재호흡마스크	10~15ℓ/분	85~100%	호흡곤란, 청색증, 차고 축축한 피부, 가쁜 호흡, 가슴통증, 심각한 손상
코삽입관	1~6ℓ/분	24~44%	마스크 거부환자, 약간의 호흡곤란을 호소하는 COPD 환자

ⓒ 환자의 호흡상태에 따른 적절한 처치방법

환자 상태	징 후	처 치
• 정상 호흡 • 호흡은 정상이나 내·외과적 상태로 인해 추가 산소가 필요한 경우	• 호흡수와 깊이 - 정상 • 비정상적인 호흡음 - 없음 • 자연스러운 가슴의 움직임 • 정상 피부색	• 코삽입관 : 환자의식이 명료하고 정서적으로 안정되었을 때 사용한다. • 비재호흡마스크 : 환자가 흥분되었거나 말을 끊어서 할 때 사용한다.
• 비정상 호흡 • 호흡은 있으나 너무 느리거나 얕은 경우 • 짧게 끊어 말하거나 매우 흥분한 상태이며 땀을 흘릴 때 마치 잠을 자는 듯한 상태	• 호흡은 있으나 충분하지 않음 • 호흡수 또는 깊이가 비정상 수치 • 호흡음 감소 또는 결여 • 이상한 호흡음 • 창백하거나 청색증	• 포켓마스크, BVM, 자동식인공호흡기를 통한 양압환기, 환자의 자발적인 호흡을 도와주는 처치로 빠르거나 느린 호흡에 대해 적정호흡수로 교정하는 역할을 해준다. • 주의 : 비재호흡마스크는 호흡이 부적절하거나 없는 환자에게 사용하게 되면 충분한 산소를 공급할 수 없다.

• 무호흡	• 가슴 상승이 없음
	• 입이나 코에서의 공기흐름이 없음
	• 호흡음이 없음
		• 포켓마스크, BVM, 산소소생기를 이용해 양압환기
		  - 성인 : 10~12회/분
		  - 소아 : 12~20회/분
		• 주의 : 소아의 경우 산소소생기를 사용해서는 안 된다.

■ 호흡계 질환에 따른 증상 및 징후

질병	설 명
허파기종	COPD는 허파꽈리벽을 파괴하고 탄력성을 떨어뜨린다. 과도한 분비물과 허파꽈리가 손상 받아 허파에서의 공기이동을 저하시킨다.
만성 기관지염	세기관지 염증. 점액의 과도한 분비는 세기관지부터 점액을 제거하려는 섬모운동을 방해한다.
천 식	천식은 COPD가 아니다. 알레르기, 운동, 정신적인 스트레스, 세기관지 수축, 점액 분비로 일어난다. 고음의 천명음과 심각한 호흡곤란이 나타난다. 노인이나 소아환자에게 많으며 불규칙한 간격으로 갑자기 일어나며 간격 사이에서는 증상이 없어진다.
만성심부전	심장으로 인해 야기되나 허파에 영향을 미친다. 심부전은 혈액의 적정량을 뿜어내지 못해 허파순환이 저하되어 허파부종을 일으킨다. 따라서 호흡곤란이 야기되며 시끄러운 호흡음, 빠른맥, 축축한 피부, 창백하거나 청색증, 발목 부종이 나타난다. 심한 경우 핑크색 거품의 가래가 나오기도 한다.

※ 여기서부터 소방교 시험 제외

■ 응급 심장질환(심혈관계 해부학과 생리학)

심장은 2개의 심방과 2개의 심실로 구성되어 있으며 전신에 혈액을 공급하는 역할을 담당하고 있다. 혈액의 역류를 막기 위해 판막으로 연결되어 있으며 심장의 오른쪽은 허파로 피를 보내고 왼쪽은 온몸으로 피를 보낸다. 왼심실에서 나가는 동맥을 대동맥이라고 하며 심장동맥이라 불리는 작은 동맥은 심장에 산소와 영양분을 공급해 준다. 심장에 산소를 공급하는 것은 외부에 위치한 심장동맥에 의한 것이지 심장 내부에 흐르는 혈액에 의한 것이 아니다. 심장동맥 혈류량 감소는 심장 근육의 허혈을 일으킨다. 예를 들면, 혈전 또는 저혈압 등이 있다. 모든 근육은 생존을 위해 산소가 필요하며 이러한 산소는 적혈구에 의해 운반된다는 점을 명심해야 한다. 허혈이 지속되면 심근경색이 진행되므로 심질환 의심환자에게는 산소를 공급해 주어야 한다. 허혈과 관련된 통증을 협심증이라고하며 심장동맥이 좁아져 협심증이 진행되면 심근경색 또는 심장마비라고 한다. 따라서 초기 산소공급은 이러한 진행을 예방할 수 있다. 심장근육은 심장 수축을 유도하는 전기 자극에 반응하는 특수한 조직으로 구성되어 있다. 이러한 자극을 전달하는 경로에 손상을 받으면 심박동이 불규칙해지는데 이를 율동장애라고 한다. 율동장애는 심장 수축을 멈춰 심장마비를 일으키는데 자동심장충격기 사용으로 이러한 문제를 해결하고 정상으로 회복시킬 수 있다.

※ 인체 기본 해부학(순환계) 부분과 연계하여 공부하세요.

■ 심장마비(성인 심장마비 환자)

병원안 심정지

병원밖 심정지

① 병원 안
  ㉠ 조기 파악 및 예방
  ㉡ 응급의료 반응체계에 신고
  ㉢ 신속한 고품질 심폐소생술 실시 : 도착 즉시 30:2의 비율로 가슴압박과 인공호흡을 실시

ⓔ 신속한 제세동 실시 : 심장마비는 심장의 전기 자극이 매우 빠르거나 조화를 이루지 못할 때 일어난다. 적절한 제세동 실시는 많은 경우 정상으로 회복시킬 수 있다.
ⓜ 심정지 후 통합 치료 : 최근에 자발 순환이 회복된 환자에서 통합적인 심정지 후 치료가 강조되고 있다. 심정지 후 치료는 일반적인 중환자 치료와 더불어 저체온 치료, 급성심근경색에 대한 관상동맥중재술, 경련발작의 진단 및 치료 등이 포함된 통합적 치료과정이다.
ⓑ 회 복

② 병원 밖
㉠ 응급의료 반응체계에 신고
㉡ 신속한 고품질 심폐소생술 실시 : 도착 즉시 30:2의 비율로 가슴압박과 인공호흡을 실시
㉢ 신속한 제세동 실시 : 심장마비는 심장의 전기 자극이 매우 빠르거나 조화를 이루지 못할 때 일어난다. 적절한 제세동 실시는 많은 경우 정상으로 회복시킬 수 있다.
㉣ 전문소생술
㉤ 심정지 후 통합 치료 : 최근에 자발 순환이 회복된 환자에서 통합적인 심정지 후 치료가 강조되고 있다. 심정지 후 치료는 일반적인 중환자 치료와 더불어 저체온 치료, 급성심근경색에 대한 관상동맥중재술, 경련발작의 진단 및 치료 등이 포함된 통합적 치료과정이다.
㉥ 회 복

■ 소아 심장마비 환자
소아 심장마비환자 생존사슬은 아래와 같으며 성인 심정지가 종종 갑자기 심장 자체의 문제로 일어나는 반면 소아의 경우 호흡 문제나 쇼크에 의해 이차적으로 나타나는 경우가 많다. 따라서 이러한 심정지를 야기시키는 문제를 근본적으로 낮추는 노력과 생과 회복을 최대화시키는 것이 중요하다. 미국과 달리 한국의 경우 대한심폐소생협회에 따르면 신속한 신고 후 심폐소생술을 할 것을 권장하고 있다.

① 병원 안
  ㉠ 조기 파악 및 예방
  ㉡ 응급의료 반응체계에 신고
  ㉢ 신속한 고품질 심폐소생술 – 도착 즉시 30:2의 비율로 가슴압박과 인공호흡을 실시
  ㉣ 전문소생술
  ㉤ 심정지 후 처치 – 최근에 자발 순환이 회복된 환자에서 통합적인 심정지 후 치료가 강조되고 있다. 심정지 후 치료는 일반적인 중환자 치료와 더불어 저체온 치료, 급성심근경색에 대한 관상동맥중재술, 경련발작의 진단 및 치료 등이 포함된 통합적 치료과정이다.
  ㉥ 회 복
② 병원 밖
  ㉠ 예 방
  ㉡ 응급의료 반응체계에 신고
  ㉢ 신속한 고품질 심폐소생술 – 도착 즉시 30:2의 비율로 가슴압박과 인공호흡을 실시
  ㉣ 전문소생술
  ㉤ 심정지 후 처치 – 최근에 자발 순환이 회복된 환자에서 통합적인 심정지 후 치료가 강조되고 있다. 심정지 후 치료는 일반적인 중환자 치료와 더불어 저체온 치료, 급성심근경색에 대한 관상동맥중재술, 경련발작의 진단 및 치료 등이 포함된 통합적 치료과정이다.
  ㉥ 회 복

■ 제세동

심실세동 (V-Fib)	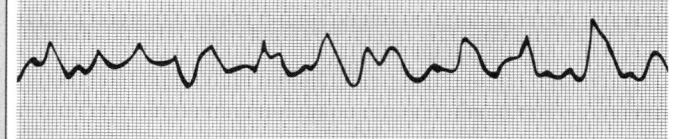 심장마비 후 8분 안에 심장마비 환자의 약 1/2에서 나타난다. 이는 심장의 많은 다른 부위에서 불규칙한 전기적 자극으로 일어나며 심장은 진동할 뿐 효과적으로 피를 뿜어내지 못한다. 초기에 제세동을 실시하면 매우 효과적일 수 있다.
심실빈맥 (V-Tach)	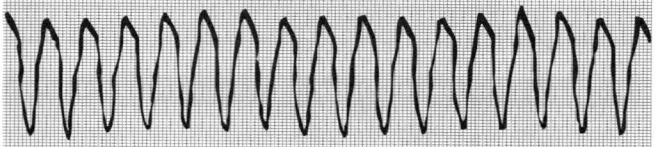 리듬은 규칙적이나 매우 빠른 경우를 말한다. 너무 빨리 수축해서 피가 충분히 심장에 고이지 않아 심장과 뇌로 충분한 혈액을 공급할 수 없다. V-Tach은 심장마비환자의 10%에서 나타나며 심실빈맥 환자의 제세동은 반드시 맥박을 확인한 후 맥박이 촉진되지 않는 환자에게만 실시하여야 한다.

■ 급성복통
① 환자 처치
㉠ 1차 평가 동안 기도를 유지한다. 의식변화가 있다면 기도를 유지해야 하며 복통환자인 경우 구토를 할 수 있으므로 필요시 흡인해야 한다.
㉡ 비재호흡마스크를 통해 분당 10~15ℓ의 산소를 공급한다.
㉢ 환자가 편하다고 생각하는 자세를 취해준다. 그러나 쇼크 또는 기도유지에 문제가 있다면 상태에 따른 자세를 취해줘야 한다.
㉣ 복통 또는 불편감을 호소하는 환자에게는 아무것도 먹여서는 안 된다.
㉤ 환자가 흥분하지 않게 침착한 자세로 안정감을 유지하며 신속하게 이송한다.
② 복통유발 질병
㉠ 충수돌기염(꼬리염)
수술이 필요하며 증상 및 징후로는 오심/구토가 있으며 처음에는 배꼽부위 통증(처음)을 호소하다 우하복부(RLQ) 부위의 지속적인 통증을 호소한다.
㉡ 담낭염(쓸개염)/담석 : 쓸개염은 종종 담석으로 인해 야기되며 심한 통증 및 때때로 갑작스런 윗배 또는 우상복부(RUQ) 부위 통증을 호소한다. 또한 이러한 통증을 어깨 또는 등쪽에서도 나타날 수 있다. 통증은 지방이 많은 음식물을 섭취할 때 더 악화될 수 있다.
㉢ 췌장염(이자염) : 만성 알콜환자에게 흔히 나타나며 윗배 통증을 호소한다. 췌장(이자)이 위 아래, 후복막에 위치해 있어 등/어깨에 통증이 방사될 수 있다. 심한 경우 쇼크 징후가 나타나기도 한다.
㉣ 궤양/내부출혈 : 배출혈은 일반적으로 두 형태로 나뉠 수 있다. 첫 번째로 소화경로의 내부 출혈로 위궤양을 예로 들 수 있다. 이 유형은 식도에서 항문까지 어느 곳에서도 나타날 수 있으며 혈액은 구토(선홍색 또는 커피색) 또는 대변(선홍색, 적갈색, 검정색)으로 나온다. 이로 인한 통증은 있을 수도 있지만 없을 수도 있다. 두 번째 유형은 복강 내 출혈로, 외상으로 인한 지라출혈이 있다. 출혈은 복막을 자극하고 복통/압통과도 관련이 있다.
㉤ 배 대동맥류 : 배를 지나가는 대동맥벽이 약해지거나 풍선처럼 부풀어 올랐을 때 나타난다. 약하다는 것은 혈관의 안층이 찢어져 외층으로 피가 나와 점점 커지거나 심한 경우 터질 수 있다. 만약 터진다면 사망가능성이 높아진다. 작은 크기인 경우에는 즉각적인 수술이 필요하지 않다. 병력을 통해 배 대동맥류를 진단 받은 적이 있고 현재 복통을 호소한다면 즉각적인 이송을 실시해야 한다. 혈액유출이 서서히 진행된다면 환자는 날카롭거나 찢어질 듯한 복통을 호소하고 등쪽으로 방사통도 호소할 수 있다.
㉥ 탈장 : 복벽 밖으로 내장이 튀어나온 것을 말하며 무거운 물건을 들거나 힘을 주었을 때 나타날 수 있다. 보통 무거운 것을 들은 후 갑작스러운 복통을 호소하고 배나 서혜부 촉진을 통해 덩어리가 만져질 수 있다. 매우 심한 통증을 호소하나 장이 꼬이거나 막혔을 때를 제외하고는 치명적이지 않다.
㉦ 신장/요로 결석 : 콩팥에 작은 돌이 요로를 통해 방광으로 내려갈 때 심한 옆구리 통증과 오심/구토 그리고 서혜부 방사통이 나타날 수 있다.

■ 출혈과 쇼크
① 순환계
ㄱ. 심장 : 혈액을 받아들이는 2개의 심방과 심장 밖으로 혈액을 뿜어내는 2개의 심실로 이루어져 있다. 기능적으로는 좌·우로 나뉘는데 오른심방과 오른심실은 압력이 낮고 주요 정맥으로부터 혈액을 받아들여 산소교환을 위해 허파로 보내는 기능을 맡고 있다. 왼심방은 허파로부터 그 혈액을 받아들이고 왼심실은 고압으로 동맥을 통해 피를 뿜어낸다. 왼심실의 작용으로 생기는 힘은 맥박을 형성하고 이는 손목의 노동맥처럼 뼈 위를 지나가는 동맥에서 촉지할 수 있다.
ㄴ. 혈관 : 동맥은 심장으로부터 혈액을 멀리 운반하며 주요 동맥을 대동맥이라고 한다. 혈액은 왼심실로부터 직접 대동맥으로 뿜어져 나오고 대동맥은 소동맥으로 다시 나누어진다. 동맥은 피를 압력으로 운반하기 때문에 두꺼운 근육벽으로 구성되어 있고 다시 세동맥으로 분지된다. 결국 세동맥은 얇은 벽으로 구성된 모세혈관으로 분지된다. 정맥은 혈액을 오른심방으로 이동시키는 역할을 한다. 소정맥은 모세혈관으로부터 대정맥으로 혈액을 운반하며 최종적으로 상·하대정맥으로 이동시켜 오른심방으로 유입시킨다. 동맥과 비교할 때 벽이 얇으며 압력이 낮다. 오른심방으로 들어 온 피는 오른심실에서 허파로 이동해 산소를 교환하고 왼심방으로 들어와 왼심실에서 전신으로 동맥을 통해 뿜어져 나간다.
ㄷ. 혈액 : 성인의 경우 체중 1kg당 약 70㎖의 혈액량을 갖고 있으며 혈관을 통해 심장에서 뿜어져 나가는 혈액은 몇몇 요소로 구성되어 있다. 적혈구는 세포에 산소를 운반해 주고 이산화탄소를 받으며 혈액의 색을 결정하는 요소이다. 백혈구는 면역체계의 일부분으로 감염을 방지한다. 혈소판은 세포의 특수한 부분으로 지혈작용을 한다. 혈장은 혈액량의 1/2 이상을 차지하며 전신에 혈구와 혈소판을 운반하는 역할을 하고 있다.
② 외부출혈
피부손상으로 나타나며 외부 물체로 인한 것뿐만 아니라 내부의 골절된 뼈에 의해서도 나타날 수 있다.
ㄱ. 출혈 형태
- 동맥 출혈 : 동맥이나 세동맥 손상으로 일어난다. 산소가 풍부하고 고압 상태이므로 선홍색을 띠며 심박동에 맞춰 뿜어져 나온다. 보통 양이 많으며 고압으로 인해 지혈이 어렵다. 지혈되지 않으면 쇼크 증상을 초래하며 열상에서 많이 나타난다.
- 정맥 출혈 : 정맥이나 세정맥 손상으로 일어난다. 산소가 풍부하지 않으며 저압 상태이므로 검붉은 색을 띠며 흘러나오는 양상을 나타낸다. 열상에서 많이 나타나며 지혈이 쉽다.
- 모세혈관 출혈 : 모세혈관은 얇고 출혈도 느리며 스며 나오듯이 나온다. 색은 검붉은 색이며 찰과상에서 흔히 볼 수 있다. 지혈이 쉬우며 실혈량도 적고 자연적으로 지혈되는 형태이다.

ⓒ 응급 처치
- 개인 보호 장비를 착용한다.
- 현장안전을 확인한다. - 환자 상태 및 수에 따른 추가 지원을 요청한다.
- 1차 평가를 실시한다. - 기도유지, 비정상적인 호흡에는 인공호흡을 실시, 쇼크 증상 및 징후에는 산소 공급
- 지혈 - 치명적인 출혈인 경우에는 기도와 호흡을 제외한 응급처치 중에서는 제일 먼저 실시해야 한다. 지혈을 위한 방법으로는 보통 3가지(직접 압박, 거상, 압박점)가 있으며 만약 지혈이 안 될 경우에는 지혈대를 이용해야 한다.
- 재평가를 실시해야 하며 만약, 쇼크의 증상 및 징후가 나타난다면 그에 따른 처치를 실시해야 한다.
ⓒ 지혈 방법
  직접 압박, 거상, 압박점
③ 내부출혈의 특징적인 증상 및 징후
  ㉠ 빠른 맥, 손상 부위의 찰과상, 타박상, 변형, 충격 흔적, 머리·목·가슴·배·골반 부종
  ㉡ 입, 항문, 질, 기타 구멍으로부터의 출혈
  ㉢ 갈색이나 붉은색의 구토물
  ㉣ 검고 끈적거리거나 붉은 색의 대변
  ㉤ 부드럽고 딱딱하거나 팽창된 배
  ㉥ 심각한 경우 쇼크의 증상 및 징후

■ **저혈량 쇼크**
① 정의 : 실혈로 인한 쇼크
② 순환계는 실혈에 따른 보상반응으로 맥박이 빨라지고 혈관을 수축시켜 조직으로의 관류를 유지하려고 함
③ 빠른맥은 쇼크의 초기 징후, 출혈이 계속되면 저혈류로 진행되어 말초 혈류는 급격히 감소
④ 허약감, 약한 맥박, 창백하고 끈적한 피부
⑤ 실혈에 따른 각 조직의 반응 및 증상/징후

기 관	실혈 반응	증상 및 징후
뇌	심장과 호흡기능 유지를 위한 뇌 부분의 혈류량 감소	의식 변화(혼돈, 안절부절, 흥분)
심혈관계	심박동 증가, 혈관수축	빠른호흡, 빠르고 약한 맥박, 저혈압, 모세혈관 재충혈 시간 지연
위장관계	소화기계 혈류량 감소	오심/구토
콩팥	염분과 수분 보유 기능 저하	소변생산량 감소, 심한 갈증
피부	혈관 수축으로 인한 혈류량 감소	차갑고 창백하며 축축한 피부, 청색증
팔·다리	관류량 저하	말초맥박 저하, 혈압 저하

⑥ 혈류량 저하의 다양한 반응
　㉠ 흥분, 혼돈, 안절부절, 공격적인 경향을 포함한 의식 변화
　㉡ 허약감, 어지러움, 심한 갈증, 오심/구토
　㉢ 빛에 늦게 반응하며 산대된 동공, 빠른호흡
　㉣ 불규칙하고, 힘들며 낮은 호흡
　㉤ 빠르고 약한 맥박
　㉥ 차갑고 창백하며 축축한 피부
　㉦ 창백하게나 회색빛 피부
　㉧ 눈의 결막이나 입술의 청색증
　㉨ 소아의 경우 모세혈관 재충혈에 2초 이상 걸림
　㉩ 혈압 저하 : 실혈로 인한 쇼크는 적극적인 처치를 받지 못하면 사망할 수 있는 긴급한 상태로 더 이상의 진행을 막기 위해 외부 지혈을 신속하게 실시

⑦ 쇼크 분류의 정확성을 높이기 위해 염기결핍(Base Deficit, BD) 지표의 사용과 대량 수혈 프로토콜(Massive Transfusion Protocol, MTP)을 포함한 수혈의 필요성 분류가 추가되었다. 대량 수혈은 24시간 동안 10 units 이상 또는 한 시간에 4 units 이상의 수혈을 말한다.

⑧ 출혈 단계에 따른 증상 및 징후들

분 류	CLASS I	CLASS II(경증)	CLASS III(중등)	CLASS IV(중증)
혈액소실량	< 15%	15 ~ 30%	31 ~ 40%	> 40%
심박수	↔	↔/↑	↑	↑/↑↑
혈 압	↔	↔	↔/↓	↓
맥 압	↔	↓	↓	↓
호흡수	↔	↔	↔/↑	↑
소변량	↔	↔	↓	↓↓
GCS	↔	↔	↓	↓
BD*	0 ~ −2mEq/L	−2 ~ −6mEq/L	−6 ~ −10mEq/L	−10mEq/L 미만
혈액 제제의 필요성	감시	가능	필요	대량수혈 프로토콜

* 염기과잉(Base excess)은 체내 정상범위보다 많은지 적은지를 나타내는 염기의 양(HCO_3^-, mEq/L), 마이너스 수치를 염기결핍(Base Defict)이라 하며, 대사성산증을 의미

⑨ 소아 : 성인과 달리 저혈량 쇼크에 대한 생리적 반응이 다르다. 소아의 경우 성인보다 혈압과 심박동 보상반응이 더 오래 유지되기 때문에 전체 혈액량의 1/2 이상이 실혈되어야 혈압이 떨어진다. 일단 혈압이 떨어지면 급속도로 심장마비로 진행되어 위험하다. 이런 이유로 쇼크 증상 및 징후 없이 외상 평가로 신속한 처치를 제공해야 한다.

■ 연부조직 손상
① 폐쇄성 연부조직 손상 : 둔탁한 물체로 인한 손상으로 주먹, 차량사고로 핸들에 가슴을 부딪친 경우 등이 있다. 형태로는 타박상, 혈종, 폐쇄성 압좌상이 있다.
② 개방성 연부조직 손상 : 피부표면 상처로 찰과상, 열상, 결출상, 절단, 천자상, 개방성 압좌상이 있다.

■ 화 상
① 1도 화상 : 경증으로 표피만 손상된 경우이다.
② 2도 화상 : 표피와 진피가 손상된 경우로 열에 의한 손상이 많다. 내부 조직으로 체액손실과 2차 감염과 같은 심각한 합병증을 유발할 수 있다. 화상부위는 발적, 창백하거나 얼룩진 피부, 수포가 나타난다. 손상부위는 체액이 나와 축축한 형태를 띠며 진피에 많은 신경섬유가 지나가 심한 통증을 호소한다.
③ 3도 화상 : 대부분의 피부조직이 손상된 경우로 심한 경우 근육, 뼈, 내부 장기도 포함되는 경우가 있다. 화상부위는 특징적으로 건조하거나 가죽과 같은 형태를 보이며 창백, 갈색 또는 까맣게 탄 피부색이 나타난다. 신경섬유가 파괴되어 통증이 없거나 미약할 수 있으나 보통 3도 화상 주변 부위가 부분화상임으로 심한 통증을 호소한다.
④ 성인의 중증도 분류

중증도 분류	화상 깊이 및 화상의 범위
중 증	• 흡인화상이나 골절을 동반한 화상 • 손, 발, 회음부, 얼굴화상 • 체표면적 10% 이상의 3도 화상인 모든 환자 • 체표면적 25% 이상의 2도 화상인 10세 이상 50세 이하의 환자 • 체표면적 20% 이상의 2도 화상인 10세 미만 50세 이후의 환자 • 영아, 노인, 과거력이 있는 화상환자 • 원통형 화상, 전기 화상
중등도	• 체표면적 2% 이상~10% 미만의 3도 화상인 모든 화상 • 체표면적 15% 이상, 25% 미만의 2도 화상인 10세 이상 50세 이하의 환자 • 체표면적 10% 이상, 20% 미만의 2도 화상인 10세 미만 50세 이후의 환자
경 증	• 체표면적 2% 미만의 3도 화상인 모든 환자 • 체표면적 15% 미만의 2도 화상인 10세 이상 50세 이하의 환자 • 체표면적 10% 미만의 2도 화상인 10세 미만 50세 이후의 환자

⑤ 소아의 중증도 분류

중증도 분류	화상 깊이 및 화상 범위
중 증	전층 화상과 체표면의 20% 이상의 부분층 화상
중등도	체표면의 10~20%의 부분층 화상
경 증	체표면의 10% 미만의 부분층 화상

■ 화상환자의 수액투여

① 목표 소변량에 따라 수액투여량 조절
② 성인 환자는 2ml/kg/%TBSA, 소아의 경우 3ml/kg/%TBSA, 전기 화상의 경우 전 연령대에서 4ml/kg/%TBSA를 기준으로 락테이트 링거액 투여

㉠ 화상 소생술 시 화상 유형과 연령에 따른 수액의 양과 목표 소변량

화상의 유형	연령과 체중	조정된 수액의 양	소변량
열화상	성인과 소아 (≥14세)	2ml LR × kg × %TBSA	0.5ml/kg/hr 30~50ml/hr
	소아 (<14세)	3ml LR × kg × %TBSA	1ml/kg/hr
	영아와 어린소아 (≤30kg)	3ml LR × kg × %TBSA 추가로 포도당함유 수액을 유지속도로 투여	1ml/kg/hr
전기화상	전 연령	4ml LR × kg × %TBSA 소변이 맑아질 때까지	1~1.5ml/kg/hr 소변이 맑아질 때까지

㉡ 파크랜드 수액요법
- 화상 입은 면적이 크면 병원전 처치에서 적극적인 수액 요법을 시행하라는 의료지도가 있을 수 있다.
- 중등에서 중증화상 환자는 모두 정맥로를 확보해야 한다.
- 2개의 굵은 혈관 주사를 확보한 후 각각에 1,000ml의 생리식염수나 링거액을 연결한다.
  ※ 4ml × 환자 몸무게(kg) × 2/3도 화상의 체표면적(%) = 24시간 동안 주어야 할 수액량
- 화상 후 첫 8시간 동안 전체 수액의 반을 준다.
- 병원으로의 이송은 대개 1시간 이내이기 때문에 초기 주입하는 수액량으로 환자의 몸무게 킬로그램당 0.25ml를 화상 면적과 곱한 양을 주는 것이 합리적이다.
- 화상 환자에서 수액을 줄 때는 기도 상태와 호흡음을 자주 주의 깊게 감시해야 한다.
  ※ 0.25ml × 환자 몸무게(kg) × 화상면적 = 수액량

■ 저혈당과 고혈당의 차이점

① 시작 : 저혈당은 갑자기 나타나는 반면 고혈당은 보통 서서히 진행된다. 그 이유는 고혈당인 경우 뇌로 혈당이 전달되는 반면 저혈당은 혈당이 뇌에 도달할 수 없어 갑자기 경련이 일어나기 때문이다.
② 피부 : 고혈당 환자는 따뜻하고 붉으며 건조한 피부를 갖는 반면 저혈당 환자는 차갑고 창백하며 축축한 피부를 나타낸다.
③ 호흡 : 고혈당 환자의 호흡에서는 아세톤 냄새가 나기도 한다.
④ 고혈당 환자는 종종 빠르고 깊은 호흡을 나타내고 구갈증, 복통, 구토 증상도 나타난다.

■ 의식이 있는 뇌졸중 환자를 평가하는 방법
① F(Face) : 입 꼬리가 올라가도록 웃으면서 따라서 웃도록 시킨다. 치아가 보이지 않거나 양쪽이 비대칭인 경우 비정상
② A(Arm) : 눈을 감고 양 손을 동시에 앞으로 들어 올려 10초간 멈추도록 한다. 양손의 높이가 다르거나 한 손을 전혀 들어 올리지 못할 경우 비정상
③ S(Speech) : 하나의 문장을 얘기하고 따라하도록 시킨다. 말이 느리거나 못 한다면 비정상
④ T(Time) : 시계가 있다면 몇 시인지 물어보고 없다면 낮인지 밤인지 물어본다.

■ 뇌졸중 환자 응급처치
① 환자를 안정시키기 위해 주위를 조용히 하고 지속적으로 환자의 생체징후를 측정하며, 산소포화도가 94% 미만이거나 산소포화도를 알 수 없을 경우에 비강캐뉼라를 이용하여 산소를 4~6L 공급한다.
② 호흡곤란을 호소하면 BVM으로 고농도산소를 공급하고 인공호흡을 준비한다.
③ 의식이 없거나 기도를 유지할 수 없는 의식저하 상태라면 기도를 유지하고 고농도 산소를 공급하고 마비된 쪽을 밑으로 한 옆누움자세 형태로 이송한다.
④ 신속하게 병원으로 이송하며, 재평가를 실시한다.
⑤ 이송 중 병원에 연락을 취해 병원도착 예정시간과 증상이 나타난 시간을 알려준다.

■ 열손상
① 열경련(heat cramp)
   ㉠ 더운 곳에서 격렬한 활동으로 땀을 많이 흘려 전해질(특히 나트륨) 부족으로 나타난다.
   ㉡ 근육경련이 나타나지만 심각하지는 않으며 대부분은 시원한 곳에서 휴식하고 수분을 보충하면 정상으로 회복된다. 회복 후에는 다시 활동을 재기할 수 있어 적절한 처치 없이 방치하면 소모성 열사병으로 진행된다.
② 일사병(heat exhaustion)
   ㉠ 체액소실로 나타나며 보통 땀을 많이 흘리고 충분한 수분을 섭취하지 않아 발생한다.
   ㉡ 응급처치를 하지 않으면 쇼크를 초래하고 증상 및 징후는 얼마나 체액을 소실했는지에 따라 달라진다. 초기에는 피로, 가벼운 두통, 오심/구토, 두통을 호소하며 피부는 정상이거나 차갑고 창백하며 축축하다. 처치가 이루어지지 않으면 빠른맥, 빠른호흡, 저혈압을 포함한 쇼크 징후가 나타난다. 적절한 휴식 없이 진화하는 소방대원 및 통풍이 안 되는 작업복을 입고 일할 때 많이 발생한다.

③ 열사병(heat stroke)
  ㉠ 열 손상에서 가장 위험한 단계로 체온조절기능 부전으로 나타난다.
  ㉡ 여름철에 어린아이나 노약자에게 많이 일어나며 보통 며칠에 걸쳐 진행된다. 소모성 열사병 환자와 같이 체온이 정상이거나 약간 오르지 않고 41~42℃ 이상 오른다. 피부는 뜨겁고 건조하거나 축축하다. 의식은 약간의 혼돈상태에서 무의식상태까지 다양하게 의식변화가 있다. 만약, 의식은 명료하나 피부가 뜨겁고 건조하거나 축축한 환자가 있다면 적극적인 체온저하 처치를 실시해야 한다.

■ 신생아의 아프가점수(출생 후 1분, 5분 후 재평가 실시)

평가내용	점 수		
	0	1	2
피부색 : 일반적 외형	청색증	몸은 핑크, 손과 팔다리는 청색	손과 발까지 핑크색
심장 박동수	없 음	100회 이하	100회 이상
반사흥분도 : 찡그림	없 음	자극 시 최소의 반응 / 얼굴을 찡그림	코 안쪽 자극에 울고 기침, 재채기 반응
근육의 강도 : 움직임	흐늘거림/부진함	팔과 다리에 약간의 굴곡 제한된 움직임	적극적으로 움직임
호흡 : 숨쉬는 노력	없 음	약함 / 느림 / 불규칙	우렁참

• 8~10점 : 정상출산으로 기본적인 신생아 관리
• 3~7점 : 경증의 질식 상태, 호흡을 보조함, 부드럽게 자극, 입-코 흡인
• 0~2점 : 심한 질식 상태, 기관 내 삽관, 산소공급, CPR

■ 신생아에 대한 처치과정
① 보온 유지 및 기도 내 이물질 제거
  ㉠ 구형흡입기로 우선 입을 흡인하고 그다음에 코를 흡인한다. 입과 코 주변의 분비물은 소독된 거즈로 닦아낸다(주의 : 코를 먼저 흡인하면 신생아는 헐떡거리거나 호흡을 시작하게 되고 이때, 입에 있는 태변, 혈액, 체액, 점액이 허파에 흡인될 수 있다).
  ㉡ 신생아를 소아용 침대에 한쪽으로 눕히고 구형흡입기로 다시 입, 코 순으로 흡인한다(준비된 장소가 없다면 품에 안고 실시할 수도 있다).
② 호흡 평가
  ㉠ 기도 내 이물질을 제거한 순간부터 자발적으로 호흡하는 것이 정상이며 30초 내에 호흡을 시작해야 한다. 만약 그렇지 않다면 호흡을 격려해야 하는데 등을 부드럽게 그리고 활발하게 문지르거나 손가락으로 발바닥을 자극하는 방법이 있다.

ⓛ 하지만 발바닥을 치켜들고 손바닥으로 쳐서는 안 되며 호흡이 있으나 팔다리에 약간의 청색증이 있다고 해서 등을 문지르거나 발바닥을 자극해서는 안 된다. 태어나서 수 분 동안은 이런 팔다리의 청색증이 정상이다. 만약 호흡이 얕고 느리며 없다면 40~60회/분 인공호흡을 실시해야 한다(주의 : 구강대 마스크를 이용한다면 신생아용 소형 펌프를 사용해야 하며 유아용 백–밸브마스크를 사용할 때에는 백을 조금만 짜야 한다. 30초 후에 호흡을 재평가해서 호전되지 않는다면 계속 실시해야 한다).

③ 심박동 평가
㉠ 왼쪽 유두 윗부분에서 제일 잘 들리며 100회/분 이하이면 40~60회/분 인공호흡을 실시해야 한다. 30초 후에 재평가해서 60~80회/분이고 심박동수가 올라갔다면 계속 인공호흡을 실시하고, 30초 후에 재평가를 해야 한다. 만약 60회/분 이하이며 올라가지 않았다면 인공호흡과 더불어 가슴압박을 실시해야 한다.
ⓛ 가슴압박 횟수는 120회/분이며 양 엄지손가락은 복장뼈 중앙에 나머지 손가락은 등을 지지하고 압박해야 한다. 압박깊이는 가슴의 1/3 정도이고 호흡과 가슴압박의 비율은 1:3이 되어야 하며 1분에 90회의 가슴압박과 30회의 호흡으로 실시해야 한다.

④ 호흡과 맥박은 정상이나 몸통에 청색증을 계속 보이면 산소를 공급한다.
산소는 10~15ℓ/분으로 공급하며 직접 주는 것이 아니라 얼굴 가까이 산소튜브를 놓고 공급해야 한다. 이송 중에 계속 평가를 실시해야 한다.

■ 기본소생술

구 분	평 가	내 용	주의사항
반응확인	의식확인	어깨를 두드리면서 "괜찮으세요?"라고 크게 소리쳐서 반응을 확인	응급의료체계 신고(119) • 반응이 없으면 즉시 119신고 및 제세동기 요청
호흡, 맥박	호흡확인 (맥박확인)	• 호흡의 유무 및 비정상 여부 판별 (일반인) • 호흡과 맥박 동시 확인(의료제공자)	• 무호흡, 비정상 호흡(심정지) 판단 • 의료제공자의 경우 호흡확인과 동시에 목동맥에서 맥박확인(5~10초 이내)
C(순환)	가슴압박	• 일반인 : 인공호흡 없이 가슴압박만 하는 가슴압박소생술을 하고 인공호흡을 할 수 있는 사람은 가슴압박과 인공호흡을 같이 시행 • 의료제공자 : 심폐소생술 실시 • 가슴압박과 인공호흡 비율 : 30:2	• 압박위치 : 가슴뼈의 아래쪽 1/2 • 압박깊이 : 성인 약 5cm, 소아 4~5cm, 영아 4cm • 압박속도 : 분당 100~120회
A(기도)	기도개방	인공호흡하기 전 기도개방 실시	• 비외상 : 머리기울임–턱들어올리기 • 외상 : 턱 밀어올리기법
B(호흡)	인공호흡	기도개방 후 인공호흡 실시 – 1회에 1초간 총 2회	가슴 상승이 눈으로 확인될 정도로 2번 인공호흡 실시. 인공호흡을 과도하게 하여 과환기를 유발하지 말 것

빨리보는 간단한 키워드

■ **1인 심폐소생술**

① 방 법
  ㉠ 2분 이내에 5주기[(30회 가슴압박 : 2회 인공호흡)×5회]
  ㉡ 목동맥 촉지
  ㉢ 무맥 : 가슴압박
  ㉣ 맥박 있으나 호흡 없는 경우 : 인공호흡만

② 순 서
  현장안전 및 감염방지 → 반응검사 → 응급의료체계 신고 및 AED 요청 → 호흡·맥박확인(5~10초 동안 목동맥) → 가슴압박(100-120회/분당 120회 속도(15~18초 이내)로 30회 압박) → 기도개방(머리젖히고 턱들기방법) → 인공호흡(2회) → 가슴압박과 인공호흡 30 : 2로 5주기 → 맥박확인(목동맥)

■ **연령에 따른 심폐소생술**

심폐소생술 수기	성 인	소 아	영 아
심정지의 확인	• 무반응 • 무호흡 혹은 심정지 호흡 • 5초 이상 10초 이내 확인된 무맥박(의료인만 해당)		
심폐소생술의 순서	가슴압박 - 기도유지 - 인공호흡		
가슴압박 속도	분당 100회~120회		
가슴압박 깊이	가슴뼈의 아래쪽 1/2 (약 5cm)	가슴 깊이의 1/3 (약 4~5cm)	가슴 깊이의 1/3 (약 4cm)
가슴 이완	가슴압박 사이에는 완전한 가슴 이완		
가슴압박 중단	가슴압박의 중단은 최소화(10초 이내)		
기도유지	머리기울임 - 턱들어올리기(외상환자 의심 시 턱 밀어올리기)		
가슴압박 : 인공호흡	-		
전문기도 확보 이전	30 : 2(1인·2인 구조자)	30 : 2(1인 구조자) 15 : 2(2인 구조자)	
전문기도 확보 이후	6초마다 인공호흡(분당 10회) ※ 단, 1회 인공호흡을 1초에 걸쳐 실시하며 가슴압박과 동시에 환기되지 않도록 주의		

■ **심폐소생술을 시작하지 않아도 되는 경우**

① 환자 발생장소에 구조자의 신변에 위험요소가 있는 경우
② 환자의 사망이 명백한 경우 : 시반, 뇌 또는 체간의 분쇄손상, 신체일부의 부패, 심장 또는 허파의 노출
③ 사후강직(사망 후 4~10시간 후 나타남)

■ **심폐소생술을 중단할 수 있는 경우**
  ① 환자의 맥박과 호흡이 회복된 경우
  ② 의사 또는 다른 처치자와 교대할 경우
  ③ 심폐소생술을 장시간 계속하여 처치자가 지쳐서 더 이상 심폐소생술을 계속할 수 없는 경우
  ④ 사망으로 판단할 수 있는 명백한 증거가 있는 경우
  ⑤ 의사가 사망을 선고한 경우

■ **심폐소생술의 합병증**

가슴압박이 적절하여도 발생하는 합병증	• 갈비뼈골절 • 복장뼈골절	• 심장좌상 • 허파좌상
부적절한 가슴압박으로 발생하는 합병증	• 상부 갈비뼈 또는 하부갈비뼈의 골절 • 기 흉 • 간 또는 지라의 손상 • 식도 또는 위점막의 파열	• 심장파열 • 심장눌림증 • 대동맥손상
인공호흡에 의하여 발생하는 합병증	• 위 내용물의 역류 • 구 토	• 허파흡인

■ **GCS 의식상태**
GCS 의식수준은 현장도착 시점과 병원도착 시점의 환자의 의식수준을 평가하여 기록한다.

항 목	검사방법	환자 반응	점 수
눈 뜨기	자발적	눈을 뜨고 있음	4
	언어 지시	소리 자극에 눈을 뜸	3
	통증 자극	통증 자극에 눈 뜸	2
		어떤 자극에도 눈 못 뜸	1
운동 반응	언어 지시	지시에 정확한 행동 실시	6
	통증 자극	통증을 제거하려는 뚜렷한 행동	5
		뿌리치는 행동	4
		이상 굴절반응	3
		이상 신전반응	2
		운동 반응 없음	1
언어 반응	언어 지시	질문에 적절한 답변 구사	5
		질문에 적절하지 않은 답변	4
		적절하지 않은 단어 사용	3
		이해할 수 없는 웅얼거림	2
		지시에 아무런 소리 없음	1

※ 여기서부터 소방교·장 승진시험에서 제외되는 부분입니다. SOP를 요약했기 때문에 최신 SOP 전체를 꼼꼼히 살펴보시기 바라며, 재난 및 안전관리 기본법은 공통교재(소방법령 5)에 실린 부분 위주로 법 원문을 반드시 살펴보시기 바랍니다(개정 내용 확인).

■ 재난현장 표준작전절차 분류
① SOP 100 – 지휘통제절차
② SOP 200 – 화재유형별 표준작전절차
③ SOP 300 – 사고유형별 표준작전절차
④ SOP 400 – 구급단계별 표준작전절차
⑤ SOP 500 – 상황단계별 표준작전절차
⑥ SSG – 현장 안전관리 표준지침

◈ SOP 100 현장지휘통제절차 목적과 주요내용
■ 지휘통제절차의 주요내용
① 현장지휘관은 사고관리 전반에 대한 지휘권을 가지며, 다음의 전술적 목표를 달성하고자 할 때에는 대원의 안전을 고려해야 한다.
　㉠ 인명구조
　㉡ 재산 보호
　㉢ 사고 안정화
　㉣ 환경 보호
② 현장지휘관은 상기 목표를 완수하기 위해 지휘체계를 확립하고 그에 필요한 지휘조직을 구성한다.
　㉠ 지휘권 선언과 현장장악, 효과적인 지휘 위치(현장지휘소)를 선정한다.
　㉡ 신속한 상황평가(현장평가, 위험요소 관리)를 실시한다.
　㉢ 필요시 현장지휘관 중심의 '진입 금지 명령권'을 확행한다.
　㉣ 효율적인 현장 의사소통을 위해 무전 등을 관리하고 통제한다.
　㉤ 충분한 자원을 확보·관리하고, 지속적으로 사고현장에 필요한 자원을 관리·운용해야 한다.
　㉥ 전략 및 전술을 설정하고 대응활동계획을 수립하여 그 계획에 따라 각 대원에게 임무를 부여해야 한다.
　㉦ 현장지휘관은 필요한 경우 권한위임(예 단위지휘관 지정을 통한 통솔범위 유지 등)을 통한 효율적인 대응조직을 구축한다.
　㉧ 현장지휘관은 지속적으로 상황을 평가하고 전략·전술을 검토하며 대응활동계획을 수정한다.
　㉨ 타 기관과 대응활동을 조정한다.
　㉩ 대응 상황에 따라 지휘권의 유지, 이양, 종결을 실시한다.

◈ SOP 101 지휘권 확립
■ 지휘권 확립 원칙
① 모든 재난 현장의 지휘체계는 단일 현장지휘체계이며 지휘권 이양 절차에 따라 지휘권을 이양 받은 지휘관이 현장지휘관이 된다.
② 선착대장은 현장에 도착과 동시에 반드시 지휘권을 무전으로 선언한다. 다만, 상시 운영되는 소방서 긴급구조지휘대의 지휘대장(지휘팀장, 대응단장 등)이 현장에 함께 도착한 경우 지휘대장이 지휘권을 선언한다.
③ 후착한 지휘대장은 선착대장이 지휘권을 선언하지 않은 경우 즉시 지휘권을 선언하여 재난현장 지휘권을 확립한다.
　㉠ 현장대원 안전관리를 점검한다.
　㉡ 자원을 배치한다.
　㉢ 위험지역 내에서 활동 중인 모든 대원의 위치를 파악한다.
　㉣ 전술상황의 기록을 유지한다.
　㉤ 임무 수행 중인 출동대로부터의 진행 상황에 대한 보고를 요청한다.

■ 현장지휘관 지휘전술
① 현장지휘관이 선택할 수 있는 지휘전술은 이동지휘, 전진지휘와 고정지휘로 나뉘며 현장 상황에 맞는 적절한 전술을 선택한다.
　㉠ 이동지휘는 현장지휘관이 특정장소(현장지휘소)에 머물러 있지 않고 재난현장을 돌아다니며 지휘하는 형태를 말한다.
　㉡ 전진지휘는 현장지휘관이 위험지역으로 진입하여 대원들과 임무수행을 함께 하는 형태를 말하며 아래와 같은 상황에서 실시한다.
　　• 대원 안전에 대한 현장지휘관의 근접 감독·지원이 필요한 상황
　　• 현장지휘관의 지원이 있어야만 즉각적 인명구조가 가능한 상황
　　• 현장지휘관의 지원이 있으면 초기 화재진압이 가능한 상황
　㉢ 고정지휘는 현장지휘관이 화재 건물(지역)의 현장지휘소에 머물며 지휘하는 형태를 말한다.
② 현장지휘관 재난 규모가 크고 복잡하거나 빠른 확대 가능성이 있는 재난의 경우에는 초기부터 고정지휘를 한다.
③ 지휘권을 이양 받은 현장지휘관은 고정지휘를 하고, 단위지휘관은 임무에 따라 이동지휘, 전진지휘, 고정지휘 중 한 가지를 선택할 수 있다.

◆ SOP 102 상황평가 및 적용
■ 안전관리 상황평가
　① 현장지휘관은 대원안전과 관련된 다음의 화재현장 주요요소를 예의주시하고 적절한 조치를 강구하며 현장지휘관 중심의 '진입 금지 명령권'을 확행할 수 있다.
　　㉠ 숨겨진 공간 내에 화재가 있는 경우
　　㉡ 진행 중인 화재의 상층부에서 임무를 수행하는 경우
　　㉢ 시계(視界)가 0(zero)인 경우
　　㉣ 통상적인 소요 시간이 지났는데도 화점을 발견할 수 없는 경우
　　㉤ 화재진압 중인 출동대가 지원을 요청하는 경우
　　㉥ 건물 내의 출동대가 '초진'을 보고함에도 불구하고 현장지휘소에서 여전히 진행 중인 화재를 목격하는 경우
　　㉦ 바람을 타고 빠르게 번지는 화재인 경우(예 산불)
　　㉧ 특수한 현상의 징후가 보이는 화재인 경우
　　㉨ 해당 대상물에 위험한 상황이 존재하거나 위험한 물질을 보유하고 있다는 정보가 있는 경우
　　㉩ 구조대상자가 내부에 존재하는 경우
　② 현장안전담당은 대원들에 대한 위험요소를 사전에 파악하고 그 내용을 즉시 현장지휘관에게 보고하고 필요한 조치를 취한다.
　③ 현장지휘관 등은 평상시 신속동료구조팀(RIT) 교육 및 상황대처 훈련을 실시하여야 한다.

■ 진입 금지 명령권
　① 현장지휘관은 현장지휘관 중심의 '진입 금지 명령권'을 확행할 수 있다.
　② 현장지휘관의 진입 명령 없이는 현장대원의 내부 진입은 금지되며 내부 진입 명령은 다음의 절차를 따른다.
　　㉠ 현장지휘관은 출동 중 상황실로부터 취득한 정보와 도착 후 현장정보 등을 종합하여 상황판단 후 현장 진입 등 명령 여부를 결정한다.
　　㉡ 현장지휘관은 '내부 진입'이 결정되면 '무전'으로 진입을 명령한다.

◆ SOP 103 자원의 동원과 관리
■ 현장지휘관 추가자원 요청 절차
　① 현장지휘관은 출동접수 즉시 대상물의 용도, 기상상황, 재난발생 시간대 등에 기초하여 자동으로 편성된 출동대의 규모가 소방활동에 충분한지 예측하여 필요시 추가자원을 요청한다.
　② 현장에 도착한 선착대장 등 현장지휘관은 현장 상황평가를 실시하고 전파한다.
　　㉠ 소방력 부족으로 판단되는 경우 추가자원 출동을 요청한다.
　　㉡ 필요시 재난 규모에 따라 적정한 대응단계를 발령한다. 단, 상황실장은 대응단계 발령권은 없으나 수집된 재난정보에 따라 현장지휘관에게 '대응단계 발령 권고'는 가능하다.

■ 자원대기소 등 운영 절차

긴급구조통제단이 가동되거나 대기1단계가 지속되면 현장지휘관은 다수의 출동대에 대한 효율적인 관리 및 운용을 위해 아래와 같이 자원대기소를 가동한다.

① 상황실은 정보시스템을 활용하여 재난현장 인근에 있는 자원대기소로 적합한 장소를 검색하여 제공한다.
② 현장지휘관은 사고현장 인근의 장소(주차장, 공터, 운동장, 넓은 도로의 한 측면 등)를 선정하여 자원대기소로 지정한다.
③ 자원대기소를 지정한 경우에는 즉시 상황실에 위치를 통보하고 상황실은 모든 출동대에 자원대기소의 위치를 전파한다.
④ 추가 출동 중인 모든 출동대는 자원대기소에 도착하여 출동대 명칭, 책임자, 자원현황(인원, 장비 등)을 자원대기소장에게 보고하고 임무를 부여받는다.

> ※ (초)고층건물 화재 시 전진지휘소 및 자원대기소 관련 내용 비교
> ① 소방전술 i 화재 1 333페이지 고층건물 화재진압 전술
>   화점을 확인한 시점에서 전진 지휘소를 직하층에 설치하고, 자원대기소를 전진지휘소 아래층에 설치하여 교대인력, 공기호흡 예비용기, 조명기구 등의 기자재를 집중시켜 관리한다(자원대기소는 화점층 2개층 아래).
> ② 소방전술 i 화재 1 400페이지 SOP 103 각주 부분
>   (초)고층건물 화재 시의 자원대기소는 발화층의 2개층 아래에 설치한다(공통교재 고층건물 화재진압 전술 부분과 일치).
> ③ 소방전술 i 화재 1 450페이지 SOP 223 초고층건물 화재 대응절차
>   현장지휘관은 화점을 확인한 시점에서 전진 지휘소를 화점층 기점 2개 층 아래에 설치하고 자원대기소(Staging-area)는 화점 직하층에 설치하여 교대인력, 예비용기, 조명기구 등 기자재를 집중시켜 관리한다(위 내용과 다름).
> (결론 : 공통교재 고층건물 화재진압 전술과 SOP 103 자원의 동원과 관리(자원대기소 등 운영 절차)의 자원대기소는 설치 위치가 같지만, SOP 223 초고층건물 화재 대응 절차의 자원대기소 설치 위치는 상이함. 교와 장 시험에서는 공통교재 333페이지 내용만 숙지하면 되지만, 위 시험에서는 문제와 지문에 따라서 논란의 여지가 있음)

◆ SOP 104 현장지휘소 설치

■ 현장지휘소 설치 위치

① 현장지휘소란 현장지휘관이 머무르는 장소를 말하며 시설물의 설치와 무관하다. 통상적인 현장지휘소의 위치는 다음과 같다.
  ㉠ 선착대 소방차량 인근, 지휘차 인근, 긴급구조통제단 현장지휘소
  ㉡ 위 장소보다 더 적합한 장소(인근 건물의 실내 포함)
② 통제선을 기준으로 현장지휘소를 설치할 경우 현장지휘관은 다음 지역에 현장지휘소를 설치한다.
  ㉠ 제1통제선과 제2통제선 사이의 공간에 설치한다.
  ㉡ 유해물질 등 재난 현장(Zone: Hot -Warm- Cold 기준)에서는 Cold Zone에 설치한다.

③ 현장지휘관은 현장지휘소 위치를 선정할 때 아래의 요건을 고려한다.
　㉠ 재난이 발생한 건물(지역) 또는 연소확대 예상건물(지역)등 구조현장 관찰이 가장 용이한 장소를 선정한다.
　㉡ 유해가스, 낙하물 등 재난현장의 생성물로부터 안전한 장소를 선정한다.
　㉢ 현장활동 차량의 이동과 대응활동을 방해하지 않는 장소를 선정한다.

◆ SOP 105 현장대응조직의 구축
■ 현장대응조직 구축 원칙
① 현장지휘관은 재난현장을 총괄하기 위해 모든 개별 출동대를 지휘·통제하고 그 배치와 기능을 기록·관리한다.
　㉠ 이를 위해서는 현장지휘관의 관리 능력을 초과하기 전, 즉 대원·자원의 전술적 배치에 앞서 재난 규모에 맞는 대응조직이 구축되어야 한다.
　㉡ 복잡한 대규모 재난 → 대규모 대응조직, 단순 소규모 재난 → 소규모 대응조직
② 기본적인 3단계 지휘수준은 다음과 같으며 대응활동 조직의 규모에 따라 현장지휘관과 단위지휘관의 지휘수준도 달라진다.
　㉠ 전략수준은 재난 현장의 전반적인 지휘·통제 및 전술적 목표 달성을 위해 필요한 대응활동("무엇을 할 것인가?"- 대응 방향 설정)을 말한다.
　㉡ 전술수준은 전략수준에서 결정된 각 목표를 해결하기 위한 수준으로 대원배치 및 임무 수행 시 안전관리("어떻게 할 것인가"-대응 방법의 의사결정) 등을 말한다.
　㉢ 임무수준은 전술수준의 목표를 해결하기 위해 부여된 임무수행의 수준으로 각 개별 출동대나 특정대원에 의해 달성되는 활동("실행"-임무수행)을 말한다.
③ 현장지휘관은 지역(구역) 또는 기능(역할)에 따라 단위대를 설치할 수 있으며 단위대 내의 출동대 수는 구역(기능)의 여건에 맞게 정한다.

◆ SOP 106 전략 설정, 대응활동계획 수립 및 수정
■ 현장지휘관 전략 수립 절차
① 전략은 공격, 방어, 병행전략으로 구분하며 병행전략을 사용할 경우에는 모든 현장대원에게 "병행전략"의 실시를 전파한다.
　㉠ 공격전략은 화재초기 또는 성장기에 내부로 진입하여 초기검색과 진압작전을 하는 것을 말한다.
　㉡ 방어전략은 내부진입을 할 수 없는 상황에서 연소확대 방지에 초점을 두고 진압작전을 하는 것을 말한다.
　㉢ 병행전략은 공격전략과 방어전략을 동시에 활용하는 전략을 말한다. 예 외부에서 방어전략으로 연소확대를 방지하는 상황에서 인명구조를 위해 일부 내부공격이 필요한 경우 또는 여러 건물의 대규모 화재에서 A건물은 공격전략을 사용하고 인접 건물(샌드위치패널 등)은 방어전략을 사용하는 경우에 활용한다.

② 현장지휘관이 현장 주요요소를 반영하여 전략을 선정한다.
③ 현장지휘관은 전략을 선정하고 변경할 때 즉시 무선을 통해 전파한다.

◆ SOP 107 무선 통신
■ 무전의 기본원칙
① 현장지휘관은 재난현장에서 효율적 무전과 그 유지·통제에 대한 책임을 진다.
② 사고현장의 의사전달은 대면, 무전, 휴대전화, 정보시스템(예 소방안전지도 등) 활용, 표준 작전절차의 준수 등을 통하여 이루어진다.
③ 무선 통신의 우선순위는 다음과 같다.
　　㉠ 대원 안전　　　　　　　　㉡ 구조대상자
　　㉢ 재난현장 주요요소　　　　㉣ 전략, 전술, 대응활동계획
④ 상황실의 정보수집과 신속한 상황 전파를 위해 출동 중인 각 출동대의 장과 지휘대장은 불필요한 무전을 삼가야 한다. 예 "공기호흡기 착용, 안전에 유의" 등은 가장 기본적인 안전 수칙이므로 지휘관이 출동 중에 이 내용을 송신하는 것은 자제한다.
⑤ 재난 현장과 재난 현장을 지원하는 부서는 무전을 최대한 자제해야 한다.
⑥ 임무를 수행 중인 대원은 위치이동, 중요 정보, 긴급탈출 상황 등 필요한 상황에서만 무전하는 것을 원칙으로 한다.

◆ SOP 109 대원 긴급탈출 절차
■ 긴급탈출을 위한 현장지휘관의 임무
① 위험지역에서 활동 중인 출동대가 3회의 무전교신 시도에도 응답하지 않은 때에도 긴급탈출 상황으로 본다.
② 위험지역에서 안전하게 빠져나올 수 없는 것을 인지한 대원은 즉시 무전기로 "긴급탈출"을 3회 반복하여 송신하여야 한다.
　　㉠ "긴급탈출"은 생명을 위협받는 상황에서 즉각적인 도움이 필요하거나 신속한 대피가 필요한 경우에만 사용하며 이를 발견한 대원은 누구나 선언할 수 있다.
　　㉡ "긴급탈출"을 송신한 대원은 상황을 벗어나는데 필요한 자원(지원)과 현장에서 발생하고 있는 주요상황("대원추락", "대원부상", "대원실종", "대원고립", "붕괴위험", "가스누출" 등 명확한 설명)을 추가로 송신한다.
　　㉢ 긴급탈출 상황에서 모든 출동대는 무전을 전면 중단하고 긴급탈출 상황, 전략 및 대응활동 계획의 변경과 관련된 교신, 상황변화 보고만 전송한다.
　　㉣ 긴급탈출 상황이 선언되면 위험지역에서의 모든 대응활동과 긴급탈출 구출작전은 동일한 무전채널을 사용하고 현장지휘관, 단위지휘관, 위험지역 출동대가 진행상황을 공유하고 지원할 수 있도록 한다.

◈ SOP 206 방수임무 수행절차
■ 관창수의 방수요령
① 소방대는 직사주수, 분무주수(고속, 중속, 저속), 확산주수, 반사주수 및 엄호주수 등 주수요령 및 특성, 안전관리에 대한 사항을 충분히 숙지한다.
② 소방대는 실내 전체가 연소하거나 짙은 연기로 화점의 확인이 곤란한 경우에는 「천장→벽면→수용물→바닥면」순으로 주수한다.
③ 소방대는 연소되지 않은 부분 쪽에서 연소되고 있는 부분으로 주수한다.
④ 소방대는 금수성 물질(제1류 위험물 중 무기과산화물류, 제2류 위험물 중 금속분 등, 제3류 위험물 중 나트륨 등)은 주수 금지한다(단, 다량주수 전술 결정시 예외).
⑤ 소방대는 밀폐된 공간의 작은 개구부를 통해 주수시 화염 및 연기 분출에 유의한다.
⑥ 소방대는 양쪽 개구부의 한쪽에서 방수하면 다른 쪽으로의 화염 및 연기 분출에 유의한다.
⑦ 소방대는 특고압설비 등 전기설비에 대해 "Off" 등 전원차단 상태가 확인되지 않은 상태에서는 주수를 금지한다.

◈ SOP 221 금속화재 대응절차
■ 현장대응절차
① 알루미늄분은 팽창질석, 팽창진주암, 마른 모래, 소금, 활석, 특수 합성물 등 천천히 불을 질식시키는 건조 비활성 재료를 사용한다.
  ㉠ 물을 사용 시 위험반응이 발생할 수 있으며 폼, 할로겐약제, 건조화합물(카보네이트), 이산화탄소(CO_2) 소화기로는 소화할 수 없다.
② 마그네슘 고형물질은 타기 전 용융하며 물이 녹은 금속과 접촉할 때 격렬하게 반응한다.
  ㉠ 소형화재 시 흑연, 소금 등을 사용하여 진화하고 연소물을 삽으로 퍼서 노출시키고 마그네슘 화재 시에는 건조화합물을 사용하고, 물이나 이산화탄소 사용을 절대 금지한다.
  ㉡ 마그네슘은 연소 시 자외선 백색섬광을 발생시키며 망막손상을 가져온다.
③ 알카리금속 → 저온발화 / 나트륨, 포테슘, 루비듐 → 습한 환경 점화, 부식성 증기가 발생하므로 피부접촉 시 화상을 입을 수 있다(중화제 아세트산, 물).
  ㉠ 나트륨 화재 시 유용한 진화 수단은 잘 건조된 나트륨 염화물(소금), 흑연, 건조 수산화나트륨 재, 특수 합성물, 건조사이다.
  ㉡ 물, 폼, 소다-산, 이산화탄소, 사염화탄소 종류는 격렬한 반응을 유발하는 알칼리금속 화재 시에는 절대 사용을 금지한다.
  ㉢ 불타고 있는 나트륨을 등유에 가라앉히면 소화되며 가연성 액체 화재 시에는 이산화탄소(CO_2) 소화기로 진화한다.
④ 금속나트륨, 금속칼륨, 카바이트 등 금수성 물질은 주수로 인한 가연성 가스 폭발이나 폭발적 연소위험이 있으므로 절대로 주수를 금지한다.

◈ **SOP 222 고층건물 화재 대응절차**
■ **현장대응절차**
① 소방대는 초기 화재 시 엘리베이터, 시설물 및 건물 출입 인원 통제를 위한 로비 통제를 실시한다.
② 소방대는 건물 내 모든 인원 대피보다 화재발생지역 위아래로 2~3층 정도 떨어진 화재로 인한 영향이 없는 지역으로 거주인원을 이동시킨다.
③ 소방대는 화재 발생 아래 지역(외부)에 유리파편이 떨어질 가능성을 고려하여 반경 50m 이내 접근을 금지하며 고층건물의 층수, 높이 및 상황을 감안하여 충분한 안전거리를 확보한다.
④ 현장지휘소는 화재 건물로부터 최소 50m 이상 떨어진 곳에 위치시킨다.
⑤ 소방대는 엘리베이터 사용이 안전하다고 판명되는 경우 화재 층을 기점으로 2개층 이하까지 엘리베이터를 이용하고 기타 지역은 계단을 이용한다.
⑥ 초기 화재 진압대원들은 화재상황에 맞춰 최대한 신속하게 지원한다.
⑦ 소방대는 화점층 및 화점상층 인명구조 및 피난유도를 최우선 한다.
⑧ 소방대는 화재초기에는 층수와 상관없이 화점층에 진입하며 일거에 소화하고 화재중기 이후에는 화재층 상층과 인접 구획 연소확대 방지에 주력한다.
⑨ 소방대는 화재층 이동 시 화재진압장비 팩(연결송수관 설비에 연결할 예비호스, 관창 묶음)을 미리 준비하고 계단실이나 직접 조작하는 비상용 엘리베이터를 이용하여 운반한다.
⑩ 소방대는 화재 시 비상용 승강기를 화재모드로 전환하여 피난층에 위치시키며 '소방운전 전용 키' 등을 인계받아 소방전용으로 활용하고 승강기 운전원을 배치한다.

◈ **SOP 223 초고층건물 화재 대응절차**
■ **현장대응절차**
① 현장지휘관은 선착대장 및 관계자로부터 취득한 정보를 종합적으로 분석하고 판단하여 연소저지선과 배연 및 화재진압 방법을 결정한다.
② 현장지휘관은 출동대 담당범위 및 각 대(원)별 임무지정 등을 총괄 지휘한다.
③ 현장지휘관은 화점을 확인한 시점에서 전진 지휘소를 화점층 기점 2개 층 아래에 설치하고 자원대기소(Staging-area)는 화점 직하층에 설치하여 교대인력, 예비용기, 조명기구 등 기자재를 집중시켜 관리한다.
④ 현장지휘관은 1차 경계범위를 당해 화재구역의 직상층으로 하며 직상층이 돌파될 우려가 있는 경우 그 구역 직상층을 경계범위로 하고 순차적으로 경계범위를 넓힌다.
⑤ 현장지휘관은 화점의 직상층 계단 또는 직상층에 경계팀을 배치하고 진입팀의 활동거점은 화점층의 특별피난계단 부속실에 확보한다.
⑥ 발화층이 3층 이상인 경우 연결송수관을 활용하고 내부 수관 연장은 소방대 전용 방수구에서 연장한다.

◈ SOP 234 항공기 화재 대응절차
■ 현장대응절차
① 소방대는 방열복 및 공기호흡기를 착용한다.
② 소방대는 화재발생 대비 경계관창을 배치하고 소방용수 공급대책을 마련한다.
③ 화재진압은 풍상 또는 기수 측부터 수행하며 풍향과 기체방향이 다를 경우 풍상 또는 풍횡에서 진압한다.
④ 소방대는 방수 시 관창 65mm로 3인 이상이 고속분무주수를 실시한다.
⑤ 소방대는 항공기 내·외부 동시 화재 발생 시 초기에 포를 다량 살포한다.
⑥ 소방대는 화재가 없어도 연료 누출이 있으면 발화원 제거에 노력한다.
　㉠ 누출 연료에 포소화약제 등을 도포한다.
　㉡ 엔진 냉각으로 발화원을 제거한다(정지된 엔진도 10~30분간 연료기화 발생 가능).
⑦ 소방대는 항공기 타이어 화재 발생 시 전방 또는 후방으로 접근하여 진입한다.
　㉠ 휠과 직선으로(휠 축방향) 접근은 금지되며 소화약제는 타이어와 제동장치에만 살포한다(항공기 동체 수손피해 방지).
⑧ 대형 항공기 내부 승객 구조 시 사다리를 이용하여 진입이 가능하며 비상문과 출입문 외부에 개폐장치가 있다.
⑨ 승객 구조 시 분무주수를 통한 구조대원 및 승객에 대한 엄호주수를 하며 동체 냉각활동을 지속적으로 실시한다.
⑩ 소방대는 갑작스러운 폭발에 대비한다.
　㉠ 항공기 내 위험물 적재 여부를 관계자를 통해 확인한다.
　㉡ 엔진 화재 시 폭발가능성이 있음을 고려하여 엄폐물(소방차량 등) 및 대피로를 사전에 파악한다.
⑪ 소방대는 엔진동작 중 항공기 엔진 흡입력과 위험지역을 고려하여 활동한다.
　㉠ 흡입구 주변 : 반경 9m, 최소 출력 시 : 반경 7m
　㉡ 배기지역
　　• 최소 출력 시 배기구 측면에서 40m, 이륙 시 65m
　　• 최소 출력 시 배기구 후미에서 180m, 이륙 시 600m

◈ SOP 308 친환경차량 사고 대응절차
■ 사고특성 및 주의사항
① 고전원배터리 대응절차를 제외하면 일반 자동차구조 및 일반 자동차 화재진압 절차를 준수한다. 전기(동력)자동차 구조 대응절차 4단계(IIDR)에 따라 현장활동을 전개한다.
　※ 현장대응절차 확인 : 식별(Identify) - 고정(Immobilize) - 불능(Disable) - 구조(Rescue)
② 하이브리드자동차(HEV), 플러그인하이브리드자동차(PHEV), 전기자동차(EV), 수소전기자동차(FCEV) 식별은 차량 측면·후면 엠블럼, 전면 라디에이터 그릴, 번호판을 확인한다.

㉠ 상황실 : 119신고 접수 시 사고차종 파악
㉡ 공통사항
- 최초 현장에 도착한 선착대는 전기자동차 대응절차를 준수하며 초기상황 파악
- 차량 폭발에 대비하여 출동차량은 10~30m 이상의 안전거리를 두고 배치
  ※ 수소가스, 전원배터리, LPG·CNG 차량폭발 대비 안전거리 확보

◈ **SOP 310 유해화학물질사고 대응절차**
■ **현장대응절차**
① 119안전센터 일반대응 원칙 및 대응 한계
㉠ 바람을 등지고 접근한다.
㉡ 가능한 원거리에서 물질정보 및 현장상태를 확인하고 후착대에 전파한다.
㉢ 초기 이격거리에 통제선을 설치한다(초기 이격거리 설정 시 폭발 성상 유무도 함께 고려).
㉣ 물탱크를 활용한 간이제독을 준비한다.
㉤ 구조대상자 구조가 긴급하고 반드시 필요한 때에도 화학사고 유경험자 혹은 관련 교육·훈련을 받은 대원에 한해 대응 물질에 유효한 개인보호장비(A급 화학보호복 등)를 착용한 상태에서 제한적으로 현장 활동을 한다.

② 119구조대 일반 대응원칙 및 대응한계
㉠ 바람을 등지고 접근하며 선착 시에는 물질정보 확인을 병행한다.
㉡ 선착대가 통제선을 기설치 시 물질정보(폭발 성상 유무도 함께 고려)와 기상상황에 맞게 통제선을 조정한다.
㉢ 선착대가 통제선을 미설치 시 물질정보(폭발 성상 유무도 함께 고려)와 기상상황에 맞게 통제선을 설치한다.
㉣ 통제선 내 진입대원은 A급 화학보호복을 착용하고 제독조와 지휘조 등 통제선 부근에서 활동하는 대원은 C급 이상 화학보호복을 착용한다.
㉤ 구조대상자를 우선적으로 구조하고 가용한 장비의 범위 내에서 누출을 차단한 상태에서 확산방지활동을 한다(흡착포 및 오일펜스 활용).
㉥ 구조대가 제독차량을 보유한 경우 간이 제독 임무를 수행한다(보유하지 않은 경우 현장 지휘팀 혹은 관할 센터에 간이제독을 요청).
㉦ 잔여물질에 대한 중화는 산성 물질의 경우 중탄산나트륨, 염기성 물질의 경우 구연산으로 대응하는 것을 원칙으로 하며 중화에 대한 지식이 전무하거나 보유량의 부족 혹은 상기 물질 외 가성소다, 소석회 등에 의한 반응열로 인해 2차 피해 우려가 있을 때에는 중화를 실시하지 않는다.
㉧ 물질을 특정할 수 없는 경우 액체인 경우 50m, 기체인 경우 100m 이상 이격하여 통제선을 설치하고 분석능력을 가진 출동대(시·도 특수구조대 혹은 화학구조대)가 도착할 때까지 통제선 밖에서의 활동만 실시한다.

◈ SOP 311 방사능 누출사고 대응절차
■ 현장대응절차
선착대는 바람을 등지고 방사선 측정 후 위험구역(Hot Zone, Warm Zone, Cold Zone)을 설정한다.

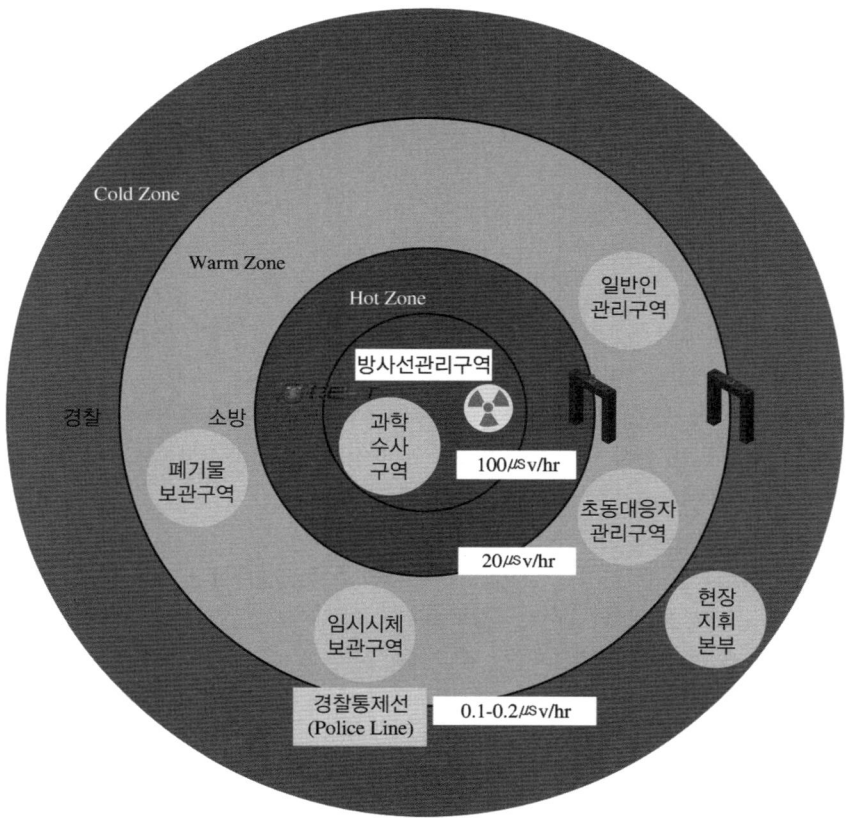

① 위험구역(Hot Zone)
   ㉠ 출입자에 대하여 방사선의 장해를 방지하기 위한 조치가 필요한 구역을 말한다.
   ㉡ 공간방사선량률 20μSv/h 이상 지역은 소방활동 구역이며 공간방사선량률 100μSv/h 이상 지역에 대해서는 U-REST 등 방사선 전문가들이 활동하는 구역이다.
② 준위험구역(Warm Zone)
   ㉠ 소방대원 등 필수 비상대응요원만 진입하여 활동하는 공간으로 일반인 및 차량의 출입을 제한하기 위하여 설정하는 지역이다.
   ㉡ 공간방사선량률이 자연방사선준위(0.1 ~ 0.2 μSv/h) 이상 20μSv/h 미만인 지역으로 Hot Zone과 경찰통제선 사이에 비상대응조치를 수행하기에 필요한 공간이다.
③ 안전구역(Cold Zone)
   경찰통제선(Police Line) 바깥 지역으로 공간 방사선량률이 자연방사선준위(0.1 ~ 0.2μSv/h) 수준인 구역이다.

◈ SOP 402 다수 사상자 대응절차
■ 최초 도착한 구급대의 기본역할(분류, 처치, 이송, 기록)
　① 상황전파
　　현장의 인명피해 규모(인원·중증도)와 추가 지원 필요 여부[보건소, 재난의료 지원팀(DMAT), 항공이송 등] 등을 파악하여 상황을 전파한다. 선착 구급대 확인 → 상황실 → (중앙)119구급상황관리센터 및 관계기관 순으로 전파한다.
　② 중증도 분류
　　MASS(Move, Assess, Sort, Send), START(Simple Triage And Rapid Treatment) 중증도 분류법 등에 기초하여 분류하고 분류표를 작성한다.
　③ 환자분산
　　㉠ 중증도 분류에 따라 환자 치료 및 수용 능력, 이송거리 등을 판단하여 이송할 의료기관을 선정한다.
　　㉡ 이송 우선순위는 1순위(긴급환자) → 2순위(응급환자) → 3순위(비응급환자) → 4순위(지연환자)로 한다.
　　㉢ 특정 의료기관에 집중되지 않도록 구급상황관리센터 또는 의료지도의 도움을 받아 분산하여 이송하도록 한다.

◈ SOP 503 신고통합 공동대응 및 생활안전신고 처리절차
■ 용어의 정의
　① "긴급상황"이란 사람의 생명, 신체 등 주요 법익침해에 대한 급박한 대응이 필요하여 경찰, 소방, 해경 등 조치의 신속성이 최우선되는 상황을 말한다.
　② "비긴급상황"이란 위 긴급상황 외의 상황으로 통상적인 불편민원, 신고, 상담(고충, 불편사항, 전문상담)등 상대적으로 현장대응 후순위에 속하는 상황을 말한다.
　③ "공동대응"이라 함은 위급한 상황이 발생하여 국민의 생명과 재산의 피해를 최소화하기 위하여 필요한 경우 119긴급신고 관련 기관이 신고정보를 공유하여 공동으로 대응하는 것을 말한다.
　④ "신고이관"이란 소관 사항이 아닌 신고접수 건에 대하여 관련 시스템 등을 통해 소관 기관으로 접수된 신고내용 등 정보를 전달하는 일련의 절차를 말한다.
　⑤ "이관접수"란 다른 기관이 접수한 신고내용(정보)를 전달받아 상황실에서 처리하는 절차를 말한다.
　⑥ "긴급신고공동관리센터"란 긴급신고 공동운영기관 간 연계시스템을 구축·운영하여 긴급신고 전화에 대한 신고이관 및 공동대응을 효율적으로 관리·대응하기 위해 행정안전부 산하에 설치된 기구를 말한다.
　⑦ "3자통화"란 긴급신고 공동운영 기관이 접수된 신고건에 대해 타 기관으로 신고이관 과정에서 통화 중인 상태로 신고이관 요청기관으로 연결하는 것을 말한다.

◈ **SSG 3 임무별 현장 안전관리 표준지침**
■ **현장지휘관**
　① **현장 위험성 평가**
　　현장도착 시 건축물 붕괴 및 낙하물 등 현장 위험성 평가 후 대응방법을 결정한다.
　② **상황평가 · 판단**
　　재난현장의 종합적 정보를 취득하고 대원과 구조대상자의 안전을 고려하여 대응방법을 결정한다.
　③ **내부진입**
　　현장지휘관의 진입 명령 없이는 현장대원의 내부 진입은 금지되며 내부진입 명령은 다음의 절차를 따른다.
　　　㉠ 출동 중 상황실로부터 취득한 정보와 도착 후 현장정보를 종합하여 상황판단 후 현장 진입 등 명령·지시 여부를 결정한다.
　　　㉡ 현장지휘관은 '내부 진입'이 결정되면 '무전'으로 진입을 전파·지시한다.
　④ 개인보호장비 착용상태 및 이상 유무를 대원 상호 간 점검 지시 후 안전관리 임무를 위임받은 현장안전점검관 등으로부터 확인하도록 한다.
　⑤ 경계구역 및 안전거리를 설정(Fire-Line 등 통제선 설치)하고 재난현장 출입을 통제한다.
　　　㉠ 현장대응 물질정보 가이드북 등을 활용하여 유해화학물질 여부를 판단하고 유해화학물질로 판단될 경우 안전조치 및 안전거리를 확보한다.
　　　㉡ 건물높이 이상 확인 등 건물붕괴 여부를 판단한 후 붕괴로 판단될 경우 안전조치로써 안전거리를 확보한다.
　　　㉢ 경찰 등 유관기관과 협조하여 경계요원을 배치하고 주변 교통을 통제하며 통행을 차단하고 인근 주민을 대피시킨다.
　⑥ 방사능 사고나 유해화학물질 사고, 기타 특이사고 발생 시 관계자 및 관련전문가, 관계기관의 정보를 확보하여 활동하고 대응배치된 특수구조대 및 관계기관 자원을 활용한다.
　　　㉠ 방사능 사고 : U-rest(권역별 방사선 사고지원단)
　　　㉡ 유해화학물질 사고 : 환경부 화학물질안전원
　　　㉢ 폭발물 사고 : 경찰청 또는 군부대

■ **현장안전점검관 및 현장안전담당**
　① **현장안전점검관**
　　현장 소방활동 중 현장 안전관리에 대하여 현장보건안전관리 책임자를 보좌하고 현장안전 임무 외 겸임을 금지한다.
　　　㉠ 현장보건안전관리책임자의 현장 안전관리에 관한 지시사항을 이행한다.
　　　㉡ 현장 소방활동 안전관리 관련 교육·훈련에 대해 조언 및 지도한다.
　　　㉢ 현장투입 대원의 장비 착용 및 신체·정신 건강상태를 확인한다.
　　　㉣ 현장 소방활동의 위험요인을 관측하고 보고 및 전파한다.

ⓜ 현장대원 사고 등의 조사보고서를 작성한다.
ⓗ 안전사고 발생의 원인을 조사·분석하고 재발 방지를 조언·지도한다.
ⓢ 현장 활동대원들의 개인보호장비를 점검·관리하고 지도한다.
ⓞ 그 밖에 현장 소방활동 안전관리 업무에 관한 사항을 담당한다.

② 현장안전담당
현장 소방활동 중 현장 안전관리에 대하여 현장지휘관을 보좌한다.
㉠ 현장보건안전관리책임자, 현장지휘관 또는 현장안전점검관의 보건안전관리에 관한 지시사항을 이행한다.
㉡ 현장투입 대원의 장비착용 및 신체·정신 건강상태를 확인한다.
㉢ 현장 소방활동의 위험요인을 관측하고 보고 및 전파한다.
㉣ 그 밖에 현장 소방활동 중 안전관리에 관하여 필요한 사항을 담당한다.

※ SOP 주요 개정(25. 1. 시행) 내용 정리
- SOP 연결체계 도식화
- 현장지휘관 중심형 SOP
  - 지휘통제절차(SOP) 전면개정
- 행동창출형 SOP로 재난현장 즉각 적용
  - 주어 명시, 서술어 동사화
  - 용어 설명 별도 수록
- 「소방분야 전문용어 표준화 고시」 등에 따른 용어 표준화
- 현장상황에 따라 SOP 탄력적 운영
- 매뉴얼과 SOP, 분야별 머리말수록
- 현장지휘관 진입금지 명령권 명시
- 각 분야별 현장지휘관 상황판단 후 지시에 따라 현장 진입 명시
- (화재공통, 안전관리) 소속 소방대 출동여부확인 삭제, 출발 시 운전원의 차고 셔터 확인 절차 추가
- (화재대응일반) 후각 및 공조 시스템으로 화점 확인 삭제
- (낙하물·붕괴위험) 건축물 붕괴 우려 시 안전 거리 규정 강화
- (아파트 화재) 관계인에게 발화 지점·세대·층 확인
- (고층화재) 비상용 승강기 운전원 배치
- (산림화재) 특성 및 대응절차 보완
- (석유화학단지, 위험물저장시설, 화력발전소 화재) 수질오염 대비 유관기관 방재활동 지원 요청
- (데이터센터 화재) 항목 신설 등
- 샌드위치패널화재 대응 절차 신설
- (맨홀사고) 개념 확대, 내용 보완
- (차량사고) 배터리 전원 차단 고려 등 안전조치 보완
- (유해물질 사고) 전면 개정
- (동물포획) 포획 중 죽었을 경우 기존 소각처리에서 지자체 인계로 개정
- 소방드론 표준작전절차 신설
- (구급공통, 안전관리) 개인보호 장비 착용, 차량 안전한 장소 배치, 구급활동일지 작성방법 상세히 기술, 출동지령 단계 추가, 출동 시 사이렌 취명, 경광등 점등 추가

- (다수사상자) 대응절차 보완 등
- (구급대원 폭행방지) 경찰 공동 대응
- (주취자) 구급대원 폭행 시 상황실에 전파
- (상황) 출동 중 상황관제 절차
- (SSG) 출동 시 차고문 완전 개방 확인
- (SSG) 차량 후진 시 유도요원 배치
- (SSG) 현장 안전관리 대원칙 신설
- (SSG) 구조구급대원 감염관리 표준지침 개정
- (SSG) 현장지휘관의 활동대원 내부진입 절차·명령 강화
- (SSG) 신속동료구조팀(RIT) 운영 표준 지침 신설

재난 및 안전관리 기본법[개정 : 2025.01.07]

■ 재난의 구분

자연재난	태풍, 홍수, 호우(豪雨), 강풍, 풍랑, 해일(海溢), 대설, 한파, 낙뢰, 가뭄, 폭염, 지진, 황사(黃砂), 조류(藻類) 대발생, 조수(潮水), 화산활동, 「우주개발 진흥법」에 따른 자연우주물체의 추락·충돌, 그 밖에 이에 준하는 자연현상으로 인하여 발생하는 재해
사회재난	화재·붕괴·폭발·교통사고(항공사고 및 해상사고를 포함한다)·화생방사고·환경오염사고 등으로 인하여 발생하는 대통령령으로 정하는 규모 이상의 피해와 국가핵심기반의 마비, 「감염병의 예방 및 관리에 관한 법률」에 따른 감염병 또는 「가축전염병예방법」에 따른 가축전염병의 확산, 「미세먼지 저감 및 관리에 관한 특별법」에 따른 미세먼지, 「우주개발 진흥법」에 따른 인공우주물체의 추락·충돌 등으로 인한 피해

■ 대통령령으로 정하는 긴급구조지원기관
① 교육부, 과학기술정보통신부, 국방부, 산업통상자원부, 보건복지부, 환경부, 국토교통부, 해양수산부, 방송통신위원회, 경찰청, 기상청 및 산림청, 질병관리청 및 기상청
② 국방부장관이 이 법에 따른 탐색구조부대로 지정하는 군부대와 그 밖에 긴급구조지원을 위하여 국방부장관이 지정하는 군부대
③ 「대한적십자사 조직법」에 따른 대한적십자사
④ 「의료법」에 따른 종합병원
⑤ 「응급의료에 관한 법률」에 따른 응급의료기관, 응급의료정보센터 및 구급차 등의 운용자
⑥ 「재해구호법」에 따른 전국재해구호협회
⑦ 이 법에 따른 긴급구조기관과 긴급구조활동에 관한 응원협정을 체결한 기관 및 단체
⑧ 그 밖에 긴급구조에 필요한 인력과 장비를 갖춘 기관 및 단체로서 행정안전부령으로 정하는 기관 및 단체

- **긴급구조기관**
  ① 소방청
  ② 소방본부 및 소방서
  ③ 해양에서의 재난 : 해양경찰청, 지방해양경찰청 및 해양경찰서

- **중앙안전관리위원회의 구성(재난 및 안전관리 기본법 제9조)**
  ① 중앙위원회의 위원장 : 국무총리
  ② 간사(1명) : 행정안전부장관
  ③ 위원 : 대통령령으로 정하는 중앙행정기관 또는 관계 기관·단체의 장
    ㉠ 중앙위원회의 위원장이 사고 또는 부득이한 사유로 직무를 수행할 수 없을 때에는 행정안전부장관, 대통령령으로 정하는 중앙행정기관의 장 순으로 위원장의 직무를 대행한다.
    ㉡ 행정안전부장관 등이 중앙위원회 위원장의 직무를 대행할 때에는 행정안전부의 재난안전관리사무를 담당하는 본부장이 중앙위원회 간사의 직무를 대행한다.

- **중앙안전관리위원회의 심의사항(재난 및 안전관리 기본법 제9조)**
  ① 재난 및 안전관리에 관한 중요 정책에 관한 사항
  ② 제22조에 따른 국가안전관리기본계획에 관한 사항
    2의2. 제10조의2에 따른 재난 및 안전관리 사업 관련 중기사업계획서, 투자우선순위 의견 및 예산요구서에 관한 사항
  ③ 중앙행정기관의 장이 수립·시행하는 계획, 점검·검사, 교육·훈련, 평가 등 재난 및 안전관리업무의 조정에 관한 사항
    3의2. 안전기준관리에 관한 사항
  ④ 제36조에 따른 재난사태의 선포에 관한 사항
  ⑤ 제60조에 따른 특별재난지역의 선포에 관한 사항
  ⑥ 재난이나 그 밖의 각종 사고가 발생하거나 발생할 우려가 있는 경우 이를 수습하기 위한 관계 기관 간 협력에 관한 중요 사항
    6의2. 재난안전의무보험의 관리·운용 등에 관한 사항
  ⑦ 중앙행정기관의 장이 시행하는 대통령령으로 정하는 재난 및 사고의 예방사업 추진에 관한 사항
  ⑧ 「재난안전산업 진흥법」 제5조에 따른 기본계획에 관한 사항
  ⑨ 그 밖에 위원장이 회의에 부치는 사항

- **중앙재난안전대책본부(재난 및 안전관리 기본법 제14조)**
  ① 중앙재난안전대책본부의 운영
    ㉠ 설치부서 : 행정안전부
    ㉡ 중앙대책본부장 : 행정안전부장관

ⓒ 중앙대책본부에는 차장·총괄조정관·대변인·통제관·부대변인 및 담당관을 둠
　　　ⓔ 설치의의 : 대통령령으로 정하는 대규모 재난(이하 "대규모재난"이라 한다)의 대응·복구(이하 "수습"이라 한다) 등에 관한 사항을 총괄·조정하고 필요한 조치를 하기 위함
　② 국무총리가 중앙대책본부장의 권한을 행사할 수 있는 경우
　　　⊙ 국무총리가 범정부적 차원의 통합 대응이 필요하다고 인정하는 경우
　　　ⓒ 행정안전부장관이 국무총리에게 건의하거나 법 제15조의2 제3항에 따른 수습본부장의 요청을 받아 행정안전부장관이 국무총리에게 건의하는 경우
　③ 중앙재난안전대책본부장의 권한
　　　중앙대책본부장은 중앙대책본부의 업무를 총괄하고 필요하다고 인정하면 중앙재난안전대책본부회의를 소집할 수 있음. 다만, 해외재난의 경우에는 외교부장관이, 「원자력시설 등의 방호 및 방사능 방재 대책법」에 따른 방사능재난의 경우에는 같은 법에 따른 중앙방사능방재대책본부의 장이 각각 중앙대책본부장의 권한을 행사함

■ 중앙대책본부의 구성 등(재난 및 안전관리 기본법 시행령 제15조)
중앙대책본부(중앙방사능방재대책본부는 제외한다)에는 차장·총괄조정관·대변인·통제관·부대변인 및 담당관을 둔다.

행정안전부장관이 중앙대책본부장이 되는 경우	국무총리가 중앙대책본부장의 권한을 행사하는 경우
• 차장·총괄조정관·대변인·통제관 및 담당관 : 행정안전부 소속 공무원 중에서 행정안전부장관이 지명하는 사람 • 특별대응단장등 : 해당 재난과 관련한 민간전문가 중에서 행정안전부장관이 위촉하는 사람 • 부대변인 : 재난관리주관기관 소속 공무원 중에서 소속 기관의 장이 추천하여 행정안전부장관이 지명하는 사람	• 특별대응단장등 : 차장이 해당 재난과 관련한 민간전문가 중에서 추천하여 국무총리가 위촉하는 사람 • 총괄조정관·통제관 및 담당관 : 차장이 소속 중앙행정기관 공무원 중에서 지명하는 사람 • 대변인 : 차장이 소속 중앙행정기관 공무원 중에서 추천하여 국무총리가 지명하는 사람 • 부대변인 : 재난관리주관기관 소속 공무원 중에서 소속 기관의 장이 추천하여 국무총리가 지명하는 사람

■ 재난상황의 보고(재난 및 안전관리 기본법 시행규칙 제5조)
시장·군수·구청장, 소방서장, 해양경찰서장, 재난관리책임기관의 장 또는 국가핵심기관의 장(이하 "재난상황의 보고자"라 한다)은 다음의 구분에 따라 재난상황을 보고하여야 한다.

최초보고	인명피해 등 주요 재난 발생 시 지체 없이 서면(전자문서 포함), 팩스, 전화 중 가장 빠른 방법으로 하는 보고
중간보고	별지 제1호 서식에 따라 전산시스템 등을 활용하여 재난 수습기간 중에 수시로 하는 보고
최종보고	재난 수습이 끝나거나 재난이 소멸된 후 영 제24조 제1항에 따른 사항을 종합하여 하는 보고

※ 재난상황의 보고자는 응급조치 내용을 응급복구조치 상황 및 응급구호조치 상황으로 구분하여 재난기간 중 1일 2회 이상 보고하여야 한다.

■ 국가안전관리 기본계획 수립(재난 및 안전관리 기본법 제22조)

① 국무총리는 대통령령으로 정하는 바에 따라 5년마다 국가의 재난 및 안전관리업무에 관한 기본계획(이하 "국가안전관리기본계획"이라 한다)의 수립지침을 작성하여 관계 중앙행정기관의 장에게 통보하여야 한다.
② 제1항에 따른 수립지침에는 부처별로 중점적으로 추진할 안전관리기본계획의 수립에 관한 사항과 국가재난관리체계의 기본방향이 포함되어야 한다.
③ 관계 중앙행정기관의 장은 제1항에 따른 수립지침에 따라 5년마다 그 소관에 속하는 재난 및 안전관리업무에 관한 기본계획을 작성한 후 국무총리에게 제출하여야 한다.
④ 국무총리는 제3항에 따라 관계 중앙행정기관의 장이 제출한 기본계획을 종합하여 국가안전관리기본계획을 작성하여 중앙위원회의 심의를 거쳐 확정한 후 이를 관계 중앙행정기관의 장에게 통보하여야 한다.
⑤ 중앙행정기관의 장은 제4항에 따라 확정된 국가안전관리기본계획 중 그 소관 사항을 관계 재난관리책임기관(중앙행정기관과 지방자치단체는 제외한다)의 장에게 통보하여야 한다.
⑥ 국가안전관리기본계획을 변경하는 경우에는 제1항부터 제5항까지를 준용한다.
⑦ 국가안전관리기본계획과 제23조의 집행계획, 제24조의 시·도안전관리계획 및 제25조의 시·군·구안전관리계획은 「민방위기본법」에 따른 민방위계획 중 재난관리분야의 계획으로 본다.
⑧ 국가안전관리기본계획에는 다음 각 호의 사항이 포함되어야 한다.
  ㉠ 재난에 관한 대책
  ㉡ 생활안전, 교통안전, 산업안전, 시설안전, 범죄안전, 식품안전, 안전취약계층 안전 및 그 밖에 이에 준하는 안전관리에 관한 대책

■ 재난분야 위기관리 매뉴얼 작성·운영(재난 및 안전관리 기본법 제34조의5)

위기관리 표준매뉴얼	• 국가적 차원에서 관리가 필요한 재난에 대하여 재난관리 체계화 관계 기관의 임무와 역할을 규정한 문서로 위기대응 실무매뉴얼의 작성기준이 된다. • 재난관리주관기관의 장이 작성한다. • 다수의 재난관리주관기관이 관련되는 재난에 대해서는 관계 재난관리주관기관의 장과 협의하여 행정안전부장관이 위기관리 표준매뉴얼을 작성할 수 있다.
위기대응 실무매뉴얼	• 위기관리 표준매뉴얼에서 규정하는 기능과 역할에 따라 실제 재난대응에 필요한 조치사항 및 절차를 규정한 문서이다. • 재난관리기관의 장과 관계 기관의 장이 작성한다. • 이 경우 재난관리주관기관의 장은 위기대응 실무매뉴얼과 위기관리 표준매뉴얼을 통합하여 작성할 수 있다.
현장조치 행동매뉴얼	• 재난현장에서 임무를 직접 수행하는 기관의 행동조치 절차를 구체적으로 수록한 문서이다. • 위기대응 실무매뉴얼을 작성한 기관의 장이 지정한 기관의 장이 작성한다. • 시장·군수·구청장은 재난유형별 현장조치 행동매뉴얼을 통합하여 작성할 수 있다.

- **응급조치사항(재난 및 안전관리 기본법 제37조)**
  시·도 긴급구조통제단 및 시·군·구 긴급구조통제단의 단장과 시장·군수·구청장이 실시하는 응급조치는 다음과 같다. 다만, 지역통제단장의 경우에는 ③에서 진화에 관한 응급조치와 ⑤와 ⑦의 응급조치에 한한다.
  ① 경보의 발령 또는 전달이나 피난의 권고 또는 지시
  ② 재난예방을 위한 안전조치(법 제31조)
  ③ 진화·수방·지진방재, 그 밖의 응급조치와 구호
  ④ 피해시설의 응급복구 및 방역과 방범, 그 밖의 질서 유지
  ⑤ 긴급수송 및 구조 수단의 확보
  ⑥ 급수 수단의 확보, 긴급피난처 및 구호품 등 재난관리자원의 확보
  ⑦ 현장지휘통신체계의 확보
  ⑧ 그 밖에 재난 발생을 예방하거나 줄이기 위하여 필요한 사항으로서 대통령령으로 정하는 사항

- **중앙긴급구조통제단(재난 및 안전관리 기본법 제49조, 재난 및 안전관리 기본법 시행령 제55조)**
  ① 설치목적 : 긴급구조에 관한 사항의 총괄·조정, 긴급구조기관 및 긴급구조지원기관이 하는 긴급구조활동의 역할 분담과 지휘·통제를 위하여 설치
  ② 설치부서 : 소방청
  ③ 단장 : 소방청장
  ④ 중앙통제단장은 긴급구조를 위하여 필요하면 긴급구조지원기관 간의 공조체제를 유지하기 위하여 관계 기관·단체의 장에게 소속 직원의 파견을 요청할 수 있음. 이 경우 요청을 받은 기관·단체의 장은 특별한 사유가 없으면 요청에 따라야 함
  ⑤ 중앙통제단의 구성·기능 및 운영에 필요한 사항은 대통령령으로 정함
  ⑥ 중앙통제단에는 부단장을 두고 부단장은 중앙통제단장을 보좌하며 중앙통제단장이 부득이한 사유로 직무를 수행할 수 없을 경우에는 그 직무를 대행
  ⑦ 부단장은 소방청 차장이 되며, 중앙통제단에는 대응계획부·현장지휘부 및 자원지원부를 둔다.

- **중앙통제단의 기능(재난 및 안전관리 기본법 시행령 제54조)**
  ① 국가 긴급구조대책의 총괄·조정
  ② 긴급구조활동의 지휘·통제
  ③ 긴급구조지원기관 간의 역할분담 등 긴급구조를 위한 현장활동계획의 수립
  ④ 긴급구조대응계획의 집행
  ⑤ 그 밖에 중앙통제단의 장(이하 "중앙통제단장"이라 한다)이 필요하다고 인정하는 사항

■ **긴급구조 현장지휘(재난 및 안전관리 기본법 제52조)**
① 재난현장에서는 시·군·구긴급구조통제단장이 긴급구조활동을 지휘한다. 다만, 치안활동과 관련된 사항은 관할 경찰관서의 장과 협의하여야 한다.
② 현장지휘는 다음 사항에 관하여 한다.
  ㉠ 재난현장에서 인명의 탐색·구조
  ㉡ 긴급구조기관 및 긴급구조지원기관의 긴급구조요원·긴급구조지원요원 및 재난관리자원의 배치와 운용
  ㉢ 추가 재난의 방지를 위한 응급조치
  ㉣ 긴급구조지원기관 및 자원봉사자 등에 대한 임무의 부여
  ㉤ 사상자의 응급처치 및 의료기관으로의 이송
  ㉥ 긴급구조에 필요한 재난관리자원의 관리
  ㉦ 현장접근 통제, 현장 주변의 교통정리, 그 밖에 긴급구조활동을 효율적으로 하기 위하여 필요한 사항

■ **긴급구조지휘대 구성·운영(재난 및 안전관리 기본법 시행령 제65조)**
① 긴급구조지휘대는 다음 각 호의 사람으로 구성하여야 한다.
  ㉠ 현장지휘요원
  ㉡ 자원지원요원
  ㉢ 통신지원요원
  ㉣ 안전관리요원
  ㉤ 상황조사요원
  ㉥ 구급지휘요원
② 긴급구조지휘대는 소방서현장지휘대, 방면현장지휘대, 소방본부현장지휘대 및 권역현장지휘대로 구분하되, 구분된 긴급구조지휘대의 설치기준은 다음 각 호와 같다.
  ㉠ 소방서현장지휘대 : 소방서별로 설치·운영
  ㉡ 방면현장지휘대 : 2개 이상 4개 이하의 소방서별로 소방본부장이 1개를 설치·운영
  ㉢ 소방본부현장지휘대 : 소방본부별로 현장지휘대 설치·운영
  ㉣ 권역현장지휘대 : 2개 이상 4개 이하의 소방본부별로 소방청장이 1개를 설치·운영
③ 제1항 및 제2항에서 규정한 사항 외에 긴급구조지휘대의 세부 운영기준은 행정안전부령으로 정한다.

■ 긴급구조지휘대의 구성 및 기능(긴급구조대응활동 및 현장지휘에 관한 규칙 제16조)
① 긴급구조지휘대는 별표 5의 규정에 따라 구성·운영하되, 소방본부 및 소방서의 긴급구조지휘대는 상시 구성·운영하여야 한다.
② 긴급구조지휘대는 다음 각 호의 기능을 수행한다.
   ㉠ 통제단이 가동되기 전 재난초기 시 현장지휘
   ㉡ 주요 긴급구조지원기관과의 합동으로 현장지휘의 조정·통제
   ㉢ 광범위한 지역에 걸친 재난발생 시 전진지휘
   ㉣ 화재 등 일상적 사고의 발생 시 현장지휘
③ 긴급구조지휘대를 구성하는 사람은 통제단이 설치·운영되는 경우 다음 각 호의 구분에 따라 통제단의 해당부서에 배치된다.
   ㉠ 현장지휘요원 : 현장지휘부
   ㉡ 자원지원요원 : 자원지원부
   ㉢ 통신지원요원 : 현장지휘부
   ㉣ 안전관리요원 : 현장지휘부
   ㉤ 상황조사요원 : 대응계획부
   ㉥ 구급지휘요원 : 현장지휘부

■ 통제단의 구성 및 운영기준(긴급구조대응활동 및 현장지휘에 관한 규칙 제15조)
통제단장은 다음의 어느 하나에 해당하는 경우에는 영 제55조 제4항 또는 영 제57조에 따라 중앙통제단 또는 지역통제단(이하 "통제단"이라 한다)을 구성하여 운영해야 한다.
   ㉠ 영 제63조 제1항 제2호 각 목의 어느 하나에 해당하는 기능의 수행이 필요한 경우
   ㉡ 긴급구조관련기관의 인력 및 장비의 동원이 필요하고, 동원된 자원 및 그 활동을 통합하여 지휘·조정·통제할 필요가 있는 경우
   ㉢ 그 밖에 통제단장이 재난의 종류·규모 및 피해상황 등을 종합적으로 고려하여 통제단의 운영이 필요하다고 인정하는 경우

■ 표준지휘조직도(제9조 제3항 관련) 긴급구조대응활동 및 현장지휘에 관한 규칙[별표 1]
① 표준지휘조직도

② 부서별 임무

부 서	임 무
대응계획부	가. 긴급구조기관과 긴급구조지원기관·유관기관 등에 대한 통합 지휘·조정 나. 재난상황정보의 수집·분석 및 상황예측 다. 현장활동계획의 수립 및 배포 라. 대중정보 및 대중매체 홍보에 관한 사항 마. 유관기관과의 연락 및 보고에 관한 사항
현장지휘부	가. 진압·구조·응급의료 등에 대한 현장활동계획의 이행 나. 헬기 등을 이용한 진압·구조·응급의료 및 운항 통제, 비상헬기장 관리 등 다. 재난현장 등에 대한 경찰관서의 현장 통제 활동 관련 지휘·조정·통제 및 대피계획 지원 등 라. 현장활동 요원들의 안전수칙 수립 및 교육 마. 임무수행지역의 현장 안전진단 및 안전조치 바. 자원대기소 운영 및 교대조 관리
자원지원부	가. 대응자원 현황을 대응계획부에 제공하고, 대응계획부의 현장활동계획에 따라 자원의 배분 및 배치 나. 현장활동에 필요한 자원의 동원 및 관리 다. 긴급구조지원기관·지방자치단체 등의 긴급복구 및 오염방제 활동에 대한 지원 등

비 고
1. 표준지휘조직은 재난상황에 따라 확대 또는 축소하여 운영할 수 있다.
2. 부서별 임무는 예시로서, 재난상황에 따라 임무를 선택하거나 새로운 임무를 추가할 수 있다.

■ **중앙통제단의 구성(제12조 제1항 관련) 긴급구조대응활동 및 현장지휘에 관한 규칙[별표 3]**

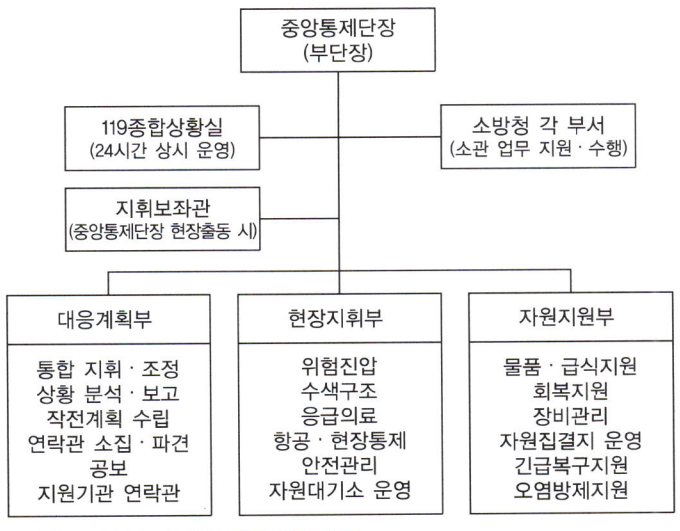

※ [별표 3]의 2. 부서별 임무 내용 확인

■ 지역통제단의 구성(제13조 제1항 관련) 긴급구조대응활동 및 현장지휘에 관한 규칙[별표 4]

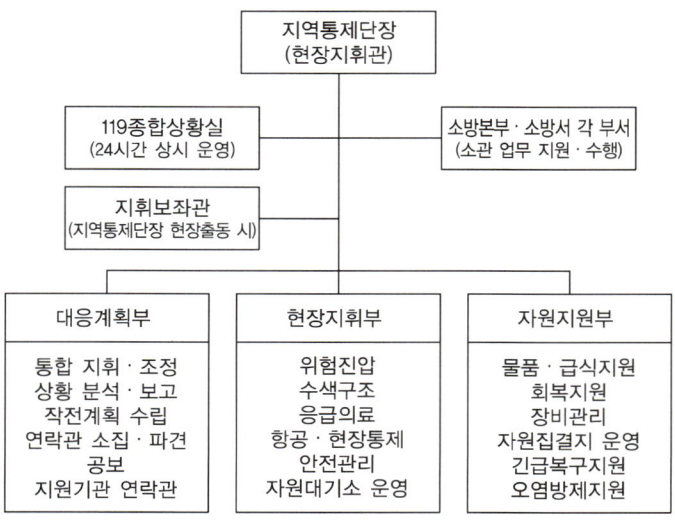

※ [별표4]의 2. 부서별 임무 내용 확인

1. **자연재난 유형별 재난관리주관기관**

재난관리주관기관	자연재난 유형
가. 과학기술정보통신부 및 우주항공청	• 자연우주물체의 추락·충돌 등으로 인해 발생하는 재해 • 우주전파재난
나. 행정안전부	• 낙뢰, 가뭄, 폭염 및 한파로 인해 발생하는 재해 • 풍수해(조수로 인해 발생하는 재해는 제외한다) • 지진재해 • 화산재해
다. 환경부	• 황사로 인해 발생하는 재해 • 하천·호소 등의 조류 대발생으로 인해 발생하는 재해
라. 해양수산부	• 어업재해 중 적조현상 및 해파리의 대량발생으로 인해 발생하는 수산양식물 및 어업용 시설의 피해 • 풍수해 중 조수로 인해 발생하는 재해
마. 산림청	산사태로 인해 발생하는 재해
바. 비고 제1호 및 제3호에 따른 중앙행정기관	가목부터 마목까지의 규정에 따른 자연재난 유형 외의 자연재난
사. 비고 제2호 및 제3호에 따른 중앙행정기관	가목부터 바목까지의 규정에 따른 자연재난 유형으로 인해 발생하는 재해로서 각종 시설 및 장소(이하 "시설등"이라 한다)에서 발생하는 재해

2. 사회재난 유형별 재난관리주관기관

재난관리주관기관	사회재난 유형
가. 교육부	• 교육시설(「연구실 안전환경 조성에 관한 법률」 제2조제2호에 따른 연구실은 제외한다)의 화재·붕괴·폭발·다중운집인파사고 등(이하 "화재등"이라 한다)으로 인해 발생하는 국가 또는 지방자치단체 차원의 대처가 필요한 인명 또는 재산의 피해 등 이 영 제2조에 따른 피해(이하 "대규모 피해"라 한다) • 어린이집의 화재등으로 인해 발생하는 대규모 피해
나. 과학기술정보통신부	• 방송통신재난(자연재난은 제외한다) • 「연구실 안전환경 조성에 관한 법률」 제2조제12호에 따른 연구실사고로 인해 발생하는 대규모 피해 • 「전파법」 제2조제1호에 따른 전파의 혼신(같은 법 제9조의 주파수분배에 따른 위성항법시스템 관련 전파의 혼신으로 한정한다)으로 인해 발생하는 대규모 피해
다. 과학기술정보통신부 및 우주항공청	「우주개발 진흥법」 제2조제3호가목에 따른 인공우주물체의 추락·충돌 등으로 인해 발생하는 피해
라. 외교부	해외재난
마. 법무부	• 교정시설, 갱생보호시설, 소년원 및 소년분류심사원, 치료감호시설의 화재 등으로 인해 발생하는 대규모 피해 • 난민지원시설, 외국인보호실, 외국인보호소의 화재등으로 인해 발생하는 대규모 피해
바. 국방부	국방·군사시설의 화재등으로 인해 발생하는 대규모 피해
사. 행정안전부[4) 및 6)의 경우에는 각각 관계 법령에 따라 해당 정보시스템의 구축·운영에 관한 사무 및 해당 청사의 관리에 관한 사무를 관장하는 중앙행정기관을 말한다]	• 「승강기 안전관리법」 제48조제1항에 따른 승강기의 사고 또는 고장으로 인해 발생하는 대규모 피해 • 「유선 및 도선 사업법」 제28조 및 제29조에 따른 사고로 인해 발생하는 대규모 피해 • 「전자정부법」 제2조제13호에 따른 정보시스템(행정안전부장관이 구축·운영하는 정보시스템으로 한정한다)의 장애로 인해 발생하는 대규모 피해 • 「전자정부법」 제2조제13호에 따른 정보시스템(행정안전부장관이 구축·운영하는 정보시스템은 제외한다)의 장애로 인해 발생하는 대규모 피해 • 「정부청사관리규정」 제2조에 따른 청사(6)에 따른 청사는 제외한다]의 화재등으로 인해 발생하는 대규모 피해 • 「정부청사관리규정」 제3조에 따라 행정안전부장관이 관리하지 않는 청사의 화재등으로 인해 발생하는 대규모 피해
아. 행정안전부 및 경찰청	일반인이 자유로이 모이거나 통행하는 도로, 광장 및 공원의 다중운집인파사고로 인해 발생하는 대규모 피해
자. 행정안전부 및 소방청	• 「소방기본법」 제2조제1호에 따른 소방대상물의 화재로 인해 발생하는 대규모 피해 • 「위험물안전관리법」 제2조제1항제1호에 따른 위험물의 누출·화재·폭발 등으로 인해 발생하는 대규모 피해
차. 문화체육관광부	• 야영장의 화재등으로 인해 발생하는 대규모 피해 • 유기시설 또는 유기기구의 중대한 사고로 인해 발생하는 대규모 피해 • 공연장의 화재등으로 인해 발생하는 대규모 피해 • 전문체육시설 및 생활체육시설의 화재등으로 인해 발생하는 대규모 피해

카. 농림축산식품부	• 가축전염병의 확산으로 인한 피해 • 저수지의 붕괴·파손 등으로 인해 발생하는 대규모 피해 • 농수산물도매시장(축산물도매시장은 포함하며, 수산물도매시장은 제외한다) 및 농수산물종합유통센터(수산물종합유통센터는 제외한다)의 화재등으로 인해 발생하는 대규모 피해
타. 산업통상자원부	• 가스사고로 인해 발생하는 대규모 피해 • 주유소의 화재등으로 인해 발생하는 대규모 피해 • 에너지의 중대한 수급 차질로 인해 발생하는 대규모 피해 • 대규모점포의 화재등으로 인해 발생하는 대규모 피해 • 전기사고로 인해 발생하는 대규모 피해 • 제품사고(「어린이제품 안전 특별법」제2조 제13호에 따른 안전관리대상어린이제품 및 「전기용품 및 생활용품 안전관리법」제3조 제1항제1호에 따른 안전관리대상제품으로 인한 사고로 한정한다)로 인해 발생하는 대규모 피해
파. 보건복지부	• 노인복지시설, 아동복지시설, 장애인복지시설(「의료법」제3조제2항제3호라목에 따른 요양병원에 해당하는 장애인 의료재활시설은 제외한다)의 화재등으로 인해 발생하는 대규모 피해 • 병원급 의료기관의 화재등으로 인해 발생하는 대규모 피해
하. 보건복지부 및 질병관리청	감염병의 확산으로 인한 피해
거. 환경부	• 댐[산업통상자원부 소관의 발전(發電)용 댐은 제외한다]의 붕괴·파손 등으로 인해 발생하는 대규모 피해 • 미세먼지로 인한 피해 • 수도의 화재등으로 발생하는 대규모 피해 • 먹는물의 수질오염으로 인해 발생하는 대규모 피해 • 안전확인대상생활화학제품 및 살생물제 관련 사고(「제품안전기본법」제15조에 따른 제품사고에 해당하는 경우로 한정한다)로 인해 발생하는 대규모 피해 • 「화학물질관리법」제2조 제13호에 따른 화학사고로 인해 발생하는 대규모 피해 • 오염물질등으로 인한 환경오염(「먹는물관리법」제3조 제1호에 따른 먹는물의 수질오염은 제외한다)으로 인해 발생하는 대규모 피해
너. 고용노동부	• 산업재해 및 중대산업사고로 인해 발생하는 대규모 피해
더. 국토교통부[3]의 경우에는 공동구에 공동 수용되는 공급설비 및 통신시설 등으로서 화재등의 원인이 되는 설비·시설 등의 관리에 관한 사무를 관장하는 중앙행정기관을 포함한다]	• 건축물의 붕괴·전도 등으로 인해 발생하는 대규모 피해 • 공항의 화재 등으로 인해 발생하는 대규모 피해 • 공동구의 화재 등으로 인해 발생하는 대규모 피해 • 도로의 화재 등으로 인해 발생하는 대규모 피해 • 국토교통부장관에게 등록한 복합물류터미널사업자 및 물류창고업자가 관리하는 물류시설(다른 중앙행정기관 소관의 시설은 제외한다)의 화재등으로 인해 발생하는 대규모 피해 • 철도사고로 인해 발생하는 대규모 피해 • 항공기사고, 경량항공기사고 및 초경량비행장치사고로 인해 발생하는 대규모 피해
러. 해양수산부	• 농수산물도매시장(수산물도매시장으로 한정한다) 및 농수산물종합유통센터(수산물종합유통센터로 한정한다)의 화재등으로 인해 발생하는 대규모 피해 • 항만의 화재 등으로 인해 발생하는 대규모 피해 • 해수욕장의 안전사고로 인해 발생하는 대규모 피해 • 해양사고(해양에서 발생한 사고로 한정하며, 해양오염은 제외한다)로 인해 발생하는 대규모 피해

머. 해양수산부 및 해양경찰청	해양오염으로 인해 발생하는 대규모 피해	
버. 중소벤처기업부	전통시장의 화재 등으로 인해 발생하는 대규모 피해	
서. 여성가족부	• 청소년복지시설의 화재 등으로 인해 발생하는 대규모 피해 • 청소년수련시설의 화재 등으로 인해 발생하는 대규모 피해	
어. 금융위원회	• 「금융위원회의 설치 등에 관한 법률」 제38조에 따른 기관(이하 "금융기관"이라 한다) 중 「정보통신기반 보호법」 제2조 제1호에 따른 정보통신기반시설을 관리하는 금융기관의 화재 등으로 인해 발생하는 대규모 피해	
저. 원자력안전위원회	• 「원자력시설 등의 방호 및 방사능 방재 대책법」 제2조제8호에 따른 방사능재난 • 인접 국가의 방사능 누출로 인해 발생하는 대규모 피해	
처. 국가유산청	• 문화유산・보호구역・보호물과 문화유산 보관시설의 화재 등으로 인해 발생하는 대규모 피해 • 자연유산・보호물・보호구역의 화재 등으로 인해 발생하는 대규모 피해	
커. 산림청	• 사방시설의 붕괴・파손 등으로 인해 발생하는 대규모 피해 • 산불로 인해 발생하는 대규모 피해	
터. 법 제26조제1항에 따라 해당 국가핵심기반을 지정하는 중앙행정기관	국가핵심기반의 마비(「노동조합 및 노동관계조정법」 제2조 제6호에 따른 쟁의행위 또는 이에 준하는 행위로 인한 마비를 포함한다)로 인한 피해	
퍼. 행사를 주최・주관하는 중앙행정기관(주최・주관하는 중앙행정기관이 다수인 경우에는 주최・주관의 주된 역할을 담당하는 중앙행정기관을 말한다)	중앙행정기관이 주최・주관하는 각종 행사가 개최되는 시설등에서 발생하는 대규모 피해	
허. 비고 제1호 및 제3호에 따른 중앙행정기관	가목부터 퍼목까지의 규정에 따른 사회재난 유형란의 시설 등 외의 시설 등에서 발생하는 대규모 피해	
고. 비고 제2호 및 제3호에 따른 중앙행정기관	가목부터 허목까지의 규정에 따른 사회재난 유형 외의 사회재난	

합격의 공식 시대에듀

아이들이 답이 있는 질문을 하기 시작하면 그들이 성장하고 있음을 알 수 있다.

– 존 J. 플롬프 –

교육은 우리 자신의 무지를 점차 발견해 가는 과정이다.

– 윌 듀란트 –

많이 보고 많이 겪고 많이 공부하는 것은 배움의 세 기둥이다.

– 벤자민 디즈라엘리 –

최종모의고사

합격의 공식 시대에듀 www.sdedu.co.kr

제1~25회 최종모의고사

배우기만 하고 생각하지 않으면 얻는 것이 없고,
생각만 하고 배우지 않으면 위태롭다.

– 공자 –

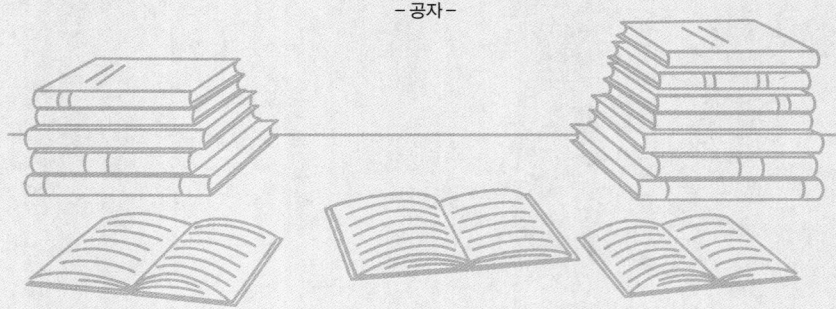

끝까지 책임진다! 시대에듀!

QR코드를 통해 도서 출간 이후 발견된 오류나 개정법령, 변경된 시험 정보, 최신기출문제, 도서 업데이트 자료 등이 있는지 확인해 보세요! 시대에듀 합격 스마트 앱을 통해서도 알려 드리고 있으니 구글 플레이나 앱 스토어에서 다운받아 사용하세요. 또한, 파본 도서인 경우에는 구입하신 곳에서 교환해 드립니다.

제1회 최종모의고사

01 다음 중 "물질"에 대한 설명으로 옳지 않은 것은?

① 물은 1의 비중을 갖는다. 1보다 작은 비중을 갖는 액체는 물보다 가볍고 반대로 1보다 큰 비중을 갖는 액체는 물보다 더 무겁다.
② 만일 표면 위 압력이 증가하게 되면, 끓는점 또한 증가하게 된다.
③ 밀도는 물체의 부피를 질량으로 나누어 산출한다.
④ 공기는 1의 증기 밀도를 가진다. 1보다 작은 증기 밀도를 가지는 기체는 상승하게 되며, 1보다 큰 증기 밀도를 가지는 기체는 하강하게 된다.

02 화재의 특수현상에 대한 설명으로 옳지 않은 것은?

① 롤오버현상이란 연소과정에서 발생된 가연성가스가 공기 중 산소와 혼합되어 천장부분에 집적된 상태에서 발화온도에 도달하여 발화함으로써 화염의 끝부분이 빠르게 확대되어 가는 현상이다.
② 플래시오버현상이란 대류와 복사현상에 의해 일정공간 안에 있는 가연물이 발화점까지 가열되어 일순간에 동시 발화되는 현상이다.
③ 플래임오버(Flameover)는 복도와 같은 통로공간에서 벽, 바닥 표면의 가연물에 화염이 급속하게 확산되는 현상이다.
④ 백드래프트는 성장기의 마지막이자 최성기의 시작점(경계선)에서 발생한다.

03 엄호주수에 대한 설명으로 옳지 않은 것은?

① 구조주수 시 주수 종별은 반사주수 또는 상하 확산주수로 수막을 형성하여 차열한다.
② 강렬한 복사열로부터 대원을 방호할 때는 열원을 향해 직사주수를 행한다.
③ 대원에 대한 엄호주수는 작업 중인 대원의 등 뒤에서 신체 전체를 덮을 수 있도록 분무주수로 한다.
④ 구조주수 시 요구조자가 있다고 생각되는 직근의 천장 또는 벽면으로 고속분무주수한다.

04 다음 설명 중 옳지 않은 것은?

① 열을 포함한 모든 형태의 에너지의 공인된 표준방식 단위는 'Joule(줄)'이다.
② 1칼로리는 물 1그램의 온도를 섭씨단위로 1도 올리는데 요구되는 열의 양이다.
③ 칼로리와 줄의 상관관계는 1칼로리가 4.187줄과 동등하고 1BTU가 1,055줄과 같다는 점에서 열의 기계적 등량(Mechanical Equivalent)으로 불린다.
④ 액체에서 기체(수증기)로 상태가 변하는 물은 에너지를 필요로 하는데 이러한 변화를 발열반응이라고 한다.

05 다음 소화원리 중 방식이 다른 것은 어느 것인가?
① 연소실을 완전하게 밀폐하여 소화하는 방법
② 전기화재의 경우 전원을 차단하여 소화하는 방법
③ 유전화재의 경우 화점 가까이에서 폭발물을 폭파시켜 주변 공기를 일시에 소진되게 하여 소화하는 방법
④ 연소물을 공기, 이산화탄소, 질소 등으로 발포시킨 폼으로 덮어 소화하는 방법

06 국가핵심기반의 지정·관리에 대한 설명으로 옳지 않은 것은? 소방교·장 제외
① 관계 중앙행정기관의 장은 국가핵심기반을 지정하려는 경우에는 미리 행정안전부장관과 협의를 거쳐 조정위원회에 심의를 요청하여야 한다.
② 행정안전부장관은 국가핵심기반에 대한 데이터베이스를 구축·운영하고, 관계 중앙행정기관의 장이 재난관리정책의 수립 등에 이용할 수 있도록 통합지원할 수 있다.
③ 관계 중앙행정기관의 장은 국가핵심기반을 지정하거나 취소하는 경우에는 규정에 관한 사항을 관보에 공고하여야 한다.
④ 국가핵심기반의 지정 및 지정취소 등에 필요한 사항은 행정안전부령으로 정한다.

07 가연물이 될 수 없는 조건과 물질이 서로 올바르게 연결되지 않은 것은? 소방교 제외
① 주기율표 0족 불활성 기체 - 헬륨, 네온, 아르곤, 크립톤, 크세논, 라돈
② 산소와 결합하여도 화학반응을 할 수 없는 물질 - 물, CO, 산화알루미늄, 산화규소, 삼산화황
③ 산소와 화합하여 산화물을 생성하나 발열 반응하지 않고 흡열반응 하는 물질 - 질소 또는 질소산화물 N_2, NO 등
④ 자체가 연소하지 않는 물질 - 돌, 흙

08 다음에서 설명하고 있는 현상으로 옳은 것은?

> 가열된 액체나 가스의 운동에 의한 열에너지의 전달

① 전 도   ② 대 류
③ 복 사   ④ 비 산

09 다음 설명 중 옳은 것은?
① 플래임 래핑과 같이 창문에서 창문으로 확산되는 방식은 대류에 의한 것이다.
② 화염을 사방으로 확대시키는 대형화재의 주범은 대류이다.
③ 기계적 시설이 작동되면 마찰열에 의해 화재가 발생되는 기계적 화재원인의 주범은 복사이다.
④ 연소범위를 확대시키는 가장 흔한 방식은 전도이다.

10 다음과 같은 장점을 가진 안전교육의 방법은?

> ㄱ. 현실적인 문제의 학습이 가능하다.
> ㄴ. 흥미가 있고 학습동기를 유발할 수 있다.
> ㄷ. 생각하는 학습교류가 가능하다.

① 강의식 교육
② 토의식 교육
③ 사례연구식 교육
④ 시범 실습식 교육

11 "수관연장 시 수관을 화재 건물과 가까이 두고 연장하지 않도록 하는 것은 화재건물의 낙하물체나 고열의 복사열에 의한 수관 손상을 방지하여 결과적으로 진입활동이나 인명구조 시 엄호주수가 완전히 이루어질 수 있도록 하기 위한 것이다. 이는 대원 자신의 안전으로 연결되어 소방활동이 적극적으로 실행될 수 있도록 한다."와 관계 깊은 소방안전관리의 특성은?

① 특이성·양면성
② 일체성·적극성
③ 계속성·반복성
④ 특이성·반복성

12 화점확인에 관한 내용으로 옳은 것은?

① 정보수집의 제1순위는 연소확대 위험여부이다.
② 외부에서 화점 확인 시 창 등 개구부로부터 연기가 분출하는 경우 연기가 나오는 층을 화점 층으로 판단하고 행동한다.
③ 내부에서 화점 확인 시 연기가 충만하고 있는 경우 각 층 계단실의 출입구 및 방화문과 피난층 출입구를 개방하여 배연을 행하면서 확인하는 것이 원칙이다.
④ 스프링클러 헤드 등이 작동하지 않고 자탐설비 수신반의 화재표시만 발보한 때에는 최초 발보 구역을 확인한다.

13 구조활동의 우선순위(→)를 옳게 나열한 것은?

① 구명 → 고통경감 → 신체구출 → 피해의 최소화
② 피해의 최소화 → 신체구출 → 구명 → 고통경감
③ 구명 → 신체구출 → 고통경감 → 피해의 최소화
④ 고통경감 → 피해의 최소화 → 구명 → 신체구출

14 화재현장에서 공기호흡기의 압력조정기가 고장났을 때 취해야 할 행동으로 옳은 것은?

① 바이패스 밸브는 완전 개방하여 호흡할 수 있도록 한다.
② 바이패스 밸브를 사용하여 숨 쉰 후에 닫아주고 다음 번 숨 쉴 때마다 다시 열어준다.
③ 개폐밸브를 반대방향으로 반바퀴 돌렸다가 완전 개방한다.
④ 고압조정기 부분을 분해조정하여 응급조치한다.

15 구조장비에 관한 설명 중 옳지 않은 것은?

① 구조활동 시 안전벨트는 반드시 상·하단형 벨트를 사용해야 한다.
② 로프꼬임 방지기(SWIVEL)는 로프로 물체를 인양하거나 하강시킬 때 로프가 꼬여 장비나 구조대상자가 회전하는 것을 방지하는 장비이다.
③ 하중을 분산시켜주어 이동을 용이하게 하는 것은 수평2단 도르래(TANDEM)이다.
④ 정지형 도르래(WALL HAULER)는 역회전을 방지할 수 있지만, 베이직의 대체 장비로는 사용이 불가능하다.

16 오클라호마 시티 폭탄테러(미국 연방청사 건물 테러 1995. 4. 19)에 대한 내용으로 옳은 것은?

① 이 사고의 붕괴유형에서는 양 측면에 생존공간이 만들어질 수 있는 가능성이 높다.
② 붕괴에 의해 형성되는 공간은 다른 경우에 비해 협소하며 어디에 형성되는지 파악하기가 곤란하다.
③ 마주 보는 두 외벽 중 하나가 결함이 있을 때 발생한다.
④ 각 붕괴의 유형 중에서 가장 위험한 붕괴 구조의 실례이다.

17 「119구조·구급에 관한 법률 시행규칙」에서 정한 구조대원의 특별구조훈련으로 옳지 않은 것은?

① 항공구조훈련
② 화학구조훈련
③ 산악구조훈련
④ 수난구조훈련

18 건물 붕괴 위험성 평가에 대한 설명으로 옳지 않은 것은?

① 내화구조 건물의 붕괴 위험성은 콘크리트 바닥 층의 강도에 달려 있다.
② 준 내화구조 건물의 붕괴 위험성은 지붕과 바닥 층을 지탱하는 트러스트 구조의 연결 부분에 있다.
③ 조적조 건물의 가장 위험한 붕괴요인은 벽이 붕괴되는 것이다.
④ 경량 목구조 건물의 가장 큰 붕괴 위험성은 벽 붕괴이다.

19 응급구조사의 법적 책임에 관한 설명으로 옳지 않은 것은?

① 사회의 관행에 의해서 정해진 치료기준이란, 유사한 훈련과 경험을 가진 분별력 있는 사람이 유사한 상황에서 장비를 이용하여 동일한 장소에서 어떻게 행동했을까? 하는 것을 판단하는 기준을 말한다.
② 법률에 의해 정해진 기준은 법규, 법령, 조례 또는 판례에 의하여 정해진다.
③ 어떤 경우에 있어서도 약물(마약, 향정신성 약물 등)에 관련된 손상은 반드시 보고해야 한다.
④ 많은 상황에서 구급대원은 착란상태에 빠져 있거나 정신적 결함이 있는 환자를 만나게 된다. 이러한 증상은 환자가 실제적으로 동의를 할 수 있는지의 여부를 결정하는데 반드시 고려되어야 한다. 긴급한 응급상황이라면 명시적 동의가 적용되어야 한다.

20 해부생리학에 관한 설명으로 옳지 않은 것은?

① 인체를 움직이는 근육은 뇌의 통제에 따라 자의적으로 움직일 수 있는 골격 근육 또는 수의근이 있고 그렇지 않은 불수의근 또는 내장근육이 있다.
② 정상적으로는 가슴과 배가 동시에 팽창·수축되어야 하나 소아의 널뛰기 호흡은 반대로 되는 경우를 말한다. 이는 들숨이 빨라질 때 생기는 비효율적인 호흡이다.
③ 기능적으로 오른심방과 오른심실은 정맥혈을 받아들여 산소교환을 위해 허파로 혈액을 보내는 기능을 맡고 있다. 왼심방은 허파로부터 혈액을 받아들이고 왼심실은 높은 압력으로 전신에 혈액을 제공한다.
④ 척수는 뇌로부터의 메시지를 인체에 전달하는 역할을 하는데 이러한 메시지는 수의근의 움직임을 관장하는 말초신경계에 지시한다. 반대로 척수는 인체로부터의 메시지를 뇌로 전달하는 역할을 하기도 한다.

21 한 명의 응급구조사가 교통사고 현장에서 호흡과 맥박이 정지된 채 엎드려 있는 환자를 발견하였다. 환자가 허리 손상을 입었을 것으로 의심되는 경우 취해야 할 일은?

① 환자의 몸을 통나무 굴리기법을 사용하여 바로한 후 심폐소생술을 시작한다.
② 환자의 머리를 한쪽으로 돌리고 심폐소생술을 시작한다.
③ 추가 출동대가 올 때까지 아무것도 시행하지 않는다.
④ 엎드려진 상태로 심폐소생술을 시도한다.

22 현장 도착 후 감염예방법에 관한 사항으로 옳지 않은 것은?

① 부득이 바늘 뚜껑을 씌워야 할 경우는 한 손으로 조작하여 바늘 뚜껑을 주사바늘에 씌운 후 닫도록 한다.
② 심폐소생술 시행 시 반드시 일 방향 휴대용 마스크를 이용하며 직접 접촉을 피한다.
③ 장갑은 한 환자에게 사용하는 경우를 제외하고 오염된 신체부위에서 깨끗한 부위로 이동할 경우 교환해야 한다.
④ 피부염이나 피부에 상처가 있는 처치자는 환자를 직접 만지거나 환자의 검체를 맨손으로 접촉하지 않도록 한다.

23 환자이동장비에 관한 설명으로 옳은 것은?

① 의자형(계단용) 들것은 좁은 공간에 유용하며 호흡곤란 환자, 기도유지를 못하는 의식장애 환자를 이동시키기에 좋다.
② 척추 고정판은 목뼈나 척추손상 의심환자를 고정 및 이송 시 들것 대용으로 많이 활용되는 장비이다.
③ 분리형 들것은 알루미늄이나 경량의 철로 만들어 졌으며 다발성 손상환자나 골반측 손상이 있는 환자에게 매우 유용한 장비로써 척추손상환자를 고정하는 데 효과가 크다.
④ 주 들것은 환자의 머리가 진행방향으로 먼저 와야 하며 대원 모두 진행방향을 향해 위치해야 한다.

24 다음 환자평가의 단계 중 가장 먼저 실시해야 하는 것은?

① 현장 안전 확인
② 생체징후 측정
③ 1차 평가
④ 과거 병력조사

25 다음 중에서 호흡유지장비가 아닌 것은?

① 포켓마스크
② 백-밸브마스크 소생기
③ 흡인기
④ 코인두 기도기

TEST 02 | 제2회 최종모의고사

01 30MPa의 압력으로 6.8L의 실린더에 충전된 SCA 680 공기호흡기를 착용하고 인명구조 등 격한 작업을 실시하던 화재진압대원이 탈출을 개시해야 하는 압력으로 옳은 것은? (단, 여유압력은 1MPa, 격한 작업 시 호흡량은 50L/min, 탈출소요시간은 5분이다)

① 4.0MPa ② 4.7MPa
③ 5.0MPa ④ 5.7MPa

02 화재합동조사단의 운영 및 종료에 관한 내용으로 옳은 것은?

① 소방청장은 사상자가 30명 이상이거나 2개 시·도 이상에 걸쳐 화재가 발생한 경우(임야화재포함) 화재합동조사단을 구성하여 운영하는 것을 원칙으로 한다.
② 소방본부장은 사상자가 30명 이상이거나 2개 시·군·구 이상에 화재가 발생한 경우 화재합동조사단을 구성하여 운영하는 것을 원칙으로 한다.
③ 소방서장은 사망자가 10명 이상이거나 사상자가 20명 이상 또는 재산피해액이 50억원 이상 발생한 화재의 경우 화재합동조사단을 구성하여 운영하는 것을 원칙으로 한다.
④ 소방관서장은 소방의 화재조사에 관한 법률 시행령에서 정한 단원에 해당하는 자 중에서 단장 1명과 단원 4명 이상을 화재합동조사단원으로 임명하거나 위촉할 수 있다.

03 송풍기를 활용하여 배연을 실시할 때의 방법으로 옳지 않은 것은?

① 송풍압력으로 건물 외부의 압력보다 건물 내의 압력을 높게 하여 배연하는 방법이다.
② 급기구의 크기보다 배출구의 크기를 크게 하는 것이 효율적이다.
③ 출입구에 송풍기를 설치할 경우 송풍기에서 나온 공기의 원추(圓錐)가 입구를 완전히 덮을 수 있도록 출입구로부터 적당한 거리를 둔다.
④ 일반적으로 개구부의 하단 등 낮은 장소에 설치하여 불어넣는 방식을 주로 쓰고 있다.

04 간접공격법(로이드레만 전법)에 의한 배연에 관한 설명으로 옳은 것은?

① 주수 시 개구부는 가능한 크게 하는 것이 위험성을 감소시킨다.
② 가열증기가 몰아칠 염려가 있는 경우는 직사주수로 화점실 천장과 바닥면에 확산주수한다.
③ 옥내의 연소가 완만하여 열기가 적은 연기의 경우에도 이 전법을 이용하는 것이 효과가 크다.
④ 연소물체 또는 옥내의 온도가 높은 상층부를 향하여 주수한다.

05 소방호스의 연장 시 유의사항으로 옳은 것은?

① 펌프차의 방수구 결합은 화점이 보이는 측의 방수구를 기본으로 하고 방수구 측에 여유소방호스를 두며, 여유소방호스는 펌프측의 2~3m에 둔다.
② 도로, 건물의 꺾인 부분은 소방호스를 좁게 벌려서 연장한다.
③ 진입목표 계단이 4층 이하의 경우는 옥내연장 또는 적재사다리에 의한 연장으로 한다.
④ 화점 건물에서의 낙하물에 의한 소방호스 손상을 예상해 되도록 처마 밑에 연장한다.

06 위험물 화재진압을 위한 물의 사용에 대한 설명으로 옳지 않은 것은?

① 물은 노출물을 보호하는 냉각제로써는 아주 유용한 것이다. 화재가 발생한 저장 탱크에는 담겨있는 액체 높이보다 위쪽에 물을 뿌려야 한다.
② 소방대원들은 복사열을 막고 또 방수가 액체 가연물 속으로 깊이 들어가지 않도록 넓은 각도나 침투형 분무방수로 물을 뿌려야 한다. 불타고 있는 액체 가연물 속으로 물줄기가 들어가면 가연성 증기가 많이 생기게 돼서 화염이 더 거세지게 된다.
③ 인화성 액체나 기체가연물 탱크가 화염에 노출되었을 때는 릴리프밸브를 잠글 때까지 최대 유효 사거리에서 직사방수를 해야 한다.
④ 흘러나오는 가연물을 임시복구 하거나 차단하기 위해서 넓은 분무방수(wide fog : 45~80°)로 대원을 보호하면서 전진하여야 하며 화재에 노출된 저장탱크에 접근할 때는 탱크 끝에서부터 접근해야 한다.

07 상황실 무선통신 절차 중 통신우선순위를 올바르게 나열한 것은? 소방교·장 제외

> ㄱ. 본부단위 광역작전통신(지원출동 본부 출동책임자와 지원출동대원과 통신)
> ㄴ. 소방서 작전통신(재난현장 소속 지휘자와 소속 출동대원과 통신)
> ㄷ. 전국단위 지휘통신(재난 규모에 따라 지정)
> ㄹ. 소방서 지휘통신(재난현장과 소속 본부의 지휘보고)

① ㄹ → ㄷ → ㄴ → ㄱ
② ㄹ → ㄷ → ㄱ → ㄴ
③ ㄷ → ㄹ → ㄱ → ㄴ
④ ㄴ → ㄹ → ㄱ → ㄷ

08 소방용수시설을 주거지역, 공업 및 상업지역에 설치하는 경우 당해 지역 안의 각 소방대상물로부터 하나의 소방용수시설까지의 거리가 몇 미터 이내에 설치하여야 하는가?

① 보행거리 100m 이하
② 보행거리 140m 이하
③ 수평거리 100m 이하
④ 수평거리 140m 이하

09 소방호스를 적재함 가장자리에 맞추어 겹겹이 세워서 적재하는 방법으로, 적재하기가 쉽고 적재함에서 손쉽게 꺼내 운반할 수 있는 장점이 있으나 소방호스가 강하게 접히는 부분이 많은 단점이 있는 수관적재 방법은?

① 말굽형 적재
② 평면형 적재
③ 혼합형(특수형) 적재
④ 아코디언형 적재

10 화재조사 및 보고규정상 건축·구조물의 소실 정도 중 반소에 해당하는 것은?

① 건물의 20% 이상 50% 미만
② 건물의 20% 이상 70% 미만
③ 건물의 30% 이상 50% 미만
④ 건물의 30% 이상 70% 미만

11 Frank Bird 최신 도미노이론에 관한 내용을 1단계부터 순서대로 옳게 나열한 것은?

① 기원 – 관리 – 징후 – 접촉 – 손실
② 징후 – 기원 – 관리 – 접촉 – 손실
③ 접촉 – 징후 – 기원 – 손실 – 관리
④ 관리 – 기원 – 징후 – 접촉 – 손실

12 펌프 방수측 배관에 설치해 플로우미터에서 배관 내 유속을 감지하여 송수량을 측정하여 컨트롤유닛에 세팅해 둔 농도조절 값에 따라 약제 압입용 펌프가 폼 원액을 방수측 라인에 압입하여 주입되는 구조의 방식은?

① 펌프 프로포셔너 방식
② 프레져사이드 프로포셔너 방식
③ 압축공기포 방식
④ 라인 프로포셔너 방식

13 다음 중 국제구조대의 업무내용으로 옳지 않은 것은?

① 국제구조대의 편성, 파견, 교육 훈련 및 국제구조대원의 귀국 후 건강관리와 그 밖에 필요한 사항은 대통령령으로 정한다.
② 소방청장은 행정안전부장관과 협의를 거쳐 국제구조대를 재난발생국에 파견할 수 있다.
③ 소방청장은 국제구조대를 편성·운영하는 경우 인명탐색 및 구조, 안전평가, 상담, 응급처치, 시설관리, 공보연락 등의 임무를 수행할 수 있도록 구성하여야 한다.
④ 소방청장은 구조대의 효율적 운영을 위하여 필요한 경우 국제구조대를 소방청에 설치하는 직할구조대에 설치할 수 있다.

14 다음 엘리베이터 구조 및 안전장치에 관한 설명으로 옳지 않은 것은?

① 화이널 리미트 스위치는 최상층 및 최하층에 근접할 때에, 자동적으로 엘리베이터를 정지시켜 과주행을 방지한다.
② 전자브레이크는 엘리베이터의 운전 중 브레이크슈를 전자력에 의해 개방시키고 정지 시에는 전동기 주회로를 차단시킴과 동시에 스프링 압력에 의해 브레이크슈로 브레이크 휠을 조여서 엘리베이터가 확실히 정지하도록 한다.
③ 완충기(Buffer)는 어떤 원인으로 카가 중간층을 지나치는 경우, 충격을 완화시키는 것이다.
④ 조속기(Governor)는 카의 속도를 일정하게 유지한다.

15 일반구조용 장비에 관한 설명으로 옳지 않은 것은?

① 마취총, 마취석궁, 불로우건(Blowgun) 모두 주사기에 마취약을 넣어 사용하고, 동물에 주사기가 적중했을 때 마취약이 분사된다. 마취약은 출동을 대비해 미리 조제해 놓는 것이 좋다.
② 로프총은 즉시 발사할 것이 아니면 장전하여 두지 말아야 하고, 만약 장전 후 잠시 기다리게 될 경우에는 반드시 안전핀을 눌러둔다.
③ 로프총의 견인탄은 탄두와 날개를 완전하게 결합하고 견인로프가 풀리지 않도록 결착한다. 사용한 견인탄은 탄두에 이상이 없는 경우에 날개를 교환하면 재사용할 수 있다.
④ 마취총의 구성품은 금속주사기, 추진제, 어댑터, 오일, 막대 등이 있으며, 구조를 완전하게 이해하여야 하고, 총기이므로 사용 후에는 손질은 물론 보관과 취급에 주의해야 한다.

16 다음의 신체구조방법에 사용되는 매듭의 종류로 옳은 것은?

> - 맨홀이나 우물 등 협소한 수직공간에 구조대원이 진입하거나 구조대상자를 구출할 때 사용
> - 고리부분에 양 다리를 넣고 손으로는 로프를 잡고 지지
> - 로프의 끝을 길게 하여 가슴부분에 고정매듭을 만들면 두 손을 자유롭게 쓸 수도 있음

① 고정매듭 ② 두겹고정매듭
③ 세겹고정매듭 ④ 앉아매기

17 구조·구급활동의 평가에 대한 설명으로 옳지 않은 것은?

① 종합평가는 서면평가와 현장평가로 구분하여 실시하되, 서면평가는 모든 시·도 소방본부를 대상으로 실시하고, 현장평가는 서면평가 결과에 따라 필요한 시·도 소방본부를 대상으로 실시한다.
② 소방청장은 매년 시·도 소방본부의 구조·구급활동에 대하여 종합평가를 실시하고 그 결과를 시·도 소방본부장에게 통보하여야 한다.
③ 종합평가방법 및 항목, 그 밖에 필요한 사항은 대통령령으로 정한다.
④ 소방본부장은 종합평가를 위하여 시·도 집행계획의 시행 결과를 다음 해 3월 말일까지 소방청장에게 제출하여야 한다.

18 중증외상환자 평가에 대한 순서로 가장 옳은 것은? (기본 생체징후 평가 이후 SAMPLE력-세부 신체검진은 공통으로 한다)

① 현장확인과 1차 평가 – 손상기전 확인 – 척추고정 – 기본소생술 제공 – 이송여부 결정 – 의식수준 재평가 – 빠른 외상평가 – 기본 생체징후 평가
② 현장확인과 1차 평가 – 손상기전 확인 – 척추고정 – 기본소생술 제공 – 빠른 외상평가 – 이송여부 결정 – 의식수준 재평가 – 기본 생체징후 평가
③ 현장확인과 1차 평가 – 기본소생술 제공 – 척추고정 – 손상기전 확인 – 이송여부 결정 – 의식수준 재평가 – 빠른 외상평가 – 기본 생체징후 평가
④ 현장확인과 1차 평가 – 손상기전 확인 – 기본소생술 제공 – 척추고정 – 빠른 외상평가 – 이송여부 결정 – 의식수준 재평가 – 기본 생체징후 평가

19 전기와 화학물질에 의한 화상은 특수한 경우로 현장에 도착한 구급대원은 우선적으로 현장안전을 확인해야 한다. 전기화상에 대한 설명으로 틀린 것은? 소방교 제외

① 전압과 전류량이 높을수록 위험하다.
② 갑작스런 근육수축으로 탈골되거나 골절될 수 있다.
③ 낙뢰를 맞았을 때 양치류 잎과 같은 모양의 화상이 나타난다.
④ 몸 밖으로 심각한 상처가 생기고, 몸 안으로 작은 흔적이 남는다.

20 목조건물 화재진압 시 경계관창 배치의 우선순위에 관한 내용으로 옳지 않은 것은?

① 관창배치 우선순위는 화재의 뒷면, 측면 및 2층, 1층 순서
② 내화조 건물 인접 시 내화구조 건물에 개구부가 있다고 생각하고, 경계 및 연소방지를 위해 내화조 건물 외부로 신속하게 경계관창 실시
③ 바람이 불 때 풍하 – 풍횡 – 풍상 순
④ 경사가 있을 때 높은 쪽 – 횡 – 낮은 쪽 순

21 환자자세의 종류와 적용에 대한 설명으로 옳지 않은 것은?

① 머리나 척추 손상이 없는 무의식환자 : 옆누움자세(좌측위)나 회복자세
② 호흡곤란이나 가슴통증 호소 환자 : 트렌델렌버그 자세
③ 쇼크환자 : 다리를 20~30cm 올린 후 바로누운자세(앙와위)로 이송
④ 임신기간이 6개월 이상인 임부 : 옆누움자세(좌측위)로 이송

22 응급무선통신 준수사항으로 옳지 않은 것은?

① 무전기의 송신버튼을 누르고 말하기 전에 1초 정도 기다린다.
② 저속한 용어의 사용은 피한다.
③ 환자상태를 자세히 파악하도록 전송을 길게 한다.
④ 환자의 문제에 대한 분석이 아니라 상태 그 자체를 말해야 한다.

23 소독과 멸균에 관한 용어의 정의 중 살균제에 대한 설명으로 옳은 것은?

① 진균과 박테리아의 아포를 포함한 모든 형태의 미생물을 파괴하는 것을 말한다.
② 미생물 중 병원성 미생물을 사멸시키기 위한 물질을 말한다.
③ 물리적, 화학적 과정을 통하여 모든 미생물을 완전하게 제거하고 파괴하는 것을 말한다.
④ 대상물로부터 모든 이물질(토양, 유기물 등)을 제거하는 과정으로 소독과 멸균의 가장 기초단계를 말한다.

24 화재현장에서 발생하는 유독가스에 관한 설명으로 옳은 것은?

① 암모니아는 프레온 가스와 불꽃의 접촉 시 발생하며 허용농도 25ppm이다.
② 시안화수소는 열경화성수지, 중질유 연소 시 발생하며 허용농도 10ppm이다.
③ 아황산가스는 우레탄, 나일론 연소 시 발생하며 허용농도 5ppm이다.
④ 염화수소는 플라스틱, PVC 연소 시 발생하며 허용농도 5ppm이다.

25 백-밸브 마스크(BVM)에 관한 설명으로 옳지 않은 것은?

① 산소 연결구를 통해 15L/분의 산소를 연결시키고 밸브는 비재호흡 기능을 갖고 있다.
② BVM의 원리는 산소연결로 저장낭에 산소가 공급되고 백을 짜면 백의 공기주입구가 닫히고 산소가 환자에게 공급된다.
③ 저장낭이 없는 BVM이라면 약 70%의 산소를 공급한다.
④ 한 번 공급하는 양은 적어도 0.5L가 되어야 한다.

03 제3회 최종모의고사

01 다음 중 화재에 대한 설명으로 옳은 것을 고르시오.

① 전도는 열과 연기를 확산시켜 연소 범위를 확대시키는 가장 흔한 방식이다.
② 자동노출 또는 플래임 래핑과 같이 창문에서 창문으로 확산되는 방식도 화재가 인접건물로 확대되는 일반적 사례이며 이것은 넓은 의미에서 대류확산의 한 사례에 해당된다. 대류나 자동노출 확산을 막기 위해서는 위층에 호스를 연결하여 방어해야 한다.
③ 대류는 공간을 통해 열이 사방으로 전달되는 방식으로 화염을 사방으로 확대시키는 대형화재의 주범이다. 이 또한 인접 건물에 관창(호스)을 배치하고 방어하는 것이 필요하다.
④ 복사는 고체물질의 고온에서 저온으로 열이 전달되는 방식이며, 기계적 시설이 작동되면서 마찰열에 의해 화재가 발생되는 기계적 화재원인의 주범이기도 하다.

02 플래시오버에 대한 설명이다. 옳지 않은 것은?

① 플래시오버는 성장기와 최성기간의 과도기적 시기이며 발화와 같은 특별한 현상이 아니다.
② 성장기 천장부분에서 발생하는 뜨거운 가스층은 발화원으로부터 멀리 떨어진 가연성 물질에 복사열을 발산한다.
③ 플래시오버가 발생할 때, 뜨거운 가스층으로부터 발산되는 복사에너지는 일반적으로 $20kW/m^2$를 초과한다.
④ 일종의 폭발현상이며 축적된 복사열이 연소확대의 주 매개체이다.

03 특수화재의 소방활동 요령에 대한 설명으로 옳지 않은 것은?

① 항공기 화재의 포 방사 활동 시 포 소화와 분무주수를 중점으로 하고, 직사주수는 하지 않는다.
② 산림화재의 형태에는 수관화, 수간화, 지표화, 지중화가 있고, 수관화는 수목이 연소하는 화재로 고목 등은 수간화가 되기 쉽다.
③ 독극물 화재의 안전관리 원칙 중 하나는 방독마스크를 사용하는 경우 호흡필터가 독성가스에 대해 유효한 것을 확인한 다음에 사용한다. 다만 화재의 경우나 독성가스의 종류가 불명확한 경우에는 사용하지 않는다.
④ 공동구 화재 시 부서는 맨홀 등에서 분출하는 연기에 시계가 불량하기 때문에 원칙적으로 풍상·풍횡 측에서 진입한다. 선착대는 분출연기 맨홀의 직근으로, 후착대는 지휘자의 지시에 의해 결정한다.

04 백드래프트 현상과 징후에 대한 설명으로 옳지 않은 것은?

① 건물내부 관점에서 훈소가 진행되고 있고 높은 열이 집적된 상태이다.
② 건물외부 관점에서 화염은 보이지 않으나 창문이나 문이 뜨겁다.
③ 백드래프트를 방지하기 위해 창문이나 문을 통한 배연을 시도해야 한다.
④ 급속한 연소현상에 대비하여 소방대원은 낮은 자세를 유지한다.

05 소방의 화재조사에 관한 법률상 내용으로 옳지 않은 것은?

① 소방관서장은 국민이 유사한 화재로부터 피해를 입지 않도록 하기 위한 경우 등 필요한 경우 화재조사 결과를 공표할 수 있다. 다만, 수사가 진행 중이거나 수사의 필요성이 인정되는 경우에는 관계 수사기관의 장과 공표 여부에 관하여 사전에 협의하여야 한다.
② 허가 없이 화재현장에 있는 물건 등을 이동시키거나 변경·훼손한 사람과 정당한 사유 없이 화재조사 증거물 수집을 거부·방해 또는 기피한 사람의 벌칙은 같다.
③ 관계인등이란 화재가 발생한 소방대상물의 관계인, 화재현장을 목격한 사람과 화재를 발생시킨 사람을 포함한다.
④ 보고 또는 자료 제출을 하지 아니하거나 거짓으로 보고 또는 자료를 제출한 사람은 300만원 이하의 벌금에 처한다.

06 3D 주수기법에 관한 설명으로 옳지 않은 것은?

① 숏펄싱(Short pulsing)은 물을 뿌렸을 때 증발하는지 흘러내리는지를 세심하게 관찰하여야 한다. 또한 증발할 때는 어느 위치에서 증발하는지를 판단해야 하고, 그다음에 출입문 내부 천장부분에 주수한다.
② 롱펄싱 주수요령은 좌(우)측, 중앙, 우(좌)측 순으로 상층부에 주수하며, 구획실 공간 전체 용적을 채울 수 있도록 수차례 나눠서 주수한다.
③ 페인팅(painting) 주수기법은 내부 벽면과 천정을 페인트칠 하듯 물을 살짝 주수하는 방식이다. 벽면과 천정이 불연성 물질로 되어있으면 복사열 방출을 줄여 가연물 열분해를 방지하고, 가연성 연기층을 냉각시키는 효과가 있기 때문에 주수의 양은 많을수록 효과가 좋다.
④ 3D 주수기법 적용 시 가장 적합한 물방울 사이즈는 대략 0.3~0.4mm가 일반적이며, 실제 상황에서 물방울 크기를 측정하기 위한 가장 효과적인 방법은 숏 펄싱 주수 시 공기 중에 4~5초간 물방울들이 남아 있는 것을 확인하는 방법이다.

07 아래 설명에 해당하는 것으로 옳은 것은?

> 주 펌프의 상부에 설치된 것으로 흡수가 완료되면 양수된 주 펌프실은 압력이 발생하고 이 압력으로 진공펌프로 통하는 통로가 막혀 주 펌프 물이 진공펌프로 들어가게 되는 것을 막아주는 것

① 지수밸브   ② 역류방지밸브
③ 메인밸브   ④ 진공오일밸브

08 가스시설 화재진압 시 주수에 관한 설명으로 옳지 않은 것은?

① 소방용수 부서위치 결정 시 폭발에 의한 위험방지를 위하여 건물 밑이나 담 가장자리 등 가스가 체류할 장소는 피하고 가능한 넓은 장소에 부서한다.
② 미연소가스가 유동하는 지하시설, 하천, 건물내부 등은 주수를 할 경우 가스를 조기에 확산시키므로 주수 보다는 누설원 차단에 중점을 둔다.
③ 용기의 폭발방지를 위한 주수는 화염에 의한 온도상승을 방지하기 위한 것이므로, 탱크 등과 연소화염이 떨어져 있는 경우는 그 중간에 분무방수를 하면 복사열을 차단하는 효과가 있다.
④ 연소방지를 위한 주수는 직접 연소위험이 있는 부분에 주수하는 것과 연소염을 차단하는 분무주수 방법이 있다.

09 소방용수시설에 관한 내용으로 옳은 것은?

① 소방용수시설에 대한 조사는 1년간 보관하여야 한다.
② 저수조는 지면으로부터 낙차가 4.5m 이상 되어야 한다.
③ 지하에 설치하는 저수조의 맨홀뚜껑은 지름 648mm 이상의 것으로 하여야 한다.
④ 소화전의 소방용수표지의 문자는 백색, 내측 바탕은 청색, 외측 바탕은 적색으로 하고 반사도료를 사용하여야 한다.

10 위험예지훈련의 훈련시트 작성 시 유의사항으로 옳은 것은?

① 시트는 대원의 친숙도가 큰 상황으로부터 선정하는 방법이 부드럽게 진행이 된다.
② 한 장의 시트에 여러 가지 상황을 기입할 것
③ 아주 자세한 부분까지 그려 넣을 것
④ 시트는 위험에 관한 시트이므로 너무 밝지 않은 어두운 분위기로 그려진 것이 좋음

11 강의식 교육에 대한 설명으로 옳지 않은 것은?

① 교육생 상호 자극에 의한 학습효과가 높아진다.
② 정보전달에 효과적이다.
③ 교육생의 적극적인 참여를 가져온다.
④ 강의내용이나 진행방법을 자유롭게 변경시킬 수 있다.

12 재해예방의 4원칙으로 옳지 않은 것은?

① 손실우연의 원칙
② 예방가능의 원칙
③ 원인연계의 원칙
④ 재해선정의 원칙

13 구조활동 시 구조 방법의 결정에 관한 내용으로 옳지 않은 것은?

① 가장 안전하고 신속한 방법은 구출방법의 결정 원칙 중 하나이다.
② 전체를 파악하지 않고 일면의 확인에 의해 결정한 방법은 피해야 할 요인이다.
③ 구조활동의 순서는 각종 장해요인 제거 – 2차 사고의 발생위험 제거 – 구조대상자의 구명에 필요한 조치 – 구조대상자의 상태악화 방지에 필요한 조치 – 구출활동 개시 순이다.
④ 장애는 중심부에서 주위로 향하여 순차적으로 제거한다.

14 구조현장의 초기대응 단계에서 지켜야 할 절차를 순서대로 나열한 것은?

① 상황파악 – 접근 – 상황의 안정화 – 후송
② 접근 – 상황파악 – 상황의 안정화 – 후송
③ 상황파악 – 접근 – 후송 – 상황의 안정화
④ 접근 – 상황파악 – 후송 – 상황의 안정화

15 힘을 받은 후에는 풀기가 매우 어려워 장시간 고정시켜 두는 경우에 주로 사용되는 매듭법은?

① 줄사다리매듭
② 세겹고정매듭
③ 피셔맨매듭
④ 두겹고정매듭

16 용해되는 압력이 다시 환원되는 압력의 2배를 넘지 않는 한 신체는 감압병으로부터 안전하다는 것과 관련된 것은?

① 홀데인의 이론
② 헨리의 법칙
③ 감압정지와 감압시간
④ 최대 잠수가능 조정시간

17 팬케이크형 붕괴에 대한 내용으로 옳은 것은?

① 가구나 장비, 기타 잔해 같은 무거운 물건들이 바닥 중심부에 집중되었을 때 V자형의 붕괴가 일어날 수 있다.
② 붕괴에 의해 형성되는 공간은 다른 경우에 비해 협소하며 어디에 형성되는지 파악하기가 곤란하다.
③ 파편이 지지하고 있는 벽을 따라 빈 공간으로 진입하는 것이 붕괴위험도 적고 구조활동도 용이하다.
④ 건물에 가해지는 충격에 의하여 한쪽 벽판이나 지붕 조립부분이 무너져 내리고 다른 한 쪽은 원형을 그대로 유지하고 있는 형태의 붕괴를 말한다.

18 환자에게 적절한 치료를 계속 제공하지 못하는 경우는 무엇에 해당하는가?

① 상 해
② 유 기
③ 방 임
④ 묵 인

19 공연장의 붕괴사고로 다수의 환자가 발생하였다. 안내요원의 지시에 따라 옆 건물로 보낸 환자를 제외하고 나머지 환자를 START법으로 중증도 분류하고자 한다. 도중에 환자에게 제공할 수 있는 처치행위로 옳은 것은?

① 직접압박
② 수액투여
③ MAST착용
④ 공기부목적용

20 제독소에 관한 설명으로 옳은 것은?

① 제독소는 Hot Zone 내에 위치하며 경계구역 설정과 동시에 설치하여야 한다.
② 제독소 내부는 오염지역에 가까운 구획부터 Red trap, Yellow trap, Green trap의 3단계로 구획하고 Red trap에서부터 제독을 시작한다.
③ Red trap에서 솔과 세제를 사용하여 방호복의 구석구석(발바닥, 사타구니, 겨드랑이 등)을 세심하게 세척한다.
④ 습식 제독작업이 끝나면 Yellow trap으로 이동해서 동료의 도움을 받아 보호복을 벗는다.

21 혈액에 대한 설명으로 옳지 않은 것은?

① 혈구와 혈장으로 구성되어 있다.
② 혈소판은 혈액응고에 필수요소이다.
③ 적혈구는 인체면역체계에서 중요한 역할을 하며 백혈구는 산소를 운반하는 역할을 한다.
④ 혈장은 끈적거리는 노란색 액체로 조직과 세포에 필요한 당과 같은 영양성분을 포함한다.

22 후두마스크 기도기의 설명으로 옳지 않은 것은?

① 후두경을 사용하지 않고 기도를 확보할 수 있다.
② 기관 내 삽관보다 환자에게 비침습적이고 적용이 쉬우므로 병원 전 처치에 효과적이다.
③ 높은 압력(20cmH$_2$O 이상)으로 양압환기를 해도 무방하다.
④ 일회용이 아닌 멸균재사용이 가능(약 40회)하다.

23 환자평가의 단계 중 1차 평가의 단계를 기술한 것이다. 순서에 맞게 나열한 것은?

① 순환평가 - 기도평가 - 호흡평가
② 순환평가 - 호흡평가 - 기도평가
③ 기도평가 - 호흡평가 - 순환평가
④ 기도평가 - 순환평가 - 호흡평가

24 대형사고 시 신속한 평가를 통해 응급처치 및 이송순위를 결정하는 중증도 분류법에 관한 설명 중 옳지 못한 것은?

① 비응급환자는 손상이 전신적인 증상이나 효과를 유발하지만, 아직까지 쇼크 또는 저산소증 상태가 아닌 경우로 황색으로 분류한다.
② 전신적 반응이 발생하더라도 적절한 조치를 행할 경우 즉각적인 위험 없이 45~60분 정도 견딜 수 있는 상태는 응급환자로 분류한다.
③ 지연환자는 대량 재난 시에 임상적 및 생물학적 사망이 명확히 구분되지 않는 상태이다.
④ 즉각적인 처치를 행할 경우에 환자가 안정화될 가능성과 소생 가능성이 있는 경우는 긴급환자로 분류한다.

25 환자자세의 종류와 적용에 대한 기본사항으로 옳지 않은 것은?

① 머리나 척추 손상이 없는 무의식환자는 좌측위나 회복자세를 취해준다. 이 자세들은 환자의 구강 내 이물질이나 분비물을 쉽게 제거할 수 있다.
② 호흡곤란이나 가슴통증 호소 환자는 환자가 편안해 하는 자세를 취해주는 것이 좋다. 보통은 좌위나 앉은 자세를 취해준다.
③ 머리, 목뼈, 척추손상으로 인한 쇼크환자는 다리를 20~30cm 올린 후 바로누운상태로 이송한다.
④ 머리나 척추 손상이 의심되는 환자는 긴 척추고정판으로 고정시킨 후 이송해야 한다. 필요 시 환자의 구강 내 이물질이나 분비물을 제거하기 위해서는 왼쪽으로 보드를 약간 기울일 수 있다.

제4회 최종모의고사

01 공격적 내부전술에 대한 설명이 아닌 것은?

① 배연을 위해 상층부 파괴나 지붕배연을 시도해야 한다.
② 화재현장에 진입할 경우 천천히 하나의 65mm 관창을 전개한다.
③ 엄호관창이 배치되기 전에 건물에 진입해서 화재지점을 검색해야 한다.
④ 숨은 공간에 연소확대의 우려가 있는지 확인하기 위해 벽이나 천장을 파괴해야 한다.

02 괄호 안에 들어갈 내용으로 옳은 것끼리 짝지은 것은?

> 폐쇄된 내화구조 건축물 내에서 화재가 진행될 때 연소과정은 산소공급이 부족한 상태에서 서서히 훈소된다. 이때 (　　)된 가연성가스와 열이 집적된 상태에서 일시에 다량의 공기가 공급될 때 순간적으로 폭발적 발화현상이 발생하는데 이를 (　　)현상이라 한다.

① 불완전연소 - 플래시오버
② 완전연소 - 백드래프트
③ 완전연소 - 플래시오버
④ 불완전연소 - 백드래프트

03 다음 중 열의 전달 방식에 대한 설명으로 옳지 않은 것은?

① 화재의 초기단계에 있어서 열의 전달은 거의 전적으로 "전도"에 기인한다.
② 손을 화염 위에 올려놓게 되면, 불이 직접적으로 닿지 않더라도 열을 느낄 수 있는 것은 "복사" 때문이다.
③ 모든 열의 전달은 따뜻한 곳에서 차가운 곳으로 이루어진다.
④ "복사"는 대부분 화재가 시발된 건물이나 가연물들로부터 떨어져 있는 건물, 가연물들에 의해 점화되는 화재의 원인이다.

04 제2류위험물의 저장 및 화재진압방법으로 옳지 않은 것은? 〔소방교 제외〕

① 산화제와의 접촉을 피한다.
② 저온의 어두운 곳에 보관한다.
③ 금속분, 철분, 마그네슘, 적린은 건조사, 건조분말 등으로 질식소화한다.
④ 유황은 물에 의한 냉각소화가 유효하다.

05 출동 시의 예정소방용수 선정의 원칙에 관한 내용이다. 순서대로 나타낸 것은?

① 화재직근 → 도착순위별 부서예측 → 도착방향에서의 합리성 → 적응수량 → 타대의 진입방해 → 교통량 등 부근의 상황 → 소방용수사용 장해유무 → 예정소방용수의 결정
② 화재직근 → 도착방향에서의 합리성 → 도착순위별 부서예측 → 적응수량 → 교통량 등 부근의 상황 → 타대의 진입방해 → 소방용수사용 장해유무 → 예정소방용수의 결정
③ 화재직근 → 타대의 진입방해 → 적응수량 → 도착방향에서의 합리성 → 도착순위별 부서예측 → 교통량 등 부근의 상황 → 소방용수사용 장해유무 → 예정소방용수의 결정
④ 화재직근 → 교통량 등 부근의 상황 → 타대의 진입방해 → 도착방향에서의 합리성 → 도착순위별 부서예측 → 적응수량 → 소방용수사용 장해유무 → 예정소방용수의 결정

06 건물 유형별 안전도 평가 시 등급의 분류와 설명이 옳은 것은?

① 안전도 1등급 – 화재 시 벽돌로 건축된 4개의 벽에 둘러싸인 목재저장소와 같은 위험성을 가지고 있다.
② 안전도 3등급 – 건물 구조물 골조와 벽체는 주로 목재로 이루어져 있어 5가지 유형 중 유일하게 가연성 외부 벽체를 가진 건물유형이다.
③ 안전도 2등급 – 이와 같은 건물에서 화재가 발생하면, 지붕 아래서부터 상승한 열이 전도되어 가연성 지붕 덮개에 점화된다. 특히, 아스팔트 싱글, 조립식 패널과 같은 지붕재로 된 경우에는 지붕 덮개를 따라 급속히 확대된다.
④ 안전도 5등급 – 내부 구조물에 사용된 목재가 화염에 그대로 노출될 수 있는 구조이다.

07 점성을 가진 뜨거운 유류표면 아래 부분에서 물이 비등할 경우 비등하는 물에 의해 탱크 내 유류가 넘치는 현상을 무엇이라 하는가?

① 보일오버(Boil over)
② 슬롭오버(Slop over)
③ 오일오버(Oil over)
④ 후로스오버(Froth over)

08 화재조사 및 보고규정에 정한 정의로 옳지 않은 것은?

① "감식"이란 화재와 관계되는 물건의 형상, 구조, 재질, 성분, 성질 등 이와 관련된 모든 현상에 대하여 과학적 방법에 의한 필요한 실험을 행하고 그 결과를 근거로 화재원인을 밝히는 자료를 얻는 것을 말한다.
② "최종잔가율"이란 피해물의 내용연수가 다한 경우 잔존하는 가치의 재구입비에 대한 비율을 말한다.
③ "재구입비"란 화재 당시의 피해물과 같거나 비슷한 것을 재건축(설계 감리비를 포함한다) 또는 재취득하는데 필요한 금액을 말한다.
④ "초진"이란 소방대의 소화활동으로 화재확대의 위험이 현저하게 줄어들거나 없어진 상태를 말한다.

09 급수탑의 설치기준에 관한 내용이다. (　) 안에 들어갈 내용으로 옳은 것은?

> 급수배관의 구경은 (　　)으로 하고, 개폐밸브는 지상에서 (　　)의 위치에 설치하도록 하여야 한다.

① 65mm 이상, 1.5m 이상 1.7m 이하
② 100mm 이상, 0.8m 이상 1.7m 이하
③ 65mm 이상, 0.8m 이상 1.7m 이하
④ 100mm 이상, 1.5m 이상 1.7m 이하

10 잔화정리 요령에 관한 설명으로 옳은 것은?

① 지휘자로부터 지정된 담당구역을 화점 중심에서 바깥으로, 위층에서 아래층으로, 높은 장소에서 낮은 장소로의 순으로 실시한다.
② 주수는 확산주수, 직사주수 등 관창을 기민하게 조작하여 낙하물과 재발화 방지를 위해 충분히 방수한다.
③ 주수는 한 장소에 고정하여, 뒤집어 파는 등 적극적으로 실시해 주수사각이 생기지 않도록 한다.
④ 개구부를 개방하고 배연, 배열하고 활동환경을 정리해서 실시하는 것과 동시에 조명기구를 활용한다.

11 화재조사 및 보고규정에 따른 건물의 동수 산정에 관한 설명으로 옳지 않은 것은?

① 건물의 외벽을 이용하여 실을 만들어 헛간, 목욕탕, 작업실, 사무실 및 기타 건물 용도로 사용하고 있는 것은 주건물과 같은 동으로 본다.
② 내화조 건물의 옥상에 옥내 계단으로 통하는 목조 또는 방화구조 건물이 별도 설치되어 있는 경우는 다른 동으로 한다.
③ 독립된 건물과 건물 사이에 차광막, 비막이 등의 덮개를 설치하고 그 밑을 통로 등으로 사용하는 경우는 다른 동으로 한다.
④ 목조 또는 내화조 건물의 경우 격벽으로 방화구획이 되어 있는 경우도 같은 동으로 한다.

12 위험예지훈련은 위험요인에 대한 토론, 연구, 이해를 돕기 위한 모임의 훈련이다. 토론이 중요한 의미를 가지므로 브레인스토밍(Brain Storming) 요령으로 실시하는데, 특히 주의해야 할 사항 중 옳은 것은?

① 편안한 분위기에서 행하며 순서를 정해서 한 명씩 발언한다.
② 발언에 대하여 비판을 하고 심도 있는 논의를 한다.
③ 타인의 이야기를 잘 듣고 서로가 자기의 생각을 높여가도록 한다.
④ 양보다는 질을 중요시한다.

13 GHS의 표시방법을 나타낸 것이다. 옳지 않은 것은?

14 화재현장이나 위험물질이 누출된 곳 등 긴급한 상황에서 의식이 없는 환자를 단거리 이동시킬 때 사용하는 운반법으로 옳은 것은?

① 구조대상자 끌기
② 담요를 이용한 끌기
③ 경사끌기
④ 소방관 운반

15 구조장비에 관한 설명으로 옳지 않은 것은?

① 4행정 유압엔진펌프는 연료와 엔진오일을 별도로 주입하므로 엔진펌프의 종류를 확인해 두어야 한다.
② 유압전개기를 사용한 후에는 팁을 완전히 닫지 말고 약간의 틈새를 벌려 두어야 한다.
③ 유압절단기의 절단날이 항상 10~15° 각도를 유지하도록 절단하여야 한다.
④ 동력절단기 일상정비・점검에서 철재용 절단날을 보관할 때에는 기름을 엷게 발라둔다.

16 항공기 사고 구조현장 안전관리에 관한 설명으로 옳지 않은 것은?

① 소방대가 공항 내에 진입할 때는 반드시 공항 관계자 유도에 따라서 진입하고, 화재발생 위험을 예측하여 풍상, 풍횡 측으로 부서함을 원칙으로 한다.
② 불티를 발하는 기자재는 원칙으로 사용하지 않는다.
③ 프로펠러기와 헬리콥터는 프로펠러와 회전날개가 정지 중임을 반드시 확인하고 기체 가까이에서 행동한다.
④ 엔진이 가동 중인 기체에 접근할 때는 급・배기에 의한 사고를 방지하기 위하여 기체에 횡으로 접근한다. 이 경우 기체의 크기에 따라 다르지만 여객기의 경우 엔진꼬리 부분에서 약 50m, 공기 입구에서 약 10m 이상의 안전거리를 확보한다.

17 방호복(보호복)에 관한 설명으로 바른 것은?

① C급 방호복 - 호흡장비 없이 피부만 보호한다.
② B급 방호복 - IDLH 농도의 유독가스 속으로 진입할 때나 피부에 접촉하면 손상을 입을 수 있는 유독성 물질을 직접 상대하며 작업하는 경우에 사용한다.
③ B급 방호복 - 방독면과 같은 공기정화식 장비를 사용한다.
④ D급 방호복 - 안전지대(Cold Zone)에 있는 사람들만 착용한다.

18 심폐소생술의 합병증 중 가슴압박이 적절할 때 발생하는 것으로 옳지 않은 것은? [소방교 제외]

① 심장파열　② 갈비뼈 골절
③ 복장뼈 골절　④ 허파좌상

19 혈압측정에 관한 설명으로 옳지 않은 것은?

① 성인의 경우 수축기압이 90 미만인 경우 낮다고 하며 140 이상이거나 이완기압이 90 이상일 때를 높다고 한다.
② 혈압을 기록하고 촉진과 청진으로 잰 혈압이 10~20mmHg 이상 차이가 나는 경우에만 촉진과 청진으로 나누어서 기록한다.
③ 앉아있는 환자는 팔을 똑바로 펴고 심장높이보다 2.5cm 위로 팔을 올린다.
④ 맥박소리가 처음 들릴 때의 압력을 수축기압이라고 하고 소리가 사라질 때의 압력을 이완기압이라고 한다.

20 모든 환자는 잠재적인 감염질환이 있다고 가정하고 현장 도착 전 주요 전염질환에 대한 사전지식을 습득하여 예방하여야 한다. 다음 감염질환과 그 특징의 연결이 옳은 것은?

① 풍진 – 공기, 모태감염 – 10~12일
② 간염 – 입과 코의 분비물 – 몇 주~몇 개월
③ 수두 – 공기, 감염부위의 직접 접촉 – 14~24일
④ 백일해 – 호흡기계 분비물, 공기 – 2~6주

21 국소 해부학에 관한 설명으로 옳은 것은?

① 무릎관절은 골반보다 몸쪽(근위부)에 위치한다.
② 팔꿈치는 노뼈(요골)보다 먼쪽(원위부)에 위치한다.
③ 가로막을 중심으로 흉부는 복부의 상부에 위치한다.
④ 무릎관절은 정강이뼈(경골)보다 먼쪽(원위부)에 위치한다.

22 쇼크증상 및 징후 환자의 응급처치로 옳지 않은 것은? [소방교 제외]

① 혈류량 저하는 조직기능 저하로 이어져 빛에 늦게 반응하며 산대된 동공을 보인다.
② 약 20~30cm 정도 다리를 올린다.
③ 소아는 전체 혈액량의 1/2 이상이 실혈되어야 혈압이 떨어지므로 급속도로 심장마비로 진행되어 위험하다.
④ 탈구부위는 부목으로 고정하지 않는다.

23 환자의 의식상태는 AVPU척도에 따라서 4가지로 표현된다. 다음 설명 중 V에 해당하는 것은?

① 언어지시에는 반응이 없지만 신체에 통증을 주면 움직이거나 고함친다.
② 환자가 통증에 대해서도 반응하지 않는다.
③ 환자가 스스로 눈을 뜨고 질문에 분명한 답변을 한다.
④ 환자가 스스로 눈을 뜰 수 없고 시간, 장소, 사람을 알아보지 못하지만 구두지시에는 반응한다.

24 환자에게 알맞은 입인두 기도기를 선택하는 길이 측정방법으로 옳은 것은?

> ㉠ 환자의 코 가장자리에서 귓불까지 길이
> ㉡ 환자의 입 가장자리에서 같은 쪽 얼굴의 귓불 끝까지 길이
> ㉢ 귓불에서 광대뼈까지 길이
> ㉣ 환자의 입 중심에서 하악각까지 길이

① ㉠, ㉡, ㉢ ② ㉠, ㉢
③ ㉡, ㉣ ④ ㉠, ㉡, ㉢, ㉣

25 유압전개기 사용 중 발생하는 문제점과 조작방법에 관한 설명으로 옳지 않은 것은?

① 커플링이 잘 연결되어 있지 않을 때는 유압호스에 압력이 존재하는지 점검한다.
② 컨트롤밸브를 조작하여도 전개기가 작동하지 않을 때는 안전스크류를 조인다.
③ 컨트롤밸브 사이에서 오일이 새는 경우 커플링 풀림 여부를 확인한다.
④ 전개기가 압력을 유지하지 못할 때는 핸들의 밸브가 잠겨있는지 확인한다.

TEST 05 제5회 최종모의고사

01 관창배치의 일반원칙으로 틀린 것은?

① 소방기관에 의해 정보가 확인될 때까지는 구조대상자의 검색, 구출 등의 구조활동에 필요한 관창을 배치함과 동시에 필요에 따라 구조대상자 등의 상황악화 방지를 위하여 관창을 배치한다.
② 정보가 없고 구조활동을 필요로 하지 않을 때는 연소저지 등 소화활동 중점의 관창을 배치한다.
③ 경계관창을 배치한 후 엄호를 위한 관창 및 소화를 위한 관창을 제각기 배치한다.
④ 일반목조건물 화재의 경우 방수구는 3구를 원칙으로 한다.

02 유염화재의 설명으로 옳은 것은?

① 다공성 물질에서 발견되며, 화염은 크게 발생하지 않으나 연기가 나고, 빛이 나는 화재이다.
② 열과 화염이 크게 발생하는 일반적인 화재유형으로 목재화재가 대표적이다.
③ 대기 중의 산소가 스며들면서 연소범위가 확산되고, 연기발생과 재발화의 원인이 된다.
④ 겉 천(가죽)을 씌운 가구, 이불솜, 석탄, 톱밥, 폴리우레탄 재질의 매트리스와 같은 물질은 대표적인 유염화재의 연소물질에 해당한다.

03 고체의 연소에 관한 설명으로 옳지 않은 것은? <small>소방교 제외</small>

① 증발연소는 고체 가연물이 열분해를 일으키지 않고 증발하여 증기가 연소되거나 먼저 융해된 액체가 기화하여 증기가 된 다음 연소하는 현상을 말한다.
② 표면연소(직접연소)란 고체 가연물이 열분해나 증발하지 않고 표면에서 산소와 급격히 산화 반응하여 연소하는 현상 즉, 목탄 등이 열분해에 의해서 가연성가스를 발생하지 않고 그 물질 자체가 연소하는 현상으로 불꽃이 없는 것(무염연소)이 특징이다.
③ 자기연소란 가연물이 물질의 분자 내에 산소를 함유하고 있어 열분해에 의해서 가연성가스와 산소를 동시에 발생시키므로 공기 중의 산소 없이 연소할 수 있는 것을 말하며, 내부연소라고도 한다.
④ 분해연소는 연소가 일어나면 연소열에 의해 고체의 열분해는 계속 일어나 가연물이 없어질 때까지 계속되며, 나무와 같은 가연물의 연소 말기에도 이루어진다.

04 플래시오버와 백드래프트에 대한 설명으로 옳지 않은 것은?

① 백드래프트(Backdraft)는 폭발이고, 플래시오버(Flashover)는 폭발이 아니다.
② 플래시오버는 성장기의 마지막이자 최성기의 시작점에서 발생하며, 백드래프트는 성장기 또는 쇠퇴기(감퇴기)에서 연기가 제한된 공간에 갇혀있을 때 발생한다.
③ 플래시오버는 훈소상태이고 백드래프트는 자유연소상태이다.
④ 백드래프트(Backdraft)보다 플래시오버(Flashover)가 발생빈도가 높다.

05 백드래프트(Backdraft) 대응전술 중 일산화탄소 증기운의 농도를 폭발한계 이하로 떨어뜨리는 방법은?

① 배연(지붕환기) ② 측면공격
③ 급냉(담금질)   ④ 공기차단 지연

06 펌프차량은 원칙적으로 현장도착과 동시에 수리부서하여 소화활동을 개시한다. 수리부서 및 유도 시 유의사항으로 옳지 않은 것은?

① 현장에 도착하여 연기나 열기를 확인할 수 없어도 반드시 수리부서하여 주수할 수 있는 태세를 갖춘다.
② 도로상의 소방용수시설에 부서하는 경우 소방용수의 맨홀 부위에서 주민의 실족사고가 일어나지 않도록 필요한 조치를 강구한다.
③ 수리부서 차량은 가능한 한 수평이 되게 하고 바퀴 고임목을 하여 안전사고를 방지하여야 한다.
④ 선착대의 소방용수에 여유가 있는 경우에도 후착대는 만약을 대비하여 자기대의 수리부서를 점령하여야 한다.

07 재해방지 대책 중 관리적 대책이 아닌 것은?

① 전 작업자 기준 이해
② 적합한 기준 설정
③ 관리자 및 지휘자의 솔선수범
④ 작업환경, 설비개선

08 다음 중 3D 주수기법에 대한 설명으로 옳지 않은 것은?

① 3D 주수기법은 화재가 발생되어 연소중인 가연물질 표면과 실내 전체에 퍼져있는 연기에도 주수하는 방식을 말한다.
② 실제 상황에서 물방울 크기를 측정하기 위한 가장 효과적인 방법은 숏펄싱 주수 시 공기 중에 4~5초간 물방울들이 남아 있는 것을 확인하는 방법이다.
③ 3D 주수기법은 해당 구획실의 크기가 $70m^2$ 이상일 경우 적합하다고 볼 수 있다.
④ 펄싱 주수기법은 구획실 상층부의 가연성 가스를 냉각(연소범위 및 부피 축소)시키고, 수분(수증기)팽창을 이용하여 구획실 안으로 산소유입을 차단시켜 산소농도를 낮추는 효과가 있다.

09 다음은 사고예방대책의 기본원리 5단계 중 어느 단계에 대한 설명인가?

> 각종 사고 및 활동기록의 검토, 작업분석, 안전점검 및 검사, 사고조사, 안전회의 및 토의, 근로자의 제안 및 여론 조사 등에 의하여 불안전 요소를 발견한다.

① 안전조직(조직체계 확립)
② 사실의 발견(현황파악)
③ 분석평가(원인규명)
④ 시정방법의 선정(대책선정)

10 다음 중 화재발생 시 스프링클러설비 활용 요령으로 옳지 않은 것은?

① 스프링클러 헤드의 소화효과를 판단하는 기준은 화재층의 가장 가까운 부분에 있는 헤드의 살수상황(확산 범위가 $10m^2$ 정도 이상이 좋다)을 확인하는 것이다.
② 송수압은 1.5Mpa를 표준으로 하여 운용한다.
③ 헤드에서 방수되는 수량은 배관의 길이에 따라 다르다. 특히 최하층의 경우는 고압 대량방수가 되므로 송수를 조정할 필요가 있다.
④ 소규모화재 또는 실수로 헤드를 잘못 파손한 경우 물을 정지시키는 방법은 각 층의 제어밸브를 잠그고 펌프를 정지시켜 방수압력을 약하게 한 후 나무핀 등으로 막는 것이다. 이 경우 배수밸브 또는 테스트 밸브가 있는 것은 이것을 폐쇄하면 효과적이다.

11 사례연구법의 장점으로 옳지 않은 것은?

① 현실적인 문제의 학습이 가능하다.
② 원칙과 룰(rule)의 체계적 습득이 가능하다.
③ 흥미가 있고 학습동기를 유발할 수 있다.
④ 생각하는 학습교류가 가능하다.

12 사고예방대책의 기본원리 5단계에서 "기술(Engineering), 교육(Education), 관리(Enforcement)"를 완성함으로써 이루어지는 단계는?

① 사실의 발견
② 분석평가
③ 시정방법의 선정
④ 시정책의 적용

13 구출방법을 결정할 때 피해야 할 요인에 해당되지 않는 것은?

① 일반인에게 피해가 예측되는 방법
② 2차 재해발생이 예측되는 방법
③ 안전하고 신속한 방법
④ 전체를 파악하지 않고 일면의 확인에 의해 결정한 방법

14 로프에 대한 설명으로 옳지 않은 것은?

① 로프의 성능은 인장력과 충격력으로 표시된다.
② 산악용 11mm 로프의 경우 대부분 3,000kg 내외의 인장강도를 가지며 충격력은 80kg에 대하여 700~900daN 정도이다.
③ 정적 로프는 신장률이 7% 정도로 신축성이 높아 충격을 흡수하는 데 유리하므로 자유낙하가 발생할 수 있는 암벽등반에 유리하다.
④ 스태틱 로프는 마모 내구성이 강하고 파괴력에 견디는 힘이 높다.

15 붕괴건물 구조 기술을 설명한 것으로 옳지 않은 것은?

① 폭이 75cm 정도, 높이가 90cm 정도인 터널이 굴착과 구조활동에 적당한 크기이다.
② 터널은 벽을 따라서 혹은 벽과 콘크리트 바닥 사이에 만들어져 필요한 프레임을 단순화시키는 것이 좋다.
③ 작업이 진행됨에 따라 사고를 예방하기 위하여 터널 안의 모든 것에 버팀목을 대는 것이 좋다.
④ 터널 뚫기 외 구조대상자에게 접근할 다른 수단이 있더라도 신속히 굴착하여 구조하도록 한다.

16 다음 〈보기〉에서 설명하는 잠수병으로 옳은 것은?

| 보기 |

- 잠수하여 수압이 증가하면 질소의 부분압이 증가되어 몸속에 녹아 들어가는 질소의 양도 증가하는데, 만약 다이버가 오랜 잠수 후 갑자기 상승하면 외부 압력이 급격히 낮아지므로 몸 속의 질소가 과포화된 상태가 되고 인체의 조직이나 혈액 속에 기포를 형성하는 감압병에 걸리게 된다.
- 증세 : 신체부위 어느 곳에 기포가 생겼는가에 따라 다르게 나타나는데 경미한 경우 피로감, 피부가려움증 정도지만 심한 경우 호흡곤란, 질식, 손발이나 신체 마비 등이 일어난다. 80% 정도가 잠수를 마친 후 1시간 이내에 나타나며 드물게는 12~24시간 이후에 나타나기도 한다.

---

① 질소마취
② 산소중독(Oxygen Toxicity)
③ 탄산가스 중독
④ 감압병(Decompression Sickness)

17 구조장비에 관한 설명으로 옳지 않은 것은?

① 고속 회전 장비를 사용할 경우에는 면장갑은 착용하지 않는 것이 원칙이다.
② 로프총의 경우 공압식과 화약식에 사용하는 견인탄은 내경과 재질, 중량에 차이가 없으므로 상호 교환 사용이 가능하다.
③ 공기호흡기의 고압조정기(regulator)에서 보급되는 흡기유량은 한계가 있고 이 수치는 용기 내 압력의 감소에 따라 계속 저하된다.
④ 잔류전류검지기 스위치를 계속 돌리면 '고감도 → 저감도 → 초점감지 → off'의 순서로 작동한다.

18 지혈대의 사용방법으로 옳지 않은 것은? <small>소방교 제외</small>

① 철사, 밧줄, 벨트 등은 조직을 손상시키므로 사용해서는 안 된다.
② 출혈이 멈추면 막대를 풀어 느슨하게 한다.
③ 상처부위 감염을 방지하기 위해 소독드레싱을 실시한다.
④ 혈압계의 커프를 지혈대로 사용할 수도 있다.

19 현장 도착 후 기본 감염예방법에 관한 설명으로 옳지 않은 것은?

① 날카로운 기구를 사용할 경우에는 손상을 당하지 않도록 주의한다.
② 바늘 끝이 사용자의 몸 쪽으로 향하지 않도록 한다.
③ 사용한 바늘은 다시 뚜껑을 씌우거나, 구부리거나, 잘라서 주사바늘통에 즉시 버린다.
④ 주사바늘, 칼날 등 날카로운 기구는 구멍이 뚫리지 않는 통에 모은다.

20 실혈로 인한 저혈량 쇼크에 대한 설명으로 옳은 것은? <small>소방교 제외</small>

① 쇼크의 초기 징후로 저혈류가 진행되어 말초 혈류는 급격히 감소되고, 출혈이 계속되면 빠른맥이 나타난다.
② 허약감, 강한 맥박, 창백하고 건조한 피부를 나타낸다.
③ 소아의 경우 성인보다 혈압과 심박동 보상반응이 더 빨리 나타나기 때문에 전체 혈액량의 1/3이상만 실혈되어도 혈압이 떨어진다.
④ 쇼크 증상의 응급처치 시 약 20~30cm 정도 다리를 올린다. 다만, 머리, 가슴, 배의 손상이 있다면 앙와위를 취해주어야 한다.

21 호흡기계통에 관한 설명으로 옳지 않은 것은?

① 들숨은 능동적 과정으로 가로막과 늑간근의 이완으로 이루어진다. 두 근육이 이완되면 가로막은 아래로 내려가고 갈비뼈는 위와 밖으로 팽창한다.
② 날숨은 허파에서 공기를 내보내려는 과정이다.
③ 공기는 허파꽈리로 들어오고 허파꽈리와 주위 모세혈관 사이에서는 가스교환이 이루어진다.
④ 성인은 분당 12~20회, 소아는 분당 15~30회, 영아는 분당 25~50회 호흡한다.

22 응급차량의 배차에 대한 설명으로 옳지 않은 것은?

① 응급차량을 도로에 주차시켜야 할 때에는 차량주위에 비상등 또는 안전표지판 등을 설치한다.
② 응급차량 전면이 주행차량의 전면을 향한 경우에는 비상등을 끄고 전조등 및 경광등만 실행시킨다.
③ 유독가스의 누출 시 바람을 등진 방향에서 위치해야 한다.
④ 유류 또는 화학물질의 누출 시 해당 물질이 흐르는 반대방향에 위치해야 한다.

23 산소포화도 측정기에 대한 설명으로 옳지 않은 것은?

① 산소포화도 측정기에 전적으로 의존해서는 안 된다.
② 환자의 호흡평가, 기도개방 등에 제공되는 산소의 적정성을 평가하는데 매우 유용하다.
③ 산소포화도를 90% 이상 유지되도록 관리한다.
④ 환자의 손가락 끝에 끼워 맥박과 혈중 산소포화 농도를 측정하는 기구이다.

24 다음 질환 중 공기에 의한 전파가 아닌 것은?

① 폐 렴
② 수 두
③ 풍 진
④ 결 핵

25 인공호흡 방법의 설명으로 옳지 않은 것은?

① 포켓마스크는 산소를 연결하여 사용할 시 50%의 산소 공급률을 보인다.
② 성인과 소아는 1초간 숨을 불어 넣으며 가슴이 올라오는지 살핀다.
③ 성인 1회 호흡량은 500~600ml를 유지한다.
④ 백-밸브 마스크(BVM)를 이용할 경우 성인은 3~5초마다 1회 백을 누른다.

제6회 최종모의고사

01 부촉매소화(억제소화)에 관한 설명으로 옳지 않은 것은?

① 소화원리는 분말소화기와 할론 소화기의 소화원리처럼 연소과정에 있는 분자의 연쇄반응을 방해함으로써 화재를 진압하는 원리이다.
② 부촉매 소화는 연소생성물인 이산화탄소·일산화탄소·수증기 등의 생성을 억제시킴으로써 소화하는 원리로 물리적 소화방법에 해당한다.
③ 분자의 연쇄반응은 가연물질을 구성하는 수소분자로부터 생성되는 활성화된 수소기(H^+)와 활성화된 수산기(OH)의 작용에 의해 진행되며, 따라서 연속적인 연쇄반응을 방지하려면 가연물질에 공급하는 점화원의 값을 활성화에너지의 값 이하가 되게 하여 가연물질로부터 활성화된 수산기·수소기가 발생하지 않도록 해야 한다.
④ 부촉매 소화에 이용되는 소화약제의 종류로는 할로겐화합물소화약제, 분말소화약제, 산·알카리소화약제, 강화액소화약제 등이 있다.

02 소화이론에 대한 설명으로 옳은 것은?

① 가연물을 물로 냉각시켜 소화하는 경우 1g의 물이 증발하는 데는 639cal의 열을 흡수하는 효과가 있다.
② 비중이 물보다 큰 중유등의 유류화재 시 물 소화약제를 무상(안개형태)으로 방사하여 유류표면에 엷은 층이 형성되어 소화하는 방법을 냉각소화법 중 유화소화법이라 부른다.
③ 부촉매 소화법(화학적 소화법)에 이용되는 소화약제의 종류로는 포소화약제, 이산화탄소소화약제, 할로겐화합물소화약제, 분말소화약제, 산·알카리소화약제, 강화액소화약제 등이 있다.
④ 물리적 소화방법으로는 냉각소화법, 질식소화법, 억제소화법이 있다.

03 다음 〈보기〉에 대한 설명으로 옳은 것은?

보기
대부분 화재가 시발된 건물이나 가연물들로부터 떨어져 있는 건물이나 가연물들에 점화되는 화재의 원인

① 전 도   ② 복 사
③ 대 류   ④ 연 소

04 지하화재의 진압활동 요령으로 옳지 않은 것은?

① 개구부가 2개소 이상일 때는 연기가 많이 분출되는 개구부를 배연구로 하고 반대쪽의 개구부를 진입구로 한다.
② 소화는 분무, 직사 또는 포그 방수로 한다. 또, 관창을 들고 진입하는 대원을 열기로부터 보호하기 위하여 필요한 경우에는 분무방수로 엄호 방수한다.
③ 급기측 계단에서 화학차를 활용하여 고발포를 방사(放射), 질식소화를 한다.
④ 진입개소가 2개소인 경우에는 급기, 배기방향을 결정한 후 급기측에서 직사방수 또는 배연기기 등을 이용하여 진입구를 설정한다.

05 가스의 불완전연소 현상을 설명한 것으로 옳은 것은?

① 공기조절장치를 너무 많이 열어 가스의 공급량이 많게 되면 백드래프트 또는 불이 꺼지는 현상의 원인이 되지만 가스의 공급량이 적게 될 때는 리프팅이 발생하게 된다.
② 리프팅이란 공기량의 부족으로 버너에서 황적색염이 나오는 현상이다.
③ 가스분출 구멍으로부터 가스유출 속도가 연소속도보다 크게 되었을 때 가스는 가스분출 구멍에 접하여 연소하지 않고, 가스분출 구멍에서 떨어져서 연소한다. 이것을 블로우 오프라 한다.
④ 부식에 의해서 가스분출 구멍이 크게 되면 혼합가스의 유출속도가 상대적으로 느려져 플래시백의 원인이 된다.

06 전략과 전술에 관한 설명으로 옳은 것은?

① 전술이란 문제 상황에 효과적으로 대응하기 위한 기본방침(계획)으로 주로 최상위 현장조직(또는 지휘관)단위에서 적용된다.
② 공격적 작전은 주로 화재의 성장기 또는 쇠퇴기에 적용된다.
③ 중점전술은 화세(또는 화재범위)에 비해 소방력이 부족하여 전체 화재현장을 모두 커버할 수 없는 경우 사회적, 경제적 혹은 소방상 중요한 시설 또는 대상물을 중점적으로 대응 또는 진압하는 전술형태를 말한다.
④ 한계적 작전은 공격적 작전과 방어적 작전이 동시에 이루어지는 것을 의미한다. 주로 외부에서의 방어적 작전을 준비 또는 대기하는 상황에서 인명구조와 연소확대 방지를 위해 내부공격이 필요한 경우가 그 예이다.

07 고층건물 화재 시 스프링클러에 의한 진압이 실패하고 정면공격과 측면공격 모두 실패한 경우 취하는 방어적 공격 전략에 대한 설명으로 옳지 않은 것은?

① 화재진압보다 확산방지에 주력하는 전략을 의미한다.
② 출동대는 화재발생 층에 있는 모든 가연물이 소진될 동안 내부 거주자를 통제하는 것이 핵심사항이다.
③ 전략에서의 성공여부는 건물 자체의 내화성에 달려있다.
④ 때로는 이러한 전략을 사용함에 있어 계단실에 일반관창을 호스에서 분리하여 휴대용 일제방사관창(deluge nozzle)으로 화재확산을 막는 데 주력할 수 있다.

08 물소화약제의 첨가제에 관한 설명으로 옳은 것은?　　　　　　　　　　소방교 제외

① 물은 표면장력이 커서 방수 시 가연물에 침투되기가 어렵기 때문에 표면장력을 작게 하여 침투성을 높여주기 위해 첨가하는 계면활성제의 총칭을 Rapid water라 한다.
② 증점제를 사용하면 방수 시 마찰손실이 증가하고, 분무 시 물의 직경이 커진다.
③ 부동제는 일반적으로 벤토나이트, 붕산염 등이 사용되고 있다.
④ 유화제의 소화 효과는 물이 갖는 소화 효과와 첨가제가 갖는 부촉매 효과를 합한 것이다.

09 "소방활동과 안전"에 대하여 설명한 것으로 옳지 않은 것은?

① 소방기관은 국민의 생명, 신체 및 재산을 각종 재난으로부터 보호하는 중대한 임무를 수행하기 위해서 재해현장으로 출동하는 것이며, 완벽한 임무수행이 소방조직의 목표다.
② 일반적으로 재해현장은 위험요소가 복합된 환경에서 소방활동을 하여야 하므로 재해 현장에서는 안전 한계선을 설정하여 소방활동의 행동한계 지역으로 운영하고 있다.
③ 안전관리는 그 자체가 목적이며 임무수행을 전제로 한 적극적인 행동대책이라는 데 의의가 있다.
④ 소방활동은 임무수행과 안전확보를 동시에 병행하여야 함이 기업과 소방조직의 안전관리에 대한 차이점이라 볼 수 있다.

10 다음 3D 주수기법 중 페인팅 주수기법에 대한 설명으로 옳지 않은 것은?

① 내부 벽면과 천정을 페인트 칠 하듯 물을 살짝 주수하는 방식으로 벽면과 천정이 나무와 같은 가연성 물질로 구성되어 있으면 표면냉각과 열분해를 줄여 줄 수 있다.
② 불연성 물질로 되어 있으면 복사열 방출을 줄여 가연물 열분해를 방지하고 가연성 연기층을 냉각시키는 효과가 있으며 충분한 양의 주수를 실시한다.
③ 냉각 후에 결과를 보기 위해 잠시 기다린 후 쉿쉿 소리가 들리면 매우 높은 온도를 의미하고 바닥에 물이 떨어지는 소리는 낮은 온도를 의미한다.
④ 벽면이 매우 뜨겁다면 너무 많은 증기가 발생하지 않도록 페인팅 주수 중단 시간을 길게 할 필요도 있다.

11 화재조사 및 보고규정에 관한 사항으로 옳지 않은 것은?

① 발화일시의 결정은 관계인등의 화재발견 상황통보(인지)시간 및 화재발생 건물의 구조, 재질 상태와 화기취급 등의 상황을 종합적으로 검토하여 결정한다. 다만, 자체진화 등 사후인지 화재로 그 결정이 곤란한 경우에는 발화시간을 추정할 수 있다.
② 건물의 소실면적 산정은 소실 바닥면적으로 산정한다.
③ 건물 등 자산에 대한 최종잔가율은 건물・부대설비・구축물・가재도구는 20%로 하며, 그 이외의 자산은 10%로 정한다.
④ 경상은 중상 이외의 부상(병원 치료를 필요로 하지 않고 단순하게 연기를 흡입한 사람 포함)을 말한다.

12 화재피해조사 시 건물의 동수 산정에 있어서 같은 동으로 볼 수 있는 사례에 해당하는 것은?(단, 원칙적인 경우에 한한다)

① 구조에 관계없이 지붕 및 실이 하나로 연결되어 있는 경우
② 독립된 건물과 건물 사이에 차광막, 비막이 등의 덮개를 설치하고 그 밑을 통로로 사용하는 경우
③ 내화조 건물의 옥상에 목조 또는 방화구조 건물이 별도 설치되어 있는 경우
④ 내화조 건물의 외벽을 이용하여 목조 또는 방화구조건물이 별도 설치되어 있고 건물 내부와 구획되어 있는 경우

13 구조대원에 대한 임무부여에 관한 설명으로 옳지 않은 것은?

① 근무경력에 따라 가장 중요한 임무를 부여한다.
② 부여한 임무가 대원의 임무수행능력 정도와 일치하여야 한다.
③ 애매한 임무는 부여하지 않아야 한다.
④ 부여된 임무를 정확하게 인식하였는지 재확인한다.

14 매듭의 왕(King of Knots)이라 불리는 매듭법으로 옳은 것은?

① 고정매듭 ② 옭매듭
③ 바른매듭 ④ 나비매듭

15 다음 용어의 정의로 옳지 않은 것은?

① 세척은 대상물로부터 모든 이물질(토양, 유기물 등)을 제거하는 과정으로 소독과 멸균의 가장 기초단계이다.
② 중간 수준의 소독은 결핵균, 진균을 불활성화시키지만, 세균 아포를 죽일 수 있는 능력은 없다.
③ 심장박동조절부위(pacemakers)라는 특수 세포조직은 심박동수를 조절하며 정상 심장은 오른심방에 있는 굴심방결절(SA node)에 의해 60~100회/분 심박동수를 보인다.
④ 환자분류 시 지연환자는 전신적인 위험 없이 손상이 국한된 경우로서 최소한의 조치로도 수 시간 이상 아무 문제가 없는 상태를 말한다.

16 교통사고 인명구조 활동 시 가장 적절하지 않은 행동은?

① 사망가능성이 있는 환자는 사망자로 분류 처리한다.
② 구조대상자의 부상정도를 평가한 후 응급처치토록 한다.
③ 구조대상자가 의식을 잃지 않도록 구조 완료시까지 적절한 말을 시킨다.
④ 구조대상자와 관련된 구조대원 간 지시 등은 가급적 수신호로 하는 것이 좋다.

17 구조로프에 관한 설명으로 옳은 것은?

① 로프에 매듭을 하는 경우 매듭부분의 마찰에 의하여 강도가 저하되며, 8자 로프 매듭의 경우 20~25%의 강도 저하율을 갖는 것으로 알려져 있다.
② 로프는 신축성에 따라 정적로프와 동적로프로 구분되며, 일반구조용으로는 동적로프가 적합하다.
③ 로프는 햇빛이 잘 들고 통풍이 잘 되는 곳에 보관하여야 한다.
④ 로프는 사용 횟수에 따라 강도가 저하되며, 시간의 경과와는 무관하다.

18 맥박양상과 원인을 잘못 연결한 것은?

① 불규칙적 - 운동, 열, 고혈압
② 빠르고 규칙적이며 강함 - 운동, 공포, 열, 고혈압, 출혈 초기, 임신
③ 느림 - 머리손상, 약물, 중독, 심질환, 소아의 산소결핍
④ 무맥 - 심장마비, 중증 출혈, 중증 저체온증

19 119구조·구급에 관한 법률에서 정한 벌칙으로 옳지 않은 것은?

① 구조·구급활동을 방해한 자는 5년 이하의 징역 또는 5천만원 이하의 벌금에 처한다.
② 토지·물건 등의 일시사용, 사용의 제한, 처분 또는 토지·건물에 출입을 거부 또는 방해한 자는 300만원 이하의 벌금에 처한다.
③ 구급대가 이송한 응급환자가 감염병환자등인 경우 그 사실을 소방청장 등에게 즉시 통보하지 아니하거나 거짓으로 통보한 자는 500만원 이하의 벌금에 처한다.
④ 위급상황을 소방기관 또는 관계 행정기관에 거짓으로 알린 자에게는 500만원 이하의 과태료를 부과한다.

20 감염방지를 위한 예방법으로 옳지 않은 것은?

① 재사용 물품은 장갑을 착용 후 오염물질을 세척하고 소독 및 멸균처리 한다.
② 심폐소생술 시 반드시 일 방향 휴대용 마스크를 이용하며 직접접촉을 피한다.
③ 장갑을 착용하지 않았다면 환자 처치 후 손을 꼭 씻어야 하고, 반드시 흐르는 물을 이용해서 손목 아래를 중점적으로 씻는다.
④ 접촉에 의한 전파의 경우 가운은 깨끗하게 세탁된 가운이면 된다.

21 환자 분류 중 M-MASS에 관한 설명으로 옳지 않은 것은?

① 임시의료소 설치 전 1단계로 선책대에 의한 분류에 중점을 둔다.
② 거동이 가능한 환자는 비응급으로 그룹화 할 수 있다.
③ 거동이 불가능하나 반응이 있는 환자는 응급으로 그룹화 할 수 있다.
④ 거동이 불가능한 환자는 긴급으로 분류할 수 있는데, 여기에는 BLACK(지연) 환자는 포함되지 않으며, 이는 호흡유무로 감별가능하다.

22 동공 모양과 그 원인에 대한 설명으로 옳지 않은 것은?

① 수축 : 살충제 중독, 마약남용, 녹내장약, 안과치료제
② 이완 : 공포, 안약, 실혈
③ 비대칭 : 마약남용, 약물중독
④ 무반응 : 뇌 산소결핍, 안구부분손상, 약물남용

23 부적절한 호흡의 징후로 옳지 않은 것은?

① 가슴의 움직임이 없거나 미미한 경우
② 흉식 호흡을 하는 경우
③ 피부, 입술, 혀, 귓불, 손톱색이 파랗거나 회색인 경우(청색증)
④ 소아의 경우 콧구멍이 확장될 때

24 다음 중 옳지 않은 것은?

① 1차 평가 중 호흡평가 시 24회/분 이상 또는 10회/분 이하라면 비정상적인 호흡수이다.
② 들숨은 가로막과 늑간근이 수축할 때 일어난다. 이때 갈비뼈는 올라가고 팽창되며 가로막은 내려간다.
③ 결핵균, 진균을 불활성화 시키지만, 세균 아포를 죽일 수 있는 능력이 없는 것은 중간 수준의 소독이다.
④ 기록지를 분석해서 환자 처치나 의약품이 어떠한 것이 효과적인지 결정해서 구급활동의 질을 향상시키는 것은 행정적 기능이다.

25 복통에 관한 설명으로 옳지 않은 것은? `소방교 제외`

① 복통환자는 복통을 유발하는 잠재적인 원인이 다양하므로 환자는 10분마다 재평가 한다.
② 배대동맥류의 경우 대동맥 내층이 손상받아 혈액이 외층으로 유출될 때 등쪽에서 이러한 통증이 나타나면 쥐어뜯는 듯한 통증이다.
③ 1차 평가에서 복통을 호소하는 환자의 처치로는 비재호흡마스크를 통해 10~15L/분의 산소를 투여해야 한다.
④ 복통 또는 불편감을 호소하는 환자에게는 구강으로 아무것도 주어서는 안 된다.

제7회 최종모의고사

01 소화적응성에 따른 분류에 대한 설명으로 옳지 않은 것은?

① 나트륨화재의 경우 적응화재 표시는 D급이며 무색으로 표시한다.
② 페인트화재의 경우 적응화재 표시는 B급이며 황색으로 표시한다.
③ 국내에서는 가스화재를 E급으로 표시하며 표시색은 황색이다.
④ 전류가 흐르고 있는 전기설비에서 불이 난 경우 적응화재 표시는 C급이며 청색으로 표시한다.

02 소방호스의 추가연장 및 교체에 대한 설명으로 틀린 것은?

① 선착대는 건물의 직근에 부서하여 연결송수관을 점유한다.
② 대원은 소방호스 2본, 관창 1본을 휴대, 계단을 이용하여 직하층에 이르고 방수구에 소방호스를 연장하여 화점으로 진입한다.
③ 필요시 중계방수를 해주고 2인 1조로 직하층에 진입하여 적정한 개구부를 선정하고 옥외소방호스 인양방법으로 소방호스를 연장한다.
④ 방수 중 소방호스의 작은 파열은 제수기를 조작하여 물의 흐름을 막는다.

03 다음 〈보기〉에서 설명하는 유독가스로 옳은 것은?

| 보기 |

- 열가소성 수지인 폴리염화비닐(PVC), 수지류 등이 연소할 때 발생된다.
- 2차 세계대전 당시 독일군이 유태인 대량학살에 사용했을 만큼 맹독성가스다.
- 프레온 가스와 불꽃의 접촉으로 생성되며 허용농도는 0.1ppm(mg/m^3)이다.
- 일반적인 물질이 연소할 경우는 거의 생성되지 않지만 일산화탄소와 염소가 반응하여 생성되기도 한다.

① 황화수소
② 시안화수소
③ 이산화황
④ 포스겐

04 다음에서 설명하는 구조대상자 운반법으로 옳은 것은?

 ㉠ 허리부분에 가랑이를 벌리고 후퇴하면서 상반신을 일으킨다.

 ㉡ 겨드랑이에 머리를 넣어 허리부분을 끌어올려 한 쪽 발을 앞으로 내민다.

 ㉢ 대퇴를 구부려 일으켜 손목을 잡아 일으킨다.

① 등에 업고 포복구출
② 소방식 운반구출
③ 안아 올려 운반구출
④ 메어서 운반구출

05 포소화약제의 사용 장소로 적당하지 않은 것은? 〔소방교 제외〕

① 비행기 격납고
② 차고, 주차장 등 주로 기름을 사용하는 장소
③ 특수 가연물을 저장하는 장소
④ Na, K 등의 금속을 저장하는 장소

06 소방펌프에서 캐비테이션 발생 시 조치사항으로 옳지 않은 것은?

① 흡수관측의 손실을 가능한 작게 한다.
② 소방펌프 흡수량을 낮추고, 소방펌프의 회전수를 낮춘다.
③ 동일한 회전수와 방수량에서는 방수밸브를 조절한다.
④ 흡수관의 스트레이너 등에 이물질이 있는 경우 이를 제거한다.

07 현장대응활동 검토회의 내용으로 옳지 않은 것은?

① 소방청장은 현장대응활동 검토회의 기본 계획을 매년 수립하여 시·도에 시달하여야 한다.
② 검토회의는 사고발생일로부터 10일 이내에 개최한다.
③ 소방본부장은 매년 시·도 검토회의 시행 계획을 수립하여 소방청장에게 보고하여야 한다.
④ 검토회의는 관할 소방본부 또는 소방서에서 개최한다. 다만, 특별한 사정이 있을 때에는 서면 또는 영상 회의로 대체할 수 있다.

08 3D 주수기법 중 페인팅 주수요령에 대한 설명으로 옳지 않은 것은?

① 움직임이 크므로 펄싱 주수 자세보다 좀 더 낮은 자세를 유지한다.
② 관창수는 화점실 접근 시 문틀 주변에 주수(불이 다른 구역으로 번지지 않도록 냉각)하고, 화점실 진입 시 벽면 및 천장을 목표로 주수한다.
③ 관창의 개폐장치는 조금 열어 물줄기가 보이게 벽면과 천장에 닿을 정도로 조작한다.
④ 주수 시 페인트칠을 하듯 위에서 아래로, 천장 한쪽 끝에서 반대쪽 끝으로 지그재그방식으로 적정량을 주수하도록 한다.

09 특수현상 중에서 대규모 화재로 확대될 가능성과 가장 관련이 깊은 것은?

① 오일오버   ② 보일오버
③ 프로스오버 ④ 슬롭오버

10 저수조의 설치기준에 관한 내용이다. 옳은 것은?

① 지면으로부터 낙차가 4.5m 이상 되어야 한다.
② 취수부분의 수심이 0.5m 이하이어야 한다.
③ 소방펌프차가 용이하게 부서할 수 있는 요건은 흡수관 2본으로 쉽게 급수할 수 있는 위치까지 접근할 수 있는 공간이 있어야 한다.
④ 흡수관의 투입구가 네모(사각)인 경우에는 한 변의 길이가 0.6m 이상, 원형인 경우에는 지름(직경)이 0.6m 이상이어야 한다.

11 재난분야 위기매뉴얼의 작성내용으로 옳지 않은 것은?   소방교·장 제외

① 위기관리 표준매뉴얼은 국가적 차원에서 관리가 필요한 재난에 대하여 재난관리체계와 관계 기관의 임무와 역할을 규정한 문서로 위기대응 실무매뉴얼의 작성기준이 되며 재난관리기관의 장이 작성한다.
② 현장조치 행동매뉴얼은 재난현장에서 임무를 직접 수행하는 기관의 행동조치 절차를 구체적으로 수록한 문서로 재난관리 기관의 장이 작성한다.
③ 행정안전부장관은 재난유형별 위기관리 매뉴얼의 작성 및 운용기준을 정하여 재난관리책임기관의 장에게 통보할 수 있다.
④ 위기대응 실무매뉴얼은 재난관리기관의 장과 관계기관의장이 작성한다.

12 119구조·구급에 관한 법률에서 정한 사항 중 수립·시행 또는 설치·운영권자가 다른 하나는?

① 구조·구급대원에 대한 안전사고 방지대책등 수립·시행
② 119구급상황관리센터의 설치·운영 등
③ 시·도 구조·구급 집행계획의 수립·시행
④ 국제구조대의 편성과 운영

13 로프 관리법으로 옳지 않은 것은?

① 로프는 그늘지고 통풍이 잘 되는 곳에 보관하도록 한다.
② 로프를 세척할 때 세제를 풀어 적시면 안된다.
③ 로프에 계속적으로 하중을 가하여 로프에 노화가 빨리 오게 되므로 사리고 끝처리로 너무 단단히 묶어두지 않도록 한다.
④ 부피를 줄이기 위해 좁은 상자나 자루에 오래 방치하는 것도 좋지 않다.

14 다음 〈보기〉에서 설명하는 로프 정리방법으로 옳은 것은?

───── 보기 ─────
• 50~60m 정도의 비교적 긴 로프를 사릴 때 사용하는 방법이다.
• 로프가 지그재그 형태로 차례로 쌓이므로 풀 때에도 엉키지 않는 장점이 있다.

① 둥글게 사리기
② 나비모양 사리기 - 한발감기
③ 8자 사리기
④ 나비모양 사리기 - 어깨감기

15 세겹고정매듭을 이용하여 구조할 수 있는 구조대상자로 옳지 않은 것은?

① 발목이 골절된 구조대상자
② 정신이 오락가락하는 허리부상이 있는 구조대상자
③ 두 팔에 화상을 당한 구조대상자
④ 머리부위에 부상을 당하여 출혈이 있는 구조대상자

16 캔틸레버형(Cantilever) 붕괴의 유형과 빈 공간의 형성에 관한 내용만 골라 놓은 것은?

> ㄱ. 붕괴의 유형 중에서 가장 안전하지 못하고 2차 붕괴에 가장 취약한 유형이다.
> ㄴ. 구조대상자가 생존할 수 있는 장소는 각 층들이 지탱되고 있는 끝부분 아래에 생길 가능성이 많다.
> ㄷ. 벽을 따라 진입할 수 있으며 잔해 제거 및 구조작업을 하기 전에 대형 잭이나 버팀목으로 붕괴물을 안정시킬 필요가 있다.
> ㄹ. 다른 경우에 비해 공간이 협소하며 어디에 형성될지 파악하기가 곤란하다.

① ㄱ, ㄴ
② ㄴ, ㄷ
③ ㄷ, ㄹ
④ ㄱ, ㄹ

17 암벽등반 장비와 사용법으로 옳지 않은 것은?

① 부드러운 암벽화일지라도 발가락이 약간 굽어질 정도로 꼭 맞게 신으면 작은 돌기의 홀드에서 뻣뻣한 것보다 더욱 효과적일 수 있다.
② 안전벨트를 이용하여 구조활동 시에는 상하일체형을 사용해야 한다.
③ 고정확보물들은 크랙의 형태와 크기에 따라 다양한 장비를 활용하게 되며 구조활동 중에 대원들이 직접 설치하게 될 경우도 많다.
④ 등반용으로 가장 많이 사용되는 로프는 직경 10~10.5mm, 길이 60m 정도로 충격력이 작은 다이내믹 계열의 로프이다.

18 혈액의 구성요소로 옳지 못한 것은?

① 적혈구 : 세포에 산소를 운반해 준다.
② 백혈구 : 면역체계의 일부분으로 감염을 방지한다.
③ 혈소판 : 지혈작용을 한다.
④ 혈장 : 혈액량의 1/3 이상을 차지하며 전신에 혈구와 혈소판을 운반한다.

19 다음 근골격계 손상형태 중 탈구에 관한 설명으로 옳은 것은? 　소방교 제외

① 인대가 부분적으로 파열되거나 늘어난 것을 말한다.
② 연결부분에 위치한 관절이 정상구조에서 어긋난 상태를 말한다.
③ 뼈에 금이 간 상태를 말한다.
④ 뼈가 부러진 경우를 말하며 심각한 출혈과 통증 그리고 장기간 안정이 필요하다.

20 개방성 연부조직 손상 중 결출상을 설명한 것으로 옳은 것은? 소방교 제외

① 피부가 문질러지거나 긁혀서 표피와 진피의 일부가 떨어져 나간 것
② 날카로운 물체에 의해서 피부가 잘린 것
③ 피부의 일부가 본래의 부위에서 완전히 찢겨져 없어졌거나, 일부 부위가 피부에서 피판처럼 달려있는 상태의 상처
④ 뾰족한 물체에 찔리거나 총상에서와 같이 빠르게 충격을 가하는 물체에 의해서 생긴 것

21 OPQRST의 설명 중 틀린 것은?

① O : 언제 통증이 시작되었고, 그때 무엇을 하고 있었는지?
② P : 무엇이 통증을 악화시키는지?
③ R : 통증을 완화시키는 것이 있는지? 통증이 다른 부위로 퍼졌는지?
④ S : 얼마나 오랫동안 통증이 지속되었는지?

22 미생물 소독 등 설명으로 바른 것은?

① 높은 수준 소독은 노출시간이 충분하거나, 세균 아포까지 죽일 수 있고 모든 미생물을 파괴할 수 없는 소독 수준이다.
② 직접전파는 주사바늘과 같은 오염물질과 호흡기를 통한 비말호흡에 의해 전파된다.
③ 뇌수막염, 폐렴, 패혈증, 결핵, 수두, 홍역은 비말에 의해 전파되는 질환이다.
④ 생물체가 아닌 환경으로부터 세균의 아포를 제외하고 미생물을 제거하는 과정을 소독이라 한다.

23 다음 설명 중 옳지 않은 것은?

① 감염을 유발하는 작은 입자($5m\mu$이하)가 공기 중의 먼지와 함께 떠다니다가 흡입에 의해 감염이 발생되는 질환으로는 홍역, 수두, 결핵이 있다.
② 무선통신 원칙으로 무전기는 입에서부터 약 5~7cm 정도 간격을 두고 입에서 45°방향에 위치시킨다.
③ 호흡유지 장비 중 벤튜리마스크는 일정한 산소가 공급될 때 공기의 양도 일정하게 섞여 들어가는 형태로 만성폐쇄성폐질환(COPD) 환자에게 유용하다.
④ 의식수준평가 중 뇌로 가는 당 저하는 의식장애를 초래하는 원인이 되지는 않는다.

24 비재호흡마스크에 대한 설명으로 옳지 않은 것은?

① 비재호흡마스크는 고농도 산소를 호흡이 있는 환자에게 투입하게 하는 최선의 방법이라 할 수 있다.
② 비재호흡마스크는 80~90% 농도의 산소 제공이 가능하고, 분당 최대 유량은 20~35L이다.
③ 비재호흡마스크의 사용 시 환자가 뱉는 공기가 산소주머니로 되돌아오지 않고, 그 대신에 안면마스크의 일방향 밸브를 통해 빠져 나간다.
④ 비재호흡마스크는 차갑거나 청색증, 또는 축축하면서 호흡이 짧고, 의식수준이 변한 환자들에게 활용하는 것이 좋다.

25 응급구조사의 법적 책임을 나타내는 사항 중 치료거부권에 해당하는 것은?

① 책 임
② 동의의 법칙
③ 면책의 양식
④ 과실주의

08 제8회 최종모의고사

01 연소용어에 관한 설명으로 옳은 것은?

소방교 제외

① 연소점이란 외부의 직접적인 점화원이 없이 가열된 열의 축적에 의하여 발화가 되고 연소가 되는 최저의 온도를 말한다.
② 연소 범위는 온도와 압력이 상승함에 따라 대개 확대되어 위험성이 증가한다.
③ 촉매는 반응속도를 변화시키는 물질로서 반응속도를 빠르게 하는 부촉매와 반응속도를 느리게 하는 정촉매가 있다.
④ 일반적으로 발화점이 낮아지는 이유로는 산소와 친화력이 클수록, 금속의 열전도율과 습도가 높을수록 등이다.

02 플래시오버 대응전술 중 옳지 않은 것은?

① 배연지연은 관창호스 연결이 지연되거나 모든 사람이 대피했다는 것이 확인된 경우 적합한 방법이다.
② 냉각지연은 분말소화기 등 이동식 소화기를 분사하여 화재를 완전하게 소화하는 것이 불가능하나, 일시적으로 온도를 낮출 수 있으며, 플래시오버를 지연시키고 관창 호스를 연결할 시간을 벌 수 있다.
③ 플래시오버의 대표적인 전조현상으로 고온의 연기발생과 롤오버 현상이 관찰되는데 이들 전조현상 중 하나가 관찰되면 일단 방어적 수색을 시작한다.
④ 창문에 설치된 사다리를 이용할 때 유리 하나가 깨졌다면 롤오버의 조짐이 있는지 확인하고, 있다면 창문을 통해서 진입하면 안 된다.

03 백드래프트에 대한 설명이다. 옳지 않은 것은?

① 플래시오버보다 발생빈도가 높고 악화요인은 열이다.
② 백드래프트의 발생 시점은 화재의 성장기와 쇠퇴기에 주로 발생된다.
③ 백드래프트에서도 가연물, 산소(산화제), 열(점화원)이 기본적으로 필요하다.
④ 백드래프트가 일어나는 연소폭발과정에서, 공기와 혼합된 일산화탄소가 가연물로서의 역할을 담당한다.

04 3D 주수기법 중 펜슬링 주수요령에 대한 설명으로 옳지 않은 것은?

① 관창수는 구획실 앞쪽 상층부 연기층 및 화염을 목표로 주수한다.
② 반동력이 크므로 관창보조는 소방호스를 땅에 살짝 닿도록 들어서 잡아준다.
③ 관창의 노즐은 오른쪽 방향 끝에서 왼쪽으로 1/4바퀴 돌려 직사주수 형태로 사용한다.
④ 관창의 개폐장치를 열어 물줄기를 던지듯 끊어서 조작한다.

05 간접공격법(로이드레만 전법)으로 가장 적절한 주수방법은?

① 저속분무주수 ② 확산주수
③ 반사주수 ④ 중속분무주수

06 고층건물 화재진압 전술 요령에 대한 설명으로 옳은 것은?

① 화점상층 및 최고층의 인명구조와 피난유도를 최우선으로 한다.
② 1차 경계범위는 당해 화재 건물의 최고층으로 한다.
③ 경계대는 화점층 계단에 배치하고, 진입대의 활동거점은 화점 직상층의 특별피난 계단 부속실에 확보하는 것을 원칙으로 한다.
④ 발화층이 3층 이상인 경우에는 원칙적으로 연결송수관을 활용하고, 내부 소방호스 연장은 소방대 전용 방수구에서 2구 또는 분기하여 연장한다.

07 현장지휘관의 바람직한 자질과 성향으로 옳지 않은 것은?

① 지시지향적이 아닌 행동지향적 태도
② 자신과 다른 사람, 장비, 그리고 전략과 전술적 접근법에 대한 한계인식능력
③ 안전이 확보된 타당한 위험의 감수능력
④ 지휘에 대한 존중태도 및 훈련되고 일관성이 있는 태도

08 상수도 소화용수설비에 대한 설명이다. 옳지 않은 것은?

① 상수도소화용수설비를 설치하여야 하는 특정소방대상물의 각 부분으로부터 수평거리 140미터 이내의 공공의 소방을 위한 소화전이 화재안전기준이 정하는 바에 따라 적합하게 설치되어 있는 경우에는 설치가 면제된다.
② 상수도소화용수설비를 설치하여야 하는 특정소방대상물의 대지 경계선으로부터 140미터 이내에 구경 65밀리미터 이상인 상수도용 배수관이 설치되지 아니한 지역에 있어서는 소화수조 또는 저수조를 설치하여야 한다.
③ "채수구"란 소방차의 소방호스와 접결되는 흡입구를 말한다.
④ "호칭지름"이라 함은 일반적으로 표기하는 배관의 직경을 말한다.

09 재해조사를 효율적으로 정확하게 실시하기 위해서는 재해조사를 체계적으로 실시하여야 한다. 다음 중 재해조사 순서를 나열한 것으로 옳은 것은?

① 직접원인과 문제점의 확인 – 사실의 확인 – 대책수립 – 기본원인과 근본적 문제해결
② 직접원인과 문제점의 확인 – 사실의 확인 – 대책수립 – 기본원인과 근본적 문제해결
③ 사실의 확인 – 직접원인과 문제점의 확인 – 기본원인과 근본적 문제해결 – 대책수립
④ 대책수립 – 사실의 확인 – 직접원인과 문제점의 확인 – 기본원인과 근본적 문제해결

10 가연물의 자연발화의 조건과 관계가 없는 것은?

① 열전도가 클 것
② 열축적이 용이할 것
③ 열발생 속도가 클 것
④ 주변온도가 높을 것

11 지방자치단체는 재난관리에 드는 비용에 충당하기 위하여 매년 재난관리기금을 적립하여야 하는데 재난관리기금의 매년도 최저적립액으로 옳은 것은? [소방교·장 제외]

① 최근 5년 동안의 「지방세법」에 의한 보통세의 수입결산액의 평균연액의 100분의 3에 해당하는 금액
② 최근 3년 동안의 「지방세법」에 의한 보통세의 수입결산액의 평균연액의 100분의 3에 해당하는 금액
③ 최근 5년 동안의 「지방세법」에 의한 보통세의 수입결산액의 평균연액의 100분의 1에 해당하는 금액
④ 최근 3년 동안의 「지방세법」에 의한 보통세의 수입결산액의 평균연액의 100분의 1에 해당하는 금액

12 화재조사 및 보고규정에 따른 화재피해금액 산정에 관한 설명으로 옳지 않은 것은?

① 화재피해금액은 화재 당시의 피해물과 동일한 구조, 용도, 질, 규모를 재건축 또는 재구입하는데 소요되는 현재가액을 산정하는 실질적·구체적 방식에 따른다. 다만, 회계장부상 현재가액이 입증된 경우에는 그에 따른다.
② 정확한 피해물품을 확인하기 곤란한 경우에는 소방청장이 정하는 화재피해금액 산정매뉴얼의 간이평가방식으로 산정할 수 있다.
③ 건물 등 자산에 대한 최종잔가율은 건물·부대설비·구축물·가재도구는 20%로 하며, 그 이외의 자산은 10%로 정한다.
④ 관계인은 화재피해금액 산정에 이의가 있는 경우 관할 소방관서장에게 재산피해신고를 할 수 있다.

13 로프매듭법과 수명에 관한 설명으로 옳지 않은 것은?

① 8자연결매듭은 많은 힘을 받을 수 있고 힘이 가해진 경우에도 풀기가 쉬워 로프를 연결하거나 안전을 확보하기 위한 매듭으로 자주 사용된다.
② 말뚝매기는 묶고 풀기는 쉬우나 반복적인 충격에 매듭이 자연적으로 풀릴 수 있으므로 끝 부분에 옭매듭이나 주 로프에 2회 이상의 절반매듭을 사용한다.
③ 잡아매기는 구조대상자의 구출이나 낙하훈련 등과 같이 충격이 심한 훈련이나, 신체에 주는 고통을 완화하기 위하여 사용하지만 긴급한 경우 이외에는 사용하지 말아야 한다.
④ 관리와 보관이 잘 된 로프 기준으로 매주 사용하는 로프는 1년마다 교체하여야 한다.

14 비교적 큰 힘을 들이지 않고 장거리를 이동할 수 있는 방법으로 옳은 것은?

① 담요를 이용한 끌기
② 끈 업기(Pack Strap)
③ 경사 끌기
④ 소방관 운반

15 중성부력에 관한 설명으로 옳은 것은?

① 물체가 위에서 아래로 가라앉으려는 것을 말한다.
② 물체가 아래에서 위로 올라오면서 중간에서 서서히 올라오는 것을 말한다.
③ 물체의 아래에 무게를 달아 중간에 멈출 수 있도록 하는 것을 말한다.
④ 물체가 중간에 정지할 수 있는 것을 말한다.

16 개인방호복에 대한 설명으로 옳지 않은 것은?

① A급 방호복 – IDLH 농도의 유독가스 속으로 진입할 때나 피부에 접촉하면 손상을 입을 수 있는 유독성 물질을 직접 상대하며 작업하는 경우에 사용한다.
② B급 방호복 – 위험물질의 비산에 의하여 손상을 입을 수 있는 액체를 다룰 경우 사용한다. 장갑과 장화가 방호복과 일체형인 경우도 있고 분리된 장비도 있다.
③ C급 방호복 – 헬멧과 방화복, 보안경, 장갑을 착용한 상태에 해당한다.
④ D급 방호복 – 위험이 없는 Cold zone에서 활동하는 대원만 착용한다.

17 119구조·구급에 관한 법률의 내용으로 옳은 것은?

① 구급대의 종류, 구급대원의 자격기준, 이송대상자, 그 밖에 필요한 사항은 행정안전부령으로 정한다.
② 구급상황센터는 소아·청소년환자(18세 이하의 환자를 말한다)에 대한 상담·안내·지도 업무를 수행한다.
③ 질병관리청장 및 의료기관의 장은 구급대가 이송한 응급환자가 감염병환자등인 경우에는 그 사실을 소방청장 등에게 7일 이내 통보하여야 한다.
④ 구조·구급활동의 종합평가에 따른 조치계획은 구조·구급 기본계획에 포함되어야 할 사항이다.

18 소아기도 처치에 필요한 해부적·생리적 고려사항으로 옳지 않은 것은? `소방교 제외`

① 입과 코의 직경이 작아 쉽게 분비물에 의해 폐쇄될 수 있다.
② 상대적으로 혀가 차지하는 공간이 커서 무의식중에 기도폐쇄 우려가 있다.
③ 흡인 시 인두의 자극이 있어야 심박동이 정상이 된다.
④ 가슴벽은 부드럽고 호흡할 때 호흡보조근보다 가로막에 더 의존한다.

19 정신장해로 인한 행동의 변화에 대한 설명으로 옳지 않은 것은? `소방교 제외`

① 주위사람들이 정상적으로 받아들이기 힘든 행동을 한다.
② 약물중독, 저혈당, 저산소 등의 내과적 상태에서만 발생한다.
③ 정신장해상태에서 환자들은 불안, 공포, 슬픔, 분노 등과 같은 감정을 보인다.
④ 자기 파괴적인 행동을 하기도 하고 의사소통을 거부하기도 한다.

20 긴급이동 시 사용 가능한 환자 이동법으로 옳지 못한 것은?

① 담요 끌기
② 옷 끌기
③ 어깨 끌기
④ 무릎-겨드랑이 들기법

21 입인두 기도기 삽입단계 절차가 옳게 연결된 것은?

> ㉠ 구인두 기도기의 크기를 선택한다.
> ㉡ 적절하게 삽입한 다음 환자에게 환기할 준비를 한다.
> ㉢ 수지교차법을 이용하여 환자의 구강을 연다.
> ㉣ 기도기의 끝이 환자의 입천장을 가리키도록 삽입한다.
> ㉤ 기도기를 180° 회전하여 놓는다.

① ㉠ - ㉢ - ㉣ - ㉤ - ㉡
② ㉠ - ㉡ - ㉢ - ㉣ - ㉤
③ ㉡ - ㉠ - ㉣ - ㉢ - ㉤
④ ㉤ - ㉣ - ㉢ - ㉠ - ㉡

22 의식이 있고 서있거나 앉아 있는 환자에게 배 밀어내기법(하임리히법)을 실시하고자 할 때 옳지 않은 것은? `소방교 제외`

① 환자 뒤에 서거나 환자가 아동인 경우 무릎을 꿇은 자세로 환자 허리를 양팔로 감싼다.
② 주먹을 쥐고 복장뼈 바로 아래 가운데에 위치하도록 한다.
③ 다른 손으로 주먹을 감싸 쥐고 강하고 빠른 동작으로 후상방향으로 배 밀어내기를 실시한다.
④ 이물질이 나오거나 환자가 의식을 잃을 때까지 계속 실시한다.

23 협심증과 심근경색에 대한 설명으로 옳지 않는 것은? [소방교 제외]

① 심근으로의 산소공급이 결핍되어 환자가 심한 흉통을 느끼는 증상을 협심증이라고 한다.
② 관상동맥이 폐쇄되어 심근에 산소공급의 완전 차단으로 심근이 괴사하는 현상을 급성심근경색이라 한다.
③ 협심증은 주로 운동 시 발생하지만 휴식으로 완화되는 반면, 급성심근경색의 흉통은 운동과 무관하고 휴식으로 완화되지 않는다.
④ 니트로글리세린에 대한 반응으로는 협심증은 흉통이 경감되거나 소실되지 않는 반면, 급성심근경색은 흉통이 경감되거나 소실된다.

24 복통을 느끼고 있는 환자평가에 대한 내용으로 옳지 않은 것은? [소방교 제외]

① 복통을 호소하는 환자의 처치로는 비재호흡마스크를 통해 10~15ℓ/분의 산소를 투여해야 한다.
② 1차 평가 시 의식수준으로 기도처치의 필요유무를 판단할 수 있고 의식변화, 흥분, 창백, 차가운 피부 그리고 빠른맥과 빠른 호흡은 쇼크 전 단계임을 나타낸다.
③ 만약 촉진을 통해 배 대동맥류를 느꼈다면 통증의 정도를 확인하며 재차 촉진하고, 이송 병원에 알려 주어야 한다.
④ 윗배 불편감을 호소하는 환자가 과거 심장과 관련된 병력이 있다면 심장마비를 염두에 두어야 한다.

25 질문에 적절한 반응이나 대답은 할 수 없으나 소리나 고함에 반응하는 상태의 의식수준으로 옳은 것은?

① A
② P
③ U
④ V

제9회 최종모의고사

01 화재의 특수현상으로 그 설명이 옳지 않은 것은?

① 백드래프트(Backdraft)가 일어나는 연소폭발과정에서, 공기와 혼합된 이산화탄소가 가연물로서의 역할을 담당한다.
② 롤오버현상은 화재지역의 상층(천장)에 집적된 고압의 뜨거운 가연성 가스가 화재가 발생되지 않은 저압의 다른 부분으로 이동하면서 화재가 매우 빠르게 확대되는 원인이 된다.
③ 화재압력에 의한 내·외부 압력차로 외부공기가 빨려 들어오면서 발생되는 휘파람 소리 또는 진동이 발생되는 현상 등이 백드래프트(Backdraft)의 징후로 볼 수 있다.
④ 플래시오버(Flashover)의 대표적인 전조현상으로 고온의 연기발생과 롤오버(Rollover)현상이 관찰된다.

02 셔터에서 연기가 분출될 때 파괴 방법으로 옳지 않은 것은?

① 연기분출을 적게 하기 위해 셔터의 아래 방향을 절단한다.
② 셔터의 한 변을 절단하여 슬레이트를 빼기 전 내부를 확인한다.
③ 슬레이트는 서서히 잡아 빼고 내부의 상황을 확인하면서 수손방지에 유의하며 필요에 따라 분무 주수한다.
④ 구멍이 적게 원을 만들어 관창을 넣어 내부에 주수하여 화세를 제압한 후 진입구를 크게 한다.

03 다음 보기를 설명하는 것으로 옳은 것은?

> 정상상태 또는 문제가 드러나지 않은 상태에서는 위험요소가 적지만 일단 사소한 결함이나 문제점이 발생하기 시작했을 때 대처하지 않거나 방치하면 그 이후에는 돌이킬 수 없는 위험이나 피해가 발생할 수 있다는 것

① Frank Bird 이론
② 깨진 유리창 이론
③ 하인리히(H.W. Heinrich) 이론
④ 최신 도미노 이론

04 다음 중 3D 주수기법에 대한 설명으로 옳지 않은 것은?

① 펜슬링기법은 화점에 직접 주수를 하면서 화재를 진압하는 방식이다.
② 페인팅기법은 벽면의 온도를 낮추고 열분해를 중단시키는 것으로 실제 화재진압용 기술이다.
③ 펄싱기법은 주수를 통해 주변의 공기와 연기를 냉각시키는 것이다.
④ 펄싱기법에는 숏펄싱, 미디움펄싱, 롱펄싱기법이 있다.

05 건물 붕괴위험성(Collapse Potential) 평가에 관한 내용이다. 옳지 않은 것은?

① 건물 붕괴위험성 평가는 벽, 골조, 바닥 층의 3가지 요소를 종합적으로 평가하는 것이다.
② 내화구조 건물의 붕괴 위험성은 콘크리트 바닥 층의 강도에 달려있다.
③ 준 내화구조 건물의 붕괴 위험성은 철재구조의 지붕 붕괴의 취약성에 달려있다.
④ 조적조 건물의 가장 큰 약점은 지붕과 바닥 층을 지탱하는 트러스트 구조의 연결부분에 있다.

06 재해조사의 순서 중 아래의 설명에 해당하는 단계로 옳은 것은?

> 불안전 상태 또는 불안전 행동에 관련하여 제반 기준에 적합하지 않았던 사실의 유무와 그 이유를 명백히 한다.

① 제1단계-사실의 확인
② 제2단계-직접원인과 문제점의 확인
③ 제3단계-기본원인과 근본적 문제의 결정
④ 제4단계-대책수립

07 화재현장 안전관리 중 방어운전 기법에 관한 내용으로 옳지 않은 것은?

① 운전자 반응거리란 브레이크가 작동하여 차량이 완전히 정지될 때까지의 주행거리를 말한다.
② 소방차량의 안전운행을 위해 중요한 것 중의 하나가 적재물의 중심이동(中心移動)이다. 일반적으로 움직이는 물체는 계속 움직이려고 하고, 정지한 물체는 계속 정지하려고 하는 물리적인 원리가 소방차량에도 적용된다.
③ 결빙(結氷)된 도로에서의 차량 정지거리는 정상적인 도로에서 보다 훨씬 증가하므로 해당차량의 운전자는 결빙도로에서 각 차량의 속도별 정지거리를 사전에 파악하여 방어운전을 할 수 있도록 하여야 한다. (일반적으로 결빙지역에서의 정지거리는 정상적인 조건보다 3~15배 정도 더 길어진다고 한다)
④ 소리의 masking 현상이란 사이렌, 경광등, 나팔소리(Horn) 등의 경보장치를 작동한다고 하더라도 도시의 소음이나 공사장의 소음 등으로 인하여 모든 운전자들이 전부 소방차량의 주행을 인지하지 못한다는 것이다.

08 방사선에 관한 설명으로 옳지 않은 것은?

① β선이 물질을 전리하는 힘은 α선보다 약하다.
② 내부피폭이란 호흡기, 소화기 및 피부 등을 통해서 체내에 받아들인 RI 등의 방사선피폭으로 투과력이 큰 γ선 등이 위험하다.

③ α선은 물질의 투과력은 대단히 약하고 종이 1장으로 거의 완전히 멈춘다.
④ 외부피폭 방호의 3대 원칙은 거리, 시간, 차폐이며, 내부피폭 방호의 3대 원칙은 격리, 희석, 경로의 차단이다.

09 다음에서 설명하는 소방펌프 조작 시 일어날 수 있는 현상으로 옳은 것은?

> 소방펌프 사용 중에 한숨을 쉬는 것과 같은 상태가 되어, 소방펌프 조작판의 연성계와 압력계의 바늘이 흔들리고 동시에 방수량이 변화하는 현상이다. 이 경우, 방수압력과 방수량 사이에 주기적인 변동이 일어난다.

① 공동현상 ② 수격현상
③ 서징현상 ④ 펌프과열

10 원심펌프는 소방자동차용 소방펌프로 많이 사용되고 있다. 원심펌프의 장점으로 옳지 않은 것은?

① 배출량의 대소, 양정의 대소 등에 관계없이 광범위하게 이용할 수 있다.
② 다른 종류의 펌프보다 구조가 간단하다.
③ 다른 종류의 펌프보다 고장 및 마모가 적다.
④ 다른 종류의 펌프보다 작고 가격이 싸다.

11 Frank Bird의 최신 도미노이론에서 "재해 또는 사고에는 그것의 기본적인 또는 배후원인이 되는 개인의 제반요인 및 작업에 관한 여러 요인이 있는데 재해의 직접원인을 해결하는 것보다는 오히려 그 근원이 되는 기본원인을 찾아내어 가장 유효한 제어를 달성하는 것이 중요하다."고 했다. 여기서 말하는 근원적 요인을 찾아내는 단계는 몇 단계인가?

① 제1단계 ② 제2단계
③ 제3단계 ④ 제4단계

12 다음에서 설명하는 위험물의 종류로 옳은 것은? [소방교 제외]

> • 화기엄금, 가열엄금, 고온체와 접촉 방지한다.
> • 저장용기를 밀폐하고 위험물의 누출을 방지하여 통풍이 잘되는 냉암소(冷暗所)에 저장한다.
> • 화재 시는 다량의 열과 유독성의 연기를 발생하므로 반드시 방호복과 공기호흡기를 착용하여야 한다.
> • 분진폭발이 우려되는 경우는 충분히 안전거리를 확보한다.

① 산화성 고체
② 가연성 고체
③ 자기반응성물질
④ 자연발화성물질

13 유압전개기 사용 시 '컨트롤 밸브 사이에서 오일이 샐 때' 해결방안으로 옳지 않은 것은?

① 커플링의 풀림 여부를 확인한다.
② 안전스크류를 조인다.
③ 계속 오일이 새면 씰을 교환한다.
④ 유압호스에 압력이 존재하는지 점검한다.

14 전기(동력)자동차 사고대응절차(IIDR)의 순서로 옳은 것은? [소방교·장 제외]

① 식별 – 고정 – 불능 – 구조
② 고정 – 식별 – 구조 – 불능
③ 식별 – 구조 – 불능 – 고정
④ 고정 – 불능 – 식별 – 구조

15 헨리의 법칙과 관련된 설명으로 옳은 것은?

① 잠수자가 상승할 땐 갑작스럽게 하지 말고 수중에서 흡입한 혈관 속의 기화현상을 막으며 서서히 상승하여야 한다.
② 잠수자가 서서히 상승하면 기압의 심한 저항을 받으므로 가급적 빠르게 상승하여야만 잠수병이 걸리지 않는다.
③ 잠수자가 상승할 땐 수중에서 흡입한 공기로 인하여 혈관이 좁아져 막히게 되므로 가볍게 상승한다.
④ 잠수자가 잠수할 땐 중간에서 잠깐 정지하여 호흡을 조절한 후 작업 깊이에 따라 잠수하는 것을 말한다.

16 위험물질에 관한 용어의 정의이다. 잘못 연결된 것은?

① LC(Lethal Concentration) : 대기 중 유해물질의 치사 농도(ppm)
② LD(Lethal Dose) : 사망 이외의 바람직하지 않은 독성작용을 나타낼 때의 투여량
③ IDLH(Immediately Dangerous to Life and Health) : 건강이나 생명에 즉각적으로 위험을 미치는 농도
④ TWA(Time Weighted Average) : 작업장에서 허용되는 농도

17 위험물 사고현장 구급활동에 관한 설명으로 옳은 것은?

① 위험물질 현장은 가스, 증기나 액체 등이 고이거나 확산되어 있으므로 현장진입 시 고지대에서 바람을 등지고 접근해야 하며 보호복을 착용하지 않은 구급대원의 경우 안전구역에서 대기해야 한다. 만약 현장이 건물내부라면 환기구 주변에서 대기한다.
② 오염 구역에서의 구급활동 시 양압환기가 필요한 환자의 경우 산소저장주머니가 달린 BVM을 사용한다.
③ 오염 통제구역은 오염구역과 안전구역 사이에 위치해 있으며 이 구역은 오염 가능성이 있는 곳으로 적정 장비 및 훈련을 받은 최대인원을 투입하여 신속히 제독 활동을 진행해야 한다.
④ 1회용 장비가 아닌 경우에는 제독 및 잔류오염 측정 후에 반드시 폐기한다.

18 다음의 소견 중 징후에 포함되지 않는 것은?

① 빠른맥 ② 동공산대
③ 무의식 ④ 오 심

19 다음에서 설명하는 호흡유지장비로 옳은 것은?

- 성인용, 소아용으로 구분
- 이산화탄소 배출구멍이 있으나 너무 작아 불편감을 호소하기도 한다.
- 이산화탄소 잔류로 인해 산소공급량은 높을수록 효과적이다.

① 단순 얼굴 마스크
② 비재호흡마스크
③ 벤튜리 마스크
④ 포켓 마스크

20 인공호흡의 1회 호흡량 및 인공호흡 방법으로 옳지 않은 것은? [소방교 제외]

① 1회에 걸쳐 인공호흡을 한다.
② 가슴상승이 눈으로 확인될 정도의 일회 호흡량으로 호흡한다.
③ 2인 구조자 상황에서 전문기도기(기관튜브, 후두마스크 기도기 등)가 삽관된 경우에는 6초마다 1회의 인공호흡을 (10회/분)마다 시행한다.
④ 가슴압박을 하는 동안에 인공호흡을 동시에 실시한다.

21 다음 설명 중 옳지 않은 것은?

① 고속국도구조대는 직할구조대에 설치할 수 있다.
② 구조장비 선택 시 긴급 상황에 맞는 것을 선택한다. 급할 때는 가장 능력이 높은 것을 선택한다.
③ 대원의 안전에 위협이 되는 심각한 위험 상황이 발생하여 현장에서 긴급히 대원을 철수시키는 등 급박한 경우에는 반드시 명령통일의 원칙을 준수하여야 한다.
④ 모든 사고현장에 있어서 가장 우선하여 고려할 사항은 인명의 안전(Life safety)이고, 그다음 사고의 안정화(Incident stabilization), 재산가치의 보존(Property conservation)의 순서이다.

22 다음 구조장비에 관한 설명으로 옳지 않은 것은?

① 이동식 펌프의 경우 엔진오일을 별도로 주입하므로 오일의 양이 적거나 변질되지 않았는지 수시로 점검한다.
② 화약식 로프총에 20GA 추진탄을 사용하면 최대사거리는 200m, 유효사거리는 150m이다.
③ 마취총은 유효 사거리 20m 이내에서는 파괴력이 강해서 자칫 동물에 상해를 줄 우려가 있다.
④ 로프총의 공압식과 화약식에 사용하는 견인탄은 내경이 같아 긴급 시에는 교환 사용할 수 있다.

23 자동차 사고현장의 특성으로 옳지 않은 것은?

① 현장 접근이 용이하고 활동공간이 넓다.
② 출동 장애요인이 적다.
③ 사상자가 발생한다.
④ 2차 사고의 발생 위험이 높다.

24 들것이나 안전벨트 등 구조장비가 갖추어지지 않은 상황에서 로프만으로 구조대상자를 구출하여 하강시키는 방법으로 묶어 내리기에서 구조대상자를 결착할 때 사용하는 매듭법은?

① 세겹고정매듭
② 두겹고정매듭
③ 이중피셔맨매듭
④ 두겹8자고정매듭

25 신생아 소생술에 대한 설명으로 옳지 않은 것은? <small>소방교 제외</small>

① 구형흡입기로 우선 입을 흡인하고 그 다음에 코를 흡인한다. 입과 코 주변의 분비물은 소독된 거즈로 닦아낸다.
② 기도 내 이물질을 제거한 순간부터 자발적으로 호흡하는 것이 정상이며 30초 내에 호흡을 시작해야 한다.
③ 팔다리에 약간의 청색증이 있다면 등을 문지르거나 발바닥을 자극한다.
④ 호흡과 맥박은 정상이나 몸통에 청색증을 계속 보이면 산소를 공급한다.

10 제10회 최종모의고사

01 목조건물의 화재발생 시 관창배치에 대한 설명으로 옳은 것은?

① 관창배치의 우선순위는 측면 및 2층, 1층, 화재의 뒷면 순으로 한다.
② 바람이 있는 경우 풍하, 풍상, 풍횡의 순으로 한다.
③ 경사지 등은 높은 쪽, 횡, 낮은 쪽의 순으로 한다.
④ 연소 확대되고 있는 경우에는 진압활동이 곤란한 쪽은 나중에 배치한다.

02 다음 중 화재건물과 인접건물 사이에서 발생하는 복사열에 의한 연소 확대를 막기 위한 전술적 가이드라인에 대한 설명으로 옳지 않은 것은?

① 가장 효과가 없는 전술은 워터커튼(water curtain)을 설정하는 것이다.
② 화재가 소규모나 65mm 관창 이용이 가능할 때, 화재발생 건물(지점)에 직접 방수하고 진압한다.
③ 화재가 대규모인 경우로 화점진압의 효과가 없을 때에는 40mm 관창을 이용하여 인접 건물의 측면에 직접 방수한다.
④ 인접 건물에 복사열에 의한 연소 확대가 이미 진행되었거나 확대 우려가 높은 경우에는, 인접건물 내부로의 연소 확대를 막기 위해 인접 건물 외부에 호스팀이 배치되어야 한다.

03 화재진행에 영향을 미치는 요소 중 옳지 않은 것은?

① 구획실의 천장 높이
② 구획실의 층 수
③ 최초 발화되는 가연물의 크기
④ 추가적 가연물의 이용가능성 및 위치

04 제거소화법으로 옳지 않은 것은?

① 산림화재를 미리 예상하여 평소에 방화선을 설정하고 있는 것
② 전기화재의 경우 전원을 차단하여 소화하는 것
③ 가연성가스 화재인 경우 가연성가스의 공급을 차단시켜 소화하는 방법
④ 창고나 선박의 선실 등의 산소의 공급을 차단시킴으로써 소화하는 방법

05 제3종 분말 소화약제에 대한 설명으로 옳지 않은 것은? [소방교 제외]

① 제1인산암모늄이 열분해 될 때 생성되는 오쏘인산이 목재, 섬유, 종이 등을 구성하고 있는 섬유소를 탈수 탄화시켜 난연성의 탄소와 물로 변화시키기 때문에 연소 반응이 중단된다.
② 일반 가연물의 불꽃 연소는 물론 작열 연소에도 효과가 있으나 한번 소화된 목재 등은 불꽃을 가까이 해도 쉽게 착화되는 단점이 있다.
③ 우리나라에서는 차고나 주차장에 설치하는 분말 소화 설비의 소화약제는 제3종 분말을 사용하도록 규정하고 있다.
④ 섬유소를 탈수·탄화시킨 오쏘인산은 다시 고온에서 열분해되어 최종적으로 가장 안정된 유리상의 메타인산(HPO_3)이 된다.

06 호스전개의 우선순위 결정 순서로 옳은 것은?

① 생명보호 → 내부확대 방지 → 외부확대방지 → 화재진압 → 재발방지를 위한 점검·조사
② 생명보호 → 화재진압 → 내부확대 방지 → 외부확대 방지 → 재발방지를 위한 점검·조사
③ 생명보호 → 외부확대 방지 → 내부확대 방지 → 화재진압 → 재발방지를 위한 점검·조사
④ 생명보호 → 화재진압 → 외부확대 방지 → 내부확대 방지 → 재발방지를 위한 점검·조사

07 SOP 113 디브리핑의 구성(순서)으로 옳은 것은? [소방교·장 제외]

> 가. 다음에는 어떻게 할 것인가?
> 나. 왜 일어났는가?
> 다. 무엇을 계획했나?
> 라. 실제로 어떤 일이 일어났는가?

① 다 - 라 - 나 - 가
② 나 - 다 - 가 - 라
③ 라 - 나 - 가 - 다
④ 다 - 라 - 나 - 가

08 화재현장에서 발생하는 유독가스 중 허용농도로 옳지 않은 것은?

① 염화수소 - 5ppm
② 암모니아 - 25ppm
③ 시안화수소 - 10ppm
④ 아황산가스 - 10ppm

09 화재에 노출되어 가열된 가스용기 또는 탱크가 열에 의한 가열로 압력이 증가하여 강도를 상실하면서 폭발하는 특수한 현상으로 가끔 공 모양의 대형화염의 상승을 수반하는 것을 무엇이라 하는가?

① BLEVE
② 증기운폭발(UVCE)
③ 플레어 업(Flare up)
④ 파이어 볼(Fire ball)

10 펄싱기법 중 1~2초의 간격으로 주어진 상황에 따라서 방어와 공격의 형태로 적용할 수 있는 기법은?

① 숏펄싱기법
② 미디움펄싱기법
③ 스트롱펄싱기법
④ 롱펄싱기법

11 다음에서 설명하는 상황별 배연작전으로 옳은 것은?

> 천장(또는 지붕) 공간 내의 화염이 인근 천장으로 확대되는 것을 방어하기 위해 화재발생장소(구역)의 천장을 먼저 파괴하여 화염과 농연을 방출시켜야 한다. 이렇게 함으로써 천장 부분의 온도를 낮추고 농연을 배출시켜 대원들의 진입을 용이하게 만들고 추가적인 천장부분의 파괴나 방수활동을 쉽고 효과적으로 할 수 있도록 해 준다.

① 확산방지 중점의 배연작전
② 폭발방지 중점의 배연작전
③ 화재진압 중점의 배연작전
④ 인명구조 중점의 배연작전

12 화재조사 보고에 관한 사항으로 옳지 않은 것은?

① 조사관이 조사를 시작한 때에는 소방관서장에게 지체 없이 화재·구조·구급상황보고서를 작성·보고해야 한다.
② 「소방기본법 시행규칙」 제3조 제2항 제1호에 해당하는 화재는 화재 발생일로부터 30일 이내에 보고해야 한다.
③ ②에 해당하지 않는 화재는 화재 발생일로부터 20일 이내에 보고해야 한다.
④ 조사 보고일을 연장한 경우 그 사유가 해소된 날부터 10일 이내에 소방관서장에게 조사결과를 보고해야 한다.

13 구조장비의 조작 및 유의점에 관한 내용으로 옳은 것은?

① 정기적으로 로프를 세척하여 이물질을 제거하고 통풍이 잘 되는 햇볕에 말린다.
② 공기톱의 경우 톱날 보호를 위해 전진 시 절단되도록 장착한다.
③ 유압전개기의 컨트롤 밸브를 조작하여도 전개기가 작동하지 않는다면 유압오일을 확인하고 양이 부족하면 보충한다.
④ 유압절단기를 사용한 후에는 날의 파손을 방지하기 위하여 전개기의 팁을 완전히 닫아야 한다.

14 수중구조활동 시 긴급상황에서의 조치방법으로 옳은 것은?

① 비상 수영 상승 시 오른손은 위로 올리고 왼손은 부력조절기의 배기 단추를 눌러 속도를 줄이고 공기가 다하면 호흡기를 입에서 뗀다.
② 보조호흡기(OCTOPUS)를 이용한 상승 시 공급자는 즉시 보조호흡기를 찾아 요청자에게 준다.
③ 보조호흡기(OCTOPUS)를 이용한 상승은 수심이 깊고 짝이 비상용 호흡기를 가지고 있지 않은 경우에 한 사람의 호흡기로 두 사람이 교대로 호흡하면서 상승하는 방법으로 가장 힘들고 위험한 방법이다.
④ 짝호흡 상승 시 호흡은 한 번에 두 번씩만 쉰다. 호흡을 참고 있는 동안에는 계속 공기를 조금씩 내보내면서 상승한다. 호흡의 속도는 평소보다 약간 빠르게 깊이 쉬어야 하며 가능한 한 상승속도는 정상속도(분당 9m)를 초과하지 않도록 한다.

15 다음 ( ) 안에 알맞은 것은?

> 실제 잠수 시간이 최대 잠수 가능시간을 초과했을 때에 상승도중 감압표상에 지시된 수심에서 지시된 시간만큼 머무르는 것을 (ⓐ)라고 하고, 머무르는 시간을 (ⓑ)라고 한다. 감압은 (ⓒ) 중앙이 지시된 수심에 위치하여야 한다.

	ⓐ	ⓑ	ⓒ
①	감압정지	감압시간	허리
②	안전정지	감압시간	가슴 정
③	감압정지	감압시간	가슴 정
④	안전정지	감압시간	얼굴

16 119생활안전대 업무특성에 대한 설명으로 옳지 않은 것은?

① 구조활동 분야와 민생지원 분야 등 활동영역이 다양하고 광범위하다.
② 급박한 위험상황은 아니지만 방치할 경우 긴급한 위험성으로 발전하거나 현재는 소규모 위험성을 내재하고 있다.
③ 어느 곳에서나 불특정 다수에게 발생할 수 있는 사고가 대부분으로 일상생활과 밀접한 경우가 많다.
④ 생활안전업무는 관련법령이 단일하고 소방업무에 국한되어 있다.

17 구조·구급 기본계획 등의 수립·시행에 대한 설명으로 옳지 않은 것은?

① 소방청장은 업무를 수행하기 위하여 관계 중앙행정기관의 장과 협의하여 대통령령으로 정하는 바에 따라 구조·구급 기본계획을 수립·시행하여야 한다.
② 소방청장은 기본계획에 따라 2년마다 구조·구급 집행계획을 수립·시행하여야 한다.
③ 소방청장은 수립된 기본계획 및 집행계획을 관계 중앙행정기관의 장, 시·도지사에게 통보하고 국회 소관 상임위원회에 제출하여야 한다.
④ 소방청장은 기본계획 및 집행계획을 수립하기 위하여 필요한 경우에는 관계 중앙행정기관의 장 또는 시·도지사에게 관련 자료의 제출을 요청할 수 있다.

18 심장충격기 적응증 환자로 가장 옳지 않은 것은? <small>소방교 제외</small>

① 1세 미만의 영아
② 불안정한 다형심실빈맥
③ 심각한 외상환자의 심정지
④ 무맥성심실빈맥

19 환자의 1차 평가 중 기도평가에 대한 설명으로 옳지 않은 것은?

① 1차 평가에서 환자의 기도가 개방되고 깨끗한지 확인해야 한다.
② 기도유지를 위해서 입인두기도기를 삽입할 수 있다.
③ 상기도 내 이물질은 흡인을 통해 제거해 주어야 하며 기도가 완전히 폐쇄된 경우에는 이물질 제거법을 이용해야 한다.
④ 무의식 환자라면 모두 기도를 개방해 주어야 하며 외상환자인 경우 머리기울임/턱들어올리기법을, 비외상환자는 턱들어올리기법을 실시해야 한다.

20 의식장애 환자의 처치로 옳지 않은 것은? <small>소방교 제외</small>

① 기도를 개방한다. 단, 외상환자의 경우 턱밀어올리기방법을 이용한다.
② 저산소증으로 의식장애가 초래될 수 있으므로 고농도산소를 공급한다.
③ 의식장애가 있는 뇌졸중 환자는 트렌델렌버그자세로 하고 손상되지 않도록 보호하면서 이송하여야 한다.
④ 필요하다면 인공호흡기를 적용하고 기도 내 이물질을 흡인한다.

21 산소를 공급하는 방법 중 코삽입관에 대한 설명으로 옳지 않은 것은?

① 약 24~44%의 산소를 환자의 비공을 통해 제공해 준다.
② 흘러내리지 않게 귀에 걸어 고정시키며 마스크에 거부감을 느끼는 환자나 약간의 호흡곤란을 호소하는 COPD(만성폐쇄성폐질환) 환자에게 주로 사용된다.
③ 산소량은 1~6L/분 이상이어야 한다.
④ 산소량이 많을수록 비점막이 건조되어 불편감을 느낄 수 있다.

22 STRAT 분류법에 대한 설명으로 옳지 않은 것은?

① 임시의료소가 설치되면 시작한다.
② 거동이 가능한 환자는 비응급으로 그룹화하고 추후 다시 개별적인 평가를 한다.
③ 거동이 불가능한 환자에서는 RPM 세 가지 요소를 체크하고 한 가지라도 이상이 있을 경우는 긴급, 모두 이상 없을 경우 비응급으로 분류한다.
④ 호흡이 전혀 없는 환자에서는 기도 확보를 시도해보고, 호흡이 있다면 긴급, 없다면 지연으로 분류한다.

23 다음 빈칸에 들어갈 낱말을 순서대로 나열한 것으로 옳은 것은?

> - 심장은 2개의 심방과 2개의 심실로 구성되어 있으며 심장의 오른쪽은 (   )(으)로 피를 보내고 왼쪽은 (   )(으)로 피를 제공한다.
> - 왼심실에서 나오는 주요 혈관을 (   )이라고 하며 (   )이라 불리는 작은 혈관은 심장에 혈액을 공급해 준다.

① 전신 – 허파 – 심장동맥 – 대동맥
② 허파 – 전신 – 대동맥 – 심장동맥
③ 전신 – 허파 – 허파동맥 – 심장동맥
④ 허파 – 전신 – 심장동맥 – 허파동맥

24 소아의 기도유지기 사용에 대한 내용으로 옳지 않은 것은? <small>소방교 제외</small>

① 성인과 달리 인공호흡이 시작되자마자 기도유지기를 위치시켜야 하지만 초기 인공호흡을 위해서 사용되어서는 안 된다.
② 기도유지기 합병증으로는 연부조직 손상으로 출혈이나 부종, 구토 그리고 느린맥이나 심장마비를 유발할 수 있는 미주신경 자극이 있다.
③ 코인두기도기는 연령별로 크기가 다양하지만 1년 이하의 신생아에게는 일반적으로 사용되지 않는다.
④ 입인두기도기 처치 시 설압자를 입에 넣었을 때 기침, 구역반사가 있다면 머리위치를 변경해서 삽입을 시도한다.

25 환자 이동 장비에 대한 설명이다. 옳지 않은 것은?

① 분리형 들것은 등 부분을 지지할 수 있어 다발성 외상환자나 척추손상환자에게 사용이 가능하다.
② 의자형 들것은 계단을 내려올 때에는 환자의 다리가 먼저 진행방향으로 와야 한다.
③ 가변형 들것은 긴척추고정판을 들것 중앙에 삽입하여 수직 및 수평구조를 할 수 있도록 만든 제품도 있다.
④ 가급적이면 가벼운 이동장비를 사용한다. 구급차 내에 주 들것보다는 이동용 접이식 들것이 훨씬 가볍다.

11 | 제11회 최종모의고사

01 포소화약제의 구비조건 중 괄호 안의 특성을 순서대로 나열한 것으로 옳은 것은?

소방교 제외

- 방출된 포가 파포되지 않기 위해서는 (　)이 강해야 하며 특히 B급 화재에서 매우 중요하다.
- (　) : 포 거품의 체적비율을 팽창비라 하며 수성막포는 5배 이상, 기타는 6배 이상이어야 한다. 25% 환원시간은 합성계면활성제포의 경우 3분 이상이며 기타는 1분 이상 유지하여야 한다.
- 포가 유류에 오염되거나 파포되지 않아야 한다. (　)이 강한 소화약제로는 불화단백포가 있으며 유류 탱크 내부 또는 표면아래에서 분출되는 표면하주입방식에 이용된다.
- (　) : 유류화재에 방사 시 유면상을 자유로이 확산할 수 있도록 하여야 한다.
- 점착성 : 포소화약제의 소화효과는 질식성이므로 표면에 잘 점착되어야 한다.

① 내열성 - 발포성 - 내유성 - 유동성
② 내유성 - 내열성 - 유동성 - 발포성
③ 내열성 - 유동성 - 내열성 - 발포성
④ 내유성 - 발포성 - 내열성 - 유동성

02 간접공격법(로이드레만 전법)에 대한 설명으로 옳은 것은?

① 주수 시 개구부는 가능한 크게 하는 것이 위험성을 감소시킨다.
② 간접공격법에 의하면 90% 이상 수증기화 하는 것이 가능하므로 바닥면에 다량의 물이 있으면 주수의 적정시기로 판단한다.
③ 옥내의 연소가 완만하여 열기가 적은 연기의 경우는 이 전법을 이용하더라도 효과는 적으므로 개구부 개방 등에 의해 연기를 배출하면서 화점을 확인하여 직사주수 또는 고속분무주수를 짧게 계속하는 편이 수손을 적게 할 수 있다.
④ 천장 속 등의 부분은 직사주수하는 것이 효과적이다.

03 화재에 의해서 발생한 열이 대류와 복사현상에 의해 건물 내에 축적되어 가연물이 발화점까지 가열되어 방 전체가 일순간에 걸쳐 동시에 타기 시작해 급속하게 연소 확대하는 현상을 무엇이라 하는가?

① 플래시오버(Flash over)
② 후로스오버(Froth over)
③ 슬롭오버(Slop over)
④ 보일오버(Boil over)

04 재난 및 안전관리 기본법의 정의에 대한 내용으로 옳지 않은 것은? 소방교·장 제외

① 긴급구조지원기관이란 긴급구조에 필요한 인력·시설 및 장비, 운영체계 등 긴급구조능력을 보유한 기관이나 단체로서 대통령령으로 정하는 기관과 단체를 말한다.
② 재난관리정보란 재난관리를 위하여 필요한 재난상황정보, 동원가능 자원정보, 대상물정보, 위치정보를 말한다.
③ 국가재난관리기준이란 모든 유형의 재난에 공통적으로 활용할 수 있도록 재난관리의 전 과정을 통일적으로 단순화·체계화한 것으로서 행정안전부장관이 고시한 것을 말한다.
④ 국가핵심기반이란 에너지, 정보통신, 교통수송, 보건의료 등 국가경제, 국민의 안전·건강 및 정부의 핵심기능에 중대한 영향을 미칠 수 있는 시설, 정보기술시스템 및 자산 등을 말한다.

05 플래시오버와 롤오버현상의 차이점으로 옳지 않은 것은?

① 플래시오버현상의 확산 매개체는 상층부의 고온 가연성가스의 발화이다.
② 롤오버현상은 열의 복사가 플래시오버현상에 비해 상대적으로 약하다.
③ 플래시오버현상은 일순간 전체공간으로 확대된다.
④ 롤오버는 전형적으로 공간 내의 화재가 성장단계에 있고, 소방관들이 화점실에 진입 하기 전(前) 복도에 머무를 때 주로 발생한다.

06 다음 박스의 내용은 어떤 전략을 사용할 때 필수조건인가?

- 화재가 특정 공간(장소) 범위 안에서 제한될 수 있는 건물구조를 가지고 있을 것
- 거주자들 모두 해당 공간(건물) 내에 머무르라는 현장지휘관의 명령을 듣고 따르거나 통제가 가능하다는 확신이 있을 것

① 공격유보전략
② 공간방어전략
③ 방어적공격전략
④ 정면공격전력

07 안전교육의 종류에 관한 내용으로 옳지 않은 것은?

① 안전교육은 지식교육, 문제해결교육, 기능교육, 태도교육의 4가지로 크게 분류할 수 있고, 교육의 효과를 거양하기 위한 추후지도, 정신교육 등을 들 수가 있다.
② 위험예지훈련은 문제해결교육이다.
③ 태도교육은 안전을 위해 실행해야 하는 것은 반드시 실행하고, 해서는 안 되는 것은 절대 하지 않는다는 태도를 가지게 하는 교육으로서 일명 예의범절 교육이라고도 한다.
④ 추후지도 시 지식, 기능, 태도교육을 반복 실시하며 특히 기능교육에 중점을 둔다.

08 중량셔터에서 연기가 분출하고 있는 경우 파괴방법으로 옳지 않은 것은?

① 파괴를 최소한도로 줄이기 위해 셔터 아래방향을 진입할 수 있을 만큼 절단하고 내부에 진입하여 개방한다.
② 연기의 분출을 적게 하기 위해 셔터의 아래방향을 절단한다.
③ 스레트는 서서히 잡아 빼고 내부의 상황을 확인하면서 필요에 따라 분무주수를 한다.
④ 진입구를 만들 경우는 측면에 위치하여 백드래프트에 주의한다.

09 연결송수관의 송수 및 방수요령으로 옳은 것은?

① 옥상수조 쪽의 체크밸브의 기능이 저하되어 송수가 옥상수조로 유입, 유효압력을 얻을 수 없을 때는 옥상수조 쪽의 게이트밸브를 개방하면 활용할 수 있다.
② 방수압력은 관창의 개폐장치로 조정한다.
③ 송수는 단독 펌프차대(펌프차)의 1구 송수, 소방용수가 먼 경우에 중계대형으로 한다.
④ 송수계통이 2 이상일 때는 연합송수가 되므로 송수구 부분의 송수압력이 같아지도록 펌프를 운용한다. 또 뒤에서 송수하는 펌프차대는 약 20% 정도 높은 압력으로 송수한다.

10 소화수조 및 저수조설비에 대한 설명으로 옳지 않은 것은?

① "채수구"라 함은 소방차의 소방호스와 접결되는 흡입구를 말한다.
② 소화수조, 저수조의 채수구 또는 흡수관투입구는 소방차가 1m 이내의 지점까지 접근할 수 있는 위치에 설치하여야 한다.
③ 지하에 설치하는 소화용수설비의 흡수관투입구는 그 한 변이 0.6m 이상이거나 직경이 0.6m 이상인 것으로 한다.
④ 소요수량이 $80m^3$ 미만인 것에 있어서는 1개 이상, $80m^3$ 이상인 것에 있어서는 2개 이상을 설치하여야 하며, "흡수관투입구"라고 표시한 표지를 할 것

11 소방펌프의 수격작용에 의한 압력파가 클 경우에 가장 약한 부분인 임펠러의 파손을 방지하기 위한 방법으로 옳은 것은?

① 소방펌프 흡수량을 높이고, 소방펌프의 회전수를 낮춘다.
② 역류방지밸브를 설치한다.
③ 흡수관측의 손실을 가능한 작게 한다.
④ 배관 중간에 수조(물이 모여 있는 부분) 또는 기체상태의 부분(공기가 모여 있는 부분)이 존재하지 않도록 배관을 설계하여야 한다.

12 누출 물질의 처리방법 중 다음 설명하는 것으로 옳은 것은?

> 주로 부식성 물질에 사용하는 방법으로 발열이나 유독성 물질생성, 기타 위험성이 발생할 수 있으므로 화학자의 검토가 필요하고 위험을 감소시키기 위해서 오염물질의 양보다 적게 조금씩 투입하여야 한다.

① 유화처리(Emulsification)
② 응고(Solidification)
③ 중화(Neutralization)
④ 소독(disinfection)

13 공기호흡기의 사용상 주의사항으로 옳지 않은 것은?

① 100% 유독가스 중에서도 사용할 수 있지만 암모니아나 시안화수소 등과 같이 피부에 염증을 일으키는 가스와 방사성 물질이 누출된 장소에 진입하는 경우에는 별도의 보호장비를 착용하여야 한다.
② 착용 후에는 불필요하게 뛰는 것을 피하며, 호흡을 얕고 빠르게 하면 사용 가능시간을 연장할 수 있다.
③ 용기의 압력을 확인하고, 면체의 기밀을 충분히 점검하고 신체에 밀착시키도록 한다. 면체의 기밀이 나쁜 것은 사용하지 않는다.
④ 고압호스는 꼬인 상태로 취급하지 말고, 개폐밸브가 다른 물체에 부딪히거나 충격을 받지 않도록 한다.

14 가연물질의 구비조건에 대한 설명으로 옳지 않은 것은? `소방교 제외`

① 일반적으로 산화되기 쉬운 물질로서 산소와 결합할 때 발열량이 커야 한다.
② 열의 축적이 용이하도록 열전도값이 작아야 한다.
③ 산소와 접촉할 수 있는 표면적이 작은 물질이어야 한다.
④ 화학반응을 일으킬 때 필요한 최소에너지값이 작아야 한다.

15 수중 인명구조 시 물의 특성으로 옳지 않은 것은?

① 물속에서는 빛의 굴절로 인하여 물체가 실제보다 25% 정도 가깝고 크게 보인다.
② 물속에서는 대기보다 소리가 2배 정도 느리게 전달되기 때문에 소리의 방향을 판단하기 어렵다.
③ 물은 공기보다 약 25배 빨리 열을 전달하므로 물속에서 활동을 하게 되면 쉽게 추워진다는 것을 알 수 있다.
④ 높은 밀도 때문에 많은 저항을 받아 행동에 제약을 받고 체력소모가 크다.

16 구조대 부대요청 판단기준으로 옳지 않은 것은?

① 구조대상자가 많거나 현장이 광범위하여 추가 인원이 필요한 경우
② 특수한 차량 또는 특수한 장비를 필요로 하는 경우
③ 특수한 지식, 기술을 필요로 하는 경우
④ 사고현장이 광범위하여 필요한 정보를 수집하기 어려운 경우

17 구조·구급 기본계획에 포함될 사항으로 옳지 않은 것은?

① 구조·구급대원의 안전사고 방지, 감염 방지 및 건강관리를 위하여 필요한 사항
② 구조·구급에 필요한 체계의 구축, 기술의 연구개발 및 보급에 관한 사항
③ 구조·구급에 필요한 장비의 구비에 관한 사항
④ 구조·구급의 교육과 홍보에 관한 사항

18 구조장비 중 보호복에 관한 설명으로 옳지 않은 것은?

① 방사능 보호복의 세트는 방사능 보호복(밀폐식 공기호흡기 착용형, NBC마스크 착용형 등), 개인 선량 경보계로 구성된다.
② 1회용 화학보호복이라 할지라도 제독 등 관리를 철저히 하면 재사용할 수 있고, 재사용할 수 있는 화학보호복이라 할지라도 유독물질에 장시간 노출되어 오염되었을 경우에는 폐기를 권장한다.
③ 공기호흡기는 100% 유독가스 중에서도 사용할 수 있지만 암모니아나 시안화수소 등과 같이 피부에 염증을 일으키는 가스와 방사성 물질이 누출된 장소에 진입하는 경우에는 별도의 보호장비를 착용하여야 한다.
④ 소방기관의 장은 119구조대에서 근무한 경력이 3년이고 전문교육기관에서 실시한 화생방 사고 대처요령 등 관련과목을 이수한 사람을 특수보호복 전담자로 지정할 수 있다.

19 비재호흡마스크와 코삽입관에 대한 설명으로 옳지 않은 것은?

① 비재호흡마스크의 저장낭은 항상 충분한 산소를 갖고 있다가 환자가 깊게 들여 마실 때 1/3 이상 줄어들지 않게 해야 한다. 적절한 산소량은 보통 $10 \sim 15\ell$/분으로 환자의 날숨은 저장낭으로 다시 들어오지 않는다.
② 코삽입관은 약간의 호흡곤란을 호소하는 만성폐쇄성폐질환(COPD) 환자에게 주로 사용된다. 산소량은 $1 \sim 6\ell$/분 이하여야 하며 그 이상인 경우에는 비점막이 건조되어 불편감을 느낄 수 있다.
③ 비재호흡마스크는 환자 의식이 명료하고 정서적으로 안정되었을 때 사용하고, 코삽입관은 환자가 흥분되었거나 말을 끊어서 할 때 사용한다.
④ 비재호흡마스크는 호흡이 부적절하거나 없는 환자에게 사용하게 되면 충분한 산소를 공급할 수 없다.

20 119구조·구급에 관한 법률에서 정한 구급대원의 자격기준이 나머지 셋과 다른 하나는?

① 소방청장이 실시하는 구급업무에 관한 교육을 받은 사람
② 2급 응급구조사 자격을 취득한 사람
③ 보건복지부장관의 면허를 받은 조산사
④ 보건복지부장관의 면허를 받은 치과의사

21 화상의 중증도 분류에 대한 내용으로 옳은 것은? 〔소방교 제외〕

① 체표면적 25% 이상의 2도 화상인 10세 이상 50세 이하의 환자는 중증도에 해당한다.
② 체표면적 2% 미만의 3도 화상인 모든 환자는 중증도에 해당한다.
③ 흡인화상이나 골절을 동반한 화상은 중증도에 해당한다.
④ 체표면적 10% 이상, 20% 미만의 2도 화상인 10세 미만, 50세 이후의 환자는 중증도에 해당한다.

22 다음 〈보기〉 중 미국교통국(DOT)에서 위험물질을 운송할 때 부착하는 수송표지의 색상이 가지는 의미를 올바르게 연결한 것은 모두 몇 개인가?

보기
ㄱ. 빨간색 : 가연성
ㄴ. 오렌지 : 인화성
ㄷ. 녹색 : 불연성
ㄹ. 파랑색 : 금수성
ㅁ. 노란색 : 산화성
ㅂ. 백색 : 독성

① 2개
② 3개
③ 4개
④ 6개

23 다음 설명 중 옳지 않은 것은?

① 피셔맨매듭, 말뚝매듭, 옭매듭의 경우 매듭의 강도가 60~65%로 저하된다.
② 정적로프는 신장률이 5% 미만 정도로 하중을 받아도 잘 늘어나지 않으며 마모 내구성이 강하고 파괴력에 견디는 힘이 높은 반면 유연성이 낮아 조작이 불편하고 추락 시의 하중이 그대로 전달되는 결점이 있으며 일반 구조활동용으로 적합하다.
③ 직경 10mm 로프를 사용할 때에는 반드시 2줄로 설치하여 안전을 확보한다.
④ 로프는 사용 횟수와 무관하게 강도가 저하되며 매주 사용하는 로프는 2년마다 교체하여야 한다.

24 감압병에 대한 설명으로 옳지 않은 것은?

① 예방법은 수심 30m 이상 잠수하지 않으며 상승 시 1분당 9m의 상승속도를 준수하는 것이다.
② 보통 빠르게 상승할 때 발생하며 증상이 나타나는 시간은 30분 이내에 50%, 1시간 이내에 85%, 3시간 이내에 95%가 나타난다.
③ 공기 중에 약 70% 차지하는 탄소가스가 조직과 혈류 내 축적되면서 발생한다.
④ 증상은 질소방울이 어느 인체 부위에 나타나는가에 따라 달라진다.

25 자동차사고의 구조현장에서의 안전조치로 옳지 않은 것은?

① 자동차사고의 안전조치 사항으로 시속 80km인 직선도로에서 사고가 발생한 경우 유도표지의 설치위치는 사고지점의 후방 80m 이상 지점이다.
② 곡선도로인 경우 구조차량은 최소한 곡선구간이 시작되는 지점에는 주차하여야 한다.
③ 차량이 평평한 지면위에 있다면 바퀴의 양쪽 부분에 고임목을 댄다.
④ 에어백은 설치가 간편하고 고하중을 들어 올릴 수 있지만 안정감이 부족하기 때문에 버팀목으로 받쳐주어야 한다.

제12회 최종모의고사

01 소화적응성에 따른 분류에 대한 설명으로 옳은 것은?

① 일반화재의 표시색은 무색이며 적응화재별 표시는 A로 표시한다.
② 유류화재는 발생빈도나 피해액이 가장 큰 화재이며 적응화재별 표시는 B로 표시한다.
③ 국내 규정에 금속화재란 가연성금속의 화재를 말하며 적응화재별 표시는 D로 표시한다.
④ 가스화재란 가연성가스의 화재를 말하며 현재 국내에서는 유류화재에 준하여 사용하고 있다.

02 화재가 진행될 때 발생하는 현상 및 단계의 순서로 옳은 것은?

① 발화기 – 성장기 – 플래시오버 – 최성기 – 쇠퇴기
② 성장기 – 발화기 – 최성기 – 플래시오버 – 쇠퇴기
③ 발화기 – 플래시오버 – 성장기 – 최성기 – 쇠퇴기
④ 성장기 – 발화기 – 플래시오버 – 최성기 – 쇠퇴기

03 현장대응활동 검토회의에 대한 설명으로 옳은 것은?

① 이 규정에서 소방기관의 장은 소방청장·소방본부장 또는 소방서장을 말한다.
② 검토회의는 사고발생일로부터 20일 이내에 개최한다.
③ 긴급구조활동에 대한 평가 시에는 서면 또는 영상 회의로 대체할 수 있다.
④ 회의 주재는 관할 소방본부장이다.

04 가연성 기체나 고체를 가열하면서 작은 불꽃을 대었을 때 연소될 수 있는 최저온도를 무엇이라 하는가? 소방교 제외

① 착화점
② 연소점
③ 인화점
④ 발화점

05 플래시오버 대응전술로 옳지 않은 것은?

① 배연지연은 관창호스 연결이 지연되거나 모든 사람이 대피했다는 것이 확인된 경우 적합한 방법이다.
② 냉각지연은 분말소화기 등 이동식 소화기를 분사하여 화재를 완전하게 진압하는 것은 불가능하나 일시적으로 온도를 낮출 수 있으며, Flashover를 지연시키고 관창호스를 연결할 시간을 벌 수 있다.
③ Flashover의 대표적인 전조현상으로 고온의 연기발생과 Rollover 현상이 관찰되는데 이들 전조현상 중 하나가 관찰되면 일단 방어적 수색을 시작한다.
④ 창문에 설치된 사다리를 이용할 때 유리 하나가 깨졌다면 Rollover의 조짐이 있는지 확인하고, 있다면 창문을 통해서 진입하면 안 된다.

06 정면공격을 실패한 경우 사용될 수 있는 보조적 공격방법으로 옳은 것은?

① 외부공격 ② 공격유보
③ 방어적 공격 ④ 측면공격

07 저수조의 설치기준에 대한 설명으로 옳지 않은 것은?

① 흡수부분의 수심이 0.5m 이상이어야 한다.
② 저수조에 물을 공급하는 방법은 상수에 연결하여 자동으로 급수되는 구조로 한다.
③ 흡수관의 투입구가 네모(사각)인 경우에는 한 변의 길이가 0.6m 이상, 원형인 경우에는 지름(직경)이 0.6m 이상으로 한다.
④ 지면으로부터 낙차가 4.5m 이상이어야 한다.

08 건물 유형 분류 5가지 중 다음에서 설명하는 것으로 옳은 것은?

> 이와 같은 건물에서 화재가 발생하면, 지붕 아래서부터 상승한 열이 전도되어 가연성 지붕 덮개에 점화된다. 특히, 아스팔트 싱글, 조립식 패널과 같은 지붕재로 된 경우에는 지붕덮개를 따라 급속히 확대된다. 이와 같은 건물에서 내부에 진입하여 화재를 진압할 때, 지붕에 연소가 어느 정도 진행되었는지를 확인하고, 지붕붕괴의 위험성을 판단해야 한다.

① 내화구조(안전도 1등급 건물)
② 준 내화구조(안전도 2등급 건물)
③ 조적조(안전도 3등급 건물)
④ 중량 목구조(안전도 4등급 건물)

09 연소의 확대에 관한 설명으로 옳지 않은 것은? [소방교 제외]

① 일반적으로 열전도율은 고체가 기체보다 크고, 금속류가 비금속류보다 크다.
② 초기 구획실화재에서 가장 중요한 열전달 기전은 대류이다.
③ 전도나 대류와 마찬가지로 복사 열전달에서는 에너지를 전달하기 위하여 중간 매개체를 필요로 한다.
④ 화재현장에서 연기가 위로 향하는 것이나 화로에 의해 방안의 공기가 더워지는 것이 대류에 의한 현상이다.

10 건물화재에 있어서 화재진압의 대응우선 순위를 옳게 배열한 것은?

> ㉠ 화재가 발생하여 인명검색을 실시하였다.
> ㉡ 내부연소확대 방지에 실시한다.
> ㉢ 외부연소확대 방지를 실시한다.
> ㉣ 화점을 파악하여 화재진압을 실시한다.
> ㉤ 정밀검색 및 잔화정리를 실시한다.

① ㉠ − ㉡ − ㉢ − ㉣ − ㉤
② ㉠ − ㉢ − ㉡ − ㉣ − ㉤
③ ㉣ − ㉠ − ㉡ − ㉢ − ㉤
④ ㉣ − ㉡ − ㉢ − ㉠ − ㉤

11 「화재조사 및 보고규정」에서 화재건수에 관한 내용으로 옳은 것은?

① 동일 소방대상물의 발화점이 2개소 이상 있는 누전점이 동일한 누전에 의한 화재는 별건의 화재로 본다.
② 동일 대상물에서 발생한 지진, 낙뢰 등 자연현상에 의한 다발화재가 각각 별개의 장소에서 발생한 경우는 1건의 화재로 본다.
③ 1건의 화재란 1개의 발화점으로부터 확대된 것으로 발화부터 진화 후 소방대가 철수할 때까지를 말한다.
④ 각기 다른 사람에 의한 방화, 불장난이라도 동일 대상물에서 발생한 경우는 1건의 화재로 본다.

12 분진폭발에 영향을 미치는 요소에 대한 설명으로 옳지 않은 것은? 소방교 제외

① 수분을 많이 함유하고 있으면 대전력이 발생하여 분진 폭발 확률이 커진다.
② 분진의 표면적이 입자체적에 비하여 커지면 열의 발생속도가 방열속도보다 커져서 폭발이 용이해진다.
③ 분진의 발열량이 클수록 폭발성이 크며 휘발성분의 함유량이 많을수록 폭발하기 쉽다.
④ 평균 입자경이 작고 밀도가 작을수록 비표면적은 크게 되고 표면에너지도 크게 되어 폭발이 용이해진다.

13 소방자동차의 토출측에 해당하는 것으로 옳지 않은 것은?

① 역류방지밸브
② 자체급수밸브
③ 지수밸브
④ 메인밸브

14 수평갱도 진입에 대한 설명으로 옳지 않은 것은?

① 현장에 진입하는 대원은 반드시 2인 이상으로 조를 편성하여 진입한다.
② 안전요원에게 이름과 진입하는 시간을 알려주고 안전벨트나 신체에 유도로프를 결착하여야 한다.
③ 몸을 돌릴 수 없는 좁은 공간에서 구조대상자를 구출하는 경우에는 뒤에서 로프로 끌어내야 하기 때문에 유도로프를 발목에 결착한다.
④ 선 진입자는 후 진입자에게 유도로프를 결착하여 쉽게 진입할 수 있도록 한다.

15 잠수자가 수면에서 10L/min의 공기가 필요했다면 수심 30미터에서 필요한 공기는 몇 L인가?

① 30L   ② 40L
③ 50L   ④ 60L

16 산악기상과 암벽등반 기술에 관한 설명으로 옳지 않은 것은?

① 대량의 눈이 쌓인 지역에 기온이 올라가면 눈의 접착력이 약해지면서 눈의 밑바닥에서 슬립이 일어나 눈이 무너져 내리게 되는데 이를 표층 눈사태라 한다.
② 슬랩(Slab) 등반처럼 마찰력이 주된 목적이라면 부드러운 암벽화가 좋다. 암벽화는 맨발이나 또는 얇은 양말 한켤레를 신고 발가락이 펴진 상태에서 꼭 맞는 것이 좋다.
③ 암벽에 망치로 두들겨 박는 볼트(bolt)나 피톤(piton) 등은 고정확보물이라 하고 바위가 갈라진 틈새(crack)에 설치하는 너트(nuts)나 후렌드(friends)류는 유동확보물이라고 한다.
④ 등반용으로 가장 많이 사용되는 로프는 직경 10mm~10.5mm, 길이 60m 정도로 충격력이 작은 다이내믹 계열의 로프이다.

17 시·도 집행계획에 포함되어야 할 사항으로 옳지 않은 것은?

① 기본계획 및 집행계획에 대한 시·도의 세부 집행계획
② 구조·구급대원의 안전사고 방지, 감염방지 및 건강관리를 위하여 필요한 기본계획
③ 소방청장이 매년 시·도 소방본부의 구조·구급활동에 대하여 종합평가를 실시한 뒤 그 결과에 따른 조치계획
④ 구조·구급활동과 관련하여 시·도 정책협의회에서 필요하다고 결정한 사항

18 수중구조에 관한 설명으로 옳지 않은 것은?

① 잔류 질소는 호흡에 의해 12시간이 지나야 배출된다.
② 스쿠버 잠수 후 10분 이후에서부터 12시간 내에 실행되는 스쿠버 잠수를 재잠수라 한다.
③ 공기색전증을 예방하는 방법은 수심 30m 이상 잠수하지 않으며, 상승 시 1분당 9m의 상승 속도를 준수하는 것이다.
④ 질소마취는 후유증이 없기 때문에 질소마취에 걸렸다 하더라도 수심이 얕은 곳으로 올라오면 정신이 다시 맑아진다.

19 구조·구급대원의 감염관리대책에 관한 사항으로 옳은 것은?

① 소방청장등은 구조·구급대원의 감염방지를 위하여 구조·구급대원이 소독을 할 수 있도록 소방서별로 119감염관리실을 2개소 이상 설치하여야 한다.
② 구조·구급대원은 근무 중 유해물질 등에 노출되거나 감염성 질병에 걸린 구조대상자 또는 응급환자와 접촉한 경우에는 그 사실을 안 때부터 24시간 이내에 소방청장 등에게 보고하여야 한다.

③ 보고를 받은 소방청장 등은 유해물질 등에 노출되거나 감염성 질병에 걸린 구조대상자 또는 응급환자와 접촉한 구조·구급대원이 적절한 진료를 받을 수 있도록 조치하고, 접촉일부터 15일 동안 구조·구급대원의 감염성 질병 발병 여부를 추적·관리하여야 한다.
④ 119감염관리실의 규격·성능 및 119감염관리실에 설치하여야 하는 장비 등 세부 기준은 시·도 조례로 정한다.

20 질병은 크게 직접전파와 간접전파로 나뉜다. 전파경로에 따른 설명으로 옳은 것은?

① 공기에 의한 전파는 감염을 유발하는 작은 입자(5μm 이하)가 공기 중 먼지와 함께 떠다니다가 흡입에 의해 감염이 발생한다.
② 직접전파는 주사바늘과 같은 오염물질 또는 호흡기를 통한 비말흡입에 의해 전파된다.
③ 비말에 의한 전파는 감염균을 가진 큰 입자(5μm 이상)가 기침이나 재채기, 흡입(suction) 시 다른 사람의 코나 점막에 튀어서 단거리(약 1m 이내)에 있는 사람에게 감염을 유발시키고 해당질환으로는 홍역, 수두 등이 있다.
④ 접촉에 의한 전파는 직접 혹은 간접 접촉에 의해 감염되며 해당질환으로는 뇌수막염, 폐렴, 풍진, 결핵 등이 있다.

21 화재현장 검색 및 구조에 대한 내용으로 옳지 않은 것은?

① 위험한 현장에서 탈출 시 지쳐서 더 이상 움직일 수 없게 되거나 의식이 흐려지면 랜턴이 천장을 비추도록 놓고 출입문 가운데나 벽에 누워서 발견되기 쉽게 한다.
② 농연에서 포복자세로 계단을 오를 때에는 머리부터, 내려갈 때에는 다리부터 내려가는 것이 안전하다.
③ 농연 속 구조활동 중 공기호흡기 고장이 발생되었을 때는 일단 동작을 멈추고 자세를 낮추어 앉거나 포복자세로 엎드려 건너뛰기호흡법을 활용하여 공기소모를 최소화하면서 위험지역으로부터 신속히 벗어나야 한다.
④ 1차 검색은 화재가 진행되는 도중에 검색작업이 진행되는 것을 말하며, 화재가 진압된 직후 선착대에 의해 수행되기 때문에 신속성보다는 좀 더 철저하게 이루어져야 한다.

22 순환계에 대한 설명으로 옳지 않은 것은?

① 혈액은 허파로부터의 산소, 소화기계로부터의 영양 그리고 세포의 생산·노폐물을 이송하는 역할을 하고 있다.
② 심장동맥은 인체 내에 가장 큰 동맥으로 모든 동맥은 심장동맥으로부터 혈액을 공급받는다.
③ 오른심실에서 허파로 혈액을 이동시키는 허파동맥을 제외하고는 모든 동맥은 산소가 풍부한 혈액으로 되어 있다.
④ 수축기압은 왼심실의 수축으로 생기고 이완기압은 왼심실이 이완되었을 때 측정된다.

23 위험물사고현장 구급 활동에 관한 설명으로 옳지 않은 것은?

① 현장은 크게 오염구역, 오염통제구역, 안전구역으로 구분되며 개인보호장비가 없거나 위험물질 대응교육 및 훈련을 받지 않은 구급대원이라면 안전구역에서 구조대원이 제독을 끝마친 환자가 나올 때까지 대기해야 한다.
② 오염 구역에서는 오염된 의복과 액세서리를 현장에서 가위를 이용해 제거 후 사용한 의료기구 및 의복은 현장에 남겨두고 환자만 이동한다(의복 및 의료기구는 오염되었다는 가정 하에 실시한다).
③ 오염구역 활동이 끝난 대원들은 오염통제구역에서 제독활동을 해야 하며 환자들은 오염구역에서 제독텐트에 들어가기 전에 전신의 옷과 액세서리를 벗어 비닐 백에 담아 밀봉 후 다시 드럼통에 담아 이중으로 밀봉해야 한다.
④ 오염통제구역 내 구급처치는 기본인명소생술로 기도, 호흡, 순환(지혈), 경추고정, CPR, 정맥로 확보가 포함되며 오염통제구역에서 사용한 구급장비는 안전구역에서 사용해서는 안 된다.

24 스쿠버 잠수와 표면공급식 잠수에 대한 설명으로 옳지 않은 것은?

① 스쿠버 잠수는 장비의 운반, 착용, 해체가 간편해 신속한 기동성을 발휘하고, 현장 지휘 및 통제가 가능하다는 장점이 있다.
② 표면공급식 잠수는 제한적으로 사용되고 있으며, 반드시 비감압 잠수를 해야 한다는 원칙과 짝 잠수를 해야 한다는 것을 명심해야 한다.
③ 잠수 활동이 수중조사 및 탐색이라면 기동성과 활동성에 제한 받지 않는 스쿠버 장비를 선택하는 것이 바람직하다.
④ 표면공급식 잠수는 공기공급의 무제한으로 장시간 해저 체류가 가능하다.

25 다음 설명 중 옳지 않은 것은?

① 로프총 사격각도는 수평각도 65°가 이상적이고, 굴절사다리차나 고가사다리차, 헬기 등 높은 곳에서 하향으로 발사할 때에는 정확히 목표물에 도달할 수 있으므로 목표물 지점을 정조준토록 한다.
② 로프재료에 따른 성능 중 신장률과 내충격력은 나일론이 가장 크다.
③ 런너(Runner)라고도 부르는 슬링은 같은 굵기의 로프보다 강도가 우수해서 등반 또는 하강 시에 로프 대용으로 자주 사용한다.
④ 산악용 11mm 로프의 경우 대부분 3,000kg 내외의 인장강도를 가지며 충격력은 80kg에 대하여 700~900daN 정도이다.

TEST 13 | 제13회 최종모의고사

01 '화재현장에서 가스관이 온전하고, 파열된 압축용기가 발견되지 않거나, 기타 관련 시설의 파열흔적이 남아있지 않은 경우'의 폭발 형태에 대한 설명으로 옳지 않은 것은?

① 폭발은 BLEVE와 같은 물리적 폭발과 연소폭발과 같은 화학적 폭발로 구분할 수 있으며, 이러한 폭발은 화학적 폭발에 해당한다.
② 닫힌 문 주위에서 나오는 무겁고, 검은 연기는 가장 쉽게 확인할 수 있는 전조현상 중 하나이다.
③ 이러한 폭발이 일어나는 연소폭발과정에서, 공기와 혼합된 일산화탄소가 가연물로서의 역할을 담당한다.
④ 연소 중인 건물의 창문을 개방하여 환기시키는 것은 이러한 폭발의 위험으로부터 소방관을 보호할 수 있는 가장 효과적인 방법 중 하나이다.

02 플래시오버의 징후 및 특징으로 옳지 않은 것은?

① 일정 공간 내에서의 계속적인 열집적 상태이다.
② 두텁고, 뜨겁고, 진한 연기가 아래로 쌓인다.
③ 내화조건축물은 화재가 발생하더라도 성장기 진행에 많은 시간이 소요되므로 플래시오버 현상은 보편적으로 화재발생으로부터 약 20~30분경에 발생한다.
④ 일정 공간 내에서의 불완전연소상태이다.

03 특수현상 징후 및 대응절차에 관한 내용으로 옳지 않은 것은? 소방교·장 제외

① 플래시오버(Flashover)는 국부적·연료지배형 화재에서 전면적·환기지배형 화재로 급격히 전이되는 화재 상황으로 성장기에서 최성기로 넘어가는 과도기적 시기에 발생한다.
② 파이어 볼(Fire ball)은 비등액체팽창증기폭발(BLEVE) 발생 후 일정 시간이 경과한 후 나타난다. 밸브나 배관에서 누출되는 가스가 연소하는 화염을 중점적으로 소화시키고 그 화염에 의해서 가열되는 면을 냉각해야 한다.
③ 플래임오버(Flameover) 화재는 소방관들이 서있는 뒤쪽에 연소확대가 일어나 고립 상황에 빠질 수 있다.
④ 풀 파이어(Pool fire)는 위험물 탱크에서 발화하고, 복사열로 인한 화상이 우려된다. 복사열 위험반경 계산 시 수포발생 = 3.5 × 탱크지름(m)이고, 통증발생 = 6.5 × 탱크지름(m)이다. 또한 거리는 화염중심과 대원 사이를 말한다.

04 하인리히(Heinrich)의 도미노이론 중 2차 원인과 관련이 있는 것은?

① 구조적 결함
② 개인적 결함
③ 심리적 결함
④ 직업적 결함

05 자연환기 중 수평배연 요령에 관한 내용이다. 옳지 않은 것은?

① 수평배연이란 창문이나 출입문처럼 벽에 있는 출구를 통하여 연기가 빠져나가게 하는 것이다.
② 바람이 불지 않을 때에는 수평배연의 효과가 감소한다.
③ 수평배연은 화재로부터 생성된 뜨거운 가스를 배출하는 데 가장 효과적인 방법이다.
④ 수평배연은 바람의 방향에 따라서 풍상 방향의 개구부를 급기구로, 풍하방향의 개구부를 배출구로 설정하는 것이 가장 효과적이다.

06 분무주수를 활용한 배연방법을 설명한 것으로 옳지 않은 것은?

① 개구부가 넓은 경우에는 2구 이상의 분무주수로 실시한다.
② 화염과 배기구 사이에 요구조자 또는 구조대원이 위치해 있다면 화염에 의해 큰 위험을 초래할 수 있어 정확한 확인과 주의가 요구된다.
③ 배기구측에서 분무주수하여 기류를 이용하는 배연방법이다.
④ 관창압력은 0.6Mpa 이상 분무주수를 한다.

07 소방고가차(사다리/굴절) 안전에 관한 내용으로 옳은 것은?

① 긴급 시에는 크레인 대용으로 사다리나 붐으로 중량물을 들어 올릴 수 있다.
② 승강기 및 바스켓에 공기호흡기 등 화물 수송이 가능하다.
③ 사다리장비는 승강기나 바스켓에 실린 하중을 수직으로 올리거나 내리기 위한 목적으로만 사용할 수 있다.
④ 특수물질 수송용으로 사용할 수 있다.

08 소방펌프 중 역류방지밸브에 대한 설명으로 옳지 않은 것은?

① 주 펌프 상부에 위치해 있으며 펌프에서 토출된 물이 다시 펌프로 유입되지 않도록 체크밸브 역할을 한다.
② 펌프의 효율을 높이고, 방수측에서 발생할 수 있는 수격작용으로부터 펌프를 보호하는 역할을 한다.
③ 역류방지밸브 측에 이물질이 끼지 않도록 유지하여야 하며, 테스트는 진공을 걸어 놓고, 방수밸브에 손으로 막아 손이 빨려 들어가는 느낌이 난다면 역류방지밸브를 정상판정 하는 방식으로 한다.
④ 양수(진공해서 물을 끌어올림)해서 펌프 속에 물이 있는 상태로 방수를 하지 않을 때 물이 다시 빠지지 않도록 유지해 연속적인 방수가 가능하도록 한다.

09 건물 붕괴의 유형 연결로 옳지 않은 것은?

① 내화조 – 바닥붕괴
② 경량목구조 – 벽붕괴
③ 조적조 – 벽붕괴
④ 준내화조 – 지붕과 바닥을 연결하는 트러스트구조 붕괴

10 다음에서 설명하는 소방전술의 유형으로 옳은 것은?

> 화세(또는 화재범위)에 비해 소방력이 부족하여 전체 화재현장을 모두 커버할 수 없는 경우 사회적, 경제적 혹은 소방상 중요한 시설 또는 대상물을 중점적으로 대응 또는 진압하는 전술형태를 말한다.

① 포위전술   ② 블록전술
③ 중점전술   ④ 집중전술

11 화재 피해액 산정에 있어 현실을 감안한 건물, 부대설비, 가재도구의 최종잔가율은 얼마인가?

① 10%   ② 20%
③ 30%   ④ 40%

12 위험예지훈련은 어느 교육에 해당하는가?

① 지식교육   ② 문제해결교육
③ 태도교육   ④ 기능교육

13 포 소화약제에 대한 설명으로 옳지 않은 것은? 소방교 제외

① 두 가지 약제의 혼합 시 화학반응으로 발생하는 이산화탄소를 핵으로 하는 화학포와 포원액을 물에 섞은 다음 공기를 기계적인 방법으로 혼합하여 사용하는 공기포로 나뉜다.
② 우리나라는 저팽창포와 고팽창포로 구분하며, 그 중 저팽창포에는 단백포, 불화단백포, 합성계면활성제포, 수성막포, 알콜형포가 있으며, 고팽창포에는 합성계면활성제포가 있다.
③ 합성계면활성제포 소화약제는 불소계 계면활성제를 첨가하여 단백포와 수성막포의 단점을 보완하였으며, 침전물이 거의 생성되지 않아 장기 보관(8~10년)이 가능하다.
④ 포 소화약제는 원칙적으로 종류가 다르면 원액 및 수용액을 혼합하여 사용해서는 안 되며, 같은 원액이라도 오래된 원액에 새로운 원액을 추가 보충하는 것도 바람직하지 않다.

14 수난구조 시 구명환과 로프를 이용한 구조 방법을 설명한 것으로 옳은 것은?

① 구조대상자와의 거리를 실측하여 로프의 길이를 정확히 조정한다.
② 구명부환을 던질 때에는 풍향, 풍속을 고려하여야 하며 일반적으로 바람을 등지고 던지는 것이 용이하다.
③ 구명부환이 너무 짧거나 빗나가서 구조대상자에게 미치지 못한 경우에는 재빨리 구조대상자에게 이동시킨다. 이러한 이유로 구조대상자보다 조금 앞에 던져서 구조대상자가 이동하기 용이하게 한다.
④ 구조대상자가 구명부환을 손으로 잡고 있을 때에 최대한 빨리 끌어당겨 구조한다.

15 공기색전증 예방조치로 옳은 것은?

① 상승할 때 호흡을 정지하지 말고 급속한 상승을 하지 않는다.
② 크고 깊은 호흡을 규칙적으로 한다.
③ 산소를 사용하지 않고 반드시 공기를 사용한다.
④ 수심 30m 이상 잠수하지 않고 상승 시 분당 9m의 속도를 유지한다.

16 119생활안전대 업무처리절차에 대한 설명으로 옳지 않은 것은?

① 현장상황은 현장도착 후 육하원칙 내용을 상세히 기록한다.
② 전산입력은 복귀 후 교대근무 전까지 입력한다.
③ 기록은 소방관서에서 2년간 보관한다.
④ 업무처리 흐름은 출동지령 → 현장도착 → 현장기록 → 전산입력 → 일일마감 순이다.

17 119구조 · 구급에 관한 법령상 옳지 않은 것은?

① 구조대원은 근무 중에 감염성 질병에 걸린 구조대상자와 접촉한 경우, 그 사실을 안 때부터 24시간 이내에 행정안전부장관에게 보고하여야 한다.
② 구조활동일지에 구조활동 상황을 상세히 기록하고, 소속 소방관서에 3년간 보관하여야 한다.
③ 구조차에 이동단말기가 설치되어 있는 경우에는 이동단말기로 구조활동일지를 작성할 수 있다.
④ 감염성 질병 유해물질 등 접촉보고서 및 유해물질 등 접촉관련 진료기록부 등은 구조대원이 퇴직할 때까지 소방공무원 인사기록철에 함께 보관하여야 한다.

18 분만 합병증에 대한 응급처치로 옳지 않은 것은? 소방교 제외

① 둔위분만 시에는 고농도산소를 공급하고, 만약, 엉덩이가 나온다면 손으로 지지해 준다.
② 제대 탈출 시 멸균 장갑을 착용하고, 비재호흡마스크를 통해 고농도 산소를 공급한다.
③ 배림 때 태아의 머리가 아닌 손이나 다리가 나올 경우 정서적 지지를 위해 산모의 머리를 높게 하고, 신속하게 병원으로 이송한다.
④ 미숙아는 보온을 위한 지방축적이 충분하지 않기 때문에 저체온증의 위험성이 높다. 따라서 물기를 닦아내고 따뜻한 이불로 포근하게 감싸줘야 한다.

19 감염질환에 관한 설명으로 옳지 않은 것은?

① B형 간염(HBV)의 주요 증상 및 징후로는 피로감, 오심, 식욕부진, 복통, 두통, 열, 황달 등이 있다.
② 결핵은 가래나 기침에 의한 호흡기계 분비물(비말 등)로 공기 전파된다.
③ AIDS는 피부접촉, 기침, 재채기, 식기 도구의 공동사용으로는 감염되지 않는다.
④ 결핵의 예방책으로는 특수 마스크가 있으며 기침환자 처치 전에는 결핵여부를 확인하여 착용해야 한다.

20 국소 해부학 용어의 설명으로 옳지 않은 것은?

① 해부학적 자세는 전면을 향해 서있는 자세로 손바닥은 앞으로 향하고 양팔은 옆으로 내린 상태이다.
② 중간선은 코에서 배꼽까지 수직으로 내린 선으로 인체를 좌우로 나눈다.
③ 몸쪽/먼쪽은 몸통에 가까이 있는지 멀리 있는지를 나타낸다.
④ 안쪽/가쪽은 중앙겨드랑이선으로 인체를 나누어 앞과 뒤를 구분한 것이다.

21 파크랜드 수액요법에 대한 설명으로 옳은 것은? 소방교 제외

① 2개의 굵은 혈관 주사를 확보한 후 둘 중 한곳에 1,000ml의 생리식염수나 링거액을 연결한다.
② 화상 후 첫 4시간 동안 전체 수액의 반을 준다.
③ 병원으로의 이송은 대개 1시간 이내이기 때문에 초기 주입하는 수액량으로 환자의 몸무게 킬로그램당 0.15ml를 화상 면적과 곱한 양을 주는 것이 합리적이다.
④ 24시간 동안 주어야 할 수액량은 4ml × 환자 몸무게(Kg) × 2/3도 화상의 체표면적(%)이다.

22 환자의 병력을 수집하기 좋은 방법으로 SAMPLE 형식이 있다. 옳지 않은 것은?

① S(Signs/Symptoms) – 증상 및 징후
② A(Allergies) – 알레르기
③ M(Medications) – 복용한 약물
④ E(Events) – 관련 있는 과거병력

23 교통사고 환자의 치명적인 상태를 발견하고 현장에서 바로 처치하기 위해서 1차 평가를 실시해야 한다. 단계별 순서를 옳게 나열한 것은?

① 첫인상 평가 – 의식수준 평가 – 기도 평가 – 호흡 평가 – 순환 평가
② 첫인상 평가 – 기도 평가 – 의식수준 평가 – 호흡 평가 – 순환 평가
③ 첫인상 평가 – 의식수준 평가 – 기도 평가 – 순환 평가 – 호흡 평가
④ 첫인상 평가 – 기도 평가 – 호흡 평가 – 의식수준 평가 – 순환 평가

24 진공부목 사용에 관한 설명으로 옳지 않은 것은?

① 변형된 관절 및 골절에 유용하다.
② 전신 진공부목은 허리를 지지할 수 있다.
③ 진공을 시키면 형태가 고정되므로 'C'나 'U'자 모양으로 적용한다.
④ 진공으로 인해 부피가 감소하며 느슨해진 고정끈을 재 결착해야 한다.

25 호흡보조 장비와 관련된 내용으로 옳지 않은 것은?

① 벤튜리 마스크는 만성폐쇄성폐질환(COPD)환자에게 유용하다.
② 비재호흡마스크는 분당 5~10L로 85~100% 산소를 공급할 수 있다.
③ 코삽입관은 비강내 손상이 있는 환자에게는 사용을 억제하고 다른 기구를 사용한다.
④ 백-밸브 마스크 소생기는 산소를 추가 투여하지 않은 상태로 21% 정도의 산소를 공급할 수 있다.

제14회 최종모의고사

01 화재성상 중 무염화재와 유염화재에 대한 설명으로 옳지 않은 것은?

① 무염화재는 다공성 물질에서 발견되며 화염은 크게 발생하지 않으나 연기와 빛이 나는 화재로 심부화재에 해당한다.
② 유염화재는 열과 화염이 크게 발생하는 일반적인 화재유형으로 목재화재와 같이 나무조각이 외부 열에 의해 가열되면 건조되면서 먼저 수증기가 배출되고 나무 표면이 변색되면서 열분해가 일어난다.
③ 폴리우레탄 재질의 매트리스와 같은 물질은 대표적인 유염화재의 연소물질에 해당한다.
④ 연기가 나거나 무염화재와 같은 유형은 재발화의 원인이 된다.

02 연소열에 의한 온도가 상승함으로써 부력에 의해 실내의 천장쪽으로 고온기체가 축적되고 온도가 높아져 기체가 팽창하여 실내외의 압력이 달라지며, 그 사이 어느 지점에서 압력이 같아지는 층이 형성된다. 이를 무엇이라고 하는가?

① 중간층
② 경계층
③ 안전대
④ 중성대

03 화재현장에서 지휘소를 설치할 경우 고려사항으로 옳지 않은 것은?

① 소방대원을 쉽게 발견할 수 있는 눈에 잘 띄는 곳
② 주변지역을 가장 잘 볼 수 있는 곳
③ 풍상측은 피하고 풍하나 풍횡측
④ 발화건물을 가장 잘 볼 수 있는 곳

04 현장대응활동 검토회의에 대한 설명으로 옳지 않은 것은?

① 검토회의는 사고발생일로부터 20일 이내에 개최한다.
② 소방본부장은 매년 시·도 검토회의 시행 계획을 수립하여 소방청장에게 보고하여야 한다.
③ 소방기관의 장은 검토회의 종료 후 현장대응활동 종합보고서를 작성하여 소방청장에게 30일 내에 보고하여야 한다.
④ 회의 주재는 관할 소방서장이 하되 필요한 경우 소방본부장이 할 수 있다.

05 화재현장에서 가장 중요한 부분은 피해자를 안전하게 구출하고 이송시키는 것이므로 인명검색을 위한 1, 2차 검색을 실시한다. 다음 내용 중 옳지 않은 것은?

① 2차 검색에는 신속성보다 꼼꼼함이 필요하다.
② 2차 검색을 하는 동안, 화재가 발생한 모든 구역이 다시 검색되며 위, 아래, 인접 구역 모두 2차 검색구역에 포함되어야 한다.
③ 대부분의 피해자들은 2차 검색 때 발견된다.
④ 2차 검색은 화재가 진압되어 위험 요인이 다소 진정된 후에 진행한다.

06 화재현장 구조의 요령으로 옳지 않은 것은?

① 탈출 장소는 일시적으로 응급처치를 취할 장소로 구출하는 것을 원칙으로 한다.
② 화염 등에 의해 긴박한 경우는 엄호주수, 배연 등을 함과 동시에 전력을 다해서 신속하게 구출한다.
③ 중상자, 노인, 아이 등 위험도가 높은 사람을 우선으로 구조한다.
④ 구조대상자를 발견한 경우는 지휘자에게 보고 후 즉시 구조하며 탈출 방법 등은 지휘자의 명령에 근거한 방법으로 한다.

07 사다리차를 이용한 주수방법으로 틀린 것은?

① 사다리 각도는 75도 이하로 한다.
② 주수 각도의 전환은 좌우 15도, 상하 60도 이내로 한다.
③ 실내주수는 고속분무로 위에서 아랫방향으로 확산 주수한다.
④ 주수의 개시, 정지, 방향 전환은 급격하게 하지 않는다.

08 화재대응매뉴얼 중 기관별·부서별로 작성하는 것으로 화재대응분야별 현장조치 및 처리세부절차를 규정하는 매뉴얼을 무엇이라고 하는가?

① 특수화재대응매뉴얼
② 표준매뉴얼
③ 실무매뉴얼
④ 대상별 대응매뉴얼

09 소방고가차(사다리/굴절) 안전수칙으로 옳은 것은?

① 사다리 작업시 풍속 10.5m/s 이상이 되면 사다리가 정지하도록 시스템 되어있다. 그러므로 시스템을 무시하고 작업을 하였을 경우 큰 위험이 따른다.
② 전선이 가까운 곳에서 작업할 때에는 최소한 3m의 거리를 유지하여야 한다.

③ 사다리장비는 승강기나 바스켓에 실린 하중을 수직으로 올리거나 내리기 위한 목적으로만 설계된 장비이다. 따라서 수평으로 당기거나 미는 작업은 금지되어 있다.
④ 고가 및 굴절 사다리차는 일반적으로 무게중심이 뒤쪽에 있으므로 급커브 주행 시 전복되지 않도록 커브 전에서 미리 감속해야 한다.

10 중질유 탱크 화재 시 액표면 온도가 물의 비점 이상으로 올라가게 되어 소화수나 포가 주입되면 수증기로 변하면서 급격한 부피팽창으로 기름이 탱크 외부로 분출하는 현상을 무엇이라고 하는가?

① 보일오버(Boil over)
② 슬롭오버(Slop over)
③ 롤오버(Roll over)
④ 후로스오버(Froth over)

11 고층건물화재의 배연작전에 관한 설명 중 옳은 것은?

① 굴뚝효과는 고층건물의 계단실을 통해 발생되며, 특히 창문이 개방된 경우 이상기류가 발생되는데, 이러한 기류는 창문이 열려있는 저층건물에서 발생되는 현상과 유사하다.
② 고층건물 화재는 지하층화재와 달리 화재진압과 동시에 배연작업이 실시되는 것이 원칙이다.
③ 공조시스템 가동은 흡입구개방 → 배기구개방 → 재순환통로 차단 → 시스템 작동 순으로 진행한다.
④ 상업용 고층건물의 경우 심각한 생명의 위협이 없고 화재를 통제할 수 없는 경우가 아니면 일반적으로 배연이 금지된다.

12 건물동수의 산정에 대한 내용으로 옳지 않은 것은?

① 주요구조부가 하나로 연결되어 있는 것은 같은 동으로 한다.
② 건물의 외벽을 이용하여 실을 만들어 헛간, 목욕탕, 작업실, 사무실 및 기타 용도로 사용하고 있는 것은 주건물과 같은 동으로 본다.
③ 구조에 관계없이 지붕 및 실이 하나로 연결되어 있는 것은 같은 동으로 한다.
④ 목조 또는 내화조 건물의 경우 격벽으로 방화구획이 되어 있는 경우는 다른 동으로 한다.

13 용기용량이 100L이고 여유압력이 30MPa인 공기호흡기로, 매 분당 호흡량이 40L이고 탈출소요시간이 20분인 경우 탈출개시압력은?

① 35MPa   ② 38MPa
③ 43MPa   ④ 45MPa

14 화재현장에서의 검색방법으로 옳지 않은 것은?

① 중앙 복도를 사이에 두고 방이나 사무실이 늘어서 있는 경우 1개조만으로 검색할 때는 한쪽 면을 따라가며 검색한 후 다른 쪽을 따라 되돌아오며 검색한다.
② 구조대상자를 발견하여 안전한 곳으로 이동시키거나 다른 요인으로 중도에 방에서 나와야 할 때에는 방향에 상관없이 가장 신속하게 이동한다.
③ 구조대원들이 처음 들어갔던 입구를 통해 나오는 것은 성공적인 검색의 아주 중요한 요건이다.
④ 작은 방이 많은 곳을 검색할 때에는 한 대원이 검색하는 동안 다른 대원은 문에서 기다려야 한다.

15 잠수병의 종류와 그 증세에 관한 설명으로 옳지 않은 것은?

① 질소마취 – 몸이 나른해지고 정신이 흐려져 올바른 판단을 내릴 수 없으며 술에 취한 것과 같은 기분이 들어 엉뚱한 행동을 하게 된다.
② 산소중독 – 근육의 경련, 멀미, 현기증, 발작, 호흡이 곤란하게 된다.
③ 탄산가스 중독 – 호흡이 가빠지고 숨이 차며 안면 충혈과 심할 경우 실신하기도 한다.
④ 공기색전증 – 경미한 경우 피로감, 피부가려움증 정도지만 심한 경우 호흡곤란, 질식, 손발이나 신체 마비 등이 일어난다.

16 다음 중 위치정보 상황관리 표준절차에 대한 설명으로 옳지 않은 것은?

소방교·장 제외

① 위치정보를 요구할 경우 신고자와 구조대상자 간의 관계를 확인한다.
② 신고자와 구조대상자의 성명, 주민등록번호, 전화번호를 확인한다.
③ 위치정보 요청서는 2개월간 보관하고 수신한 위치정보는 상황종료 후 파기한다.
④ 조회위치는 구조대상자의 동의 없이 신고자를 포함한 제3자에게 안내할 수 없다.

17 119구조대의 편성과 운영에 관한 설명으로 옳지 않은 것은?

① 특수구조대의 화학구조대는 직할구조대에도 설치할 수 있다.
② 구조대의 출동구역은 행정안전부령으로 정한다.
③ 119시민수상구조대의 운영, 그 밖에 필요한 사항은 시·도의 조례로 정한다.
④ 일반구조대는 시·도의 규칙으로 정하는 바에 따라 소방서마다 1개 대(隊) 이상 설치하되, 소방서가 없는 시·군·구의 경우에는 해당 시·군·구 지역의 중심지에 있는 119안전센터에 설치할 수 있다.

18 다음은 2차 평가에서 생체징후에 관한 설명이다. 옳은 것은?

① 호흡, 맥박, 혈압을 측정한 후에 의식수준(AVPU)도 평가해야 한다.
② 1차 평가에서 맥박양상과 맥박수를 살폈다면 신체검진에서는 맥박유무를 평가해야 한다.
③ 청소년기(12~15세)와 학령기(7~11세)의 정상호흡수는 분당 15~30회이다.
④ 청소년기(12~15세)의 정상혈압은 평균 수축기압 105, 이완기압 69이다.

19 다음 신생아의 아프가 점수(Apgar Score)는 얼마인가? `소방교 제외`

> (a) 심장 박동수 : 100회 이하
> (b) 반사흥분도 : 코 안쪽 자극에 울고 재채기
> (c) 근육의 강도 : 적극적인 움직임
> (d) 호흡 : 느리고 불규칙
> (e) 피부색 : 몸은 핑크, 팔다리는 청색

① 5점　② 6점
③ 7점　④ 8점

20 심장충격기 사용 및 주의사항에 관한 설명으로 옳지 않은 것은? `소방교 제외`

① 심장마비 환자에게 쓰이나 모든 심장마비 환자에게 쓰이는 것은 아니다.
② 의식, 맥박, 호흡이 있는 환자에게 사용하여 심장활동을 신속히 정상으로 회복시킬 수 있다.
③ 당뇨 환자 배에 혈당조절기를 위한 바늘이 삽입된 경우에는 제거한 후에 실시한다.
④ 제세동이 필요 없는 심전도 리듬인 경우에는 가슴압박과 인공호흡을 계속한다. 심장충격기를 사용하는 과정에서도 가능하면 가슴압박의 중단이 최소화 되도록 노력한다.

21 다음 설명 중 옳지 않은 것은?

① 흡인기는 흡인관을 펴서 흡인하고 15초를 초과하여 흡인해서는 안 된다.
② 견인부목은 관절 및 다리 하부의 손상이 동반되지 않은 넙다리 몸통부 손상 시 사용한다.
③ 공기부목은 개방성 골절이 있는 환자에게 적용해서는 안 된다.
④ 긴 척추고정판은 척추환자에게 사용하는 들것이다.

22 복통유발 질병의 통증위치로 옳지 않은 것은? `소방교 제외`

① 담낭염 – 좌측하복부 전이통
② 이자염 – 윗배, 등/어깨
③ 충수돌기염 – 배꼽부위에서 RLQ 전이통
④ 신장/요로결석 – 옆구리통증, 서혜부 방사통

23 임신 중(7개월)의 경련 시 평가 및 처치과정으로 옳지 않은 것은? `소방교 제외`

① 비재호흡마스크를 통해 많은 양의 산소를 공급한다.
② 필요시 백-밸브마스크로 인공호흡을 도울 준비를 한다.
③ 필요하다면 흡인 기구를 즉각적으로 사용할 수 있도록 준비한다.
④ 다리를 20~30cm 올린 후 바로누운상태로 이송한다.

24 50세 남자환자가 사무실에서 의식 저하를 보인다는 신고를 받고 출동하였다. 현장에 도착하니 환자는 짧은 경련 후 의식을 잃었고 호흡이 없었다. 목동맥의 맥박도 만져지지 않아 심폐소생술을 시작하였고, 자동심장충격기를 이용한 심전도 분석상 "심장충격이 필요합니다."라는 음성이 나왔다. 이후 처치 순서로 옳은 것은?

소방교 제외

① 쇼크 버튼을 눌러 심장충격 후 맥박확인
② 쇼크 버튼을 눌러 심장충격 후 2분간 심폐소생술 시행
③ 심장충격의 성공률을 증가시키기 위해 2분간 심폐소생술 후 심장충격
④ 쇼크 버튼을 눌러 심장충격 후 다시 자동심장충격기를 이용한 심전도 분석

25 포켓마스크의 특징을 설명한 것으로 옳지 않은 것은?

① 포켓마스크 사용 시에는 입대 입 인공호흡 시 환자와 직접적인 신체접촉은 피할 수 있으나 산소튜브를 연결할 수 없어서 충분한 산소공급을 할 수는 없다.
② 포켓마스크에 일방향 밸브를 연결하여 사용할 수 있다.
③ 포켓마스크를 환자 얼굴에 밀착시켜 뾰족한 쪽이 코로 가도록 하여 사용한다.
④ 유아에게 사용할 때에는 포켓마스크를 거꾸로 밀착시켜 기저부가 코 위에 놓이도록 사용한다.

TEST 15 | 제15회 최종모의고사

01 유황이 함유된 물질이 동물의 털, 고무 등이 연소할 때 발생하는 무색의 자극성 냄새를 가진 유독성 가스로 눈 및 호흡기 등의 점막을 상하게 하고 질식사할 우려가 있는 연소생성물은? [소방교 제외]

① 황화수소(H_2S)
② 포스겐($COCl_2$)
③ 이산화황(SO_2)
④ 시안화수소(HCN)

02 빈칸에 알맞게 들어간 순서는?

> (1) ( )는 열과 연기를 확산시켜 연소범위를 확대시키는 가장 흔한 방식이다.
> (2) ( )는 공간을 통해 열이 사방으로 전달되는 방식으로 화염을 사방으로 확대시키는 대형화재의 주범이다.
> (3) ( )는 자동노출 또는 플래임 래핑과 같이 창문에서 창문으로 확산되는 방식이다.
> (4) ( )는 주로 기계적 시설이 작동되면서 마찰열에 의해 화재가 발생되는 기계적 화재원인의 주범이다.

① 대류 – 복사 – 대류 – 전도
② 복사 – 대류 – 대류 – 복사
③ 대류 – 전도 – 복사 – 전도
④ 전도 – 복사 – 복사 – 대류

03 소방용수시설의 저수조 기준으로 옳지 않은 것은?

① 흡수부분의 수심은 1m 이상일 것
② 흡수관의 투입구가 사각인 경우에는 한 변의 길이가 0.6m 이상일 것
③ 흡수관의 투입구가 원형인 경우에는 지름이 0.6m 이상일 것
④ 지면으로부터의 낙차가 4.5m 이하일 것

04 기상조건별 관창배치 우선순위로 옳지 않은 것은?

① 풍속이 5m/sec 이상이 되면 비화발생 위험이 있으므로 풍하측에 비화경계 관창을 배치한다.
② 풍속이 3m/sec를 초과하면 풍하측의 연소위험이 크므로 풍하측을 중점으로 관창을 배치한다.
③ 풍속이 3m/sec 이하가 되면 방사열이 큰 쪽이 연소위험이 있으므로 그 방향을 중점으로 관창을 배치한다.
④ 강풍(대략 풍속 13m/sec 이상) 때는 풍하측에 대구경 관창을 배치하여 협공한다.

05 백드래프트 현상의 징후에 관한 설명으로 옳지 않은 것은?

① 창문에 농연 응축물(검은색 액체)이 흘러내리거나 얼룩이 진 자국이 관찰된다.
② 두텁고, 뜨겁고, 진한연기가 아래로 쌓인다.

③ 화재압력에 의한 내·외부 압력차로 외부공기가 빨려 들어오면서 발생되는 휘파람 소리 또는 진동이 발생된다.
④ 화염은 보이지 않으나 창문이나 문이 뜨겁다.

06 화재진압활동에 전용하는 전략 중 "방어적 작전"의 내용으로 옳지 않은 것은?

① 화재의 연소확대를 방지하는데 초점을 맞추는 형태이다.
② 원칙적으로 소방대원이 발화지점에 진입하는 것이 금지된다.
③ 주로 화재의 최성기에 적용된다.
④ 소방력이 화세보다 약한 경우 적용한다.

07 안전사고의 발생요인으로 불안전상태와 불안전한 행위가 있다. 다음은 불안전상태의 어떤 결함을 설명한 것인가?

> 설계불량, 공작의 결함, 노후, 피로, 사용한계, 고장 미수리, 정비불량 등

① 방호조치의 결함
② 물건 자체의 결함
③ 작업환경의 결함
④ 물건을 두는 방법, 작업장소의 결함

08 물에 의한 소화가 불가능한 것은? 소방교 제외

① 유기금속화합물 화재
② 유기과산화물 화재
③ 황린 화재
④ 알코올 화재

09 이산화탄소 소화약제에 관한 설명으로 옳지 않은 것은? 소방교 제외

① 이산화탄소는 표면 화재에는 우수한 효과를 나타내나 심부 화재에 사용하는 경우에는 재발화의 위험성이 있다.
② 제4류 위험물, 5류 위험물, 특수 가연물 등에도 사용된다.
③ 일반화재, 유류화재, 전기화재(이산화탄소는 전기절연성)에 모두 적응성이 있으나 주로 B·C급 화재에 사용되고 A급은 밀폐된 경우에 유효하다.
④ 이산화탄소의 최소 설계 농도는 보통 34vol% 이상으로 설계하기 때문에 최소 설계 농도가 34vol% 이하일 때에도 34vol%로 설계해야 한다.

10 화재조사 보고규정 상 사상자 및 부상자분류에 대한 설명으로 옳지 않은 것은?

① 경상은 중상 이외의(입원치료를 필요로 하지 않는 것도 포함한다) 부상을 말한다.
② 화재현장에서 부상을 당한 후 72시간 이내에 사망한 경우에는 당해 화재로 인한 사망으로 본다.
③ 중상은 4주 이상의 입원치료를 필요로 하는 부상을 말한다.
④ 사상자는 화재현장에서 사망 또는 부상당한 사람을 말한다.

11 선착대의 출동인력의 부족으로 소극적 내부진압전술을 실시하고자 한다. 소극적 내부진압전술의 10가지 구성요소에 해당하지 않는 방법은?

① 천천히 하나의 65mm 관창을 전개한다.
② 출입구로 진입하여 호스를 전개해야 한다.
③ 지붕배연을 하지 않고 기타 개구부를 통해 배연한다.
④ 화재가 진압되기 전에 화재 발생 위층으로 올라가 검색하지 않는다.

12 소방펌프의 캐비테이션(공동화)현상을 완화시키는 방법으로 옳은 것은?

① 소방펌프의 회전수를 낮춘다.
② 소방펌프의 흡수량을 적게 한다.
③ 흡수관측의 손실을 크게 한다.
④ 동일한 회전수와 방수량에서는 급수밸브를 조절한다.

13 도르래와 쥬마를 결합한 형태의 장비로 도르래의 역회전을 방지할 수 있는 장비는 무엇인가?

① 로프꼬임방지기(SWIVEL)
② 정지형도르래(WALL HAULER)
③ 그리그리(GriGri)
④ 수평2단도르래(TANDEM)

14 구조현장에서 〈보기〉와 같은 상황일 때 가장 필요한 구조장비로 옳은 것은?

| 보기 |
- 자동차 교통사고로 차량 밑에 사람이 깔려있어 고통을 호소하고 있다.
- 공간이 협소해서 잭(jack)이나 유압 구조기구 등을 넣을 수 없다.

① 동력절단기   ② 에어백
③ 체인톱   ④ 유압램

15 다음 중 콘크리트 클리프(Creep)의 증가 원인으로 옳지 않은 것은?

① 재령이 적은 콘크리트에 재하시기가 빠를수록 증가한다.
② 물 : 시멘트비(W/C)가 클수록 증가한다.
③ 대기습도가 적은 곳에 콘크리트를 건조 상태로 노출시킨 경우 증가한다.
④ 재하응력이 작을수록 증가한다.

16 항공구조 장비의 종류와 제원에 관한 설명으로 옳지 않은 것은?

① 구조망은 구조대상자 탑승시 반드시 보조 로프를 연결하여 안전을 유지하고, 구조낭의 문이 항공기 후미 방향으로 향하도록 화물인양기에 연결한다.
② 구조용 의자는 항공기가 착륙할 수 없는 장소에서 구조대상자를 인양하는 구조장비이다.
③ 구조용 바구니는 육·수상에서 움직일 수 없는 구조대상자를 구조인양할 때 사용 하는 구조장비이다.
④ 구조대상자용 벨트는 구조대상자의 가슴에 걸어서 1명만 인양할 수 있고, 목표물에 접근 전 충분한 길이로 인양기를 내려야 한다.

17 구조대원의 자격기준에 대한 설명으로 옳지 않은 것은?

① 소방청장이 실시하는 인명구조사 교육을 받은 사람
② 인명구조사 시험에 합격한 사람
③ 국가·지방자치단체 및 「공공기관의 운영에 관한 법률」 제4조에 따른 공공기관의 구조 관련 분야에서 근무한 경력이 3년 이상인 사람
④ 「응급의료에 관한 법률」 제36조에 따른 응급구조사 자격을 가진 사람으로서 소방청장이 실시하는 구조업무에 관한 교육을 받은 사람

18 환자가 합리적인 결정을 하도록 필요한 모든 사실을 설명한 후에 환자로부터 얻는 동의를 고시된 동의 또는 명시적 동의라고 한다. 고시되어야 할 중요한 내용으로 볼 수 없는 것은?

① 환자에게 발생하거나 발생 가능한 진단명
② 응급검사 및 응급처치 내용
③ 담당의사의 요구사항 전달
④ 응급의료를 받지 않을 경우 예상되는 결과 또는 예후

19 다음에서 설명하는 기도확보 유지장비로 옳은 것은?

- 병원 전 심정지 환자나 외상환자(경추손상 등) 기도확보 시 유용하다.
- 일반적인 성문위 기도기보다 삽입방법이 용이하고 일회용이다.
- 기도확보 후 고정이 없는 경우 쉽게 빠지는 형태이므로 적용 후 바로 고정이 필요하다.

① 아이 겔(I-Gel)
② 후두튜브(LT)
③ 후두마스크 기도기
④ 입인두 기도기

20 119구조·구급에 관한 법률 시행령에서 정한 119항공대에 관한 사항으로 옳은 것은?

① 119항공대가 수행하는 업무에는 의사가 동승한 응급환자의 병원 간 이송을 포함한다.
② 소방본부장은 행정안전부령으로 정하는 바에 따라 119항공대를 편성하여 운영하되, 효율적인 인력 운영을 위하여 필요한 경우에는 시·도 소방본부에 설치하는 직할구조대에 설치할 수 있다.
③ 119항공대의 항공기는 조종사 3명이 탑승하되, 해상비행·계기비행 및 긴급 구조·구급 활동을 위하여 필요한 경우에는 정비사 2명을 추가로 탑승시킬 수 있다.
④ 조종사의 비행시간은 1일 12시간을 초과할 수 없다. 다만, 구조·구급 및 화재 진압 등을 위하여 필요한 경우로서 소방청장 또는 소방본부장이 비행시간의 연장을 승인한 경우에는 그러하지 아니하다.

21 짧은 척추고정기구의 사용 및 일반적인 과정으로 옳지 않은 것은?

① 차량 충돌사고로 차에 앉아 있는 환자가 척추손상이 의심될 때 고정을 위해 사용되며 머리, 목, 몸통을 고정시켜 준다.
② 환자를 짧은 장비로 고정시킨 후에 긴 척추 고정판에 바로 누운 자세로 눕힌 후 다시 고정시켜야 한다.
③ 구출고정대(KED)의 몸통 고정 끈을 중간, 하단, 상단의 순으로 연결하고 조인다.
④ 환자의 A,B,C에 심각한 문제가 있는 경우 목보호대 및 짧은 척추고정판을 이용하여 빠른 환자구출법을 시행한다.

22 환자평가에 대한 설명 중 옳은 것은?

① 2차 평가는 평가와 동시에 처치를 한다.
② 재평가는 위급환자를 제외하고 10분마다 실시한다.
③ 심장질환과 중증 일산화탄소 중독은 저산소증으로 피부가 청색증을 보인다.
④ 소리쳤을 때 신음소리를 내면 "V"의 의식수준이다.

23 저혈당환자의 생리학적 반응에 관한 설명으로 옳은 것은? 　소방교 제외

① 고혈당환자에 비해 증상 및 징후는 서서히 진행된다.
② 차고 축축한 피부를 나타낸다.
③ 호흡에서는 아세톤 냄새가 나기도 한다.
④ 종종 빠르고 깊은 호흡과 복통, 구토 증상을 나타낸다.

24 구급활동을 하면서 비 응급환자인 경우에는 구급출동 요청을 거절할 수 있다. 거절할 수 있는 요건을 모두 고른 것은?

- 단순 치통환자
- 섭씨 38도 이상의 고열 또는 호흡곤란이 있는 단순 감기환자
- 혈압 등 생체징후가 안정된 타박상 환자
- 강한 자극에도 의식이 회복되지 아니하거나 외상이 있는 술에 취한 사람
- 만성질환자로서 검진 또는 입원 목적의 이송 요청자
- 단순 열상(裂傷) 또는 찰과상(擦過傷)으로 지속적인 출혈이 있는 외상환자
- 의사가 동승한 응급환자의 병원 간 이송

① 2개　② 3개
③ 4개　④ 5개

25 인체 해부생리학에 관한 설명으로 옳지 않은 것은?

① 해부학적 자세는 전면을 향해 서 있는 자세, 손바닥은 앞으로 향하고 양팔은 옆으로 내린 상태이다.
② 근골격계의 주요기능은 외형유지, 내부장기보호, 신체의 움직임을 가능하게 하는 것이다.
③ 심장근육은 수의근이다.
④ 관절은 절구관절과 타원관절이 있다.

제16회 최종모의고사

01 백드래프트 대응전술로 옳지 않은 것은?

① 배연(지붕환기) ② 급냉(담금질)
③ 측면공격 ④ 냉각 지연

02 사고 예방대책의 기본원리 5단계 순서로 옳은 것은?

① 안전조직 – 사실의 발견 – 분석평가 – 시정방법의 선정 – 시정책의 적용
② 안전조직 – 분석평가 – 사실의 발견 – 시정방법의 선정 – 시정책의 적용
③ 사실의 발견 – 안전조직 – 분석평가 – 시정방법의 선정 – 시정책의 적용
④ 사실의 발견 – 분석평가 – 안전조직 – 시정방법의 선정 – 시정책의 적용

03 고층건물 화재의 전술환경에 대한 설명으로 옳지 않은 것은?

① 다른 화재에 비해 고층건물 화재의 반응시간은 매우 느리다.
② 석유화학물질이 가미된 생활가구, 가연성 인테리어 구조, 공조시스템에 의한 층별 관통구조 등 현대사회의 고층건물은 더 이상 내화구조의 건축물로 보기 어렵다.
③ 고층화재에서 종종 층별 또는 구획 간 화재확대는 공조시스템을 통하여 확대되는 경우가 많다.
④ 소방전술적 관점에서 고층건물은 창문 개방을 통한 배연 작전을 초기에 신속히 해야 한다.

04 로이드레만 전법(간접공격법)으로 옳지 않은 것은?

① 간접공격법으로 주수 시 개구부는 가능한 한 크게 하여 위험성을 감소시켜야 한다.
② 물의 흡열작용에 의한 냉각과 환기에 의한 열기와 연기의 배출을 보다 유효하게 하는 것을 목적으로 한 전법이다.
③ 가열증기가 몰아칠 염려가 있는 경우는 분무주수에 의한 고속분무로 화점실 천장면에 충돌시켜 반사주수를 병행한다.
④ 간접공격법에 의하면 90% 이상 수증기화 하는 것이 가능하므로 바닥면에 다량의 물이 있으면 주수정지의 시기를 잃었다고 판단한다.

05 안전교육의 종류를 적용한 사례로 옳지 않은 것은?

① 소방교 김소방은 시간이나 장소에 제한을 받지 않고, 사고력 학습에 적합한 시범실습식 교육을 준비하였다.
② 소방장 이구조는 교육내용의 이해도를 정확히 측정하고, 여러 사람의 지식과 경험을 공유하기 위해 토의식 교육을 준비하였다.
③ 소방사 최구급은 시간을 절약하고, 다수에게 많은 지식을 일시에 제공하기 위해서 강의식 교육을 준비하였다.
④ 소방위 강안전은 학습동기를 유발시키고, 현실적인 문제를 학습하기 위해 사례연구법을 준비하였다.

06 플래시오버 현상의 징후와 특징으로 옳지 않은 것은?

① Rollover 현상이 관찰된다.
② 일정 공간 내에서의 계속적인 열집적 현상이 일어난다.
③ 일정 공간 내에서의 전면적인 불완전연소가 발생한다.
④ 실내 모든 가연물의 동시발화현상이 일어난다.

07 진공펌프 동력전달장치 중 현재 적용되고 있는 작동방식의 설명으로 옳은 것은?

① 수동레버를 돌리면 롤러클러치가 연결되어 동력을 제공하고 펌프내 양수가 되면 수압(3kg/㎠ 이하)에 의해 수압실린더가 레버를 복귀시키게 된다.
② 동력원에 V벨트 풀리를 설치하고 벨트 연결에 의해 동력을 제공받는다.
③ 전자클러치 코일에 DC24V에 전원이 공급되면 마그네틱(magnetic) 로터에 강한 자속이 발생되어 아마투어를 끌어당기면 클러치가 연결되어 동력을 전달한다.
④ 피스톤의 왕복운동으로 공기를 제거한다.

08 소화방법에 대한 설명으로 옳은 것은?

① 대부분의 가연물질 화재는 산소농도를 15% 이하로 낮추면 소화되며 유전화재진압과 같이 화점 가까이에서 폭발물을 폭파시켜 주변 공기를 진공상태가 되게 하여 소화하는 방법도 질식소화에 해당된다.
② 가연물을 물로 냉각시켜 소화하는 경우 1g의 물이 증발하는 데는 639cal의 열을 흡수하는 효과가 있다.
③ 비중이 물보다 큰 중유 등의 유류화재 시 물 소화약제를 무상(안개형태)으로 방사하여 유류표면에 엷은 층을 형성시켜 소화하는 방법을 냉각소화법 중 유화소화법이라 부른다.
④ 물리적 소화방법으로는 냉각소화법, 질식소화법, 억제소화법이 있다.

09 다음 중 제1류위험물에 대한 설명으로 옳은 것은?

① 일반적으로는 가연성이지만 분자 내에 산소를 다량 함유하여 그 산소에 의하여 다른 물질을 연소시키는 이른바 산화제이다.
② 가열 등에 의하여 급격하게 분해, 산소를 방출하기 때문에 다른 가연물의 연소를 돕고 때로는 폭발한다.
③ 대부분이 무색의 결정 또는 백색의 분말이며 물보다 가볍고 불수용성이다.
④ 알칼리금속의 과산화물의 경우 소량일 경우에는 대량의 물로 희석하는 방법도 있다.

10 유류표면 온도에 의해 물이 수증기가 되어 팽창, 비등함에 따라 유류를 외부로 비산시키는 현상은?

① 오일오버 ② 보일오버
③ 후로스오버 ④ 슬롭오버

11 소방관서장이 화재합동조사단의 단원으로 임명하거나 위촉할 수 있는 사람으로 옳지 않은 것은?

① 화재조사관
② 화재조사 업무에 관한 경력이 2년 이상인 소방공무원
③ 「고등교육법」 제2조에 따른 학교 또는 이에 준하는 교육기관에서 화재조사, 소방 또는 안전관리 등 관련 분야 조교수 이상의 직에 3년 이상 재직한 사람
④ 「국가기술자격법」에 따른 국가기술자격의 직무분야 중 안전관리 분야에서 산업기사 이상의 자격을 취득한 사람

12 역화(Back fire)의 원인으로 옳지 않은 것은? 소방교 제외

① 혼합 가스양이 너무 클 때
② 노즐의 부식으로 분출구멍이 커진 경우
③ 버너의 과열
④ 연소속도보다 혼합가스의 분출속도가 느릴 때

13 우발적인 급강하 사고를 방지할 수 있으나 긴장하여 손잡이를 꽉 잡으면 급속히 하강하므로 주의해야 하는 장비로 옳은 것은?

① 스톱하강기 ② 그리그리
③ 8자하강기 ④ 퀵 드로

14 다음 〈보기〉에서 수중 인명구조 시 물의 특성으로 옳은 것을 모두 고르시오.

| 보기 |

- 수중에서는 대기보다 소리가 2배 정도 빠르게 전달되기 때문에 소리의 방향을 판단하기 어렵다.
- 물은 공기보다 약 35배 빨리 열을 전달하므로 물 속에서 활동을 하게 되면 쉽게 추워진다는 것을 알 수 있다.
- 높은 질량 때문에 많은 저항을 받아 행동에 제약을 받고 체력소모가 크다.
- 수중에서는 빛의 전달, 소리의 전달, 열의 전달 등에서 대기와 유사하다.
- 다이버는 수심 20m에서는 수면보다 2배의 많은 공기를 호흡한다.
- 수중에서 실제로 받는 압력은 계기압이고 물 속 10m에서는 1기압 상태에 놓이게 된다.

---

① 없 음 ② 1개
③ 2개 ④ 3개

15 붕괴의 유형에 대한 설명으로 옳지 않은 것은?

① 경사형 붕괴(Lean-to collapse) : 마주보는 두 외벽 중 하나가 결함이 있을 때 발생한다.
② 팬케이크형 붕괴(Pancake collapse) : 마주보는 두 외벽에 모두 결함이 발생하여 바닥이나 지붕이 아래로 무너져 내리는 경우로, 가장 안전하지 못하고 2차 붕괴에 가장 취약한 유형이다.
③ V자형 붕괴(V-shaper collapes) : 무거운 물건들이 바닥 중심부에 집중되었을 때 V형의 붕괴가 일어난다.
④ 캔틸레버형(Cantilever) 붕괴 : 건물에 가해지는 충격에 의하여 한쪽 벽판이나 지붕 조립부분이 무너져 내리고 다른 한쪽은 원형을 그대로 유지하고 있는 형태이다.

16 다음 설명으로 옳지 않은 것은?

① 유해화학물질 대응 시 IDLH 농도의 유독가스 속으로 진입할 때나 피부에 접촉하면 손상을 입을 수 있는 유독성 물질을 작업하는 경우는 대원들의 위험을 최소화하기 위해 B급 방호복을 착용한다.
② 유해화학물질 누출 시 화학적 처리방법에는 흡수, 유화처리, 중화, 응고, 소독이 있다.
③ 안전관리의 조직적 대책은 화재출동 및 훈련, 연습 시에 있어서 명령 및 책임체제를 명확히 하고 안전규칙과 활동기준을 정하여 안전대책을 추진하는 것이다.
④ 눈사태는 경사가 31~55°사이에서 제일 많이 발생하며, 적설량과 눈의 질(質) 그리고 기온과 지형, 지표면(地表面)의 경사각(傾斜角)에 의해서 일어난다.

17 국제구조대의 편성과 운영에 관한 사항이다. 옳지 않은 것은?

① 소방청장은 구조대의 효율적 운영을 위하여 필요한 경우 국제구조대를 소방청에 설치하는 직할구조대에 설치할 수 있다.
② 국제구조대의 파견 규모 및 기간은 재난유형과 파견지역의 피해 등을 종합적으로 고려하여 행정안전부장관과 협의하여 소방청장이 정한다.
③ 국제구조대의 편성·운영에 필요한 사항은 소방청장이 정한다.
④ 국제구조대의 편성, 파견, 교육 훈련 및 국제구조대원의 귀국 후 건강관리와 그 밖에 필요한 사항은 대통령령으로 정한다.

18 파크랜드 수액요법에 관한 설명으로 옳지 않은 것은? <small>소방교 제외</small>

① 화상 후 첫 8시간 동안 전체 수액의 반을 준다.
② 체표면적의 20%가 2도 화상인 50세 환자는 정맥로를 확보해야 한다.
③ ②의 화상 환자의 몸무게가 50kg일 경우 24시간 동안 주어야 할 수액량은 4000ml이다.
④ 병원으로의 이송은 대개 1시간 이내이기 때문에 초기 주입하는 수액량으로 환자의 몸무게 kg당 4ml를 화상 면적과 곱한 양을 주는 것이 합리적이다.

19 감염전파 경로가 다른 것은?

① 폐 렴　　② 홍 역
③ 수 두　　④ 결 핵

20 다음 〈보기〉에서 옳은 내용으로만 조합된 것은?

| 보기 |

ㄱ. 오른심방과 오른심실은 동맥혈을 받아들여 허파로 혈액을 보내는 기능을 한다.
ㄴ. 왼심방은 허파로부터 혈액을 받아들이고 왼심실은 전신에 혈액을 제공한다.
ㄷ. 정상 심장은 오른심방에 있는 굴심방결절에 의해 60~100회/분 심박동수를 보인다.
ㄹ. 심장응급질환 중 대표적인 질환으로는 심실세동이 있는데 이는 정상 심장기능역할을 상실한 상태로 치료방법으로는 제세동기를 통한 전기자극이 있다.

① ㄱ, ㄴ, ㄷ
② ㄱ, ㄷ
③ ㄴ, ㄹ
④ ㄴ, ㄷ, ㄹ

21 머리손상 환자의 응급처치법으로 옳지 않은 것은? [소방교 제외]

① 목뼈손상이 있다고 가정하고 손을 이용한 머리고정을 실시하고, 기도 개방(턱밀어올리기방법)을 유지한다.
② 호흡이 정상이라면 비재호흡마스크로 많은 양의 산소를 공급하고 비정상이라면 양압환기를 제공한다.
③ 환자의 자세와 우선순위에 의해 척추를 고정시킨다. 필요하다면 긴급 구출법을 사용해야 한다.
④ 머리뼈 함몰 부위에 출혈이 있다면 최대한 압력을 주어 지혈시키고, 많은 액체가 환자의 귀와 코에서 나오면 즉시 멈출 수 있게 고개를 위로 젖힌다.

22 소아평가 시 주의할 점으로 옳지 않은 것은? [소방교 제외]

① 연령별 정상 호흡수, 맥박수(위팔동맥 촉진)인지 확인한다.
② 느린맥은 부적절한 체온유지로 인한 것이다.
③ 의식수준 평가를 위한 자극으로 손가락을 튕겨 발바닥을 때릴 경우 우는 것이 정상반응이다.
④ 모세혈관 재충혈을 확인한다.

23 응급현장에서 의식이 저하된 뇌손상 환자의 평가로 옳은 것은? 소방교 제외

① 팔을 들어보라고 했을 때 스스로 들어올림 : U
② 팔을 들어보라고 했을 때 스스로 들어올림 : P
③ 팔을 스스로 들지 못하고 꼬집었을 때 오른팔을 빼냄 : P
④ 팔을 스스로 들지 못하고 꼬집었을 때 왼팔로 저항함 : V

24 공사장 추락 사고로 머리를 크게 다친 40대 남성을 병원으로 이송중이다. 비강캐뉼라(코삽입관)로 4L/분의 산소를 투여하며 이송하던 중 산소포화도가 80% 가까이 떨어졌다. 환자를 살펴보니 맥박은 뛰고 있으나 반응이 없었고 자발호흡이 없어진 것을 확인하였다. 적절한 조치로 짝지어진 것은?

> 가. 입인두기도기를 삽입하였다.
> 나. 기도를 유지하기위해 '머리젖히고 턱들기' 법을 시행하였다.
> 다. 백-밸브 마스크로 양압환기를 시도하였다.
> 라. 비재호흡마스크로 교체하여 15ℓ/분의 산소를 투여하였다.

① 라
② 가, 다
③ 나, 라
④ 가, 나, 다

25 다음에서 설명하는 기도확보 유지장비로 옳은 것은?

> • 병원 전 심정지 환자나 외상환자(경추손상 등) 기도확보 시 유용
> • 일회용이 아닌 멸균 재사용이 가능

① 코인두 기도기
② 후두튜브(LTS)
③ 아이 겔(I-Gel)
④ 기관 내 삽관 (Intubation)

제17회 최종모의고사

01 화재의 진행단계 중 최성기에 대한 설명으로 옳은 것은?

① 이 시기는 연소의 4요소들이 서로 결합하여 연소가 시작될 때의 시기를 말한다. 열에너지에 의해 물체가 가열되고 최초 발화가 일어나는 성장의 첫 단계이다. 이 시점에서 화재는 규모가 작고 일반적으로 처음 발화된 가연물에 한정된다.
② 이 시기에 있는 구획실 화재는 일반적으로 '통제된 가연물' 상황이다. 구획실 온도는 가스가 구획실 천장과 벽을 통과하면서 생성된 열의 양과 최초 가연물의 위치 및 공기 유입량 등에 의해 결정된다.
③ 구획실 연소에서는 산소공급이 잘 되지 않으므로 많은 양의 연소하지 않은 가스가 생성된다. 이 시기에, 연소하지 않은 뜨거운 연소 생성 가스는 발원지에서 인접한 공간이나 구획실로 흘러 들어가게 되며, 보다 풍부한 양의 산소와 만나면 발화하게 된다.
④ 구획실 내부 상태는 매우 급속하게 변화하는데 이때 화재는 처음 발화된 물질의 연소가 지배적인 상태로부터 구획실 내 모든 노출된 가연성 물체 표면이 동시 발화하는 상태로 변한다.

02 소방전략·전술에 관한 내용이다. 옳지 않은 것은?

① 전술은 1개 단위의 진압대가 현장에서 수행하는 구체적 작전을 말한다.
② 전략은 전체적 대응활동계획과 대응활동에 필요한 모든 자원의 활용 및 배치계획을 포함하는 개념이다.
③ 전술은 전략적 방침(계획)을 실행하기 위한 구체적 방법으로 최하위 현장조직 단위에서 적용된다.
④ 소방현장에서 우선순위에 따른 화재진압 전략개념은 인명구조 → 화점진압 → 외부확대 방지 → 내부확대 방지 → 재발방지를 위한 점검·조사이다.

03 위험예지훈련에 대한 설명이다. 옳은 것은?

① 편안한 분위기에서 전원이 자유롭게 발언한다.
② 발언에 대하여 비판보다는 논의와 토론 위주로 진행한다.
③ 양보다는 질을 중요시한다.
④ 훈련시트는 아주 자세한 부분까지 그려 넣는다.

04 농연의 흐름을 좌우하는 요소로서 고층건물과 저층건물의 가장 큰 차이점은?

① 대류의 흐름
② 연소 압
③ 화재로 인한 열
④ 굴뚝효과

05 소방용수시설 설치기준으로 옳은 것은?

① 주거지역, 공업 및 상업지역은 소방호스와 소방대상물과의 수평거리를 140m 이하가 되도록 설치하여야 한다.
② 급수탑의 개폐밸브는 지상에서 1.5m 이상 1.8m 이하에 설치하여야 한다.
③ 맨홀뚜껑의 지름은 648mm 이상의 것으로 하여야 한다.
④ 지면으로부터 낙차가 4.5m 이하가 되어야 한다.

06 제5류 위험물인 니트로셀룰로오스(NC), 트리니트로톨루엔(TNT), 니트로글리세린(NG) 등의 연소형태로 옳은 것은? 소방교 제외

① 자기연소
② 분해연소
③ 증발연소
④ 표면연소

07 상해는 항상 사고에 의해 일어나고, 사고는 항상 순차적으로 앞선 요인의 결과로 일어난다고 하였다. 사고발생 과정을 5개의 요인적 연속성으로 설명하여 강조한 도미노 이론을 주창한 사람은 누구인가?

① 로이드레만
② 페로우
③ 버 드
④ 하인리히

08 제4류 위험물의 특징 및 소화방법으로 옳지 않은 것은?

① 연소는 폭발과 같은 비정상 연소도 있지만 보통은 개방적인 액면에서 계속적으로 발생하는 증기의 연소이다.
② 액체가 미립자로 되어 있는 경우에는 인화점 이하의 온도에서도 착화하며 조건에 따라서는 분진폭발과 같은 모양으로 폭발한다.
③ 소화는 포, 분말, CO_2가스, 건조사 등을 주로 사용하지만, 상황에 따라서 탱크 용기 등을 외부에서 냉각시켜 가연성 증기의 발생을 억제하는 수단도 생각할 수 있다.
④ 유류화재 시 인화점이 낮고 휘발성이 강한 것은 방수에 의한 냉각소화가 가능하다.

09 롤오버현상의 설명으로 옳지 않은 것은?

① 열의 복사가 플래시오버현상에 비해 상대적으로 약하다.
② 화염선단부분이 주변공간으로 확대된다.
③ 공간 내 모든 부분 가연물이 동시 발화한다.
④ 롤오버현상은 플래시오버현상보다 먼저 일어난다.

10 다음 중 소방용수·지리조사에 대한 내용으로 옳은 것은?

① 소방 활동에 필요한 소화전·급수탑·저수조·수도의 소방용수시설은 관할 시·도가 설치하여 유지·관리하여야 한다.
② 소방대상물에 인접한 도로의 폭, 교통상황, 도로주변의 토지의 고저, 건축물의 개황, 그 밖의 소방 활동에 필요한 지리에 대한 조사를 실시한다.
③ 조사결과는 3년간 보관하여야 한다.
④ 정밀조사는 연 1회, 정기조사는 월 1회 이상 실시한다.

11 「화재조사 및 보고규정」에서 "화재 당시의 피해물의 재구입비에 대한 현재가의 비율"의 정의로 옳은 것은?

① 손해율
② 최종잔가율
③ 내용연수
④ 잔가율

12 소화약제의 설명으로 옳은 것은?

<소방교 제외>

① 포소화약제는 팽창비가 20미만인 저팽창포와 80이상인 고팽창포의 2가지로 구분하고 있다. 저팽창포에는 단백포, 불화단백포, 합성계면활성제포, 알콜형포가 있고, 고팽창포에는 수성막포가 있다.
② 이산화탄소는 심부 화재에는 우수한 효과를 나타내나 표면 화재에 사용하는 경우에는 재발화의 위험성이 있다. 그러므로 표면화재의 경우에는 고농도의 이산화탄소를 방출 시켜 소요 농도의 분위기를 비교적 장시간 유지시켜 줌으로써 일차적인 소화는 물론 재발화의 가능성도 제거해 줄 필요가 있다.
③ 제2종 분말 소화약제의 소화 효과는 제1종 분말 소화약제와 거의 비슷하나 소화 능력은 제1종 분말 소화 약제보다 우수하다(소화에 필요한 약제량으로 계산할 때 약 2배 정도 우수). 또한 이 약제는 요리용 기름이나 지방질 기름과 비누화 반응을 일으키기 때문에 이 경우에는 제1종 분말 소화약제보다 소화력이 우수하다.
④ 제3류 위험물에 해당하는 리튬(Li), 나트륨(Na), 칼륨(K) 등 알카리금속과 칼슘(Ca)등의 알카리토금속, 제2류 위험물에 해당하는 철가루, 마그네슘 등 금속 또는 금속가루는 물과 반응하여 가연성·폭발성인 수소가스를 발생한다. 따라서 이들의 화재 시 물을 사용하면 오히려 화재가 확대되며 특히 화염의 온도가 높은 경우에는 이와 같은 현상이 두드러지게 나타난다. 따라서 물이 함유된 소화약제는 금속화재에 절대로 사용해서는 안 된다.

13 재난 및 안전관리기본법 상 국가안전관리 기본계획의 수립 등에 관한 내용으로 옳지 않은 것은? 소방교·장 제외

① 관계 중앙행정기관의 장은 수립지침에 따라 5년마다 그 소관에 속하는 재난 및 안전관리업무에 관한 기본계획을 작성한 후 국무총리에게 제출하여야 한다.
② 국무총리는 사회적·경제적 여건의 변화 등으로 인하여 국가안전관리기본계획을 변경할 필요가 있다고 인정하거나 관계 중앙행정기관의 장이 그 변경을 요청하는 경우에는 이를 변경할 수 있다.
③ 국가안전관리기본계획의 변경에 관하여 대통령령으로 정하는 경미한 사항을 변경하는 경우에는 중앙위원회의 심의를 거치지 아니한다.
④ 국무총리는 사회적·경제적 여건의 변화 등으로 인하여 국가안전관리기본계획을 변경할 필요가 있다고 인정하거나 관계 중앙행정기관의 장이 그 변경을 요청하는 경우에는 이를 변경할 수 있다.

14 붕괴사고가 일어난 현장에서 구조의 4단계를 나열한 것으로 옳은 것은?

① 부분 잔해제거 → 일반적인 잔해제거 → 정찰 → 신속한 구조
② 신속한 구조 → 정찰 → 부분 잔해제거 → 일반적인 잔해제거
③ 정찰 → 부분 잔해제거 → 일반적인 잔해제거 → 신속한 구조
④ 정찰 → 신속한 구조 → 부분 잔해제거 → 일반적인 잔해제거

15 전문구조기술에 관한 내용으로 옳은 것은?

① 엘리베이터 안전장치 중 로프가 절단된 경우라든가, 그 외 예측할 수 없는 원인으로 카의 하강속도가 현저히 증가한 경우 그 하강을 멈추기 위해, 가이드레일을 강한 힘으로 붙잡아 엘리베이터 몸체의 강하를 정지시키는 장치로 조속기에 의해 작동되는 것은 화이널 리미트 스위치이다.
② 콘크리트의 박리 속도는 온도 상승 속도와 비례하며 콘크리트 중의 수분함량이 적을수록 박리 발생이 용이하다.
③ 항공기가 운항준비 사태 또는 운항 중에 탑승자나 제3자에게 가벼운 손상 또는 지상의 시설을 파손, 기타 안전운항에 영향을 미칠 정도의 위반행위는 운항장애로 분류한다.
④ 산악에서의 체감온도는 풍속에 따라 달라진다. 영하 10℃에서 풍속이 5m/s일 때 체감온도는 영하 13℃이지만 풍속이 시속 30m/s가 되면 체감온도가 영하 20℃까지 떨어져 강한 추위를 느끼게 된다.

16 다기능 핸들을 사용하여 하강 조절 및 작업 현장에서 위치잡기가 용이하며, 고소작업 및 로프엑세스 작업용으로 제작된 개인 하강용 장비로 옳은 것은?

① 그리그리(GriGri)
② 아이디 하강기
③ 스톱하강기(Stopper)
④ 8자 하강기(Descension 8 Clamp)

17 수중탐색 기법에 관한 설명으로 옳지 않은 것은?

① 원형탐색은 시야가 좋지 않으며 탐색면적이 좁고 수심이 깊을 때 활용하는 방법이다. 인원과 장비의 소요가 적은 반면 탐색할 수 있는 범위가 좁다.
② 왕복탐색은 시야가 좋고 탐색면적이 넓을 때 사용하는 방법이다. 실제 구조활동 시는 두 명의 다이버가 동시에 서로를 향해 이동하면서 수색에 임한다.
③ 직선탐색은 시야가 좋지 않고 탐색면적이 넓은 지역에 사용한다. 탐색하는 구조대원의 인원수에 따라 광범위하게 탐색할 수 있고 폭넓게 탐색할 수 있으나 대원 상호 간에 팀워크가 중요하다.
④ 등고선탐색은 해안선이나 일정간격을 두고 평행선을 따라 이동하며 물체를 찾는 방법으로 물체가 있는 수심과 위치를 비교적 정확하게 알고 있을 경우에 유용하다.

18 환자에게 흡인할 때 유의사항에 대한 설명으로 옳지 않은 것은?

① 흡인시간은 15초 이내가 좋다.
② 흡인관의 길이는 입에서 귀까지의 거리가 적당하다.
③ 흡인한 후 양압환기를 2분간 실시해야 한다.
④ 긴급한 상황에서는 연성 카테터를 강압적으로 넣을 수 있다.

19 START 분류법에서의 평가사항으로 옳지 않은 것은?

① 호 흡
② 맥 박
③ 의식수준
④ 혈 압

20 기도유지 방법 중 경추손상이 있는 경우에 사용하는 방법으로 옳은 것은?

① 머리기울임/턱 들어올리기법
② 두부후굴-경부거상법
③ 턱 밀어올리기법
④ 하악거상법

21 구조·구급활동이 필요한 위급상황인 것으로 거짓으로 알려 구급차등으로 이송되었으나 이송된 의료기관으로부터 진료를 받지 않은 경우 과태료 금액으로 옳은 것은?

① 200만원
② 300만원
③ 400만원
④ 500만원

22 연부조직 손상의 응급처치로 옳지 않은 것은? 소방교 제외

① 폐쇄성 연부조직 손상 시 통증이 있고 붓거나 변형된 팔다리는 부목으로 고정시킨다.
② 개방성 연부조직 손상 시 드레싱과 붕대는 지혈과 추가 오염을 예방하기 위해 손상부위에 거즈 등을 붙이는 처치로 항상 멸균상태여야 한다.
③ 폐쇄성 연부조직 손상 시 부종과 통증을 가라앉히기 위해서 혈종과 타박상에 얼음찜질을 해준다.
④ 개방성 연부조직 손상 시 드레싱한 부위에 계속 출혈양상이 보인다면 새로운 드레싱을 그 위에 덧대고 붕대로 감아준다.

23 생물체가 아닌 환경으로부터 세균의 아포를 제외한 미생물을 제거하는 과정으로 액체 화학제, 습식 저온 살균제에 의해 이루어지는 것으로 옳은 것은?

① 소독(Disinfecting)
② 멸균(Sterilization)
③ 살균제(Germicide)
④ 화학제(Chemicals)

24 기도폐쇄 시 처치법으로 옳지 않은 것은? 소방교 제외

① 경미한 기도폐쇄 시 환자에게 "목에 뭐가 걸렸나요?"라고 질문하고 이에 긍정하면 스스로 기침할 것을 유도하며 옆에서 환자를 관찰한다.
② 심각한 기도폐쇄 시 무반응 상태라면 CPR을 실시하는데 맥박을 확인한 후 흉부압박을 실시한다.
③ 만 1세 이하 영아에서는 배 밀어내기를 실시하지 않는다.
④ 배 밀어내기가 효과적이지 않거나 임신, 비만 등으로 인해 배를 감싸 안을 수 없는 경우에는 가슴밀어내기를 사용할 수 있다.

25 진공부목의 특징으로 옳지 않은 것은?

① 공기를 제거하면 특수 소재 알갱이들이 단단해지면서 고정된다.
② 전신 진공부목은 진공상태가 견고하여 척추고정에 적합하다.
③ 사용하기 전 알갱이를 고루 펴서 적용한다.
④ 부피가 감소하면 재결착해야 한다.

18 제18회 최종모의고사

01 차량화재의 발생 시 현장에서의 활동요령으로 옳지 않은 것은?

① 고속도로에서의 차량화재는 상·하행선 양 방향에서 출동하는 것을 원칙으로 한다.
② 터널 내부에서의 열차화재는 급기측에서의 진입 및 유도가 원칙이다.
③ 궤도차량의 화재 시 인접차량에 연소위험이 있을 때는 풍상측의 차량을 분리하거나 또는 연결부에서 화세를 저지한다.
④ 지하철의 화재 시 지상과의 통로는 연기의 배출구 또는 공기의 유입구로 되므로 터널의 고·저를 생각하여 연기의 분출이 없는 쪽에서 진입한다.

02 위험물 유별 소화방법으로 옳지 않은 것은?

① 1류 : 위험물의 분해를 억제하는 것을 중점으로 대량방수하고 연소물과 위험물이 온도를 내리는 방법을 취한다.
② 2류 : 방수소화를 피하고, 주위로 연소방지에 중점을 둔다.
③ 4류 : 포, 이산화탄소가스, 건조사 등을 주로 사용하고, 질식소화가 효과적이다.
④ 5류 : 일반적으로 대량방수에 의한 냉각소화를 한다.

03 고층건물화재 시 배연방법에 대한 설명으로 옳지 않은 것은?

① 굴뚝효과는 고층건물에서 공기의 흐름에 가장 큰 영향을 끼치며, 계단실 또는 엘리베이터 샤프트에서 가장 두드러진다.
② 상업용(사무실용) 고층화재 시 일반적으로 쓰이는 기본적 진입방법은 공조 시스템을 가동시키고 배연작업을 병행하며 화재를 진압하는 것이다.
③ 고층건물에서의 배연은 굴뚝효과로 인해 전체적 상승기류 속에서 특정부분에서 농연이 아래로 움직일 수도 있다.
④ 고층건물에서의 배연은 제연계단 출입구 앞에 있는 농연통로나 다용도 샤프트에 열과 농연이 빨려 들어갈 수도 있다.

04 상황별 배연작전에 관한 내용으로 옳지 않은 것은?

① 화재진압 중점의 배연작전 시 공격방향과 반대쪽에 있는 창문이나 문을 통해 배연하는 것이 대원들이 안전하고 신속하게 화점에 접근하여 효과적으로 화재를 진압하도록 해 준다.
② 다층구조의 화재현장에서 내부계단의 꼭대기 층을 배연하는 것은 상층으로 독성가스가 축적되는 것을 막아주는 중요한 작전요소이다.

③ 화재가 상가건물 앞쪽에서 발생했을 때, 상가건물 뒤쪽에 이중벽이 존재한다면 뒤쪽을 파괴하여 배연해야 하며 이때, 뒤쪽 개구부를 개방(제거)할 경우 최소 좌우 한쪽 이상에 경계관창을 배치해야 한다.
④ 천장(또는 지붕) 공간 내의 화염이 인근 천장으로 확대되는 것을 방어하기 위해 화재발생장소(구역)의 천장을 먼저 파괴하여 화염과 농연을 방출시켜야 한다.

05 소방자동차 구조에 관한 설명으로 옳지 않은 것은?

① 솔레노이드 밸브 : 전기적인 신호를 받아서 유체 또는 공기의 흐름을 차단 또는 공급하거나 방향을 전환 시켜주는 밸브를 말하며, 전류가 솔레노이드 밸브 코일에 흐르게 되면 전자기의 힘이 발생, 본체 내부의 밸브를 개폐하도록 설계되어 있다.
② Air 액추에이터(Actuator) : 기관에 장착된 공기압축기(Air Compressor)에서 생산된 압축공기는 에어탱크에 저장되고 메인 밸브(특장용)를 거친 압축공기가 정압밸브를 거쳐 메인 솔레노이드 밸브를 통과하여 각각의 솔레노이드 밸브로 분기되고, 분기된 압축공기는 각 장치 말단 에어 실린더(액츄에이터)에 이르러 각각의 밸브를 개폐하게 된다.
③ 압력계 : 역류방지밸브나 방수배관에 동관으로 연결하여 펌프실 양측 조작반에 취부 되어있으며 눈금이 Mpa로 표시되며 펌프의 방수압력을 나타낸다. 압력계는 방수배관에 연결된다.
④ 연성계 : 소방펌프 흡입부나 흡수배관에서 동관으로 연결하여 펌프실 양측 조작반에 취부되어 있다. 물을 흡수하기 위해 진공펌프 작동 시 음압이 형성되면 연성계의 바늘은 흰 지시부분(압력측)을 가리키며, 소화전 또는 다른 소방차로부터 중계를 받아 압력이 있는 물을 급수시킬 때 연성계는 빨간색(진공측)을 가리킨다.

06 다음 설명 중 옳은 것은?

① 화재의 초기단계에 있어서 열의 전달은 거의 전적으로 대류에 기인한다.
② 대류는 대부분의 노출화재의 원인이 된다.
③ 전도에 의한 열전달의 예로는 태양열이 있다.
④ 대류란 난로에 손을 올려놓으면 열을 느낄 수 있는 것을 말한다.

07 다음 고체의 연소 사례 중 옳지 않은 것은?
　　　　　　　　　　　　　소방교 제외

① 표면연소 : 코크스, 금속(분·박·리본 포함), 나무의 연소말기 등
② 증발연소 : 황(S), 나프탈렌($C_{10}H_8$), 파라핀(양초) 등
③ 분해연소 : 목재·목탄·종이·섬유·플라스틱·합성수지·고무류 등
④ 자기연소 : 니트로셀룰로오스(NC), 트리니트로톨루엔(TNT), 니트로글리세린(NG), 트리니트로페놀(TNP) 등

08 제4류위험물의 일반적인 성질로 볼 수 없는 것은?

① 물에는 녹지 않는 것이 많다.
② 인화점, 발화점이 낮은 것은 위험성이 높다.
③ 유동하는 액체화재는 연소 확대의 위험이 있고 소화가 곤란하다.
④ 발생증기는 가연성이며 대부분의 증기비중은 공기보다 가볍다.

09 소방활동시의 긴급조치권 중 보상을 요하지 않는 사항으로 옳은 것은? (보기는 대상물 – 내용 – 요건 순이다.)

① 관할구역에 사는 자 또는 현장에 있는 자 – 소방활동종사명령 – 화재, 재난·재해, 위급한 현장에서 필요한 경우
② 화재가 발생하거나 번질 우려가 있는 소방대상물 또는 토지 – 사용 또는 사용의 제한 및 처분 – 인명구조, 불이 번지는 것을 예방하기 위하여 필요한 때
③ ② 이외의 소방대상물 또는 토지 – 사용 또는 사용의 제한 및 처분 – 인명구조, 불이 번지는 것을 예방하기 위하여 긴급하다고 인정될 때
④ 주·정차 차량 및 물건 – 제거 또는 이동 – 소방자동차의 통행과 소방활동에 방해될 때(법령을 위반하여 방해가 된 경우 제외)

10 초고층 건물화재 대응절차상 사고특성 및 위험요인에 대한 설명으로 옳지 않은 것은?

소방교·장 제외

① 제1차 경계범위는 당해 화재구역의 직상층으로 하며, 직상층이 돌파될 우려가 있는 경우에는 그 구역 직상층을 경계범위로 하고 순차구역마다 경계범위를 넓힌다.
② 화점층이 고층인 경우 소방대는 비상용승강기를 화재 층을 기점으로 2층 이하까지 이용, 화점층 진입은 옥내 또는 특별피난계단 활용을 한다.
③ 화점을 확인한 시점에서 직하층에 전진지휘소를 설치한다.
④ 화점층 및 화점상층 인명구조 및 피난유도를 최우선으로 하고 상황에 따라 소화활동을 중지한다.

11 화재조사를 위하여 필요한 관계인에게 자료제출을 요구하였으나 제출하지 않은 경우 소방행정상 실효성 확보수단은?

① 100만원 이하의 과태료
② 200만원 이하의 과태료
③ 300만원 이하의 과태료
④ 500만원 이하의 과태료

12 재해의 기본원인 4M 중에서 「Machine (기계, 작업시설)」의 내용으로 옳지 않은 것은?

① 위험방호의 불량
② 표준화의 부족
③ 기계·설비의 설계상의 결함
④ 작업공간의 불량

13 매듭의 기본원칙 중 로프매듭의 주의사항으로 가장 옳은 것은?

① 매듭을 정확히 숙지하는 것보다 종류를 많이 아는 것이 중요하다.
② 로프는 매듭 부분의 강도가 저하된다는 사실을 기억한다.
③ 될 수 있으면 매듭의 크기가 큰 방법을 선택한다. 매듭부분으로 기구, 장비 등을 통과시켜야 하는 경우가 있기 때문이다.
④ 매듭의 끝 부분이 빠지지 않도록 주매듭을 묶은 후 옭매듭 등으로 다시 마감해 주면 절대 풀어지지 않는다.

14 수중구조 기술을 설명한 것으로 옳지 않은 것은?

① 수심이 깊어지면 공기 소모 시간이 같은 비율로 늘어나고 반대로 공기 소모율은 같은 비율로 감소한다.
② 80CuFt 공기통은 정상적인 성인 남자가 얕은 수영장에서 거의 2시간에 걸쳐 호흡할 수 있는 양이지만 수심 20m에서는 50분 정도밖에 호흡할 수 없다.
③ 양성부력이란 어떤 물체의 무게가 물속에서 차지하는 부피에 해당하는 물의 무게보다 가벼우면 그 물체는 물에 뜨게 되는 것이다.
④ 물의 밀도는 약 1,000kg/m³이며 공기의 밀도는 약 1.2kg/m³이다.

15 다음 〈보기〉의 탐색진행 방법과 관련 있는 것은?

| 보기 |
"건물 진입 후 접근 가능한 모든 구역이 탐색될 때까지 오른쪽 벽을 눈으로 확인하거나 손으로 짚으며 진행하다가 시작점으로 돌아오는 방법으로 기본요령은 오른쪽으로 가고, 오른쪽으로 진행하는 것이다."

① 방이 많은 건물
② 넓은공지(선형탐색)
③ 주변탐색
④ 2차 탐색

16 고정도르래 1개와 움직도르래 1개를 설치 시 300kg의 중량을 가진 물체를 들어올릴 때 필요한 힘은?

① 약 150kg
② 약 300kg
③ 약 100kg
④ 약 75kg

17 119구급대의 편성과 운영에 관한 설명으로 옳지 않은 것은?

① 소방청장은 구급대원의 자격별 응급처치를 위한 교육·평가 및 응급처치의 품질관리 등에 관한 계획을 수립·시행하여야 한다.
② 일반구급대는 시·도의 규칙으로 정하는 바에 따라 소방서마다 1개 대 이상 설치하되, 소방서가 설치되지 아니한 시·군·구의 경우에는 중심지에 소재한 119안전센터에 설치할 수 있다.

③ 고속국도구급대는 교통사고로 인한 인명피해 발생률 등을 고려하여 소방청, 소방본부 또는 고속국도를 관할하는 소방서에 설치한다.
④ 구급대의 종류, 구급대원의 자격기준, 이송대상자, 그 밖에 필요한 사항은 대통령령으로 정한다.

18 환자평가에 대한 설명으로 옳지 않은 것은?

① 성인의 경우 맥박이 100회/분 이상 뛰는 것을 빠른맥이라고 한다.
② 소아는 산소가 결핍될 경우 심장마비 전에 느린맥이 나타나기 때문에 정상 맥박보다 느린 경우에는 기도와 호흡을 즉각적으로 평가해야 한다.
③ 2차 평가에서 맥박은 왼심실의 수축으로 생기는 압력의 파장으로 생기며 노동맥에서만 촉지된다.
④ 시끄러운 현장이나 구급차 이동 중에는 촉진을 이용한 수축기압 측정만이 가능하다.

19 산소처치기구를 사용할 때 주의해야 할 사항으로 옳지 않은 것은?

① 떨어뜨리거나 다른 물체와 충돌하지 않도록 주의한다(환자이동 시 특히 주의해야 한다).
② 5년에 한번 점검하고 마지막 점검 날짜는 통에 표시해야 한다.
③ 구리스, 기름, 지방성분 비누 등이 산소통에 닿지 않도록 주의한다.
④ 산소통을 열 때는 항상 끝까지 열어 사용한다.

20 다음 설명 중 옳지 않은 것은?

① 동물의 단순 처리·포획·구조 요청을 받은 경우에는 구조요청을 거절할 수 있다.
② 구조요청을 거절한 경우에는 '구조거절확인서'를 작성하여 소속 소방관서장에게 보고하고 소속 소방관서에 3년간 보관하여야 한다.
③ 구조대원은 근무 중에 위험물·유독물 및 방사성물질에 노출되거나 감염성 질병에 걸린 구조대상자와 접촉한 경우에는 그 사실을 안 때부터 72시간 이내에 소방청장 등에게 보고하여야 한다.
④ 시각장애인을 구조하는 경우 구조대원이 팔을 붙잡거나 어깨에 손을 올리는 등 신체적 접촉을 통해 구조대상자를 안심시킬 수 있다.

21 다음 중 산악구조용 장비에 관한 설명으로 옳지 않은 것은?

① 슬링은 같은 굵기의 로프보다 강도는 우수하지만 충격을 받았을 때 잘 늘어나지 않는다.
② 그리그리는 로프의 역회전을 방지할 수 있어 주로 암벽 등에서 확보용 장비로 사용된다.
③ 스톱하강기는 손잡이를 꽉 잡으면 급속히 하강하므로 주의한다.
④ 카라비너는 일반적으로 횡 방향으로 25~30kN, 종 방향으로는 8~10kN 정도이다.

22 다음 설명 중 옳지 않은 것은?

① 도르래는 힘의 작용 방향을 바꾸거나 적은 힘으로 물체를 이동시킬 때 사용하는 장비이다.
② 소방활동 시에는 무거운 장비를 장착하고 긴장도가 극히 높은 작업을 하기 때문에 평상시의 작업에 비해 공기소모량이 많고 일반적으로 격한 작업 시 호흡량은 50~60L/분이다.
③ 고압용기에 충전된 호흡용 공기는 매 1년마다 공기를 배출한 후 새로운 공기를 충전하여 보관한다.
④ 화학보호복은 매년 1회 이상 보호복의 결함 상태를 확인하기 위하여 검사를 실시하여야 한다.

23 다음 설명으로 옳지 않은 것은?

① 연기는 크기 0.1~1.0μ의 고체미립자(주로 탄소입자, 분진)이며 수평으로 0.5~1m/s, 수직으로는 화재초기에 1.5m, 중기 이후에는 3~4m의 속도로 확산된다.
② 구출 및 운반법 중 1인 운반법에는 끌기법과 업기법이 있다.
③ 구조대상자를 긴급히 이동시켜야 하는 경우에는 신체의 일부가 아닌 전체(제2경추)를 잡아당겨야 한다.
④ 산소농도가 9%일 경우 발생하는 신체적 증상으로는 호흡부전과 이에 동반하는 심정지로 몇 분 이내 사망한다.

24 다수환자 분류 시 '손상이 전신적인 증상이나 효과를 유발하지만, 아직까지 쇼크 또는 저산소증 상태가 아닌 경우, 전신적 반응이 발생하더라도 적절한 조치를 행할 경우 즉각적인 위험 없이 45~60분 정도 견딜 수 있는 상태'로 옳은 것은?

① 긴급환자(적색) : 긴급한 상황
② 응급환자(황색) : 응급 상황
③ 비응급환자(녹색) : 비응급 상황
④ 지연환자(흑색) : 사망

25 수중구조에 관한 설명으로 옳지 않은 것은?

① 다이버가 수면에서 1분에 15L의 공기가 필요하다면 20m에서는 45L의 공기가 필요하다.
② 잠수활동을 끝내고 상승할 때에는 분당 9m, 즉 6초에 1m를 초과하지 않는 속도로 상승한다.
③ 수면에 떠서 의식이 없는 다이버의 경우 빨리 다가간 후 부력조절기에 공기를 넣고 바로 누운 자세를 취해준다.
④ 홀데인의 법칙은 압력 하의 기체가 액체 속으로 용해되는 법칙을 설명하며 용해되는 양과 그 기체가 갖는 압력이 비례한다는 것이다.

제19회 최종모의고사

01 화재현장에서 복도를 파괴하는 것이 효과적인 진압대책이 될 수 있다. 이러한 소화방법과 관련이 있는 것은?

① 질식소화법
② 희석소화법
③ 제거소화법
④ 냉각소화법

02 출입문을 통해 방출되는 가열된 연소가스와 복도 천장 근처의 신선한 공기가 섞이면서 발생하며 소방관들이 화점에 진입하기 전(前) 복도에 머무를 때 발생하여 안전상 고립문제를 발생시키는 현상은?

① 플래임오버
② 백드래프트
③ 롤오버현상
④ 플래시오버

03 일반적으로 착화점이 낮아지는 이유로 옳은 것은? [소방교 제외]

① 분자의 구조가 단순할수록
② 발열량이 낮을수록
③ 화학적 활성도가 작을수록
④ 금속의 열전도율과 습도가 낮을수록

04 화점 상층으로의 진입요령에 대한 내용이다. 옳지 않은 것은?

① 진입계단을 확보하고자 할 때는 특정 계단을 선정하여 1층과 옥상의 출입구를 개방하고 화점층의 계단실 출입문을 개방하여 계단실 내의 연기를 배출시킨다.
② 직상층에 진입하는 경우는 창을 최대한 개방하고 실내의 연기를 배출시킨다.
③ 화점층에서 화염이 스팬드럴(Spandrel)보다 높게 나올 때는 창의 개방에 의해서 화염이나 연기가 실내에 유입되는 경우가 있으므로 개방하지 않는다.
④ 닥트스페이스, 파이프샤프트 등을 따라 화염과 연기가 최상층까지 분출하는 예가 많으므로 최상층에 신속히 관창을 배치한다.

05 다음에서 설명하는 화재의 진행단계로 옳은 것은?

- 야외의 개방된 곳에서의 화재와 유사하다.
- 구획실 화염은 공간내의 벽과 천장에 의해 많은 영향을 받는다.
- 이 시기의 구획실 온도는 가스가 구획실 천장과 벽을 통과하면서 생성된 열의 양과 최초 가연물의 위치 및 공기 유입량 등에 의해 결정된다.
- 일반적으로 '통제된 가연물' 상황이다.

① 발화기
② 성장기
③ 플래시오버
④ 쇠퇴기

06 제1류위험물에 대한 설명으로 옳은 것은?

① 알칼리금속의 과산화물은 예외적으로 주수에 의한 냉각소화가 가능하다.
② 주수에 의한 냉각소화를 피하고, 포, 건조사에 의한 질식소화가 효과적이다.
③ 불연성이지만 산소를 가지고 있어 다른 물질을 연소시키는 이른 바 산화제이다.
④ 대부분이 무색의 결정 또는 백색의 분말이며 물보다 무겁고 비수용성이다.

07 현장활동 시의 안전지침으로 가장 옳지 않은 것은?

① 일반적으로 붕괴로부터 비교적 안전한 지역의 범위를 설정할 경우 건물의 높이와 같은 정도의 반경외부(半徑外部) 정도로 설정한다.
② 고가사다리차나 굴절소방차량을 이용하여 공중에서 방수할 경우 화염이 보이는 배연구를 집중 방수한다.
③ 관창이 다루기가 힘들 정도로 크거나 수압(水壓)이 과도(過度)할 경우 관창수는 관창을 놓치지 않도록 하기 위해 최대한 관창의 앞부분을 잡아야 한다.
④ 계단의 상부나 중간지점은 열기가 많기 때문에 바닥보다 활동하기가 힘들며, 계단과 지하실의 출입문 주위는 소방대원의 신속한 후퇴를 위하여 장애물이 방치되지 않도록 한다.

08 연소생성물에 대한 설명으로 옳지 않은 것은? 소방교 제외

① H_2S : PVC와 같이 염소가 함유된 수지류가 탈 때 주로 생성되는데 독성의 허용농도는 5ppm이며 고농도에서 장시간 노출되면 폐수종을 유발하여 사망에 이르게 되고 부식성이 강하여 쇠를 녹슬게 한다.
② $COCl_2$: 열가소성 수지인 폴리염화비닐(PVC), 수지류 등이 연소할 때 발생되며 2차 세계대전 당시 독일군이 유태인 대량학살에 사용했을 만큼 맹독성가스로 허용농도는 0.1ppm(mg/m^3)이다.
③ HF : 합성수지인 불소수지가 연소할 때 발생되는 연소생성물로서 무색의 자극성 기체이며 유독성이 강하다.
④ $COCl_2$: 열가소성 수지인 폴리염화비닐(PVC), 수지류 등이 연소할 때 발생되며 2차 세계대전 당시 독일군이 유태인 대량학살에 사용했을 만큼 맹독성가스로 허용농도는 0.1ppm(mg/m^3)이다.

09 다음 괄호 안에 들어갈 상수도 소화용수시설 면제기준으로 옳은 것은?

> 상수도소화용수설비를 설치하여야 하는 특정소방대상물의 각 부분으로부터 (   )의 공공의 소방을 위한 소화전이 화재안전기준에 적합하게 설치되어 있는 경우에는 설치가 면제된다.

① 수평거리 140미터 이내
② 이동거리 140미터 이내
③ 직선거리 140미터 이내
④ 수평투영거리 140미터 이내

10 다음 박스의 내용이 설명하는 것으로 옳은 것은?

> 유출/누출이 일어난 지점으로부터 보호조치가 수행 되어야 하는 풍하거리

① 초기이격거리 ② 초기이격지역
③ 방호활동거리 ④ 방호활동지역

11 화재대응매뉴얼에 관한 설명으로 옳지 않은 것은?

① 특수화재 대응매뉴얼은 지하철 화재 등과 같은 특수시설 및 특수유형 화재에 대한 일반적 대응매뉴얼이다.
② 실무매뉴얼은 화재특성에 따른 대응 시 유의사항 등으로 이루어진 매뉴얼로, 대상별 매뉴얼 작성과 화재진압대원의 전문성 향상을 목적으로 작성되었다.
③ 재난현장표준작전절차, 긴급구조대응계획 등은 표준매뉴얼에 해당한다.
④ 소방대의 현장 행동을 통제하고 피해의 경감과 대원의 안전 확보를 위해 주요 대상별 화재대응 매뉴얼의 필요성이 제기되었는데, 사회발전과 첨단복합건물의 등장으로 그 중요성이 커지고 있어 점차 작성대상이 확대되고 있다.

12 화재조사법상 화재조사를 하는 관계 공무원이 화재조사를 수행하면서 알게 된 비밀을 다른 사람에게 누설한 경우 벌칙으로 옳은 것은?

① 100만원 이하의 벌금
② 200만원 이하의 벌금
③ 300만원 이하의 벌금
④ 500만원 이하의 벌금

13 확보의 개념 중 확보기구 등을 이용하여 자기 몸이 아닌 다른 어떤 지형지물과 확보물에 의지하는 방법으로 등반자가 추락하였을 때 추락 충격이 1차적으로 확보지점에 전달되는 것은?

① 정적확보 ② 직접확보
③ 동적확보 ④ 간접확보

14 화재현장 검색방법 중 1차 검색으로 옳지 않은 것은?

① 화재가 진행되는 도중에 검색작업이 진행되는 것을 말한다.
② 생명의 위험에 처한 사람을 신속히 발견해내는 것이 목적이다.
③ 빈틈없이 살피는 작업으로 또 다른 생존자를 발견하고 혹시 존재할지도 모르는 사망자를 확인하는 작업이다.
④ 가능한 한 화점 가까운 곳에서 검색을 시작해서 진입한 문 쪽으로 되돌아가면서 하나하나 확인한다.

15 다음 보기의 탐색진행 방법과 관련 있는 것은?

> "붕괴구조물 상부에서의 잔해더미 탐색이 불가능하거나 안전하지 못할 때 사용하면 효과적이다. 구조대원 4명이 탐색지역 둘레로 균일한 거리로 위치를 잡고 적절한 탐색을 실시한 후 각자 시계방향으로 90° 회전한다."

① 방이 많은 건물
② 넓은공지(선형탐색)
③ 주변탐색
④ 2차 탐색

16 로프 매듭법에 대한 설명으로 옳지 않은 것은?

① 두 겹 8자 매듭 : 매듭은 간편하고 튼튼하기 때문에 로프에 고리를 만드는 경우 가장 많이 활용된다. 로프에 고리를 만들어 카라비너에 걸거나 나무, 기둥 등에 확보하고자 하는 경우 등에 폭넓게 활용한다.
② 줄사다리 매듭 : 로프에 일정한 간격을 두고 수 개의 옭매듭을 만들어 로프를 타고 오르거나 내릴 때에 지지점으로 이용할 수 있도록 하는 매듭이다.
③ 바른 매듭 : 굵기가 다른 로프를 결합할 때에 사용한다. 주 로프는 접어둔 채 가는 로프를 묶는 것이 좋으며 로프 끝을 너무 짧게 묶으면 쉽게 빠지므로 주의한다.
④ 절반 매듭 : 로프를 물체에 묶을 때 간편하게 사용하는 매듭이다. 묶고 풀기는 쉬우나 결속력이 매우 약하기 때문에 절반 매듭 단독으로는 사용하지 않는다.

17 119구조·구급에 관한 법률 시행령상 옳은 것은?

① 중앙 정책협의회의 정기회의는 연 2회 개최하며, 임시회의는 위원이 소집을 요구할 때 개최할 수 있다.
② 구조·구급활동을 위한 긴급조치로 인한 손실보상에 관한 협의는 조치가 있는 날부터 30일 이내에 하여야 한다.
③ 소방청장등은 응급처치 교육을 효과적으로 실시하기 위하여 매년 10월 31일까지 다음 연도 응급처치 교육에 관한 계획을 수립하여야 한다.
④ 특별자치도지사·시장·군수·구청장은 구조·구급과 관련하여 회수된 물건을 인계받은 경우 인계받은 날부터 7일 동안 해당 지방자치단체의 게시판 및 인터넷 홈페이지에 공고하여야 한다.

18 의식수준 4단계에 대한 설명으로 옳지 않은 것은?

① A : 질문에 적절한 반응이나 대답을 할 수 없는 상태
② V : 신음소리나 고함에 반응하는 상태
③ P : 언어지시에는 반응하지 않고 자극에는 반응하는 상태
④ U : 어떠한 자극에도 반응하지 않는 상태

19 호흡유지 장비의 산소농도 및 공급량에 대한 설명으로 옳은 것은?

① 코삽입관은 유량을 분당 1~6L로 조절하면 산소농도를 35~60%로 유지할 수 있다.
② 단순 얼굴 마스크는 6~10L의 유량으로 흡입 산소 농도를 24~44%까지 증가시킬 수 있다.
③ 비재호흡마스크는 산소저장주머니를 부풀려 사용하고 최소 분당 10~15L 유량의 산소를 투여하면 65~85%의 산소를 공급할 수 있다.
④ 벤튜리 마스크의 분당 산소 유입량은 2~8ℓ이다.

20 주요 신체기관에 대한 설명 중 옳지 않은 것은?

① 피부는 진피, 표피, 피하조직으로 이루어져 있다.
② 근골격계는 뼈, 근육, 인대, 힘줄을 말한다.
③ 비뇨기계는 콩팥, 요도, 요관, 방광 등으로 구성되어 있다.
④ 호흡계는 코와 입, 식도, 기관, 후두덮개, 기관지, 허파 등으로 이루어져 있다.

21 저관류 상태 쇼크의 기본증상과 징후로 옳지 않은 것은? <small>소방교 제외</small>

① 불안감과 흥분
② 차고 끈적거리고 창백한 발
③ 깊고 규칙적이고 느린 호흡
④ 저체온

22 근골격계 손상 시 사용되는 부목 중 다음 설명에 해당하는 장비로 옳은 것은? <small>소방교 제외</small>

> 관절 및 다리 하부의 손상이 동반되지 않은 넙다리 몸통부 손상시 사용되며, 외적인 지지와 고정뿐만 아니라 넙다리 손상시 발생되는 근육경련으로 인해 뼈끝이 서로 겹쳐 발생되는 통증과 추가적인 연부조직 손상을 줄여, 내부 출혈을 감소시킬 수 있는 장비이다.

① 견인부목   ② 항 쇼크 바지
③ 경성부목   ④ 연성부목

23 동공모양이 '비대칭'으로 나타나는 원인에 대한 설명으로 옳은 것은?

① 살충제 중독, 마약 남용, 녹내장약, 안과치료제
② 공포, 안약, 실혈
③ 뇌 산소결핍, 안구부분손상, 약물남용
④ 뇌졸중, 머리손상, 안구손상, 인공눈

24 공원화장실에서 10대 산모가 분만을 하였고, 신생아 맥박수는 80회로 체크되었다. 즉시 시행하여야 할 처치로 옳은 것은? <small>소방교 제외</small>

① 3 : 1의 심폐소생술 후 30초 후에 호흡의 재평가
② 3 : 1의 심폐소생술 후 2분 후에 심박동의 재평가
③ 40~60회/분의 인공호흡 후 30초 후에 심박동의 재평가
④ 40~60회/분의 인공호흡 후 2분 후에 호흡의 재평가

25 기본소생술에 관한 설명으로 옳지 않은 것은? <small>소방교 제외</small>

① 심폐소생술을 장시간 계속하여 처치자가 지쳐서 더이상 심폐소생술을 계속할 수 없는 경우 CPR을 중단할 수 있다.
② 심폐소생술 중 발생하는 합병증은 주로 가슴압박에 의하여 유발된다. 가장 흔히 발생하는 합병증은 갈비뼈골절로 약 40%에서 발생된다.
③ 심각한 기도폐쇄 시 의식이 있는 영아 환자에게는 배 밀어내기가 효과적이다.
④ 1인 심폐소생술은 2분 내에 5주기(30회 가슴 압박과 2회 인공호흡 × 5회)를 실시하고 목동맥을 이용해 맥박을 확인한다.

제20회 최종모의고사

01 관계지역 및 소방대상물에 출입하여 그 위치·구조설비 및 관리상황 등 소방작전에 필요한 제반 관련현황을 파악, 숙지하고 활용하기 위해서 소방활동 자료조사를 실시한다. 조사의 내용으로 옳지 않은 것은?

① 소방대의 긴급통행에 관한 사항
② 소방대상물 및 관계지역에 대한 소방활동구역·강제처분 및 피난명령에 관한 사항
③ 소방대상물 및 관계지역의 위치·구조·용도배치·방화구획·피해 시 보상에 관한 사항
④ 소방용수시설의 기준, 소방대의 배치 및 중계 송수에 관한 사항

02 백드래프트와 플래시오버의 차이점을 설명한 것이다. 옳지 않은 것은?

① 백드래프트(Backdraft)보다 플래시오버(Flashover)가 발생빈도가 높다.
② 백드래프트(Backdraft)는 폭발이고, 플래시오버(Flashover)는 폭발이 아니다.
③ 백드래프트의 악화 요인은 공기이고 플래시오버의 악화 원인은 열이다.
④ 백드래프트는 성장기의 마지막이자 최성기의 시작점(경계선)에서 발생하며 플래시오버는 성장기 또는 쇠퇴기에서 발생한다.

03 SOP 101 지휘권 확립의 현장지휘관 지휘전술로 옳지 않은 것은? 소방교·장 제외

① 이동지휘는 현장지휘관이 특정장소(현장지휘소)에 머물러 있지 않고 재난현장을 돌아다니며 지휘하는 형태를 말한다.
② 고정지휘는 현장지휘관이 화재 건물(지역)의 현장지휘소에 머물며 지휘하는 형태를 말한다.
③ 현장지휘관은 재난 규모가 크고 복잡하거나 빠른 확대 가능성이 있는 재난의 경우에는 초기부터 전진지휘를 한다.
④ 지휘권을 이양 받은 현장지휘관은 고정지휘를 하고, 단위지휘관은 임무에 따라 이동지휘, 전진지휘, 고정지휘 중 한 가지를 선택할 수 있다.

04 제6류 위험물의 특성 및 소화방법으로 옳지 않은 것은?

① 물보다 가볍고 물에 녹지 않는다. 또한, 물과 작용하여 비산하며 인체에 접촉하면 화상을 일으킨다.
② 어떠한 상황에서도 그 자체는 불연성이다.
③ 강산류인 동시에 강산화제이다.
④ 유출사고 시는 유동범위가 최소화되도록 적극적으로 방어하고 소다회, 중탄산소다, 소석회 등의 중화제를 사용한다.

05 인명검색 및 구조활동에 대한 내용이다. 다음 내용 중 옳지 않은 것은?

① 요구조자의 존재여부가 불명확할 때는 요구조자가 있다고 가정하고 확인될 때까지 검색을 실시해야 한다.
② 내부진입은 지휘자의 지시에 의해 선정하되 진입순서의 원칙은 출화건물, 주위건물 순으로 한다.
③ 연기나 열이 없는 경우라도 연소위험이 큰 장소나 연기의 체류가 예상되는 장소는 검색을 실시한다.
④ 요구조자가 있다는 정보를 수집했을 때에는 1차, 2차에 걸쳐서 검색을 실시한다.

06 농연 중 구출하는 운반법으로 옳지 않은 것은?

① 전진 또는 후퇴 포복구출
② 뒤로 옷깃을 끌어당겨 구출
③ 등에 업고 포복구출
④ 메어서 운반하기

07 다음 열의 전달 방식 중 대류에 속하는 것은?

① 모든 화재의 초기단계에 전적으로 기인하고 직접적 접촉으로 대상물체로 전달된다.
② 가열된 액체나 가스의 운동에 의한 열에너지의 전달로 유동체는 한 장소에서 다른 장소로 순환한다.
③ 중간 매개체의 도움 없이 발생하는 전자파에 의한 에너지의 전달이다.
④ 대부분의 노출화재의 원인이 되고 화재가 더 커지면 열의 형태로 더 많은 에너지를 발산한다.

08 고층화재가 발생할 경우 사용되는 전략에 대한 설명으로 옳지 않은 것은?

① "정면공격"이란 소방대원들이 화점층 진입통로를 따라 호스를 전개하여 직접적으로 진압하는 전략이다.
② "측면공격"이란 정면공격이 실패한 경우 적용할 수 있는 유용한 공격전략으로 두 번째로 가장 흔한 전략이다.
③ "공격유보"란 화재진압보다 확산방지에 주력하는 전략으로 정면공격과 측면공격 모두 실패했을 때 취하는 전략이다.
④ "외부공격"이란 화재발생 시점이 일과시간 이후이거나 진압작전이 가능한 저층부분에서 더 많이 발생된다는 점을 이용한 전략으로 사다리차를 활용한다.

09 연기와 열기에 휩싸여 있는 요구조자가 있거나 대원이 복사열에 의해 접근이 곤란할 때에 가장 적합한 주수방법으로 옳은 것은?

① 직사주수, 분무주수
② 반사주수, 직사주수
③ 분무주수, 확산주수
④ 반사주수, 확산주수

10 재해(사고)발생 이론에 대한 설명으로 옳지 않은 것은?

① 하인리히는 사고와 재해의 관련을 명백히 하기 위해 「1:29:300의 법칙」으로 재해구성비율을 설명하면서 1회의 중상재해가 발생했다면 그 사람은 같은 원인으로 29회의 경상재해를 일으키고, 또 같은 성질의 무상해 사고를 300회 동반한다고 하는 것이다.
② 고전적 도미노이론(하인리히 이론)에서는 기본원인만 제거하면 재해는 일어나지 않는다고 하였지만 최신의 도미노이론에서는 반드시 직접원인을 제거하라고 주장한 것이다.
③ 깨진 유리창 이론은 사소한 무질서 혹은 결함을 방치하게 되면 나중에는 더 큰 피해나 피해의 확대가 일어날 수 있다는 개념이다.
④ 버드는 또한 17만 5천 건의 사고를 분석한 결과 중상 또는 폐질 1, 경상(물적 또는 인적상해) 10, 무상해사고(물적 손실) 30, 무상해·무사고 고장(위험순간) 600의 비율로 사고가 발생한다는 이른바 「1:10:30:600의 법칙」을 주장하였다.

11 건물 유형별 안전도 평가의 위험성을 분류하는 5가지 기준에 관한 설명으로 옳은 것은?

① 중량 목구조 건물에서 화재와 연기가 확대될 수 있는 두 가지 통로는 HVAC(냉난방공조)시스템과 자동노출이다.
② 준 내화구조란 건축물의 바닥과 벽, 기둥은 1등급 내화구조에 해당하지만 지붕재료가 가연성으로 지어진 건물은 전술적 안전도 2등급에 해당하는 건물로 분류한다.
③ 조적조 건물이면서 바닥 층, 지붕, 기둥, 보 등 나무와 같은 가연성 물질로 되어 있는 건물은 전술적 안전도 4등급 건물로 분류한다.
④ 경량 목구조 건물은 건물 유형 중 가장 불이 잘 붙고 붕괴위험성도 가장 높은 것으로 전술적 안전도 4등급 건물로 분류한다.

12 화재현장에서의 인명검색 방법으로 옳지 않은 것은?

① 반드시 2명 이상의 대원이 조를 이루어(Two in, Two out) 검색한다.
② 가능한 계단이나 출입구 복도에 필요하지 않은 장비를 놓지 않도록 한다.
③ 가능한 한 화점 가까운 곳에서 검색을 시작해 진입한 문 쪽으로 되돌아가며 검색한다.
④ 화장실, 다락방 등 실내 검색은 먼저 방의 중심부를 검색하고 후미진 곳으로 이동한다.

13 로프의 기본매듭에서 마디짓기가 아닌 것은?

① 이중8자매듭
② 두겹8자매듭
③ 8자연결매듭
④ 두겹고정매듭

14 119구조·구급에 관한 법령상 내용으로 옳지 않은 것은?

① 소방청장은 기본계획에 따라 매년 연도별 구조·구급 집행계획을 수립·시행하여야 한다.
② 구조·구급대원은 구조·구급활동을 함에 있어 현장에 보호자가 없는 요구조자 또는 응급환자를 구조하거나 응급처치를 한 후에는 그 가족이나 관계자에게 구조경위, 요구조자 또는 응급환자의 상태 등을 즉시 알려야 한다.
③ 국제구급대원의 전문교육훈련은 구급 관련 영어, 국제 항공이송 관련 교육, 해외 응급의료체계 등의 내용이 포함된다.
④ 장기이식환자 및 장기의 이송, 방역 또는 방재업무의 지원은 119항공대의 업무에 해당한다.

15 항공기 운항 중에 발생하게 되는 이상상태 중 기체 시스템의 고장 등으로 긴급 착륙을 하는 경우 또는 공항에서의 항공교통관제(ATC)규칙을 위반하는 행위에 해당하는 것으로 옳은 것은?

① 항공기 사고
② 운항 중 사건
③ 운항 장애
④ 운항 중 사고

16 수난사고 구조현장 안전관리에 대한 설명으로 옳지 않은 것은?

① 잠수대원은 눈병, 치통 등 국부적인 질병이 있을 때는 잠수하지 않는다.
② 익수된 구조대상자에게 주의하지 않고 접근하면 물 속으로 끌려 들어갈 우려가 있으므로 구조대상자의 전면으로부터 신중히 접근한다.
③ 작은 선박 위에서 구조대상자를 직접 구조하는 경우에는 선수나 선미측에서 신체를 확보하고 배의 균형 유지에 주의한다.
④ 잠수대원은 스쿠버장비를 사용하여 잠수 중 긴급 부상할 때에는 감압증을 방지하기 위하여 반드시 숨을 쉬면서 부상한다.

17 견인부목을 사용할 수 있는 경우로 옳은 것은? <small>소방교 제외</small>

① 엉덩이나 골반 손상
② 무릎이나 무릎 인접부분 손상
③ 넙다리뼈 손상
④ 발목 손상

18 소방장비관리법 시행령에서 정한 구급장비의 구분과 품목으로 옳지 않은 것은?

① 환자평가장비 : 신체검진기구, 환자분류표 등
② 활동보조장비 : 기록장비, 대원보호장비, 일반보조장비 등
③ 응급처치장비 : 기도확보유지기구, 호흡유지기구, 심장박동회복기구 등
④ 감염방지장비 : 감염방지기구, 장비소독기구 등

19 환자를 이송하는 자세를 설명한 것으로 옳은 것은?

① 머리나 척추손상이 없는 무의식 환자는 앙와위로 이송한다.
② 임신기간이 6개월 이상인 임부는 좌측위로 이송한다.
③ 호흡곤란이나 가슴통증이 있는 환자는 가슴통증에 대비하여 쇼크체위로 이송한다.
④ 쇼크환자는 머리를 20~30cm 올린 후 앙와위로 이송한다.

20 이물질에 의한 기도의 부분 폐쇄로 인해 호흡곤란이 있으나 말은 할 수 있는 상태이다. 어떤 조치를 해야 하는가?

① 구강대 구강법
② 흉부압박법
③ 기침을 유도
④ 복부압박법

21 특수한 법률과 응급구조사가 속해 있는 단체에서의 권장사항에 따른 응급구조사의 치료기준을 무엇이라고 하는가?

① 사회관행으로 정해진 기준
② 법률에 의해 정해진 기준
③ 전문적 기준
④ 제도화된 기준

22 맥박의 양상과 그 원인을 바르게 연결한 것은?

① 빠르고 규칙적이며, 강함 : 쇼크, 출혈 후기
② 빠르고 규칙적이며, 약함 : 운동, 공포, 열
③ 느림 : 머리손상, 소아의 산소결핍
④ 불규칙적 : 중증 저체온증, 심전도계 문제

23 구급차 현장 출동 시 차량주차 원칙과 관련하여 옳지 않은 것은?

① 차량화재가 있는 경우에는 화재차량으로부터 30m 밖에 위치시킨다.
② 유독가스가 누출되는 경우에는 바람을 등진 방향에 위치시킨다.
③ 구급차량의 전면이 주행차량의 전면을 향한 경우에는 경광등을 끄고, 전조등과 비상등만 작동시킨다.
④ 폭발물이나 유류를 적재한 차량으로부터는 600~800m밖에 위치한다.

24 결핵전파 경로가 아닌 것은?

① 공 기
② 혈 액
③ 오염된 물질
④ 기침으로 인한 비말

25 인공호흡과 순환평가에 대한 설명으로 옳지 않은 것은? 소방교 제외

① 맥박이 없다면 가슴압박을 실시해야 하며 맥박은 있으나 호흡이 없다면 성인, 소아, 영아의 경우 10~12회/분으로 인공호흡을 실시해야 한다.
② 가슴이 충분히 올라올 정도로 2회 인공호흡(1회 1초간)을 실시한다.
③ 통상 1회 호흡량은 6~7ml/kg(성인에서는 500~600ml)로 1회 정도에 걸쳐 불어넣어야 한다.
④ 만약, 첫 인공호흡이 성공한다면 기도 개방상태를 확인하고 맥박을 평가해야 한다.

제21회 최종모의고사

01. 화재조사 및 보고규정 상 내용으로 옳지 않은 것은?

① 건물의 소실면적 산정은 소실 바닥면적으로 산정한다.
② "출동"이란 화재를 접수하고 상황실로부터 출동지령을 받아 소방대가 차고 등에서 출발하는 것을 말한다.
③ 화재현장과 기타 관계있는 장소에 출입할 때에는 관계인등의 동의 하에 실시하는 것을 원칙으로 한다.
④ 발화지점이 한 곳인 화재현장이 둘 이상의 관할구역에 걸친 화재는 발화지점이 속한 소방서에서 1건의 화재로 산정한다.

02. 열의 전달 중 전도에 대한 설명으로 옳은 것은?

① 모든 열의 전달은 따뜻한 곳에서 차가운 곳으로 흐르는 것을 의미한다.
② 전도의 대표적인 예로 난로 옆에 서면 따뜻해지는 현상을 들 수 있다.
③ 완전 진공 상태에선 열이 전달되지 않으며, 고체는 기체보다 열전도율이 높다.
④ 전도는 대부분의 노출화재의 원인이다.

03. 백드래프트의 위험으로부터 소방관을 보호할 수 있는 가장 효과적인 방법은?

① 배연(지붕환기)
② 급냉(담금질)
③ 공기차단 지연
④ 측면공격

04. 질식소화법과 관계없는 것은?

① 유전화재진압과 같이 화점 가까이에서 폭발물을 폭파시켜 주변 공기를 일시에 소진(진공상태)되게 하여 소화하는 방법
② 공기보다 무거운 불연성기체를 연소물 위에 덮어 불연성기체와 산소가 희석 또는 차단되게 하여 소화하는 방법
③ 불연성가스 또는 물속에서도 연소가 계속될 때(금속화재) 건조사로 덮어 소화하는 경우
④ 가연성가스화재인 경우 가연성가스의 공급을 차단시켜 소화하는 방법

05. 현장대응활동 검토회의에 관한 사항으로 옳지 않은 것은?

① 소방본부장은 매년 시·도 검토회의 시행 계획을 수립하여 소방청장에게 보고하여야 한다.
② 검토회의는 사고발생일로부터 10일 이내에 개최한다.

③ 회의 주재는 관할 소방서장이 하되 필요한 경우 소방본부장이 할 수 있다.
④ 예방업무 담당공무원은 검토회의 참석자이다.

06 비중이 물보다 큰 중유(重油)등의 유류화재 시 물 소화약제를 무상으로 방사하거나, 포소화약제를 방사하는 경우 유류표면에 엷은 층이 형성되어 공기 중 산소공급을 차단시켜 소화하는 방법은?

① 질식소화법
② 제거소화법
③ 유화소화법
④ 냉각소화법

07 연소속도에 대한 설명으로 옳지 않은 것은?
<소방교 제외>

① 가연물질에 공기가 공급되어 연소가 되면서 반응하여 연소생성물을 생성할 때의 반응속도이며 연소생성물 중에서 불연성 물질인 질소(N_2), 물(H_2O), 일산화탄소(CO) 등의 농도가 높아져서 가연물질에 산소가 공급되는 것을 억제시킴으로써 연소속도는 느려진다.
② 연소속도에 영향을 미치는 요인으로는 가연물의 온도, 산소의 농도에 따라 가연물질과 접촉하는 속도, 산화반응을 일으키는 속도, 촉매, 압력 등이 있다.
③ 온도가 높아질수록 반응속도가 상승하며, 압력을 증가시키면 단위부피 중의 입자수가 증가하므로 결국 기체의 농도가 증가하므로 반응속도도 상승한다.
④ 촉매는 반응속도를 변화시키는 물질로서 반응속도를 빠르게 하는 정촉매와 반응속도를 느리게 하는 부촉매가 있다.

08 화재진압 시 공격에서 방어 모드로 전략을 변경할 때 활용되는 RECEO 5원칙에 관한 내용으로 옳은 것은?

① 생명보호 → 내부확대방지 → 외부확대방지 → 화점진압 → 정밀검색 및 잔화정리
② 생명보호 → 외부확대방지 → 내부확대방지 → 화점진압 → 정밀검색 및 잔화정리
③ 생명보호 → 외부확대방지 → 화점진압 → 내부확대방지 → 정밀검색 및 잔화정리
④ 생명보호 → 내부확대방지 → 외부확대방지 → 화점진압 → 정밀검색 및 잔화정리

09 제2류위험물의 일반적인 성질로 옳지 않은 것은?

① 황화린은 공기 중에서 발화하는 성질을 가지고 있다.
② 모두 연소하기 쉬운 가연성 고체이고, 비교적 저온에서 발화한다.
③ 물질 자체가 유독하진 않지만, 연소할 때 유독가스를 발생한다.
④ 직사, 분무방수, 포말소화, 건조사로 소화하지만, 고압방수에 의한 위험물의 비산은 피한다.

10 유해화학물질 비상대응 핸드북 색인별 유해물질 목록 중 주황색은 어떤 내용인가?

① 안전거리/물과의 반응
② UN번호
③ CAS번호
④ 대응방법

11 화재와 관계되는 물건의 형상, 구조, 재질, 성분, 성질 등 이와 관련된 모든 현상에 대하여 과학적 방법에 의한 필요한 실험을 행하고 그 결과를 근거로 화재원인을 밝히는 자료를 얻는 것을 무엇이라 하는가?

① 조 사
② 감 식
③ 분 석
④ 감 정

12 물소화약제의 첨가제 중 중유나 엔진오일 등은 인화점이 높은 고(高)비점 유류이므로 화재 시 Emulsion형성을 증가시키기 위해 계면활성제(Poly Oxyethylene Alkylether)를 첨가하여 사용하는 약제는? 소방교 제외

① 증점제
② 동결방지제
③ 침투제
④ 유화제

13 매듭의 종류 중 움켜매기에 대한 설명으로 옳은 것은?

① 로프의 끝에서 꼬임의 풀림을 방지하기 위한 묶기 방법
② 한 로프를 다른 로프와 서로 연결하는 방법
③ 로프를 지지물 또는 특정 물건에 묶는 방법
④ 로프의 끝이나 중간에 마디나 매듭·고리를 만드는 방법

14 수중탐색 중 시야가 좋지 않고 면적이 넓은 지역에서 유용한 탐색 방법은?

① 직선탐색
② 원형탐색
③ 반원탐색
④ 소용돌이탐색

15 중량물 작업용 장비 중 에어백 세트의 사용상 주의사항으로 옳지 않은 것은?

① 2개의 에어백을 겹쳐 사용하면 부양되는 높이에 비례하여 능력이 증가한다.
② 소형 에어백과 대형에어백을 겹쳐서 사용하여도 최대 부양능력이 소형 에어백의 능력을 초과하지 못한다.
③ 에어백은 단단하고 평탄한 곳에 설치하고 날카롭거나 고온인 물체가 직접 닿지 않도록 한다.
④ 에어백은 둥글게 부풀어 오르므로 들어올리고자 하는 물체가 넘어질 수 있으므로 버팀목을 필수적으로 사용한다.

16 호흡계 질환에 따른 질병 중 만성심부전에 대한 설명으로 옳은 것은? 소방교 제외

① 알레르기, 운동, 정신적인 스트레스, 세기관지 수축, 점액 분비로 일어난다.
② 과도한 분비물과 허파꽈리가 손상 받아 허파에서의 공기이동을 저하시킨다.
③ 허파순환이 저하되어 허파부종을 일으킨다.
④ 허파꽈리벽을 파괴하고 탄력성을 떨어뜨린다.

17 복통환자 처치로 옳지 않은 것은?

소방교 제외

① 1차 평가 동안 기도를 유지한다. 의식변화가 있다면 기도를 유지해야 하며 복통환자인 경우 구토를 할 수 있으므로 필요 시 흡인해야 한다.
② 비재호흡마스크를 통해 분당 10~15ℓ의 산소를 공급한다.
③ 환자가 편하다고 생각하는 자세를 취해준다. 그러나 쇼크 또는 기도유지에 문제가 있다면 상태에 따른 자세를 취해줘야 한다.
④ 복통 또는 불편감을 호소하는 환자에게는 소화제 등 응급약을 복용시킨다.

18 순환계 중 혈관에 관한 설명으로 옳지 않은 것은?

① 대동맥은 인체 내에 가장 큰 동맥으로 모든 동맥은 대동맥으로부터 혈액을 공급받는다.
② 동맥은 심장으로부터 조직으로 혈액을 이동시키며 오른심실에서 허파로 혈액을 이동시키는 허파동맥을 포함한 모든 동맥은 산소가 풍부한 혈액으로 되어 있다.
③ 정맥은 낮은 압력을 받으며 얇은 벽으로 구성되어 있으며 낮은 압력 때문에 발생하는 혈액의 역류를 막아주는 판막이 있다.
④ 혈액은 오른심방으로 혈액을 운반하는 위·아래 대정맥으로 최종적으로 흘러간다.

19 소아의 경우 기도유지를 위해서 유의해야 할 사항으로 옳지 않은 것은?

① 흡인을 할 때 25초 이상 흡인하면 안 된다.
② BVM을 이용할 때에는 많은 양과 압력은 피하고 가슴을 약간 들어올리는 정도로만 한다.
③ 얼굴에 맞는 크기의 마스크를 사용해야 한다.
④ 산소를 강제적으로 환기하는 기구는 영아와 아동에게 사용해서는 안 된다.

20 호흡계에 대한 설명으로 옳지 않은 것은?

① 신체조직에 필요한 산소를 공급하고 이산화탄소와 노폐물을 배출한다.
② 이산화탄소나 노폐물은 폐정맥을 통해서 허파로 전달된다.
③ 모세혈관으로 운반된 노폐물이나 이산화탄소는 허파꽈리(폐포) 내로 배출되어 외부로 방출된다.
④ 주요 장기는 코, 입, 인후, 후두기관, 기관지, 허파로 구성된다.

21 다음에서 설명하는 호흡유지장비로 옳은 것은?

- 심한 저산소증 환자에게 고농도의 산소를 제공하기에 적합하다.
- 산소저장주머니가 달려있어 호흡 시 100%에 가까운 산소를 제공할 수 있다.

① 벤튜리 마스크
② 비재호흡마스크
③ 단순 얼굴 마스크
④ 코 삽입관

22 화상환자에 대한 응급처치 내용이다. 옳지 못한 것은? 소방교 제외

① 피부에 직접 녹아 부착된 합성물질 등이 있다면 떼어내려고 시도하지 말아야 한다.
② 전기화상의 경우 전기 충격으로 심각한 근골격 수축이 나타나므로 골절 및 손상에 따른 척추 고정 및 부목 고정이 필요하다.
③ 화학화상의 경우 눈이나 얼굴을 씻어낸 물이 다른 정상 눈에 들어가지 않도록 주의해야 한다.
④ 중증화상은 체온유지기능을 저하시키기 때문에 즉시 체온을 떨어뜨린다.

23 차가운 물에 빠진 사람이 저체온증일 때 조치해야 할 사항으로 옳지 않은 것은? 소방교 제외

① 다량의 산소공급
② 들것에 고정
③ 기도유지 및 필요시 흡인
④ 이불로 덮어주고 팔다리를 주물러 준다.

24 오염통제구역에서의 구급활동으로 옳은 것은?

① 구급처치는 기본인명소생술로 기도, 호흡, 순환(지혈), 경추 고정, CPR, 전신 중독 평가 및 처치가 포함된다.
② 대량 환자의 경우 중증도 분류를 통해 환자를 분류한 후 우선순위에 따라 병원으로 이송해야 한다.
③ 빠른 환자 이동(단, 척추손상 환자 시 빠른 척추고정 적용)
④ 환자의 추가 호흡기계 오염을 방지하기 위한 독립적 호흡장치(SCBA) 사용

25 기본소생술에 관한 설명으로 옳지 않은 것은? 소방교 제외

① 환자가 무의식이며 호흡이 없고 아주 약한 맥박이 느껴진다면 신속하게 CPR을 실시한다.
② 머리, 목, 척추 손상 등이 의심되는 환자에게 사용되는 기도개방 처치법은 턱밀어올리기법이다.
③ 압박깊이에 있어서 보통 체격의 성인에서는 가슴압박 깊이가 약 5cm가 되어야 한다. 소아와 영아에서는 가슴 전후직경의 1/3정도가 압박되도록 압박한다.
④ 심폐소생술을 장시간 계속하여 처치자가 지쳐서 더 이상 심폐소생술을 계속할 수 없는 경우 CPR을 중단할 수 있다.

22 제22회 최종모의고사

01 소화약제로서 물의 특성으로 옳지 않은 것은? <소방교 제외>

① 물은 기화잠열과 비열이 작아 냉각효과가 크다.
② 가격이 싸고 어디에서나 쉽게 구할 수 있다.
③ 침투성이 높기 때문에 어떠한 소화제보다 소화효과가 크다.
④ 물은 증발될 때 증기로 바뀌면 그 체적이 약 1,700배 이상 커진다.

02 현장지휘관의 책임완수를 위해 요구되는 의사결정능력으로 옳지 않은 것은?

① 가정과 사실의 구별
② 현장작전상황의 환류를 통한 작전계획의 일관성 있는 자세
③ 표준대응방법의 개발
④ 행동개시 후에는 즉시 관리자의 역할로 복귀

03 소방호스 지지 및 결속에 대한 내용을 설명한 것으로 옳은 것은?

① 소방호스의 지지, 고정은 소방호스에 로프로 감아매기를 하는 것이 효과적이며 원칙으로 1본에 1개소를 고정한다.
② 소방호스의 지지점은 결합부의 바로 위가 가장 효과적이다.
③ 4층 이상의 경우는 진입층 및 중간층에서 고정한다.
④ 로프를 매달아 고정할 때는 소방호스보다도 로프 신장률이 크므로 로프 쪽을 길게 한다.

04 고속분무주수방법에 관한 설명으로 옳지 않은 것은?

① 주수 위치를 변경할 경우는 일시 중지하고 이동한다.
② 주수범위가 직사주수보다 넓다.
③ 관창압력 $3kg/cm^2$, 관창 전개각도 $30°$ 정도를 원칙으로 한다.
④ 반동력의 감소에 유의한다. 관창 뒤 2m 정도에 여유소방호스를 직경 1.5m 정도의 원이 되도록 하면 반동력은 약 $1kg/cm^2$ 정도 줄게 된다.

05 독극물 누출 시 활동 중에 숨이 막히고 눈의 통증 등의 이상을 느낀 경우에 취할 수 있는 조치사항으로 옳지 않은 것은?

① 특단의 방호 기자재를 휴대하고 있지 않은 경우는 호흡을 얕게 하고 손수건, 상의 등으로 입을 막고 풍상방향 등 위험성이 적은 방향으로 피한다.
② 공기호흡기의 면체를 착용하기 전에 이상을 느낀 경우는 용기의 밸브를 개방하면서 면체를 강하게 당겨 확실하게 착용한다.

③ 공기호흡기의 면체를 착용한 상태로 냄새 등의 이상을 감지한 경우는 용기밸브의 개방조작을 실시하고 신속하게 위험성이 적은 장소로 탈출한다.
④ 위험구역 외로 탈출한 대원은 신체상 이상 유무를 확인하고 지휘자에게 보고한다.

06 소방전술의 유형에 대한 설명으로 옳은 것은?

① 포위전술은 관창을 화점에 포위배치하여 진압하는 형태로 방어적 개념의 전술이다.
② 블록전술은 화점이 있는 블록(Block)을 기준으로 포위 진입하는 공격적 개념의 전술이다.
③ 중점전술은 부대가 일시에 집중적으로 진화하는 형태의 전술이다.
④ 공격전술은 관창을 화점에 진입 배치하는 전술형태이다.

07 제5류위험물 특성 및 소화방법으로 옳지 않은 것은? 소방교 제외

① 자기 연소성 물질이므로 질식소화는 효과가 없다.
② 질산에틸, 질산메틸은 극히 인화하기 쉬운 액체이고 가열에 의한 폭발위험이 있다.
③ 일반적으로 소량방수에 의하여 냉각소화 한다.
④ 니트로셀룰로이드는 가열, 충격, 마찰에 의하여 폭발위험이 있다.

08 할로겐화합물 및 불활성기체 소화약제 중 다음 설명에 해당하는 것은? 소방교 제외

- 미국의 Du Pont사가 FE-25라는 상품명으로 개발한 전역방출방식용의 할론 대체 소화약제이다.
- 할론1301과 아주 유사한 물성을 지니고 있다.
- NOAEL은 소화농도보다 낮기 때문에 거실에서는 사용할 수 없다.
- 이 물질은 기존의 전역방출방식 시설을 약간 보완만 하면 그대로 사용할 수 있는 장점이 있다. 다만 설계농도를 약 12vol%로 유지해야 하므로 더 큰 저장 용기가 필요하다.

① FC-3-1-10(플루오르부탄)
② HCFC BLEND A(하이드로클로로 플루오르카본 혼합제)
③ HFC-125(펜타플루오르에탄)
④ HFC-227ea(헵타플루오르프로판)

09 연소용 공기량 계산 중 다음이 설명하는 것은 어느 것인가? 소방교 제외

가연물질을 완전연소시키기 위해서 필요한 최소의 산소량

① 실제공기량
② 이론공기량
③ 과잉공기량
④ 이론산소량

10 재해(사고)발생의 이론을 설명한 것으로 옳지 않은 것은?

① 하인리히(H. W. Heinrich)는 사고의 직접원인이 되는 불안전한 행동과 상태를 제거하면 재해는 일어나지 않는다고 강조하였다.
② 버드(Frank Bird)가 주장한 기본원인은 4개의 M이다.
③ 하인리히(H. W. Heinrich)는 사고발생과정을 5개의 골패원리로써 설명하였다.
④ 버드(Frank Bird)는 직접원인보다 기본원인을 제어하는 것을 강조하였다.

11 「화재조사 및 보고규정」에서 정하고 있는 비품 등 단기간 소비성물품에 대한 최종잔가율은 얼마를 적용하도록 되어있는가?

① 10% ② 20%
③ 30% ④ 40%

12 연소(Combustion)의 정의에 대한 설명으로 옳지 않은 것은? 〔소방교 제외〕

① 연소란 「가연성의 물질과 산소와의 혼합계에 있어서 산화반응에 따른 발열량이 그 계로부터 방출되는 열량을 능가함으로써 그 계의 온도가 상승하여 그 결과로써 발생되는 열 방사선의 파장의 강도가 빛으로서 육안에 감지하게 된 것이며 화염을 수반하는 것이 보통이다.」라 말한다.
② 산화제란 산소를 발생시켜 다른 물질의 연소를 발생시키거나 또는 증가시킬 수 있는 물질을 말하며, 대표적으로 염소와 과산화수소가 이에 해당한다.
③ 가연성가스와 공기의 혼합가스가 점화하기 위한 최소점화에너지(최소착화에너지)는 약 0.001~1[mJ]이다.
④ 최소점화에너지로는 충격·마찰·자연발화·전기불꽃·정전기·고온표면·단열압축·자외선·충격파·낙뢰·나화·기화열 등에 의해 공급된다.

13 구조활동, 훈련 등을 위하여 설치하는 현수로프의 설정으로 옳은 것은?

① 로프는 한겹으로 사용하는 것을 원칙으로 한다.
② 길이는 3m 이상 남는 것이 적정하다.
③ 구조활동에 사용할 수 있을 정도의 길이가 좋다.
④ 지면에서 약 1m 이상의 높이가 적정하다.

14 수상에서의 직접구조 방법 중 의식 있는 사람을 구조하는 방법으로 옳은 것은?

① 가슴잡이
② 한 겨드랑이 끌기
③ 손목 끌기
④ 두 겨드랑이 끌기

15 엘리베이터가 최상층이나 최하층에 근접할 때에, 자동적으로 엘리베이터를 정지시켜 과주행을 방지하는 장치는?

① 전자브레이크
② 리미트 스위치
③ 화이널 리미트 스위치
④ 비상정지장치

16 심장충격기 적응성의 부정맥을 나열한 것이다. 이 중에서 심장충격을 실시하여야 하는 가장 이상적인 부정맥으로 옳은 것은?

① 무맥성 심실빈맥 및 심방세동
② 심실세동 및 맥박성 심실빈맥
③ 무맥성 심실빈맥 및 심실세동
④ 심방세동 및 맥박성 심실빈맥

17 119법 시행령상 국제구조대·국제구급대에 관한 규정으로 옳은 것은?

① 소방청장은 국제구조대·국제구급대의 효율적 운영을 위하여 필요한 경우 국제구조대·국제구급대를 시·도 소방본부에 설치하는 직할구조대에 설치할 수 있다.
② 소방청장은 철수한 국제구조대원·국제구급대원에 대하여 부상, 감염병, 외상 후 스트레스 장애 등에 대한 검진을 할 수 있다.
③ 안전평가, 상담, 응급처치, 응급이송, 시설관리, 공보연락 등의 임무는 국제구조대와 국제구급대의 공통된 임무이다.
④ 국제구조대·국제구급대의 파견 규모 및 기간은 재난유형과 파견지역의 피해 등을 종합적으로 고려하여 행정안전부장관과 협의하여 소방청장이 정한다.

18 생체징후에 관한 내용으로 옳지 않은 것은?

① 소아는 정상 맥박보다 느린 경우에는 기도와 호흡을 즉각적으로 평가해야 한다. 산소가 결핍될 경우 심장마비 전에 느린맥이 나타나기 때문이다.
② 무의식 환자의 호흡수가 5~10초간 없다면 즉시 포켓마스크나 BVM으로 인공호흡을 시작하고 입인두 또는 코인두기도기 삽관을 고려해야 한다.
③ 똑같은 혈압이라도 여자 운동선수의 혈압이 80/60이 나오는 것과 노인의 혈압이 똑같이 나오는 것은 다르며 이 경우 노인은 위험한 상태이다.
④ 빛을 비추면 동공이 이완되고 빛을 치우면 다시 수축되어야 한다. 재평가를 하기 위해서는 1~2초 후에 실시해야 한다.

19 기도유지에 관한 내용으로 옳지 않은 것은?

① 호흡곤란 및 호흡부전 시 기본 처치 과정으로 호흡이 없는 환자에게는 인공호흡을 실시하고 부적절한 호흡을 하는 환자에게 양압환기를 제공한다.
② 흡인 후 인공호흡 또는 산소 공급이 제대로 이루어지는지 확인하고 15초 흡인하면 양압환기를 2분간 실시해야 한다.
③ 기도유지 보조기구 사용 시 만약 환자에게 구역반사가 나타나면 산소공급을 위해 신속히 기도기를 삽입한다.
④ 외상환자에게 BVM을 이용할 때는 머리기울임/턱들어올리기방법 대신 턱 밀어올리기방법을 실시해야 하며 다른 대원은 한 손으로 마스크를 밀착시키고 다른 손으로 인공호흡을 제공해야 한다.

20 구급대원이 구급출동 요청을 거절할 수 있는 경우가 아닌 것은?

① 만성질환자가 병원입원을 목적으로 한 이송요청
② 가나산부인과 의원에서 의사가 동승하여 다라종합병원으로 이송을 요청한 응급환자
③ 호흡이 안정되고, 체온이 섭씨 38도 미만인 단순 감기환자
④ 넘어져서 손과 무릎에 찰과상을 입었으나 지속적인 출혈은 없는 환자

21 열손상 유형에 대한 설명으로 옳은 것은? 소방교 제외

① 땀을 흘려 전해질(특히, 나트륨) 부족으로 나타나며 근육경련이 발생할 수 있지만 심각하지 않은 유형을 일사병이라고 부른다.
② 열사병의 경우 피부가 정상이거나 차갑고 창백하며 축축하다.
③ 일사병 환자의 경우 피부는 뜨겁고 건조하며, 의식은 혼돈상태에서 무의식까지 다양하다.
④ 열사병은 여름철에 어린아이나 노약자에게 많이 일어나며 보통 며칠에 걸쳐 진행된다.

22 피부에 관한 설명으로 옳은 것은? 소방교 제외

① 찰과상은 표피가 긁히거나 마찰된 상태로 보통은 진피까지 손상을 입은 것을 말한다.
② 큰 혈관 손상을 동반한 찰과상은 치명적이며 얼굴, 머리, 생식기 부위 등 혈액 공급이 풍부한 곳은 출혈량이 많다.
③ 혈종은 타박상과 비슷하나 표피와 진피 조직층에 좀 더 큰 혈관과 조직손상으로 나타난다.
④ 폐쇄성 압좌상은 피부가 파열되어 찢겨진 형태로 연부조직, 내부 장기, 그리고 뼈까지 광범위하게 손상을 나타낸다.

23 열손상 환자의 증상 및 징후가 아닌 것은? 소방교 제외

① 근육경련과 두통
② 빠른맥과 경련
③ 느린호흡과 의식장애
④ 뜨겁고 건조하며 축축한 피부

24 '소아생존사슬'의 구성요소가 아닌 것은? 소방교 제외

① 심정지의 적절한 예방
② 효과적 전문소생술
③ 신속한 심폐소생술
④ 신속한 심장충격

25 병원에 도착하기 전에 심폐소생술을 종료할 수 있는 경우로 옳은 것은? 소방교 제외

① 체온이 35℃ 이하인 경우
② 장시간의 심폐소생술로 구조자가 지친 경우
③ 15분간 심폐소생술을 시행해도 반응이 없는 경우
④ 출혈이 심하여 소생가능성이 희박할 때

제23회 최종모의고사

01 물의 물리적 성질에 대한 설명으로 옳은 것은? <small>소방교 제외</small>

① 물은 상온에서 비교적 안정한 액체로 자연 상태에서는 액체, 고체(얼음)의 두 가지 형태로 존재한다.
② 0℃의 얼음 1g이 0℃의 액체 물로 변하는 데 필요한 용융열(용융 잠열)은 539.6cal/g 이다.
③ 100℃의 액체 물 1g을 100℃의 수증기로 만드는 데 필요한 열량인 증발 잠열(기화열)은 79.7cal/g으로 다른 물질에 비해 매우 큰 편이다.
④ 대기압 하에서 100℃의 물이 액체에서 수증기로 바뀌면 체적은 약 1,700배 정도 증가한다.

02 유리파괴 시 유의사항으로 옳지 않은 것은?

① 경계구역은 풍속 15m 이상의 경우는 파괴하는 창의 높이를 반경으로 하고 풍속 15m 미만인 때는 창의 높이의 1/2을 반경으로 한다.
② 판유리의 파괴순서는 유리의 중량을 고려하여 횡부분부터 윗부분으로 파괴한다.
③ 옥내에 진입할 수 없는 경우는 유리파편이 실내에 떨어지도록 파괴한다.
④ 창의 파괴에 의해서 백드래프트 또는 플래시오버를 일으킬 염려가 있는 경우 몸의 위치를 창의 측면이 되도록 한다.

03 공격적 내부진압 전술의 구성요소에 대한 설명으로 옳지 않은 것은?

① 소방관들은 출입구로 진입하여 연소 중인 건물이나 복도로 호스를 전개해야 한다.
② 소방관들은 하나의 65mm 관창을 전개한다.
③ 소방관들은 소화전과 같이 지속적인 소방용수 공급원보다는 제한된 소방용수 환경에서 화재를 진압해야 한다.
④ 소방관들은 문을 개방하기도 하고, 내부에 불길이 있을 때 문을 닫아야 하는 경우도 있다.

04 화재성상별 관창 배치의 우선순위에 관한 설명 중 옳지 않은 것은?

① 제1성장기의 경우는 옥내에 진입하여 화점을 일거에 소화한다.
② 인접건물 간격이 좁은 경우는 위험도에 따라서 배치하며 경사지에 있으면 낮은 측을 우선한다.
③ 제2성장기의 경우는 옥내에 진입하되, 2층 이상 건물의 경우는 고층부분을 중점으로 하고 단층일 때는 천장 속을 중점으로 한다.
④ 최성기의 경우는 연소 건물의 풍하측에 우선으로 배치하고 풍횡측, 풍상측의 순으로 포위한다.

05 짙은 연기 내 진입방법에 대한 설명으로 옳은 것은?

① 2개 이상의 계단통로가 있고 급기계단, 배기계단으로 나뉘어 있을 때는 배기측 계단으로 진입한다.
② 불꽃이 보이는 실내에서는 화점에 신속하게 방수를 실시한다.
③ 면체는 공기의 낭비를 피하기 위해 진입 직전에 대기압에서 양압으로 전환한다.
④ 어두운 곳에 진입할 때는 조명기구로 전방을 조명하면서 자세를 낮추고 벽체 등을 따라 진입한다.

06 방사능 누출 시 응급조치의 내용으로 옳지 않은 것은?

① 오염은 다량의 물과 비눗물(알카리성보다 산성 쪽이 효과가 있다)에 의한 세척이 효과적이다.
② 체내 피폭 시 또는 피폭 염려가 있는 방사선 오염구역에서 소방활동을 한 경우는 오염검출 후 양치질을 실시함과 동시에 피폭상황에 따라 구토시킨다.
③ 소방대원은 오염검사가 종료되고 지시가 있을 때까지 절대로 흡연 및 음식물 섭취를 하지 않는다.
④ 출혈은 체내로 방사성물질이 침투하게 할 수 있으므로 생명에 위험이 없는 경우에는 지혈을 실시한다.

07 가연물질의 구비조건으로 적절하지 않은 것은? [소방교 제외]

① 화학반응을 일으킬 때 필요한 최소의 에너지(활성화 에너지)의 값이 작아야 한다.
② 산소와 접촉할 수 있는 표면적이 큰 물질이어야 한다.
③ 열의 축적이 용이하도록 열전도의 값이 적어야 한다.
④ 열전도율은 기체 > 액체 > 고체 순서로 커지므로 연소순서이다.

08 금속화재용 분말 소화약제가 가져야 할 약제의 성질로 옳지 않은 것은? [소방교 제외]

① 고온에 견딜 수 있을 것
② 약제로는 흑연, 탄산나트륨, 염화나트륨, 활석(talc) 등이 있다.
③ 요철 있는 금속 표면을 피복할 수 있을 것
④ 금속이 용융된 경우에는 용융 액면상에 가라앉을 것

09 제3종 분말 소화약제의 설명으로 옳지 않은 것은? [소방교 제외]

① A급, B급, C급의 화재에도 사용할 수 있기 때문에 ABC 분말 소화약제라고도 부른다.
② 주성분은 알칼리성의 제1인산암모늄이며, 약제는 담홍색으로 착색되어 있다.
③ 오쏘인산에 의한 섬유소에 의한 방진효과가 있다.
④ 제1인산암모늄은 열에 불안정하며 150℃ 정도에서 열분해가 시작된다.

10 방사선 위험구역의 설정 시 공간방사선량률이 자연방사선준위(0.1~0.2μSv/h) 이상 20μSv/h 미만인 지역으로 비상대응조치를 수행하기에 필요한 공간으로 옳은 것은?

① 방사선관리구역 ② Hot Zone
③ Warm Zone   ④ Cold Zone

11 항공기 화재 대응절차에 관한 설명이다. 옳은 것은? 〔소방교·장 제외〕

① 화재진압은 풍하 또는 기수측부터 수행하며 풍향과 기체의 방향이 다를 경우 풍상 또는 풍횡에서 진압한다.
② 소방대는 방수 시 관창 65mm로 3인 이상이 고속분무주수를 실시한다.
③ 항공기 타이어 화재 발생 시, 진입은 휠과 직선으로(휠 축방향) 접근한다.
④ 대형항공기의 경우 내부 승객 구조 시 사다리를 이용하여 진입이 가능하며, 비상문과 출입문은 내부에 개폐장치가 있다.

12 LPG가스가 누출되어 화재가 발생되었을 경우 연소형태로 옳은 것은? 〔소방교 제외〕

① 확산연소   ② 증발연소
③ 표면연소   ④ 예혼합연소

13 등반기를 대신하여 활용할 수 있는 로프 매듭법은?

① 두겹줄사다리매듭
② 말뚝매듭(이중말뚝매듭)
③ 두겹8자매듭
④ 감아매기(비상매듭)

14 수중탐색 시 탐색 형태에 관한 설명으로 옳지 않은 것은?

① 왕복탐색은 시야가 좋고 탐색면적이 넓을 때 사용하는 방법이다. 실제 구조활동 시 두명의 다이버가 동시에 반대 방향으로 이동하면서 수색에 임한다.
② 소용돌이 탐색은 비교적 큰 물체를 탐색하는데 적합한 방법으로 탐색구역의 중앙에서 출발하여 이동거리를 조금씩 증가시키면서 매번 한 쪽 방향으로 90°씩 회전하며 탐색한다.
③ 원형탐색은 시야가 좋지 않으며 탐색면적이 좁고 수심이 깊을 때 사용하는 방법이다. 인원과 장비의 소요가 적은 반면 탐색할 수 있는 범위가 좁다.
④ 정박하고 있는 배에서 물건을 떨어뜨릴 경우 가라앉는 동안 수류가 흐르는 방향으로 약간 벗어나게 되기 때문에 수류의 역방향은 탐색할 필요가 없다. 이런 경우에 원형탐색을 한다면 비효율적이며 수류가 흘러가는 방향만을 반원탐색으로 탐색하는 것이 효과적이다.

15 엘리베이터의 구조활동 요령으로 옳지 않은 것은?

① 화재가 발생한 경우 빌딩 내의 카는 모두 피난층으로 집합시켜, 도어를 닫고 정지시켜 두는 것이 원칙이다.
② 카의 문턱이 승장의 문턱보다 60cm 이상 높거나 120cm 미만일 경우에는 승장에서 접는 사다리 등을 카 내로 넣어 구출한다.

③ 카 문턱과 승장의 문턱과의 거리 차가 큰 경우에는, 기어가 있는 권양기에 한하여 2인 이상의 훈련된 요원에 의해 구출하는 것이 원칙이다.
④ 유압식 엘리베이터에 있어서는 밸브의 조작에 의해 바닥높이를 조정하여 구출하는 방법도 있다.

18 멸균에 대한 설명으로 옳은 것은?

① 물리적, 화학적 과정을 통하여 모든 미생물을 완전하게 제거하고 파괴시키는 것
② 생물체가 아닌 환경으로부터 세균의 아포를 제외한 미생물을 제거하는 과정
③ 미생물 중 병원성 미생물을 사멸시키기 위한 물질
④ 진균과 박테리아의 아포를 포함한 모든 형태의 미생물을 파괴하는 것

16 실혈에 의한 쇼크를 저혈량성 쇼크라 한다. 증상 및 징후로 옳지 않은 것은? 〔소방교 제외〕

① 빛에 늦게 반응하며 축소된 동공
② 빠른 호흡, 빠르고 약한 맥박
③ 흥분, 혼돈, 의식변화
④ 차갑고 창백하며 축축한 피부

19 열사병 환자에게 적절하지 않은 응급처치는? 〔소방교 제외〕

① 시원하게 옷을 벗기고 느슨하게 한다.
② 목, 겨드랑이, 서혜부에 차가운 팩을 댄다.
③ 차가운 물로 몸을 축축하게 해주고(수건, 스펀지 이용) 부채질(선풍기)을 해준다.
④ 반응이 있고 구토가 없다면 앉혀서 물이나 이온음료를 마시게 한다.

17 다음 〈보기〉에서 설명하는 매듭의 종류로 옳은 것은?

┌─── 보기 ───┐
• 로프 중간에 고리를 만들 필요가 있을 경우에 사용
• 다른 매듭에 비하여 충격을 받은 경우에도 풀기가 쉬운 것이 장점
• 중간 부분이 손상된 로프를 임시로 사용하고자 하는 경우에 사용하면 손상된 부분에 힘이 가해지지 않아 응급대처가 가능
└─────────────┘

① 두겹8자매듭   ② 나비매듭
③ 두겹고정매듭 ④ 8자매듭

20 성폭행을 당한 환자가 있을 때 평가 및 처치방법으로 옳지 않은 것은? 〔소방교 제외〕

① 주변을 청소하거나 샤워하기 그리고 옷을 갈아입는 행동을 하지 않도록 미리 알려준다.
② 2차 평가에서 환자의 의학적·정신적인 면을 평가한다.
③ 증거(정액)확보를 위해 환자를 걷게 하면 안 되며 들 것을 이용해 이동한다.
④ 법적인 자료가 될 수 있으므로 기록에 유의한다.

21 내부출혈에 관한 설명으로 옳지 않은 것은? 소방교 제외

① 변형, 부종, 통증 호소 부위가 팔다리인 경우 부목으로 고정시켜주는 응급처치를 실시한다.
② 5m 이상 높이에서의 낙상이나 환자 키의 3배 이상의 높이에서 떨어진 경우는 특히 내부출혈의 위험이 크다.
③ 증상 및 징후로는 느린맥이 촉진된다.
④ 이송 중 5분마다 재평가를 실시해야 한다.

22 화상의 중증도 분류 중 중증에 해당하지 않는 것은? 소방교 제외

① 흡인화상이나 골절을 동반한 화상
② 발에 뜨거운 물을 쏟아 입은 3도 화상
③ 원통형화상이나 전기화상
④ 성인 분류상 중등도 화상에 해당되는 7세 아동화상

23 오토바이 사고현장에서 헬멧을 쓴 환자가 머리와 척추손상이 의심되지만 현재 기도나 호흡에 문제는 없다. 다음 중 응급처치로 옳지 않은 것은? 소방교 제외

① 기도 개방(턱 밀어올리기방법)을 유지한다.
② 환자의 자세와 우선순위에 의해 척추를 고정시킨다.
③ 악화 징후에 따른 기도, 호흡, 맥박, 의식 상태를 밀접하게 관찰해야 한다.
④ 한 명의 대원은 헬멧을 제거할 때까지 머리를 고정하고 다른 대원은 양쪽 귀가 나올 때까지 헬멧을 벌리면서 위로 잡아당긴다.

24 신생아 제대결찰 시 처지에 관한 사항으로 옳지 않은 것은? 소방교 제외

① 제대 결찰 전에 수분을 없애고 신생아 포로 전신을 감싸야 한다. 태지는 보호막이므로 물로 닦아서는 안 된다.
② 제대가 신생아의 목을 조이거나 CPR을 실시해야 하는 상황이 아니라면, 신생아의 정상 호흡 유무와, 제대에서 맥박이 뛰는 걸 확인한 후에 결찰한다.
③ 첫 번째 제대결찰기의 결찰높이는 신생아로부터 약 10cm 정도 떨어져 결찰한다.
④ 두 번째 제대결찰기의 결찰높이는 첫 번째 제대에서 신생아 쪽으로 5cm 정도 떨어져 결찰한다.

25 GCS 의식수준에 관한 내용으로 옳지 않은 것은? 소방교 제외

① GCS 의식수준은 현장도착 시점과 병원도착 시점의 환자의 의식수준을 평가하여 기록한다.
② 운동반응 항목의 검사방법은 언어지시와 통증자극이다.
③ 가장 낮은 점수는 1점이고, 가장 높은 점수는 5점이다.
④ 소리 자극에 눈을 뜸, 뿌리치는 행동, 질문에 적절하지 않은 답변 시 GCS 점수는 11점이다.

TEST 24 | 제24회 최종모의고사

01 소방활동에서 호스 내의 물의 마찰손실을 줄이면 보다 많은 양의 방수가 가능해지고 가는 호스로도 방수가 가능해지므로 소방관의 부담이 줄게 된다. 이와 같은 목적을 위해 첨가하는 약제는? 〈소방교 제외〉

① 침투제 ② Rapid water
③ 유화제 ④ 증점제

02 주상복합건물에 화재가 발생했다. 배연을 시도하기 위한 창문 파괴 시 경계구역을 설정하고자 한다. 창문의 높이는 16m이고 풍속은 11m로 불고 있다면 경계구역의 범위는?

① 16m ② 11m
③ 8m ④ 15m

03 화재현장에 도착하여 고정소화설비를 활용하고자 한다. 옳지 않은 것은?

① 연결송수관과 연결된 옥내 소화전으로부터 전개된 최초의 호스는 화재 발생 층이 아닌 그 아래층 소화전에 연결되어야 한다.
② 연결살수설비가 설치된 건물이면 스프링클러에 물이 공급되도록 연결송수관에 펌프차를 부서시키고 송수시키는 것이 우선순위 임무가 된다.
③ 연결살수설비와 연결송수관설비가 모두 설치된 건물인 경우에 화점 층에 진입하는 팀이 있을 때는, 연결살수설비에 우선적으로 물이 공급되도록 해야 한다.
④ 다층구조 건축물 화재에서 지나치게 많은 호스를 전개하는 것 때문에 진입한 대원이 순직한 사례가 종종 발생한다.

04 수직부분에 대한 경계관창의 배치의 설명으로 옳지 않은 것은?

① 에스컬레이터의 방화구획은 수평구획과 수직구획이 있는데, 수직구획은 상층에 열기가 강해 연소위험이 크므로 경계관창을 우선 배치한다.
② 옥내계단은 직상층의 계단실로 통하는 방화문을 개방하여 연기를 배출한다.
③ 닥트스페이스의 경계관창은 화점층, 직상층, 최상층에 배치한다.
④ 파이프샤프트 내에 연소하고 있을 때는 최상층, 점검구 혹은 옥상으로부터 주수한다.

05 다음 설명 중 옳지 않은 것은?

① 밀도는 물체의 질량을 부피로 나누어 산출하며 국제표준체계에서 kg/m^3, 영미체계에서는 lb/ft^3로 표현된다.
② 1보다 작은 비중을 갖는 액체는 물보다 가볍고 1보다 큰 비중을 갖는 액체는 물보다 무겁다.
③ 물체의 표면에 작용하는 압력이 감소하게 되면, 온도의 끓는점 역시 감소한다.
④ 산화제는 그 자체가 가연성으로 가연물과 결합할 때 연소를 돕는다.

06 소방의 화재조사에 관한 법령상 화재감정기관에 대한 규정으로 옳지 않은 것은?

① 소방청장은 감정기관으로 지정받은 자가 고의 또는 중대한 과실로 감정 결과를 사실과 다르게 작성한 경우 지정을 취소하여야 한다.
② 소방청장은 감정기관의 지정을 취소하려면 청문을 하여야 한다.
③ 화재감정기관의 지정기준 중 주된 기술인력은 시행령에서 정한 자격에 해당하는 사람을 2명 이상 보유하여야 한다.
④ 화재감정기관이 갖추어야 할 시설과 전문인력 등에 관한 세부적인 기준은 소방청장이 정하여 고시한다.

07 고층건물 화재 배연작전에 대한 설명으로 옳지 않은 것은?

① 굴뚝효과는 고층건물에서 공기의 흐름에 가장 큰 영향을 끼치며, 계단실 또는 엘리베이터 샤프트에서 가장 두드러진다.
② 주거용 고층건물 배연작업은 우선 열과 농연이 유입되고 있는 창문과 계단을 배연하고, 열쇠나 손으로 창문을 개방하거나 파괴한다.
③ 사무실용 고층화재 시 일반적으로 쓰이는 기본적 진압방법은 공조시스템을 차단하고 배연작용 없이 화재를 진압하는 것이다.
④ 상업용 고층건물에서 심각한 생명의 위험이 없고 화재를 통제할 수 없을 경우 신속히 배연을 실시한다.

08 분말 소화약제의 주성분이 아닌 것은? [소방교 제외]

① $NaHCO_3$ ② $KHCO_3$
③ $NH_4H_2PO_4$ ④ $Al_2(SO_4)_3$

09 다음 중 제3류위험물에 대한 설명으로 가장 옳지 않은 것은? [소방교 제외]

① 물과 작용하여 발열반응을 일으키거나 가연성 가스를 발생하여 연소하는 자연발화성 물질이며, 금수성 물질이다.
② 특히 금속칼륨, 금속나트륨은 공기 중에서 타고 물과 격렬하게 반응하여 폭발하는 경우가 있으므로 물, 습기에 접촉하지 않도록 석유 등의 보호액속에 저장한다.
③ 직접 소화방법으로서는 건조사로 질식소화 또는 분말소화제(1, 2, 3종)를 사용하는 정도이다.
④ 보호액인 석유가 연소할 경우에는 CO_2나 분말을 사용해도 좋다.

10 다음 중 폭발형태가 다른 것은? [소방교 제외]

① 분무폭발   ② 가스폭발
③ 증기폭발   ④ 분진폭발

11 재난사태 선포에 대한 내용이다. 옳지 않은 것은? 소방교·장 제외

① 행정안전부장관은 대통령령으로 정하는 재난이 발생하거나 발생할 우려가 있는 경우 사람의 생명·신체 및 재산에 미치는 중대한 영향이나 피해를 줄이기 위하여 긴급한 조치가 필요하다고 인정하면 중앙위원회의 심의를 거쳐 재난사태를 선포할 수 있다.
② 행정안전부장관은 재난상황이 긴급하여 중앙위원회의 심의를 거칠 시간적 여유가 없다고 인정하는 경우에는 중앙위원회의 심의를 거치지 아니하고 재난사태를 선포할 수 있다.
③ 행정안전부장관은 재난사태를 선포한 경우에는 지체 없이 중앙위원회의 승인을 받아야 하고, 승인을 받지 못하면 선포된 재난사태를 즉시 해제하여야 한다.
④ 행정안전부장관은 재난으로 인한 위험이 해소되었다고 인정하는 경우 또는 재난이 추가적으로 발생할 우려가 없어진 경우에는 중앙위원회의 승인을 받아 재난사태를 해제하여야 한다.

12 움켜매기(결착) 매듭법으로 옳지 않은 것은?

① 클램하이스트매듭
② 두겹고정매듭
③ 자아매기
④ 말뚝매기

13 진공펌프 동작 및 성능시험의 방법으로 옳게 연결 된 것은?

㉮ 모든 밸브가 닫혀 있는지 확인하고 시동 후 PTO를 작동시킨다.
㉯ 조작반 진공펌프 동작버튼을 눌러 작동하고 엔진 rpm 1200으로 조정한다.
㉰ 30초 작동 후 펌프 정지하고 연성계 지침 확인, 660mm/Hg 이하이면 정상이다.
㉱ 펌프작동 중 방수구에 손바닥을 대고 개방하여 흡입되는 감촉여부를 확인한다.
㉲ 방수구 흡입감촉은 펌프본체의 역류방지밸브 기능을 확인하는 것이다.

① ㉮ - ㉰ - ㉱ - ㉯ - ㉲
② ㉮ - ㉯ - ㉰ - ㉱ - ㉲
③ ㉮ - ㉰ - ㉯ - ㉱ - ㉲
④ ㉮ - ㉱ - ㉯ - ㉰ - ㉲

14 엘리베이터가 중간에서 정지할 때 구조대원이 수동조작으로 카를 안전위치로 이동시킬 수 있는 안전장치는 무엇인가?

① 완충기 조작레버
② 조속기
③ 비상정지장치
④ 비상제동조정장치

15 누출물질의 처리방법 중 화학적 방법에 대한 설명으로 옳지 않은 것은?

① 유화처리(Emulsification)는 오염물질의 친수성을 높이는 방법으로 처리한다. 주로 기름(Oil)이 누출되었을 경우에 사용하며, 특히 원유 등의 대량 누출 시에 적용한다. 환경오염문제로 논란이 될 수 있다.
② 중화(Neutralization)는 주로 부식성 물질에 사용하는 방법이다. 중화과정에서 발열이나 유독성 물질생성, 기타 위험성이 발생할 수 있으므로 화학자의 검토가 필요하고 위험을 감소시키기 위해서 오염물질의 양보다 적게 조금씩 투입하여야 한다.
③ 소독(Disinfection)은 주로 장비나 물자, 또는 환경 정화를 위해 표백제나 기타 화학약품을 사용해서 소독한다. 사람의 경우에는 화학약품을 사용하는 것보다 물로 세척하는 것이 더 효과적이다.
④ 흡수(Absorption)의 활성탄과 모래는 일반적으로 널리 사용되는 흡수제이다. 대부분의 화학물질을 사용하는 장소에는 기본적으로 활성탄이나 모래를 비치하고 있다.

16 구조·구급대원의 정기건강검진 항목 중 상·하반기 2회 실시하는 항목이 아닌 것은?

① 요추 MRI검사
② 흉부 X선검사
③ 심전도검사
④ 초음파검사

17 장비 선택 시 유의사항으로 옳은 것은?

① 같은 효과일 경우에는 조작이 간단한 것을 선택한다.
② 유관기관 등이 보유한 장비는 활용하지 않는다.
③ 기대되는 효과보다 활용에 편의성이 있는 것을 선택한다.
④ 안전한 장비보다 효과가 좋은 장비를 우선 선택한다.

18 혈압의 변화에 대한 설명으로 옳지 않은 것은?

① 혈압저하의 원인은 심한 출혈, 심장성 쇼크, 혈관성 쇼크 등이다.
② 대부분의 병이나 손상 때는 수축기와 이완기의 혈압이 평행하게 변한다.
③ 두부손상 때는 수축기 압력의 증가 폭이 이완기 압력의 증가폭보다 크다.
④ 쇼크 발생 시 가장 먼저 나타나는 생체적 징후가 혈압의 저하이다.

19 사지골절에 사용하기 적합하고 X-ray촬영이 가능한 부목으로 옳은 것은?

① 패드(성형) 부목
② 철사부목
③ 공기부목
④ 진공부목

20 개방성 가슴손상 환자가 긴장성 기흉 상태가 나타날 경우 처치방법으로 옳은 것은? 소방교 제외

① 폐쇄드레싱을 제거하거나 삼면 드레싱을 해 주어야 한다.
② 생리식염수를 적신 멸균거즈로 덮고 드레싱 한다.
③ 상처 부위에서 5cm이상 덮을 수 있는 두꺼운 거즈로 폐쇄드레싱을 하고 지혈을 위해 압박붕대로 감는다.
④ 무릎과 엉덩이에 상처가 없다면 무릎을 구부리도록 한다(무릎 아래에 베개나 말은 이불을 대어 준다).

21 지혈대에 대한 설명으로 옳지 않은 것은? 소방교 제외

① 항상 넓은 지혈대를 사용해야 한다.
② 한 번 조인 지혈대는 병원에 올 때까지 풀어서는 안 된다.
③ 절단 부위로부터 치명적인 출혈을 보일 때 신속한 조치로 보통 맨 처음 사용된다.
④ 처치부위에 지혈대 사용 시간을 기록한다.

22 폐쇄성 연부조직 손상에 대한 설명으로 옳지 않은 것은? 소방교 제외

① 타박상은 진피와 피하지방 조직층에 좀 더 큰 혈관과 조직손상으로 나타난다.
② 타박상은 손상된 조직에서 진피 내로 출혈이 유발되어 반상출혈이 나타난다.
③ 혈종은 피부 표면에 다른 색으로 부어 있거나 뇌, 배와 같은 인체내부에서도 일어날수 있다.
④ 폐쇄성 압좌상은 통증, 부종, 변형, 골절을 동반할 수 있고 특수한 형태로는 외상형 질식이 있다.

23 성인과 비교하여 소아의 기도 처치에 필요한 해부적·생리적 고려사항으로 옳지 않은 것은?

① 기도유지를 위해 목과 머리를 과신전하면 기도가 폐쇄될 수 있다. 또한 머리를 앞으로 굽혀도 기도가 폐쇄된다.
② 가슴벽은 부드럽고 호흡할 때 호흡 보조근보다 가로막에 더 의존한다.
③ 기도의 직경이 작아 기도 내에 기구를 삽입하는 것은 부종을 쉽게 유발시킬 수 있다. 따라서 다른 기도개방을 위한 처치가 안 되는 경우 최후의 수단으로 기구를 삽입해야 한다.
④ 부드럽게 기도를 개방해야 하고, 흡인 시에는 기도와 입의 표면에 외상이 생기지 않도록 연성 흡인관을 사용해야 한다.

24 다음 손상에 대한 응급처치로 옳지 않은 것은?　소방교 제외

① 절단 – 절단부위가 얼음조각에 직접 닿지 않도록 조치 후 이송하였다.
② 관통상 – 관통한 물체를 제거하지 않고 고정한 후 이송하였다.
③ 소아화상 – 젖은 수건으로 온몸을 20분 이상 식혀주면서 이송하였다.
④ 결출상 – 벗겨진 피부나 조직이 원래 위치에 있도록 하여 이송하였다.

25 신생아 상태를 평가 할 수 있는 아프가 점수(Apgar score)에 관한 설명으로 옳지 않은 것은?　소방교 제외

① 출생 1분과 5분에 각각 측정하는데, 건강한 신생아의 전체 점수의 합은 10점이다.
② 맥박은 청진기를 사용할 수 없는 경우 손가락으로 위팔동맥의 박동수를 촉지하여 측정한다. 100회 이상의 맥박 수는 2점이고, 100회 이하이면 1점이다.
③ 대부분의 신생아들은 생후 1분의 점수가 8~10점이다. 6점 이하이면 신생아의 집중관리가 필요하므로 기도확보 및 체온유지를 하면서 신속히 병원으로 이송한다.
④ 규칙적이며 빠른 호흡(울음)은 2점, 느리고 불규칙적이면 1점이다.

제25회 최종모의고사

01 화재현장에서 조명작업(이동식조명등) 중 주의해야 할 사항으로 옳지 않은 것은?

① 눈이 부시는 것을 방지하기 위하여 조명등은 높은 위치에 설정할 것
② 전선은 도로나 통로의 중앙을 피하여 벽이나 담 등을 따라서 연장할 것
③ 현장 활동 중 조명등의 위치를 변경할 경우는 전원이 연결된 코드 부분에 물이 닿지 않도록 주의하여 이동할 것
④ 넓은 범위를 밝게 비출 수 있는 위치를 설정하고, 상황에 따라서는 반사효과를 이용한 간접조명을 할 것

02 연결송수관의 송수 및 방수요령으로 옳은 것은?

① 송수는 단독 펌프차대의 2구 송수를 원칙으로 하고 소방용수가 먼 경우에는 중계대형으로 한다.
② 방수압력은 관창의 개폐장치로 조정한다.
③ 건식배관의 경우 드레인콕크나 방수구 밸브가 폐쇄되어 있으면 콕크나 밸브를 개방한다.
④ 송수계통이 2 이상일 때는 연합송수가 되므로 송수구 부분의 송수압력이 같아지도록 펌프를 운용한다. 또 뒤에서 송수하는 펌프차대는 약 10% 정도 높은 압력으로 송수한다.

03 소방호스를 사리는 방법에는 소방차량의 적재나 사용계획에 따라 여러 방법이 있다. 다음 중 좁은 장소 등에서 소방호스가 감겨진 상태에서 곧바로 사용할 때 주로 사용되는 방법은?

① 한겹말은수관
② 두겹말은수관
③ 접은수관
④ 혼합말은수관

04 소요수량이 40m³ 이상 100m³ 미만인 소화용수설비의 채수구 수로 옳은 것은?

① 1개   ② 2개
③ 3개   ④ 4개

05 현장지휘관의 효과적인 지시와 통제를 위한 고려사항 중 보다 세부적인 문제에 대해 권한위임 원칙을 적용하는 것은 다음 중 어느 관리에 해당하는가?

① 스트레스 관리
② 고독한 방랑자 관리
③ 중간점 관리
④ 부족 자원 관리

06 다음 중 제6류위험물에 대한 설명으로 가장 옳지 않은 것은?

① 제6류위험물은 금수성(禁水性) 이지만 주위의 상황에 따라서는 대량의 물로 희석하는 방법도 있다.
② 어떠한 경우에도 그 자체는 불연성이다.
③ 물보다 무겁고 물에 녹는 성질로 비교적 물에 안전하다.
④ 강산류인 동시에 강산화제이다.

07 방사선 누출 시 검출요령으로 옳은 것은?

① 검출은 오염 및 정확성을 위하여 하나의 측정기를 활용하고 외주부(外周部)부터 순차적으로 내부를 향해서 실시한다.
② 검출은 시설관계자를 적극적으로 활용해서 실시하고 원칙적으로 화학기동 중대원은 보조적인 검출활동을 실시한다.
③ 검출결과는 레벨이 낮은 쪽을 채용하고 반드시 검출위치 및 선량률을 기재한다.
④ 검출은 측정기의 예비조작을 실시해서 기능을 확인한 후 방화복 및 호흡보호기를 착용하고 신체를 노출하지 않고 실시한다.

08 다음에서 설명하는 포소화약제의 종류로 옳은 것은? 소방교 제외

- 수용성 액체(극성 액체)의 화재에 포가 파괴되는 단점을 보완한 약제이다.
- 초기에는 단백질의 가수분해물에 금속비누를 계면활성제로 사용하여 유화·분산시킨 것을 사용하였다. 이것은 물에 녹지 않기 때문에 여기에 물을 혼합하여 사용한다.
- 알코올, 에테르, 케톤, 에스테르, 알데히드, 카르복실산, 아민 등과 같은 가연성인 수용성 액체의 화재에 유효하다.
- 보통의 포소화약제는 비극성 탄화수소(휘발유, 등유, 경유 등) 화재에만 유효하나 이 약제는 극성 용매는 물론 비극성 탄화수소의 화재에도 사용할 수 있다.

① 합성계면활성제포 소화약제
② 단백포 소화약제
③ 알코올형(수용성액체용)포 소화약제
④ 수성막포 소화약제

09 분진폭발에 관한 내용 중 옳지 않은 것은? 소방교 제외

① 입자표면이 공기(산소)에 대하여 활성이 있는 경우 폭로시간이 짧을수록 폭발성이 낮아진다.
② 분진의 표면적이 입자체적에 비하여 커지면 열의 발생속도가 방열속도보다 커져서 폭발이 용이해진다.
③ 분진의 발열량이 클수록 폭발성이 크며 휘발성분의 함량이 많을수록 폭발하기 쉽다.
④ 분진 속에 존재하는 수분은 분진의 부유성을 억제하게 하고 대전성을 감소시켜 폭발성을 둔감하게 한다.

10 블레비(BLEVE) 예방법에 대한 설명으로 가장 옳은 것은?

① 감압시스템은 탱크 내부의 압력을 일정 수준 이하로 유지시켜주는 장치이다.
② 화염으로부터 탱크로의 입열을 억제해야 하는데 냉각시켜야 할 중요부위는 탱크의 하부 즉, 기저부이다.
③ 폭발방지 장치는 탱크 내벽에 열전도도가 좋은 물질을 설치하는 것인데, 열전달 물질로는 열전도가 큰 알루미늄 합금 박판을 가공하여 만든 것이 사용된다.
④ 안전밸브는 탱크가 화염에 노출되어 있을 때 탱크기상부 강판으로 흡수되는 열을 탱크 내의 액상가스로 신속하게 전달하면서, 탱크기상부 강판의 온도를 파괴점 이하로 유지함으로써 블레비의 발생을 방지하는 원리이다.

11 산악구조장비에 대한 설명으로 옳지 않은 것은?

① 슬링은 로프에 비해 값이 싸고 강도가 우수하여 등반 시 확보, 고정 또는 안전벨트 대용으로 사용한다.
② 로프는 4년이 경과시부터 강도가 급속히 저하되고, UIAA(국제산악연맹)는 5년 이상 경과된 로프는 폐기하라고 권고한다.
③ 안전벨트 허리부분 장비걸이는 유사시 로프나 자기확보줄을 연결하여 사용할 수 있다.
④ 그리그리는 로프의 역회전을 방지할 수 있는 구조로 주로 확보용 장비이다. 주로 암벽 등에서 확보(belay)하는 장비로 사용되며 짧은 거리를 하강할 때 이용하기도 한다.

12 화재조사법 시행령상 정당한 사유 없이 관계인등에 대한 출석을 2회 거부한 경우 과태료 부과 금액으로 옳은 것은?

① 100만원 ② 150만원
③ 200만원 ④ 250만원

13 로프 기본 매듭 중에는 이어매기, 마디짓기, 움켜매기가 있다. 다음 중 마디짓기와 움켜매기가 바르게 짝지어진 것은?

① 절반매듭 – 나비매듭
② 엄지매듭 – 바른매듭
③ 나비매듭 – 말뚝매기
④ 두겹고정매듭 – 한겹매듭

14 공기호흡기 사용가능시간으로 옳은 것은?

① 사용가능시간(분) = $\dfrac{[\text{내압시험압력(MPa)} - \text{충전압력(MPa)}] \times \text{용기용량}(\ell)}{\text{분당호흡량}(\ell)}$

② 사용가능시간(분) = $\dfrac{[\text{충전압력(MPa)} - \text{정지압력(MPa)}] \times \text{용기용량}(\ell)}{\text{시간당호흡량}(\ell)}$

③ 사용가능시간(분) = $\dfrac{[\text{충전압력(MPa)} - \text{탈출소요압력(MPa)}] \times \text{용기용량}(\ell)}{\text{분당호흡량}(\ell/\text{분})}$

④ 사용가능시간(분) = $\dfrac{[\text{내압시험압력(MPa)} - \text{탈출소요압력(MPa)}] \times \text{용기용량}(\ell)}{\text{시간당호흡량}(\ell)}$

15 가스화재의 소화요령에 관한 내용으로 옳지 않은 것은?

① 액화가스의 기화는 흡열 반응으로 용기 또는 배관에서 누설, 착화되는 경우에도 용기나 배관은 냉각되어 있는 경우가 많다.
② 가스를 차단할 수 없고 주변에 연소될 위험도 없다면 굳이 화재를 소화하기보다는 안전하게 태우는 방안을 강구하는 것이 좋다.
③ LPG 화재 시 분출 착화인 경우에는 분말소화기로 분출하고 있는 가스의 근본으로부터 순차적으로 불꽃의 끝부분을 향하여 소화하는 것이 효과적이다.
④ 고정되지 않은 LPG가스 용기라면 봉상으로 대량 방수하여 일순간에 화재를 진압해야 한다.

16 로프정리에 있어 나비모양 사리기에 대한 설명으로 옳은 것은?

① 굵고 뻣뻣한 로프나 와이어로프 등을 정리할 때 편리하다.
② 비교적 짧은 로프를 신속하게 사릴 때 사용한다.
③ 이 방법으로 로프를 사리면 로프가 지그재그 형태로 차례로 쌓이므로 풀 때에도 엉키지 않는 장점이 있다.
④ 과거에는 주로 화물차 기사들이 사용한 방법으로 원형이나 8자형 사리기보다 꼬이거나 엉키는 확률이 현저히 낮다.

17 프레온 가스와 불꽃의 접촉으로 생성되며 허용농도(TWA)는 0.1ppm인 유독가스로 옳은 것은?

① 포스겐($COCl_2$)
② 시안화수소(HCN)
③ 암모니아(NH_3)
④ 아황산가스(SO_2)

18 SOP에 규정되어 있는 금속화재 대응절차에 대한 설명으로 옳지 않은 것은?

<small>소방교·장 제외</small>

① 알루미늄분은 팽창질석, 팽창진주암, 건조사, 소금, 활석, 특수 합성물 등 천천히 불을 질식시키는 건조 비활성 재료를 사용한다.
② 마그네슘 화재 시에는 물 사용을 절대 금지하고, 건조화합물, 이산화탄소를 사용한다.
③ 불타고 있는 나트륨을 등유에 가라앉히면 소화되며 가연성 액체 화재 시는 CO_2로 진화한다.
④ 물, 폼, 소다-산, 이산화탄소, 사염화탄소 종류는 격렬한 반응을 유발하는 알칼리 금속 화재 시에 절대 사용을 금지한다.

19 저혈량 쇼크에 대한 설명으로 옳은 것은? `소방교 제외`

① 저혈류를 일으키는 3가지 주요 요소로는 '심장기능 장애', '정상 혈관 수축 기능 저하', '실혈이나 체액손실'이 있다.
② 순환계는 실혈에 따른 보상반응으로 맥박이 느려지고 혈관을 수축시켜 조직으로의 관류를 유지하려고 한다. 따라서 느린맥은 쇼크의 초기 징후로 나타나며 출혈이 계속되면 저혈류로 진행되어 말초 혈류는 급격히 감소된다.
③ 쇼크 증상 및 징후가 나타날 때의 응급처치는 약 20~30cm 정도 다리를 올린다. 만약 척추, 머리, 가슴, 배의 손상 증상 및 징후가 있다면 바로누운자세를 취해주어야 한다.
④ 쇼크 분류의 정확성을 높이기 위해 염기결핍 지표의 사용과 대량수혈 프로토콜을 포함한 수혈의 필요성 분류가 추가되었다. 대량 수혈은 24시간 동안 10units 이상 또는 한 시간에 4 units 이상의 수혈을 말한다.

20 119법 시행령에서 정한 응급처치에 관한 교육에 대한 내용으로 옳지 않은 것은?

① 소방청장 등은 응급처치 교육을 효과적으로 실시하기 위하여 매년 10월 31일까지 다음 연도 응급처치 교육에 관한 계획을 수립하여야 한다.
② 소방청장 등은 매년 3월 31일까지 전년도 응급처치 교육 결과를 분석하여 ①에 따른 응급처치 교육에 관한 계획에 반영하여야 한다.
③ 기본응급처치요령 이론과 실습교육 시간은 각 1시간씩이다.
④ 응급처치활동의 원칙 및 내용, 응급처치활동 시의 안전수칙 이론 교육시간은 1시간이다.

21 화재 현장에서 얼굴과 발, 체표면적 20%의 화상을 입은 30대 근로자의 중증도로 옳은 것은? `소방교 제외`

① 중 증
② 중증도
③ 경 증
④ 경증도

22 전기화상에 대한 설명으로 옳지 않은 것은? `소방교 제외`

① 부정맥이 나타나기도 한다.
② 근육 수축으로 골절이 될 수 있다.
③ 무모하게 행동하지 말고 구조대원을 기다린다.
④ 직류가 교류보다 위험하다.

23 목부위 큰 개방성 상처 시 응급처치로 옳지 않은 것은? <small>소방교 제외</small>

① 기도가 개방된 상태인지 확인한다.
② 지혈을 위해 상처 위를 장갑 낀 손으로 직접 압박해서는 안 된다.
③ 상처 부위에서 5cm 이상 덮을 수 있는 두꺼운 거즈로 폐쇄드레싱을 하고 지혈을 위해 압박붕대로 감는다.
④ 꼭 필요한 경우를 제외하고는 목동맥에 압박을 주는 행위는 피해야 하며 양측 목동맥을 동시에 압박해서는 안 된다.

24 당뇨의 생리학 및 환자평가에 관한 설명으로 옳은 것은? <small>소방교 제외</small>

① 당뇨환자는 인슐린을 과다하게 생산하거나 인체 세포가 인슐린에 적절히 반응하지 못하는 환자로 나눌 수 있다.
② Ⅰ형은 노인환자가 많고, 학령기 아동의 2/1000가 Ⅱ형이다.
③ 저혈당으로 인한 의식변화가 고혈당보다 더 일반적이며 저혈당은 처방약을 과다복용하거나 너무 빠르게 혈당이 떨어졌을 때 일어난다.
④ 당뇨환자의 일반 증상 및 징후로는 흥분 상태, 경련, 차고 축축한 피부, 빠른 맥 등이 있다.

25 저체온증 환자의 응급처치 방법으로 옳지 않은 것은? <small>소방교 제외</small>

① 추운 곳에서 더운 곳으로 환자를 이동시킨다.
② 무반응이거나 반응이 적절하지 않을 경우에는 소극적인 처치법을 실시한다.
③ 저체온증 환자의 체온을 올리기 위하여 카페인음료를 마시게 하거나 팔・다리를 마사지 한다.
④ 호흡과 맥박이 느려지기 때문에 CPR을 실시하기 전에 적어도 30~45초간 호흡과 순환을 평가해야 한다.

정답 및 해설

제1~25회 최종모의고사 정답 및 해설

우리가 해야 할 일은 끊임없이 호기심을 갖고
새로운 생각을 시험해 보고 새로운 인상을 받는 것이다.

— 월터 페이터 —

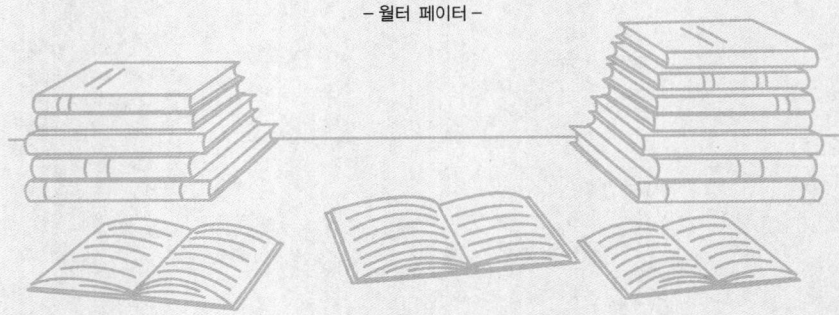

끝까지 책임진다! 시대에듀!

QR코드를 통해 도서 출간 이후 발견된 오류나 개정법령, 변경된 시험 정보, 최신기출문제, 도서 업데이트 자료 등이 있는지 확인해 보세요! **시대에듀 합격 스마트 앱**을 통해서도 알려 드리고 있으니 구글 플레이나 앱 스토어에서 다운받아 사용하세요. 또한, 파본 도서인 경우에는 구입하신 곳에서 교환해 드립니다.

제1회 정답 및 해설

제1회 최종모의고사

01	02	03	04	05	06	07	08	09	10	11	12	13	14	15
③	④	②	④	②	④	②	②	①	③	②	④	③	②	④
16	17	18	19	20	21	22	23	24	25					
④	①	②	④	②	①	③	②	①	④					

01 ③ 밀도는 물체의 질량을 부피로 나누어 산출한다.

02 플래시오버가 성장기의 마지막이자 최성기의 시작점(경계선)에서 발생한다. 반면에 백드래프트는 성장기 또는 쇠퇴기에서 연기가 제한된 공간에 갇혀있을 때 발생한다.

03 강렬한 복사열로부터 대원을 방호할 때는 열원과 대원 사이에 분무주수를 행한다.

04 ④ 액체에서 기체(수증기)로 상태가 변하는 물은 에너지를 필요로 하는데 이러한 변환을 흡열반응이라고 한다.

05 ② 전기화재의 경우 전원을 차단하여 소화하는 방법은 "제거소화"에 해당한다.

06 다음은 혼동되는 내용이므로 유의하여야 한다(재난 및 안전관리 기본법 제26조, 제26조의2, 동법 시행령 제30조, 제30조의2).
  1. 국가핵심기반의 지정 및 지정취소 등에 필요한 사항은 대통령령으로 정한다.
  2. 국가핵심기반의 지정·관리 등에 필요한 세부사항은 행정안전부장관이 정한다.

07 일산화탄소는 산소와 반응하기 때문에 가연물이 될 수 있다.

08 대류(Convection)
화재가 성장하기 시작할 때에, 그 주변의 공기는 전도에 의해 가열되며 공기와 연소물질은 뜨거워진다. 손을 화염 위에 올려놓게 되면, 손이 불에 직접적으로 닿지 않더라도 열을 느낄 수 있게 되는데 이는 대류에 의한 것이다. 대류는 가열된 액체나 가스의 운동에 의한 열에너지의 전달이다. 열이 대류현상에 의해 전달될 때, 유동체(액체나 가스 등의 물질로 유동성을 갖는다)는 한 장소에서 다른 장소로 움직이거나 순환한다. 모든 열의 전달은 따뜻한 곳에서 차가운 곳으로 흐르는 것이다.

09 ② 화염을 사방으로 확대시키는 대형화재의 주범은 복사이다.
③ 기계적 시설이 작동되면 마찰열에 의해 화재가 발생되는 기계적 화재원인의 주범은 전도이다.
④ 연소범위를 확대시키는 가장 흔한 방식은 대류이다.

플래임 래핑
소가 혓바닥으로 핥듯이 창문이나 열린 공간을 향해 화염이 확대되어 가는 것이다.

10

교육 방법	정 의
강의식 교육	강사가 음성, 언어에 의거, 일방적으로 교육내용을 전달하는 학습방식을 주로 하는 것을 말하며, 오늘날까지의 교수법의 기본기법으로 사용하며 토의식이나 다른 기법과 병행하여 학습이론에 따른 효과를 올리도록 활용하는 것이 바람직하다.
	장 점
	1. 경제적이다(다수에게 많은 지식을 일시에 제공 가능). 2. 기초적인 내용, 논리적인 설명에 효과적이다. 3. 시간이 절약된다. 4. 강의내용이나 진행방법을 자유롭게 변경시킬 수 있다. 5. 교육생 상호 자극에 의한 학습효과가 높아진다. 6. 정보전달에 효과적이다.
	단 점
	1. 일방적, 획일적, 기계적이므로 교육생이 단조로움을 느낀다. 2. 교육생 개개인의 이해정도를 파악하기 어렵다. 3. 교육생을 수동적인 태도에 몰아넣고, 스스로 생각하려는 적극성을 잃게 된다. 4. 교육 중 질문을 받게 되는 경우가 드물기 때문에 강의에 흥미를 잃기 쉽다.
교육 방법	정 의
시범 실습식 교육	교육생의 경험영역에서 교재를 선정하고 배열하는 교육법으로 직접 사물에 접촉하여 관찰·실험하고 수집·검증·정리하는 직접경험에 의해 지도하려는 것이다.
	장 점
	1. 행동요소를 포함하는 기술교육에 적합하다. 2. 교육생의 적극적인 참여를 가져온다. 3. 이해도 측정이 용이하다. 4. 의사전달의 효과를 보완할 수 있다.
	단 점
	1. 시간이나 장소, 교육생의 수에 제한을 받는다. 2. 사고력 학습에 부적합하다.

교육 방법	정 의
사례 연구식 (문제해결식) 교육	미국 하버드대에서 개발된 토의방식의 일종인 교육기법으로 재해(사고)사례해결에 직접 참가하여 그 의사 결정이나 해결과정에서 어떤 문제의 핵심원인을 집단토의에 의해 규명하고 판단력과 대책을 개발하려는 것으로 단기간의 실무에서 발생하는 제 문제에 접하여 그 해결을 위하여 고도의 판단력을 양성할 수 있는 유효한 귀납적인 방법이다.
	장 점
	1. 현실적인 문제의 학습이 가능하다. 2. 흥미가 있고 학습동기를 유발할 수 있다. 3. 생각하는 학습교류가 가능하다.
	단 점
	1. 원칙과 룰(Rule)의 체계적 습득이 어렵다. 2. 적절한 사례의 확보가 곤란하다. 3. 학습의 진보를 측정하기 힘들다.

교육 방법	정 의
역할 기법	현실에 가까운 모의적인 장면을 설정하여 그 안에서 각자가 특정한 역할을 연기함으로써 현실의 문제해결을 생각하는 방법과 능력을 몸에 익히는 방법이다. 루마니아 태생 모레노(J. Moreno)가 창안한 심리극에서 유래된 것으로, 인간관계의 문제를 해결하는 기법으로 기업에서 많이 활용되고 있다.
	장 점
	1. 연기자는 학습내용을 체험하여 몸으로 배울 수 있고 자기의 행동에 관해서 여러 가지 의견을 들을 수 있다. 2. 다른 사람의 연기를 보고 많은 것을 배울 수 있다.
	단 점
	1. 관리력 등 높은 정도의 능력 훈련에는 적당하지 않다. 2. 취해야 할 자세를 강의로 가르치고 그것을 연기하는 등 다른 방법과 결합하는 것이 필요하다. 3. 연기자가 진지해지지 않는 경향이 있다.
	단 점
	1. 관리력 등 높은 정도의 능력 훈련에는 적당하지 않다. 2. 취해야 할 자세를 강의로 가르치고 그것을 연기하는 등 다른 방법과 결합하는 것이 필요하다. 3. 연기자가 진지해지지 않는 경향이 있다.

교육 방법	
토의식 교육	피교육자 간의 토의를 전제로 해서 목적하는바 최선책을 취해나가는 방식으로 학습활동에의 능동적인 참여와 자주적인 학습을 조직해서 피교육자 상호 간의 계발작용도 기대할 수 있는 효과가 큰 기법 1. 목 적 　- 적극적이고 자발적으로 참여할 수 있도록 한다. 　- 교육내용의 이해도를 정확히 측정한다. 　- 여러 사람의 지식과 경험을 공유한다. 　- 집단심리를 터득하고 회의 운영기술을 습득한다. 2. 토의 조건 　- 공평한 발언기회를 부여한다. 　- 자유로운 토의의 분위기가 조성되어야 한다. 　- 참가자는 주제에 어느 정도 지식과 경험이 갖추어져야 한다. 　- 강사는 토의의 목적과 방법을 명확히 하여 교육생을 유도한다.

11 소방안전관리의 특성

일체성·적극성	일체성의 예로, 수관연장 시 수관을 화재 건물과 가까이 두고 연장하지 않도록 하는 것은 화재건물의 낙하물체나 고열의 복사열에 의한 수관손상을 방지하여 결과적으로 진압활동이나 인명구조 시 엄호주수가 완전히 이루어질 수 있도록 하기 위한 것이다. 이는 대원 자신의 안전으로 연결되어 소방활동이 적극적으로 실행될 수 있도록 한다. 안전관리의 일체성, 적극성은 효과적인 소방활동을 염두에 둔 적극적인 행동대책이라고 할 수 있다.
특이성·양면성	소방 조직의 재난현장 활동은 임무 수행과 동시에 대원의 안전을 확보하여야 하는 양면성이 요구된다. 재난현장의 위험성을 용인하는 가운데 임무수행과 안전 확보를 양립시키는 특이성·양면성이 있다.
계속성·반복성	안전관리는 끝없이 계속·반복적으로 실시되어야 한다. 재해현장의 안전관리는 출동에서부터 귀소하여 다음 출동을 위한 점검·정비까지 계속된다. 그러므로 평소 지속적인 교육훈련의 반복과 장비 점검 및 정비를 철저히 실시하는 것이 안전관리의 중요한 요소가 된다.

12 ① 연소확대 위험여부는 제3순위에 해당한다.
② 창 등 개구부로부터 연기가 분출하는 경우는 연기가 나오는 층 이하의 층을 화점층으로 판단하고 행동한다.
③ 내부에서 화점 확인 시 연기가 충만하고 있는 경우 각 층 계단실의 출입구 및 방화문을 폐쇄·옥탑실 출입구 및 피난층 출입구를 개방하여 배연을 행하면서 확인하는 것이 원칙이다.

13 구조 활동의 우선순위
구명 → 신체구출 → 고통경감 → 피해의 최소화

14 압력조정기의 고장 시 바이패스 밸브는 평소에는 쉽게 열리지 않지만 압력이 걸리면 개폐가 용이하다. 바이패스 밸브를 사용할 때에는 숨 쉰 후에 닫아주고 다음번 숨 쉴 때마다 다시 열어준다.

15 ④ 정지형 도르래(WALL HAULER)는 역회전을 방지할 수 있어 안전하게 작업이 가능하고 힘의 소모를 막을 수 있다. 도르래 부분만 사용할 수도 있고 쥬마, 베이직의 대체 장비로도 사용이 가능하다.

16 켄틸레버형 붕괴는 각 붕괴의 유형 중에서 가장 안전하지 못하고 2차 붕괴에 가장 취약한 유형이다.

17 구조대원은 연 40시간 이상 다음의 내용을 포함하는 특별구조 훈련을 받아야 한다.
1. 방사능 누출, 생화학테러 등 유해화학물질 사고에 대비한 화학구조훈련
2. 하천[호소(湖沼)를 포함한다], 해상(海上)에서의 익수·조난·실종 등에 대비한 수난구조훈련
3. 산악·암벽 등에서의 조난·실종·추락 등에 대비한 산악구조훈련
4. 그 밖의 재난에 대비한 특별한 교육훈련

18 붕괴 위험성이 지붕과 바닥 층을 지탱하는 트러스트 구조의 연결부분에 있는 것은 중량 목구조이다. 준 내화구조 건물의 붕괴 위험성은 철재구조의 지붕 붕괴의 취약성에 달려 있다.

19 법적 책임을 나타내는 사항
긴급한 응급상황이라면 묵시적 동의가 적용되어야 한다.

20 널뛰기 호흡
정상적으로는 가슴과 배가 동시에 팽창·수축되어야 하나 반대로 되는 경우를 말한다. 이는 날숨이 빨라질 때 생기는 비효율적인 호흡이다.

21 척추손상이 의심되는 환자는 통나무 굴리기법을 사용하여 척추를 보호한다.

22 장갑은 한 환자에게 사용하더라도 오염된 신체부위에서 깨끗한 부위로 이동할 경우 교환해야 한다.

23 ① 의자형(계단용) 들것은 좁은 공간에 유용하며 호흡곤란 환자를 이동시키기에 좋다. 단, 척추손상이나 하체손상 환자 그리고 기도유지를 못하는 의식장애 환자에게 사용해서는 안 된다.
② 등 부분을 지지해 주지 못하기 때문에 척추손상환자를 고정하는 데에는 효과가 적다.
④ 환자의 다리가 진행방향으로 먼저 와야 하며 대원 모두 진행방향을 향해 위치해야 한다. 바닥이 고르지 못한 지역은 주 들것이 기울 수 있으므로 주의해야 한다.

24 환자평가의 단계는 '현장 안전 확인 → 1차(즉각적인) 평가 → 주요 병력 및 신체 검진 → 세부 신체 검진 → 재평가'로 나누어진다.

25 코인두 기도기는 기도확보유지 장비이다.

제2회 정답 및 해설

제2회 최종모의고사

01	02	03	04	05	06	07	08	09	10	11	12	13	14	15
②	④	②	④	①	④	③	③	④	④	④	②	②	①	①
16	17	18	19	20	21	22	23	24	25					
②	④	①	④	②	②	③	②	④	③					

01 탈출개시압력 = $\dfrac{5(\min) \times 50(\ell/\min)}{6.8(\ell)} \times 0.1 + 1(\text{MPa}) = 4.67 ≒ 4.7\text{MPa}$

02 화재조사 및 보고규정 제20조(화재합동조사단 운영 및 종료)
① 소방청장은 사상자가 30명 이상이거나 2개 시·도 이상에 걸쳐 화재가 발생한 경우(임야화재는 제외한다) 화재합동조사단을 구성하여 운영하는 것을 원칙으로 한다.
② 소방본부장은 사상자가 20명 이상이거나 2개 시·군·구 이상에 화재가 발생한 경우 화재합동조사단을 구성하여 운영하는 것을 원칙으로 한다.
③ 소방서장은 사망자가 5명 이상이거나 사상자가 10명 이상 또는 재산피해액이 100억원 이상 발생한 화재의 경우 화재합동조사단을 구성하여 운영하는 것을 원칙으로 한다.

03 배출구의 크기와 급기구의 크기가 같도록 하는 것이 효율적이다.

송풍기를 활용한 배연방법

활용요령	1. 송풍압력으로 건물 외부의 압력보다 건물 내부의 압력을 높게 하여 배연하는 방법이다. 2. 일반적으로 개구부의 하단 등 낮은 장소에 설치하여 불어넣는 방식을 주로 쓰고 있다(양성압력형 환기법). 3. 때로는 배출구에서 배출가스를 뽑아내는 방식(음성입력형)도 사용하고 있다.
장 점	1. 소방대원이 실내에 진입하지 않고도 강제 환기를 시작할 수 있다. 2. 자연환기의 흐름을 보충하기 때문에 수평 및 수직 환기의 효과와 같다. 3. 설치하기가 편리하고 배연의 강도를 조절할 수 있다. 4. 모든 건물이나 도관에 응용할 수 있다.
유의사항	1. 송풍기는 자연바람과 같은 방향으로 설치하여 효율성을 배가하여야 한다. 2. 송풍기 근처의 창문이나 출입문은 가능한 한 폐쇄하여 공기흐름에 방해가 되지 않도록 해야 한다. 3. 출입구에 송풍기를 설치할 경우 송풍기에서 나온 공기의 원추(圓錐)가 입구를 완전히 덮을 수 있도록 출입구로부터 적당한 거리를 둔다. 4. 배출구의 크기와 급기구의 크기가 같도록 하는 것이 효율적이다. 5. 공기가 너무 많이 공급되게 하여 오히려 급격하게 연소 확대될 우려가 있으므로 특히 유의하여야 한다. 6. 배출구가 되는 방향의 구조대상자나 활동대원의 안전을 확인한 후 실시한다.

04 ① 개구부를 작게 하는 것이 위험성을 감소시킨다.
② 분무주수에 의한 고속분무로 화점실 천장면에 충돌시켜 반사주수를 병행한다.
③ 옥내의 연소가 완만하여 열기가 적은 연기의 경우는 간접공격의 전법을 이용하는 것이 효과는 적으므로 유의한다.

간접공격법(로이드레만 전법)
1. 연기와 열을 제거하기 위해 물의 흡열작용에 의한 냉각과 환기에 의한 옥내 고온기체 및 연기의 배출을 보다 유효하게 하기 위하여 안개모양의 주수법을 간접공격법(로이드레만 전법)이라 한다. 즉, 물의 큰 기화잠열(538cal)과 기화 시의 체적팽창력을 활용하여 배연·배열하는 방법인 것이다.
2. 간접공격법의 요령
   - 연소물체 또는 옥내의 온도가 높은 상층부를 향하여 주수한다.
   - 고온에 가열된 증기의 증가에 의해서 대원이 피해를 받지 않는 위치를 선정한다.
   - 주수 시 개구부는 가능한 한 작게 하는 것이 위험성을 감소시킨다.
   - 가열증기가 몰아칠 염려가 있는 경우는 분무주수에 의한 고속분무로 화점실 천장면에 충돌시켜 반사주수를 병행한다.
   - 옥내의 연소가 완만하여 열기가 적은 연기의 경우 이 전법을 이용하는 것은 효과가 작으므로 유의한다.

05 ② 넓게 벌려서 연장한다.
③ 3층 이하의 경우
④ 화점 건물에서의 낙하물이나 열에 의한 소방호스 손상을 예상해 되도록 처마 밑, 창 아래 등을 피해서 연장한다.

소방호스 연장 시 유의사항
1. 펌프차의 방수구의 결합은 화점이 보이는 측의 방수구를 기본으로 하고 방수구 측에 여유 소방호스를 둔다. 여유소방호스는 위해(危害) 방지를 위해서 펌프측의 2~3m에 둔다.
2. 소방호스 연장 경로는 관창배치 위치까지 최단시간에 도달할 수 있어야 한다.
3. 도로, 건물의 꺾인 부분은 소방호스를 넓게 벌려서 연장한다.
4. 극단적으로 꼬이거나 뒤틀리지 않도록 하고 송수 시에 있어서 소방호스의 반동에 의한 부상방지를 꾀한다.
5. 간선도로의 횡단은 가능한 한 피한다. 횡단하는 경우는 되도록 도로에 대해서 직각으로 연장하고 교통량이 많은 도로는 보도에 연장한다.
6. 날카로운 철선이나 울타리 등을 넘는 경우는 소방호스를 손상시키지 않도록 한다.
7. 화점 건물에서의 낙하물이나 열에 의한 소방호스 손상을 예상해 되도록 처마 밑, 창 아래 등을 피해서 연장한다.
8. 화면에 평행하는 도로는 소방호스를 보호하기 위해 도로경계석 밑으로 소방호스를 연장한다.
9. 소방호스연장은 타 대를 고려해 평면적, 입체적으로 포위해서 연장한다.
10. 진입목표 계단이 3층 이하인 경우는 옥내연장 또는 적재사다리에 의한 연장으로 한다.
11. 소요 소방호스의 판단은 수리위치에서 출화 지점까지의 거리에 30% 정도의 여유를 둔 소방호스 수로 한다.
12. 4층 이상의 경우는 옥외 끌어올림(끌어내림) 연장이나 사다리차에 의한 연장으로 하고 낙하방지 대책을 강구한다.
13. 소방호스의 파열이나 절단 등으로 자기대의 차량위치가 멀어진 경우 교환할 소방호스는 근처의 대(隊)에서 빌리도록 한다.

06 화재에 노출된 저장탱크에 접근할 때는 탱크 끝에서부터 접근하지 말고, 탱크와 직각으로 접근해야 한다. 왜냐하면, 탱크는 점차 균열이 발생하고, 폭발하면서 탱크 끝부분으로 화염이 분출하기 때문이다.

07 우선순위 : 전국단위 지휘통신(재난 규모에 따라 지정) → 소방서 지휘통신(재난현장과 소속 본부의 지휘보고) → 본부단위 광역작전통신(지원출동 본부 출동책임자와 지원출동대원과 통신) → 소방서 작전통신(재난현장 소속 지휘자와 소속 출동대원과 통신)

08 소방용수시설의 설치

주거지역, 공업 및 상업지역에 설치하는 경우	수평거리 100m 이내 설치
그 밖의 지역에 설치하는 경우	수평거리 140m 이내 설치

09 소방호스의 적재방법

아코디언형 적재	적재방법	소방호스를 적재함 가장자리에 맞추어 겹겹이 세워서 적재하는 방법이다.
	장·단점	• 장점 : 적재하기가 쉽고 적재함에서 손쉽게 꺼내 운반할 수 있다. • 단점 : 소방호스가 강하게 접히는 부분이 많다.
말굽형 적재	적재방법	적재 모양이 말굽을 닮아서 붙인 명칭으로 소방호스를 적재함 가장자리에 맞춰 주변을 빙 돌려서 세워 U자 모양으로 적재하는 방법이다.
	장·단점	• 장점 : 소방호스가 강하게 접히는 부분이 적다. • 단점 : 어깨운반 시 등에 불편하다.
평면형 적재	적재방법	접은 형태의 소방호스를 눕혀서 평평하게 적재함 크기에 맞추어 적재하는 방법이다.
	장·단점	• 장점 : 소방차의 진동 등에도 덜 닿는다. • 단점 : 소방호스가 강하게 접혀 눌린다.
혼합형(특수형) 적재		소방호스의 적재형태를 혼합하거나 구경이 다른 소방호스를 연결구를 사용하여 혼합 적재하는 방법이다.

10 소실정도에 따른 화재의 구분(제16조)
건축·구조물화재의 소실정도는 다음 3종류로 구분하며 자동차·철도차량, 선박 및 항공기 등의 소실정도도 이 규정을 준용한다.

구 분	전소화재	반소화재	부분소화재
소실물	건물의 70% 이상(입체면적에 대한 비율)이 소실된 화재나 그 미만이라도 잔존부분이 보수를 하여도 재사용 불가능한 것	건물의 30% 이상 70% 미만이 소실된 화재	전소·반소 이외의 화재

11 Frank Bird 최신 도미노이론(5단계)

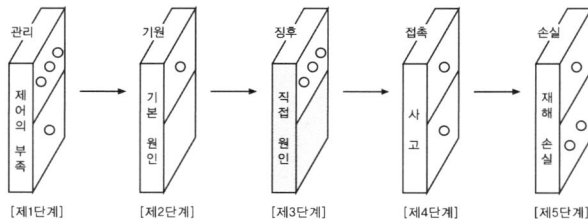

12		
펌프 프로포셔너 방식	1. 방수측과 흡수측 사이의 바이패스 회로상에는 폼 이젝트 본체와 농도 조정밸브가 설치되어 있음 2. 펌프의 방수측 배관에 연결된 폼 송수밸브의 개방으로 방사되는 물은 송수라인을 통해 포이젝트 본체에서 분출되고, 이때, 농도 조정밸브를 통과한 약액이 흡입되어 물과 혼합되어 포수용액이 됨	
라인 프로포셔너 방식	펌프와 발포기 사이에 설치된 벤츄리관의 벤츄리 작용에 의하여 포소화약제를 흡입, 혼합하는 방식으로 폼 전용관창을 사용	
프레져사이드 프로포셔너 방식	1. 펌프 방수측 배관에 설치해 플로우미터에서 배관내 유속을 감지하여 송수량을 측정하여 컨트롤유닛에 세팅해 둔 농도조절 값에 따라 약제 압입용 펌프가 폼 원액을 방수측 라인에 압입하여 주입되는 구조 2. 펌프프로포셔너 방식에 비해 폼 혼합량이 균일하다는 장점은 있으나, 압입용 펌프를 별도로 설치하여야 하는 등 설치비용은 증가하는 단점 - 적용방식은 전기식 또는 기계식으로 폼 원액 1%~6%까지 적용	
압축공기포 방식(CAFS)	1. 물과 폼원액을 가압된 공기 또는 질소와 조합하여 기존의 포와는 완전히 다른 형태의 부착성이 매우 뛰어난 균일한 형태의 포를 형성하는 시스템 2. 압축공기포는 소화 효과가 매우 뛰어나고 이 부착성이 우수할 뿐 만 아니라 높은 분사속도로 원거리 방수가 가능하며 또한 물 사용량을 1/7 이상으로 줄여 수손 피해를 최소화	

13 소방청장은 외교부장관과 협의를 거쳐 국제구조대를 재난발생국에 파견할 수 있다.

119법 시행령 제7조(국제구조대·국제구급대의 편성 및 운영)
① 소방청장은 법 제9조제1항 및 제10조의4제1항에 따라 국제구조대·국제구급대를 편성·운영하는 경우 다음 각 호의 구분에 따른 임무를 수행할 수 있도록 구성해야 한다. 〈개정 2024. 4. 23.〉
  1. 국제구조대 : 인명 탐색 및 구조, 안전평가, 상담, 응급처치, 응급이송, 시설관리, 공보연락 등의 임무
  2. 국제구급대 : 안전평가, 상담, 응급처치, 응급이송, 시설관리, 공보연락 등의 임무
② 소방청장은 국제구조대·국제구급대의 효율적 운영을 위하여 필요한 경우 국제구조대·국제구급대를 제5조제1항제3호에 따라 소방청에 설치하는 직할구조대에 설치할 수 있다.
③ 국제구조대·국제구급대의 파견 규모 및 기간은 재난유형과 파견지역의 피해 등을 종합적으로 고려하여 외교부장관과 협의하여 소방청장이 정한다.
④ 제1항부터 제3항까지에서 규정한 사항 외에 국제구조대·국제구급대의 편성·운영에 필요한 사항은 소방청장이 정한다.

14 ① 리미트 스위치에 대한 설명이다.

화이널 리미트 스위치(Final Limit Switch)
리미트 스위치가 어떤 원인에 의해서 작동하지 않을 경우, 안전확보를 위해 모든 전기회로를 끊고 엘리베이터를 정지시킨다.

15 마취약은 주사기에 약제 주입 후 2~3일이 지나면 효과가 다소 떨어지므로 약제는 현장에서 조제해 쓰는 것이 좋다.

16 한줄 로프를 잡고 여러 사람이 등반할 때 중간에 있는 사람이 두겹고정매듭을 사용하면 고리가 벗겨지지 않고 안전하게 활동 가능하다.

17 소방본부장은 종합평가를 위하여 시·도 집행계획의 시행 결과를 다음 해 2월 말일까지 소방청장에게 제출하여야 한다.

18 구급대원의 역할은 중증여부를 판단하고 1차 평가와 현장확인을 통해 손상기전을 확인한 후 척추고정 – 기본소생술 제공 – 이송여부 결정 – 의식수준 재평가 – 빠른 외상평가 – 기본 생체징후 평가를 실시한다.

19 전기화상은 몸 안에서는 심각하더라도 밖으로는 작은 흔적만 남을 수 있기 때문에 주의해야 한다.

20 내화조 건물 인접 시 내화구조 건물에 개구부가 있다고 생각하고, 경계 및 연소방지를 위해 내화조 건물 내부로 신속하게 경계관창을 실시한다.

21 호흡곤란이나 가슴통증 호소 환자 : 환자가 편안해하는 자세

22 전송은 짧게 하도록 한다. 전송이 길게 될 경우 몇 초 정도 쉬면서 하도록 하며 필요할 경우 응급통신이 그 주파수를 이용하도록 한다.

23 소독과 멸균에 관한 용어
1. 세척 : 대상물로부터 모든 이물질(토양, 유기물 등)을 제거하는 과정으로 소독과 멸균의 가장 기초단계를 말한다.
2. 소독 : 생물체가 아닌 환경으로부터 세균의 아포를 제외한 미생물을 제거하는 과정이다.
3. 멸균 : 물리적, 화학적 과정을 통하여 모든 미생물을 완전하게 제거하고 파괴하는 것을 말한다.
4. 살균제 : 미생물 중 병원성 미생물을 사멸시키기 위한 물질을 말한다.
5. 화학제 : 진균과 박테리아의 아포를 포함한 모든 형태의 미생물을 파괴하는 것을 말한다.

24

종 류	발생조건	허용농도(TWA)
일산화탄소(CO)	불완전 연소	50ppm
아황산가스(SO_2)	중질유, 고무, 황화합물 등의 연소	5ppm
염화수소(HCl)	플라스틱, PVC	5ppm
시안화수소(HCN)	우레탄, 나일론, 폴리에틸렌, 고무, 모직물 등의 연소	10ppm
암모니아(NH_3)	열경화성 수지, 나일론 등의 연소	25ppm
포스겐($COCl_2$)	프레온 가스와 불꽃의 접촉	0.1ppm

25 산소저장낭은 거의 100% 산소를 공급하며 저장낭이 없는 BVM이라면 약 40~60%의 산소를 공급한다.

03 제3회 정답 및 해설

제3회 최종모의고사

01	02	03	04	05	06	07	08	09	10	11	12	13	14	15
②	④	②	③	④	③	①	②	③	①	③	④	④	①	③
16	17	18	19	20	21	22	23	24	25					
①	②	②	①	②	③	③	③	①	③					

01 ① 대류는 열과 연기를 확산시켜 연소 범위를 확대시키는 가장 흔한 방식이다.
③ 복사는 공간을 통해 열이 사방으로 전달되는 방식으로 화염을 사방으로 확대시키는 대형화재의 주범이다. 이 또한 인접 건물에 관창(호스)을 배치하고 방어하는 것이 필요하다.
④ 전도는 고체물질의 고온에서 저온으로 열이 전달되는 방식이며, 주로 기계적 시설이 작동되면서 마찰열에 의해 화재가 발생되는 기계적 화재원인의 주범이기도 하다.

02 ④ 플래시오버는 폭발현상이 아니다. 백드래프트가 폭발현상이며 그에 따른 충격파, 붕괴, 화염폭풍 등이 발생한다.

03 ② 수간화에 대한 설명이다.

04 지붕배연 작업을 통해 가연성가스와 집적된 열을 배출시킨다(냉각작업). 배연작업 전에 창문이나 문을 통한 배연 또는 진입을 시도해서는 안 된다.

05 200만원 이하의 과태료를 부과한다.

06 페인팅 주수기법은 지나치게 많은 양의 주수는 하지 않는다. 냉각 후에 결과를 보기 위해 잠시 기다린 후 쉿쉿 소리가 들리면 매우 높은 온도를 의미하고, 바닥에 물이 떨어지는 소리는 낮은 온도를 의미한다. 벽면이 매우 뜨겁다면 너무 많은 증기가 발생하지 않도록 페인팅 주수 중단 시간을 길게 할 필요도 있다.

07 지수밸브는 주 펌프의 상부에 설치되어 있다. 진공펌프가 작동되면 펌프 내부가 진공상태가 되어 이와 연결된 지수밸브 다이어프램이 아래쪽으로 내려가서 진공펌프와 주펌프실이 연결된 작은 통로가 열린다. 흡수가 완료되면 양수된 주 펌프실은 압력이 발생하고 이 압력으로 지수밸브의 다이어프램이 밀려 올라지면서 진공펌프로 통하는 통로가 막혀 주 펌프 물이 진공펌프로 들어가게 되는 것을 막아준다.

08 미연소가스가 유동하는 지하시설, 하천, 건물내부 등은 고속분무주수하여 가스를 조기에 확산·희석시켜 연소확대를 방지한다.

09 ① 2년간 보관
    ② 낙차가 4.5m 이하
    ④ 문자는 백색, 내측 바탕은 적색, 외측 바탕은 청색으로 하고 반사도료를 사용

10 훈련시트 작성의 유의점
    1. 시트는 대원의 친숙도가 큰 상황(예 사고 사례나 신체 훈련의 상황 등)으로부터 선정하는 방법이 부드럽게 진행이 된다.
    2. 한 장의 시트에 여러 가지 상황을 기입하지 말 것
    3. 아주 자세한 부분까지 그려 넣지 말 것
    4. 간단한 조사, 잘못된 조사가 되어서는 안 되기 때문에 고의로 제작한 도해가 아닐 것
    5. 어두운 분위기가 아닌 밝은 분위기로 그려진 것이 좋음
    6. 도해의 상황이 광범위한 활동 등에 미치는 경우에는 그 가운데의 특정 부분에 한정하여 실시하는 것도 하나의 방법

11 교육생을 수동적인 태도에 몰아넣고, 스스로 생각하려는 적극성을 잃게 한다.
    강의식 교육

장 점	1. 경제적이다(다수에게 많은 지식을 일시에 제공 가능). 2. 기초적인 내용, 논리적인 설명에 효과적이다. 3. 시간이 절약된다. 4. 강의내용이나 진행방법을 자유롭게 변경시킬 수 있다. 5. 교육생 상호 자극에 의한 학습효과가 높아진다. 6. 정보전달에 효과적이다.
단 점	1. 일방적, 획일적, 기계적이므로 교육생이 단조로움을 느낀다. 2. 교육생 개개인의 이해정도를 파악하기 어렵다. 3. 교육생을 수동적인 태도에 몰아넣고, 스스로 생각하려는 적극성을 잃게 한다. 4. 교육 중 질문을 받게 되는 경우가 드물기 때문에 강의에 흥미를 잃기 쉽다.

12 재해예방의 4원칙
    1. 예방가능의 원칙
    2. 손실우연의 원칙
    3. 원인연계의 원칙
    4. 대책선정의 원칙

13 장애는 주위에서 중심부로 향하여 순차적으로 제거한다.

14 재난·사고가 발생하면 먼저 사고 장소와 현장상황을 정확히 파악해야 한다.

15 피셔맨매듭의 특징
1. 힘을 받은 후에는 풀기가 매우 어려워 장시간 고정시켜 두는 경우에 주로 사용한다.
2. 두 로프가 서로 다른 로프를 묶고 당겨서 매듭부분이 맞물리도록 하는 방법이다.
3. 신속하고 간편하게 묶을 수 있으며 매듭의 크기도 작다.
4. 매듭 부분을 이중으로 하면(이중피셔맨매듭) 매듭이 더욱 단단하고 쉽사리 느슨해지지 않는다.

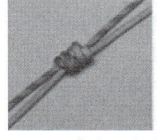
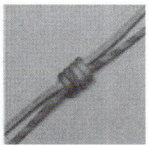

[피셔맨매듭]   [이중피셔맨매듭]

16 홀데인(John scott Haldane)의 이론
오늘날 사용되는 미해군 잠수표(테이블)는 이러한 이론에 기초를 둔 것이다. 제한된 시간과 수심으로 정리된 테이블에 따르면 감압병을 일으키는 거품이 형성되지 않는다. 상승속도는 유입되는 질소의 부분압력이 지나치지 않을 정도의 수준에서 지켜져야 한다.

17 팬케이크형 붕괴(Pancake Collapse)
1. 마주보는 두 외벽에 모두 결함이 발생하여 바닥이나 지붕이 아래로 무너져 내리는 경우에 발생한다.
2. '시루떡처럼 겹쳐졌다'는 표현을 쓰기도 한다.
3. 붕괴에 의해 형성되는 공간은 다른 경우에 비해 협소하며 어디에 형성되는지 파악하기가 곤란하다.
4. 생존자가 발견될 것으로 예측되는 공간이 거의 생기지 않는 유형이다.

18 유 기
환자에게 적절한 치료를 계속 제공하지 못한 것을 유기라고 정의한다. 유기는 구급대원이 법적으로나 도덕적으로 범하지 말아야 할 가장 중대한 행위이다.
소방전술 3, 20쪽

19 START 분류법을 이용해 신속하게 분류하는 도중에는 환자 상태에 따라 3가지 처치만을 제공하고 다른 환자를 분류해야 한다. ① 기도 개방 및 입인두 기도기 삽관 ② 직접 압박 ③ 환자 상태에 따른 팔다리 거상

20 ① 제독소는 Warm Zone 내에 위치하며 경계구역 설정과 동시에 설치하여야 한다.
③ Yellow trap으로 이동하여 솔과 세제를 사용하여 방호복의 구석구석(발바닥, 사타구니, 겨드랑이 등)을 세심하게 세척한다.
④ 습식 제독작업이 끝나면 Green trap으로 이동해서 동료의 도움을 받아 보호복을 벗는다.

21 혈 액
1. 혈구와 혈장으로 구성되어 있다.
2. 백혈구는 인체면역체계에서 염증에 대항하여 신체의 방어기능을 하고 적혈구는 산소를 운반하는 역할을 한다.
3. 혈소판은 혈액응고에 필수요소이다.
4. 혈장은 끈적거리는 노란색 액체로 조직과 세포에 필요한 당과 같은 영양성분을 포함한다.

22 높은 압력(20cmH$_2$O 이상)으로 양압환기를 하면 위장으로 공기가 들어갈 수 있다.

23 1차 평가의 단계는 첫인상 - 의식수준 - 기도 - 호흡 - 순환 - 위급정도 판단(이송여부 판단)이다.

24 중증도 분류법

긴급환자(적색)	1. 생명을 위협할 만한 쇼크 또는 저산소증이 나타나거나 임박한 경우 2. 만약 즉각적인 처치를 행할 경우에 환자가 안정화될 가능성과 소생 가능성이 있는 경우
응급환자(황색)	1. 손상이 전신적인 증상이나 효과를 유발하지만, 아직까지 쇼크 또는 저산소증 상태가 아닌 경우 2. 전신적 반응이 발생하더라도 적절한 조치를 행할 경우 즉각적인 위험 없이 45~60분 정도 견딜 수 있는 상태
비응급환자(녹색)	전신적인 위험 없이 손상이 국한된 경우 : 최소한의 조치로도 수 시간 이상 아무 문제가 없는 상태
지연환자(흑색)	1. 대량 재난 시에 임상적 및 생물학적 사망이 명확히 구분되지 않는 상태 2. 자발 순환이나 호흡이 없는 모든 무반응의 상태를 죽음으로 생각 3. 몇몇 분류에서는 어떤 처치에도 불구하고 생존 가능성이 희박한 경우를 포함

25 쇼크환자는 다리를 20~30cm 올린 후 바로누운상태로 이송한다. 머리, 목뼈, 척추손상 환자에게 시행해서는 안 된다.

04 제4회 정답 및 해설

제4회 최종모의고사

01	02	03	04	05	06	07	08	09	10	11	12	13	14	15
②	④	②	③	②	③	④	①	④	④	②	③	①	①	④
16	17	18	19	20	21	22	23	24	25					
③	④	①	③	①	③	④	④	③	②					

01 공격적·소극적 내부진압전술

공격적 내부진압전술	• 출입구로 진입하여 연소 중인 건물이나 복도로 호스를 전개해야 한다. • 배연을 위해 상층부 파괴나 지붕배연을 시도해야 한다. • 엄호관창이 배치되기 전에 건물에 진입해서 발화지점을 검색해야 한다. • 화재가 완전히 진압되기 전에 희생자 구조를 위한 예비검색을 실시한다. • 화재가 완전 진압되기 전에 화재 발생 위층을 검색해야 한다. • 배연을 위해 창문을 파괴해야 한다. • 문을 개방하기도 하고, 내부에 불길이 있을 때 문을 닫아야 하는 경우도 있다. • 숨은 공간에 연소 확대의 우려가 있는지 확인하기 위해 벽이나 천장을 파괴해야 한다. • 화재 현장으로 신속하게 진입하기 위해 40mm 호스를 이용한다. • 소화전과 같이 지속적인 소방용수 공급원보다는 제한된 소방용수 환경에서 화재를 진압해야 한다.
소극적 내부진압전술	• 출입구로 진입하여 호스를 전개하지 않는다. 추가적인 호스는 화재를 제한하기 위해 전개된다. • 지붕배연을 하지 않고 기타 개구부를 통해 배연한다. • 엄호관창이 배치되지 않는 한 화재지역을 검색하지 않는다. • 지휘관의 지침에 따라 화재가 진압될 때까지 예비검색을 하지 않는다. • 화재가 진압되기 전에 화재 발생 위층으로 올라가 검색하지 않는다. • 지시가 없는 한, 창문을 파괴하여 배연시키지 않는다. • 지시가 없는 한, 문을 개방하지 않는다. • 지시가 없는 한, 숨은 공간에 연소 확대의 우려가 있는지 확인하기 위해 벽이나 천장을 파괴하지 않는다. • 천천히 하나의 65mm 관창을 전개한다. • 소화전과 같이 지속적인 소방용수 공급원이 확보되지 않는 한, 내부진압을 하지 않는다.

03 ② 손을 화염 위에 올려놓게 되면, 불이 직접적으로 닿지 않더라도 열을 느낄 수 있는 것은 "대류"때문이다.

04 금속분, 철분, 마그네슘, 황화린은 건조사, 건조분말 등으로 질식소화하며 적린과 유황은 물에 의한 냉각소화가 유효하다.

05 출동 시의 예정소방용수 선정의 원칙

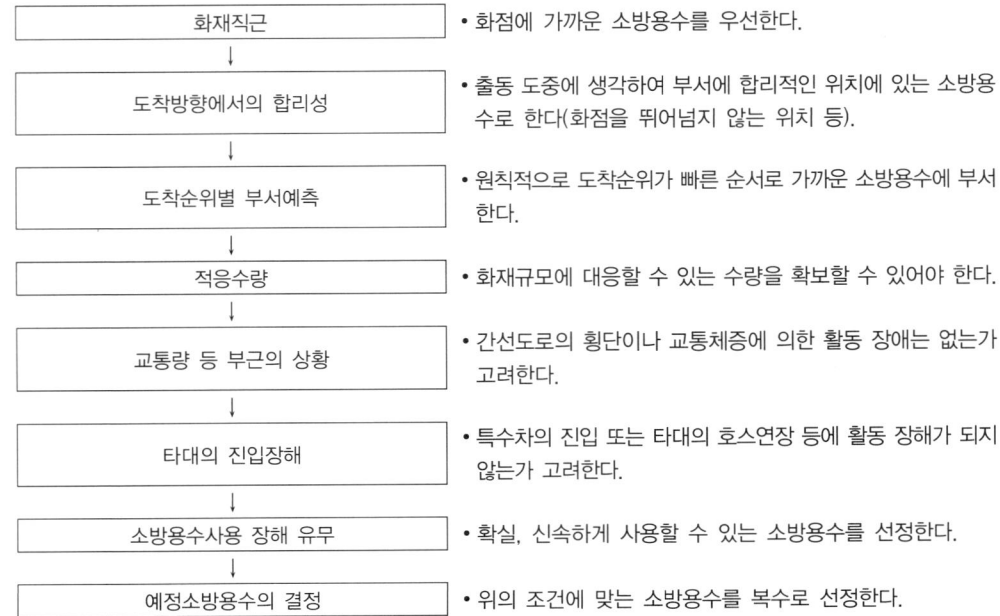

06 ① 화재 시 벽돌로 건축된 4개의 벽에 둘러싸인 목재저장소와 같은 위험성을 가지고 있는 건물은 안전도 3등급에 해당한다.
② 건물 구조물 골조와 벽체는 주로 목재로 이루어져 있어 5가지 유형 중 유일하게 가연성 외부 벽체를 가진 건물은 안전도 5등급에 해당한다.
④ 내부 구조물에 사용된 목재가 화염에 그대로 노출될 수 있는 구조의 건물은 안전도 4등급에 해당한다.

07 ④ 후로스오버(Froth over) 현상

의 미	점성을 가진 뜨거운 유류표면 아래 부분에서 물이 비등할 경우 비등하는 물에 의해 탱크 내 유류가 넘치는 현상이다.
특 징	직접적으로 화재발생을 일으키지는 않는다.
대처방법	보일오버에 대한 대처방법에 준하여 조치한다.

08 ① "감정"에 대한 설명이다.
"감식"이란 화재원인의 판정을 위하여 전문적인 지식, 기술 및 경험을 활용하여 주로 시각에 의한 종합적인 판단으로 구체적인 사실관계를 명확하게 규명하는 것을 말한다.

09 급수배관의 구경은 100mm 이상으로 하고, 개폐밸브는 지상에서 1.5m 이상 1.7m 이하의 위치에 설치하도록 하여야 한다(소방기본법 시행규칙 별표 3).

10 잔화정리 요령

1. 지휘자로부터 지정된 담당구역을 바깥에서 중심으로, 위층에서 아래층으로, 높은 장소에서 낮은 장소로의 순으로 실시한다.
2. 개구부를 개방하고 배연, 배열하고 활동환경을 정리해서 실시하는 것과 동시에 조명기구를 활용한다.
3. 주수는 관창압력을 감압해서 직사주수, 분무주수 등 관창을 기민하게 조작한다.
4. 주수는 한 장소에 고정하는 것이 아니라 대소의 이동이나 국부파괴, 뒤집어 파는 등 적극적으로 실시해 주수사각이 생기지 않도록 한다. 필요에 따라 호스를 증가한다.
5. 합판, 대들보의 뒤측, 벽 사이 등 주수사각이 되고 있는 장소에 주수한다. 몰타르 벽 등이 주수해서 곧 마르는 것은 잔화의 위험이 있기 때문에 손으로 벽체의 열을 확인하는 등 잔화정리에 철저를 기한다.
6. 피복물이나 도괴물을 쇠갈고리 등으로 제거해서 주수한다.
7. 가연물이 퇴적되어 있을 때는 관창을 끼워 넣거나 파서 헤집어서 주수한다.
8. 과잉 주수를 피하고 수손을 방지한다.

11
내화조 건물의 옥상에 목조 또는 방화구조 건물이 별도 설치되어 있는 경우는 다른 동으로 한다. 다만, 이들 건물의 기능상 하나인 경우(옥내 계단이 있는 경우)는 같은 동으로 한다.

12 위험예지훈련 토론 시 유의사항

1. 편안한 분위기에서 행한다.
2. 전원이 자유롭게 발언한다.
3. 발언에 대하여 비판은 하지 않으며 논의도 하지 않는다.
4. 타인의 이야기를 잘 듣고 서로가 자기의 생각을 높여가도록 한다.
5. 질보다는 양을 중요시한다.

13 GHS 표시방법

14
② 부상정도가 심한 구조대상자를 담요에 누이고 끄는 방법
③ 의식이 없거나 움직일 수 없는 구조대상자를 계단이나 경사로 아래로 이동시킬 때 사용하는 방법
④ 비교적 큰 힘을 들이지 않고 장거리를 이동할 수 있는 방법

15 동력절단기 일상정비 · 점검에서 목재용 절단날을 보관할 때에는 기름을 엷게 발라둔다.

16 프로펠러기와 헬리콥터는 엔진가동 중은 물론이고, 정지 중에도 프로펠러와 회전날개로부터 일정거리를 유지하여 행동한다.

17 개인방호복
1. A급 방호복 : 분진이나 증기, 가스 상태의 유독물질을 차단할 수 있는 최고 등급의 방호장비이다. 착용자만 아니라 공기호흡기까지를 차폐할 수 있는 일체형 구조이며 내부의 압력을 높여 외부의 공기와 접촉하지 않도록 한다.
2. B급 방호복 : 헬멧과 방호복, 공기호흡기로 구성된다. 위험물질의 비산에 의하여 손상을 입을 수 있는 액체를 다룰 경우 사용한다.
3. C급 방호복 : B급과는 호흡보호장비에서 차이가 있다. C급 방호장비는 방독면과 같은 공기정화식 호흡보호장비를 사용한다.
4. D급 방호복 : 호흡보호장비가 없이 피부만을 보호하는 수준이다. 소방대원의 경우 헬멧과 방화복, 보안경, 장갑을 착용한 상태가 D급에 해당한다. 위험이 없는 Cold Zone에서 활동하는 대원만 D급 방호복을 착용한다.

18 심폐소생술의 합병증

가슴압박이 적절하여도 발생하는 합병증	1. 갈비뼈골절 2. 복장뼈골절 3. 심장좌상 4. 허파좌상
부적절한 가슴압박으로 발생하는 합병증	1. 상부 갈비뼈 또는 하부갈비뼈의 골절 2. 기 흉 3. 간 또는 지라의 손상 4. 심장파열 5. 심장눌림증 6. 대동맥손상 7. 식도 또는 위점막의 파열
인공호흡에 의하여 발생하는 합병증	1. 위 내용물의 역류 2. 구 토 3. 허파흡인

19 앉아있는 환자는 팔을 약간 굽히고 심장 높이가 되도록 올린다.

20 감염질환의 특징

질 병	전염 경로	잠복기
AIDS	HIV에 감염된 혈액, 성교, 수혈, 주사바늘, 모태감염	몇 개월 또는 몇 년
수 두	공기, 감염부위의 직접 접촉	11~21일
풍 진	공기, 모태감염	10~12일
간 염	혈액, 대변, 체액, 오염된 물질	유형별로 몇 주~몇 개월
뇌수막염(세균성)	입과 코의 분비물	2~10일
이하선염	침 또는 침에 오염된 물질	14~24일
폐렴(세균성, 바이러스성)	입과 코의 분비물	며 칠
포도상구균 피부질환	감염부위와의 직접 접촉 또는 오염된 물질과의 접촉	며 칠
결핵(TB)	호흡기계 분비물, 공기 또는 오염된 물질	2~6주
백일해	호흡기계 분비물, 공기	6~20일

21 몸쪽(근위부)/먼쪽(원위부) : 몸통에 가까이 있는지 멀리 있는지를 나타낸다.

22 ④ 골절이나 탈구 부위는 부목으로 고정한다.

23 의식수준 4단계

A(Alert, 명료)	질문에 적절한 반응이나 대답을 할 수 있는 상태
V(Verbal Stimuli, 언어지시에 반응)	질문에 적절한 반응이나 대답은 할 수 없으나 소리나 고함에 반응하는 상태(신음소리도 가능)
P(Pain Stimuli, 자극에 반응)	언어지시에는 반응하지 않고 자극에는 반응하는 상태
U(Unresponse, 무반응)	어떠한 자극에도 반응하지 않는 상태

24 ㉠ 환자의 콧구멍에서 귓불까지 길이는 코인두기도기 길이 측정방법이다.

25 주요 문제점 및 해결방안

문제점	조치방법
커플링이 잘 연결되지 않을 때	1. Lock ling을 풀고 다시 시도한다. 2. 유압호스에 압력이 존재하는지 점검한다. 엔진작동을 중지하고 밸브를 여러 번 변환 조작한다(만일 이것이 안 될 때에는 강제로 압력을 빼 주어야 한다 – 압력제거기를 사용 하거나 A/S 요청).
컨트롤 밸브를 조작하여도 전개기가 작동하지 않을 때	1. 펌프를 테스트 한다(펌핑이 되고, 매뉴얼 밸브가 오픈포지션에 있어야 함). 2. 유압 오일을 확인하고 양이 부족하면 보충한다.
전개기가 압력을 유지하지 못할 때	1. 시스템에 에어가 유입되었을 때이다. 2. 핸들의 밸브가 잠겨 있는지 확인한다. 3. 실린더 바닥의 밸브를 재조립한다.
컨트롤 밸브 사이에서 오일이 샐 때	1. 커플링의 풀림 여부를 확인한다. 2. 안전스크류를 조인다. 3. 계속 오일이 새면 씰을 교환한다.

TEST 05 | 제5회 정답 및 해설

제5회 최종모의고사

01	02	03	04	05	06	07	08	09	10	11	12	13	14	15
③	②	④	③	③	④	④	③	②	④	②	④	③	③	④
16	17	18	19	20	21	22	23	24	25					
④	②	②	③	④	①	②	③	①	④					

01 ③ 엄호를 위한 관창 및 소화를 위한 관창을 제각기 배치한 후 경계관창을 배치한다.

02 ①·③·④ 무염화재에 대한 설명이다.
1. 무염화재(작열연소) : 가연성 고체가 그 표면에서 산소와 발열 반응을 일으켜 타는 연소의 한 형식. 표면연소의 경우에는 기체 연소에서 볼 수 있는 불길을 수반하지 않으며, 무염연소 또는 표면연소라 한다.
   - 다공성 물질에서 발견되며 화염은 크게 발생하지 않으나 연기가 나고, 빛이 나는 화재로 심부화재에 해당한다.
   - 대기 중의 산소가 스며들면서 연소범위가 확산되고, 연기발생과 재발화의 원인이 된다.
   [예] 겉 천(가죽)을 씌운 가구, 이불솜, 석탄, 톱밥, 폴리우레탄 재질의 매트리스와 같은 물질은 대표적인 무염화재의 연소물질
2. 유염화재(불꽃연소) : 열과 화염이 크게 발생하는 일반적인 화재유형으로 표면화재에 해당한다.
   [예] 목재화재

03 표면연소는 목탄, 코크스, 금속(분·박·리본 포함) 등의 연소가 해당되며 나무와 같은 가연물의 연소 말기에도 표면연소가 이루어진다.

04 플래시오버와 백드래프트 현상의 차이점

구 분	플래시오버	백드래프트
원 인	에너지의 축적	산소의 공급
발생 시기	성장기 (성장기의 마지막이자 최성기의 시작점)	성장기, 쇠퇴기(감퇴기)
연소현상	자유연소상태	훈소상태(불완전연소상태)
산소량	상대적으로 산소 공급원활	산소부족
폭발성 유무	폭발이 아님	폭발현상

05 급냉(담금질)

화재가 발생된 밀폐 공간의 출입구에 완벽한 보호 장비를 갖춘 집중 방수팀을 배치하고 출입구를 개방하는 즉시 바로 방수함으로써 폭발 직전의 기류를 급냉시키는 방법이다. 이와 같은 집중방수의 부가적인 효과는 일산화탄소 증기운의 농도를 폭발하한계 이하로 떨어뜨리는 것이다. 이 방법은 배연법만큼 효과적이지 않지만, 이것이 유일한 방안인 경우가 많다.

06 선착대의 소방용수에 여유가 있는 경우 후착대는 자기대의 수리부서에 집착하지 말고 선착대의 소방용수, 차량을 효과적으로 활용한다.

수리유도 및 부서
1. 현장에 도착하여 연기나 열기를 확인할 수 없어도 반드시 수리부서하여 주수할 수 있는 태세를 갖춘다.
2. 타대의 통행에 장해가 되지 않도록 소방용수 및 부서위치를 결정한다.
3. 수리로 차량을 유도할 때는 수리의 위치 및 정차위치를 명확하게 나타냄과 동시에 소방호스 등의 장애물을 배제하여 실시한다.
4. 수리부서 때는 급수처리, 호스연장, 사다리 운반 등의 행동이 같이 실시되기 때문에 대원끼리의 충돌에 주의한다.
5. 기온강하 시 특히 노면동결에 의한 전도 등에 주의한다.
6. 수리부서 차량은 가능한 한 수평이 되게 하고 바퀴 고임목을 하여 안전사고를 방지하여야 한다.
7. 도로상의 소방용수시설에 부서하는 경우 소방용수의 맨홀 부위에서 주민의 실족사고가 일어나지 않도록 필요한 조치를 강구한다.
8. 선착대의 소방용수에 여유가 있는 경우 후착대는 자기대의 수리부서에 집착하지 말고 선착대의 소방용수, 차량을 효과적으로 활용한다.

07 Enforcement(관리적 대책)

관리적 대책은 엄격한 규칙에 의해 제도적으로 시행되어야 하므로 다음의 조건이 충족되어야 한다.
1. 적합한 기준 설정
2. 각종 규정 및 수칙의 준수
3. 전 작업자의 기준 이해
4. 관리자 및 지휘자의 솔선수범
5. 부단한 동기 부여와 사기 향상

08 3D 주수기법은 해당 구획실의 크기가 70m² 이상일 경우 부적합하다고 볼 수 있다. 구획실의 가연물 양, 화염의 크기 및 지속시간, 개구부의 수, 구획실의 크기는 어느 정도인지 등의 다양한 변수를 고려하여야 한다.

09 사고 예방대책의 기본원리 5단계
- 1단계 : 안전조직(조직체계 확립)
  경영자의 안전목표 설정, 안전관리자 선임, 안전라인 및 참모조직, 안전활동 방침 및 계획수립, 조직을 통한 안전활동 전개 등 안전관리에서 가장 기본적인 활동은 안전관리 조직의 구성이다.
- 2단계 : 사실의 발견(현황파악)
  각종 사고 및 활동기록의 검토, 작업 분석, 안전점검 및 검사, 사고조사, 안전회의 및 토의, 근로자의 제안 및 여론 조사 등에 의하여 불안전 요소를 발견한다.
- 3단계 : 분석평가(원인규명)
  사고원인 및 경향성 분석, 사고기록 및 관계자료 분석, 인적·물적 환경조건 분석, 작업공정 분석, 교육훈련 및 직장배치 분석, 안전수칙 및 방호장비의 적부 분석 등을 통하여 사고의 직접 및 간접 원인을 찾아낸다.

- 4단계 : 시정방법의 선정(대책선정)

  기술적 개선, 배치조정, 교육훈련의 개선, 안전행정의 개선, 규정 및 수칙 등 제도의 개선, 안전운동의 전개 등 효과적인 개선방법을 선정한다.

- 5단계 : 시정책의 적용(목표달성)

  시정책은 3E, 즉 기술(Engineering), 교육(Education), 관리(Enforcement)를 완성함으로써 이루어진다.

10 ④ 소규모화재 또는 실수로 헤드를 잘못 파손한 경우 물을 정지시키는 방법은 각 층의 제어밸브를 잠그고 펌프를 정지시켜 방수압력을 약하게 한 후 나무핀 등으로 막는 것이다. 이 경우 배수밸브 또는 테스트 밸브가 있는 것은 이것을 개방하면 효과적이다.

11 사례연구법의 장단점

장 점	단 점
1. 현실적인 문제의 학습이 가능하다. 2. 흥미가 있고 학습동기를 유발할 수 있다. 3. 생각하는 학습교류가 가능하다.	1. 원칙과 룰(rule)의 체계적 습득이 어렵다. 2. 적절한 사례의 확보가 곤란하다. 3. 학습의 진보를 측정하기 힘들다.

12 사고예방대책의 기본원리 5단계

1단계 : 안전조직 (조직체계 확립)	경영자의 안전목표 설정, 안전관리자 선임, 안전라인 및 참모조직, 안전활동 방침 및 계획수립, 조직을 통한 안전활동 전개 등 안전관리에서 가장 기본적인 활동은 안전관리 조직의 구성이다.
2단계 : 사실의 발견 (현황파악)	각종 사고 및 활동기록의 검토, 작업 분석, 안전점검 및 검사, 사고조사, 안전회의 및 토의, 근로자의 제안 및 여론 조사 등에 의하여 불안전 요소를 발견한다.
3단계 : 분석 평가 (원인 규명)	사고원인 및 경향성 분석, 사고기록 및 관계자료 분석, 인적·물적 환경조건 분석, 작업공정 분석, 교육훈련 및 직장배치 분석, 안전수칙 및 방호장비의 적부 분석 등을 통하여 사고의 직접 및 간접 원인을 찾아낸다.
4단계 : 시정방법의 선정 (대책 선정)	기술적 개선, 배치조정, 교육훈련의 개선, 안전행정의 개선, 규정 및 수칙 등 제도의 개선, 안전운동의 전개 등 효과적인 개선방법을 선정한다.
5단계 : 시정책의 적용 (목표달성)	3E, 즉 기술(Engineering), 교육(Education), 관리(Enforcement)를 완성함으로써 이루어진다.

13 구출방법의 결정 시 피해야 할 요인

1. 일반인에게 피해가 예측되는 방법
2. 2차 재해의 발생이 예측되는 방법
3. 개인적인 추측에 의한 현장판단
4. 전체를 파악하지 않고 일면의 확인에 의해 결정한 방법

14 ③ 동적 로프는 신장률이 7% 정도로 신축성이 높아 충격을 잘 흡수하여 자유낙하가 발생할 수 있는 암벽등반에 유리하다. 유연성이 낮은 것은 정적 로프의 특징이다.

15 ④ 터널을 만드는 과정은 느리고 위험하기 때문에 구조대상자에게 접근할 다른 수단이 없는 경우에만 선택하도록 한다.

16 ④ 감압병에 대한 설명이다.

17 ② 로프총의 경우 공압식과 화약식에 사용하는 견인탄은 내경은 같으나 재질과 중량에 차이가 있으므로 교환 사용하지 않도록 한다.

18 ② 출혈이 멈추면 막대가 풀려 느슨해지지 않도록 주의한다.

19 ③ 사용한 바늘은 다시 뚜껑을 씌우거나, 구부리거나, 자르지 말고 그대로 폐기통에 즉시 버린다.

20 ④ 실혈로 인한 쇼크를 저혈량성 쇼크라고 한다. 순환계는 실혈에 따른 보상반응으로 맥박이 빨라지고 혈관을 수축시켜 조직으로의 관류를 유지하려고 한다. 따라서 빠른맥은 쇼크의 초기 징후로 나타나며 출혈이 계속되면 저혈류로 진행되어 말초 혈류는 급격히 감소된다. 이러한 과정으로 허약감, 약한 맥박, 창백하고 끈적한 피부를 나타낸다. 소아의 경우 성인과 달리 저혈량 쇼크에 대한 생리적 반응이 다르다. 소아의 경우 성인보다 혈압과 심박동 보상반응이 더 오래 유지되기 때문에 전체 혈액량의 1/2 이상이 실혈되어야 혈압이 떨어진다.

21 ① 들숨 : 능동적, 가로막과 늑간근의 수축. 두 근육이 수축하면 가로막은 아래로 내려가고 갈비뼈는 위와 밖으로 팽창한다.

22 ② 응급차량 전면이 주행차량의 전면을 향한 경우에는 비상등을 켜고 전조등 및 경광등은 꺼야 한다.

23 ③ 산소포화도를 적어도 95% 이상 유지되도록 관리해야 하며 저산소증 징후가 보이면 비재호흡마스크로 고농도의 산소를 공급한다.

24 폐렴은 입과 코의 분비물을 통해 전파된다(비말에 의한 전파).

25 1인 BVM 사용방법은 성인 환자의 경우 5~6초마다 1회 백을 누르고 소아의 경우 3~5초마다 1회 백을 누르는 것이다.

TEST 06 | 제6회 정답 및 해설

제6회 최종모의고사

01	02	03	04	05	06	07	08	09	10	11	12	13	14	15
②	③	②	④	④	③	②	②	③	②	④	①	①	①	④
16	17	18	19	20	21	22	23	24	25					
①	①	①	③	③	④	③	②	④	①					

01 부촉매 소화는 가연물질 내에 함유되어 있는 수소·산소로부터 활성화되어 생성되는 수소기(H^+)·수산기(OH)를 화학적으로 제조된 부촉매제(분말소화약제, 할론가스 등)와 반응하게 하여 더이상 연소생성물인 이산화탄소·일산화탄소·수증기 등의 생성을 억제시킴으로써 소화하는 원리로 화학적 소화방법에 해당한다.

02 ① 1g의 물이 증발하는 데는 539cal의 열을 흡수하는 효과가 있다.
② 유화소화법은 질식소화법이다.
④ 억제소화법은 화학적 소화법이다.

03 ② 복사는 대부분의 노출화재(화재가 시발된 건물이나 가연물들로부터 떨어져 있는 건물이나 가연물들에 점화되는 화재)의 원인이다.

04 배기방향을 결정한 후 급기측에서 분무방수를 해야 한다.

지하화재 진압요령
1. 지하실에는 불연성가스 등의 소화설비가 있는 경우가 많으므로 내부의 구획, 통로, 용도, 수용물 등을 파악한 후 행동한다.
2. 진입개소가 2개소인 경우에는 급기, 배기방향을 결정한 후 급기측에서 분무방수 또는 배연기기 등을 이용하여 진입구를 설정한다.
3. 개구부가 2개소 이상일 때는 연기가 많이 분출되는 개구부를 배연구로 하고 반대쪽의 개구부를 진입구로 한다.
4. 소화는 분무, 직사 또는 포그 방수로 한다. 또, 관창을 들고 진입하는 대원을 열기로부터 보호하기 위하여 필요한 경우에는 분무방수로 엄호 방수한다.
5. 급기측 계단에서 화학차를 활용하여 고발포를 방사(放射), 질식소화를 한다.
6. 고발포를 방사하는 경우에는 화세를 확대시키는 경우도 있기 때문에 상층에 경계관창의 배치를 소홀히 해서는 안 된다.
7. 대원이 내부 진입할 때에는 확인자를 지정하고, 출입자를 확실하게 파악, 관찰하여야 한다.
8. 농연열기가 충만하여 진입이 곤란한 경우에는 상층부 바닥을 파괴하여 개구부를 만들고 직접 방수하여 소화하는 경우도 있다.

05 ① 공기조절장치를 너무 많이 열어 가스의 공급량이 많게 되면 리프팅이 일어나지만 가스의 공급량이 적게 될 때는 백드래프트 또는 불이 꺼지는 원인이 된다.
② 황염현상을 의미한다.
③ 리프팅(선화)현상을 의미한다.

06 ① 전략에 관한 설명이다.
② 방어적 작전에 관한 내용이다.
④ 한계적 작전은 공격적 작전과 방어적 작전이 동시에 이루어지는 것을 의미하지는 않으며, 주로 외부에서의 방어적 작전을 준비 또는 대기하는 상황에서 인명구조와 연소확대 방지를 위해 내부공격이 필요한 경우가 그 예이다.

07 ② 화재진압보다 확산방지에 주력하는 전략을 의미하며 출동대는 화재발생 층에 있는 모든 가연물이 소진될 동안 계단을 통제하는 것이 핵심사항이다.

08 ① 물은 표면장력이 커서 방수 시 가연물에 침투되기가 어렵기 때문에 표면장력을 작게 하여 침투성을 높여주기 위해 첨가하는 계면활성제의 총칭을 침투제라 한다.
③ 증점제의 무기계로 벤토나이트, 붕산염 등이 사용되고 있다. 동결방지제(부동제)는 일반적으로 자동차 냉각수 동결방지제로 많이 사용되는 에틸렌글리콜을 가장 많이 사용하고 있다.
④ 물이 갖는 소화 효과와 첨가제가 갖는 부촉매 효과를 합한 것은 강화액의 소화 효과이다. 유화제란 중유나 엔진오일 등은 인화점이 높고 고 비점 유류이므로 화재 시 Emulsion 형성을 증가시키기 위해 계면활성제를 첨가하여 사용하는 약제이다.

09 안전관리는 그 자체가 목적이 아니고 조직목적을 달성하기 위한 과정이다.

10 불연성 물질로 되어 있으면 복사열 방출을 줄여 가연물 열분해를 방지하고 가연성 연기층을 냉각시키는 효과가 있으며 또한 지나치게 많은 양의 주수는 하지 않는다.

11 경상은 중상 이외의 부상(입원치료를 필요로 하지 않는 것도 포함한다)을 말한다. 다만, 병원 치료를 필요로 하지 않고 단순하게 연기를 흡입한 사람은 제외한다.

12 화재조사 및 보고 규정에 따른 건물동수 산정방법 중 같은 동 기준
  1. 주요구조부가 하나로 연결되어 있는 것
  2. 건물의 외벽을 이용하여 실을 만들어 헛간, 목욕탕, 작업실, 사무실 및 기타 건물 용도로 사용하고 있는 것
  3. 구조에 관계없이 지붕 및 실이 하나로 연결되어 있는 것
  4. 목조 또는 내화조 건물의 경우 격벽으로 방화구획이 되어 있는 경우
  5. 내화조 건물의 옥상에 목조 또는 방화구조 건물이 별도 설치되어 기능상 하나인 경우(옥내 계단이 있는 경우)
  6. 내화조 건물의 외벽을 이용하여 목조 또는 방화구조건물이 별도 설치되어 주된 건물에 부착된 건물이 옥내로 출입구가 연결되어 있는 경우로 건물 기능상 하나인 경우
  7. 내화조 건물의 외벽을 이용하여 목조 또는 방화구조건물이 별도 설치되어 기계설비 등이 쌍방에 연결되어 있는 경우로 건물 기능상 하나인 경우

13 구조현장에 있어서 가장 중요하고 위험한 임무는 숙달도가 가장 높은 대원에게 부여한다.

14 고정매듭은 매듭법 중 자주 사용되는 중요한 매듭법으로 '매듭의 왕'이라 불린다.

15 비응급환자(녹색) : 비응급 상황에 관한 설명이다.
지연환자(흑색) : 사망
대량 재난 시에 임상적 및 생물학적 사망이 명확히 구분되지 않는 상태와 자발 순환이나 호흡이 없는 모든 무반응의 상태를 죽음으로 생각한다. 몇몇 분류에서는 어떤 처치에도 불구하고 생존 가능성이 희박한 경우를 포함한다.

16 사망자의 분류는 구조・구급대원들의 판단・평가영역이 아니고 의사들이 판단하고 평가할 수 있는 권한이다.

17 ② 로프는 신축성에 따라 크게 동적로프와 정적로프로 구분되며, 일반구조활동용으로는 정적로프나 세미스태틱 로프가 적합하고 산악구조활동과 장비의 고정 등에는 동적로프가 적합하다.
③ 로프는 장시간 햇빛을 받으면 변색, 강도저하 등이 일어나므로 햇빛은 피한다.
④ 로프는 사용 횟수와 무관하게 강도가 저하되며, 특히 4년 경과부터 강도가 급격히 저하된다.

18 ① 불규칙적 – 심전도계 문제

19 119법 제23조의3(감염병환자등의 통보 등)
질병관리청장 및 의료기관의 장은 구급대가 이송한 응급환자가 감염병환자등인 경우에는 그 사실을 소방청장 등에게 즉시 통보하여야 한다. 이 경우 정보시스템을 활용하여 통보할 수 있다.
제29조의2(벌칙)
법 제23조의3제1항을 위반하여 통보를 하지 아니하거나 거짓으로 통보한 자는 200만원 이하의 벌금에 처한다.

20 장갑 착용여부와 상관없이 환자 처치 후에는 꼭 손을 씻어야 한다. 반드시 흐르는 물을 이용해서 손목과 팔꿈치 아래까지 씻는다.

21 ④ 거동이 불가능한 환자는 긴급으로 분류할 수 있는데, 여기에는 BLACK(지연) 환자가 포함되어 있으며, 이는 호흡유무로 감별가능하다.

22 동공반응

동공모양	원 인
수 축	살충제 중독, 마약남용, 녹내장약, 안과치료제
이 완	공포, 안약, 실혈
비대칭	뇌졸중, 머리손상, 안구손상, 인공눈
무반응	뇌 산소결핍, 안구부분손상, 약물남용
불규칙한 모양	만성질병, 수술 후 상태, 급성 손상

23 그 외 부적절한 호흡의 징후
1. 입과 코에서의 공기흐름이나 가슴에서의 호흡음이 정상 이하로 떨어질 때
2. 호흡 중에 비정상적인 호흡음이 들릴 때
3. 호흡이 너무 빠르거나 느릴 때
4. 호흡의 깊이가 너무 낮거나 깊을 때 그리고 힘들어 할 때
5. 복식호흡을 할 때(배만 움직일 때)
6. 들숨과 날숨 시 기도 폐쇄
7. 가쁜 호흡으로 말을 못하거나 말을 끊어서 할 때
8. 환자의 자세가 무릎과 가슴이 가깝게 앞으로 숙이고 있을 때(기좌호흡)

24 ④ 교육·연구 기능에 대한 설명이다.

25 ① 복통환자는 즉각적으로 생체 징후를 측정하고 5분마다 재평가해야 한다.

TEST 07 | 제7회 정답 및 해설

제7회 최종모의고사

01	02	03	04	05	06	07	08	09	10	11	12	13	14	15
③	④	④	②	④	②	②	①	②	④	②	③	②	②	②
16	17	18	19	20	21	22	23	24	25					
①	③	④	②	③	④	④	④	②	②					

01 국내에서는 가스화재를 유류화재에 준하여 사용하고 있다.

소화적응성에 따른 분류

구 분	내 용	적응화재별 표시	표시색
일반화재	• 목재, 섬유, 고무, 플라스틱 등과 같은 일반가연물의 화재 • 발생빈도나 피해액이 가장 큰 화재	A	백 색
유류화재	인화성 액체(제4류위험물), 1종 가연물(락카퍼티, 고무풀), 2종 가연물(고체파라핀, 송지)이나 페인트 등의 화재	B	황 색
전기화재	전류가 흐르고 있는 전기설비에서 불이 난 경우의 화재	C	청 색
금속화재	• 나트륨, 칼륨, 마그네슘과 같은 가연성 금속의 화재 • 금속화재에 대한 소화기의 적응화재별 표시는 D로 표시하고 있으나 현재 국내의 규정에는 없음	D	무 색
가스화재	• 메탄, 에탄, 프로판, 암모니아, 아세틸렌, 수소 등의 가연성 가스의 화재 • 가스화재에 대한 소화기의 적응화재별 표시는 국제적으로 E로 표시하고 있으나 현재 국내에서는 유류화재(B급)에 준하여 사용	E	황 색
식용유화재	주방에서의 식용유 취급으로 인한 화재	K	

02 ④ 방수 중 소방호스의 작은 파열은 호스재킷으로 조치하고, 추가연장 및 크게 파열된 경우는 제수기를 조작하여 물의 흐름을 막는다.

03 포스겐($COCl_2$)
• 열가소성 수지인 폴리염화비닐(PVC), 수지류 등이 연소할 때 발생되며 맹독성가스로 허용농도는 0.1ppm(mg/m^3)이다.
• 일반적인 물질이 연소할 경우는 거의 생성되지 않지만 일산화탄소와 염소가 반응하여 생성되기도 한다.

04 소방식 운반구출
- 구조대상자를 엎드리게 하고 허리 부분의 위치에 가랑이를 벌리고 후퇴하면서 상반신을 일으킨다. 겨드랑이에 머리를 넣어 허리 부분을 끌어올려 한 쪽 발을 앞으로 내민다. 대퇴를 구부려 일으켜 손목을 잡아 구출한다.
- 공기호흡기를 착용한 상태에서 구조대상자를 업을 수 있기 때문에 "소방관 운반"이라고 부르며 큰 힘을 들이지 않고 장거리를 이동할 때 쓰는 방법이다.

05 Na, K 등은 물과 반응하기 때문에 사용하면 안 된다.

포소화약제의 적응 화재
1. 비행기 격납고, 자동차 정비공장, 차고, 주차장 등 주로 기름을 사용하는 장소, 특수 가연물을 저장, 취급하는 장소, 위험물 시설(제1·2·3류위험물의 일부와 제4·5·6류 전부)에 사용된다.
2. 합성계면활성제 포소화약제의 경우 팽창범위가 넓어 LNG가 저장탱크로부터 유출된 때 고발포의 포로 덮어서 외기로부터의 열을 차단해서 증발을 억제시켜 소화하기도 한다.
3. 포소화약제는 소화 후의 오손 정도가 심하고, 청소가 힘든 결점 등이 있고 또한 감전의 우려가 있어 전기화재나 통신 기기실, 컴퓨터실 등에는 부적합하다.
4. 이외에도 특별한 경우를 제외하고는 다음과 같은 경우에도 사용할 수 없다.
    - 제5류위험물과 같이 자체적으로 산소를 함유하고 있는 물질
    - Na, K 등과 같이 물과 반응하는 금속

06 소방펌프 흡수량을 높이고, 소방펌프의 회전수를 낮춘다.

07 ② 검토회의는 사고발생일로부터 20일 이내에 개최한다.

08 페인팅 주수요령
1. 움직임이 크므로 펄싱 주수 자세보다 좀 더 높은 자세를 유지한다.
2. 관창수는 화점실 접근 시 문틀 주변에 주수(불이 다른 구역으로 번지지 않도록 냉각)하고, 화점실 진입 시 벽면 및 천장을 목표로 주수한다.
3. 반동력이 크지 않으므로 이동에 용이하다.
4. 관창의 노즐은 오른쪽 방향 끝에서 왼쪽으로 조금 열어서 사용한다.
5. 관창의 개폐장치는 조금 열어 물줄기가 보이게 벽면과 천장에 닿을 정도로 조작한다.
6. 주수 시 페인트칠을 하듯 위에서 아래로, 천장 한쪽 끝에서 반대쪽 끝으로 지그재그 방식으로 적정량을 주수하도록 한다.
7. 매우 높은 열량을 가진 벽면에 주수 시 많은 수증기가 발생하지 않도록 주의한다.

09

오일오버 (Oilover) 현상	의 미	위험물 저장탱크 내에 저장된 제4류위험물의 양이 내용적의 1/2 이하로 충전되어 있을 때 화재로 인하여 증기 압력이 상승하면서 저장탱크내의 유류를 외부로 분출하면서 탱크가 파열되는 현상
	특 징	보일오버, 슬롭오버, 프로스오버 현상보다 위험성이 더 큰 것으로 알려져 있다.
	대처방법	1. 소화방법으로는 질식소화를 원칙으로 하며, 소화약제로는 포, 분말, CO_2 등을 주로 사용한다. 2. 질식효과를 나타내는데 필요한 포의 두께는 최저 5~6cm 정도이나, 연소면적에 따라 충분한 양을 살포해야 질식소화효과를 나타낼 수 있다. 3. 간접적 대처방법으로 화재 상황에 따라 저장탱크용기 등을 외부에서 냉각시켜 가연성증기 발생을 억제하는 것이 유효한 대처방법이다. 4. 화재가 확산되는 것을 막기 위해서는 모래 등으로 방제 둑을 쌓아 확산범위를 최소화하여야 한다.
보일오버 (Boilover) 현상	의 미	석유류가 혼합된 원유를 저장하는 탱크내부에 물이 외부 또는 자체적으로 발생한 상태에서 탱크표면에 화재가 발생하여 원유와 물이 함께 저장탱크 밖으로 흘러넘치는 현상
	특 징	인근 저장탱크나 건물로 화염이 밀물처럼 확대되면서 대규모 화재로 발전하는 계기가 되기도 한다.
	대처방법	저장탱크용기를 외부에서 냉각시키고, 원유와 물이 흘러넘쳐 주변으로 확산되는 것을 최소화시키기 위해 신속히 모래 등으로 방제 둑을 쌓는다.
프로스오버 (Frothover) 현상	의 미	점성을 가진 뜨거운 유류표면 아래 부분에서 물이 비등할 경우 비등하는 물에 의해 탱크 내 유류가 넘치는 현상
	특 징	1. 직접적으로 화재발생을 일으키지는 않는다. 2. 대처방법 보일오버에 대한 대처방법에 준하여 조치한다.
	대처방법	보일오버에 대한 대처방법에 준하여 조치한다.
슬롭오버 (Slopover) 현상	의 미	1. 야채를 식용유에 넣을 때 야채 내 수분이 비등하면서 주위의 뜨거운 식용유를 밖으로 튀어나오게 하는 현상 2. 소화용수가 연소유의 뜨거운 표면에 유입되는 급비등으로 부피팽창을 일으켜 탱크 외부로 유류를 분출시키는 현상 3. 물보다 끓는점(비점)이 높은 점성을 가진 유류에 물이 접촉될 때 유류 표면온도에 의해 물이 수증기가 되어 팽창, 비등함에 따라 유류를 외부로 비산시키는 현상
	특 징	직접적으로 화재발생을 일으키지는 않는다.
	대처방법	보일오버에 대한 대처방법에 준하여 조치한다.

10 저수조의 설치기준

낙 차	지면으로부터 낙차가 4.5m 이하가 되어야 한다. ☞ 급수를 계속하면 저수조의 수위가 점점 낮아져 낙차가 커지는 경우를 고려하여 최하면이 4.5m 이내만 유효수량으로 산정하여야 한다.
수 심	취수부분의 수심이 0.5m 이상이어야 한다. ☞ 소방펌프차가 흡수를 할 때 흡수관의 스트레이너가 수중에 충분히 침수하여야만 공기가 들어가지 않고 흡수가 가능하다.
위 치	소방펌프차가 용이하게 부서를 할 수가 있어야 한다. ☞ 용이하게 부서할 수 있는 요건은 흡수관 1본(15m)으로 쉽게 급수할 수 있는 위치까지 접근할 수 있는 공간이 있어야 한다.

흡수관 투입구	흡수관의 투입구가 네모(사각)인 경우에는 한 변의 길이가 0.6m 이상, 원형인 경우에는 지름(직경)이 0.6m 이상이어야 한다.
설 비	흡수에 지장이 없도록 토사, 쓰레기 등을 제거할 수 있는 설비를 갖추어야 한다.

11 현장조치 대응매뉴얼은 위기관리 실무매뉴얼을 작성한 기관의 장이 지정한 기관의 장이 작성한다.

위기관리 표준매뉴얼	• 국가적 차원에서 관리가 필요한 재난에 대하여 재난관리 체계화 관계 기관의 임무와 역할을 규정한 문서로 위기대응 실무매뉴얼의 작성기준이 된다. • 재난관리주관기관의 장이 작성한다.
위기대응 실무매뉴얼	• 위기관리 표준매뉴얼에서 규정하는 기능과 역할에 따라 실제 재난대응에 필요한 조치사항 및 절차를 규정한 문서이다. • 재난관리기관의 장과 관계기관의 장이 작성한다.
현장조치 행동매뉴얼	• 재난현장에서 임무를 수행하는 기관의 행동조치 절차를 구체적으로 수록한 문서이다. • 위기대응 실무매뉴얼을 작성한 기관의 장이 작성한다. • 시장·군수·구청장은 재난유형별 현장조치 행동매뉴얼을 통합하여 작성할 수 있다.

12 ①·②·④는 소방청장, ③은 소방본부장

13 로프 세척은 미지근한 물에 중성 세제를 풀어 로프를 충분히 적시고 흔들어 모래나 먼지가 빠져나가도록 한다.

14 ① 비교적 짧은 로프를 신속하게 사릴 때 사용하고 무릎이나 팔뚝을 이용하여 로프를 신속히 감아 나간다.
③ 로프가 꼬이지 않게 사리는 방법으로, 굵고 뻣뻣한 로프나 와이어로프 등을 정리할 때 편리하다.
④ 로프의 길이가 60m 이상이 되면 사리면서 한 손으로 잡고 있을 수 없게되므로 로프를 어깨로 올려서 사리게 된다.

15 구조한 구조대상자 중 척추부상이 추정되는 구조대상자에게는 세겹고정매듭 등의 로프를 이용한 구조활동은 척추에 무리한 힘이 걸리거나 신경계통에 2차적 재해가 우려되므로 금지하여야 한다.

16 붕괴의 유형과 빈 공간의 형성
캔틸레버형(Cantilever) 붕괴 : 캔틸레버형 붕괴는 각 붕괴의 유형 중에서 가장 안전하지 못하고 2차 붕괴에 가장 취약한 유형이다. 건물에 가해지는 충격에 의하여 한 쪽 벽판이나 지붕 조립부분이 무너져 내리고 다른 한 쪽은 원형을 그대로 유지하고 있는 형태의 붕괴를 말한다. 이때 구조대상자가 생존할 수 있는 장소는 각 층들이 지탱되고 있는 끝 부분 아래에 생길 가능성이 많다.

17 유동확보물들은 크랙의 형태와 크기에 따라 다양한 장비를 활용하게 되며 구조활동 중에 대원들이 직접 설치하게 될 경우도 많다.

18 혈액의 구성요소

성인의 경우 체중 1kg당 약 70ml의 혈액을 갖고 있으며 혈관을 통해 심장에서 뿜어져 나가는 혈액은 몇몇 요소로 구성되어 있다. 적혈구는 세포에 산소를 운반해 주고 이산화탄소를 받으며 혈액의 색을 결정하는 요소이다. 백혈구는 면역체계의 일부분으로 감염을 방지한다. 혈소판은 세포의 특수한 부분으로 지혈작용을 한다. 혈장은 혈액량의 1/2 이상을 차지하며 전신에 혈구와 혈소판을 운반하는 역할을 한다.

20 개방성 연부조직 손상
1. 찰과상 : 표피가 긁히거나 마찰된 상태로 보통은 진피까지 손상을 입는다.
2. 열상 : 피부손상 깊이와 넓이가 다양하며 날카로운 물체에 피부가 잘린 상처이다.
3. 결출상 : 피부나 조직이 찢겨져 너덜거리는 상태로 많은 혈관 손상으로 종종 출혈이 심각하다.
4. 절단 : 신체로부터 떨어져 나간 상태로 완전절단과 부분절단이 있다.
5. 관통/찔린 상처 : 날카롭고 뾰족하거나 빠른 속도의 물체가 신체를 뚫은 형태로 피부표면의 상처뿐 아니라 내부 조직 손상도 초래한다.
6. 개방성 압좌상 : 피부가 파열되어 찢겨진 형태로 연부조직, 내부 장기 그리고 뼈까지 광범위하게 손상을 나타낸다.

21 Severity : 어느 정도 아픈지? (1에서 100이라는 수치로 비교 표현)

22 ① 높은 수준의 소독은 노출시간이 충분하면 세균 아포까지 죽일 수 있고 모든 미생물을 파괴할 수 있는 소독수준이다. 중간 수준의 소독은 결핵균, 진균을 불활성화시키지만, 세균 아포를 죽일 수 있는 능력은 없다. 낮은 수준의 소독은 세균, 바이러스, 일부 진균을 죽이지만, 결핵균이나 세균아포 등과 같이 내성이 있는 미생물은 죽이지 못한다.
② 간접전파는 주사바늘과 같은 오염물질 또는 호흡기를 통한 비말흡입에 의해 전파된다.
③ 수두, 홍역 등은 공기에 의한 전파이다.

23 의식 장애를 초래할 수 있는 원인
1. 순환기계 손상으로 뇌로 가는 혈류량 저하
2. 호흡기계 장애로 뇌로 가는 산소 저하
3. 호흡장애로 뇌에 이산화탄소 증가
4. 당과 관련된 문제로 뇌로 가는 당 저하

24 비재호흡마스크는 85~100% 농도의 산소제공이 가능하고, 분당최대유량은 12~15L/분이다.

25 동의의 법칙 : 묵시적 동의, 미성년자 치료에 있어서의 동의, 정신질환의 동의, 치료거부권

TEST 08 | 제8회 정답 및 해설

제8회 최종모의고사

01	02	03	04	05	06	07	08	09	10	11	12	13	14	15
②	①	①	①	①	④	①	②	③	①	④	①	④	④	④
16	17	18	19	20	21	22	23	24	25					
③	②	③	②	④	①	②	④	③	④					

01 ① 외부의 직접적인 점화원이 없이 가열된 열의 축적에 의하여 발화가 되고 연소가 되는 최저의 온도는 발화점이다.
③ 촉매는 반응속도를 변화시키는 물질로서 반응속도를 빠르게 하는 정촉매와 반응속도를 느리게 하는 부촉매가 있다.
④ 금속의 열전도율과 습도가 낮을수록 등이다.

02 관창호스 연결이 지연되거나 모든 사람이 대피했다는 것이 확인된 경우 적합한 방법은 공기차단 지연이다.

03 백드래프트보다 플래시오버 발생빈도가 높고 백드래프트의 악화요인은 공기이다.

04 구획실 앞쪽 상층부 연기층 및 화염을 목표로 주수하는 것은 롱펄싱 기법에 해당한다.
펜슬링 주수요령
1. 확실한 발 디딤 장소를 확보하고 낮은 자세를 유지한다.
2. 관창수는 화점을 목표로 주수한다.
3. 반동력이 크므로 관창보조는 소방호스를 땅에 살짝 닿도록 들어서 잡아준다.
4. 관창의 노즐은 오른쪽 방향 끝에서 왼쪽으로 1/4바퀴 돌려 직사주수 형태로 사용한다.
5. 관창의 개폐장치를 열어 물줄기를 던지듯 끊어서 조작한다.
6. 구획실 내 화점이 여러 곳일 경우 펜슬링(화점), 펄싱주수(공간), 펜슬링 그리고 페인팅 기법을 반복하면서 주변 공간을 냉각시키고 화재를 완전히 진압한다.

05 간접공격법에 가장 적합한 주수방법은 저속분무주수이다.

06 ① 화점층 및 화점상층의 인명구조와 피난유도를 최우선으로 한다.
② 1차 경계범위는 당해 화재구역의 직상층으로 한다.
③ 경계대는 화점의 직상층 계단 또는 직상층에 배치하고, 진입대의 활동거점은 화점층의 특별피난 계단 부속실에 확보하는 것을 원칙으로 한다.

07 행동지향적이 아닌 지시지향적 태도이다(의사결정 중심의 태도).
현장지휘관의 바람직한 자질과 성향
1. 대원의 임무에 대한 존중 자세
2. 냉정하고 침착한 지시와 통제능력
3. 훈련과 경험에 의한 전문적 지휘지식
4. 행동지향적이 아닌 지시지향적 태도(의사결정 중심의 태도)
5. 상황을 안정시킬 수 있는 대안제시능력(문제해결능력)
6. 심리적 체력적 대응능력
7. 의사전달능력(무전기 사용능력 등)
8. 안전이 확보된 타당한 위험의 감수능력
9. 모든 직원에 대한 관심과 공정성 유지
10. 자신과 다른 사람, 장비, 그리고 전략과 전술적 접근법에 대한 한계인식능력
11. 지휘에 대한 존중태도 및 훈련되고 일관성이 있는 태도

08 상수도소화용수설비를 설치하여야 하는 특정소방대상물의 대지 경계선으로부터 180미터 이내에 구경 75밀리미터 이상인 상수도용 배수관이 설치되지 아니한 지역에 있어서는 소화수조 또는 저수조를 설치하여야 한다.

09 재해조사의 순서

제1단계-사실의 확인	1. 재해 발생의 상황을 피해자, 목격자, 기타 관계자에 대하여 작업 시작부터 재해 발생까지의 과정 중에 명확하게 밝힌다. 2. 조사항목은 사람, 설비(물), 작업, 작업 중의 관리에 관한 모든 사항이며, 5W 1H의 원칙에 의해 현장 중심에서 행하는 것이 좋다.
제2단계-직접원인과 문제점의 확인	1. 파악된 사실에서 재해의 직접원인을 확정함과 동시에 그 직접원인에 관련하여 제반 기준에 어긋나는 문제점의 유무와 그 이유를 명백히 한다. 2. 기준이란 안전규정, 설비기준, 작업 매뉴얼, 작업순서, 직장규율(관습) 등이며 문제점이라는 것은 불안전 상태 또는 불안전 행동에 관련하여 제반 기준에 적합하지 않았던 사실을 말한다.
제3단계-기본원인과 근본적 문제의 결정	재해의 직접원인인 불안전 상태와 불안전 행동이 존재하고 있던 애초의 기본적인 원인(4M)과 그것을 해결하기 위한 근본적인 문제점을 명백히 해야 한다.
제4단계-대책수립	제3단계까지 밝혀진 재해원인 및 근본적인 문제점으로부터 동종의 재해방지대책을 수립한다.

10 산화, 분해, 흡착, 발효 등에 의해 생긴 열이 축적되어 반응계 내부온도가 발화점에 달해서 연소가 개시되므로 일반적으로 열이 물질의 내에 축적되지 않으면 자연발화는 발생하지 않는다. 열의 축적에 영향을 주는 인자는 열전도율, 퇴적방법, 공기의 유동 등이 있다.

정전기 예방대책	자연발화를 방지할 수 있는 방법	자연발화가 되기 쉬운 조건
1. 정전기의 발생이 우려되는 장소에 접지시설을 한다. 2. 실내의 공기를 이온화하여 정전기의 발생을 예방한다. 3. 정전기는 습도가 낮거나 압력이 높을 때 많이 발생하므로 상대습도를 70% 이상으로 한다. 4. 전기의 저항이 큰 물질은 대전이 용이하므로 전도체 물질을 사용한다.	1. 통풍 구조를 양호하게 하여 공기유통을 잘 시킨다. 2. 저장실 주위의 온도를 낮춘다. 3. 습도 상승을 피한다. 4. 열이 쌓이지 않도록 퇴적한다	1. 습도가 높을수록 2. 주위 온도가 높을수록 3. 열전도율이 적을수록 4. 발열량이 클수록 5. 열의 축적이 잘 될수록 6. 표면적이 넓을수록 7. 공기의 유통이 적을수록

11 ④ 지방자치단체는 재난관리에 드는 비용을 충당하기 위하여 매년 재난관리기금을 적립하여야 한다. 재난관리기금의 매년도 최저적립액은 최근 3년 동안의「지방세법」에 의한 보통세의 수입결산액의 평균연액의 100분의 1에 해당하는 금액으로 한다.

12 화재피해금액은 화재 당시의 피해물과 동일한 구조, 용도, 질, 규모를 재건축 또는 재구입하는데 소요되는 가액에서 경과연수 등에 따른 감가공제를 하고 현재가액을 산정하는 실질적·구체적 방식에 따른다. 다만, 회계장부상 현재가액이 입증된 경우에는 그에 따른다(화재조사 및 보고규정 제18조 제1항).

13 일반적인 로프의 수명
  1. 시간 경과에 따른 강도 저하
     - 로프는 사용 횟수와 무관하게 강도가 저하된다.
     - 특히 4년 경과 시부터 강도가 급속히 저하된다.
     - 5년 이상 경과된 로프는 폐기한다(UIAA 권고사항).
  2. 로프의 교체 시기(관리와 보관이 잘 된 로프 기준, 대한 산악연맹 권고사항)
     - 가끔 사용하는 로프 : 4년
     - 매주 사용하는 로프 : 2년
     - 매일 사용하는 로프 : 1년
     - 스포츠 클라이밍 : 6개월
     - 즉시 교체하여야 하는 로프
       – 큰 충격을 받은 로프(추락, 낙석, 아이젠)
       – 납작하게 눌린 로프
       – 손상된 부분이 있는 로프

14 공기호흡기를 착용한 상태에서 구조대상자를 업을 수 있기 때문에 '소방관 운반'이라고 부른다. 비교적 큰 힘을 들이지 않고 장거리를 이동할 수 있는 방법이지만 숙달되기까지는 많은 연습이 필요하다.

15 부 력
1. 양성부력 : 물체가 물에 뜨는 경우, 즉 물의 비중이 물체보다 무거울 경우
2. 음성부력 : 물체가 물에 가라앉는 경우, 즉 물의 비중이 물체보다 가벼울 경우
3. 중성부력 : 물체가 액체 속에서 가라앉지도 뜨지도 않는 경우, 즉 물의 비중과 물체의 비중이 같을 경우

16 D급 방호복에 관한 설명이다.
C급 방호복 : B급과 호흡보호장비에서 차이가 있다. C급 방호장비는 방독면과 같은 공기정화식 호흡보호장비를 사용한다.

17 ① 구급대의 종류, 구급대원의 자격기준, 이송대상자, 그 밖에 필요한 사항은 대통령령으로 정한다.
③ 질병관리청장 및 의료기관의 장은 구급대가 이송한 응급환자가 감염병환자등인 경우에는 그 사실을 소방청장 등에게 즉시 통보하여야 한다.
④ 구조·구급활동의 종합평가에 따른 조치계획은 시·도 집행계획에 포함되어야 할 사항이다.

18 흡인 시 인두의 자극으로 심박동이 갑자기 떨어질 수 있다. 저산소증으로 느린맥이 나타날 수 있다.

19 과도한 기온변화나 환경변화 등에 의한 외과적인 상태에서도 발생할 수 있다.

20
1. 긴급이동 : 옷 끌기, 경사 끌기, 어깨 끌기, 팔 끌기, 팔과 팔 끌기, 담요 끌기
2. 응급이동 : 교통사고 차량에서 긴 척추보호대를 이용하여 구조대상자를 구출
3. 비응급 이동 : 직접들어올리기, 무릎-겨드랑이 들기, 앙와위 환자이동, 시트 끌기

21 입인두 기도기의 삽입방법
1. 처치자는 환자의 머리 위 또는 측면에 위치한다.
   – 비외상 환자 : 머리기울임/턱 들어올리기법으로 기도를 개방 후 삽관
   – 척추손상이 의심되는 환자 : 턱 밀어올리기법으로 기도를 조작하여 삽관
2. 한 손으로 엄지와 검지를 교차(손가락교차법)하고 환자의 위·아래 치아를 벌려 입을 개방시킨다.
3. 기도기의 끝이 입천장으로 향하게 하여 물렁입천장에서 저항이 느껴질 때까지 넣는다. 혀가 인두로 넘어가지 않도록 주의해야 하며 설압자를 사용해서 쉽게 넣을 수도 있다.
4. 기도기의 끝이 입천장에 닿으면 기도기를 부드럽게 180° 회전시켜 끝이 인두로 향하게 한다. 이 방법은 혀가 뒤로 밀려들어 가는 것을 방지하기 위함이다.
5. 비외상 환자라면 머리기울임/턱 들어올리기법을 실시한다.
6. 플랜지가 환자 입에 잘 위치해 있는지 확인한다. 만약 기도기가 너무 길거나 짧다면 제거하고 알맞은 크기로 다시 삽관한다.
7. 인공호흡이 필요하다면 마스크로 기도기를 덮어서 실시한다.
8. 주의 깊게 환자를 관찰해야 한다. 만약 구토반사가 나타나면 즉시 제거하고, 제거할 때에는 돌리지 말고 곡선에 따라 제거하면 된다.
※ 기도기를 유지하고 있는 환자는 계속적인 흡인이 필요하다.

22 주먹을 쥐고 칼돌기와 배꼽 사이 가운데에 놓는다. 이때, 복장뼈 바로 아래에 위치하지 않도록 주의해야 한다.

23 ④ 니트로글리세린에 대한 반응으로는 협심증은 흉통이 경감되거나 소실되는 반면, 급성심근경색은 흉통이 소실되지 않는다.

24 ③ 만약 촉진을 통해 배 대동맥류를 느꼈다면 재차 촉진해서는 안 되며 이송 병원에 알려 주어야 한다.

25 V(Verbal Stimuli, 언어지시에 반응)
질문에 적절한 반응이나 대답은 할 수 없으나 소리나 고함에 반응하는 상태(신음소리도 가능)

TEST 09 | 제9회 정답 및 해설

제9회 최종모의고사

01	02	03	04	05	06	07	08	09	10	11	12	13	14	15
①	④	②	②	④	②	①	②	③	④	②	②	④	①	①
16	17	18	19	20	21	22	23	24	25					
②	②	④	①	④	③	④	②	①	③					

01 ① 백드래프트(Backdraft)가 일어나는 연소폭발과정에서, 공기와 혼합된 일산화탄소가 가연물로서의 역할을 담당한다.

02 ④ 셔터가 가열에 의해 붉게 변화하고 있는 상태의 경우에 해당한다.

셔터에서 연기가 분출하고 있는 경우	파괴에 적당한 기구	동력절단기, 가스절단기, 산소절단기, 공기톱
	파괴방법	1. 공기호흡기를 착용하고 측면에 주수태세를 갖춘다. 2. 연기의 분출을 적게 하기 위해 셔터의 아래방향을 절단한다. 3. 셔터의 한 변을 절단하여 스레트를 빼기 전에 내부를 확인한다. 4. 스레트는 서서히 잡아 빼고 내부의 상황을 확인하면서 필요에 따라 분무주수를 한다. 단, 수손방지에 충분한 유의를 기할 필요가 있다. 5. 진입구를 만들 경우는 측면에 위치하여 백드래프트에 주의한다.

03 깨진 유리창 이론
깨진 유리창 하나를 방치해 두면 그 지점을 중심으로 범죄가 확산된다는 이론으로 사소한 무질서 혹은 결함을 방치하게 되면 나중에는 더 큰 피해나 피해의 확대가 일어날 수 있다는 개념이다.

04 ② 펄싱과 페인팅 주수기법은 직접 화재진압방식을 대체하는 것이 아니라 화재를 진압하는 곳까지 도달하게 도와주는 기법이다.

펄싱기법	의 미	해당 공간을 3차원적으로 냉각시키는 방식	화재환경을 제한하고 통제하며 화점실까지 도달하게 도와주는 것
	주수방법	주수를 통해 주변의 공기와 연기를 냉각시키는 것	
페인팅기법	의 미	벽면의 온도를 낮추고 열분해를 중단시키는 것	
	주수방법	벽면과 천장의 온도를 낮추고 열분해를 중단시키는 것	
펜슬링기법	의 미	연소 가연물에 직접 주수하여 화재 진압을 하는 방법	실제 화재진압용 기술
	주수방법	화점에 직접 주수를 하면서 화재를 진압하는 방식	

05 지붕과 바닥 층을 지탱하는 트러스트 구조의 연결부분이 가장 큰 약점인 것은 중량 목구조이고 조적조 건물은 벽이 가장 큰 취약점이다.

06 제2단계-직접원인과 문제점의 확인
    파악된 사실에서 재해의 직접원인을 확정함과 동시에 그 직접원인에 관련하여 제반 기준에 어긋나는 문제점의 유무와 그 이유를 명백히 한다. 기준이란 안전규정, 설비기준, 작업 메뉴얼, 작업순서, 직장규율(관습) 등이며 문제점이라는 것은 불안전 상태 또는 불안전 행동에 관련하여 제반 기준에 적합하지 않았던 사실을 말한다.

07 운전자 반응거리
    차량의 운전자가 정지의 필요성을 인식한 후 운전자의 발이 엑셀레이터를 떠나 브레이크 페달을 밟는 순간까지의 주행한 거리를 말하며, 차량정지거리란 브레이크가 작동하여 차량이 완전히 정지될 때까지의 주행거리를 말한다.

08 외부피폭은 투과력이 큰 γ선 등이 위험하다.

09 서징현상(Surging)
    소방펌프 사용 중에 한숨을 쉬는 것과 같은 상태가 되어, 소방펌프 조작판의 연성계와 압력계의 바늘이 흔들리고 동시에 방수량이 변화하는 현상이다. 이 경우, 방수압력과 방수량 사이에 주기적인 변동이 일어난다. 서징현상이 강할 때에는 극심한 진동과 소음을 발생한다. 서징현상 방지대책으로는 배관 중간에 수조(물이 모여 있는 부분) 또는 기체상태의 부분(공기가 모여 있는 부분)이 존재하지 않도록 배관을 설계하여야 한다.

10 원심펌프는 다른 종류의 펌프보다 크고 값이 비싸다는 단점이 있다. 원심펌프는 임펠러의 원심 작용에 의해 액체에 에너지를 부여하여 높은 곳에 양수하거나 먼 곳에 압송하는 펌프이다. 원심펌프의 장점은 배출량의 대소, 양정의 대소 등에 관계없이 광범위하게 이용할 수 있고 구조가 간단하며, 고장 및 마모가 적고 성능과 효율도 좋다는 것이다. 원심펌프의 단점은 자흡을 할 수 없어 마중물장치(진공펌프)를 설치해야 하며 회전수 변화가 배출량의 변화에 미치는 영향이 다른 종류의 펌프보다 크고 값이 비싸다는 것이다.

11

1단계	제어의 부족(관리)	안전감독기관이 안전에 관한 제도, 조직, 지도, 관리 등을 소홀히 하는 것을 말한다.
2단계	기본 원리(기원)	재해 또는 사고의 원인이 되는 개인의 제반요인 및 작업상의 요인으로, Frank Bird는 재해를 막기 위해서는 기본 원리를 반드시 제거해야 한다고 주장한다.
3단계	직접 원인(징후)	불안전한 행동 또는 불안전한 상태로 일컬어지는 것으로, 하인리히 이론에서도 가장 중요한 대책사항으로 취급되어 온 요인이다.
4단계	사고(접촉)	육체적 손상, 상해, 재해의 손실에 귀결되는 바람직하지 못한 사상으로 접촉의 단계라고 할 수 있다.
5단계	상해(손실)	외상적 상해와 질병을 포함하는 육체적 손상을 말한다.

12 제2류 위험물(가연성 고체)
- 강산화성 물질(제1류 위험물 또는 제6류 위험물)과 혼합을 피한다.
- 철분, 금속분, 마그네슘분의 경우는 물 또는 묽은 산과의 접촉을 피한다.
- 황화린은 CO_2, 마른 모래, 건조분말에 의한 질식소화를 한다.
- 철분, 금속분, 마그네슘은 마른 모래, 건조분말, 금속화재용 분말 소화약제를 사용하여 질식소화한다.
- 적린, 유황, 인화성고체는 물을 이용한 냉각소화가 적당하다.

13 주요 문제점 및 해결방안

문제점	조치방법
커플링이 잘 연결되지 않을 때	1. Lock ling을 풀고 다시 시도한다. 2. 유압호스에 압력이 존재하는지 점검한다. 엔진작동을 중지하고 밸브를 여러 번 변환 조작한다(만일 이것이 안 될 때에는 강제로 압력을 빼 주어야 한다. - 압력제거기를 사용하거나 A/S 요청).
컨트롤 밸브를 조작하여도 전개기가 작동하지 않을 때	1. 펌프를 테스트 한다(펌핑이 되고, 매뉴얼 밸브가 오픈포지션에 있어야 함). 2. 유압 오일을 확인하고 양이 부족하면 보충한다.
전개기가 압력을 유지하지 못할 때	1. 시스템에 에어가 유입되었을 때 2. 핸들의 밸브가 잠겨 있는지 확인한다. 3. 실린더 바닥의 밸브를 재조립 한다.
컨트롤 밸브 사이에서 오일이 샐 때	1. 커플링의 풀림 여부를 확인한다. 2. 안전스크류를 조인다. 3. 계속 오일이 새면 씰을 교환한다.

14 SOP 308 친환경차량 사고 대응절차
전기(동력)자동차 사고대응 절차(IIDR) : 식별(Identify), 고정(Immobilize), 불능(Disable), 구조(Rescue)

15 ① 잠수 후 갑작스런 상승으로 외부 압력이 급격히 저하되어 혈액 속의 질소가 거품의 형태로 변해 감압병의 원인이 되는 원리와 같다. 잠수자가 압력을 받으며 들이마신 공기의 각 성분은 폐를 통하여 혈액 속에 용해된다. 이 때 잠수자는 천천히 상승하면서 혈관 내에 용해되어 있는 기체들이 거품 형태로 변하지 않도록 주의하여야 한다.

16 1. LC(Lethal Concentration) : 대기 중 유해물질의 치사 농도(ppm)
2. TD(Toxic Dose) : 사망 이외의 바람직하지 않은 독성작용을 나타낼 때의 투여량
3. LD(Lethal Dose) : 실험동물에 대하여 24시간 내 치사율로 나타낼 수 있는 투여량(mg/kg)
   ※ '경구투여 시 LD50 ≤ 25mg/kg(rat)'이라는 의미는 '쥐를 대상으로 실험했을 때 쥐의 몸무게 1kg당 25mg에 해당하는 양을 먹였을 경우 실험대상의 50%가 사망했다'는 의미
4. IDLH(Immediately Dangerous to life and Health) : 건강이나 생명에 즉각적으로 위험을 미치는 농도
5. TLV(Threshold Limit Value), TWA(Time Weighted Average)는 작업장에서 허용되는 농도

17 ① 만약 현장이 건물내부라면 환기구 주변에서 대기하는 것은 피해야 한다.
③ 적정 장비 및 훈련을 받은 최소인원으로 구성되어 제독활동을 진행해야 한다.
④ 1회용 장비가 아닌 경우 제독 및 잔류오염 측정 후 장비 재사용 고찰

18 ④ 징후는 구급대원이 문진이 아닌 시진, 청진, 촉진 등을 이용해서 알아낸 객관적인 사실이다. 예를 들면 호흡보조근 사용을 보고, 호흡음을 듣고, 피부가 차갑고 축축한 것을 느끼고, 호흡에서 아세톤 냄새가 나는 것 등은 징후이다. 증상은 환자가 말하는 주관적인 내용으로 가슴이 아프다, 숨이 가쁘다, 토할 것 같다 등이다.

19 단순 얼굴 마스크(Oxygen Mask)
입과 코를 동시에 덮어주는 산소공급기구로 작은 구멍의 배출구와 산소가 유입되는 관 및 얼굴에 고정시키는 끈으로 구성되어 있다. 6~10L의 유량으로 흡입 산소 농도를 35~60%까지 증가시킬 수 있다.

20 ④ 가슴압박을 하는 동안 인공호흡이 동시에 이루어지지 않도록 주의한다.

21 ③ 대원의 안전에 위협이 되는 심각한 위험상황이 발생하여 현장에서 긴급히 대원을 철수시키는 등 급박한 경우 외에는 반드시 명령통일의 원칙을 준수하여야 한다.

22 ④ 공압식과 화약식에 사용하는 견인탄은 내경은 같으나 재질과 중량에 차이가 있으므로 교환 사용하지 않도록 한다.

23 ② 출동 장애요인이 많다.
자동차 사고가 발생하면 주변의 차량이 정체되어 현장접근이 지연되는 경우가 많다. 특히 출, 퇴근 혼잡한 시간에 사고가 발생하면 현장 접근이 심각하게 지연되고 주변의 차량과 군중으로 구조활동에 심각한 장애를 받을 수도 있다.

24 ① 세겹고정매듭으로 구조대상자를 결착한다.

25 ③ 팔다리에 약간의 청색증이 있다고 해서 등을 문지르거나 발바닥을 자극해서는 안 된다. 태어나서 수분 동안은 이런 팔다리의 청색증이 정상이다. 만약 호흡이 얕고 느리며 없다면 40~60회/분 인공호흡을 실시해야 한다.

10 | 제10회 정답 및 해설

제10회 최종모의고사

01	02	03	04	05	06	07	08	09	10	11	12	13	14	15
③	④	②	④	②	③	①	④	①	②	①	③	③	④	③
16	17	18	19	20	21	22	23	24	25					
④	②	③	④	③	③	③	②	④	①					

01 ① 화재의 뒷면, 측면 및 2층, 1층의 순
② 풍하, 풍횡, 풍상의 순
④ 관창의 배치는 연소위험이 큰 쪽, 연소할 경우 진압활동이 곤란한 쪽으로의 배치를 우선

02 인접 건물에 복사열에 의한 연소 확대가 이미 진행되었거나 확대 우려가 높은 경우에는, 인접건물 내부로의 연소 확대를 막기 위해 인접 건물 내부(개구부가 있는 층)에 호스팀이 배치되어야 한다.

03 화재진행에 영향을 미치는 요소들
1. 배연구(환기구)의 크기, 수 및 위치
2. 구획실의 크기
3. 구획실을 둘러싸고 있는 물질들의 열 특성
4. 구획실의 천장 높이
5. 최초 발화되는 가연물의 크기, 합성물 및 위치
6. 추가적 가연물의 이용가능성 및 위치

04 ④ 창고나 선박의 선실 등의 산소의 공급을 차단시켜 소화하는 방법은 질식소화의 방법이다.

05 일반 가연물의 불꽃 연소는 물론 작열 연소에도 효과가 있으며 한번 소화된 목재 등은 불꽃을 가까이 해도 쉽게 재 착화되지 않는다.

제3종 분말 소화약제를 A급 화재에도 적용할 수 있는 이유
1. 제1인산암모늄이 열분해 될 때 생성되는 오쏘인산이 목재, 섬유, 종이 등을 구성하고 있는 섬유소를 탈수 탄화시켜 난연성의 탄소와 물로 변화시키기 때문에 연소 반응이 중단된다.
2. 섬유소를 탈수·탄화시킨 오쏘인산은 다시 고온에서 열분해 되어 최종적으로 가장 안정된 유리상의 메타인산(HPO_3)이 된다. 이 메타인산은 가연물의 표면에 유리상의 피막을 형성하여 연소에 필요한 산소의 유입을 차단하기 때문에 연소가 중단된다.

3. 따라서 일반 가연물의 불꽃 연소는 물론 작열 연소에도 효과가 있으며 한번 소화된 목재 등은 불꽃을 가까이 해도 쉽게 재 착화되지 않는다. 그러나 제2종과 마찬가지로 요리용 기름이나 지방질 기름과는 비누화 반응을 일으키지 않기 때문에 이들의 화재에는 사용되지 않는다.
4. 우리나라에서는 차고나 주차장에 설치하는 분말 소화 설비의 소화약제는 제3종 분말을 사용하도록 규정하고 있다.

06 자원배치의 우선순위 결정기준("RECEO" 원칙)을 소방호스 전개에 활용한 것이다.

호스전개의 우선순위 결정("RECEO" 원칙)
1. 생명보호(Rescue)
2. 외부확대 방지(Exposure)
3. 내부확대 방지(Confine)
4. 화재진압(Extinguish)
5. 재발방지를 위한 점검·조사(Overhaul)

07 디브리핑의 구성(순서)
1. 무엇을 계획했나?
   - 임무의 의도를 검토한다.
   - 핵심 과업의 배정을 파악한다.
   - 원하던 종결 상태('正道'는 무엇인지?)를 확인한다.
2. 실제로 어떤 일이 일어났는가?
   - 사실관계를 확인한다.
   - 여러 관점을 모아 무슨 일이 일어났는지에 대한 공통된 그림을 완성한다.
3. 왜 일어났는가?
   - 원인과 영향을 분석한다.
   - '누가' 아닌 '무엇'에 초점을 둔다.
   - 발생한 상황에 대한 설명을 끌어내기 위한 점진적이고 세심한 접근을 한다.
4. 다음에는 어떻게 할 것인가?
   - [약점 교정] 통제 밖의 외부 요인보다는 고칠 수 있는 항목에 집중한다.
   - [강점 유지] 출동대가 잘 수행한 영역을 식별하고 계속 유지한다.

08 아황산가스의 허용농도는 5ppm이다.
※ 유독가스의 허용농도는 연소이론과 구조의 특수진입 부분에 공통으로 수록되어 있기 때문에 소방교 승진시험에 출제될 수 있음을 유의할 것

일산화탄소 (CO)	1. 무색·무취·무미의 환원성이 강한 가스로서 300℃ 이상의 열분해 시 발생한다. 2. 13~75%가 폭발한계로 푸른 불꽃을 내며 타지만 다른 가스의 연소는 돕지 않는다. 3. 혈액 중의 헤모글로빈과 결합력이 산소보다 210배나 강하므로 흡입하면 산소결핍 상태가 된다(인체허용농도는 50ppm).
이산화탄소 (CO_2)	1. 무색·무미의 기체로서 공기보다 무거우며 가스 자체는 독성이 거의 없다. 2. 다량이 존재할 때 사람의 호흡 속도를 증가시키고 혼합된 유해 가스의 흡입을 증가시켜 위험을 가중시킨다(인체에 대한 허용농도는 5,000ppm).

황화수소 (H₂S)	1. 황을 포함하고 있는 유기 화합물이 불완전 연소하면 발생하며 계란 썩은 냄새가 난다. 2. 0.2% 이상 농도에서 냄새 감각이 마비되고 0.4~0.7%에서 1시간 이상 노출되면 현기증, 장기 혼란의 증상과 호흡기의 통증이 일어난다. 3. 0.7%를 넘어서면 독성이 강해져서 신경계통에 영향을 미치고 호흡기가 무력해진다. 4. 허용농도는 10ppm이다.
이산화황 (SO₂)	1. 유황이 함유된 물질인 동물의 털, 고무 등이 연소하는 화재 시에 발생되며 무색의 자극성 냄새를 가진 유독성 기체로 눈 및 호흡기 등의 점막을 상하게 하고 질식사할 우려가 있다. 2. 양모, 고무 그리고 일부 목재류 등의 연소 시에도 생성되며 특히 유황을 저장 또는 취급하는 공장에서의 화재 시 주의를 요한다(아황산가스라고도 한다). 3. 허용농도는 2ppm이다.
암모니아 (NH₃)	1. 질소 함유물(나일론, 나무, 실크, 아크릴 플라스틱, 멜라닌수지)이 연소할 때 발생하는 연소생성물로서 유독성이 있으며 강한 자극성을 가진 무색의 기체이다. 2. 냉동시설의 냉매로 많이 쓰여 냉동창고 화재 시 누출가능성이 크므로 주의해야 하며, 독성의 허용농도는 25ppm이다.
시안화수소 (HCN)	1. 질소성분을 가지고 있는 합성수지, 동물의 털, 인조견 등의 섬유가 불완전 연소할 때 발생하는 맹독성 가스로 0.3%의 농도에서 즉시 사망할 수 있다. 2. 청산가스라고도 하며, 인화성이 매우 강한 무색의 화학물질로 연소 시 유독가스를 발생 시키고, 특히 수분이 2% 이상 포함되어 있거나 알칼리 등이 포함되어 있으면 폭발할 우려가 크다. 3. 허용농도는 10ppm이다.
포스겐 (COCl₂)	1. 열가소성 수지인 폴리염화비닐(PVC), 수지류 등이 연소할 때 발생되며 맹독성가스로 허용농도는 0.1ppm(mg/m³)이다. 2. 일반적인 물질이 연소할 경우는 거의 생성되지 않지만 일산화탄소와 염소가 반응하여 생성하기도 한다.
염화수소 (HCl)	1. PVC와 같이 염소가 함유된 수지류가 탈 때 주로 생성되는데 향료, 염료, 의약, 농약 등의 제조에 이용된다[독성의 허용농도는 5ppm(mg/m³)이다]. 2. 자극성이 아주 강해 눈과 호흡기에 영향을 준다.
이산화질소 (NO₂)	질산셀룰오스가 연소 또는 분해될 때 생성되며 독성이 매우 커서 200~700ppm정도의 농도에 잠시 노출되어도 인체에 치명적이다.
불화수소 (HF)	1. 합성수지인 불소수지가 연소할 때 발생하며 무색의 자극성 기체이며 유독성이 강하다. 2. 허용농도는 3ppm(mg/m³)이며 모래·유리를 부식시키는 성질이 있다.

9 UVCE(증기운폭발)와 BLEVE

1. 가스 저장탱크의 대표적 중대재해로 둘 다 가열된 풍부한 증운이 자체의 상승력에 의하여 위로 올라간다.
2. 버섯구름 모양의 불기둥(Fire Ball)을 발생시키며 그 위력은 수 km까지 미친다.
   - UVCE(Unconfined Vapor Cloud Explosion) : 저장탱크에서 유출된 가스가 대기 중의 공기와 혼합하여 구름을 형성하고 떠다니다가 점화원(점화스파크, 고온표면 등)을 만나면 발생할 수 있는 격렬한 폭발사고이며, 심한 위험성은 폭발압이다.
   - BLEVE(Boiling Liquid Expanding Vapor Explosion) : 가스 저장탱크지역의 화재발생 시 저장탱크가 가열되어 탱크 내 액체부분은 급격히 증발하고 가스부분은 온도상승과 비례하여 탱크 내 압력의 급격한 상승을 초래하게 된다. 탱크가 계속 가열되면 용기강도는 저하되고 내부압력은 상승하여 어느 시점이 되면 저장탱크의 설계압력을 초과하게 되고 탱크가 파괴되어 급격한 폭발현상을 일으킨다.

10 숏펄싱과 롱펄싱의 중간 주수기법으로 1~2초의 간격으로 주어진 상황에 따라서 방어와 공격의 형태로 적용할 수 있다.

펄싱기법

숏펄싱 기법	의 의	건물내부에 진입하기 전 출입문 상부에 주수를 하여 물이 증발하는지 흘러내리는지를 관찰하고, 증발할 때는 어느 위치에서 증발하는지를 판단하여 출입문 내부 천장부분에 주수한다. 이는 문 개방 시 내부의 가연성가스와 산소가 혼합되어 자연발화될 가능성이 있기 때문이다. 그리고 내부에 진입해서 상부로 주수를 하여 산소농도를 낮추고 가연성 가스를 희석시켜 자연발화 온도에 도달하는 것을 방지하며, 대원 머리 위 또는 근처에 고온의 화재가스가 있을 경우 바로 사용하도록 한다. 이때 1초 이내로 짧게 끊어서 주수하며, 물의 입자(0.3mm 이하)가 작을수록 효과가 높은 장점을 가지고 있다.
	요 령	1. 확실한 발 디딤 장소를 확보하고 낮은 자세를 유지한다. 2. 관창수는 화점실 진입 전 머리 위쪽 및 주변 상층부 연기층을 목표로 주수한다. 3. 관창보조는 소방호스를 땅에 살짝 닿도록 들어서 잡아준다. 관창수가 담당하는 부분은 앞부분만 나머지 수관의 반동이나 무게는 보조자가 담당하게 된다. 4. 관창의 노즐은 오른쪽 방향 끝까지 돌려서 사용한다. 5. 관창의 개폐조작은 1초 이내로 짧게 끊어서 조작한다. 6. 좌(우)측, 중앙, 우(좌)측 순으로 상층부에 짧게 끊어서 3~4회 주수한다.
미디움펄싱 기법	의 의	숏펄싱과 롱펄싱의 중간 주수기법으로 1~2초의 간격으로 주어진 상황에 따라서 방어와 공격의 형태로 적용할 수 있다.
	요 령	1. 확실한 발 디딤 장소를 확보하고 낮은 자세를 유지한다. 2. 관창수는 화점실 진입전 전면 상층부 연기층 및 간헐적 화염을 목표로 주수한다(주수한 물이 모두 기화하는 것이 아니라 일부는 가스층을 뚫고 천장 표면에 부딪혀 표면냉각효과를 갖기도 한다). 3. 관창보조는 소방호스를 땅에 살짝 닿도록 들어서 잡아준다. 4. 관창의 노즐은 오른쪽 방향 끝까지 돌려서 사용한다. 5. 관창의 개폐조작은 1~2초 이내로 끊어서 조작한다. 6. 좌(우)측, 중앙, 우(좌)측 순으로 전면 상층부에 끊어서 3~4회 주수한다.
롱펄싱 기법	의 의	상부 화염 소화, 가스층 희석 및 온도를 낮추어 대원들이 내부로 더 깊이 침투할 수 있도록 하며, 주어진 상황에 따라서 3~5초의 간격으로 다양하게 적용한다.
	요 령	1. 확실한 발 디딤 장소를 확보하고 낮은 자세를 유지한다. 2. 관창수는 구획실 앞쪽 상층부 연기층 및 화염을 목표로 주수한다. 3. 관창보조는 소방호스를 땅에 살짝 닿도록 들어서 잡아준다. 4. 피스톨 관창의 노즐은 오른쪽 방향 끝까지 돌려서 사용한다. 5. 관창의 개폐조작은 2~5초 이내로 끊어서 조작한다. 6. 좌(우)측, 중앙, 우(좌)측 순으로 상층부에 주수하며 구획실 공간 전체 용적을 채울 수 있도록 수차례 나눠서 주수한다.

11 상황별 배연작전
② 폭발방지 중점의 배연작전 : 초기에 옥상 채광창이나 옥상 출입구를 제거
③ 화재진압 중점의 배연 : 공격방향과 반대쪽에 있는 창문이나 문을 통해 배연
④ 인명구조 중점의 배연 : 가장 높은 부분에 있는 개구부를 통해 배연

12 화재 발생일로부터 15일 이내에 보고해야 한다(화재조사 및 보고규정 제22조).

13 ① 그늘지고 통풍이 잘되는 곳에 말린다.
② 공기톱의 경우 톱날 보호를 위해 후진 시 절단되도록 장착한다.
④ 사용 후에는 전개기의 팁을 완전히 닫지 말고 벌려서 약간의 틈새를 두어야 한다. 이는 모든 유압장비에 공통되는 사항으로서 날이 완전히 닫힌 상태에서 닫히는 방향으로 밸브를 작동하면 날이 파손될 수 있기 때문이다. 또한 날을 완전히 닫아두면 유압이 해제되지 않아 나중에 작동하지 못하게 되는 경우가 발생할 수도 있다.

14 긴급상황에서의 조치
① 공기가 다했다고 호흡기를 입에서 떼어버리면 안 된다. 깊은 곳에서 나오지 않던 공기가 외부 수압이 낮아지면 조금 나올 수 있기 때문에 상승 중에 5m 마다 한 번씩 호흡기를 빨아본다.
② 보조호흡기(OCTOPUS)를 이용한 상승 시 공급자는 즉시 자신이 물고 있던 호흡기를 요청자에게 주고 자신은 자기의 보조 호흡기를 찾아 입에 물고 호흡한다.
③ 짝호흡 상승에 대한 설명이다.

15 감압정지와 감압시간
1. 감압정지 : 실제 잠수 시간이 최대 잠수 가능시간을 초과했을 때에 상승도중 감압표상에 지시된 수심에서 지시된 시간만큼 머무르는 것
2. 감압시간 : 감압정지 동안 머무르는 시간
3. 감압은 가슴 정중앙이 지시된 수심에 위치하여야 함

16 ④ 관련 법령의 다양성 – 생활안전업무의 다양성만큼이나 관련법령이 다양하여 여러 분야와 부서에 걸쳐있는 업무라 할 수 있다.
① 활동영역의 다양성
② 비긴급성과 잠재적 위험성
③ 주민 밀접성

17 ② 소방청장은 기본계획에 따라 매년 연도별 구조·구급 집행계획을 수립·시행하여야 한다(119법 제6조 제3항).

18 ③ 11세 미만의 영아에게는 소아 제세동 용량으로 변경시킨 뒤에 심장충격기를 적용하나, 소아용 패드나 에너지 용량 조절장치가 구비되어 있지 않는 경우에는 1세 미만의 영아에게도 성인용 심장충격기를 사용하여 2~4J/kg으로 제세동 한다. 심각한 외상환자의 심정지 시 대부분 심각한 출혈과 생체기관이 한 개 또는 둘 이상 손상이 되며 환자에게 제세동이 실시된다고 하여도 성공의 가능성은 없다. 또한 이러한 심각한 외상의 경우에는 현장에서 가능하면 최소한의 시간을 사용하여야 하고 환자는 수술이 가능한 병원으로 신속히 이송되어야 한다.

19 ④ 무의식 환자라면 모두 기도를 개방해 주어야 하며 외상환자인 경우 턱들어올리기법을(하악거상법), 비외상환자는 머리기울임/턱들어올리기법(두부후굴하악거상법)을 실시해야 한다.

20 ③ 의식장애가 있는 뇌졸중 환자는 마비된 쪽을 아래로 하고 손상되지 않도록 보호하면서 이송하여야 한다.

21 ③ 산소량은 1~6L/분 이하여야 하며 그 이상인 경우에는 비점막이 건조되어 불편감을 느낄 수 있다.

22 ③ 거동이 불가능한 환자에서는 RPM 세 가지 요소를 체크하고 한 가지라도 이상이 있을 경우는 긴급, 모두 이상 없을 경우 응급으로 분류한다.

23
1. 오른심방과 오른심실은 정맥혈을 받아들여 산소교환을 위해 허파로 혈액을 보내는 기능을 맡고 있다. 왼심방은 허파로부터 혈액을 받아들이고 왼심실은 높은 압력으로 전신에 혈액을 제공한다.
2. 동맥은 심장으로부터 조직으로 혈액을 이동시키며 오른심실에서 허파로 혈액을 이동시키는 허파동맥을 제외하고는 모든 동맥은 산소가 풍부한 혈액으로 되어 있다. 대동맥은 인체 내에 가장 큰 동맥으로 모든 동맥은 대동맥으로부터 혈액을 공급받는다. 대동맥의 첫 번째 분지는 심장에 혈액을 공급하는 심장동맥이다.

24 ④ 만약, 기침, 구역반사가 있다면 기도기 삽입은 중지해야 한다. 대신에 머리위치를 변경해 기도를 개방시키고 비강기도기 사용을 고려해야 한다.

25 분리형 들것은 등 부분을 지지해 주지 못하기 때문에 척추손상환자의 경우는 사용해서는 안 된다(외상환자에게는 이송용 들것으로 부적합).

TEST 11 제11회 정답 및 해설

제11회 최종모의고사

01	02	03	04	05	06	07	08	09	10	11	12	13	14	15
①	③	①	②	①	②	④	①	③	②	②	③	②	③	②
16	17	18	19	20	21	22	23	24	25					
④	①	④	③	①	④	③	③	③	①					

01 포소화약제의 구비조건
- 내열성 : 방출된 포가 파포되지 않기 위해서는 내열성이 강해야 하며 특히 B급 화재에서 포의 내열성능이 매우 중요하다.
- 발포성 : 포 거품의 체적비율을 팽창비라 하며 수성막포는 5배 이상, 기타는 6배 이상이어야 한다. 25% 환원시간 (발포상태에서 원래 포가 깨어져 포 수용액으로 환원되는 시간으로서 포 중량의 25%가 되는 시간을 25% 환원시간이라 한다)은 합성계면활성제포의 경우 3분 이상이며 기타는 1분 이상 유지하여야 한다.
- 내유성 : 포가 유류에 오염되거나 파포되지 않아야 한다. 내유성이 강한 소화약제로는 불화단백포가 있으며 유류탱크 내부 또는 표면아래에서 분출되는 표면하주입방식에 이용된다.
- 유동성 : 유류화재에 방사 시 유면상을 자유로이 확산할 수 있도록 유동되어야 한다.
- 점착성 : 포소화약제의 소화효과는 질식성이므로 표면에 잘 점착되어야 한다.

02
① 주수 시 개구부는 가능한 한 작게 하는 것이 위험성을 감소시킨다.
② 간접공격법에 의하면 90% 이상 수증기화하는 것이 가능하므로 바닥면에 다량의 물이 있으면 주수정지의 시기를 잃었다고 판단한다.
④ 천장 속 등의 부분은 분무주수하는 것이 효과적이다.

03
② 물이 점성의 뜨거운 기름표면 아래에서 끓을 때 화재를 수반하지 않고 Over Flow되는 현상으로, 뜨거운 아스팔트를 물에 중탕할 때 발생할 수 있는 현상이다.
③ 점성이 큰 중질유와 같은 유류에 화재가 발생하면 유류의 액표면 온도가 물의 비점 이상으로 상승하게 되는데, 이때 소화용수가 연소유의 뜨거운 액표면에 유입되면 급비 등으로 부피팽창을 일으켜 탱크 외부로 유류를 분출시키는 현상이다.
④ 비점이 다른 성분의 혼합물인 원유나 중질유 등의 유류저장탱크에 화재가 발생하여 장시간 진행되면 비점이나 비중이 작은 성분은 유류표면층에서 먼저 증발 연소되고 비점이나 비중이 큰 성분은 가열 축적되어 열류층(Heat Layer)을 형성하게 된다. 이러한 열류층은 화재진행과 더불어 점차 탱크의 저부로 내려오게 되며 끓어 탱크 밖으로 비산, 분출하게 되는 현상이다. 위험물 저장탱크 저층의 물이 상층부의 화염에 의한 열전달로 물이 끓어 화염 및 고온의 연료가 흘러넘치는 현상이다.

플래임오버
벽, 천장, 바닥 등에서 과열증기가 급속 착화되는 현상

04 재난관리정보란 재난관리를 위하여 필요한 재난상황정보, 동원가능 자원정보, 시설물정보, 지리정보를 말한다.

05 ① 플래시오버현상의 확산 매개체는 공간내 모든 부분(위층과 아래층) 가연물의 동시발화이고, 롤오버현상의 확산 매개체가 상층부의 고온 가연성가스의 발화이다.

06 고수(공간방어)전략(Defend-in-place strategy)
고층건물 화재 시 모든 거주자들이 안전하고 신속하게 대피하는 것이 항상 가능하지도 않고, 반드시 올바른 선택이지도 않다. 이때는 대부분의 거주자가 건물 안에 남아있는 동안 화재를 진압하는 고수전략을 고려할 필요가 있다. 이 전략의 성공여부는 다음 두 가지 요소에 달려있다.
첫째, 화재가 특정 공간(장소) 범위 안에서 제한될 수 있는 건물구조를 가지고 있을 것
둘째, 거주자들 모두 해당 공간(건물) 내에 머무르라는 현장지휘관의 명령을 듣고 따르거나 통제가 가능하다는 확신이 있을 것 등이다. 이러한 두 가지 요소를 충족시키기 위해서는 초기에 건물구조에 대한 상황판단이 가능하여야 하고 건물 내 비상방송시스템의 정상적 작동, 무선통신, 기타 특정 공간 내에서 화재를 억제할 수 있는 전술적 환경이 충족되는 등 신중한 지휘판단이 필요하다. 또한 대피로 인한 대량 인명피해위험성이 공간방어전략에 의한 위험성보다 클 경우로 한정하여 사용하여야 한다. 또한 고층건물 화재 시 이와 같은 전략이 유효하기 위해 자동스프링클러 시스템은 물론, 화재 진압한 후 연기를 배출시키는 제연 시스템도 정상적으로 작동되어야 한다.

07 지식, 기능, 태도교육을 반복 실시하며 특히 태도교육에 중점을 둔다.

08 ① 직접 화염의 영향을 받고 있지 않는 경우에 해당한다.

중량셔터 파괴요령

	파괴에 적당한 기구	동력절단기, 가스절단기, 공기톱
직접 화염의 영향을 받고 있지 않은 경우	파괴방법	1. 파괴를 최소한도로 줄이기 위해 셔터 아래방향을 진입할 수 있을 만큼 절단하고 내부에 진입하여 개방한다. 2. 절단기로 스레트를 수직으로 자른 후, 스레트를 당겨 뺀다. 3. 긴 스판셔터를 절단할 때는 진입 가능한 폭에 2개의 구멍을 만들어 제일 끝의 스레트를 빼내면 개구부가 된다. 4. 셔터의 레일에 걸친 부분에는 스레트 1매 간격으로 연결 금속물이 부착되어 있어 탈착되지 않으므로 주의를 요한다.
셔터에서 연기가 분출되고 있는 경우	파괴에 적당한 기구	동력절단기, 가스절단기, 산소절단기, 공기톱
	파괴방법	1. 공기호흡기를 착용하고 측면에 주수태세를 갖춘다. 2. 연기의 분출을 적게 하기 위해 셔터의 아래방향을 절단한다. 3. 셔터의 한 변을 절단하여 스레트를 빼기 전에 내부를 확인한다. 4. 스레트는 서서히 잡아 빼고 내부의 상황을 확인하면서 필요에 따라 분무주수를 한다. 단, 수손방지에 충분한 유의를 기할 필요가 있다. 5. 진입구를 만들 경우는 측면에 위치하여 백드래프트에 주의한다.

셔터가 가열에 의해 붉게 변화하고 있는 상태의 경우	파괴에 적당한 기구	가스절단기, 산소절단기
	파괴방법	1. 스레트를 잡아 빼기 곤란하므로 아치형으로 절단한다. 2. 최초는 관창이 통과 가능한 정도의 구멍을 만들고 내부에 주수하여 화세를 제압한 후 진입구를 크게 한다.

09 • 송수요령
1. 송수는 단독 펌프차대(펌프차)의 1구 송수, 소방용수가 먼 경우에 중계대형
2. 송수계통이 2 이상일 때는 연합송수가 되므로 송수구 부분의 송수압력이 같아지도록 펌프를 운용, 뒤에서 송수하는 펌프차대는 약 10% 정도 높은 압력으로 송수
3. 송수초기에는 압력계 등 각종 계기의 지침상황에 유의하고 송수압력이 적정한지를 확인
4. 송수 쪽의 게이트밸브가 폐쇄되어 있으면 송수할 수 없으므로 관계자에게 지시하여 밸브를 신속하게 개방(게이트밸브의 위치는 방재센타 또는 소화전함 내에 표시)
5. 옥상수조쪽 체크밸브의 기능이 저하되어 송수가 옥상수조로 유입, 유효압력을 얻을 수 없을 때는 옥상수조쪽의 게이트밸브를 잠가 활용
6. 건식배관의 경우 드레인콕크나 방수구밸브가 개방되어 있으면 누수된 물의 손실이 크므로 콕크나 밸브를 폐쇄

• 방수요령
1. 방수압력은 방수구의 밸브 개폐로 조정
2. 상·하층에서 동시에 방수할 때에는 하층의 방수압력을 작게 하지 않으면 상층에서 유효 압력을 얻을 수 없는 경우가 있음
3. 옥내소화전과 주배관이 공용으로 되어 있는 것은 기동스위치를 조작함으로써 1구 정도는 더 방수 가능
4. 연결송수관의 방수구함 표면에는 방수구의 표시가 있음
5. 방수구는 옥내소화전함 내에 공용으로 설치된 것과 단독으로 격납함 내에 설치된 것이 있음
6. 옥내소화전과 주 배관을 겸용하고 있는 것은 사용 시 고압의 방수압력이 걸리므로 자위소방대가 옥내소화전을 사용 중인 경우에는 그 사용을 중지시키는 등의 조치

10 소화수조, 저수조의 채수구 또는 흡수관투입구는 소방차가 2m 이내의 지점까지 접근할 수 있는 위치에 설치하여야 한다.

11 관내에 물이 가득 차서 흐르는 경우 그 관로 끝에 있는 밸브를 갑자기 닫을 경우 물이 갖고 있는 운동에너지는 압력에너지로 변하고 큰 압력 상승이 일어나서 관을 넓히려고 한다. 이 경우 압력상승은 압력파가 되어 관내를 왕복하는데 이런 현상을 수격현상이라고 한다. 압력파가 클 경우에 가장 약한 부분이 파손될 수 있어 소방펌프에서는 임펠러 파손을 막기 위해 역류방지밸브(논리턴밸브)를 설치하고 있다.

12 화학적 방법 중 중화에 관한 설명이다.

13 ② 호흡을 깊고 느리게 하면 사용 가능시간을 연장할 수 있다.

14 가연물질의 구비조건
1. 화학반응을 일으킬 때 필요한 최소의 에너지(활성화에너지)의 값이 적어야 한다.
2. 일반적으로 산화되기 쉬운 물질로서 산소와 결합할 때 발열량이 커야 한다.
3. 열의 축적이 용이하도록 열전도의 값이 적어야 한다(열전도율은 기체 < 액체 < 고체 순서로 커지므로 연소순서는 반대이다).
4. 조연성 가스인 산소·염소와의 친화력이 강해야 한다.
5. 산소와 접촉할 수 있는 표면적이 큰 물질이어야 한다(기체 > 액체 > 고체).
6. 연쇄반응을 일으킬 수 있는 물질이어야 한다.

15 수중에서는 대기보다 소리가 4배 정도 빠르게 전달되기 때문에 소리의 방향을 판단하기 어렵다.

16 부대요청 판단기준
1. 구조대상자가 많거나 현장이 광범위하여 추가 인원이 필요한 경우
2. 특수한 차량 또는 특수한 장비를 필요로 하는 경우
3. 특수한 지식, 기술을 필요로 하는 경우
4. 기타 행정적, 사회적 영향으로부터 필요하다고 생각되는 경우

17 ①은 집행계획에 포함되는 내용이다. 기본계획에는 ②·③·④ 외에도 다음 사항이 포함된다.
1. 구조·구급서비스의 질 향상을 위한 정책의 기본방향에 관한 사항
2. 구조·구급활동에 필요한 기반조성에 관한 사항
3. 구조·구급 전문인력 양성에 관한 사항
4. 그 밖에 구조·구급업무의 효율적 수행을 위하여 필요한 사항

18 소방기관의 장은 특수보호복을 담당하는 전담자를 지정하여야 하며, 특수보호복 전담자는 다음 각 호의 기준에 적합한 사람이어야 한다.
1. 119안전센터 또는 119구조대에서 근무한 경력이 5년 이상일 것
2. 중앙소방학교·지방소방학교 또는 전문교육기관에서 실시한 화생방사고 대처요령 등 관련과목을 이수할 것

19 ③ 코삽입관은 환자 의식이 명료하고 정서적으로 안정되었을 때 사용하고, 비재호흡마스크는 환자가 흥분되었거나 말을 끊어서 할 때 사용한다.

20 구급대원의 자격기준(119구조·구급에 관한 법 시행령 제11조)
구급대원은 소방공무원으로서 다음의 어느 하나에 해당하는 자격을 갖추어야 한다. 다만, 제4호에 해당하는 구급대원은 구급차 운전과 구급에 관한 보조업무만 할 수 있다.
1. 「의료법」에 따른 의료인
 ※ 보건복지부장관의 면허를 받은 의사·치과의사·한의사·조산사 및 간호사
2. 「응급의료에 관한 법률」에 따라 1급 응급구조사 자격을 취득한 사람

3. 「응급의료에 관한 법률」에 따라 2급 응급구조사 자격을 취득한 사람
4. 소방청장이 실시하는 구급업무에 관한 교육을 받은 사람

21 중증도 분류
① 체표면적 25% 이상의 2도 화상인 10세 이상 50세 이하의 환자는 중증에 해당
② 체표면적 2% 미만의 3도 화상인 모든 환자는 경증에 해당
③ 흡인화상이나 골절을 동반한 화상은 중증에 해당

22 Placard의 색상이 가지는 의미
- 빨간색 : 가연성(Flammable)
- 오렌지 : 폭발성(Explosive)
- 녹색 : 불연성(Non-Flammable)
- 파란색 : 금수성(Not Wet)
- 노란색 : 산화성(Oxidizer)
- 백색 : 중독성(Inhalation)

23 직경 9mm 이하의 로프를 사용할 때에는 반드시 2줄로 설치하여 안전을 확보한다.

24 ③ 공기 중에 약 70%를 차지하는 질소가스가 조직과 혈류 내 축적되면서 발생한다.

25 ① 자동차사고의 안전조치 사항으로 시속 80km인 직선도로에서 사고가 발생한 경우 사고지점의 후방 15m 정도에 구조차량이 주차하고 후방으로 80m 이상 유도표지를 설치해야 하므로 95m 이상 지점이다.

제12회 정답 및 해설

제12회 최종모의고사

01	02	03	04	05	06	07	08	09	10	11	12	13	14	15
④	①	②	③	①	④	④	②	③	②	②	①	④	④	②
16	17	18	19	20	21	22	23	24	25					
①	②	③	③	①	④	②	④	①	③					

01 ① 일반화재의 표시색은 백색이며 적응화재별 표시는 A로 표기한다.
② 발생빈도나 피해액이 가장 큰 화재는 일반화재이다.
③ 국내 규정에는 일반화재, 유류화재, 전기화재로 구분하며 아직 금속화재의 구분은 없으며 적응화재별 표시는 D로 표시한다.

02 구획실 화재가 진행될 때에 발생하는 현상의 단계
발화기 – 성장기 – 플래시오버 – 최성기 – 쇠퇴기

03 ① 소방기관의 장은 소방본부장 또는 소방서장이다.
③ 긴급구조활동에 대한 평가 시에는 이 규정에 따른 검토회의를 생략한다.
④ 회의 주재는 관할 소방서장이 하되 필요한 경우 소방본부장이 할 수 있다.

04 ① 착화점 : 점화원을 부여하지 않고 가열된 열만으로 연소가 시작되는 최저온도(발화점, 자동발화온도)
② 연소점 : 점화원을 제거하여도 연소가 지속되는 온도로 인화점에 비하여 5~10℃ 정도 높음

05 ① 관창호스 연결이 지연되거나 모든 사람이 대피했다는 것이 확인된 경우 사용하는 방법은 공기차단 지연법이다.

06 측면공격
정면공격이 실패한 경우 적용할 수 있는 유용한 공격전략으로 두 번째로 흔한 전략이다.
1. 굴뚝효과(Stack effect)나 창문을 통한 배연작업이 개시될 때 발생하는 강한 바람에 화염이 휩쓸려 정면 공격팀(1차 진압팀)을 덮치거나 덮칠 우려가 있을 때, 이와 같은 측면공격전략은 매우 유용하다.
2. 측면공격은 정면공격이 시행되고 있는 동안 보조적 수단으로도 시행될 수 있다.
3. 이때에는 상호 교차방수에 의한 부상이나 안전사고가 발생하지 않도록 두 팀 상호 간의 긴밀한 의사소통이나 Teamwork 유지를 위한 지휘조정이 필수적이다.

4. 터널효과에 따른 화염의 위협은 측면공격을 시작하기 위해 다른 문이나 창문을 개방할 때마다 문제가 될 수 있으므로 항상 터널효과를 고려한 공격과 후퇴준비가 필수적이다.
5. 측면공격은 인명검색을 하고 있는 대원이 비교적 열과 연기로부터 자유로운 두 번째 접근통로를 발견했을 때 선택적으로 사용할 수 있다.
6. 개방형 층계 구조로 된 오피스텔용 고층건물과 각 층의 모든 지점을 두 방향에서 접근할 수 있는 주거용 고층건물화재에도 측면공격전략이 이용될 수 있다.
7. 단일 접근통로를 가지고 있는 주거전용 고층건물의 경우 측면공격은 거의 사용할 수 없다.

07 저수조는 지면으로부터 낙차가 4.5m 이하이어야 한다.

소방용수 시설별 설치기준

소화전의 설치기준		상수도와 연결하여 지하식 또는 지상식의 구조로 하고, 소방용 호스와 연결하는 소화전의 연결금속구의 구경은 65mm로 하여야 한다.
급수탑의 설치기준		급수배관의 구경은 100mm 이상으로 하고, 개폐밸브는 지상에서 1.5m 이상 1.7m 이하의 위치에 설치하도록 하여야 한다.
저수조의 설치기준	낙 차	지면으로부터 낙차가 4.5m 이하가 되어야 한다. - 급수를 계속하면 저수조의 수위가 점점 낮아져 낙차가 커지는 경우를 고려하여 최하면이 4.5m 이내만 유효수량으로 산정하여야 한다.
	수 심	취수부분의 수심이 0.5m 이상이어야 한다. - 소방펌프차가 흡수를 할 때 흡수관의 스트레너가 수중에 충분히 침수하여야만 공기가 들어가지 않고 흡수가 가능하다.
	위 치	소방펌프차가 용이하게 부서를 할 수가 있어야 한다. - 용이하게 부서 수 있는 요건은 흡수관 1본(15m)으로 쉽게 급수할 수 있는 위치까지 접근할 수 있는 공간이 있어야 한다.
	흡수관 투입구	흡수관의 투입구가 네모(사각)인 경우에는 한 변의 길이가 0.6m 이상, 원형인 경우에는 지름(직경)이 0.6m 이상이어야 한다.
	설 비	흡수에 지장이 없도록 토사, 쓰레기 등을 제거할 수 있는 설비를 갖추어야 한다.

※ 저수조는 상수도와 연결되거나 언제나 충수되어 있는 구조의 것이어야 하고 소화전은 지하식 소화전에만 편중되지 아니하도록 설치하여야 한다.

08 건물 유형 분류 5가지
- 내화구조(안전도 1등급 건물)
- 준 내화구조(안전도 2등급 건물)
- 조적조(안전도 3등급 건물)
- 중량 목구조(안전도 4등급 건물)
- 경량 목구조(안전도 5등급 건물)

09 ③ 전도나 대류와는 다르게 복사 열전달에서는 에너지를 전달하기 위하여 중간 매개체를 필요로 하지 않는다.

10 소방현장에서 우선순위에 따른 화재진압 전략개념(RECEO)

11 화재건수의 결정
1건의 화재란 1개의 발화점으로부터 확대된 것으로 발화부터 진화까지를 말한다. 다만, 다음의 경우에는 당해 각호에 의한다.
1. 동일범이 아닌 각기 다른 사람에 의한 방화, 불장난은 동일 대상물에서 발화했더라도 각각 별건의 화재로 한다.
2. 동일 소방대상물의 발화점이 2개소 이상 있는 다음의 화재는 1건의 화재로 한다.
   - 누전점이 동일한 누전에 의한 화재
   - 지진, 낙뢰 등 자연현상에 의한 다발화재

12 분진 속에 존재하는 수분은 분진의 부유성을 억제하게 하고 대전성을 감소시켜 폭발성을 둔감하게 한다.

13 펌프차 배관계통도

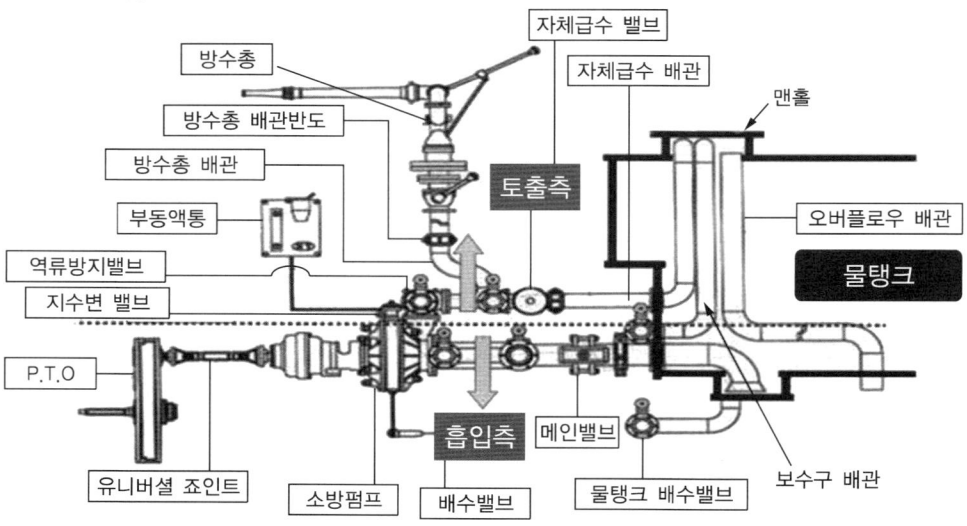

14 선 진입자에게 유도로프를 결착하여 후 진입자가 이를 잡고 진입할 수 있도록 한다.

15 잠수자는 물속의 압력과 같은 압력의 공기로 호흡을 하게 되고, 수심 30미터에서 받는 압력은 4기압이므로 수면에서보다 4배나 많은 공기가 필요하다.

16 ① 대량의 눈이 쌓인 지역에 기온이 올라가면 눈의 접착력이 약해지면서 눈의 밑바닥에서 슬립이 일어나 눈이 무너져 내리게 되는데 이를 전층 눈사태라 한다.

※ 눈이 내려 쌓이게 되면 눈은 표면의 바람과 햇볕, 기온에 의해 미세하게 다시 어는 현상이 발생한다. 이를 크러스트(Crust)라 하는데 이 위에 폭설이 내려 쌓이면 크러스트된 이전의 눈과 새로운 눈 사이에 미세한 층이 발생하고 눈의 무게를 이기지 못할 정도가 되면 결국 눈이 흘러내리게 된다. 이런 눈사태를 표층 눈사태라고 한다.

17 구조·구급대원의 안전사고 방지, 감염 방지 및 건강관리를 위하여 필요한 세부 집행계획

18 감압병을 예방하는 방법은 수심 30m 이상 잠수하지 않으며, 상승 시 1분당 9m의 상승 속도를 준수하는 것이다.

19 ① 소방청장등은 구조·구급대원의 감염 방지를 위하여 구조·구급대원이 소독을 할 수 있도록 소방서별로 119감염관리실을 1개소 이상 설치하여야 한다.
② 구조·구급대원은 근무 중 유해물질 등에 노출되거나 감염성 질병에 걸린 구조대상자 또는 응급환자와 접촉한 경우에는 그 사실을 안 때부터 48시간 이내에 소방청장 등에게 보고하여야 한다.
④ 119감염관리실의 규격·성능 및 119감염관리실에 설치하여야 하는 장비 등 세부 기준은 소방청장이 정한다.

20 ② 간접전파는 주사바늘과 같은 오염물질 또는 호흡기를 통한 비말흡입에 의해 전파된다.
③ 홍역, 수두는 공기에 의해 전파되는 질환이다.
④ 접촉에 의한 전파는 직접 혹은 간접 접촉에 의해 감염되며 해당질환으로는 장출혈성 대장균, 이질, A형감염, 로타바이러스, 단순포진바이러스, 농가진, 농양, 봉소염, 욕창, 이 기생충, 옴, 대상포진, 바이러스성 출혈성 결막염 등이 있다.

21 1차 검색은 화재가 진행되는 도중에 검색작업이 진행되는 것을 말하며, 화재가 진입된 직후 선착대(최초로 도착한 출동대)에 의해 수행된다. 이것은 배연과 동시에 뜨거운 열기와 가시성이 열악한 상황에서 진행되는 신속한 검색에 해당된다. 대부분의 피해자들은 1차 검색 때 발견된다. 2차 검색은 좀 더 철저하게 이루어져야 한다.

22 대동맥은 인체 내에 가장 큰 동맥으로 모든 동맥은 대동맥으로부터 혈액을 공급받는다. 대동맥의 첫 번째 분지는 심장에 혈액을 공급하는 심장동맥이다.

23 오염통제구역 내 구급처치는 기본인명소생술로 기도, 호흡, 순환(지혈), 경추 고정, CPR, 전신중독 평가 및 처치가 포함된다. 정맥로 확보 등과 같은 침습성 과정은 가급적 제독 후 안전구역에서 실시해야 하며 오염통제구역에서 사용한 구급장비는 안전구역에서 사용해서는 안 된다.

24 스쿠버 잠수와 표면공급식 잠수

구 분	스쿠버 잠수	표면공급식 잠수
한계 수심	1. 비감압 한계시간을 엄격히 적용 2. 안전활동수심 60ft(18m)에 60분 허용 3. 130ft(40m)에서 10분 허용. 단, 100ft(30m) 이상 잠수 시 반드시 비상기체통 또는 트윈(Twin) 기체통을 착용	1. 공기잠수 시 최대 작업수심 190ft(58m) 2. 60ft(18m)이상, 침몰선 내부, 폐쇄된 공간 등에는 반드시 비상기체통을 착용
장 점	1. 장비의 운반, 착용, 해체가 간편해 신속한 기동성을 발휘 2. 잠수 활동 시 적은 인원이 소요 3. 수평, 수직 이동이 원활 4. 수중활동이 자유로움	1. 공기공급의 무제한으로 장시간 해저체류가 가능 2. 양호한 수평이동과 최대 조류 2.5노트까지 작업 가능 3. 줄 신호 및 통화가 가능하므로 잠수사의 안전 및 잠수 활동 확인 4. 현장 지휘 및 통제가 가능
단 점	1. 수심과 해저체류시간에 제한을 받음 2. 호흡 저항에 영향을 받음 3. 지상과 통화를 할 수 없음 4. 조류에 영향을 받음(최대 1노트) 5. 잠수사 이상 유무 확인 불능 6. 오염된 물, 기계적인 손상 등 신체보호에 제한을 받음	1. 기동성 저하 2. 수직이동 제한 3. 기체호스의 꺾임 4. 혼자서 착용하기가 불편함

25 충격을 받았을 때 잘 늘어나지 않기 때문에 슬링을 등반 또는 하강 시에 로프 대용으로 사용하는 것은 매우 위험하다.

제13회 정답 및 해설

제13회 최종모의고사

01	02	03	04	05	06	07	08	09	10	11	12	13	14	15
④	④	②	②	③	③	③	③	④	③	②	②	③	②	①
16	17	18	19	20	21	22	23	24	25					
③	①	③	④	④	④	④	①	②	②					

01 문제의 내용은 백드래프트에 대한 결과를 설명한 것이다. 건물 아래쪽 개구부 개방은 금지하고 건물 지붕 채광창을 개방하여 환기시키는 것이 소방관을 보호할 수 있는 가장 효과적인 방법 중 하나이다.

02 일정공간 내에서의 자유연소상태이다.

플래시오버의 징후와 특징

징 후	특 징
1. 고온의 연기 발생 2. Rollover 현상이 관찰됨 3. 일정공간 내에서의 전면적인 자유연소 4. 일정공간 내에서의 계속적인 열집적(다른 물질의 동시 가열) 5. 두텁고, 뜨겁고, 진한 연기가 아래로 쌓임	1. 실내 모든 가연물의 동시발화 현상 2. 바닥에서 천장까지 고온상태

03 SOP 210

파이어 볼(Fire ball)은 비등액체팽창증기폭발(BLEVE)에 이어서 바로 나타나고 밸브나 배관에서 누출되는 가스가 연소하는 화염은 소화하지 말고 그 화염에 의해서 가열되는 면을 냉각해야 한다.

04 하인리히 이론

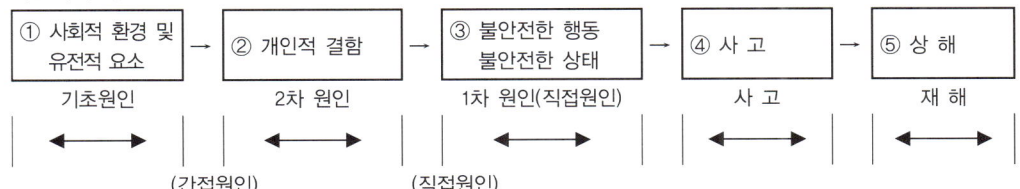

05 ③은 수직배연의 내용이다.

06 배기구측이 아닌 급기구측에서 분무주수를 해야 한다.

분무주수의 배연요령
1. 급기구측에서 분무주수하여 기류를 이용하는 배연방법이다.
2. 관창 전개각도 60도 정도로 급기구를 완전히 덮을 수 있는 거리를 주수 위치로 선정한다.
3. 개구부가 넓은 경우에는 2구 이상의 분무주수로 실시한다.
4. 관창압력은 $6kg/cm^2$ 이상 분무주수를 한다.
5. 배기구측에 진입대가 있을 때는 서로 연락을 취해 안전을 배려하면서 주수한다.

07 소방고가차(사다리차·굴절차)의 사용용도 제한은 다음과 같다.
1. 고압선 작업용으로 사용하지 않는다.
2. 특수물질 수송용으로 사용하지 않는다.
3. 크레인 대용으로 사용할 수 없다. 어떠한 상황에서도 사다리나 붐으로 중량물을 들어 올려서는 안 되며 장비에 표준 적재량 이외의 물건은 적재할 수 없고 또 승강기나 바스켓 허용하중을 반드시 준수하여야 한다.
4. 화물수송용으로 사용하지 않는다. 승강기 및 바스켓은 이삿짐수송 또는 기타 화물 수송에 대한 안전이 고려되지 않았다.
5. 사다리장비는 승강기나 바스켓에 실린 하중을 수직으로 올리거나 내리기 위한 목적으로만 설계된 장비이다. 따라서 수평으로 당기거나 미는 작업은 금지되어 있다.

08 ③ 역류방지밸브 측에 이물질이 끼지 않도록 유지하여야 하며 테스트는 진공을 걸어 놓고, 방수밸브에 손으로 막아 손이 빨려 들어가는 느낌이 난다면 역류방지밸브는 불량이다.

09 ④ 준내화구조는 철재구조의 지붕 붕괴의 취약성에 달려있다. 지붕과 바닥을 연결하는 트러스트구조 붕괴는 중량 목구조이다.

10 ③ 전술은 전략을 달성하기 위한 구체적 수단 또는 방법을 의미한다.
• 포위전술 : 관창을 화점에 포위 배치하여 진압하는 전술형태
• 공격전술 : 관창을 화점에 진입 배치하는 전술형태
• 블록(Block)전술 : 주로 인접건물로의 화재확대 방지를 위해 적용하는 전술형태로 블록(Block)의 4방면 중 확대 가능한 면을 동시에 방어하는 전술이다.
• 중점전술 : 화세(또는 화재범위)에 비해 소방력이 부족하여 전체 화재현장을 모두 커버 할 수 없는 경우 사회적, 경제적 혹은 소방상 중요한 시설 또는 대상물을 중점적으로 대응 또는 진압하는 전술형태를 말한다.
• 집중전술 : 소방대가 일시에 집중적으로 진화하는 작전으로 예를 들면 위험물 옥외저장탱크 화재 등에 사용된다.

11 ② 건물, 부대설비, 가재도구의 최종잔가율은 20%, 기타의 경우는 10%(화재조사 및 보고규정 제18조 제3항)

12 ② 위험예지훈련은 능력개발 중 문제해결교육에 속한다.

13 불화단백포 소화약제에 대한 설명이다.

14 ① 구조대상자와의 거리를 목측하고 로프의 길이를 여유 있게 조정한다.
③ 구명부환이 너무 짧거나 빗나가서 구조대상자에게 미치지 못한 경우에는 재빨리 회수하여 다시 시도하며 물 위에서 구조대상자에게 이동시키려고 해서 시간을 낭비하지 않는다. 이러한 이유로 구조대상자보다 조금 멀리 던져서 구조대상자 쪽으로 이동시키는 것이 보다 용이할 수 있다.
④ 구조대상자가 구명부환을 손으로 잡고 있을 때에 빨리 끌어낼 욕심으로 너무 강하게 잡아당기면 놓칠 수 있으므로 속도를 잘 조절해야 한다.

15 ② 탄산가스 중독, ③ 산소중독, ④ 감압병

16 기록은 소방관서에서 3년간 보관한다.

17 ① 구조대원은 근무 중에 위험물·유독물 및 방사성물질에 노출되거나 감염성 질병에 걸린 구조대상자와 접촉한 경우에는 그 사실을 안 때부터 48시간 이내에 소방청장 등에게 보고하여야 한다.

18 불완전 둔위분만
- 머리가 아닌 팔다리가 먼저 나오는 형태로 둔위분만의 경우 발이 먼저 나온다. 이 경우 병원으로 빨리 이송해야 한다. 배림(Crowning)때 머리가 아닌 손, 다리, 어깨 등이 나오며 제대가 나올 수도 있다.
- 응급처치
  − 제대가 나와 있다면 앞서 언급한 제대탈출에 따른 처치를 실시한다.
  − 골반이 올라오도록 머리를 낮춘다.
  − 비재호흡마스크로 고농도산소를 공급한다.
  − 신속하게 병원으로 이송한다.

19 결핵의 예방책으로는 특수 마스크가 있으며 기침환자 처치 전에는 결핵여부에 상관없이 착용해야 한다.

20 중앙겨드랑이선으로 인체를 나누어 앞과 뒤를 구분한 것은 앞/뒤이고, 안쪽/가쪽은 중앙선에 가까이 있는지 멀리 있는지를 나타낸다.

21 파크랜드 수액요법
① 2개의 굵은 혈관 주사를 확보한 후 각각에 1,000ml의 생리식염수나 링거액을 연결한다.
② 화상 후 첫 8시간 동안 전체 수액의 반을 준다.
③ 병원으로의 이송은 대개 1시간 이내이기 때문에 초기 주입하는 수액량으로 환자의 몸무게 킬로그램당 0.25ml를 화상 면적과 곱한 양을 주는 것이 합리적이다.

22 SAMPLE
1. Signs/Symptoms – 질병의 증상 및 징후
2. Allergies – 약물, 음식, 환경 요소 등에 대한 알레르기
3. Medications – 현재 복용 중인 약물
4. Pertinent past medical history – 관련 있는 과거병력
5. Last oral intake – 마지막 음식물 섭취
6. Events – 현재 질병이나 손상을 일으킨 사건

23 1차 평가의 순서
첫인상 평가 – 의식수준 평가 – 기도 평가 – 호흡 평가 – 순환 평가

24 전신 진공부목은 척추고정이 안 된다.

25 비재호흡마스크는 산소 저장낭을 부풀려 사용하고 최소 분당 10~15L 유량의 산소를 투여하면 85~100%의 산소를 공급할 수 있다.

TEST 14 | 제14회 정답 및 해설

제14회 최종모의고사

01	02	03	04	05	06	07	08	09	10	11	12	13	14	15
③	④	③	③	③	①	③	③	③	②	④	④	②	②	④
16	17	18	19	20	21	22	23	24	25					
③	①	③	③	②	④	①	④	②	①					

01 폴리우레탄의 매트리스는 무염화재에 해당한다.
1. 무염화재(작열연소) : 가연성 고체가 그 표면에서 산소와 발열 반응을 일으켜 타는 연소의 한 형식. 표면연소의 경우에는 기체 연소에서 볼 수 있는 불길을 수반하지 않으며, 무연연소 또는 표면연소라 한다.
   - 다공성 물질에서 발견되며 화염은 크게 발생하지 않으나 연기가 나고, 빛이 나는 화재로 심부화재에 해당한다.
   - 대기 중의 산소가 스며들면서 연소범위가 확산되고, 연기발생과 재발화의 원인이 된다.

   예 겉 천(가죽)을 씌운 가구, 이불솜, 석탄, 톱밥, 폴리우레탄 재질의 매트리스와 같은 물질은 대표적인 무염화재의 연소물질
2. 유염화재(불꽃연소) : 열과 화염이 크게 발생하는 일반적인 화재유형으로 표면화재에 해당한다.

   예 목재화재

02 중성대의 위쪽은 실내 정압이 실외보다 높아 실내에서 기체가 외부로 유출되고 열과 연기로부터 생존할 수 없는 지역이며 중성대 아래쪽은 실내로 기체가 유입되고, 신선한 공기에 의해 생존할 수 있는 지역이다.

03 지휘소 선정 시 고려사항
1. 발화건물을 가장 잘 볼 수 있는 곳
2. 차량 이동과 작전에 방해가 되지 않는 곳
3. 안전한 곳
4. 풍하측은 피하고 풍상이나 풍횡측
5. 주변지역을 가장 잘 볼 수 있는 곳
6. 소방대원을 쉽게 발견할 수 있는 눈에 잘 띄는 곳
7. 각종 통신활용 및 보고 연락 등 부대의 지휘운용이 용이한 곳
8. 출동대의 활동을 관찰할 수 있는 곳

04 소방기관의 장은 검토회의 종료 후 별지 서식을 참고하여 현장대응활동 종합보고서를 작성, 소방청장에게 지체없이 보고하여야 한다.

05 ③ 대부분의 피해자들은 1차 검색 때 발견된다.

1차 검색	• 화재가 진행되는 도중에 검색작업이 진행되는 것을 말한다. • 신속하고 빈틈없이 이루어져 가능한 빨리 구조대상자의 위치를 파악한다. • 반드시 2명 이상의 대원이 조를 이루어 검색한다. • 현장에 투입된 대원들은 현장지휘관과 계속 연락을 유지하며 배연이나 조명 기타 필요한 조치가 있으면 즉시 요청한다. • 대부분 피해자들은 1차 검색 때 발견된다.
2차 검색	• 화재가 진압되어 위험 요인이 다소 진정된 후에 진행한다. • 신속성보다 꼼꼼하게 빈틈없이 살펴야 한다. • 1차에서 발견하지 못한 또 다른 생존자를 발견하고 사망자를 확인하는 작업이다. • 1차에서 발견하지 못한 공간이나 위험성을 확인하며 새로 확인되는 사항이 있으면 즉시 보고한다.

06 ① 탈출 장소는 피난장소(지상)에 구출하는 것을 원칙으로 한다. 다만 구명이 긴급한 때는 일시적으로 응급처치를 취할 장소로 우선 이동한다.

07 ③ 실내에의 주수는 반사주수를 원칙으로 하고, 밑에서 위 방향으로 주수하는 동시에 좌우로 확산되도록 한다.
   사다리차를 활용한 주수방법
   1. 사다리 선단의 관창을 사용한다.
   2. 소방호스는 도중에서 사다리 가로대에 고정한다.
   3. 사다리는 주수 목표에 대한 정확한 위치에 접근시킨다.
   4. 사다리각도는 75도 이하로 하고, 건물과 3~5m 이상 떨어져 주수한다.
   5. 주수의 개시, 정지, 방향의 전환은 급격히 하지 않도록 한다.
   6. 주수는 보통 관창구경 23mm로 관창압력 0.9MPa 이하로 하고 기립각도, 신장각도, 풍압, 선회각도를 고려하여 실시한다.
   7. 주수각도의 전환은 좌우각도 15도 이내, 상하 약 60도 이내로 하고 그 이상의 각도가 요구되는 경우는 사다리의 선회, 연장, 접는 방법으로 한다.
   8. 배연을 목적으로 분무주수 하는 경우는 개구부를 덮도록 열린 각도를 조정한다.
   9. 실내에의 주수는 반사주수를 원칙으로 하고, 밑에서 위 방향으로 주수하는 동시에 좌우로 확산되도록 한다.
   10. 소화, 배연 등의 주수목적을 명확히 한다.

08 ③ 실무매뉴얼은 표준매뉴얼에 규정된 필수적인 처리절차와 임무, 기관별 처리사항을 근거로 기관별로 작성하는 현장대응분야별 현장조치 및 처리세부절차를 규정하고 있다.

09 **소방고가차(사다리/굴절) 안전수칙**
   ① 사다리 작업시 풍속 12.5m/s 이상이 되면 사다리가 정지하도록 시스템 되어있다.
   ② 전선이 가까운 곳에서 작업할 때에는 최소한 5m의 거리를 유지하여야 한다.
   ④ 고가 및 굴절 사다리차는 일반적으로 무게중심이 위쪽에 있다.

10

구 분	내 용
보일오버 (Boil over)	1. 저장소 하부에 고인물이 격심한 증발을 일으키면서 불붙은 석유를 분출시키는 현상 2. 중질유에서 비 휘발분이 유면에 남아서 열류층을 형성, 특히 고온층(Hot Zone)이 형성되면 발생할 수 있음
슬롭오버 (Slop over)	1. 소화를 목적으로 투입된 물이 고온의 석유에 닿자마자 격한 증발을 하면서 불붙은 석유와 함께 분출되는 현상 2. 중질유에서 잘 발생하고, 고온층(Hot Zone)이 형성되면 발생할 수 있음
후로스오버 (Froth over)	1. 비점이 높아 액체 상태에서도 100℃가 넘는 고온으로 존재할 수 있는 석유류와 접촉한 물이 격한 증발을 일으키면서 석유류와 함께 거품 상태로 넘쳐나는 현상 2. 화염과 관계없이 발생한다는 점에서 보일오버, 슬롭오버와 다름

11 ① 저층건물에서는 굴뚝효과에 의한 이상기류가 발생하지 않는다.
② 지하층화재와 유사하게 배연작업 없이 화재를 진압할 수 있다.
③ 흡입구개방 → 재순환통로 차단 → 배기구개방 → 시스템작동 순으로 가동한다.

12 **건물의 동수 산정(화재조사 및 보고규정 제15조 별표 1)**
1. 주요구조부가 하나로 연결되어 있는 것은 같은 동으로 한다. 다만 건널 복도 등으로 둘 이상의 동에 연결되어 있는 것은 그 부분을 절반으로 분리하여 다른 동으로 본다.
2. 건물의 외벽을 이용하여 실을 만들어 헛간, 목욕탕, 작업실, 사무실 및 기타 건물 용도로 사용하고 있는 것은 주건물과 같은 동으로 본다. ( 같은 동)
3. 구조에 관계없이 지붕 및 실이 하나로 연결되어 있는 것은 같은 동으로 본다. (같은 동)
4. 목조 또는 내화조 건물의 경우 격벽으로 방화구획이 되어 있는 경우도 같은 동으로 한다. (같은 동)
5. 독립된 건물과 건물 사이에 차광막, 비막이 등의 덮개를 설치하고 그 밑을 통로 등으로 사용하는 경우는 다른 동으로 한다.
   예 작업장과 작업장 사이에 조명유리 등으로 비막이를 설치하여 지붕과 지붕이 연결되어 있는 경우
   (다른 동)
6. 내화조 건물의 옥상에 목조 또는 방화구조 건물이 별도 설치되어 있는 경우는 다른 동으로 한다. 다만 이들 건물의 기능상 하나인 경우(옥내 계단이 있는 경우)는 같은 동으로 한다.
7. 내화조 건물의 외벽을 이용하여 목조 또는 방화구조건물이 별도 설치되어 있고 건물 내부와 구획되어 있는 경우 별동으로 한다. 다만, 주된 건물에 부착된 건물이 옥내로 출입구가 연결되어 있는 경우와 기계설비 등이 쌍방에 연결되어 있는 경우 등, 건물 기능상 하나인 경우는 같은 동으로 한다.

13 탈출개시압력 = $\dfrac{\text{탈출소요시간(min)} \times \text{매분당호흡량(L)}}{\text{용기용량(L)}}$ + 여유압력(MPa)

= 20 × 40/100 + 30 = 38

※ 현재 공통교재에 있는 공식만으로 만든 문제입니다. 적정한 사용가능시간이 나오기 위해서 압력을 크게 높인 경우에 해당합니다. 출제위원이 공통교재에 있는 공식에 오류가 있음을 인지하고 있다면 상관이 없겠지만, 그렇지 않을 경우 공통교재에 있는 MPa단위를 사용한 공식에 그대로 숫자만 대입해야 합니다.

14 구조대상자를 발견하여 안전한 곳으로 이동시키거나 다른 요인으로 중도에 방에 나와야 할 때에는 들어간 방향을 되짚어 나온다.

15 ④ 공기색전증 - 증세는 기침, 혈포(血泡), 의식불명 등이며 치료법은 감압병과 마찬가지로 재가압 요법을 사용해야 한다.

16 ③ 위치정보 요청서는 3개월간 보관하고 수신한 위치정보는 상황종료 후 파기한다.

17 ① 화학구조대가 아닌 고속국도구조대를 직할구조대에도 설치할 수 있다.

18 ① 호흡, 맥박, 혈압을 포함하며 동시에 의식수준(AVPU)도 평가해야 한다.
② 1차 평가에서 맥박유무를 살폈다면 신체검진에서는 맥박수와 양상을 평가해야 한다.
④ 청소년기(12~15세)의 정상혈압은 평균 수축기압 114, 이완기압 76이다.

19 아프가 점수(출생 후 1분, 5분 후 재평가 실시)

평가내용	점 수		
	0	1	2
피부색 : 일반적 외형	청색증	몸은 분홍색이며 손과 팔다리는 청색	몸과 손·발까지 모두분홍색
심장 박동수	없 음	100회 이하	100회 이상
반사흥분도 : 찡그림	없 음	자극 시 최초의 반응/얼굴을 찡그림	코 안쪽 자극에 울고 기침, 재채기 반응
근육의 강도 : 움직임	흐늘거림/부진함	팔과 다리에 약간의 굴곡/제한된 움직임	적극적으로 움직임
호흡 : 숨 쉬는 노력	없 음	약함/느림/불규칙	우렁참

※ 1점(a) + 2점(b) + 2점(c) + 1점(d) + 1점(e) = 7점

20 심장충격기 사용 금지 환자
   1. 의식, 맥박, 호흡이 있는 환자 → 사망할 수 있음
   2. 심각한 외상환자의 심정지

21 긴 척추고정판은 들것으로 많이 사용되다 보니 들것으로 오인하는 경우가 많지만 척추손상이 의심되는 환자를 고정하는 전신용 부목이다.

22 담낭염 : 우측상복부 전이통

23 ④ 좌측위로 환자를 이송한다.
   ※ 보충설명 : 전술 3 환자자세 중 임신기간이 6개월 이상인 임부는 좌측위로 이송해야 한다. 만약 긴 척추고정판(spine board)으로 고정시킨 임부라면 베게나 말은 수건을 벽면과 임부 사이에 넣어 좌측위를 취해준다.

24 자동심장충격기 사용법
   1. 환자의 무의식, 무호흡 및 무맥박을 확인한다(도움요청 포함).
   2. 전원버튼을 눌러 자동 심장충격기를 켠다.
   3. 자동 심장충격기를 켜고 일회용 전극을 환자와 자동 심장충격기에 연결한다.
   4. 모든 동작을 중단하고 분석단추를 누른다.
   5. 심장충격을 시행하라는 말과 글이 나오면 환자와의 접촉금지를 확인한 후 심장충격 버튼을 누른다.
   6. 심장충격을 시행한 후 즉시 2분간 심폐소생술을 시행한다.
   7. 2분마다 심장충격을 재분석한다.

25 입대 입 인공호흡 시 환자와 직접적인 신체접촉을 피할 수 있으며, 산소튜브가 있어 충분한 산소를 보충하면서 인공호흡을 할 수 있다.

15 제15회 정답 및 해설

제15회 최종모의고사

01	02	03	04	05	06	07	08	09	10	11	12	13	14	15
③	①	①	④	②	③	②	①	②	③	②	①	②	②	④
16	17	18	19	20	21	22	23	24	25					
④	③	③	①	①	④	④	②	②	③					

01 일명 아황산가스라고도 하며, 유황을 저장 또는 취급하는 공장에서의 화재가 발생하는 경우 아황산가스가 대기 중으로 방출되기 때문에 2차적 피해를 발생시킨다. 1952년 영국 런던에서는 7일간 계속된 높은 습도와 정체된 기단으로 인한 스모그가 발생하여 호흡장애와 질식으로 약 4천명 이상의 사망자가 발생하였다. 이 '런던 스모그 사건'은 바로 아황산가스에 의한 대기오염 피해 사건으로 알려져 있다.

02

전 도	• 두 물체가 접촉해서 분자의 운동이 전달되어 열이 이동하는 현상이다. • 완전 진공 상태에선 열은 전달되지 않으며, 고체는 기체보다 열전도율이 높다. • 일반적으로, 화재의 초기단계에 있어서 열의 전달은 거의 전적으로 전도에 기인한다. • 동일한 물질 또는 일정한 물질 상호 간의 열의 이동이며 화재가 성장하면서 뜨거운 가스는 발화원에서 떨어져 있는 대상물체로 유동하게 되고, 전도는 다시 열을 전달하는 요인이 된다.
대 류	• 액체나 기체 상태의 분자가 직접 이동하면서 열이 이동하는 방법이다. • 대류는 가열된 액체나 가스의 운동에 의한 열에너지의 전달이다. 열이 대류현상에 의해 전달될 때, 유동체(액체나 가스 등의 물질로 유동성을 갖는다)는 한 장소에서 다른 장소로 움직이거나 순환한다. • 모든 열의 전달은 따뜻한 곳에서 차가운 곳으로 열이 흐르는 것이다. • 화재의 이동경로, 연소형태, 화재의 형태나 특성에 가장 큰 영향을 미친다. • 고층건물에서 발생한 대형화재의 대부분은 대류 때문에 발생한다.
복 사	• 복사는 중간 매개체의 도움 없이 발생하는 전자파(광파, 전파, 엑스레이 등)에 의한 에너지의 전달이다. • 복사는 대부분의 노출화재(Exposure Fire ; 화재가 시발된 건물이나 가연물들로부터 떨어져 있는 건물이나 가연물들에 점화되는 화재)의 원인이다. • 대형 화재의 경우, 어느 정도 떨어져 있는 주변의 건물이나 가연물들이 복사열에 의해 발화되는 것이 가능하게 된다. • 화재 시 열 이동에 가장 크게 작용하는 열 이동방식이다.

03 흡수부분의 수심이 0.5m 이상일 것

04 기상조건별 관창배치 우선순위
1. 풍속이 5m/sec 이상이 되면 비화발생 위험이 있으므로 풍하측에 비화경계 관창을 배치한다.
2. 풍속이 3m/sec를 초과하면 풍하측의 연소위험이 크므로 풍하측을 중점으로 관창을 배치한다.
3. 풍속이 3m/sec 이하가 되면 방사열이 큰 쪽이 연소위험이 있으므로 그 방향을 중점으로 관창을 배치한다.
4. 강풍(대략 풍속 13m/sec 이상) 때는 풍횡측에 대구경 관창을 배치하여 협공한다.

05 두텁고, 뜨겁고, 진한 연기가 아래로 쌓이는 것은 플래시오버의 징후이다.

06 ③ 주로 화재의 성장기 또는 쇠퇴기에 적용된다.
방어적 작전
1. 화재의 연소확대를 방지하는데 초점을 맞추는 형태로, 내부공격을 할 수 없는 화재상황에서 장시간의 외부대량 방수를 통해 연소확대를 차단하거나 저절로 소화될 때까지 외부에서 방수하는 것을 말한다.
2. 방어적 작전상황하에서는 원칙적으로 소방대원이 발화지점에 진입하는 것이 금지되며, 주변통제가 중요시된다.
3. 소방력이 화세보다 약한 경우와, 주로 화재의 성장기 또는 쇠퇴기에 적용된다.

07 불안전한 상태

물건 자체의 결함	설계불량, 공작의 결함, 노후, 피로, 사용한계, 고장 미수리, 정비불량 등
방호조치의 결함	무방호, 방호 불충분, 무접지 및 무절연이나 불충분, 차폐 불충분, 구간·표시의 결함 등
물건을 두는 방법, 작업 장소의 결함	작업장 공간부족, 기계·장치·용구·집기의 배치결함, 물건의 보관방법 부적절 등
보호구 복장 등 결함	장구·개인 안전장비의 결함 등
작업환경의 결함	소음, 조명 및 환기의 결함, 위험표지 및 경보의 결함, 기타 작업환경 결함
자연환경	눈, 비, 안개, 바람 등 기상상태 불량

08 ① 유기금속화합물은 제3류위험물에 해당하며 물에 의한 소화는 금지한다.

09 이산화탄소 소화약제는 다음과 같은 경우에 사용을 제한하고 있다.
1. 제5류 위험물(자기 반응성 물질)과 같이 자체적으로 산소를 가지고 있는 물질
2. CO_2를 분해시키는 반응성이 큰 금속(Na, K, Mg, Ti, Zr 등)과 금속수소화물(LiH, NaH, CaH_2)
3. 방출시 인명 피해가 우려되는 밀폐된 지역

10 중상은 3주 이상의 입원치료를 필요로 하는 부상을 말한다(화재조사 및 보고규정 제13조, 제14조).
1. 제36조(사상자) : 사상자는 화재현장에서 사망 또는 부상당한 사람을 말한다. 단, 화재현장에서 부상을 당한 후 72시간 이내에 사망한 경우에는 당해 화재로 인한 사망으로 본다.
2. 제37조(부상정도) : 부상의 정도는 의사의 진단을 기초로 하여 다음과 같이 분류한다.
   – 중상 : 3주 이상의 입원치료를 필요로 하는 부상을 말한다.
   – 경상 : 중상 이외의(입원치료를 필요로 하지 않는 것도 포함한다) 부상을 말한다.

11 ② 출동인력이 많을 때 사용하는 공격적 내부진압전술이다.

공격적 내부진압 전술	1. 소방관들은 출입구로 진입하여 연소 중인 건물이나 복도로 호스를 전개해야 한다. 2. 소방관들은 배연을 위해 상층부 파괴나 지붕배연을 시도해야 한다. 3. 소방관들은 엄호관창(Protective hose-line)이 배치되기 전에 건물에 진입해서 화재 지점을 검색해야 한다. 4. 소방관들은 화재가 완전히 진압되기 전에 희생자 구조를 위한 예비검색을 실시해야 한다. 5. 소방관들은 화재가 완전 진압되기 전에 화재 발생 위층을 검색해야 한다. 6. 배연을 위해, 소방관들은 창문을 파괴해야 한다. 7. 소방관들은 문을 개방하기도 하고, 내부에 불길이 있을 때 문을 닫아야 하는 경우도 있다. 8. 소방관들은 숨은 공간에 연소 확대의 우려가 있는지 확인하기 위해 벽이나 천장을 파괴해야 한다. 9. 소방관들은 화재 현장으로 신속하게 진입하기 위해 40mm 호스를 이용한다. 10. 소방관들은 소화전과 같이 지속적인 소방용수 공급원보다는 제한된 소방용수 환경에서 화재를 진압해야 한다.
소극적 내부진압 전술	1. 소방관들은 출입구로 진입하여 호스를 전개하지 않는다. 추가적인 호스는 화재를 제한하기 위해 전개된다. 2. 소방관들은 지붕배연을 하지 않고 기타 개구부를 통해 배연한다. 3. 소방관들은 엄호관창(Protective hose-line)이 배치되지 않는 한 화재지역을 검색하지 않는다. 4. 소방관들은 지휘관의 지침에 따라 화재가 진압될 때까지 예비검색을 실시하지 않는다. 5. 소방관들은 화재가 진압되기 전에 화재 발생 위층으로 올라가 검색하지 않는다. 6. 소방관들은 지시가 없는 한, 창문을 파괴하여 배연시키지 않는다. 7. 소방관들은 지시가 없는 한, 문을 개방하지 않는다. 8. 소방관들은 지시가 없는 한, 숨은 공간에 연소 확대의 우려가 있는지 확인하기 위해 벽이나 천장을 파괴하지 않는다. 9. 소방관들은 천천히 하나의 65mm 관창을 전개한다. 10. 소방관들은 소화전과 같이 지속적인 소방용수 공급원이 확보되지 않는 한, 내부진압을 하지 않는다.

12 캐비테이션 발생 시 조치방법
1. 흡수관측의 손실을 가능한 한 작게 한다.
2. 소방펌프 흡수량을 높이고, 소방펌프의 회전수를 낮춘다.
3. 동일한 회전수와 방수량에서는 방수밸브를 조절한다.
4. 흡수관의 스트레이너 등에 이물질이 있는 경우 이를 제거한다.

13 도르래와 쥬마를 결합한 형태의 장비로 도르래의 역회전을 방지할 수 있어 안전하게 작업이 가능하고 힘의 소모를 막을 수 있다. 도르래 부분만 사용할 수도 있고 쥬마, 베이직의 대체 장비로도 사용이 가능하다.

14 에어백은 중량물체를 들어 올리고자 할 때 공간이 협소해서 잭(Jack)이나 유압 구조 기구 등을 넣을 수 없는 경우에 압축공기로 백을 부풀려 중량물을 들어 올리는 장비이다.

15 ④ 재하응력이 클수록 증가한다.

16 ④ 구조대상자용 벨트는 목표물에 접근 전 과다하게 인양기를 내리면 항공기 속도에 의해 뒤로 날려 헬기 주·보조 날개에 감길 수 있다.

17 119법 시행령 제6조
1. 소방청장이 실시하는 인명구조사 교육을 받았거나 인명구조사 시험에 합격한 사람
2. 「응급의료에 관한 법률」제36조에 따른 응급구조사 자격을 가진 사람으로서 소방청장이 실시하는 구조업무에 관한 교육을 받은 사람
3. 국가·지방자치단체 및「공공기관의 운영에 관한 법률」제4조에 따른 공공기관의 구조 관련 분야에서 근무한 경력이 2년 이상인 사람

18 고시되어야 할 중요한 내용으로는 환자에게 발생하거나 발생 가능한 진단명, 응급검사 및 응급처치의 내용, 응급의료를 받지 않을 경우의 예상결과 또는 예후, 기타 응급환자가 설명을 요구하는 사항 등이다.

19 튜브 형태의 성문위 기도기와 차별적으로 부드러운 젤 형태로 모양이 만들어진 기도기로 기존의 기도기보다도 환자에게 적용시간이 짧고 적용이 쉬우나 정확하게 환자에게 맞지 않을 수 있다. 하지만 병원 전 단계에서 성공적으로 활용되는 장비이다.

20 ② 소방본부장은 시·도 규칙으로 정하는 바에 따라 119항공대를 편성하여 운영하되, 효율적인 인력 운영을 위하여 필요한 경우에는 시·도 소방본부에 설치하는 직할구조대에 설치할 수 있다.
③ 119항공대의 항공기는 조종사 2명이 탑승하되, 해상비행·계기비행 및 긴급 구조·구급 활동을 위하여 필요한 경우에는 정비사 1명을 추가로 탑승시킬 수 있다.
④ 조종사의 비행시간은 1일 8시간을 초과할 수 없다. 다만, 구조·구급 및 화재 진압 등을 위하여 필요한 경우로서 소방청장 또는 소방본부장이 비행시간의 연장을 승인한 경우에는 그러하지 아니하다.

21 짧은 척추고정기구에는 짧은 척추 고정판과 구출고정대(KED) 장비가 있다. 환자의 A, B, C에 심각한 문제가 있는 경우 목보호대 및 긴척추고정판을 이용하여 빠른 환자구출법을 시행한다.

22 ① 1차 평가를 통해 치명적인 상태 파악과 즉각적인 처치가 제공되어야 한다. 즉각적인 처치란 평가와 동시에 처치를 하는 것을 말한다.
② 재평가 : 위급한 환자는 적어도 매 5분마다 실시하고(무의식환자, 심한 손상기전, 소생술이 필요한 환자) 기타 환자는 매 15분마다 실시한다.
③ 심장질환과 중증 일산화탄소 중독은 저산소증으로 피부가 붉은색이다.

23 고혈당환자는 따뜻하고 붉으며 건조한 피부를 갖는 반면 저혈당 환자는 차고 축축한 피부를 나타낸다.

24 이송거절 사유
   1. 단순 치통환자
   2. 단순 감기환자. 다만, 섭씨 38도 이상의 고열 또는 호흡곤란이 있는 경우는 제외
   3. 혈압 등 생체징후가 안정된 타박상 환자
   4. 술에 취한 사람. 다만, 강한 자극에도 의식이 회복되지 아니하거나 외상이 있는 경우는 제외
   5. 만성질환자로서 검진 또는 입원 목적의 이송 요청자
   6. 단순 열상(裂傷) 또는 찰과상(擦過傷)으로 지속적인 출혈이 없는 외상환자
   7. 병원 간 이송 또는 자택으로의 이송 요청자. 다만, 의사가 동승한 응급환자의 병원 간 이송은 제외

25 ③ 내장근육은 동맥과 장벽과 같은 관모양의 구조물을 이루고 뇌의 통제를 받지 않는다. 그 대신 열, 냉 그리고 긴장과 같은 자극에 반응한다. 다른 형태의 근육으로는 오직 심장에만 있는 심장근육이 있다. 심장근육은 의식에 의해 통제할 수 없는 불수의근 형태로 신경자극 없이 독자적으로 수축할 수 있는 능력이 있다.

16 제16회 정답 및 해설

제1회 최종모의고사

01	02	03	04	05	06	07	08	09	10	11	12	13	14	15
④	①	④	①	①	③	④	①	②	④	②	①	①	①	②
16	17	18	19	20	21	22	23	24	25					
①	②	④	①	④	④	②	③	②	②					

01 ④ 냉각지연은 플래시오버 대응전술이다.

배연(지붕환기)	연소 중인 건물 지붕 채광창을 개방하여 환기시키는 것은 백드래프트(Backdraft)의 위험으로부터 소방관을 보호할 수 있는 가장 효과적인 방법 중 하나이다. 상황이 허락된다면, 지붕에 개구부를 만들어 환기한다. 비록 백드래프트(Backdraft)에 의한 폭발이 일어나더라도, 대부분의 폭발력이 위로 분산될 것이다.
급냉(담금질)	화재가 발생된 밀폐 공간의 출입구에 완벽한 보호 장비를 갖춘 집중 방수팀을 배치하고 출입구를 개방하는 즉시 바로 방수함으로써 폭발 직전의 기류를 급냉시키는 방법이다. 이와 같은 집중방수의 부가적인 효과는 일산화탄소 증기운의 농도를 폭발하한계 이하로 떨어뜨리는 것이다. 이 방법은 배연법만큼 효과적이지 않지만, 유일한 방안인 경우가 많다.
측면공격	화재가 발생된 밀폐 공간의 개구부(출입구, 또는 창문) 인근에서 이용 가능한 벽 뒤에 숨어 있다가 출입구가 개방되자마자 개구부입구를 측면 공격하고, 화재 공간에 집중 방수함으로써 백드래프트(Backdraft) 현상을 방지하는 방법이다.

02

1단계 : 안전조직 (조직체계 확립)	경영자의 안전목표 설정, 안전관리자 선임, 안전라인 및 참모조직, 안전활동 방침 및 계획수립, 조직을 통한 안전활동 전개 등 안전관리에서 가장 기본적인 활동은 안전관리 조직의 구성이다.
2단계 : 사실의 발견 (현황파악)	각종 사고 및 활동기록의 검토, 작업 분석, 안전점검 및 검사, 사고조사, 안전회의 및 토의, 근로자의 제안 및 여론 조사 등에 의하여 불안전 요소를 발견한다.
3단계 : 분석평가 (원인규명)	사고원인 및 경향성 분석, 사고기록 및 관계자료 분석, 인적·물적 환경조건 분석, 작업공정분석, 교육훈련 및 직장배치 분석, 안전수칙 및 방호장비의 적부 분석 등을 통하여 사고의 직접 및 간접 원인을 찾아낸다.
4단계 : 시정방법의 선정 (대책선정)	기술적 개선, 배치조정, 교육훈련의 개선, 안전행정의 개선, 규정 및 수칙 등 제도의 개선, 안전운동의 전개 등 효과적인 개선방법을 선정한다.
5단계 : 시정책의 적용 (목표달성)	3E, 즉 기술(Engineering), 교육(Education), 관리(Enforcement)를 완성함으로써 이루어진다.

03 고층건물의 전술적 제한(창문)
　　소방전술적 관점에서 고층건물은 창문이 없는 건물로 간주되어야 한다. 건물의 문은 닫혀있고, 문을 열기 위해서는 열쇠가 필요하며, 유리가 매우 크고 두꺼워 파괴가 어렵고, 고층으로 인한 압력차 때문에 유리를 파괴할 경우 강한 바람의 유입으로 위험한 경우가 많기 때문이다. 이와 같이 고층건물 구조는 사실상 지하실처럼 폐쇄되어 있기 때문에, 화재로 인한 열과 연기가 내부에 갇혀 있는 상태에서 창문을 파괴하거나 개방할 경우 굴뚝효과를 유발시켜 강렬한 농연이 상층으로 급격히 확산될 수 있으므로 창문개방을 통한 배연작전은 매우 신중하게 하여야 한다.

04 간접공격법으로 주수 시 개구부는 가능한 한 작게 하여 위험성을 감소시킨다.

05 시범실습식 교육
- 장 점
  - 행동요소를 포함하는 기술교육에 적합하다.
  - 교육생의 적극적인 참여를 가져온다.
  - 이해도 측정이 용이하다.
  - 의사전달의 효과를 보완할 수 있다.
- 단 점
  - 시간이나 장소, 교육생의 수에 제한을 받는다.
  - 사고력 학습에 부적합하다.

06 ③ 일정 공간 내에서의 전면적인 완전연소가 발생한다.

07 ①, ②는 1세대 방식, ③은 2세대 방식
　① 롤러크러치 방식
　② V-밸트 방식
　③ 전자클러치 방식
　④ 피스톤방식

08 ② 1g의 물이 증발할 때는 539cal의 열을 흡수하는 효과가 있다.
　③ 유화소화법은 질식소화법이다.
　④ 억제소화법은 화학적소화법이다.

09 ① 일반적으로는 불연성이지만 분자 내에 산소를 다량 함유하여 그 산소에 의하여 다른 물질을 연소시키는 이른바 산화제이다.
　③ 대부분이 무색의 결정 또는 백색의 분말이며 물보다 무겁고 수용성이다.
　④ 알칼리금속의 과산화물에의 방수는 절대엄금이다.

10

구 분	오일오버	보일오버	프로스오버	슬롭오버
특 성	화재로 저장탱크 내의 유류가 외부로 분출하면서 탱크가 파열하는 현상	탱크표면화재로 원유와 물이 함께 탱크 밖으로 흘러넘치는 현상	유류표면 아래 비등하는 물에 의해 탱크 내 유류가 넘치는 현상	유류표면 온도에 의해 물이 수증기가 되어 팽창, 비등함에 따라 유류를 외부로 비산시키는 현상
위험성	위험성이 가장 높음	대규모 화재로 확대되는 원인	직접적 화재발생요인은 아님	직접적 화재발생요인은 아님

11 화재합동조사단의 단원은 화재조사관 또는 화재조사 업무에 관한 경력이 3년 이상인 소방공무원 중에서 소방관서장이 임명하거나 위촉한다(화재조사법 시행령 제7조 제2항).

12 역화(Back fire)
대부분 기체연료를 연소시킬 때 발생되는 이상연소 현상으로서 연료의 분출속도가 연소속도보다 느릴 때 불꽃이 연소기의 내부로 빨려 들어가 혼합관 속에서 연소하는 현상을 말한다. 혼합 가스양이 너무 적을 때 발생한다.

13 스톱하강기(Stopper)
1. 로프 한 가닥을 이용하여 제동하는 장비로 하강 스피드의 조절이 용이하고 우발적인 급강하 사고를 방지할 수 있다.
2. 스톱하강기의 한 면을 열어 로프를 삽입하고 아랫쪽은 안전벨트의 카라비너에 연결한다.
3. 오른손으로 아랫줄을 잡고 왼손으로 레버를 조작하면 쉽게 하강속도를 조절할 수 있다. 손잡이를 꽉 잡으면 급속히 하강하므로 주의한다.

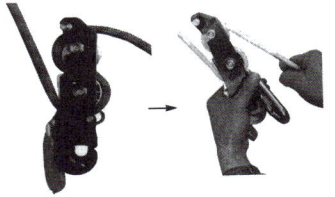

[스톱하강기 사용법]

14 수중구조 시 물의 특성
1. 수중에서는 대기보다 소리가 4배 정도 빠르게 전달되기 때문에 소리의 방향을 판단하기 어렵다.
2. 물은 공기보다 약 25배 빨리 열을 전달하므로 물 속에서 활동을 하게 되면 쉽게 추워진다는 것을 알 수 있다.
3. 높은 밀도 때문에 많은 저항을 받아 행동에 제약을 받고 체력소모가 크다.
4. 다이버는 수심 10m에서는 수면보다 2배, 20m에서는 3배 많은 공기를 호흡한다.
5. 수중에서는 기압과 수압을 동시에 받게 된다. 이렇게 수중에서 실제로 받는 압력을 절대압이라 한다. 즉, 물 속 10m에서는 2기압 상태에 놓이게 된다.

15 캔틸레버형(Cantilever) 붕괴
가장 안전하지 못하고 2차 붕괴에 가장 취약한 유형이다.

16 유해화학물질 대응 시 IDLH 농도의 유독가스 속으로 진입할 때나 피부에 접촉하면 손상을 입을 수 있는 유독성 물질을 작업하는 경우는 대원들의 위험을 최소화하기 위해 A급 방호복을 착용한다.
IDLH(Immediately Dangerous to life and Health)
건강이나 생명에 즉각적으로 위험을 미치는 농도

17 국제구조대의 파견 규모 및 기간은 재난유형과 파견지역의 피해 등을 종합적으로 고려하여 외교부장관과 협의하여 소방청장이 정한다.

18 파크랜드 수액 요법
- 중등에서 중증화상 환자는 모두 정맥로를 확보해야 한다(체표면적 20% 이상의 2도 화상인 10세 미만 50세 이후의 환자).
- 4ml × 환자 몸무게(kg) × 2/3도 화상의 체표면적(%) = 24시간 동안 주어야 할 수액량(4ml × 50kg × 20% = 4000ml)
- 병원으로의 이송은 대개 1시간 이내이기 때문에 초기 주입하는 수액량으로 환자의 몸무게 킬로그램당 0.25ml를 화상 면적과 곱한 양을 주는 것이 합리적이다.

19 전파경로에 따른 전염질환
1. 공기에 의한 전파 : 홍역·수두·결핵
2. 비말에 의한 전파 : 뇌수막염·폐렴·패혈증·부비동염·백일해·이하선염·인플루엔자·인두염
3. 접촉에 의한 전파 : 이질·A형 간염·로타바이러스

20 ㄱ. 오른심방과 오른심실은 정맥혈을 받아들여 허파로 혈액을 보내는 기능을 한다.

21 개방성 머리손상이나 머리뼈 함몰부위에 과도한 압력은 피해야 한다. 관통한 물체는 고정시키고 많은 액체가 환자의 귀와 코에서 나오면 멈추게 해서는 안 되며 흡수하기 위해 거즈로 느슨하게 드레싱 해 준다.

22 느린맥은 부적절한 기도유지 또는 호흡으로 인한 것이다.

23 의식수준 4단계
  1. A(Alert 명료) : 질문에 적절한 반응이나 대답을 할 수 있는 상태
  2. V(Verbal Stimuli 언어지시에 반응) : 질문에 적절한 반응이나 대답은 할 수 없으나 소리나 고함에 반응하는 상태(신음소리도 가능)
  3. P(Pain Stimuli 자극에 반응) : 언어지시에는 반응하지 않고 자극에는 반응하는 상태
  4. U(Unresponse 무반응) : 어떠한 자극에도 반응하지 않는 상태

24 ② 머리, 목, 척추 손상 등이 의심되는 환자에게 사용되는 기도개방 처치법은 턱밀어올리기법이다.
  ※ 무호흡일 때 : 기도를 유지하고 포켓마스크나 BVM을 이용한 양압환기를 실시하며 15ℓ/분의 산소를 제공해 준다.

25 ② 후두튜브(LTS) 특징 : 후두마스크와 동일

TEST 17 제17회 정답 및 해설

제17회 최종모의고사

01	02	03	04	05	06	07	08	09	10	11	12	13	14	15
③	④	①	④	③	①	④	④	③	②	④	④	①	②	④
16	17	18	19	20	21	22	23	24	25					
②	②	④	④	③	④	②	①	②	②					

01 ① 발화기, ② 성장기, ④ 플래시오버

02 소방현장에서 우선순위에 따른 화재진압 전략개념은 생명보호 → 외부확대 방지 → 내부확대 방지 → 화점(화재)진압 → 재발방지를 위한 점검·조사이다.

03 위험예지훈련 시 유의사항

토론 시 유의사항	훈련시트 작성 시 유의사항
1. 편안한 분위기에서 행한다. 2. 전원이 자유롭게 발언한다. 3. 발언에 대하여 비판은 하지 않으며 논의도 하지 않는다. 4. 타인의 이야기를 잘 듣고 서로가 자기의 생각을 높여가도록 한다. 5. 질보다는 양을 중요시한다.	1. 시트는 대원의 친숙도가 큰 상황(예를 들면 사고 사례나 신체 훈련의 상황 등)으로부터 선정하는 방법이 부드럽게 진행이 됨 2. 한 장의 시트에 여러 가지 상황을 기입하지 말 것 3. 아주 자세한 부분까지 그려넣지 말 것 4. 간단한 조사, 잘못된 조사가 되어서는 안 되기 때문에 고의로 제작한 도해가 아닐 것 5. 어두운 분위기가 아닌 밝은 분위기로 그려진 것이 좋음 6. 도해의 상황이 광범위한 활동 등에 미치는 경우에는 그 가운데의 특정 부분에 한정하여 실시하는 것도 하나의 방법

04 농연의 흐름을 좌우하는 요소

저층건물	화재로 인한 열, 대류의 흐름, 연소 압(Fire pressure), 창문 등 개구부 개방을 통한 외부 바람에 의해 결정
고층건물	1. 화재로 인한 열, 대류의 흐름, 연소 압(Fire pressure), 창문 등 개구부 개방을 통한 외부 바람 2. 굴뚝효과(연돌효과라고도 함)와 공조시스템(HVAC System)의 영향

05 ① 주거지역, 공업 및 상업지역에 설치하는 경우 소방호스와 소방대상물과의 수평거리를 100m 이하가 되도록 한다.
② 급수탑의 개폐밸브는 지상에서 1.5m 이상 1.7m 이하에 설치하여야 한다.
④ 평상시 소방대의 유효활동 범위는 소방 활동의 신속, 정확성을 고려하여 연장 소방호스 10본(150m) 이내일 것으로 하고 있다.

06 자기연소(Self Combustion)
가연물이 물질의 분자 내에 산소를 함유하고 있어 열분해에 의해서 가연성 가스와 산소를 동시에 발생시키므로 공기 중의 산소 없이 연소할 수 있는 것을 말하며, 내부연소라고도 한다.

07 하인리히 이론

사회적 환경 및 유전적 요소	무모, 완고, 탐욕, 기타 바람직하지 못한 성격은 유전에 의해서 계승되며, 환경은 바람직하지 못한 성격을 조장하고 교육을 방해할 것이다. 유전 및 환경은 모두 인적 결함의 원인이 된다.
개인적 결함	신경질, 무분별, 무지 등과 같은 인적 결함은 불안전한 행동을 일으키거나 또는 기계적, 물리적인 위험성이 존재하게 하는데 밀접한 원인이 된다.
불안전한 행동이나 불안전한 상태	매달려 있는 짐 아래에 서 있다든지, 안전장치를 제거하는 등과 같은 사람의 불안전한 행동, 방호장치 없는 톱니바퀴, 난간이 없는 계단, 불충분한 조명 등과 같은 기계적 또는 물리적인 위험성은 직접적인 사고의 원인이 된다.
사 고	물체의 낙하, 비래(飛來)물에 의한 타격 등과 같은 현상은 상해의 원인이 된다.
상 해	좌상, 열상 등의 상해는 사고의 결과로서 생긴다.

08 유류화재에 대한 방수소화의 효과
인화점이 낮고 휘발성이 강한 것은 방수에 의한 냉각소화가 불가능하다. 그러나 소량이면 분무방수에 의한 화세 억제의 효과가 있다. 또, 인화점이 높고 휘발성이 약한 것은 강력한 분무방수로 소화할 수 있다.

09 공간 내 모든 부분 가연물이 동시 발화하는 것은 플래시오버현상이고 롤오버현상은 상층부의 초고온 증기(가연성 가스)의 발화이다.

10 ① 수도에 있어서는 그 설치자가 소방용수시설을 설치하고 유지·관리를 한다.
③ 조사결과는 2년간 보관하여야 한다.
④ 정밀조사는 연 2회, 정기조사는 월 1회 이상 실시한다.

11 ① "손해율"이란 피해물의 종류, 손상 상태 및 정도에 따라 피해액을 적정화시키는 일정한 비율을 말한다.
② "최종잔가율"이란 피해물의 경제적 내용연수가 다한 경우 잔존하는 가치의 재구입비에 대한 비율을 말한다.
③ "내용연수"란 고정자산을 경제적으로 사용할 수 있는 연수를 말한다.

12 ① 저팽창포에는 단백포, 불화단백포, 합성계면활성제포, 수성막포, 알콜형포가 있고, 고팽창포에는 합성계면활성제포가 있다.
② 이산화탄소는 심부 화재에 사용하는 경우에는 재발화의 위험성이 있다. 그러므로 심부 화재의 경우에는 고농도의 이산화탄소를 방출 시켜 소요 농도의 분위기를 비교적 장시간 유지시켜 줌으로써 일차적인 소화는 물론 재발화의 가능성도 제거해 줄 필요가 있다.
③ 제2종 분말 소화약제는 요리용 기름이나 지방질 기름과 비누화 반응을 일으키지 않기 때문에 이 경우에는 제1종 분말 소화약제보다 소화력이 떨어진다.

13 재난안전법 제22조, 23조(2025.10.2. 시행) ① 행정안전부장관에게 제출하여야 한다.

14 붕괴사고가 일어난 현장에서 구조대상자가 매몰되거나 갇혀있는 경우에는 구조대상자의 위치를 신속하고 정확하게 파악하는 것이 구조활동의 성패를 좌우하는 가장 중요한 요소로 작용한다.

15 ① 비상정지장치에 대한 설명이다.
※ 화이널 리미트 스위치(Final Limit Switch) : 리미트 스위치가 어떤 원인에 의해서 작동하지 않을 경우, 안전 확보를 위해 모든 전기회로를 끊고 엘리베이터를 정지시킨다.
② 콘크리트의 박리 속도는 콘크리트 중의 수분함량이 많을수록 박리 발생이 용이하다.
③ 운항 중 사건으로 분류한다.

16 다기능 핸들을 사용하여 하강 조절 및 작업 현장에서 위치잡기가 용이하며, 고소작업 및 로프엑세스 작업용으로 제작된 개인 하강용 장비이다.

17 실제 구조활동 시는 두 명의 다이버가 동시에 같은 방향으로 이동하면서 수색에 임한다. 특히 시야가 확보되는 않는 경우 긴급사항이 발생 시 반대에서 서로 비껴 지나가는 방법은 맞지 않으며 인명구조사 1급 교육 시에도 두 명의 다이버는 동시에 같은 방향으로 이동하면 수색하는 방법으로 교육을 실시하고 있다.

18 흡인 방법
1. 흡인하는 동안 감염예방에 주의한다(보안경, 마스크, 장갑, 가운 착용).
2. 성인의 경우 한번에 15초 이상 흡인해서는 안 된다.
3. 흡인 후 인공호흡 또는 산소공급이 제대로 이루어지는지 확인해야 한다.
4. 15초 흡인하면 양압환기를 2분간 실시해야 한다.
5. 경성흡인관을 사용할 때 크기를 잴 필요는 없으나 연성 카테터를 사용할 때는 입 가장자리와 귓불 사이 길이를 재어 결정한다.
6. 흡인기는 조심스럽게 넣어 흡인해야 하며 환자는 대개 측위를 취해 분비물이 입으로 잘 나오도록 해야 한다.
7. 목 또는 척추손상 환자는 긴 척추 고정판에 고정시킨 후 흡인해주어야 한다.
8. 경성·연성 카테터는 강압적으로 넣어서는 안 되며 경성은 특히 조직손상과 출혈을 일으킬 수 있으므로 주의해야 한다.

19 환자평가는 RPM을 기본으로 하고 호흡, 맥박, 의식수준을 평가한다.

20 기도개방 방법으로는 머리기울임/턱 들어올리기법과 척추손상 의심환자에 사용되는 턱 밀어올리기법이 있다.

21 119구조·구급에 관한 법률 시행령 [별표 2]

22 붕대는 드레싱한 부위가 움직이지 않게 하는 처치로 멸균상태일 필요는 없다.

23 소독과 멸균 용어 정의
- 세척(Cleaning) : 대상물로부터 모든 이물질(토양, 유기물 등)을 제거하는 과정으로 소독과 멸균의 가장 기초단계이다. 일반적으로 물과 기계적인 마찰, 세제를 사용한다.
- 소독(Disinfecting) : 생물체가 아닌 환경으로부터 세균의 아포를 제외한 미생물을 제거하는 과정이다. 일반적으로 액체 화학제, 습식 저온 살균제에 의해 이루어진다.
- 멸균(Sterilization) : 물리적, 화학적 과정을 통하여 모든 미생물을 완전하게 제거하고 파괴시키는 것을 말하며 고압증기멸균법, 가스멸균법, 건열멸균법, H_2O_2 Plasma 멸균법과 액체 화학제 등을 이용한다.
- 살균제(Germicide) : 미생물 중 병원성 미생물을 사멸시키기 위한 물질을 말한다. 이 중 피부나 조직에 사용하는 살균제를 피부소독제(antiseptics)라 한다.
- 화학제(Chemicals) : 진균과 박테리아의 아포를 포함한 모든 형태의 미생물을 파괴하는 것으로 화학멸균제(Chemical sterilant)라고도 하며, 단기간 접촉되는 경우 높은 수준의 소독제로 작용할 수 있다.

24 심각한 기도폐쇄의 징후로는 공기 교환 불량, 호흡곤란 증가, 소리가 나지 않는 약한 기침, 청색증, 말하기나 호흡 능력 상실 등이 있다. 처치자가 "목에 뭐가 걸렸나요?" 라는 질문을 하고 환자가 고개를 끄덕인다면 도움이 필요한 상황이다. 비록 질문에 반응하더라도 저산소증으로 인한 의식저하가 나타날 수 있다. 만약, 무반응 상태라면 CPR을 실시하는데 이때 맥박 확인 없이 바로 흉부압박을 실시하고 인공호흡을 하기 위해 '머리젖히고-턱들기법'으로 기도를 열 때마다 입 안을 조사하여 이물질을 확인하고 보이면 제거해야 한다.

25 ② 전신 진공부목은 척추고정이 안 된다.

TEST 18 | 제18회 정답 및 해설

제18회 최종모의고사

01	02	03	04	05	06	07	08	09	10	11	12	13	14	15
③	②	②	③	④	④	③	④	②	③	②	④	②	①	①
16	17	18	19	20	21	22	23	24	25					
①	③	③	④	③	④	③	④	②	④					

01 궤도차량의 화재 시 인접차량에 연소위험이 있을 때는 풍하측의 차량을 분리하거나 또는 연결부에서 화세를 저지한다.

02 제2류위험물 중 적린과 유황은 물에 의한 냉각소화가 유효하며 금속분, 철분, 마그네슘 등은 건조사, 건조분말 등으로 질식소화가 유효하며 일반적으로 물, 거품, 건조제 등으로 소화한다.

03 상업용(사무실용) 고층건물 화재 시 일반적으로 쓰이는 기본적 진압방법은 공조 시스템을 차단하고 배연작용 없이 화재를 진압하는 것이다.

상업용 고층건물 화재 시 배연을 하지 않는 4가지 구체적 이유
1. 굴뚝효과로 인해, 건물 내부의 대류 흐름을 예측할 수 없다.
2. 배연은 불꽃 폭풍을 촉발할 지도 모르고, 주거자들과 소방대원들을 위층에 가두면서 계단실을 농연으로 가득 차게 만들 수 있다.
3. 이와 같은 건물 내에서의 대류 흐름은 예측할 수 없기 때문에 배연으로 인하여 오히려 청정구역에 농연을 끌어들이는 결과를 초래할 수 있다.
4. 기류의 산소가 화재의 크기와 강도를 증가시킬지도 모른다.

04 화재가 상가건물 앞쪽에서 발생했을 때, 상가건물 뒤쪽에 이중벽이 존재한다면 뒤쪽을 배연하는 것은 바람직하지 못하므로 앞쪽 개구부를 통해 배연한다. 이때, 앞쪽 개구부를 개방(제거)할 경우 최소 좌우 한쪽 이상에 경계관창을 배치해야 한다.

05 물을 흡수하기 위해 진공펌프 작동 시 음압이 형성되면 연성계의 바늘은 빨간색(진공측)을 가리키며, 소화전 또는 다른 소방차로부터 중계를 받아 압력이 있는 물을 급수시킬 때 연성계는 흰 지시부분(압력측)을 가리킨다.

06 ① 화재의 초기단계에서 열의 전달은 거의 전적으로 전도에 기인한다.
② 복사는 대부분의 노출화재의 원인이 된다.
③ 복사에 의한 열전달의 예로는 태양열이 있다.
※ 노출화재 : 화재가 시발된 건물이나 가연물들로부터 떨어져 있는 건물이 가연물들에 점화되는 화재

07 ③ 목탄은 표면연소에 해당한다.
※ 표면연소 : 목탄 등이 열분해에 의해서 가연성 가스를 발생하지 않고 그 물질 자체가 연소하는 현상으로 불꽃이 없는 것(무염연소)이 특징이다.

08 제4류위험물의 일반성질
1. 물보다 가볍고 물에 녹지 않는 것이 많다.
2. 대부분 유기 화합물이다.
3. 발생증기는 가연성이며 대부분의 증기비중은 공기보다 무겁다.
4. 발생증기는 연소하한이 낮아 매우 인화하기 쉽다.
5. 인화점, 발화점이 낮은 것은 위험성이 높다.
6. 전기의 불량도체로서 정전기의 축적이 용이하고 이것이 점화원이 되는 때가 많다.
7. 유동하는 액체화재는 연소 확대의 위험이 있고 소화가 곤란하다.
8. 대량으로 연소 시엔 다량의 복사열, 대류열로 인하여 열전달이 이루어져 화재가 확대된다.
9. 비교적 발화점이 낮고 폭발위험성이 공존한다.

09 소방기본법 제25조(강제처분) 및 제49조의 2(손실보상)
※ 참고 : 처분으로 인한 손실보상은 소방청장 또는 시·도지사가 한다. 소방기본법 제25조(강제처분)

10 초고층 건물화재 대응절차(빨간키 187페이지 참조)
1. 화점층이 고층인 경우 소방대는 비상용승강기를 화재 층을 기점으로 2층 이하까지 이용, 화점층 진입은 옥내 또는 특별피난계단 활용
2. 화점을 확인한 시점에서 전진 지휘소는 화점층 기점 2개층 아래 설치, 자원대기소는 화점 직하층에 설치하여, 교대인력, 예비용기, 조명기구 등 기자재를 집중시켜 관리
3. 제1차 경계범위는 당해 화재구역의 직상층으로 하며, 직상층이 돌파될 우려가 있는 경우에는 그 구역 직상층을 경계범위로 하고 순차구역마다 경계범위 넓힘
4. 화점층 및 화점상층 인명구조 및 피난유도 최우선, 상황에 따라 소화활동 중지
5. 화점의 직상층 계단 또는 직상층에 경계팀 배치, 진입팀의 활동거점은 화점층의 특별피난계단 부속실에 확보
6. 발화층이 3층 이상인 경우 연결송수관 활용, 내부 수관연장은 소방대 전용 방수구에서 연장

11 소방의 화재조사에 관한 법률(22.6.9. 시행)

제21조(벌칙)
다음 각 호의 어느 하나에 해당하는 사람은 300만원 이하의 벌금에 처한다.
1. 제8조 제3항을 위반하여 허가 없이 화재현장에 있는 물건 등을 이동시키거나 변경·훼손한 사람
2. 정당한 사유 없이 제9조 제1항에 따른 화재조사관의 출입 또는 조사를 거부·방해 또는 기피한 사람
3. 제9조 제3항을 위반하여 관계인의 정당한 업무를 방해하거나 화재조사를 수행하면서 알게 된 비밀을 다른 용도로 사용하거나 다른 사람에게 누설한 사람
4. 정당한 사유 없이 제11조 제1항에 따른 증거물 수집을 거부·방해 또는 기피한 사람

제23조(과태료)
① 다음 각 호의 어느 하나에 해당하는 사람에게는 200만원 이하의 과태료를 부과한다.
   1. 제8조 제2항을 위반하여 허가 없이 통제구역에 출입한 사람
   2. 제9조 제1항에 따른 명령을 위반하여 보고 또는 자료 제출을 하지 아니하거나 거짓으로 보고 또는 자료를 제출한 사람
   3. 정당한 사유 없이 제10조 제1항에 따른 출석을 거부하거나 질문에 대하여 거짓으로 진술한 사람
② 제1항에 따른 과태료는 대통령령으로 정하는 바에 따라 소방관서장 또는 경찰서장이 부과·징수한다.

12 작업공간은 Machine(기계, 작업시설)이 아니라 Media(매체, 작업)의 내용이다.

Machine(작업시설)
1. 기계·설비의 설계상의 결함
2. 위험방호의 불량
3. 본질 안전화의 부족(인간공학적 배려의 부족)
4. 표준화의 부족
5. 점검 정비의 부족

13 로프매듭의 주의사항
1. 매듭을 많이 아는 것보다는 잘 쓰이는 매듭을 정확히 숙지하는 것이 더욱 중요하다. 야간이나 악천후에도 능숙히 설치할 수 있어야 하고, 다른 사람에게도 안전하게 해줄 수 있어야 한다.
2. 매듭은 정확한 형태를 만들고 단단하게 조여야 풀어지지 않고 하중을 지탱할 수 있다.
3. 될 수 있으면 매듭의 크기가 작은 방법을 선택한다. 매듭부분으로 기구, 장비 등을 통과시켜야 하는 경우가 있기 때문이다.
4. 매듭의 끝 부분이 빠지지 않도록 주매듭을 묶은 후 옭매듭 등으로 다시 마감해 준다. 이때 끝 부분이 빠지지 않도록 충분한 길이를 남겨두어야 하는데, 매듭에서 로프 끝까지 11~20㎝ 정도 남겨 두도록 한다.
5. 끊어지지 않는 로프는 존재하지 않고, 풀어지지 않는 매듭도 없다. 따라서 사용 중에 로프와 매듭 부분에 이상이 없는지 수시로 확인한다.
6. 로프는 매듭 부분의 강도가 저하된다는 사실을 기억한다.

14 수심이 깊어지면 공기 소모 시간이 같은 비율로 줄어들고 반대로 공기 소모율은 같은 비율로 증가한다.

15 방이 많은 건물의 탐색법

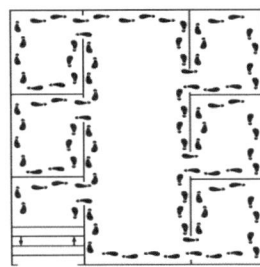

16 고정도르래는 방향전환, 움직도르래 1개당 힘의 $\frac{1}{2}$ 이므로 $300 \times \frac{1}{2} = 150$

17 고속국도구급대
교통사고 발생 빈도 등을 고려하여 소방청, 시·도 소방본부 또는 고속국도를 관할하는 소방서에 설치하되, 시·도 소방본부 또는 소방서에 설치하는 경우에는 시·도의 규칙으로 정하는 바에 따른다(119법 시행령 제10조).

18 노동맥은 손목 안쪽 엄지손가락 쪽에서 촉지할 수 있고 만약, 촉지되지 않는다면 목동맥을 촉지해야 하며 영아의 경우 위팔동맥에서 촉지해야 한다.

19 그 외의 주의해야 할 사항은 다음과 같다.
1. 산소통 보호 또는 표시를 위해 접착테이프를 사용해서는 안 된다. 산소는 테이프와 반응해서 화재를 유발할 수 있기 때문이다.
2. 산소통을 옮길 때 끌거나 돌리는 등의 행동은 피해야 한다.
3. 비철금속 산소용 렌치를 사용해 조절기와 계량기를 교환해야 한다. 다른 기구를 사용하게 되면 불꽃이 일어날 수 있다.
4. 개스킷(실린더 결합부를 메우는 고무)과 밸브 상태를 항상 확인한다.
5. 산소통을 열 때는 항상 끝까지 열고 다시 반 정도 잠가 사용한다. 왜냐하면 다른 대원이 산소가 잠겼다고 생각하고 열려고 하기 때문이다.
6. 저장소는 서늘하고 환기가 잘되며 안전한 장소에 보관해야 한다.
7. 사용 중에는 담배 등 화재 위험이 있는 물체는 피해야 한다.

20 구조대원은 근무 중에 위험물·유독물 및 방사성물질에 노출되거나 감염성 질병에 걸린 구조대상자와 접촉한 경우에는 그 사실을 안 때부터 48시간 이내에 소방청장 등에게 보고하여야 한다.

21 카라비너는 일반적으로 종 방향으로 25~30kN, 횡 방향으로는 8~10kN 정도이다.

22 소방장비 관리업무 처리기준(별표7)
고압용기에 충전된 호흡용 공기는 매 6개월마다 공기를 배출한 후 새로운 공기를 충전하여 보관한다.

23 산소 부족 시 발생하는 신체적 증상

산소농도	증 상
21%	-
17%	산소부족을 보충하기 위해 호흡이 증가하며 근육운동에 장애를 받는 경우도 있다.
12%	어지러움, 두통, 급격한 피로를 느낀다.
9%	의식불명
6%	호흡부전과 이에 동반하는 심정지로 몇 분 이내에 사망한다.

24 ① 긴급환자(적색) : 생명을 위협할만한 쇼크 또는 저산소증이 나타나거나 임박한 경우
③ 비응급환자(녹색) : 전신적인 위험 없이 손상이 국한 된 경우
④ 지연환자(흑색) : 대량 재난 시에 임상적 및 생물학적 사망이 명확히 구분되지 않는 상태와 자발순환이나 호흡이 없는 모든 무반응의 상태를 죽음으로 생각함

25 헨리의 법칙은 압력 하의 기체가 액체 속으로 용해되는 법칙을 설명하며 용해되는 양과 그 기체가 갖는 압력이 비례한다는 것이다.

제19회 정답 및 해설

제19회 최종모의고사

01	02	03	04	05	06	07	08	09	10	11	12	13	14	15
③	③	④	①	②	③	②	①	①	③	②	③	④	③	③
16	17	18	19	20	21	22	23	24	25					
③	③	①	④	④	③	①	④	③	③					

01 제거소화의 일반적 사례
1. 화재현장에서 복도를 파괴하거나 대형화재의 경우 어느 범위의 건물을 제거하여 방어선을 만들어 연소를 방지하는 방법(가연성고체물질을 제거하여 소화)
2. 산림화재를 미리 예상하여 평소에 방화선(도로)을 설정하고 있는 것
3. 전기화재의 경우 전원을 차단하여 소화
4. 가연성가스화재인 경우 가연성가스의 공급을 차단시켜 소화하는 방법

02 롤오버현상
1. 화재가 발생한 장소(공간)의 출입구 바로 바깥쪽 복도 천장에서 연기와 산발적인 화염이 굽이쳐 흘러가는 현상을 지칭하는 소방현장 용어이다.
2. 화재지역의 상층(천장)에 집적된 고압의 뜨거운 가연성 가스가 화재가 발생되지 않은 저압의 다른 부분으로 이동하면서 화재가 매우 빠르게 확대되는 원인이 된다.
3. 출입문을 통해 방출되는 가열된 연소가스와 복도 천장 근처의 신선한 공기가 섞이면서 발생한다.
4. 일반적으로 좀 더 치명적인 이상연소현상인 Flashover보다 먼저 일어나며, Rollover는 전형적으로 공간 내의 화재가 성장단계에 있고, 소방관들이 화점에 진입하기 전(前) 복도에 머무를 때 발생한다(안전상 고립문제 발생).

03 일반적으로 발화점이 낮아지는 요인
1. 분자의 구조가 복잡할수록
2. 발열량이 높을수록
3. 압력, 화학적 활성도가 클수록
4. 산소와 친화력이 클수록
5. 금속의 열전도율과 습도가 낮을수록

발화점이 달라지는 요인
1. 가연성가스와 공기의 조성비
2. 발화를 일으키는 공간의 형태와 크기
3. 가열속도와 가열시간
4. 화원의 종류와 가열방식

04 ① 화점층의 계단실 출입문을 개방하여 계단실 내의 연기를 배출시키는 것이 아니라 화점층을 폐쇄해야 옥상으로 연기를 배출시킬 수 있다.

화점 상층의 진입방법

1. 진입계단을 확보하고자 할 때	1. 특정의 계단을 선정하여 1층과 옥상의 출입구를 개방한다. 2. 화점층의 계단실 출입문을 폐쇄하여 계단실내의 연기를 배출시킨다.
2. 직상층에 진입하는 경우	1. 창을 최대한 개방하고 실내의 연기를 배출시킨다. 2. 화점층에서 화염이 스팬드럴(spandrel)보다 높게 나올 때는 개방하지 않는다.
3. 닥트스페이스, 파이프샤프트	1. 화염과 연기가 최상층까지 분출하는 경우가 많으므로 최상층에 신속히 관창을 배치한다. 2. 최상층의 창. 계단실 출입구를 개방한 후 닥트스페이스, 파이프샤프트 등의 점검구(점검구가 없는 경우는 국부파괴에 의해 개방)를 개방하고 내부 상황을 확인한다.
4. 직상층에서 깊숙이 진입할 때	특별피난계단, 피난사다리, 피난기구 등의 위치를 확인하고 반드시 퇴로를 확보하여 놓는다.
5. 직하층의 진입대와 긴밀한 연락을 취해 최대의 방어효과가 발휘되도록 활동 내용을 분담 또는 조정한다. 6. 연결송수관설비, 옥내소화전 설비, 기타 소화활동상 필요한 설비 등 당해 건물의 설비를 최대한 활용한다.	

05 성장기

벽 근처에 있는 가연물들은 비교적 적은 공기를 흡수하고, 보다 높은 화염온도를 지닌다. 구석에 있는 가연물들은 더욱더 적은 공기를 흡수하고, 가장 높은 화염온도를 지닌다. 이러한 요소는 화염 위에 생성되는 뜨거운 가스층의 온도에 많은 영향을 미친다. 뜨거운 가스가 상승하면서 천장에 부딪치게 되면, 가스는 외부로 퍼지기 시작한다. 가스는 구획실의 벽에 도달할 때까지 계속해서 퍼진다. 벽에 도달한 후, 가스층의 두께는 증가하기 시작한다.

06 ① 알칼리금속의 과산화물 및 이를 함유한 것은 물을 절대로 사용하여서는 안 된다. 초기단계에서 탄산수소염류 등을 사용한 분말소화기, 마른모래 또는 소화질석을 사용한 질식소화가 유효하다.
② 가연물과 격리하는 것이 우선이며, 격리가 곤란한 경우, 물과 급격히 반응하지 않는 것은 다량의 물로 냉각소화가 가능하다.
④ 물보다 무거우며 물에 녹는 것이 많다. 수용액(水溶液)에서도 산화성이 있다.

07 공중에서의 방수활동 시 유의사항(소방전술 1-2 화재현장안전관리)
1. 고가사다리차나 굴절소방차량을 이용하여 공중에서 화염부분으로 방수할 경우 인위적인 혹은 자연적인 배연구(排煙口)를 절대 차단해서는 안 된다. 이러한 경우 실내에서 작업하는 대원들이 역류현상이나 방수된 물줄기 등으로 인해 다칠 수 있다.
2. 불가피한 경우 실내에서 활동하고 있는 진압대와의 상호교신을 통하여 사고가 발생되지 않도록 한다. 또한 불필요하게 창문을 파괴하지 않도록 주의해야 한다. 왜냐하면 수손피해(水損被害)가 발생되며, 건물내부로 연소 확대가 이루어질 가능성이 있어 사고가 발생될 가능성이 높기 때문이다.

08 ※ 분자식으로 표기해서 틀리신 분은 분자식도 기억해 두셔야 합니다.
① H_2S – 황화수소, ② NO_2 – 이산화질소, ③ HF – 불화수소, ④ $COCl_2$ – 포스겐
① 염화수소(HCl)의 설명이다. 황화수소는 황을 포함하고 있는 유기화합물이 불완전연소할 때 발생하며 계란 썩은 냄새가 나며 0.2% 이상의 농도에서 후각이 마비되고, 0.4~0.7%에서 1시간 이상 노출되면 현기증, 호흡기의 통증이 일어나며, 0.7%를 넘어서면 신경계통에 영향을 미치고 호흡기가 무력해진다.

10 ① 초기이격거리 : 유출/누출이 일어난 지점 사방으로 모든 사람을 격리시켜야 하는 거리, 반경으로 표시
② 초기이격지역 : 사람의 생명을 위협할 정도의 농도에 노출될 수 있는 풍상·풍하 사고 주변지역
④ 방호활동지역 : 사람들이 무기력해져서 인체 건강상 회복할 수 없을 정도의 심각한 영향을 줄 수 있는 사고지점으로부터 풍하방향 지역

11 특수화재 대응매뉴얼에 관한 설명이다.

12 화재조사를 하는 관계 공무원이 화재조사를 수행하면서 알게 된 비밀을 다른 사람에게 누설한 경우에는 300만원 이하의 벌금에 처한다(소방기본법 제52조).

14 빈틈없이 살피면서 공을 들여야 하는 작업으로 또 다른 생존자를 발견하고 혹시 존재할지도 모르는 사망자를 확인하는 작업은 2차 검색이다.

15 선형 탐색법

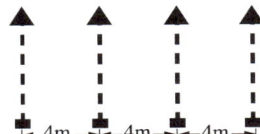

16 ③ 한겹매듭에 대한 설명이다.
바른 매듭은 묶고 풀기가 쉬우며 같은 굵기의 로프를 연결하기에 적합한 매듭이다. 로프 연결의 기본이 되는 매듭이며 힘을 많이 받지 않는 곳에 사용하지만 굵기 또는 재질이 서로 다른 로프를 연결할 때에는 미끄러져 빠질 염려가 있어 직접 안전을 확보하는 매듭에는 적합하지 않다.

17 ① 중앙 정책협의회의 정기회의는 연 1회 개최하며, 임시회의는 위원장이 필요하다고 인정하거나 위원이 소집을 요구할 때 개최한다.
② 60일 이내에 하여야 한다.
④ 14일 동안 공고해야 한다.

18 의식수준 4단계(AVPU)
1. A(Alert 명료) : 질문에 적절한 반응이나 대답을 할 수 있는 상태
2. V(Verbal Stimuli 언어지시에 반응) : 질문에 적절한 반응이나 대답은 할 수 없으나 소리나 고함에 반응하는 상태(신음소리도 가능)
3. P(Pain Stimuli 자극에 반응) : 언어지시에는 반응하지 않고 자극에는 반응하는 상태
4. U(Unresponse 무반응) : 어떠한 자극에도 반응하지 않는 상태

19 호흡유지 장비
① 코삽입관은 유량을 분당 1~6L로 조절하면 산소농도를 24~44%로 유지할 수 있다.
② 단순 얼굴 마스크는 6~10L의 유량으로 흡입 산소 농도를 35~60%까지 증가시킬 수 있다.
③ 비재호흡마스크는 산소저장주머니를 부풀려 사용하고 최소 분당 10~15L 유량의 산소를 투여하면 85~100%의 산소를 공급할 수 있다.

20 식도는 위, 작은창자, 큰창자와 함께 위장계에 속한다.

21 저관류 쇼크의 기본증상과 징후
1. 의식변화 : 불안감과 흥분
2. 말초혈관 순환장애 : 허약감, 무력감, 차고 끈적거리고 창백한 피부, 영·유아에게서의 모세혈관 재충혈 지연
3. 생체징후 변화 : 빠른맥(초기), 빠른호흡, 얕고 불규칙하며 힘든 호흡, 저혈압(후기)
4. 기타 : 산동, 심한 갈증, 오심/구토, 저체온, 창백하거나 회색빛 피부, 입술이나 안구결막에 청색증

22 부목형태
② 항 쇼크 바지 : 저혈량성 쇼크 환자에서 혈압을 유지시키는 목적으로 사용되는 장비로 골반골절이나 다리골절 시 고정효과가 있다. (우리나라의 경우 이송거리 및 이송시간이 짧아 활용도가 거의 없는 관계로 구급차 적재장비기준에서 제외되었음)
③ 경성부목 : 경성부목은 견고한 재료로 만들어지며 손상된 팔다리의 측면과 전면, 후면에 부착할수 있다. 경성부목의 종류로는 골절부목, 철사부목, 박스부목, 성형부목, 알루미늄부목 등이 있다.
④ 연성부목 : 가장 많이 사용되는 연성부목은 공기부목과 진공부목이다. 공기부목은 환자에게 편안하며 접촉이 균일하고 외부 출혈이 있는 상처에 압박을 가할 수 있으므로 지혈도 가능하다는 장점이 있으나, 온도 및 공기압력에 의해 변화가 생기는 단점이 있다.

23 ① 수축에 대한 원인이다.
② 이완에 대한 원인이다.
③ 무반응에 대한 원인이다.

24 심박동 평가

왼쪽 유두 윗부분에서 제일 잘 들리며 100회/분 이하이면 40~60회/분 인공호흡을 실시해야 한다. 30초 후에 재평가해서 60~80회/분이고 심박동수가 올라갔다면 계속 인공호흡을 실시하고 30초 후에 재평가를 해야 한다. 만약 60회/분 이하이며 올라가지 않았다면 인공호흡과 더불어 가슴압박을 실시해야 한다.

25 영아는 간이 상대적으로 크기 때문에 배 밀어내기를 실시하지 않는다.

제20회 정답 및 해설

제20회 최종모의고사

01	02	03	04	05	06	07	08	09	10	11	12	13	14	15
③	④	③	①	④	④	②	③	④	②	②	④	③	③	②
16	17	18	19	20	21	22	23	24	25					
②	③	①	②	③	④	③	③	②	①					

01 피해 시 보상은 소방활동 자료조사의 조사내용에 포함되지 않는다.

소방활동 자료조사
1. 소방대상물 및 관계지역의 위치·구조·용도배치·방화구획·제연구역·피난계획·비상용 승강기 등에 관한 사항
2. 소방대상물 및 관계지역 안의 위험물 그 밖의 연소물질의 특성에 관한 사항
3. 옥외에 송수구가 부설된 소화설비 및 소화활동설비의 구조 및 활용방법에 관한 사항
4. 소방용수시설의 기준, 소방대의 배치 및 중계 송수에 관한 사항
5. 소방대의 긴급통행에 관한 사항
6. 소방대상물 및 관계지역에 대한 소방활동구역·강제처분 및 피난명령에 관한 사항
7. 그 밖의 연소방지 및 인명구조에 관한 사항

02 백드래프트와 플래시오버의 차이점
1. 백드래프트(Backdraft)보다 플래시오버(Flashover) 발생빈도가 높다.
2. 백드래프트(Backdraft)는 폭발이고, 플래시오버(Flashover)는 폭발이 아니라는 점이다.
3. 악화 요인이 다르다는 점이다. 백드래프트(Backdraft)의 악화 요인은 공기이다. 소방관들이 농연으로 가득 찬 밀폐공간에 들어가면서 유입되는 신선한 공기가 고온의 일산화탄소와 혼합되면서 폭발이 발생하게 된다. 반면에 플래시오버(Flashover)의 악화 원인은 공기가 아니라, 열이다.
4. 화재가 발생하는 단계의 차이다. 플래시오버(Flashover)는 성장기의 마지막이자 최성기의 시작점(경계선)에서 발생한다. 반면에 백드래프트(Backdraft)는 성장기 또는 감퇴기에서 연기가 제한된 공간에 갇혀있을 때 발생한다. 이 기간에, 많은 일산화탄소와 불완전 연소에 의한 연기가 축적된다.

03 현장지휘관 지휘전술(SOP 101 지휘권 확립)
1. 현장지휘관이 선택할 수 있는 지휘전술은 이동지휘, 전진지휘와 고정지휘로 나뉘며 현장 상황에 맞는 적절한 전술을 선택한다.
2. 이동지휘는 현장지휘관이 특정장소(현장지휘소)에 머물러 있지 않고 재난현장을 돌아다니며 지휘하는 형태를 말한다.

3. 전진지휘는 현장지휘관이 위험지역으로 진입하여 대원들과 임무수행을 함께 하는 형태를 말하며 아래와 같은 상황에서 실시한다.
   - 대원 안전에 대한 현장지휘관의 근접 감독·지원이 필요한 상황
   - 현장지휘관의 지원이 있어야만 즉각적 인명구조가 가능한 상황
   - 현장지휘관의 지원이 있으면 초기 화재진압이 가능한 상황
4. 고정지휘는 현장지휘관이 화재 건물(지역)의 현장지휘소에 머물며 지휘하는 형태를 말한다.
5. 현장지휘관은 재난 규모가 크고 복잡하거나 빠른 확대 가능성이 있는 재난의 경우에는 초기부터 고정지휘를 한다.
6. 지휘권을 이양 받은 현장지휘관은 고정지휘를 하고, 단위지휘관은 임무에 따라 이동지휘, 전진지휘, 고정지휘 중 한 가지를 선택할 수 있다.

04 ① 물보다 무겁고 물에 녹지만 그때 격렬하게 발열한다. 고농도의 위험물은 물과 작용하여 비산하며 인체에 접촉하면 화상을 일으킨다.

05 구조대상자가 있다는 정보를 수집했을 때에는 확인될 때까지 검색을 실시하여야 한다.

06 ①·②·③은 전부 바닥에서 운반하는 방법으로 농연 중에 구출하기에 적합하나 ④는 메어서 운반하기는 일어나 운반하는 방법으로 농연 중에 구출하기에는 적합하지 않다.

07 ① 전도, ③ 복사, ④ 복사

08 ③ 방어적 공격에 대한 설명이다.

09 반사주수 또는 확산주수로 수막을 형성하여 차열한다.

10 ② 고전적 도미노이론(하인리히 이론)에서는 직접원인만 제거, 최신 도미노이론에서는 기본원인을 제거

11 ① 내화구조 건물
③ 안전도 3등급 건물
④ 경량목구조 건물은 5등급 건물

12 ④ 먼저 후미진 곳을 검색하고 방의 중심부로 이동한다.

13

구 분	종 류	암기요령
이어매기(연결)	한겹매듭, 두겹매듭, 8자연결매듭, 피셔맨매듭, 바른매듭(맞매듭)	한두번8자피바
마디짓기(결절)	8자매듭, 두겹8자매듭, 이중8자매듭, 고정매듭, 두겹고정매듭, 나비매듭, 옭매듭(엄지매듭), 두겹옭매듭(고리 옭매듭), 줄사다리매듭	8고나올줄
움켜매기(결착)	말뚝매기(까베스땅 매듭), 절반매듭, 잡아매기, 감아매기(비상매듭), 클램하이스트 매듭	말뚝절반에잡아 감아끝냄(클램)

14 국제구조대원·국제구급대원의 교육훈련(119법 시행령 제8조)
1. 소방청장은 법 제9조제3항(법 제10조의4제2항에 따라 준용되는 경우를 포함한다)에 따라 교육훈련을 실시하는 경우 다음 각 호의 구분에 따른 내용을 포함시켜야 한다. 〈개정 2024. 4. 23.〉
    • 국제구조대원
      – 전문 교육훈련 : 붕괴건물 탐색 및 인명구조, 방사능 및 유해화학물질 사고 대응, 유엔재난평가조정요원 교육 등의 내용
      – 일반 교육훈련 : 응급처치, 기초통신, 구조 관련 영어, 국제구조대 윤리 등의 내용
    • 국제구급대원
      – 전문 교육훈련 : 국제 항공이송 관련 교육, 해외 응급의료체계 등의 내용
      – 일반 교육훈련 : 기초통신, 구급 관련 영어, 국제구급대 윤리 등의 내용
2. 소방청장은 국제구조대원의 재난대응능력 및 국제구급대원의 구급대응능력을 높이기 위하여 필요한 경우에는 국외 교육훈련을 실시할 수 있다.

15 운항 중 사건(Inaccident)
항공기가 지상에서 활주 중 다른 항공기나 기타 구조물과 가벼운 충돌을 하는 경우, 공중에서 사고의 발생가능성이 있는 여러 가지 상황들이라고 볼 수 있는 near miss나 기체 시스템의 고장 등으로 긴급 착륙을 하는 경우, 또는 공항에서의 항공교통관제(ATC)규칙을 위반하는 행위 등과 같은 이상상태 즉 항공기가 운항준비 사태 또는 운항 중에 탑승자나 제3자에게 가벼운 손상 또는 지상의 시설을 파손, 기타 안전운항에 영향을 미칠 정도의 위반행위 등 항공기 사고 보다 가벼운 이상사태를 '운항 중 사건'으로 분류한다.

16 익수된 구조대상자를 구조할 때에는 구조대상자의 후면으로 접근한다.

17 견인부목을 사용해서는 안 되는 경우
• 엉덩이나 골반 손상
• 무릎이나 무릎 인접부분 손상
• 발목 손상
• 종아리 손상
• 부분 절상이나 견인기구 적용부위의 결출상

18 환자분류표는 재난대응장비이다.

19 임부의 경우는 원활한 순환을 위해 좌측위를 취해준다.

20 경미한 기도폐쇄의 증상으로는 양호한 환기, 자발적이며 힘 있는 기침, 그리고 기침 사이 쌕쌕거리는 소리가 들릴 수 있다. 환자에게 "목에 뭐가 걸렸나요?"라고 질문하고 이에 긍정하면 스스로 기침할 것을 유도하며 옆에서 환자를 관찰한다.

21 제도화된 기준은 특수한 법률과 응급구조사가 속해 있는 단체에서의 권장사항에 의한 기준을 말한다.

22 맥박 양상

맥 박	원 인
빠르고 규칙적이며 강함	운동, 공포, 열, 고혈압, 출혈 초기, 임신
빠르고 규칙적이며 약함	쇼크, 출혈 후기
느 림	머리손상, 약물, 중독, 심질환, 소아의 산소결핍
불규칙적	심전도계 문제
무 맥	심장마비, 중증 출혈, 중증 저체온증

23 구급차량의 전면이 주행차량의 전면을 향한 경우에는 경광등과 전조등을 끄고 비상등만 작동시킨다.

24 결핵은 호흡기계 분비물, 공기 또는 오염된 물질, 가래나 기침으로 인한 비말로 전파된다.

25 맥박이 없다면 흉부압박을 실시해야 하며 맥박은 있으나 호흡이 없다면 성인의 경우 10회/분, 영·소아는 12~20회/분으로 인공호흡을 실시해야 한다.

21 | 제21회 정답 및 해설

제21회 최종모의고사

01	02	03	04	05	06	07	08	09	10	11	12	13	14	15
③	③	①	④	②	③	①	②	③	④	④	④	③	①	①
16	17	18	19	20	21	22	23	24	25					
③	④	②	①	②	②	④	④	①	①					

01 화재현장과 기타 관계있는 장소에 출입할 때에는 관계인등의 입회 하에 실시하는 것을 원칙으로 한다.

02 ① 대류, ②·④ 복사

03 배연(지붕환기)법
연소 중인 건물 지붕 채광창을 개방하여 환기시키는 것은 백드래프트(Backdraft)의 위험으로부터 소방관을 보호할 수 있는 가장 효과적인 방법 중 하나이다. 상황이 허락된다면 지붕에 개구부를 만들어 환기한다. 백드래프트(Backdraft)에 의한 폭발이 일어나더라도 대부분의 폭발력이 위로 분산될 것이다.

04 ④ 가연성가스화재인 경우 가연성가스의 공급을 차단시켜 소화하는 방법은 제거소화법이다.

05 ② 검토회의는 사고발생일로부터 20일 이내에 개최한다.

06 유화(乳化)소화법
비중이 물보다 큰 중유(重油)등의 유류화재 시 물 소화약제를 무상(霧狀, 안개형태)으로 방사하거나, 포소화약제를 방사하는 경우 유류표면에 엷은 층(유화층, 물과 유류의 중간성질)이 형성되어 공기 중 산소공급을 차단시켜 소화하는 방법을 질식소화법 중 유화소화법이라 부르기도 한다.

07 ① 일산화탄소(CO)는 불연성이 아니라 가연성이다.

08 RECEO의 5가지 원칙
생명보호 → 외부확대 방지 → 내부확대 방지 → 화재진압 → 재발방지를 위한 점검·조사

09 ③ 물질 자체가 유독하다.

10
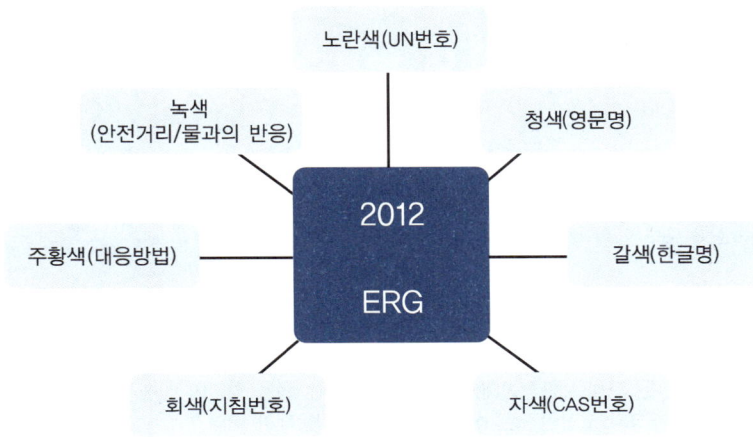

11 제2조(용어의 정의)
1. "조사"란 화재원인을 규명하고 화재로 인한 피해를 산정하기 위하여 자료의 수집, 관계자 등에 대한 질문, 현장 확인, 감식, 감정 및 실험 등을 하는 일련의 행동을 말한다.
2. "감식"이란 화재원인의 판정을 위하여 전문적인 지식, 기술 및 경험을 활용하여 주로 시각에 의한 종합적인 판단으로 구체적인 사실관계를 명확하게 규명하는 것을 말한다.

12 유화제
중유나 엔진오일 등은 인화점이 높은 고 비점 유류이므로 화재 시 Emulsion형성을 증가시키기 위해 계면활성제(Poly Oxyethylene Alkylether)를 첨가하여 사용하는 약제

13 ② 이어매기, ④ 마디짓기

14 ② 시야가 좋지 않으며 탐색면적이 좁고 수심이 깊을 때 활용하는 방법이다.
③ 조류가 세고 탐색면적이 넓을 때 사용한다.
④ 비교적 큰 물체를 탐색하는 데 적합한 방법으로 탐색구역의 중앙에서 출발하여 이동거리를 조금씩 증가시키면서 매번 한 쪽 방방으로 90°씩 회전하며 탐색한다.

15 ① 2개의 에어백을 겹쳐 사용하면 부양되는 높이는 높아지지만, 능력이 증가하지는 않는다.

16 만성심부전

심장으로 인해 야기되나 허파에 영향을 미친다. 심부전은 적정량을 뿜어내지 못해 허파순환이 저하되어 허파부종을 일으킨다. 따라서 호흡곤란이 야기되며 시끄러운 호흡음, 빠른맥, 축축한 피부, 창백하거나 청색증, 발목 부종이 나타난다. 심한 경우 핑크색 거품의 가래가 나오기도 한다.

17 ④ 복통 또는 불편감을 호소하는 환자에게는 아무것도 먹여서는 안 된다.

18 ② 동맥은 심장으로부터 조직으로 혈액을 이동시키며 오른심실에서 허파로 혈액을 이동시키는 허파동맥을 제외하고는 모든 동맥은 산소가 풍부한 혈액으로 되어 있다.

19 그 외 유의해야 할 사항
  1. 기도확보를 위하여 영아는 누운 자세로 중립상태를 유지하고 소아는 목을 약간만 신전시킨다.
  2. 산소공급을 위한 비재호흡마스크와 코삽입관은 소아크기에 맞게 사용해야 한다.
  3. 영아와 아동은 환기하는 동안에 위가 팽배되는 경향이 있다.
  4. 구강이나 비강기도 유지기는 다른 방법이 실패했을 때 사용한다.
  5. 정확한 위치를 흡인하기 위해서 경성팁을 사용해야 하며 입천장에 닿지 않도록 주의해야 한다. 의식이 없거나 비협조적인 환자에게는 경성팁을 사용하는 것이 효과적이다.
  6. 한 번에 15초 이상 흡인해서는 안 된다.

20 ② 이산화탄소나 노폐물은 폐동맥을 통해서 허파로 전달된다.

21 비재호흡마스크 특징
  1. 체크(일방향) 밸브가 달려 있다.
  2. 산소저장주머니가 달려있어 호흡 시 100%에 가까운 산소를 제공할 수 있다.
  3. 산소저장주머니를 부풀려 사용하고 최소 분당 10~15L 유량의 산소를 투여하면 85~100%의 산소를 공급할 수 있다.
  4. 얼굴밀착의 정도에 따라 산소농도가 달라진다.

22 ④ 중증화상은 체온유지기능을 저하시키기 때문에 보온을 유지해야 한다.

23 ④ 저체온증 환자는 마사지 금지

24 위험물사고현장 구급활동
② 안전구역
③ 오염구역
④ 오염구역

25 환자가 무의식이며 호흡이 없다 해도 맥박이 있다면 CPR을 실시해서는 안 된다.

22 | 제22회 정답 및 해설

제22회 최종모의고사

01	02	03	04	05	06	07	08	09	10	11	12	13	14	15
①	②	①	③	②	④	③	③	④	②	①	④	③	①	②
16	17	18	19	20	21	22	23	24	25					
③	③	④	③	②	④	①	③	④	②					

01 물의 장점과 단점

장점	· 비열과 증발잠열이 커서 냉각소화의 효과가 매우 높은 물질이다. · 인체에 무해하며, 각종 약제를 혼합하여 수용액으로 사용할 수 있다. · 변질의 우려가 없으며, 장기간 보관이 가능하고, 사용방법이 간단하다. · 보통의 온도와 대기압 상태에서 저장될 수 있다. · 어디서나 쉽게 구할 수 있고 가격이 저렴하여 경제적 부담이 없다.
단점	· 영하에서는 동파 및 응고현상으로 적응성이 없다. · 물과 혼합하지 않은 액체연료의 연소에는 쓸 수 없다. · 필요 이상 물을 요하며, 소화 후 물에 의한 2차 피해가 발생한다.

02 ②는 현장작전상황의 환류를 통한 작전계획을 변경할 수 있는 유연한 자세이다.
- 의사결정능력 : 현장지휘관이 신속하고 정확한 의사결정을 내리기 위해 필요한 사항
  - 가정과 사실의 구별(즉, 추측된 불완전한 정보와 실제정보의 구별)
  - 현장작전상황의 환류(재검토)를 통해 작전계획을 변경할 수 있는 유연한 자세
  - 표준대응방법의 개발
  - 행동개시 후에는 즉시 관리자의 역할로 복귀(전술적 책임은 위임)

03 ② 결합부의 바로 밑이 가장 효과적이다.
③ 5층 이상의 경우는 진입층 및 중간층에서 고정한다.
④ 로프 신장률이 크므로 로프 쪽을 짧게 한다.

소방호스 지지요령	· 충수된 소방호스의 중량은 65mm가 약 80kg, 40mm가 50kg이다. · 소방호스의 지지, 고정은 소방호스에 로프로 감아매기를 하는 것이 효과적이며 원칙으로 1본에 1개소를 고정한다. · 소방호스의 지지점은 결합부의 바로 밑이 가장 효과적이다. · 4층 이하의 경우는 진입층에서 고정한다. · 5층 이상의 경우는 진입층 및 중간층에서 고정한다. · 지지, 고정은 송수되기 전에 임시고정을 실시하고 송수된 후 로프가 미끄러지지 않도록 고정한다.

결속(고정) 요령	• 베란다의 난간 등은 강도를 확인한 후 이용한다.
	• 난간이 없는 베란다의 경우는 물받이 등의 강도를 확인하여 이용한다.
	• 개구부에 갈고리 등을 걸쳐 이것을 이용하여 고정한다.
	• 창, 유리를 파괴하여 창틀을 이용한다.
	• 방안에 있는 책상과 테이블 등을 이용하여 로프로 고정한다. 중간층으로 소방호스를 끌어올려 가능한 한 내부의 가구 등에 감는다.
	• 로프를 매달아 고정하는 방법
	  – 높은 층으로의 연장 시에 그 중간에 지지물이 없을 때는 진입층 등에서 로프로 매달아 내려 고정한다.
	  – 로프를 매달아 고정할 때는 소방호스보다도 로프 신장률이 크므로 로프 쪽을 짧게 한다.

04 1. 중속분무주수 : 관창압력 3kg/cm^2, 관창 전개각도 30° 정도를 원칙으로 한다.
    2. 고속분무주수 : 관창압력 6kg/cm^2, 관창 전개각도 10~30° 정도를 원칙으로 한다.

05 공기호흡기의 면체를 착용하기 전에 이상을 느낀 경우는 용기의 밸브를 개방하면서 면체를 헐겁게 착용하고 면체 내의 가스를 제거한 후 확실하게 착용한다.

06 ① 공격적 개념, ② 방어적 개념, ③ 집중전술에 대한 설명이다.

07 ③ 일반적으로 대량방수에 의하여 냉각소화한다.

09 ① 실제공기량 : 가연물질을 실제로 완전연소하려면 이론공기량보다 많은 공기가 필요하며 이때의 공기량이다.
    ② 이론공기량 : 가연물질을 연소시키기 위해서 이론적으로 계산하여 산출한 공기량이다.
    ③ 과잉공기량 : 실제공기량에서 이론공기량을 차감하여 얻은 공기량이다.

10 4개의 M은 미국 국가교통안전위원회(NTSB)가 채용하고 있는 방법이다.

11 건물 등 자산에 대한 최종잔가율은 건물・부대설비・가재도구는 20%로 하며, 그 이외의 자산은 10%로 정한다.

12 최소점화에너지는 화학열이며 기화열은 액체가 기체로 변하면서 주위 열을 빼앗는 열을 말한다.

13 현수로프는 안전을 위하여 두겹으로 사용하는 것을 원칙으로 하고, 길이는 지면으로부터 1~2m의 길이가 적당하나 훈련과 구조활동에 사용하는 현수로프는 설치하는 목적에 맞게 활동할 수 있을 정도의 길이가 적당하다. 지면보다 짧을 경우 안전사고의 위험이 있으며 너무 길 경우 로프의 꼬임현상이 발생할 수 있다.

14 구조대상자가 의식이 있을 때에 가장 많이 사용되는 방법은 '가슴잡이'이다. 구조대원은 구조대상자의 후방으로 접근하여 오른손을 뻗어 구조대상자의 오른쪽 겨드랑이를 잡아 끌 듯이 하며 위로 올린다.

15 엘리베이터의 각종 안전장치
1. 전자브레이크(Magnetic Brake) : 엘리베이터의 운전 중에는 브레이크슈를 전자력에 의해 개방시키고 정지시에는 전동기 주회로를 차단시킴과 동시에 스프링 압력에 의해 브레이크슈로 브레이크 휠을 조여서 엘리베이터가 확실히 정지하도록 한다.
2. 조속기(Governor) : 카의 속도를 일정하게 유지한다.
3. 비상정지장치(Safety Device) : 만일 로프가 절단된 경우라든가, 그 외 예측할 수 없는 원인으로 카의 하강속도가 현저히 증가한 경우에, 그 하강을 멈추기 위해 가이드레일을 강한 힘으로 붙잡아 엘리베이터 몸체의 강하를 정지시키는 장치로 조속기에 의해 작동된다.
4. 리미트 스위치(Limit Switch) : 최상층이나 최하층에 근접할 때에 자동적으로 엘리베이터를 정지시켜 과주행을 방지한다.
5. 화이널 리미트 스위치(Final Limit Switch) : 리미트 스위치가 어떤 원인에 의해서 작동하지 않을 경우 안전확보를 위해 모든 전기회로를 끊고 엘리베이터를 정지시킨다.
6. 완충기(Buffer) : 어떤 원인으로 카가 중간층을 지나치는 경우 충격을 완화시키는 것으로 통상 정격속도가 60m/min 이하의 경우는 스프링완충기를, 60m/min을 초과하는 것에는 유압완충기를 사용한다.
7. 도어 인터록스위치(Door Interlock Switch) : 모든 승강도어가 닫혀있지 않을 때는 카가 동작할 수 없으며, 카가 그 층에 정지하고 있지 않을 때는 문을 열 수가 없도록 하기 위해 승장도어의 행거케이스 내에 스위치와 자물쇠가 설치되어 있다. 엘리베이터의 안전상 비상정지 장치와 더불어 중요한 장치이다. 또한 비상해제장치 부착 인터록스위치는 특별한 키로 해제하여 승장측에서 문을 열 수 있도록 되어 있다. 또 카도어를 손으로 열 때(이 인터록 스위치에 손이 닿을 경우는) 손으로 인터록을 벗겨 승장도어를 열 수가 있도록 되어 있다.

16 ③ 자동 심장충격기는 겔로 덮인 큰 접착성 패드를 환자의 가슴에 부착하여 심폐소생술을 멈추는 시간을 최소화하며 연속적으로 심장충격할 수 있으며 심실세동 및 무맥성 심실빈맥 외에는 심장충격하지 않도록 고안된 장비이다.

17 ① 소방청장은 국제구조대·국제구급대의 효율적 운영을 위하여 필요한 경우 국제구조대·국제구급대를 소방청에 설치하는 직할구조대에 설치할 수 있다.
② 소방청장은 철수한 국제구조대원·국제구급대원에 대하여 부상, 감염병, 외상 후 스트레스 장애 등에 대한 검진을 하여야 한다.
④ 국제구조대·국제구급대의 파견 규모 및 기간은 재난유형과 파견지역의 피해 등을 종합적으로 고려하여 외교부장관과 협의하여 소방청장이 정한다.

18 ④ 빛을 비추면 동공이 수축되고 빛을 치우면 다시 이완되어야 한다.

19 기도유지 보조기구 사용 시 만약 환자에게 구역반사가 나타나면 기도기의 삽입을 즉시 중단하고 손으로 계속 기도를 유지하며 기도기를 삽입하여서는 안 된다.

20 구급출동 요청을 거절할 수 있는 경우
1. 단순 치통환자
2. 단순 감기환자. 다만, 섭씨 38도 이상의 고열 또는 호흡곤란이 있는 경우는 제외한다.
3. 혈압 등 생체징후가 안정된 타박상 환자
4. 술에 취한 사람. 다만, 강한 자극에도 의식이 회복되지 아니하거나 외상이 있는 경우는 제외한다.
5. 만성질환자로서 검진 또는 입원 목적의 이송 요청자
6. 단순 열상(裂傷) 또는 찰과상(擦過傷)으로 지속적인 출혈이 없는 외상환자
7. 병원 간 이송 또는 자택으로의 이송 요청자. 다만, 의사가 동승한 응급환자의 병원 간 이송은 제외한다.

21
① 열경련에 관한 설명이다.
②·③ 열사병 : 피부는 뜨겁고 건조하거나 축축하며, 의식은 약간의 혼돈상태에서 무의식상태까지 다양하게 의식 변화가 있다.

22
② 큰 혈관 손상을 동반한 열상은 치명적이며 얼굴, 머리, 생식기 부위 등 혈액 공급이 풍부한 곳은 출혈량이 많다.
③ 혈종은 타박상과 비슷하나 진피와 피하지방 조직층에 좀 더 큰 혈관과 조직손상으로 나타난다.
④ 개방성 압좌상은 피부가 파열되어 찢겨진 형태로 연부조직, 내부 장기 그리고 뼈까지 광범위하게 손상을 나타낸다.

23 빠르고 얕은 호흡과 의식장애

24 생존사슬

심정지의 적절한 예방과 신속한 심정지 확인 / 신속한 신고 / 신속한 심폐소생술 / 신속한 제세동 / 효과적 전문소생술과 심정지 후 통합치료

25 심폐소생술을 중단시킬 수 있는 경우
1. 환자의 맥박과 호흡이 회복된 경우
2. 의사 또는 다른 처치자와 교대할 경우
3. 심폐소생술을 장시간 계속하여 처치자가 지쳐서 더 이상 심폐소생술을 계속할 수 없는 경우
4. 사망으로 판단할 수 있는 명백한 증거가 있는 경우
5. 의사가 사망을 선고한 경우

제23회 정답 및 해설

제23회 최종모의고사

01	02	03	04	05	06	07	08	09	10	11	12	13	14	15
④	②	②	②	③	④	④	④	③	③	②	①	④	①	③
16	17	18	19	20	21	22	23	24	25					
①	②	①	④	②	③	④	④	②	③					

01 ① 물은 상온에서 비교적 안정한 액체로 자연 상태에서는 기체(수증기), 액체, 고체(얼음)의 세 가지 형태로 존재한다.
② 0℃의 얼음 1g이 0℃의 액체 물로 변하는 데 필요한 용융열(용융 잠열)은 79.7cal/g이다
③ 100℃의 액체 물 1g을 100℃의 수증기로 만드는 데 필요한 열량인 증발 잠열(기화열)은 539.6cal/g으로 다른 물질에 비해 매우 큰 편이다.

02 ② 판유리의 파괴순서는 유리의 중량을 고려하여 윗부분부터 횡 방향으로 한다.

03 ② 공격적 전술은 신속하게 진입하기 위해 40mm 호스를 이용한다.

04 경사지에 있으면 높은 측을 우선한다.
화재성상별 관창배치 우선순위
1. 제1성장기의 경우는 옥내에 진입하여 화점을 일거에 소화한다.
2. 제2성장기의 경우는 옥내에 진입하되, 2층 이상 건물의 경우는 고층부분을 중점으로 하고 단층일 때는 천장 속을 중점으로 한다.
3. 최성기의 경우는 연소 건물의 풍하측에 우선으로 배치하고 풍횡측, 풍상측의 순으로 포위한다. 단, 풍상, 풍횡측에 있어서도 인접건물 간격이 좁을 경우는 위험도에 따라서 배치한다. 또한 경사지에 있으면 높은 측을 우선한다.

05 ① 급기측으로 진입한다.
② 불꽃이 보이는 실내에서는 중성대가 형성되고 있는 경우가 많기 때문에 방수 전에 신속하게 연소범위를 확인한다.
④ 어두운 곳에 진입할 때는 조명기구로 발 밑을 조명하면서 진입한다.

06 ④ 베인 상처에 오염이 있는 경우는 즉시 다량의 물에 의한 제염을 실시한다. 동시에 출혈은 체내로의 방사성물질의 침투를 막고 배설촉진의 효과가 있기 때문에 생명에 위험이 없는 경우에는 지혈을 하지 않는다.

07 가연물질의 구비조건
1. 화학반응을 일으킬 때 필요한 최소의 에너지(활성화 에너지)의 값이 작아야 한다.
2. 일반적으로 산화되기 쉬운 물질로서 산소와 결합할 때 발열량이 커야 한다.
3. 열의 축적이 용이하도록 열전도의 값이 적어야 한다(열전도율 : 기체 < 액체 < 고체 순서로 커지므로 연소순서는 반대이다).
4. 조연성 가스인 산소·염소와의 친화력이 강해야 한다.
5. 산소와 접촉할 수 있는 표면적이 큰 물질이어야 한다(기체 > 액체 > 고체).
6. 연쇄반응을 일으킬 수 있는 물질이어야 한다.

08 1. 금속화재용 분말 소화약제는 산소의 공급을 차단하거나 온도를 낮추는 것이 주된 소화 원리로서 약제는 다음과 같은 성질을 가져야 한다.
   − 고온에 견딜 수 있을 것
   − 냉각 효과가 있을 것
   − 요철 있는 금속 표면을 피복할 수 있을 것
   − 금속이 용융된 경우(Na, K 등)에는 용융 액면상에 뜰 것 등
2. 위와 같은 성질을 갖춘 물질로는 흑연, 탄산나트륨, 염화나트륨, 활석(talc) 등이 있다.

09 오쏘인산에 의한 섬유소에 의한 방진효과가 아니라 탈수·탄화 작용이다. 방진효과는 메타인산(HPO_3)이다.

10 ③ Warm Zone : 공간 방사선량률이 자연방사선준위(0.1~0.2μSv/h) 이상 20μSv/h 미만인 지역(비상대응조치를 수행하기 위한 지역)
① 방사선관리구역 : 공간 방사선량률 100μSv/h 이상 지역
② Hot Zone : 공간 방사선량률 20μSv/h 이상 지역은 소방 구역이며 출입자에 대하여 방사선의 장해를 방지하기 위한 조치가 필요한 구역
④ Cold Zone : 자연방사선량(0.1~0.2μSv/h)수준인 구역, 통제선 바깥 지역

11 ① 화재발생 시 풍상 또는 기수 측으로부터 행하는 것을 원칙으로 하나 풍향과 기체의 방향이 다른 경우 풍상 또는 풍횡으로 행한다.
③ 항공기 타이어에서 화재 발생 시, 진입은 전방 또는 후방에서 접근하고 휠과 직선으로(휠 축방향) 접근 금지, 소화약제는 타이어와 제동장치에만 살포한다(항공기 동체의 수손피해 방지).
④ 대형항공기의 경우 내부 승객 구조 시 사다리를 이용하여 진입이 가능하며, 비상문과 출입문은 외부에 개폐장치가 있다.

12 확산연소(발염연소)
연소버너 주변에 가연성 가스를 확산시켜 산소와 접촉, 연소범위의 혼합가스를 생성하여 연소하는 현상으로 기체의 일반적 연소 형태
예 LPG – 공기, 수소 – 산소의 경우

13 로프의 매듭법 중 등반(위로 올라갈 수 있는)을 할 수 있는 매듭법은 감아매기(비상매듭)이다.

14 왕복탐색은 시야가 좋고 탐색면적이 넓을 때 사용하는 방법이다. 실제 구조활동 시 두명의 다이버가 동시에 같은 방향으로 이동하면서 수색에 임한다.

15 ③ 카 문턱과 승장의 문턱과의 거리 차가 큰 경우에는, 보수회사의 기술자가 고장을 고치기까지 기다리는 것이 원칙이다.

16 ① 빛에 늦게 반응하며 산대된 동공 : 실혈에 의해 조직(뇌)의 기능이 저하되며 동공은 축소가 아닌 산대가 된다.

18 ② 소 독
③ 살균제
④ 화학제

19 ④ 구강으로 아무것도 주어서는 안 되며 냉방기를 최고로 맞춰 놓고 신속하게 이송한다.

20 1차 평가에서 환자의 의학적·정신적인 면을 모두 평가한다.

21 내부출혈의 증상 및 징후로는 빠른맥이 촉진된다.

22 성인의 경우 분류상 중등도 화상에 해당하는 유아는 한 단계 위인 중증화상으로 분류. 6세 미만이 기준이므로 7세는 같은 중증도 화상임

23 헬멧 제거

헬멧을 쓰고 있는 환자라면 평가와 처치 전에 몇 가지 결정을 해야 한다. 가장 기본적인 결정은 환자를 평가하고 처치하고 고정시키기 위해 헬멧을 제거할건지를 결정하는 것이다. 헬멧을 제거하지 말아야 하는 경우는 다음과 같다.
- 헬멧이 환자를 평가하고 기도나 호흡을 관찰하는데 방해가 되지 않을 때
- 현재 기도나 호흡에 문제가 없을 때
- 헬멧 제거가 환자에게 더한 위험을 초래할 때
- 헬멧을 착용한 상태가 오히려 적절하게 고정되어 질 수 있을 때
- 헬멧을 쓴 상태가 긴 척추고정판에 환자를 고정시켰을 때 머리의 움직임이 없을 때

24 신생아가 호흡하지 않는 경우와 제대에서 맥박이 뛴다면 결찰해서는 안 된다. (제외사항 : 제대가 신생아의 목을 조이는 경우와 CPR을 실시해야 하는 상황)

25 가장 낮은 점수는 1점이고, 가장 높은 점수는 6점이다.

TEST 24 | 제24회 정답 및 해설

제24회 최종모의고사

01	02	03	04	05	06	07	08	09	10	11	12	13	14	15
②	③	③	②	④	①	④	④	③	③	④	②	②	②	④
16	17	18	19	20	21	22	23	24	25					
①	①	④	①	①	③	①	④	③	②					

01 Rapid water

소방활동에서 호스 내의 물의 마찰손실을 줄이면 보다 많은 양의 방수가 가능해지고, 가는 호스로도 방수가 가능해지므로 소방관의 부담이 줄게 된다. 이와 같은 목적으로 첨가하는 약제로 미국 Union carbide사에서 Rapid water라는 명칭의 첨가제를 발매하고 있다. 이것의 성분은 폴리에틸렌옥사이드[HO–(CH$_2$CH$_2$)N–(CH$_2$CH$_2$OH)]이다. 이것을 첨가하면 물의 점성이 약 70% 정도 감소하여 방수량이 증가하게 된다.

02 ③ 경계구역은 풍속 15m 이상의 경우는 파괴하는 창의 높이를 반경으로 하고 풍속 15m 미만인 때는 창의 높이의 1/2을 반경으로 한다.

03 연결송수관설비에 우선적으로 물을 공급하는 이유 : 진입팀을 보호하기 위함

04 ② 직상층의 계단실로 통하는 방화문을 폐쇄하여 연기의 유입을 막는다.

05 ④ 산화제는 그 자체가 가연성은 아니지만 가연물과 결합할 때 연소를 돕는다(조연성, 지연성).

06 감정기관의 지정·운영 등(화재조사법 제17조 제3항)

소방청장은 감정기관으로 지정받은 자가 다음 각 호의 어느 하나에 해당하는 경우에는 지정을 취소할 수 있다. 다만, 제1호에 해당하는 경우에는 지정을 취소하여야 한다.
1. 거짓이나 그 밖의 부정한 방법으로 지정을 받은 경우
2. 제1항에 따른 지정기준에 적합하지 아니하게 된 경우
3. 고의 또는 중대한 과실로 감정 결과를 사실과 다르게 작성한 경우
4. 그 밖에 대통령령으로 정하는 사항을 위반한 경우

07 ④ 상업용 고층건물에서 심각한 생명의 위험이 없고 화재를 통제할 수 없는 경우 배연은 금지된다. 배연은 연소확대 가능성이 매우 낮은 화재진압이 완료된 후에 실시해야 한다.

08

종 별	주성분	분자식	열분해 반응식	색 상
제1종 분말	탄산수소나트륨 (Sodium bicarbonate)	$NaHCO_3$	$2NaHCO_3$ $\rightarrow Na_2CO_3 + CO_2 + H_2O$	백 색
제2종 분말	탄산수소칼륨 (Potassium bicarbonate)	$KHCO_3$	$2KHCO_3$ $\rightarrow K_2CO_3 + CO_2 + H_2O$	담회색
제3종 분말	제1인산암모늄 (Monoammonium phosphate)	$NH_4H_2PO_4$	$NH_4H_2PO_4$ $\rightarrow HPO_3 + NH_3 + H_2O$	담홍색 (또는 황색)
제4종 분말	탄산수소칼륨과 요소와의 반응물 (Urea-based potassium bicarbonate)	$KC_2N_2H_3O_3$	$KC_2N_2H_3O_3$ $\rightarrow K_2CO_3 + 2NH_3 + 2CO_2$	회 색

09 직접 소화방법으로서는 건조사로 질식소화 또는 금속화재용 분말소화제를 사용하는 정도이다.

10 ①·②·④는 화학적 폭발현상(산화폭발)이고, ③은 물리적 폭발현상이다.
물리적 폭발 : 진공용기의 파손에 의한 폭발현상, 과열액체의 급격한 비등에 의한 증기폭발, 고압용기에서 가스의 과압과 과충전 등에 의한 용기의 파열에 의한 급격한 압력개방 등이 물리적인 폭발이며, 대표적인 예로 BLEVE(Boiling Liquid Expanding Vapor Explosion)를 들 수 있다.

화학적 폭발의 종류

산화폭발	• 연소의 한 형태로 연소가 비정상상태로 되어서 폭발이 일어나는 형태이고 연소폭발이라고도 한다. • 가연성 가스, 증기, 분진, 미스트 등이 공기와의 혼합물, 산화성, 환원성 고체 및 액체혼합물 혹은 화합물의 반응에 의하여 발생된다. → 산화 폭발사고는 대부분 가연성 가스가 공기 중에 누설되거나 인화성 액체 저장탱크에 공기가 혼합되어 폭발성 혼합가스를 형성함으로써 점화원에 의해 착화되어 폭발하는 현상이다. • 산화폭발은 폭발의 주체가 되는 물질에 따라 가스, 분진, 분무폭발로 분류할 수 있다.
분해폭발	• 산화에틸렌, 아세틸렌, 히드라진같은 분해성 가스와 디아조화합물 같은 자기분해성 고체류는 분해하면서 폭발하며 이는 단독으로 가스가 분해하여 폭발하는 것이다. • 아세틸렌은 분해성 가스의 대표적인 것으로 반응 시 발열량이 크고, 산소와 반응하여 연소 시 3,000℃의 고온이 얻어지는 물질로서 금속의 용단, 용접에 사용된다. - 고압으로 압축된 아세틸렌 기체 : 고압으로 저장할 때는 불활성 다공 물질을 용기 내에 주입하고 여기에 아세톤액을 스며들게 하여 아세틸렌을 고압으로 용해 충전하는 방법을 사용 - 용해 아세틸렌을 저장할 때는 : 용기 내에 가스층간의 공간이 없도록 하고 아세틸렌의 충전 시 용기에 발열되는 경우에 냉각시키고, 충전 후에도 온도가 안정될 때까지 냉각
중합폭발	• 중합해서 발생하는 반응열을 이용해서 폭발하는 것이다. • 중합반응은 고분자 물질의 원료인 단량제(모노머)에 촉매를 넣어 일정온도, 압력하에서 반응시키면 분자량이 큰 고분자를 생성하는 반응이다. • 대부분 발열반응을 하므로 적절한 냉각설비를 반응장치에 설치하여 이상반응이 되는 것을 방지하여야 한다. • 중합이 용이한 물질은 반응중지제를 준비하여야 한다. • 중합폭발을 하는 가스로는 시안화수소(HCN), 산화에틸렌(C_2H_4O) 등이 있다.
촉매폭발	촉매에 의해서 폭발하는 것으로 수소(H_2) + 산소(O_2), 수소(H_2) + 염소(Cl_2)에 빛을 쪼일 때 일어난다.

11 ④ 행정안전부장관은 재난으로 인한 위험이 해소되었다고 인정하는 경우 또는 재난이 추가적으로 발생할 우려가 없어진 경우에는 선포된 재난사태를 즉시 해제하여야 한다.

12 두겹고정매듭은 마디짓기(결절)이다.

13 ② ㉮ - ㉯ - ㉰ - ㉱ - ㉲

14 조속기(Governor)
엘리베이터의 속도를 항상 감시하여 카의 속도를 일정하게 유지한다. 또한, 엘리베이터의 안전장치 중 구조대원이 수동으로 조작하여 목적하는 층으로의 카의 이동이 가능한 장치이다.

15 물리적 방법 중 흡착에 관한 내용
흡수(Absorption)
주로 액체 물질에 적용하는 방법이다. 누출된 물질을 스펀지나 흙, 신문지, 톱밥 등의 흡수성 물질에 흡수시켜 회수한다. 2 이상의 서로 다른 물질을 동시에 흡수시키고자 하는 경우에는 화학반응에 따르는 위험성이 없는지 확인하여야 한다.

16 ※ 실제 기출 되었던 문제입니다.
119구조・구급에 관한 법률 시행규칙[별표] - 구조・구급대원의 정기건강검진 항목(제22조 관련)

구 분	검사 항목	관련 질환	1회	2회	비 고
혈액검사	SGOT	급성・만성 간염 B형 간염 항원, 항체	◎	◎	
	SGPT		◎	◎	
	HBs Ag/Ab		◎	◎	
	공복 시 혈당	당뇨병	◎	◉	2회 선택
	AIDS	후천성면역결핍증	◎	◎	
	HCV	C형 간염	◎	◎	
	HAV	A형 간염	◎	◎	
	C.B.C 11종	빈혈, 혈액질환	◎	◉	2회 선택
	소변 10종	비뇨기계 감염 및 종양	◎	◉	2회 선택
	V.D.R.L	매 독	◎	◎	
장비검사	요추 MRI 검사	추간원판 탈출증	◎		
	흉부 X선 검사	폐결핵, 폐암, 기관지염	◎	◉	2회 선택
	심전도 검사	심장 관련 질환	◎	◎	
	초음파 검사	간, 신장, 비장, 췌장, 담낭	◎	◉	2회 선택

〈비고〉
1. 횟수는 검진 시기를 나타내며, 1회는 상반기, 2회는 하반기를 나타낸다.
2. 표기 중 ◎는 필수항목, ⊙는 선택항목을 말한다.
3. 검진대상자가 3개월 내에 개인적으로 위 검사 항목에 대한 검진을 받아 그 검사 결과가 적합한 경우와 위 검사 항목의 질환에 대하여 예방접종을 한 경우에는 해당 항목의 검사를 생략할 수 있다.

18 쇼크 발생 시 가장 먼저 나타나는 생체적 징후는 맥박수의 증가이다.

19 패드(성형) 부목
- 용도 : 단순하게 성인 신체의 긴뼈 골절시에 사용하도록 만들어진 부목으로 현장에서 신속하게 고정이 가능
- 특 징
  - 대, 중, 소로 구분
  - 사지골절에 사용하기가 적합
  - 결착 시 벨크로로 되어있어 신속결착이 가능하나 관리가 필요
  - X-ray촬영이 가능

20 폐쇄드레싱은 흉강 내 공기가 빠져나가지 못해 흉강압력이 올라가 긴장성 기흉 상태가 나타날 수 있다. 만약 이송 중 환자가 의식저하, 호흡곤란 악화, 저혈압 징후를 보이면 흉강 내 공기가 빠져나오게 폐쇄드레싱을 제거하거나 삼면 드레싱을 해주어야 한다.
②, ④ 개방성 배 손상 시 응급처치
③ 목 부위 큰 개방성 상처 시 응급처치

21 지혈대는 절단 부위로부터 치명적인 출혈을 보일 때 마지막 수단으로 보통 사용된다.

22 혈종은 진피와 피하지방 조직층에 좀 더 큰 혈관과 조직손상으로 나타난다.

23 흡인 시 경성 흡인관을 사용해야 한다. 그러나 기도와 입의 표면에 외상이 생기지 않도록 주의해야 한다. 자극은 부종을 일으켜 폐쇄를 일으키기 때문이다. 또한 인후 뒷부분을 계속 자극하는 것은 갑작스런 느린맥을 유발할 수 있다.

24 소아는 성인보다 신체 크기에 비해 체표면적이 넓어 체액손실이 많고 그로 인해 저체온이 될 가능성이 높다.

25 청진기를 사용할 수 없는 경우에는 손가락으로 제대의 박동수를 촉지하여 측정한다.

제25회 정답 및 해설

제25회 최종모의고사

01	02	03	04	05	06	07	08	09	10	11	12	13	14	15
③	④	②	②	①	③	②	③	①	③	③	②	③	③	④
16	17	18	19	20	21	22	23	24	25					
③	①	②	②	③	①	④	②	④	③					

01 점등한 상태로의 이동은 원칙적으로 하지 말 것

02 ① 송수는 단독 펌프차대(펌프차)의 1구 송수를 원칙으로 하고 소방용수가 먼 경우에 중계대형으로 한다.
② 방수압력은 방수구의 밸브 개폐로 조정한다.
③ 건식배관의 경우 드레인콕크나 방수구밸브가 개방되어 있으면 누수된 물의 손실이 크므로 콕크나 밸브를 폐쇄한다.

연결송수관 송수요령
1. 수량이 풍부한 소방용수에 펌프차가 부서한 다음 송수구로 송수한다.
2. 송수는 단독 펌프차대의 1구 송수를 원칙으로 하고 소방용수가 먼 경우에는 중계대형으로 한다.
3. 송수계통이 둘 이상일 때는 연합송수가 되므로 송수구 부분의 송수압력이 같아지도록 펌프를 운용한다. 또 뒤에서 송수하는 펌프차대는 약 10% 정도 높은 압력으로 송수한다.
4. 송수압력은 5층 이하는 $10kg/cm^2$, 6층 이상은 $15kg/cm^2$를 원칙으로 한다.
5. 송수초기에는 압력계 등 각종 계기의 지침상황에 유의하고 송수압력이 적정한지를 확인한다.
6. 송수쪽의 게이트밸브가 폐쇄되어 있으며 송수할 수 없으므로 관계자에게 지시하여 밸브를 신속하게 개방시킨다(게이트밸브의 위치는 방재센터 또는 소화전함 내에 표시되어 있다).
7. 옥상수조 쪽의 체크밸브의 기능이 저하되어 송수가 옥상수조로 유입, 유효압력을 얻을 수 없을 때는 옥상수조 쪽의 게이트밸브를 잠그면 활용할 수 있다.
8. 건식배관의 경우 드레인콕크나 방수구밸브가 개방되어 있으면 누수된 물의 손실이 크므로 콕크나 밸브를 폐쇄한다.

03 소방호스 취급

한겹말은 소방호스	1. 소방호스를 일직선으로 편 다음 숫커플링 쪽에서 암커플링쪽을 향해 굴리면서 감아간다. 2. 일반적으로 소방호스 보관대에 보관할 때, 화재현장에서 사용 후 철수하기 위해 적재할 때 사용한다.
두겹말은 소방호스	1. 소방호스를 두 겹으로 포개어 놓고 겹쳐진 채로 소방호스를 감아간다. 2. 좁은 장소 등에서 소방호스가 감겨진 상태에서 곧바로 사용하고자 할 때 주로 사용된다.
접은 소방호스	1. 소방호스를 일정한 길이로 접어서 포개어 놓는 방법이다. 2. 주로 소방차량에 적재할 때 화재현장에서 사용 후 철수할 때 사용된다.

04 소화용수설비 채수구 수

소요수량	20m³ 이상 40m³ 미만	40m³ 이상 100m³ 미만	100m³ 이상
채수구의 수	1개	2개	3개

05 현장지휘관의 지시와 통제능력 – 효과적인 지시와 통제를 위한 4가지 고려사항
- 스트레스 관리(보다 세부적인 문제에 대해 권한위임 원칙을 적용함으로써 자신과 하위 지휘관의 스트레스를 줄여준다)
- 고독한 방랑자 관리(권한은 위임하되 모든 책임은 자신이 진다는 고독한 단독 지휘관으로서의 행동 준비가 되어야 한다)
- 중간점 관리(초기지시와 활동상황을 수시로 평가하여 상황변화에 맞게 재지시 및 통제)
- 부족 자원 관리

06 물보다 무겁고 물에 녹지만 그때 격렬하게 발열한다.

07 ① 검출은 복수의 측정기를 활용하고 외주부(外周部)부터 순차적으로 내부를 향해서 실시한다.
③ 레벨이 높은 쪽을 채용한다.
④ 방사능 방호복 및 호흡보호기를 착용하고 신체를 노출하지 않고 실시한다.

검출요령
1. 검출은 시설관계자를 적극적으로 활용해서 실시하고 원칙적으로 화학기동 중대원은 보조적인 검출활동을 실시한다.
2. 검출은 측정기의 예비조작을 실시해서 기능을 확인한 후 방사능 방호복 및 호흡보호기를 착용하고 신체를 노출하지 않고 실시한다.
3. 검출은 핵종(核種) 및 수량과 사용상황을 확인하고 실시한다.
4. 검출은 복수의 측정기를 활용하고 외주부(外周部)부터 순차적으로 내부를 향해서 실시함과 동시에 검출구역을 분담해서 실시하고 검출누락이 없도록 한다.
5. 검출활동으로 옥내에 진입하는 경우는 진입구를 한정하고 대원카드에 의해 출입자를 체크한다.
6. 검출결과는 레벨이 높은 쪽을 채용하고 반드시 검출위치 및 선량률을 기재한다.

08 알코올형(수용성액체용)포 소화약제에 관한 설명이다.

09 ① 입자표면이 공기(산소)에 대하여 활성이 있는 경우 폭로시간이 길어질수록 폭발성이 낮아진다. 따라서 분해공정에서 발생되는 분진은 활성이 높고 위험성도 크다.

10 ① 안전밸브에 관한 설명이다.
② 냉각시켜야 할 중요부위는 탱크의 상부 즉, 기상부이다.
④ 폭발 방지장치에 관한 설명이다.

블레비(BLEVE) 예방법
안전밸브는 탱크내부의 압력을 일정수준 이하로 유지시켜 줄 뿐이며 블레비의 발생을 근본적으로 예방하기 위해서는 다음과 같은 추가조치가 필요하다.
1. 감압시스템에 의하여 탱크 내의 압력을 내려준다.
2. 화염으로부터 탱크로의 입열을 억제한다(탱크외벽의 단열조치, 탱크를 지하에 설치, 물에 의한 탱크표면의 냉각장치 설치 및 가스를 안전한 곳으로 이송조치). 대부분의 시설에서 복사열을 완벽하게 흡수하는 데 필요한 물을 분무하기는 어렵다. 그러나 화염에 노출된 탱크 외벽에 물을 분무하는 것은 중요한 의미가 있다. 그것은 안전장치 작동압력에서의 탱크파괴점 이하로 탱크강판의 온도를 유지할 수 있기 때문이다. 냉각시켜야 할 중요부위는 탱크의 상부 즉, 기상부이다.
3. 폭발방지 장치를 설치한다. 이 장치는 주거·상업지역에 설치된 10톤 이상의 LPG 저장 탱크에 설치하도록 되어 있다. 폭발방지 장치는 탱크내벽에 열전도도가 좋은 물질을 설치하여, 탱크가 화염에 노출되어 있을 때 탱크기상부 강판으로 흡수되는 열을 탱크내의 액상가스로 신속하게 전달되면서, 탱크기상부 강판의 온도를 파괴점 이하로 유지함으로써 블레비의 발생을 방지하는 원리이다. 열전달 물질로는 열전도가 큰 알루미늄 합금박판을 가공하여 만든 것이 사용된다.

11 허리부분에 달려있는 장비걸이는 보통 10kg 내외의 하중을 지탱하므로 절대로 로프나 자기확보줄을 장비걸이에 연결하지 않도록 한다.

12 화재조사법 시행령 [별표]

13

구 분	종 류	암기요령
이어매기(연결)	한겹매듭, 두겹매듭, 8자연결매듭, 피셔맨매듭, 바른매듭(맞매듭)	한두번8자피바
마디짓기(결절)	8자매듭, 두겹8자매듭, 이중8자매듭, 고정매듭, 두겹고정매듭, 나비매듭, 옭매듭(엄지매듭), 두겹옭매듭(고리 옭매듭), 줄사다리매듭	8고나올줄
움켜매기(결착)	말뚝매기(까베스땅 매듭), 절반매듭, 잡아매기, 감아매기(비상매듭), 클램하이스트 매듭	말뚝절반에잡아 감아끝냄(클램)

14 공기호흡기 사용가능시간(분)

$$사용가능시간(분) = \frac{[충전압력(MPa) - 탈출소요압력(MPa)] \times 용기용량(\ell)}{분당호흡량(\ell/분)}$$

※ 전술 문제의 출제 근거는 공통교재입니다. 계산 문제가 아닌 공식을 묻는 문제가 나온다면 현재 공통교재 내용상의 공식이 정답이 됩니다.

15 해설 LPG의 소화요령
고정되지 않은 가스용기에 봉상으로 대량 방수하면 용기가 쓰러져 더 큰 위험을 불러올 수 있으므로 주의하여야 한다.

16 ① 8자모양 사리기
② 둥글게 사리기
④ 사슬 사리기

17 화재현장에서 발생하는 유독가스

종류	발생조건	허용농도(TWA)
일산화탄소(CO)	불완전 연소	50ppm
아황산가스(SO_2)	중질유, 고무, 황화합물 등의 연소	5ppm
염화수소(HCl)	플라스틱, PVC	5ppm
시안화수소(HCN)	우레탄, 나일론, 폴리에틸렌, 고무, 모직물 등의 연소	10ppm
암모니아(NH_3)	열경화성 수지, 나일론 등의 연소	25ppm
포스겐($COCl_2$)	프레온 가스와 불꽃의 접촉	0.1ppm

18
- 금속화재는 물, 폼, 할로겐약제, 이산화탄소 소화기로는 소화할 수 없다.
- 마그네슘 고형물질은 타기 전 용융하며 물이 녹은 금속과 접촉할 때 격렬하게 반응한다.
- 소형화재 시 흑연, 소금 등을 사용하여 진화하고 연소물을 삽으로 퍼서 노출시키고, 마그네슘 화재 시에는 건조화합물을 사용하고, 물이나 이산화탄소 사용을 절대 금지한다.

19 저혈량 쇼크
순환계는 실혈에 따른 보상반응으로 맥박이 빨라지고 혈관을 수축시켜 조직으로의 관류를 유지하려고 한다. 빠른 맥은 쇼크의 초기 징후로 나타나며 출혈이 계속되면 저혈류로 진행되어 말초 혈류는 급격히 감소된다.

20 응급처치 교육의 내용·방법 및 시간(119법 시행령 별표1)
기본응급처치요령 이론 1시간, 실습 2시간

21 성인의 중증도 분류
체표면적과 나이에 상관없이 흡인화상이나 골절을 동반한 화상, 손, 발, 회음부, 얼굴화상, 영아, 노인, 과거력이 있는 화상환자, 원통형 화상, 전기화상은 중증에 해당한다.

22 ④ 교류가 직류보다 위험하다.

23 ② 지혈을 위해 상처 위를 장갑 낀 손으로 직접 압박한다.

24 당뇨의 생리학

당뇨환자는 크게 Ⅰ형과 Ⅱ형으로 나눌 수 있다. Ⅰ형은 적정량만큼 인슐린을 생산하지 못하는 경우로 인슐린 투여가 필요한 환자이다. 통상 학령기 아동의 2/1000가 Ⅰ형으로 성장과 활동에 따라 인슐린 양이 달라진다. 대부분의 환자는 Ⅱ형으로 인체 세포가 인슐린에 적절히 반응하지 못하는 것으로 노인환자가 많다. 이런 환자의 경우는 세포가 혈액으로부터 인슐린을 취하도록 구강용 혈당저하제를 복용해야 한다. 위의 Ⅰ, Ⅱ형 모두 혈액내 당수치가 증가되어 있기 때문에 인슐린과 구강용 혈당 저하제로 혈액내 당을 조직으로 이동시켜 혈당을 낮추어야 한다. 고혈당으로 인한 의식변화가 저혈당보다 더 일반적이며 저혈당은 처방약을 과다복용하거나 너무 빠르게 혈당이 떨어졌을 때 일어난다.

25 ③ 자극제(카페인, 알코올음료 등)를 마시지 않게 하고 팔·다리 마사지를 금지한다.

기출유사문제 · 기출문제

2019년	소방장 기출유사문제
2019년	소방교 기출유사문제
2020년	소방위 기출유사문제
2020년	소방장 기출유사문제
2020년	소방교 기출유사문제
2021년	소방위 기출유사문제
2021년	소방장 기출유사문제
2021년	소방교 기출유사문제
2022년	소방위 기출문제
2022년	소방장 기출문제
2022년	소방교 기출문제
2023년	소방위 기출문제
2023년	소방장 기출문제
2023년	소방교 기출문제
2024년	소방위 기출문제
2024년	소방장 기출문제
2024년	소방교 기출문제

인생이란 결코 공평하지 않다. 이 사실에 익숙해져라.

– 빌 게이츠 –

끝까지 책임진다! 시대에듀!

QR코드를 통해 도서 출간 이후 발견된 오류나 개정법령, 변경된 시험 정보, 최신기출문제, 도서 업데이트 자료 등이 있는지 확인해 보세요! **시대에듀 합격 스마트 앱**을 통해서도 알려 드리고 있으니 구글 플레이나 앱 스토어에서 다운받아 사용하세요. 또한, 파본 도서인 경우에는 구입하신 곳에서 교환해 드립니다.

01 소방장 기출유사문제

▶ 본 기출유사문제는 수험생들의 기억에 의하여 복원된 것으로 그림, 내용, 출제지문 등이 다를 수 있습니다. 또한, 공통교재와 법령 개정 부분에 맞게 수정된 문제도 있습니다. 소방전술 승진시험 문제는 대학교수 및 소방공무원이 출제를 합니다. 기출문제를 잘 살펴보시면 소방학교 공통교재를 근간으로 지문을 그대로 만들기 때문에 전술 과목은 학교 공통교재를 기본으로 공부하셔야 합니다.

01 소방펌프의 일반사항 중 흡입측에 위치한 것이 아닌 것은?

① 배수밸브
② 역류방지밸브
③ 메인밸브
④ 소방펌프

해설

펌프차 배관계통도

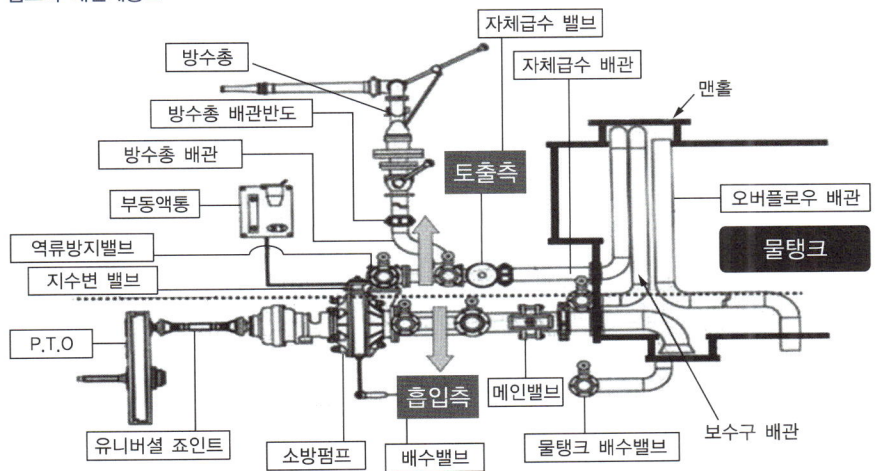

정답 01 ②

02 생물체가 아닌 환경으로부터 세균의 아포를 제외한 미생물을 제거하는 과정으로 옳은 것은?

① 멸 균 ② 소 독
③ 살 균 ④ 세 척

해설

소독과 멸균 용어정의
1. 세척(Cleaning) : 대상물로부터 모든 이물질(토양, 유기물 등)을 제거하는 과정으로 소독과 멸균의 가장 기초단계이다. 일반적으로 물과 기계적인 마찰, 세제를 사용한다.
2. 소독(Disinfecting) : 생물체가 아닌 환경으로부터 세균의 아포를 제외한 미생물을 제거하는 과정이다. 일반적으로 액체 화학제, 습식 저온 살균제에 의해 이루어진다.
3. 멸균(Sterilization) : 물리적, 화학적 과정을 통하여 모든 미생물을 완전하게 제거하고 파괴시키는 것을 말하며 고압증기멸균법, 가스멸균법, 건열멸균법, H_2O_2 Plasma 멸균법과 액체 화학제 등을 이용한다.
4. 살균제(Germicide) : 미생물 중 병원성 미생물을 사멸시키기 위한 물질을 말한다. 이 중 피부나 조직에 사용하는 살균제를 피부소독제(Antiseptics)라 한다.
5. 화학제(Chemicals) : 진균과 박테리아의 아포를 포함한 모든 형태의 미생물을 파괴하는 것으로 화학멸균제(Chemical Sterilant)라고도 하며, 단기간 접촉되는 경우 높은 수준의 소독제로 작용할 수 있다.

03 전략을 달성하기 위한 구체적 수단 또는 방법을 의미하는 전술에 관한 설명으로 틀린 것은?

① 포위전술 : 관창을 화점에 포위 배치하여 진압하는 전술형태이다.
② 공격전술 : 관창을 화점에 진입 배치하는 전술형태이다.
③ 블록전술 : 주로 인접건물로의 화재확대방지를 위해 적용하는 전술형태로 블록(Block)의 4방면 중 확대가능한 면을 동시에 방어하는 전술이다.
④ 집중전술 : 화세에 비해 소방력이 부족하여 전체 화재현장을 모두 커버할 수 없는 경우 사회적, 경제적 혹은 소방상 중요한 시설 또는 대상물을 중점적으로 대응 진압 하는 전술형태이다.

해설

- 중점전술 : 화세(또는 화재범위)에 비해 소방력이 부족하여 전체 화재현장을 모두 커버 할 수 없는 경우 사회적, 경제적 혹은 소방상 중요한 시설 또는 대상물을 중점적으로 대응 또는 진압하는 전술형태를 말한다.
- 집중전술 : 부대가 일시에 집중적으로 진화하는 작전으로 예를 들면 위험물 옥외저장 탱크 화재 등에 사용된다.

04 3D 주수기법 중 아래설명과 관련이 있는 것은?

> 직사주수형태로 물방울의 크기를 키워 중간에 기화되는 일이 없도록 물을 던지듯 끊어서 화점에 바로 주수하여 화재진압을 시작하는 방식이며, 연소중인 물체의 표면을 냉각시켜 주면서 다량의 수증기 발생 억제 및 열 균형을 유지시켜 가시성을 유지시키는 효과가 있다.

① 페인팅 ② 펜슬링
③ 롱펄싱 ④ 펄 싱

해설

3D 주수기법

3D 주수기법이란 화재가 발생되어 연소중인 가연물질 표면과 실내 전체에 퍼져있는 연기에도 주수하는 방식이다. 즉, 3차원적(다각도) 화재진압 방식을 말한다. 3D 주수기법은 펄싱(Pulsing), 페인팅(Painting), 펜슬링(Penciling)으로 나눌 수 있다.

1. 펄싱 주수기법은 간헐적으로 물을 뿌려주는 것을 말하는 것으로 해당 공간을 3차원적으로 냉각시키는 것을 말하며, 숏펄싱(Short Pulsing), 미디움펄싱(Medium Pulsing), 롱펄싱(Long Pulsing) 세가지 방법이 있다.
2. 페인팅 주수기법은 내부 벽면과 천정을 페인트 칠 하듯 물을 살짝 주수하는 방식이다.
3. 펜슬링 주수기법은 직사주수 형태로 물방울의 크기를 키워 중간에 기화되는 일이 없도록 물을 던지듯 끊어서 화점에 바로 주수하여 화재진압을 시작하는 방식이며, 연소중인 물체의 표면을 냉각시켜 주면서 다량의 수증기 발생 억제 및 열 균형을 유지시켜 가시성을 유지시키는 효과가 있다.

05 유해물질 사고대응 절차에서 제독과 누출물질 처리 방법으로 틀린 것은?

① 오염물질을 약품이나 흡착제로 흡착, 응고시켜 처리하는 화학적 방법이 있다.
② 가스가 누출된 장소에 신선한 공기를 불어넣거나 수용성 물질에 대량의 물을 투입하는 방법을 사용하는 물리적 방법이 있다.
③ 사고로 인하여 발생한 오염자 및 제독 작업에 참여한 대원의 제독을 위하여 제독소를 설치한다. 제독소는 Hot Zone 내에 위치하며 경계구역 설정과 동시에 설치하여야 한다.
④ 실내의 오염농도를 낮추기 위해 고압송풍기를 이용하면 보다 효과적으로 오염물질을 분산시켜 빠른 시간에 농도를 낮출 수 있다.

해설

위험물질 사고대응절차(제독, 누출물질의 처리)

제독소는 Warm Zone 내에 위치하며 경계구역 설정과 동시에 설치하여야 한다.

1. 화학적 방법
   - 응고(Solidification)
     오염물질을 약품이나 흡착제로 흡착, 응고시켜 처리할 수 있다. 오염물질의 종류와 사용된 약품에 따라 효과가 달라진다. 응고된 물질은 밀폐, 격납한다.
2. 물리적 방법
   - 희석(Dilution)
     오염물질의 농도를 낮추어 위험성을 줄이는 방법이다. 가스가 누출된 장소에 신선한 공기를 불어넣거나 수용성 물질에 대량의 물을 투입하는 방법을 사용한다.
   - 증기 확산(Vapor Dispersion)
     실내의 오염농도를 낮추기 위해 창문을 열고 환기시킨다. 고압송풍기를 이용하면 보다 효과적으로 오염물질을 분산시켜 빠른 시간에 농도를 낮출 수 있다.

정답 05 ③

06 119법 시행령상 특수구조대에 속하는 것으로 옳은 것은?

① 수난구조대, 고속국도구조대, 지하철구조대, 119항공대
② 지하철구조대, 국제구조대, 고속국도구조대, 수난구조대
③ 수난구조대, 고속국도구조대, 지하철구조대, 테러대응구조대
④ 수난구조대, 고속국도구조대, 산악구조대, 지하철구조대

해설

특수구조대
1. 화학구조대 : 화학공장이 밀집한 지역
2. 수난구조대 : '내수면어업법'에 따른 내수면 지역
3. 산악구조대 : '자연공원법'에 따른 자연공원 등 산악지역
4. 고속국도구조대 : '도로법'에 따른 고속국도
5. 지하철구조대 : '도시철도법'에 따른 도시철도의 역사(驛舍) 및 역 시설

07 위험물화재의 특수현상으로 (   )에 들어갈 순서로 올바른 것은?

- (㉠) : 위험물 저장탱크 내에 저장된 제4류위험물의 양이 내용적의 1/2 이하로 충전되어 있을 때 화재로 인해 증기 압력이 상승하면서 저장탱크 내의 유류를 외부로 분출하면서 탱크가 파열되는 현상
- (㉡) : 석유류가 혼합된 원유를 저장하는 탱크 내부에 물이 외부 또는 자체적으로 발생한 상태에서 탱크표면에 화재가 발생하여 원유와 물이 함께 저장탱크 밖으로 흘러넘치는 현상
- (㉢) : 점성을 가진 뜨거운 유류표면 아래 부분에서 물이 비등할 경우 비등하는 물에 의해 탱크 내 유류가 넘치는 현상
- (㉣) : 소화용수가 연소유의 뜨거운 표면에 유입되는 급비등으로 부피팽창을 일으켜 탱크외부로 유류를 분출시키는 현상

	㉠	㉡	㉢	㉣
①	슬롭오버	보일오버	후로스오버	오일오버
②	오일오버	후로스오버	보일오버	슬롭오버
③	보일오버	후로스오버	오일오버	슬롭오버
④	오일오버	보일오버	후로스오버	슬롭오버

08 분만 중 신생아의 응급상황 평가와 처치로 틀린 것은?

① 대부분의 신생아들은 생후 1분의 아프가 점수가 8~10점이다.
② 아프가 점수가 6점 이하이면 신생아의 집중관리가 필요하므로 기도확보 및 체온유지를 하면서 신속히 병원으로 이송한다.
③ 아프가 점수가 3~7점이면 심각한 질식상태로 CPR을 해야한다.
④ 맥박은 청진기를 사용할 수 없는 경우에는 손가락으로 제대의 박동수를 촉지하여 측정한다.

> **해설**
>
> 신생아의 상태는 아프가 점수(Apgar Score)를 이용하여 평가할 수 있다.
> 1. 8~10점 : 정상출산으로 기본적인 신생아 관리
> 2. 3~7점 : 경증의 질식 상태, 호흡을 보조함, 부드럽게 자극, 입-코 흡인
> 3. 0~2점 : 심한 질식 상태, 기관 내 삽관, 산소공급, CPR

09 지방이 많이 함유된 음식을 먹고 우상복부나 어깨 또는 등 쪽 통증을 호소하는 증상으로 맞는 것은?

① 쓸개염
② 이자염
③ 충수돌기염
④ 위궤양

> **해설**
>
> **복통유발 질병**
> 1. 충수돌기염(꼬리염)
>   수술이 필요하며 증상 및 징후로는 오심/구토가 있으며 처음에는 배꼽부위 통증을 호소하다 RLQ부위의 지속적인 통증을 호소한다.
> 2. 담낭염(쓸개염)/담석
>   쓸개염은 종종 담석으로 인해 야기되며 심한 통증 및 때때로 갑작스런 윗배 또는 RUQ 통증을 호소한다. 또한 이러한 통증을 어깨 또는 등 쪽에서도 나타날 수 있다. 통증은 지방이 많은 음식물을 섭취할 때 더 악화될 수 있다.
> 3. 췌장염(이자염)
>   만성 알콜환자에게 흔히 나타나며 윗배 통증을 호소한다. 췌장(이자)이 위아래, 후 복막에 위치해 있어 등/어깨에 통증이 방사될 수 있다. 심한 경우 쇼크 징후가 나타나기도 한다.
> 4. 궤양/내부 출혈
>   배출혈은 일반적으로 두 형태로 나뉠 수 있다. 첫 번째로 소화경로 내부 출혈로 위궤양을 예로 들 수 있다. 이 유형은 식도에서 항문까지 어느 곳에서도 나타날 수 있으며 혈액은 구토(선홍색 또는 커피색) 또는 대변(선홍색, 적갈색, 검정색)으로 나온다. 이로 인한 통증은 있을 수도 있지만 없을 수도 있다.
>   두 번째 유형은 복강 내 출혈로 외상으로 인한 지라출혈이 있다. 출혈은 복막을 자극하고 복통/압통과도 관련이 있다.
> 5. 배대동맥류
>   배를 지나가는 대동맥벽이 약해지거나 풍선처럼 부풀어 올랐을 때 나타난다. 약하다는 것은 혈관의 안층이 찢어져 외층으로 피가 나와 점점 커지거나 심한 경우 터질 수 있다. 만약 터진다면 사망가능성이 높아진다. 작은 크기인 경우에는 즉각적인 수술이 필요하지 않다. 병력을 통해 배대동맥류를 진단 받은 적이 있고 현재 복통을 호소한다면 즉각적인 이송을 실시해야 한다. 혈액유출이 서서히 진행된다면 환자는 날카롭거나 찢어질 듯한 복통을 호소하고 등 쪽으로 방사통도 호소할 수 있다.
> 6. 탈 장
>   복벽 밖으로 내장이 튀어나온 것을 말하며 무거운 물건을 들거나 힘을 주었을 때 나타날 수 있다. 보통 무거운 것을 들은 후 갑작스러운 복통을 호소하고 배나 서혜부 촉진을 통해 덩어리가 만져질 수 있다. 매우 심한 통증을 호소하나 장이 꼬이거나 막혔을 때를 제외하고는 치명적이지 않다.
> 7. 신장/요로결석
>   콩팥에 작은 돌이 요로를 통해 방광으로 내려갈 때 심한 옆구리 통증과 오심/구토 그리고 서혜부 방사통이 나타날 수 있다.

정답 09 ①

10 절단용 구조장비에 대한 설명으로 틀린 것은?

① 동력절단기는 대부분 2행정기관으로 엔진오일과 연료를 혼합하여 주입한다는 점을 염두에 두어야 한다.
② 동력절단기 목재용 절단 날은 보관 시 기름을 바른다.
③ 체인톱은 목재 절단 시 반드시 체인이 작동상태에서 절단을 시작한다.
④ 공기톱은 전진 시 절단되도록 장착한다.

해설

절단구조용 장비
1. 동력절단기 : 대부분 2행정기관으로 엔진오일과 연료를 혼합하여 주입한다는 점을 염두에 두어야 한다. 목재용 절단날을 보관할 때에는 기름을 엷게 발라둔다.
2. 체인톱 : 반드시 체인이 작동하는 상태에서 절단을 시작한다.
3. 공기톱 : 일반적으로 쇠톱날은 전진 시 절단되도록 장착 하지만 공기톱의 경우 톱날 보호를 위해 후진 시 절단되도록 장착한다.

11 매듭에 대한 설명으로 틀린 것은?

① 바른매듭은 묶고 풀기가 쉬우며 같은 굵기의 로프를 연결하기에 적합한 매듭이다.
② 피셔맨매듭은 로프의 굵기에 관계없이 묶고 풀기가 쉬우며 조여지지 않으므로 로프를 물체에 묶어 지지점을 만들거나 유도로프를 결착하는 경우 등에 활용한다.
③ 8자연결매듭은 많은 힘을 받을 수 있고 힘이 가해진 경우에도 풀기가 쉬워 로프를 연결하거나 안전을 확보하기 위한 매듭으로 자주 사용된다.
④ 두겹매듭은 한겹매듭에서 가는 로프를 한 번 더 돌려 감은 것으로 한겹매듭보다 더 튼튼하게 연결할 때에 사용한다.

해설

로프 매듭법 – 기본 매듭법
- 고정매듭 : 로프의 굵기에 관계없이 묶고 풀기가 쉬우며 조여지지 않으므로 로프를 물체에 묶어 지지점을 만들거나 유도로프를 결착하는 경우 등에 활용한다.
- 피셔맨매듭 : 두 로프가 서로 다른 로프를 묶고 당겨서 매듭부분이 맞물리도록 하는 방법이다.

12 구급활동 중 경련환자 응급처치로 틀린 것은?

① 사생활 보호를 위해 관계자의 주변 사람들은 격리시킨다.
② 주위의 위험한 물건들은 치운다.
③ 환자의 팔다리를 구속시켜 2차 손상을 예방한다.
④ 목뼈 손상이 의심 되지 않는다면 환자를 회복자세로 눕힌다.

해설

경련환자의 응급처치
1. 주위 위험한 물건은 치운다. 치울 수 없다면 손상 가능성이 있는 부분에 쿠션 및 이불을 대어 손상을 최소화시킨다 (안경을 쓴 환자라면 안경 제거).
2. 사생활 보호를 위해 관계자 외 주변 사람들은 격리시킨다(치마를 입은 환자라면 이불을 이용해 덮어준다).
3. 경련 중에 혀를 깨물지 못하도록 억지로 혀에 무언가를 넣지 말아야 하며 신체를 구속시켜서는 안 된다.
4. 기도를 개방한다. 경련 중에 기도를 개방하는 것은 어려운 행동이지만 흡인과 더불어 기도를 개방하고 고농도 산소를 공급한다.
5. 목뼈손상이 의심되지 않는다면 환자를 회복자세로 눕힌다.
6. 환자가 청색증을 보이면 기도개방을 확인하고 인공호흡기로 고농도 산소를 공급한다.
7. 환자를 병원으로 이송한다. 이송 중 ABC와 생체징후를 관찰한다.

13 구조현장의 초기대응단계에서 지켜야 할 LAST 순서로 옳은 것은?

① 상황의 안정화 - 현장확인 - 접근 - 후송
② 현장확인 - 접근 - 후송 - 상황의 안정화
③ 현장확인 - 접근 - 상황의 안정화 - 후송
④ 접근 - 현장확인 - 후송 - 상황의 안정화

해설

초기대응 절차(LAST)
현장확인(Locate) - 접근(Access) - 상황의 안정화(Stabilization) - 후송(Transport)

14 후두마스크 기도기 삽입순서로 옳은 것은?

ㄱ. 튜브에서 공기를 뺀 후 마스크를 입천장에 밀착시킨다.
ㄴ. 고정기로 고정한다.
ㄷ. BVM으로 양압환기 시킨다.
ㄹ. 입천장을 따라 저항이 느껴질 때까지(상부 식도 괄약근 위) 삽입한다.
ㅁ. 외상환자는 그대로 비외상환자는 적정한 기도유지 자세를 취한다.
ㅂ. 후두마스크 커프에 맞는 공기를 주입한다.
ㅅ. 시진/청진으로 올바른 환기가 되는지 확인한다.

① ㅁ - ㄱ - ㅂ - ㄹ - ㄷ - ㄴ - ㅅ
② ㅁ - ㄱ - ㄹ - ㅂ - ㄷ - ㅅ - ㄴ
③ ㅁ - ㄱ - ㄹ - ㅂ - ㄴ - ㄷ - ㅅ
④ ㅁ - ㄱ - ㄹ - ㅂ - ㅅ - ㄴ - ㄷ

정답 13 ③ 14 ②

해설

후두마스크기도기 삽입순서
1. 외상환자는 그대로, 비외상환자는 적정한 기도유지 자세를 취한다.
2. 튜브에서 공기를 뺀 후 마스크를 입천장에 밀착시킨다.
3. 입천장을 따라 저항이 느껴질 때까지(상부 식도 괄약근 위) 삽입한다.
4. 후두마스크 커프에 맞는 공기를 주입한다.
5. BVM으로 양압환기시킨다.
6. 시진/청진으로 올바른 환기가 되는지 확인한다.
7. 고정기로 고정한다.

15 DOT 표지의 색상과 특성으로 틀린 것은?

① 오렌지 - 폭발성
② 파란색 - 금수성
③ 녹색 - 불연성
④ 백색 - 산화성

해설

국제적으로 통용되는 위험물질 표지(미국 교통국(Department Of Transportation) - 각 placard의 색상이 가지는 의미
1. 빨간색 : 가연성(Flammable)
2. 오렌지 : 폭발성(Explosive)
3. 노란색 : 산화성(Oxidizer)
4. 녹색 : 불연성(Non-Flammable)
5. 파란색 : 금수성(Not Wet)
6. 백색 : 중독성(Inhalation)

16 백드래프트와 플래시오버의 차이점으로 틀린 것은?

① 백드래프트는 폭발이고 플래시오버는 폭발이 아니다.
② 플래시오버의 악화요인은 열이고 백드래프트 악화요인은 공기이다.
③ 백드래프트는 성장기 또는 쇠퇴기에 발생하고 플래시오버는 성장기의 마지막이자 최성기의 시작점(경계선)에서 발생한다.
④ 플래시오버보다 백드래프트의 빈도가 높다.

해설

백드래프트보다 플래시오버의 발생빈도가 높다.

17 전염질환의 전염경로 및 잠복기로 바르게 짝지어진 것은?

	질병	전염경로	잠복기
①	풍 진	침에 오염된 물질	10~12일
②	간 염	호흡기계 분비물	몇 주
③	폐 렴	대 변	며 칠
④	결 핵	비 말	2~6주

> **해설**
>
> **전염질환의 특징**
>
> | 질 병 | 전염 경로 | 잠복기 |
> |---|---|---|
> | 후천성면역결핍증 (AIDS) | HIV에 감염된 혈액, 성교, 수혈, 주사바늘, 모태감염 | 몇 개월 또는 몇 년 |
> | 수 두 | 공기, 감염부위의 직접 접촉 | 11~21일 |
> | 풍 진 | 공기, 모태감염 | 10~12일 |
> | 간 염 | 혈액, 대변, 체액, 오염된 물질 | 유형별로 몇 주~몇 개월 |
> | 뇌수막염 (세균성) | 입과 코의 분비물 | 2~10일 |
> | 이하선염 | 침 또는 침에 오염된 물질 | 14~24일 |
> | 폐렴 (세균성, 바이러스성) | 입과 코의 분비물 | 며 칠 |
> | 포도상구균 피부질환 | 감염부위와의 직접 접촉 또는 오염된 물질과의 접촉 | 며 칠 |
> | 결 핵 | 호흡기계 분비(비말 등), 공기 | 2~6주 |
> | 백일해 | 호흡기계 분비물, 공기 | 6~20일 |

18 백화점 및 대형점포 화재진압요령으로 틀린 것은?

① 방수는 화점을 정확하게 확인하여 간접방수를 하고 수손방지에 노력한다.
② 소화활동은 옥내소화전 및 소방전용방수구 등 각종 설비를 최대한 활용한다.
③ 낙하물은 직사방수로 떨어뜨려 안전을 확보한다.
④ 비상용 콘센트 또는 조명기구를 이용하여 화재진압 활동의 효과를 높인다.

> **해설**
>
> 방수는 화점을 정확하게 확인하여 직접방수를 하고 수손방지에 노력한다.

정답 17 ④ 18 ①

19 소방현장에서 가장 흔하게 활용되는 화재진압 순서로 옳은 것은?

> ㄱ. 정밀검색
> ㄴ. 내부 연소확대 방지
> ㄷ. 생명보호
> ㄹ. 화점진압
> ㅁ. 외부 연소확대 방지

① ㄷ - ㄴ - ㅁ - ㄹ - ㄱ
② ㄷ - ㅁ - ㄹ - ㄴ - ㄱ
③ ㄷ - ㅁ - ㄴ - ㄹ - ㄱ
④ ㄱ - ㅁ - ㄴ - ㄹ - ㄷ

해설

RECEO원칙
생명보호(Rescue), 외부확대 방지(Exposure), 내부확대 방지(Confine), 화재진압(Extinguish), 재발방지를 위한 점검·조사(Overhaul) 5가지를 말한다.

20 근골격계에 대한 설명으로 옳은 것은?

① 척추의 등뼈는 11개로 구성되어 있다.
② 골반은 엉덩뼈와 궁둥뼈, 두덩뼈로 이루어져 있다.
③ 복장뼈는 갈비뼈, 복장뼈체, 칼돌기로 구성되어 있다.
④ 얼굴을 구성하는 뼈로 광대뼈는 눈을 보호한다.

해설

해부생리학(근골격계)
• 척추는 26개(소아 32~34개)의 척추골로 구성되어 있고 다섯 부분[목뼈(7개), 등뼈(12개), 허리뼈(5개), 엉치뼈(1개, 소아 5개), 꼬리뼈(1개, 소아 3~5개)]으로 나눌 수 있다.
• 복장뼈는 복장뼈자루, 복장뼈체, 칼돌기로 구성되어 있다.
• 얼굴을 구성하는 뼈로 눈확(orbit)은 눈을 보호하고 아래턱뼈와 위턱뼈는 치아를 지지해 주며, 코뼈는 코를 지지해 주고, 광대뼈는 얼굴형을 나타내 준다.

21 송풍기를 활용한 배연방법의 유의사항으로 틀린 것은?

① 급기구보다 배기구의 크기를 크게 하는 것이 효율적이다.
② 송풍기는 자연바람과 같은 방향으로 설치하여 효율성을 증가시켜야 한다.
③ 송풍기 근처의 창문은 가능한 폐쇄하여 공기흐름에 방해가 되지 않도록 해야 한다.
④ 공기가 너무 많이 공급되게 하여 오히려 급격하게 연소 확대될 우려가 있으므로 특히 유의하여야 한다.

해설

송풍기 활용 배연의 유의사항
1. 송풍기는 자연바람과 같은 방향으로 설치하여 효율성을 배가하여야 한다.
2. 송풍기 근처의 창문이나 출입문은 가능한 한 폐쇄하여 공기흐름에 방해가 되지 않도록 해야 한다.
3. 출입구에 송풍기를 설치할 경우 송풍기에서 나온 공기의 원추(圓錐)가 입구를 완전히 덮을 수 있도록 출입구로부터 적당한 거리를 둔다.
4. 배출구의 크기와 급기구의 크기가 같도록 하는 것이 효율적이다.
5. 공기가 너무 많이 공급되게 하여 오히려 급격하게 연소 확대될 우려가 있으므로 특히 유의하여야 한다.
6. 배출구가 되는 방향의 구조대상자나 활동대원의 안전을 확인한 후 실시한다.

22 순환계에 대한 설명으로 틀린 것은?

> ㄱ. 허파동맥은 산소가 가장 풍부한 혈액으로 되어 있다.
> ㄴ. 심방과 심실사이에 판막이 있어 혈액의 역류를 방지한다.
> ㄷ. 순환계는 심장, 혈관, 혈액으로 구성되어 있다.
> ㄹ. 동맥은 낮은 압력 때문에 혈액의 역류방지를 위한 판막이 발달되어 있다.
> ㅁ. 대동맥은 인체 내의 가장 큰 동맥으로 모든 동맥은 대동맥으로부터 혈액을 공급받는다.

① ㄷ, ㄹ
② ㄱ, ㄹ
③ ㄴ, ㅁ
④ ㄹ, ㅁ

해설

해부생리학(순환계)
1. 동맥은 심장으로부터 조직으로 혈액을 이동시키며 오른심실에서 허파로 혈액을 이동시키는 허파동맥을 제외하고는 모든 동맥은 산소가 풍부한 혈액으로 되어 있다.
2. 정맥은 낮은 압력을 받으며 얇은 벽으로 구성되어 있으며 낮은 압력 때문에 발생하는 혈액의 역류를 막아주는 판막이 있다.

정답 21 ① 22 ②

23 수중탐색 방법으로 아래 설명과 관련이 깊은 것은?

> ㄱ. 시야가 좋지 않으며, 탐색면적이 좁고 수심이 깊을 때 활용하는 방법이다.
> ㄴ. 인원과 장비의 고요가 적은 반면 탐색할 수 있는 범위가 좁다.

① 원형탐색 ② 반원탐색
③ 직선탐색 ④ 왕복탐색

해설
전문구조기술(수중탐색-줄을 이용한 탐색)
1. 반원탐색(Tended Search) : 조류가 세고 탐색면적이 넓을 때 사용한다.
2. 왕복탐색(Jack Stay Search) : 시야가 좋고 탐색면적이 넓을 때 사용하는 방법이다.
3. 직선탐색(Sajas Search) : 시야가 좋지 않고 탐색면적이 넓은 지역에 사용한다.

24 제한공간에서의 산소부족 및 유독가스에 대한 설명으로 옳은 것은?
① 열경화성 수지, 나일론 등의 연소 시 암모니아가 발생
② 산소농도가 17% 이상일 경우 어지러움, 두통증상
③ 맨홀에서 산소농도가 12%일 경우 의식불명의 증상
④ 중질유, 고무, 황화합물 등의 연소 시 시안화수소 발생

해설
특수진입법(산소결핍과 일산화탄소 중독)
• 산소농도 12% : 어지러움, 두통, 급격한 피로를 느낀다.
• 산소농도 9% : 의식불명
• 아황산가스(SO_2) : 중질유, 고무, 황화합물 등의 연소 시 발생
• 시안화수소(HCN) : 우레탄, 나일론, 폴리에틸렌, 고무, 모직물 등의 연소 시 발생

25 프랭크버드(Frank Bird)의 5개 요인이 아닌 것은?
① 직접 원인 ② 기본 원인
③ 개인 결함 ④ 제어의 부족

해설
Bird의 재해연쇄이론

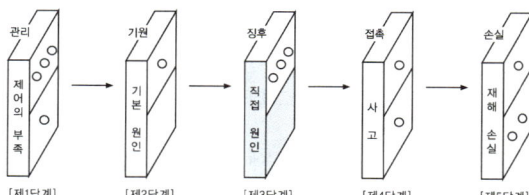

2019

02 소방교 기출유사문제

▶ 본 기출유사문제는 수험생들의 기억에 의하여 복원된 것으로 그림, 내용, 출제지문 등이 다를 수 있습니다. 또한, 공통교재와 법령 개정 부분에 맞게 수정된 문제도 있습니다. 기출문제를 잘 살펴보시면 소방학교 공통교재에 모든 내용이 있음을 알 수 있기 때문에 항상 전술 과목은 학교 공통교재를 기본으로 공부하시기 바랍니다.

01 누출물질의 화학적 처리방법이 아닌 것은?

① 유화처리
② 흡 착
③ 소 독
④ 중 화

해설
누출물질의 처리 중 화학적 처리방법은 흡수, 유화처리, 중화, 응고, 소독이다.

02 119구조·구급에 관한 법률상 여름철 물놀이 장소에서의 안전을 확보하기 위하여 '119시민수상구조대'를 지원할 수 있는 자는?

① 부산소방학교장
② 해운대소방서장
③ 부산광역시장
④ 해양수산부장관

해설
소방청장·소방본부장 또는 소방서장은 여름철 물놀이 장소에서의 안전을 확보하기 위하여 필요한 경우 민간 자원봉사자로 구성된 구조대("119시민수상구조대"라 한다)를 지원할 수 있다.

03 잠수물리에 관한 설명으로 틀린 것은?

① 물은 공기보다 약 25배 빨리 열을 전달한다.
② 물속에서는 빛의 굴절로 인해 물체가 실제보다 25% 정도 가깝고 크게 보인다.
③ 수심 20m에서 다이버는 수면보다 2배 많은 공기를 호흡한다.
④ 수중에서는 대기보다 소리가 4배 정도 빠르게 전달되기 때문에 소리의 방향을 판단하기 어렵다.

해설
바닷물에서는 수심 매 10m(33피트) 마다 수압이 1기압씩 증가되며 다이버는 물 속의 압력과 같은 압력의 공기로 호흡을 하게 된다. 이것은 수심 20m에서 다이버는 수면에서 보다 3배나 많은 공기를 호흡에 사용한다는 뜻이다. 즉, 다이버가 수면에서 1분에 15L의 공기가 필요하다면 20m에서는 45L의 공기가 필요하다.

정답 01 ② 02 ② 03 ③

04 시간경과에 따른 로프의 강도저하 및 교체시기에 관한 설명으로 맞는 것은?

① 매주 사용 – 교체 3년
② 가끔 사용 – 교체 5년
③ UIAA 권고사항에 따라 5년 이상 경과된 로프 – 폐기
④ 큰 충격을 받은 로프, 납작하게 눌린 로프, 6개월 동안 매일 사용 – 즉시 교체

해설
일반적인 로프의 수명
1. 시간 경과에 따른 강도 저하
   - 로프는 사용 횟수와 무관하게 강도가 저하된다.
   - 특히 4년 경과 시부터 강도가 급속히 저하된다.
   - 5년 이상 경과된 로프는 폐기한다(UIAA 권고사항).
2. 로프의 교체 시기(관리 잘 된 로프 기준, 대한산악연맹 권고사항)
   - 가끔 사용하는 로프 : 4년
   - 매주 사용하는 로프 : 2년
   - 매일 사용하는 로프 : 1년
   - 스포츠 클라이밍 : 6개월
   - 즉시 교체하여야 하는 로프
     • 큰 충격을 받은 로프(추락, 낙석, 아이젠)
     • 납작하게 눌린 로프
     • 손상된 부분이 있는 로프

05 환자의 긴급이동 방법이 아닌 것은?

① 담요끌기
② 어깨끌기
③ 무릎-겨드랑이 들기
④ 옷끌기

해설
긴급이동의 종류
옷끌기, 경사끌기, 어깨끌기, 팔끌기, 팔과팔끌기, 담요끌기
※ 무릎-겨드랑이 들기는 비응급이동에 해당한다.

06 소아의 호흡기계에 관한 설명으로 틀린 것은?

① 성인에 비해 상대적으로 혀가 차지하는 공간이 크다.
② 나이가 어린 소아일수록 구강호흡을 한다.
③ 기도개방은 머리를 중립으로 또는 약간 신전해야 한다.
④ 기관이 좁아 부종으로 쉽게 폐쇄된다.

해설
소아의 호흡기계는 성인과 몇 가지 다른 점이 있다.

소아의 호흡기계
1. 입과 코가 작아 쉽게 폐쇄될 수 있다. – 상대적으로 혀가 차지하는 공간이 크다.
2. 나이가 어린 소아일수록 비강호흡을 한다. – 코가 막혔을 때 입으로 숨을 쉬는 것을 모른다.
3. 기관과 반지연골이 연하고 신축성이 있다. – 따라서 부드럽게 기도를 개방해야 하며 머리를 중립으로 또는 약간 신전해야 한다.
4. 머리가 크기 때문에 쉽게 뒤로 넘어가거나 앞으로 떨어질 수 있다. – 계속적인 관찰이 필요하다.
5. 기관이 좁아 부종으로 쉽게 폐쇄된다.
6. 가슴벽이 연약해 호흡할 때 가로막에 더욱 의존하는 경향이 있다.

07 소화전으로부터 소방용수를 흡수하는 경우 유의사항으로 틀린 것은?

① 배관말단의 소화전에는 유입되는 물의 양이 적기 때문에 방수구의 수를 제한한다.
② 지하식 소화전의 뚜껑은 허리부분의 부상을 방지하기 위해서 안정된 자세로 개방함과 동시에 손발이 끼이지 않도록 충분히 주의한다.
③ 펌프로 이물질이 들어가는 것을 막기 위해 흡수관을 결합한 후 소화전을 개방하여 관내의 모래 등을 배출시킨다.
④ 흡수관의 결합을 확실하게 하고 반드시 확인한다.

해설
소화전으로부터 흡수하는 경우에는 다음 사항에 유의하여야 한다.
1. 펌프로 이물질이 들어가는 것을 막기 위하여 흡수관은 결합하기 전에 소화전을 개방하여 관내의 모래 등을 배출시킨다.
2. 흡수관의 결합을 확실하게 하고 반드시 확인한다.
3. 배관 말단의 소화전에는 유입되는 물의 양이 적기 때문에 방수구의 수를 제한한다.
4. 소화전으로부터 흡수 중일 때에 타대로부터 송수를 받으면 송수된 물이 펌프를 경유하여 수도배관 속으로 역류할 수도 있으므로 유의한다.
5. 지하식 소화전의 뚜껑은 허리부분의 부상을 방지하기 위해서 안정된 자세로 개방함과 동시에 손발이 끼이지 않도록 충분히 주의한다.

08 환자 들어올리기와 이동을 위한 신체역학에 관한 설명으로 틀린 것은?

① 한손으로 들어올릴 때는 한쪽으로 몸을 굽히는 것을 피해야 한다. 허리를 항상 일직선을 유지하도록 한다.
② 들어 올릴 때 등을 일직선으로 유지하고 다리, 엉덩이의 근육을 이용한다.
③ 물체와 50cm이상 떨어져 있으면 안되며 가급적이면 물체에 가깝게 접근해야 한다.
④ 가급적이면 미는 동작보다 잡아당기는 동작을 사용한다.

해설
잡아당기는 것보다 가급적이면 미는 동작을 사용한다.

정답 07 ③ 08 ④

09 구조활동의 기본적인 내용으로 옳은 것은?

① 현장지휘관은 소방활동 현장의 모든 상황을 완벽히 파악하고 구조를 최우선으로 두어 지휘하여야 한다.
② 지휘자는 현장의 상황에서 즉시 판단하여 그 판단에 기인하는 구출방법, 구출순서의 결정, 대원의 임무부여 후 구출행동을 이행하도록 한다.
③ 현장활동에 임할 때에는 지휘명령을 준수하여 각자에게 부여된 임무를 수행하며 긴급한 상황에서는 자의적인 행동과 판단으로 신속히 대처한다.
④ 무선통신을 이용하여 구조대상자의 자세한 신상을 송신하여 대원 간에 빠르고 정확한 정보를 공유한다.

해설

구조활동의 기본
1. 현장 지휘관의 최우선 임무는 구조활동에 임하는 대원들의 안전을 확보하는 것이다.
2. 현장활동에 임할 때에는 지휘명령을 준수하여 각자에게 부여된 임무를 수행하며 자의적인 행동을 하지 않도록 한다.
3. 무선통신은 보안에 취약하므로 구조대상자의 자세한 신상을 송신하지 않도록 한다.

10 공기호흡기에 관한 설명으로 옳은 것은?

① 탈출개시압력 = (탈출소요시간 × 매분당호흡량/용기용량) + 여유압력
② 바이패스 밸브는 활동 중 마찰 등으로 인한 개폐방지를 위해 압력이 걸려도 쉽게 열리지 않게 만들어져 있다.
③ 용기와 고압도관, 등받이 등을 결합할 때에는 반드시 공구를 사용하여 완전히 결합하도록 한다.
④ 최근에 보급되는 면체에는 김서림 방지(Anti-Fog) 코팅이 되어 있어 물로 세척하고 그늘에 건조시킨다.

해설

공기호흡기 사용법 및 주의사항
1. 바이패스 밸브는 평소에는 쉽게 열리지 않지만 압력이 걸리면 개폐가 용이하다.
2. 용기와 고압도관, 등받이 등을 결합할 때에는 공구를 사용하는 부분인지 정확히 판단한다. 대부분의 부품은 손으로 완전히 결합할 수 있다.
3. 최근에 보급되는 면체에는 김서림 방지(Anti-Fog) 코팅이 되어 있어 물로 세척하면 코팅이 벗겨질 수 있다.

11 소방펌프의 일반사항 중 흡입측에 위치한 것이 아닌 것은?

① 배수밸브
② 역류방지밸브
③ 메인밸브
④ 소방펌프

해설

펌프차 배관계통도

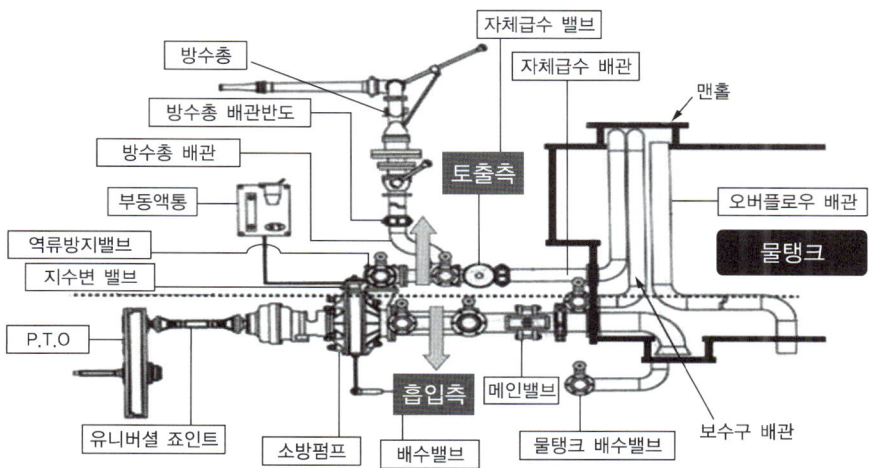

12 건물붕괴 현장에서 부상당한 30대 남성에게 호흡부전에 따른 저산소증, 왼쪽 가슴에 개방성 손상이 관찰되었을 때 응급상황분류표상 옳은 것은?

① 긴급(적색)
② 응급(황색)
③ 비응급(녹색)
④ 사망(흑색)

해설

응급상황분류표상 긴급환자(적색)
생명을 위협할 만한 쇼크 또는 저산소증이 나타나거나 임박한 경우, 만약 즉각적인 처치를 행할 경우에 환자는 안정화 될 가능성과 소생 가능성이 있는 경우
예 기도, 호흡, 심장이상, 조절 안 되는 출혈, 개방성 가슴·배 손상, 심각한 머리손상, 쇼크, 기도화상, 내과적 이상 등
※ 2025년 공통교재 소방전술 3 개정으로 중증도 분류표 뒷면 삭제. 따라서 세부 증상으로 환자 분류를 구분하는 문제는 출제되지 않음.

정답 11 ② 12 ①

13 전략을 달성하기 위한 구체적 수단 또는 방법을 의미하는 전술에 관한 설명으로 틀린 것은?

① 포위전술 : 관창을 화점에 포위 배치하여 진압하는 전술형태이다.
② 공격전술 : 관창을 화점에 진입 배치하는 전술형태이다.
③ 블록전술 : 주로 인접건물로의 화재확대방지를 위해 적용하는 전술형태로 블록(Block)의 4방면 중 확대가능한 면을 동시에 방어하는 전술이다.
④ 집중전술 : 화세에 비해 소방력이 부족하여 전체 화재현장을 모두 커버할 수 없는 경우 사회적, 경제적 혹은 소방상 중요한 시설 또는 대상물을 중점적으로 대응 진압 하는 전술형태이다.

해설
1. 중점전술 : 화세(또는 화재범위)에 비해 소방력이 부족하여 전체 화재현장을 모두 커버 할 수 없는 경우 사회적, 경제적 혹은 소방상 중요한 시설 또는 대상물을 중점적으로 대응 또는 진압하는 전술형태를 말한다.
2. 집중전술 : 부대가 일시에 집중적으로 진화하는 작전으로 예를 들면 위험물 옥외저장 탱크 화재 등에 사용된다.

14 무선통신의 일반적인 원칙이 아닌 것은?

① 불필요한 말은 생략하고, 환자에 대한 진단명을 간결하게 송신한다.
② 송신기 버튼을 누른 후 약 1초간 기다리고 말을 한다.
③ 무전기는 입에서부터 약 5~7cm 정도 간격을 두고 입에서 45° 방향에 위치시킨다.
④ 서로 약속된 무전약어를 사용해야 한다.

해설
무선통신의 일반원칙
환자에 대해 평가결과를 말해야지 진단을 내려서는 안 된다.
예 "환자가 가슴 통증 호소"라고 해야지 "환자가 심장마비 증상을 보임"과 같은 방식으로 말하면 안 된다.

15 백드래프트와 플래시오버의 차이점으로 틀린 것은?

① 백드래프트는 폭발이고 플래시오버는 폭발이 아니다.
② 플래시오버의 악화요인은 열이고 백드래프트는 공기이다.
③ 백드래프트는 성장기 또는 쇠퇴기에 해당하고 플래시오버는 성장기의 마지막이자 최성기의 시작점(경계선)에 해당한다.
④ 플래시오버보다 백드래프트의 발생빈도가 높다.

해설
백드래프트보다 플래시오버의 발생빈도가 높다.

16 사고차량의 안정화에 관한 설명으로 틀린 것은?

① 에어백을 겹쳐서 사용할 때에는 2층을 초과하지 않도록 한다.
② 경사면에 놓인 차량은 바퀴가 하중을 받는 부분에 고임목을 댄다.
③ 에어백을 겹쳐서 사용할 때는 작은 백을 아래에 놓고 큰 백을 위에 놓는다.
④ 차량이 평평한 지면 위에 있다면 바퀴의 양쪽부분에 고임목을 댄다.

해설
에어백을 겹쳐서 사용할 때에는 2층을 초과하지 않도록 한다. 작은 백을 위에 놓고 큰 백을 아래에 놓는다.

17 화점확인 방법에 관한 설명 중 틀린 것은?

① 야간의 경우 조명이 소등되어 있는 층보다 조명이 점등되어 있는 층에 화점이 있는 경우가 많다.
② 수신기에 여러 층에서 동시에 감지신호가 발생되는 경우 수신기에 표시된 최하층에서부터 화점검색을 시작한다.
③ 창 등 개구부로부터 연기가 분출하는 경우는 연기가 나오는 층 이하의 층을 화점층으로 판단하고 행동한다.
④ 최상층의 창 등으로부터 분출속도가 약한 백색연기가 나오는 경우는 아래층에 화점이 있는 경우가 많다.

해설
야간의 경우 조명이 점등하고 있는 층보다 조명이 소등되어 있는 층에 화점이 있는 경우가 많다.

18 호흡유지 장비 중 백-밸브 마스크에 관한 설명으로 옳은 것은?

① 백-밸브 마스크는 성인용과 유아용 두 가지로 구분된다.
② 보유 산소장비 없이 즉각적인 초기 환기를 제공할 수 있다.
③ 산소 저장주머니 연결 후 분당 15리터의 산소를 공급할 경우 거의 55%의 산소를 공급받을 수 있다.
④ 산소를 추가로 투여하지 않은 상태로 16% 정도의 산소를 공급할 수 있다.

해설
응급의료장비 사용법(백-밸브 마스크)
1. 산소를 추가 투여하지 않은 상태로 21% 정도의 산소 공급
2. 분당 10~15L의 산소를 공급할 경우(산소저장주머니 없이 40~60% 산소 공급)
3. 산소저장주머니 연결 후 분당 10~15L의 산소를 공급할 경우 거의 100%의 산소 공급
4. 영아, 소아, 성인용으로 구분
5. 과압 방지용 밸브가 있음

정답 16 ③ 17 ① 18 ②

19 구급대원 감염방지 및 개인보호 장비에 관한 설명으로 틀린 것은?

① 사용한 주사바늘은 즉시 구부린 후 그대로 주사바늘통에 버린다.
② 심폐소생술 시행 시 반드시 일 방향 휴대용 마스크를 이용하며 직접 접촉을 피한다.
③ 피부염이나 피부에 상처가 있는 처치자는 환자를 직접 만지거나 환자의 검체를 맨손으로 접촉하지 않도록 한다.
④ 장갑은 한 환자에게 사용하더라도 오염된 신체부위에서 깨끗한 부위로 이동할 경우 교환해야 한다.

해설
사용한 바늘은 다시 뚜껑을 씌우거나, 구부리거나, 자르지 말고 그대로 주사바늘 통에 즉시 버린다.

20 재해예방의 4원칙에 대한 설명으로 틀린 것은?

① 예방가능의 원칙 : 천재지변을 제외한 인위적 재난은 원칙적으로 예방이 가능하다.
② 손실우연의 원칙 : 사고의 결과로 생긴 재해 손실은 사고 당시의 조건에 따라 우연적으로 발생한다.
③ 원인연계의 원칙 : 사고발생에는 반드시 원인이 있고 대부분 복합적으로 연계되므로 모든 원인은 종합적으로 검토되어야 한다.
④ 대책선정의 원칙 : 사고예방을 위한 가능한 안전대책은 4M을 통해 수립할 수 있다.

해설
재해예방의 4원칙 중 대책선정의 원칙
대책에는 재해방지의 세 기둥(3개의 E)이라 할 수 있는 다음의 것이 있다.
1. Engineering(기술적 대책)
2. Education(교육적 대책)
3. Enforcement(관리적 대책)

21 구조장비 활용에서 기자재 선택 시 유의사항으로 옳은 것은?

① 동등의 효과가 얻어지는 경우는 고가의 장비를 선택한다.
② 다른 기관이나 현장관계자 등이 보유하는 것과 현장에서 조달이 가능한 것으로 효과가 기대되는 것이 있으면 활용을 적극적으로 검토한다.
③ 긴급 상황에 맞는 것을 선택하고 급할 때는 능력을 고려하지 않고 선택한다.
④ 사용목적에 맞는 것을 선택하고 위험성이 높은 장비를 선택한다.

해설

기자재 선택 시 유의사항
1. 사용 목적에 맞는 것을 선택한다. 절단 또는 파괴, 잡아당기거나 끌어올리는 등의 구조활동을 펼치기에 적합한 장비를 선택한다.
2. 활동공간이 협소하거나 인화물질의 존재, 감전위험성, 환기 등 현장상황을 고려하여 특성에 맞는 것을 선택한다.
3. 긴급 상황에 맞는 것을 선택한다. 급할 때는 가장 능력이 높은 것을 선택한다.
4. 동등의 효과가 얻어지는 경우는 조작이 간단한 것을 선택한다.
5. 확실하게 효과를 기대할 수 있는 것을 선택한다.
6. 위험이 적은 안전한 장비를 선택한다.
7. 다른 기관이나 현장 관계자 등이 보유하는 것과 현장에서 조달이 가능한 것으로 효과가 기대되는 것이 있으면 활용을 적극적으로 검토한다.

22 환자의 자세와 적용에 관한 설명으로 틀린 것은?

① 옆누움자세 : 주로 척추손상 환자 및 임산부에게 적용한다.
② 앉은자세 : 윗몸을 45~60° 세운자세로 보통 호흡이 곤란한 환자에게 적용한다.
③ 트렌델렌버그자세 : 등을 바닥에 대고 바로 누워 침상의 다리쪽을 45° 높여 머리가 낮고 다리가 높게 한다.
④ 바로누운자세 : 얼굴을 위로 향하게 하여 눕게 한다.

해설

자세(해부생리학)
1. 옆누움자세(Lateral Recumbent) : 좌·우 측면으로 누운 자세
   많은 외상환자들은 척추손상을 예방하기 위해서 앙와위(바로누운자세)를 취해주고 임부의 경우는 원활한 순환을 위해 좌측위를 취해준다.
2. 앉은자세(Fowler's Position) : 윗몸을 45~60° 세워서 앉은 자세
3. 트렌델렌버그자세(Trendelenburg Position) : 등을 바닥에 대고 바로 누워 침상의 다리 쪽을 45° 높여서 머리가 낮고 다리가 높게 하는 자세로, 쇼크 시에는 호흡을 힘들게 할 수 있어 이 체위를 사용하지 않도록 권하고 있다.
4. 바로누운자세(Supine) : 얼굴을 위로 향하게 하고 누운 자세

23 소화방법에 대한 설명으로 틀린 것은?

① 부촉매소화법은 부촉매제를 사용하여 연쇄반응이 일어나지 않도록 하여 화재를 소화시키는 방법이다.
② 냉각소화는 연소의 4요소 중 에너지(열, 점화)를 제거, 발화점 이하로 내려가게 하여 소화하는 방법을 말한다. 비중이 물보다 큰 중유 등의 유류화재 시 물을 무상으로 방사하는 것은 냉각소화 중 하나이다.
③ 유전화재진압과 같이 화점 가까이에서 폭발물을 폭파시켜 주변 공기(산소)를 일시에 소진(진공상태)되게 하여 소화하는 방법은 질식소화이다.
④ 산림화재를 미리 예상하여 평소에 방화선(도로)을 설정하고 있는 것은 제거소화에 해당한다.

[해설]
유화(乳化)소화법
비중이 물보다 큰 중유(重油) 등의 유류화재 시 물 소화약제를 무상(霧狀, 안개형태)으로 방사하거나, 포소화약제를 방사하는 경우 유류표면에 엷은 층(유화층, 물과 유류의 중간성질)이 형성되어 공기 중 산소공급을 차단시켜 소화하는 방법을 질식소화법 중 유화소화라 한다.

24 화재조사 업무처리의 기본사항에 대한 내용으로 틀린 것은?

① 동일범이 아닌 각기 다른 사람에 의한 방화, 불장난은 동일 대상물에서 발화했더라도 각각 별건의 화재로 본다.
② 화재현장에서 부상을 당한 후 72시간 이내에 사망한 경우에는 당해 화재로 인한 사망자로 본다.
③ 건축·구조물의 소실정도 중 반소는 건물의 30% 이상 70% 미만이 소실된 것이다.
④ 복도 또는 내화조 건물의 경우 격벽으로 방화구획이 되어 있는 경우 별동으로 한다.

[해설]
화재조사 및 보고규정
목조 또는 내화조 건물의 경우 격벽으로 방화구획이 되어 있는 경우도 동일동으로 한다.

25 소방현장에서 가장 흔하게 활용되는 전략개념의 우선순위로 옳은 것은?

① 화재진압 - 점검·조사 - 생명보호 - 내부확대 - 외부확대
② 내부확대 - 외부확대 - 화재진압 - 점검·조사 - 생명보호
③ 생명보호 - 외부확대 - 내부확대 - 화재진압 - 점검·조사
④ 생명보호 - 내부확대 - 외부확대 - 화재진압 - 점검·조사

[해설]
RECEO원칙
생명보호(Rescue), 외부확대 방지(Exposure), 내부확대 방지(Confine), 화재진압(Extinguish), 재발방지를 위한 점검·조사(Overhaul) 5가지를 말한다.

03 소방위 기출유사문제

> ▶ 본 기출유사문제는 수험생들의 기억에 의하여 복원된 것으로 그림, 내용, 출제지문 등이 다를 수 있습니다. 또한, 공통교재와 법령 개정 부분에 맞게 수정된 문제도 있습니다. 기출문제를 잘 살펴보시면 소방학교 공통교재에 모든 내용이 있음을 알 수 있기 때문에 항상 전술 과목은 학교 공통교재를 기본으로 공부하시기 바랍니다.

01 모든 화재 및 사고현장에서 이용되는 지휘권 확립에 필요한 8단계의 필수적 행동요소를 순서대로 바르게 나열한 것은?

> ㉠ 지휘권 이양 받기
> ㉡ 주기적으로 상황을 평가하고 예측하기
> ㉢ 지휘소 설치하기
> ㉣ 기존의 상황평가정보 획득
> ㉤ 화재 완진 선언하기
> ㉥ 화재현장 조사하기
> ㉦ 화재 건물의 1, 2차 검색을 관리하기
> ㉧ 화재현장 검토회의 주재하기

① ㉠ - ㉣ - ㉥ - ㉦ - ㉢ - ㉡ - ㉤ - ㉧
② ㉠ - ㉢ - ㉡ - ㉦ - ㉣ - ㉥ - ㉤ - ㉧
③ ㉠ - ㉢ - ㉣ - ㉡ - ㉦ - ㉤ - ㉥ - ㉧
④ ㉠ - ㉣ - ㉢ - ㉦ - ㉥ - ㉡ - ㉤ - ㉧

해설

현장지휘권 확립 요소 – 지휘권 확립에 필요한 8가지(8단계)의 필수적 행동요소
- 1단계 : 지휘권 이양 받기(지휘명령에 대한 책임 맡기)
- 2단계 : 지휘소 설치하기
- 3단계 : 기존의 상황평가정보 획득(현재까지의 상황평가하기)
- 4단계 : 주기적으로 상황을 평가하고 예측하기
- 5단계 : 화재 건물의 1, 2차 검색을 관리하기
- 6단계 : 화재 완진 선언하기
- 7단계 : 화재현장 조사하기
- 8단계 : 화재현장 검토회의 주재하기(대응활동 평가)

02 공장에서 일하던 근로자가 강산이 담긴 통에 오른 팔이 빠진 상태이다. 어깨 이하 전체가 빠진 상태로 통증은 거의 없다고 할 때 중증도 분류로 옳은 것은?

① 중 증
② 중등도
③ 경 증
④ 경증도

정답 01 ③ 02 ①

해설
화상 깊이는 통증이 없는 조건으로 3도 화상이고, 팔 전체는 9의 법칙에 의해 9%(팔의 앞면, 뒷면 4.5%씩)가 된다. 체표면적 2% 이상~10% 미만의 3도 화상인 모든 화상은 중등도에 해당하지만, 손을 포함하는 원통형 화상일 경우 중증에 해당한다.
※ 논란이 있던 문제이고, 정확히 복원은 안됐지만 어깨 이하 전체라는 조건을 주었을 때 손 포함이라든지 원통형이라든지를 명확히 지문에 명시했어야 한다.

03 용해되는 압력이 다시 환원되는 압력의 2배를 넘지 않는 한 신체는 감압병으로부터 안전하다는 이론과 관련 있는 것은?

① 헨리의 법칙
② 홀데인 이론
③ 최대 잠수 가능시간(무감압 한계시간)
④ 최대 잠수가능 조정시간

해설
홀데인(John scott Haldane)의 이론
이 이론은 용해되는 압력이 다시 환원되는 압력의 2배를 넘지 않는 한 신체는 감압병으로부터 안전하다는 이론이다. 오늘날 사용되는 미해군 잠수표(테이블)은 이러한 이론에 기초를 둔 것이다. 제한된 시간과 수심으로 정리된 테이블에 따르면 감압병을 일으키는 거품이 형성되지 않는다. 상승속도는 유입되는 질소의 부분압력이 지나치지 않을 정도의 수준에서 지켜져야 한다.

04 분만 현장에서 태아의 엉덩이가 보이는 상황의 처치로 옳은 것은?

① 저농도산소를 공급한다.
② 다리를 잡아당기는 등 분만을 시도한다.
③ 골반을 아래로 머리를 높여 정서적 지지를 제공한다.
④ 즉각적으로 이송한다.

해설
분만 합병증 - 둔위분만
• 엉덩이나 양 다리가 먼저 나오는 분만형태로 신생아에게 외상 및 제대 탈출 위험이 높다.
• 자발적으로 분만할 수도 있지만 합병증 비율이 높다.
• 응급처치
 - 즉각적으로 이송한다.
 - 다리를 잡아당기는 등의 분만을 시도해서는 안 된다.
 - 고농도산소를 공급한다.
 - 골반이 올라오도록 머리를 낮추고 정서적 지지를 제공한다.
 - 만약, 엉덩이가 나온다면 손으로 지지해 준다.

05 구조활동의 순서 중 첫 번째로 옳은 것은?

① 구조대상자의 구명에 필요한 조치
② 구조대상자의 상태 악화 방지에 필요한 조치
③ 구출활동을 개시
④ 현장활동에 방해되는 각종 장해요인을 제거

> **해설**
>
> 구조활동의 순서
> - 현장활동에 방해되는 각종 장해요인을 제거한다.
> - 2차 재해의 발생위험을 제거한다.
> - 구조대상자의 구명에 필요한 조치를 취한다.
> - 구조대상자의 상태 악화 방지에 필요한 조치를 취한다.
> - 구출활동을 개시한다.

06 인명구조 10대 기본수칙으로 옳지 않은 것은?

① 소방활동이 이루어지고 있는 현장에서는 누구라도 반드시 보호 장구를 착용 하여야 하며, 미리 제1대피장소, 제2대피장소를 설정하고 활동한다.
② 대형재난 현장에서는 반드시 2명 이상의 구조대원으로 긴급개입요원을 편성하여 현장에서 활동하는 대원을 구조하기 위하여 완전한 구조 및 보호장구를 갖추고 대기하여야 한다.
③ 현장 지휘관은 소방활동 현장의 모든 상황을 완벽히 파악하고 자신보다는 대원의 안전확보에 최우선을 두어 지휘하여야 한다.
④ 사고나 준사고의 경험을 분석하여 교훈으로 삼는다.

> **해설**
>
> 구조현장 안전관리(소방전술 1-2 부록) – 인명구조활동 10대 기본수칙
> 1. 2인 이상이 1조로 활동하는 것을 원칙으로 하되, 공기호흡기를 착용한 경우에는 어떤 경우에도 2인 이상의 조를 편성하여 활동하여야 한다.
> 2. 소방활동이 이루어지고 있는 현장에서는 누구라도 반드시 보호 장구를 착용 하여야 하며, 미리 제1대피장소, 제2대피장소를 설정하고 활동한다.
> 3. 초기 작업현장에서는 반드시 1명의 대원(Standby Member)이 현장과 활동상황을 감시하고, 현장대원과 통신을 유지하며, 위험요인을 경고하여야 한다.
> 4. 대형재난 현장에서는 반드시 2명 이상의 구조대원으로 긴급개입요원(Rapid Intervention Crew)을 편성하여 현장에서 활동하는 대원을 구조하기 위하여 완전한 구조 및 보호장구를 갖추고 대기하여야 한다. 이 경우, 긴급개입요원은 3항의 역할을 겸한다.
> 5. 전염병, 방사능 등 독극물질에 전염되거나 노출되지 않도록 유의한다.
> 6. 반드시 충분한 조명을 확보한 뒤 활동한다.
> 7. 반드시 붕괴, 도괴, 낙하, 추락, 폭발 등 위험요소에 대한 안전평가를 실시한 후에 현장에 진입한다.
> 8. 현장 지휘관은 소방활동 현장의 모든 상황을 완벽히 파악하고(Size-up : 상황파악) 안전 확보에 최우선을 두어 지휘하여야 한다.
> 9. 급격한 체력소진 등 자신의 신체의 이상반응에 유의해야 한다.
> 10. 사고나 준사고(Near Accident : 아차사고)의 경험을 분석하여 교훈으로 삼는다.

07 호흡유지 장비 중 COPD 환자에게 유용한 것은?

① 백-밸브 마스크 소생기
② 비재호흡마스크
③ 벤튜리 마스크
④ 자동식 산소소생기

해설

벤튜리 마스크
특수한 용도로 산소를 제공할 경우에 사용되며 표준 얼굴 마스크에 연결된 공급배관을 통해 특정 산소 농도를 공급해주는 호흡기구이다.
- 일정한 산소가 공급될 때 공기의 양도 일정하게 섞여 들어가는 형태
- 만성폐쇄성폐질환(COPD) 환자에게 유용
  - 분당 산소 유입량은 2~8L

08 수중탐색 기법에 관한 설명을 옳은 것은?

① 왕복탐색 : 시야가 좋지 않고 탐색면적이 넓은 지역에 사용한다. 탐색하는 구조대원의 인원수에 따라 광범위하게 탐색할 수 있고 폭넓게 탐색할 수 있으나 대원 상호 간의 팀워크가 중요하다.
② U자 탐색 : 비교적 큰 물체를 탐색하는데 적합한 방법으로 탐색구역의 중앙에서 출발하여 이동거리를 조금씩 증가시키면서 매번 한쪽 방방으로 90°씩 회전하며 탐색한다.
③ 원형탐색 : 조류가 세고 탐색면적이 넓을 때 사용한다.
④ 등고선 탐색 : 줄을 사용하지 않는 탐색형태로 물체가 있는 수심과 위치를 비교적 정확하게 알고 있을 경우에 유용하다.

해설

수중탐색(검색)
- 직선 탐색 : 시야가 좋지 않고 탐색면적이 넓은 지역에 사용한다. 탐색하는 구조대원의 인원수에 따라 광범위하게 탐색할 수 있고 폭넓게 탐색할 수 있으나 대원 상호 간에 팀워크가 중요하다.
- 소용돌이 탐색 : 비교적 큰 물체를 탐색하는데 적합한 방법으로 탐색구역의 중앙에서 출발하여 이동거리를 조금씩 증가시키면서 매번 한쪽 방방으로 90°씩 회전하며 탐색한다.
- 반원탐색 : 조류가 세고 탐색면적이 넓을 때 사용한다.

09 붕괴건물의 특수 구조기술에 관한 설명으로 옳지 않은 것은?

① 같은 크기의 나무기둥은 지주가 짧을수록 더 큰 하중을 견딜 수 있다.
② 정방형 기둥보다는 직사각형 기둥이 더 큰 하중을 견딘다.
③ 콘크리트를 제외한 모든 벽과 바닥을 절단하는 가장 좋은 방법은 작은 구멍을 내고 그것을 점차 확대시키는 것이다.
④ 건물을 위에서부터 아래로 해체할 때, 작업은 한 층씩 조직적으로 이루어져야 한다. 또 건물의 상층부에서의 작업은 아랫부분에 영향을 미치기 전에 끝내야 한다.

해설
같은 단면을 가지는 직사각형 기둥보다는 정방형 기둥이 더 큰 하중을 견딘다.

10 현장안전관리 표준지침상 현장안전점검관의 역할로 옳은 것은?

① 경계구역 및 안전거리 설정
② 현장도착 시 건축물 붕괴 및 낙하물 등 위험성 현장안전평가 후 대응방법 결정
③ 재난현장 출입통제
④ 현장 소방활동의 위험요인 관측, 보고 및 전파

해설
①, ②, ③은 현장지휘관의 임무
※ 참고 : SSG 3 임무별 현장 안전관리 표준지침

11 시간과 온도변화에 따른 연소 이상현상을 순서대로 나열한 것은?

① 플레임오버 → 백드래프트 → 롤오버 → 플래시오버 → 백드래프트
② 롤오버 → 백드래프트 → 플레임오버 → 플래시오버 → 백드래프트
③ 플레임오버 → 플래시오버 → 백드래프트 → 롤오버 → 플래시오버
④ 롤오버 → 백드래프트 → 플래시오버 → 백드래프트 → 롤오버

해설
시간과 온도변화에 따른 연소 이상현상

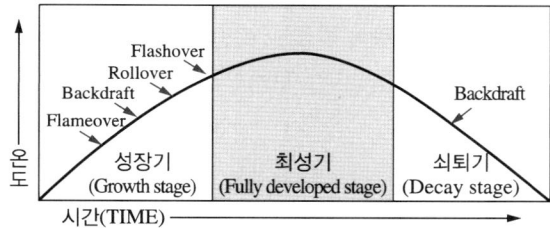

12 신생아의 상태를 평가하는 아프가 점수에 관한 설명으로 옳지 않은 것은?

① 출생 1분과 5분에 각각 측정하는데, 건강한 신생아의 전체 점수의 합은 10점이다.
② 대부분의 신생아들은 생후 1분의 점수가 8~10점이다.
③ 신생아의 체온이 6점 이하이면 집중관리가 필요하므로 기도확보 및 체온유지를 하면서 신속히 병원으로 이송한다.
④ 아프가 점수가 3~7점일 경우 경증의 질식 상태로 호흡을 보조하고 입-코 순으로 흡인한다.

해설
5가지 평가 내용에 체온은 없으며, 전체 아프가 점수가 6점 이하이면 신생아의 집중관리가 필요하므로 기도확보 및 체온유지를 하면서 신속히 병원으로 이송한다.

아프가 점수(Apgar score)(출생 후 1분, 5분 후 재평가 실시)

평가내용	점 수		
	0	1	2
피부색 : 일반적 외형	청색증	몸은 핑크, 손과 팔다리는 청색	손과 발까지 핑크색
심장 박동수	없 음	100회 이하	100회 이상
반사흥분도 : 찡그림	없 음	자극 시 최소의 반응/얼굴을 찡그림	코 안쪽 자극에 울고 기침, 재채기 반응
근육의 강도 : 움직임	흐늘거림/부진함	팔과 다리에 약간의 굴곡 제한된 움직임	적극적으로 움직임
호흡 : 숨 쉬는 노력	없 음	약하고/느림/불규칙	우렁참

13 소방용수시설에 관한 사항으로 옳지 않은 것은?

① 급수배관의 구경은 100mm 이상으로 하고, 개폐밸브는 지상에서 1.5m 이상 1.7m 이하의 위치에 설치하도록 하여야 한다.
② 주거 지역·상업지역 및 공업지역에 설치하는 경우 소방대상물과의 수평거리를 100m 이하가 되도록 하여야 한다.
③ 정당한 사유 없이 소방용수시설을 사용하거나 소방용수시설의 효용을 해하거나 그 정당한 사용을 방해한 자는 3년 이하의 징역 또는 3천만원 이하의 벌금에 처한다.
④ 흡수관의 투입구가 네모(사각)인 경우에는 한 변의 길이가 0.6m 이상, 원형인 경우에는 지름직경이 0.6m 이상이어야 한다.

해설
5년 이하의 징역 또는 5천만원 이하의 벌금에 해당한다(소방기본법 제50조 벌칙).

14 단계별 화재진압활동에서 방수(주수)에 관한 설명으로 옳은 것은?

① 직사주수 시 관창 2m 정도 뒤에 여유소방호스를 직경 1.5m 정도의 원이 되도록 하면 반동력은 약 1MPa 정도 줄게 된다.
② 중속분무주수는 옥내 또는 풍상에서 활용하는 것이 효과적이고 진입 시에는 관창에 얼굴을 접근시켜 자세를 낮게 한다.
③ 간접공격법에 가장 적합한 주수방법은 중속분무주수이다.
④ 고속분무주수 시 주수목표 측의 개구부 면적을 적게 하고 외벽면의 개구부를 크게 하면 배연, 배열효과가 크고 대원의 피로를 적게 할 수 있다.

해설
① 직사주수 시 관창 2m 정도 뒤에 여유소방호스를 직경 1.5m 정도의 원이 되도록 하면 반동력은 약 0.1MPa 정도 줄게 된다.
③ 간접공격법에 가장 적합한 주수방법은 저속분무주수이다.
④ 주수목표 측의 개구부 면적을 적게 하고 외벽면의 개구부를 크게 하면 배연, 배열효과가 크고 대원의 피로를 적게 할 수 있는 주수는 저속분무주수이다.

15 걷지 못해 앉아 있는 환자에게 RPM 평가를 실시하였다. 말초맥박 촉진 가능, 호흡수 24회, 의식이 명료했을 때 환자의 분류로 옳은 것은?

① 비응급환자 ② 응급환자
③ 긴급환자 ④ 지연환자

해설
중증도 분류법
환자 분류는 M-MASS, START 분류법이 중증도 분류 구역 내에서 사용되는데 이는 신속한 분류 및 처치를 위해서 사용된다.
- 긴급 환자 - 의식 장애, 호흡수 30회/분 초과, 말초맥박 촉진 불가능
- 응급 환자 - 의식 명료, 호흡수 30회/분 이하, 말초맥박 촉진 가능
- 지연 환자 - 기도 개방 후에도 무호흡, 무맥

1단계 : Modified M.A.S.S(분류중점-선착대)
- 거동이 가능한 환자는 비응급으로 그룹화할 수 있다.
- 거동이 불가능하나 반응이 있는 환자는 응급으로 그룹화할 수 있다.
- 거동이 불가능한 환자는 긴급으로 그룹화할 수 있는데, 여기에는 BLACK(지연)환자가 포함되어 있으며, 이는 호흡 유무로 감별가능하다.

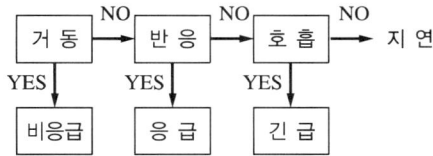

2단계 : START(이송중점-후착대 도착) ※ 임시응급의료소 설치되면 시작
- 거동이 가능한 환자는 비응급으로 그룹화하고 추후 다시 개별적인 평가를 한다.
- 거동이 불가능한 환자에서는 'R(호흡수) P(맥박수) M(의식수준)' 세 가지 요소를 체크하고 한 가지라도 이상이 있을 경우에는 긴급, 모두 이상 없을 경우에는 응급으로 분류한다. 다만, 호흡이 전혀 없는 환자에서는 기도 확보를 시도해 보고, 호흡이 있다면 RED, 없다면 BLACK으로 분류한다.

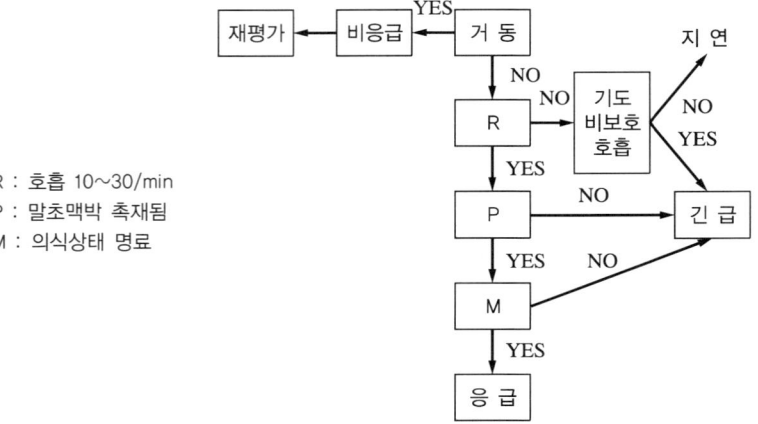

R : 호흡 10~30/min
P : 말초맥박 촉재됨
M : 의식상태 명료

16 벌에 쏘였을 때의 응급처치로 옳지 않은 것은?

① 부종이 시작되기 전에 액세서리 등을 제거한다.
② 열을 식혀주기 위해 물린 부위에 얼음을 대준다.
③ 손상부위를 심장보다 낮게 유지한다.
④ 전신 알레르기 반응이나 anaphylaxis 징후가 나타나는지 관찰한다.

해설
일반적으로 벌에 많이 쏘이는데 벌은 인체에 독이 되는 독물을 갖고 있다. 반응으로는 국소 통증, 발적, 국소 부종, 전신 통증, anaphylaxis와 같은 전신반응 등이 있다. 물린 부위를 직접 자극하면 손상이 악화될 수 있다. 부드럽게 손상부위를 세척한다.

17 구조장비의 점검 및 주의사항에 관한 사항으로 옳은 것은?

① 철재 절단 날을 보관할 때에는 기름을 엷게 발라둔다.
② 공기톱의 오일이 1/2 이하가 되면 보급한다.
③ 유압장비의 점검·정비 시 이상이 있다고 판단되면 먼저 자체적으로 수리한다.
④ 유압엔진펌프의 압력이나 장비의 이상 유무를 점검할 때에는 반드시 유압호스에 장비를 연결하고 확인한다.

해설
① 철재 절단 날은 휘발유, 석유 등에 접촉되지 않도록 하고 유증기가 발생하는 곳에 보관해서도 안 된다.
② 공기톱의 오일이 1/3 이하가 되면 보급한다.
③ 유압장비에는 일반인이 상상하는 이상의 큰 압력이 걸려 있다는 점을 인지하고 평소 규정된 매뉴얼에 따라서 점검·정비하고 이상이 있다고 판단되면 자의적인 수리를 하지 말고 즉시 A/S를 요청하도록 한다.

18 위험물의 유별 소화방법으로 옳은 것은?

① 제1류 : 위험물의 분해를 억제하는 것을 중점으로 대량방수를 하고 연소물과 위험물의 온도를 내리는 방법을 취한다.
② 제3류 : 질식 또는 방수소화 방법을 취한다.
③ 제4류 : 일반적으로 대량방수에 의하여 냉각소화 한다.
④ 제5류 : 소화방법은 질식소화가 효과적이다. 그 수단으로서 연소위험물에 대한 소화와 화면 확대 방지 태세를 취하여야 한다.

해설
② 제3류 : 방수소화를 피하고 주위로의 연소방지에 중점을 둔다.
③ 제4류 : 소화방법은 질식소화가 효과적이다. 그 수단으로서 연소위험물에 대한 소화와 화면 확대방지 태세를 취하여야 한다.
④ 제5류 : 일반적으로 대량방수에 의하여 냉각소화 한다.

19 화재 전술에 대한 설명으로 옳은 것은?

① Size-up은 화재현장을 책임지고 있는 지휘관이 취해야 할 조치를 구상하는 것이다.
② 플래시오버 대응전술 중 냉각 지연은 창문 등을 개방하여 배연(환기)함으로써, 공간 내부에 쌓인 열을 방출시키는 것이다.
③ 백드래프트 대응전술 중 측면 공격은 화재가 발생된 밀폐 공간의 출입구에 완벽한 보호 장비를 갖춘 집중 방수팀을 배치하고 출입구를 개방하는 즉시 바로 방수하는 것이다.
④ 플래임오버 현상이란 연소과정에서 발생된 가연성가스가 공기 중 산소와 혼합되어 천장부분에 집적된 상태에서 발화온도에 도달하여 발화함으로서 화염의 끝부분이 빠르게 확대 되어 가는 현상을 말한다.

해설
② 배연 지연법에 관한 설명이다.
③ 급냉(담금질)법에 관한 설명이다.
④ 롤오버에 관한 설명이다.
※ 복수정답 처리된 문제로 선지 변경함

20 소방활동 검토회의에 관한 사항으로 옳지 않은 것은?

① 검토회의는 화재 발생 소재지를 관할하는 소방본부 또는 소방서에서 개최한다.
② 검토회의는 화재발생일로부터 10일 이내에 개최한다.
③ 대형화재 발생 시의 통제관은 소방본부장이 된다.
④ 이재민 100명 이상이 발생된 화재는 중형화재에 해당한다.

해설
이재민 100명 이상이 발생된 화재는 중요화재에 해당한다.
※ 현장대응활동 검토회의로 개정

21 경련환자의 응급처치로 옳지 않은 것은?

① 목뼈손상이 의심이 되지 않는다면 환자를 회복자세로 눕힌다.
② 사생활 보호를 위해 관계자의 주변 사람들은 격리시킨다.
③ 환자가 청색증을 보이면 기도개방을 확인하고 인공호흡기로 고농도 산소를 공급한다.
④ 머리보호를 위해 주위에 위험한 물질은 치우고, 경련 중에 혀를 깨물지 못하도록 설압자를 넣는다.

해설
경련 중에 혀를 깨물지 못하도록 억지로 혀에 무언가를 넣지 말아야 한다.

22 할로겐화합물 및 불활성가스 소화약제의 상품명과 화학식으로 옳지 않은 것은?

① HCFC – 134 : FE – 241, $CHClFCF_3$
② HFC – 227ea : FM – 200, CF_3CHFCF_3
③ IG – 55 : Argonite, N_2(50%), Ar(50%)
④ HFC – 23 : FE – 13, CHF_3

해설
수험생 분들이 기억하신 문제가 맞다면 할로겐화합물 및 불활성가스 소화약제의 상품명이나 화학식을 묻는 문제가 아니었다. HCFC – 134라는 소화약제는 종류에 있지 않고, 할로겐화합물 소화약제의 종류는 HCFC – 124이다. 명명법에 의한 소화약제의 종류나 특성, 또는 화재 시 전술적인 측면에서의 활용방법 등을 묻는 문제라면 더 좋았을 것이라 생각된다.

23 구조출동 단계의 조치사항으로 옳지 않은 것은?

① 구조 현장대응 우선순위 설정
② 사고유형에 따라 관계기관 등 연락 조치 상황 확인
③ 현장대응방안 모색 및 장비 선택, 필요시 추가 장비 지원요청
④ 구조현장 상황 및 위험관련 정보를 출동대간 공유

해설

SOP 300 구조공통 표준작전절차
- 구조출동 단계
  - 추가정보 청취 및 개인안전장비 착용(지휘관이 사고 상황에 따라 추가 조정)
  - 현장대응방안 모색 및 장비 선택, 필요시 추가 장비 지원요청
  - 사고유형에 따른 구조대상자 구출 및 안전(생활안전) 조치 방법 검토
  - 사고유형에 따라 관계기관 등 연락 조치 상황 확인
  - 구조현장 상황 및 위험관련 정보를 출동대간 공유
  - 후착대는 선착대의 정보(활동내용, 사용장비 등)를 참고하여, 구조활동에 반영
- 현장대응 단계
  - 선착대는 2차 사고의 영향을 받지 않는 장소에 차량을 배치한다.
  - 선착대장은 관계인 확보 및 정보수집, 구조지역 설정(사고장소, 활동공간, 경계구역), 현장 안전담당을 지정한다.
  - 선착대장은 구조현장 상황 및 위험요소를 무선 통보한다(후착대에 정보 제공).
  - 현장지휘관은 현장 상황에 따라 유관기관 추가 지원을 요청하고 구조관계자를 제외한 일반인은 안전지역 밖으로 대피 조치한다.
  - 현장지휘관은 구조(생활안전)현장대응 우선순위를 설정한다.
  - 인명위험이 절박한 구조대상자를 우선으로 구조한다(동시다발 구조상황 발생시 우선 순위는 현장지휘관이 구조가능성, 현장접근성, 구조대상자 상태 등을 종합적으로 판단하여 결정).
  - 구조인력 한계에 따른 다수 인명구조가 어려울 경우 즉시 추가 구조인력 지원을 요청한다.
  - 현장활동대원은 2차 사고 발생위험 및 현장활동 장애요인 제거 후 활동한다(현장안전 확보).
  - 현장지휘관 또는 현장안전담당은 현장 진입 전 대원 안전장비 등을 확인하고 상황판단 후 투입 여부를 결정한다.
  - 현장활동대원은 사고유형, 장소, 대상 등 특수성을 감안하여 인명검색을 실시한다.
  - 현장활동대원은 현장변화 및 위험사항 등을 수시로 보고한다.
  - 현장지휘관은 현장상황에 따라 지속적인 작전변경 및 수정된 임무를 지시한다.
  - 상황실과 구조대원은 신고자 등과 교차확인을 통해 구조대상자 신원을 확인한다(특정지역 동시다발 상황발생 시 구조대상자 오인 방지 확인 철저).

24 신체감기 하강에 관한 설명으로 옳지 않은 것은?

① 현수로프에 서서히 체중을 건 다음 허리를 얕게 구부려 상체를 로프와 평행하게 유지하고 착지점을 확인하면서 하강한다.
② 경사면 하강보다는 수직면에서 하강할 경우에 활용도가 높은 방법이다.
③ 기구를 사용하지 않고 신체에 직접 현수로프를 감고 그 마찰로 하강하는 방법이다.
④ 숙달되지 않은 경우 매우 위험하므로 긴급한 경우 이외에는 활용하지 않는다.

해설

수직하강보다는 경사면에서 하강할 경우에 활용도가 높은 방법이다.

25 중성대의 형성과 활용에 관한 설명으로 옳은 것은?

① 건물의 하부에 큰 개구부가 있다면 중성대는 올라갈 것이다.
② 상층 개구부를 개방한다면 중성대의 경계선은 위로 올라가고 중성대 하층의 면적이 커지므로 대원과 대피자들의 활동공간과 시야가 확보되어 신속히 대피할 수 있다.
③ 배연을 할 경우에는 중성대 아래쪽에서 배연을 해야 효과적이다.
④ 중성대를 위쪽으로 올리기 위한 배연 개구부의 위치는 상층부 개구부를 파괴하는 것이 가장 효과적이다.

해설
① 건물의 상부에 큰 개구부가 있다면 중성대는 올라갈 것이고 건물의 하부에 큰 개구부가 있다면 중성대는 내려올 것이다.
③ 배연을 할 경우에는 중성대 위쪽에서 배연을 해야 효과적이다.
④ 중성대를 상층(위쪽)으로 올리기 위해선 배연 개구부 위치는 지붕중앙부분 파괴가 가장 효과적이며, 그 다음으로 지붕의 가장자리 파괴, 상층부 개구부의 파괴 순서가 효과적이다.

정답 25 ②

2020
04 소방장 기출유사문제

> ▶ 본 기출유사문제는 수험생들의 기억에 의하여 복원된 것으로 그림, 내용, 출제지문 등이 다를 수 있습니다. 또한, 공통교재와 법령 개정 부분에 맞게 수정된 문제도 있습니다. 기출문제를 잘 살펴보시면 소방학교 공통교재에 모든 내용이 있음을 알 수 있기 때문에 항상 전술 과목은 학교 공통교재를 기본으로 공부하시기 바랍니다.

01 화재조사 및 보고규정에서 정한 사항으로 옳지 않은 것은?
① 구조에 관계없이 지붕 및 실이 하나로 연결되어 있는 것은 같은 동으로 본다.
② 건물의 소실면적 산정은 소실 연면적으로 산정한다.
③ 동일범이 아닌 각기 다른 사람에 의한 방화, 불장난은 동일 대상물에서 발화했더라도 각각 별건의 화재로 한다.
④ 화재현장에서 부상을 당한 후 72시간 이내에 사망한 경우에는 당해 화재로 인한 사망으로 본다.

해설
건물의 소실면적 산정은 소실 바닥면적으로 산정한다.

02 고층건물 화재의 전술환경에 대한 설명으로 옳지 않은 것은?
① 화세보다 현재의 소방력이 부족한 경우 화점 구획을 진압하기보다 화재확대를 방지하는 것이 최상의 전략이다.
② 소방전술적 관점에서 고층건물은 창문이 없는 건물로 간주되어야 한다.
③ 대부분의 고층건물은 건축법상 내화구조의 건축물로 분류되지만, 소방전술적 관점에서 더는 내화구조의 건축물로 보기 어렵다.
④ 다른 화재에 비해 고층건물 화재 시 반응시간은 매우 빠르다.

해설
다른 화재에 비해 고층건물 화재 시 반응시간은 매우 느리다.

03 화상에 대한 설명으로 옳은 것은?

① 9의 법칙에서 성인의 머리는 9, 소아의 경우는 18이다.
② 전기화상의 경우 직류가 교류보다 심한 화상을 입힌다.
③ 체표면적 25% 이상의 2도 화상인 성인의 경우 중등도이다.
④ 1도 화상은 표피와 진피가 손상된 경우로 열에 의한 손상이 많다.

> **해설**
> ② 교류가 직류보다 심한 화상을 입힌다.
> ③ 체표면적 25% 이상의 2도 화상인 성인의 경우는 중증에 해당한다.
> ④ 1도 화상은 경증으로 표피만 손상된 경우이다.

04 다음 〈보기〉의 설명에 해당하는 소화약제로 맞는 것은?

> **보기**
> ㉠ 합성 거품을 형성하는 액체로서 일반 물은 물론 해수와도 같이 사용할 수 있다.
> ㉡ 장기 보존성은 원액이든 수용액이든 타 포원액보다 우수하다.
> ㉢ 약제의 색깔은 갈색이며 독성은 없다.
> ㉣ 포 자체의 내열성이 약하고 가격이 비싸다는 단점이 있다.

① 단백포
② 수성막포
③ 내알코올포
④ 합성계면활성제포

> **해설**
> 수성막포 소화약제(aqueous film foaming agents)에 관한 설명이다.

05 시안화수소에 대한 설명으로 옳은 것은?

① 질소 함유물이 연소할 때 발생하는 연소생성물로서 유독성이 있으며 강한 자극성을 가진 무색의 기체이다.
② 유황이 함유된 물질인 동물의 털, 고무와 일부 목재류 등이 연소하는 화재 시에 발생한다.
③ 질소성분을 가지고 있는 합성수지, 인조견 등의 섬유가 불완전 연소할 때 발생하는 맹독성 가스이다.
④ 일반적인 물질이 연소할 경우는 거의 생성되지 않지만 일산화탄소와 염소가 반응하여 생성하기도 한다.

정답 03 ① 04 ② 05 ③

> **해설**
> 시안화수소(HCN)
> 질소성분을 가지고 있는 합성수지, 동물의 털, 인조견 등의 섬유가 불완전 연소할 때 발생하는 맹독성 가스로 0.3%의 농도에서 즉시 사망할 수 있다. 청산가스라고도 하며, 인화성이 매우 강한 무색의 화학물질로 연소 시 유독가스를 발생시키고, 특히 수분이 2% 이상 포함되어 있거나 알칼리 등이 포함되어 있으면 폭발할 우려가 크다.
> ① 암모니아(NH_3)
> ② 이산화황(SO_2)
> ④ 포스겐($COCl_2$)

06 화재진행에 영향을 미치는 요인들에 관한 내용으로 옳지 않은 것은?

① 구획실의 배연구의 크기와 수는 그 공간 내에서 화재가 어떻게 진행하는 가를 결정한다.
② 구획실의 크기, 형태 및 천장의 높이는 많은 양의 뜨거운 가스층이 형성될 수 있는 지를 결정한다.
③ 최초 가연물의 위치는 뜨거운 가스층이 증가하는 데에 있어서 매우 중요하다.
④ 구획실의 벽이나 구석에 있는 가연물의 화염은 구획실의 중앙에서 연소하는 가연물보다 더 많은 공기를 흡수한다.

> **해설**
> 구획실의 중앙에서 연소하는 가연물의 화염은 구획실의 벽이나 구석에 있는 가연물보다 더 많은 공기를 흡수한다.

07 중성대의 형성과 활용에 대한 설명으로 옳은 것은?

① 건물화재가 발생하면 실의 상부는 실외보다 압력이 높아지고 하부는 압력이 낮아진다. 그 사이 어느 지점에 실내와 실외의 정압이 같아지는 경계면에 중성대가 형성된다.
② 중성대를 상층으로 올리기 위해선 배연 개구부 위치는 상층부 개구부의 파괴가 가장 효과적이다.
③ 중성대의 위쪽은 외부에서 기체가 유입되고 중성대 아래쪽에는 실내에서 기체가 유출된다.
④ 배연을 할 경우에는 중성대 아래쪽에서 배연을 해야 효과적이다.

> **해설**
> ② 중성대를 상층(위쪽)으로 올리기 위해선 배연 개구부 위치는 지붕중앙부분 파괴가 가장 효과적이다.
> ③ 중성대의 위쪽은 실내 정압이 실외보다 높아 실내에서 기체가 외부로 유출되고 중성대 아래쪽에는 실외에서 기체가 유입된다.
> ④ 배연을 할 경우에는 중성대 위쪽에서 배연을 해야 효과적이며, 이것은 또한 새로운 공기의 유입증가 현상을 촉발하여 화세가 확대될 수 있음에 유의해야 한다.

08 소방용수 시설별 설치기준에 관한 사항으로 옳은 것은?

① 소방용 호스와 연결하는 소화전의 연결금속구의 구경은 65mm 이상으로 하여야 한다.
② 급수배관의 구경은 65mm 이상으로 하고, 개폐밸브는 지상에서 1.5m 이상 1.7m 이하의 위치에 설치하도록 하여야 한다.
③ 저수조는 지면으로부터의 낙차가 4.5m 이하이고, 흡수 부분의 수심이 0.5m 이상이어야 한다.
④ 주거 지역·상업지역 및 공업지역에 설치하는 경우 소방대상물과의 수평거리를 140m 이하가 되도록 해야 한다.

해설
① 소방용 호스와 연결하는 소화전의 연결금속구의 구경은 65mm로 하여야 한다.
② 급수바관의 구경은 100mm 이상으로 하고, 개폐밸브는 지상에서 1.5m 이상 1.7m 이하의 위치에 설치하도록 하여야 한다.
④ 주거 지역·상업지역 및 공업지역에 설치하는 경우에는 소방대상물과의 수평거리를 100m 이하가 되도록 해야 한다.

09 로프의 재료 중 내열성이 가장 높은 것은?

① 폴리에스터
② Kevlar Aramid
③ 폴리에틸렌
④ 나일론

해설

로프 재료에 따른 성능 비교
* Scale : Best = 1, Poorest = 8

성능\종류	마닐라삼	면	나일론	폴리에틸렌	H. Spectra® Polyethylene	폴리에스터	Kevlar® Aramid
비 중	1.38	1.54	1.14	0.95	0.97	1.38	1.45
신장율	10~15%	5~10%	20~34%	10~15%	4% 이하	15~20%	2~4%
인장강도*	7	8	3	6	1	4	2
내충격력*	5	6	1	4	7	3	7
내열성	177℃ 탄화	149℃ 탄화	249℃ 용융	166℃ 용융	135℃ 용융	260℃ 용융	427℃ 탄화
내마모성*	4	8	3	6	1	2	5
전기저항	약	약	약	강	강	강	약
저항력 햇볕	중	중	중	최약	중	강	중
부패	약	약	강	강	강	강	강
산	약	약	약	중	강	중	약
알칼리	약	약	중	중	강	약	중
오일, 가스	약	약	중	중	강	중	중

10 자동차 사고 구조 시 전면 유리창 파괴 방법으로 옳지 않은 것은?

① 차 유리 절단기의 끝 부분으로 전면 유리창의 양쪽 모서리를 내려쳐서 구멍을 뚫는다.
② 유리 절단기를 이용해서 유리창의 세로면 한쪽을 아래로 길게 절단한다.
③ 유리창 절단이 완료되면 유리창의 밑 부분을 부드럽게 잡아당겨 위로 젖힌다.
④ 유리창을 떼어 안전한 곳에 치우고 창틀에 붙은 파편도 완전히 제거한다.

[해설]
유리 절단기를 이용해서 유리창의 세로면 양쪽을 아래로 길게 절단한다.

11 동력절단기에 관한 설명으로 옳은 것은?

① 대상물에 날을 먼저 댄 후에 절단 날을 회전시킨다.
② 절단 날에 충격이 가해지지 않도록 날의 측면을 이용하여 작업한다.
③ 절단 시 조작원은 자기 발의 위치나 자세에 신경을 써야하며, 절단 날의 후방 직선상에 발을 위치하여야 한다.
④ 목재용 절단 날을 보관할 때에는 기름을 엷게 발라둔다.

[해설]
① 대상물에 날을 먼저 댄 후에 절단 날을 회전시키지 않도록 한다.
② 절단 날에 충격이 가해지지 않도록 하고 날의 측면을 이용하여 작업하지 않도록 한다. 특히 철재 절단 날은 측면 충격에 약하므로 주의하여야 한다.
③ 절단 시 조작원은 자기 발의 위치나 자세에 신경을 써야하며, 절단 날의 후방 직선상에 발을 위치하지 않도록 주의한다.

12 레벨 A 화학보호복의 착용순서로 옳은 것은?

> 1. 공기조절밸브호스를 공기호흡기에 연결한다.
>   ㉠ 공기조절밸브에 호스를 연결한다.
>   ㉡ 공기호흡기 실린더를 개방한다.
>   ㉢ 화학보호복 하의를 착용한다.
>   ㉣ 공기호흡기 면체를 목에 걸고 등지게를 착용한다.
>   ㉤ 화학보호복 안면 창에 성애방지제를 도포한다.
>   ㉥ 무전기를 착용한다.
>   ㉦ 헬멧과 장갑을 착용한다.
>   ㉧ 면체를 착용하고 양압 호흡으로 전환한다.
> 10. 보조자를 통해 상의를 착용 후 지퍼를 닫고 공기조절밸브의 작동상태를 확인한다.

① ㉠ - ㉤ - ㉢ - ㉥ - ㉠ - ㉣ - ㉧ - ㉦
② ㉡ - ㉤ - ㉢ - ㉣ - ㉥ - ㉠ - ㉧ - ㉦
③ ㉠ - ㉥ - ㉣ - ㉥ - ㉢ - ㉦ - ㉡ - ㉤
④ ㉤ - ㉠ - ㉧ - ㉦ - ㉣ - ㉥ - ㉢ - ㉡

해설

화학보호복(레벨 A) 착용방법

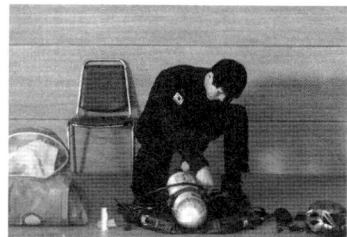
① 공기조절밸브호스를 공기호흡기에 연결한다.

② 공기호흡기 실린더를 개방한다.

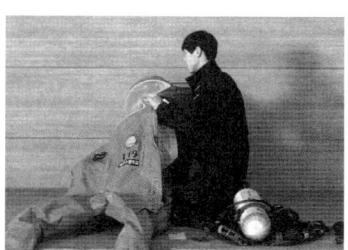
③ 화학보호복 안면창에 성애방지제를 도포한다(손수건과 함께 휴대하는 것이 좋음).

④ 화학보호복 하의를 착용한다.

정답 12 ②

⑤ 공기호흡기 면체를 목에 걸고 등지게를 착용한다.

⑥ 무전기를 착용한다.

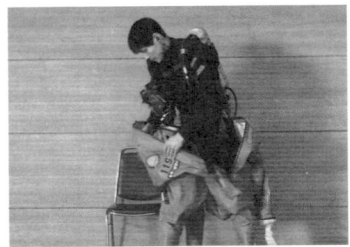

⑦ 공기조절밸브에 호스를 연결한다.

⑧ 면체를 착용하고 양압호흡으로 전환한다.

⑨ 헬멧과 장갑을 착용한다.

⑩ 보조자를 통해 상의를 착용 후 지퍼를 닫고 공기조절밸브의 작동상태를 확인한다.

13 고속도로사고현장에서 차량 부서 방법 등으로 옳지 않은 것은?

① 주 교통흐름을 어느 정도 차단할 수 있는 위치에 주차한다.
② 주차각도는 차선의 방향으로부터 비스듬한 각도를 가지고 주차하여 진행하는 차량으로부터 대원의 안전을 확보하도록 한다.
③ 주차된 소방차량의 앞바퀴는 사고현장과 일직선으로 정렬하여 대원이 부상당하지 않도록 하여야 한다.
④ 제한속도 100km/h의 도로인 경우 사고현장의 완벽한 안전확보를 위하여 사고 현장(작업공간 15m 포함)으로부터 100m가량 떨어진 위치에 추가의 차량을 배치시켜 일반 운전자들이 서행하거나 우회할 수 있도록 조치하여야 한다.

해설

고속도로상에서의 주차방법
- 주 교통흐름을 어느 정도 차단할 수 있는 위치에 주차한다.
- 주차각도는 차선의 방향으로부터 비스듬한 각도(角度)를 가지고 주차하여 진행하는 차량으로부터 대원의 안전을 확보하도록 한다.
- 주차된 소방차량의 앞바퀴는 사고현장과 일직선이 아닌 방향으로 즉 사고현장의 외곽부분 으로 향하도록 정렬하여 진행하는 차량이 소방차량과 충돌할 경우 소방차량에 의해 대원이 부상당하지 않도록 하여야 한다.
- 사고현장의 완벽한 안전확보를 위하여 사고 현장(작업공간 15m 포함)으로부터 제한속도에 비례하여(예 제한속도 100km/h의 도로인 경우 100m가량)정도 떨어진 위치에 추가의 차량을 배치시켜 일반 운전자들이 서행하거나 우회할 수 있도록 조치하여야 한다.
- 대원들이 통행차량으로부터 부상을 당하지 않도록 주의를 환기하여야 한다.
- 대원들이 방호(防護)된 활동영역을 가급적 벗어나지 않도록 한다.

차체 조작반 판넬

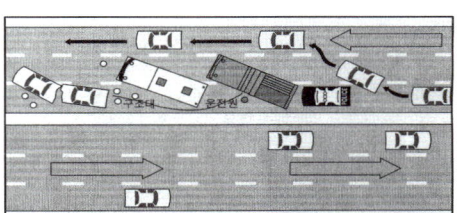

차량배치와 대원 안전확보 : 고속도로사고 시 소방차량은 차선과 비스듬한 각도를 형성하는 방향으로 배치시켜 주행 중인 일반 차량으로부터 대원을 보호하여야 한다.

14 분진폭발의 가능성이 가장 적은 것은?

① 고무류   ② 밀가루
③ 코크스   ④ 소석회

해설

④ 소석회는 중화제의 종류이다.
- 분진의 발화폭발 조건
  - 가연성 : 금속, 플라스틱, 밀가루, 설탕, 전분, 석탄 등
  - 미분상태 : 200mesh(76㎛) 이하
  - 지연성 가스(공기)중에서의 교반과 운동
  - 점화원의 존재
- 폭발성분진
  - 탄소제품 : 석탄, 목탄, 코크스, 활성탄
  - 비료 : 생선가루, 혈분 등
  - 식료품 : 전분, 설탕, 밀가루, 분유, 곡분, 건조효모 등
  - 금속류 : Al, Mg, Zn, Fe, Ni, Si, Ti, V, Zr(지르코늄)
  - 목질류 : 목분, 콜크분, 리그닌분, 종이가루 등
  - 합성 약품류 : 염료중간체, 각종 플라스틱, 합성세제, 고무류 등
  - 농산가공품류 : 후춧가루, 제충분(除蟲粉), 담배가루 등

15 환자의 병력을 효과적으로 수집하기 좋은 SAMPLE력의 내용으로 옳지 않은 것은?

① S : 징후 및 병력
② M : 복용한 약물
③ E : 질병이나 손상을 야기한 사건
④ L : 마지막 구강 섭취

해설

SAMPLE력
- S(Signs/Symptoms) - 징후 및 증상
- A(Allergies) - 알레르기
- M(Medications) - 복용한 약물
- P(Pertinent past medical history) - 관련 있는 과거력
- L(Last oral intake) - 마지막 구강 섭취
- E(Events) - 질병이나 손상을 야기한 사건

16 자동차사고 구조에 관한 내용으로 옳지 않은 것은?

① 배터리의 전원을 차단할 때에는 − 선부터 차단한다.
② 기체 연료가 완전히 배출될 때까지 구조작업을 중지한다.
③ 차량이 평평한 지면위에 있다면 바퀴의 양쪽 부분에 고임목을 댄다.
④ 경사면에 놓인 차량은 바퀴가 하중을 받는 부분에 고임목을 댄다.

해설

가스가 누출되는 것이 확인되면 주변에서 화기 사용을 금지하고 사람들을 대피시킨다. 가스가 완전히 배출될 때까지 구조작업을 연기하는 것이 좋지만 긴급한 경우라면 고압 분무 방수를 활용해서 가스를 바람 부는 방향으로 희석시키면서 작업하도록 한다.

17 영아의 심폐소생술에 대한 설명으로 옳지 않은 것은?

① 심폐소생술의 순서는 가슴압박 − 기도유지 − 인공호흡이다.
② 가슴압박의 속도는 분당 100회~120회이다.
③ 가슴압박의 깊이는 가슴뼈의 아래쪽 1/2 지점이다.
④ 전문기도가 확보된 이후에는 6초마다 인공호흡(분당 10회)을 실시한다.

해설

심폐소생술 지침의 연령에 따른 요약

심폐소생술 수기	성 인	소 아	영 아
심정지의 확인	• 무반응 • 무호흡 혹은 심정지호흡 • 5초 이상 10초 이내 확인된 무맥박(의료인만 해당)		
심폐소생술의 순서	가슴압박 − 기도유지 − 인공호흡		
가슴압박 속도	분당 100~120회		
가슴압박 깊이	가슴뼈 아래쪽 1/2(약 5cm)	가슴 깊이의 1/3(4~5cm)	가슴 깊이의 1/3(4cm)
가슴 이완	가슴압박 사이에는 완전한 가슴 이완		
가슴압박 중단	가슴압박의 중단은 최소화(10초 이내)		
기도유지	머리기울임-턱들어올리기(외상환자 의심 시 턱 밀어올리기)		
가슴압박 : 인공호흡			
전문기도 확보 이전	30 : 2 (1인·2인 구조자)	30 : 2(1인 구조자) 15 : 2(2인 구조자)	
전문기도 확보 이후	6초마다 인공호흡(분당 10회) ※ 단, 1회 인공호흡을 1초에 걸쳐 실시하며 가슴압박과 동시에 환기되지 않도록 주의한다.		

18 다음 괄호 안에 들어갈 숫자를 순서대로 나열한 것은?

> [로프의 수명]
> ※ 시간 경과에 따른 강도 저하
>   • 로프는 사용 횟수와 무관하게 강도가 저하된다.
>   • 특히 (   )년 경과 시부터 강도가 급속히 저하된다.
>   • (   )년 이상 경과된 로프는 폐기한다(UIAA 권고사항).
>
> ※ 로프의 교체 시기
>   • 가끔 사용하는 로프 : (   )년
>   • 매주 사용하는 로프 : (   )년
>   • 매일 사용하는 로프 : 1년
>   • 스포츠 클라이밍 : 6개월

① 5, 4, 2, 4
② 4, 5, 4, 2
③ 3, 4, 3, 2
④ 4, 3, 3, 2

해설

일반적인 로프의 수명 – 시간 경과에 따른 강도 저하
• 로프는 사용 횟수와 무관하게 강도가 저하된다.
• 특히 4년 경과 시부터 강도가 급속히 저하된다.
• 5년 이상 경과된 로프는 폐기한다(UIAA 권고사항).

로프의 교체 시기(관리 잘 된 로프 기준, 대한산악연맹 권고사항)
• 가끔 사용하는 로프 : 4년
• 매주 사용하는 로프 : 2년
• 매일 사용하는 로프 : 1년
• 스포츠 클라이밍 : 6개월
• 즉시 교체하여야 하는 로프 : 큰 충격을 받은 로프(추락, 낙석, 아이젠), 납작하게 눌린 로프, 손상된 부분이 있는 로프

19 잠수에 사용되는 용어로 옳지 않은 것은?

① 감압정지 : 실제 잠수 시간이 최대 잠수 가능시간을 초과했을 때에 상승도중 감압표상에 지시된 수심에서 지시된 시간만큼 머무르는 것을 말한다.
② 최대 잠수가능 조정시간 : 최대 잠수 가능시간에서 잔류질소 시간을 뺀 나머지 시간이다.
③ 총 잠수시간 : 전 잠수로 인해 줄어든 시간(잔류 질소시간)과 실제 재 잠수 시간을 합하여 나타낸다.
④ 재 잠수 : 스쿠버 잠수 후 5분 이후에서부터 10시간 내에 실행되는 스쿠버 잠수를 말한다.

해설
④ 재 잠수 : 스쿠버 잠수 후 10분 이후에서부터 12시간 내에 실행되는 스쿠버 잠수를 말한다.

잠수에 사용되는 용어
- 실제 잠수시간 : 수면에서 하강하여 최대수심에서 활동하다가 상승을 시작할 때까지의 시간을 말한다.
- 잠수계획 도표 : 잠수 진행과정을 일종의 도표로 나타내어 보는 것이다. 잠수 계획 도표를 사용하게 되면 보다 계획적이고 효율적인 잠수를 할 수 있다.
- 잔류 질소군 : 잠수 후 체내에 녹아 있는 질소의 양(잔류질소)의 표시를 영문 알파벳으로 표기한 것을 말한다. 가장 작은 양의 질소가 녹아 있음을 나타내는 기호는 A이다.
- 수면 휴식시간 : 잠수 후 재 잠수 전까지의 수면 및 물 밖에서 진행되는 휴식시간을 말한다. 12시간 내의 재 잠수를 계획하는데, 가장 중요한 것은 수면 및 물 밖의 휴식 동안 몸 안에 얼마만큼 잔류 질소가 남아 있는가 하는 것이다. 수면 휴식시간을 많이 가질수록 이미 용해된 신체 내 질소는 호흡을 통해 밖으로 나간다. 다시 잠수하기 전 체내에 잔류된 질소의 양을 알아보기 위하여 새로운 잠수기호를 설정한다. 이 기호는 수면휴식 시간표를 사용하면 쉽게 찾을 수 있다.
- 잔류 질소시간 : 체내의 잔류 질소량을 잠수하고자 하는 수심에 따라 결정되는 시간으로 바꾸어 표현한 것이다.
- 감압정지와 감압시간 : 실제 잠수 시간이 최대 잠수 가능시간을 초과했을 때에 상승도중 감압표상에 지시된 수심에서 지시된 시간만큼 머무르는 것을 "감압정지"라 하고, 머무르는 시간을 "감압시간"이라 한다. 그리고 감압은 가슴 정 중앙이 지시된 수심에 위치하여야 한다.
- 재 잠수 : 스쿠버 잠수 후 10분 이후에서부터 12시간 내에 실행되는 스쿠버 잠수를 말한다.
- 총 잠수시간 : 잠수 때에 적용할 잠수시간의 결정은 총 잠수시간으로 전 잠수로 인해 줄어든 시간(잔류 질소시간)과 실제 재 잠수 시간을 합하여 나타낸다.
- 최대 잠수가능 조정시간 : 역시 재 잠수 때에 적용할 최대 잠수 가능시간의 결정은 잔류 질소시간에 따라 변한다. 따라서 최대 잠수 가능조정 시간은 최대 잠수 가능시간에서 잔류질소 시간을 뺀 나머지 시간이다.
- 안전정지 : 모든 스쿠버잠수 후 상승할 때에 수심 5m 지점에서 약 5분간 정지하여 상승속도를 완화한다. 이러한 상승 중 정지를 "안전정지"라 한다. 이 안전정지 시간은 잠수시간 및 수면휴식 시간에 포함시키지 않는다. 또한 감압지시에 따른 감압과는 무관하다.

20 개방성 배 손상 환자에 대한 응급처치로 옳지 않은 것은?

① 고농도 산소를 공급한다.
② 생리식염수를 적신 멸균거즈로 노출된 장기를 세척한다.
③ 무릎과 엉덩이에 상처가 없다면 무릎을 구부리도록 한다.
④ 상처 위와 아래에 붕대로 느슨하게 드레싱 한다.

해설

개방성 배 손상
- 배 내 장기가 외부로 나와 있는 개방성 배 손상은 드문 경우로 내장적출이라고도 한다.
- 응급처치
  - 개인 보호 장비를 착용한다.
  - 고농도 산소를 공급한다.
  - 상처 부위를 옷 등을 제거시켜 노출시킨다(나온 장기에 닿지 않도록 주의해야 하며 다시 집어넣으려 시도하면 안 된다).
  - 생리식염수를 적신 멸균거즈로 노출된 장기를 덮고 드레싱 한다.
  - 무릎과 엉덩이에 상처가 없다면 무릎을 구부리도록 한다(무릎 아래에 베게나 이불을 말아서 대어 주는데 이 자세는 복벽에 가해지는 스트레스를 줄여준다).
  - 젖은 드레싱 위에 폐쇄드레싱을 한다. 상처 위와 아래에 붕대로 느슨하게 드레싱 한다.
  - 신속하게 병원으로 이송시킨다.

21 견인부목에 관한 설명으로 옳은 것은?

① 외적인 지지와 고정뿐만 아니라 넙다리 손상 시 발생되는 근육경련으로 인해 뼈끝이 서로 겹쳐 발생되는 통증과 추가적인 연부조직 손상을 줄여, 내부출혈을 감소시킬 수 있는 장비이다.
② 관절 및 다리 하부의 손상이 동반 된 넙다리 몸통부 손상 시에도 사용 할 수 있다.
③ 견인부목 시 우선 손상부위 주변에 2곳의 고정지점 -대퇴부와 발목-을 정한다.
④ 무릎이나 무릎 인접부분에 손상이 있다면 우선적으로 다리 말초의 맥박, 운동과 감각 기능을 평가하고 견인부목을 사용한다.

해설

② 관절 및 다리 하부의 손상이 동반되지 않은 넙다리 몸통부 손상 시 사용된다.
③ 견인부목 시 우선 손상부위 주변에 2곳의 고정지점 -골반과 발목-을 정한다.
④ 견인부목을 사용해서는 안 되는 경우이다.
- 견인부목을 사용해서는 안 되는 경우
  - 엉덩이나 골반 손상
  - 무릎이나 무릎 인접부분 손상
  - 발목 손상
  - 종아리 손상
  - 부분 절상이나 견인기구 적용부위의 결출상

22 수직피난 시 사용하는 계단 등의 우선순위로 옳은 것은?

① 특별피난계단 – 피난계단 – 피난 교 – 옥외계단 – 옥외피난용 사다리
② 옥외계단 – 피난 교 – 특별피난계단 – 옥외피난용 사다리 – 피난계단
③ 옥외계단 – 옥외피난용 사다리 – 특별피난계단 – 피난계단 – 피난 교
④ 특별피난계단 – 피난계단 – 옥외계단 – 옥외피난용 사다리 – 피난 교

해설
피난에 사용하는 계단 등의 우선순위는 원칙적으로 옥외계단, 피난 교, 특별피난계단, 옥외피난용 사다리 및 피난계단의 순서로 한다.

23 심각한 기도폐쇄 환자가 무의식, 무맥 상태일 때 인공호흡을 실시하였다. 만약 호흡이 제대로 들어가지 않을 경우 해야 할 처치로 옳은 것은?

① 손가락으로 입안에 이물질이 있는지 확인한다.
② 즉시 배·가슴 밀어내기를 실시한다.
③ 환자의 기도를 재개방하고 재 실시한다.
④ 가슴압박을 실시한다.

해설
기도폐쇄에 대한 처치법(이물질 제거 과정)
• 기도를 개방한다(머리 젖히고 턱 들기 방법, 턱 밀어올리기 방법).
• 무의식, 무맥 상태라면 인공호흡을 시작하고, 호흡이 제대로 들어가지 않는다면 환자의 기도를 재개방하고 재 실시한다. 만약 재 실시에도 호흡이 불어 넣어지지 않는다면 기도 폐쇄를 의심할 수 있다.
• 이물질을 제거한다. – 배·가슴 밀어내기, 손가락을 이용한 제거법(단, 이물질이 육안으로 확실히 보이는 경우에만 사용)

정답 22 ② 23 ③

24 응급의료의 운영체계에 관한 설명으로 옳은 것은?

① 전문 치료팀과 장비가 대기 장소에서 출발하여 환자가 있는 장소까지 도착하는데 소요된 시간을 출동시간이라고 정의한다.
② 의료적인 치료개념으로서의 응급진료행위 이외에 환자를 위험한 장소에서 안전한 장소로 이동시키는 행위를 긴급 구조라고 정의한다.
③ 응급환자의 평가와 치료단계는 병원 전 단계, 응급실 단계, 수술실·중환자실 단계로 나눌 수 있다.
④ 응급구조사는 상황에 따른 사전 훈련과 지침서에 따라서 응급치료를 할 수 있으며, 이것을 직접의료지시라고 한다.

해설

응급의료의 운영체계
- 응급처치의 시간척도 : 응급환자의 발생 신고로부터 전문 치료팀이 출동을 시작할 때까지 소요되는 시간을 출동시간(mobilization time)이라고 하며, 전문 치료팀과 장비가 대기 장소에서 출발하여 환자가 있는 장소까지 도착하는데 소요된 시간을 반응시간(response time), 현장에서 환자를 이동시킬 수 있도록 안정시키는데 소요되는 시간을 현장처치 시간(stabilization time) 이라고 정의한다.
- 의료적인 치료개념으로서의 응급진료행위 이외에 환자를 위험한 장소에서 안전한 장소로 이동시키는 행위를 구조활동이라고 정의한다.
- 응급구조사는 상황에 따른 사전 훈련과 지침서에 따라서 응급치료를 할 수 있으며, 이는 의사의 직접적인 지시 없이도 치료를 시행하므로 간접의료지시라고 한다. 반면에 지침서로 규정된 이외의 응급처치는 의사와의 무선 통화를 통하여 직접 지시를 받아야 되므로 직접의료지시라고 한다.

25 질병의 간접전파에 해당하는 것은?

① 수 혈
② 개방성 상처와의 접촉
③ 눈과 입의 점막을 통한 접촉
④ 비말 흡입

해설

전파경로에 따른 예방법
질병은 병원체, 박테리아, 바이러스와 같은 미생물에 의해 야기되며 크게 직접전파와 간접전파로 나눌 수 있다. 직접전파는 수혈, 개방성 상처와의 접촉, 눈과 입의 점막을 통한 접촉으로 이뤄지고 간접전파는 주사바늘과 같은 오염물질 또는 호흡기를 통한 비말흡입에 의해 전파된다. 질병은 또한 중간매체에 의해 전파되기도 하는데 모기로 인한 말라리아, 진드기로 인한 라임병(Lyme disease)등이 있다. 영양부족, 비위생적인 환경, 여러 사람이 모이는 곳, 그리고 스트레스 등은 쉽게 질병에 감염되도록 하는 요소이다.

2020

05 소방교 기출유사문제

> ▶ 본 기출유사문제는 수험생들의 기억에 의하여 복원된 것으로 그림, 내용, 출제지문 등이 다를 수 있습니다. 또한, 공통교재와 법령 개정 부분에 맞게 수정된 문제도 있습니다. 기출문제를 잘 살펴보시면 소방학교 공통교재에 모든 내용이 있음을 알 수 있기 때문에 항상 전술 과목은 학교 공통교재를 기본으로 공부하시기 바랍니다.

01 소방용수 시설별 장·단점에 관한 내용으로 옳은 것은?

① 지상식 소화전 : 도로에 설치하기가 용이하다.
② 지하식 소화전 : 대량의 물이 저장되어 있기 때문에 단수 시 급수작전에 효과를 기할 수 있다.
③ 급수탑 : 물탱크 차량에 급수하는데 있어서 가장 용이하다.
④ 저수조 : 지하에 매설되어 있기 때문에 설치비용이 적게 든다.

해설

소방용수 시설별 장·단점

종 별	장 점	단 점
지상식 소화전	사용이 간편하고 관리가 용이하다.	• 지상으로 돌출되어 있기 때문에 차량 등에 의하여 파손될 우려가 있다. • 도로에는 설치가 곤란하다
지하식 소화전	지하에 매설되어 있기 때문에 보행 및 교통에 지장이 없다.	• 사용이 불편하고 관리가 어렵다. • 강설 시 동결되어 사용할 수 없는 경우가 발생한다. • 도로포장 공사 시 매몰 우려 및 뚜껑 인상을 해야 한다.
급수탑	물탱크 차량에 급수하는데 있어서 가장 용이하다.	• 도로면에 설치되어 있기 때문에 차량 등에 의해 파손되는 경우가 많다. • 설치기준 부족으로 불필요한 물이 낭비되며 배수장치의 설치방법에 따라 동절기에 동결되는 경우가 생긴다. • 유지관리 미숙으로 동절기에 보온조치 등 불필요한 예산이 낭비된다. • 도시미관을 해친다.
저수조	• 대량의 물이 저장되어 있기 때문에 단수 시 급수작전에 효과를 기할 수 있다. • 고지대 등 급수작전이 미흡한 지역에 설치할 경우 지대한 효과를 기할 수 있다.	• 설치비용이 많이 든다. • 뚜껑이 너무 무거워 사용하기가 불편하다. • 설치위치 선정이 용이하지 않다 • 공사 시 교통에 많은 지장이 초래된다.

정답 01 ③

02 엘리베이터가 최상층 및 최하층에 근접할 때에, 자동적으로 엘리베이터를 정지시켜 과주행을 방지하는 안전장치로 옳은 것은?

① 전자브레이크
② 비상정지장치
③ 화이널 리미트 스위치
④ 리미트 스위치

해설

엘리베이터의 안전장치
- 전자브레이크(Magnetic Brake) : 엘리베이터의 운전 중에는 브레이크슈를 전자력에 의해 개방시키고 정지 시에는 전동기 주회로를 차단시킴과 동시에 스프링 압력에 의해 브레이크슈로 브레이크 휠을 조여서 엘리베이터가 확실히 정지하도록 한다.
- 조속기(Governor) : 카의 속도를 일정하게 유지한다.
- 비상정지장치(Safety Device) : 만일 로프가 절단된 경우라든가, 그 외에 예측할 수 없는 원인으로 카의 하강속도가 현저히 증가한 경우에, 그 하강을 멈추기 위해, 가이드레일을 강한 힘으로 붙잡아 엘리베이터 몸체의 강하를 정지시키는 장치로 조속기에 의해 작동된다.
- 리미트 스위치(Limit Switch) : 최상층 및 최하층에 근접할 때에, 자동적으로 엘리베이터를 정지시켜 과주행을 방지한다.
- 화이널 리미트 스위치(Final Limit Switch) : 리미트 스위치가 어떤 원인에 의해서 작동하지 않을 경우, 안전확보를 위해 모든 전기회로를 끊고 엘리베이터를 정지시킨다.
- 완충기(Buffer) : 어떤 원인으로 카가 중간층을 지나치는 경우, 충격을 완화시키는 것으로 통상 정격속도가 60m/min 이하의 경우는 스프링완충기를, 60m/min을 초과하는 것에는 유압 완충기를 사용한다.
- 도어 인터록 스위치(Door Interlock Switch) : 모든 승강도어가 닫혀있지 않을 때는 카가 동작할 수 없으며, 카가 그 층에 정지하고 있지 않을 때는 문을 열 수가 없도록 하기 위해 승장도어의 행거 케이스 내에 스위치와 자물쇠가 설치되어 있다. 엘리베이터의 안전상 비상정지 장치와 더불어 중요한 장치이다. 또한 비상해제장치 부착 인터록 스위치는 특별한 키로 해제하여 승장 측에서 문을 열 수 있도록 되어 있다. 또 카도어를 손으로 열 때(이 인터록 스위치에 손이 닿을 경우는) 손으로 인터록을 벗겨 승장도어를 열 수 있도록 되어 있다.
- 통화설비 또는 비상벨 : 카 내에 빌딩관리실을 연결하는 엘리베이터 전용 통화설비(인터폰) 혹은 비상벨이 설치되어 있다.
- 정전등 : 정전 시에는 승객의 불안감을 완화시키기 위하여 곧바로 카 내에 설치된 정전등이 점등된다. 이 정전등은 바닥 면에 1룩스 이상의 밝기를 유지하도록 되어 있는데 조도 유지 시간은 보수회사 및 구조대의 이동시간 등을 고려할 때 1시간 이상이 적당하다.
- 각층 강제 정지장치 : 심야 등 한산한 시간에 승객을 대상으로 한 범죄를 예방하기 위한 것으로써 이 장치를 가동시키면 목적 층에 도달하기까지 각층에 순차로 정지하면서 운행할 수 있다.

03 구조활동의 순서를 바르게 나열한 것은?

㉠ 구출활동을 개시한다.
㉡ 구조대상자의 구명에 필요한 조치를 취한다.
㉢ 현장활동에 방해되는 각종 장해요인을 제거한다.
㉣ 구조대상자의 상태 악화 방지에 필요한 조치를 취한다.
㉤ 2차 재해의 발생위험을 제거한다.

① ㉣ - ㉢ - ㉤ - ㉡ - ㉠
② ㉢ - ㉤ - ㉡ - ㉣ - ㉠
③ ㉣ - ㉠ - ㉢ - ㉤ - ㉡
④ ㉢ - ㉡ - ㉠ - ㉣ - ㉤

해설

구조활동의 순서
- 현장활동에 방해되는 각종 장해요인을 제거한다.
- 2차 재해의 발생위험을 제거한다.
- 구조대상자의 구명에 필요한 조치를 취한다.
- 구조대상자의 상태 악화 방지에 필요한 조치를 취한다.
- 구출활동을 개시한다.

04 고속도로사고현장에서 차량 부서 방법 등으로 옳지 않은 것은?

① 주 교통흐름을 어느 정도 차단할 수 있는 위치에 주차한다.
② 주차각도는 차선의 방향으로부터 비스듬한 각도를 가지고 주차하여 진행하는 차량으로부터 대원의 안전을 확보하도록 한다.
③ 주차된 소방차량의 앞바퀴는 사고현장과 일직선으로 정렬하여 대원이 부상당하지 않도록 하여야 한다.
④ 사고현장의 완벽한 안전확보를 위하여 사고 현장으로부터 최소한 40~60m정도 떨어진 위치에 추가의 차량을 배치시킨다.

해설

고속도로상에서의 주차방법
- 주 교통흐름을 어느 정도 차단할 수 있는 위치에 주차한다.
- 주차각도는 차선의 방향으로부터 비스듬한 각도(角度)를 가지고 주차하여 진행하는 차량으로부터 대원의 안전을 확보하도록 한다.
- 주차된 소방차량의 앞바퀴는 사고현장과 일직선이 아닌 방향으로 즉, 사고현장의 외곽부분으로 향하도록 정렬하여 진행하는 차량이 소방차량과 충돌할 경우 소방차량에 의해 대원이 부상당하지 않도록 하여야 한다.
- 사고현장의 완벽한 안전확보를 위하여 사고현장으로부터 최소한 40~60m정도 떨어진 위치에 추가의(경찰차 등) 차량을 배치시켜 일반 운전자들이 서행하거나 우회할 수 있도록 조치하여야 한다.
- 대원들이 통행차량으로부터 부상을 당하지 않도록 주의를 환기하여야 한다.
- 대원들이 방호(防護)된 활동영역을 가급적 벗어나지 않도록 한다.

05 붕괴사고가 일어난 현장에서 구조의 4단계를 순서대로 나열한 것은?

① 신속한 구조 - 정찰 - 부분 잔해제거 - 일반적인 잔해제거
② 정찰 - 일반적인 잔해제거 - 부분 잔해제거 - 신속한 구조
③ 부분 잔해제거 - 일반적인 잔해제거 - 신속한 구조 - 정찰
④ 신속한 구조 - 일반적인 잔해제거 - 정찰 - 부분 잔해제거

해설

구조의 4단계
- 1단계 : 신속한 구조
  신속한 구조는 현장에 도착 당시 바로 눈에 띄는 사상자를 구조하는 즉각적인 대응이다. 이 구조작업은 위치가 분명하게 파악되고 구조방법을 신속히 결정할 수 있는 구조대상자에게만 적용된다.
- 2단계 : 정찰
  정찰은 건물이 튼튼하게 보호받을 수 있는 부분, 특히 비상대피시설, 계단 아래의 공간, 지하실, 지붕근처, 부분적으로 무너진 바닥아래의 공간, 파편에 의해 닫힌 비상구가 있는 방 등 어느 정도 안전을 보장받을 수 있는 곳에 갇혀있는 사람들이나 심각한 부상으로 자력탈출이 불가능한 구조대상자의 위치를 파악하는 수색단계이다.
  수색작업은 절대로 생략할 수 없는 중요한 사항이며 3단계의 진행과 동시에 이루어져야 한다.
- 3단계 : 부분 잔해제거
  1단계와 2단계 과정에서 인명구조와 수색활동을 위해 일부의 잔해물은 제거되었지만 본격적인 구조작업을 위해서 제거하여야 할 잔해물을 신중히 선정하고 조심스럽게 작업을 시작한다. 잔해물을 제거할 때에는 다음과 같은 사항을 종합적으로 고려하여 계획을 세우고 순차적으로 작업을 진행한다.
  1. 실종자가 마지막으로 파악된 위치
  2. 잔해물의 위치와 상태
  3. 건물의 붕괴과정에서 이동되었을 것으로 예상되는 지점
  4. 붕괴에 의해서 형성된 공간
  5. 구조대상자가 보내는 신호가 파악된 곳
  6. 구조대상자가 갇혀있을 곳으로 예상되는 위치
- 4단계 : 일반적인 잔해제거
  4단계의 잔해제거는 구조작업에 필요한 다른 모든 방법을 동원하고 나서 실시되는 최후 작업이다. 아직도 실종 중인 사람이 있거나 도저히 구조대상자에게 도달할 수 없는 경우 조직적으로 해당 영역을 들어내는 방식으로 진행한다. 이 작업은 극도로 주의하며 신속하게 진행해야 한다. 구조대원은 특히 모든 형태의 파괴 장비를 사용할 때 진동이나 붕괴 등에 의한 추가손상에 각별히 주의하여야 하며 적절한 사전경고를 통하여 불의의 사고를 예방하여야 한다.

06 성인과 비교하여 소아기도 처치에 필요한 해부적·생리적 고려사항으로 옳지 않은 것은?

① 기관이 부드럽고 유연하다.
② 가슴벽은 부드럽고 호흡할 때 호흡 보조근보다 가로막에 더 의존한다.
③ 기도의 직경이 작아 기도 내에 기구를 삽입하는 것은 부종을 쉽게 유발시킬 수 있다.
④ 코보다 입을 통해 숨을 쉰다.

해설
입보다 코를 통해 숨을 쉰다.

07 소방고가차(사다리/굴절)의 안전수칙으로 옳지 않은 것은?

① 출동현장 여건에 따라 차량을 이탈할 경우 운전석 또는 조작대의 잠금장치를 닫음으로써 다른 사람이 사용하지 못하도록 한다.
② 안전사고예방에 대한 조작자의 태도는 매우 중요하며 일어날 가능성이 있는 사고를 예견하는 습관은 사고를 미연에 방지하게 할 것이며 사고에 대응하는 시간을 빠르게 해줄 것이다.
③ 모든 전선으로부터 최소 3m 이상 거리를 유지하여야 한다.
④ 급커브 주행 시 전복되지 않도록 커브 전에서 미리 감속해야 한다.

해설
모든 전선으로부터 최소 5m 이상 거리를 유지하여야 한다.

08 대형사고 최초 도착 시 구급차 배치요령으로 옳은 것은?

① 구급차량의 전면이 주행차량의 전면을 향한 경우에는 전조등을 끄고 경광등과 비상등만 작동시킨다.
② 차량화재가 있는 경우에는 화재차량으로부터 30m 밖에 위치시킨다.
③ 폭발물이나 유류를 적재한 차량으로부터는 300~500m 밖에 위치한다.
④ 유독가스가 누출되는 경우에는 바람이 불어오는 방향에 위치시킨다.

해설
최초 도착 시 차량 배치요령
- 도로 외측에 정차시켜 교통장애를 최소화하도록 하며, 도로에 주차시켜야 할 때에는 차량주위에 안전표지판을 설치하거나 비상등을 작동시킨다.
- 구급차량의 전면이 주행차량의 전면을 향한 경우에는 경광등과 전조등을 끄고 비상등만 작동시킨다.
- 사고로 전깃줄이 지면에 노출된 경우에는 전봇대와 전봇대를 반경으로 한 원의 외곽에 주차시킨다.
- 차량화재가 있는 경우에는 화재차량으로부터 30m 밖에 위치시킨다.
- 폭발물이나 유류를 적재한 차량으로부터는 600~800m 밖에 위치한다.
- 화학물질이나 유류가 누출되는 경우에는 물질이 유출되어 흘러내리는 방향의 반대편에 위치시킨다.
- 유독가스가 누출되는 경우에는 바람을 등진 방향에 위치시킨다.

정답 06 ④ 07 ③ 08 ②

09 구조활동 시 임무부여에 관한 유의사항으로 옳지 않은 것은?

① 명령을 하달할 때에는 모든 대원을 집합시켜 재해현장 전반의 상황, 전술, 대원 각자의 구체적 임무 및 활동상 유의사항을 포함한 내용을 전달한다.
② 구출작업 도중에 현장 상황의 변화에 따라 명령을 수정할 필요가 있는 경우에도 가능하면 모든 대원에게 변화된 상황과 수정된 명령내용을 전달한다.
③ 대원별 임무분담은 현장을 확인하여 구출방법 순서를 결정한 시점에서 대원 개개인별로 명확히 지정한다.
④ 위험이 따르는 작업은 해당 장비의 조작법을 숙달한 대원에게 부여한다.

해설

임무부여
- 대원 선정상 유의사항
  - 중요한 장비의 조작은 해당 장비의 조작법을 숙달한 대원에게 부여한다.
  - 위험이 따르는 작업은 책임감이 있고 확실하게 임무를 수행할 수 있다고 확신할 수 있는 대원을 지정한다.
  - 대원에게는 다양한 요소로부터 자신감을 주면서 임무를 부여하도록 한다.
- 현장에서 명령 시의 유의사항
  - 대원별 임무분담은 현장을 확인하여 구출방법 순서를 결정한 시점에서 대원 개개인별로 명확히 지정한다.
  - 명령을 하달할 때에는 모든 대원을 집합시켜 재해현장 전반의 상황, 활동방침(전술), 대원 각자의 구체적 임무 및 활동상 유의사항을 포함한 내용을 전달한다.
  - 구출작업 도중에 현장 상황의 변화에 따라 명령을 수정할 필요가 있는 경우에도 가능하면 모든 대원에게 변화된 상황과 수정된 명령내용을 전달하여 불필요한 오해 소지를 제거한다.

10 유압전개기의 커플링이 잘 연결되지 않을 때 조치방법으로 옳지 않은 것은?

① Lock ling을 풀고 다시 시도한다.
② 유압호스에 압력이 존재하는지 점검한다.
③ 엔진작동을 중지하고 밸브를 여러 번 변환 조작한다.
④ 유압 오일을 확인하고 양이 부족하면 보충한다.

해설

유압전개기(Hydraulic Spreader)의 주요 문제점 및 해결 방안

문제점	조치방법
커플링이 잘 연결되지 않을 때	• Lock ling을 풀고 다시 시도한다. • 유압호스에 압력이 존재하는지 점검한다. • 엔진작동을 중지하고 밸브를 여러 번 변환 조작한다(만일 이것이 안 될 때에는 강제로 압력을 빼 주어야 한다. – 압력제거기를 사용하거나 A/S 요청).
컨트롤 밸브를 조작하여도 전개기가 작동하지 않을 때	• 펌프를 테스트 한다(펌핑이 되고, 매뉴얼 밸브가 오픈 포지션에 있어야 함). • 유압 오일을 확인하고 양이 부족하면 보충한다.

전개기가 압력을 유지하지 못할 때	시스템에 에어가 유입되었을 때 • 핸들의 밸브가 잠겨 있는지 확인한다. • 실린더 바닥의 밸브를 재조립 한다.
컨트롤 밸브 사이에서 오일이 샐 때	• 커플링의 풀림 여부를 확인 한다. • 안전 스크류를 조인다. • 계속 오일이 새면 씰을 교환 한다.

11 건물붕괴 징후로 옳지 않은 것은?

① 벽에 버팀목을 대 놓는 등 불안정한 구조를 보강한 흔적이 없을 때
② 건축 구조물이 기울거나 비틀어져 보일 때
③ 축 구조물이 화재에 오랫동안 노출되었을 때
④ 벽이나 바닥, 천장 그리고 지붕 구조물에 금이 가거나 틈이 있을 때

> **해설**
> 건물붕괴 징후
> • 벽이나 바닥, 천장 그리고 지붕 구조물에 금이 가거나 틈이 있을 때
> • 벽에 버팀목을 대 놓는 등 불안정한 구조를 보강한 흔적이 있을 때
> • 엉성한 벽돌이나 블록, 건물에서 석재가 떨어져 내릴 때
> • 석조 벽 사이의 모르타르가 약화되어 기울어질 때
> • 건축 구조물이 기울거나 비틀어져 보일 때
> • 대형 기계장비나 집기 등 무거운 물체가 있는 아래층의 화재
> • 건축 구조물이 화재에 오랫동안 노출되었을 때
> • 비정상적인 소음(삐걱거리거나 갈라지는 소리 등)이 날 때
> • 건축구조물이 벽으로부터 물러났을 때

12 구급대원이 환자에게 적절한 치료를 계속 제공하지 못한 것의 정의로 옳은 것은?

① 유 기   ② 과 실
③ 상 해   ④ 태 만

> **해설**
> 환자에게 적절한 치료를 계속 제공하지 못한 것을 유기라고 정의한다. 유기는 응급구조사가 법적으로나 도덕적으로 범하지 말아야 할 가장 중대한 행위이다.

정답 11 ① 12 ①

13 화재조사 및 보고규정에서 정한 용어의 정의로 옳지 않은 것은?

① 화재란 사람의 의도에 반하거나 고의에 의해 발생하는 연소 현상으로써 소화설비 등을 사용하여 소화할 필요가 있는 것을 말한다.
② 발화지점이란 열원과 가연물이 상호작용하여 화재가 발생한 장소를 말한다.
③ 잔가율이란 화재 당시에 피해물의 재구입비에 대한 현재가의 비율을 말한다.
④ 발화란 열원에 의하여 가연물질에 지속적으로 불이 붙는 현상을 말한다.

해설
'발화지점'이란 열원과 가연물이 상호작용하여 화재가 시작된 지점을 말한다.

14 Frank Bird 최신 도미노이론에 관한 내용을 순서대로 바르게 나열한 것은?

① 기원 – 관리 – 징후 – 접촉 – 손실
② 징후 – 기원 – 관리 – 접촉 – 손실
③ 접촉 – 징후 – 기원 – 손실 – 관리
④ 관리 – 기원 – 징후 – 접촉 – 손실

해설
Frank Bird 이론(최신의 도미노이론)
하인리히의 5개 골패원리는 그 후 새로운 도미노이론에 의해 교체되었다. 새로운 재해연쇄는 버드(Bird)에 의해 제기되었는데 5개 요인에 대해 다음과 같이 설명하고 있다.

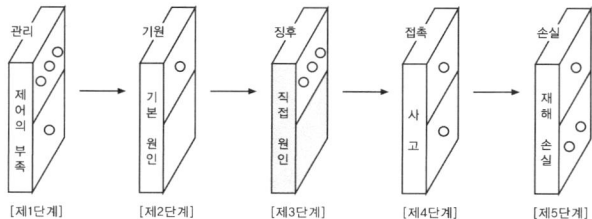

15 다음 〈보기〉에서 설명하는 측정용 구조장비로 옳은 것은?

| 보기 |

개인이 휴대하여 실시간으로 방사선율 및 선량 등 측정하며 기준선량(율) 초과 시 경보하여 구조대원의 안전을 확보하기 위한 장비이다. 가장 보편적으로 사용되는 장비이며, 연 1회 이상 교정하여 사용하여야 한다.

① 방사성 오염감시기
② 개인 선량계
③ 방사선 측정기
④ 핵종 분석기

해설

방사선 계측기
- 개인 선량계(Personal dosimeter)
  개인이 휴대하여 실시간으로 개인의 방사선 피폭량을 측정하기 위한 검출기로는 방사선의 사진작용을 이용하여 필름의 흑화도로 피폭선량을 측정하는 필름배지, 방사선을 받은 물질에 일정한 열을 가하여 물질 밖으로 나오는 빛의 양으로 피폭선량을 측정하는 열형광선량계(TLD : Thermoluminescence Dosimeter), 방사선이 공기를 이온화 시키는 원리를 이용하고 이온화된 전하량과 비례하여 눈금선이 이동 되도록 하여 현장에서 바로 피폭된 방사선량을 알 수 있도록 된 포켓선량계, 전하량을 별도의 기구로 측정하여 피폭된 방사선량을 알 수 있는 포켓이온함 외에 포켓알람미터나 전자개인선량계 등이 있다.
- 핵종 분석기(Radionuclide Analyzer)
  개인이 휴대하여 실시간으로 방사선량 측정 및 핵종을 분석하는 장비로서 감마선 스펙트럼을 분석하여 감마 방사성 핵종의 종류 파악한다. 주로 무기 섬광물질 또는 반도체를 사용하여 제작되며 핵종분석기능 이외에도 방사선량률, 오염측정과 같은 다양한 기능을 탑재하는 경우가 일반적이다. 다른 휴대용 장비들에 비해 상대적으로 무게와 부피가 크므로 항시 휴대 운용은 제한적이다.
- 방사성 오염감시기(Radiation Contamination Monitor)
  방사능 오염이 예상되는 보행자 또는 차량을 탐지하여 피폭여부를 검사하는 장비로서 주로 알파, 베타 방출 핵종의 유출 시 사용한다.
  일반적으로 선량률 값을 제공하지 않고, 시간당 계수율 정보를 제공한다. 따라서, 측정하고 하는 물체 및 인원에 대한 방사성 오염여부 판단용으로 사용되며 미치는 영향에 대해서는 추후 정밀검사가 필요하다.

16 현장 도착 후 기본 감염예방법에 관한 설명으로 옳지 않은 것은?

① 날카로운 기구를 사용할 경우에는 손상을 당하지 않도록 주의한다.
② 바늘 끝이 환자의 몸 쪽으로 향하지 않도록 한다.
③ 심폐소생술 시행 시 반드시 일 방향 휴대용 마스크를 이용하며 직접 접촉을 피한다.
④ 주사바늘, 칼날 등 날카로운 기구는 구멍이 뚫리지 않는 통에 모은다.

> **해설**
> 현장 도착 후 기본 예방법
> • 날카로운 기구를 사용할 경우에는 손상을 당하지 않도록 주의한다.
> • 바늘 끝이 사용자의 몸 쪽으로 향하지 않도록 한다.
> • 사용한 바늘은 다시 뚜껑을 씌우거나, 구부리거나, 자르지 말고 그대로 주사바늘통에 즉시 버린다.
> • 부득이 바늘 뚜껑을 씌워야 할 경우는 한 손으로 조작하여 바늘 뚜껑을 주사바늘에 씌운 후 닫도록 한다.
> • 주사바늘, 칼날 등 날카로운 기구는 구멍이 뚫리지 않는 통에 모은다.
> • 심폐소생술 시행 시 반드시 일 방향 휴대용 마스크를 이용하며 직접 접촉을 피한다.
> • 피부염이나 피부에 상처가 있는 처치자는 환자를 직접 만지거나 환자의 검체를 맨손으로 접촉하지 않도록 한다.
> • 장갑은 한 환자에게 사용하더라도 오염된 신체부위에서 깨끗한 부위로 이동할 경우 교환해야 한다.

17 나비매듭으로 옳은 것은?

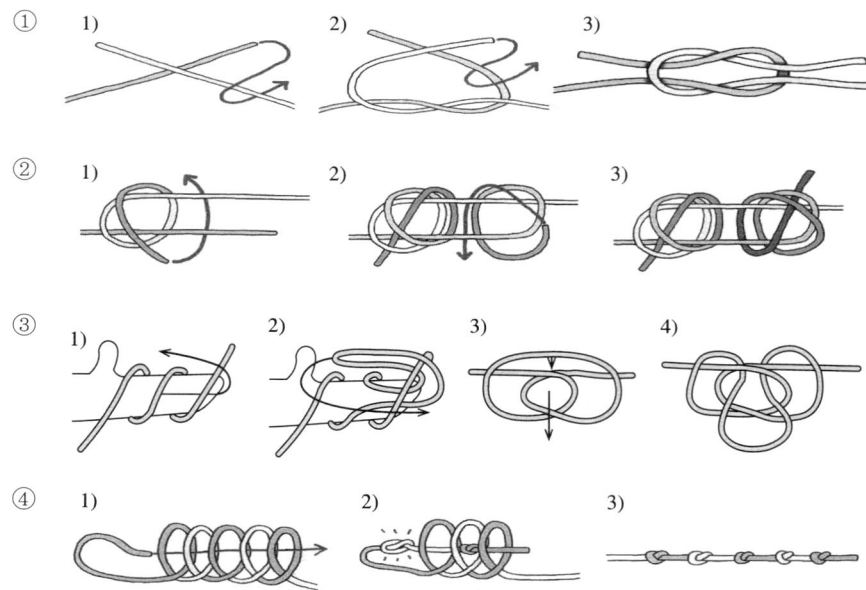

> **해설**
> ① 바른매듭
> ② 이중피셔맨매듭
> ④ 줄사다리매듭

16 ② 17 ③

18 구획실 내의 화재진행 단계에 관한 설명으로 옳은 것은?

① 성장기 : 화재의 4요소들이 서로 결합하여 연소가 시작될 때의 시기를 말한다.
② 플래시오버 : 최성기와 쇠퇴기 사이에 발생한다.
③ 최성기 : 화염이 커짐에 따라 주위 공간으로부터 화염이 상승하는 공간으로 공기를 끌어들인다.
④ 쇠퇴기 : 화재가 구획실 내에 있는 이용 가능한 가연물을 소모하게 됨에 따라, 열 발산율은 감소하기 시작한다.

해설
① 발화기에 관한 설명이다.
② 성장기와 최성기간 사이에 발생한다.
③ 성장기에 관한 설명이다.

19 START 중증도 분류법의 우선순위로 옳은 것은?

① 보 행
② 호 흡
③ 맥 박
④ 의식 수준

해설
START 분류법 요약
1. 우선 걸을 수 있는 환자는 지정된 장소로 이동하라고 말한다.
2. 남아 있는 환자에 대해 의식, 호흡, 맥박을 확인하여 분류한다.
    ㉠ 긴급환자 - 의식 장애, 호흡수 30회/분 이상, 말초맥박 촉진 불가능
    ㉡ 응급환자 - 의식 명료, 호흡수 30회/분 이하, 말초맥박 촉진 가능
    ㉢ 지연환자 - 기도 개방 후에도 무호흡, 무맥
3. 지정된 장소로 온 환자들을 다시 평가하면서 분류한다.

정답 18 ④ 19 ①

20 현장지휘관의 책임완수를 위해 요구되는 지시와 통제능력에 해당하지 않는 것은?

① 스트레스 관리
② 가정과 사실의 구별
③ 고독한 방랑자 관리
④ 중간점관리

해설
현장지휘관의 책임완수를 위해 요구되는 능력
1. 의사결정능력 – 현장지휘관이 신속하고 정확한 의사결정을 내리기 위해 필요한 사항
   - 가정과 사실의 구별(추측된 불완전한 정보와 실제정보의 구별)
   - 현장작전상황의 환류(재검토)를 통해 작전계획을 변경할 수 있는 유연한 자세
   - 표준대응방법의 개발
   - 행동개시 후에는 즉시 관리자의 역할로 복귀(전술적 책임은 위임)
2. 지시와 통제능력 – 효과적인 지시와 통제를 위한 4가지 고려사항
   - 스트레스관리(보다 세부적인 문제에 대해 권한위임의 원칙을 적용함으로서 자신과 하위 지휘관의 스트레스를 줄여준다)
   - 고독한 방랑자관리(권한은 위임하되 모든 책임은 자신이 진다는 고독한 단독 지휘관으로서의 행동 준비가 돼야 한다)
   - 중간점관리(초기지시와 활동상황을 수시로 평가하여 상황변화에 맞게 재 지시 및 통제)
   - 부족자원관리

21 환자 이동장비에 관한 설명으로 옳지 않은 것은?

① 가능하다면 환자의 다리가 진행방향으로 가도록 이동한다.
② 보조 들것은 주 들것을 사용할 수 없는 장소에서 환자를 이동시킬 때 그리고 다수의 환자가 발생했을 때 사용된다.
③ 분리형 들것을 2부분이나 4부분으로 나누어 바로 누운 환자를 움직이지 않고 들것에 고정시켜 이동시킬 수 있기 때문에 척추손상환자에게 사용 할 수 있다.
④ 척추 고정판은 목뼈나 척추손상 의심환자를 고정 및 이송 시 들것 대용으로 많이 활용되는 장비로 나무, 알루미늄, 플라스틱 중합체로 만들어지며 누워있거나 서 있는 환자에게 사용된다.

해설
등 부분을 지지해 주지 못하기 때문에 척추손상환자를 고정하는 데에는 효과가 적다.

22 소방대원들에 대한 피로의 회복 및 안정에 관한 사항으로 옳지 않은 것은?

① 회복지역에서는 보호 장비와 보호 복을 벗을 수 있다.
② 회복지역은 위험구역(Hot Zone, Warm Zone, Cold Zone)의 내부에 설정하여야 한다.
③ 피로회복과 관련된 전문인들을 배치하여야 한다.
④ 대형화재라고 판단 될 경우 현장지휘관은 비번대원을 비상소집하여야 한다.

해설

피로의 회복 및 안정(학교교재 소방전술1-2)
- 회복지역(휴식지역)은 위험구역(Hot Zone, Warm Zone, Cold Zone)의 외부에 설정하여야 한다.
  - 회복지역(휴식지역)에서는 보호 장비와 보호 복을 벗을 수 있고, 앉아 있거나 혹은 휴식을 취할 수 있어야 한다.
  - 구급대원들이 각 개인의 신체적, 정신적 이상 유무를 점검할 수 있도록 하여야 한다.
  - 대원들에게 필요한 음식과 음료수를 공급할 수 있어야 한다.
  - 피로회복과 관련된 전문인들을 배치하여 대원의 피로회복에 노력하여야 한다.
  - 장시간(長時間)의 활동이 요구되는 상황에서는 구급대원, 적십자사, 자원봉사자, 병원의료진, 민간인 자원봉사자 등으로 구성된 특별회복분대(特別回復分隊)를 편성하여 대원의 피로회복, 의료검진, 음식물의 공급업무에 활용한다.
  - 대형화재라고 판단 될 경우 현장지휘관은 비번대원(非番隊員)을 비상소집(非常召集)하여 신체적 과부하에 의한 대원의 피로축적(疲勞蓄積)을 예방하여야 하며, 비상소집 된 대원과의 교대(交代)를 통하여 안전사고를 방지하여야 한다.
  - 고층건물화재의 경우 단거리 경주하듯 발화 층까지 뛰어올라가지 않아야 한다.

23 좁은 장소에서 감겨진 상태로 곧바로 사용하고자 할 때 주로 사용되는 소방호스 사리기로 옳은 것은?

① 한겹말은 소방호스
② 두겹말은 소방호스
③ 접은 소방호스
④ 어깨 매기식 소방호스

해설

두겹말은 소방호스
소방호스를 두겹으로 포개어 놓고 겹쳐진 채로 소방호스를 감아 가는 것이다. 좁은 장소 등에서 소방호스가 감겨진 상태에서 곧바로 사용하고자 할 때 주로 사용된다.

24 다음 중 소방활동 검토회의에 관한 내용 중 옳지 않은 것은?

① 건물의 구조별 도시방법은 목조는 녹색, 방화조는 황색, 내화조는 적색으로 표시한다.
② 검토회의에 있어서의 발언은 통제관의 지시 또는 허락에 의한다.
③ 방어행동에 직접 참가하지 않은 자도 그 설명에 대하여 질문을 하거나 의견을 발표할 수 있다.
④ 축척은 정확히 하고 되도록 축소하여 작성한다.

해설

축척은 정확히 하고 되도록 확대하여 작성한다.
※ 현장대응활동 검토회의로 개정

정답 22 ② 23 ② 24 ④

25 잠수물리에 관한 설명으로 옳지 않은 것은?

① 수중에서는 대기보다 소리가 4배 정도 빠르게 전달되기 때문에 소리의 방향을 판단하기 어렵다.
② 수심 30m에서 활동 시 소모하는 공기량은 분당 45L이다.
③ 부력이란 부피에 해당하는 물의 무게만큼 뜨는 성질로서 그것을 조절할 수 있다면 물 속으로 잠수하는데 있어서 아주 편리하다.
④ 물은 공기보다 약 25배 빨리 열을 전달한다.

해설

수심과 공기소모량의 관계

수심(m)	절대압력(atm)	소모시간(분)	공기소모율(L/분)
0	1	100	15
10	2	50	30
20	3	33	45
30	4	25	60
40	5	20	75

25 ② 정답

06 소방위 기출유사문제

2021

▶ 본 기출유사문제는 수험생들의 기억에 의하여 복원된 것으로 그림, 내용, 출제지문 등이 다를 수 있습니다. 또한, 공통교재와 법령 개정 부분에 맞게 수정된 문제도 있습니다. 기출문제를 잘 살펴보시면 소방학교 공통교재에 모든 내용이 있음을 알 수 있기 때문에 항상 전술 과목은 학교 공통교재를 기본으로 공부하시기 바랍니다.

01 고층건물 화재진압 전술에 관한 설명으로 옳지 않은 것은?

① 발화층이 3층 이상인 경우에는 원칙적으로 연결송수관을 활용한다.
② 1차 경계범위는 당해 화재구역의 화점층으로 한다.
③ 화점층이 고층인 경우 소방대 진입은 비상용 엘리베이터를 활용하여 화점층을 기점으로 2층 이하까지 이용하고 화점층으로의 진입은 옥내특별피난계단을 활용한다.
④ 화점을 확인한 시점에서 전진 지휘소를 직하층에 설치하고, 자원대기소를 전진지휘소 아래층에 설치하여 교대인력, 공기호흡 예비용기, 조명기구 등의 기자재를 집중시켜 관리한다.

해설
② 1차 경계범위는 당해 화재구역의 직상층으로 한다.

02 재해방지의 세 기둥(3개의 E) 중 관리적 대책이 아닌 것은?

① 적합한 기준 설정
② 관리자 및 지휘자의 솔선수범
③ 각종 규정 및 수칙의 준수
④ 부적절한 태도 시정

정답 01 ② 02 ④

해설
대책은 재해방지의 세 기둥(3개의 E)이라 할 수 있는 다음의 것이 있다.
- Engineering(기술적 대책) : 안전 설계, 작업환경·설비의 개선, 행정의 개선, 안전기준의 설정, 점검 보존의 확립 등
- Education(교육적 대책) : 안전지식 또는 기능의 결여나 부적절한 태도 시정
- Enforcement(관리적 대책) : 관리적 대책은 엄격한 규칙에 의해 제도적으로 시행되어야 하므로 다음의 조건이 충족 되어야 한다.
  - 적합한 기준 설정
  - 각종 규정 및 수칙의 준수
  - 전 작업자의 기준 이해
  - 관리자 및 지휘자의 솔선수범
  - 부단한 동기 부여와 사기 향상

03 안전도 등급에 따른 5가지 건물 유형의 붕괴 위험성에 관한 설명으로 옳은 것은?

① 내화구조 건물의 붕괴 위험성은 벽이 붕괴되는 것이다.
② 준 내화구조 건물의 붕괴 위험성은 콘크리트 바닥층의 강도에 달려있다.
③ 중량 목구조(Heavy timber) 건물의 가장 큰 약점은 지붕과 바닥층을 지탱하는 트러스트 구조의 연결부분에 있다.
④ 조적조 건물의 가장 위험한 붕괴요인은 바로 철재구조의 지붕 붕괴의 취약성에 달려있다.

해설
① 내화구조 건물의 붕괴 위험성은 콘크리트 바닥층의 강도에 달려있다.
② 준 내화구조 건물의 붕괴 위험성은 바로 철재구조의 지붕 붕괴의 취약성에 달려있다.
④ 조적조 건물의 가장 위험한 붕괴요인은 벽이 붕괴되는 것이다.

04 재난 및 안전관리 기본법에서 정한 재난사태 선포에 관한 내용으로 옳지 않은 것은?

① 행정안전부장관은 대통령령으로 정하는 재난이 발생하거나 발생할 우려가 있는 경우 사람의 생명·신체 및 재산에 미치는 중대한 영향이나 피해를 줄이기 위하여 긴급한 조치가 필요하다고 인정하면 중앙위원회의 심의를 거쳐 재난사태를 선포할 수 있다.
② 행정안전부장관은 재난상황이 긴급하여 중앙위원회의 심의를 거칠 시간적 여유가 없다고 인정하는 경우에는 중앙위원회의 심의를 거치지 아니하고 재난사태를 선포할 수 있다.
③ 행정안전부장관은 ②번 지문의 단서에 따라 재난사태를 선포한 경우에는 지체 없이 중앙위원회의 승인을 받아야 하고, 승인을 받지 못하면 선포된 재난사태를 즉시 해제하여야 한다.
④ 행정안전부장관은 재난으로 인한 위험이 해소되었다고 인정하는 경우 또는 재난이 추가적으로 발생할 우려가 없어진 경우에는 중앙위원회의 승인을 받아 선포된 재난사태를 해제하여야 한다.

해설
재난안전법 제36조(재난사태 선포) 제4항
행정안전부장관 또는 시·도지사는 재난으로 인한 위험이 해소되었다고 인정하는 경우 또는 재난이 추가적으로 발생할 우려가 없어진 경우에는 선포된 재난사태를 즉시 해제하여야 한다.

05 재난 및 안전관리 기본법의 긴급구조 현장지휘에 관한 내용으로 옳지 않은 것은?

① 재난현장에서는 시·군·구 긴급구조통제단장이 긴급구조활동을 지휘한다.
② 중앙통제단장은 대통령령으로 정하는 대규모 재난이 발생하거나 그 밖에 필요하다고 인정하면 직접 현장지휘를 할 수 있다.
③ 재난현장에서 긴급구조활동을 하는 긴급구조요원과 긴급구조지원기관의 긴급구조지원요원 및 재난관리자원에 대한 운용은 각급통제단장의 지휘·통제에 따라야 한다.
④ 재난현장의 구조활동 등 초동 조치상황에 대한 언론 발표 등은 각급통제단장이 한다.

해설
재난안전법 제52조(긴급구조 현장지휘)
④ 재난현장의 구조활동 등 초동 조치상황에 대한 언론 발표 등은 각급통제단장이 지명하는 자가 한다.

06 중성대를 상층(위쪽)으로 올리기 위한 배연 개구부의 파괴 순서로 옳은 것은?

① 지붕 중앙부분 - 지붕 가장자리 - 상층부 개구부
② 지붕 가장자리 - 지붕 중앙부분 - 상층부 개구부
③ 상층부 개구부 - 지붕 가장자리 - 지붕 중앙부분
④ 상층부 개구부 - 지붕 중앙부분 - 지붕 가장자리

해설
중성대를 상층(위쪽)으로 올리기 위해선 배연 개구부 위치는 지붕 중앙부분 파괴가 가장 효과적이며, 그다음으로 지붕의 가장자리 파괴, 상층부 개구부의 파괴 순서가 효과적이다.

정답 05 ④ 06 ①

07 로프에 관한 설명으로 옳지 않은 것은?

① 정적 로프는 신장율이 5% 미만 정도로 하중을 받아도 잘 늘어나지 않으며, 마모 내구성이 강하고 파괴력에 견디는 힘이 높다.
② 로프는 어둡고 서늘한 곳에 보관한다.
③ 일반 구조활동 동적 로프나 세미스태틱(Semi-static Rope) 로프가 적합하고, 산악 구조활동과 장비의 고정 등에는 정적 로프가 적합하다.
④ 열, 화학약품, 유류 등 로프를 손상시킬 수 있는 어떤 요인과도 접촉하지 않도록 한다.

해설
③ 일반 구조활동에는 정적 로프나 세미스태틱(Semi-static Rope) 로프가 적합하고, 산악 구조활동과 장비의 고정 등에는 동적 로프가 적합하다.

08 다음 환자의 GCS 점수로 옳은 것은?

• 통증 자극에 눈뜸   • 이상 신전반응   • 웅얼거림

① 5점 ② 6점
③ 7점 ④ 8점

해설
• 2점 + 2점 + 2점 = 6점
• 환자의 의식수준을 GCS 측정법에 따라 기록한다.

항 목	검사방법	환자 반응	점 수
눈 뜨기	자발적	눈을 뜨고 있음	4
	언어 지시	소리 자극에 눈을 뜸	3
	통증 자극	통증 자극에 눈 뜸	2
		어떤 자극에도 눈 못뜸	1
운동 반응	언어 지시	지시에 정확한 행동 실시	6
	통증 자극	통증을 제거하려는 뚜렷한 행동	5
		뿌리치는 행동	4
		이상 굴절반응	3
		이상 신전반응	2
		운동 반응 없음	1
언어 반응	언어 지시	질문에 적절한 답변 구사	5
		질문에 적절하지 않은 답변	4
		적절하지 않은 단어 사용	3
		이해할 수 없는 웅얼거림	2
		지시에 아무런 소리 없음	1

09 소방자동차의 포 혼합장치에 관한 설명으로 옳지 않은 것은?

① 펌프프로포셔너 방식은 현재 소방펌프자동차에 거의 대부분이 적용되고 있는 방식이다.
② 라인프로포셔너 방식은 방수측과 흡수측 사이의 바이패스 회로상에 폼 이젝트 본체와 농도 조절 밸브가 설치되어있다.
③ 프레저 사이드프로포셔너 방식은 펌프프로포셔너 방식에 비해 폼 혼합량이 균일하다는 장점은 있으나, 압입용 펌프를 별도로 설치하여야 하는 등 설치비용은 증가하는 단점이 있다.
④ 압축공기포 방식은 물과 폼 원액을 가압된 공기 또는 질소와 조합하여 기존의 폼과는 완전히 다른 형태의 부착성이 매우 뛰어난 균일한 형태의 포를 형성하는 시스템이다.

해설
②는 펌프프로포셔너 방식에 관한 설명이다. 라인프로포셔너 방식은 일반 방수라인 끝을 제거한 후 벤츄리관이 설치된 전용 관창을 포 소화약제 통에 직접 넣어 포 소화약제를 흡입 혼합하여 방출하는 방식을 말하며 거의 사용되지 않고 있다.

10 고층건물화재 시 연결송수관설비의 일반적인 송수요령으로 옳지 않은 것은?

① 송수는 단독 펌프차의 2구 송수를 원칙으로 하고 소방용수가 먼 경우에는 중계대형으로 한다.
② 송수계통이 2 이상일 때는 연합송수가 되므로 송수구 부분의 송수압력이 같아지도록 펌프를 운용한다.
③ 건식배관의 경우 드레인콕크나 방수구밸브가 개방되어 있으면 누수가 된 물의 손실이 크므로 콕크나 밸브를 폐쇄한다.
④ 송수 쪽의 게이트밸브가 폐쇄되어 있으면 송수할 수 없으므로 관계자에게 지시하여 밸브를 신속하게 개방시킨다.

해설
① 송수는 단독 펌프차대(펌프차)의 1구 송수를 원칙으로 한다.

11 공기호흡기에 관한 설명으로 옳지 않은 것은?

① 100% 유독가스 중에서도 사용할 수 있지만 암모니아나 시안화수소 등과 같이 피부에 염증을 일으키는 가스와 방사성 물질이 누출된 장소에 진입하는 경우에는 별도의 보호장비를 착용하여야 한다.
② 고압조정기와 경보기 부분은 분해·조정하지 않는다.
③ 공기의 누설을 점검할 때는 개폐밸브를 서서히 열어 압력계 지침이 가장 높이 상승하는 것을 기다려 개폐밸브를 잠근다. 이 경우 압력계 지침이 1분당 1MPa 이내로 변화할 때에는 사용상에 큰 지장은 없다.
④ 실린더 내의 공기는 항상 청결하게 유지되어야 하므로 비워진 상태로 보관한다.

정답 09 ② 10 ① 11 ④

해설
④ 고압용기에 충전된 호흡용 공기는 매 1년마다 공기를 배출한 후 새로운 공기를 충전하여 보관한다(항상 비워진 상태로 보관할 필요는 없다).

12 소방고가차(사다리/굴절)의 안전수칙으로 옳지 않은 것은?

① 사다리 작업 시 풍속 8m/s 이상이 되면 사다리가 정지하도록 시스템 되어 있다. 그러므로 시스템을 무시하고 작업을 하였을 경우 큰 위험이 따른다.
② 고가 및 굴절 사다리차는 일반적으로 무게중심이 아래쪽에 있다. 급커브 주행 시 전복되지 않도록 커브 전에 미리 감속해야 한다.
③ 사다리 장비는 수평으로 당기거나 미는 작업은 금지되어 있다.
④ 어떤 상황에서도 사다리나 붐으로 중량물을 들어 올려서는 안 된다.

해설
② 고가 및 굴절사다리차는 일반적으로 무게중심이 위쪽에 있다.

13 신생아 소생술에 관한 설명으로 옳지 않은 것은?

① 구형흡입기로 우선 입을 흡인하고 그다음에 코를 흡인한다.
② 호흡과 맥박은 정상이나 몸통에 청색증을 계속 보이면 산소를 공급한다. 산소는 10~15ℓ/분로 공급하며 직접 주는 것이 아니라 얼굴 가까이 산소튜브를 놓고 공급해야 한다.
③ 기도 내 이물질을 제거한 순간부터 자발적으로 호흡하는 것이 정상이며 30초 내에 호흡을 시작해야 한다. 만약 그렇지 않다면 호흡을 격려해야 하는데 발바닥을 치켜들고 손바닥으로 치는 방법이 있다.
④ 신생아 소생술 단계 중 건조, 보온, 체위잡기, 흡인, 촉각자극은 모든 신생아에게 적용되는 단계이다.

해설
③ 기도 내 이물질을 제거한 순간부터 자발적으로 호흡하는 것이 정상이며 30초 내에 호흡을 시작해야 한다. 만약 그렇지 않다면 호흡을 격려해야 하는데 등을 부드럽게 그리고 활발하게 문지르거나 손가락으로 발바닥을 자극하는 방법이 있다. 하지만 발바닥을 치켜들고 손바닥으로 쳐서는 안 되며 호흡이 있으나 팔다리에 약간의 청색증이 있다고 해서 등을 문지르거나 발바닥을 자극해서는 안 된다. 태어나서 수 분 동안은 이런 팔다리의 청색증이 정상이다. 만약 호흡이 얕고 느리며 없다면 40~60회/분 인공호흡을 실시해야 한다.

14 재난현장표준작전절차에서 정한 특수현상 징후 및 대응절차에서 풀 파이어(Pool fire)에 관한 설명으로 옳은 것은?

① 유출된 다량의 가연성가스나 가연성액체에서 생성된 증기가 대기 중에서 혼합기체를 형성하여 점화·폭발되는 화재 상황
② 불완전 연소된 가연성가스와 열이 집적된 상태에서 다량의 공기(산소)가 일시에 공급될 때 연소가스가 순간적으로 폭발하며 발화하는 현상
③ 누출된 인화성액체가 고여있는 곳이나 위험물 탱크에서 화재가 발생한 상황
④ 가연성 액화가스 고압용기가 외부화재에 영향을 받아 내부 증기압이 증가하여 탱크가 파열되는 상황

해설
① 증기운폭발(UVCE, Unconfined Vapor Cloud Explosion)
② 백드래프트(Backdraft)
④ 비등액체팽창증기폭발(BLEVE)

15 화학보호복에 관한 설명으로 옳지 않은 것은?

① 화학보호복은 과학적 실험결과 각종 유해물질에 의하여 변성·침투 및 누설이 되지 않는 특수재질의 원단으로 제작되었음이 국내·외 공인 인증서로 증명되어야 한다.
② 압력시험검사는 화학보호복 내부로 액체 또는 가스가 유입되는지의 여부를 확인하는 것으로 육안검사를 대체할 수 있다.
③ 공급업체로부터 수령 시, 보호복 착용 전, 보호복 사용 후 다시 착용하기 전 및 매년 1회 이상 보호복의 결함 상태를 확인하기 위하여 검사를 실시하여야 한다.
④ 1회용 화학보호복이라 할지라도 제독 등 관리를 철저히 하면 재사용할 수 있고, 재사용할 수 있는 화학보호복은 유독물질에 장시간 노출되어 오염되었을 경우 공급업체에 의뢰하여 세척 후 다시 사용한다.

해설
④ 1회용 화학보호복이라 할지라도 제독 등 관리를 철저히 하면 재사용할 수 있고, 재사용할 수 있는 화학보호복이라 할지라도 유독물질에 장시간 노출되어 오염되었을 경우에는 폐기를 권장한다(화학보호복의 검사 시 오염, 손상, 또는 변형된 보호복은 폐기한다).

16 당뇨의 생리학에 관한 설명으로 옳은 것은?

① 저혈당으로 인한 의식변화가 고혈당보다 더 일반적이며 저혈당은 처방약을 과다복용하거나 너무 빠르게 혈당이 떨어졌을 때 일어난다.
② 고혈당은 갑자기 나타나는 반면 저혈당은 보통 서서히 진행된다.
③ 저혈당 환자는 따뜻하고 붉으며 건조한 피부를 갖는 반면 고혈당 환자는 차갑고 창백하며 축축한 피부를 나타낸다.
④ 고혈당 환자의 호흡에서는 아세톤 냄새가 나기도 한다.

해설
① 고혈당으로 인한 의식변화가 저혈당보다 더 일반적이며 저혈당은 처방약을 과다복용하거나 너무 빠르게 혈당이 떨어졌을 때 일어난다.
② 저혈당은 갑자기 나타나는 반면 고혈당은 보통 서서히 진행된다.
③ 고혈당 환자는 따뜻하고 붉으며 건조한 피부를 갖는 반면 저혈당 환자는 차갑고 창백하며 축축한 피부를 나타낸다.

17 화재현장 검색 및 구조에 관한 사항으로 옳은 것은?

① 위험한 현장에서 탈출 시 지쳐서 더 이상 움직일 수 없게 되거나 의식이 흐려지면 랜턴이 천장을 비추도록 놓고 출입문 가운데나 벽에 누워서 발견되기 쉽게 한다.
② 포복자세로 계단을 오르고 내릴 때에는 머리부터 내려가는 것이 안전하다.
③ 먼저 방의 중심부부터 검색하고 후미진 곳으로 이동한다.
④ 2차 검색은 꼼꼼함보다는 신속함이 필요하다.

해설
② 포복자세로 계단을 오를 때에는 머리부터, 내려갈 때에는 다리부터 내려가는 것이 안전하다.
③ 먼저 후미진 곳을 검색하고 방의 중심부로 이동한다.
④ 2차 검색은 신속성보다는 꼼꼼함이 필요하다.

18 다수사상자 START 중증도 분류 시 해당하는 환자로 옳은 것은?

> 의식 명료, 호흡수 30회/분 이하, 말초맥박 촉진 가능

① 비응급환자 ② 응급환자
③ 긴급환자 ④ 지연환자

19 감염 노출 후 처치자가 실시해야 하는 사항으로 옳지 않은 것은?

① 피부에 상처가 난 경우는 감염방지를 위해 찔리거나 베인 부위에서 피를 짜내지 말고 소독제를 바른다.
② 점막이나 눈에 환자의 혈액이나 체액이 노출된 경우는 노출부위를 흐르는 물이나 식염수로 세척하도록 한다.
③ 기관의 감염노출 관리 과정에 따라 보고하고 적절한 조치를 받도록 한다.
④ 필요한 처치 및 검사를 48시간 이내에 받을 수 있도록 한다.

해설
① 피부에 상처가 난 경우는 즉시 찔리거나 베인 부위에서 피를 짜내고 소독제를 바른다.

20 위험물 분류 및 표지에 관한 기준(GHS) 표시방법으로 옳지 않은 것은?

① 폭발성 -
② 부식성 -
③ 독 성 -
④ 인화성 -

해설
- 인화성 -
- 산화성 -

21 소방안전관리의 특성 중 다음 설명에 해당하는 것으로 옳은 것은?

> 예측 불가한 현장상황은 위험성을 수반한 현장 임무수행이 전제로 될 때 안전관리의 개념이 성립되는 것이다. 이와 같이 재난현장의 위험성을 용인하는 가운데 임무수행과 안전 확보를 양립시키는 특성이 있다.

① 일체성·적극성
② 특이성·양면성
③ 위험성·이상성
④ 계속성·반복성

해설

소방안전관리의 특성
- 안전관리의 일체성·적극성
  재해현장 소방활동에 있어서 안전관리에 대한 일체성의 예는 수관연장 시 수관을 화재건물과 가까이 두고 연장하지 않도록 하는 것은 화재건물의 낙하물체나 고열의 복사열에 의한 수관손상을 방지하여 결과적으로 진압활동이나 인명구조 시 엄호주수가 완전히 이루어질 수 있도록 하기 위한 것이다. 이는 대원 자신의 안전으로 연결되어 소방활동이 적극적으로 실행 될 수 있도록 한다. 안전관리의 일체성, 적극성은 효과적인 소방활동을 염두에 둔 적극적인 행동대책이라고 할 수 있다.
- 안전관리의 특이성·양면성
  소방 조직의 재난현장 활동은 임무 수행과 동시에 대원의 안전을 확보하여야 하는 양면성이 요구된다. 예측 불가한 현장상황은 위험성을 수반한 현장 임무수행이 전제로 될 때 안전관리의 개념이 성립되는 것이다. 이와 같이 재난현장의 위험성을 용인하는 가운데 임무수행과 안전 확보를 양립시키는 특이성·양면성이 있다.
- 안전관리의 계속성·반복성
  안전관리는 끝없이 계속·반복적으로 실시되어야 한다. 재해현장의 안전관리는 출동에서부터 귀소하여 다음 출동을 위한 점검·정비까지 계속된다. 그러므로 평소 지속적인 교육훈련의 반복과 장비 점검 및 정비를 철저히 실시함이 안전관리의 중요한 요소가 된다.

22 화재조사 및 보고규정에서 정한 건물동수 산정방법으로 옳은 것은?

① 건물의 외벽을 이용하여 실을 만들어 헛간, 목욕탕, 작업실, 사무실 및 기타 건물 용도로 사용하고 있는 것은 각 동으로 본다.
② 건널 복도 등으로 2 이상의 동에 연결되어있는 것은 그 부분을 절반으로 분리하여 각 동으로 본다.
③ 목조 또는 내화조 건물의 경우 격벽으로 방화구획이 되어 있는 경우 각 동으로 한다.
④ 내화조 건물의 옥상에 목조 또는 방화구조 건물이 별도 설치되어 옥내 계단이 있는 경우 별동으로 한다.

해설

① 건물의 외벽을 이용하여 실을 만들어 헛간, 목욕탕, 작업실, 사무실 및 기타 건물 용도로 사용하고 있는 것은 주건물과 1동으로 본다.
③ 목조 또는 내화조 건물의 경우 격벽으로 방화구획이 되어 있는 경우도 동일동으로 한다.
④ 내화조 건물의 옥상에 목조 또는 방화구조 건물이 별도 설치되어있는 경우는 별동으로 한다. 다만, 이들 건물의 기능상 하나인 경우(옥내 계단이 있는 경우)는 동일동으로 한다.

23 발화점이 낮아지는 이유로 옳지 않은 것은?

① 발열량이 높을수록 낮아진다.
② 압력, 화학적 활성도가 클수록 낮아진다.
③ 산소와 친화력이 클수록 낮아진다.
④ 금속의 열전도율이 높을수록 낮아진다.

해설
- 일반적으로 발화점이 낮아지는 이유
  - 분자의 구조가 복잡할수록
  - 발열량이 높을수록
  - 압력, 화학적 활성도가 클수록
  - 산소와 친화력이 클수록
  - 금속의 열전도율과 습도가 낮을수록 등
- 발화점이 달라지는 요인
  - 가연성가스와 공기의 조성비
  - 발화를 일으키는 공간의 형태와 크기
  - 가열속도와 가열시간
  - 발화원의 종류와 가열방식 등

24 다음 빈칸에 들어갈 단어를 순서대로 나열한 것으로 옳은 것은?

- ( ) : 관절을 지지하거나 둘러싼 인대의 파열이나 비정상적인 잡아당김으로 생긴다.
- ( ) : 관절 및 다리 하부의 손상이 동반되지 않은 넙다리 몸통부 손상 시 사용된다.
- 부목의 일반적인 사용방법으로는 부목 고정 전에 팔·다리 손상 먼 쪽의 맥박, ( ) 그리고 ( )을 평가해야 한다.

① 염좌 – 견인부목 – 운동기능 – 감각
② 좌상 – 항쇼크바지 – 호흡 – 운동
③ 좌상 – 견인부목 – 감각 – 출혈
④ 염좌 – 항쇼크바지 – 감각 – 호흡

정답 23 ④ 24 ①

25 119구조·구급에 관한 법률에서 정한 내용으로 옳은 것은?

① 구급대원은 구급활동일지에 구급활동상황을 상세히 기록하고, 소속 소방관서에 3년간 보관해야 한다.
② 소방본부장은 구조활동상황을 종합하여 연 1회 소방청장에게 보고하여야 한다.
③ 구조·구급대원은 근무 중 유해물질 등에 노출되거나 감염성 질병에 걸린 구조대상자 또는 응급환자와 접촉한 경우에는 그 사실을 안 때부터 72시간 이내에 소방청장 등에게 보고하여야 한다.
④ 소방청장 등은 유해물질 등에 노출되거나 감염성 질병에 걸린 구조대상자 또는 응급환자와 접촉한 구조·구급대원이 적절한 진료를 받을 수 있도록 조치하고, 접촉일부터 7일 동안 구조·구급대원의 감염성 질병 발병 여부를 추적·관리하여야 한다.

해설
② 소방본부장은 구조활동상황을 종합하여 연 2회 소방청장에게 보고하여야 한다.
③ 구조·구급대원은 근무 중 위험물·유독물 및 방사성물질(이하 "유해물질 등"이라 한다)에 노출되거나 감염성 질병에 걸린 구조대상자 또는 응급환자와 접촉한 경우에는 그 사실을 안 때부터 48시간 이내에 소방청장 등에게 보고하여야 한다.
④ 소방청장 등은 유해물질 등에 노출되거나 감염성 질병에 걸린 구조대상자 또는 응급환자와 접촉한 구조·구급대원이 적절한 진료를 받을 수 있도록 조치하고, 접촉일부터 15일 동안 구조·구급대원의 감염성 질병 발병 여부를 추적·관리하여야 한다.

07 | 소방장 기출유사문제

> ▶ 본 기출유사문제는 수험생들의 기억에 의하여 복원된 것으로 그림, 내용, 출제지문 등이 다를 수 있습니다. 또한, 공통교재와 법령 개정 부분에 맞게 수정된 문제도 있습니다. 기출문제를 잘 살펴보시면 소방학교 공통교재에 모든 내용이 있음을 알 수 있기 때문에 항상 전술 과목은 학교 공통교재를 기본으로 공부하시기 바랍니다.

01 구획실 화재에서 생성되는 열의 3가지 전달 과정에 관한 설명을 순서대로 나열한 것은?

- 초기의 화염에서 상승하는 열은 (　　)에 의해 전달된다.
- 뜨거운 가스가 구획실 내부의 다른 가연물의 표면 위를 지나갈 때에, 열은 (　　)에 의해 다른 가연물로 전달된다.
- (　　)는 구획실에서 화재가 성장기로부터 최성기로 전환되는 데 있어서 중요한 역할을 한다.

① 대류 - 전도 - 복사　　② 전도 - 대류 - 복사
③ 대류 - 복사 - 전도　　④ 복사 - 전도 - 대류

해설

초기의 화염에서 상승하는 열은 대류에 의해 전달된다. 뜨거운 가스가 구획실 내부의 다른 가연물의 표면 위를 지나갈 때에, 열은 전도에 의해 다른 가연물로 전달된다. 복사는 구획실에서 화재가 성장기로부터 최성기로 전환되는 데 있어서 중요한 역할을 한다.
※ 항상 강조했다시피, 전술 과목은 공통교재가 출제 근거가 됩니다. 논란의 여지가 있던 문제였으나, 교재에서 지문이 그대로 출제가 됐습니다.

02 소방안전관리의 특성 중 다음 설명에 해당하는 것으로 옳은 것은?

수관연장 시 수관을 화재건물과 가까이 두고 연장하지 않도록 하여 화재건물의 낙하물체나 고열의 복사열에 의한 수관 손상을 방지하는 것

① 일체성　　② 특이성
③ 양면성　　④ 계속성

정답 01 ①　02 ①

해설

소방안전관리의 특성
- 안전관리의 일체성·적극성
  재해현장 소방활동에 있어서 안전관리에 대한 일체성의 예는 수관연장 시 수관을 화재건물과 가까이 두고 연장하지 않도록 하는 것은 화재건물의 낙하물체나 고열의 복사열에 의한 수관손상을 방지하여 결과적으로 진압활동이나 인명구조 시 엄호주수가 완전히 이루어질 수 있도록 하기 위한 것이다. 이는 대원 자신의 안전으로 연결되어 소방활동이 적극적으로 실행 될 수 있도록 한다. 안전관리의 일체성, 적극성은 효과적인 소방활동을 염두에 둔 적극적인 행동대책이라고 할 수 있다.
- 안전관리의 특이성·양면성
  소방 조직의 재난현장 활동은 임무 수행과 동시에 대원의 안전을 확보하여야 하는 양면성이 요구된다. 예측 불가한 현장상황은 위험성을 수반한 현장 임무수행이 전제로 될 때 안전관리의 개념이 성립되는 것이다. 이와 같이 재난현장의 위험성을 용인하는 가운데 임무수행과 안전 확보를 양립시키는 특이성·양면성이 있다.
- 안전관리의 계속성·반복성
  안전관리는 끝없이 계속·반복적으로 실시되어야 한다. 재해현장의 안전관리는 출동에서부터 귀소하여 다음 출동을 위한 점검·정비까지 계속된다. 그러므로 평소 지속적인 교육훈련의 반복과 장비 점검 및 정비를 철저히 실시함이 안전관리의 중요한 요소가 된다.

03 다수사상자 START 중증도 분류 시 해당하는 환자로 옳은 것은?

> 의식 명료, 호흡수 30회/분 이하, 말초맥박 촉진 가능

① 비응급환자　　　　　　　　② 응급환자
③ 긴급환자　　　　　　　　　④ 지연환자

해설
- 긴급환자 : 의식장애, 호흡수 30회/분 초과, 말초맥박 촉진 불가능
- 응급환자 : 의식명료, 호흡수 30회/분 이하, 말초맥박 촉진 가능
- 지연환자 : 기도 개방 후에도 무호흡, 무맥

04 다음 용어의 정의 중 옳은 것은?

① 소독(Disinfecting) : 대상물로부터 모든 이물질(토양, 유기물 등)을 제거하는 과정
② 멸균(Sterilization) : 생물체가 아닌 환경으로부터 세균의 아포를 제외한 미생물을 제거하는 과정
③ 살균제(Germicide) : 미생물 중 병원성 미생물을 사멸시키기 위한 물질
④ 멸균(Sterilization) : 진균과 박테리아의 아포를 포함한 모든 형태의 미생물을 파괴하는 것으로 화학멸균제(Chemical sterilant)라고도 한다.

> **해설**
> - 세척(Cleaning) : 대상물로부터 모든 이물질(토양, 유기물 등)을 제거하는 과정으로 소독과 멸균의 가장 기초단계이다. 일반적으로 물과 기계적인 마찰, 세제를 사용한다.
> - 소독(Disinfecting) : 생물체가 아닌 환경으로부터 세균의 아포를 제외한 미생물을 제거하는 과정이다. 일반적으로 액체 화학제, 습식 저온 살균제에 의해 이루어진다.
> - 멸균(Sterilization) : 물리적, 화학적 과정을 통하여 모든 미생물을 완전하게 제거하고 파괴시키는 것을 말하며 고압증기멸균법, 가스멸균법, 건열멸균법, H_2O_2, Plasma 멸균법과 액체 화학제 등을 이용한다.
> - 살균제(Germicide) : 미생물 중 병원성 미생물을 사멸시키기 위한 물질을 말한다. 이 중 피부나 조직에 사용하는 살균제를 피부소독제(antiseptics)라 한다.
> - 화학제(Chemicals) : 진균과 박테리아의 아포를 포함한 모든 형태의 미생물을 파괴하는 것으로 화학멸균제(Chemical sterilant)라고도 하며, 단기간 접촉되는 경우 높은 수준의 소독제로 작용할 수 있다.

05 잠수병의 종류 중 산소중독에 관한 설명으로 옳지 않은 것은?

① 호흡 기체 속에 포함된 산소의 최소 한계량과 최대 허용량은 산소의 함유량(%)과는 관계가 없고 산소의 부분압과 관계가 있다.
② 증세로는 근육의 경련, 멀미, 현기증, 발작, 호흡곤란 등이며 예방법으로는 순수 산소를 사용하지 말고 반드시 공기를 사용하는 것이다.
③ 산소 부분압이 0.16 기압 이하가 되면 저산소증이 발생하고 산소 분압이 1.6~1.8 기압이 될 때 나타난다.
④ 산소의 부분압이 0.6 대기압 이상인 공기를 장시간 호흡할 경우 중독되는데 부분압이 이보다 더 높으면 중독이 더 빨리 된다.

> **해설**
>
> 산소중독(Oxygen Toxicity)
> - 산소는 사람이 생존하는 데 가장 중요한 요소이지만 지나치게 많은 산소를 함유한 공기를 호흡하게 되면 오히려 산소중독을 일으킨다. 산소의 부분압이 0.6 대기압 이상인 공기를 장시간 호흡할 경우 중독되는데 부분압이 이보다 더 높으면 중독이 더 빨리 된다.
> - 호흡 기체 속에 포함된 산소의 최소 한계량과 최대 허용량은 산소의 함유량(%)과는 관계가 없고 산소의 부분압과 관계가 있다. 인체의 산소 사용 가능 범위는 약 0.16 기압에서 1.6 기압 범위이다. 산소 부분압이 0.16 기압 이하가 되면 저산소증이 발생하고 산소 분압이 1.4~1.6 기압이 될 때 나타난다. 1.4는 작업 시 분압이고 1.6은 정지 시 분압이라고 표현하는데, 사실 1.6은 contingency pressure라고 해서 우발적으로라도 노출되어서는 안 되는 부분압이라는 의미이다.
> - 증세로는 근육의 경련, 멀미, 현기증, 발작, 호흡곤란 등이며 예방법으로는 순수 산소를 사용하지 말고 반드시 공기를 사용하는 것이다.

정답 05 ③

06 소방자동차 탱크의 물을 이용한 방수방법으로 옳지 않은 것은?

① 차량 부서 후 주차 브레이크를 체결, 고임목을 타이어 앞, 뒤로 고정한다(선탑자).
② 엔진 온도와 P.T.O 온도를 90℃ 이하로 유지하기 위하여 냉각수밸브를 개방하여 열을 식혀준다.
③ 방수가 시작되면 압력계를 보면서 회전(RPM)조절기를 적정 수준으로 조절한다.
④ 동절기 방수 후에는 체크밸브 이용 소방펌프에 부동액을 채워 동파방지를 한다.

해설
동절기 방수 후에는 지수밸브 이용 소방펌프에 부동액을 채워 동파방지를 한다.

07 위험물 화재의 특수현상을 순서대로 나열한 것은?

- 물보다 끓는점(비점)이 높은 점성을 가진 유류에 물이 접촉될 때 유류 표면온도에 의해 물이 수증기가 되어 팽창, 비등함에 따라 유류를 외부로 비산시키는 현상
- 석유류가 혼합된 원유를 저장하는 탱크내부에 물이 외부 또는 자체적으로 발생한 상태에서 탱크 표면에 화재가 발생하여 원유와 물이 함께 저장탱크 밖으로 흘러넘치는 현상
- 점성을 가진 뜨거운 유류표면 아래 부분에서 물이 비등할 경우 비등하는 물에 의해 탱크 내 유류가 넘치는 현상

① 슬롭오버 – 보일오버 – 후로스오버
② 보일오버 – 슬롭오버 – 후로스오버
③ 후로스오버 – 슬롭오버 – 보일오버
④ 슬롭오버 – 후로스오버 – 보일오버

08 성인의 중증도 분류 중 중증에 해당하는 것이 아닌 것은?

① 체표면적 25%, 2도 화상인 45세 여성
② 체표면적 20%, 2도 화상인 15세 여성
③ 체표면적 10%, 3도 화상인 20세 여성
④ 체표면적 15%, 3도 화상인 8세 여성

해설

②는 중등도에 해당한다.

중증도 분류	화상 깊이 및 화상의 범위
중 증	• 흡인화상이나 골절을 동반한 화상 • 손, 발, 회음부, 얼굴화상 • 체표면적 10% 이상의 3도 화상인 모든 환자 • 체표면적 25% 이상의 2도 화상인 10세 이상 50세 이하의 환자 • 체표면적 20% 이상의 2도 화상인 10세 미만 50세 이후의 환자 • 영아, 노인, 과거력이 있는 화상환자 • 원통형 화상, 전기 화상
중등도	• 체표면적 2% 이상~10% 미만의 3도 화상인 모든 화상 • 체표면적 15% 이상, 25% 미만의 2도 화상인 10세 이상 50세 이하의 환자 • 체표면적 10% 이상, 20% 미만의 2도 화상인 10세 미만 50세 이후의 환자
경 증	• 체표면적 2% 미만의 3도 화상인 모든 환자 • 체표면적 15% 미만의 2도 화상인 10세 이상 50세 이하의 환자 • 체표면적 10% 미만의 2도 화상인 10세 미만 50세 이후의 환자

09 공기포에 대한 설명으로 옳지 않은 것은?

① 기름의 표면에 거품과 수성의 막(aqueous film)을 형성하기 때문에 질식과 냉각 작용이 우수하다.
② 유류화재에 우수한 효과를 나타내고 수용성 액체의 화재에도 유효하다.
③ 물과 혼합하여 사용하고 주로 3%, 6%형이 많이 사용된다.
④ A약제와 B약제를 혼합하면 다량의 이산화탄소가 발생 되어 소화기 내부가 고압 상태가 되고 그 압력에 의하여 반응액이 밖으로 밀려 나가 방사된다.

해설

④는 화학포에 관한 설명이다.

10 구조현장 안전관리에 관한 설명으로 옳지 않은 것은?

① 윈치를 이용하여 로프를 설치하는 경우 로프의 인장력을 초과하여 당기게 되기 때문에 로프가 절단되거나 지지물의 파손, 붕괴 등 뜻하지 않은 사고가 발생할 우려가 있어 사용하지 말아야 한다.
② 맨홀 사고 시 산소결핍 여부를 측정할 때는 반드시 공기호흡기를 착용하고 맨홀 등의 주변에서 개구부를 향하여 순차적으로 행하고 산소결핍 상태를 나타난 때는 조기에 경계구역을 설정한다.
③ 배에 의한 구조 시 운항 중에는 횡파를 받아 전복할 우려가 있으므로 파도와 직각으로 부딪히지 않도록 항해에 주의한다.
④ 잠수대원은 피부병 등 신체적 이상이 있을 때에는 잠수하지 않는다.

해설

① 윈치 등을 이용하여 로프를 설치하는 경우 로프의 인장력을 초과하여 당기게 되기 쉬우며, 이 경우 로프가 절단되거나 지지물의 파손, 붕괴 등 뜻하지 않은 사고가 발생할 우려가 있다. 로프가 지나친 장력을 받지 않도록 주의해야 하며, 아울러 지지물 파손 등에 의한 2차 사고를 방지하기 위하여 안전한 장소를 선정한다(2차 사고를 방지하고 안전한 장소를 선택한다면 로프 사용 가능으로 해석).
④ 잠수대원은 다음과 같은 질병 또는 피로 등 신체적, 정신적 이상이 있을 때는 잠수하지 않는다.
  • 중풍, 두통, 소화기계 질환 또는 질환에 의해 몸 조절이 나쁜 자(눈병, 치통 등 국부적인 것도 포함)
  • 외상, 피부병, 기타 피부에 이상이 있는 자
  • 피로가 현저한 자
  • 정신적 부담, 동요 등이 현저한 자

11 3D 주수기법의 설명에 해당하는 것을 순서대로 나열한 것은?

• ( ) : 벽면의 온도를 낮추고 열분해를 중단시키는 것
• ( ) : 해당 공간을 3차원적으로 냉각시키는 방식
• ( ) : 1초 이내로 짧게 끊어서 주수하며, 물의 입자(0.3mm 이하)가 작을수록 효과가 높은 장점을 가지고 있다.
• ( ) : 연소 가연물에 직접 주수하여 화재진압을 하는 방법

① 펄싱 – 페인팅 – 펜슬링 – 숏펄싱
② 펜슬링 – 페인팅 – 숏펄싱 – 펄싱
③ 페인팅 – 펄싱 – 숏펄싱 – 펜슬링
④ 숏펄싱 – 펜슬링 – 페인팅 – 펄싱

12 다음 환자의 GCS 점수로 옳은 것은?

> • 통증 자극에 눈뜸
> • 이상 신전반응
> • 적절하지 않은 단어 사용

① 5점 ② 6점
③ 7점 ④ 8점

해설

- 2점 + 2점 + 3점 = 7점
- 환자의 의식수준을 GCS 측정법에 따라 기록한다.

항 목	검사방법	환자 반응	점 수
눈 뜨기	자발적	눈을 뜨고 있음	4
	언어 지시	소리 자극에 눈을 뜸	3
	통증 자극	통증 자극에 눈 뜸	2
		어떤 자극에도 눈 못뜸	1
운동 반응	언어 지시	지시에 정확한 행동 실시	6
	통증 자극	통증을 제거하려는 뚜렷한 행동	5
		뿌리치는 행동	4
		이상 굴절반응	3
		이상 신전반응	2
		운동 반응 없음	1
언어 반응	언어 지시	질문에 적절한 답변 구사	5
		질문에 적절하지 않은 답변	4
		적절하지 않은 단어 사용	3
		이해할 수 없는 웅얼거림	2
		지시에 아무런 소리 없음	1

정답 12 ③

13 호흡기계와 순환계에 관한 설명으로 옳은 것은?

① 들숨은 수동적 과정으로 가로막과 갈비 사이근의 수축으로 이루어진다.
② 소아의 분당 호흡수는 15~30회이고, 나이가 어린 소아일수록 코호흡을 한다.
③ 동맥은 심장으로부터 조직으로 혈액을 이동시키며 왼심실에서 허파로 혈액을 이동시키는 허파동맥을 제외하고는 모든 동맥은 산소가 풍부한 혈액으로 되어 있다.
④ 혈압은 혈액이 동맥벽에 미치는 압력으로 수축기압은 왼심실의 이완으로 생기고 이완기압은 왼심실이 수축되었을 때 측정된다.

해설
① 들숨은 능동적 과정으로 가로막과 갈비 사이근의 수축으로 이루어진다.
③ 동맥은 심장으로부터 조직으로 혈액을 이동시키며 오른심실에서 허파로 혈액을 이동시키는 허파동맥을 제외하고는 모든 동맥은 산소가 풍부한 혈액으로 되어 있다.
④ 혈압은 혈액이 동맥벽에 미치는 압력으로 혈압계를 이용하여 위팔동맥 측정으로 알 수 있다. 수축기압은 왼심실의 수축으로 생기고 이완기압은 왼심실이 이완되었을 때 측정된다.

14 다음 연소생성물을 순서대로 나열한 것으로 옳은 것은?

- ( ) : 열가소성 수지인 폴리염화비닐(PVC), 수지류 등이 연소할 때 발생
- ( ) : 유황이 함유된 물질인 동물의 털, 고무와 일부 목재류 등이 연소하는 과정에서 발생
- ( ) : 독성의 허용농도는 25ppm
- ( ) : 향료, 염료, 의약, 농약 등의 제조에 이용되며, 자극성이 아주 강해 눈과 호흡기에 영향

① SO_2 - HCN - H_2S - CO_2
② NO_2 - $COCl_2$ - HCl - SO_2
③ NH_3 - H_2S - $COCl_2$ - HCN
④ $COCl_2$ - SO_2 - NH_3 - HCl

해설
유해 생성물질
- 일산화탄소(CO) : 일산화탄소는 무색·무취·무미의 환원성이 강한 가스이다. 일산화탄소는 가연성 가스로써 다른 가스의 연소를 돕지는 않는다. 연소농도(폭발범위)는 13~75vol%의 범위이며, 연소 시에는 푸른 불꽃을 발한다. 일반적으로 고분자재료는 300℃ 이상의 온도에서 열분해하여 일산화탄소가 발생하는 것으로 보고되었다. 혈액 중의 헤모글로빈과의 결합력이 산소보다 210배 강하기 때문에 흡입하면 산소결핍 상태에 이르게 된다. 인체에 대한 허용농도는 50ppm이다.
- 이산화탄소(CO_2) : 이산화탄소는 물질의 완전 연소 시 생성되는 가스로 무색·무미의 기체로서 공기보다 무거우며 가스 자체는 독성이 거의 없으나 다량이 존재할 때 사람의 호흡 속도를 증가시키고 혼합된 유해 가스의 흡입을 증가시켜 위험을 가중시킨다. 인체에 대한 허용농도는 5,000ppm이다.

- 황화수소(H_2S) : 황을 포함하고 있는 유기 화합물이 불완전 연소하면 발생하는데 계란 썩은 냄새가 나며 0.2% 이상 농도에서 냄새 감각이 마비되고, 0.4~0.7%에서 1시간 이상 노출되면 현기증, 장기혼란의 증상과 호흡기의 통증이 일어난다. 0.7%를 넘어서면 독성이 강해져서 신경 계통에 영향을 미치고 호흡기가 무력해진다.
- 이산화황(SO_2) : 일명 아황산가스라고도 하며, 유황이 함유된 물질인 동물의 털, 고무와 일부 목재류 등이 연소하는 과정에서 발생하는 것으로 무색의 자극성 냄새를 가진 유독성 기체로 눈 및 호흡기 등에 점막을 상하게 하고 질식사할 우려가 있다. 특히 유황을 저장 또는 취급하는 공장에서의 화재가 발생하는 경우 아황산가스가 대기 중으로 방출되기 때문에 2차적 피해를 발생시킨다. 1952년 영국 런던에서는 7일간 계속된 높은 습도와 정체된 기단으로 인한 스모그가 발생하여 호흡장애와 질식으로 약 4천명 이상의 사망자가 발생하였다. 이 '런던 스모그 사건'은 바로 아황산가스에 의한 대기오염 피해 사건으로 알려져 있다.
- 암모니아(NH_3) : 질소 함유물이 연소할 때 발생하는 연소생성물로서 유독성이 있으며 강한 자극성을 가진 무색의 기체로 흡입 시 점액질과 기도조직에 심한 손상을 초래하고, 타는 듯한 느낌, 기침, 숨 가쁨 등을 초래하며, 냉동시설의 냉매로 많이 쓰이고 있으므로 냉동창고 화재 시 누출 가능성이 크므로 주의해야 하며, 독성의 허용농도는 25ppm이다.
- 시안화수소(HCN) : 질소성분을 가지고 있는 합성수지, 동물의 털, 인조견 등의 섬유가 불완전 연소할 때 발생하는 맹독성 가스로 0.3%의 농도에서 즉시 사망할 수 있다. 청산가스라고도 하며, 인화성이 매우 강한 무색의 화학물질로 연소 시 유독가스를 발생시키고, 특히 수분이 2% 이상 포함되어 있거나 알칼리 등이 포함되어 있으면 폭발할 우려가 크다.
- 포스겐($COCl_2$) : 열가소성 수지인 폴리염화비닐(PVC), 수지류 등이 연소할 때 발생하며, 2차 세계대전 당시 독일군이 유태인 대량학살에 사용했을 만큼 맹독성 가스로 허용농도는 0.1ppm(mg/m^3)이다. 일반적인 물질이 연소할 경우는 거의 생성되지 않지만 일산화탄소와 염소가 반응하여 생성하기도 한다.
- 염화수소(HCl) : PVC와 같이 염소가 함유된 수지류가 탈 때 주로 생성되는데 독성의 허용농도는 5ppm(mg/m^3)이며 향료, 염료, 의약, 농약 등의 제조에 이용되며, 자극성이 아주 강해 눈과 호흡기에 영향을 준다.
- 이산화질소(NO_2) : 질산셀룰로오스가 연소 또는 분해될 때 생성되며 독성이 매우 커서 200~700ppm 정도의 농도에 잠시 노출되어도 인체에 치명적이다.
- 불화수소(HF) : 합성수지인 불소수지가 연소할 때 발생되는 연소생성물로서 무색의 자극성 기체이며 유독성이 강하다. 허용농도는 3ppm(mg/m^3)이며 모래나 유리를 부식시키는 성질이 있다.

15 외부에서 화점을 확인하는 방법으로 옳지 않은 것은?

① 창 등 개구부로부터 연기가 분출하는 경우는 연기가 나오는 층 이하의 층을 화점층으로 판단하고 행동한다.
② 최상층의 창 등으로부터 분출속도가 약한 백색 연기가 나오는 경우는 아래층에 화점이 있는 경우가 많다.
③ 야간의 경우 조명을 점등하고 있는 층보다 조명이 소등되어 있는 층에 화점이 있는 경우가 많다.
④ 화점에서 멀수록 연기의 속도는 급속하게 저하한다. 연기의 유동속도가 완만하고, 열기가 적은 연기는 화점에서 떨어져 있는 것으로 판단한다.

해설
④는 내부에서 화점을 확인하는 방법이다.

16 위험물 분류 및 표지에 관한 기준(GHS)에서 산화성 고체 표지판으로 옳은 것은?

①  ②

③  ④

> [해설]
> ① 폭발성 물질 또는 화약류
> ② 금속부식성 물질
> ③ 인화성

17 지하실 화재의 특성과 진압 요령으로 옳지 않은 것은?

① 공기의 유입이 적기 때문에 연소가 완만하지만, 시간이 경과함에 따라 복잡한 연소상태를 나타낸다.
② 진입개소가 2개소인 경우에는 급기, 배기방향을 결정한 후 급기측에서 분무방수 또는, 배연기기 등을 이용하여 진입구를 설정한다.
③ 고발포를 방사하는 경우에는 화세를 확대시키는 경우도 있기 때문에 상층에 경계관창의 배치를 소홀히 해서는 안 된다.
④ 배기측 계단에서 화학차를 활용하여 고발포를 방사(放射)하여, 질식소화를 한다.

> [해설]
> 급기측 계단에서 화학차를 활용하여 고발포를 방사(放射)하여, 질식소화를 한다.

18 구조활동에 관한 설명으로 옳은 것은?

① 출동 경로는 지도상의 최단거리이다.
② 출동 중에도 최초 상황판단의 수정·보완과 필요한 응원요청을 한다.
③ 구조활동의 순서 중 가장 첫 번째는 구조대상자의 구명에 필요한 조치를 취하는 것이다.
④ 가스렌지만 켜놓은 단순히 잠긴 문의 개방을 요청한 경우 구조요청을 거절할 수 있다.

해설
② 출동 중에도 지휘부와 계속 무선통신을 유지하여 현장상황에 관한 정보를 청취하고, 최초 상황판단의 수정·보완과 필요한 응원요청을 한다.
① 출동 경로는 지도상의 최단거리가 아니라 현장에 도착하는 시간이 가장 적게 소요되는 경로이다.
③ 구조활동의 순서
 • 현장활동에 방해되는 각종 장해요인을 제거한다.
 • 2차 사고의 발생위험을 제거한다.
 • 구조대상자의 구명에 필요한 조치를 취한다.
 • 구조대상자의 상태 악화 방지에 필요한 조치를 취한다.
 • 구출활동을 개시한다.
④ 단순히 잠긴 문의 개방을 요청한 경우에도 실내에 갇힌 사람이 있거나 가스렌지를 켜놓은 경우 등에는 안전조치를 취해 주어야 하고, 시설물의 파손이나 낙하 등으로 피해가 예상되는 경우에는 역시 필요한 조치를 취해야 한다.

19 에어백에 관한 설명으로 옳은 것은?

① 커플링으로 공기용기와 압력조절기, 에어백을 연결한다. 이때 스패너, 렌치 등으로 나사를 단단히 조인다.
② 2개의 백을 사용하는 경우 작은 백을 위에 놓는다. 공기를 제거할 때에는 아래의 백을 먼저 제거한다.
③ 소형 에어백과 대형 에어백을 겹쳐서 사용하여도 최대 부양능력이 소형 에어백의 능력을 초과하지는 못한다.
④ 에어백이 필요한 높이까지 부풀어 오르면 공기를 조금 더 넣어서 버팀목으로 하중이 분산되지 않도록 한다.

해설
① 커플링으로 공기용기와 압력조절기, 에어백을 연결한다. 이때 스패너, 렌치 등으로 나사를 조이면 나사선이 손상되므로 가능하면 손으로 연결한다.
② 2개의 백을 사용하는 경우 작은 백을 위에 놓는다. 아래의 백을 먼저 부풀려 위치를 잡고 균형유지에 주의하면서 2개의 백을 교대로 부풀게 한다. 공기를 제거할 때에는 반대로 한다.
④ 에어백이 필요한 높이까지 부풀어 오르면 공기를 조금 빼내서 에어백과 버팀목으로 하중이 분산되도록 해야 안전하다.

20 현장지휘관이 의사결정을 내리기 위해 필요한 사항으로 옳지 않은 것은?

① 현장작전상황의 환류(재검토)를 통해 작전계획을 변경할 수 있는 유연한 자세를 갖는다.
② 가정과 사실을 구별하지 않고 신속하게 결정한다.
③ 표준대응방법을 개발한다.
④ 행동개시 후에는 즉시 관리자의 역할로 복귀한다(전술적 책임은 위임).

해설
가정과 사실의 구별(즉, 추측된 불완전한 정보와 실제정보의 구별)

21 산악구조용 장비에 관한 설명으로 옳은 것은?

① 동적로프는 정적로프보다 추락 시의 하중이 그대로 전달되는 단점이 있다.
② 슬링은 같은 굵기의 로프보다 강도가 우수하기 때문에 등반 또는 하강 시에 로프 대용으로 사용한다.
③ 안전벨트는 10년 정도 사용하였더라도 외관상 이상이 없다면 사용 가능하고, 박음질 부분이 뜯어졌다면 교체하여 사용한다.
④ Z자형 도르래를 설치하여 240kg의 무게를 들어 올린다고 가정하면 약 80kg으로 물체를 이동시킬 수 있다.

해설
④ 물체의 중량을 W, 필요한 힘을 F로 했을 때, F는 물체가 매달려 있는 줄의 가닥수에 반비례하며 물체가 움직인 거리에도 반비례한다. 즉, 로프를 3m 당겼을 때 물체가 1m 이동하도록 도르래가 설치되었다면 필요한 힘은 1/3로 줄어든다.
① 정적로프는 동적로프보다 추락 시의 하중이 그대로 전달되는 단점이 있다.
② 슬링은 같은 굵기의 로프보다 강도는 우수하지만, 충격을 받았을 때 잘 늘어나지 않기 때문에 슬링을 등반 또는 하강 시에 로프 대용으로 사용하는 것은 매우 위험하다.
③ 안전벨트는 우수한 탄력과 복원성을 가지며 강도와 내구성이 뛰어나지만, 안전을 위하여 5년 정도 사용하면 외관상 이상이 없어도 교체하는 것이 좋다. 특히 추락 충격을 받은 다음에는 안전벨트의 여러 부분을 꼼꼼하게 점검해 보고 박음질 부분이 뜯어졌다면 수리하지 말고 폐기하는 것이 좋다.

22 구급대원의 감염관리에 관한 사항으로 옳은 것은?

① 신규채용은 필요시 발령 전에 적절한 예방접종을 받을 수 있도록 조치한다.
② 매년 1회씩 모든 구급대원을 대상으로 건강검사를 실시한다.
③ 예방접종 후에는 항체가 형성되었기 때문에 개인안전조치 및 보호장비를 반드시 착용할 필요는 없다.
④ 파상풍 예방접종은 매 5년마다 실시한다.

해설

감염관리
- 건강 검진
  - 신규채용 시 건강검진 : 감염성 질환 여부와 감수성 여부를 확인하고, 필요시 발령 전에 적절한 예방접종을 받을 수 있도록 조치한다.
  - 정기적 신체검진 : 매년 2회씩 모든 구급대원을 대상으로 건강검사를 실시하며, 감염성 질환이 있는지, 감염성 질병에 대한 감수성 여부를 확인한 후 필요에 따라 예방접종이나 치료를 해야 한다.
- 예방접종으로는 파상풍(매 10년 마다), B형 간염, 인플루엔자(매년)
- 몇몇 예방접종은 부분적인 예방역할만 하므로 풍진, 홍역, 볼거리에 대해서는 자체 면역 정도를 검사해야 한다. 결핵 피부반응 검사는 1회/년 이상 실시해야 한다. 예방접종 후에는 항체가 있다 하더라도 개인안전조치 및 보호장비를 꼭 착용해야 한다.

23 화점실의 농연 내 진입요령으로 옳은 것은?

① 화점실의 문을 개방할 때는 화염의 분출에 의한 위험을 피하기 위해 문의 측면에 위치해 엄호방수하면서 신속히 문을 개방한다.
② 불꽃이 보이는 실내에서는 중성대가 형성되고 있는 때가 많아 방수 전에 신속하게 연소범위를 확인한다.
③ 화점실에 진입할 때는 벽면 부분에 직사방수하여 낙하물 등을 제거 후 진입한다.
④ 고온의 화점실 내로 진입할 때는 전방팀과 후방팀이 1개 조로 활동하는 2단 방수형태로 공격하고, 후방팀은 확산방수로 열, 연기 등을 제거한다.

해설
① 화점실의 문을 개방할 때는 화염의 분출에 의한 위험을 피하기 위해 문의 측면에 위치해 엄호방수하면서 서서히 문을 개방한다.
③ 화점실에 진입할 때는 천장 부분에 직사방수하여 낙하물 등을 제거 후 진입한다.
④ 고온의 화점실 내로 진입할 때는 전방팀과 후방팀이 1개 조로 활동하는 2단 방수형태로 공격하고, 후방팀은 분무방수로 전방팀을 보호와 경계 등 지원을 한다.

24 화재조사법 시행령상 화재조사 절차의 내용으로 옳지 않은 것은?

① 현장출동 중 조사 : 화재발생 접수, 출동 중 화재상황 파악 등
② 화재현장 조사 : 발화지점, 발화열원, 발화요인, 최초 착화물 및 발화관련기기 등
③ 정밀조사 : 감식·감정, 화재원인 판정 등
④ 화재조사 결과 보고

해설
화재조사법 시행령 제3조 제2항
화재조사는 다음 각 호의 절차에 따라 실시한다.
① 현장출동 중 조사 : 화재발생 접수, 출동 중 화재상황 파악 등
② 화재현장 조사 : 화재의 발화(發火)원인, 연소상황 및 피해상황 조사 등
③ 정밀조사 : 감식·감정, 화재원인 판정 등
④ 화재조사 결과 보고

정답 23 ② 24 ②

25 유압장비에 관한 설명으로 옳지 않은 것은?

① 펌프의 압력이나 장비의 이상 유무를 점검할 때에는 반드시 유압호스에 장비를 연결하고 확인한다.
② 유압장비는 수중에서도 사용 가능하다.
③ 사용 후에는 전개기의 팁을 완전하게 닫아 두어야 한다.
④ 절단 날이 하향 10~15°를 유지하도록 절단하여야 날이 미끄러지지 않고 절단이 용이하다.

해설
③ 사용 후에는 전개기의 팁을 완전하게 닫지 말고 약간 벌려서 틈새를 두어야 한다. 이는 모든 유압장비에 공통되는 사항으로, 날이 완전하게 닫힌 상태에서 닫히는 방향으로 밸브를 작동하면 날이 파손될 수 있기 때문이다. 또한 날을 완전하게 닫아 두면 유압이 해제되지 않아 나중에 작동하지 못하게 되는 경우가 발생할 수도 있다.

2021

08 소방교 기출유사문제

▶ 본 기출유사문제는 수험생들의 기억에 의하여 복원된 것으로 그림, 내용, 출제지문 등이 다를 수 있습니다. 또한, 공통교재와 법령 개정 부분에 맞게 수정된 문제도 있습니다. 기출문제를 잘 살펴보시면 소방학교 공통교재에 모든 내용이 있음을 알 수 있기 때문에 항상 전술 과목은 학교 공통교재를 기본으로 공부하시기 바랍니다.

01 화재조사 및 보고규정의 내용으로 옳지 않은 것은?

① 발화지점이 한 곳인 화재현장이 둘 이상의 관할구역에 걸친 화재는 발화지점이 속한 소방서에서 1건의 화재로 산정한다. 다만, 발화지점 확인이 어려운 경우에는 화재피해금액이 큰 관할구역 소방서의 화재 건수로 산정한다.
② 세대수는 거주와 생계를 함께 하고 있는 사람들의 집단 또는 하나의 가구를 구성하여 살고 있는 독신자로서 자신의 주거에 사용되는 건물에 대하여 재산권을 행사할 수 있는 사람을 1세대로 산정한다.
③ 화재현장에서 부상을 당한 후 72시간 이내에 사망한 경우에는 당해 화재로 인한 사망으로 본다.
④ 건물의 소실면적 산정은 연면적으로 산정한다.

해설
화재조사 및 보고규정 제17조 제1항
건물의 소실면적 산정은 소실 바닥면적으로 산정한다.

02 구획실 화재에서 생성되는 열의 3가지 전달 과정에 관한 설명을 순서대로 나열한 것은?

- 초기의 화염에서 상승하는 열은 ( )에 의해 전달된다.
- 뜨거운 가스가 구획실 내부의 다른 가연물의 표면 위를 지나갈 때, 열은 ( )에 의해 다른 가연물로 전달된다.
- ( )는 구획실에서 화재가 성장기로부터 최성기로 전환되는데 있어서 중요한 역할을 한다.

① 대류 - 전도 - 복사
② 전도 - 대류 - 복사
③ 대류 - 복사 - 전도
④ 복사 - 전도 - 대류

정답 01 ④ 02 ①

해설
초기의 화염에서 상승하는 열은 대류에 의해 전달된다. 뜨거운 가스가 구획실 내부의 다른 가연물의 표면 위를 지나갈 때에, 열은 전도에 의해 다른 가연물로 전달된다. 복사는 구획실에서 화재가 성장기로부터 최성기로 전환되는데 있어서 중요한 역할을 한다.
※ 항상 강조했다시피, 전술 과목은 공통교재가 출제 근거가 됩니다. 논란의 여지가 있던 문제였으나, 교재에서 지문이 그대로 출제가 됐습니다.

03 소화이론 중 제거소화가 아닌 것은?
① 화재현장에서 복도를 파괴하거나 대형화재의 경우 어느 범위의 건물을 제거하여 방어선을 만들어 연소를 방지하는 방법
② 전기화재의 경우 전원을 차단하여 소화하는 방법
③ 창고나 선박의 선실 등을 밀폐하여 산소의 공급을 차단시킴으로써 소화하는 방법
④ 가연성 가스화재인 경우 가연성 가스의 공급을 차단시켜 소화하는 방법

해설
③은 질식소화에 해당한다.

04 현장지휘관이 의사결정을 내리기 위해 필요한 사항으로 옳지 않은 것은?
① 현장작전상황의 환류(재검토)를 통해 작전계획을 변경할 수 있는 유연한 자세를 갖는다.
② 가정과 사실을 구별하지 않고 신속하게 결정한다.
③ 표준대응방법을 개발한다.
④ 행동개시 후에는 즉시 관리자의 역할로 복귀한다(전술적 책임은 위임).

해설
② 가정과 사실의 구별. 즉, 추측된 불완전한 정보와 실제 정보의 구별

05 **소방호스 지지 및 결속요령으로 틀린 것은?**

① 5층 이상의 경우는 진입층 및 중간층에서 고정한다.
② 소방호스의 지지, 고정은 소방호스에 로프로 감아 매기를 하는 것이 효과적이며, 원칙으로 1본에 1개소를 고정한다.
③ 로프를 매달아 고정할 때는 소방호스보다도 로프 신장률이 크므로 로프쪽을 길게 한다.
④ 높은 층으로의 연장 시에 그 중간에 지지물이 없을 때는 진입층 등에서 로프로 매달아 내려 고정한다.

해설
③ 로프를 매달아 고정할 때는 소방호스보다도 로프 신장률이 크므로 로프쪽을 짧게 한다.

06 **화점실의 농연 내 진입요령으로 옳은 것은?**

① 화점실의 문을 개방할 때는 화염의 분출에 의한 위험을 피하기 위해 문의 측면에 위치해 엄호방수하면서 신속히 문을 개방한다.
② 불꽃이 보이는 실내에서는 중성대가 형성되고 있는 때가 많아 방수 전에 신속하게 연소범위를 확인한다.
③ 화점실에 진입할 때는 벽면부분에 직사방수하여 낙하물 등을 제거 후 진입한다.
④ 고온의 화점실 내로 진입할 때는 전방팀과 후방팀이 1개 조로 활동하는 2단 방수형태로 공격하고, 후방팀은 확산방수로 열, 연기 등을 제거한다.

해설
① 화점실의 문을 개방할 때는 화염의 분출에 의한 위험을 피하기 위해 문의 측면에 위치해 엄호방수하면서 서서히 문을 개방한다.
③ 화점실에 진입할 때는 천장부분에 직사방수하여 낙하물 등을 제거 후 진입한다.
④ 고온의 화점실 내로 진입할 때는 전방팀과 후방팀이 1개 조로 활동하는 2단 방수형태로 공격하고, 후방팀은 분무방수로 전방팀을 보호와 경계 등 지원을 한다.

07 3D 주수기법의 설명에 해당하는 것을 순서대로 나열한 것은?

- ( ) : 벽면의 온도를 낮추고 열분해를 중단시키는 것
- ( ) : 해당 공간을 3차원적으로 냉각시키는 방식
- ( ) : 1초 이내로 짧게 끊어서 주수하며, 물의 입자(0.3mm 이하)가 작을수록 효과가 높은 장점을 가지고 있다.
- ( ) : 연소 가연물에 직접 주수하여 화재진압을 하는 방법

① 펄싱 – 페인팅 – 펜슬링 – 숏펄싱
② 펜슬링 – 페인팅 – 숏펄싱 – 펄싱
③ 페인팅 – 펄싱 – 숏펄싱 – 펜슬링
④ 숏펄싱 – 펜슬링 – 페인팅 – 펄싱

08 지하실 화재의 특성과 진압 요령으로 옳지 않은 것은?

① 공기의 유입이 적기 때문에 연소가 완만하지만, 시간이 경과함에 따라 복잡한 연소상태를 나타낸다.
② 진입개소가 2개소인 경우에는 급기, 배기방향을 결정한 후 급기측에서 분무방수 또는, 배연기기 등을 이용하여 진입구를 설정한다.
③ 고발포를 방사하는 경우에는 화세를 확대시키는 경우도 있기 때문에 상층에 경계관창의 배치를 소홀히 해서는 안 된다.
④ 배기측 계단에서 화학차를 활용하여 고발포를 방사(放射)하여, 질식소화를 한다.

해설
④ 급기측 계단에서 화학차를 활용하여 고발포를 방사(放射)하여, 질식소화를 한다.

09 위험물화재의 특수현상을 순서대로 나열한 것은?

> - 물보다 끓는점(비점)이 높은 점성을 가진 유류에 물이 접촉될 때 유류 표면온도에 의해 물이 수증기가 되어 팽창, 비등함에 따라 유류를 외부로 비산시키는 현상
> - 석유류가 혼합된 원유를 저장하는 탱크내부에 물이 외부 또는 자체적으로 발생한 상태에서 탱크 표면에 화재가 발생하여 원유와 물이 함께 저장탱크 밖으로 흘러넘치는 현상
> - 점성을 가진 뜨거운 유류표면 아래 부분에서 물이 비등할 경우 비등하는 물에 의해 탱크 내 유류가 넘치는 현상

① 슬롭오버 – 보일오버 – 후로스오버
② 보일오버 – 슬롭오버 – 후로스오버
③ 후로스오버 – 슬롭오버 – 보일오버
④ 슬롭오버 – 후로스오버 – 보일오버

10 공동현상(Cavitation) 발생 시 조치사항으로 옳지 않은 것은?

① 흡수관측의 손실을 가능한 작게 한다.
② 소방펌프 방수량을 높이고, 소방펌프의 회전수를 높인다.
③ 동일한 회전수와 방수량에서는 방수밸브를 조절한다.
④ 흡수관의 스트레이너 등에 이물질이 있는 경우 이를 제거한다.

해설
② 소방펌프 흡수량을 높이고, 소방펌프의 회전수를 낮춘다.

11 소방안전관리의 특성 중 다음 설명에 해당하는 것으로 옳은 것은?

> 수관연장 시 수관을 화재건물과 가까이 두고 연장하지 않도록 하여 화재건물의 낙하물체나 고열의 복사열에 의한 수관 손상을 방지하는 것

① 일체성
② 특이성
③ 양면성
④ 계속성

해설

소방안전관리의 특성
- 안전관리의 일체성·적극성
  재해현장 소방활동에 있어서 안전관리에 대한 일체성의 예는 수관연장 시 수관을 화재건물과 가까이 두고 연장하지 않도록 하는 것은 화재건물의 낙하물체나 고열의 복사열에 의한 수관손상을 방지하여 결과적으로 진압활동이나 인명구조 시 엄호주수가 완전히 이루어질 수 있도록 하기 위한 것이다. 이는 대원 자신의 안전으로 연결되어 소방활동이 적극적으로 실행 될 수 있도록 한다. 안전관리의 일체성, 적극성은 효과적인 소방활동을 염두에 둔 적극적인 행동대책이라고 할 수 있다.
- 안전관리의 특이성·양면성
  소방 조직의 재난현장 활동은 임무 수행과 동시에 대원의 안전을 확보하여야 하는 양면성이 요구된다. 예측 불가한 현장상황은 위험성을 수반한 현장 임무수행이 전제로 될 때 안전관리의 개념이 성립되는 것이다. 이와 같이 재난현장의 위험성을 용인하는 가운데 임무수행과 안전 확보를 양립시키는 특이성·양면성이 있다.
- 안전관리의 계속성·반복성
  안전관리는 끝없이 계속·반복적으로 실시되어야 한다. 재해현장의 안전관리는 출동에서부터 귀소하여 다음 출동을 위한 점검·정비까지 계속된다. 그러므로 평소 지속적인 교육훈련의 반복과 장비 점검 및 정비를 철저히 실시함이 안전관리의 중요한 요소가 된다.

12 구조활동에 관한 설명으로 옳은 것은?

① 출동 경로는 지도상의 최단거리이다.
② 출동 중에도 최초 상황판단의 수정·보완과 필요한 응원요청을 한다.
③ 구조활동의 순서 중 가장 첫 번째는 구조대상자의 구명에 필요한 조치를 취하는 것이다.
④ 가스렌지만 켜놓은 단순히 잠긴 문의 개방을 요청한 경우 구조요청을 거절 할 수 있다.

해설

② 출동 중에도 지휘부와 계속 무선통신을 유지하여 현장상황에 관한 정보를 청취하고, 최초 상황판단의 수정·보완과 필요한 응원요청을 한다.
① 출동 경로는 지도상의 최단거리가 아니라 현장에 도착하는 시간이 가장 적게 소요되는 경로이다.
③ 구조활동의 순서
  - 현장활동에 방해되는 각종 장해요인을 제거한다.
  - 2차 사고의 발생위험을 제거한다.
  - 구조대상자의 구명에 필요한 조치를 취한다.
  - 구조대상자의 상태 악화 방지에 필요한 조치를 취한다.
  - 구출활동을 개시한다.
④ 단순히 잠긴 문의 개방을 요청한 경우에도 실내에 갇힌 사람이 있거나 가스렌지를 켜놓은 경우 등에는 안전조치를 취해 주어야 하고, 시설물의 파손이나 낙하 등으로 피해가 예상되는 경우에는 역시 필요한 조치를 취해야 한다.

13 구조장비 조작 시 주의사항으로 옳지 않은 것은?

① 4행정기관은 엔진오일을 별도로 주입하므로 오일의 양이 적거나 변질되지 않았는지 수시로 점검한다.
② 분진이나 작은 파편이 발생하는 작업을 수행할 때에는 보호안경을 착용한다. 헬멧(또는 방수모)의 보호렌즈만으로는 충분히 보호되지 않는다.
③ 2행정기관 오일의 혼합량이 너무 많으면 시동이 잘 걸리지 않고 시동 후에도 매연이 심하다.
④ 고속 회전 부분이 있는 장비의 경우 사용이 편한 면장갑을 착용한다.

해설
④ 고속 회전 부분이 있는 장비의 경우 실밥이 말려 들어갈 수 있으므로 면장갑은 착용하지 않는 것이 원칙이다.

---

14 마디짓기(결절) 매듭의 종류로 옳지 않은 것은?

① 두겹매듭
② 두겹8자매듭
③ 두겹고정매듭
④ 이중8자매듭

해설
① 두겹매듭은 이어매기(연결) 매듭의 종류이다.

---

15 잠수병의 관한 설명으로 옳지 않은 것은?

① 질소마취는 호흡곤란, 질식, 손발이나 신체 마비 등의 증상이 있고, 후유증으로는 피로감, 피부가려움증 같은 증상이 나타난다.
② 지나치게 많은 산소를 함유한 공기를 호흡하게 되면 산소중독을 일으킨다. 인체의 산소 사용 가능 범위는 약 0.16기압에서 1.6기압 범위이다.
③ 탄산가스중독의 원인은 다이빙 중에 공기를 아끼려고 숨을 참으면서 호흡한다든지 힘든 작업을 할 경우에 생긴다.
④ 공기색전증의 증세로는 기침, 혈포(血泡), 의식불명 등이며 예방법으로는 부상할 때 절대로 호흡을 정지하지 말고 급속한 상승을 하지 않는 것이다.

해설
• 질소마취의 증세로는 몸이 나른해지고 정신이 흐려져 올바른 판단을 내릴 수 없으며 술에 취한 것과 같은 기분이 들어 엉뚱한 행동을 하게 된다. 질소마취는 후유증이 없기 때문에 질소마취에 걸렸다 하더라도 수심이 얕은 곳으로 올라오면 정신이 다시 맑아지는데, 스포츠 다이빙에서는 30m 이하까지 잠수하지 않는 것이 좋다.
• 감압병의 증세는 신체부위 어느 곳에 기포가 생겼는가에 따라 다르게 나타나는데 경미한 경우 피로감, 피부가려움증 정도지만 심한 경우 호흡곤란, 질식, 손발이나 신체 마비 등이 일어난다.

16 붕괴사고 현장에서 구조의 4단계로 옳은 것은?

① 정찰 – 부분 잔해제거 – 신속한 구조 – 일반적인 잔해제거
② 부분 잔해제거 – 일반적인 잔해제거 – 정찰 – 신속한 구조
③ 신속한 구조 – 정찰 – 부분 잔해제거 – 일반적인 잔해제거
④ 신속한 구조 – 부분 잔해제거 – 정찰 – 일반적인 잔해제거

17 다음 상황에서 구급대원의 행위로 옳은 것은?

> 현장에 도착해 술에 취해 쓰러져 있는 사람을 발견하였으나, 어떤 처치 없이 단순 주취자로 판단하여 귀소하였고, 심장질환이 있던 환자의 상태는 더 악화되었다.

① 유 기
② 태 만
③ 과 실
④ 묵시적 동의

해설
유 기
환자에게 적절한 치료를 계속 제공하지 못한 것을 유기라고 정의한다. 유기는 구급대원이 법적으로나 도덕적으로 범하지 말아야 할 가장 중대한 행위이다.

18 호흡기계와 순환계에 관한 설명으로 옳은 것은?

① 들숨은 수동적 과정으로 가로막과 갈비사이근의 수축으로 이루어진다.
② 소아의 분당 호흡수는 15~30회이고, 나이가 어린 소아일수록 코호흡을 한다.
③ 동맥은 심장으로부터 조직으로 혈액을 이동시키며 왼심실에서 허파로 혈액을 이동시키는 허파동맥을 제외하고는 모든 동맥은 산소가 풍부한 혈액으로 되어 있다.
④ 혈압은 혈액이 동맥벽에 미치는 압력으로 수축기압은 왼심실의 이완으로 생기고 이완기압은 왼심실이 수축되었을 때 측정된다.

해설
① 들숨은 능동적 과정으로 가로막과 갈비사이근의 수축으로 이루어진다.
③ 동맥은 심장으로부터 조직으로 혈액을 이동시키며 오른심실에서 허파로 혈액을 이동시키는 허파동맥을 제외하고는 모든 동맥은 산소가 풍부한 혈액으로 되어 있다.
④ 혈압은 혈액이 동맥벽에 미치는 압력으로 혈압계를 이용하여 위팔동맥 측정으로 알 수 있다. 수축기압은 왼심실의 수축으로 생기고 이완기압은 왼심실이 이완되었을 때 측정된다.

19 대형사고 최초 도착 시 차량 배치요령으로 옳지 않은 것은?

① 구급차량의 전면이 주행차량의 전면을 향한 경우에는 경광등과 전조등을 끄고 비상등만 작동시킨다.
② 사고로 전기줄이 지면에 노출된 경우에는 전봇대와 전봇대를 반경으로 한 원의 외곽에 주차시킨다.
③ 위험물질의 누출이 아닐 경우 냄새유무와 상관없이 바람을 등지고 10m 밖에 주차 시켜야 한다.
④ 폭발물이나 유류를 적재한 차량으로부터는 600~800m 밖에 위치한다.

> **해설**
> ③ 위험한 화학물질의 누출은 건강에 영향을 미치므로 냄새유무와 상관없이 바람을 등지고 주차시켜야 한다. 위험물질이 확인되었다면 전문가의 조언을 구해 1행동을 해야 하는데 위험물질이 아니면 15m, 위험물질(폭발물 등)이라면 최소 600~800m 밖에 주차시켜야 한다.

20 다음에서 설명하는 호흡유지 장비로 옳은 것은?

> 입과 코를 동시에 덮어주는 산소공급기구로 작은 구멍의 배출구와 산소가 유입되는 관 및 얼굴에 고정시키는 끈으로 구성되어 있다. 6~10L의 유량으로 흡입 산소농도를 35~60%까지 증가시킬 수 있다.

① 코 삽입관(Nasal Cannula)
② 단순 얼굴 마스크(Oxygen Mask)
③ 비재호흡마스크(Non-rebreather mask)
④ 벤튜리 마스크(Venturi mask)

21 신체역학에 관한 설명으로 옳지 않은 것은?

① 물체를 가능한 한 몸 가까이 붙여야 한다.
② 다리를 약간 벌리고 발끝을 밖으로 향하게 한다.
③ 양손은 약 20~30cm 떨어져 손바닥과 손가락으로 손잡이 부분을 충분히 감싼다.
④ 들어 올릴 때 등을 일직선으로 유지하고 허리 근육을 이용한다.

> **해설**
> ④ 들어 올릴 때 등을 일직선으로 유지하고 다리, 엉덩이의 근육을 이용한다.

22 헬기 활용 구조에 관한 설명으로 옳은 것은?

① 쇼크방지용 하의(MAST)를 착용한 환자는 수시로 압력계를 확인하고 압력을 적정한 수준으로 조절하여야 한다.
② 가능하다면 이륙한 후 공기튜브를 삽입하고 정맥주사를 실시해야 한다.
③ 흉부 통증과 기흉(pneumothorax) 환자는 가능한 한 헬기로 신속히 이송하도록 한다.
④ 육상의 긴급수송과 비교하여 헬기는 대도시 이동은 덜 위험하고 농촌이나 멀리 떨어진 시설에서는 위험하다.

해설
① 쇼크방지용 하의(MAST)를 착용한 환자는 고도가 높은 곳에서는 MAST 내의 공기가 팽창하여 필요 이상의 압력을 받게 되므로 수시로 압력계를 확인하고 압력을 적정한 수준으로 조절하여야 한다.
② 가능하다면 이륙 전에 공기튜브를 삽입하고 정맥주사를 실시해야 한다.
③ 흉부 통증과 기흉(pneumothorax) 환자는 가능한 한 육상으로 이송하도록 한다.
④ 육상의 긴급수송과 비교하여 헬기는 농촌이나 멀리 떨어진 시설에서는 덜 위험하고 대도시 이동보다는 위험하다.

23 다음 설명하는 내용을 순서대로 나열한 것은?

- ( ) : AVPU 평가
- ( ) : 머리기울임/턱들어올리기법과 척추손상 의심환자에 사용되는 턱 밀어올리기법이 있다.
- ( ) : 환자가 말하는 주관적인 내용
- ( ) : 호흡보조근 사용을 보고, 호흡음을 듣고, 피부가 차갑고 축축한 것을 느끼고, 호흡에서 아세톤 냄새가 나는 것

① 의식 - 기도확보 - 증상 - 징후
② 호흡 - 기도확보 - 징후 - 증상
③ 의식 - 호흡유지 - 증상 - 2차 평가
④ 기도 - 순환유지 - 징후 - 증상

24 소방자동차 탱크의 물을 이용한 방수방법으로 옳지 않은 것은?

① 차량 부서 후 주차 브레이크를 체결, 고임목을 타이어 앞, 뒤로 고정한다(선탑자).
② 엔진 온도와 P.T.O 온도를 90℃ 이하로 유지하기 위하여 냉각수밸브를 개방하여 열을 식혀준다.
③ 방수가 시작되면 압력계를 보면서 회전(RPM)조절기를 적정 수준으로 조절한다.
④ 동절기 방수 후에는 체크밸브 이용 소방펌프에 부동액을 채워 동파방지를 한다.

해설
④ 동절기 방수 후에는 지수밸브 이용 소방펌프에 부동액을 채워 동파방지한다.

25 위험예지훈련 시트 작성에 관한 사항으로 옳은 것은?

① 대원의 친숙도가 제일 적은 상황부터 선정하는 방법이 부드럽게 진행이 된다.
② 한 장의 시트에 여러 가지 상황을 기입하지 말 것
③ 현장 상황에 대한 아주 자세한 부분까지 그려 넣을 것
④ 밝은 분위기가 아닌 어두운 분위기로 그려진 것이 좋다.

해설
위험예지훈련 시트 작성의 유의점
- 시트는 대원의 친숙도가 큰 상황(예 사고 사례나 신체 훈련의 상황 등)으로부터 선정하는 방법이 부드럽게 진행이 된다.
- 한 장의 시트에 여러 가지 상황을 기입하지 말 것
- 아주 자세한 부분까지 그려 넣지 말 것
- 간단한 조사, 잘못된 조사가 되어서는 안 되기 때문에 고의로 제작한 도해가 아닐 것
- 어두운 분위기가 아닌 밝은 분위기로 그려진 것이 좋다.
- 도해의 상황이 광범위한 활동 등에 미치는 경우에는 그 가운데의 특정 부분에 한정하여 실시하는 것도 하나의 방법이다.

09 소방위 기출문제

2022

▶ 소방전술 승진시험 문제는 대학교수 및 소방공무원이 출제를 합니다. 공통교재에서 지문을 만들기 때문에 단어만 바꾸는 문제도 많이 출제됩니다. 전술 과목은 학교 공통교재를 기본으로 공부하시기 바랍니다.

01 가스의 불완전 연소현상에 관한 설명으로 옳은 것은?

① 버너에서 황적색염이 나오는 것은 공기량이 부족해서 이지만, 황염(노란색 불꽃)이 길어져 저온의 피열체에 접촉되면 불완전연소를 촉진시켜 이산화탄소를 발생시키므로 주의한다.
② 리프팅(Lifting : 선화)은 버너의 가스분출 구멍에 먼지 등이 끼어 가스분출 구멍이 작게 된 경우 혼합가스의 유출 속도가 낮아져 나타나는 현상이다.
③ 플래시백(Flash back : 역화)은 가스의 연소가 가스분출 구멍의 가스 유출 속도보다 더 클 때 또는 연소 속도는 일정해도 가스의 유출 속도가 더 작게 되었을 때, 가스분출 구멍에서 버너 내부로 불꽃이 침입하여 노즐의 끝에서 연소하면서 나타나는 현상이다.
④ 블로우 오프(Blow off)는 역화상태에서 가스분출이 심하여 불꽃이 노즐에서 떨어져 꺼져버리는 현상이다.

해설
① 버너에서 황적색염이 나오는 것은 공기량이 부족해서지만, 황염(노란색 불꽃)이 길어져 저온의 피열체에 접촉되면 불완전연소를 촉진시켜 일산화탄소를 발생시키므로 주의한다.
② 리프팅(Lifting : 선화)은 가스분출 구멍으로부터 가스유출 속도가 연소 속도보다 크게 되었을때 가스는 가스분출 구멍에 접하여 연소하지 않고, 가스분출 구멍에서 떨어져서 연소한다. 버너의 가스분출 구멍에 먼지 등이 끼어 가스분출 구멍이 작게 된 경우 혼합가스의 유출 속도가 크게 된다.
④ 블로우 오프(Blow off)는 선화상태에서 가스분출이 심하여 불꽃이 노즐에서 떨어져 꺼져버리는 현상을 말한다.

02 화재의 특수현상에 관한 설명으로 옳지 않은 것은?

① 플래임오버(Flameover)는 복도와 같은 통로공간에서 벽, 바닥 표면의 가연물에 화염이 급속하게 확산하는 현상이다.
② 롤오버(Rollover)는 연소과정에서 발생된 가연성 가스가 공기 중 산소와 혼합되어 천장부분에 집적된 상태에서 발화온도에 도달하여 발화함으로써 화염의 끝부분이 매우 빠르게 확대되어 가는 현상이다.
③ 플래시오버(Flashover)의 대표적인 전조현상으로 고온의 연기 발생과 롤오버(Rollover) 현상이 관찰된다는 점에 유의해야 한다.
④ 백드래프트(Backdraft)는 물리적 폭발로, 가연물, 산소(산화제), 열(점화원)이 기본적으로 필요하다.

해설
폭발에는 블레비(BLEVE)와 같은 물리적 폭발과 연소폭발과 같은 화학적 폭발로 구분할 수 있으며, 백드래프트는 화학적 폭발에 해당한다. 연소폭발과 같이 백드래프트에서도 가연물, 산소(산화제), 열(점화원)이 기본적으로 필요하다.

03 위험물화재의 특수현상과 대처법에 대한 설명으로 옳지 않은 것은?

① 보일오버(Boilover)는 석유류가 혼합된 원유를 저장하는 탱크 내부에 물이 외부 또는 자체적으로 발생한 상태에서 탱크 표면에 화재가 발생하여 원유와 물이 함께 저장탱크 밖으로 흘러넘치는 현상이다.
② 위험물 저장탱크에 화재가 발생하여 오일오버(Oilover)의 위험이 있는 경우 냉각소화를 원칙으로 한다.
③ 후로스오버(Frothover)는 점성을 가진 뜨거운 유류 표면 아래 부분에서 물이 비등할 경우 비등하는 물에 의해 탱크 내 유류가 넘치는 현상이다.
④ 슬롭오버(Slopover) 현상의 위험성은 직접적 화재발생 요인이 아니다.

해설
오일오버(Oilover) 현상
• 위험물 저장탱크 내에 저장된 제4류 위험물의 양이 내용적의 1/2(50%) 이하로 저장되어 있을 때 화재로 인하여 증기압력이 상승하면서 저장탱크 내의 유류를 외부로 분출하면서 탱크가 파열되는 현상을 말하며, 보일오버, 슬롭오버, 후로스오버현상보다 위험성이 더 큰 것으로 알려져 있다.
• 위험물 저장탱크에 화재가 발생하여 오일오버(Oilover)의 위험이 있는 경우, 소화방법으로는 질식소화를 원칙으로 하며, 소화약제로는 포, 분말, CO_2 등을 주로 사용한다. 질식소화 효과를 나타내는데 필요한 포의 두께는 최저 5~6cm 정도이나, 연소면적에 따라 충분한 양을 살포해야 질식소화 효과를 나타낼 수 있다.
① 보일오버에 대한 대처방법으로 저장탱크 용기를 외부에서 냉각시키고, 원유와 물이 흘러넘쳐 주변으로 확산하는 것을 최소화하기 위해 신속하게 모래 등으로 방제 둑을 쌓는다.
③ 후로스오버(Frothover) 현상에 대한 대처방법도 보일오버에 대한 대처방법에 준하여 조치하도록 한다.
④ 슬롭오버 현상에 대한 대처방법도 보일오버에 대한 대처방법에 준하여 조치하도록 한다.

정답 02 ④   03 ②

04 주수 요령 및 특성에 대한 설명으로 옳지 않은 것은?

① 중속분무주수는 관창압력 0.6MPa 이상, 관창 전개각도 30° 이상으로 한다.
② 저속분무주수는 간접공격법에 가장 적합한 주수방법으로, 수손피해가 적고 소화시간이 짧다.
③ 고속분무주수는 직사주수보다 사정거리가 짧고 파괴력이 약하다.
④ 대원에 대한 엄호주수 요령으로, 강렬한 복사열로부터 대원을 방호할 때는 열원과 대원 사이에 분무주수를 행한다.

> **해설**
> ① 관창압력 0.3MPa 이상, 관창 전개각도는 30° 이상으로 한다.

05 위험물 유별 화재진압 방법으로 옳지 않은 것은?

① 알칼리금속의 과산화물 및 이를 함유한 것에는 물을 사용해서는 안 된다.
② 철분, 금속분, 마그네슘은 마른 모래, 건조분말, 금속화재용 분말 소화약제를 사용하여 질식소화한다.
③ 수용성 석유류 화재의 경우 알콜형포, 다량의 물로 희석 소화한다.
④ 유황, 황화린, 인화성고체는 물을 이용한 냉각소화가 적당하다.

> **해설**
> • 제2류 위험물 황화린은 CO_2, 마른 모래, 건조분말에 의한 질식소화를 한다.
> • 제2류 위험물 적린, 유황, 인화성고체는 물을 이용한 냉각소화가 적당하다.

06 소화약제의 사용이 제한되는 소화대상물로 옳지 않은 것은?

① 포 소화약제 - 전기화재, 통신 기기실, 컴퓨터실
② 이산화탄소 소화약제 - 제5류 위험물
③ 할론 소화약제 - 기상, 액상의 인화성 물질
④ 분말 소화약제 - 가연성 금속(Na, K, Mg, Ti, Zr 등)

> **해설**
> ③ Halon은 사용 후에도 화재 현장을 오염시키지 않기 때문에 특히 통신기기실, 전자계산기실, 변전실 등 전기 기기가 있는 장소나 도서관, 자료실, 박물관 등에 적합하다. 또한 화학적 억제 효과에 의해 소화가 이루어지기 때문에 이산화탄소보다는 심부 화재에 더 효과적이다. 한편, 사용이 제한되는 소화 대상물은 다음과 같다.
> • 셀룰로오스 질산염 등과 같은 자기 반응성 물질 또는 이들의 혼합물
> • Na, K, Mg, Ti(티타늄), Zr(지르코늄), U(우라늄), Pu(플루토늄) 같은 반응성이 큰 금속
> • 금속의 수소 화합물(LiH, NaH, CaH_2, $LiAH_4$ 등)
> • 유기과산화물, 히드라진(N_2H_4)과 같이 스스로 발열 분해하는 화학제품

① 포 소화약제는 소화 후의 오손 정도가 심하고, 청소가 힘든 결점 등이 있고 또한 감전의 우려가 있어 전기화재나 통신 기기실, 컴퓨터실 등에는 부적합하다. 이외에도 특별한 경우를 제외하고는 다음과 같은 경우에도 사용할 수 없다.
  - 제5류 위험물과 같이 자체적으로 산소를 함유하고 있는 물질
  - Na, K 등과 같이 물과 반응하는 금속
  - 인화성 액화가스
② 이산화탄소 소화약제는 소화 후 소화약제에 의한 오손이 없고, 한냉지에서도 동결될 염려가 없고, 전기 절연성이고, 장시간 저장해도 변화가 없고, 자체 압력으로 방출되기 때문에 방출용 동력이 필요하지 않는 등의 장점 때문에 오래 전부터 사용되어져 왔으나 다음과 같은 경우에는 사용을 제한하고 있다.
  - 제5류 위험물(자기 반응성 물질)과 같이 자체적으로 산소를 가지고 있는 물질
  - CO_2를 분해시키는 반응성이 큰 금속(Na, K, Mg, Ti, Zr 등)과 금속수소화물(LiH, NaH, CaH_2)
  - 방출 시 인명 피해가 우려되는 밀폐된 지역
④ 분말은 방사 후 흡습하여 약알칼리 또는 약산성을 나타내기 때문에 금속을 부식시킬 수 있다. 따라서 전기 기기 등에 사용한 경우는 소화 후 즉시 청소를 해야 한다. 한편, 분말 소화약제는 다음과 같은 경우에 사용을 제한하고 있다.
  - 정밀한 전기·전자 장비가 설치되어 있는 장소(컴퓨터실, 전화 교환실 등). 화재안전기준의 소화기구의 설치적응성에 전기실 및 전산실의 적응성을 인정하고 있는 것은 전기실 및 전산실에서의 분말소화설비는 설치자의 선택사항임
  - 자체적으로 산소를 함유하고 있는 자기 반응성 물질
  - 가연성 금속(Na, K, Mg, Al, Ti, Zr 등)
  - 소화약제가 도달될 수 없는 일반 가연물의 심부 화재

07 발화점, 인화점, 연소점에 대한 설명으로 옳지 않은 것은?

① 일반적으로 발화점은 발열량이 낮을수록, 산소와 친화력이 클수록 낮아진다.
② 인화점은 가연성 액체 또는 고체로부터 발생한 인화성 증기의 농도가 점화원에 의해 착화될 수 있는 최저온도를 말한다.
③ 연소점은 연소반응이 계속될 수 있는 온도를 말한다.
④ 가연성 가스와 공기의 조성비에 따라 발화점이 달라진다.

해설

일반적으로 발화점이 낮아지는 이유
- 분자의 구조가 복잡할수록
- 발열량이 높을수록
- 압력, 화학적 활성도가 클수록
- 산소와 친화력이 클수록

08 하인리히(Heinrich)와 버드(Bird)의 재해발생 이론 및 재해의 기본원인에 대한 설명으로 옳지 않은 것은?

① 하인리히 이론에서 상해는 항상 사고에 의해 일어나고 사고는 항상 순차적으로 앞서는 요인의 결과로 일어난다.
② 하인리히 이론에서 안전관리활동으로 제거할 수 있는 것은 개인적 결함이다.
③ 버드 이론의 5단계는 제어의 부족·관리(1단계) → 기본원인·기원(2단계) → 직접원인·징후(3단계) → 사고·접촉(4단계) → 상해·손실(5단계)이다.
④ 재해의 기본원인인 4개의 M은 인간(Man), 기계(Machine), 매체(Media), 관리(Management)이다.

해설
안전관리활동에 의해 제거할 수 있는 것은 불안전 행동과 불안전 상태이다. 그러므로 사고·재해를 방지하기 위해서는 불안전한 행동 및 불안전한 상태의 두 개를 모두 없애지 않으면 안 된다는 것이다.

09 화재현장에서 발생하는 유해 생성물질에 관한 설명으로 옳지 않은 것은?

① 시안화수소(HCN)는 PVC와 같이 염소가 함유된 수지류가 탈 때 주로 생성되는데 독성 허용농도는 5ppm(mg/m^3)이며 향료, 의약, 농약 등의 제조에 이용되고 자극성이 아주 강해 눈과 호흡기에 영향을 준다.
② 암모니아(NH_3)는 질소 함유물이 연소할 때 발생하는 연소생성물로서 유독성이 있고 강한 자극성을 가진 무색의 기체로 흡입 시 점액질과 기도조직에 심한 손상을 초래하며, 냉동시설의 냉매로 많이 쓰인다.
③ 이산화황(SO_2)은 유황이 함유된 물질인 동물의 털, 고무와 일부 목재류 등이 연소하는 과정에서 발생하는 것으로 무색의 자극성 냄새를 가진 유독성 기체로 눈 및 호흡기 등에 점막을 상하게 하고 질식사할 우려가 있다.
④ 불화수소(HF)는 합성수지인 불소수지가 연소할 때 발생되는 연소생성물로서 무색의 자극성 기체이며 유독성이 강하고, 허용농도는 3ppm(mg/m^3)이다.

해설
- 시안화수소(HCN) : 질소성분을 가지고 있는 합성수지, 동물의 털, 인조견 등의 섬유가 불완전 연소할 때 발생하는 맹독성 가스로 0.3%의 농도에서 즉시 사망할 수 있다. 청산가스라고도 하며, 인화성이 매우 강한 무색의 화학물질로 연소 시 유독가스를 발생시키고, 특히 수분이 2% 이상 포함되어 있거나 알칼리 등이 포함되어 있으면 폭발할 우려가 크다.
- 염화수소(HCl) : PVC와 같이 염소가 함유된 수지류가 탈 때 주로 생성되는데 독성의 허용농도는 5ppm(mg/m^3)이며 향료, 염료, 의약, 농약 등의 제조에 이용되며, 자극성이 아주 강해 눈과 호흡기에 영향을 준다.

10 화재원인 조사의 범위로 옳지 않은 것은?

① 피난상황 조사는 피해경로, 피해요인 등을 조사한다.
② 발화원인 조사는 발화지점, 발화열원, 발화요인, 최초 착화물 및 발화 관련 기기 등을 조사한다.
③ 연소상황 조사는 화재의 연소 경로 및 연소 확대물, 연소 확대 사유 등을 조사한다.
④ 소방, 방화시설 등의 조사는 소방, 방화시설의 활용 또는 작동 등의 상황을 조사한다.

해설
화재조사 및 보고규정 개정(23.3.8)
제3조 조사구분 및 범위 → 제3조 화재조사의 개시 및 원칙으로 개정

11 재난관리주관기관이란 재난이나 그 밖의 각종 사고에 대하여 그 유형별로 예방·대비·대응 및 복구 등의 업무를 주관하여 수행하도록 대통령령으로 정하는 관계중앙행정기관을 말한다. 산업재해 및 중대산업사고로 인해 발생하는 대규모 피해에 대한 재난관리주관기관은?

① 산업통상자원부
② 소방청
③ 국토교통부
④ 고용노동부

해설
재난안전법 시행령 별표1의3이 개정(25.3.19)되었기 때문에 현행법령을 반드시 확인하시기 바랍니다.

12 잠수 장비 구성 또는 관리에 대한 설명으로 옳지 않은 것은?

① 잠수복은 보편적으로 수온이 24℃ 이하에서는 발포 고무로 만든 습식 잠수복을 착용하고 수온이 13℃ 이하로 낮아지면 건식 잠수복을 착용하도록 권장한다.
② 부력조절기는 수면에서 휴식을 위한 양성부력을 제공해 주며 비상시에는 구조장비 역할까지 담당할 수 있다.
③ 압력계는 공기통에 남은 공기의 압력을 측정한다고 하여 잔압계라고도 하며, 이것은 자동차의 연료계기와 마찬가지로 공기통에 공기가 얼마나 있는가를 나타내주는 호흡기 1단계와 저압 호스로 연결하여 사용한다.
④ 호흡기는 2단계에 걸쳐 압력을 감소시키며, 처음 단계에서는 탱크의 압력을 9~11bar(125~150psi)까지 감소시키고, 이 중간 압력은 두 번째 단계를 거쳐 주위의 압력과 같아지게 된다.

해설
③ 압력계는 잠수활동에 있어서 필수적인 장비이다. 이것은 공기통에 남은 공기의 압력을 측정한다고 하여 잔압계라고도 한다. 이것은 자동차의 연료계기와 마찬가지로 공기통에 공기가 얼마나 있는가를 나타내주는 호흡기 1단계와 고압호스로 연결하여 사용한다.

정답 10 ① 11 ④ 12 ③

13 119구조대의 편성과 운영에 관한 설명으로 옳은 것은?

① 구조대의 종류, 구조대원의 자격기준, 그 밖에 필요한 사항은 행정안전부령으로 정한다.
② 소방대상물, 지역 특성, 재난 발생 유형 및 빈도 등을 고려하여 시·도의 조례로 정한다.
③ 소방청장·소방본부장 또는 소방서장은 여름철 물놀이 장소에서의 안전을 확보하기 위하여 필요한 경우 민간 자원봉사자로 구성된 구조대를 지원할 수 있다.
④ 소방청장·소방본부장 또는 소방서장은 위급상황에서 요구조자의 생명 등을 신속하고 안전하게 구조하는 업무를 수행하기 위하여 행정안전부령으로 정하는 바에 따라 119구조대를 편성하여 운영하여야 한다.

해설
① 구조대의 종류, 구조대원의 자격기준, 그 밖에 필요한 사항은 대통령령으로 정한다.
② 특수구조대는 소방대상물, 지역 특성, 재난 발생 유형 및 빈도 등을 고려하여 시·도의 규칙으로 정하는 바에 따라 지역을 관할하는 소방서에 설치한다.
④ 소방청장·소방본부장 또는 소방서장은 위급상황에서 요구조자의 생명 등을 신속하고 안전하게 구조하는 업무를 수행하기 위하여 대통령령으로 정하는 바에 따라 119구조대를 편성하여 운영하여야 한다.

14 마디짓기(결절)매듭법에 대한 설명으로 옳지 않은 것은?

① 이중 8자 매듭 : 로프 끝에 두 개의 고리를 만들 수 있어 두 개의 확보물에 로프를 고정하는 경우에 매우 유용하다.
② 두 겹 8자 매듭 : 많은 힘을 받을 수 있고 힘이 가해진 경우에도 풀기가 쉬우므로 로프를 연결하거나, 안전을 확보하기 위한 매듭으로 자주 사용된다.
③ 고정매듭 : 로프의 굵기에 관계없이 묶고 풀기가 쉬우며 조여지지 않으므로 로프를 물체에 묶어 지지점을 만들거나 유도 로프를 결착하는 경우 등에 활용한다.
④ 나비매듭 : 나비매듭은 로프 중간에 고리를 만들 필요가 있을 경우에 사용하며 다른 매듭에 비하여 충격을 받은 경우에도 풀기가 쉬운 것이 장점이다.

해설
• 두 겹 8자 매듭(figure 8 on a bight) : 간편하고 튼튼하기 때문에 로프에 고리를 만드는 경우 가장 많이 활용된다. 로프에 고리를 만들어 카라비너에 걸거나 나무, 기둥 등에 확보하고자 하는 경우 등에 폭넓게 활용한다.
• 이어매기(연결) 매듭 중 8자 연결 매듭(figure 8 follow through) : 많은 힘을 받을 수 있고 힘이 가해진 경우에도 풀기가 쉬워 로프를 연결하거나, 안전을 확보하기 위한 매듭으로 자주 사용된다.

15 헬리콥터 탑승 및 하강 시 주의사항에 대한 설명으로 옳은 것은?

① 헬리콥터에 탑승할 때에 기체의 전면은 주 회전날개로 위험하므로 꼬리날개가 있는 기체의 뒤쪽에서 접근하며, 기장 또는 기내 안전원의 신호에 따라 탑승한다.
② 하강 위치에 접근하면 기내 안전요원이 기체에 설치된 현수로프에 카라비너를 건다.
③ 하강 시 착지점 약 2m 상공에서 서서히 제동을 걸기 시작하여 반드시 정지할 수 있는 스피드까지 낮추어 지상에 천천히 착지한다.
④ 발을 헬기에 붙인 채 최대한 몸을 뒤로 기울여 하늘을 쳐다보는 자세를 취한 다음 안전원의 하강 개시 신호에 따라 발바닥으로 헬기를 살짝 밀며 제동을 풀고 한 번에 하강한다.

해설
① 헬리콥터에 다가갈 때에는 기체의 전면으로 접근하며 기장 또는 기내 안전원의 신호에 따라 탑승한다. 꼬리날개(Tail rotor)는 고속으로 회전하여 매우 위험하므로 절대 기체의 뒤쪽으로 접근하지 않도록 한다.
② 하강 위치에 접근하면 기내 안전요원의 지시로 현수로프의 카라비너를 기체에 설치된 지지점에 건다.
③ 착지점 약 10m 상공에서 서서히 제동을 걸기 시작 지상 약 3m 위치에서는 반드시 정지할 수 있는 스피드까지 낮추어 지상에 천천히 착지한다.

16 다음에서 설명하는 가스는?

> 가스의 독특한 특성 때문에 용매를 다공 물질에 용해시켜 사용되는 가스로 압축하거나 액화시키면 분해 폭발을 일으키므로 용기에 다공성 물질을 넣고 가스를 잘 녹이는 용제(아세톤, 디메틸포롬아미드 등)를 넣어 충전한다.

① 아세틸렌
② 산화에틸렌
③ 액화암모니아
④ 수 소

해설
용해 가스에 관한 설명으로 종류는 아세틸렌이 있다.

정답 15 ④ 16 ①

17 건물 붕괴유형의 개념 또는 특징으로 옳은 것은?

① 건물이 붕괴될 가능성이나 징후가 관찰되면 즉시 안전조치를 취해야 하며, 우선 건물 안에서 작업하고 있는 모든 대원들을 즉시 건물 밖으로 철수시키고 건물의 둘레에 붕괴 안전지역을 설정하며, 일반적으로 붕괴 안전지역은 건물 둘레의 1.5배 이상으로 한다.
② 경사형 붕괴는 마주 보는 두 외벽에 모두 결함이 발생하여 바닥이나 지붕이 아래로 무너져 내리는 경우에 발생한다.
③ V자형 붕괴는 마주 보는 두 외벽 중 하나에 결함이 있을 때 발생한다.
④ 캔틸레버형 붕괴는 가장 안전하지 못하고, 2차 붕괴에 가장 취약한 유형이며, 건물에 가해지는 충격에 의하여 한쪽 벽판이나 지붕 조립부분이 무너져 내리고 다른 한쪽은 원형을 그대로 유지하고 있는 형태의 붕괴를 말한다.

해설
- 건물이 붕괴될 가능성이나 징후가 관찰되면 즉시 안전조치를 취해야 한다. 우선 건물 안에서 작업하고 있는 모든 대원들을 즉시 건물 밖으로 철수시키고 건물의 둘레에 붕괴안전지역을 설정한다. 일반적으로 붕괴 안전지역은 건물 높이의 1.5배 이상으로 한다.
- 경사형 붕괴는 마주 보는 두 외벽 중 하나가 결함이 있을 때 발생한다. 결함이 있는 외벽이 지탱하는 건물 지붕의 측면 부분이 무너져 내리면 삼각형의 공간이 발생하며 이렇게 형성된 빈 공간에 요구조자들이 갇히는 경우가 많다. 파편이 지지하고 있는 벽을 따라 빈 공간으로 진입하는 것이 붕괴위험도 적고 구조활동도 용이하다.
- V자형 붕괴는 가구나 장비, 기타 잔해 같은 무거운 물건들이 바닥 중심부에 집중되었을 때 V형의 붕괴가 일어날 수 있다. 이 유형의 붕괴에서는 양 측면에 생존공간이 만들어질 수 있는 가능성이 높다. V형 공간이 형성된 경우 벽을 따라 진입할 수 있으며 잔해제거 및 구조작업을 하기 전에 대형 잭이나 버팀목으로 붕괴물을 안정시킬 필요가 있다.
- 팬케이크형 붕괴는 마주보는 두 외벽에 모두 결함이 발생하여 바닥이나 지붕이 아래로 무너져 내리는 경우에 발생한다. 이를 '팬케이크 붕괴'라고 하며 '시루떡처럼 겹쳐졌다'는 표현을 쓰기도 한다. 팬케이크 붕괴에 의해 형성되는 공간은 다른 경우에 비해 협소하며 어디에 형성될지는 파악하기가 곤란하다. 생존자가 발견될 것으로 예측되는 공간이 거의 생기지 않는 유형이지만 잔해 속에 생존자가 있다고 가정하고 구조활동에 임하여야 한다.

18 「재난 및 안전관리기본법」상 긴급구조 현장지휘에 관한 내용으로 옳지 않은 것은?

① 재난현장에서 긴급구조활동을 하는 긴급구조지원기관의 인력·장비·물자에 대한 운용은 현장지휘를 하는 긴급구조통제단장(각급 통제단장)의 지휘·통제에 따라야 한다.
② 재난현장의 구조활동 등 초동 조치상황에 대한 언론 발표 등은 연락공보담당이 지명하는 자가 한다.
③ 시·군·구 긴급구조통제단장은 통합지원본부의 장에게 긴급구조에 필요한 인력이나 물자 등의 지원을 요청할 수 있다.
④ 각급 통제단장은 긴급구조 활동을 종료하려는 때에는 재난현장에 참여한 지역사고수습본부장, 통합지원본부의장 등과 협의를 거쳐 결정하여야 한다.

해설
재난 및 안전관리 기본법 제52조 제8항
② 재난현장의 구조활동 등 초동 조치상황에 대한 언론 발표 등은 각급통제단장이 지명하는 자가 한다.

19 화학물질이나 물리적 위험물질 등 위험물 누출사고 현장에서의 구급활동 내용으로 옳은 것은?

① 오염구역(hot zone)에서 오염물질에 노출된 의복은 환자에게 그대로 입혀 둔 채 환자를 이불 등으로 감싸서 오염통제구역(warm zone)으로 이송한다.
② 제독장치는 오염구역에 설치하여 오염을 제거한 후, 환자를 오염통제구역으로 이동하게 한다.
③ 오염통제구역에서 사용한 구급장비는 안전구역(cold zone)에서 사용해서는 안 된다.
④ 현장지휘소 및 인력과 자원대기소는 오염통제구역에 설치한다.

해설
① 오염된 의복과 악세사리를 현장에서 가위를 이용해 제거 후 사용한 의료기구 및 의복은 현장에 남겨두고 환자만 이동한다(의복 및 의료기구는 오염되었다는 가정하에 실시한다).
② 오염통제구역은 오염구역과 안전구역 사이에 위치해 있으며 제독 텐트 및 필요 시 펌프차량 등이 위치해 오염을 통제하는 구역이다.
④ 현장지휘소 및 인력·자원 대기소 등 현장활동 지원을 하는 구역으로 구급대원이 활동하는 구역은 안전구역이다.

20 연부조직손상에 관한 응급처치로 옳은 것은?

① 개방성 가슴 손상 - 폐쇄드레싱을 적용하고 환자이송 중 쇼크 등의 증상이 발생하면, 증상 완화를 위해 폐쇄드레싱을 보강해준다.
② 개방성 배 손상 - 나온 장기는 오염되지 않도록 다시 배 속으로 집어넣고 고농도의 산소를 공급하면서 신속하게 이송한다.
③ 절단 - 완전절단된 절단부위는 생리식염수를 적신 멸균거즈로 감싼 후 얼음에 직접 닿도록 하여 차갑게 유지한다.
④ 관통상 - 단순하게 뺨을 관통한 상태에서는 기도유지를 위해서나 추가적인 입안 손상을 막기 위해 관통한 물체를 제거한다.

해설
① 개방성 가슴 손상
  • 상처 위에 폐쇄드레싱을 해준다. - 공기의 유입을 막기 위한 목적이다. 드레싱은 상처부위보다 5cm 더 넓게 해야 하며 폐쇄해야 한다.
  • 경우에 따라 폐쇄드레싱은 흉강내 공기가 빠져나가지 못해 흉강압력이 올라가 긴장성 기흉 상태가 나타날 수 있다. 만약 이송 중 환자가 의식저하, 호흡곤란 악화, 저혈압 징후를 보이면 흉강 내 공기가 빠져나오게 폐쇄드레싱을 제거하거나 삼면 드레싱을 해주어야 한다.
② 개방성 배 손상
  상처 부위를 옷 등을 제거시켜 노출시킨다. - 나온 장기에 닿지 않도록 주의해야 하며 다시 집어넣으려 시도하면 안 된다.
③ 절단
  생리식염수를 적신 멸균거즈로 감싼다. - 비닐백에 조직을 넣어 밀봉 후 차갑게 유지해야 하는데 얼음에 직접 조직이 닿지 않도록 해야 한다.

21 기도의 확보를 방해하는 입안의 구토물이나 체액 등을 흡인하기 위해 사용하는 흡인기의 사용방법에 관한 설명으로 옳지 않은 것은?

① 경성 흡인팁은 상기도 흡인에만 사용한다.
② 환자에게 적용하기 전 흡인관을 막고 충분히 압력이 올라가는지를 확인한다.
③ 성인의 경우 한번 흡인할 때 20초간 실시하고, 흡인하기 전·후에 충분히 산소를 공급한다.
④ 의식이 없는 환자의 경우 흡인하는 구급대원과 마주 보는 측위를 취해 분비물의 배액을 촉진한다.

해설
③ 성인의 경우 한 번에 15초 이상 흡인해서는 안 된다. 기도유지와 흡인이 필요한 환자는 종종 의식이 없거나 호흡 또는 심정지 환자이다. 이러한 환자는 호흡공급이 매우 중요한데 흡인하는 동안은 산소를 공급할 수 없으므로 1회 15초 이상 실시하면 안 되고, 흡인 후 인공호흡 또는 산소공급이 제대로 이루어지는지 확인해야 한다. 15초 흡인하면 양압환기를 2분간 실시해야 한다.

22 고층빌딩 공사현장의 지반 약화로 인근 노후 건물이 붕괴되어 부상자가 여러 명 발생하였다. START 분류법을 기준으로 임시응급의료소로 운반된 다음의 환자 중 가장 먼저 처치나 병원이송이 필요한 경우는?

	주증상	의식수준	기도유지	호 흡	순 환	보행가능
①	두 통	명 료	유 지	1~2초당 1회	정 상	불 가
②	위팔 열상	명 료	유 지	4초당 1회	정 상	불 가
③	넙다리 골절	명 료	유 지	5초당 1회	정 상	불 가
④	복부관통상	혼 수	불 가	무호흡	서 맥	불 가

해설
기도, 호흡, 심장이상 환자를 긴급(적색)으로 분류, ① 환자의 호흡수가 가장 높다.

START 분류법
• 우선 걸을 수 있는 환자는 지정된 장소로 이동하라고 말한다.
• 남아 있는 환자에 대해 의식, 호흡, 맥박을 확인하여 분류한다.
 - 긴급 환자 : 의식 장애, 호흡수 30회/분 초과, 말초맥박 촉진 불가능
 - 응급 환자 : 의식 명료, 호흡수 30회/분 이하, 말초맥박 촉진 가능
 - 지연 환자 : 기도 개방 후에도 무호흡, 무맥

23 호흡유지 장비에 관한 설명으로 옳지 않은 것은?

① 코 삽입관(nasal cannula)은 산소유량을 분당 6~10L로 조절하여 사용한다.
② 벤추리 마스크(venturi mask)는 만성폐쇄성폐질환(COPD) 환자에게 유용하다.
③ 비재호흡마스크(non-rebreather mask)는 100%에 가까운 산소를 제공할 수 있다.
④ 단순 얼굴 마스크(oxygen mask)는 흡입산소농도를 35~60%까지 증가시킬 수 있다.

해설

코 삽입관(Nasal Cannula)
비강용 산소투여 장치로 환자의 거부감을 최소화 시켰으며 낮은 산소를 요구하는 환자에게 사용된다. 환자의 코에 삽입하는 2개의 돌출관을 통해 환자에게 산소를 공급하며 유량을 분당 1~6L로 조절하면 산소농도를 24~44%로 유지할 수 있다.

24 환자평가는 단계적으로 적절하게 진행되어야 한다. 다음 중 1차 평가의 단계를 옳게 나열한 것은?

① 첫인상 – 순환 – 기도 – 호흡 – 의식수준 – 위급 정도 판단
② 첫인상 – 의식수준 – 기도 – 호흡 – 순환 – 위급 정도 판단
③ 첫인상 – 기도 – 호흡 – 순환 – 의식수준 – 위급 정도 판단
④ 첫인상 – 의식수준 – 순환 – 기도 – 호흡 – 위급 정도 판단

해설

1차 평가 단계
- 첫인상 – 의식수준 – 기도 - 호흡 – 순환 – 위급정도 판단(이송여부 판단)
- 1차 평가를 통해 치명적인 상태 파악과 즉각적인 처치가 제공되어야 한다. 즉각적인 처치란 평가와 동시에 처치를 하는 것을 말한다.

25 산모 이송 중 구급차에서 산모가 아기를 출산하였다. 신생아의 몸은 분홍색이나 손과 팔다리는 청색증을 보이며 제한된 움직임이 있고, 심장 박동수는 분당 95회, 자극 시 얼굴을 찡그리고, 호흡은 약하고 불규칙한 양상을 보였다. 이 신생아의 아프가 점수는?

① 4점　　　　　　　　　② 5점
③ 6점　　　　　　　　　④ 7점

해설

피부색 1점 + 움직임 1점 + 심장 박동수 1점 + 반사흥분도 1점 + 호흡 1점 = 5점

아프가 점수(출생 후 1분, 5분 후 재평가 실시)

평가내용	점 수		
	0	1	2
피부색 : 일반적 외형	청색증	몸은 핑크, 손과 팔다리는 청색	손과 발까지 핑크색
심장 박동수	없 음	100회 이하	100회 이상
반사흥분도 : 찡그림	없 음	자극 시 최소의 반응/얼굴을 찡그림	코 안쪽 자극에 울고 기침, 재채기 반응
근육의 강도 : 움직임	흐늘거림/부진함	팔과 다리에 약간의 굴곡 제한된 움직임	적극적으로 움직임
호흡 : 숨 쉬는 노력	없 음	약하고/느림/불규칙	우렁참

8~10점 : 정상출산으로 기본적인 신생아 관리
3~7점 : 경증의 질식 상태, 호흡을 보조함, 부드럽게 자극, 입-코 흡인
0~2점 : 심한 질식 상태, 기관내 삽관, 산소공급, CPR

25 ② 정답

10 | 소방장 기출문제

> ▶ 소방전술 승진시험 문제는 대학교수 및 소방공무원이 출제를 합니다. 공통교재에서 지문을 만들기 때문에 단어만 바꾸는 문제도 많이 출제됩니다. 전술 과목은 학교 공통교재를 기본으로 공부하시기 바랍니다.

01 구획실 내 화재진행 단계의 순서를 옳게 나열한 것은?

> 가. 연소하는 가연물 위로 화염이 형성되기 시작한다. 화염이 커짐에 따라 주위 공간으로부터 화염이 상승하는 공간으로 공기를 끌어들이기 시작한다.
> 나. 구획실 내부의 상태는 매우 급속하게 변화하는데, 이때 화재는 처음 발화된 물질의 연소가 지배적인 상태로부터 구획실 내의 모든 노출된 가연성 물체의 표면이 동시 발화하는 상태로 변한다.
> 다. 화재가 구획실 내에 있는 이용 가능한 가연물을 소모하게 됨에 따라, 열 발산율은 감소하기 시작한다.
> 라. 구획실 내의 모든 가연물이 화재에 관련될 때에 일어난다. 이 시기에 구획실 내에서 연소하는 가연물은 이용 가능한 최대의 열량을 발산하고 많은 양의 연소가스를 생성한다.
> 마. 화재의 4요소들이 서로 결합하여 연소가 시작될 때의 시기를 말한다. 발화의 물리적 현상은 스파크나 불꽃에 의해 유도되거나 자연발화처럼 어떤 물질이 자체의 열에 의해 발화점에 도달한다.

① 가 → 나 → 마 → 다 → 라
② 가 → 마 → 나 → 다 → 라
③ 마 → 가 → 나 → 라 → 다
④ 마 → 나 → 가 → 라 → 다

해설
- 발화기(마) : 발화기는 화재의 4요소들이 서로 결합하여 연소가 시작될 때의 시기를 말한다. 발화의 물리적 현상은 스파크나 불꽃에 의해 유도되거나 자연발화처럼 어떤 물질이 자체의 열에 의해 발화점에 도달한다. 발화시점에서 화재는 규모가 작고 일반적으로 처음 발화된 가연물에 한정된다. 개방된 지역이거나 구획실이거나 간에 모든 화재는 발화의 한 형태로서 발생한다.
- 성장기(가) : 발화가 일어난 직후, 연소하는 가연물 위로 화염이 형성되기 시작한다. 화염이 커짐에 따라 주위 공간으로부터 화염이 상승하는 공간으로 공기를 끌어들이기 시작한다. 최초 발화된 가연물의 화재가 커지면서, 성장기의 초기는 야외의 개방된 곳에서의 화재와 유사하다.
- 플래시오버(Flashover)(나) : 이 시기에 구획실 내부의 상태는 매우 급속하게 변화하는데 이때 화재는 처음 발화된 물질의 연소가 지배적인 상태로부터 구획실 내의 모든 노출된 가연성 물체의 표면이 동시 발화하는 상태로 변한다.
- 최성기(라) : 최성기는 구획실 내의 모든 가연물이 화재에 관련될 때에 일어난다. 이 시기에 구획실 내에서 연소하는 가연물은 이용 가능한 가연물의 최대의 열량을 발산하고, 많은 양의 연소가스를 생성한다.
- 쇠퇴기(다) : 화재가 구획실 내에 있는 이용 가능한 가연물을 소모하게 됨에 따라, 열 발산율은 감소하기 시작한다. 다시 한번, 구획실 내의 가연물이 통제되면, 화재의 크기는 감소하게 되어, 구획실 내의 온도는 내려가기 시작한다.

정답 01 ③

02 소방용수시설의 설치기준에 관한 설명이다. (   ) 안에 들어갈 내용으로 옳은 것은?

> - 소화전은 상수도와 연결하여 지하식 또는 지상식의 구조로 하고, 소방용 호스와 연결하는 소화전의 연결 금속구의 구경은 (㉠)로 한다.
> - 급수탑의 급수배관의 구경은 (㉡) 이상으로 하고, 개폐밸브는 지상에서 (㉢)의 위치에 설치한다.
> - 저수조는 지면으로부터 낙차가 4.5m 이하, 흡수 부분의 수심은 0.5m 이상이며, 소방차가 쉽게 접근할 수 있도록 하며, 저수조에 물을 공급하는 방법은 상수도에 연결하여 (㉣)으로 급수되는 구조이어야 한다.
> - 흡수관의 투입구가 사각형인 경우에는 한 변의 길이가 60cm 이상, 원형의 경우에는 지름이 60cm 이상이어야 하며, 흡수에 지장이 없도록 토사 및 쓰레기 등을 제거할 수 있는 설비를 갖추어야 한다.

	㉠	㉡	㉢	㉣
①	65mm	100mm	0.8m 이상 1.5m 이하	자동 또는 수동
②	100mm	65mm	1.5m 이상 1.7m 이하	자동
③	65mm	100mm	1.5m 이상 1.7m 이하	자동
④	100mm	65mm	0.8m 이상 1.5m 이하	자동 또는 수동

해설

소방기본법 시행규칙 별표3
소방전술 공통교재 소방용수 시설별 설치기준에 대한 문제이지만, 사실상 소방기본법 문제에 가깝다.

03 건축물 화재에서 화점의 위치를 찾아내는 방법 중 알람밸브(유수검지장치)가 작동될 때 그 원인을 찾는 5단계 활동 순서를 옳게 나열한 것은?

> 가. 건물 위층부터 검색을 시작한다. 검색분대는 꼭대기층에서부터 계단을 내려오면서 각 층 입구에서 물소리나 연기 냄새가 나는지 확인해야 한다.
> 나. 수신기상에 표시된 층을 확인하고 이 구역을 검색하되, 수신기상에 정확한 위치와 층이 확인되지 않을 수도 있다.
> 다. 가압송수장치의 펌프를 확인한다.
> 라. 스프링클러 시스템을 리세팅(resetting)한 후 경보가 다시 발생하는지 확인한다. 경보가 다시 울리면 화재이거나 배관 누수일 가능성이 크다.
> 마. 소방시설관리업체로 하여금 소방시설에 대한 전반적인 점검과 보수를 하도록 조치한다.

① 가 → 나 → 다 → 라 → 마
② 가 → 나 → 라 → 다 → 마
③ 나 → 다 → 라 → 가 → 마
④ 나 → 라 → 가 → 다 → 마

해설

내부화점확인 방법 중 알람밸브(유수검지장치) 부분

04 연소 용어 중 ( ) 안에 들어갈 내용으로 옳은 것은?

- 액체의 증기압이 대기압과 같게 되어 끓기 시작하는 온도를 (㉠)이라고 한다.
- 대기압(1atm) 상태에서 고체가 녹아 액체가 되는 온도를 (㉡)이라고 한다.
- 어떤 물질 1g을 1℃ 올리는 데 필요한 열량을 (㉢)이라고 한다.
- 어떤 물질에 열의 출입이 있더라도 물질의 온도는 변하지 않고 상태변화에만 사용되는 열을 (㉣)이라고 한다.

	㉠	㉡	㉢	㉣
①	비점	융점	잠열	비열
②	융점	잠열	비열	비점
③	융점	비점	잠열	비열
④	비점	융점	비열	잠열

해설

- 비점(沸點, Boiling point) : 액체의 증기압이 대기압과 같게 되어 끓기 시작하는 온도를 비점이라 한다. 비점이 낮은 경우는 액체가 쉽게 기화되므로 비점이 높은 경우보다는 연소가 잘 일어난다.
- 비열(比熱 Specific Heat) : 어떤 물질 1g을 1℃ 올리는 데 필요한 열량을 비열이라 한다. 비열은 어떤 물체를 위험온도까지 올리는 데 필요한 열량이나 고온의 물체를 안전한 온도로 냉각하는 데 필요한 열량을 나타내는 척도로 사용되며, 물이 소화제로서 큰 효과가 있는 이유 중의 하나는 물의 비열이 크기 때문이다.
- 융점(融點, Melting point) : 대기압(1atm) 상태에서 고체가 녹아 액체가 되는 온도를 융점이라고 말한다. 융점이 낮은 경우 액체로 변화하기가 쉽고 화재 상황에서는 연소 구역의 확대가 쉬우므로 위험성이 매우 높다.
- 잠열(潛熱, Latent Heat) : 어떤 물질에 열의 출입이 있더라도 물질의 온도는 변하지 않고 상태변화에만 사용되는 열을 잠열이라 한다. 고체에서 액체로 또는 액체에서 고체로 변할 때 출입하는 열을 융해잠열이라 하고, 액체가 기체로 또는 기체에서 액체로 변할 때 출입하는 열을 증발잠열이라 한다. 대기압에서 물의 융해잠열은 80cal/g이며, 100℃에서의 증발잠열은 539cal/g이다. 좋은 소화제가 될 수 있는 이유 중의 하나는 물은 증발잠열이 매우 크기 때문이다. 0℃의 얼음 1g이 100℃의 수증기가 되기까지는 약 719cal의 열량이 필요하다. 대개의 물질은 잠열(융해잠열 및 증발잠열)이 물보다 작다.

05 화재 현장에서 발생하는 유독가스의 발생조건, 허용농도(TWA)가 올바르게 연결된 것은?

① 아황산가스(SO_2) - 중질유, 고무 연소 시 - 5ppm
② 시안화수소(HCN) - 열경화성 수지, 나일론 연소 시 - 5ppm
③ 암모니아(NH_3) - 우레탄, 폴리에틸렌 연소 시 - 10ppm
④ 포스겐($COCl_2$) - 프레온 가스와 불꽃의 접촉 시 - 1ppm

해설

화재현장에서 발생하는 유독가스

종류	발생 조건	허용농도(TWA)
일산화탄소(CO)	불완전연소 시	50ppm
아황산가스(SO_2)	중질유, 고무, 황화합물 등의 연소 시	5ppm
염화수소(HCl)	플라스틱, PVC 연소 시	5ppm
시안화수소(HCN)	우레탄, 나일론, 폴리에틸렌 등의 연소 시	10ppm
암모니아(NH_3)	열경화성 수지, 나일론 등의 연소 시	25ppm
포스겐($COCl_2$)	프레온 가스와 불꽃의 접촉 시	0.1ppm

※ 암기 : 시안화십 암모이오 아염오

06 다음은 위험물의 분류에 관한 설명이다. ( ) 안에 순서대로 들어갈 숫자로 옳은 것은?

- 유황은 순도가 ( )중량퍼센트 이상인 것을 말한다. 이 경우 순도측정에 있어서 불순물은 활석 등 불연성 물질과 수분에 한한다.
- 철분이라 함은 철의 분말로서 53마이크로미터의 표준체를 통과하는 것이 ( )중량퍼센트 미만인 것은 제외한다.
- 금속분이라 함은 알칼리금속·알칼리토류금속·철 및 마그네슘 외의 금속의 분말을 말하고, 구리분·니켈분 및 150마이크로미터의 체를 통과하는 것이 ( )중량퍼센트 미만인 것은 제외한다.
- 과산화수소는 그 농도가 ( )중량퍼센트 이상인 것에 한하며, 산화성 액체의 성상이 있는 것으로 본다.

① 50, 60, 60, 36
② 50, 60, 60, 49
③ 60, 50, 50, 36
④ 60, 50, 50, 49

해설

위험물안전관리법 시행령 별표1

07 분말 소화약제에 대한 설명으로 옳지 않은 것은?

① 이 약제의 주된 소화효과는 분말운무에 의한 방사열의 차단효과, 부촉매 효과, 발생한 불연성 가스에 의한 질식효과 등으로 가연성 액체의 표면화재에 매우 효과적이다.
② 탄산수소나트륨, 탄산수소칼륨, 제1인산암모늄 등의 물질을 미세한 분말로 만들어 유동성을 낮춘 후 이를 가스압(주로 N_2 또는 CO_2의 압력)으로 분출시켜 소화시킨다.
③ 소화약제로 사용되는 분말의 입도는 10~70μm 범위이며 최적의 소화효과를 나타내는 입도는 20~25μm이다.
④ 습기와 반응하여 고화되기 때문에 이를 방지하기 위하여 금속의 스테아린산염이나 실리콘 수지 등으로 방습 가공을 해야 한다.

해설
② 분말 소화약제는 탄산수소나트륨, 탄산수소칼륨, 제1인산암모늄 등의 물질을 미세한 분말로 만들어 유동성을 높인 후 이를 가스압(주로 N_2, 또는 CO_2의 압력)으로 분출시켜 소화하는 약제이다.
① 고체 물질의 미세한 분말은 정도의 차이는 있으나 소화 능력을 가지고 있으며, 분말이 미세하면 미세할수록 이 능력은 커진다. 이러한 특성을 이용한 것이 분말 소화약제이다.
③ 사용되는 분말의 입도는 10~70μm 범위이며 최적의 소화효과를 나타내는 입도는 20~25μm이다.
④ 분말 소화약제는 습기와 반응하여 고화되기 때문에 이를 방지하기 위하여 금속의 스테아린산염이나 실리콘 수지 등(현재는 대부분 실리콘 수지를 사용한다)으로 방습 가공을 해야 한다.

08 소방활동 안전교육의 내용으로 옳은 것은?

① 기능교육은 목표 지향의 문제처리를 할 수 있게 한다.
② 태도교육은 안전작업에 대한 몸가짐, 마음가짐을 몸에 붙게 한다.
③ 지식교육은 화재진압, 구조·구급 등의 작업 방법을 숙달시킨다.
④ 문제해결교육은 재해발생 원리를 이해시킨다.

해설
① 문제해결교육은 목표 지향의 문제처리를 할 수 있게 한다.
③ 기능교육은 화재진압, 구조·구급 등의 작업 방법을 숙달시킨다.
④ 지식교육은 재해발생 원리를 이해시킨다.

안전교육의 종류와 내용

구 분	종 류	교육 내용	교육방법의 요점
능력 개발	지식 교육	• 취급하는 기계·설비의 구조, 기능, 성능의 개념형성 • 재해발생 원리를 이해시킨다. • 안전관리, 작업에 필요한 법규, 규정, 기준을 알게 한다.	알아야 할 것의 개념형성을 꾀한다.
	문제 해결 교육	• 원인지향의 문제해결로 과거·현재의 문제를 대상으로 하여 사실확인에서 문제점의 발견, 원인탐구에서 대책을 세우는 순서를 알게 한다. • 목표지향의 문제처리를 할 수 있게 한다.	사고력과 종합능력을 육성한다.
	기능 교육	화재진압·구조·구급 등의 작업방법, 기계·기구류의 취급 등 조작방법을 숙달시킨다.	응용능력의 육성이며 실기를 주체로 한다.
인간 형성	태도 교육	• 안전작업에 대한 몸가짐 마음가짐을 몸에 붙게 한다. • 안전규율, 직장규율을 몸에 붙이도록 한다. • 의욕을 갖게 한다.	안전의식에 관한 가치관 형성교육을 한다.

09 화재조사의 조사업무처리 기본사항에 대한 설명으로 옳지 않은 것은?

① 화재 범위가 2 이상의 관할구역에 걸친 화재에 대해서는 발화 소방대상물의 소재지를 관할하는 소방서에서 1건의 화재로 한다.
② 건축·구조물화재의 소실 정도는 3종류로 구분하며, 반소는 건물의 30% 이상 70% 미만이 소실된 것을 가리킨다.
③ 건물의 소실면적 산정은 소실 바닥면적으로 산정한다. 다만, 화재피해 범위가 건물의 6면 중 3면 이하인 경우에는 6면 중의 피해면적의 합에 5분의 1을 곱한 값을 소실면적으로 한다.
④ 사상자는 화재현장에서 사망 또는 부상당한 사람을 말한다. 단, 화재현장에서 부상을 당한 후 72시간 이내에 사망한 경우에는 당해 화재로 인한 사망자로 본다.

해설
③ 건물의 소실면적 산정은 소실 바닥면적으로 산정한다.
① 발화지점이 한 곳인 화재현장이 둘 이상의 관할구역에 걸친 화재는 발화지점이 속한 소방서에서 1건의 화재로 산정한다. 다만, 발화지점 확인이 어려운 경우에는 화재피해금액이 큰 관할구역 소방서의 화재 건수로 산정한다.
② 건축·구조물의 소실 정도는 다음에 따른다.
 • 전소 : 건물의 70% 이상(입체면적에 대한 비율을 말한다)이 소실되었거나 또는 그 미만이라도 잔존부분을 보수하여도 재사용이 불가능한 것
 • 반소 : 건물의 30% 이상 70% 미만이 소실된 것
 • 부분소 : 위에 해당하지 아니하는 것
④ 사상자는 화재현장에서 사망한 사람과 부상당한 사람을 말한다. 다만, 화재현장에서 부상을 당한 후 72시간 이내에 사망한 경우에는 당해 화재로 인한 사망으로 본다.

10 소방활동의 특수성 중 다음 내용과 관계있는 것은?

> 화재현장에서 소방대원은 담을 넘는다든지 사다리를 활용하여 2층이나 3층 혹은 인접 건물로 진입하거나, 통행이 어려운 곳을 통과하거나, 오르기 힘든 곳을 오르거나, 화염 등으로 위험하여 들어갈 수 없는 곳을 진입하여야 하는 경우가 있다.

① 확대 위험성과 불안정성 ② 행동의 위험성
③ 활동장해 ④ 행동환경의 이상성

11 소방펌프 자동차의 진공펌프가 작동되면 펌프의 윤활유 흡입구를 통해 진공오일이 자동적으로 흡입되어 진공펌프 내에서 그 역할을 수행하게 된다. 다음 중 진공오일에 대한 설명으로 옳지 않은 것은?

① 진공오일의 작용은 냉각작용, 수막형성, 윤활작업이다.
② 불가피한 경우 전용 진공오일 대신에 자동차용 엔진오일, 유압유를 사용할 수 있다.
③ 진공오일 탱크의 용량은 1.5리터 이상으로 하여야 한다.
④ 진공오일이 없으면 진공이 잘 되지 않으며 진공펌프가 손상된다.

해설
- 진공오일의 작용은 유막형성, 윤활작업, 냉각작용이다.
- 투명 창으로 되어있어 항상 육안 확인하여 적정량을 채워준다.
- 진공오일이 없으면 진공이 잘 되지 않으며 진공펌프가 손상된다.
- 진공오일 탱크 용량은 1.5리터 이상으로 하여야 한다.
- 사용 오일은 전용 진공오일을 사용하나, 불가피한 경우에는 자동차용 엔진오일, 유압유 등도 사용할 수 있다. 기어오일보다는 엔진오일이 점도가 부드럽기 때문이다.

12 미국 교통국(Department Of Transportation) 수송표지는 마름모꼴 표지에 숫자와 그림, 색상으로 표시하며 숫자는 물질의 종류를, 색상은 특성을 나타낸다. 각 플래카드(Placard)의 색상이 가지는 의미로 옳은 것은?

① 백색 : 산화성 ② 녹색 : 불연성
③ 빨간색 : 중독성 ④ 주황색 : 산화성

해설

각 Placard의 색상이 가지는 의미
- 빨간색 : 가연성(Flammable)
- 오렌지 : 폭발성(Explosive)
- 노란색 : 산화성(Oxidizer)
- 녹색 : 불연성(Non-Flammable)
- 파란색 : 금수성(Not Wet)
- 백색 : 중독성(Inhalation)

13 화학사고 발생 시 누출물 처리방법 중 화학적 처리 방법에 대한 설명으로 옳지 않은 것은?

① 유화처리 : 주로 기름(oil)이 누출되었을 경우에 사용하며, 특히 원유 등의 대량 누출 시에 적용한다.
② 중화 : 발열이나 유독성 물질생성, 기타위험성이 발생할 수 있으므로 위험을 감소시키기 위해서 오염물질의 양보다 적게 조금씩 투입하여야 한다.
③ 흡착 : 활성탄과 모래는 일반적으로 널리 사용되는 흡착제이다.
④ 흡수 : 주로 액체 물질에 적용하는 방법으로 누출된 물질을 스펀지나 흙, 신문지, 톱밥 등의 흡수성 물질에 흡수시켜 회수한다.

해설

③ 흡착은 물리적 방법에 해당한다.

누출물질의 화학적 처리 방법
- 흡수(Absorption) : 주로 액체 물질에 적용하는 방법이다. 누출된 물질을 스펀지나 흙, 신문지, 톱밥 등의 흡수성 물질에 흡수시켜 회수한다. 2 이상의 서로 다른 물질을 동시에 흡수시키고자 하는 경우에는 화학반응에 따르는 위험성이 없는지 확인하여야 한다.
- 유화처리(Emulsification) : 유화제를 사용하여 오염물질의 친수성을 높이는 방법으로 처리한다. 주로 기름(Oil)이 누출되었을 경우에 사용하며, 특히 원유 등의 대량 누출 시에 적용한다. 환경오염문제로 논란이 될 수 있다.
- 중화(Neutralization) : 주로 부식성 물질에 사용하는 방법이다. 중화과정에서 발열이나 유독성 물질생성, 기타 위험성이 발생할 수 있으므로 화학자의 검토가 필요하고 위험을 감소시키기 위해서 오염물질의 양보다 적게 조금씩 투입하여야 한다.
- 응고(Solidification) : 오염물질을 약품이나 흡착제로 흡착, 응고시켜 처리할 수 있다. 오염물질의 종류와 사용된 약품에 따라 효과가 달라진다. 응고된 물질은 밀폐, 격납한다.
- 소독(disinfection) : 주로 장비나 물자, 또는 환경 정화를 위해 표백제나 기타 화학약품을 사용해서 소독한다. 사람의 경우에는 화학약품을 사용하는 것보다 물로 세척하는 것이 더 효과적이다.

14 다음과 같이 도르래를 설치하여 80kg의 물체를 들어 올릴 경우 몇 kg의 물체를 들어 올리는 것과 동일한가? (단, 장비 자체의 무게 및 마찰력은 고려하지 않는다)

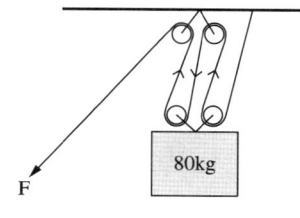

① 20kg
② 26.7kg
③ 30kg
④ 36.7kg

해설
도르래 4개 설치 시 80키로의 1/4의 힘이 든다.
도르래의 숫자와 힘의 이득관계

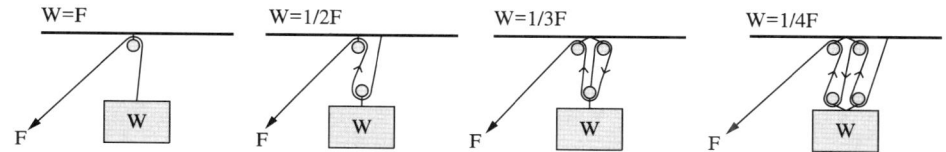

15 다음에서 지칭하는 용어로 옳은 것은?

- 잠수 후 상승속도를 분당 9m로 유지하면서 수면으로 상승하면 체내의 질소를 한계 수준 미만으로 만들 수 있다.
- 상승 중 감압정지를 하지 않고 일정의 수심에서 최대로 머물 수 있는 시간이 수심에 따라 제한되어 있다.

① 감압정지
② 감압시간
③ 최대 잠수 가능시간
④ 실제 잠수시간

해설
- 감압정지와 감압시간 : 실제 잠수 시간이 최대 잠수 가능시간을 초과했을 때에 상승도중 감압표상에 지시된 수심에서 지시된 시간만큼 머무르는 것을 "감압정지"라 하고, 머무르는 시간을 "감압시간"이라 한다. 그리고 감압은 가슴 정중앙이 지시된 수심에 위치하여야 한다.
- 실제 잠수시간 : 이것은 수면에서 하강하여 최대수심에서 활동하다가 상승을 시작할 때까지의 시간을 말한다.

16 다음과 같은 유형의 건축물 붕괴에 대한 설명으로 옳지 않은 것은?

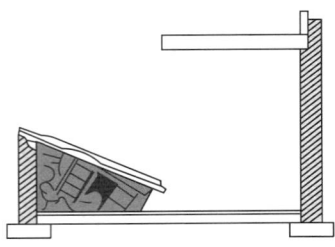

① 구조대상자가 생존할 수 있는 장소는 각 층들이 지탱 되고 있는 끝부분 아래쪽 모서리 부근에 생길 가능성이 많다.
② 붕괴의 유형 중에서 가장 안전하지 못하고 2차 붕괴에 취약한 유형이다.
③ 건물에 가해지는 충격에 의하여 한쪽 벽판이나 지붕조립 부분이 무너져 내리고 다른 한쪽은 원형을 그대로 유지하고 있는 형태이다.
④ 마주 보는 두 외벽에 결함이 발생하여 바닥이나 지붕이 아래로 무너져 내린 경우이다.

해설
④ 마주 보는 두 외벽에 결함이 발생하여 바닥이나 지붕이 아래로 무너져 내린 경우는 팬케이크형 붕괴에 해당한다. 캔틸레버형 붕괴(Cantilever collapes)에 관한 그림이다. 켄틸레버형 붕괴는 각 붕괴의 유형 중에서 가장 안전하지 못하고 2차 붕괴에 가장 취약한 유형이다. 건물에 가해지는 충격에 의하여 한쪽 벽판이나 지붕 조립부분이 무너져 내리고 다른 한쪽은 원형을 그대로 유지하고 있는 형태의 붕괴를 말한다. 이때 요구조자가 생존할 수 있는 장소는 각 층들이 지탱되고 있는 끝 부분 아래에 생존공간이 생길 가능성이 많다.

17 다음에서 설명하는 엘리베이터의 안전장치는?

> 엘리베이터의 운전 중에는 브레이크슈를 전자력에 의해 개방시키고, 정지 시에는 전동기 주회로를 차단시킴과 동시에 스프링 압력에 의해 브레이크슈로 브레이크 휠을 조여서 엘리베이터가 확실히 정지하도록 한다.

① 비상정지장치
② 리미트 스위치
③ 조속기
④ 전자브레이크

해설
① 비상정지장치(safety device) : 만일 로프가 절단된 경우라든가, 그 외 예측할 수 없는 원인으로 카의 하강속도가 현저히 증가한 경우에, 그 하강을 멈추기 위해, 가이드레일을 강한 힘으로 붙잡아 엘리베이터 몸체의 강하를 정지시키는 장치로 조속기에 의해 작동된다.
② 리미트 스위치(limit switch) : 최상층 및 최하층에 근접할 때에, 자동적으로 엘리베이터를 정지시켜 과주행을 방지한다. 화이널 리미트 스위치(final limit switch)는 리미트 스위치가 어떤 원인에 위해서 작동하지 않을 경우, 안전확보를 위해 모든 전기회로를 끊고 엘리베이터를 정지시킨다.
③ 조속기(governor) : 카의 속도를 일정하게 유지한다.

18 화학사고 발생 시 사고로 인한 오염자 및 제독 작업에 참여한 대원의 제독을 위하여 경계구역 설정과 동시에 경고지역(Warm Zone) 내에 제독소를 설치하여야 한다. 〈보기〉의 제독 절차를 순서대로 나열한 것은?

| 보기 |

가. 방호복을 입은 상태에서 물을 뿌려 1차 제독을 한다.
나. 레드트랩(red trap) 입구에 장비수집소를 설치하고 손에 들고 있는 장비를 이곳에 놓도록 한다.
다. 습식제독작업이 끝나면 그린트랩(green trap)으로 이동해서 동료의 도움을 받아 보호복을 벗는다.
라. 옐로트랩(yellow trap)으로 이동하여 솔과 세제를 사용하여 방호복의 구석구석(발바닥, 사타구니, 겨드랑이 등)을 세심하게 세척한다.

① 가 - 나 - 다 - 라
② 나 - 가 - 다 - 라
③ 나 - 가 - 라 - 다
④ 라 - 가 - 나 - 다

해설

제독소

사고로 인하여 발생한 오염자 및 제독 작업에 참여한 대원의 제독을 위하여 제독소를 설치한다. 제독소는 Warm Zone 내에 위치하며 경계구역 설정과 동시에 설치하여야 한다. 전용 장비를 이용하여 제독소를 설치할 수 있지만 수손방지막을 활용하여 간이제독소를 설치할 수 있다. 40mm 또는 65mm 소방호스로 땅에 적당한 크기의 구획을 만들고 그 위를 수손방지막으로 덮으면 오염물질이 밖으로 흐르지 않도록 할 수 있다. 제독소 내부는 오염지역에 가까운 구획부터 Red trap, Yellow trap, Green trap의 3단계로 구획하고 Red trap에서부터 제독을 시작한다. 구획의 크기는 제독인원에 비례하여 결정한다.

① Red trap 입구에 장비수집소를 설치하고 손에 들고 있는 장비를 이곳에 놓도록 한다. 장비는 모아서 별도로 제독하거나 폐기한다.
② 방호복을 입은 상태에서 물을 뿌려 1차 제독(Gross Decon)을 한다.
③ Yellow trap으로 이동하여 솔과 세제를 사용하여 방호복의 구석구석(발바닥, 사타구니, 겨드랑이 등)을 세심하게 세척한다.
④ 습식 제독작업이 끝나면 Green trap으로 이동해서 동료의 도움을 받아 보호복을 벗는다.
⑤ 마지막으로 공기호흡기를 벗는다. 보호복의 종류에 따라 공기호흡기를 먼저 벗어야 하는 경우도 있다. 보호복과 장비는 장비수집소에 보관한다.
⑥ 현장 여건에 따라 샤워장으로 이동하여 탈의하고 신체 구석구석을 씻도록 한다.
⑦ 휴식을 취하면서 건강상태를 확인한다.

19 다음 내용과 관계 깊은 열 손상은?

> • 의식수준 저하
> • 뜨겁고, 건조하거나 축축한 피부
> • 중추신경계 이상에 의한 체온조절기능 부전으로 발생

① 열사병 ② 일사병
③ 열경련 ④ 열실신

해설
① 열사병(Heat stroke) : 열 손상에서 가장 위험한 단계로 체온조절기능 부전으로 나타난다. 여름철에 어린아이나 노약자에게 많이 일어나며 보통 며칠에 걸쳐 진행된다. 소모성 열사병 환자와 같이 체온이 정상이거나 약간 오르지 않고 41~42℃ 이상 오른다. 피부는 뜨겁고 건조하거나 축축하다. 의식은 약간의 혼돈상태에서 무의식상태까지 다양하게 의식변화가 있다. 만약, 의식은 명료하나 피부가 뜨겁고 건조하거나 축축한 환자가 있다면 적극적인 체온저하 처치를 실시해야 한다.
② 일사병(Heat exhaustion) : 체액소실로 나타나며 보통 땀을 많이 흘리고 충분한 수분을 섭취하지 않아 발생한다. 응급처치를 하지 않으면 쇼크를 초래하고 증상 및 징후는 얼마나 체액을 소실했는지에 따라 달라진다. 초기에는 피로, 가벼운 두통, 오심/구토, 두통을 호소하며 피부는 정상이거나 차갑고 창백하며 축축하다. 처치가 이루어지지 않으면 빠른맥, 빠른호흡, 저혈압을 포함한 쇼크 징후가 나타난다. 적절한 휴식 없이 진화하는 소방대원 및 통풍이 안 되는 작업복을 입고 일할 때 많이 발생한다.
③ 열경련(Heat cramp) : 더운 곳에서 격렬한 활동으로 땀을 많이 흘려 전해질(특히, 나트륨) 부족으로 나타난다. 근육경련이 나타나지만 심각하지는 않으며 대부분은 시원한 곳에서 휴식하고 수분을 보충하면 정상으로 회복된다. 회복 후에는 다시 활동을 재기할 수 있어 적절한 처치 없이 방치하면 소모성 열사병으로 진행된다.

20 START 분류법에 따라 분류할 때 가능한 응급처치로 옳지 않은 것은?

① 무호흡 환자에게 기도 개방
② 환자 상태에 따른 팔다리 거상
③ 두부 열상 환자에게 직접 압박으로 지혈
④ 빠른 호흡 양상을 보이는 환자에게 산소공급

해설
• START 분류법은 신속, 간결 그리고 일관성 있게 분류해야 한다. 환자평가는 RPM을 기본으로 한다.
  - Respiration 호흡
  - Pulse 맥박
  - Mental Status 의식 수준
• 지정된 곳(구급차 또는 근처 건물 등)으로 모인 환자는 의식이 있으며, 지시를 따를 수 있고 걸을 수 있으므로 뇌로의 충분한 관류와 호흡·맥박·신경계가 적절히 작용한다는 것을 알 수 있다. 따라서 비응급 환자로 분류하고 지정된 곳으로 가지 못하는 환자는 긴급, 응급, 지연환자로 분류된다. 남아 있는 환자 중에서 우선순위를 분류하는데 의식장애가 있는 환자를 우선으로 START 분류법을 이용해 신속하게 분류해야 한다. 분류하는 도중에는 환자 상태에 따라 아래의 3가지 처치만을 제공하고 다른 환자를 분류해야 한다.
  - 기도 개방 및 입인두 기도기 삽관
  - 직접 압박
  - 환자 상태에 따른 팔다리 거상

21 환자 이동 장비 중 척추를 고정하는 효과가 가장 적은 것은?

① 구출고정대
② 분리형 들것
③ 긴 척추고정판
④ 바스켓형 들것

> **해설**
> 분리형 들것은 등 부분을 지지해 주지 못하기 때문에 척추손상환자를 고정하는 데에는 효과가 적다.

22 다음 신생아의 APGAR 점수는?

- 피부색 : 몸은 분홍색, 팔·다리는 청색
- 심장 박동수 : 95회/분
- 반사흥분도 : 얼굴을 찡그림
- 근육의 강도 : 흐늘거림
- 호흡 : 불규칙

① 4 ② 5
③ 6 ④ 7

> **해설**
> 피부색 1점 + 심장 박동수 1점 + 반사흥분도 1점 + 근육의 강도 0점 + 호흡 1점 = 4점
>
> 아프가 점수(출생 후 1분, 5분 후 재평가 실시)

평가내용	점수		
	0	1	2
피부색 : 일반적 외형	청색증	몸은 핑크, 손과 팔다리는 청색	손과 발까지 핑크색
심장 박동수	없음	100회 이하	100회 이상
반사흥분도 : 찡그림	없음	자극 시 최소의 반응/얼굴을 찡그림	코 안쪽 자극에 울고 기침, 재채기 반응
근육의 강도 : 움직임	흐늘거림/부진함	팔과 다리에 약간의 굴곡 제한된 움직임	적극적으로 움직임
호흡 : 숨 쉬는 노력	없음	약하고/느림/불규칙	우렁참

8~10점 : 정상출산으로 기본적인 신생아 관리
3~7점 : 경증의 질식 상태, 호흡을 보조함, 부드럽게 자극, 입-코 흡인
0~2점 : 심한 질식 상태, 기관내 삽관, 산소공급, CPR

정답 21 ② 22 ①

23 다음 심전도 리듬에 관한 설명으로 옳지 않은 것은?

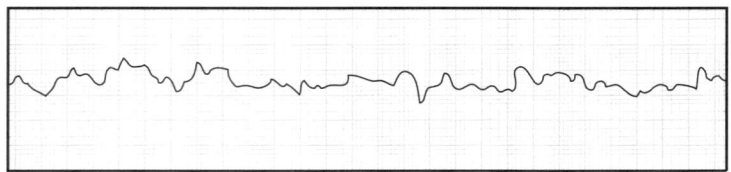

① 심장은 진동할 뿐 효과적으로 피를 뿜어내지 못하고 있다.
② 제세동이 1분 지연될 때마다 제세동의 성공 가능성은 7~10%씩 감소한다.
③ 맥박을 확인한 후 맥박이 촉지되지 않는 환자에게 제세동을 실시해야 한다.
④ 심장마비 후 8분 안에 심장마비 환자의 약 1/2에서 나타난다.

해설
그림은 심실세동이고 ③은 심실빈맥에 관한 설명이다.
- 제세동 : 심정지의 대부분은 심실세동에 의해 유발되며, 심실세동에서 가장 중요한 처치는 전기적 제세동이다. 제세동 처치는 빨리 시행할수록 효과적이므로 현장에서 신속하게 시행되어야 한다. 심실세동에서 제세동이 1분 지연될 때마다 제세동의 성공 가능성은 7~10%씩 감소한다. 자동심장충격기는 의료지식이 충분하지 않은 일반인이나 의료제공자들이 쉽게 사용할 수 있도록 환자의 심전도를 자동으로 분석하여 제세동이 필요한 심정지를 구분해주며, 사용자가 제세동할 수 있도록 유도하는 장비이다. '심실세동'과 '무맥성 심실빈맥'은 제세동으로 치료가 될 수 있다.
- 심실빈맥(Ventricular tachycardia, V-Tach) : 리듬은 규칙적이나 매우 빠른 경우를 말한다. 너무 빨리 수축해서 피가 충분히 심장에 고이지 않아 심장과 뇌로 충분한 혈액을 공급할 수 없다. V-Tach은 심장마비환자의 10%에서 나타나며 심실빈맥 환자의 제세동은 반드시 맥박을 확인한 후 맥박이 촉지되지 않는 환자에게만 실시하여야 한다.

24 기도확보유지 장비에 관한 설명으로 옳은 것은?

① 입인두 기도기(OPA)의 크기는 입 중앙에서부터 귓불까지이다.
② 후두튜브(LT)는 일회용이 아닌 멸균 재사용이 가능하다.
③ 아이겔(I-Gel)은 사이즈에 관계없이 충분한 양압환기가 가능하다.
④ 성인의 기관내삽관(Intubation) 시 환자 입의 중앙으로 후두경날을 삽입한다.

해설
① 입인두 기도기의 크기 선정 방법은 입 가장자리에서부터 귓불까지, 입 중심에서부터 하악각까지이다.
③ 아이겔(I-Gel)은 사이즈가 작거나 큰 경우 밀착이 부정확한 경우 양압환기가 불충분해진다.
④ 성인의 기관내삽관(Intubation) 시 환자 입의 오른쪽으로 후두경날을 삽입하고 혀를 왼쪽으로 치우면서 들어올린다.

25 병원 전 뇌졸중 평가 도구 중 FAST에 해당하지 않는 질문은?

① 입꼬리가 올라가도록 웃어보세요.
② 눈을 감고 양손을 앞으로 올리고 10초간 멈춰보세요.
③ 올해 나이가 몇 살인지 말해보세요.
④ 이 문장을 따라 해보세요. 오늘은 화요일입니다.

해설

의식이 있는 뇌졸중환자를 평가하는 방법으로는 아래와 같으며 환자에 앞서 시범을 보이도록 한다.
- F(face) : 입꼬리가 올라가도록 웃으면서 따라서 웃도록 시킨다. 치아가 보이지 않거나 양쪽이 비대칭인 경우 비정상
- A(arm) : 눈을 감고 양 손을 동시에 앞으로 들어 올려 10초간 멈추도록 한다. 양손의 높이가 다르거나 한 손을 전혀 들어 올리지 못할 경우 비정상
- S(speech) : 하나의 문장을 얘기하고 따라하도록 시킨다. 말이 느리거나 못한다면 비정상
- T(time) : 시계가 있다면 몇 시인지 물어보고 없다면 낮인지 밤인지 물어본다.

정답 25 ③

11 | 소방교 기출문제

> 소방전술 승진시험 문제는 대학교수 및 소방공무원이 출제를 합니다. 공통교재에서 지문을 만들기 때문에 단어만 바꾸는 문제도 많이 출제됩니다. 전술 과목은 학교 공통교재를 기본으로 공부하시기 바랍니다.

01 다음과 관련된 화재의 특수현상으로 옳은 것은?

> - 복도와 같은 통로공간에서 벽, 바닥 표면의 가연물에 화염이 급속하게 확산하는 현상을 묘사하는 용어이다.
> - 1946년 12월 미국 애틀랜타(Atlanta)에 있는 와인코프 호텔(Winecoff Hotel) 로비 화재에서 가연성 벽을 따라 연소 확대가 어떻게 진행되는지 설명하는 데 처음 사용된 용어이다.

① 롤오버(Rollover)
② 플래임오버(Flamover)
③ 플래시오버(Flashover)
④ 백드래프트(Backdraft)

해설

플래임오버(Flameover) 현상
복도와 같은 통로공간에서 벽, 바닥 표면의 가연물에 화염이 급속하게 확산하는 현상을 묘사하는 용어이다. 벽, 바닥 또는 천장에 설치된 가연성 물질이 화재에 의해 가열되면, 전체 물질 표면을 갑자기 점화할 수 있는 연기와 가연성 가스가 만들어지고, 이때 매우 빠른 속도로 화재가 확산된다. 플래임오버 화재는 소방관들이 서있는 뒤쪽에 연소 확대가 일어나 고립되는 상황에 빠질 수 있다. 목재 벽과 강의실 책상, 극장, 인테리어 장식용 벽, 그리고 가연성 코팅재질의 천장은 충분히 가열만 되면 플래임오버를 만들 수 있다.

01 ② 정답

02 소방활동 검토회의에 관한 설명으로 옳은 것은?

① 건물의 구조별 도시방법은 목조는 녹색, 방화조는 적색, 내화조는 황색으로 표시한다.
② 소방활동 검토회의는 화재발생일로부터 7일 이내에, 화재발생 소재지를 관할하는 소방본부 또는 소방서에서 개최한다.
③ 소방활동 검토회의에 필요한 소방활동도 작성 요령 중 출동대는 소방차의 위치 및 소방호스를 소정기호로써 소대명을 붙여 제1출동대는 적색, 제2출동대는 청색, 제3출동대는 녹색, 응원대는 황색으로 구분 표시한다.
④ 소방활동 검토회의를 개최하였을 때에는 화재종합분석 보고서, 소방활동 검토회의 진행순서에 따라 각 항을 기록한 회의록 사본을 첨부하여 그 결과를 소방청장에게 30일 이내에 보고하여야 한다.

해설
※ 현장대응활동 검토회의로 개정

03 안전도 등급에 따른 건물 유형의 붕괴 위험성 평가에 관한 설명이다. ( ) 안에 들어갈 내용으로 옳은 것은?

- 내화구조 건물의 붕괴 위험성은 콘크리트 (㉠)의 강도에 달려 있다.
- 준내화구조 건물의 붕괴 위험성은 철재구조의 (㉡) 붕괴 취약성에 달려 있다.
- 벽돌, 돌, 회반죽을 혼합한 인조석 등의 조적조 건물의 가장 위험한 붕괴요인은 (㉢)이 붕괴되는 것이다.
- 경량 목구조 건물의 가장 큰 붕괴 위험성은 (㉣) 붕괴이다.

	㉠	㉡	㉢	㉣
①	지붕	벽	바닥층	지붕
②	지붕	바닥	바닥층	벽
③	바닥층	벽	벽	지붕
④	바닥층	지붕	벽	벽

해설
- 내화구조 건물의 붕괴 위험성은 콘크리트 바닥층의 강도에 달려 있다.
- 준 내화구조 건물의 붕괴 위험성은 바로 철재구조의 지붕 붕괴의 취약성에 달려 있다.
- 벽돌, 돌, 회반죽을 혼합한 인조석 등의 조적조 건물의 가장 위험한 붕괴요인은 벽이 붕괴되는 것이다.
- 경량 목구조 건물의 가장 큰 붕괴 위험성은 벽 붕괴이다.
※ 암기 : 내바 준지 조경벽

정답 02 ③ 03 ④

04 재해예방대책을 실행하기 위한 사고예방대책의 기본원리 5단계를 순서대로 나열한 것은?

> 가. 경영자의 안전목표 설정, 안전관리자 선임, 안전라인 및 참모조직, 안전활동방침 및 계획수립, 조직을 통한 안전활동 전개 등 안전관리에서 가장 기본적인 활동은 안전관리 조직의 구성이다.
> 나. 사고원인 및 경향성 분석, 사고기록 및 관계자료 분석, 인적·물적 환경조건분석, 작업공정 분석, 교육 훈련 및 직장배치 분석, 안전수칙 및 방호장비의 적부 분석 등을 통하여 사고의 직접 및 간접 원인을 찾아낸다.
> 다. 기술적 개선, 배치조정, 교육훈련의 개선, 안전행정의 개선, 규정 및 수칙 등 제도의 개선, 안전운동의 전개 등 효과적인 개선방법을 선정한다.
> 라. 각종 사고 및 활동기록의 검토, 작업 분석, 안전점검 및 검사, 사고조사, 안전회의 및 토의, 근로자의 제안 및 여론 조사 등에 의하여 불안전 요소를 발견한다.
> 마. 시정책은 3E, 즉 기술(Engineering), 교육(Education), 관리(Enforcement)를 완성함으로써 이루어진다.

① 가 → 나 → 다 → 라 → 마
② 가 → 다 → 라 → 나 → 마
③ 가 → 라 → 나 → 다 → 마
④ 가 → 라 → 다 → 나 → 마

해설

사고 예방대책의 기본원리 5단계
- 1단계 : 안전조직(조직체계 확립)
  경영자의 안전목표 설정, 안전관리자 선임, 안전라인 및 참모조직, 안전활동 방침 및 계획수립, 조직을 통한 안전활동 전개 등 안전관리에서 가장 기본적인 활동은 안전관리 조직의 구성이다.
- 2단계 : 사실의 발견(현황파악)
  각종 사고 및 활동기록의 검토, 작업 분석, 안전점검 및 검사, 사고조사, 안전회의 및 토의, 근로자의 제안 및 여론 조사 등에 의하여 불안전 요소를 발견한다.
- 3단계 : 분석 평가(원인 규명)
  사고원인 및 경향성 분석, 사고기록 및 관계자료 분석, 인적·물적 환경조건 분석, 작업공정분석, 교육훈련 및 직장배치 분석, 안전수칙 및 방호장비의 적부 분석 등을 통하여 사고의 직접 및 간접 원인을 찾아낸다.
- 4단계 : 시정방법의 선정(대책 선정)
  기술적 개선, 배치조정, 교육훈련의 개선, 안전행정의 개선, 규정 및 수칙 등 제도의 개선, 안전운동의 전개 등 효과적인 개선방법을 선정한다.
- 5단계 : 시정책의 적용(목표달성)
  시정책은 3E, 즉 기술(Engineering), 교육(Education), 관리(Enforcement)를 완성함으로써 이루어진다.

04 ③ 정답

05 화재조사 및 보고규정에서 사용하는 관련 용어의 정의로 옳지 않은 것은?

① 감식 : 화재원인의 판정을 위하여 전문적인 지식, 기술 및 경험을 활용하여 주로 시각에 의한 종합적인 판단으로 구체적인 사실관계를 명확하게 규명하는 것
② 감정 : 화재와 관계되는 물건의 형상, 구조, 재질, 성분, 성질 등 이와 관련된 모든 현상에 대하여 과학적 방법에 의한 필요한 실험을 행하고 그 결과를 근거로 화재 원인을 밝히는 자료를 얻는 것
③ 잔가율 : 피해물의 경제적 내용연수가 다한 경우 잔존하는 가치의 재구입비에 대한 비율
④ 손해율 : 피해물의 종류, 손상 상태 및 정도에 따라 피해액을 적정화시키는 일정한 비율

해설
화재조사 및 보고규정 제2조(화재조사 및 보고규정 전면개정, 23.3.8.)
• "잔가율"이란 화재 당시에 피해물의 재구입비에 대한 현재가의 비율을 말한다.
• "최종잔가율"이란 피해물의 경제적 내용연수가 다한 경우 잔존하는 가치의 재구입비에 대한 비율을 말한다.

06 다음에서 설명하는 소방펌프 조작 시 일어날 수 있는 현상은?

> 소방펌프 내부에서 흡입양정이 높거나 유속의 급변 또는 와류의 발생, 유로에서의 장애 등에 의해 압력이 국부적으로 포화증기압 이하로 내려가 기포가 발생한다.

① 공동현상(Cavitation)
② 서징현상(Surging)
③ 수격현상(Water hammer)
④ 에어록(Air-lock)

해설
② 서징현상(Surging) : 소방펌프 사용 중에 한 숨을 쉬는 것과 같은 상태가 되어, 소방펌프 조작판의 연성계와 압력계의 바늘이 흔들리고 동시에 방수량이 변화하는 현상이다.
③ 수격현상(Water hammer) : 관내에 물이 가득 차서 흐르는 경우 그 관로 끝에 있는 밸브를 갑자기 닫을 경우 물이 갖고 있는 운동에너지는 압력에너지로 변하고 큰 압력 상승이 일어나서 관을 넓히려고 한다. 이 경우 압력상승은 압력파가 되어 관내를 왕복하는 현상이다.

07 위험예지훈련 진행사항 중 "위험예지훈련 2라운드"에 해당되는 것은?

① 당신이라면 어떻게 할 것인가?
② 어떠한 위험이 잠재하고 있는가?
③ 우리들은 이렇게 한다.
④ 이것이 위험의 요점이다.

정답 05 ③ 06 ① 07 ④

해설

위험예지훈련 진행사항

라운드	문제해결 라운드	위험예지훈련 라운드	위험예지훈련 진행방법
1R	위험사실을 파악 (현상파악)	「어떠한 위험이 잠재하고 있는가」	모두의 토론으로 그림 상황 속에 잠재한 위험요인을 발견한다.
2R	위험원인을 조사 (본질추구)	「이것이 위험의 요점이다」	발견된 위험요인 가운데 이것이 중요하다고 생각되는 위험을 파악하고 ○표, ◎표를 붙인다.
3R	대책을 세운다 (대책수립)	「당신이라면 어떻게 할 것인가」	◎표를 한 중요위험을 해결하기 위해서는 「어떻게 하면 좋은가」를 생각하여 구체적인 대책을 세운다.
4R	행동계획을 결정 (목표달성)	「우리들은 이렇게 한다」	대책 중 중점실시 항목에 ※표를 붙여 그것을 실천하기 위한 팀 행동 목표를 세운다.

08 소방자동차의 포 혼합방식에 관한 설명이다. ( ) 안에 들어갈 내용으로 옳은 것은?

> 소방자동차에 적용되는 포 혼합방식은 주로 (㉠) 방식이 적용된다. 이 방식은 설치가 간단하고 비용이 저렴하다는 장점이 있지만 포 원액과 물이 혼합된 포수용액이 펌프 흡입측으로 주입되므로 포수용액 일부가 물탱크로 유입될 수 있다. 최근에는 포원액을 펌프 방수측 배관에 압입할 수 있는 별도 펌프를 장착하는 (㉡) 방식과 콤프레셔를 이용하여 에어를 토출측 배관에 주입하여 폼을 형성하는 CAFS시스템을 적용하기도 한다.

	㉠	㉡
①	펌프 프로포셔너	프레저 프로포셔너
②	펌프 프로포셔너	프레저 사이드 프로포셔너
③	라인 프로포셔너	프레저 프로포셔너
④	라인 프로포셔너	프레저 사이드 프로포셔너

해설

소방자동차에 적용되는 포 혼합방식은 주로 펌프 프로포셔너 방식이 적용된다. 펌프 프로포셔너 방식은 설치가 간단하고 비용이 저렴하다는 장점이 있지만, 포 원액과 물이 혼합된 포수용액이 펌프흡입측으로 주입되므로 포수용액 일부가 물탱크로 유입될 수 있다. 최근에는 포 원액을 펌프 방수측 배관에 압입할 수 있는 별도펌프를 장착하는 프레저 사이드 프로포셔너 방식과, 콤프레셔를 이용하여 에어를 토출측 배관에 주입하여 폼을 형성하는 CAFS시스템을 적용하기도 한다.

09 펜슬링(Penciling) 주수기법에 관한 설명으로 옳지 않은 것은?

① 확실한 발디딤 장소를 확보하고 낮은 자세를 유지한다.
② 반동력이 작으므로 관창보조는 소방호스를 땅에 살짝 닿도록 들어서 잡아준다.
③ 관창수는 화점을 목표로 주수한다.
④ 관창의 개폐장치를 열어 물줄기를 던지듯 끊어서 조작한다.

> **해설**
>
> 펜슬링 주수요령은 다음과 같다.
> - 확실한 발 디딤 장소를 확보하고 낮은 자세를 유지한다.
> - 관창수는 화점을 목표로 주수한다.
> - 반동력이 크므로 관창보조는 소방호스를 땅에 살짝 닿도록 들어서 잡아준다.
> - 관창의 노즐은 오른쪽 방향 끝에서 왼쪽으로 1/4바퀴 돌려 직사주수 형태로 사용한다.
> - 관창의 개폐장치를 열어 물줄기를 던지듯 끊어서 조작한다.
> - 구획실 내 화점이 여러 곳일 경우 펜슬링(화점), 펄싱주수(공간), 펜슬링 그리고 페인팅 기법을 반복하면서 주변공간을 냉각시키고 화재를 완전히 진압한다.

10 소방력의 3요소에 관한 설명으로 옳지 않은 것은?

① 소화전은 상수도와 연결하여 지하식 또는 지상식의 구조로 한다.
② 소방대원은 소방활동에 관한 지식, 기능을 몸으로 익힘과 동시에 체력의 향상과 정신력의 함양에 노력하여야 한다.
③ 「소방장비 분류 등에 관한 규정」상 화재진압장비는 소방호스류, 소방용펌프, 수중펌프 등이 있다.
④ 구조활동에 사용되는 장비 중 119구조견은 탐색구조장비에 속한다.

> **해설**
>
> ③ 소방장비 분류 등에 관한 규정 별표1(소방장비의 분류 및 내용연수)에 따르면, 소방호스류는 대분류 화재진압장비에 해당하고, 소방용펌프는 대분류 화재진압장비 중 중분류 소화보조장비에 해당한다. 수중펌프는 대분류 보조장비 중 그 밖의 보조장비에 해당한다.
> ④ 119구조견은 대분류 구조장비 중 중분류 탐색구조장비에 해당한다.
>
> **소방장비 분류 등에 관한 규정 제3조 제2항 제1호**
> 1. "대분류"란 「소방장비관리법」 제2조 제1호에 따른 8종을 말한다.
>   ⇒ 소방장비관리법 제2조(정의) 제1항 "소방장비"란 소방업무를 효과적으로 수행하기 위하여 필요한 기동장비·화재진압장비·구조장비·구급장비·보호장비·정보통신장비·측정장비 및 보조장비를 말한다.

정답 09 ② 10 ③

11 인명검색 및 구조활동을 위한 다음의 화재현장 내부진입순서를 옳게 나열한 것은?

> 가. 화점실　　　　　　나. 화점층
> 다. 인근실　　　　　　라. 화점하층
> 마. 화점상층

① 가 → 다 → 나 → 라 → 마
② 가 → 다 → 나 → 마 → 라
③ 나 → 가 → 다 → 라 → 마
④ 나 → 가 → 다 → 마 → 라

해설

진입 및 인명구조활동 - 내부 진입
① 지휘자의 지시에 의해 우선순위에 따라서 진입경로를 선정한다. 진입순서는 원칙적으로 다음과 같다.
　㉠ 출화건물, 주위건물 순으로 한다.
　㉡ 화점실, 인근실, 화점층, 화점상층, 화점하층의 순위로 한다.
② 진입경로의 선정은 신속, 정확, 안전의 관점에서 판단한다.
③ 진입구 설정을 위한 파괴는 지휘자의 명령에 의해 실시한다.
④ 내부진입에 있어서 이용할 수 있는 수단 등은 다음과 같다.
　㉠ 옥내(외)계단
　㉡ 특별피난계단, 비상용승강기
　㉢ 피난교
　㉣ 창 등의 개구부
　㉤ 적재 사다리, 사다리차, 굴절차 등
　㉥ 벽, 창 등의 파괴

12 나일론 로프의 신장률로 옳은 것은?

① 5~10%
② 10~15%
③ 15~20%
④ 20~34%

13 화학사고 발생 시 누출물질 처리방법 중 물리적 처리 방법은?

① 유화처리 ② 중화
③ 희석 ④ 응고

해설
누출물질의 처리(화학적이든 물리적이든 하나만 확실히 암기)
- 화학적 방법 : 흡수(Absorption), 유화처리(Emulsification), 중화(Neutralization), 응고(Solidification), 소독(disinfection) ⇒ 암기 : 수유중응소
- 물리적 방법 : 흡착(Adsorption), 덮기(covering), 희석(Dilution), 폐기(Disposal), 밀폐, 격납(Overpacking), 세척, 제거(Removal), 흡입(Vacuuming), 증기 확산(Vapor Dispersion)

14 다음에서 설명하는 수중탐색 방법은?

- 시야가 좋지 않으며, 탐색 면적이 좁고 수심이 깊을 때 활용하는 방법이다.
- 인원과 장비의 소요가 적은 반면 탐색할 수 있는 범위가 좁다.

① 반원 탐색 ② 소용돌이 탐색
③ 원형 탐색 ④ U자 탐색

15 구조장비 중 방사선 계측기에 관한 설명으로 옳은 것은?
① 개인선량계는 개인이 휴대하여 실시간으로 방사선율 및 선량 등을 측정하며 기준선량(률) 초과 시 경보하여 구조대원의 안전을 확보하기 위한 장비이다.
② 방사성 오염감시기는 일반적으로 선량률 값을 제공하지 않고 시간당 계수율 정보를 제공하며, 측정하고자 하는 물체 및 인원에 대한 방사성 오염 여부 판단용으로 사용된다.
③ 핵종 분석기는 방사능 오염이 예상되는 보행자 또는 차량을 탐지하여 피폭 여부를 검사하는 장비로서 주로 알파, 베타 방출 핵종의 유출 시 사용한다.
④ 방사선 측정기는 개인이 휴대하여 실시간으로 개인의 방사선 피폭량을 측정하기 위한 검출기로 필름뱃지, 열형광선량계, 포켓이온함 등이 있다.

정답 13 ③ 14 ③ 15 ②

해설
① 방사선 측정기에 관한 설명이다.
③ 방사성 오염감시기에 관한 설명이다.
④ 개인선량계에 관한 설명이다.
- 개인선량계(Personal Dosimeter) : 개인이 휴대하여 실시간으로 개인의 방사선 피폭량을 측정하기 위한 검출기로는 방사선의 사진작용을 이용하여 필름의 흑화도로 피폭선량을 측정하는 필름뱃지, 방사선을 받은 물질에 일정한 열을 가하여 물질 밖으로 나오는 빛의 양으로 피폭선량을 측정하는 열형광선량계(TLD ; Thermoluminescence Dosimeter), 방사선이 공기를 이온화시키는 원리를 이용, 이온화된 전하량과 비례하여 눈금선이 이동되도록 하여 현장에서 바로 피폭된 방사선량을 알 수 있도록 된 포켓선량계, 전하량을 별도의 기구로 측정하여 피폭된 방사선량을 알 수 있는 포켓이온함과 포켓 알람미터, 전자개인선량계 등이 있다.
- 방사선 측정기(Radioscope) : 개인이 휴대하여 실시간으로 방사선율 및 선량 등을 측정하며 기준선량(율) 초과 시 경보하여 구조대원의 안전을 확보하기 위한 장비이다. 가장 보편적으로 사용되는 장비이다. 방사선 측정기는 연 1회 이상 교정하여 사용하여야 한다.
- 핵종 분석기(Radionuclide Analyzer) : 개인이 휴대하여 실시간으로 방사선량 측정 및 핵종을 분석하는 장비로서 감마선 스펙트럼을 분석하여 감마 방사성 핵종의 종류 파악한다. 주로 무기 섬광물질 또는 반도체를 사용하여 제작되며 핵종분석기능 이외에도 방사선량률, 오염측정과 같은 다양한 기능을 탑재하는 경우가 일반적이다. 다른 휴대용 장비들에 비해 상대적으로 무게와 부피가 크므로 항시 휴대 운용은 제한적이다.
- 방사성 오염감시기(Radiation Contamination Monitor) : 방사능 오염이 예상되는 보행자 또는 차량을 탐지하여 피폭 여부를 검사하는 장비로서 주로 알파, 베타 방출 핵종의 유출시 사용한다. 일반적으로 선량률 값을 제공하지 않고, 시간당 계수율 정보를 제공한다. 따라서, 측정하고자 하는 물체 및 인원에 대한 방사성 오염여부 판단용으로 사용되며, 미치는 영향에 대해서는 추후 정밀검사가 필요하다.

16 건물 붕괴의 유형 중 2차 붕괴에 가장 취약한 형태의 붕괴는?

① 캔틸레버형 붕괴
② 경사형 붕괴
③ 팬케이크형 붕괴
④ V자형 붕괴

해설
캔틸레버형 붕괴는 각 붕괴의 유형 중에서 가장 안전하지 못하고 2차 붕괴에 가장 취약한 유형이다. 건물에 가해지는 충격에 의하여 한쪽 벽판이나 지붕 조립부분이 무너져 내리고 다른 한쪽은 원형을 그대로 유지하고 있는 형태의 붕괴를 말한다. 이때 요구조자가 생존할 수 있는 장소는 각 층들이 지탱되고 있는 끝부분 아래에 생존공간이 생길 가능성이 많다.

17 화재 현장에서는 〈보기〉와 같은 유독가스가 발생한다. ㉠~㉢에 들어갈 내용으로 옳은 것은?

종류	발생 조건	허용농도(TWA)
㉠	불완전연소 시	50ppm
아황산가스(SO₂)	중질유, 고무, 황화합물 등의 연소 시	5ppm
㉡	플라스틱, PVC 연소 시	5ppm
시안화수소(HCN)	우레탄, 나일론, 폴리에틸렌 등의 연소 시	10ppm
암모니아(NH₃)	열경화성 수지, 나일론 등의 연소 시	25ppm
㉢	프레온 가스와 불꽃의 접촉 시	0.1ppm

	㉠	㉡	㉢
①	일산화탄소(CO)	포스겐(COCl₂)	염화수소(HCl)
②	염화수소(HCl)	포스겐(COCl₂)	일산화탄소(CO)
③	일산화탄소(CO)	염화수소(HCl)	포스겐(COCl₂)
④	염화수소(HCl)	일산화탄소(CO)	포스겐(COCl₂)

해설

화재현장에서 발생하는 유독가스

종류	발생 조건	허용농도(TWA)
일산화탄소(CO)	불완전연소 시	50ppm
아황산가스(SO₂)	중질유, 고무, 황화합물 등의 연소 시	5ppm
염화수소(HCl)	플라스틱, PVC 연소 시	5ppm
시안화수소(HCN)	우레탄, 나일론, 폴리에틸렌 등의 연소 시	10ppm
암모니아(NH₃)	열경화성 수지, 나일론 등의 연소 시	25ppm
포스겐(COCl₂)	프레온 가스와 불꽃의 접촉 시	0.1ppm

18 「119구조·구급에 관한 법률」 제30조 제1항을 위반하여 구조·구급활동이 필요한 위급상황을 거짓으로 알린 경우, 2회 위반 시 부과되는 과태료는? (단, 최근 1년간 같은 위반행위로 과태료를 부과받은 경우)

① 100만원　　② 200만원
③ 300만원　　④ 400만원

해설

119구조·구급에 관한 법률 시행령 [별표2] 참고

정답 17 ③　18 ④

19 다음 중 명시적 동의를 구해야 하는 환자는?

① 손가락 골절을 당한 5세 환자
② 심실세동 리듬을 보이는 심정지 환자
③ 사탕을 먹다가 부분기도폐쇄 징후를 보이는 환자
④ 하늘을 날 수 있다고 믿는 망상장애 환자

해설

① 손가락 골절을 당한 5세 환자 : 미성년자 치료에 있어서의 동의
② 심실세동 리듬을 보이는 심정지 환자 : 묵시적 동의(즉시 응급처치가 절실하게 필요한 사람이라면, 응급처치에 동의 했을 것이라고 추정한다. 심정지 환자 = 무의식환자)
④ 하늘을 날 수 있다고 믿는 망상장애 환자 : 정신적으로 무능한 사람은 치료를 받는데 있어서 응급처치의 필요성에 대한 어떠한 정보가 제공되었다 하더라도 동의할 수 없다.

동의의 법칙
- 명시적 동의
- 묵시적 동의
- 미성년자 치료에 있어서의 동의
- 정신질환자의 동의

20 환자의 상태에 따라 처치자가 취해주어야 할 자세로 옳은 것은?

① 쇼크 환자 – 엎드린 자세
② 두부손상 환자 – 반 앉은 자세
③ 호흡곤란 환자 – 트렌델렌버그 자세
④ 척추손상이 의심되는 환자 – 바로누운 자세

해설

① 쇼크환자는 다리를 20~30cm 올린 후 앙와위로 이송한다.
②·④ 머리나 척추손상이 의심되는 환자는 긴 척추고정판으로 고정시킨 후 이송해야 한다.
③ 호흡곤란이나 가슴통증 호소 환자는 환자가 편안해 하는 자세를 취해주는 것이 좋다. 보통은 좌위나 앉은 자세를 취해준다.
- 트렌델렌버그 자세(Trendelenburg position) : 등을 바닥에 대고 바로 누워 침상의 다리 쪽을 45° 높여서 머리가 낮고 다리가 높게 하는 자세이다.
- 변형된 트렌델렌버그 자세(Modified Trendelenburg position) : 머리와 가슴은 수평이 되게 유지하고 다리를 45°로 올려주는 자세. 혈액이 심장으로 돌아오는 정맥 환류량을 증가시켜 주어 심박출력을 강화하는데 효과가 있기 때문에 쇼크 자세로 사용된다.

21 기도확보유지 장비에 관한 설명으로 옳은 것은?

① 후두튜브(LT)는 일회용이 아닌 멸균 재사용이 가능하다.
② 입인두 기도기(OPA)의 크기는 입 중앙에서부터 귓불까지이다.
③ 아이겔(I-Gel)은 사이즈에 관계 없이 충분한 양압환기가 가능하다.
④ 성인의 기관내삽관(Intubation) 시 환자 입의 중앙으로 후두경날을 삽입한다.

> 해설

② 입인두 기도기의 크기 선정 방법은 입 가장자리에서부터 귓불까지, 입 중심에서부터 하악각까지이다.
③ 아이겔(I-Gel)은 사이즈가 작거나 큰 경우 밀착이 부정확한 경우 양압환기가 불충분해진다.
④ 성인의 기관내삽관(Intubation) 시 환자 입의 오른쪽으로 후두경날을 삽입하고 혀를 왼쪽으로 치우면서 들어올린다.

22 위험물사고현장에서의 구급활동으로 옳은 것은?

① 제독텐트는 오염구역과 안전구역 사이에 설치한다.
② 정맥로 확보는 가급적 오염통제구역에서 실시한다.
③ 오염구역에서 발생한 응급환자에게는 척추고정을 적용하지 않는다.
④ 오염통제구역의 제독활동은 최대인원으로 구성하여 빠르게 진행한다.

> 해설

현장은 크게 3개 구역(오염구역/오염통제구역/안전구역)으로 나뉘어지며 개인보호장비가 없거나 위험물질 대응교육 및 훈련을 받지 않은 구급대원이라면 안전구역에서 구조대원이 제독을 끝마친 환자를 구조해 나올 때까지 대기해야 한다.
② 정맥로 확보 등과 같은 침습성 과정은 가급적 제독 후 안전구역에서 실시해야 하며 오염통제구역에서 사용한 구급장비는 안전구역에서 사용해서는 안 된다.
③ 오염구역에서 발생한 응급환자는 빠른 환자 이동한다(단, 척추손상 환자 시 빠른 척추고정 적용).
④ 오염통제구역 역시 오염 가능성이 있는 곳으로 적정 장비 및 훈련을 받은 최소인원으로 구성되어 제독활동을 진행해야 한다.

23 환자이송 장비 중 들것에 관한 설명으로 옳은 것은?

① 접이식 들것은 X-선 투시가 가능하다.
② 바구니형 들것은 눈판 및 얼음 구조 시 유용하다.
③ 분리형 들것은 외상환자에게 이송용 들것으로 적합하다.
④ 가변형 들것은 다수 환자 발생 시 간이침상으로 적합하다.

> 해설

① 분리형 들것은 들것 중앙이 개방되어 있으며, X-선 투시가 가능하다.
③ 분리형 들것은 들것 중앙이 개방되어 척추고정 능력이 매우 적다(외상환자에게는 이송용 들것으로 부적합).
④ 접이식 들것(보조들것)은 다수 환자 발생 시에 간이 침상으로 사용이 가능하다. 가변형 들것은 유연성 있는 재질로 만들어져 제한된 공간에서 유용하고, 좁은 계단 및 공간이동 시에 유용하다. 단독으로는 척추고정이 안 된다.

정답 21 ① 22 ① 23 ②

24 전염질환의 전파 경로가 다른 것은?

① 옴
② 농가진
③ 뇌수막염
④ 대상포진

해설
접촉에 의한 전파(피부감염)
단순포진 바이러스, 농가진, 농양, 봉소염, 욕창, 이, 기생충, 옴, 대상포진

25 순환계에 관한 설명으로 옳지 않은 것은?

① 순환계는 심장, 혈관, 혈액으로 구성된다.
② 허파정맥에는 정맥혈이 흐른다.
③ 대동맥, 모세혈관, 대정맥 중 대동맥이 산소가 가장 많은 혈관이다.
④ 순환계는 영양소와 산소를 온몸의 조직 세포에 운반하고, 조직 세포에서 생성된 이산화탄소와 노폐물을 폐와 콩팥으로 이동시킨다.

해설
허파정맥에는 동맥혈이 흐른다.

2023

12 | 소방위 기출문제

> ▶ 소방전술 승진시험 문제는 대학교수 및 소방공무원이 출제를 합니다. 공통교재에서 지문을 만들기 때문에 단어만 바꾸는 문제도 많이 출제됩니다. 전술 과목은 학교 공통교재를 기본으로 공부하시기 바랍니다.

01 소방활동 검토회의에 관한 설명으로 옳지 않은 것은?

① 119안전센터에서는 본부 및 소방서 검토회의 대상을 제외하고 즉소화재를 포함하여 매 건마다 실시한다.
② 중요화재, 특수화재의 경우 통제관은 관할 소방서장으로 하되 필요한 경우 소방본부장이 할 수 있다.
③ 건물의 구조별 도시방법은 목조는 녹색, 방화조는 황색, 내화조는 적색으로 표시한다.
④ 소방활동도에는 부근의 도로, 소방용수, 펌프부서 및 수관 연장 방향 등을 기입한다.

해설
※ 현장대응활동 검토회의로 개정

02 전략과 전술에 관한 사항으로 옳지 않은 것은?

① 전술은 전략적 방침(계획)을 실행하기 위한 구체적 방법으로 최하위 현장조직 단위에서 적용된다.
② 포위전술은 화점을 기준으로 포위 진압하는 방어적 개념이다.
③ 전술들의 총체적 배열은 인명구조 → 화재진압 → 재산보호의 순으로 우선순위가 결정된다.
④ 전술적 접근법에 의할 때 전술적 필요의 판정은 "내부 소방호스를 통한 공격, 초기검색의 완수, 화재진압, 다락의 확인, 재산보호활동 개시 등이 된다.

해설
포위전술은 화점을 기준으로 포위 진압하는 공격적 개념이다.

정답 01 ① 02 ②

03 파괴활동에 관한 내용으로 옳은 것은?

① 가스절단기 사용 시 절단물의 측면에서 화구가 절단부를 향해 가열한다.
② 철근콘크리트조 바닥의 파괴 목적이 주수를 위한 개구부일 경우 바닥의 철근이 노출되면 와이어 커터 또는 가스절단기로 반드시 절단한다.
③ 판유리의 파괴순서는 유리의 중량을 고려하여 윗부분부터 종 방향으로 파괴한다.
④ 파이프셔터의 파괴 시 동력절단기에 의한 절단은 가이드레일에 가까운 곳을 선정한다.

해설
① 가스절단기 사용 시 절단물의 전면에서 화구가 절단부를 향해 가열한다.
② 철근콘크리트조 바닥의 파괴 목적이 주수를 위한 개구부의 경우 철근을 절단할 필요는 없다.
③ 판유리의 파괴순서는 유리의 중량을 고려하여 윗부분부터 횡 방향으로 파괴한다.

04 재난현장 표준작전절차 중 초고층건물 화재 현장대응절차를 서술한 것으로 옳은 것은?

① 화점층이 고층인 경우 소방대는 비상용승강기를 화재층을 기점으로 3층 이하까지 이용, 화점층 진입은 옥내 또는 특별피난계단을 활용한다.
② 거주자 피난유도 시 15층마다 설치된 피난 및 안전구역으로 대피 유도한다.
③ 발화층이 2층 이상인 경우 연결송수관 활용, 내부 수관연장은 소방대 전용방수구에서 연장한다.
④ 화점의 직상층 계단 또는 직상층에 경계팀 배치, 진입팀의 활동거점은 화점층의 특별피난계단 부속실에 확보한다.

해설
① 화점층이 고층인 경우 소방대는 비상용승강기를 화재층을 기점으로 2층 이하까지 이용, 화점층 진입은 옥내 또는 특별피난계단을 활용한다.
② 거주자 피난유도 시 30층마다 설치된 피난 및 안전구역으로 대피 유도한다.
③ 발화층이 3층 이상인 경우 연결송수관 활용, 내부 수관연장은 소방대 전용방수구에서 연장한다.

05 재해(사고)발생 이론 중 하인리히(H.W.Heinrich) 이론과 버드(Frank Bird) 이론을 설명한 것으로 옳지 않은 것은?

① 제어의 부족 → 기본원인 → 직접원인 → 사고 → 재해 손실 5단계로 설명한 것은 버드의 재해연쇄 이론이다.
② 버드 이론 중 기계설비의 결함, 작업체제 등은 기본원인에 해당한다.
③ '1 : 29 : 300의 법칙'으로 재해구성비율을 설명한 이론은 하인리히 이론이다.
④ 하인리히 이론에서는 기본원인만 제거하면 재해는 일어나지 않는다고 하였다.

해설
하인리히는 사고·재해를 방지하기 위해서는 1차 원인(= 직접원인 = 불안전한 행동 및 불안전한 상태)을 모두 없애지 않으면 안 된다고 주장하였다.

06 안전교육의 방법 중 사례연구법의 장점으로 옳지 않은 것은?

① 이해도 측정이 용이하다.
② 흥미와 학습동기를 유발할 수 있다.
③ 생각하는 학습 교류가 가능하다.
④ 현실적인 문제의 학습이 가능하다.

해설
이해도 측정이 용이한 것은 시범실습식 교육이다.

07 분진폭발에 관한 설명으로 옳지 않은 것은?

① 연소속도나 폭발압력은 가스폭발에 비교하여 작으나 연소시간이 길고, 에너지가 크기 때문에 파괴력과 타는 정도가 크다. 즉, 발생하는 총 에너지는 가스폭발의 수백 배이고 온도는 2,000~3,000℃까지 올라간다.
② 최대 폭발압력 상승속도는 입자의 크기가 작을수록 증가하는데 이는 입자의 크기가 작을수록 확산과 발화가 쉽기 때문이다.
③ 폭발성분진의 종류 중 금속류에는 Al, Mg, Zn, Fe, Ni, Si 등이 있고, 목질류에는 목분, 콜크분, 리그닌분, 종이가루 등이 있다.
④ 입자표면이 공기(산소)에 대하여 활성이 있는 경우 폭로시간이 짧아질수록 폭발성이 낮아진다.

해설
분진의 폭발성에 영향을 미치는 인자
- 분진의 화학적 성질과 조성
  - 분진의 발열량이 클수록 폭발성이 크며 휘발성분의 함유량이 많을수록 폭발하기 쉽다.
  - 탄진(석탄의 미립자)은 휘발분이 11% 이상이면 폭발하기 쉽고, 폭발의 전파가 용이하여 폭발성 탄진이라고 한다.
- 입도와 입도분포
  - 분진의 표면적이 입자체적에 비하여 커지면 열의 발생속도가 방열 속도보다 커져서 폭발이 용이해진다.
  - 평균 입자경이 작고 밀도가 작을수록 비표면적은 크게 되고 표면 에너지도 크게 되어 폭발이 용이해진다.
  - 입도분포 차이에 의한 폭발특성 변화에 대해서는 상세히 알 수 없으나 작은 입경의 입자를 함유하는 분진의 폭발성이 높다고 간주한다.
- 입자의 형성과 표면의 상태
  - 평균입경이 동일한 분진인 경우, 분진의 형상에 따라 폭발성이 달라진다. 즉 구상, 침상, 편상 입자 순으로 폭발성이 증가한다.
  - 입자표면이 공기(산소)에 대하여 활성이 있는 경우 폭로시간이 길어질수록 폭발성이 낮아진다. 따라서 분해공정에서 발생되는 분진은 활성이 높고 위험성도 크다.
- 수 분
  분진 속에 존재하는 수분은 분진의 부유성을 억제하고 대전성을 감소시켜 폭발성을 둔감하게 한다. 반면에 마그네슘, 알루미늄 등은 물과 반응하여 수소를 발생하므로 위험성이 더 증가한다.

08 위험물의 연소 특성에 관한 설명으로 옳은 것만을 모두 고른 것은?

> 가. 적린은 연소 시 오산화인의 흰 연기가 발생한다.
> 나. 유황은 연소 시 푸른 불꽃을 내며 이산화황을 발생한다.
> 다. 인화아연은 연소 시 가연성・맹독성의 포스핀가스를 발생한다.
> 라. 디에틸알루미늄클로라이드는 연소 시 이산화질소를 발생한다.

① 가, 나
② 나, 다
③ 가, 나, 다
④ 가, 다, 라

해설

「산업안전보건법」제110조 물질안전보건자료(MSDS / Material Safety Data Sheet)에서는 인화아연은 물과 습기에 의해 맹독성, 자연발화성 포스핀 가스가 발생한다.
※ 가, 다의 설명은 오류이나, 교재 내용에 있으므로 복수정답(①, ②, ③) 처리됨

09 건물 붕괴 위험성 평가의 3가지 요소인 벽, 골조(기둥과 대들보), 바닥층 중 가장 위험한 붕괴 요인이 벽인 건물 구조로 짝 지어진 것은?

① 경량 목구조, 조적조
② 중량 목구조, 경량 목구조
③ 내화구조, 준 내화구조
④ 준 내화구조, 중량 목구조

해설

붕괴 위험성 평가[벽, 골조(기둥과 대들보), 바닥층 평가]

안전도	취약부분	붕괴 위험요소
1등급(내화구조)	콘크리트 바닥 층의 강도	바닥 층의 갈라짐, 휘어짐, 갈라진 콘크리트 틈새로 상승하는 불꽃과 연기
2등급(준 내화구조)	철재구조의 지붕	불안전한 지붕, 보의 강도저하(대원 안전 : 수평배연전술)
3등급(조적조)	벽	외부방향으로의 붕괴
4등급(중량 목구조)	지붕과 바닥층을 지탱하는 트러스트 구조의 연결부	벽채 중심이 위험, 내부 진압활동 불가로 건물붕괴로 인한 순직 위험성은 상대적으로 낮음
5등급(경량 목구조)	벽	3~4개의 벽체 동시 붕괴, 대원의 매몰 가능성이 큼

10 다음에서 설명하는 잠수병으로 옳은 것은?

> 압력이 높은 해저에서 압력이 낮은 수면으로 상승할 때 호흡을 멈추고 있으면 폐 속의 공기는 팽창하고 결국에는 폐포를 손상시키며, 공기가 폐에서 혈관계에 들어가 혈관의 흐름을 막음으로써, 장기에 기능 부전을 일으켜 발생하는 질환

① 산소중독
② 공기색전증
③ 감압병
④ 탄산가스 중독

해설

① 산소중독 : 산소는 사람이 생존하는데 가장 중요한 요소이지만 지나치게 많은 산소를 함유한 공기를 호흡하게 되면 오히려 산소중독을 일으킨다.
③ 감압병 : 다이빙을 해서 수압이 증가하면 질소의 부분압이 증가되어 몸속에 녹아 들어가는 질소의 양도 증가하는데, 만약 다이버가 오랜 잠수 후 갑자기 상승하면 외부 압력이 급격히 낮아지므로 몸속의 질소가 과포화된 상태가 되고 인체의 조직이나 혈액 속에 기포를 형성하는 감압병에 걸리게 된다.
④ 탄산가스 중독 : 인체는 탄산가스를 배출하고 산소를 흡입해야 하는데 잠수 중에 탄산가스가 충분히 배출되지 않고 몸속에 축적되면 탄산가스 중독을 일으킨다. 탄산가스 중독의 원인은 다이빙 중에 공기를 아끼려고 숨을 참으면서 호흡한다든지 힘든 작업을 할 경우에 생긴다.

11 소방대원이 화재현장 검색 및 구조활동 시 예상치 못한 상황으로 화재건물 속에 갇히거나 길을 잃었을 경우 취하여야 할 행동으로 옳지 않은 것은?

① 방향을 잃은 대원은 침착함을 유지하여 흥분과 공포감으로 인한 공기소모를 방지해야 한다.
② 창문이 있다면 창턱에 걸터앉아서 인명구조경보기를 틀거나 손전등 또는 팔을 흔들어 지원요청 신호를 보낼 수 있다.
③ 이동할 수 없을 만큼의 부상을 입었다면 생명에 지장이 없는 장비들을 포기하여야 한다.
④ 다른 대원의 도움을 받지 못하고 혼자서 탈출할 경우 수관 커플링의 결합부위를 찾아서 암커플링이 향하는 방향으로 기어서 탈출한다.

해설

커플링을 찾으면 탈출할 방향을 알아낼 수 있다. 숫커플링이 향하는 방향으로 기어서 탈출한다.

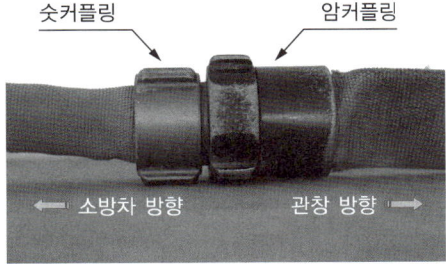

12 다음에서 설명하는 장비로 옳은 것은?

> 지진과 건물붕괴 등 인명피해가 큰 재난 상황에서 구조자가 생존자를 찾을 수 있도록 돕는 장비로 일명 써치탭(Search TAP)이라고 한다.

① 고성능 영상탐지기
② 매몰자 전파탐지기
③ 매몰자 음향탐지기
④ 매몰자 영상탐지기

해설

② 매몰자 전파탐지기 : 붕괴된 건물의 잔해나 붕괴물 속에 마이크로파대의 전파를 방사하여 매몰한 생존자의 호흡에 의한 움직임을 반사파로부터 검출하는 것으로 그 생존을 탐사하는 장비이다.
③ 매몰자 음향탐지기 : 매몰, 고립된 사람의 고함이나 신음, 두드림 등의 신호를 보낼 수 있는 생존자를 찾아내는 장비이다.

13 수중구조 시 잠수에 사용하는 용어로 옳지 않은 것은?

① 수면에서 하강하여 최대수심에서 활동하다가 상승을 시작할 때까지의 시간을 '실제 잠수시간'이라 한다.
② 체내의 잔류 질소량을 잠수하고자 하는 수심에 따라 결정되는 시간으로 바꾸어 표현한 것을 '잔류 질소시간'이라 한다.
③ 스쿠버 잠수 후 10분 이후에서부터 15시간 내에 실행되는 스쿠버 잠수를 '재 잠수'라 한다.
④ 이전 잠수로 인해 줄어든 시간(잔류 질소시간)과 실제 재 잠수 시간을 합하여 나타낸 것을 '총 잠수시간'이라 한다.

해설

스쿠버 잠수 후 10분 이후에서부터 12시간 내에 실행되는 스쿠버 잠수를 말한다.

14 위험요인의 회피 능력배양 방법으로 옳지 않은 것은?

① 내적 위험요인 통제능력
② 외적 위험요인 예지능력
③ 배우고 익히는 숙지능력
④ 행동으로 실행하는 능력

해설

위험요인의 회피능력 배양
위험요인을 피하기 위해서는 대원 스스로 위험한 현상을 관찰하고 위험요인을 예측하여 이에 대한 감수성을 키워야 하며, 다음 능력을 익히고 실천하여야 한다.
가. 외적 위험요인 예지능력 : 대원 스스로 과거의 경험과 지식에 의해 오감 등으로 판단하여 주위에 있는 위험요인을 발견해내는 능력
나. 내적 위험요인 통제능력 : 자기 내면에 있는 위험요인 즉, 자기중심적인 사고나 감정을 올바른 방향으로 통제할 수 있는 능력
다. 실행 능력 : 외적·내적 위험요인을 판단하고 이것을 행동으로 실행하는 능력

15 구조활동의 원칙에서 명령통일에 관한 설명으로 옳지 않은 것은?

① 한 대원은 오직 한 사람의 지휘관에게만 보고하고 한 사람의 지휘만을 받는다는 것이다.
② 현장을 장악한 현장지휘관의 판단하에 엄정한 규율을 바탕으로 조직적인 부대활동을 기본원칙으로 하며 자의적인 단독행동은 절대로 해서는 안된다.
③ 현장에서 긴급히 대원을 철수하는 등 급박한 경우라도 반드시 명령통일의 원칙을 준수하여야 한다.
④ 명령계통에 있지 않은 대원에게 지시·명령을 내리는 것은 현장의 혼란을 가중한다.

해설

구조활동은 현장을 장악한 현장지휘관의 판단하에 엄정한 규율을 바탕으로 조직적인 부대활동을 기본원칙으로 하며 자의적인 단독행동은 절대로 해서는 안 된다. 구조현장 뿐만이 아니라 모든 소방활동에 있어서 명령의 통일성을 유지하는 것은 매우 중요하다.

명령통일
명령통일이라고 하는 것은 '한 대원은 오직 한 사람의 지휘관에게만 보고하고 한 사람의 지휘만을 받는다'는 것이다. 단지 계급이 높다고 해서 자신의 직접 명령계통에 있지 않은 대원에게 지시·명령을 내리는 것은 현장의 혼란을 가중시킬 뿐이므로 절대적으로 피해야 한다. 대원의 안전에 위협이 되는 심각한 위험상황이 발생하여 현장에서 긴급히 대원을 철수하는 등 급박한 경우 외에는 반드시 명령통일의 원칙을 준수하여야 한다.

16 화학물질 분류 및 표지에 관한 세계조화 시스템(GHS) 위험성 표시 방법으로 옳은 것은?

> [해설]
> ① 인화성
> ② 산화성
> ④ 독성

17 소방청장은 국외에서 대형재난 등이 발생한 경우 재외국민의 보호 또는 재난 발생국의 국민에 대한 인도주의적 구조 활동을 위하여 국제구조대를 편성하여 운영할 수 있다. 이와 관련하여 국제구조대의 편성과 운영에 관한 내용으로 옳지 않은 것은?

① 소방청장은 외교부장관과 협의를 거쳐 국제구조대를 재난발생국에 파견할 수 있다.
② 중앙소방학교장은 국제구조대를 국외에 파견할 것에 대비하여 구조대원에 대한 교육훈련 등을 실시할 수 있다.
③ 국제구조대의 편성, 파견, 교육 훈련 및 국제구조대원의 귀국 후 건강관리와 그 밖에 필요한 사항은 대통령령으로 정한다.
④ 국제구조대는 행정안전부령으로 정하는 장비를 구비하여야 한다.

> [해설]
> 국제구조대의 편성과 운영(119구조 · 구급에 관한 법률 제9조)
> ① 소방청장은 국외에서 대형재난 등이 발생한 경우 재외국민의 보호 또는 재난발생국의 국민에 대한 인도주의적 구조 활동을 위하여 국제구조대를 편성하여 운영할 수 있다.
> ② 소방청장은 외교부장관과 협의를 거쳐 제1항에 따른 국제구조대를 재난발생국에 파견할 수 있다.
> ③ 소방청장은 제1항에 따른 국제구조대를 국외에 파견할 것에 대비하여 구조대원에 대한 교육훈련 등을 실시할 수 있다.
> ④ 소방청장은 제1항에 따른 국제구조대의 국외재난대응능력을 향상시키기 위하여 국제연합 등 관련 국제기구와의 협력체계 구축, 해외재난정보의 수집 및 기술연구 등을 위한 시책을 추진할 수 있다.
> ⑤ 소방청장은 제2항에 따라 국제구조대를 재난발생국에 파견하기 위하여 필요한 경우 관계 중앙행정기관의 장 또는 시 · 도지사에게 직원의 파견 및 장비의 지원을 요청할 수 있다. 이 경우 관계 중앙행정기관의 장 또는 시 · 도지사는 특별한 사유가 없으면 요청에 따라야 한다.
> ⑥ 제1항부터 제5항까지의 규정에 따른 국제구조대의 편성, 파견, 교육훈련 및 국제구조대원의 귀국 후 건강관리와 그 밖에 필요한 사항은 대통령령으로 정한다.
> ⑦ 제1항에 따른 국제구조대는 행정안전부령으로 정하는 장비를 구비하여야 한다.

18 다수사상자 발생현장에서 호흡이 없는 30대 남성의 기도를 다시 개방했더니 숨을 쉬기 시작했다. 이 환자의 START 분류법으로 옳은 것은?

① 긴 급
② 응 급
③ 비응급
④ 지 연

해설

START 분류법
신속, 간결 그리고 일관성 있게 분류해야 한다. 환자평가는 RPM을 기본으로 한다.
- 호흡 확인 : 호흡이 없는 환자가 기도개방 처치로 호흡을 한다면 긴급환자, 그래도 호흡이 없다면 지연환자로 분류한다. 호흡수가 분당 30회 초과면 긴급환자, 30회 이하라면 응급환자로 분류한다.
- 맥박 확인 : 환자 상태가 무의식, 무호흡, 무맥이라면 지연환자로 분류하고 호흡은 없고 맥박이 있다면 긴급환자로 분류한다. 호흡과 맥박이 모두 있는 환자라면 다음 환자로 넘어가야 한다.
- 의식수준 : 의식이 명료하다면 응급환자로, 의식장애가 있다면 긴급환자로 분류한다.
- 지정된 장소에 모인 환자 : 걸을 수 있다고 해서 모두 비응급 환자라 분류해서는 안되며 그 중에서도 의식장애, 출혈, 쇼크 전구증상 있는 환자가 있을 수 있다. 따라서 START 분류법에 의해 호흡, 맥박, 의식 수준을 평가해 재분류해야 한다.

19 허벅지에 깊은 열상이 발생하여 직접 압박에도 지혈이 되지 않아 지혈대를 사용하고자 한다. 지혈대 사용에 관한 설명으로 옳은 것은?

① 철사나 밧줄을 사용한다.
② 말초부위 순환이 되도록 간헐적으로 풀어준다.
③ 관절 위에 적용한다.
④ 출혈이 멈추면 막대가 풀려 느슨해지지 않도록 주의한다.

해설
① 철사, 밧줄, 벨트 등은 조직을 손상시키므로 사용해서는 안 된다.
② 한번 조인 지혈대는 병원에 올 때까지 풀어서는 안 된다.
③ 관절 위에 사용해서는 안 된다.

20 출혈로 인해 혈액량이 감소될 경우 인체의 초기 보상작용으로 나타나는 순환계의 반응으로 옳은 것은?

① 혈관이 수축하고, 맥박이 빨라진다.
② 혈관이 이완하고, 맥박이 빨라진다.
③ 혈관이 수축하고, 맥박이 느려진다.
④ 혈관이 이완하고, 맥박이 느려진다.

해설

실혈로 인한 쇼크를 저혈량성 쇼크라고 한다. 순환계는 실혈에 따른 보상반응으로 맥박이 빨라지고 혈관을 수축시켜 조직으로의 관류를 유지하려고 한다. 따라서 빠른맥은 쇼크의 초기 징후로 나타나며 출혈이 계속되면 저혈류로 진행되어 말초 혈류는 급격히 감소된다. 이러한 과정으로 허약감, 약한 맥박, 창백하고 끈적한 피부를 나타낸다. 혈류량 저하는 조직기능 저하로 이어져 아래와 같은 다양한 반응이 나타난다.

실혈에 따른 각 조직의 반응 및 증상/징후

기 관	실혈 반응	증상 및 징후
뇌	심장과 호흡기능 유지를 위한 뇌 부분의 혈류량 감소	의식 변화 : 혼돈, 안절부절, 흥분
심혈관계	심박동 증가, 혈관수축	빠른호흡, 빠르고 약한 맥박, 저혈압, 모세혈관 재충혈 시간 지연
위장관계	소화기계 혈류량 감소	오심/구토
콩 팥	염분과 수분 보유 기능 저하	소변생산량 감소, 심한 갈증
피 부	혈관 수축으로 인한 혈류량 감소	차갑고 창백하며 축축한 피부, 청색증
팔·다리	관류량 저하	말초맥박 저하, 혈압 저하

21 부목고정의 기본원칙으로 옳은 것은?

① 뼈가 손상부위 밖으로 나와 있으면 원래 위치로 넣는다.
② 관절부위 손상은 위–아래 뼈를 고정해야 한다.
③ 쇼크의 징후가 보여도 먼저 완벽하게 부목으로 고정한 후 이송한다.
④ 손끝 및 발끝은 노출이 되지 않게 부목을 적용한다.

해설

① 뼈가 손상부위 밖으로 나와 있다면 다시 원래 위치로 넣으려고 해서는 안 된다.
③ 근골격계 손상환자가 쇼크 징후 등을 보이면 즉시 이송해야 한다. 부목처치 전 신속한 이송이 필요하면 긴 척추고정판을 이용해 환자를 고정해야 한다.
④ 손과 다리를 포함한 먼 쪽 팔다리 손상에서 부목을 대줄 때는 순환상태를 평가하기 위해 손끝과 발끝은 보이게 해야 한다.

22 자전거를 타다가 넘어지면서 머리와 얼굴부위에 심한 충격으로 척추손상이 의심되고, 이마에 결출상과 코에 출혈이 있는 환자의 응급처치로 옳지 않은 것은?

① 척추고정에 방해가 되어 헬멧을 제거하였다.
② 목뼈 손상이 의심되어 턱 밀어올리기 방법으로 기도를 개방하였다.
③ 의식장애 환자는 경추를 고정하고 편안하게 회복자세를 취해주었다.
④ 결손된 피부가 발견되어 접합술술을 위해 병원으로 함께 이송하였다.

해설

척추손상이 의심되는 환자라면 환자를 일직선상으로 눕히고 척추를 고정시켜야 한다. 만약 현장에서 환자가 서있거나 걷는다고 해서 척추손상이 없다고 판단해서는 안 된다. 이 경우 환자에게 설명하고 환자를 일직선상으로 눕게 한 후 척추 손상의 증상 및 징후가 있는지 평가해야 한다. 기도 폐쇄와 호흡장애는 종종 심각한 척추손상을 의미한다.

23 고혈당 환자에 관한 설명으로 옳지 않은 것은?

① 피부는 따뜻하고 건조하다.
② 호흡에서 아세톤 냄새가 나기도 한다.
③ 보통은 저혈당 환자에 비해 증상의 시작이 서서히 진행된다.
④ 인슐린 복용 후 식사를 하지 않는 경우에 주로 발생한다.

해설

- 저혈당의 원인 : 인슐린 복용 후 식사를 하지 않은 경우, 인슐린 복용 후 음식물을 토한 경우, 평소보다 힘든 운동이나 작업을 했을 경우
- 저혈당과 고혈당의 3가지 전형적인 차이점
  - 시작 : 저혈당은 갑자기 나타나는 반면 고혈당은 보통 서서히 진행된다. 그 이유는 고혈당인 경우 뇌로 혈당이 전달되는 반면 저혈당은 혈당이 뇌에 도달할 수 없어 갑자기 경련이 일어나기 때문이다.
  - 피부 : 고혈당 환자는 따뜻하고 붉으며 건조한 피부를 갖는 반면 저혈당 환자는 차갑고 창백하며 축축한 피부를 나타낸다.
  - 호흡 : 고혈당 환자의 호흡에서는 아세톤 냄새가 나기도 한다.

24 무더운 여름 날 야외에서 장시간 작업을 하던 50대 여성의 의식이 혼미하며 피부가 뜨겁고 건조한 모습을 보이고 있다. 환자의 처치로 옳은 것은?

① 이온음료를 마시게 한다.
② 저체온이 발생하지 않게 구급차를 따뜻하게 해준다.
③ 환자의 몸을 축축하게 해주고 부채질을 해준다.
④ 가온된 산소를 공급한다.

해설

열사병(Heat stroke)
열 손상에서 가장 위험한 단계로 체온조절기능 부전으로 나타난다. 여름철에 어린아이나 노약자에게 많이 일어나며 보통 며칠에 걸쳐 진행된다. 소모성열사병 환자와 같이 체온이 정상이거나 약간 오르지 않고 41 ~ 42℃ 이상 오른다. 피부는 뜨겁고 건조하거나 축축하다. 의식은 약간의 혼돈상태에서 무의식상태까지 다양하게 의식변화가 있다. 만약, 의식은 명료하나 피부가 뜨겁고 건조하거나 축축한 환자가 있다면 적극적인 체온저하 처치를 실시해야 한다.

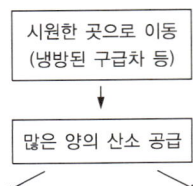

정상이거나 차가우며 창백하고 축축한 피부인 경우	뜨겁고 건조하거나 축축한 피부인 경우
• 시원하게 옷을 벗기고 느슨하게 한다. • 부채질 등 증발을 이용해 시원하게 해준다. • 다리를 약간 올리고 바로누운자세를 취해준다. • 반응이 있고 구토가 없다면 앉혀서 물이나 이온음료를 마시게 하고 그렇지 않다면 좌측위로 병원으로 이송한다. • 이송 중 계속 환자를 평가 및 처치한다.	• 시원하게 옷을 벗기고 느슨하게 한다. • 목, 겨드랑이, 서혜부에 차가운 팩을 댄다. • 차가운 물로 몸을 축축하게 해주고(수건, 스펀지 이용) 부채질(선풍기) 해준다. • 반응이 있고 구토가 없다면 앉혀서 물이나 이온음료를 마시게 하고 그렇지 않다면 좌측위로 병원으로 이송한다. • 이송 중 계속 환자를 평가 및 처치한다.

25 분만 후 신생아의 처치로 옳은 것은?

① 탯줄은 축축한 멸균거즈로 감싸서 건조되는 것을 방지한다.
② 신생아 소생술 시 가슴압박과 인공호흡의 비율은 15 : 2로 한다.
③ 구형 흡인기를 신생아의 입에 넣고 누른 다음 흡인을 2~3회 반복한다.
④ 첫 번째 탯줄결찰(제대결찰)은 신생아로부터 약 5cm 정도 떨어져 결찰한다.

2023

13 소방장 기출문제

▶ 소방전술 승진시험 문제는 대학교수 및 소방공무원이 출제를 합니다. 공통교재에서 지문을 만들기 때문에 단어만 바꾸는 문제도 많이 출제됩니다. 전술 과목은 학교 공통교재를 기본으로 공부하시기 바랍니다.

01 소화약제인 물의 물리적 성질에 관한 설명으로 옳지 않은 것은?

① 0℃의 얼음 1g이 0℃의 액체 물로 변하는데 필요한 용융(융해)열은 79.7cal/g이다.
② 0℃의 액체 물 1g을 100℃의 수증기로 만드는데 필요한 열량은 539.6cal/g이다.
③ 물의 비중은 1atm을 기준으로 4℃일 때 0.999972로 가장 무거우며, 4℃보다 높거나 낮아도 이 값보다 작아진다.
④ 물의 표면 장력은 20℃에서 72.75dyne/cm이며, 온도가 상승하면 표면 장력은 작아진다.

해설
100℃의 액체 물 lg을 100℃의 수증기로 만드는데 필요한 열량은 539.6cal/g으로 다른 물질에 비해 매우 큰 편이다.

02 「화재조사 및 보고규정」에서 사용하는 관련 용어의 정의로 옳지 않은 것은?

① "잔불정리"란 화재 완진 후 잔불을 점검하고 처리하는 것을 말한다. 이 단계에서는 열에 의한 수증기나 화염 없이 연기만 발생하는 연소현상이 포함될 수 있다.
② "재발화감시"란 화재를 진화한 후 화재가 재발되지 않도록 감시조를 편성하여 일정 시간 동안 감시하는 것을 말한다.
③ "발화요인"이란 발화열원에 의하여 발화로 이어진 연소현상에 영향을 준 인적·물적·자연적인 요인을 말한다.
④ "감정"이란 화재와 관계되는 물건의 형상, 구조, 재질, 성분, 성질 등 이와 관련된 모든 현상에 대하여 과학적 방법에 의한 필요한 실험을 행하고 그 결과를 근거로 화재원인을 밝히는 자료를 얻는 것을 말한다.

해설
"잔불정리"란 화재 초진 후 잔불을 점검하고 처리하는 것을 말한다. 이 단계에서는 열에 의한 수증기나 화염 없이 연기만 발생하는 연소현상이 포함될 수 있다.

정답 01 ② 02 ①

03 상온에서 고체로 존재하는 고체 가연물질의 일반적 연소에 관한 설명으로 옳지 않은 것은?

① 표면연소는 고체가연물이 열분해나 증발하지 않고 표면에서 산소와 급격히 산화 반응하여 연소하는 현상이다.
② 분해연소 물질에는 목탄, 코크스, 금속(분·박·리본 포함) 등의 연소가 해당된다.
③ 분해연소는 고체 가연물질을 가열하면 열분해를 일으켜 나온 분해가스 등이 연소하는 형태를 말한다.
④ 자기연소 물질에는 니트로셀룰로오스, 트리니트로톨루엔, 니트로글리세린, 트리니트로페놀 등이 있다.

해설
목탄, 코크스, 금속(분·박·리본 포함) 등의 연소는 표면연소에 해당되며 나무와 같은 가연물의 연소 말기에도 표면연소가 이루어진다.

04 ( ) 안에 들어갈 특수현상으로 옳은 것은?

구 분	오일오버 (Oilover)	(ㄱ)	(ㄴ)	(ㄷ)
특 성	화재로 저장탱크 내의 유류가 외부로 분출하면서 탱크가 파열하는 현상	탱크표면 화재로 원유와 물이 함께 탱크 밖으로 흘러넘치는 현상	유류표면 아래 비등하는 물에 의해 탱크 내 유류가 넘치는 현상	유류 표면온도에 의해 물이 수증기가 되어 팽창, 비등함에 따라 유류를 외부로 비산시키는 현상
위험성	위험성이 가장 높음	대규모 화재로 확대되는 원인	직접적 화재발생 요인은 아님	직접접 화재발생 요인은 아님

	ㄱ	ㄴ	ㄷ
①	보일오버(Boilover)	후로스오버(Frothover)	슬롭오버(Slopover)
②	보일오버(Boilover)	슬롭오버(Slopover)	후로스오버(Frothover)
③	후로스오버(Frothover)	보일오버(Boilover)	슬롭오버(Slopover)
④	후로스오버(Frothover)	슬롭오버(Slopover)	보일오버(Boilover)

05 백드래프트(Backdraft)와 플래쉬오버(Flashover)에 관한 설명으로 옳지 않은 것은?

① 백드래프트보다 플래쉬오버의 발생 빈도가 높다.
② 백드래프트가 일어나고 있는 동안 건축물을 파괴할 수 있는 충격파가 발생하면서 창문이 부서지고 연기와 화염 폭풍이 개구부를 가격할지도 모른다.
③ 플래쉬오버의 악화요인은 공기이다. 소방관들이 짙은 연기로 가득 찬 밀폐 공간에 들어가면서 유입되는 신선한 공기가 고온의 일산화탄소와 혼합하여 폭발이 발생하게 된다. 반면에 백드래프트의 악화 원인은 공기가 아니라 열이다.
④ 플래쉬오버는 성장기의 마지막이자 최성기의 시작점(경계선)에서 발생한다. 반면에 백드래프는 성장기 또는 쇠퇴기에서 연기가 제한된 공간에 갇혀 있을 때 발생한다.

해설
백드래프트의 악화요인은 공기이다. 소방관들이 짙은 연기로 가득 찬 밀폐 공간에 들어가면서 유입되는 신선한 공기가 고온의 일산화탄소와 혼합하여 폭발이 발생하게 된다. 반면에 플래쉬오버의 악화 원인은 공기가 아니라 열이다.

06 강제배연의 한 형태인 분무주수를 활용한 배연요령으로 옳지 않은 것은?

① 관창압력은 0.6MPa 이상 분무주수를 한다.
② 관창 전개각도 30° 정도로 급기구를 완전히 덮을 수 있는 거리를 주수위치로 선정하며, 개구부가 넓은 경우에는 2구 이상의 분무주수로 실시한다.
③ 배기구측에 진입대가 있을 때는 서로 연락을 취해 안전을 확보하면서 방수한다.
④ 화염과 배기구 사이에 구조대상자 또는 구조대원이 위치해 있다면 화염에 의해 큰 위험을 초래할 수 있어 정확한 확인과 주의가 요구된다.

해설
관창 전개각도 60° 정도로 급기구를 완전히 덮을 수 있는 거리를 주수위치로 선정하며, 개구부가 넓은 경우에는 2구 이상의 분무주수로 실시한다.

07 「소방활동 검토회의 운영규정」에 관한 내용으로 옳은 것은?

① 검토회의는 화재발생일로부터 7일 이내에 개최한다.
② 검토회의를 개최하였을 때에는 개최일로부터 3일 이내에 그 결과를 소방청장에게 보고하여야 한다.
③ 대형화재, 중요화재, 특수화재의 경우 통제관은 관할 소방서장이 된다.
④ 소방활동도에는 부근의 도로, 수리, 펌프부서 및 수관연장 방향 등을 기입한다.

해설
※ 현장대응활동 검토회의로 개정

정답 05 ③ 06 ② 07 ④

08 다음에서 기술하고 있는 화재의 진행단계에 관한 설명으로 옳은 것은?

> 화점 주위에서 화재가 서서히 진행하다가 어느 정도 시간이 경과함에 따라 대류와 복사현상에 의해 일정 공간 안에 있는 가연물이 발화점까지 가열되어 일순간에 걸쳐 동시 발화되는 현상

① 뜨거운 가스층으로부터 발산하는 복사에너지는 일반적으로 30kW/m²를 초과한다.
② 이 현상이 발생하는 것과 관련된 정확한 온도는 없지만 대략 483℃에서 649℃까지 범위가 폭넓게 사용된다.
③ 열분해 작용에 의해 발산하는 가장 보편적인 가스 중의 하나인 이산화탄소(CO_2)의 발화온도와 상관관계가 있다.
④ 최고조에 다다른 실내의 열 발산율은 1,000kW 또는 그 이상이 될 수 있다.

해설

플래쉬오버 현상
① 뜨거운 가스층으로부터 발산하는 복사에너지는 일반적으로 20kW/m²를 초과한다.
③ 열분해 작용에 의해 발산하는 가장 보편적인 가스 중의 하나인 일산화탄소(CO)의 발화온도와 상관관계가 있다.
④ 최고조에 다다른 실내의 열 발산율은 10,000kW 또는 그 이상이 될 수 있다.

09 소방자동차 역류방지밸브의 기능에 관한 설명으로 옳은 것은?

① 주 펌프 하부에 위치해 있으며 펌프에서 토출된 물이 다시 펌프로 유입되지 않도록 체크밸브 역할을 한다.
② 방수측에서 발생할 수 있는 수격작용으로부터 펌프를 보호하는 역할을 한다.
③ 펌프 진공 시 흡입측 배관라인의 기밀을 유지한다.
④ 펌프보다 위에 있는 물을 펌프에 채울 수 있도록 진공장치를 보조한다.

해설

① 주 펌프 상부에 위치해 있으며 펌프에서 토출된 물이 다시 펌프로 유입되지 않도록 체크밸브 역할을 한다.
③ 주펌프를 진공할 때 방수라인 쪽 기밀을 유지한다.
④ 펌프보다 아래에 있는 물을 주펌프 내부에 채우는 진공을 보조하는 기능도 하고 있다.

10 잠수병의 종류 중 탄산가스 중독에 관한 설명으로 옳은 것은?

① 몸이 나른해지고 정신이 흐려져 올바른 판단을 내릴 수 없으며 술에 취한 것과 같은 기분이 들어 엉뚱한 행동을 하게 된다.
② 근육의 경련, 멀미, 현기증, 발작, 호흡곤란 등의 증세를 나타내며 예방법으로는 순수 산소를 사용하지 않고 반드시 공기를 사용한다.
③ 호흡이 가빠지고 숨이 차며 안면충혈이 생기거나 심할 경우 실신하기도 하며 예방법으로는 크고 깊은 호흡을 규칙적으로 한다.
④ 예방법으로는 상승할 때 절대로 호흡을 정지하지 말고 급속한 상승을 하지 않는다.

해설
① 질소마취 : 몸이 나른해지고 정신이 흐려져 올바른 판단을 내릴 수 없으며 술에 취한 것과 같은 기분이 들어 엉뚱한 행동을 하게 된다.
② 산소중독 : 근육의 경련, 멀미, 현기증, 발작, 호흡곤란 등의 증세를 나타내며 예방법으로는 순수 산소를 사용하지 않고 반드시 공기를 사용하는 것이다.
④ 공기 색전증 : 예방법으로는 상승할 때 절대로 호흡을 정지하지 말고 급속한 상승을 하지 않는다.

11 중량물 구조장비인 에어백의 사용법 및 주의사항으로 옳지 않은 것은?

① 2개의 에어백을 사용하는 경우 작은 에어백을 위에 놓고 아래의 에어백을 먼저 부풀려 위치를 잡는다.
② 에어백이 필요한 높이까지 부풀어 오르면 공기를 조금 빼면서 에어백과 버팀목으로 하중이 분산되도록 해야 안전하다.
③ 소형에어백과 대형에어백을 겹쳐 사용할 경우 최대 부양능력이 대형에어백의 부양능력을 초과하지 못한다.
④ 대상물이 들어올려지는 것과 동시에 버팀목을 넣고 높이가 높아짐에 따라 버팀목을 추가한다.

해설
2개의 에어백을 겹쳐 사용하면 들어 올리는 높이는 높아지지만 능력이 증가하지는 않는다. 즉 소형에어백과 대형에어백을 겹쳐 사용하여도 최대 부양능력이 소형에어백의 능력을 초과하지 못하는 것이다. 들어 올리는 물체가 쓰러질 위험이 높기 때문에 3개 이상을 겹쳐서 사용하지 않는다. 에어백의 팽창 능력 이상의 높이로 들어 올려야 하는 경우에는 받침목을 활용한다.

12 다음과 같은 미국방화협회(NFPA) 704표시법(마름모형 도표)에서 화학물질의 고유한 위험에 관한 해석으로 옳은 것은?

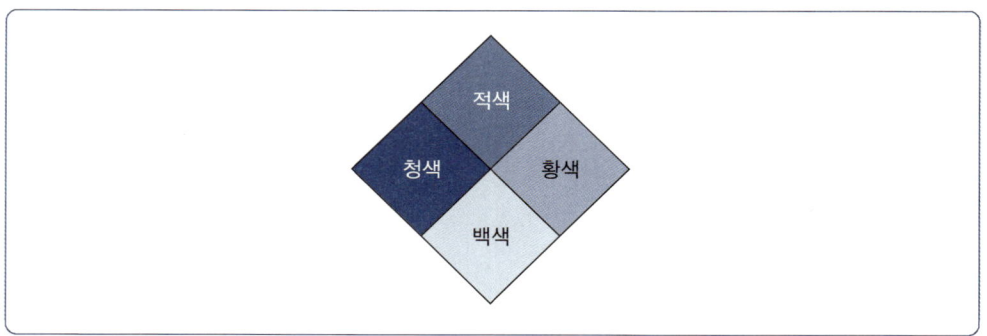

	청색	적색	황색	백색
①	인체유해성	화재위험성	반응성	기타특성 (특별한 위험)
②	반응성	화재위험성	인체유해성	기타특성 (특별한 위험)
③	인체유해성	기타특성 (특별한 위험)	반응성	화재위험성
④	화재위험성	인체유해성	기타특성 (특별한 위험)	반응성

해설

미국방화협회(NFPA) 표시법
고정 설치된 위험물(Fixed Storage)에 대한 표시방법이다. 마름모 형태의 도표인 위험식별 시스템은 물질의 누출 또는 화재와 같은 비상상태에서 각 화학물질의 고유한 위험과 위험도 순위를 한 눈에 알 수 있도록 해준다. 이 방법은 화학약품의 유해성을 확인하고자 하는 목적이 아니고 소방대의 비상작업에 필요한 전술상의 안전조치 수립에 필요한 지침의 역할과 함께 이 물질에 노출된 사람의 생명보호를 위한 즉각적인 정보를 현장에서 제공해준다. 또한 위험물질에 대한 전문적인 지식이 부족한 사람이라도 그 특성과 취급상의 위험요인을 한 눈에 파악할 수 있도록 해주는 것이다. 도표는 해당 화학물질의 "인체유해성", "화재위험성", "반응성", "기타 중요한 특성"을 나타내고 특별한 위험성이 없는 "0"에서부터 극도의 위험을 나타내는 "4"까지 다섯 가지 숫자 등급을 이용하여 각 위험성의 정도를 나타낸다. 마름모형 도표에서 왼쪽은 청색으로 인체유해성을, 위쪽은 적색으로 화재위험성을, 오른쪽은 황색으로 반응성을 나타낸다. 특히 하단부는 주로 물과의 반응을 표시하기 위해 사용되는데 "₩"는 물의 사용이 위험하다는 것을 나타내고 산화성 화학물질은 O, ×로 표시하기도 한다.

13 ( ) 안에 들어갈 로프총의 사용방법과 주의사항에 관한 내용으로 옳은 것은?

> 가. 사격각도는 현장상황에 따라 다르지만 수평각도는 (ㄱ)가 이상적이다.
> 나. 장전 후에는 총구를 수평면 기준으로 (ㄴ)의 각도를 유지해야 격발이 된다.
> 다. 부득이 (ㄷ)의 각도로 발사할 필요가 있는 경우에는 총을 뒤집으면 격발이 가능하다.

	ㄱ	ㄴ	ㄷ
①	45°	65° 이상	65° 이하
②	45°	65° 이하	65° 이상
③	65°	45° 이상	45° 이하
④	65°	45° 이하	45° 이상

해설

로프총

사격각도는 현장상황에 따라 다르지만 수평각도 65°가 이상적이고, 목표물을 정조준하는 것이 불가능할 경우에는 목측으로 조준하여 견인탄이 목표물 위로 넘어가도록 발사하면 구조대상자가 견인로프를 회수하기 용이하다.
장전 후에는 총구를 수평면 기준으로 45° 이상의 각도를 유지해야 격발이 된다. 총구를 내려서 격발이 되지 않으면 노리쇠만 뒤로 당겨준다. 45° 이하의 각도를 유지하고 있는 경우에도 갑작스러운 충격을 받으면 발사될 수도 있음을 유의한다. 부득이 45° 이하의 각도로 발사할 필요가 있는 경우에는 총을 뒤집으면 격발이 가능하다.

14 수상구조 시 직접 구조방법 중 구조대상자가 의식이 있을 때 가장 많이 사용하는 가슴잡이 방법의 설명으로 옳은 것은?

① 주로 구조대상자의 전방으로 접근할 때 사용한다. 구조대원은 오른손으로 구조대상자의 오른손을 잡는다.
② 구조대원이 구조대상자의 후방으로 접근하여 한쪽 손으로 구조대상자의 같은 쪽 겨드랑이를 잡는다. 이때 구조대원의 손은 겨드랑이 밑에서 위로 끼듯이 잡고 구조대상자가 수면과 수평을 유지하도록 하고 횡영 동작으로 이동을 시작한다.
③ 구조대상자의 자세가 수직일 경우에는 두 팔로 겨드랑이를 잡고 팔꿈치를 구조대상자의 등에 댄다. 손으로는 끌고 팔꿈치로는 미는 동작을 하여 구조대상자의 자세가 수면과 수평이 되도록 이끈다.
④ 구조대상자의 후방으로 접근하여 오른손을 뻗어 구조대상자의 오른쪽 겨드랑이를 잡아 끌듯이 하며 위로 올린다. 가능하면 구조대상자의 자세가 수평을 유지하도록 하는 것이 좋다.

해설

① 손목 끌기 : 주로 구조대상자의 전방으로 접근할 때 사용한다. 구조 대원은 오른손으로 구조대상자의 오른손을 잡는다.
② 한 겨드랑이 끌기 : 구조대원이 구조대상자의 후방으로 접근하여 한쪽 손으로 구조대상자의 같은 쪽 겨드랑이를 잡는다. 이때 구조 대원의 손은 겨드랑이 밑에서 위로 끼듯이 잡고 구조대상자가 수면과 수평을 유지하도록 하고 횡영 동작으로 이동을 시작한다.
③ 두 겨드랑이 끌기 : 구조대상자의 자세가 수직일 경우에는 두 팔로 겨드랑이를 잡고 팔꿈치를 구조대상자의 등에 댄다. 손으로는 끌고 팔꿈치로는 미는 동작을 하여 구조대상자의 자세가 수면과 수평이 되도록 이끈다.

정답 13 ③ 14 ④

15 헬기 출동 요청 시 헬리포트나 헬리패드가 없는 장소에서 착륙장소 선정을 위한 고려 사항으로 옳지 않은 것은?

① 헬기의 바람에 날릴 우려가 있는 물체는 고정시키거나 제거하고 가능하면 먼지가 날리지 않도록 표면에 물을 뿌려둔다.
② 착륙장소와 장애물과의 경사도가 20° 이내로 이착륙이 가능한 곳을 선정한다.
③ 수직 장애물이 없는 평탄한 지역(지면경사도 8° 이내)을 선정한다.
④ 이착륙 경로(Flight Path) 30m 이내에 장애물이 없어야 한다.

해설
착륙장소와 장애물과의 경사도가 12° 이내로 이착륙이 가능한 곳을 선정한다.

16 유해물질사고 시 누출 물질의 처리방법에 관한 설명으로 옳은 것은?

① 덮기 : 휘발성이 약한 액체에는 적용할 수 없다.
② 흡수 : 누출된 물질을 스펀지나 흙, 신문지, 톱밥 등의 물질에 흡수시켜 회수한다.
③ 중화 : 오염물질의 농도를 낮추어 위험성을 줄이는 방법이다.
④ 응고 : 유화제를 사용하여 오염물질의 친수성을 높이는 방법이다.

해설
① 덮기 : 고체, 특히 분말형태의 물질은 비닐이나 천 등으로 덮어서 확산을 방지한다. 휘발성이 약한 액체에도 적용할 수 있다.
③ 오염물질의 농도를 낮추어 위험성을 줄이는 방법은 희석이고, 중화는 주로 부식성 물질에 사용하는 방법이다. 중화과정에서 발열이나 유독성 물질생성, 기타 위험성이 발생할 수 있으므로 화학자의 검토가 필요하고 위험을 감소시키기 위해서 오염물질의 양보다 적게 조금씩 투입하여야 한다.
④ 유화제를 사용하여 오염물질의 친수성을 높이는 방법은 유화처리이다. 응고는 오염물질을 약품이나 흡착제로 흡착, 응고시켜 처리하는 방법이다. 오염물질의 종류와 사용된 약품에 따라 효과가 달라지고 응고된 물질은 밀폐, 격납한다.

17 수중탐색 방법에 관한 설명으로 옳은 것은?

① 소용돌이 탐색 : 비교적 작은 물체를 탐색하는데 적합한 방법으로 탐색구역의 중앙에서 출발하여 이동거리를 조금씩 증가시키면서 매번 한 쪽 방향으로 90°씩 회전하며 탐색한다.
② 원형탐색 : 시야가 좋지 않으며 탐색면적이 좁고 수심이 깊을 때 활용하는 방법으로 인원과 장비의 소요가 적은 반면 탐색할 수 있는 범위가 좁다.
③ U자탐색 : 시야가 좋고 탐색면적이 넓을 때 사용하는 방법으로 탐색구역의 외곽에 평행한 기준선을 두 줄로 설정하고, 기준선 간에 수직방향의 줄을 팽팽하게 설치한다.
④ 왕복탐색 : 탐색 구역을 'ㄹ'자 형태로 탐색하는 방법으로 장애물이 없는 평평한 지형에서 비교적 작은 물체를 탐색하는데 적합하다.

해설
① 소용돌이 탐색은 비교적 큰 물체를 탐색하는데 적합한 방법이다.
③ 왕복탐색에 관한 내용이다.
④ U자탐색에 관한 내용이다.

18 구급대원이 작성할 수 있는 일지를 모두 고른 것으로 옳은 것은?

> 가. 구급활동일지
> 나. 구급 거절·거부 확인서
> 다. 심폐정지환자 응급처치 세부상황표
> 라. 중증외상환자 응급처치 세부상황표
> 마. 응급 초진 기록지
> 바. 감염성 질병 및 유해물질 등 접촉 보고서
> 사. 심뇌혈관질환자 응급처치 세부상황표

① 가, 나, 다, 라
② 가, 나, 다, 라, 마
③ 가, 나, 다, 라, 마, 바
④ 가, 나, 다, 라, 바, 사

19 다음 중 다수사상자 발생 시 중증도 분류로 옳은 것은?

> • 생명을 위협할 만한 쇼크 또는 저산소증이 나타나거나 임박한 환자
> • 즉각적인 처리를 행할 경우에 안정화될 가능성과 소생 가능성이 있는 환자

① 긴급 환자(적색)
② 응급 환자(황색)
③ 비응급 환자(녹색)
④ 지연 환자(흑색)

해설
- 긴급 환자(적색) : 긴급한 상황
  생명을 위협할 만한 쇼크 또는 저산소증이 나타나거나 임박한 경우. 만약 즉각적인 처치를 행할 경우에 환자가 안정화될 가능성과 소생 가능성이 있는 경우
- 응급 환자(황색) : 응급 상황
  손상이 전신적인 증상이나 효과를 유발하지만, 아직까지 쇼크 또는 저산소증 상태가 아닌 경우. 전신적 반응이 발생하더라도 적절한 조치를 행할 경우 즉각적인 위험 없이 45~60분 정도 견딜 수 있는 상태
- 비응급 환자(녹색) : 비응급 상황
  전신적인 위험 없이 손상이 국한된 경우 : 최소한의 조치로도 수 시간 이상 아무 문제가 없는 상태
- 지연 환자 (흑색) : 사망
  대량 재난 시에 임상적 및 생물학적 사망이 명확히 구분되지 않는 상태와 자발 순환이나 호흡이 없는 모든 무반응의 상태를 죽음으로 생각함. 몇몇 분류에서는 어떤 처치에도 불구하고 생존 가능성이 희박한 경우를 포함

정답 18 ④ 19 ①

20 승용차와 1톤 화물차량 사고로 차량 주변에 연료가 누출되고 흰 연기가 나고 있다. 환자평가 단계에서 가장 먼저 파악해야 할 것으로 옳은 것은?

① 현장안전 확인
② 1차(즉각적인) 평가
③ 주요 병력 및 신체 검진
④ 세부 신체 검진

해설
현장에 도착해서 환자평가와 무엇이 필요한지를 결정하지 못한다면 적절한 처치를 할 수 없다. 이를 위해서는 환자를 평가하고 대화를 통해 정보를 수집해야 한다. 환자평가는 조직적이고 단계별로 평가해야 하며 만약 위험한 환경이라면 현장안전부터 확인해야 한다. 환자평가의 단계는 현장안전 확인 → 1차(즉각적인) 평가 → 주요 병력 및 신체 검진 → 세부 신체 검진 → 재평가로 나누어진다.

21 현장 출동하여 성인 환자에게 1차 평가를 시행했다. 우선적인 처치 및 이송이 요구되는 환자는? (제시된 상황 이외에 다른 손상 및 증상이 없음)

① 지혈이 안 되는 출혈
② 손가락의 절단
③ 1m 높이에서의 낙상
④ 수축기혈압 110mmHg

해설
환자 분류(우선순위)
1차 평가에서 마지막 단계로 우선순위에 따른 처치 및 이송을 제공해야 한다. 우선적인 처치 및 이송이 필요한 환자는 다음의 경우에 해당한다.
• 일반적인 인상이 좋지 않은 경우
• 무의식 또는 의식장애
• 호흡곤란
• 기도유지 또는 평가가 곤란한 경우
• 부적절한 순환 징후
• 지혈이 안 되는 출혈
• 난산
• 호흡정지 또는 심정지
• 90mmHg 이하의 수축기압과 같이 나타나는 가슴통증
• 심한 통증
• 고열
• 알지 못하는 약물에 의한 중독 및 남용

22 생체징후 중 맥박에 관한 설명으로 옳지 않은 것은?

① 신생아의 맥박이 150회/분인 경우를 빠른맥이라고 한다.
② 불규칙한 맥박을 부정맥이라 하며 무의식 환자 또는 의식장애 환자에게서는 위급한 상태임을 나타낸다.
③ 운동, 공포, 열, 고혈압, 출혈 초기, 임신의 경우 빠르고 규칙적이며 강한 맥박이 나타나기도 한다.
④ 머리손상, 약물, 중독, 심질환이 있을 경우 느린 맥박이 나타나기도 한다.

해설

맥박이 빨리 뛰는 것을 빠른맥이라 하며 성인의 경우 100회/분 이상을 빠른맥이라 한다. 신생아의 경우 정상 맥박수는 120~160회/분이다.

23 구출고정대(KED)의 착용 순서로 옳은 것은?

가. 적절한 크기의 목보호대를 선택하여 착용시킨다.
나. 빠른 외상환자 1차 평가를 실시한다.
다. 손으로 환자의 머리를 고정하고 환자의 A, B, C 상태를 확인한다.
라. 구출고정대를 환자의 등 뒤에 조심스럽게 위치시킨다.
마. 구출고정대의 몸통 고정끈을 중간, 하단, 상단의 순으로 연결하고 조인다.
바. 양쪽 넙다리 부분에 패드를 적용하고 다리 고정끈을 연결한다.

① 가 – 나 – 다 – 라 – 바 – 마
② 나 – 가 – 다 – 라 – 마 – 바
③ 다 – 가 – 나 – 라 – 마 – 바
④ 다 – 나 – 가 – 라 – 바 – 마

해설

짧은 척추고정기구

짧은 척추고정판과 구출고정대(KED) 장비가 있다. 이 장비들은 차량 충돌사고로 차에 앉아 있는 환자가 척추손상이 의심될 때 고정을 위해 사용되며 머리, 목, 몸통을 고정시켜 준다. 환자를 짧은 장비로 고정시킨 후에 긴 척추 고정판에 바로 누운 자세로 눕힌 후 다시 고정시켜야 한다. 일반적인 과정은 다음과 같다.

1. 손으로 환자의 머리를 고정하고, 환자의 A, B, C 상태를 확인한다.
   (이때, 환자의 A, B, C에 심각한 문제가 있는 경우 목보호대 및 긴척추고정판을 이용하여 빠른 환자구출법을 시행한다.)
2. 적절한 크기의 목보호대를 선택하여 착용시킨다.
3. 빠른외상환자 1차 평가를 시행한다.
4. 구출고정대(KED)를 환자의 등 뒤에 조심스럽게 위치시키며, 구출고정대(KED)를 몸통의 중앙으로 정렬하고 날개부분을 겨드랑이에 밀착시킨다.
5. 구출고정대(KED)의 몸통 고정끈을 중간, 하단, 상단의 순으로 연결하고 조인다.
6. 양쪽 넙다리 부분에 패드를 적용하고 다리 고정끈을 연결한다.
7. 구출고정대(KED)의 뒤통수에 빈 공간을 채울 정도만 패드를 넣고 고정한다.
8. 환자를 90°로 회전시키고 긴 척추고정판에 눕힌 후 긴 척추고정판을 들어 바닥에 내려놓는다.
9. 환자가 긴 척추고정판의 중립위치에 있는지 확인하고 다리, 가슴 끈을 느슨하게 해준다.

24 환자가 머리나 척추 손상이 의심될 때 헬멧을 제거해야 하는 경우로 옳은 것은?

① 기도나 호흡에 문제가 없을 때
② 호흡정지나 심장마비가 있을 때
③ 헬멧이 환자를 평가하고 기도나 호흡을 관찰하는데 방해가 되지 않을 때
④ 헬멧을 쓴 상태가 긴 척추고정판에 환자를 고정했을 경우 머리의 움직임이 없을 때

해설
- 헬멧을 제거하지 말아야 하는 경우
  - 헬멧이 환자를 평가하고 기도나 호흡을 관찰하는데 방해가 되지 않을 때
  - 현재 기도나 호흡에 문제가 없을 때
  - 헬멧 제거가 환자에게 더한 위험을 초래할 때
  - 헬멧을 착용한 상태가 오히려 적절하게 고정되어 질 수 있을 때
  - 헬멧을 쓴 상태가 긴 척추고정판에 환자를 고정시켰을 때 머리의 움직임이 없을 때
- 헬멧을 제거해야 하는 경우
  - 헬멧이 기도와 호흡을 평가하고 관찰하는데 방해가 될 때
  - 헬멧이 환자의 기도를 유지하고 인공호흡을 방해할 때
  - 헬멧 형태가 척추고정을 방해할 때
    [예] 소방관 헬멧의 경우 넓은 가장자리 때문에 머리와 목을 고정시키기에는 부적절함
  - 고정시키기엔 헬멧 안에서의 공간이 넓어 머리가 움직일 때
  - 환자가 호흡정지나 심장마비가 있을 때

25 소아 심폐소생술에 관한 설명으로 옳은 것은? (2020년 한국심폐소생술 가이드라인에 따름)

① 가슴압박 위치는 젖꼭지 연결선 바로 아래에 압박한다.
② 가슴 압박수축기와 압박이완기의 비율은 50 : 50으로 한다.
③ 압박 후 완전한 이완은 갈비뼈 골절의 부작용을 최소화하기 위해서이다.
④ 가슴압박 중단시간을 최소화하기 위하여 AED 분석 중에도 가슴압박을 한다.

해설
가슴을 압박한 후에는 가슴벽이 정상 위치로 완전히 올라오도록 해야 한다. 즉 이완과 압박의 비율은 50 : 50이 되어야 한다. 그 이유는 이완기에는 정맥 환류가 이루어져야 하므로 환자의 가슴에 구조자의 체중이 실리지 않도록 충분히 이완시켜야 하며 처치자가 충분히 이완시키지 않고 반복하여 압박함으로써 정맥환류가 감소되어 가슴압박에 의한 혈류량을 충분히 유지하지 못하는 경우가 많기 때문이다.

2023

14 소방교 기출문제

▶ 소방전술 승진시험 문제는 대학교수 및 소방공무원이 출제를 합니다. 공통교재에서 지문을 만들기 때문에 단어만 바꾸는 문제도 많이 출제됩니다. 전술 과목은 학교 공통교재를 기본으로 공부하시기 바랍니다.

01 다음에서 설명하는 지휘권 장악 형태로 옳은 것은?

> 현장지휘관이 특정장소(현장지휘소)에 머물러 있지 않고 재난현장을 돌아다니며 지휘하는 형태

① 총괄지휘 형태
② 이동지휘 형태
③ 고정지휘 형태
④ 전진지휘 형태

해설

※ 공통교재 개정으로 현장지휘 부분이 삭제되고 SOP 101 지휘권 확립으로 개정

현장지휘관 지휘전술
3.1 현장지휘관이 선택할 수 있는 지휘전술은 이동지휘, 전진지휘와 고정지휘로 나뉘며 현장상황에 맞는 적절한 전술을 선택한다.
3.1.1 이동지휘는 현장지휘관이 특정장소(현장지휘소)에 머물러 있지 않고 재난현장을 돌아다니며 지휘하는 형태를 말한다.
3.1.2 전진지휘는 현장지휘관이 위험지역으로 진입하여 대원들과 임무수행을 함께 하는 형태를 말하며 아래와 같은 상황에서 실시한다.
  • 대원 안전에 대한 현장지휘관의 근접 감독・지원이 필요한 상황
  • 현장지휘관의 지원이 있어야만 즉각적 인명구조가 가능한 상황
  • 현장지휘관의 지원이 있으면 초기 화재진압이 가능한 상황
3.1.3 고정지휘는 현장지휘관이 화재 건물(지역)의 현장지휘소에 머물며 지휘하는 형태를 말한다.
3.2 현장지휘관 재난 규모가 크고 복잡하거나 빠른 확대 가능성이 있는 재난의 경우에는 초기부터 고정지휘를 한다.
3.3 지휘권을 이양 받은 현장지휘관은 고정지휘를 하고, 단위지휘관은 임무에 따라 이동지휘, 전진지휘, 고정지휘 중 한 가지를 선택할 수 있다.

02 화재의 진행에 영향을 미치는 요인으로 옳지 않은 것은?

① 배연구(환기구)의 크기, 수 및 위치
② 유도등의 크기 및 위치
③ 구획실을 둘러싸고 있는 물질들의 열 특성
④ 최초 발화되는 가연물의 크기, 합성물 및 위치

정답 01 ② 02 ②

해설
발화해서 쇠퇴하기까지, 몇 가지 요인들이 구획실 화재 성상과 진행단계에 영향을 미친다.
- 배연구(환기구)의 크기, 수 및 위치
- 구획실의 크기
- 구획실을 둘러싸고 있는 물질들의 열 특성
- 구획실의 천장 높이
- 최초 발화되는 가연물의 크기, 합성물 및 위치
- 추가적 가연물의 이용가능성 및 위치

03 항공기 화재진압 시 진입 및 위치선정에 관한 설명으로 옳지 않은 것은?

① 제트기의 경우는 엔진에서 고온의 배기가스를 강력히 분출하기 때문에 화상을 방지하기 위하여 머리 부분부터 대략 7.5m 이상의 거리를 유지한다.
② 기내 승객들의 구조는 출입구 등의 구출구에 접근하여 구조가 용이한 구조대상자부터 신속하게 구조한다.
③ 기체에 접근이나 기내진입 시에는 구조대원과 함께 포소화, 분무주수 등 엄호주수하고 백드래프트에 의한 재연소 방지에 노력한다.
④ 기관총 또는 로켓포를 장착한 전투기의 경우는 머리 부분부터 접근한다.

해설
기관총 또는 로켓포를 장착한 전투기의 경우는 머리 부분부터의 접근은 위험하기 때문에 꼬리 부분이나 측면으로 접근한다.

04 3D 주수기법 중 펄싱(pulsing)에 관한 설명으로 옳은 것은?

① 펄싱(pulsing)은 직사주수 형태로 물방울의 크기를 키워 중간에 기화되는 일이 없도록 물을 던지듯 끊어서 화점에 바로 주수하는 방식이다.
② 출입문 내부 천장부분에 숏 펄싱(Short pulsing)을 하는 이유는 문을 열었을 때 나오는 가스가 산소와 결합해서 점화되는 것을 방지하기 위해 상부의 가스와 공기를 냉각시켜 자연발화의 가능성을 없애주기 위함이다.
③ 숏 펄싱(Short pulsing)은 1초 이내로 짧게 끊어서 주수하며, 물의 입자가 작을수록(3mm 이하) 효과가 높은 장점을 가진다.
④ 롱 펄싱(Long pulsing)은 주어진 상황에 따라 1~2초의 간격으로 다양하게 적용한다.

해설
① 펜슬링(Penciling)에 관한 설명이다.
③ 물의 입자 0.3mm 이하
④ 미디움 펄싱(Medium pulsing)에 관한 설명이다.

05 계단 등 수직피난에 관한 설명으로 옳지 않은 것은?

① 화점층 계단 출입구는 계단의 피난자들이 통과할 때까지 폐쇄한다.
② 옥상 직하층의 피난자 등은 옥상을 일시 피난장소로 지정한다.
③ 바로 위층 피난을 우선으로 하고 계단을 내려오는 사람은 직하층으로 일시 유도한 후 지상으로 대피시킨다.
④ 피난에 사용하는 계단 등의 우선순위는 원칙적으로 옥외피난용사다리 및 피난계단, 특별피난계단, 피난교, 옥외계단 순으로 한다.

해설
피난에 사용하는 계단 등의 우선순위는 원칙적으로 옥외계단, 피난교, 특별피난계단, 옥외피난용사다리 및 피난계단의 순서로 한다.

06 지하실 화재의 특성과 화재진압 요령으로 옳지 않은 것은?

① 공기의 유입이 적기 때문에 연소가 완만하고, 시간이 경과함에 따라 단순한 연소상태를 나타낸다.
② 출입구가 1개소인 경우에는 진입이 곤란하고, 급기구와 배기구의 구별이 어렵다.
③ 개구부가 2개소 이상일 때는 연기가 많이 분출되는 개구부를 배연구로 하고, 반대쪽의 개구부를 진입구로 한다.
④ 농도가 진한 연기와 열기가 가득하여 진입이 곤란한 경우에는 상층부 바닥을 파괴하여 개구부를 만들고, 직접 방수하여 소화하는 경우도 있다.

해설
공기의 유입이 적기 때문에 연소가 완만하지만, 시간이 경과함에 따라 복잡한 연소상태를 나타낸다.

07 가스의 불완전 연소현상인 리프팅(Lifting)의 원인으로 모두 옳은 것은?

> 가. 공기조절 장치를 너무 많이 열어 가스의 공급량이 많아졌을 경우
> 나. 버너의 가스분출 구멍에 먼지 등이 끼어 가스분출 구멍이 작아진 경우
> 다. 부식에 의해서 가스분출 구멍이 커졌을 경우
> 라. 가스버너 위에 큰 냄비 등을 올려서 장시간 사용할 경우

① 가, 나
② 나, 다
③ 다, 라
④ 가, 다

해설
리프팅의 원인
- 버너의 가스분출 구멍에 먼지 등이 끼어 가스분출 구멍이 작게 된 경우 혼합가스의 유출 속도가 크게 된다.
- 가스의 공급압력이 높거나 관창의 구경이 큰 경우 가스의 유출 속도가 크게 된다.
- 연소 가스의 배출 불충분으로 2차 공기 중의 산소가 부족한 경우 연소속도가 작게 된다.
- 공기조절 장치를 너무 많이 열어 가스의 공급량이 많게 되면 리프팅이 일어나지만 가스의 공급량이 적게 될 때에는 백드래프트 또는 불이 꺼지는 원인이 된다.

정답 05 ④ 06 ① 07 ①

08 「화재조사 및 보고규정」에 따른 건물동수 산정방법으로 옳은 것은?

① 건물의 외벽을 이용하여 실을 만들어 헛간, 목욕탕, 작업실, 사무실 및 기타 건물 용도로 사용하고 있는 것은 주건물과 별동으로 한다.
② 독립된 건물과 건물 사이에 차광막, 비막이 등의 덮개를 설치하고 그 밑을 통로 등으로 사용하는 경우 동일동으로 한다.
③ 내화조 건물의 옥상에 목조 또는 방화구조 건물이 별도 설치되어 있는 경우는 동일동으로 한다.
④ 내화조 건물의 외벽을 이용하여 목조 또는 방화구조 건물이 별도 설치되어 있고 건물 내부와 구획되어 있는 경우 별동으로 한다.

해설
① 건물의 외벽을 이용하여 실을 만들어 헛간, 목욕탕, 작업실, 사무실 및 기타 건물 용도로 사용하고 있는 것은 주건물과 같은 동으로 한다.
② 독립된 건물과 건물 사이에 차광막, 비막이 등의 덮개를 설치하고 그 밑을 통로 등으로 사용하는 경우 다른 동으로 한다.
③ 내화조 건물의 옥상에 목조 또는 방화구조 건물이 별도 설치되어 있는 경우는 다른 동으로 한다.

09 소방자동차 진공펌프 성능시험 방법을 순서대로 나열한 것이다. ( ) 안에 들어갈 숫자로 옳은 것은?

> 가. 모든 밸브가 닫혀 있는지 확인한다.
> 나. 시동 후 PTO를 정상적으로 작동한다.
> 다. 진공펌프를 작동한다.
> 라. 엔진회전수를 (ㄱ)RPM으로 조정한다.
> 마. (ㄴ)초 작동 후 진공펌프를 정지한다.

	ㄱ	ㄴ
①	1,000	30
②	1,000	60
③	1,200	30
④	1,200	60

해설
진공펌프 성능 시험방법
- 모든 밸브는 닫혀 있는지 확인하고 시동 후 PTO를 작동시킨다.
- 조작반 진공펌프 동작 버튼을 눌러 작동하고 엔진회전수를 1,200RPM으로 조정한다.
- 30초 작동 후 펌프 정지하고 연성계 지침 확인, 660mmHg 이하이면 정상이다.
- 펌프작동 중 방수구에 손바닥을 대고 개방하여 흡입되는 감촉여부를 확인한다.
- 방수구 흡입감촉은 펌프본체의 역류방지밸브 기능을 확인하는 것이다.

10 잠수물리에 관한 설명으로 옳은 것은?

① 밀도란 단위 질량에 대한 부피의 비율을 말한다.
② 물 속에서는 빛의 굴절로 인하여 물체가 실제보다 2배 더 크게 보인다.
③ 수중에서는 대기보다 소리가 2배 정도 빠르게 전달되기 때문에 소리의 방향을 판단하기 어렵다.
④ 수중 구조대원이 수면에서 1분에 15ℓ의 공기가 필요하다면, 수심 20m에서는 45ℓ의 공기가 필요하다.

해설
① 밀도란 단위 부피에 대한 질량의 비율을 말한다.
② 물 속에서는 빛의 굴절로 인하여 물체가 실제보다 25% 정도 가깝고 크게 보인다.
③ 수중에서는 대기보다 소리가 4배 정도 빠르게 전달되기 때문에 소리의 방향을 판단하기 어렵다.

11 다음 설명에 맞는 로프매듭법으로 옳은 것은?

> 로프 중간에 고리를 만들 필요가 있을 경우에 사용하며 다른 매듭에 비하여 충격을 받은 경우에도 풀기가 쉬운 것이 장점이다. 중간 부분이 손상된 로프를 임시로 사용하고자 하는 경우에 손상된 부분이 가운데로 오도록 하여 매듭을 만들면 손상된 부분에 힘이 가해지지 않아 응급대처가 가능하다.

① 클램하이스트 매듭(klemheist knot)
② 나비 매듭(butterfly knot)
③ 감아매기 매듭(prussik knot)
④ 한겹 매듭(backet bend)

해설
① 클램하이스트 매듭(klemheist knot) : 감아매기와 같이 자기 제동(self locking)이 되는 매듭으로 주 로프에 보조 로프를 3~5회 감고 로프 끝을 고리 안으로 통과시켜 완성한다. 하중이 걸리면 매듭이 고정되고 하중이 걸리지 않으면 매듭을 위 아래로 움직일 수 있다.
③ 감아매기 매듭(prussik knot) : 굵은 로프에 가는 로프를 감아매어 당기는 방법으로, 고리부분을 당기면 매듭이 고정되고 매듭부분을 잡고 움직이면 주 로프의 상하로 이동시킬 수 있으므로 로프 등반이나 고정 등에 많이 활용한다.
④ 한겹 매듭(backet bend) : 굵기가 다른 로프를 결합할 때에 사용한다. 주 로프는 접어둔 채 가는 로프를 묶는 것이 좋으며 로프 끝을 너무 짧게 묶으면 쉽게 빠지므로 주의한다.

12 구조활동의 전개에 관한 설명으로 옳지 않은 것은?

① 구조활동 시에는 구조대상자와 그 가족 등의 심리상태를 고려하여 필요에 따라서 현장 주변에 있는 군중의 접근을 차단하거나 주위의 시선으로부터 보호할 수 있는 조치를 강구한다.
② 사고현장 범위 내에서 각종 구조활동에 방해되거나 대원에게 위험요소가 되는 장애물은 모두 확인 및 제거한다.
③ 사고현장에 위험물, 전기, 가스 등 복합적인 위험요인이 혼재하는 경우에는 위험이 작은 장애부터 순차적으로 제거하면서 구조활동을 전개한다.
④ 지휘자는 현장 상황을 즉시 판단하여 그 판단에 기인하는 구출방법, 구출순서의 결정, 대원의 임무부여 후 구출행동을 이행하도록 한다.

해설
사고현장에 위험물, 전기, 가스 등 복합적인 위험요인이 혼재하는 경우에는 위험이 큰 장애로부터 순차적으로 제거하면서 구조활동을 전개한다.

13 「119구조・구급에 관한 법률 시행령」상 119구조대의 편성과 운영에 관한 내용으로 옳지 않은 것은?

① 일반구조대는 시・도의 규칙으로 정하는 바에 따라 소방서마다 1개 대(隊)이상 설치하되, 소방서가 없는 시・군・구의 경우에는 해당 시・군・구 지역의 중심지에 있는 119안전센터에 설치할 수 있다.
② 테러대응구조대는 테러 및 특수재난에 전문적으로 대응하기 위하여 설치한다.
③ 특수구조대는 소방대상물, 지역 특성, 재난 발생 유형 및 빈도 등을 고려하여 소방청 훈령으로 정하는 바에 따라 지역을 관할하는 소방서에 설치한다.
④ 특수구조대 구분으로는 화학구조대, 수난구조대, 산악구조대, 고속국도구조대, 지하철구조대가 있다.

해설
특수구조대는 소방대상물, 지역 특성, 재난 발생 유형 및 빈도 등을 고려하여 시・도의 규칙으로 정하는 바에 따라 지역을 관할하는 소방서에 설치한다.

14 현장에 도착한 구조대원과 장비만으로 구조활동이 어려울 경우 추가 구조대 응원요청 판단기준에 관한 설명으로 옳지 않은 것은?

① 특수차량 또는 특수장비를 필요로 하는 경우
② 구조대상자가 많거나 현장이 광범위하여 추가 인원이 필요한 경우
③ 특수한 지식, 기술을 필요로 하는 경우
④ 사고양상이 특이하고 고도의 판단을 필요로 하는 경우

해설
사고양상이 특이하고 고도의 판단을 필요로 하는 경우는 지휘대 출동요청 사항이다.

15 잠수장비의 관리방법으로 옳지 않은 것은?

① 오리발을 장기간 보관 시 고무부분에 분가루나 실리콘 스프레이를 뿌려 두는 것이 좋다.
② 잠수복을 사용한 후에는 깨끗한 물로 씻어서 직사광선을 피해서 말리며 옷걸이에 걸어서 보관하는 것이 바람직하다.
③ 부력조절기는 사용 후 깨끗한 물로 씻으면서 내부로는 물이 들어가지 않게 주의하여 세척하고 통풍이 잘되는 곳에서 말려야 한다.
④ 공기통은 장기간 보관할 때 공기통에 공기를 50bar로 압축하여 세워두고, 다음번 사용할 때에는 공기통을 깨끗이 비우고 새로운 공기를 압축하여 사용한다.

해설
부력조절기는 아주 질긴 재질을 사용하여 제작된 것이다. 강한 충격에도 찢어지지 않기 때문에 부력조절기가 터지지는 않을지 불안해할 필요는 없다. 사용 후 깨끗한 물로 씻어야 하고, 내부도 물로 헹구어서 공기를 넣어 통풍이 잘되는 곳에서 말려야 한다.

16 사고현장에서 구조활동을 할 때에 반드시 지켜야 할 원칙으로 옳지 않은 것은?

① 구조활동은 현장을 장악한 현장지휘관의 판단 하에 엄정한 규율을 바탕으로 조직적인 부대활동을 기본원칙으로 한다.
② 현장의 안전을 확보하고 자신의 안전을 지키는 일은 어떠한 구조현장에 있어서도 절대적으로 지켜야 할 가장 중요한 원칙이다.
③ 구조대원들은 자신이 사고를 발생시킨 것이 아니라는 사실을 기억하고 불필요한 위험을 감수하지 않도록 한다.
④ 모든 사고현장에서 가장 우선하여 고려할 사항은 사고의 안정화, 인명의 안전, 재산가치의 보존 순서이다.

해설
모든 사고현장에서 가장 우선하여 고려할 사항은 인명의 안전(Life safety)이고 그다음 사고의 안정화(Incident stabilization), 재산가치의 보존(Property conservation)의 순서이다.

17 물에 빠진 구조대상자를 직접구조 기술로 구조할 때 올바른 방법은?

① 손목끌기는 주로 구조대상자가 의식이 있을 때에 가장 많이 사용되는 방법이다.
② 두 겨드랑이끌기는 일반적으로 먼 거리를 이동할 때에 사용한다.
③ 손목끌기는 주로 구조대상자의 전방으로 접근할 때 사용한다.
④ 가슴잡이는 주로 구조대상자가 의식을 잃었을 때 구조하는 방법이다.

해설
① 구조대상자가 의식을 잃었을 때 구조하는 방법으로 '한 겨드랑이 끌기', '두 겨드랑이 끌기', '손목 끌기'가 있다.
② 일반적으로 먼 거리를 이동할 때에는 한 겨드랑이 끌기를 사용한다.
④ '가슴잡이'는 구조대상자가 의식이 있을 때 가장 많이 사용되는 방법이다.

정답 15 ③ 16 ④ 17 ③

18 법률적으로 사망이나 영구적인 불구를 방지하기 위하여 긴급한 응급처치를 필요로 하는 환자는 그에 대한 치료와 이송에 동의할 것으로 보는 견해로 긴급한 상황에서 인정하는 동의로 옳은 것은?

① 명시적 동의
② 묵시적 동의
③ 정신질환자의 동의
④ 미성년자 치료에 있어서의 동의

해설
① 명시적 동의 : 구급대원이 제공하는 환자치료에 대해 그 내용을 알고 이해하며, 동의한다는 환자의 표현을 말한다. 즉, 고시된 동의는 그 환자가 합리적인 결정을 하도록 필요한 모든 사실을 설명한 후에 환자로부터 얻는 동의이다.
③ 정신질환자의 동의 : 정신적으로 무능한 사람은 치료를 받는데 있어서, 응급처치의 필요성에 대한 어떠한 정보가 제공되었다 하더라도 동의할 수 없다. 그러나 한 개인이 법에 의해서 심신상실로 법원에 의해 금치산자로 선고되지 않았다면 그의 능력에는 의문의 여지가 많다. 금치산자로 결정이 내려진 경우에는 친권자나 후견인 같은 사람이 환자를 대신하여 동의권을 갖는 경우가 대부분이다. 많은 상황에서 구급대원은 착란상태에 빠져 있거나 정신적 결함이 있는 환자를 만나게 된다. 이러한 증상은 환자가 실제적으로 동의를 할 수 있는지의 여부를 결정하는데 반드시 고려되어야 한다. 긴급한 응급상황이라면 묵시적 동의가 적용되어야 한다.
④ 미성년자 치료에 있어서의 동의 : 법률은 미성년자가 응급처치에 대해서 유효한 동의를 할 만한 판단력을 갖추지 못했다고 인정한다. 그 예로 민법은 행위무능력자의 범주에 미성년자를 포함하고 있으며 미성년자에 대한 동의권은 부모나 후견인에게 주어진다. 이러한 규정에도 불구하고 미성년자가 하는 동의는 개개인의 나이와 성숙도에 따라서 일부는 유효하기도 한다. 긴급한 응급상황이 존재한다면 미성년자를 치료하는 것에 대한 동의는 묵시적일 수 있으나, 가능하면 친권자나 후견인의 동의를 구해야 한다.

19 물리적, 화학적 과정을 통하여 모든 미생물을 완전하게 제거하고 파괴시키는 것에 관한 용어로 옳은 것은?

① 세 척
② 소 독
③ 멸 균
④ 화학제

해설
① 세척 : 대상물로부터 모든 이물질(토양, 유기물 등)을 제거하는 과정으로 소독과 멸균의 가장 기초단계이다.
② 소독 : 생물체가 아닌 환경으로부터 세균의 아포를 제외한 미생물을 제거하는 과정이다.
④ 화학제 : 진균과 박테리아의 아포를 포함한 모든 형태의 미생물을 파괴하는 것이다.

20 장시간 화재현장에서 화재진압을 하다 쓰러진 대원을 발견하였다. 특별한 외상은 없고 탈진으로 인한 쇼크 증상으로 판단된다면 현장에서 처치할 수 있는 환자 자세로 옳은 것은?

① 바로 누운 자세
② 엎드린 자세
③ 반 앉은 자세
④ 변형된 트렌델렌버그 자세

21 인체의 기능에 관한 설명으로 옳지 않은 것은?

① 근골격계 : 신체의 외형 유지, 내부 장기 보호, 신체의 움직임을 가능하게 한다.
② 순환계 : 심장, 기관지, 허파로 구성되어 있으며 인체의 모든 부분에 혈액을 공급하는 기능이 있다.
③ 호흡기계 : 세포에 꼭 필요한 산소를 공급해 주는 역할을 한다.
④ 신경계 : 자발적·비자발적 모든 행동을 조절하는 기능과 환경이나 감각에 반응하는 역할을 한다.

해설
순환계는 3가지 주요 요소(심장, 혈관, 혈액)로 구성되어 있으며 인체의 모든 부분에 혈액을 공급하는 기능을 갖고 있다.

---

22 구급업무 수행 시 기록지를 작성해야 하는 이유로 모두 옳은 것은?

> 가. 앞으로 응급의료체계 발전을 위해 필요하다.
> 나. 환자 처치 및 이송에 대해 체계적으로 실시되었음을 나타낼 수 있다.
> 다. 현장 도착시간을 줄이기 위해 도로사항이나 지름길을 안내하기 위해 필요하다.
> 라. 환자 상태에 관한 의료진과 구급대원의 정보 연계를 위해서 필요하다.
> 마. 상황실에 병원 도착시간을 알리고 이송 후 출동대기 가능성을 안내하기 위해 필요하다.

① 가, 나, 마
② 나, 다, 라
③ 다, 라, 마
④ 가, 나, 라

해설
기록지를 작성해야 하는 이유는 많지만 가장 중요한 이유는 의료진과 환자 상태에 대한 정보를 연계하기 위해서이다. 그 밖에도 다음과 같은 이유가 있다.
• 신고에 따른 진행과정에 대해 법적인 문서가 된다.
• 환자 처치 및 이송에 대해 체계적으로 실시되었음을 나타낼 수 있다.
• 앞으로의 응급의료체계 발전을 위해 필요하다.
• 연구 및 통계에 자료를 제공할 수 있다.

---

23 START 분류법의 설명으로 옳지 않은 것은?

① 환자 평가는 호흡, 맥박, 의식 수준을 평가한다.
② 현장 도착 시 걸을 수 있는 환자는 지정된 장소로 이동하라고 말한다.
③ 호흡수 29회/분의 환자는 긴급환자로 분류한다.
④ 다수사상자 발생 시 신속한 분류 및 처치를 위해 사용된다.

해설
• 긴급 환자 - 의식 장애, 호흡수 30회/분 초과, 말초맥박 촉진 불가능
• 응급 환자 - 의식 명료, 호흡수 30회/분 이하, 말초맥박 촉진 가능
• 지연 환자 - 기도 개방 후에도 무호흡, 무맥

정답 21 ② 22 ④ 23 ③

24 입인두 기도기를 이용한 기도 유지에 관한 설명으로 옳지 않은 것은?

① 구토 반사가 있으면 제거해야 한다.
② 기도기 끝이 입천장을 향하도록 하여 구강 내로 삽입한다.
③ 입 가장자리에서 입안으로 넣은 후 90° 회전시키는 방법도 있다.
④ 의식이 있거나 반혼수 상태 환자에게 사용한다.

해설
의식이 있고, 반혼수 상태 환자에게는 부적절하다(구토유발 및 제거행동).

25 다음에서 설명하는 장비로 옳은 것은?

- 주변 상황이나 구급대원의 상태에 관계 없이 정확히 심폐소생술을 시행할 수 있다.
- 환자 이송 중에도 효과적인 가슴압박이 가능하다.

① 자동 심장충격기
② 기계식 가슴압박 장치
③ 자동식 산소소생기
④ 호흡량 측정기

해설
① 자동 심장충격기 : 119에서 활용하는 심장충격기는 수동 및 자동이 가능하며 자동일 경우에는 심전도를 모르는 현장 응급처치자나 구급대원이 제세동을 시행할 수 있도록 제세동기 내에 심전도를 인식하고 제세동을 시행할 것을 지시해줄 수 있는 프로그램이 내장되어 있다. 겔로 덮인 큰 접착성 패드를 환자의 가슴에 부착하여 심폐소생술을 멈추는 시간을 최소화하며 연속적으로 제세동할 수 있으며 심실세동 및 무맥성 심실빈맥 외에는 제세동하지 않도록 만들어진 장비이다(순환유지장비).
② 기계식 가슴압박 장치 : 압축공기 형태는 주로 병원 내 안정적인 산소 공급이 가능한 곳에서는 장시간의 심폐소생술을 효과적으로 적용 가능하나 구급차 및 헬리콥터 내에서는 산소탱크 용적에 따라 시간제한을 받는다(순환유지장비).
③ 자동식 산소소생기 : 호흡유지장비로서 무호흡/호흡곤란 환자이게 자동 또는 수동으로 산소를 공급하는 장비이다.

15 | 소방위 기출문제

2024

> ▶ 소방전술 승진시험 문제는 대학교수 및 소방공무원이 출제를 합니다. 공통교재에서 지문을 만들기 때문에 단어만 바꾸는 문제도 많이 출제됩니다. 전술 과목은 학교 공통교재를 기본으로 공부하시기 바랍니다.

01 고속도로 사고현장에서의 차량 주차 방법으로 옳지 않은 것은?

① 주차된 소방차량 앞바퀴는 사고현장과 일직선 방향으로 둔다.
② 주 교통 흐름을 어느 정도 차단할 수 있는 위치에 주차한다.
③ 주차각도는 차선의 방향으로부터 비스듬한 각도로 주차하여 진행하는 차량으로부터 대원의 안전을 확보하도록 한다.
④ 사고현장의 완벽한 안전확보를 위하여 사고현장(작업공간 15m 정도 포함)으로부터 제한속도에 비례하여 (예 제한속도 100km/h의 도로인 경우 100 가량) 떨어진 위치에 추가의 차량(경찰차 등)을 배치시켜 일반 운전자들이 서행하거나 우회할 수 있도록 조치하여야 한다.

해설

소방차량운행 등의 안전(고속도로에서의 운행과 활동)
※ 고속도로 상에서의 주차방법에 유의한다.
1. 주 교통흐름을 어느 정도 차단할 수 있는 위치에 주차한다.
2. 주차각도는 차선의 방향으로부터 비스듬한 각도(角度)를 가지고 주차하여 진행하는 차량으로부터 대원의 안전을 확보하도록 한다.
3. 주차된 소방차량의 앞바퀴는 사고현장과 일직선이 아닌 방향으로 즉 사고현장의 외곽 부분으로 향하도록 정렬하여 진행하는 차량이 소방차량과 충돌할 경우 소방차량에 의해 대원이 부상당하지 않도록 하여야 한다.
4. 사고현장의 완벽한 안전확보를 위하여 사고현장(작업공간 15m 정도 포함)으로부터 제한속도에 비례하여 (예 제한속도 100km/h의 도로인 경우 100m 가량 정도) 떨어진 위치에 추가의(경찰차 등) 차량을 배치시켜 일반 운전자들이 서행하거나 우회할 수 있도록 조치하여야 한다.
5. 대원들이 통행차량으로부터 부상을 당하지 않도록 주의를 환기하여야 한다.
6. 대원들이 방호(防護)된 활동영역을 가급적 벗어나지 않도록 한다.

정답 01 ①

02 구획실 화재에서 나타나는 (가) 현상에 대한 설명으로 옳은 것은?

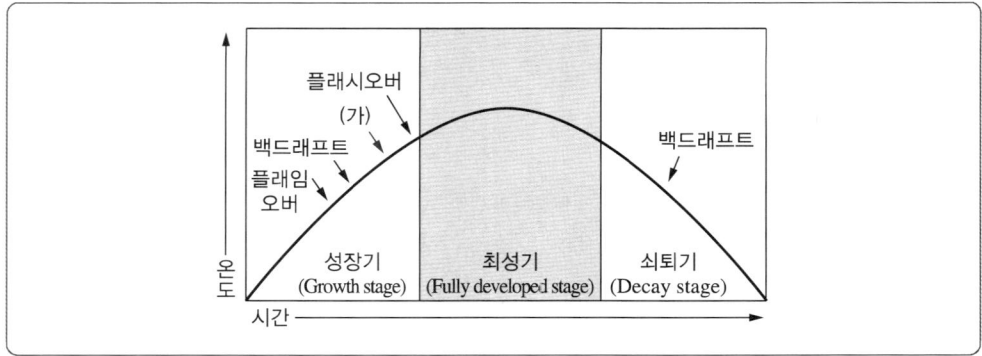

① 복도와 같은 통로 공간에서 벽, 바닥 표면의 가연물에 화염이 급속하게 확산하는 현상이다.
② 연소과정에서 발생된 가연성가스가 공기 중 산소와 혼합되어 천장 부분에 집적된 상태에서 발화온도에 도달하여 발화함으로써 화염의 끝부분이 빠르게 확대되어 가는 현상이다.
③ 밀폐된 건축물 내에서 화재가 진행될 때 불완전 연소된 가연성가스와 열이 집적된 상태에서 어떤 원인으로 신선한 공기(산소)가 공급될 때 순간적으로 폭발·발화하는 현상이다.
④ 화점 주위에서 화재가 서서히 진행하다가 어느 정도 시간이 경과함에 따라 대류와 복사 현상에 의해 일정 공간 안에 있는 가연물이 발화점까지 가열되어 일순간에 걸쳐 동시 발화되는 현상이다.

해설

롤오버 현상
• 연소과정에서 발생된 가연성가스가 공기 중 산소와 혼합되어 천장부분에 집적된 상태에서 발화온도에 도달하여 발화함으로써 화염의 끝부분이 빠르게 확대되어 가는 현상을 말하는 것으로 화재가 발생한 장소(공간)의 출입구 바로 바깥쪽 복도 천장에서 연기와 산발적인 화염이 굽이쳐 흘러가는 현상이다.
• 이러한 현상은 화재지역 위층(천장)에 집적된 양압의 뜨거운 가연성 가스가 화재가 발생되지 않은 상대적 음압의 다른 부분으로 이동하면서 화재가 빠르게 확대되는 원인이 된다.

03 화재 진압 활동 중 배연에 관한 설명으로 옳지 않은 것은?

① 보통의 배연작업은 소방호스라인이 내부에 진입과 동시에 이루어지는 것이 적절하다.
② 화재 건물의 특징이나 개구부, 풍향, 화점의 위치, 화재 범위를 판단하여 개방 및 폐쇄해야 할 개구부를 결정해야 한다.
③ 지휘자는 배연 명령을 내리기 전에 건물 및 화재 상황을 종합적으로 판단하여 그 판단에 근거한 배연 작업의 결정을 해야 한다.
④ 건물에 설치된 제연설비 및 공기조화설비는 소방대의 장비와 인력이 필요하지 않은 장점이 있으므로 최대한 활용할 수 있는 방안을 마련해야 한다.

해설

보통의 배연작업은 소방호스라인이 내부에 진입하여 진화작업 준비가 완료되었을 때가 적절하다.

04 관창 배치에 관한 설명으로 옳은 것은?

① 대규모 건물에서 관창 배치 우선순위는 해당건물 또는 연소위험이 작은 곳으로 한다.
② 일반 목조건물 화재에서 관창 배치는 연소위험이 작은 쪽으로부터 순차적으로 배치한다.
③ 풍속이 3 m/sec를 초과하면 풍하측의 연소 위험이 크므로 풍하측을 중점으로 관창을 배치한다.
④ 도로에 면하는 화재는 도로의 접하는 쪽을 우선하여 배치하고 풍횡측, 풍하측의 순으로 포위한다.

해설
① 대규모 건물에서 관창 배치 우선순위는 인접건물 또는 연소위험이 큰 곳으로 한다.
② 일반 목조건물 화재에서 관창 배치는 연소위험이 큰 쪽으로부터 순차적으로 배치한다.
④ 도로에 면하는 화재는 도로의 접하지 않는 쪽을 우선하여 배치하고 풍횡측, 풍상측의 순으로 포위한다.

05 지하실 화재진압에 관한 설명으로 옳지 않은 것은?

① 농연, 열기에 의한 내부 상황의 파악이 어렵고 활동장애 요소가 많다.
② 출입구가 1개소인 경우에는 진입이 곤란하고 급기구, 배기구의 구별이 어렵다.
③ 고발포를 방사하는 경우에는 화세를 확대시키는 경우도 있기 때문에 상층에 경계관창의 배치를 소홀히 해서는 안 된다.
④ 진입개소가 2개소인 경우에는 급기, 배기 방향을 결정한 후 배기측에서 분무방수 또는 배연기기 등을 이용하여 진입구를 설정한다.

해설
진입개소가 2개소인 경우에는 급기, 배기방향을 결정한 후 급기측에서 분무방수 또는, 배연기기 등을 이용하여 진입구를 설정한다.

06 고층건물 화재의 전술 환경으로 옳은 것만을 있는 대로 모두 고른 것은?

> (가) 소방전술적 관점에서 고층건물은 창문이 없는 건물로 간주되어야 한다. 건물의 문은 닫혀있고, 문을 열기 위해서는 열쇠가 필요하며, 유리가 매우 크고 두꺼워 파괴가 어렵고, 고층으로 인한 압력차 때문에 유리를 파괴할 경우 강한 바람의 유입으로 위험한 경우가 많기 때문이다.
> (나) 고층건물 화재 진압 활동에서 가장 중요한 성공 요인은 소방시설을 포함한 건물 설비 시스템이다. 비상용 엘리베이터는 소방대원과 장비를 나를 수 있도록 작동되고, 소방용수(수도) 시스템도 고층까지 충분한 압력과 양으로 제공한다.
> (다) 화재현장에서의 통신(의사소통)은 필수적이다. 화재진압대원들은 인명검색과 구조활동 임무를 맡은 대원들과 통신해야 하고 건물 내에 진입한 팀은 현장지휘소와 통신해야 하지만, 강철구조로 된 고층건물은 무선통신이 어려운 것이 일반적이다.
> (라) 대부분의 고층건물은 건축법상 내화구조의 건축물로 분류되지만, 소방전술적 관점에서는 더 이상 내화구조의 건축물로 보기 어렵다. 내화구조는 법이론 관점에서 폭발이나 붕괴 등의 원인이 없을 경우 화재를 한 개 층으로 제한할 수 있도록 벽, 바닥, 천장은 내화성을 가지고 있어야 한다는 가정에서 출발한다.

① (가), (나)
② (가), (나), (다)
③ (나), (다), (라)
④ (가), (나), (다), (라)

해설
고층건물 화재의 전술환경
1. 건물 높이로 인한 전술적 제한
2. 넓은 구획의 건물구조로 인한 전술적 제한
3. 반응시간
4. 건물설비 시스템
5. 통 신
6. 창 문
7. 내화구조
8. 중앙 공조시스템

07 사고 예방대책의 기본원리 5단계 중 제3단계(분석평가)에 관한 설명으로 옳은 것은?

① 각종 사고 및 활동 기록의 검토, 작업 분석
② 기술적 개선, 규정 및 수칙 등 제도의 개선
③ 안전관리자 선임, 안전 활동 방침 및 계획 수립
④ 사고 원인 및 경향성 분석, 교육 훈련 및 직장 배치분석

해설
3단계 : 분석 평가(원인 규명)
사고원인 및 경향성 분석, 사고기록 및 관계자료 분석, 인적·물적 환경조건 분석, 작업공정분석, 교육훈련 및 직장배치 분석, 안전수칙 및 방호장비의 적부 분석 등을 통하여 사고의 직접 및 간접 원인을 찾아낸다.

08 다음에서 설명하는 금속화재용 분말 소화약제로 옳은 것은?

- Mg, Na, K, Na-K 합금의 화재에 효과적이다.
- 고온의 수직 표면에 오랫동안 붙어 있을 수 있기 때문에 고체 금속 조각의 화재에 특히 유효하다.
- 염화나트륨(NaCl)을 주성분으로 하며, 분말의 유동성을 높이기 위한 제3인산칼슘(tricalcium phosphate, $Ca_3(PO_4)_2$)과 가열되었을 때 염화나트륨 입자들을 결합하기 위하여 열가소성 고분자 물질을 첨가한 약제이다.

① G-1
② Na-X
③ Lith-X
④ Met-L-X

해설

금속화재용 분말 소화약제
- G-1
  흑연화된 주조용 코크스를 주성분으로 하고 여기에 유기 인산염을 첨가한 약제이다.
- Na-X
  이름으로부터도 알 수 있듯이 이 약제는 Na 화재를 위해서 특별히 개발된 것이다.
- Lith-X
  Li 화재를 위해서 특별히 만들어진 것이다. 그러나 Mg이나 Zr 조각의 화재 또는 Na과 Na-K 화재에도 사용된다.

09 「화재조사 및 보고규정」상 화재건수, 소실정도 및 소실면적 산정에 대한 설명으로 옳지 않은 것은?

① 건물의 소실면적 산정은 소실 바닥면적으로 산정한다.
② 동일범이 아닌 각기 다른 사람에 의한 방화, 불장난은 동일 대상물에서 발화했더라도 각각 별건의 화재로 한다.
③ 전소는 건물의 70% 이상(바닥면적에 대한 비율을 말한다)이 소실되었거나 또는 그 미만이라도 잔존 부분을 보수하여도 재사용이 불가능한 것으로 한다.
④ 발화 지점이 한 곳인 화재 현장이 둘 이상의 관할구역에 걸친 화재는 발화 지점이 속한 소방서에서 1건의 화재로 산정한다. 다만, 발화 지점 확인이 어려운 경우에는 화재 피해 금액이 큰 관할구역 소방서의 화재 건수로 산정한다.

해설

소실정도
① 건축·구조물의 소실정도는 다음의 각 호에 따른다.
  1. 전소 : 건물의 70% 이상(입체면적에 대한 비율을 말한다.)이 소실되었거나 또는 그 미만이라도 잔존부분을 보수하여도 재사용이 불가능한 것
  2. 반소 : 건물의 30% 이상 70% 미만이 소실된 것
  3. 부분소 : 제1호, 제2호에 해당하지 아니하는 것
② 자동차·철도차량, 선박·항공기 등의 소실정도는 ①의 규정을 준용한다.

10 다음에서 설명하는 특성에 해당하는 주수 방법으로 옳은 것은?

- 수손 피해가 적고, 소화 시간이 짧다.
- 입자가 적어서 기류의 영향을 받기 쉬우며 증발이 활발하다.
- 벽, 바닥 등의 일부를 파괴하여 소화하는 경우에 유효하다.

① 반사주수
② 고속분무주수
③ 저속분무주수
④ 중속분무주수

해설

저속분무주수
1. 주수 요령
   - 간접공격법에 가장 적합한 주수방법이다.
   - 주수위치는 개구부의 정면을 피하고, 분출하는 증기에 견딜 수 있도록 방호한다.
   - 연소가 활발한 구역에서는 공간내의 고열이 있는 상층부를 향해 주수한다.
   - 분출하는 연기가 흑색에서 백색으로 변하고 분출속도가 약해진 때에는 일시 정지하여 내부의 상황을 확인하면서 잔화를 소화한다.
2. 주수 특성
   - 입자가 적어서 기류의 영향을 받기 쉬우며 증발이 활발하다.
   - 수손피해가 적고, 소화시간이 짧다.
   - 벽, 바닥 등의 일부를 파괴하여 소화하는 경우에 유효하다.
3. 안전 관리
   - 소구획 화점실은 증기의 분출이 강렬하므로 주수위치의 선정은 신중히 행한다.
   - 주수목표 측의 개구부 면적을 적게 하고, 외벽면의 개구부를 크게 하면 배연, 배열효과가 크고 대원의 피로를 적게 할 수 있다.

11 '재난현장 표준작전절차' SOP308 친환경 차량 사고대응 절차에서 전기(동력)자동차 사고 대응 절차의 순서로 옳은 것은?

① 사고인지 → 고정 → 식별 → 불능 → 구조
② 사고인지 → 구조 → 불능 → 식별 → 고정
③ 사고인지 → 식별 → 불능 → 고정 → 구조
④ 사고인지 → 식별 → 고정 → 불능 → 구조

해설

전기(동력)자동차 사고대응 절차(IIDR)
식별(Identify), 고정(Immobilize), 불능(Disable), 구조(Rescue)

12 「재난 및 안전관리 기본법」상 용어에 대한 설명으로 옳지 않은 것은?

① '재난관리'란 재난의 예방·대비·대응 및 복구를 위하여 하는 모든 활동을 말한다.
② '긴급구조기관'이란 긴급구조에 필요한 인력·시설 및 장비, 운영체계 등 긴급구조능력을 보유한 기관이나 단체로서 대통령령으로 정하는 기관과 단체를 말한다.
③ '재난관리주관기관'이란 재난이나 그 밖의 각종 사고에 대하여 그 유형별로 예방·대비·대응 및 복구 등의 업무를 주관하여 수행하도록 대통령령으로 정하는 관계 중앙행정기관을 말한다.
④ '사회재난'이란 화재·붕괴·폭발·교통사고(항공사고 및 해상사고를 포함한다)·화생방사고·환경오염사고·다중운집인파사고 등으로 인하여 발생하는 대통령령으로 정하는 규모 이상의 피해와 국가핵심기반의 마비,「감염병의 예방 및 관리에 관한 법률」에 따른 감염병 또는 「가축전염병예방법」에 따른 가축전염병의 확산,「미세먼지 저감 및 관리에 관한 특별법」에 따른 미세먼지,「우주개발 진흥법」에 따른 인공우주물체의 추락·충돌 등으로 인한 피해를 말한다.

[해설]
긴급구조기관이란 소방청·소방본부 및 소방서를 말한다. 다만, 해양에서 발생한 재난의 경우에는 해양경찰청·지방해양경찰청 및 해양경찰서를 말한다.

13 일반적인 로프의 수명에 관한 설명으로 옳은 것만을 있는 대로 모두 고른 것은?

> (가) 스포츠 클라이밍 로프 : 6개월
> (나) 매일 사용하는 로프 : 1년
> (다) 매주 사용하는 로프 : 3년
> (라) 가끔 사용하는 로프 : 4년

① (가)
② (가), (나)
③ (가), (나), (다)
④ (가), (나), (라)

[해설]
매주 사용하는 로프 : 2년

정답 12 ② 13 ④

14 소방 현장에서 용도에 따라 로프 매듭(knot)을 분류한 것으로 옳은 것은?

	마디짓기(결절)	이어매기(연결)	움켜매기(결착)
①	나비매듭	줄사다리 매듭	감아매기
②	고정 매듭	바른 매듭	잡아매기
③	한겹 매듭	피셔맨 매듭	절반 매듭
④	8자 매듭	8자 연결 매듭	이중 8자 매듭

해설

소방현장에서는 용도에 따라 크게 다음과 같이 3가지 형태로 매듭을 분류한다.
- 마디짓기(結節) : 로프의 끝이나 중간에 마디나 매듭·고리를 만드는 방법
- 이어매기(連結) : 한 로프를 다른 로프와 서로 연결하는 방법
- 움켜매기(結着) : 로프를 지지물 또는 특정 물건에 묶는 방법

15 위험 물질의 표지와 식별 방법에 대한 설명으로 옳지 않은 것은?

① 미국방화협회(NFPA) 704 표시법에 따라 마름모형 도표에서 왼쪽은 청색으로 인체 유해성을, 위쪽은 적색으로 화재 위험성을, 오른쪽은 백색으로 반응성을 나타낸다.
② 미국 교통국(DOT) 수송표지는 위험 물질을 운송할 때 부착하도록 하는 표지(Placard)이다. 도로, 철도, 해운, 항공 등 수송수단을 막론하고 위험 물질에 이 표지를 붙이도록 하고 있다.
③ 화학물질 세계조화시스템(GHS)의 국내 도입에 따라 유해성 표지 방법을 우리나라는 7개의 그림을 사용해왔으나 GHS 하에서는 9개 그림으로 분류 표시한다.
④ 미국방화협회(NFPA) 표시법은 화학약품의 유해성을 확인하고자 하는 목적이 아니라 소방대의 비상작업에 필요한 전술상의 안전조치 수립에 필요한 지침의 역할과 함께 이 물질에 노출된 사람의 생명보호를 위한 즉각적인 정보를 현장에서 제공해 준다.

해설

마름모형 도표에서 왼쪽은 청색으로 인체유해성을, 위쪽은 적색으로 화재위험성을, 오른쪽은 황색으로 반응성을 나타낸다. 특히 하단부는 주로 물과의 반응을 표시하기 위해 사용되는데 "₩"는 물의 사용이 위험하다는 것을 나타내고 산화성 화학물질은 O ×로 표시하기도 한다.

16 줄을 이용한 수중 탐색의 설명으로 옳은 것은?

① U자 탐색은 탐색 구역을 "ㄹ"자 형태를 탐색하는 방법으로 장애물이 없는 평평한 지형에서 비교적 작은 물체를 탐색하는 데 적합하다.
② 등고선 탐색은 해안선이나 일정 간격을 두고 평행선을 따라 이동하며 물체를 찾는 방법으로 물체가 있는 수심과 위치를 비교적 정확하게 알고 있는 경우에 유용하다.
③ 반원 탐색은 비교적 큰 물체를 탐색하는 데 적합한 방법으로 탐색구역의 중앙에서 출발하여 이동거리를 조금씩 증가시키면서 매번 한 쪽 방향으로 90°씩 회전하며 탐색한다.
④ 직선 탐색은 시야가 좋지 않고 탐색 면적이 넓은 지역에 사용되며, 탐색하는 구조대원의 인원수에 따라 광범위하게 탐색할 수 있고 폭넓게 탐색할 수 있으나 대원 상호 간에 팀워크가 중요하다.

해설
①, ② U자 탐색, 등고선 탐색은 줄을 사용하지 않는 탐색 형태이다.
③ 반원 탐색은 조류가 세고 탐색면적이 넓을 때 사용한다. 원형탐색을 응용한 형태로 해안선, 방파제, 부두 등에 의해 원형탐색이 어려울 경우 반원 형태로 탐색한다.
※ 비교적 큰 물체를 탐색하는 데 적합한 방법으로 탐색구역의 중앙에서 출발하여 이동거리를 조금씩 증가시키면서 매번 한 쪽 방향으로 90°씩 회전하며 탐색하는 방법은 소용돌이 탐색이다.

17 콘크리트의 화재 성상의 설명으로 옳지 않은 것은?

① 화재에 따른 콘크리트의 온도가 500℃를 넘으면 냉각 후에도 잔류신장을 나타낸다.
② 콘크리트는 약 300℃에서 강도가 저하되기 시작하는데 힘을 받고 있지 않는 경우에는 강도 저하가 더 심하게 일어나며 응력이 미리 가해진 상태에서는 온도의 영향을 늦게 받는다.
③ 열팽창에 의한 압축 응력이 콘크리트의 압축 강도를 초과할 경우 박리가 일어나며, 박리 속도는 온도 상승속도와 비례하며 콘크리트 중의 수분 함량이 많을수록 박리 발생이 용이하다.
④ 콘크리트가 고온을 받으면 수산화칼슘($Ca(OH)_2$)이 소실되어 이에 따라 철근부동태막(부식을 방지하는 막)이 상실되어 콘크리트가 알칼리화된다.

해설
콘크리트가 고온을 받으면 알칼리성을 지배하고 있는 $Ca(OH)_2$(수산화칼슘)가 소실되며 이에 따라 철근부동태막(부식을 방지하는 막)이 상실되어 콘크리트가 중성화된다.

18 「119구조・구급에 관한 법률」 및 같은 법 시행령상 감염방지대책의 내용으로 옳지 않은 것은?

① 119감염관리실의 규격・성능 및 119감염관리실에 설치하여야 하는 장비 등 세부 기준은 시・도지사가 정한다.

② 소방청장 등은 구조・구급대원의 감염 방지를 위하여 구조・구급대원이 소독할 수 있도록 소방서별로 119감염관리실을 1개소 이상 설치하여야 한다.

③ 구조・구급대원은 근무 중 위험물・유독물 및 방사성물질에 노출되거나 감염성 질병에 걸린 요구조자 또는 응급환자와 접촉한 경우에는 그 사실을 안 때부터 48시간 이내에 소방청장 등에게 보고하여야 한다.

④ 소방청장 등은 유해물질 등에 노출되거나 감염성 질병에 걸린 요구조자 또는 응급환자와 접촉한 구조・구급 대원이 적절한 진료를 받을 수 있도록 조치하고, 접촉일부터 15일 동안 구조・구급대원의 감염성 질병 발병여부를 추적・관리하여야 한다. 이 경우 잠복기가 긴 질환에 대해서는 잠복기를 고려하여 추적・관리 기간을 연장할 수 있다.

[해설]
119감염관리실의 규격・성능 및 119감염관리실에 설치하여야 하는 장비 등 세부 기준은 소방청장이 정한다.

19 다음 제시된 환자 평가 도구 및 환자 상태를 보고 (가)~(아)에서 산정한 평가 점수를 모두 합산한 것으로 옳은 것은?

환자 평가 도구	환자 상태
의식수준 평가 (GCS)	(가) 눈뜨기 : 통증 자극에 눈뜸 (나) 운동 반응 : 통증 자극에 뿌리치는 행동 (다) 언어 반응 : 언어 지시에 이해할 수 없는 웅얼거림
아프가 점수 (APGAR score)	(라) 피부색(일반적 외형) : 몸 전체 (손과 발 포함) 핑크색 (마) 심장 박동 수 : 99회/분 (바) 반사흥분도(찡그림) : 자극시 최소의 반응(얼굴을 찡그림) (사) 근육의 강도(움직임) : 흐늘거림/부진함(근육의 긴장력 없음) (아) 호흡(숨 쉬는 노력) : 우렁참(울음)

① 12　　　　② 13
③ 14　　　　④ 15

[해설]
GCS 의식상태
(가) 눈뜨기 : 통증 자극에 눈뜸 2점
(나) 운동 반응 : 통증 자극에 뿌리치는 행동 4점
(다) 언어 반응 : 언어 지시에 이해할 수 없는 웅얼거림 2점

아프가 점수(출생 후 1분, 5분 후 재평가 실시)
(라) 피부색(일반적 외형) : 몸 전체(손과 발 포함) 핑크색 2점
(마) 심장 박동 수 : 99회/분 1점
(바) 반사흥분도(찡그림) : 자극 시 최소의 반응(얼굴을 찡그림) 1점
(사) 근육의 강도(움직임) : 흐늘거림/ 부진함(근육의 긴장력 없음) 0점
(아) 호흡(숨 쉬는 노력) : 우렁참(울음) 2점
※ 2점 + 4점 + 2점 + 2점 + 1점 + 1점 + 2점 = 14점

20 다음의 환자 상태를 참고하여 응급 환자 분류표(중증도 분류표)에서의 분류 기준에 해당하는 색으로 옳은 것은?

> 중증의 화상, 척추손상, 다발성 주요골절

① 흑 색　　　　　　　　　② 적 색
③ 황 색　　　　　　　　　④ 녹 색

해설

응급환자(황색)의 내용이다.
※ 25년 공통교재 개정으로 중증도 분류표 뒷면 삭제

21 구급 일지 내 시간을 기록한 내용을 통해 소요된 구급반응 시간(Response Time)으로 옳은 것은?

```
신고 일시 : 2024. 10. 25. 15:55
출동 시각 : 2024. 10. 25. 15:56
현장 도착 : 2024. 10. 25. 16:12
환자 접촉 : 2024. 10. 25. 16:12
현장 출발 : 2024. 10. 25. 16:20
병원 도착 : 2024. 10. 25. 16:50
귀소 시각 : 2024. 10. 25. 17:22
```

① 1분　　　　　　　　　② 16분
③ 17분　　　　　　　　　④ 25분

해설

응급처치의 시간척도

응급환자의 발생 신고로부터 전문 치료팀이 출동을 시작할 때까지 소요되는 시간을 출동시간(Mobilization Time)이라고 하며, 전문 치료팀과 장비가 대기 장소에서 출발하여 환자가 있는 장소까지 도착하는데 소요된 시간을 반응시간(Response Time), 현장에서 환자를 이동시킬 수 있도록 안정시키는데 소요되는 시간을 현장 처치 시간(Stabilization Time)이라고 정의한다.

22 영아(Infant)가 뜨거운 물에 다음과 같은 화상을 입었다는 신고가 접수되어 구급대가 출동하였다. 9의 법칙과 손바닥 방법을 활용하여 산정한 화상 범위의 총합으로 옳은 것은?

- 얼굴(머리 포함) 전체 2도 화상
- 우측 팔 전체 3도 화상
- 우측 다리 전체 3도 화상
- 가슴에 환자 손바닥 크기의 2도 화상

① 40.5%
② 41.5%
③ 45.5%
④ 46.0%

해설
머리 18% + 팔 9% + 다리 13.5% + 가슴 손바닥 크기 1% = 41.5%

23 인체의 조직별 주요 기능에 관한 설명으로 옳지 않은 것은?

① 심장의 왼심방은 허파로부터 그 혈액을 받아들이고 왼심실은 고압으로 동맥을 통해 피를 뿜어낸다.
② 근골격의 3가지 주요 기능으로는 인체 외형을 형성하고, 내부 장기를 보호하며, 인체 움직임을 제공한다.
③ 배내 기관이 소화작용만 하는 것으로 알고 있지만 혈당을 조절하기 위한 인슐린 분비, 혈액 여과 작용, 면역 반응 보조 역할(간), 독소제거(지라) 등 보다 더 많은 역할을 하고 있다.
④ 피부는 인체를 둘러싼 커다란 조직으로 인체를 보호하고 감염을 방지하는 보호벽 기능, 인체 내부 수분과 기타 체액을 유지하는 기능, 체온 조절 기능, 외부 충격으로부터 내부 장기를 보호하는 기능을 갖고 있다.

해설
배내 기관이 소화작용만 하는 것으로 알고 있지만 혈당을 조절하기 위한 인슐린 분비(이자의 랑게르한스섬), 혈액 여과 작용, 면역 반응보조역할(지라), 독소제거(간) 등보다 더 많은 역할을 하고 있다.

24 다음 (가)와 (나)에서 헬멧을 제거하지 말아야 하는 경우와 제거해야 하는 경우 중 옳은 것만을 있는 대로 모두 고른 것은?

> (가) 헬멧을 제거하지 말아야 하는 경우
>   ㉠ 헬멧이 기도와 호흡을 평가하고 관찰하는데 방해가 될 때
>   ㉡ 헬멧이 환자의 기도를 유지하고 인공호흡을 방해할 때
>   ㉢ 헬멧 제거가 환자에게 더한 위험을 초래할 때
>   ㉣ 헬멧을 착용한 상태가 오히려 적절하게 고정되어질 수 있을 때
> (나) 헬멧을 제거해야 하는 경우
>   ㉤ 헬멧을 쓴 상태가 긴척추고정판에 환자를 고정시켰을 때 머리의 움직임이 없을 때
>   ㉥ 헬멧 형태가 척추고정을 방해할 때
>   ㉦ 고정시키기에는 헬멧 안에서의 공간이 넓어 머리가 움직일 때
>   ㉧ 환자가 호흡정지나 심장마비가 있을 때

① ㉠, ㉢, ㉣, ㉧
② ㉢, ㉤, ㉥, ㉦
③ ㉠, ㉡, ㉣, ㉥, ㉦
④ ㉢, ㉣, ㉥, ㉦, ㉧

해설

헬멧 제거

1. 헬멧을 제거하지 말아야 하는 경우
   - 헬멧이 환자를 평가하고 기도나 호흡을 관찰하는데 방해가 되지 않을 때
   - 현재 기도나 호흡에 문제가 없을 때
   - 헬멧 제거가 환자에게 더한 위험을 초래할 때
   - 헬멧을 착용한 상태가 오히려 적절하게 고정되어 질 수 있을 때
   - 헬멧을 쓴 상태가 긴 척추고정판에 환자를 고정시켰을 때 머리의 움직임이 없을 때
2. 헬멧을 제거해야 하는 경우
   - 헬멧이 기도와 호흡을 평가하고 관찰하는데 방해가 될 때
   - 헬멧이 환자의 기도를 유지하고 인공호흡을 방해할 때
   - 헬멧 형태가 척추고정을 방해할 때
     - 예를 들면, 소방관 헬멧의 경우 넓은 가장자리 때문에 머리와 목을 고정시키기에는 부적절하다.
   - 고정시키기엔 헬멧 안에서의 공간이 넓어 머리가 움직일 때
   - 환자가 호흡정지나 심장마비가 있을 때

25 다음 중증외상환자 응급처치 세부상황표상의 외상환자 중증도 평가기준의 일부 내용 중 ㉠~㉤에 들어갈 숫자의 총합으로 옳은 것은?

중증외상환자 응급처치 세부상황표

3단계. 손상기전

[ ] 추락 (성인 (㉠) m 이상 / 소아 (㉡) m 이상)
[ ] 고위험 교통사고
　■ 차량전복 / 차체 내부 (㉢) cm 이상 안으로 밀림 / (㉣) cm 이상 차체 찌그러짐

[ ] 그 외 구급대원 판단

[ ] 다음에 해당
　임신 (㉤)주 이상

---

① 102
② 104
③ 106
④ 108

해설

중증외상환자 응급처치 세부상황표

3단계. 손상기전
[ ] 추락 (성인 6m 이상/ 소아 3m 이상) [ ] 고위험 교통사고 　■ 차량전복/차체 내부 30cm 이상 안으로 밀림/45cm 이상 차체 찌그러짐 　■ 자동차에서 튕겨져 나감 　■ 동승자의 사망 [ ] 자동차 대 보행자/자전거 사고 　■ 충돌 후 나가떨어짐/치임/30km/h 이상 [ ] 30km/h 이상 속도의 오토바이 사고
[ ] 그 외 구급대원 판단
[ ] 다음에 해당 (55세 이상, 10세 이하, 두부 외상 환자에서 항응고 치료/출혈성 질환에 해당, 화상과 외상이 동반, 임신 20주 이상

※ 6 + 3 + 30 + 45 + 20 = 104

16 소방장 기출문제

2024

▶ 소방전술 승진시험 문제는 대학교수 및 소방공무원이 출제를 합니다. 공통교재에서 지문을 만들기 때문에 단어만 바꾸는 문제도 많이 출제됩니다. 전술 과목은 학교 공통교재를 기본으로 공부하시기 바랍니다.

01 화재의 개념과 분류에 관한 설명으로 옳지 않은 것은?
① 화재는 소실정도에 따라 전소, 반소, 부분소 화재로 분류되고 있다.
② 화재원인에 따른 분류 중 자연발화는 산화, 약품혼합, 마찰, 부주의 등에 의해서 발화한 것을 말한다.
③ 화재가 발생한 유형에 따라 건축·구조물 화재, 자동차·철도차량 화재, 위험물·가스제조소 등 화재, 선박·항공기 화재, 임야화재, 기타화재로 분류되고 있다.
④ 화재란 사람의 의도에 반하거나 고의 또는 과실에 의하여 발생하는 연소현상으로 소화할 필요가 있는 현상 또는 사람의 의도에 반하여 발생하거나 확대된 화학적 폭발현상을 말한다.

해설
- 실화 : 취급부주의나 사용·보관 등의 잘못으로 발생한 과실적(過失的) 화재를 말하며 중과실과 단순 실화인 경과실이 있다.
- 자연발화 : 산화, 약품혼합, 마찰 등에 의해서 발화한 것과 스파크 또는 화염이 없는 상태에서 열기에 의해 발화된 연소를 말한다.

정답 01 ②

02 화재 진행단계에서 발생하는 상황에 대한 설명이다. ㉠~㉢에 들어갈 내용으로 옳은 것은?

> (㉠) : 복도와 같은 통로공간에서 벽, 바닥 표면의 가연물에 화염이 급속하게 확산하는 현상을 묘사하는 용어이다.
> (㉡) : 화점 주위에서 화재가 서서히 진행하다가 어느 정도 시간이 경과함에 따라 대류와 복사현상에 의해 일정 공간 안에 있는 가연물이 발화점까지 가열되어 일순간에 걸쳐 동시 발화되는 현상을 말한다.
> (㉢) : 연소과정에서 발생된 가연성가스가 공기 중 산소와 혼합되어 천장부분에 집적된 상태에서 발화온도에 도달하여 발화함으로써 화염의 끝부분이 빠르게 확대되어 가는 현상을 말한다.

	㉠	㉡	㉢
①	플래임오버	롤오버	플래시오버
②	백드래프트	롤오버	플래임오버
③	플래임오버	플래시오버	롤오버
④	백드래프트	플래임오버	롤오버

해설

그 외 화재의 특수현상
- 백드래프트(Backdraft)
  밀폐된 건축물 내에서 화재가 진행될 때 연소과정은 산소공급이 부족한 상태에서 서서히 훈소된다. 이때 불완전 연소된 가연성가스와 열이 집적된 상태에서 어떤 원인으로 신선한 공기(산소)가 공급될 때 순간적으로 폭발적으로 발화하는 현상
- 연기의 흐름(Flow Path)
  양압상태의 화점실에서 형성된 열, 연기가 압력이 적은 개방된 문이나 창문으로 이동하는 현상으로 건물 건축 구조에 따라 각각 다른 연기 흐름 경로가 발생될 수 있다.
- 가스(기체)의 열 균형
  가스의 열 균형은 가스가 온도에 따라 층을 형성하는 경향을 말한다. 즉 가장 온도가 높은 가스는 최상층에 모이는 경향이 있고, 반면 낮은 층에는 보다 차가운 가스가 모이게 된다. 공기, 가스 및 미립자의 가열된 혼합체인 연기는 상승한다.

03 재해(사고) 발생과 관련한 사항으로 옳지 않은 것은?

① 하인리히(H. W. Heinrich)의 이론에서 재해는 상해로 귀착되는 5개 요인의 연쇄작용의 결과로 초래된다.
② 프랭크 버드(Frank Bird)의 이론에서는 직접적인 원인을 제거하면 재해는 일어나지 않는다고 주장하였다.
③ 재해의 기본원인으로써 4개의 M은 Man(인간), Machine(기계), Media(매체), Management(관리)이다.
④ 사고 예방대책의 기본원리 5단계는 조직체계 확립 → 현황파악 → 원인규명 → 대책 선정 → 목표달성이다.

02 ③ 03 ②

> **해설**
>
> 재해의 직접원인을 해결하는 것보다는 오히려 그 근원이 되는 기본원인을 찾아내어 가장 유효한 제어를 달성하는 것이 중요하다.

04 공기포 소화약제에 관한 설명이다. ㉠~㉢에 들어갈 내용으로 옳은 것은?

> (㉠) : 유동성은 좋은 반면 내열성, 유면 봉쇄성이 좋지 않기 때문에 다량의 유류화재, 특히 가연성 액체 위험물의 저장탱크 등의 고정소화설비에는 그다지 효과적이지 못하다.
> (㉡) : 수성막포와 함께 표면하 포주입방식(subsurface injection system)에 적합한 포 소화약제로 알려져 있다.
> (㉢) : 장기 보존성은 원액이든 수용액이든 타 포원액 보다 우수하고, 약제의 색깔은 갈색이며 독성은 없다.

	㉠	㉡	㉢
①	단백포	합성계면활성제포	수성막포
②	수성막포	불화단백포	합성계면활성제포
③	합성계면활성제포	알콜형포	단백포
④	합성계면활성제포	불화단백포	수성막포

> **해설**
>
> **그 외 공기포 소화약제**
> - **단백포 소화약제**
>   동물성 단백질인 동물의 피, 뿔, 발톱을 알칼리(수산화나트륨, 수산화칼슘)로 가수 분해시키면 최종적으로 아미노산이 된다. 이 과정의 중간 정도 상태에서 분해를 중지시킨 것이 이 소화약제의 주성분으로 흑갈색의 특이한 냄새가 나는 끈끈한 액체이다. 여기에 내화성을 높이기 위하여 금속염인 염화철 등을 가한 것이 이 약제의 원액이다.
> - **알코올형(수용성액체용)포 소화약제**
>   - 물과 친화력이 있는 알코올과 같은 수용성액체(극성 액체)의 화재에 보통의 포 소화약제를 사용하면 수용성액체가 포 속의 물을 탈취하여 포가 파괴되기 때문에 소화 효과를 잃게 된다. 이와 같은 현상은 액체의 온도가 높아지면 더욱 뚜렷이 나타난다.
>   - 알코올형포 소화약제는 이와 같은 단점을 보완한 약제로 여러 가지의 형이 있으나 초기에는 단백질의 가수분해물에 금속비누를 계면활성제로 사용하여 유화·분산시킨 것을 사용하였다. 이것은 물에 녹지 않기 때문에 여기에 물을 혼합하여 사용한다. 일명 수용성액체용 포 소화약제라고도 하며 알코올, 에테르, 케톤, 에스테르, 알데히드, 카르복실산, 아민 등과 같은 가연성인 수용성액체의 화재에 유효하다.

정답 04 ④

05 화재대응매뉴얼의 종류에 관한 설명이다. ㉠~㉢에 들어갈 내용으로 옳은 것은?

> (㉠) : 화재특성에 따른 대응 시 유의사항 등으로 이루어진 매뉴얼로, 대상별 매뉴얼 작성과 화재진압 대원의 전문성 향상을 목적으로 작성되었다.
> (㉡) : 기관별 또는 부서별로 작성되는 것으로 화저대응분야별 현장조치 및 처리세부절차로 규정하고 있다.
> (㉢) : 대부분의 화재대응에 공통적으로 적용하기 위해 작성되는 것으로, 필수적인 처리절차와 임무, 기관별 처리사항을 규정한다.

	㉠	㉡	㉢
①	표준매뉴얼	실무매뉴얼	특수화재 대응매뉴얼
②	실무매뉴얼	대상별 대응매뉴얼	표준매뉴얼
③	특수화재 대응매뉴얼	실무매뉴얼	표준매뉴얼
④	특수화재 대응매뉴얼	표준매뉴얼	대상별 대응매뉴얼

해설

그 외 화재대응매뉴얼
- 대상별 대응매뉴얼
  화재진압 활동은 신속·정확하고, 효과적으로 수행되어야 한다. 이를 위하여 소방대의 현장 행동을 통제하고 피해 경감과 대원 안전 확보를 위해 주요대상별 화재대응 매뉴얼 필요성이 제기되었는데, 사회발전과 첨단복합건물 등장으로 그 중요성이 커지고 있어 점차 작성대상이 확대되고 있다.

06 다음 소방 안전관리의 특성에 대한 설명으로 옳은 것은?

> 수관연장 시 수관을 화재 건물과 가까이 두고 연장하지 않도록 하는 것은 화재건물의 낙하물체나 고열의 복사열에 의한 수관손상을 방지하여 결과적으로 진압활동이나 인명구조 시 엄호주수가 완전히 이루어질 수 있도록 하기 위한 것이다.

① 일체성·적극성
② 특이성·양면성
③ 계속성·반복성
④ 위험성·불안정성

해설

소방 안전관리의 특성
- 특이성·양면성
  소방 조직의 재난현장 활동은 임무 수행과 동시에 대원의 안전을 확보하여야 하는 양면성이 요구된다.
  예측 불가한 현장상황은 위험성을 수반한 현장 임무수행이 전저로 될 때 안전관리의 개념이 성립되는 것이다. 이와 같이 재난현장의 위험성을 용인하는 가운데 임무수행과 안전 확보를 양립시키는 특이성·양면성이 있다.
- 계속성·반복성
  안전관리는 끝없이 계속·반복적으로 실시되어야 한다. 재해현장의 안전관리는 출동에서부터 복귀하여 다음 출동을 위한 점검·정비까지 계속된다. 그러므로 평소 지속적인 교육훈련의 반복과 장비 점검 및 정비를 철저히 실시함이 안전관리의 중요한 요소가 된다.

07 폭발에 관한 설명으로 옳지 않은 것은?

① 가연성 고체의 미분상태가 200mesh(76㎛) 이하는 분진폭발이 일어나는 하나의 조건이다.
② 기상폭발에는 가스폭발(혼합가스폭발), 가스의 분해폭발, 분무폭발 및 분진폭발이 있다.
③ 화학적 폭발에는 연소폭발, 분해폭발, 과열액체의 급격한 비등에 의한 증기폭발, 중합폭발 등이 있다.
④ 연소폭발은 비정상연소에서 해당하며 가연성 가스, 증기, 분진, 미스트 등이 공기와의 혼합물, 산화성, 환원성 고체 및 액체혼합물 혹은 화합물의 반응에 의하여 발생된다.

해설
③ 화학적 폭발에는 연소폭발, 분해폭발, 중합폭발, 촉매폭발이 있다.
- 진공용기의 압괴, 과열액체의 급격한 비등에 의한 증기폭발, 용기의 과압과 과충진 등에 의한 용기파열 등은 물리적인 폭발에 해당한다.

08 「화재조사 및 보고규정」상 건물의 동수 산정에 대한 설명으로 옳지 않은 것은?

① 주요구조부가 하나로 연결되어 있는 것은 1동으로 한다. 다만 건널 복도 등으로 2 이상의 동에 연결되어 있는 것은 그 부분을 절반으로 분리하여 각 동으로 본다.
② 건물의 외벽을 이용하여 실을 만들어 헛간, 목욕탕, 작업실, 사무실 및 기타 건물 용도로 사용하고 있는 것은 주건물과 다른 동으로 본다.
③ 내화조 건물의 옥상에 목조 또는 방화구조 건물이 별도 설치되어 있는 경우는 다른 동으로 한다. 다만, 이들 건물의 기능상 하나인 경우(옥내 계단이 있는 경우)는 같은 동으로 한다.
④ 내화조 건물의 외벽을 이용하여 목조 또는 방화구조 건물이 별도 설치되어 있고 건물 내부와 구획되어 있는 경우 다른 동으로 한다. 다만, 주된 건물에 부착된 건물이 옥내로 출입구가 연결되어 있는 경우와 기계설비 등이 쌍방에 연결되어 있는 경우 등 건물 기능상 하나인 경우는 같은 동으로 한다.

해설
건물의 외벽을 이용하여 실을 만들어 헛간, 목욕탕, 작업실, 사무실 및 기타 건물 용도로 사용하고 있는 것은 주건물과 같은 동으로 본다.

09 분무주수 중 간접공격법(로이드-레만 전법)에 관한 설명으로 옳지 않은 것은?

① 저속분무주수는 간접공격법에 가장 적합한 주수방법이다.
② 주수 시 개구부는 가능한 한 작게 하는 것이 위험성을 감소시킨다.
③ 옥내의 연소가 완만하여 열기가 적은 연기의 경우에 간접공격의 전법을 이용하는 것이 효과가 크다.
④ 연기와 열을 제거하기 위해 물의 흡열작용에 의한 냉각과 환기에 의한 옥내 고온 기체 및 연기의 배출을 보다 유효하게 하기 위한 안개 모양의 방수를 간접공격법이라 한다.

> **해설**
> 옥내의 연소가 완만하여 열기가 적은 연기의 경우는 간접공격의 전법을 이용하는 것이 효과는 적으므로 유의한다.

10 공동구 및 터널 화재에 관한 설명으로 옳지 않은 것은?

① 공동구 화재 시 부서는 맨홀 등에서 분출하는 연기에 시계가 불량하기 때문에 원칙적으로 풍상·풍횡측에서 진입한다.
② 공동구 화재 소화활동 시 진입태세가 준비되면 장시간 사용 가능한 공기호흡기를 착용하고, 급기측에서 진입함과 동시에 배기측에 경계관창을 배치한다.
③ 길이가 긴 터널에서 교통사고 등으로 차량 화재가 발생하여 도로가 막히면 진행하던 차량이 긴급 대피하지 못하여 다수의 인명피해가 발생할 위험이 있다.
④ 철도 터널의 화재특성상 지상풍의 영향으로 구내의 기류가 한 방향으로 흐르기 때문에 풍상측에서 진입한 소방대는 농연으로 인하여 활동이 곤란할 수 있다.

> **해설**
> 지상풍의 영향으로 구내의 기류가 한 방향으로 흐르기 때문에 풍하측에서 진입한 소방대는 농연 때문에 활동이 곤란하다.

11 고층건물 화재 진압 전략에 관한 설명으로 옳지 않은 것은?

① 외부 공격(Outside attack)은 심각한 화재 상황이 진행 중이며 화재가 통제될 수 없다는 판단이 내려질 때 적용하는 전략이다.
② 방어적 공격(Defensive attack)은 고층건물 화재 시 스프링클러에 의한 진압이 실패하고 정면 공격과 측면 공격 모두 실패했다면 제3의 선택 전략으로 취하는 것이다.
③ 측면 공격(Flanking attack)은 고층건물 화재에서 두 번째로 가장 흔한 전략으로 정면 공격이 실패한 경우 적용할 수 있는 유용한 공격 전략이라는 것이 종종 입증되고 있다.
④ 정면 공격(Frontal attack)은 고층건물 화재에서 흔하고 성공적으로 사용되는 전략이며, 소방대원들이 화점층 진입 통로를 따라 호스를 전개하여 직접적으로 진압하는 공격적 전략에 해당한다.

정답 09 ③ 10 ④ 11 ①

해설
① 심각한 화재상황이 진행 중이며 화재가 통제될 수 없다는 판단이 내려질 때 적용하는 전략은 공격유보이다.
• 외부공격 : 화점 층이 사다리차 전개 높이 아래이거나, 내부 정면공격과 측면공격이 실패한 경우 시도하는 전략

12 수중 구조 기술에서 잠수 장비에 대한 내용으로 옳은 것은?

① 중량벨트의 알맞은 선택 방법은 모든 장비를 착용한 상태에서 턱 아래 부위에 수면이 위치하도록 하는 것이다.
② 호흡기는 처음 단계에서 탱크의 압력을 9~11bar(125~150psi)까지 감소시키고, 이 중간 압력은 두 번째 단계를 거쳐 주위의 압력과 같아지게 된다.
③ 잠수복은 보편적으로 수온이 24℃ 이하에서는 건식 잠수복을 착용하고, 수온이 13℃ 이하로 낮아지면 발포고무로 만든 습식잠수복을 착용하도록 권장한다.
④ 압력계는 공기통에 남은 공기의 압력을 측정한다고 하여 잔압계라고도 하며, 이것은 자동차의 연료 계기와 마찬가지로 공기통에 공기가 얼마나 있는가를 나타내주는 호흡기 1단계와 저압호스로 연결하여 사용한다.

해설
잠수장비의 구성 및 관리
① 본인에게 알맞은 중량벨트의 선택방법은 모든 장비를 착용한 상태에서 눈높이에 수면이 위치하도록 하는 것이다.
③ 잠수복은 신체와 잠수복 사이에 물이 들어오는 습식(wet suit)과 물을 완전히 차단하여 열의 손실을 막아주는 건식(dry suit)이 있다. 보편적으로 수온이 24℃ 이하에서는 발포고무로 만든 습식잠수복을 착용하고 수온이 13℃ 이하로 낮아지면 건식잠수복을 착용하도록 권장한다.
④ 압력계는 잠수활동에 있어서 필수적인 장비이다. 이것은 공기통에 남은 공기의 압력을 측정한다고 하여 잔압계라고도 한다. 이것은 자동차의 연료계기와 마찬가지로 공기통에 공기가 얼마나 있는가를 나타내주는 호흡기 1단계와 고압호스로 연결하여 사용한다.

13 일반적인 교통사고 발생 시 구조차량의 주차 위치 및 유도 표지 설치 범위로 옳은 것은? (단, 도로의 제한속도는 70km/h이다)

	주차 위치	유도 표지 설치 범위
①	사고 지점의 전방 15m 정도	주차 위치의 전방 70m 이상
②	사고 지점의 전방 20m 정도	주차 위치의 전방 60m 이상
③	사고 지점의 후방 20m 정도	주차 위치의 후방 60m 이상
④	사고 지점의 후방 15m 정도	주차 위치의 후방 70m 이상

해설
유도표지의 설치 범위는 도로의 제한속도와 비례한다. 즉 시속 80km인 도로에서 사고가 발생한 경우 사고지점의 후방 15m 정도에 구조차량이 주차하고 후방으로 80m 이상 유도표지를 설치한다. 곡선도로인 경우 구조차량은 최소한 곡선 구간이 시작되는 지점에는 주차하여야 한다.

정답 12 ② 13 ④

14 다음은 유해 물질 사고 시 누출된 물질을 처리하는 방법이다. 처리 방법을 화학적 방법과 물리적 방법으로 구분한 것으로 옳은 것은?

> (가) 고체, 특히 분말형태의 물질은 비닐이나 천 등으로 덮어서 확산을 방지한다.
> (나) 유화제를 사용하여 오염 물질의 친수성을 높이는 방법으로 주로 기름이 누출되었을 경우에 사용하며, 특히 원유 등의 대량 누출 시에 적용한다.
> (다) 실내의 오염 농도를 낮추기 위해 창문을 열고 환기를 시키거나 고압 송풍기를 이용하여 오염 물질을 분산시키는 방법이다.
> (라) 오염 물질을 약품이나 흡착제로 흡착, 응고시켜 처리할 수 있으며, 오염 물질의 종류와 사용된 약품에 따라 효과가 달라진다.

	화학적 방법	물리적 방법
①	(가), (나)	(다), (라)
②	(가), (라)	(나), (다)
③	(나), (다)	(가), (라)
④	(나), (라)	(가), (다)

해설

(가) 덮기, (나) 유화처리, (다) 증기확산, (라) 응고
- 화학적 방법 : 흡수, 유화처리, 중화, 응고, 소독(암기 : 수유 중 응소)
- 물리적 방법 : 흡착, 덮기, 희석, 폐기, 밀폐·격납, 세척·제거, 흡입, 증기확산

15 유압 전개기 사용 시 주요 문제점 및 해결 방안에 대한 설명으로 옳지 않은 것은?

① 커플링이 잘 연결되지 않을 때 안전스크류를 조인다.
② 컨트롤 밸브 사이에서 오일이 샐 때 커플링의 풀림 여부를 확인한다.
③ 전개기가 압력을 유지하지 못할 때 핸들의 밸브가 잠겨 있는지 확인한다.
④ 컨트롤 밸브를 조작하여도 전개기가 작동하지 않을 때 유압 오일을 확인하고 양이 부족하면 보충한다.

해설

안전스크류를 조이는 것은 컨트롤 밸브 사이에서 오일이 샐 때의 조치방법이고 커플링이 잘 연결되지 않을 때의 조치방법은 다음과 같다.
1. Lock ling을 풀고 다시 시도한다.
2. 유압호스에 압력이 존재하는지 점검한다.

16 화재현장에서 건물 내부 검색 시 1차 검색(Primary Search)에 관한 내용으로 옳지 않은 것은?

① 1차 검색은 화재가 진행되는 도중에 검색 작업이 진행되는 것을 말하며, 생명의 위험에 처한 사람을 신속하게 발견하는 것이다.
② 가장 큰 위험에 놓여있는 사람들에게 신속하게 접근하기 위하여 가능한 한 화점 가까운 곳에서 검색을 시작하여 진입한 문 쪽으로 되돌아가면서 하나하나 확인한다.
③ 폐쇄 공간에서 구조대상자 구출 시 정전이나 짙은 연기로 시야가 확보되지 않을 때에는 자세를 낮추고 벽을 따라 진행하며 계단에서는 자세를 낮추고 손으로 확인하며 나아간다.
④ 화장실이나 욕실, 다락방, 지하실, 베란다, 침대 밑이나 장롱 속, 캐비닛 등 의식을 잃은 구조대상자나 아이들이 숨어있을 만한 장소를 빠짐없이 검색하여야 하며, 먼저 방의 중심부를 검색하고 후미진 곳으로 이동한다.

해설
먼저 후미진 곳을 검색하고 방의 중심부로 이동한다.

17 다음에서 기술하고 있는 산악 구조용 장비로 옳은 것은?

해설
그리그리에 관한 내용이다.

18 다음은 콘크리트의 한 현상이다. 이 현상을 증가시키는 원인으로 옳지 않은 것은?

> 콘크리트에 일정한 하중을 주면 더 이상 하중을 증가시키지 않아도 시간의 흐름에 따라 변형이 더욱 진행되는 현상을 말한다.

① 양생이 나쁜 경우 증가한다.
② 재하응력이 클수록 증가한다.
③ 물과 시멘트의 비(W/C)가 낮을수록 증가한다.
④ 재령이 적은 콘크리트에 재하시기가 빠를수록 증가한다.

해설
콘크리트의 클리프(Creep)
콘크리트에 일정한 하중을 주면 더 이상 하중을 증가시키지 않아도 시간의 흐름에 따라 변형이 더욱 진행되는 현상을 말하며 클리프의 증가 원인은 다음과 같다.
- 재령이 적은 콘크리트에 재하시기가 빠를수록
- 물 : 시멘트비(W/C)가 클수록
- 대기습도가 적은 곳에 콘크리트를 건조상태로 노출시킨 경우
- 양생이 나쁜 경우
- 재하응력이 클수록 증가한다.

19 죽음에 대한 정서 반응과 관련한 설명으로 옳지 않은 것은?

① 부정 : 환자의 첫 번째 정서 반응으로 의사의 실수라 믿으며 기적이 일어나길 기다린다.
② 분노 : 말이나 행동을 통해 격렬히 표출될 수 있다. 소방대원은 이런 감정을 이해해 줄 필요는 있으나 신체적인 폭력에 대해서는 단호하게 대처해야 한다.
③ 협상 : 환자는 상황을 현실로 받아들이고 할 수 있는 최선을 다하려고 노력한다. 가족이나 친구의 적극적인 도움이 필요하다.
④ 우울 : 환자는 절망하고 우울감에 빠지게 된다.

해설
③ 수용에 관한 내용이다.
협상 – '그래요. 내가, 하지만...' 과 같은 태도를 나타낸다. 매우 고통스럽고 죽을 수도 있다는 현실은 인정하지만 삶의 연장을 위해 다양한 방법으로 협상하고자 한다.

20 환자 1차 평가에 관한 설명으로 옳지 않은 것은?

① 1차 평가를 통해 치명성 파악과 즉각적인 처치가 제공되어야 한다.
② 일반적인 인상(general impression)은 환자의 주호소, 주변 환경, 손상 기전 그리고 환자의 나이와 성별 등을 근거로 한다.
③ 1차 평가에서 마지막 단계로 우선순위에 따른 처치및 이송을 제공해야 한다.
④ 무호흡 환자에게는 비재호흡마스크를 통해 고농도의 산소를 공급해 준다.

해설
호흡이 없거나 고통스럽거나 산소 공급으로도 호전되지 않는다면 포켓마스크나 BVM으로 양압환기를 제공해 주어야 한다.

21 환자의 호흡은 정상이지만 내·외과적 원인으로 인해 24~44%의 산소를 공급해야 할 때 산소 투여 장비로 옳은 것은?

① 코삽입관
② 산소소생기
③ 포켓마스크
④ 비재호흡마스크

해설
코삽입관
비강용 산소투여 장치로 환자의 거부감을 최소화하며 낮은 산소를 요구하는 환자에게 사용된다. 환자의 코에 삽입하는 2개의 돌출관을 통해 환자에게 산소를 공급하며 유량을 분당 1~6L로 조절하면 산소농도를 24~44%로 유지할 수 있다.

22 심장의 문제로 인해 야기되는 〈보기〉 증상 및 징후를 보이는 질병으로 옳은 것은?

| 보기 |
| • 호흡곤란 • 시끄러운 호흡음 |
| • 빠른 맥 • 축축한 피부 |
| • 청색증 • 분홍색 거품 가래 |

① 천 식
② 허파기종
③ 만성심부전
④ 만성기관지염

해설
만성심부전
심장으로 인해 유발되나 허파에 영향을 미친다. 심부전은 적정량을 뿜어내지 못해 허파순환이 저하되어 허파부종을 일으킨다. 따라서 호흡곤란이 유발되며 시끄러운 호흡음, 빠른맥, 축축한 피부, 창백하거나 청색증, 발목 부종이 나타난다. 심한 경우 핑크색 거품의 가래가 나오기도 한다.

정답 20 ④ 21 ① 22 ③

23 〈보기〉 심전도에 관한 설명으로 옳지 않은 것은?

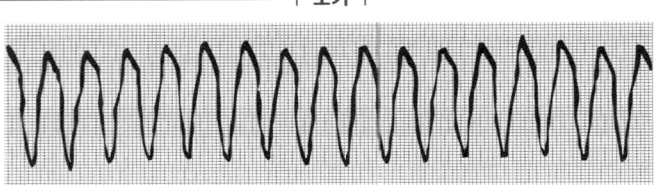

① 심실빈맥이다.
② 심박동은 규칙적이나 매우 빠르다.
③ 심장과 뇌로 충분한 혈액이 공급되고 있다.
④ 맥박이 촉지되지 않은 환자에게는 제세동한다.

해설
심실빈맥(Ventricular tachycardia, V-Tach)
리듬은 규칙적이나 매우 빠른 경우를 말한다. 너무 빨리 수축해서 피가 충분히 심장에 고이지 않아 심장과 뇌로 충분한 혈액을 공급할 수 없다. V-Tach은 심장마비환자의 10%에서 나타나며 심실빈맥 환자의 제세동은 반드시 맥박을 확인한 후 맥박이 촉지되지 않는 환자에게만 실시하여야 한다.

24 종종 담석으로 인해 야기되고, 갑작스런 윗배 또는 우상복부에 심한 통증이 발생하며 지방이 많은 음식물을 섭취할 때 악화하는 질병으로 옳은 것은?

① 췌장염
② 쓸개염
③ 대동맥류
④ 충수돌기염

해설
복통유발 질병 중 담낭염(쓸개염)/담석
쓸개염은 종종 담석으로 인해 유발되며 심한 통증 및 때때로 갑작스런 윗배 또는 우상복부 (RUQ)부위 통증을 호소한다. 또한 이러한 통증은 어깨 또는 등쪽에서도 나타날 수 있다. 통증은 지방이 많은 음식물을 섭취할 때 더 악화될 수 있다.

25 구급대원이 성인 심정지 환자에게 기본심폐소생술 중제세동을 하였을 때, 이 환자에게 변화가 없다면 즉시 취해야 할 조치로 옳은 것은?

① 가슴압박
② 인공호흡
③ 목동맥 촉지
④ 2차 제세동 수고하셨습니다.

> **해설**
>
> 심장 마비 환자 평가
> 심장마비 환자의 AED와 CPR 처치로는 다음과 같다.
> - CPR을 시작한다.
> - 제세동 준비를 한다.
> - AED 전원을 켠다.
> - 패치를 환자의 가슴 적정한 위치에 부착한다.
> - 연결장치(커넥터)를 기계와 연결한다.
> - 기계로부터 "분석중입니다. 물러나세요."라는 음성지시가 나오면 CPR을 중단하고 환자 주위 사람들을 모두 물러나게 한다.
> - 기계가 "제세동이 필요합니다."라는 음성지시가 나오면 에너지가 충전될 때까지 가슴압박을 계속한다.
> - 충전이 완료되면 "모두 물러나세요."라고 말하여 주변 사람들을 물러서게 한 후 제세동 버튼을 누른다.
> - 버튼을 누른 후 즉시 가슴압박을 시작한다.
> - 2분간 5주기의 CPR을 실시한 후 리듬을 재분석한다.
> - 분석 버튼을 눌렀을 때 회복상태를 나타내면 호흡과 맥박을 확인한다.

정답 25 ①

17 | 소방교 기출문제

> ▶ 소방전술 승진시험 문제는 대학교수 및 소방공무원이 출제를 합니다. 공통교재에서 지문을 만들기 때문에 단어만 바꾸는 문제도 많이 출제됩니다. 전술 과목은 학교 공통교재를 기본으로 공부하시기 바랍니다.

01 구획실 화재의 진행단계에 대한 설명 중 옳은 것은?

① 발화기 : 발화의 물리적 현상은 스파크나 불꽃에 의해 유도되거나 점화원 없이 어떤 물질이 자체 열에 의해 인화점에 도달하여 발생한다.
② 성장기 : 벽 근처에 있는 가연물들은 비교적 적은 공기를 흡수하며 상대적으로 낮은 화염온도를 지닌다.
③ 플래시오버(Flashover) : 성장기와 최성기 기간의 과도기적 시기로 발화와 같은 특별한 현상이다.
④ 최성기 : 산소공급이 잘 되지 않으므로 많은 양의 연소하지 않은 가스가 생성된다.

해설
① 발화의 물리적 현상은 스파크나 불꽃에 의해 유도되거나 자연발화처럼 어떤 물질이 자체의 열에 의해 발화점에 도달한다.
② 벽 근처에 있는 가연물들은 비교적 적은 공기를 흡수하고, 보다 높은 화염온도를 지닌다.
③ 성장기와 최성기 간의 과도기적 시기이며 발화와 같은 특별한 현상이 아니다.

02 다음 플래시오버(Flashover) 대응전술에 해당하는 것으로 옳은 것은?

> 관창호스 연결이 지연되거나 모든 사람이 대피했다는 것이 확인된 경우 적합한 방법이다.

① 급냉(담금질)
② 측면 공격
③ 배연 지연
④ 공기차단 지연

해설
관창호스 연결이 지연되거나 모든 사람이 대피했다는 것이 확인된 경우, 적합한 방법은 공기차단 지연이다.

01 ④　02 ④

03 3D 주수 기법 시 주수 목표에 대한 설명으로 옳은 것은?

> (가) 숏 펄싱(Short pulsing) – 관창수는 화점실 진입 전 머리 위쪽 및 주변 상층부 화염을 목표로 주수한다.
> (나) 미디움 펄싱(Medium pulsing) – 관창수는 화점실 진입 전 전면 상층부 연기층 및 간헐적 화염을 목표로 주수한다.
> (다) 롱 펄싱(Long pulsing) – 관창수는 구획실 앞쪽 상층부 연기층 및 화염을 목표로 주수한다.
> (라) 페인팅(Painting) – 관창수는 화점실 접근 시 문틀 주변에 주수하고, 화점실 진입 전 벽면 및 천정을 목표로 주수한다.
> (마) 펜슬링(Penciling) – 관창수는 화점 상층부를 목표로 주수한다.

① (가), (나)
② (나), (다)
③ (다), (라)
④ (라), (마)

해설

(가) 숏 펄싱(Short pulsing) – 관창수는 화점실 진입 전 머리 위쪽 및 주변 상층부 연기층을 목표로 주수한다.
(라) 페인팅(Painting) – 관창수는 화점실 접근 시 문틀 주변에 주수(불이 다른 구역으로 번지지 않도록 냉각)하고, 화점실 진입 시 벽면 및 천정을 목표로 주수한다.
(마) 펜슬링(Penciling) – 관창수는 화점을 목표로 주수한다.

04 고층건물 화재진압 전략에서 측면공격(Flanking attack)에 대한 설명으로 옳지 않은 것은?

① 굴뚝효과나 창문을 통한 배연작업이 개시될 때 발생하는 강한 바람에 화염이 휩쓸려 정면 공격팀을 덮치거나 덮칠 우려가 있을 때는 유용하지 않다.
② 정면공격이 시행되고 있는 동안 보조적 수단으로도 실행될 수 있으며 이 경우 팀워크 유지를 위한 지휘조정이 필수적이다.
③ 터널효과에 따른 화염의 위협은 측면공격을 시작하기 위해 다른 문이나 창문을 개방할 때마다 문제가 될 수 있으므로 항상 터널효과를 고려한 공격과 후퇴준비가 필수적이다.
④ 인명검색을 하는 대원이 비교적 열과 연기로부터 자유로운 두 번째 접근 통로를 발견했을 때 선택적으로 사용할 수 있으나 단일 접근통로로 되어 있는 주거전용 고층 건물의 경우 측면공격은 거의 사용할 수 없다.

해설

굴뚝효과(Stack effect)나 창문을 통한 배연작업이 개시될 때 발생하는 강한 바람에 화염이 휩쓸려 정면 공격팀(1차 진압팀)을 덮치거나 덮칠 우려가 있을 때, 이와 같은 측면공격 전략은 매우 유용하다.

05 소방용수시설 일제 정밀조사(점검) 요령에 대한 설명으로 옳지 않은 것은?

① 스핀들을 완전히 잠근 후 반 바퀴 정도 열어준다.
② 개폐가 힘든 것은 무리한 힘을 가하지 말고 오일 주입, 녹 제거 작업 후 천천히 개폐한다.
③ 급격한 밸브 조작은 상수도관 내 침전물의 유동을 일으켜 수질로 인한 민원 발생의 원인이 된다.
④ 밸브 개방 시 상수도 본관에서 분기된 제수밸브를 먼저 개방하고, 지상·지하식 소화전용 밸브를 나중에 개방한다.

> **해설**
> 소방차량실무 소방용수시설의 설치과정 및 정밀조사 요령
> 밸브 개방 시 지상, 지하식 소화전용 밸브를 먼저 개방하고, 상수도본관에서 분기된 제수밸브를 나중에 개방[소화전 내 적

06 소방대원 안전교육의 방법 중 시범 실습식 교육의 장점으로 옳지 않은 것은?

① 이해도 측정이 용이하다.
② 의사 전달의 효과를 보완할 수 있다.
③ 행동 요소를 포함하는 기술교육에 적합하다.
④ 교육생 상호 자극에 의한 학습 효과가 높아진다.

> **해설**
> 교육생 상호 자극에 의한 학습효과가 높아지는 것은 강의식 교육의 장점이다.

07 프랭크 버드(Frank Bird) 이론 중 재해(사고) 발생의 5단계를 순서대로 나열한 것으로 옳은 것은?

① 직접원인 → 사고 → 상해 → 기본원인 → 제어의 부족
② 제어의 부족 → 기본원인 → 직접원인 → 사고 → 상해
③ 제어의 부족 → 기본원인 → 상해 → 직접원인 → 사고
④ 기본원인 → 제어의 부족 → 사고 → 상해 → 직접원인

> **해설**
> Frank Bird 이론(최신의 도미노이론)
> 관리 - 기원 - 징후 - 접촉 - 손실

08 안전교육의 종류에 대한 설명이다. (   ) 안에 공통으로 들어갈 내용으로 옳은 것은?

> 지식을 가지고 있다는 것은 "할 수 있다"라는 것과는 별개의 문제이다. (   )은 현장에서 실행으로써 그 실효를 맺을 수 있다. 안전에 관한 (   )의 주목적은 대원에게 안전의 수단을 이해시키고 습득케 하여 현장활동의 안전을 실천하는 능력을 기르는 것이다.

① 지식 교육
② 기능 교육
③ 태도 교육
④ 문제해결 교육

해설

안전교육의 종류
1. 지식교육
   교육의 첫걸음은 지식을 주는 일에서 시작됨은 당연하다. 지식은 사물에 관하여 분명히 알고 있는 사실이며, 지식이 새로운 다른 지식을 만들어낼 수는 없다. 그러나 인간은 지식을 바르게 사용하고 문제를 발견하여 해결하는 능력을 닦을 수 있다. 풍부한 지식을 가지는 사람은 많은 문제를 발견하고 적절한 판단과 행동으로서 해결할 수 있다는 것이 중요하다.
2. 문제해결교육
   안전지식을 지식에서 끝내지 않고 작업에서의 사람과 물건의 움직임 중에서 불합리와 위험을 찾아내고 그것을 해결하는 지혜로 승화시키는 교육으로서, 위험예지훈련은 그 예이다.
3. 태도교육(예의범절)
   교육은 단지 기능이나 지식을 주는 것뿐만 아니라 이러한 원리에 따른 행동·태도를 항상 지속할 수 있는 인간을 육성하는 것이 최종 목적이다. 안전을 위해 실행해야 하는 것은 반드시 실행하고, 해서는 안 되는 것은 절대 하지 않는다는 태도를 가지게 하는 교육으로서 일명 예의범절 교육이라고도 한다.

09 위험 예지훈련 훈련 시트 작성 시 유의 사항으로 옳지 않은 것은?

① 한 장의 시트에 여러 가지 상황을 기입하지 말아야 한다.
② 밝은 분위기가 아닌 어두운 분위기로 그려진 것이 좋다.
③ 시트는 대원의 친숙도가 큰 상황으로부터 선정하는 방법이 부드럽게 진행이 된다.
④ 간단한 조사, 잘못된 조사가 되어서는 안 되기 때문에 고의로 제작한 도해가 아니어야 한다.

해설

훈련시트 작성의 유의점
1. 시트는 대원의 친숙도가 큰 상황(예를 들면 사고 사례나 신체 훈련의 상황 등)으로부터 선정하는 방법이 부드럽게 진행이 된다.
2. 한 장의 시트에 여러 가지 상황을 기입하지 말 것
3. 아주 자세한 부분까지 그려 넣지 말 것
4. 간단한 조사, 잘못된 조사가 되어서는 안 되기 때문에 고의로 제작한 도해가 아닐 것
5. 어두운 분위기가 아닌 밝은 분위기로 그려진 것이 좋다.
6. 도해의 상황이 광범위한 활동 등에 미치는 경우에는 그 가운데의 특정 부분에 한정하여 실시하는 것도 하나의 방법이다.

10 재해(사고) 조사 시 유의해야 할 사항으로 옳지 않은 것은?

① 가능한 한 가해자의 진술을 듣는 것이 중요하다.
② 재해 발생 후 가능한 한 빨리 착수하는 것이 좋다.
③ 현장 상황을 기록으로 남기기 위하여 사진을 찍어둔다.
④ 판단하기 어려운 특수 사고는 전문가의 협조를 의뢰하며 발생 사실을 은폐하여서는 아니 된다.

> **해설**
> 가능한 한 피해자의 진술을 듣는 것도 중요하다. 사실의 수집 시 책임추궁보다는 재발방지를 우선하는 기본태도를 갖는다.

11 (가)~(마) 중 로프 재료에 따른 인장강도가 높은(Best) 것에서 낮은(Poorest) 것으로 나열한 것 중 옳은 것은?

> (가) 면   (나) 나일론
> (다) 마닐라삼   (라) 폴리에틸렌
> (마) 폴리에스터

① (가) - (다) - (라) - (마) - (나)
② (나) - (마) - (라) - (다) - (가)
③ (다) - (가) - (나) - (라) - (마)
④ (라) - (마) - (나) - (다) - (가)

> **해설**
> 내충격력 : 나일론 - 폴리에스터 - 폴리에틸렌 - 마닐라삼 - 면

12 산악구조용 장비에 대한 설명으로 옳은 것은?

① 슬링은 로프에 비해 상대적으로 값이 비싸기 때문에 짧게 잘라서 등반시의 확보용으로 활용한다.
② 구조활동 시에는 잠금장치가 있는 카라비너를 사용하는 것을 원칙으로 하고, 종 방향으로 충격이 걸리지 않도록 설치해야 한다.
③ 로프를 세척할 때에는 미지근한 물에 중성 세제를 알맞게 풀어 로프를 충분히 적시고 흔들어 모래나 먼지가 빠져나가도록 한다.
④ 안전벨트는 강도와 내구성이 뛰어나지만 탄력과 복원성이 떨어지며 안전을 위하여 5년 정도 사용하면 외관상 이상이 없어도 교체하는 것이 좋다.

> **해설**
> ① 슬링은 로프에 비해 상대적으로 값이 싸기 때문에 짧게 잘라서 등반시의 확보, 고정용 또는 안전벨트의 대용 등으로 다양하게 활용한다.
> ② 구조활동 시에는 잠금장치가 있는 카라비너를 사용하는 것을 원칙으로 하고, 횡방향으로 충격이 걸리지 않도록 설치해야 한다.
> ④ 안전벨트는 우수한 탄력과 복원성을 가지며 강도와 내구성이 뛰어나지만 안전을 위하여 5년 정도 사용하면 외관상 이상이 없어도 교체하는 것이 좋다.

13 화학보호복(레벨 A) 착용방법에 따라 (가)~(라) 중 가장 나중에 진행해야 하는 것으로 옳은 것은?

> (가) 무전기를 착용한다.
> (나) 헬멧과 장갑을 착용한다.
> (다) 화학보호복 하의를 착용한다.
> (라) 공기호흡기 면체를 목에 걸고 등지게를 착용한다.

① (가)
② (나)
③ (다)
④ (라)

> **해설**
> **화학보호복(레벨 A) 착용방법**
> - 공기조절밸브호스를 공기호흡기에 연결한다.
> - 공기호흡기 실린더를 개방한다.
> - 화학보호복 안면창에 성애방지제를 도포한다(손수건과 함께 휴대하는 것이 좋음).
> - 화학보호복 하의를 착용한다.
> - 공기호흡기 면체를 목에 걸고 등지게를 착용한다.
> - 공기조절밸브에 호스를 연결한다.
> - 무전기를 착용한다(비상탈출용 칼 휴대).
> - 면체를 착용하고 양압호흡으로 전환한다(양압 및 바이패스 상태 점검).
> - 헬멧과 장갑을 착용한다.
> - 보조자를 통해 상의를 착용 후 지퍼를 닫고 공기조절밸브의 작동상태를 확인한다.

정답 13 ②

14 '인명구조매트의 KFI 인정기준'에 관한 설명으로 옳지 않은 것은?

① 구조매트는 부속품(공기압력용기 등)을 포함하여 30kg을 초과하지 않아야 한다.
② 구조매트 내부의 압력이 일정하게 유지할 수 있도록 설정압력을 초과하는 때에는 자동 배출되는 구조이어야 한다.
③ 제조사가 제시하는 설치방법에 따라 구조매트를 보관하고 있는 상태에서 낙하자가 낙하할 수 있는 사용 상태로 설치하는데 걸리는 시간은 30초를 초과하지 않아야 한다.
④ 구조매트에 뛰어 내리는 사람에게 낙하충격을 현저히 줄일 수 있는 구조로서 낙하면과의 접촉 시 반동에 의하여 튕기거나 구조매트 외부로 미끄러지지 않아야 한다.

[해설]
구조매트는 부속품(공기압력용기 등)을 포함하여 50kg을 초과하지 않아야 한다.

15 다음 중 움켜 매기(결착)에 해당하지 않는 것은?

① 절반 매듭
② 말뚝 매기
③ 두겹 8자 매듭
④ 감아 매기

[해설]
두겹8자매듭은 마디 짓기(결절) 매듭이다.
• 움켜 매기(결착) 매듭 : 말뚝 매기, 절반 매듭, 잡아 매기, 감아 매기, 클램하이스트

16 다음 중 현수로프 설치 원칙에 해당하지 않는 것은?

① 필요하면 현수로프를 보조 로프로 고정하여 움직이지 않도록 한다.
② 지지점은 완전한 고정물체를 택하여야 하며 하중이 걸렸을 때 충분히 지탱할 수 있는 강도를 가져야 한다.
③ 하강지점의 안전을 확인하고 로프를 투하한다. 로프 가방(Rope bag)을 사용하면 로프가 엉키지 않고 손상을 방지할 수가 있다.
④ 로프는 안전을 위하여 한 겹으로 사용하는 것을 원칙으로 하고 특히 직경 9mm 이하의 로프는 충격력과 인장강도가 떨어지고 손에 잡기도 곤란하므로 반드시 한 겹으로 한다.

[해설]
로프는 안전을 위하여 두 겹으로 사용하는 것을 원칙으로 하고 특히 직경 9mm 이하의 로프는 충격력과 인장강도가 떨어지고 손에 잡기도 곤란하므로 반드시 두 겹으로 한다.

17 다음은 사다리를 이용한 응급하강에 관한 설명이다. (   ) 안에 들어갈 내용으로 옳은 것은?

> (가) 구조대상자가 있는 창문의 상단 위로 가로대가 5개 정도 올라오도록 사다리를 설치하고 확실히 고정한다.
> (나) 로프를 사다리 최하부의 가로대를 통하게 하고 사다리를 거쳐 끝부분보다 2~3개 밑의 가로대 위에서 뒷면을 통해 로프를 내려 양끝을 바로 매기로 연결한다.
> (다) 로프에 약 (   ) 간격으로 8자 매듭을 만든다.
> (라) 확보로프의 신축성을 고려하여 안전을 확보하고 1명씩 차례대로 하강시켜 구출한다.

① 1m
② 1.5
③ 2m
④ 2.5m

해설
사다리를 이용한 응급하강은 2~3층 정도의 높이에서 다수의 구조대상자를 연속 하강시켜 구출하는 방법이다. 구조대상자의 안전과 원활한 작업을 하기 위해서는 사다리를 지지하는 대원과 로프를 확보하는 대원, 유도하는 대원이 필요하다.
1. 구조대상자가 있는 창문의 상단위로 가로대가 5개 정도 올라오도록 사다리를 설치하고 확실히 고정한다.
2. 로프를 사다리 최하부의 가로대를 통하게 하고 사다리를 거쳐 끝부분보다 2~3개 밑의 가로대 위에서 뒷면을 통해 로프를 내려 양끝을 바로 매기로 연결한다.
3. 로프에 약 2.5m 간격으로 8자매듭을 만든다.
4. 확보로프의 신축성을 고려하여 안전을 확보하고 1명씩 차례대로 하강시켜 구출한다. 무리한 속도로 하강시키지 말고 차분하고 안전하게 실시한다.

18 화재현장에서 갇혔거나 길을 잃었을 경우의 행동요령에 대한 설명으로 옳지 않은 것은?

① 방향을 잃은 대원은 침착함을 유지해야 한다.
② 가능한 한 처음 검색을 시작했던 방향을 기억해 내어 되돌아가야 한다.
③ 어떠한 경우에도 갇히거나 길을 잃으면 다른 구조대원이 올 때까지 움직이지 말고 제자리에 가만히 있어야 한다.
④ 즉각적으로 인명구조 경보기를 작동시키고 냉정을 유지하여야 한다.

해설
출구를 찾을 수 없다면 비교적 안전하다고 생각되는 장소로 대피해서 인명구조 경보기(PASS)를 작동시킨다. 다른 대원의 도움을 받지 못하고 혼자서 탈출해야 하는 경우 가장 손쉬운 방법은 소방호스를 따라서 나가는 것이다. 다른 대원이 위치를 알 수 있도록 큰 소리를 외치고 커플링의 결합부위를 찾아서 숫 커플링이 향하는 쪽으로 기어나간다.

19 위험물 사고 현장 구급 활동에 대한 설명으로 옳지 않은 것은?

① 안전한 대응을 위해 현장이 건물 내부라면 환기구 주변에서 대기하는 것은 피해야 한다.
② 안전구역에서는 대량 환자의 경우 중증도 분류를 통해 환자를 분류한 후 우선순위에 따라 병원으로 이송해야 한다.
③ 오염 구역에서는 환자이동으로 인한 오염 구역 확장을 주의하면서 빠른 환자이동을 한다.(단, 척추 손상 환자 시 빠른 척추 고정 적용)
④ 오염 통제구역에서의 구급처치는 기본 인명소생술로 기도, 호흡, 순환(지혈), 경추 고정, CPR 후 정맥로 확보, 전신중독 평가 및 처치가 포함된다.

해설
정맥로 확보 등과 같은 침습적 술기는 가급적 제독 후 안전구역에서 실시해야 하며 오염통제구역에서 사용한 구급장비는 안전구역에서 사용해서는 안 된다.

20 최초 현장 도착 시 구급차 배치 요령으로 옳지 않은 것은?

① 도로 외측에 정차시켜 교통 장애를 최소화하도록 한다.
② 유독가스가 누출되는 경우에는 바람을 등진 방향에 위치시킨다.
③ 위험물(화학물, 폭발물)을 실은 차량이 아니라면 구급차량은 30m 밖에 바람을 등지고 주차시켜야 한다.
④ 구급 차량의 전면이 주행 차량의 전면을 향한 경우에는 경광등과 전조등을 켜고 비상등은 끄도록 한다.

해설
구급차량의 전면이 주행차량의 전면을 향한 경우에는 경광등과 전조등을 끄고 비상등만 작동시킨다.

21 다수의 환자가 발생하여 중증 정도 상태에 따라 응급처치 및 이송 순위를 결정할 때, 다음 설명의 분류 등급에 해당하는 증상으로 옳지 않은 것은?

> - 손상이 전신적인 증상이나 효과를 유발하지만, 아직까지 쇼크 또는 저산소증 상태가 아니다.
> - 전신적 반응이 발생하더라도 적절한 조치를 행할 경우 즉각적인 위험 없이 45~60분 정도 견딜 수 있는 상태이다.

① 척추 손상　　　　　　　　② 단순 두부 손상
③ 조절 안 되는 출혈　　　　　④ 다발성 주요 골절

해설
응급환자에 관한 내용이다.
※ 25년 공통교재 개정으로 중증도 분류표 뒷면 삭제

22 다음 중 긴급이동에 대한 설명으로 옳은 것은?

① 차량사고에서 짧은 척추고정판이나 조끼형 구조장비로 고정시킬 충분한 시간이 없을 때 사용된다.
② 고정장치를 이용할 시간이 있을 때 사용되므로 위급한 경우에만 사용된다.
③ 환자의 상태가 즉각적인 이송이나 응급처치를 요하는 경우에 사용된다.
④ 화재, 화재 위험, 위험물질이나 폭발물질, 고속도로, 환자의 자세나 위치가 손상을 증가시킬 때, 다른 위급한 환자에게 접근할 때 사용된다.

해설

긴급 이동
환자나 대원에게 즉각적인 피해를 줄 수 있는 위험한 환경일 때 이동하는 것으로 화재, 화재 위험, 위험물질이나 폭발물질, 고속도로, 환자의 자세나 위치가 손상을 증가시킬 때, 다른 위급한 환자에게 접근할 때 사용된다. 고정 장치를 이용할 시간이 없을 때 사용되므로 척추손상을 초래할 수 있어 위급한 경우에만 사용해야 한다. 만약 시간이 허용된다면 척추 고정을 실시한 후에 이동해야 한다. 이동 방법으로는 1인 환자 끌기, 담요 끌기 등이 있다.

23 다음에서 설명하는 상기도 폐쇄를 예방하기 위한 기도 확보 유지 장비로 옳은 것은?

- 병원 전 심정지 환자나 외상환자(경추 손상 등) 기도 확보 시 유용
- 일반적인 성문위 기도기보다 삽입 방법이 용이
- 일회용임

① 아이 겔(I-Gel)
② 후두튜브(LTS)
③ 기관 내 삽관(Intubation)
④ 후두마스크 기도기(LMA)

해설

아이 겔(I-Gel)의 용도
튜브 형태의 성문위 기도기와 차별적으로 부드러운 젤 형태로 모양이 만들어진 기도기로 기존의 기도기보다도 환자에게 적용시간이 짧고 적용이 쉬우나 정확하게 환자에게 맞지 않을 수 있다. 하지만 병원 전 단계에서 성공적으로 활용되는 장비이다.

24 응급 의료 장비 중 호흡 유지 장비에 대한 설명으로 옳지 않은 것은?

① 코 삽입관(Nasal Cannula) : 환자의 거부감을 최소화하며 낮은 산소를 요구하는 환자에게 사용된다.
② 비재호흡마스크(Non-rebreather mask, Reserve mask) : 심한 저산소증 환자에게 고농도의 산소를 제공하기에 적합하다.
③ 단순 얼굴 마스크(Oxygen Mask) : 입과 코를 동시에 덮어주며 얼굴에 완전히 밀착되지 않으면 충분한 산소가 공급되지 않을 수 있다.
④ 벤튜리 마스크(Venturi mask) : 특수한 용도로 산소를 제공할 경우에 사용되며 표준 얼굴 마스크에 연결된 공급 배관을 통해 고농도의 산소를 공급해 준다.

해설

벤튜리 마스크(Venturi mask)
1. 용 도
   특수한 용도로 산소를 제공할 경우에 사용되며 표준 얼굴 마스크에 연결된 공급배관을 통해 특정 산소 농도를 공급해 주는 호흡기구
2. 24%, 28%, 31%, 35%, 40%, 50%(53%)
3. 특 징
   - 일정한 산소가 공급될 때 공기의 양도 일정하게 섞여 들어가는 형태
   - 만성폐쇄성폐질환(COPD)환자에게 유용
   - 분당 산소 유입량은 2~8ℓ

25 우리 몸의 순환계에 대한 설명으로 옳지 않은 것은?

① 혈액은 혈구와 혈장으로 구성되어 있다.
② 심장의 심방과 심실 사이에는 판막이 있어 혈액의 역류를 막아준다.
③ 심장의 왼심방은 허파로부터 혈액을 받아들이고 왼심실은 높은 압력으로 전신에 혈액을 제공한다.
④ 혈관계의 동맥은 심장으로부터 조직으로 혈액을 이동시키며 허파동맥을 포함하여 모든 동맥은 산소가 풍부한 혈액으로 되어있다.

해설

동맥은 심장으로부터 조직으로 혈액을 이동시키며 오른심실에서 허파로 혈액을 이동시키는 허파동맥을 제외하고는 모든 동맥은 산소가 풍부한 혈액으로 되어 있다.

실력확인

OX 문제 / 빈칸노트

▶ 먼저, 기본서의 내용을 충분히 숙지한 후 소방전술 최종 완성을 위해 본 교재의 OX 문제로 단원별 전체를 정리하시기 바랍니다.

▶ 저자가 추천하는 실력확인 OX 문제 공부 방법
  정답을 맞히는 것보다 지문을 반복적으로 읽는 것이 중요합니다. 반드시 정답을 가리고 지문을 먼저 읽고, 정답을 교재에 표시하지 않은 상태로 반복 학습하시길 추천 드립니다.

소방전술 1-1	화재진압 및 현장활동
소방전술 1-2	현장안전관리
소방전술 1-3	연소이론
소방전술 2-1	구조개론
소방전술 2-2	구조장비
소방전술 2-3	기본구조훈련
소방전술 2-4	응용구조훈련
소방전술 2-5	구조기술
소방전술 3-1	응급의료 개론 및 장비운영
소방전술 3-2	임상응급의학

모든 전사 중 가장 강한 전사는 이 두 가지, 시간과 인내다.

– 레프 톨스토이 –

끝까지 책임진다! 시대에듀!

QR코드를 통해 도서 출간 이후 발견된 오류나 개정법령, 변경된 시험 정보, 최신기출문제, 도서 업데이트 자료 등이 있는지 확인해 보세요! 시대에듀 합격 스마트 앱을 통해서도 알려 드리고 있으니 구글 플레이나 앱 스토어에서 다운받아 사용하세요. 또한, 파본 도서인 경우에는 구입하신 곳에서 교환해 드립니다.

소방전술 1-1

01 화재진압 및 현장활동

1 화재의 의의

001 화재란 사람의 의도에 반하거나 고의에 의해 발생하는 연소현상으로 소화시설 등을 사용하여 소화할 필요가 있거나 또는 물리적인 폭발현상을 말한다. (O | X)

정답 X

해설 보일러 파열 등의 물리적 폭발은 화재로 취급하지 않는다.

002 '화재발생이 사람의 의도에 반한다.'라고 하는 것은 과실에 의한 화재를 의미하며, 화재취급 중 발생하는 실화는 포함되지만 부작위에 의한 자연발화는 포함되지 않는다. (O | X)

정답 X

해설 실화뿐만 아니라 부작위에 의한 자연발화도 포함된다.

003 휴지나 쓰레기를 소각하는 것과 같이 자산가치의 손실이 없고 자연히 소화될 것이 분명하여 소화의 필요성을 느끼지 않거나 설령 소화의 필요성이 있다고 하여도 소화시설이나 소화장비 또는 간이 소화용구 등을 활용하여 진화할 필요가 없는 것은 화재로 볼 수 없다. (O | X)

정답 O

004 형법상 화재(방화)의 개념은 고의 또는 중과실로 인하여 타인에게 손실을 입히는 화재를 말한다. (O | X)

정답 X

해설
- 과학적 화재(연소현상) 개념 : 빛과 열을 발생하는 급격한 산화현상
- 형법상 화재(방화) 개념 : 불을 놓아 매개물에 독립하여 연소되는 것
- 민법상 화재 개념 : 고의 또는 과실로 인하여 타인에게 손실을 입히는 화재

005 화재는 소화 적응성에 따라서 건축·구조물 화재, 자동차·철도차량 화재, 위험물·가스제조소 등 화재, 선박·항공기 화재, 임야 화재, 기타 화재로 분류되고 있다. (O | X)

정답 X

해설 소화 적응성에 따라서 일반화재, 유류화재, 전기화재, 금속화재, 가스화재로 분류된다.

006 산림화재는 야산, 들판의 수목, 잡초, 경작물 등이 소손된 화재를 말한다. (O | X)

정답 X

해설 임야화재는 산림, 야산, 들판의 수목, 잡초, 경작물 등이 소손된 화재를 말한다.

007 전소는 건물이 (㉠) 이상 소실되었거나 그 미만이라도 잔존 부분에 보수를 하여도 재사용이 불가능한 화재를 말한다. 반소는 건물의 (㉡) 이상 (㉢) 미만이 소실된 화재를 말한다.

정답 ㉠ 70%, ㉡ 30%, ㉢ 70%

008 다음 빈칸을 채우시오.

구 분	내 용	표시색
일반화재	목재, 섬유, 고무, 플라스틱 등과 같은 일반 가연물의 화재를 말한다. 발생빈도나 피해액이 가장 큰 화재이다. 일반화재에 대한 소화기의 적응화재별 표시는 A로 표시한다.	(㉠)
(㉡)	인화성 액체(제4류위험물), 1종 가연물(락카퍼티, 고무풀), 2종 가연물(고체파라핀, 송진)이나 페인트 등의 화재를 말한다. 유류화재에 대한 소화기의 적응화재별 표시는 B로 표시한다.	황 색
전기화재	전류가 흐르고 있는 전기설비에서 불이 난 경우의 화재를 말한다. 전기화재에 대한 소화기의 적응화재별 표시는 (㉢)로 표시한다.	(㉣)
(㉤)	나트륨, 칼륨, 마그네슘과 같은 가연성 금속의 화재를 말한다. 금속화재에 대한 소화기의 적응화재별 표시는 D로 표시하고 있으나 현재 국내의 규정에는 없다.	무 색
가스화재	메탄, 에탄, 프로판, 암모니아, 아세틸렌, 수소 등의 가연성 가스의 화재를 말한다. 가스화재에 대한 소화기의 적응화재별 표시는 국제적으로 E로 표시하고 있으나 현재 국내에서는 유류화재 (B급)에 준하여 사용하고 있다.	(㉥)

정답 ㉠ 백색, ㉡ 유류화재, ㉢ C, ㉣ 청색, ㉤ 금속화재, ㉥ 황색

※ 종합상황실의 실장은 다음 각목의 어느 하나에 해당하는 상황이 발생하는 때에는 그 사실을 지체 없이 소방서의 종합상황실의 경우는 소방본부의 종합상황실에, 소방본부의 종합상황실의 경우는 소방청의 종합상황실에 각각 보고해야 한다. 다음 빈칸을 채우시오.(소방기본법 시행규칙 제3조) [009~010]

009
가. 사망자가 (   )인 이상 발생하거나 사상자가 (   )인 이상 발생한 화재
나. 이재민이 (   )인 이상 발생한 화재
다. 재산피해액이 (   )억원 이상 발생한 화재
라. 관공서 · 학교 · 정부미도정공장 · 문화재 · 지하철 또는 지하구의 화재

정답 5, 10, 100, 50

010
> 가. 층수가 (　　)층 이상인 건축물
> 나. 지정수량의 (　　)천배 이상의 위험물의 제조소·저장소·취급소
> 다. 층수가 (　　)층 이상이거나 객실이 (　　)실 이상인 숙박시설
> 라. 항구에 매어둔 총 톤수가 (　　)천톤 이상인 선박
> 마. 다중이용업소의 화재
> 바. 통제단장의 현장지휘가 필요한 재난상황

정답　11, 3, 5, 30, 1

해설　※ 참고 : 화재조사 및 보고규정 개정(23.3.8)으로 긴급상황보고의 대형, 중요, 특수화재 개념 삭제

011 자연발화는 지진, 낙뢰, 분화 등에 의해서 발화한 것을 말한다. (O | X)

정답　X

해설
- 자연발화 : 산화, 약품혼합, 마찰 등에 의해서 발화한 것과 스파크 또는 화염이 없는 상태서 열기에 의해 발화된 연소를 말한다.
- 천재발화 : 지진, 낙뢰, 분화 등에 의해서 발화한 것을 말한다.

2 화재성상

012 무염화재(Flameless Fire)는 일반적으로 다공성 물질에서 발견되며 화염은 크게 발생하지 않으나 연기가 나고 빛이 나는 화재를 말한다. (O | X)

정답　O

013 유염화재는 열과 화염이 크게 발생하는 일반적인 화재유형이다. 대표적인 유형인 목재화재의 경우는 재발화의 원인이 되기도 한다. (O | X)

정답　X

해설
- 겉 천(가죽)을 씌운 가구, 이불솜, 석탄, 톱밥, 폴리우레탄 재질의 매트리스와 같은 물질은 대표적인 무염화재의 연소물질에 해당한다.
- 이와 같은 다공성 연소물질은 대기 중의 산소가 천천히 스며들어가면서 연소범위가 서서히 확산된다. 연기가 나거나 무염화재와 같은 유형은 재발화의 원인이 되기도 한다.

014 액체에 대한 일반적인 표현은 비중이다. (O | X)

정답　O

015 기체에 대한 표현은 증기밀도이다. (O | X)

정답　O

016 섭씨 100도는 화씨 212도이다. (O | X)

정답　O

해설　°F = (℃ × 1.8) + 32

016 -1 화학적 변화 및 물리적 변화는 에너지의 교환을 포함한다. 산화는 발열반응이며 에너지를 흡수한다. (O | X)

정답　X

해설　산화는 발열반응이며 에너지를 발산한다. 산화반응으로 가장 잘 알려진 예는 철에 녹이 스는 것이다. 산소와 철이 결합하게 되면 녹이라고 불리는 붉은 화합물을 생성하게 된다. 이러한 반응은 발열 과정이므로 언제나 열을 생성한다.

017 일반적으로, 모든 화재의 초기단계에 있어서 열전달은 거의 전적으로 전도에 기인한다. (O | X)

정답　O

018 복사는 가열된 액체나 가스의 운동에 의한 열에너지의 전달이다. 열이 복사현상에 의해 전달될 때, 유동체(액체나 가스 등의 물질로 유동성을 갖는다)는 한 장소에서 다른 장소로 움직이거나 순환한다. (O | X)

정답　X

해설　대류에 대한 설명이다.

019 복사는 대부분의 노출화재(화재가 시발된 건물이나 가연물들로부터 떨어져 있는 건물이나 가연물들에 점화되는 화재)의 원인이다. (O | X)

정답　O

020 빈칸에 들어갈 용어는?

> ( ) : 화재현장을 책임지고 있는 지휘관이 취해야 할 조치를 구상하는 것. 시간, 위치, 사고의 성질, 인명위험, 노출위험, 자산현황, 화재의 성질과 범위, 이용 가능한 급수원, 기타 진압장비 등을 고려하여 구상한다.

정답   최초상황판단(사이즈 업)

021 연소의 4요소는 산소(산화제), 가연물, 점화원, 화학적 연쇄반응이다. (O | X)

정답   O

해설

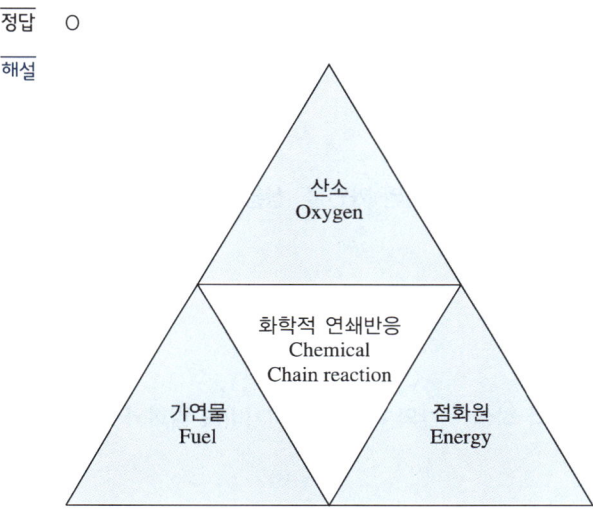

022 구획실(Compartment) 화재에서 실내온도가 증가할 때 더 낮은 산소농도에서도 불꽃연소가 발생한다는 사실을 실험을 통해 알 수 있다. 하지만 플래시오버 발생 후(최성기와 쇠퇴기)에는 산소농도가 매우 낮아 불꽃연소를 관찰할 수는 없다. (O | X)

정답   X

해설   플래시오버 발생 후(최성기와 쇠퇴기)에는 산소농도가 매우 낮지만 구획실 내의 온도가 높으므로 불꽃연소를 관찰할 수 있다.

023 물질의 3가지 상태(고체, 액체 및 기체) 중 가연물이 연소하기 위해서는 정상적으로 기체 상태로 존재해야 한다. (O | X)

정답   O

024 연소에 이용할 수 있는 가연물의 양이 한정되어 있으면, 이러한 화재를 "통제된 가연물"이라 하고, 연소에 이용할 수 있는 산소의 양이 한정되어 있으면, 이러한 상태를 "통제된 산소"라 한다. (O | X)

정답 X

해설 연소에 이용할 수 있는 산소의 양이 한정되어 있으면, "통제된 배연"이라 한다.

025 구획실의 벽과 관련하여 가연물들의 위치는 흡입되는 공기의 양을 결정하고, 냉각효과의 크기를 결정한다. 벽 근처에 있는 가연물들은 비교적 적은 공기를 흡수하고, 보다 높은 화염온도를 지닌다. 구석에 있는 가연물들은 더욱 더 적은 공기를 흡수하고, 가장 낮은 화염온도를 지닌다. (O | X)

정답 X

해설 구석에 있는 가연물들은 더욱 더 적은 공기를 흡수하고, 가장 높은 화염온도를 지닌다.

026 발화기에 있는 구획실 화재는 일반적으로 '통제된 가연물' 상황이다. (O | X)

정답 X

해설 성장기에 있는 구획실 화재는 일반적으로 '통제된 가연물' 상황이다.

027 플래시오버(Flashover)는 성장기와 최성기 간의 과도기적 시기이며 발화와 같은 특별한 현상이 아니다. (O | X)

정답 O

028 최성기는 구획실 내의 모든 가연성 물질들이 화재에 관련될 때에 일어난다. 발산하는 연소생성가스의 양과 발산하는 열은 구획실의 배연구(환기구)의 위치와 크기에 의존한다. (O | X)

정답 X

해설 배연구(환기구)의 수와 크기에 의존한다.

029 쇠퇴기에 있는 구획실 화재는 '통제된 가연물' 상황이다. (O | X)

정답 O

030 구획실의 크기, 형태 및 천장의 높이는 그 공간 내에서 화재가 어떻게 진행하는가를 결정한다. (O | X)

정답 X

해설
- 구획실의 배연구의 크기와 수는 그 공간 내에서 화재가 어떻게 진행하는가를 결정한다.
- 구획실의 크기, 형태 및 천장의 높이는 많은 양의 뜨거운 가스층이 형성될 수 있는지를 결정한다.

031 구획실의 벽이나 구석에서 연소하는 가연물의 화염은 구획실의 중앙에 있는 가연물보다 더 많은 공기를 흡수한다. (O | X)

정답 X

해설 구획실의 중앙에서 연소하는 가연물의 화염은 구획실의 벽이나 구석에 있는 가연물보다 더 많은 공기를 흡수한다.

032 일반적으로 고밀도 물질들(예 면으로 구성된 물질)은 비슷한 구성 저밀도 물질들(예 폴리우레탄 포말)보다 더 빠르게 연소한다(상대적으로 높은 열발산율을 가진다). (O | X)

정답 X

해설 저밀도의 물질들이 비슷한 구성의 고밀도 물질들보다 더 빠르게 연소한다.

033 뜨거운 가스가 구획실 내부의 다른 가연물의 표면 위를 지나갈 때에, 열은 전도에 의해 다른 가연물로 전달된다. (O | X)

정답 O

034 뜨거운 가스층이 천장부분에서 형성될 때 연기 속에 들어있는 뜨거운 미립자들은 구획실에 있는 다른 가연물들로 에너지를 방사하기 시작한다. 이렇게 발화원에서 떨어져 있는 가연물들은 때때로 '표적 연소물'이라고 불린다. 복사에너지가 증가하게 되면, 표적 연소물은 열분해 반응을 시작하고 가연성가스를 발산하기 시작한다. 구획실 내의 온도가 이들 가스의 발화온도에 도달하면, 전체는 화재로 휩싸이게(플래시오버) 된다. (O | X)

정답 X

해설 발화원에서 떨어져 있는 가연물들은 때때로 '표적 가연물'이라고 불린다.

035 롤오버는 복도와 같은 통로공간에서 벽, 바닥 표면의 가연물에 화염이 급속하게 확산되는 현상을 묘사하는 용어이다. (O | X)

정답 X

해설 플래임오버에 관한 설명이다.

035 -1 플래임오버 화재는 소방관들이 서 있는 뒤쪽에 연소 확대가 일어나 고립되는 상황에 빠질 수 있다. 목재 벽과 강의실책상, 극장, 인테리어 장식용 벽, 그리고 가연성 코팅재질의 천장은 충분히 가열만 되면 플래임오버를 만들 수 있다. (O | X)

정답　O

036 불에 잘 타지 않는 재료로 10분 가열(305℃) 후 잔류불꽃이 없고(30초 미만), 그 재료의 연소가스 속에 방치된 쥐가 9분 이상 활동하는 재료는 불연재료이다. (O | X)

정답　X

해설　준불연재료(난연 2급)에 관한 설명이다.

037 석고보드, 유리, 알루미늄, 목모시멘트판, 미네랄텍스는 준불연재료이다. (O | X)

정답　X

해설　불연성 재료의 종류
- 불연재료 : 콘크리트, 석재, 기와, 석면판, 철강, 알루미늄, 유리, 회시멘트판, 벽돌
- 준불연재료 : 석고보드, 목모시멘트판, 펄프시멘트판, 미네랄텍스

038 연소폭발과 같이 백드래프트에서도 가연물, 산소(산화제), 열(점화원)이 기본적으로 필요하다. (O | X)

정답　O

해설　백드래프트 현상
- 화재진압활동 중의 부적절한 배연활동은 백드래프트를 초래할 수도 있다.
- 백드래프트의 발생시점은 화재 성장기와 쇠퇴기에서 주로 발생된다.

039 폭발은 블레비(BLEVE)와 같은 물리적 폭발과 연소폭발과 같은 화학적 폭발로 구분할 수 있으며, 백드래프트는 물리적 폭발에 해당한다. (O | X)

정답　X

해설　백드래프트는 화학적 폭발에 해당한다.

040 백드래프트가 일어나는 연소폭발과정에서 가연물로서의 역할을 담당하는 것은 일산화탄소이다. (O | X)

정답　O

041 다음 빈칸을 채우시오.

구 분	백드래프트 현상	플래시오버 현상
연소현상	(㉠)(불완전연소상태)	자유연소상태
산소량	산소 부족	상대적으로 산소공급원활
폭발성 유무	폭발현상이며 그에 따른 충격파, 붕괴, 화염폭풍 발생	(㉡)
악화요인(연소 확대의 주 매개체)	(㉢)	(㉣)
발생시점	(㉤)	성장기의 마지막이자 최성기의 시작점

정답 ㉠ 훈소상태, ㉡ 폭발이 아님, ㉢ 공기의 유입(산소), ㉣ 열(축적된 복사열), ㉤ 성장기, 쇠퇴기

042 폭발압력의 효과에 대한 설명이다.

(1) 폭발압력 1~2psi에서는 콘크리트 블록벽이 붕괴된다. (O | X)

(2) 소방관이 넘어질 정도의 폭발압력은 1psi이다. (O | X)

(3) 폭발압력 7~8psi에서는 벽돌조 벽이 붕괴된다. (O | X)

정답 (1) X, (2) O, (3) O

해설 폭발압력의 효과

압력(Peak Pressure)	효과(Effect)
0.5psi	창문에 심한 충격이 가해짐
1psi	소방관이 넘어짐
1~2psi	목구조 벽이 붕괴됨
2~3psi	콘크리트 블록 벽이 붕괴됨
7~8psi	벽돌조 벽이 붕괴 됨

043 백드래프트(Backdraft)를 예방하거나 발생 가능성을 줄일 수 있는 3가지 전술에는 배연(지붕 환기), 급냉(담금질), 측면 공격이 있다. (O | X)

정답 O

044 백드래프트(Backdraft)의 징후와 소방전술에 관한 설명이다.

(1) 건물내부 관점에서 볼 수 있는 징후에는 유리창 안쪽에서 타르와 같은 물질(검은색 액체)이 흘러 내리거나 건물 내 연기가 소용돌이치는 것들이 있다. (O | X)

(2) 일반적으로 적절한 내부공격시점은 지붕배연작업 후이다. (O | X)

(3) 배연작업 전에 창문이나 문을 통한 배연 또는 진입을 시도해서는 안 된다. (O | X)

정답 (1) X, (2) O, (3) O

해설

징후		소방전술
건물내부 관점	건물외부 관점	
• 압력차에 의해 공기가 빨려들어 오는 특이한 소리(휘파람소리 등)와 진동의 발생 • 건물 내로 되돌아오거나 맴도는 연기 • 훈소가 진행되고 있고 높은 열이 집적된 상태 • 부족한 산소로 불꽃이 약화되어 있는 상태(노란색의 불꽃)	• 거의 완전히 폐쇄된 건물이다. • 화염은 보이지 않으나 창문이나 문이 뜨겁다. • 유리창 안 쪽에서 타르와 같은 물질(검은색 액체)이 흘러 내린다. • 건물 내 연기가 소용돌이친다.	• 지붕배연 작업을 통해 가연성가스와 집적된 열을 배출시킨다(냉각작업). • 배연작업 전에 창문이나 문을 통한 배연 또는 진입을 시도해서는 안 된다. • 급속한 연소현상에 대비하여 소방대원은 낮은 자세를 유지한다. • 일반적으로 적절한 내부공격시점은 지붕배연작업 후이다.

045 플래시오버를 지연시키는 3가지 방법에는 배연 지연, 공기차단 지연, 냉각 지연이 있다. (O | X)

정답 O

046 플래시오버를 지연시키는 방법 중 배연 지연은 원칙적으로 지붕을 개방하여 배연(환기)함으로써, 공간 내부에 쌓인 열을 방출시켜 지연시킬 수 있으며 시야를 확보할 수 있다. (O | X)

정답 X

해설
- 플래시오버 배연 지연 : 창문 등을 개방하여 배연(환기)함으로써, 공간 내부에 쌓인 열을 방출시켜 플래시오버를 지연시킬 수 있으며 시야를 확보할 수 있다.
- 백드래프트 배연(지붕환기)법 : 연소중인 건물 지붕 채광창을 개방하여 배연시키는 것은 백드래프트의 위험으로부터 소방관을 보호할 수 있는 가장 효과적인 방법 중 하나이다. 상황이 허락된다면, 지붕에 개구부를 만들어 배연한다. 비록 백드래프트에 의한 폭발이 일어나더라도 대부분의 폭발력이 위로 분산될 것이다.

047 플래시오버의 대표적인 전조현상으로 롤오버(Rollover) 현상이 있다. (O | X)

정답　O

048 플래시오버의 징후에는 고온의 연기 발생, 두텁고, 뜨겁고, 진한연기가 위로 쌓이는 현상 등이 있다. (O | X)

정답　X

해설　플래시오버의 징후와 특징

징 후	특 징
• 고온의 연기 발생 • Rollover 현상이 관찰됨 • 일정공간 내에서의 전면적인 자유연소 • 일정공간 내에서의 계속적인 열집적(다른 물질의 동시가열) • 두텁고, 뜨겁고, 진한연기가 아래로 쌓임	• 실내 모든 가연물의 동시발화 현상 • 바닥에서 천장까지 고온상태

049 롤오버(Rollover)는 화재가 발생한 장소(공간)의 출입구 바로 바깥쪽 복도 천장에서 연기와 산발적인 화염이 굽이쳐 흘러가는 현상이다. (O | X)

정답　O

050 롤오버(Rollover)를 예방하기 위해 갈고리나 방화장갑을 착용하고 화재가 발생한 건물의 출입구 문을 즉시 개방하여 연기와 화염을 배출해야 한다. (O | X)

정답　X

해설　롤오버는 전형적으로 공간 내의 화재가 성장단계에 있고, 소방관들이 화점에 진입하기 전(前) 복도에 머무를 때 발생한다. 복도에 대기 중인 소방관들은 연기와 열을 관찰하면서 롤오버의 징후가 있는지 천장부분을 잘 살펴야 한다. 롤오버에 의한 연소 확대는 성큼성큼 건너뛰듯이 확대되므로 어느 순간 뒤쪽에서 연소 확대가 일어나 계단을 찾고 있는 소방관들을 고립시킬 수 있다. 롤오버를 예방하기 위해 갈고리나 방화장갑을 착용하고 화재가 발생한 건물의 출입구 문을 닫는다.

051 다음 빈칸을 채우시오.

제거 요소	가연물	산 소	에너지	연쇄반응
소화 원리	(㉠)	(㉡)	(㉢)	(㉣)

정답　㉠ 제거소화, ㉡ 질식소화, ㉢ 냉각소화, ㉣ 억제소화

052 유전화재진압과 같이 화점 가까이에서 폭발물을 폭파시켜 주변 공기(산소)를 일시에 소진(진공상태)되게 하여 소화하는 방법은 제거소화법에 해당한다. (O | X)

정답 X

해설 질식소화법에 해당한다.

053 유화소화는 질식소화 중 하나이다. (O | X)

정답 O

해설 유화(乳化)소화법
비중이 물보다 큰 중유(重油) 등의 유류화재 시 물 소화약제를 무상(霧狀, 안개형태)으로 방사하거나, 포소화약제를 방사하는 경우 유류표면에 엷은 층(유화층, 물과 유류의 중간성질)이 형성되어 공기 중 산소공급을 차단시켜 소화하는 방법을 질식소화법 중 유화소화라 한다.

054 연속적인 연쇄반응을 방지하기 위해서는 가연물질에 공급하는 점화원의 값을 활성화 에너지의 값 이하가 되게 하여 가연 물질로부터 활성화된 수산기·수소기가 발생하지 않도록 해야 한다. (O | X)

정답 O

055 다음 빈칸을 채우시오.

> 화재의 성상과 진화
> • 열과 열의 전달 : (   ), (   ), (   )
> • 연소와 연소의 4요소 : (   ), (   ), (   ), (   )
> • 화재의 진행단계 : (   ) → 성장기 → (   ) → 쇠퇴기
> • 화재의 특수현상 : 플래임오버, (   ), (   ), 롤오버
> • 소화이론 : (   ), 제거소화, 냉각소화, (   )

정답
> 화재의 성상과 진화
> • 열과 열의 전달 : 전도, 대류, 복사
> • 연소와 연소의 4요소 : 가연물, 열, 산소, 화학적 연쇄반응
> • 화재의 진행단계 : 발화기 → 성장기 → 최성기 → 쇠퇴기
> • 화재의 특수현상 : 플래임오버, 백드래프트, 플래시오버, 롤오버
> • 소화이론 : 질식소화, 제거소화, 냉각소화, 부촉매소화

3 화재진압의 의의

056 Fire Suppression(화재진압)이 물 등 소화약제를 사용하여 연소확대를 저지하는 상태를 의미하는 것임에 비해, Fire Control(화재진압)은 직접적으로 화재 그 자체를 소화하는(불을 끄는) 것을 의미한다. (O | X)

정답 X

해설 Fire Control(화재진압)이 물 등 소화약제를 사용하여 연소확대를 저지하는 상태를 의미하는 것임에 비해, Fire Suppression(화재진압)은 직접적으로 화재 그 자체를 소화하는(불을 끄는) 것을 의미한다.

057 「소방장비관리법 시행령」에서 정한 소방장비의 분류에는 기동·화재진압·구조·구급·정보통신·감식·보호·기타장비의 8종으로 분류하고 있다. (O | X)

정답 X

해설 기동·화재진압·구조·구급·정보통신·측정·보호·보조장비의 8종으로 분류하고 있다.
소방장비관리법 시행령[별표 1]-소방장비의 분류(제6조 관련)
1. 기동장비 : 자체에 동력원이 부착되어 자력으로 이동하거나 견인되어 이동할 수 있는 장비

구 분	품 목
소방자동차	소방펌프차, 소방물탱크차, 소방화학차, 소방고가차, 무인방수차, 구조차 등
행정지원차	행정 및 교육지원차 등
소방선박	소방정, 구조정, 지휘정 등
소방항공기	고정익항공기, 회전익항공기 등

2. 화재진압장비 : 화재진압활동에 사용되는 장비

구 분	품 목
소화용수장비	소방호스류, 결합금속구, 소방관창류 등
간이소화장비	소화기, 휴대용 소화장비 등
소화보조장비	소방용 사다리, 소화 보조기구, 소방용 펌프 등
배연장비	이동식 송·배풍기 등
소화약제	분말 소화약제, 액체형 소화약제, 기체형 소화약제 등
원격장비	소방용 원격장비 등

3. 구조장비 : 구조활동에 사용되는 장비

구 분	품 목
일반구조장비	개방장비, 조명기구, 총포류 등
산악구조장비	등하강 및 확보장비, 산악용 안전벨트, 고리 등
수난구조장비	급류 구조장비 세트, 잠수장비 등
화생방 및 대테러 구조장비	경계구역 설정라인, 제독·소독장비, 누출물 수거장비 등
절단 구조장비	절단기, 톱, 드릴 등
중량물 작업장비	중량물 유압장비, 휴대용 윈치(winch : 밧줄이나 쇠사슬로 무거운 물건을 들어 올리거나 내리는 장비를 말한다), 다목적 구조 삼각대 등
탐색 구조장비	적외선 야간 투시경, 매몰자 탐지기, 영상송수신장비 세트 등
파괴장비	도끼, 방화문 파괴기, 해머 드릴 등

4. 구급장비 : 구급활동에 사용되는 장비

구 분	품 목
환자평가장비	신체검진기구 등
응급처치장비	기도확보유지기구, 호흡유지기구, 심장박동회복기구 등
환자이송장비	환자운반기구 등
구급의약품	의약품, 소독제 등
감염방지장비	감염방지기구, 장비소독기구 등
활동보조장비	기록장비, 대원보호장비, 일반보조장비 등
재난대응장비	환자분류표 등
교육실습장비	구급대원 교육실습장비 등

5. 정보통신장비 : 소방업무 수행을 위한 의사전달 및 정보교환·분석에 필요한 장비

구 분	품 목
기반보호장비	항온항습장비, 전원공급장비 등
정보처리장비	네트워크장비, 전산장비, 주변 입출력장치 등
위성통신장비	위성장비류 등
무선통신장비	무선국, 이동 통신단말기 등
유선통신장비	통신제어장비, 전화장비, 영상음향장비, 주변장치 등

6. 측정장비 : 소방업무 수행에 수반되는 각종 조사 및 측정에 사용되는 장비

구 분	품 목
소방시설 점검장비	공통시설 점검장비, 소화기구 점검장비, 소화설비 점검장비 등
화재조사 및 감식장비	발굴용 장비, 기록용 장비, 감식감정장비 등
공통측정장비	전기측정장비, 화학물질 탐지·측정장비, 공기성분 분석기 등
화생방 등 측정장비	방사능 측정장비, 화학생물학 측정장비 등

7. 보호장비 : 소방현장에서 소방대원의 신체를 보호하는 장비

구 분	품 목
호흡장비	공기호흡기, 공기공급기, 마스크류 등
보호장구	방화복, 안전모, 보호장갑, 안전화, 방화두건 등
안전장구	인명구조 경보기, 대원 위치추적장치, 대원 탈출장비 등

8. 보조장비 : 소방업무 수행을 위하여 간접 또는 부수적으로 필요한 장비

구 분	품 목
기록보존장비	촬영 및 녹음장비, 운행기록장비, 디지털이미지 프린터 등
영상장비	영상장비 등
정비기구	일반정비기구, 세탁건조장비 등
현장지휘소 운영장비	지휘 텐트, 발전기, 출입통제선 등
그 밖의 보조장비	차량이동기, 안전매트 등

비고 : 위 표에서 분류된 소방장비의 분류 기준·절차 및 소방장비의 세부적인 품목 등에 관한 사항은 소방청장이 정한다.

058 화재진압 장비에는 소방용펌프, 소화기, 결합금속구, 분말 소화약제 등이 있다. (O | X)

정답 O

059 구조장비에는 일반구조용, 수난구조용, 절단구조용, 탐색구조용, 파괴용 등이 있다. (O | X)

정답 O

060 방사능 측정장치, 화학생물학 측정장비는 구조장비이다. (O | X)

정답 X

해설 소방장비관리법 시행령[별표 1] 측정장비에 해당한다.

061 소화전의 설치기준은 상수도와 연결하여 지하식 또는 지상식의 구조로 하고, 소방용 호스와 연결하는 소화전의 연결금속구의 구경은 65밀리미터 이상으로 한다. (O | X)

정답 X

해설 소화전의 연결금속구의 구경은 65밀리미터로 한다.

062 다음 빈칸을 채우시오.

- 급수탑 : 급수배관의 구경은 (㉠)밀리미터 이상으로 하고, 개폐밸브는 지상에서 (㉡)미터 이상 (㉢)미터 이하의 위치에 설치한다.
- 저수조 : 지면으로부터 낙차가 (㉣)미터 이하, 흡수부분의 수심은 (㉤)미터 이상이어야 한다. 소방차가 쉽게 접근할 수 있도록 하며, 저수조에 물을 공급하는 방법은 상수도에 연결하여 자동으로 급수되는 구조여야 한다.
- 흡수관의 투입구 : 흡수관의 투입구가 사각형인 경우에는 한 변의 길이가 (㉥)센티미터 이상, 원형인 경우에는 지름이 (㉦)센티미터 이상이어야 하며, 흡수에 지장이 없도록 토사 및 쓰레기 등을 제거할 수 있는 설비를 갖추어야 한다.

정답 ㉠ 100, ㉡ 1.5, ㉢ 1.7, ㉣ 4.5, ㉤ 0.5, ㉥ 60, ㉦ 60

063 소방용수는 도시계획법상의 공업 및 상업지역, 주거지역은 100m 이내, 그 밖의 지역은 140m 이내에 설치하도록 되어 있다. (O | X)

정답 O

064 화재가 발생하거나 번질 우려가 있는 소방대상물, 토지 이외의 소방대상물, 토지의 사용 또는 사용의 제한 및 처분 요건은 인명구조, 불이 번지는 것을 예방하기 위하여 통상적으로 인정될 때이고 이에 따른 처분으로 인한 손실보상은 시·도지사가 한다. (O | X)

정답 X

해설 인명구조, 불이 번지는 것을 예방하기 위하여 긴급하다고 인정될 때 처분으로 인한 손실보상은 소방청장 또는 시·도지사가 한다.

065 소방자동차의 우선통행권에 대해서는 손실보상의 규정이 없다. (O | X)

정답 O

066 화재대응매뉴얼의 일반적 포함사항은 대상물정보, 출동계획, 소방용수 통제 계획이다. (O | X)

정답 O

067 실제 화재현장에 적용하는 절차보다는 진압에 필요한 사항과 화재특성에 따른 대응 시 유의사항 등으로 이루어진 매뉴얼은 표준매뉴얼이다. (O | X)

정답 X

해설 특수화재 대응매뉴얼에 관한 설명이다.

068 긴급구조대응계획, 소방방재 현장조치 행동매뉴얼은 실무매뉴얼에 속한다. (O | X)

정답 X

해설 표준매뉴얼에 속한다.

069 특수화재 대응 매뉴얼의 주요 작성대상은 문화재 등 사회적 영향이 크고 특별한 보호를 필요로 하는 대상물, 특이한 소방대 운용과 현장행동을 필요로 하는 대상물, 특수한 장비·특수한 소화수단을 필요로 하는 대상물 등이 있다. (O | X)

정답 X

해설 대상별 대응매뉴얼의 주요 작성대상이다.

070 현장대응활동 검토회의란 시·도 소방기관의 장이 소방활동을 종료한 후 해당 소방활동 상황을 분석 검토하여 화재예방 및 대응활동의 자료로 활용하고자 하는 회의를 말한다. (O | X)

정답 O

071 소방청장은 현장대응활동 검토회의 기본 계획을 매년 수립하여 시·도에 시달하여야 한다. 소방본부장은 매년 시·도 검토회의 시행 계획을 수립하여 소방청장에게 보고하여야 한다. (O | X)

정답 O

072 현장대응활동 검토회의는 사고발생일로부터 10일 이내에 개최한다. (O | X)

정답 X

해설 사고발생일로부터 20일 이내에 개최한다.

073 검토회의는 관할 소방본부 또는 소방서에서 개최한다. 다만, 「재난 및 안전관리 기본법」 제53조에 따른 긴급구조활동에 대한 평가 시에는 서면 또는 영상 회의로 대체할 수 있다. (O | X)

정답 X

해설 특별한 사정이 있을 때에는 서면 또는 영상 회의로 대체할 수 있다. 「재난 및 안전관리 기본법」 제53조에 따른 긴급구조활동에 대한 평가 시에는 이 규정에 따른 검토회의를 생략한다.

074 회의 주재는 관할 소방서장이 하되 필요한 경우 소방본부장이 할 수 있다. (O | X)

정답 O

075 생사가 걸린 결정은 화재나 사고를 당한 피해자들뿐만 아니라 위험현장에서 활동하는 소방관들 자신에게도 영향을 미치게 된다. (O | X)

정답 O

076 의사결정능력개발 수단들 중 화재에 대한 지식정보에 관한 설명이다.

(1) 복사는 열과 연기를 확산시켜 연소 범위를 확대시키는 가장 흔한 방식이다. (O | X)

(2) 자동노출(Autoexposure) 또는 플래임 래핑(Flames Lapping)과 같이 창문에서 창문으로 확산되는 방식은 화재가 인접 건물로 확대되는 일반적 사례이며 이것은 넓은 의미에서 복사 확산의 한 사례에 해당된다. (O | X)

(3) 전도는 주로 기계적 시설이 작동되면서 마찰열에 의해 화재가 발생되는 기계적 화재원인의 주범이기도 하다. (O | X)

정답 (1) X, (2) X, (3) O

해설 대류는 열과 연기를 확산시켜 연소 범위를 확대시키는 가장 흔한 방식이다. 대류 확산의 한 사례로 자동노출 또는 프래임 래핑 등이 있다.

077 6단계(RECEOS) 대응우선순위 전략개념은 생명보호 → 외부확대 방지 → 내부확대 방지 → 화재발생 장소 내 현장 안전조치 → 화점진압 → 재발방지를 위한 점검·조사이다. (O | X)

정답   X

해설   생명보호 → 외부확대 방지 → 내부확대 방지 → 화점진압 → 재발방지를 위한 점검·조사 → 화재발생 장소 내 현장 안전조치

4 단계별 화재진압활동

078 출동 시 예정 소방용수는 현장도착 시 상황변화에 대응할 수 있도록 최소 2개소 이상을 선정하는 것이 바람직하다. (O | X)

정답   O

079 현장도착 시 화연이 발견되지 않고 방어 필요가 없다고 인정된다면 방어행동을 개시할 필요는 없다. (O | X)

정답   X

해설   화연이 발견되지 않고 방어할 필요가 없다고 인정되더라도 지휘자의 명령이 없는 한 방어행동을 개시한다.

080 소화전 흡수 시 펌프로 이물질이 들어가는 것을 막기 위하여 흡수관은 결합하기 전에 소화전을 개방하여 관내의 모래 등을 배출시킨다. (O | X)

정답   O

081 소화전으로부터 흡수중일 때에 타대로부터 송수를 받으면 송수된 물이 펌프를 경유하여 수도배관 속으로 역류할 수도 있으므로 유의한다. (O | X)

정답   O

082 소화전 이외의 소방용수로부터 흡수 시 수심이 얕은 경우는 물의 흐름을 막아 수심을 확보하고 스트레이너가 떠오르지 않도록 유의한다. (O | X)

정답   O

083 수심이 얕은 흐르는 물의 경우에는 스트레이너를 물이 흐르는 방향으로 투입하여 스트레이너가 떠오르는 것을 방지한다. (O | X)

정답   X

해설   물이 흐르는 역방향으로 투입하여 스트레이너가 떠오르는 것을 방지한다.

084 내화구조 건물에서 화재와 연기가 확대될 수 있는 두 가지 통로는 공기조화시스템(HVAC; Heating, Ventilation, Air-Conditioning) 배관과 자동노출이다. (O | X)

정답   O

085 내화구조 건물 화재 시 가장 최우선적으로 취해야 할 행동 중 하나는 공기조화시스템(HVAC)과 통로를 차단하는 것이다. (O | X)

정답   O

086 자동노출에 의한 상층부로의 수직 연소가 확대되는 것을 지연시키기 위한 방법으로는 화염이 분출되는 창문에 직접 방수하는 것이다. (O | X)

정답   X

해설   자동노출에 의한 상층부로의 수직 연소가 확대되는 것을 지연시키기 위한 방법으로 화재 층 창문과 위층 창문 사이의 벽 부분에 방수하는 것이 바람직하다.

087 내화구조의 설정 조건(기준)은 내화도, 비파괴성, 불연성이다. (O | X)

정답   X

해설   내화구조의 설정 조건(기준)
① 내화도, ② 파괴성, ③ 불연성
* 암기 : 내파불

088 준 내화구조(안전도 2등급 건물)의 가장 취약한 부분은 붕괴위험이 높은 벽이다. (O | X)

정답   X

해설   건축물의 바닥과 벽, 기둥은 1등급 내화구조에 해당하지만 지붕재료가 가연성으로 지어진 건물은 전술적 안전도 2등급에 해당하는 건물로 분류한다.

089 조적조(안전도 3등급 건물)의 주요 연소 확대 요소는 숨은 공간이나 작은 구멍이다. (O | X)

정답   O

090 조적조(안전도 3등급 건물)의 숨은 공간을 통한 연소 확대의 원리는 주로 복사에 의해 이루어진다. (O | X)

정답   X
해설   주로 대류에 의해 이루어진다.

091 조적조(안전도 3등급 건물)의 숨은 화점을 검색할 때는 가열된 가스와 불꽃이 위로 올라가서 다락방과 같은 상층부 공간에 점화되어 연소가 확대된다는 점에 유의해야 한다. 따라서 의심되는 공간, 특히 벽과 천장을 순서대로 개방해야 한다. 여기서 개방 순서는 하단부분의 벽체 가까운 곳에서 화재가 발견되면 바로 위의 벽을 먼저 개방하고, 상단 부분의 벽 안에서 화재가 발견되면 천장을 개방하고, 천장에서 화재가 발견되면 천장 테두리 부분을 개방하여 방수해야 한다. (O | X)

정답   O

092 안전도 3등급 건물과 4등급 건물의 주요 차이점은 내부구조물에 사용된 건축 자재에 있다. (O | X)

정답   O
해설   1970~1980년대 방직공장 건물과 같이 벽체는 블럭조 또는 이에 준하는 것이지만 내부 구조물은 중량의 목구조(Heavy Timber Construction)로 되어 있거나 바닥층과 지붕이 판자(널빤지)로 되어 있는 건물은 전술적 안전도 4등급 건물로 분류한다.

093 중량 목구조(안전도 4등급 건물)에 화재가 발생되어 최성기에 접어들게 되면 대들보, 기둥, 횡보, 널빤지 등이 무너지면서 창문을 통해 엄청난 복사열이 외부로 배출된다. (O | X)

정답   O

094 중량 목구조(안전도 4등급 건물)에서 붕괴가 진행될 때는 먼저 벽체가 외부로 밀리고, 그 다음으로 벽이 붕괴된다는 것을 감안하여 붕괴위험구역을 지정하여야 하며, 따라서 이 경우의 진압과 방어활동은 붕괴위험구역을 벗어난 안전한 곳에서 이루어져야 한다. (O | X)

정답   X
해설   먼저 바닥이 붕괴되고 그 다음으로 벽체가 외부로 밀린다.

095 경량 목구조(안전도 5등급 건물)는 다섯 가지 건물 유형 중 가장 불이 잘 붙고 붕괴위험성도 가장 높다. (O | X)

정답 O

096 경량 목구조(안전도 5등급 건물)는 건물 구조물 골조와 벽체는 주로 목재로 이루어져 있어 5가지 유형 중 유일하게 가연성 외부 벽체를 가진 건물유형이다. (O | X)

정답 O

097 건물 붕괴 위험성 평가는 벽, 천장, 바닥층의 3가지 요소를 종합적으로 평가하는 것이다. (O | X)

정답 X

해설 건물 붕괴 위험성 평가는 벽, 골조(기둥과 대들보), 바닥층의 3가지 요소를 종합적으로 평가하는 것이다.
* 암기 : 벽골기대바

098 조적조(안전도 3등급 건물)의 붕괴 위험성은 콘크리트 바닥층의 강도에 달려있다. (O | X)

정답 X

해설 내화구조(안전도 1등급 건물)의 붕괴 위험성에 관한 설명이다.

099 내화구조(안전도 1등급 건물)에서 심각한 화재의 경우, 먼저 바닥이 붕괴되면서 불꽃이 바닥 아래로 확산되며 약 600℃로 접어들면 철재는 휘어져 축 처지게 되고 콘크리트 바닥이 갈라지면서 붕괴된다. (O | X)

정답 X

해설 먼저 천장이 붕괴되면서 불꽃이 바닥 아래로 확산된다.

100 준 내화구조(안전도 2등급 건물)의 붕괴 위험성은 철재구조의 지붕 붕괴의 취약성에 달려 있다. (O | X)

정답 O

해설 준 내화구조 건물의 경우에는 샌드위치 판넬, 철재 함석 등의 지붕재를 경량철로 지지시키는 경량 철재 트러스 구조이며, 5~10분 정도 화염에 노출되면 휘어져 내려앉거나 붕괴된다.

101 준 내화구조(안전도 2등급 건물)에서 화재진압의 실익이 크고 지붕 배연이 필요할 정도로 심각한 화세인 경우라면 신속하게 수직배연을 실시한다. (O | X)

정답 X

해설 준 내화구조(안전도 2등급 건물)에서 화재진압의 실익이 크고 지붕 배연이 필요할 정도로 심각한 화세인 경우라면 안전한 배연방법을 통한 진압전술이 필요하다. 이 경우 적용할 수 있는 안전한 배연은 수평 배연 기법을 이용하는 것이다. 2개 이상의 문과 창문을 열거나, 배연기를 통한강제 배연 방법을 이용할 수 있다. 수평 배연이 효과적이지 않다면, 가능한 외부에서 진압해야 한다. 대원의 안전이 단순히 화재를 진압하는 것보다 더 중요하기 때문이다.

102 조적조(안전도 3등급 건물)의 가장 위험한 붕괴요인은 벽이 붕괴되는 것이다. (O | X)

정답 O

해설 벽돌, 돌, 회반죽을 혼합한 인조석 등의 조적조 건물의 가장 위험한 붕괴요인은 벽이 붕괴되는 것이다. 조적조 건물의 벽은 화재 시 골조 또는 지붕보 등의 붕괴로 외부로 향하여 수평하중을 받게 되거나 밖으로 팽창이동하기 때문에 연소 건물의 내부에서 외부로 붕괴하게 된다.

103 경량 목구조(안전도 5등급 건물)의 가장 큰 약점은 지붕과 바닥층을 지탱하는 트러스트 구조의 연결부분에 있다. (O | X)

정답 X

해설 중량 목구조(안전도 4등급 건물)에 관한 설명이다.

104 중량 목구조(안전도 4등급 건물)에서 화재가 진행되면 화재는 쉽게 플래시오버에 의해 폭발적으로 확대되며, 그로 인해 발생되는 복사열은 매우 높게 형성되기 때문에 이 건물유형에서 건물붕괴로 인한 대원의 순직 가능성이 상대적으로 가장 높게 나타난다. (O | X)

정답 X

해설 중량 목구조(안전도 4등급 건물)는 높은 복사열 때문에 내부에서의 진압 활동이 불가능하게 되면서 주로 외부공격을 하게 된다. 그 결과 이 건물유형에서 건물붕괴로 인한 대원의 순직 가능성은 상대적으로 낮게 나타난다.

105 조적조(안전도 3등급 건물)의 가장 취약한 부분이 4방면의 벽체 중앙이기 때문에, 주로 코너에 위치하여 활동한다면 벽체 붕괴로 인한 생존 가능성은 더 높아진다. (O | X)

정답 O

106 경량 목구조(안전도 5등급 건물)는 붕괴 시 4방면 벽체 중 1개씩 붕괴되기보다 3~4개의 벽체가 동시에 붕괴되는 유일한 건물 유형이므로 진압활동 중 진압대원들이 매몰될 가능성이 가장 높다. (O | X)

정답 O

107 건물의 퍼사드(Facade) 부분에 난간, 차광막, 덮개 또는 처마 등의 구조물이 설치되어 있다면 화재진압을 하는 동안 그것의 붕괴 가능성을 염두에 두고 지속적인 감시와 더불어 활동해야 한다. 이러한 구조물이 취약한 구조적 원인은 한쪽 끝으로만 지탱되는 캔틸레버 보(Cantilevered Beams)의 구조를 가지고 있기 때문이다. (O | X)

정답 O

108 건물 출입구 위의 콘크리트 비 가림 덮개가 붕괴되는 시점은 대원들이 인명검색이나 화재진압을 위해 출입하는 경우기 때문에 화재초기에 특히 유의해야 한다. (O | X)

정답 X

해설 건물 출입구 위의 콘크리트 비 가림 덮개가 붕괴되는 시점은 대원들이 인명검색이나 화재진압을 위해 출입하는 경우와 잔화정리 직후이다. 따라서 화재진압을 위해 방수한 물이 흠뻑 머금은 시점인 잔화정리 단계에서도 비 가림 덮개나 건물이 붕괴될 위험이 크다는 점을 기억해야 한다.

109 현장지휘체계의 궁극적인 목적은 현장에서의 효과적인 활동을 할 수 있도록 관리하고, 구조대상자들의 안전을 보장하는 것이다. (O | X)

정답 X

해설 현장지휘체계의 궁극적인 목적은 현장에서의 효과적인 활동을 할 수 있도록 관리하고, 대원들의 안전을 보장하는 것이다.

110 구조대상자의 보호, 구출, 응급처치와 재산보호는 현장지휘관의 주요책임에 해당한다. (O | X)

정답 O

111 스트레스관리, 고독한 방랑자 관리, 중간점관리, 부족자원관리는 현장지휘관의 의사 결정능력에 해당하는 사항이다. (O | X)

정답 X

해설 지시와 통제능력에 관한 사항이다.

112 행동지향적이 아니라 지시지향적 태도, 모든 직원에 대한 관심과 공정성 유지는 현장 지휘관의 바람직한 자질과 성향에 해당한다. (O | X)

정답　O

113 현장지휘관은 현장의 위험요소가 안전이 확보된 타당한 것이라면 감수할 수 있는 능력이 있어야 한다. (O | X)

정답　O

114 지휘권을 확립하기 위해 현장지휘관은 관찰자의 입장에서 모든 상황을 평가하고 관리 하여야 한다. (O | X)

정답　X

해설　지휘권을 확립하는 것은 형식적 지휘소 운영과 상관없이 현장을 지휘하고 이에 대한 책임을 맡는 것이다. 소방 서비스의 명령 체계에서는 "관찰자"가 필요하지도 존재하지도 않는다.

115 지휘권 확립에 필요한 8가지(8단계)의 필수적 행동요소 중 4단계는 주기적으로 상황을 평가하고 예측하기이다. (O | X)

정답　O

해설　지휘권 확립에 필요한 8가지(8단계)의 필수적 행동요소
- 1단계 : 지휘권 이양 받기(지휘명령에 대한 책임 맡기)
- 2단계 : 지휘소 설치하기
- 3단계 : 기존의 상황평가정보 얻기(현재까지의 상황평가하기)
- 4단계 : 주기적으로 상황을 평가하고 예측하기
- 5단계 : 화재 건물의 1, 2차 검색을 관리하기
- 6단계 : 화재 완진 선언하기
- 7단계 : 화재현장 조사하기
- 8단계 : 화재현장 검토회의 주재하기(대응활동 평가)

116 지휘관은 물론 출동대원들 모두 "1차 검색"과 "2차 검색"의 용어를 이해하는 것이 중요하다. 다음은 "1차 검색"과 "2차 검색"에 대한 내용이다.

(1) 1차 검색은 호스가 전개되고 화재가 진압되기 전, 선착대(최초로 도착한 출동대)에 의해 수행되는 검색이다. (O | X)

(2) 2차 검색은 배연과 동시에 뜨거운 열기와 가시성이 열악한 상황에서 진행되는 신속한 검색이다. (O | X)

(3) 대부분의 피해자들은 1차 검색 때 발견되므로, 시간에 제한받지 않고 철저하게 이루어져야 한다. (O | X)

정답 (1) X, (2) X, (3) X

해설 1차 검색은 화재가 진행되는 도중에 검색작업이 진행되는 것을 말하며 화재가 진압된 직후, 선착대(최초로 도착한 출동대)에 의해 수행된다. 이것은 배연과 동시에 뜨거운 열기와 가시성이 열악한 상황에서 진행되는 신속한 검색에 해당된다. 대부분의 피해자들은 1차 검색 때 발견된다. 2차 검색은 좀 더 철저하게 이루어져야 한다. 2차 검색에는 시간제한이 없고, 보통 화재가 완전 진압되거나 잔화정리 단계에서 시작할 수 있다, 2차 검색을 하는 동안, 화재가 발생한 모든 구역이 다시 검색되며 위, 아래, 인접 구역 모두 2차 검색구역에 포함되어야 한다.

117 화재 발생 지점과 발화원인을 조사하는 것은 지휘관의 책임 중의 하나이다. (O | X)

정답 O

118 화점확인을 위한 정보수집은 항목이 중복되더라도 최대한 많은 정보를 수집하는 것이 좋다. (O | X)

정답 X

해설 정보수집의 청취요령 – 정보수집은 항목이 중복되지 않도록 임무분담을 정한다.

119 정보수집의 우선순위 중 연소확대 위험 여부, 소방용 설비 사용가부와 소방 활동상 필요한 정보는 제2순위에 해당한다. (O | X)

정답 X

해설 정보수집의 우선순위
- 제1순위 : 대피지연자가 있는가, 전원 피난완료 했는가. 부상자가 있는가 등 인명에 관한 정보
- 제2순위 : 가스누설과 폭발, 유독가스 등에 의한 2차 화재발생 및 위험에 관한 정보
- 제3순위 : 연소 확대 위험여부, 계단, 건축시설 및 옥내소화전 등의 소방용 설비 사용가부와 소방 활동상 필요한 정보
- 제4순위 : 피해상황, 출화 원인 등 예방, 진압상 문제점

120 외부에서 화점확인 방법 중 창 등 개구부로부터 연기가 분출하는 경우는 연기가 나오는 층을 화점층으로 판단하고 행동한다. (O | X)

정답 X

해설 창 등 개구부로부터 연기가 분출하는 경우는 연기가 나오는 층 이하의 층을 화점층으로 판단하고 행동한다.

121 야간의 경우 조명이 점등하고 있는 층보다 조명이 소등되어 있는 층에 화점이 있는 경우가 많다. (O | X)

정답   O

122 내부에서 화점확인 방법에 관한 설명이다.

(1) 옥외로 연기가 분출 또는 옥내에 연기가 있는 경우는 공조설비 등을 즉시 가동하여 연기를 배출한다. (O | X)

(2) 공조설비 등이 정지하고 있는 경우 또는 공조설비 등이 없는 경우에는 연기가 있는 최하층을 확인한다. (O | X)

(3) 연기가 충만하고 있는 경우는 각층 계단실의 출입구 및 방화문을 폐쇄·옥탑실 출입구 및 피난층 출입구를 개방하여 배연을 행하면서 확인하는 것이 원칙이다. (O | X)

정답   (1) X, (2) O, (3) O

해설   옥외로 연기가 분출 또는 옥내에 연기가 있는 경우는 공조설비 등을 즉시 정지시킨다.

123 수신기 패널에 여러 층에서 동시에 감지신호가 발생되는 경우도 있다. 이런 경우에는 수신기에 표시된 최상층에서부터 화점검색을 시작한다. (O | X)

정답   X

해설   수신기 패널에 여러 층에서 동시에 감지신호가 발생되는 경우도 있다. 이런 경우에는 수신기에 표시된 최하층에서부터 화점검색을 시작한다.

124 스프링클러 헤드 등이 작동하지 않고 자탐설비 수신반의 화재표시만 경보한 때에는 최초 경보 구역을 확인한다. (O | X)

정답   O

125 공조설비의 배기구, 흡기구에서 연기가 다량으로 분출하고 있을 때는 닥트 또는 닥트 부근의 화재라고 판단하여 화점을 확인한다. (O | X)

정답   O

126 다음은 후각을 이용한 화점 찾기이다. 빈칸을 채우시오.

- 음식물 타는 냄새 → (㉠) 위 검색
- 침대 매트리스에서 타는 냄새 → (㉡)
- 페인트가 연소하는 냄새 → 페인트 보관장소(작업장)
- 종이타는 냄새 → 책상 밑 쓰레기통
- 자극적인 매캐한 연기 냄새 → (㉢)
- 전기합선 냄새 → 전기배선이 있는 벽이나 천장 위
- 맛있는 쓰레기 냄새 → 부엌 쓰레기통
- 시커먼 연기와 합성수지 타는 냄새 → (㉣)
- 전열기구의 플라스틱 타는 냄새 → 커피포트, 기타 전기제품(스위치가 ON에 있는지 확인)
- 출처를 알 수 없는 아스팔트 타는 냄새 → 인도와 건물사이 틈(인도에 버려진 담배꽁초가 바람에 실려 건물 옆 좁은 틈에 쌓이면서 아스팔트 혼합물과 검은 연기와 함께 연소되는 경우도 있음)
- 고층 건물 내부에서 나는 출처 불명의 연기냄새 → (㉤)의 케이블에 과도하게 칠 해진 오일이 마찰열에 의해 연소되는 경우 몇 개의 층으로 연기가 확산될 수 있음

정답 ㉠ 가스(또는 전기) 레인지, ㉡ 침실, ㉢ 형광등과 같은 전등, ㉣ 옷장 안(이불과 옷), ㉤ 엘리베이터

127 알람 밸브가 작동될 때 그 원인을 찾는 5단계 활동은 '수신기 상에 표시된 층을 확인 → 스프링클러 시스템을 리세팅(Resetting) → 건물 위층부터 검색을 시작 → 가압송수 장치의 펌프를 확인 → 소방시설관리업체로 하여금 소방시설에 대한 전반적인 점검과 보수' 순이다. (O | X)

정답 O

128 HVAC 시스템이 차단된 후 검색을 하여도 화재 위치를 찾아내지 못했다면, 다시 시스템이 작동되도록 한다. 연기 냄새가 나지만 어느 층에도 화재 발생이 일어나지 않은 것이 확인되면, 건물 외부의 공기 흡입구를 확인한다. (O | X)

정답 X

해설 HVAC 시스템이 차단된 후 검색을 하여도 화재 위치를 찾아내지 못했다면, 다시 시스템이 작동되도록 한다. 연기 냄새가 나지만 어느 층에도 화재 발생이 일어나지 않은 것이 확인되면, HVAC 시스템 자체가 연기발생의 출처가 될 수 있다. 그런 경우에는 설비가 설치된 다용도실을 확인한다.

129 충전압력 300kgf/cm² 의 6.8L 용기를 경보 벨이 울릴 때까지 사용할 경우, 활동 대원이 매분 40L의 공기를 소비한다고 하면 사용가능시간은 약 41(분)이다. (O | X)

정답 O

해설 사용가능시간(분) = (300 − 55) × 6.8/40 = 약 41(분)
탈출소요압력은 경보 벨이 울리는 압력(신형 SCA680의 경우 55kgf/cm², 구형은 35kgf/cm² = 경보개시압력 30kgf/cm² + 오차범위 5kgf/cm²)으로 산출하기 때문에 탈출경로가 긴 경우 그에 따른 여유시간이 더 필요하다.

공기호흡기 사용 가능시간 산출 공식
[충전압력(kgf/cm²) − 탈출소요압력(kgf/cm²)] × 용기용량(L)/분당 호흡량(L/분)
※ 단위변환 전 공식으로도 문제를 풀어보시고 확실히 이해하시기 바랍니다.

130 옥내진입 시 진입 및 행동요령에 관한 설명이다.

(1) 2개 이상의 계단통로가 있고 급기계단, 배기계단으로 나뉘어 있을 때는 연기가 적은 급기계단으로 진입한다. (O | X)

(2) 불꽃이 보이는 실내에서는 중성대가 형성되고 있는 경우가 많기 때문에 방수 전에 신속하게 연소범위를 확인한다. (O | X)

(3) 진입계단을 확보하고자 할 때는 특정의 계단을 선정하여 1층과 옥상의 출입구를 개방하고 화점층의 계단실 출입문을 폐쇄하여 계단실 내의 연기를 배출시킨다. (O | X)

(4) 직상층에 진입하는 경우 화점층에서 화염이 스팬드럴(Spandrel)보다 높게 나올 때는 직상층 창을 최대한 개방하고 실내의 연기를 배출시킨다. (O | X)

정답 (1) O, (2) O, (3) O, (4) X

해설 직상층에 진입하는 경우는 창을 최대한 개방하고 실내의 연기를 배출시킨다. 화점층에서 화염이 스팬드럴(Spandrel)보다 높게 나올 때는 창의 개방에 의해서 화염이나 연기가 실내에 유입되는 경우가 있으므로 개방하지 않는다.

131 고층건물 상층의 창에 중성대가 생겨 화염과 연기가 분출하고 있을 때 불필요하게 아래층에 개구부를 만들면 중성대가 내려가게 되어 그 창의 전체가 배기구로 될 염려가 있으므로 주의한다. (O | X)

정답 O

132 동일층에 있어서 급기측 창과 배기측 창으로 구별할 수 있을 때는 급기측의 창으로 진입한다. (O | X)

정답 O

133 내부진입의 진입순서는 화점실, 인근실, 연소층, 화점상층, 화점하층의 순위로 한다. (O | X)

정답 O

134 진입경로의 선정은 신속, 정확, 안전의 관점에서 판단한다. (O | X)

정답 O

135 구조대상자 운반법 중 농연 중의 구출에 적합하고, 주로 구출거리가 짧은 경우에 활용하는 운반법은 안아 올려 운반구출, 전진 또는 후퇴 포복구출, 뒤로 옷깃을 끌어당겨 구출, 등에 업고 포복구출이다. (O | X)

정답 X

해설 안아 올려 운반구출은 구출거리가 짧은 경우만 해당, 뒤로 옷깃을 끌어당겨 구출은 농연 중의 구출만 해당
* 구출법은 총 10가지가 있으며, 각각의 방법을 이미지로 기억하고 특성을 구분하여 정리하는 것이 좋다(농연, 부상 여부, 거리 등으로 분류).

136 자력피난 가능자 유도를 위한 필요한 인원은 계단 출입구 2명 이상이고, 어른 100명에 1명, 어린이 50명에 1명 정도가 적합하다. (O | X)

정답 X

해설 자력피난 가능자 유도를 위한 필요한 인원은 계단 출입구 2명, 통로 모퉁이 1명 집단유도는 어른 50명에 1명, 어린이 20명에 1명 정도가 적합하다.

137 피난에 사용하는 계단 등의 우선순위는 원칙으로 옥외계단, 특별피난계단, 피난교, 옥외피난용 사다리 및 피난계단의 순서로 한다. (O | X)

정답 X

해설 피난에 사용하는 계단 등의 우선순위는 원칙으로 옥외계단, 피난교, 특별피난계단, 옥외피난용 사다리 및 피난계단의 순서로 한다.
* 암기 : 옥외, 교, 특, 옥외피사, 피계

138 보통의 환기작업은 소방호스라인이 내부에 진입하여 진화작업을 개시했을 때가 적절하다. (O | X)

정답 X

해설 소방호스라인이 내부에 진입하여 진화작업 준비가 완료되었을 때가 적절하다.

139 강제배연 방식 중 수직배연은 건물의 천장, 지붕의 배출구를 파괴 또는 개방하여 배출구로 하는 방식이다. (O | X)

정답   X

해설   배연형태의 분류
① 자연배연 방식
  ㉠ 수직배연
    건물의 경우 천장, 지붕의 배출구를 파괴 또는 개방하여 배출구로 하는 방식이다.
  ㉡ 수평배연
    벽에 있는 창문이나 출입문을 개방하여 배연하는 방식이다.
② 강제배연 방식
  ㉠ 송풍기 활용
  ㉡ 분무주수 활용
  ㉢ 배연차 활용
  ㉣ 고발포 활용
  ㉤ 제연설비 및 공기조화설비 활용
    건물에 설비된 제연설비 및 공기조화설비는 소방대의 장비와 인력이 필요하지 않은 장점이 있으므로 최대한 활용할 수 있는 방안을 강구해야 한다.

140 배연의 기본은 화재실의 중성대 위쪽에는 연기가 외부로 분출되고 아래쪽은 외부로부터 신선한 공기가 유입되는 자연환기의 원리를 따르는 것이다. (O | X)

정답   O

141 최상층 유리창이 많이 개방될수록 수직 환기 효과가 증가한다. (O | X)

정답   X

해설   수직배연의 유의점
• 부적절한 강제 환기와 병행하면 자연환기는 그 효과가 감소한다.
• 유리창의 과잉파괴가 행해지면 수직 환기 효과가 감소한다.
• 배연이 되고 있는 수직 환기구나 통로에서 주수를 하면 기류의 방향을 돌려놓는 결과가 되므로 주의한다.

142 수평배연의 효과를 결정하는 가장 큰 요소는 바람이다. (O | X)

정답   O

143 송풍기 활용 배연에 관한 설명이다.

(1) 일반적으로 개구부의 하단 등 낮은 장소에 설치하여 불어넣는 방식을 주로 쓰고 있으며(양성압력형 환기법), 때로는 배출구에서 배출가스를 뽑아내는 방식(음성입력형)도 사용하고 있다. (O | X)

(2) 송풍기 근처의 창문이나 출입문은 적절히 개방하여 효율성을 배가하여야 한다. (O | X)

(3) 송풍기 설치 시 배출구의 크기를 좀 더 크게 하는 것이 효율적이다. (O | X)

정답 (1) O, (2) X, (3) X

해설 송풍기 근처의 창문이나 출입문은 가능한 한 폐쇄하여 공기흐름에 방해가 되지 않도록 해야 한다. 송풍기 설치 시에는 배출구의 크기와 급기구의 크기가 같도록 하는 것이 효율적이다.

144 분무주수에 의한 배연요령은 관창 전개각도 60도 정도로 급기구를 완전히 덮을 수 있는 거리를 주수 위치로 선정하고, 개구부가 넓은 경우에는 2구 이상의 분무주수로 실시한다. 관창압력은 0.6MPa 이상이다. (O | X)

정답 O

145 간접공격법(로이드레만 전법)은 물의 큰 기화잠열(538cal)과 기화 시의 체적팽창력을 활용하여 배연뿐만 아니라 배열까지 가능한 전법이다. (O | X)

정답 O

146 간접공격법의 요령은 고온에 가열된 증기의 증가에 의해서 대원이 피해를 받지 않는 위치를 선정하고, 주수 시 개구부는 가능한 한 크게 하여 배연, 배열을 신속히 하는 것이 위험성을 감소시킨다. (O | X)

정답 X

해설 주수 시 개구부는 가능한 한 작게 하는 것이 위험성을 감소시킨다.

147 간접공격법(로이드레만 전법)은 옥내의 연소가 완만하여 열기가 적은 연기의 경우도 매우 효과적이다. (O | X)

정답 X

해설 옥내의 연소가 완만하여 열기가 적은 연기의 경우는 이 전법을 이용하는 것은 효과는 작으므로 유의한다.

148 다음은 상황별 배연작전에 관한 설명이다.

(1) 인명구조 중점의 배연작전은 다층구조의 화재현장에서 내부계단의 꼭대기 층을 배연하는 것이다. (O | X)

(2) 화재진압 중점의 배연작전이 효과가 있더라도 건물구조가 복잡하거나 장애물이 있는 열악한 작업환경이라면 화점까지 접근하는 것은 지극히 위험하므로 다른 배연작전을 전개해야 한다.
(O | X)

(3) 화재진압 중점의 배연작전은 공격방향 쪽에 있는 창문이나 문을 통해 배연함으로써 대원들이 안전하고 신속하게 화점에 접근하여 효과적으로 화재를 진압하도록 해 준다. (O | X)

(4) 배연작업은 반드시 진압팀(관창수)의 행동개시와 동시에 시행되어야 한다. 만약 배연작업이 진압팀(관창수)의 방수준비가 되기도 전에 개시한다면, 갑작스러운 플래시오버현상(Flashover)이나 역류현상(Backdraft)에 의해 오히려 화재 확산을 조장하거나 인명검색팀을 화염에 휩싸이게 하는 최악의 상황을 유발시킬 수 있다. (O | X)

(5) 폭발 위험을 제거하기 위한 배연작전의 구체적 목적은 가연성가스의 희석과 폭발 시 화염과 가스가 방출할 수 있도록 퇴로를 마련하는 것이다. (O | X)

(6) 폭발방지 중점의 배연작전은 초기에 옥상 채광창이나 옥상 출입구를 제거하는 것이다. (O | X)

(7) 확산방지 중점의 배연작전은 화재발생장소(구역)의 창문을 먼저 파괴하여 화염과 농연을 방출시켜야 한다. (O | X)

정답 (1) O, (2) X, (3) X, (4) O, (5) O, (6) O, (7) X

해설 (2) 배연이 효과가 있다면 건물구조가 복잡하거나 장애물이 있는 열악한 작업환경일지라도 화점까지 수십 미터를 효율적으로 접근하여 화점에 정확히 방수할 수 있다.
(3) 공격방향과 반대쪽에 있는 창문이나 문을 통해 배연하는 것이 대원들이 안전하고 신속하게 화점에 접근하여 효과적으로 화재를 진압하도록 해 준다.
(7) 화재발생장소(구역)의 천장을 먼저 파괴하여 화염과 농연을 방출시켜야 한다.

149 고층건물화재 배연작전에 관한 설명이다.

(1) 고층건물에서 공기의 흐름에 가장 큰 영향을 끼치는 것은 공조 시스템(HVAC System)이다. (O | X)

(2) 화재 시 농연의 흐름은 공조시스템 차단을 통해 어느 정도 통제할 수 있으나 아무 것도 굴뚝효과를 막을 수는 없다. (O | X)

(3) 저층 건물에서 배연하는 것은 수평배연과, 수직배연 두 가지 배연원리만 고려하면 된다. (O | X)

(4) 저층건물에서의 수평배연(Cross-ventilation)이란 통상의 자연통풍(Naturalventilation)을 활용하기 위해 방의 창문을 개방하여 실내에 상당히 빠른 속도의 기류를 만들어 빠져나가도록 하는 것을 말한다. (O | X)

(5) 주거용 고층건물 중 주상복합고층건물은 화재진압이 낙관적으로 진행되고 있거나 화재가 완전히 진압된 후에 배연을 시작하는 것이 바람직하다. (O | X)

(6) 주거용 고층건물은 비교적 좁게 세분화된 방화구획 구조로 되어 있어 굴뚝효과가 최소화되기 때문에 배연작업은 효과적이며 많은 생명을 구하는 데 결정적인 기능을 할 수 있다. (O | X)

(7) 주거용 고층건물과 상업용 고층건물의 배연방침은 배치된다. (O | X)

(8) 상업용 고층건물화재 시 심각한 생명의 위험이 없고 화재를 통제할 수 없을 경우 신속히 배연을 실시해야 한다. (O | X)

(9) 사무실용 고층화재 시 일반적으로 쓰이는 기본적 진압방법은 공조 시스템을 차단하고 배연 작용 없이 화재를 진압하는 것이다. 그러나 화재가 완전히 진압된 후에는 배연금지 방침은 변화된다. (O | X)

(10) 상업용 고층건물에서 화재가 진압된 후, 창문을 열 수 없다면 공조 시스템이 건물의 배연을 위해 이용될 수 있다. (O | X)

(11) 공조 시스템(HVAC System)을 통한 배연을 하기 위한 공조 시스템 가동절차 4단계는 "① 외부 배출을 위해 배기구를 열도록 한다. ② 신선한 공기 유입을 위해 공기 흡입구를 열도록 한다. ③ 연기가 차있는 층의 재순환 통로를 차단하도록 한다. ④ 공조 시스템을 작동시키도록 한다." 이다. (O | X)

(12) 계단에 남아있는 농연을 배출하기 위해 가끔 굴뚝효과를 이용한다. 예를 들어, 겨울에 계단을 수색한 후 주거자가 없다는 것이 밝혀지고, 농연이 몇몇 중간 층계에서 층을 이룬다면 지붕, 옥상 채광창, 옥상 출입구의 뚜껑과 동시에 일층 출입문을 열어야 한다. (O | X)

(13) 배연을 위한 계단 이용에 있어, 굴뚝효과를 약화시키기 위해 공격통로와 피난통로로 통하는 1층 현관문(Lobby Door)은 닫힌 상태로 유지되도록 통제해야 한다. (O | X)

정답 (1) X, (2) O, (3) O, (4) X, (5) O, (6) O, (7) O, (8) X, (9) O, (10) O, (11) X, (12) O, (13) X

해설 (1) 고층건물에서 공기의 흐름에 가장 큰 영향을 끼치는 것은 굴뚝효과이다.
(4) Cross-ventilation은 수평배연으로 창문을 상대적으로 크게 여는 것 등으로 통상의 자연통풍(Naturalventilation)보다 개구부 면적을 크게 하는 것이다.
 * 자연배기 방법 중 수평배연과 고층건물 배연 중 저층건물의 수평배연은 구분할 필요가 있음
(8) 심각한 생명의 위험이 없고 화재를 통제할 수 없을 경우, 배연은 금지된다. 배연은 연소 확대 가능성이 매우 낮은 화재진압이 완료된 후에 실시해야 한다.
(11) 공조 시스템 가동절차 4단계 : ① 신선한 공기 유입을 위해 공기 흡입구를 열도록 한다. ② 연기가 차있는 층의 재순환 통로를 차단하도록 한다. ③ 외부 배출을 위해 배기구를 열도록 한다. ④ 공조 시스템을 작동시키도록 한다.
(13) 굴뚝효과를 약화시키기 위해 공격통로로 통하는 1층 현관문(Lobby Door)은 닫힌 상태로 유지되도록 통제해야 한다. 그러나 피난통로로 통하는 1층 현관문(Lobby Door)은 신선한 공기의 유입량을 증가시키기 위해 개방되도록 해야 한다.

150 소방호스를 사리는 방법에는 소방차량의 적재나 사용계획에 따라 여러 방법이 있다. 어떠한 방법이든지 소방호스의 결합구가 보호되도록 해야 하며 일반적으로 한겹말은 소방호스, 두겹말은 소방호스, 접은 소방호스의 3종류가 있다. (O | X)

정답   O

151 두겹말은 소방호스는 일반적으로 소방호스 보관대에 보관할 때, 화재현장에서 사용 후 철수하기 위해 적재할 때 등에 사용한다. (O | X)

정답   X

해설   한겹말은 소방호스에 관한 설명이다.

152 한겹말은 소방호스는 좁은 장소 등에서 소방호스가 감겨진 상태에서 곧바로 사용하고자 할 때 주로 사용된다. (O | X)

정답   X

해설   두겹말은 소방호스에 관한 설명이다.

153 접은 소방호스는 소방호스를 일정한 길이로 접어서 포개어 놓는 방법이다. 주로 소방 차량에 적재할 때, 화재현장에서 사용 후 철수할 때 등에 쓰인다. (O | X)

정답   O

154 소방호스가 강하게 접히는 부분이 많은 단점이 있는 적재방법은 말굽형 적재와 평면형 적재이다. (O | X)

정답   X

해설   말굽형 적재는 소방호스가 강하게 접히는 부분이 적은 장점이 있으나 어깨운반 시 등에 불편한 단점이 있다.

155 아코디언형 적재는 적재하기가 쉽고 적재함에서 손쉽게 꺼내 운반할 수 있으며, 소방차의 진동 등에도 덜 닳는 장점이 있다. (O | X)

정답   X

해설   • 아코디언형 적재는 적재하기가 쉽고 적재함에서 손쉽게 꺼내 운반할 수 있는 장점이 있으나 소방호스가 강하게 접히는 부분이 많은 단점이 있다.
• 평면형 적재는 소방차의 진동 등에도 덜 닳는 장점이 있으나 소방호스가 강하게 접혀 눌리는 단점이 있다.

156 필요한 소방호스의 판단은 수리위치에서 출화 지점까지의 거리에 10% 정도의 여유를 둔 소방호스 수로 한다. (O | X)

정답 X

해설 필요한 소방호스의 판단은 수리위치에서 출화 지점까지의 거리에 30% 정도의 여유를 둔 소방호스 수로 한다.

157 여유 소방호스는 화재건물로부터 조금 떨어진 활동장해가 되지 않는 위치에 소방호스라인(Line)을 뱀이 움직이는 형태로 확보한다. 여유 소방호스는 가능한 한 최대한으로 두는 것이 좋다. (O | X)

정답 X

해설 건물의 계단이나 통로 등 좁은 공간에는 여유 소방호스를 두면 소방활동에 장해가 되므로 여유 소방호스는 최소한으로 두는 것이 좋다.

158 옥내 소방호스 연장 시 최초의 호스는 일반적으로 불길이 배출되고 있는 창문이 있다면 신속하게 창문을 향해 방수해야 한다. (O | X)

정답 X

해설 주택이나 아파트 내의 화재에서, 최초의 호스는 앞, 뒤 또는 측면의 복도(출입문)을 통해 호스를 전개해야 한다. 이것은 출입구를 향한 방수와 동시에 창문, 문 또는 다른 배창구를 통해 열, 불꽃, 연기가 배출되도록 하기 위한 관창배치 방식이다. 최초의 호스는 일반적으로 불길이 배출되고 있는 창문을 향해 방수해서는 안 된다. 창문이 아닌 출입문을 통해 진입 또는 공격하는 가장 큰 장점 중 하나는 희생자들 대부분이 출입문 안쪽이나 복도에서 발견된다는 점이다. 출입문을 통해 최초의 호스를 전개하는 대원은 종종 화점 진입 도중에 우연히 희생자들을 발견할 확률이 가장 높다는 것이다.

159 호스전개의 우선순위 결정은 기본적으로 "RECEO" 원칙을 기준으로 판단해야 한다. (O | X)

정답 O

160 두 번째 호스배치는 첫 번째 호스배치 원칙(접근경로)을 보완하기 위해 출입문이 아닌 창문을 통해 접근해야 한다. (O | X)

정답 X

해설 두 번째 호스배치 역시 창문이 아닌 출입문을 통해 접근하는 4가지 이유
- 두 번째 호스배치를 첫 번째 호스배치와 같은 접근경로를 따르도록 할 때, 폭발이나 Flashover, 붕괴 상황이 전개될 경우에 첫 번째 진압팀을 보호하는 데 도움을 줄 수 있다.
- 첫 번째 호스팀이 진압에 실패하면 두 번째 호스팀이 그 자리로 가서 화재를 진압할 수 있다.
- 하나의 진압팀이 진입하기에 화재가 너무 큰 경우, 하나의 진압팀이 추가로 합류하여 진압하는 것이 효과가 훨씬 더 크다.
- 두 번째 호스배치가 필요 없다면, 두 번째 호스는 직상층 또는 인접 공간으로의 확산을 막기 위해 즉각 배치될 수 있다.

161 4층 다세대 주택화재(2층이 화점층)에서, 1차 진입팀이 잠긴 2층 출입문을 개방하지 못한 상태라면 신속히 3층으로 호스를 재배치해야 한다. (O | X)

정답 X

해설 4층 다세대 주택화재(2층이 화점층)를 예로 들면, 1차 진입팀이 잠긴 2층 출입문을 개방하지 못한 상태에서 3층으로 호스를 재배치하는 것은 매우 위험하다. 특히 이때 2층 창문을 통한 외부공격이 이루어지게 되면 내부 화염을 출입구 방향의 복도와 계단(천장공간을 통하여)으로 몰아가게 되고 이때 3층 진입팀은 고립상황에 직면하게 된다. 이와 같은 상황은 출입문을 갑자기 개방한 경우에 "Flashover"가 발생되면서 화염을 통제하지 못하는 경우에도 발생된다.

162 다층구조 건물의 샤프트(수직 통로) 화재에서 화재가 수직 통로로 확대되고 있다면 첫 번째 호스를 화점층에 전개하고, 그 다음 화점 직상층으로 호스를 전개한다. (O | X)

정답 X

해설 다층구조 건물의 샤프트(수직 통로) 화재에서 화재가 수직 통로로 확대되고 있다면 호스를 꼭대기 층으로 전개하는 것은 필수적이다. 첫 번째 호스가 화점층에 전개되었다면, 그 다음으로 꼭대기 층으로 호스를 전개한다. 샤프트 화재 건물에서 가장 뜨거운 온도가 감지되는 곳은 꼭대기 층의 개방 통로이다.

163 공격적 내부진압 전술의 전술적 구성요소이다.

(1) 소방관들은 엄호관창이 배치되기 전에 건물에 진입해서는 안 된다. (O | X)

(2) 소방관들은 화재 현장으로 신속하게 진입하기 위해 65mm 관창을 전개한다. (O | X)

(3) 소방관들은 화재가 완전히 진압된 후에 희생자 구조를 위한 예비검색을 실시해야 한다. (O | X)

(4) 소방관들은 지붕배연을 하지 않고 기타 개구부를 통해 배연한다. (O | X)

정답 (1) X, (2) X, (3) X, (4) X

해설 공격적 내부진압 전술의 10가지 전술적 구성요소
- 소방관들은 출입구로 진입하여 연소 중인 건물이나 복도로 호스를 전개해야 한다.
- 소방관들은 배연을 위해 상층부 파괴나 지붕배연을 시도해야 한다.
- 소방관들은 엄호관창이 배치되기 전에 건물에 진입해서 화재 지점을 검색해야 한다.
- 소방관들은 화재가 완전히 진압되기 전에 희생자 구조를 위한 예비검색을 실시해야 한다.
- 소방관들은 화재가 완전히 진압되기 전에 화재 발생 위층을 검색해야 한다.
- 배연을 위해, 소방관들은 창문을 파괴해야 한다.
- 소방관들은 문을 개방하기도 하고, 내부에 불길이 있을 때 문을 닫아야 하는 경우도 있다.
- 소방관들은 숨은 공간에 연소 확대의 우려가 있는지 확인하기 위해 벽이나 천장을 파괴해야 한다.
- 소방관들은 화재 현장으로 신속하게 진입하기 위해 40mm 호스를 이용한다.
- 소방관들은 소화전과 같이 지속적인 소방용수 공급원보다는 제한된 소방용수 환경에서 화재를 진압해야 한다.

164 소극적 내부진압 전술의 전술적 구성요소이다.

(1) 소방관들은 출입구로 진입하여 호스를 전개하지 않는다. 추가적인 호스는 화재를 제한하기 위해 전개한다. (O | X)

(2) 소방관들은 문을 개방하기도 하고, 내부에 불길이 있을 때 문을 닫아야 하는 경우도 있다. (O | X)

(3) 소방관들은 천천히 하나의 40mm 관창을 전개한다. (O | X)

정답 (1) O, (2) X(공격적 내부진압 전술에 해당), (3) X

해설 소극적 내부진압 전술의 10가지 전술적 구성요소
- 소방관들은 출입구로 진입하여 호스를 전개하지 않는다. 추가적인 호스는 화재를 제한하기 위해 전개한다.
- 소방관들은 지붕배연을 하지 않고 기타 개구부를 통해 배연한다.
- 소방관들은 엄호관창이 배치되지 않는 한 화재지역을 검색하지 않는다.
- 소방관들은 지휘관의 지침에 따라 화재가 진압될 때까지 예비검색을 실시하지 않는다.
- 소방관들은 화재가 진압되기 전에 화재 발생 위층으로 올라가 검색하지 않는다.
- 소방관들은 지시가 없는 한, 창문을 파괴하여 배연시키지 않는다.
- 소방관들은 지시가 없는 한, 문을 개방하지 않는다.
- 소방관들은 지시가 없는 한, 숨은 공간에 연소 확대의 우려가 있는지 확인하기 위해 벽이나 천장을 파괴하지 않는다.
- 소방관들은 천천히 하나의 65mm 관창을 전개한다.
- 소방관들은 소화전과 같이 지속적인 소방용수 공급원이 확보되지 않는 한, 내부진입을 하지 않는다.

165 안전한 내부 진입활동을 위한 안전수칙은 펌프차에서 방수를 준비하는 동안 신속히 호스를 가지고 진입하여, 출입구에서부터 화재진행 상황을 먼저 파악해 나간다. (O | X)

정답 X

해설 펌프차에서 방수개시를 하기 전, 즉 물 공급이 안 된 호스를 전개하여 진입해서는 안 되며, 호스에 물이 공급될 때 진입, 출입구에서부터 주수하여 화재실의 열기를 식힌 다음 현장에 진입한다.

166 안전한 내부 진입활동을 위한 안전수칙 중 화재현장에 진입할 때는 가능한 배연동시 원칙을 지키도록 한다. 현장에 진입할 때는 화염과 열기, 그리고 연기 배출하기 위해 가능한 모든 문, 창문 채광창을 개방한다. (O | X)

정답 O

167 안전한 내부 진압활동을 위한 안전수칙 중 후착대는 화재실로 들어가는 진입팀 바로 뒤에 붙어 부서하여 위험에 대비해야 한다. (O | X)

정답 X

해설 화재실로 들어가는 진입팀 바로 뒤에 붙어서 부서해서는 안 된다. 바로 앞에 있는 팀이 플래시오버 등으로 갑작스러운 화염과 열기가 밀어 닥칠 때 후퇴할 여지를 남겨두어야 한다. 뒤에 있는 팀은 앞에 있는 팀이 바로 앞에서 느끼는 열기를 항상 느끼지 못할 수 있다.

168 옥외 소방호스 연장에 관한 설명이다.

(1) 3층 이하의 경우는 손으로 연장하거나 소방호스를 매달아 올려 연장한다. (O | X)

(2) 소방호스 1본마다 결합부분을 지지점으로 하여 결속한다. (O | X)

(3) 건물에서 이동할 시는 소방호스의 중량으로 몸이 후방으로 당겨져 몸이 불안정하게 되므로 안전 확보를 실시한 후 진입한다. (O | X)

정답 (1) O, (2) O, (3) O

169 소방호스 지지요령에 관한 설명이다.

(1) 충수된 소방호스의 중량은 65mm가 약 80kg, 40mm가 50kg이다. (O | X)

(2) 소방호스의 지지, 고정은 소방호스에 로프로 감아 매기를 하는 것이 효과적이며 원칙으로 1본에 1개소를 고정한다. (O | X)

(3) 소방호스의 지지점은 결합부의 바로 윗 쪽이 가장 효과적이다. (O | X)

(4) 로프를 매달아 고정할 때는 소방호스보다도 로프 신장율이 크므로 로프 쪽을 짧게 한다. (O | X)

정답 (1) O, (2) O, (3) X, (4) O

해설 (3) 소방호스의 지지점은 결합부의 바로 밑이 가장 효과적이다.

170 구획별 관창 배치 우선순위 중 도로에 면하는 화재는 도로에 면하는 쪽을 우선으로 배치하고 풍횡측, 풍상측의 순으로 포위한다. (O | X)

정답 X

해설 도로에 면하는 화재는 도로의 접하지 않는 쪽을 우선으로 배치하고 풍횡측, 풍상측의 순으로 포위한다.

171 화재성상별 관창 배치 우선순위 중 제1성장기의 경우는 옥내에 진입하여 화점을 일거에 소화한다. 제2성장기의 경우는 옥내에 진입하되, 2층 이상 건물의 경우는 고층부분을 중점으로 하고 단층일 때는 천장 속을 중점으로 한다. (O | X)

정답 O

172 구획 중앙부 화재나 최성기의 경우는 연소 건물의 풍상측에 우선으로 배치하고 풍횡측, 풍하측의 순으로 포위한다. (O | X)

정답 X

해설 구획 중앙부 화재는 풍하측을 우선으로 하고 풍횡측, 풍상측의 순으로 포위한다. 최성기의 경우는 연소 건물의 풍하측에 우선으로 배치하고 풍횡측, 풍상측의 순으로 포위한다. 단, 풍상, 풍횡측에 있어서도 인접건물 간격이 좁을 경우는 위험도에 따라서 배치한다. 또한 경사지에 있으면 높은 측을 우선한다.

173 기상조건별 관창배치 우선순위 중 풍속이 5m/sec 이상이 되면 비화발생 위험이 있으므로 풍하측에 비화경계 관창을 배치한다. (O | X)

정답 O

174 풍속이 3m/sec 이하가 되면 방사열이 큰 쪽이 연소위험이 있으므로 그 방향을 중점으로 관창을 배치한다. (O | X)

정답 O

175 강풍(대략 풍속 13m/sec 이상)일 때는 풍하측에 대구경 관창을 배치하여 협공한다. (O | X)

정답 X

해설 강풍(대략 풍속 13m/sec 이상)일 때는 풍횡측에 대구경 관창을 배치하여 협공한다.

176 옥내계단에 대한 관창배치 요령이다. 개방과 폐쇄 중 맞는 말을 쓰시오.

- 화점층의 계단실로 통하는 방화문을 (   )하고 화점실의 창을 파괴한다.
- 직상층의 계단실로 통하는 방화문을 (   )한다.
- 옥탑 계단실의 문을 (   )한다.
- 화점층 방화문의 외측 및 상층의 계단실 부근을 중점적으로 경계한다.
- 상층에 구조대상자가 있는 경우가 있으므로 특히 위와 같은 행동으로 각 층으로의 연기유입을 방지하는 것이 중요하다.

정답 폐쇄, 폐쇄, 개방

해설 • 화점층의 계단실로 통하는 방화문을 폐쇄하고 화점실의 창을 파괴한다.
　　　• 직상층의 계단실로 통하는 방화문을 폐쇄하여 연기의 유입을 막는다.
　　　• 옥탑 계단실의 문을 개방하여 계단실내의 연기를 배출한다.

177 닥트 스페이스(Duct Space) 관창은 화점층, 직상층, 최상층에 배치한다. (O | X)

정답 O

178 파이프샤프트 내에 연소하고 있을 때는 최상층, 점검구 혹은 옥상으로부터 주수한다. (O | X)

정답 O

179 직사주수 시 관창의 개폐조작은 최대한 신속하게 한다. (O | X)

정답 X

해설 관창의 개폐조작은 서서히 한다.

180 직사주수 시 관창수는 반동력과 충격에 대비하여 체중을 전방에 둔다. (O | X)

정답 O

181 사정거리가 길고, 다른 방법에 비해 바람의 영향이 적어 화세가 강해 접근할 수 없는 경우에 유효하며 파괴력이 강해 창유리, 지붕 기와 등의 파괴, 제거 및 낙하위험이 있는 물건의 제거에도 유효한 주수방법은 직사주수이다. (O | X)

정답 O

182 고속분무주수 요령은 관창압력 0.6MPa, 관창 전개각도 10~30° 정도를 원칙으로 한다. (O | X)

정답 O

183 중속분무주수의 특성은 닥트스페이스, 파이프샤프트 내 등의 소화에 유효하다. (O | X)

정답 X

해설 고속분무주수의 특성이다.

184 고속분무주수와 중속분무주수는 유류화재에 효과가 있다. (O | X)

정답 O

185 중속분무주수는 주수범위가 넓기 때문에 연소실체에의 주수는 불가능하다. (O | X)

정답 X

해설 주수범위가 넓다. 따라서 연소실체에의 주수가 가능하다.

186 고속분무주수는 용기, 소탱크의 냉각에 유효하다. (O | X)

정답 X

해설 중속분무주수의 특성이다.

187 중속분무주수 시 화점실 내에 주수하는 경우에는 열기의 분출에 주의하고 개구부의 정면에 위치하여 개구부 전체를 덮도록 하고, 내부의 상황을 확인하면서 진입한다. (O | X)

정답 X

해설 중속분무주수의 안전관리 중 화점실 내에 주수하는 경우는 열기의 분출에 주의하고 개구부의 정면에 위치하는 것을 피해 주수하되, 내부의 상황을 확인하면서 진입한다.

188 저속분무주수는 간접공격법에 가장 적합한 주수방법이다. (O | X)

정답 O

189 간접공격법의 전제조건 중 가열증기가 몰아칠 염려가 있는 경우는 직사주수로 화점실 천장면에 충돌시켜 반사주수를 병행한다. (O | X)

정답 X

해설 가열증기가 몰아칠 염려가 있는 경우는 분무주수에 의한 고속분무로 화점실 천장면에 충돌시켜 반사주수를 병행한다.

190 간접공격법은 옥내의 연소가 완만하여 열기가 적은 연기의 경우에도 효과가 있다. (O | X)

정답 X

해설 옥내의 연소가 완만하여 열기가 적은 연기의 경우는 이 전법을 이용하더라도 효과는 적으므로 개구부 개방 등에 의해 연기를 배출하면서 화점을 확인하여 직사주수 또는 고속분무주수를 짧게 계속하는 편이 수손을 적게 할 수 있다.

191 확산주수와 반사주수는 직사 또는 분무주수로 한다. (O | X)

정답 O

192 소방력이 적을 때의 방어에 유효하고, 낙하물의 제거에 유효한 주수는 반사주수이다. (O | X)

정답 X

해설 확산주수의 주수특성
- 광범위하게 주수하는 것이 가능하다.
- 소방력이 적을 때의 방어에 유효하다.
- 낙하물의 제거에 유효하다.
- 냉각에 유효하다.
- 저압의 경우 잔화정리에 유효하다.

193 내화건물 내 축적된 열의 냉각에 효과적이지만 수손방지에 대하여 유의할 필요가 있는 주수는 확산주수이다. (O | X)

정답 X

해설 반사주수의 주수특성
- 직접 연소실체에 주수할 수 없는 곳(사각)의 소화에 유효하다.
- 옥외에서 옥내의 사각지점 소화에 유효하다.
- 내화건물 내 축적된 열의 냉각에 효과적이지만 수손방지에 대하여 유의할 필요가 있다.
- 주수효과의 확인이 곤란하므로 효과 없는 주수가 되기 쉬운 결점이 있다.

194 사다리를 활용한 주수 요령 중 어깨에 거는 방법의 경우는 전개형 분무관창의 직사주수로 0.25MPa이 한도이지만, 허리에 대는 방법은 관창을 로프로 창틀 또는 사다리 선단에 결속하면 0.3~0.4MPa까지도 방수할 수 있다. (O | X)

정답 O

195 사다리를 활용한 주수 요령 중 배기구의 경우는 분무주수로 하고, 급기구의 경우는 직사주수 또는 분무주수를 한다. (O | X)

정답 X

해설 배기구의 경우는 직사주수로 하고, 급기구의 경우는 직사주수 또는 분무주수를 한다.

196 사다리에서 횡방향으로의 주수는 위험하다. 소방호스는 사다리의 중간에 로프 등으로 결속하여 낙하방지를 꾀한다. (O | X)

정답 O

197 사다리차를 활용한 주수 요령 중 사다리 각도는 75° 이하로 하고, 건물과 3~5m 이상 떨어져 주수한다. (O | X)

정답 O

198 사다리차를 활용한 주수 요령 중 주수는 보통 관창구경 23mm로 관창압력 0.9MPa 이하로 하고 기립각도, 신장 각도, 풍압, 선회각도를 고려하여 실시한다. 주수각도의 전환은 좌우각도 15° 이내, 상하 약 60° 이내로 하고 그 이상의 각도가 요구되는 경우는 사다리의 선회, 연장, 접는 방법으로 한다. (O | X)

정답 O

199 화재실의 소화 방법 중 다음 빈칸에 들어갈 주수방법을 〈보기〉에서 고르시오.

| 보기 |
직사주수, 분무주수, 확산주수, 반사주수

- 진입구에서 실내에 충만한 농연을 통해 희미한 화점 또는 연소가 확인된 때는 화점에 (㉠) 및 (㉡)를 병행해서 실시한다.
- 화재 초기로 수용물 또는 벽면, 바닥면 혹은 천장 등이 부분적으로 연소하고 있을때는 실내로 진입해 (㉢) 또는 (㉣)에 의해 소화한다.
- 실내전체가 연소하고 있는 화재중기의 경우는 직사주수에 의해 진입구로부터 실내전체에 (㉤)한다.

정답 ㉠ 직사주수, ㉡ 확산주수, ㉢ 직사주수, ㉣ 분무주수, ㉤ 확산주수

200 화재실의 소화 시 주수목표는 천장, 수용물, 벽면, 바닥면 등의 순서로 한다. (O | X)

정답 X

해설 주수목표는 천장, 벽면, 수용물, 바닥면 등의 순서로 한다.
* 암기 : 천벽수바

201 엄호주수 요령은 관창압력 0.6MPa 정도로 분무주수를 한다. 관창각도는 60~70°로 하고 관창수 스스로가 차열을 필요로 할 때는 70~90°로 한다. (O | X)

정답 O

202 엄호주수는 작업 중인 대원의 등 뒤에서 가장 열기를 많이 받는 신체 부위를 먼저 보호할 수 있도록 분무주수로 한다. (O | X)

정답 X

해설 엄호주수는 작업 중인 대원의 등 뒤에서 신체 전체를 덮을 수 있도록 분무주수로 한다.

203 구조대상자에 대한 엄호주수(구조주수)는 유효사정을 확보하기 위해 고속분무(10~15°) 주수한다. (O | X)

정답 O

204 3D 주수기법이란 화재가 발생되어 연소 중인 가연물질 표면과 실내 전체에 퍼져있는 연기에도 주수하는 방식이다. 즉, 3차원적(다각도) 화재진압 방식을 말한다. (O | X)

정답 O

205 3D 주수기법은 펄싱(Pulsing), 페인팅(Painting), 펜슬링(Penciling)으로 나눌 수 있다. (O | X)

정답 O

206 펜슬링 기법은 해당 공간을 3차원적으로 냉각시키는 방식이며, 펄싱 기법은 벽면의 온도를 낮추고 열분해를 중단시키는 것이며, 페인팅 기법은 연소 가연물에 직접 주수하여 화재 진압을 하는 방법을 말한다. (O | X)

정답 X

해설 펄싱 기법은 해당 공간을 3차원적으로 냉각시키는 방식이며, 페인팅 기법은 벽면의 온도를 낮추고 열분해를 중단시키는 것이며, 펜슬링 기법은 연소 가연물에 직접 주수하여 화재 진압을 하는 방법을 말한다.

207 펜슬링 주수기법은 화재환경을 제한하고 통제하며 화점실까지 도달하게 도와주는 것이라면 펄싱, 페인팅 주수기법은 실제 화재진압용 기술이다. (O | X)

정답 X

해설 펄싱, 페인팅 주수기법은 화재환경을 제한하고 통제하며 화점실까지 도달하게 도와주는 것이라면 펜슬링 주수기법은 실제 화재진압용 기술이다. (O | X)

208 펄싱 주수기법은 주수를 통해 주변의 공기와 연기를 냉각시키고, 페인팅 주수기법은 벽면과 천장의 온도를 낮추고 열분해를 중단시키는 것이며, 펜슬링 주수기법은 화점에 직접 주수를 하면서 화재를 진압하는 방식이다. (O | X)

정답 O

209 펄싱 주수기법은 간헐적으로 물을 뿌려주는 것을 말하는 것으로 해당 공간을 3차원적으로 냉각시키는 것을 말하며, 숏펄싱(Short Pulsing), 미디움펄싱(Medium Pulsing), 롱펄싱(Long Pulsing) 세 가지 방법이 있다. (O | X)

정답 O

210 숏펄싱(Short Pulsing) 기법은 내부에 진입해서 상부로 주수를 하여 산소농도를 낮추며 가연성 가스를 식히고 희석시켜 자연발화 온도에 도달하는 것을 방지한다. 대원 머리 위 또는 근처에 고온의 화재가스가 있을 경우 바로 사용하는데, 이때 1초 이내로 짧게 끊어서 주수하며, 물의 입자가 클수록 효과가 높은 장점을 가지고 있다. (O | X)

정답 X

해설 물의 입자(0.3mm 이하)가 작을수록 효과가 높은 장점을 가지고 있다.

211 숏펄싱(Short Pulsing), 미디움펄싱(Medium Pulsing), 롱펄싱(Long Pulsing)의 가장 큰 차이점 중 하나는 관창 개폐조작 시간이다. (O | X)

정답 O

해설
- 숏펄싱 관창의 개폐조작은 1초 이내로 짧게 끊어서 조작한다.
- 미디움펄싱 관창의 개폐조작은 1~2초 이내로 끊어서 조작한다.
- 롱펄싱 관창의 개폐조작은 2~5초 이내로 끊어서 조작한다.

212 숏펄싱(Short Pulsing), 미디움펄싱(Medium Pulsing), 롱펄싱(Long Pulsing) 중 다음 설명에 맞는 것을 빈칸에 쓰시오.

> - (㉠) : 상부 화염 소화, 가스층 희석 및 온도를 낮추어 대원들이 내부로 더 깊이 침투할 수 있도록 하며, 주어진 상황에 따라서 3~5초의 간격으로 다양하게 적용한다. 좌(우)측, 중앙, 우(좌)측 순으로 상층부에 주수하며 구획실 공간 전체 용적을 채울 수 있도록 수차례 나눠서 주수한다.
> - (㉡) : 건물내부에 진입하기 전 출입문 상부에 주수를 하여 물이 방수와 동시에 증발을 하는지 확인한다. 만약 증발을 하게 되면 내부가 매우 뜨겁다는 것이다. 그래서 물을 뿌렸을 때 증발하는지 흘러내리는지를 세심하게 관찰하여야 한다. 또한 증발할 때는 어느 위치에서 증발하는지를 판단해야 하고 그 다음에 출입문 내부 천장부분에 주수한다.
> - (㉢) : 관창수는 화점실 진입 전 전면 상층부 연기층 및 간헐적 화염을 목표로 주수한다. 관창의 개폐조작은 1~2초 이내로 끊어서 조작한다.

정답 ㉠ 롱펄싱(Long Pulsing), ㉡ 숏펄싱(Short Pulsing), ㉢ 미디움펄싱(Medium Pulsing)

213 페인팅 주수기법은 내부 벽면과 천정을 페인트칠하듯 물을 살짝 주수하는 방식이다. (O | X)

정답 O

214 페인팅 주수기법은 많은 양을 주수함으로써, 벽면과 천정이 나무와 같은 가연성 물질로 구성되어 있으면 표면냉각과 열분해를 줄일 수 있으며, 불연성 물질로 되어 있으면 복사열 방출을 줄여 가연물 열분해를 방지하고 가연성 연기층을 냉각시키는 효과가 있다. (O | X)

정답 X

해설 페인팅 주수기법은 지나치게 많은 양의 주수는 하지 않는다. 냉각 후에 결과를 보기 위해 잠시 기다린 후 쉿쉿 소리가 들리면 매우 높은 온도를 의미하고 바닥에 물이 떨어지는 소리는 낮은 온도를 의미한다. 벽면이 매우 뜨겁다면 너무 많은 증기가 발생하지 않도록 페인팅 주수 중단 시간을 길게 할 필요도 있다.

215 페인팅 주수요령은 움직임이 크므로 펄싱 주수 자세보다 좀 더 낮은 자세를 유지한다. (O | X)

정답 X

해설 움직임이 큼으로 펄싱 주수 자세보다 좀 더 높은 자세를 유지한다.

216 페인팅 주수 시 관창수는 화점실 접근 시 문틀 주변에 주수(불이 다른 구역으로 번지지 않도록 냉각)하고, 화점실 진입 시 벽면 및 천정을 목표로 주수한다. (O | X)

정답 O

217 펜슬링 주수기법은 직사주수 형태로 물방울의 크기를 키워 중간에 기화되는 일이 없도록 물을 던지듯 끊어서 화점에 바로 주수하여 화재진압을 시작하는 방식이며, 연소 중인 물체의 표면을 냉각시켜 주면서 다량의 수증기 발생 억제 및 열 균형을 유지시켜 가시성을 유지시키는 효과가 있다. (O | X)

정답 O

218 펜슬링 주수요령은 구획실 내 화점이 여러 곳일 경우 펜슬링(공간), 펄싱주수(화점), 펜슬링 그리고 페인팅 기법을 반복하면서 주변공간을 냉각시키고 화재를 완전히 진압한다. (O | X)

정답 X

해설 펜슬링(화점), 펄싱주수(공간)

219 3D 주수기법 적용 시 가장 적합한 물방울 사이즈는 대략 0.3~0.4mm가 일반적이며, 실제 상황에서 물방울 크기를 측정하기 위한 가장 효과적인 방법은 펜슬링 주수 시 공기 중에 4~5초간 물방울들이 남아 있는 것을 확인하는 방법이다. (O | X)

정답 X

해설 실제 상황에서 물방울 크기를 측정하기 위한 가장 효과적인 방법은 숏펄싱 주수 시 공기 중에 4~5초간 물방울들이 남아 있는 것을 확인하는 방법이다.

220 3D 주수기법은 해당 구획실의 크기가 70m² 이상일 경우 부적합하다고 볼 수 있다. 물론 다양한 변수를 고려하여야 하는데 해당 구획실의 가연물 양, 화염의 크기 및 지속시간, 개구부의 수, 구획실의 크기는 어느 정도인지 다양한 변수를 고려하여야 한다. (O | X)

정답 O

221 3D 주수기법이 가장 필요한 상황은 구획실 화재진압이다. (O | X)

정답 O

222 화재를 억제시키는 것은 화재가 발생한 공간 범위를 벗어나지 않도록 억제하는 것을 말하며, 연소 확대를 방지하는 것은 화재가 억제범위를 벗어나지 않도록 하는 것으로 화재를 억제시키는 것이 더 큰 우선순위의 대상이다. (O | X)

정답 X

해설 화재를 억제시키는 것과 연소 확대를 방지하는 것은 다른 의미이다. 화재를 억제시키는 것은 화재가 발생한 공간 범위를 벗어나지 않도록 억제하는 것을 말하며, 연소 확대를 방지하는 것은 화재가 억제범위를 벗어나지 않도록 하는 것으로 연소 확대를 방지하는 것이 더 큰 우선순위의 대상이다.

223 숨겨진 공간 확인의 순서를 쓰시오.

> ① 천장을 개방하여 불꽃이 천장을 관통했는지 여부를 확인해야 한다. 연소되지 않은 목재가 발견될 때까지 지붕 공간을 개방해야 한다.
> ② 배연을 위해 개방한 창틀을 확인한다.
> ③ 화재 지점 근처의 벽 속을 조사해야 한다.
> ④ 냉난방 시스템의 흡입관 주위의 천장을 개방해 보고 불꽃이 천장을 통과하여 흡입관 주위에 침투되지 않았는지 확인해야 한다.

정답 ① - ④ - ② - ③

224 인접 건물이나 상층부로의 연소 확대 유무를 확인할 때 지붕공간을 가장 우선적으로 확인해야 한다. 불꽃이 지붕공간을 통과한 흔적이 있다면 인접한 건물 또는 상층부 공간 내부로 연소가 확대되었을 가능성이 높다. (O | X)

정답 X

해설 인접 건물이나 상층부로의 연소 확대 유무를 확인할 때 창문 주변을 가장 우선적으로 확인해야 한다. 불꽃이 창문을 통과한 흔적이 있다면 인접한 건물 또는 상층부 공간 내부로 연소가 확대되었을 가능성이 높다. 수평 연소 확대여부를 판단하기 위하여 인접 공간을 확인할 때, 화재발생 장소의 전후좌우에 위치한 인접 구획 공간의 천장을 개방해 보고 천장 또는 지붕 공간을 통해 들어오는 연기나 불꽃이 있는지 반드시 확인해야 한다. 겉으로 보기에 구획되어 있는 건물도 천장이나 지붕공간이 하나로 연결되어 있는 건물이 많다.
* 수평과 수직공간의 연소확대 유무 확인 장소(공간) 구분 필요

225 화재건물과 인접건물 사이에서 발생하는 복사열에 의한 연소 확대를 막기 위한 전술적 가이드라인 중 가장 효과가 큰 전술은 워터커튼(Water Curtain)을 설정하는 것이다. (O | X)

정답 X

해설 가장 효과가 없는(적은) 전술은 워터커튼(Water Curtain)을 설정하는 것이다. 복사열은 작은 물방울 사이의 공간을 통해 통과되며, 물의 낭비가 가장 심하다.

226 화재건물과 인접건물 사이에서 발생하는 복사열에 의한 연소 확대를 막기 위한 전술적 가이드라인 중 화재가 대규모거나 40mm 관창 이용이 가능할 때, 화재발생 건물(지점)에 직접 방수하고 진압한다. (O | X)

정답 X

해설 화재가 소규모거나 65mm 관창 이용이 가능할 때, 화재발생 건물(지점)에 직접 방수하고 진압한다.

227 화재건물과 인접건물 사이에서 발생하는 복사열에 의한 연소 확대를 막기 위한 전술적 가이드라인 중 화재가 대규모인 경우로 화점진압의 효과가 없을 때에는 65mm 관창을 이용하여 인접 건물의 측면에 직접 방수한다. (O | X)

정답　X

해설　화재가 대규모인 경우로 화점진압의 효과가 없을 때에는 40mm 관창을 이용하여 인접 건물의 측면에 직접 방수한다.

228 인접 건물에 복사열에 의한 연소 확대가 이미 진행되었거나 확대 우려가 높은 경우에는, 인접건물 내부로의 연소 확대를 방어하기 위해 인접 건물 내부(개구부가 있는 층)에 진압팀을 배치하여야 한다. (O | X)

정답　O

229 인접건물과의 사이 공간에서 심한 대류가 발생되고 있다면 인접건물의 높은 곳의 창문을 통해서 연소가 확대될 가능성이 높다. 대류열은 목재 또는 플라스틱으로 된 창틀에 쉽게 연소 확대시킬 수 있으며 높은 건물의 지붕위치까지 불씨를 옮겨 놓기도 한다. (O | X)

정답　X

해설　복사열은 목재 또는 플라스틱으로 된 창틀에 쉽게 연소 확대시킬 수 있으며 높은 건물의 지붕위치까지 불씨를 옮겨 놓기도 한다.

230 동력절단기 활용 시 원칙적으로 가연성가스가 체류하는 장소에서의 사용을 금한다. 부득이한 경우는 분무주수를 받으며 인화위험을 배제한 상황하에서 실시한다. (O | X)

정답　O

231 중량셔터 파괴요령 중 셔터에서 연기가 분출하고 있는 경우 스레트를 잡아 빼기 곤란하므로 아치형으로 절단한다. (O | X)

정답　X

해설　셔터에서 연기가 분출하고 있는 경우
- 공기호흡기를 착용하고 측면에 주수태세를 갖춘다.
- 연기의 분출을 적게 하기 위해 셔터의 아래 방향을 절단한다.
- 셔터의 한 변을 절단하여 스레트를 빼기 전에 내부를 확인한다.
- 스레트는 서서히 잡아 빼고 내부의 상황을 확인하면서 필요에 따라 분무주수를 한다. 단, 수손방지에 충분한 유의를 기할 필요가 있다.
- 진입구를 만들 경우는 측면에 위치하여 백드래프트에 주의한다.

셔터가 가열에 의해 붉게 변화하고 있는 상태의 경우
- 스레트를 잡아 빼기 곤란하므로 아치형으로 절단한다.
- 최초는 관창이 통과 가능한 정도의 구멍을 만들고 내부에 주수하여 화세를 제압한 후 진입구를 크게 한다.

232 파이프셔터의 파괴요령 중 셔터 스레트, 가드레일 등 사이에서 연기가 분출하는 경우는 개구부에 의해 백드래프트 및 플래시오버가 발생될 염려가 있으므로 개구부의 면적을 작게 한다. (O | X)

정답　O

233 철근콘크리트조 벽 파괴 시 굵기 9mm 이하의 철근은 철선절단기를 사용하고 그 이상인 경우는 동력절단기, 가스절단기 등을 사용하여 절단한다. (O | X)

정답　O

234 유리낙하에 따른 2차 재해의 방지에 주력하고 특히 고층에서 파괴할 때는 지상과의 연락을 긴밀히 하여 유리의 낙하구역에 경계구역을 설정한다. 경계구역은 풍속 15m 이상의 경우는 파괴하는 창의 높이를 반경으로 하고 풍속 15m 미만인 때는 창의 높이의 1/2을 반경으로 한다. (O | X)

정답　O

235 유리 파괴 시 판유리의 파괴순서는 유리의 중량을 고려하여 중앙 부분부터 가장자리로 한다. (O | X)

정답　X

해설　판유리의 파괴순서는 유리의 중량을 고려하여 윗부분부터 횡으로 한다.

236 12mm 이상 두꺼운 유리는 대(大)해머로도 파괴가 용이하지 못하므로 유리의 열전도율이 낮은 특성을 이용하여 가스절단기로 급속 가열하여 열에 의해 파괴되도록 한다. 가열 직후 방수하여 급냉시키면 더욱 효과적이다. (O | X)

정답　O

237 망입유리 파괴 시 창의 중앙부분을 강타하여 금이 생기도록 한다. (O | X)

정답　X

해설　창의 중앙부분을 강타하여 금이 생기더라도 효과는 없으므로 반드시 창틀에 가까운 부분을 파괴한다.

238 바닥의 종류 중 철근콘크리트조 바닥(슬래브)은 바닥 또는 벽 재료를 플랜트에서 생산하여 현장에서 조립하는 방식으로 미리 규격화된 하네트에 배근하여 놓고 여기에 콘크리트를 넣어 증기양생 등에 의하여 즉시 제조하는 것으로 표면상 아름답다. (O | X)

정답 X

해설 PC 콘크리트판(Precast) 바닥에 관한 설명이다.

철근콘크리트조 바닥(슬래브)
대들보에서 대들보로 철근을 격자(格子)상태로 맞추어 여기에 콘크리트를 넣어 고정하는 공법이다. 배근(配筋)간격은 보통 콘크리트의 경우 짧은 변 방향은 20cm, 긴 방향은 30cm(경량 콘크리트는 짧은 변 20cm, 갈변 25cm) 이하로서 슬래브 두께는 최소한 8cm(경량 콘크리트 10cm) 이상이다. 따라서 슬래브는 두껍게 되어있다고 판단한다.

덱플레이트(Deck Plate)조 바닥
두께 1.2mm 내지 1.6mm의 덱플레이트를 큰 대들보에 용접한 후, 13mm 정도의 철근을 넣고 15mm 내지 18mm 두께로 콘크리트를 넣는 것이다.

239 바닥파괴 시 철근 및 배관류는 바닥 중앙보다 약간 떨어진 장소가 가장 적으므로 파괴가 용이하다. (O | X)

정답 O

240 화점실의 창이 파괴되어 분연하고 있는 경우는 그 직상층 바닥 슬래브에 구멍을 뚫어도 화염의 분출은 적지 않고 오히려 급기측으로 되는 경우가 많다. 단, 화점실의 창이 없는 경우 또는 창이 파괴되지 않았을 때는 파괴된 개구부로부터 화염이 분출할 우려가 있다. 따라서 경계관창 배치가 필요하다. (O | X)

정답 O('화염의 분출은 적지 않고'라는 표현은 잘못되었다. '화염의 분출은 적고'로 이해해야 한다.)

5 화재진압과 소방전술

241 방화조건물 화재진압의 기본은 신속성이다. 건물상황은 일반적으로 단순하지만, 연소속도가 빠르므로 조기방수가 진압활동의 포인트이다. (O | X)

정답 X

해설 목조건물 화재진압의 원칙에 관한 설명이다.

242 목조건물 화재 중기에서는 옥내진입 시 화재의 역류(Backdraft)에 주의하고 공기호흡기를 장착한다. 또 옥내진입은 반드시 방수와 병행한다. (O | X)

정답 O

243 목조건물 화재 관창배치의 우선순위는 화재의 뒷면, 측면 및 2층, 1층의 순으로 한다. 바람이 있는 경우 풍상, 풍횡, 풍하의 순으로 한다. 경사지 등은 낮은 쪽, 횡, 높은 쪽의 순으로 한다. (O | X)

정답 X

해설 목조건물 화재는 주위건물로의 연소 확대 저지를 중점으로 하기 때문에 관창의 배치도 연소위험이 큰 쪽, 연소할 경우 진압활동이 곤란한 쪽으로의 배치를 우선한다.
- 관창배치의 우선순위는 화재의 뒷면, 측면 및 2층, 1층의 순으로 한다.
- 바람이 있는 경우 풍하, 풍횡, 풍상의 순으로 한다.
- 경사지 등은 높은 쪽, 횡, 낮은 쪽의 순으로 한다.
- 화재건물에 내화조 건물이 인접해 있는 경우는 내화조 건물에 개구부가 있다고 생각하고 경계 및 연소방지를 위하여 내화조 건물내부로 신속하게 경계관창의 배치 또는 확인을 한다.

244 방화조 건물 화재의 특성이다.

(1) 화재초기의 연소상황은 대개 목조화재와 비슷하다. (O | X)

(2) 화재초기 이후는 건물의 외벽과 처마의 사이가 적기 때문에 연기가 밖으로 나오기 어렵다. 따라서 공기의 유입이 적고 연기나 열기가 충만하기 쉽다. (O | X)

(3) 화재의 최성기 이후에는 몰탈의 박리, 외벽의 붕괴가 쉽게 발생한다. (O | X)

정답 (1) O, (2) O, (3) O

245 방화조 건물 화재는 인접 층이나 건물로의 연소확대 방지에 중점을 두는 것이 진압활동의 포인트이다. (O | X)

정답 X

해설 원칙적으로는 목조건물의 경우와 마찬가지지만, 목조건물 화재와 비교하면 연소확대 속도는 느리다. 또, 기밀성도 높으므로 화점 및 연소범위를 파악하는 것이 진압활동의 포인트이다.

246 방화조 건물 화재 시 연소건물에 내화조 건물의 개구부가 면하여 있는 경우는 내화조 건물에 관창을 배치한다. (O | X)

정답   O

247 방화조 건물 화재 시 인접건물로의 연소는 개구부에서 연기가 보이기 시작한 때부터 불꽃이 분출할 때까지가 가장 위험하다. 따라서 이 시기에 인접건물과의 사이에 경계관창을 배치한다. (O | X)

정답   X

해설   인접건물로의 연소는 개구부에서 불꽃이 분출하기 시작한 때부터 지붕이 파괴될 때까지가 가장 위험하다. 따라서 이 시기에 인접건물과의 사이에 경계관창을 배치한다.

248 내화조 건물 화재 시 연기의 중성대가 확실하게 나타나는 시기는 중기 이후이다. (O | X)

정답   X

해설   화재초기에는 화세도 약하고, 외부의 공기가 유입되지 않는 상태에서는 연기의 중성대가 확실하게 나타난다. 화점확인도 자세를 낮추면 비교적 쉽게 발견할 수가 있다.

249 내화조 건물 화재 시 관창은 급기측, 배기측의 2개소 이상의 개구부에 배치하고 방수는 배기측에서 실시하며, 경계관창도 함께 배치한다. (O | X)

정답   X

해설   관창은 급기측, 배기측의 2개소 이상의 개구부에 배치하고 방수는 급기측에서 실시하며, 배기측은 원칙적으로 경계관창으로 한다.

250 내화조 건물은 닥트 및 파이프스페이스 등의 공간을 경로로 한 연소확대가 예상되므로 각 층 및 각 실의 경계와 확인을 조기에 실시한다. (O | X)

정답   O

251 내화조 건물 화재 시 하층을 급기구, 상층(옥탑 : Penthouse)을 배연구로 설정하여 옥내 계단의 연기를 배출시켜(Clear Zone을 설정) 피난자의 탈출 및 대원의 활동을 쉽게 한다. (O | X)

정답   O

252 주택은 일상생활의 장소이기 때문에 화재 시에는 항상 인명위험이 있으므로 정확, 신속한 인명구조 활동이 요구된다. (O | X)

정답   O

253 공동주택의 경우는 일반적으로 각 세대가 독립되어 있고 경계벽이 천장 속까지 내화구조로 되어 있으므로 연소확대 위험은 없다. (O | X)

정답   O

254 지하실 화재 시 출입구가 1개소인 경우에는 진입이 곤란하고 급기구, 배기구의 구별이 어렵다. (O | X)

정답   O

255 지하실 화재 진압 요령이다.

(1) 진입개소가 2개소인 경우에는 급기, 배기방향을 결정한 후 급기측에서 분무방수 또는, 배연기기 등을 이용하여 진입구를 설정한다. (O | X)

(2) 개구부가 2개소 이상일 때는 연기가 많이 분출되는 개구부를 배연구로 하고 반대쪽의 개구부를 진입구로 한다. (O | X)

(3) 소화는 분무, 직사 또는 포그 방수로 한다. 또, 관창을 들고 진입하는 대원을 열기로부터 보호하기 위하여 필요한 경우에는 분무방수로 엄호 방수한다. (O | X)

(4) 농도가 진한 연기와 열기가 가득하여 진입이 곤란한 경우에 상층부 바닥을 파괴하면 화세를 확대시킬 수 있기 때문에 매우 위험하다. (O | X)

정답   (1) O, (2) O, (3) O, (4) X

해설   농도가 진한 연기와 열기가 가득하여 진입이 곤란한 경우에는 상층부 바닥을 파괴하여 개구부를 만들고 직접 방수하여 소화하는 경우도 있다.

256 병원화재 시 열과 연기로부터 환자를 보호하기 위해 반드시 엄호방수를 해야 한다. (O | X)

정답   X

해설   환자에게 방수하면, 쇼크 또는 냉기로 악영향을 주는 경우가 있으므로 엄호방수는 주의를 요한다.

257 위험물(유류) 화재 시 릴리프밸브(Reliefvalve)에서 나는 소리가 커지거나 화염이 거세지는 것은 탱크가 곧 폭발한다는 표시이다. 심각한 화재 상황에서 릴리프밸브는 초과된 압력을 1차적으로 안전하게 해제시킬 수 있다. (O | X)

정답 X

해설 소방대원들은 심각한 화재 상황에서 초과된 압력을 릴리프밸브가 안전하게 해제시킬 수 있다는 것은 시도하지 않아야 한다. 화재로 인해 크고 작은 인화성 액체저장탱크가 터지는 바람에 많은 소방대원들이 목숨을 잃는 사례가 있었다.

258 위험물 화재진압을 위해서 물은 몇 가지 형태(냉각제, 기계적인 도구, 대체매개물, 보호막)로 이용된다. (O | X)

정답 O

* 암기 : 냉기대보

259 비중이 높거나 낮은 석유 화재 시 물은 소화효과가 없다. (O | X)

정답 X

해설 포(泡, Foam) 첨가제를 넣지 않은 물은 비중이 낮은 석유제품(휘발유 또는 등유 따위)이나 알코올에는 특별한 효과는 없다. 그러나 발생된 열을 충분히 흡수할 수 있을 만큼 많은 물을 물방울로 만들어서 사용하면 비중이 높은 석유(가공하지 않은 원유)에서 발생한 화재를 소화할 수 있다.

260 물은 노출물을 보호하는 냉각제로써는 아주 유용한 것이다. 효과가 있게 하려면, 노출된 표면 위에 보호막이 생기도록 물을 뿌릴 필요가 있다. 화재가 난 저장 탱크에는 담겨있는 액체와 같은 높이에 물을 뿌려야 한다. (O | X)

정답 X

해설 화재가 난 저장 탱크에는 담겨있는 액체 높이보다 위쪽에 물을 뿌려야 한다.

261 기계적인 도구로 물을 사용하면 소방호스에서 나온 물로, 연소하고 있든 아니든 간에 B급 가연물을 안전하게 연소할 수 있는 곳이나 발화물을 더 쉽게 진압할 수 있는 곳으로 옮겨 놓을 수 있다. 소방대원들은 복사열을 막고 또 방수가 액체 가연물 속으로 깊이 들어가지 않도록 넓은 각도나 침투형 분무방수로 물을 뿌려야 한다. (O | X)

정답 O

262 기계적인 도구로 물을 사용할 때 관창을 이쪽 끝에서 저쪽 끝으로 천천히 움직여서 가연물과 화재를 원하는 곳으로 쓸어내듯이 밀어내야 한다. 분무형태의 가장자리와 가연물 표면이 계속 닿아 있도록 주의를 기울여야 한다. 그렇지 않으면 화염이 물줄기 밑으로 빠져 나와서 진압팀 주변으로 역류할 수도 있다. (O | X)

정답 O

263 대체 매개물로써 물을 사용할 때 위험물이 조금씩 새는 곳은 직사방수로 그 구멍에 직접 쏴서 흘러나오는 액체를 다시 들어가게 한다. 이때 저장탱크가 넘치지 않도록 주의하여, 방수 압력은 작업이 적절히 이루어지기 위하여 새 나오고 있는 액체 압력보다 커야 한다. (O | X)

정답 X

해설 기계적인 도구로 물을 사용하기 방법에 관한 설명이다.

264 새고 있는 탱크나 송유관에서 나오고 있는 기름을 대체하는 데 물을 쓸 수 있다. 가연물이 새 나와서 계속 타고 있는 화재는 새고 있는 송유관 속으로 물을 역으로 보내거나 탱크의 새는 곳보다 더 높이 물을 채워서 소화할 수도 있다. (O | X)

정답 O

265 화재진압을 위해 인화성 액체를 희석시키는 데 대체 매개물로서 물을 사용할 수 있다. (O | X)

정답 X

해설 필요한 물의 비율이 크기 때문에, 화재진압을 위해 인화성 액체를 희석시키는 데 물은 거의 이용하지 않는다. 그러나 이 기법은 새는 것을 막을 수 있는 작은 화재에는 유용한 방법이다.

266 물을 보호막으로서 사용할 때 첫 번째 소방호스는 화재진압과 안전유지에 쓰고, 보조 소방호스를 포함하여 두 번째 소방호스는 보호막용으로 쓰는 것이 좋다. (O | X)

정답 X

해설 첫 번째 소방호스는 보호막용으로 쓰고, 보조 소방호스를 포함하여 두 번째 소방호스는 화재진압과 안전유지에 쓰는 것이 좋다.

267 인화성 액체나 기체가연물 탱크가 화염 충격에 노출되었을 때는 릴리프밸브를 잠글 때까지 최대 유효 사거리에서 분무방수를 해야 한다. (O | X)

정답 X

해설 최대 유효 사거리에서 직사방수를 해야 한다. 물이 탱크 양쪽으로 흘러내리도록 탱크 꼭대기를 따라 포물선 형태로 방수를 함으로써 그 목적을 잘 달성할 수 있다.

268 화재에 노출된 저장탱크에 접근할 때는 탱크 끝에서부터 접근해야 한다. (O | X)

정답 X

해설 화재에 노출된 저장탱크에 접근할 때는 탱크 끝에서부터 접근하지 말고, 탱크와 직각으로 접근해야 한다. 왜냐 하면, 탱크는 점차 균열이 발생하고 폭발하면서 탱크 끝부분으로 화염이 분출하기 때문이다.

269 다음 〈보기〉 설명에 맞는 위험물은 몇 류인지 쓰시오.

(1) (　　)

| 보기 |
- 모두 고체이고 물과 작용하여 발열반응을 일으키거나 가연성 가스를 발생하여 연소하는 성질을 가진 금수성 물질이다.
- 특히 금속칼륨, 금속나트륨은 공기 중에서 타고 또, 물과 격렬하게 반응하여 폭발하는 경우가 있으므로 물, 습기에 접촉하지 않도록 석유 등의 보호액속에 저장한다.
- 방수소화를 피하고 주위로의 연소방지에 중점을 둔다.
- 직접 소화방법으로서는 건조사로 질식소화 또는 금속화재용 분말소화제를 사용하는 정도이다.

(2) (　　)

| 보기 |
- 일반적으로는 불연성이지만 분자 내에 산소를 다량 함유하여 그 산소에 의하여 다른 물질을 연소시키는 이른바 산화제이다.
- 가열 등에 의하여 급격하게 분해, 산소를 방출하기 때문에 다른 가연물의 연소를 조장(助長)하고 때로는 폭발하는 경우도 있다.
- 위험물의 분해를 억제하는 것을 중점으로 대량방수를 하고 연소물과 위험물의 온도를 내리는 방법을 취한다.
- 대부분이 무색의 결정 또는 백색의 분말이며 물보다 무겁고 수용성이다.
- 직사·분무방수, 포말소화, 건조사가 효과적이다.
- 분말소화는 인산염류를 사용한 것을 사용한다.
- 알칼리금속의 과산화물에의 방수는 절대엄금이다.

(3) (   )

┤ 보기 ├
- 연소할 때에 유독가스가 발생한다.
- 산이나 물과 접촉하면 발열한다.
- 산화제와의 접촉, 혼합은 매우 위험하며 충격 등에 의하여 격렬하게 연소하거나 폭발할 위험성이 있다.
- 질식 또는 방수소화 방법을 취한다.
- 금수성 물질은 건조사로 질식소화의 방법을 취한다.

(4) (   )

┤ 보기 ├
- 강산류인 동시에 강산화제이다.
- 물보다 무겁고 물에 녹지만 이때 격렬하게 발열한다.
- 어떠한 경우에도 그 자체는 불연성이다.
- 위험물의 유동을 막고 또, 고농도의 위험물은 물과 작용하여 비산하며 인체에 접촉하면 화상을 일으킨다.
- 유출 사고 시에는 유동범위가 최소화되도록 적극적으로 방어하고 소다회, 중탄산소다, 소석회 등의 중화제를 사용한다. 소량일 때에는 건조사, 흙 등으로 흡수시킨다.
- 주위의 상황에 따라서는 대량의 물로 희석하는 방법도 있다.

(5) (   )

┤ 보기 ├
- 연소는 폭발과 같은 비정상 연소도 있지만 보통은 개방적인 액면에서 계속적으로 발생하는 증기의 연소이다.
- 액체가 미립자로 되어 있는 경우에는 인화점 이하의 온도에서도 착화하며 조건에 따라서는 분진폭발과 같은 모양으로 폭발한다.
- 농도가 넓은 것 또는 하한계가 낮은 것일수록 위험성이 크다.
- 대부분은 물보다도 가볍고, 물에 녹지 않는다. 따라서 유출된 위험물이 물위에 떠서 물과 함께 유동하며 광범위하게 확산되어 위험구역을 확대시키는 경우가 있다.
- 소화방법은 질식소화가 효과적이다. 그 수단으로서 연소위험물에 대한 소화와 화면 확대방지 태세를 취하여야 한다.
- 평면적 유류화재의 초기소화에 필요한 포의 두께는 최저 5~6cm이어야 하기 때문에 연소면적에 따라 필요한 소화포의 양을 적산한다.

(6) (   )

> **보기**
> - 물보다 무거운 고체 또는 액체의 가연성 물질이며, 산소함유 물질도 있기 때문에 자기연소를 일으키기 쉽고 연소속도가 매우 빠르다.
> - 가열, 마찰, 충격에 의하여 착화하고 폭발하는 것이 많고, 장시간 방치하면 자연 발화하는 것도 있다.
> - 유기과산화물을 제외하고 일반적으로 그것 자체는 불연성이며 단독의 경우보다 다른 가연물과 혼재한 경우가 위험성이 높다.
> - 일반적으로 대량방수에 의하여 냉각소화한다.
> - 산소함유물질이므로 질식소화는 효과가 없다.

정답 (1) 제3류, (2) 제1류, (3) 제2류, (4) 제6류, (5) 제4류, (6) 제5류

270 다음 설명에 맞는 위험물 특수현상을 쓰시오.

> - (㉠) : 위험물 저장탱크 내에 저장된 제4류위험물의 양이 내용적의 1/2 이하로 충전되어 있을 때 화재로 인하여 증기 압력이 상승하면서 저장탱크 내의 유류를 외부로 분출하면서 탱크가 파열되는 현상
> - (㉡) : 점성을 가진 뜨거운 유류표면 아래 부분에서 물이 비등할 경우 비등하는 물에 의해 탱크 내 유류가 넘치는 현상
> - (㉢) : 석유류가 혼합된 원유를 저장하는 탱크내부에 물이 외부 또는 자체적으로 발생한 상태에서 탱크표면에 화재가 발생하여 원유와 물이 함께 저장탱크 밖으로 흘러넘치는 현상
> - (㉣) : 물보다 끓는점(비점)이 높은 점성을 가진 유류에 물이 접촉될 때 유류표면 온도에 의해 물이 수증기가 되어 팽창, 비등함에 따라 유류를 외부로 비산시키는 현상

정답 ㉠ 오일오버(Oilover), ㉡ 후로스오버(Frothover), ㉢ 보일오버(Boilover), ㉣ 슬롭오버(Slopover)

271 다음 대처법에 맞는 위험물 특수현상을 쓰시오.

(1) (   )

> - 인근 저장탱크나 건물로 화염이 밀물처럼 확대되면서 대규모 화재로 발전하는 계기가 되기도 한다.
> - 저장탱크용기를 외부에서 냉각시키고, 원유와 물이 흘러넘쳐 주변으로 확산되는 것을 최소화시키기 위해 신속히 모래 등으로 방제 둑을 쌓는다.

(2) (   )

> - 질식소화를 원칙으로 하며, 소화약제로는 포, 분말, CO_2 등을 주로 사용한다. 질식효과를 나타내는 데 필요한 포의 두께는 최저 5~6cm 정도이나, 연소면적에 따라 충분한 양을 살포해야 질식소화효과를 나타낼 수 있다.
> - 간접적 대처방법으로 화재 상황에 따라 저장탱크용기 등을 외부에서 냉각시켜 가연성 증기 발생을 억제하는 것이 유효한 대처방법이다. 화재가 확산되는 것을 막기 위해서는 모래 등으로 방제 둑을 쌓아 확산범위를 최소화하여야 한다.

정답 (1) 보일오버(Boilover), (2) 오일오버(Oilover)

해설 후로스오버(Frothover), 슬롭오버(Slopover)에 대한 대처방법은 보일오버에 준한다.

272 유해화학물질비상대응핸드북 활용방법에 대한 설명이다.

(1) 위험물차량의 형태나 표식 또는 관계자의 송장 등에서 UN번호(청색), 영문 물질명(갈색), 한글 물질명(노랑)을 확인한다. (O | X)

(2) 확인된 해당 물질명(영문, 한글)이나 UN번호 CAS번호의 지침 번호를 찾아 녹색 부분에서 대응방법을 찾는다. (O | X)

(3) 유해물질목록이 음영으로 표시되어 있으면 자색 부분을 찾아 초기이격거리와 방호활동거리를 확인한다. (O | X)

정답 (1) X, (2) X, (3) X

해설
- 위험물차량의 형태나 표식 또는 관계자의 송장 등에서 UN번호(노랑), 영문 물질명(청색), 한글 물질명(갈색)을 확인한다.
- 확인된 해당 물질명(영문, 한글)이나 UN번호 CAS번호의 지침 번호를 찾아 주황색 부분에서 대응방법을 찾는다.
- 유해물질목록이 음영으로 표시되어 있으면 녹색 부분을 찾아 초기이격거리와 방호활동거리를 확인한다.
- 물질 미확인 시 : 지침번호 111번을 활용한다.

273 초기이격거리는 유출/누출이 일어난 지점 사방으로 모든 사람을 격리시켜야 하는 거리, 반경으로 표시한다. (O | X)

정답 O

해설
- 초기이격거리 : 유출/누출이 일어난 지점 사방으로 모든 사람을 격리시켜야 하는 거리, 반경으로 표시
- 초기이격지역 : 사람의 생명을 위협할 정도의 농도에 노출될 수 있는 풍상·풍하 사고 주변 지역

274 방호활동지역은 사람의 생명을 위협할 정도의 농도에 노출될 수 있는 풍상·풍하 사고 주변지역이다. (O | X)

정답 X

해설 초기이격지역에 대한 설명이다.
- 방호활동거리 : 유출/누출이 일어난 지점으로부터 보호조치가 수행되어야 하는 풍하 거리
- 방호활동지역 : 사람들이 무기력해져서 인체 건강상 회복할 수 없을 정도의 심각한 영향을 줄 수 있는 사고지점으로 부터 풍하방향 지역

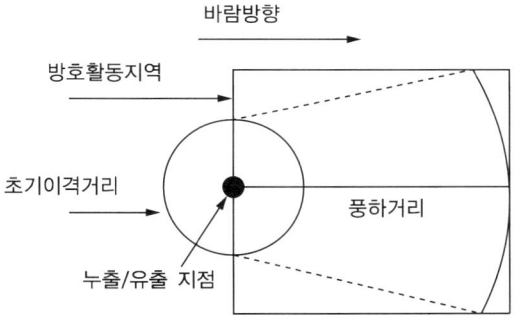

275 사고현장을 기준으로 바람이 불어오는 방향을 풍하라 한다. 화재나 유해물질 사고에 있어서는 풍하 방향에서 활동하는 경우가 가장 위험하다. (O | X)

정답 X

해설 사고현장을 기준으로 바람이 불어오는 방향을 풍상이라 한다.

276 사고와 관련된 위험성 확인에서 초기 대응은 최악의 시나리오를 가정하여 조치한다. (O | X)

정답 O

277 공기 중에 방출된 가연성가스가 착화되지 않았을 때는 폭발한계내의 혼합가스가 되어 체류하게 된다. 가스가 공기보다 가벼울 때는 실내 위쪽에, 가스가 공기보다 무거울 때는 바닥에 체류 착화한다. (O | X)

정답   O

278 가스의 비중은 LNG를 제외한 대부분이 공기보다 가벼워 확산속도가 빠르다. (O | X)

정답   X

해설   확산성 : 가스의 비중은 LPG를 제외한 대부분이 공기보다 가벼워 확산속도가 빠르다.

279 탱크에 있어서 안전밸브의 방출판은 저항이 적은 곧은 모양의 것으로 해야 하며, 빗물이 들어가는 것을 막기 위해 끝부분을 구부려 달아야 한다. (O | X)

정답   X

해설   안전밸브의 방출판은 저항이 적은 곧은 모양의 것으로 해야 하며 구부려 달면 안 된다. 또 빗물이 들어가는 것을 막으려고 끝부분을 구부리면 분출가스에 의해서 주위로 연소할 위험이 있으므로 곧게 캡을 씌운다.

280 탱크 배관이 파괴된 경우 대량의 가스가 분출되면 위험하므로 탱크에 과류방지 밸브를 부착시켜 유량이 지나치게 증가하여 밸브 내·외의 압력차가 커지면 밸브를 열어 압력을 배출시켜야 한다. (O | X)

정답   X

해설   밸브 내·외의 압력차가 커지면 밸브를 닫는다.

281 가연성, 독성, 부식성 등 물성에 기인하는 위험성과 외부의 힘, 열응력, 상변화, 진동, 유동소음, 고온, 저온 등 상태의 위험성은 동적 위험성이다. (O | X)

정답   X

해설   **폭발 위험성의 예지(폭발위험성분석)**
- 정적 위험성의 예지 : 가연성, 독성, 부식성 등 물성에 기인하는 위험성과 외부의 힘, 열응력, 상변화, 진동, 유동소음, 고온, 저온 등 상태의 위험성의 경우가 있다. 이러한 정적 상태에 대한 위험성을 분석 및 예측하여 제거대책을 세운다.
- 동적 위험성의 예지 : 화학반응의 진행, 계의 온도, 압력상승에 의한 물질의 위험성 증대와 부하(負荷)의 변화에 의한 위험성증가 등 어떤 조건의 변화에 따라 시간과 함께 변화하는 위험성의 경우이다. 이것은 과거의 재해분석과 작동운전경험 등을 근거로 점검표를 작성하여 위험요인을 찾아낸다.

282 가연성 액화 가스 주위에 화재가 발생한 경우 기상부 탱크강판이 국부 가열되어 그 부분의 강도가 약해지면 탱크가 파열되는데, 이때 내부의 가열된 액화가스가 급속히 팽창 분출하면서 폭발하는 현상을 블레비(BLEVE ; Boiling Liquid Expanding Vapour Explosion)라고 한다. (O | X)

정답 O

283 블레비 등에 의한 인화성 증기가 분출 확산하여 공기와의 혼합이 폭발범위에 이르렀을 때 발생하는 공 형태의 화염, 즉 원자폭탄이 폭발할 때 생기는 버섯형의 화염덩어리를 파이어볼(Fire Ball)이라 한다. (O | X)

정답 O

284 블레비(BLEVE) 현상의 순서대로 번호를 쓰시오.

> ① 액체가 들어있는 탱크 주위에 화재발생
> ② 화염과 접촉부위 탱크 강도 약화
> ③ 탱크파열
> ④ 탱크벽 가열
> ⑤ 액체의 온도 상승 및 압력상승
> ⑥ 내용물(증기)의 폭발적 분출 증가

정답 ① - ④ - ⑤ - ② - ③ - ⑥

285 블레비(BLEVE) 현상의 과정을 거치는 경우 만약, 가연성 액체인 경우 탱크파열 시 점화되어 파이어볼(Fire Ball)을 형성하게 되나 블레비 현상이 화재에 기인한 것이 아닌 경우 탱크파열 시 증기운 폭발을 일으킨다. (O | X)

정답 O

286 안전밸브는 탱크내부의 압력을 일정수준 이하로 유지시켜 블레비의 발생을 근본적으로 막을 수 있다. (O | X)

정답 X

해설 안전밸브는 탱크내부의 압력을 일정수준 이하로 유지시켜 줄 뿐이며 블레비의 발생을 근본적으로 막기 위해서는 추가조치가 필요하다.

287 블레비의 발생을 근본적으로 막기 위한 추가조치는 감압시스템, 화염으로부터 탱크로의 입열 억제, 폭발방지장치 설치가 있다. (O | X)

정답   O

288 화염으로부터 탱크로의 입열을 억제하기 위한 방법 중 안전장치 작동압력에서의 탱크파괴점 이하로 탱크강판의 온도를 유지하기 위해 냉각시켜야 할 중요부위는 탱크의 저부, 즉 기저부이다. (O | X)

정답   X

해설   화염으로부터 탱크로의 입열을 억제한다(탱크외벽의 단열조치, 탱크를 지하에 설치, 물에 의한 탱크표면의 냉각장치 설치 및 가스를 안전한 곳으로 이송조치). 대부분의 시설에서 복사열을 완벽히 흡수하는 데 필요한 물을 분무하기는 어렵다. 그러나 화염에 노출되어 있는 탱크 외벽에 물을 분무하는 것은 대단히 중요한 의미가 있다. 그것은 안전장치 작동압력에서의 탱크파괴점 이하로 탱크강판의 온도를 유지할 수 있기 때문이다. 냉각시켜야 할 중요부위는 탱크의 상부, 즉 기상부이다.

289 화염으로부터 탱크로의 입열을 억제하는 방법은 탱크내벽에 열전도도가 좋은 물질을 설치하여 탱크가 화염에 노출되어 있을 때, 탱크기상부 강판으로 흡수되는 열을 탱크 내의 액상가스로 신속히 전달시킴으로써 탱크기상부 강판의 온도를 파괴점 이하로 유지해 블레비의 발생을 방지하는 원리를 이용한다. (O | X)

정답   X

해설   폭발방지 장치에 관한 설명이다. 이 장치는 주거상업지역에 설치된 10톤 이상의 LPG 저장 탱크에 설치(상공자원부 고시)하도록 되어 있다. 폭발방지 장치는 탱크내벽에 열전도도가 좋은 물질을 설치하여, 탱크가 화염에 노출되어 있을 때, 탱크기상부 강판으로 흡수되는 열을 탱크 내의 액상가스로 신속히 전달시킴으로써 탱크기상부 강판의 온도를 파괴점 이하로 유지해 블레비의 발생을 방지하는 원리이다. 열전달 물질로는 열전도도가 큰 알루미늄 합금박판을 가공하여 만든 것이 사용된다.

290 가스의 불완전연소 현상 중 아래 설명에 맞는 것을 쓰시오.

(1) (   )

> 버너에서 이 현상이 나오는 것은 공기량의 부족 탓이지만, 이 현상이 길어져 저온의 피열체에 접촉되면 불완전연소를 촉진시켜 일산화탄소를 발생시키므로 주의한다. 일차 공기의 조절장치를 충분히 열어도 이 현상이 소실되지 않으면 버너의 관창구경이 커져서 가스의 공급이 과대하게 되었거나 가스의 공급압력이 낮기 때문이다. 또한 용기로부터의 자연기화의 경우 잔액이 적은 경우에 이 현상이 발생하는 것은 가스의 성분변화와 가스의 공급저하에 의한 것이다.

(2) (   )

- 염공(가스분출구멍)으로부터의 가스유출속도가 연소속도보다 크게 되었을 때 가스는 염공에 접하여 연소치 않고 염공에서 떨어져서 연소한다.
- 연소속도가 낮은 LPG는 리프팅을 일으키기 쉬운 경향이 있다.
- 현상의 원인
  - 버너의 염공(가스분출구멍)에 먼지 등이 끼어 염공이 작게 된 경우
  - 가스의 공급압력이 높거나 관창의 구경이 큰 경우
  - 연소가스의 배출불충분으로 2차 공기 중의 산소가 부족한 경우
  - 공기조절장치를 너무 많이 열어 가스의 공급량이 많게 되는 경우

(3) (   )

- 가스의 연소가 염공의 가스 유출속도보다 더 클 때, 또는 연소속도는 일정해도 가스의 유출속도가 더 작게 되었을 때 이 현상을 일으킨다.
- 부식에 의해서 염공이 크게 되어 혼합가스의 유출속도가 상대적으로 느려지는 경우, 관창구경이 너무 작다든지 관창의 구멍에 먼지가 부착하는 경우는 코크가 충분하게 열리지 않아 가스압력의 저하로 이 현상의 원인이 된다.
- 가스버너 위에 큰 냄비 등을 올려서 장시간 사용할 경우나 버너위에 직접 탄을 올려서 불을 일으킬 경우는 버너가 과열되어서 혼합가스의 온도가 올라가는 원인이 되며 또한 연소속도가 크게 되어 이 현상이 나타나기 쉽다.

정답 (1) 황염, (2) 리프팅(선화), (3) 플래시백(Flash Back : 역화)

291 액화석유가스(LPG) 화재 시 진입은 풍상, 풍횡으로부터 접근하는 것을 원칙으로 한다. (O | X)

정답 O

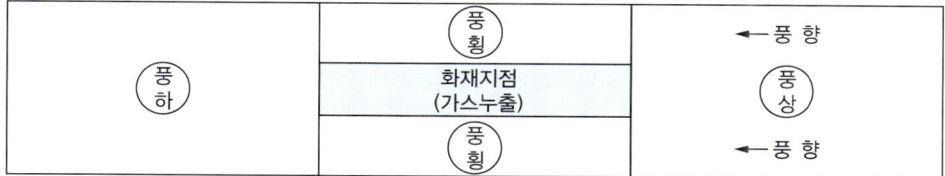

292 LNG 화재 진입 시 대원은 행동 중 피복의 정전기를 제거하도록 한다. (O | X)

정답 X

해설 액화석유가스(LPG) 화재 시에 해당한다.

293 액화석유가스(LPG) 화재 시 경계구역에 펌프차 등을 신속히 배치시키고 풍향의 변화에 주의하며 기타 무선기의 발신, 확성기의 사용, 징 박은 구두를 신고 진입하는 것을 피한다. (O | X)

정답   X

해설   경계구역에 펌프차 등이 절대로 진입하여서는 안 된다.

294 액화석유가스(LPG)와 액화천연가스(LNG) 둘 다 무색, 무취이고 부취제를 첨가한다. LPG의 가스누출경보기는 바닥에 시공하고, LNG의 가스누출기는 벽체 상부(천장부)에 시공한다. (O | X)

정답   O

295 고압설비화재에서 수색할 때는 접촉할 수도 있는 전류가 흐르는 설비에는 반사 작용으로 움켜쥐는 것을 예방하기 위해 주먹이나 손등이 닿게 한다. (O | X)

정답   O

296 다음은 전기사고에 대한 지침이다.

(1) 어떤 전선도 소방대원이 끊지 말고 기다려서 훈련된 전기기사가 끊도록 한다. 지금 당장 끊지 않으면 안 되는 상황에서 적절한 훈련을 받은 소방대원이 알맞은 장비를 가지고 있을 때는 예외이다. (O | X)

(2) 모든 전선에 고압이 흐르고 있다고 생각하고 다룬다. (O | X)

(3) 소방대원은 감전과 화상뿐만 아니라 전기 아크 때문에 생길 수 있는 시력 손상에 대해서도 경계해야 한다. 전선에서 발생한 아크를 직접 쳐다보아서는 안 된다. (O | X)

(4) 끊어진 전선을 봤을 때는 안전을 위해 한쪽을 전신주 한 구간을 위험지역으로 생각해야 한다. (O | X)

(5) 전류가 흐르는 전기장치 주위에는 직사나 분무방수를 해서는 안 된다. (O | X)

(6) 전선과 접촉되어 있는 소방차나 자동차를 소방대원이 만져서는 안 된다. (O | X)

(7) 만약 감전된 소방차에서 빠져 나올 필요가 있을 때는 소방대원이 소방차와 지면에 동시에 닿지 않도록 소방차로부터 뛰어나와야 한다. (O | X)

정답   (1) O, (2) O, (3) O, (4) X, (5) O, (6) O, (7) O

해설 끊어져 땅에 떨어진 전선 주위의 양쪽을 전신주 한 구간을 위험지역으로 정해야 한다.

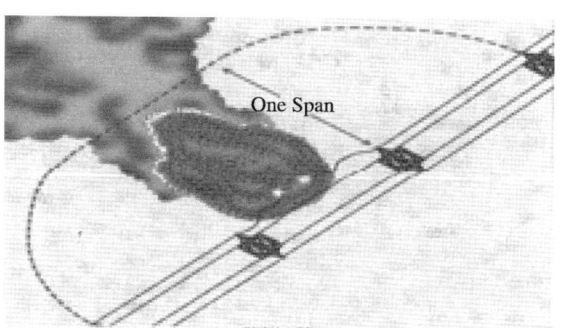

297 전선이 떨어진 지역과 작업위치 사이의 충분한 안전거리를 유지함으로써 지면경사위험을 피한다. 지면경사(Ground Gradient)는 저항이 가장 적은 통로를 따라(가장 낮은 곳에서 가장 높은 곳으로) 지면으로 흐르는 전도체를 통과하는 경향을 말한다. (O | X)

정답 X

해설 지면경사(Ground Gradient)는 저항이 가장 적은 통로를 따라(가장 높은 곳에서 가장 낮은 곳으로) 지면으로 흐르는 전도체를 통과하는 경향을 말하며, 전압이 높으면 높을수록 멀리 흐를 가능성이 높다. 만약 소방대원이 전선이 떨어진 지역에서 소방호스, 사다리, 곡괭이 장대(Pike Pole) 또는 다른 물건을 끌고 다닌다면 그들은 지면경사 상황에 들어서고 있는 위험에 처하게 된다. 만약 소방대원의 발과 접지해 있는 물체 사이에 전기적인 잠재성 측면에서 다른 점이 있다면, 전류가 소방대원을 통과하여 끌고 다니는 물체를 통하여 지면으로 되돌아 간다는 것이다.

298 고층건물(준 초고층건물과 초고층건물을 포함, 이하 고층건물이라 함)의 일반적 화재성상은 내화구조 건물 화재의 상황과 유사하다. 그러나 고층건물에서는 그 높이나 용도에 따라 구조적, 설비적으로 여러 가지 규제가 있으며 화재의 상황도 다르다. 고층건물화재의 경우 그 건물의 설비나 구조를 파악하고 활동하는 것이 중요한 포인트이다. (O | X)

정답 O

299 고층건물화재의 일반적 특성이다.

(1) 화재 중기에는 흰 연기, 수증기가 왕성하게 분출하여 실내를 유동한다. (O | X)

(2) 화점실에서 나온 연기는 계단 등을 경유하여 아래층부터 차례로 연기가 충만해지고, 이때는 연기로 인해 공기 유입쪽(급기측)과 연기가 나가는 쪽(배기측)을 구분하기 어렵다. (O | X)

(3) 건물구조상 결함(스라브의 구멍, 파이프 관통부의 마감 불완전 등)이 있으면 그 부분을 통하여 상층으로 연소한다. (O | X)

정답 (1) X, (2) X, (3) O

해설 고층건물화재의 일반적 특성
- 화재초기는 내부의 가연물에 착화하여 가연성 가스를 발산하면서 연소하기 시작한다. 이 때문에 흰 연기, 수증기가 왕성하게 분출하여 실내를 유동한다.
- 불완전 연소가스가 실내에 충만하여 시계(視界)가 불능한 상태가 된다.
- 화점실에서 나온 연기는 계단 등을 경유하여 위층부터 차례로 연기가 충만해지고, 이때는 보통 공기 유입쪽(급기측)과 연기가 나가는 쪽(배기측)이 구분된다.
- 중기이후가 되면 검은 연기가 분출되고 창유리가 파괴되어 화염이 분출된다.
- 화염의 분출과 동시에 공기의 공급에 의하여 화세는 강렬해진다.
- 고온의 불꽃으로 외벽에 박리현상이 일어나고 때에 따라서는 파열하여 비산한다.
- 건물구조상 결함(스라브의 구멍, 파이프 관통부의 마감 불완전 등)이 있으면 그 부분을 통하여 상층으로 연소한다. EPS(전기배선 샤프트) 내에 묶여 있는 케이블은 만약 화재가 발생할 경우 다른 층으로의 연소나 연기 확산의 경로가 된다.
- 베란다 등이 없는 벽면에서는 창에서 분출되는 불꽃이 상층으로 연소 확대된다.
- 계단실, 에스컬레이터 등의 구획이 개방된 경우 그 곳을 통하여 상층으로 연소한다.
- 초고층 건물의 상층은 강화유리 등으로 설치되어 있어 화재가 확대될 경우 광범위하게 파괴, 낙하될 염려가 있으므로 주의한다.

300 고층건물화재의 전술환경에 관한 설명이다.

(1) 건물높이로 인한 전술적 제한 때문에 직접(집중)방수에 의한 진압작전이 사실상 불가능하다는 점에서 전술적 선택범위는 극히 제한적인 상황에 직면한다. (O | X)

(2) 넓은 구획의 건물구조로 인한 전술적 제한 때문에 화세보다 현재의 소방력이 부족한 경우 화점구획을 진압하는 것이 최상의 전략이다. (O | X)

(3) 반응시간(Reflect Time)은 화재신고 접수를 받을 때부터 소방대원이 최초로 화재현장에 도착할 때까지 걸리는 시간을 말한다. (O | X)

(4) 다른 화재에 비해 고층건물화재 시 반응시간은 매우 느리다. (O | X)

(5) 고층건물화재 진압활동에서 가장 중요한 성공요인은 소방시설을 포함한 건물 설비 시스템이다. (O | X)

(6) 소방전술적 관점에서 고층건물은 창문을 통한 다양한 전술을 생각할 수 있기 때문에 신속히 창문 개방이나 파괴를 시도해야 한다. (O | X)

정답 (1) O, (2) X, (3) X, (4) O, (5) O, (6) X

해설 고층건물화재의 전술환경
- 건물높이로 인한 전술적 제한
- 넓은 구획의 건물구조로 인한 전술적 제한
  화세보다 현재의 소방력이 부족한 경우 화점 구획을 진압하기보다 화재확대를 방지하는 것이 최상의 전략이다.
- 반응시간
  반응시간(Reflect Time)은 화재신고 접수를 받을 때부터 소방대원이 최초로 화재현장에 방수할 때까지 걸리는 시간을 말한다. 반응시간이 길면 고층건물의 화염이 소방대원의 통제를 넘어설 정도로 확산된다.
- 건물설비시스템
  고층건물화재 진압활동에서 가장 중요한 성공요인은 소방시설을 포함한 건물설비 시스템이다.
- 통 신
  고층건물 화재작전에서 적절한 통신이 안 되면, 지휘통제는 불가능하다. 그러므로 소방통신이 불가능한 초고층건물에 대한 통신감도 조사와 함께 통신이 불량한 층에는 소방무선통신이 가능하도록 보조안테나를 설치하도록 해야 한다.
- 창 문
  소방전술적 관점에서 고층건물은 창문이 없는 건물로 간주되어야 한다. 건물의 문은 닫혀있고, 문을 열기 위해서는 열쇠가 필요하며, 유리가 매우 크고 두꺼워 파괴가 어렵고, 고층으로 인한 압력차로 인해 유리를 파괴할 경우 강한 바람의 유입으로 위험한 경우가 많기 때문이다. 이와 같이 고층건물 구조는 사실상 지하실처럼 폐쇄되어 있기 때문에, 화재로 인한 열과 연기가 내부에 갇혀 있는 상태에서 창문을 파괴하거나 개방할 경우 굴뚝효과를 유발시켜 강렬한 농연이 상층으로 급격히 확산될 수 있으므로 창문개방을 통한 배연작전은 매우 신중하게 하여야 한다.
- 내화구조
  - 대부분의 고층건물은 건축법상 내화구조의 건축물로 분류되지만 소방전술적 관점에서는 더 이상 내화구조의 건축물로 보기 어렵다.
  - 석유화학물질이 가미된 생활가구, 가연성 인테리어 구조, 공조시스템에 의한 층별 관통구조 등 현대사회의 고층건물은 더 이상 내화구조의 건축물로 보기 어렵다.
- 중앙 공조시스템
  현대사회의 고층건물이 내화적이지 못한 이유 중 하나는 공조시스템(HVAC system)의 존재이다. 공조시스템의 배관과 통로가 벽, 바닥, 천장을 관통한다. 고층화재에서 종종 층별 또는 구획 간 화재확대는 공조 시스템을 통하여 확대되는 경우가 많다.

301 아래 지문에서 설명하는 현상을 쓰시오.

> (   ) : 콘크리트, 석재 등 내화재료(耐火材料)가 고열에 의해 내부 습기가 팽창되면서 균열이 일어나 박리되는(薄利) 현상으로 화재 시 콘크리트 구조물에 물리적, 화학적 영향을 주어 파괴되는 현상을 말한다. 일반적으로 300℃ 이상에서 발생한다.

정답 　폭열현상(Spalling Failure)

302 고층건물화재 진압전술 일반에 관한 설명이다.

(1) 화점층 및 화점상층의 인명구조 및 피난유도를 최우선으로 한다. (O | X)

(2) 선착대장은 관계자로부터 청취한 정보 등을 종합적으로 분석 판단하여 연소저지선, 제연수단 및 소화수단을 결정한다. (O | X)

(3) 다수의 피난자가 있는 경우에는 피난로 확보를 위해 소화활동을 일시 중지하고 방화문을 폐쇄하여 연기확산 방지조치를 취하고, 특별피난계단과 부속실내의 연기를 배출(클리어존, Clear Zone)한다. (O | X)

(4) 1차 경계범위는 당해 화재구역의 직상층으로 한다. (O | X)

(5) 엘리베이터 사용이 안전하다고 판명되는 경우 화재 층을 기점으로 2층 이하까지 이용하고 화점층으로의 진입은 옥내특별피난계단을 활용한다. (O | X)

(6) 화점을 확인한 시점에서 전진 지휘소를 화점층에 설치하고, 자원대기소를 전진지휘소 아래층에 설치하여 교대인력, 공기호흡 예비용기, 조명기구 등의 기자재를 집중시켜 관리한다. (O | X)

(7) 진입대의 활동거점은 화점층의 특별피난계단 부속실에 확보하는 것을 원칙으로 한다. (O | X)

정답 　(1) O, (2) X, (3) O, (4) O, (5) O, (6) X, (7) O

해설 　**고층건물화재 진압전술 일반**
- 선착대는 방재센터로 직접 가서 화점층의 구조대상자 유무, 소방설비의 작동상황, 자위소방대의 활동상황, 건물내부 구조 등 상황을 확인한다.
- 현장지휘관은 선착대장 및 관계자로부터 청취한 정보 등을 종합적으로 분석 판단하여 연소저지선, 제연수단 및 소화수단을 결정한다.
- 화점을 확인한 시점에서 전진 지휘소를 직하층에 설치하고, 자원대기소를 전진지휘소 아래층에 설치하여 교대인력, 공기호흡 예비용기, 조명기구 등의 기자재를 집중시켜 관리한다.
- ※ SOP103 자원의 동원과 관리
  2.2.2 현장지휘관은 사고현장 인근의 장소(주차장, 공터, 운동장, 넓은 도로의 한 측면 등)를 선정하여 자원대기소로 지정한다. (초)고층건물 화재 시의 자원대기소는 발화층의 2개층 아래에 설치한다.
- ※ SOP 223 초고층건물 화재 대응절차와 비교
  2.8 화점을 확인한 시점에서 전진 지휘소는 화점층 기점 2개층 아래 설치, 자원대기소(Staging-area)는 화점 직하층에 설치하여, 교대인력, 예비용기, 조명기구 등 기자재를 집중시켜 관리한다.

303 고층건물화재 시 화재발생 층으로부터 1~2층 아래 엘리베이터에서 내려, 계단을 통해 화점층에 진입하고, 유사시 신속한 후퇴상황에 대비하여 계단 위치와 대피방향에 대해 사전에 확인해야 한다. (O | X)

정답   X

해설   화재발생 층으로부터 2~3층 아래 엘리베이터에서 내려, 계단을 통해 화점층에 진입한다.

304 고층건물화재에 이용될 수 있는 전략에는 정면공격, 측면공격, 방어적 공격, 공격유보, 외부공격 등 5가지가 있다. (O | X)

정답   O

305 정면공격은 고층건물화재에서 가장 흔하고 성공적으로 사용되는 전략이다. 소방대원들은 화점층 진입통로를 따라 호스를 전개하여 직접적으로 진압하는 공격적전략에 해당한다. (O | X)

정답   O

306 외부공격은 고층건물화재에서 두 번째로 가장 흔한 전략이다. 이것은 정면공격이 실패한 경우 적용할 수 있는 유용한 공격전략이라는 것이 종종 입증되고 있다. (O | X)

정답   X

해설   측면공격은 고층건물화재에서 두 번째로 가장 흔한 전략이다.

307 굴뚝효과(Stack Effect)나 창문을 통한 배연작업이 개시될 때 발생하는 강한 바람에 화염이 휩쓸려 정면공격팀(1차 진압팀)을 덮치거나 덮칠 우려가 있을 때 측면공격전략은 매우 유용하지만 정면공격이 시행되고 있는 동안에는 상호 교차방수에 의한 부상이나 안전사고가 발생할 수 있어 실행하지 말아야 한다. (O | X)

정답   X

해설   측면공격은 정면공격이 시행되고 있는 동안 보조적 수단으로 도 실행될 수 있다. 이때에는 상호 교차방수에 의한 부상이나 안전사고가 발생하지 않도록 두 팀 상호 간의 긴밀한 의사소통이나 팀워크(Teamwork) 유지를 위한 지휘조정이 필수적이다.

308 터널효과에 따른 화염의 위협은 측면공격을 시작하기 위해 다른 문이나 창문을 개방할 때마다 문제가 될 수 있으므로 항상 터널 효과를 고려한 공격과 후퇴준비가 필수적이다. (O | X)

정답   O

309 개방형 층계 구조로 된 오피스텔용 고층건물과 단일 접근통로를 가지고 있거나 각 층의 모든 지점을 두 방향에서 접근할 수 있는 주거용 고층건물 화재에도 측면공격전략이 이용될 수 있다. (O | X)

정답   X

해설   단일 접근통로를 가지고 있는 주거전용 고층건물의 경우 측면공격은 거의 사용할 수 없다.

310 고층건물화재 시 스프링클러에 의한 진압이 실패하고 정면공격과 측면공격 모두 실패했다면 제3의 선택전략은 공격유보 전략을 취하는 것이다. (O | X)

정답   X

해설   고층건물화재 시 스프링클러에 의한 진압이 실패하고 정면공격과 측면공격 모두 실패 했다면 제3의 선택전략은 방어적 공격 전략을 취하는 것이다.

311 방어적 공격 전략은 화재진압보다 확산방지에 주력하는 전략을 의미하며 출동대는 화재발생 층에 있는 모든 가연물이 소진될 동안 인접건물을 통제하는 것이 핵심사항이다. (O | X)

정답   X

해설   모든 가연물이 소진될 동안 계단을 통제하는 것이 핵심사항이다.

312 공격유보 전략은 심각한 화재상황이 진행 중이며 화재가 통제될 수 없다는 판단이 내려질 때 이용되는 전략이다. (O | X)

정답   O

313 수백명의 사람들이 화점층 위에서 아래층으로 대피하고 있는 동안 아래층에서부터 호스를 전개한 관창을 가지고 화점층에 진입할 때 문틈으로 연기와 열이 계단실로 일시에 유입되는 상황을 막기 위해 신속하게 진입하고 즉시 출입문을 닫아야 한다. (O | X)

정답   X

해설   연기와 열이 계단실로 일시에 유입되는 상황에서 무리한 진입공격이 이루어지면 안 된다. 만약 이런 상황에 직면할 경우 공격을 유보하기로 결정해야 한다. 인명검색팀이 화점층을 검색할 필요가 있을 경우에는 검색팀이 진입한 즉시 출입문을 닫아야 한다. 진입공격이 가능하다면 다른 층계를 이용하여 화재를 진압하거나 모든 대피자들이 나올 때까지 기다려야 한다.

314 고층화재 시 사다리차를 근접 배치하여 전개가 가능하거나, 내부 정면공격과 측면공격이 실패한 경우 즉시 외부공격을 시도해야 한다. (O | X)

정답 X

해설 화점층이 사다리차 전개 높이의 아래이거나, 내부 정면공격과 측면공격이 실패한 경우 즉시 외부공격을 시도해야 한다.

315 고층건물화재 시 모든 거주자들이 안전하고 신속하게 대피하는 것이 항상 가능하지도, 반드시 올바른 선택이지도 않다. 이때는 대부분의 거주자가 건물 안에 남아있는 동안 화재를 진압하는 외부공격 전략을 고려할 필요가 있다. (O | X)

정답 X

해설 고수(공간방어)전략에 관한 설명이다.

316 고수전략의 성공여부는 화재가 특정 공간(장소) 범위 안에서 제한될 수 있는 건물구조를 가지고 있을 것과 거주자들 모두 해당 공간(건물) 내에 머무르라는 현장지휘관의 명령을 듣고 따르거나 통제가 가능하다는 확신이 있을 것 등 두 가지 요소에 달려있다. (O | X)

정답 O

317 고층건물화재에서 수직 확산의 가장 흔한 원인은 창문에서 창문으로의 확산경로이다. 이와 같은 화재환경을 소방전술용어로 "자동노출(Autoexposure)"이라 한다. (O | X)

정답 O

318 고속도로에서의 차량화재는 상·하행선 양 방향에서 출동하는 것을 원칙으로 한다. 고가도로의 경우 비상용 진입구, 적재사다리, 사다리차, 굴절차 등을 이용하여 방어한다. (O | X)

정답 O

319 지하철 화재 시 지상과의 통로는 연기의 배출구(배연구) 또는 공기의 유입구(급기구)가 되므로 터널의 고·저를 생각하여 연기의 분출이 없는 쪽에서 진입한다. 단, 연기 중에 구조대상자가 있는 것이 예측될 때는 배기구 측의 검색도 필요하다. (O | X)

정답 O

320 전술은 문제 상황에 효과적으로 대응하기 위한 기본방침(계획)으로 주로 최상위 현장조직(또는 지휘관)단위에서 적용된다. (O | X)

정답 X

해설

전 략	전 술
문제 상황에 효과적으로 대응하기 위한 기본방침(계획)으로 주로 최상위 현장조직(또는 지휘관)단위에서 적용된다.	전략적 방침(계획)을 실행하기 위한 구체적 방법으로 최하위 현장조직 단위에서 적용된다.

321 화재진압활동에 적용하는 전략의 유형은 크게 공격적 작전, 방어적 작전, 한계적 작전으로 나눌 수 있다. (O | X)

정답 O

322 아래 지문에서 설명하는 전략의 유형을 쓰시오.

(1) (   )

- 화재의 연소확대를 방지하는 데 초점을 맞추는 형태로, 내부공격을 할 수 없는 화재 상황에서 장시간의 외부대량방수를 통해 연소확대를 차단하거나 저절로 소화될 때까지 외부에서 방수하는 것을 말한다.
- 원칙적으로 소방대원이 발화지점에 진입하는 것이 금지되며, 주변통제가 중요시된다. 이것은 소방력이 화세보다 약한 경우와, 주로 화재의 성장기 또는 쇠퇴기에 적용한다.

(2) (   )

화재의 진행상황으로 보아 이미 공격적 작전상황의 끝에 가깝고, 방어적 작전상황의 시작에 해당될 때 적용되는 작전형태로, 내부공격이 궁극적으로 효과적이지는 않지만 구조대상자의 안전을 위해 내부공격이 이루어지는 경우이거나 내부공격을 중단하고 외부공격을 해야 할 시점, 즉 전략변경이 요구되는 시점에 적용한다.

(3) (   )

화재 초기 또는 성장기에 건물내부로 신속히 진입하여 초기검색과 화재진압이 이루어지는 형태로, 화재를 진화하는 데 초점이 맞추어진다. 이것은 주로 소방력이 화세보다 우세할 때 적용한다.

정답 (1) 방어적 작전, (2) 한계적 작전, (3) 공격적 작전

323 한계적 작전상황하에서는 공격적 작전과 방어적 작전이 동시에 이루어지는 것을 의미한다. (O | X)

정답 X

해설 한계적 작전상황하에서는 공격적 작전과 방어적 작전이 동시에 이루어지는 것을 의미하지는 않다. 주로 외부에서의 방어적 작전을 준비 또는 대기하고 있는 상황에서 인명구조와 연소 확대 방지를 위해 내부공격이 필요한 경우가 그 예이다.

324 포위전술은 주로 인접건물로의 화재확대방지를 위해 적용하는 전술형태이다. (O | X)

정답 X

해설 블록(Block)전술에 관한 설명으로 블록의 4방면 중 확대가능한 면을 동시에 방어하는 전술이다.

블록(Block)전술	포위전술
• 사전적 의미는 건물들의 가두리가 네 개의 도로로 둘러 쌓여있는 하나의 구획이다. • 화점이 있는 블록(Block)을 기준으로 포위 진압하는 방어적 개념이다.	• 관창을 화점에 포위 배치하여 진압하는 전술형태이다. • 화점을 기준으로 포위 진압하는 공격적 개념이다.

325 중점전술은 부대가 일시에 집중적으로 진화하는 작전으로 예를 들면 위험물 옥외저장탱크 화재 등에 사용된다. (O | X)

정답 X

해설 집중전술에 관한 설명이다. 중점전술은 화세(또는 화재범위)에 비해 소방력이 부족하여 전체 화재현장을 모두 커버할 수 없는 경우 사회적, 경제적 혹은 소방상 중요한 시설 또는 대상물을 중점적으로 대응 또는 진압하는 전술형태를 말한다.

326 전술들의 총체적 배열은 인명구조 → 화재진압 → 재산보호의 순으로 우선순위가 결정된다. (O | X)

정답 O

327 작전계획(공격계획)의 절차(기본적 단계) 순서대로 번호를 쓰시오.

① 임무부여
② 상황평가 - 상황분석
③ 사용가능한 자원의 판정 - 자원분석
④ 전술적 접근법의 개발 - 기본적인 문제해결방법 제시
⑤ 전술적 필요의 판정 - 구체적 계획

정답 ② → ④ → ⑤ → ③ → ①
* 암기 : 상개판자임과 상기구자임

328 내부 진입공격을 하고 있는 동안 외부에서 방수포를 이용한 공격을 하는 것은 효과를 극대화시킬 수 있다. (O | X)

정답 X

해설 건축물 화재진압에서 가장 흔하게 발생되는 전략선택의 실수는 공격적 모드와, 방어적 모드를 동시에 혼합하여 구사한다는 점이다. 내부 진입공격을 하고 있는 동안 외부에서 방수포를 이용한 공격을 하는 것은 종종 대원들을 위험에 빠지게 만든다.

329 내부 진입을 통한 공격 전략에서 방수포를 이용한 외부 방어적 공격 전략으로 안전하게 전환하기 위한 4가지 필수요소는 ① 내부(방면)지휘관과 외부(방면) 지휘관 간의 의사소통과 조정, ② 외부(방면)지휘관의 효과적인 대원 지휘·통솔 능력, ③ 현장지휘관의 방수 지시가 있을 때 즉각 방수할 수 있는 펌프차 방수포 담당 대원의 배치, ④ 현장에서 불변의 우선순위를 이해하는 현장지휘관(생명보호 → 연소확대 방지 → 재산 보호원칙)이다. (O | X)

정답 X

해설 전략변경 시에는 외부가 아닌 내부(방면)지휘관의 효과적인 대원 지휘·통솔 능력이 필요하다. 그 이유는 건축물화재에서 한 층으로 제한된 화재는 외부평가보다는 내부 상황평가가 가장 효과적인데 화재가 한 공간에 제한될 때 현장지휘관은 대게 내부 상황의 평가를 요구하기 때문이다. 그러나 지붕이나 다른 상층부로 연소 확대가 이루어지면, 외부 상황평가가 가장 효과적이다. 이때, 현장지휘관은 화재의 전체 상황을 외부에서 관찰하게 된다. 외부 평가를 통해 화재가 내부 진입으로 통제할 수 없다고 판단되면, 방수포를 이용한 외부 진입을 해야 한다. 외부 진압 결정(방어적 공격전략)이 이루어 지고나면, 내부(방면)지휘관은 내부 진압대원들이 철수하도록 해야 하기 때문이다. 방수포 공격이 일시적으로 이용되는 것이라면, 내부 진입대원들은 아래층으로 임시 철수하여 대기해야 한다. 그러나 장시간 방수포 공격이 이용되면 모든 대원들은 붕괴 위험 구역을 벗어나 건물 밖으로 철수해야 한다.

* 굴절사다리차나 고가사다리차의 방수포 공격은 외부 공격 전략에서 가장 효과적인 진입수단이다.

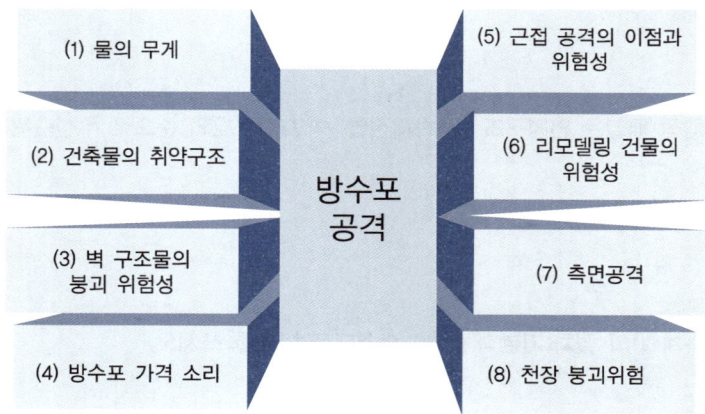

330 공격에서 방어 모드로 전략을 변경할 때는 반드시 진압의 우선순위(생명보호 → 연소확대 방지 → 재산 보호)에 따라 행동해야 한다. 이것은 레시오(RECEO) 원칙, 즉 '생명보호 → 내부 연소확대 방지 → 외부 연소확대 방지 → 화점진압 → 정밀 검색 및 잔화정리'의 5가지 원칙으로 확장하여 이용되기도 한다. (O | X)

정답 X

해설 레시오(RECEO)원칙
생명보호 → 외부 연소확대 방지 → 내부 연소확대 방지 → 화점진압 → 정밀검색 및 잔화정리

6 특수화재의 소방활동요령

331 화물선 화재 시 통로는 수밀화되어 간벽도 많다. 화재초기 이외는 농연이 충만하여 화점확인이 다른 선박에 비해 매우 곤란하다. (O | X)

정답 O

332 유조선 화재 시 필요한 소화약제 및 특수장비의 응원을 요청하고 승무원의 구출, 부근 선박의 통제 및 펌프차대와의 연락 등을 정확하게 판단한다. (O | X)

정답 O

333 항공기 화재 시 접근은 머리 부분, 풍상, 측면으로 접근한다. (O | X)

정답 정답 없음

해설 항공기의 경우는 일반적으로 머리 부분으로 접근하지만 기관총 또는 로켓포를 장착한 전투기의 경우는 머리 부분부터의 접근은 위험하기 때문에 꼬리부분이나 측면으로 접근한다. 문제 지문에 전투기에 대한 언급이 없기 때문에 틀린 지문이 되지만(항공기에는 대형여객기, 화물기, 군용기, 자가용 비행기 및 헬리콥터 등이 있다) 만약 시험문제 중 다른 보기에 확실히 틀린 지문이 있다면, 이 지문은 맞는 지문이 된다. 항상 모든 보기를 꼼꼼히 확인하는 게 필요하다.

334 항공기 화재 공기포 방사에 관한 설명이다. 빈칸에 알맞은 말을 쓰시오.

> 피복 길이는 활주로의 (㉠)을 목표로 하며 피복 폭은 쌍발기 이상은 엔진 간격의 약 (㉡)배, 단발기는 (㉢)m로 하고, 포의 두께는 (㉣)cm 정도로 하고 시간적 여유 또는 포 원액에 여유가 없는 경우는 (㉤)m 범위를 긴급히 전면 피복한다.

정답 ㉠ 1/3, ㉡ 1.5, ㉢ 8~10, ㉣ 4~5, ㉤ 100~150

335 항공기 화재 시 포소화와 분무주수를 중점으로 하고, 직사주수는 하지 않는다. (O | X)

정답 O

336 저발포는 지표 등 평탄한 부분을, 고발포 방사는 기체 등 입체부분을 소화한다. (O | X)

정답 X

해설 고발포는 지표 등 평탄한 부분을, 저발포 방사는 기체 등 입체부분을 소화한다.

337 수간화는 수목이 연소하는 화재로 일단 연소하기 시작하면 화세가 강해 소화가 곤란하다. (O | X)

정답 X

해설 산림화재의 형태에는 수관화(樹冠火), 수간화(樹幹火), 지표화(地表火), 지중화(地中火)가 있다.
- 수관화는 나무의 수관(樹冠 : 나무의 가지와 잎이 달려있는 부분)이 연소하는 화재이고 일단 연소하기 시작하면 화세가 강해 소화가 곤란하다.
- 수간화는 수목이 연소하는 화재로 고목 등은 수간화가 되기 쉽다.
- 지표화는 지표를 덮고 있는 낙엽가지 등이 연소하는 것이다.
- 지중화는 땅속의 부식층(腐植層) 등이 연소하는 것이다.

338 기복이 심한 산지에서의 산림화재는 골짜기에서 봉우리를 향해서 연소하는 것이 보통이지만 강풍 기상하에서의 화재는 봉우리에서 골짜기로 역류하기도 한다. (O | X)

정답 O

339 방사선이란 방사선을 내는 능력 혹은 방사선을 내는 물질로서 우라늄 등의 방사성물질은 이 성질을 가진 물질이다. (O | X)

정답 X

해설 방사능에 관한 설명이다. 방사선이란 방사선물질에서 방출되는 α선, β선 및 γ선으로 특수한 장치 등으로 만들어지는 X선, 양자선 및 전자선 또는 원자로에서 만들어지는 중성자선을 말하며 투과성, 전리작용(電離作用), 형광작용(螢光作用)의 성질이 있다.

340 β선은 물질의 투과력은 대단히 약하고 종이 1장으로 거의 완전히 멈춘다. 물질을 전리하는 힘은 크다. (O | X)

정답 X

해설 α선에 관한 설명이다.

341 γ선은 β선보다 투과력은 강하지만 공기 중에서 수m, 알루미늄·플라스틱 수mm의 두께로 완전히 멈춘다. 물질을 전리하는 힘은 β선보다 약하다. (O | X)

정답 X

해설
- γ선은 물질의 투과력은 대단히 강하다. 물질을 전리하는 힘은 β선보다 약하다.
- β선은 α선보다 투과력은 강하지만 공기 중에서 수m, 알루미늄·플라스틱 수mm의 두께로 완전히 멈춘다. 물질을 전리하는 힘은 α선보다 약하다.

342 내부피폭과 외부피폭은 투과력이 큰 γ선이 가장 위험하다. (O | X)

정답 X

해설 외부피폭은 인체의 외측에서 피부에 조사(照射)되는 것으로 투과력이 큰 γ선 등이 위험하고, 내부피폭은 호흡기, 소화기 및 피부 등을 통해서 인체에 들어온 상태를 말하며 외부피폭과 달리 α선이 가장 위험하다.

343 내부피폭 방호의 3대 원칙으로는 거리, 시간, 차폐이며 내용으로는 ① 거리는 멀리, ② 시간은 짧게, ③ 방사선의 종류에 적합한 방어물로 차폐하는 것이다. (O | X)

정답 X

해설 외부피폭 방호의 3대 원칙에 관한 설명이다.
내부피폭 방호의 3대 원칙으로는 격리, 희석, 경로의 차단이 있으며 내용으로는 ① 격리는 작업장소를 제한하여 방사성물질을 주변 환경에서 차단하는 것이고, ② 희석은 공기정화 등을 통해 방사성 물질의 농도를 희석시키는 것이며, ③ 경로의 차단은 보호복 및 공기호흡기 등을 활용하여 인체 침입 경로를 차단하는 것이다.
* 암기 : 외거시차, 내격희단

344 방사선 검출요령은 화학기동 중대원을 적극적으로 활용해서 실시하고 원칙적으로 시설관계자는 보조적인 검출활동을 실시한다. (O | X)

정답 X

해설 검출은 시설관계자를 적극적으로 활용해서 실시하고 원칙적으로 화학기동 중대원은 보조적인 검출활동을 실시한다.

345 검출은 복수의 측정기를 활용하고 내주부(內周部)부터 순차적으로 외부를 향해서 실시함과 동시에 검출구역을 분담해서 실시하고 검출누락이 없도록 한다. (O | X)

정답 X

해설 검출은 복수의 측정기를 활용하고 외주부(外周部)부터 순차적으로 내부를 향해서 실시함과 동시에 검출구역을 분담해서 실시하고 검출누락이 없도록 한다.

346 검출결과는 레벨이 낮은 쪽을 채용하고 반드시 검출위치 및 선량률을 기재한다. (O | X)

정답   X

해설   검출결과는 레벨이 높은 쪽을 채용하고 반드시 검출위치 및 선량률을 기재한다.

347 현장통제 및 대응활동을 수행하기 위하여 "대응구역설정 개념도"에 따라 구역을 설정한다. 다음은 방사선 위험구역에 관한 설명이다.

(1) 출입자에 대하여 방사선의 장해를 방지하기 위한 조치가 필요한 구역은 Warm Zone이다. (O | X)

(2) 소방・구조대원 등 필수 비상대응요원만 진입하여 활동하는 공간으로 일반인 및 차량의 출입을 제한하기 위하여 설정하는 지역은 (　　　)이다.

(3) 경찰통제선(Police Line) 바깥 지역으로 공간 방사선량률이 자연방사선준위(0.1~0.2μSv/h)수준인 구역은 Cold Zone이다. (O | X)

(4) 공간방사선량률이 자연방사선준위(0.1~0.2μSv/h) 이상 20μSv/h 미만인 지역은 Hot Zone이다. (O | X)

(5) 공간방사선량률 100μSv/h 이상 지역은 소방활동 구역이며 U-REST 등 방사선전문가들이 활동하는 구역이다. (O | X)

정답   (1) X, (2) Warm Zone, (3) O, (4) X, (5) X

해설   방사선 위험구역
- Hot Zone
  - 출입자에 대하여 방사선의 장해를 방지하기 위한 조치가 필요한 구역이다.
  - 공간 방사선량률 20μSv/h 이상 지역은 소방활동 구역이며 공간 방사선량률 100μSv/h 이상 지역에 대해서는 U-REST46) 등 방사선전문가들이 활동하는 구역이다.
- Warm Zone
  - 소방・구조대원 등 필수 비상대응요원만 진입하여 활동하는 공간으로 일반인 및 차량의 출입을 제한하기 위하여 설정하는 지역이다.
  - 공간 방사선량률이 자연방사선준위(0.1~0.2μSv/h) 이상 20μSv/h 미만인 지역으로 Hot Zone과 경찰통제선 사이에 비상대응조치를 수행하기에 필요한 공간이다.
- Cold Zone
  경찰통제선(Police Line) 바깥 지역으로 공간 방사선량률이 자연방사선준위(0.1~0.2μSv/h) 수준인 구역이다.

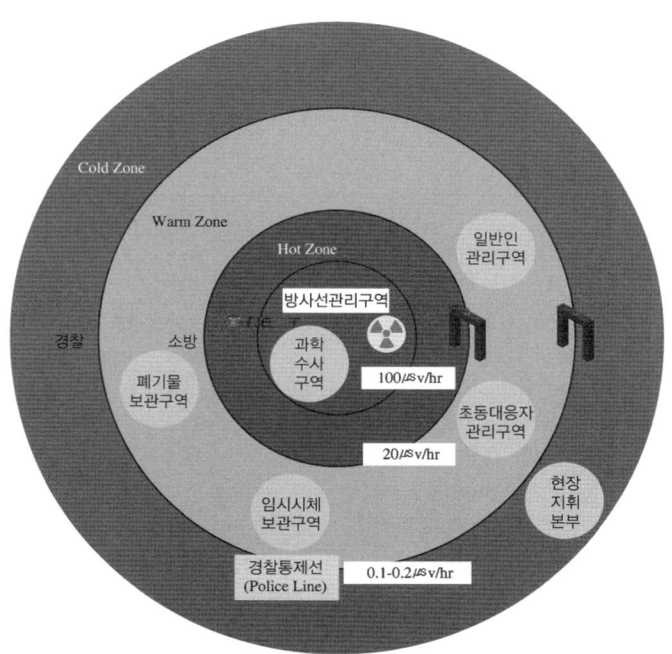

348 대응구역의 기능 및 특성에서 과학수사구역은 보안상 물리적으로 안전하고 통제하기 편리한 곳이라는 특성이 있다. (O | X)

정답 X

해설 현장지휘본부의 특성이다.

349 방사선관리구역에서 소개된 일반인들에 대한 격리, 환자분류, 응급처치, 오염검사, 일반인 등록 및 제염구역, 방사선구역을 출입하는자, 초동대응자 및 장비의 오염 통제구역은 일반인관리구역이다. (O | X)

정답 X

해설
- 일반인관리구역 : 방사선관리구역에서 소개된 일반인들에 대한 격리, 환자분류, 응급처치, 오염검사, 일반인 등록 및 제염구역
- 초동대응자 관리구역 : 방사선구역을 출입하는자, 초동대응자 및 장비의 오염 통제구역

350 폐기물보관구역은 방사선관리구역 내 출입 및 오염 경찰통제선 근처이다. (O | X)

정답 X

해설 과학수사구역에 관한 설명이다.

351 구급차 접근이 가능한 경찰통제선 내 장소로 방사선량률이 자연방사선량과 비슷한 정도의 구역 (0.3μSv/h)은 일반인 관리구역이다. (O | X)

정답 O

해설 대응구역의 기능 및 특성

구 역	설명/기능	특 성
현장지휘본부	초동 대응자 집결, 현장지휘총괄 및 공식적인 정보공개창구	보안상 물리적으로 안전하고 통제하기 편리한 곳
과학수사구역	범죄수사에 필요한 자료의 가공, 기록, 조사, 사진촬영, 저장 등	방사선관리구역 내 출입 및 오염 경찰통제선 근처
일반인관리구역	방사선관리구역에서 소개된 일반인들에 대한 격리, 환자분류, 응급처치, 오염검사, 일반인 등록 및 제염구역	구급차 접근이 가능한 경찰통제선 내 장소로 방사선량률이 자연방사선량과 비슷한 정도의 구역(0.3μSv/h)
초동대응자 관리구역	방사선구역을 출입하는자, 초동 대응자 및 장비의 오염통제구역	방사선관리구역 경계와 가까운 곳 일반인 관리 구역과 가능한 먼 곳에 위치
임시시체보관구역	오염되었을지 모르거나 과학수사반/합동조사반에 의해 조사되어야하는 시체 임시 보관 구역	일반인이 볼 수 없는 통제구역 내 구역으로 텐트나 기존의 시설물을 이용
폐기물보관구역	오염된 물품을 보관하기 위한 구역	경찰통제서 내에서 바람 또는 비에 의한 오염의 확산을 방지 할 수 있는 곳

352 방사능시설 화재 소화활동 및 안전관리에 관한 설명이다.

(1) 관리구역 내에 있어서 주수는 방사성 물질에 직접 주수해야 한다. (O | X)

(2) 화재상황에서 관리구역 내에 주수할 필요성이 있는 경우에는 직사주수는 피하고 고속분무주수를 원칙으로 한다. (O | X)

(3) 소화수에 의한 오염확대를 방지하기 위해 주수는 최대한으로 한다. (O | X)

(4) 잔화처리는 반드시 시설관계자의 입회하에 실시함과 동시에 특히 위험구역에서는 쇠갈고리 등을 활용하고 직접 손으로 접촉하지 않는다. (O | X)

(5) 오염검사는 원칙적으로 시설 내의 오염검사기를 활용하고 시설관계자에게 실시하게끔 한다. (O | X)

(6) 오염은 다량의 물과 비눗물(산성 보다 알카리성 쪽이 효과가 있다)에 의한 세척이 효과적이지만 관계시설에 설치해 있는 제염제를 유효하게 활용한다. (O | X)

(7) 오염물은 시설관계자에 일괄해서 인도하고 처리를 의뢰한다. 소방설비는 원칙적으로 재사용하지 않는다. 다만 오염된 것이 제염의 결과 재사용할 수 있는 것은 제외한다. (O | X)

(8) 소방대원은 오염검사가 종료하고 지시가 있을 때까지 절대로 흡연 및 음식물을 섭취하지 않는다. (O | X)

(9) 체내 피폭됐을 때 또는 피폭 염려가 있는 방사선 오염구역에서 소방활동을 한 경우는 오염검출 후 양치질을 실시함과 동시에 피폭상황에 따라 구토시킨다. (O | X)

(10) 베인 상처에 오염이 있는 경우는 즉시 다량의 물에 의한 제염을 실시함과 동시에 지혈을 실시한다. (O | X)

정답 (1) X, (2) X, (3) X, (4) O, (5) O, (6) X, (7) O, (8) O, (9) O, (10) X

해설 (1) 관리구역 내에 있어서 주수는 방사성 물질에 직접 주수하는 것을 피하고 방사성물질의 비산 및 유출방지를 꾀한다.
(2) 화재상황에서 관리구역 내에 주수할 필요성이 있는 경우에는 직사주수는 피하고 저속 분무주수를 원칙으로 한다.
(3) 소화수에 의한 오염확대를 방지하기 위해 주수는 최소한으로 한다.
(6) 오염은 다량의 물과 비눗물(알칼리성보다 산성 쪽이 효과가 있다)에 의한 세척이 효과적이지만 관계시설에 설치해 있는 제염제를 유효하게 활용한다.
(10) 베인 상처에 오염이 있는 경우는 즉시 다량의 물에 의한 제염을 실시함과 동시에 출혈은 체내로의 방사성 물질의 침투를 막고 배설촉진의 효과가 있기 때문에 생명에 위험이 없는 경우에는 지혈을 하지 않는다.

02 현장안전관리

1 안전관리의 기본

001 소방활동에서의 안전관리(安全管理)란 화재진압, 구조·구급, 재난수습 등 현장 소방 활동 임무수행 시 사고가 발생하지 않는 상태를 유지하여, 소방공무원의 신체와 소방장비 등을 보호하기 위한 제반활동이라고 정의할 수 있다. (O | X)

정답 O

002 안전한 삶의 질서를 파괴하는 위험을 줄이기 위하여 안전을 실행하는 데 필요한 4가지 행동 요인은 행동자의 활동에 대한 이해, 행동자의 지식 수준, 행동자의 직접적 상태, 현장의 환경 및 분위기이다. (O | X)

정답 X

해설 안전을 실행하는 데 필요한 4가지 행동 요인
- 행동자의 활동에 대한 이해
- 행동자의 능력 수준
- 행동자의 직·간접적 상태
- 현장의 환경 및 분위기

003 안전관리의 목표는 인명존중, 안전한 소방 활동, 사회적 신뢰확립이다. (O | X)

정답 O

004 「안전사고」란 고의성이 없는 어떤 불안전한 행동이나 조건이 선행되어, 일을 저해하거나 또는 능률을 저하시키며 직접 또는 간접적으로 인명이나 재산의 손실을 가져올 수 있는 사건을 말한다. (O | X)

정답 O

2 소방활동의 안전관리

005 소방 현장활동은 위험사태 발생 후 현장임무 수행이라는 양면성을 갖고 있다. 이것은 소방활동의 특수성 중 활동환경의 이상성에 해당한다. (O | X)

정답 X

해설 양면성은 확대위험성과 불안전성의 내용이다.

소방활동의 특수성 중 확대위험성과 불안정성
소방기관은 인명이나 재난피해의 방지를 위하여 즉시 행동을 개시하지만 대응이 늦으면 심각한 사태로 발전할 가능성이 높아 인명 및 재산피해가 확대되는 것이다. 이와 같이 확대위험성이 있는 소방활동은 일반 사업장에서의 안전사고가 일과성 위주인 것과 비교할 때, 소방 현장활동은 위험사태 발생 후 현장임무 수행이라는 양면성이라는 다른 특징을 갖고 있다. 또한 재해를 당한 대상물은 건물이 구조적 피해를 받고 있기 때문에 정상적인 상태나 기능을 잃고 안전성을 결한 불안정한 상태로 이어지게 된다.

006 소방활동의 특수성 5가지 중 설명에 맞는 것을 쓰시오.

- (㉠) : 화재현장에서 소방대원은 담을 넘는다든지 사다리를 활용하여 2층이나 3층 혹은 인접 건물로 진입하거나, 통행이 어려운 곳을 통과하거나, 오르기 힘든 곳을 오르거나, 화염 등으로 위험하여 들어갈 수 없는 곳을 진입하여야 하는 경우가 있다.
- (㉡) : 특히 내화건물 및 지하 화재에 있어서 화염은 물론 짙은 연기와 열기로 인한 진입장해로 인명검색이나 소화활동이 제한을 받게 된다. 또 연기에 포함된 유독가스나 정전에 의한 암흑 속에서 행동, 통로에 전개된 소방호스, 벽·기둥의 붕괴, 도괴, 유리나 기와 등의 낙하물, 수용물의 산재 등으로 내·외의 모든 장소에는 (㉡)요인이 잠재하고 있다.
- (㉢) : 화재현장 상황은 항상 정상적인 상태를 상실한 상황이 연출된다. 또한 가스, 유류, 화공약품 등에 의한 폭발현상 등 예측 불가능한 상황이 항상 잠재되어 있으며, 사람들은 이상심리에 지배되어 긴장, 흥분상태에 있고, 소방대원의 심리상태도 역시 마찬가지이다.

정답 ㉠ 행동의 위험성, ㉡ 활동장애, ㉢ 활동환경의 이상성

007 소방활동에서 안전관리는 일체성·적극성, 특이성·양면성, 계속성과 반복성이 중요하다. (O | X)

정답 O

* 암기 : 일적, 특양, 계반

3 재해의 원인

008 불안전한 행위의 요인에는 지식의 부족, 기능의 미숙, 태도의 불량, 의욕의 결여 등이 있다. (O | X)

정답 O

009 Heinrich 이론에서 1차 원인은 개인적 결함이다. (O | X)

정답 X

해설 1차 원인(직접원인)은 불안전한 행동과 불안전한 상태이고, 개인적 결함은 2차 원인이다.

> Heinrich 이론
> ① 사회적 환경 및 유전적 요소(기초원인) → ② 개인적 결함(2차 원인, 간접원인) → ③ 불안전한 행동과 불안전한 상태(1차 원인, 직접원인) → ④ 사고 → ⑤ 상해

010 Bird의 재해연쇄이론 중 다음 빈칸을 채우시오.

> - 관리 – (㉠) – (㉡) – 접촉 – (㉢)
> - 제어의 부족 – (㉣) – (㉤) – 사고 – 재해 손실

정답 ㉠ 기원, ㉡ 징후, ㉢ 손실(암기 : 관기징접손), ㉣ 기본원인, ㉤ 직접원인

* Heinrich 이론과 반드시 비교암기

011 안전관리자 등 안전감독기관이 안전에 관한 제도, 조직, 지도, 관리 등을 소홀히 하는 것은 Bird의 재해연쇄이론 중 기본원인에 해당한다. (O | X)

정답 X

해설 제어의 부족에 해당한다.

012 Bird의 재해연쇄이론 중 하인리히의 연쇄 이론에서도 가장 중요한 대책사항으로 취급되어 온 요인은 기본원인이다. (O | X)

정답 X

해설 하인리히의 연쇄이론에서도 가장 중요한 대책사항으로 취급되어 온 요인은 직접원인-징후(3단계)이다.

013 Bird의 재해연쇄이론(최신의 도미노이론)에서 가장 유효한 제어를 달성하기 위해 반드시 제거해야 할 것은 직접원인이다. (O | X)

정답 X

해설 기본원인-기원(2단계)이다.
- 재해의 직접원인을 해결하는 것보다는 오히려 그 근원이 되는 기본원인을 찾아내어 가장 유효한 제어를 달성하는 것이 중요하다. 고전적 도미노이론(하인리히 이론)에서는 직접원인만 제거하면 재해는 일어나지 않는다고 하였지만 최신의 도미노이론에서는 반드시 기본원인을 제거하라고 주장한 것이다.

014 버드는 「1 : 10 : 30 : 600의 법칙」을 주장하였다. (O | X)

정답 O

   * Heinrich 이론 : 「1 : 29 : 300의 법칙」과 비교할 것

014-1 깨진 유리창 이론은 사소한 무질서 혹은 결함을 방치하게 되면 나중에는 더 큰 피해나 피해의 확대가 일어날 수 있다는 개념이다. (O | X)

정답 O

014-2 정상상태 또는 문제가 드러나지 않은 상태에서는 위험요소가 적지만 일단 사소한 결함이나 문제점이 발생하기 시작했을 때 대처하지 않거나 방치하면 그 이후에는 돌이킬 수 없는 위험이나 피해가 발생할 수 있다는 것이 '깨진 유리창 이론'의 핵심이다. (O | X)

정답 O

014-3 1969년 미국 스탠퍼드 대학교 필립 짐바르도(Philip Zimbardo) 교수의 차량실험과 1993년 뉴욕시장으로 취임한 루돌프 줄리아나의 뉴욕시 정화작업은 깨진 유리창 이론의 사례이다. (O | X)

정답 O

4 재해예방 및 조사

015 재해의 기본원인(4개의 M)은 Man(인간), Machine(기계), Media(매체), Management(관리)이다. (O | X)

정답 O

016 재해 발생의 연쇄관계에서 재해의 직접원인인 불안전 상태나 불안전 행동을 발생시키는 기원이 되는 기본원인이 4개의 M이라고 생각할 수 있다. 이 경우 4개의 M의 각각이 불안전 상태, 불안전 행동의 어느 것에 대해서도 원인이 될 수 있다는 것을 이해할 필요가 있다. (O | X)

정답 O

017 재해의 기본원인으로서의 4M에 관한 설명이다.

(1) 망각, 걱정거리, 피로, 무의식 행동, 위험감각 등은 Man(인간)의 심리적 원인이다. (O | X)

(2) 수면부족, 신체기능, 알코올, 질병, 건강관리의 불량 등은 Man(인간)의 생리적 원인이다. (O | X)

(3) 직장의 인간관계, 리더십, 팀워크, 커뮤니케이션 등은 Man(인간)의 직장적 원인이다. (O | X)

(4) 본질 안전화의 부족(인간공학적 배려의 부족), 표준화의 부족, 작업공간의 불량, 작업 환경 조건의 불량은 Machine(작업시설)에 관한 내용이다. (O | X)

(5) 작업 정보의 부적절, 작업방법의 부적절, 작업자세, 작업동작의 결함은 Media(작업)에 관한 내용이다. (O | X)

(6) 관리조직의 결함, 규정·메뉴얼의 불비, 불철저, 안전관리 계획의 불량, 적성배치의 불충분, 부하에 대한 지도·감독 부족 등은 Management(관리)에 관한 내용이다. (O | X)

정답 (1) X, (2) X, (3) O, (4) X, (5) O, (6) O

해설 재해의 기본원인으로서의 4M

Man (인간)	• 심리적 원인 : 망각, 걱정거리, 무의식 행동, 위험감각, 지름길 반응, 생략행위, 억측 판단, 착오 등 • 생리적 원인 : 피로, 수면부족, 신체기능, 알코올, 질병, 나이 먹는 것 등 • 직장적 원인 : 직장의 인간관계, 리더십, 팀워크, 커뮤니케이션 등
Machine (작업시설)	• 기계·설비의 설계상의 결함 • 위험방호의 불량 • 본질 안전화의 부족(인간공학적 배려의 부족) • 표준화의 부족 • 점검 정비의 부족
Media (작업)	• 작업 정보의 부적절 • 작업자세, 작업동작의 결함 • 작업방법의 부적절 • 작업공간의 불량 • 작업환경 조건의 불량
Management (관리)	• 관리조직의 결함 • 규정·메뉴얼의 불비, 불철저 • 안전관리 계획의 불량 • 교육·훈련 부족 • 부하에 대한 지도·감독 부족 • 적성배치의 불충분 • 건강관리의 불량 등

018 재해예방의 4원칙에는 예방 가능의 원칙, 손실 우연의 원칙, 원인 연계의 원칙, 대책 선정의 원칙이 있다. (O | X)

> 정답 O

019 대책은 재해방지의 세 기둥(3개의 E)이라 할 수 있는 것이 있다.

(1) 안전지식 또는 기능의 결여나 부적절한 태도 시정은 Education(교육적 대책)이다. (O | X)

(2) 안전기준의 설정, 각종 규정 및 수칙의 준수, 전 작업자의 기준 이해 등은 Enforcement(관리적 대책)이다. (O | X)

(3) 안전 설계, 작업환경·설비의 개선, 행정의 개선, 적합한 기준 설정, 점검 보존의 확립 등은 Engineering(기술적 대책)이다. (O | X)

> 정답 (1) O, (2) X, (3) X

> 해설 재해방지의 세 기둥(3개의 E)
> - Engineering(기술적 대책) : 안전 설계, 작업환경·설비의 개선, 행정의 개선, 안전 기준의 설정, 점검 보존의 확립 등
> - Education(교육적 대책) : 안전지식 또는 기능의 결여나 부적절한 태도 시정
> - Enforcement(관리적 대책) : 관리적 대책은 엄격한 규칙에 의해 제도적으로 시행되어야 하므로 다음의 조건이 충족되어야 한다.
>   - 적합한 기준 설정
>   - 각종 규정 및 수칙의 준수
>   - 전 작업자의 기준 이해
>   - 관리자 및 지휘자의 솔선수범
>   - 부단한 동기 부여와 사기 향상

020 재해예방대책을 실행하기 위한 사고예방대책의 기본원리 5단계를 번호순으로 쓰시오.

① 사실의 발견(현황파악)   ② 분석 평가(원인 규명)
③ 시정방법의 선정(대책 선정)   ④ 안전조직(조직체계 확립)
⑤ 시정책의 적용(목표달성)

> 정답 ④ - ① - ② - ③ - ⑤

> 해설 사고예방대책의 기본원리 5단계
> - 1단계 : 안전조직(조직체계 확립)
>   경영자의 안전목표 설정, 안전관리자 선임, 안전라인 및 참모조직, 안전활동 방침 및 계획수립, 조직을 통한 안전활동 전개 등 안전관리에서 가장 기본적인 활동은 안전관리 조직의 구성이다.
> - 2단계 : 사실의 발견(현황파악)
>   각종 사고 및 활동기록의 검토, 작업 분석, 안전점검 및 검사, 사고조사, 안전회의 및 토의, 근로자의 제안 및 여론 조사 등에 의하여 불안전 요소를 발견한다.

- 3단계 : 분석 평가(원인 규명)
  사고원인 및 경향성 분석, 사고기록 및 관계자료 분석, 인적·물적 환경조건 분석, 작업공정 분석, 교육훈련 및 직장배치 분석, 안전수칙 및 방호장비의 적부 분석 등을 통하여 사고의 직접 및 간접 원인을 찾아낸다.
- 4단계 : 시정방법의 선정(대책 선정)
  기술적 개선, 배치조정, 교육훈련의 개선, 안전행정의 개선, 규정 및 수칙 등 제도의 개선, 안전운동의 전개 등 효과적인 개선방법을 선정한다.
- 5단계 : 시정책의 적용(목표달성)
  시정책은 3E, 즉 기술(Engineering), 교육(Education), 관리(Enforcement)를 완성함으로써 이루어진다.

021 재해조사의 순서를 번호순으로 쓰시오.

> ① 직접원인과 문제점의 확인　　② 대책수립
> ③ 기본원인과 근본적 문제의 결정　　④ 사실의 확인

정답　④ - ① - ③ - ②
* 암기 : 사직기대

5 안전교육

022 안전교육의 방법은 강의식, 시범실습식, 토의식, 사례연구법(문제해결식), 역할연기법 등의 방법이 있다. 다음 설명에 맞는 교육을 쓰시오.

(1) (　　)

> - 이 방법만큼 장·단점이 많은 교수법도 드물지만 잘 활용하면 많은 지식을 단시간에 다수의 사람에게 동시에 전수할 수 있다는 것이 가장 큰 강점이라 할 수 있다.
> - 장점은 경제적이고 기초적인 내용, 논리적인 설명에 효과적이며 강의내용이나 진행방법을 자유롭게 변경시킬 수 있다는 것이다.
> - 단점은 교육생이 단조로움을 느낀다. 교육생 개개인의 이해정도를 파악하기 어렵고 교육 중 질문을 받게 되는 경우가 드물기 때문에 강의에 흥미를 잃기 쉽다는 것이다.

(2) (　　)

> - 교육생의 경험영역에서 교재를 선정하고 배열하는 교육법으로 직접 사물에 접촉하여 관찰·실험하고 수집·검증·정리하는 직접경험에 의해 지도하려는 것이다.
> - 장점은 행동요소를 포함하는 기술교육에 적합하고 교육생의 적극적인 참여를 가져오며 의사전달의 효과를 보완할 수 있다는 것이다.
> - 단점은 시간이나 장소, 교육생의 수에 제한을 받고 사고력 학습에 부적합하다는 것이다.

(3) (   )

- 인간이 동료들 사이에 듣고 싶은「사회적 욕구」, 자기의 의견을 인정받고 싶은「존경욕구」, 자기의 생각을 반영시키고 싶은「자아실현욕구」등에 따른 기법으로서, 학습활동에의 능동적인 참여와 자주적인 학습을 조직해서 피교육자 상호 간의 계발 작용도 기대할 수 있는 효과가 큰 기법이다.
- 이 교육은 어느 정도의 안전지식과 실제의 경험을 가진 자에 대한 교육으로서 효과적이라 할 수 있다.

(4) (   )

- 미국 하버드대에서 개발된 토의방식의 일종인 교육기법으로 재해(사고)사례해결에 직접 참가하여 그 의사결정이나 해결과정에서 어떤 문제의 핵심원인을 집단토의에 의해 규명하고 판단력과 대책을 개발하려는 것이다. 단기간의 실무에서 발생하는 제 문제에 접하여 그 해결을 위하여 고도의 판단력을 양성할 수 있는 유효한 귀납적인 방법이다.
- 장점은 현실적인 문제의 학습이 가능하고 흥미가 있고 학습동기를 유발할 수 있으며 생각하는 학습교류가 가능하다는 것이다.
- 단점은 원칙과 룰(Rule)의 체계적 습득이 어렵고 적절한 사례의 확보가 곤란하며 학습의 진보를 측정하기 힘들다는 것이다.

(5) (   )

- 현실에 가까운 모의적인 장면을 설정하여 그 안에서 각자가 특정한 역할을 연기함으로써 현실의 문제해결을 생각하는 방법과 능력을 몸에 익히는 방법이다.
- 장점은 연기자는 학습내용을 체험하여 몸으로 배울 수 있고 자기의 행동에 관해서 여러 가지 의견을 들을 수 있고 다른 사람의 연기를 보고 많은 것을 배울 수 있다는 것이다.
- 단점은 관리력 등 높은 정도의 능력 훈련에는 적당하지 않고 취해야 할 자세를 강의로 가르치고 그것을 연기하는 등 다른 방법과 결합하는 것이 필요하다. 연기자가 진지해지지 않는 경향이 있다는 것이다.

정답 (1) 강의식 교육, (2) 시범실습식 교육, (3) 토의식 교육, (4) 사례연구법(문제해결식 교육), (5) 역할기법 (Role Playing)

023 안전교육은 지식교육, 문제해결교육, 기능교육, 태도교육의 4가지로 크게 분류할 수 있고, 교육의 효과를 거양하기 위한 추후지도, 정신교육 등을 들 수가 있다. (O | X)

정답 O

024 위험예지훈련은 편안한 분위기에서 전원이 자유롭게, 발언에 대하여 논의는 하지만 서로 비판은 하지 않고 양보다는 질을 중요시한다. (O | X)

> 정답 X
>
> 해설 발언에 대하여 비판은 하지 않으며 논의도 하지 않는다. 질보다는 양을 중요시한다.

025 위험예지훈련 진행사항은 현상파악 – 본질추구 – 대책수립 – 목표달성 순으로 한다. (O | X)

> 정답 O
>
> 해설 위험예지훈련 진행사항
>
> | 라운드 | 문제해결 라운드 | 위험예지훈련 라운드 | 위험예지훈련 진행방법 |
> |---|---|---|---|
> | 1R | 위험사실을 파악
(현상파악) | 어떠한 위험이 잠재하고 있는가 | 모두의 토론으로 그림 상황 속에 잠재한 위험요인을 발견한다. |
> | 2R | 위험원인을 조사
(본질추구) | 이것이 위험의 요점이다 | 발견된 위험요인 가운데 이것이 중요하다고 생각되는 위험을 파악하고 ○표, ◎표를 붙인다. |
> | 3R | 대책을 세운다
(대책수립) | 당신이라면 어떻게 할 것인가 | ◎표를 한 중요위험을 해결하기 위해서는 「어떻게 하면 좋은가」를 생각하여 구체적인 대책을 세운다. |
> | 4R | 행동계획을 결정
(목표달성) | 우리들은 이렇게 한다 | 대책 중 중점실시 항목에 ※표를 붙여 그것을 실천하기 위한 팀 행동 목표를 세운다. |

03 연소이론

1 연 소

001 연소란 가연물이 공기 중의 산소 또는 산화제와 반응하여 열과 빛을 발생하면서 산화하는 현상이다. (O | X)

정답 O

002 연소의 화학반응 시 연소할 수 있는 가연물질은 공기 중의 산소뿐이다. (O | X)

정답 X

해설 공기 중의 산소뿐만 아니라 염소와 같은 산화제에서도 일어난다.

003 연소는 대체로 불꽃연소와 표면연소(작열연소)의 두 가지 양상으로 분류되는데 연쇄반응을 일으키는 현상은 표면연소이다. (O | X)

정답 X

해설 표면연소는 고체상태의 표면에 산소가 공급되어 연소가 이루어지며 불꽃연소는 고체인 가연물의 열분해·액체의 증발에 따른 기체의 확산·기체인 가연물에 산소가 공급되어 연쇄반응을 일으키는 현상을 말한다.

004 연소 시 발생하는 열량의 절반 이상은 가연물을 가열하여 연소가스의 방출에 소모되고 나머지는 주위의 복사열로 방출되는데 정상상태에서는 발생되는 열량과 주위로 잃어버리는 열량이 시간적으로 같으나 주위로 방출되는 열량이 많아지면 화세는 강해진다. (O | X)

정답 X

해설 발생되는 열량이 더 많아지면 화세가 강해지고, 반대로 주위로 방출되는 열량이 많아지면 화세는 약해진다.

005 연탄·목재·종이·짚 등은 불꽃연소와 표면연소가 연이어 발생한다. (O | X)

정답 O

해설 고체상태에서 열분해된 가연성가스가 연소할 때 불꽃연소가 일어나며 이후 표면연소로 진행한다.

006 표면연소만 일어나는 경우는 금속분, 목탄(숯), 코크스와 쉽게 산화될 수 있는 금속물질, 즉 알루미늄, 마그네슘, 나트륨 등에서 일어난다. (O | X)

정답 O

007 액체나 고체의 경우 산소가 공급되는 방법에 따라 정상연소 또는 비정상연소를 하게 된다. (O | X)

정답 X

해설 액체나 고체의 경우에는 공기의 공급에 따라서 주어진 산소의 양 만큼만 연소하게 되므로 비정상연소는 일어나지 않지만 기체의 연소에 있어서는 산소가 공급 되는 방법에 따라 정상연소 또는 비정상연소를 하게 된다.

008 비정상연소는 폭발의 경우와 같이 연소가 격렬하게 일어나며, 이는 열의 방산속도가 발생속도를 능가할 때 발생한다. (O | X)

정답 X

해설 열의 발생속도가 방산속도를 능가할 때 발생한다.

009 공기 중의 산소 공급이 충분하면 완전연소반응이 일어나고 산소의 공급이 불충분하면 불완전연소반응이 일어나며, 주로 완전연소 시에는 이산화탄소(CO_2)가 불완전연소 시에는 일산화탄소(CO)가 발생한다. (O | X)

정답 O

010 실제공기량은 이론공기량보다 많다. (O | X)

정답 O

011 과잉공기량은 실제공기량과 이론공기량을 합한 공기량이다. (O | X)

정답 X

해설 실제공기량에서 이론공기량을 차감하여 얻은 공기량이다.

012 이론산소량은 가연물질을 완전연소시키기 위해서 필요한 최소의 산소량이다. (O | X)

정답 O

013 일반적으로 공기비는 기체 가연물질은 1.1~1.3, 액체 가연물질은 1.2~1.4, 고체 가연물질은 1.4~2.0이 된다. (O | X)

정답 O

014 공기 중의 산소 농도가 증가하면 연소속도는 빨라진다. 화염의 온도와 발화온도는 높아지고 폭발한계는 넓어지며, 점화에너지는 커진다. (O | X)

정답 X

해설 발화온도는 낮아지고 점화에너지는 작아진다.

015 공기 공급량이 너무 많거나 주위 온도가 너무 높을 때 불완전연소가 발생한다. (O | X)

정답 X

해설 불완전연소의 원인
- 가스의 조성이 균일하지 못할 때
- 공기 공급량이 부족할 때
- 주위의 온도가 너무 낮을 때
- 환기 또는 배기가 잘 되지 않을 때 등

016 연소불꽃의 색상과 온도를 빈칸에 쓰시오.

연소불꽃의 색	온도(℃)	연소불꽃의 색	온도(℃)
(㉠)	700	황적색	(㉡)
적색	(㉢)	(㉣)	(㉤)
(㉥)	950	휘백색	1,500 이상

정답 ㉠ 암적색, ㉡ 1,100, ㉢ 850, ㉣ 백적색, ㉤ 1,300, ㉥ 휘적색

017 공기 중에서 착화원의 존재 시 발화가 일어날 수 있는 액체의 최저온도를 인화점이라 한다. (O | X)

정답 O

018 다음 액체 가연물질의 인화점이 낮은 순서대로 쓰시오.

> 디에틸에테르, 휘발유, 아세트알데히드, 이황화탄소, 글리세린, 시안화수소

정답 디에틸에테르 - 아세트알데히드 - 이황화탄소 - 휘발유 - 시안화수소 - 글리세린

019 인화점은 가연성 액체 또는 고체로부터 발생한 인화성 증기의 농도가 점화원에 의해 착화될 수 있는 최저온도를 말한다. (O | X)

정답 O

020 가연성 액체로부터 발생하는 인화성 증기의 양은 포화증기압에 의존한다. 또한 포화증기압은 온도 의존성이 있다. 각 온도 조건에서 연소 가능한 하한값을 연결한 것을 연소하한계(lower flammability limit, LEL)라 한다. (O | X)

정답 O

해설 연소하한계(lower flammability limit, LEL)라 한다.

020-1 고체의 경우는 열분해과정으로 인화성 증기가 발생한다.

정답 O

021 연소점은 외부의 직접적인 점화원이 없이 가열된 열의 축적에 의하여 발화가 되고 연소가 되는 최저의 온도를 말한다. (O | X)

정답 X

해설 발화점에 관한 설명이다. 외부의 직접적인 점화원이 없이 가열된 열의 축적에 의하여 발화가 되고 연소가 되는 최저의 온도, 즉 점화원이 없는 상태에서 가연성 물질을 공기 또는 산소 중에서 가열함으로써 발화되는 최저 온도를 말한다.

022 일반적으로 산소와의 친화력이 큰 물질일수록 발화점이 낮고 발화하기 쉬운 경향이 있으며 고체 가연물의 발화점은 가열공기의 양, 가열범위, 가연물의 시료나 크기, 모양에 따라 달라진다. (O | X)

정답 X

해설 고체 가연물의 발화점은 가열공기의 유량, 가열속도, 가연물의 시료나 크기, 모양에 따라 달라진다.
  * 가열공기의 일반적인 양과 흐르는 유량은 다르다.

023 화재 진압 후 잔화정리를 할 때 계속 물을 뿌려 가열된 가연물을 냉각시키는 것은 가연물의 온도가 발화점(착화점) 이상으로 상승하여 다시 연소되는 것을 방지하기 위한 것이다. (O | X)

정답 O

024 발화점이 낮아지는 이유 중 빈칸을 채우시오.

- 분자의 구조가 (㉠)
- 발열량이 (㉡)
- 압력, 화학적 활성도가 (㉢)
- 산소와 친화력이 (㉣)
- 금속의 열전도율과 습도가 (㉤)

정답 ㉠ 복잡할수록, ㉡ 높을수록, ㉢ 클수록, ㉣ 클수록, ㉤ 낮을수록

025 연소상태가 계속될 수 있는 온도를 말하며 일반적으로 인화점보다 대략 10℃ 정도 높은 온도로서 연소상태가 5초 이상 유지될 수 있는 온도이다. 이것은 가연성 증기 발생속도가 연소 속도보다 빠를 때 이루어진다. (O | X)

정답 O

026 인화점, 발화점, 연소점 중 낮은 온도 순으로 빈칸을 쓰시오.

( ) < ( ) < ( )

정답 인화점, 연소점, 발화점

해설 연소점이란 한번 발화된 후 연소를 지속시킬 수 있는 충분한 증기를 발생 시킬 수 있는 최저온도로서 '인화점 < 연소점 < 발화점'의 위치를 차지한다.

027 혼합물 중 가연성 가스의 농도가 농후할 때 연소는 더 잘 일어난다. (O | X)

정답 X

해설 혼합물 중 가연성 가스의 농도가 너무 희박하거나 너무 농후해도 연소는 일어나지 않는데 이것은 가연성 가스의 분자와 산소와의 분자 수가 상대적으로 한쪽이 많으면 유효충돌 횟수가 감소하여 충돌했다 하더라도 충돌에너지가 주위에 흡수·확산되어 연소반응의 진행이 방해되기 때문이다. 연소 범위는 온도와 압력이 상승함에 따라 대개 확대되어 위험성이 증가한다.

028 가연성 증기의 연소범위가 넓은 순서대로 쓰시오.

수소, 일산화탄소, 아세틸렌, 메탄, 에틸렌, 아세톤

정답 아세틸렌 – 수소 – 일산화탄소 – 에틸렌 – 아세톤 – 메탄

해설 가연성증기의 연소범위

기체 또는 증기	연소범위(vol%)	기체 또는 증기	연소범위(vol%)
수 소	4.1~75	에틸렌	3.0~33.5
일산화탄소	12.5~75	시안화수소	12.8~27
프로판	2.1~9.5	암모니아	15.7~27.4
아세틸렌	2.5~82	메틸알코올	7~37
에틸에테르	1.7~48	에틸알코올	3.5~20
메 탄	5.0~15	아세톤	2~13
에 탄	3.0~12.5	휘발유	1.4~7.6

029 연소속도에 영향을 미치는 요인으로는 ① 가연물의 온도 ② 산소의 농도에 따라 가연물질과 접촉하는 속도 ③ 산화반응을 일으키는 속도 ④ 촉매 ⑤ 압력 등이 있다. (O | X)

정답 O

030 온도가 높아질수록 반응속도는 상승하지만, 압력을 증가시키면 단위부피 중의 입자수가 감소하므로 결국 반응속도는 느려진다. (O | X)

정답 X

해설 온도가 높아질수록 반응속도가 상승하며, 압력을 증가시키면 단위부피 중의 입자수가 증가하기 때문에 결국 기체의 농도가 증가하므로 반응속도가 상승한다.

031 다음 설명에 맞는 용어를 빈칸에 쓰시오.

- 같은 온도, 같은 압력하에서 동 부피의 공기의 무게에 비교한 것으로서 (㉠)이 1보다 큰 기체는 공기보다 무겁고 1보다 작으면 공기보다 가벼운 것이 된다.
- 어떤 물질 1g을 1℃ 올리는 데 필요한 열량 : (㉡)
- 대기압(1atm)하에서 고체가 녹아 액체가 되는 온도 : (㉢)
- 물 이외의 모든 물질은 대체로 (㉣)이 1보다 작다.
- 어떤 물체를 위험 온도까지 올리는 데 필요한 열량이나 고온의 물체를 안전한 온도로 냉각시키는 데 제거하여야 할 열량을 나타내는 비교 척도 : (㉤)
- 점착과 응집력의 효과로 인한 흐름에 대한 저항의 측정 수단 : (㉥)
- 물이 소화제로서 효과가 있는 이유 중의 하나가 물의 (㉦)이 다른 물질보다 크기 때문이다.
- 어떤 물질이 온도 변화 없이 고체에서 액체로 변할 때나 액체에서 기체로 변할 때는 열을 흡수한다. 고체에서 액체로 또는 액체에서 고체로 변할 때 출입하는 열을 (㉧)이라 하고, 액체가 기체로 또는 기체에서 액체로 변할 때 출입하는 열을 (㉨)이라 한다.
- 액체의 증기압이 대기압에서 동일하게 되어 액체가 끓으면서 증발이 일어날 때의 온도 : (㉩)

정답 ㉠ 증기비중, ㉡ 비열, ㉢ 융점, ㉣ 비열, ㉤ 비열, ㉥ 점도, ㉦ 비열, ㉧ 융해잠열, ㉨ 증발잠열, ㉩ 비점

032 가연물질이 되기 위해서는 화학반응을 일으킬 때 필요한 최소의 에너지(활성화 에너지)의 값이 커야 한다. (O | X)

정답 X

해설 최소의 에너지(활성화 에너지)의 값이 작아야 한다.

033 가연물질이 되기 위해서는 산화되기 쉬운 물질로서 산소와 결합할 때 발열량이 커야하고, 열의 축적이 용이하도록 열전도의 값도 커야 한다. (O | X)

정답 X

해설 열전도의 값이 작아야 한다.
* 열전도율 : 기체 < 액체 < 고체 순서로 커지므로 연소순서는 반대이다.

034 가연물질이 되기 위해서는 조연성 가스인 산소·염소와의 친화력이 강해야 하고, 산소와 접촉할 수 있는 표면적이 큰 물질이어야 하며(기체 > 액체 > 고체) 연쇄 반응을 일으킬 수 있는 물질이어야 한다. (O | X)

정답 O

035 주기율표 0족의 불활성기체, 산소와 화학반응을 일으킬 수 없는 물질, 산소와 화합하여 산화물을 생성하나 발열반응을 하지 않고 흡열 반응하는 물질 및 자체가 연소하지 아니하는 물질은 가연물이 될 수 없다. (O | X)

정답 O

해설 가연물이 될 수 없는 조건
- 주기율표 0족의 불활성기체로서 이들은 결합력이 없으므로 산소와 결합하지 못한다. : 헬륨(He), 네온(Ne), 아르곤(Ar), 크립톤(Kr), 크세논(Xe) 등
- 이미 산소와 결합하여 더 이상 산소와 화학반응을 일으킬 수 없는 물질 : 물(H_2O), 이산화탄소(CO_2), 산화알루미늄(Al_2O_3), 산화규소(SiO_2), 오산화인(P_2O_5), 삼산화황(SO_3), 삼산화크롬(CrO_3), 산화안티몬(Sb_2O_3) 등
  ※ 일산화탄소(CO)는 산소와 반응하기 때문에 가연물이 될 수 있다.
- 산소와 화합하여 산화물을 생성하나 발열반응을 하지 않고 흡열 반응하는 물질 : 질소 또는 질소 산화물 N_2, NO 등
- 자체가 연소하지 아니하는 물질 : 돌, 흙 등

036 제1류, 제5류, 제6류위험물은 산소공급원이다. (O | X)

정답 O

해설 산소공급원
- 공기
- 산화제 : 위험물 중 제1류·제6류
- 자기반응성 물질 : 제5류위험물
- 조연성 물질

037 활성화 에너지는 점화원이다. (O | X)

정답 O

해설 연소반응이 일어나려면 가연물과 산소공급원이 적절한 조화를 이루어 연소 범위를 만들었을 때 외부로부터 활성화 에너지가 필요한데 이를 점화원이라 하며 전기불꽃, 충격 및 마찰, 단열압축, 나화 및 고온표면, 정전기 불꽃, 자연발화 등이 있다.

038 정전기 방지대책을 빈칸에 쓰시오.

- 정전기의 발생이 우려되는 장소에 (㉠)을 한다.
- 실내의 공기를 (㉡)하여 정전기의 발생을 예방한다.
- 정전기는 습도가 낮거나 압력이 높을 때 많이 발생하므로 상대습도를 (㉢)으로 한다.
- 전기의 저항이 큰 물질은 대전이 용이하므로 (㉣) 물질을 사용한다.

정답 ㉠ 접지시설, ㉡ 이온화, ㉢ 70% 이상, ㉣ 전도체

039 자연발화를 일으키는 원인을 빈칸에 쓰시오.

- (㉠)에 의한 발열 : 목탄, 활성탄 등
- (㉡)에 의한 발열 : 퇴비, 먼지
- (㉢)에 의한 발열 : 셀룰로이드, 니트로셀룰로오스
- (㉣)에 의한 발열 : HCN, 산화에틸렌 등
- (㉤)에 의한 발열 : 석탄, 건성유

정답 ㉠ 흡착열, ㉡ 발효열, ㉢ 분해열, ㉣ 중합열, ㉤ 산화열

040 자연발화를 방지할 수 있는 방법은 통풍 구조를 양호하게 하여 공기유통을 잘 시킬 것, 저장실 주위의 온도를 낮추고 습도를 높게 하며 열이 쌓이지 않도록 퇴적하는 것이다. (O | X)

정답 X

해설 자연발화를 방지할 수 있는 방법
- 통풍 구조를 양호하게 하여 공기유통을 잘 시킨다.
- 저장실 주위의 온도를 낮춘다.
- 습도 상승을 피한다.
- 열이 쌓이지 않도록 퇴적한다.

041 기체의 연소형태는 확산연소, 증발연소, 예혼합연소, 폭발연소로 나눌 수 있다. (O | X)

정답 X

해설 증발연소는 액체와 고체에 해당한다.

042 가솔린엔진의 연소는 폭발연소이다. (O | X)

정답 X

해설 가솔린엔진의 연소는 예혼합연소에 해당한다.

043 액체 가연물질의 연소는 액체 자체가 연소하는 것이 아니라 "증발"이라는 변화 과정을 거쳐 발생된 기체가 연소하는 것이다. (O | X)

정답 O

044 액체의 가장 일반적인 연소형태는 증발연소이다. (O | X)

정답 O

해설 증발연소(Evaporating Combustion, 액면연소)
액체 가연물질이 액체 표면에 발생한 가연성 증기와 공기가 혼합된 상태에서 연소가 되는 형태로 액체의 가장 일반적인 연소형태이다. 연소원리는 화염에서 복사나 대류로 액체표면에 열이 전파되어 증발이 일어나고 발생된 증기가 공기와 접촉하여 액면의 상부에서 연소되는 반복적 현상이다.
예 에테르, 이황화탄소, 알코올류, 아세톤, 석유류 등

045 액적연소는 분해연소이다. (O | X)

정답 O

해설 **분해연소(Decomposing Combustion)**
점도가 높고 비휘발성이거나 비중이 큰 액체 가연물질이 열분해 하여 증기를 발생함으로서 연소가 이루어지는 형태이며 이는 상온에서 고체 상태로 존재하고 있는 고체 가연물질의 경우도 분해연소의 형태를 보여준다. 또한 점도가 높고 비휘발성인 액체의 점도를 낮추어 버너를 이용하여 액체의 입자를 안개상태로 분출하여 표면적을 넓게 함으로써 공기와의 접촉면을 많게 하여 연소시키는 형태를 액적연소라 한다.

046 고체 상태로 존재하는 고체 가연물질의 일반적 연소형태는 표면연소, 증발연소, 분해연소, 자기연소로 나눌 수 있다. (O | X)

정답 O

047 표면연소, 직접연소는 같은 의미로 불꽃을 내는 유염연소가 특징이다. (O | X)

정답 X

해설 **표면연소(Surface Combustion, 직접연소)**
고체 가연물질이 열분해나 증발하지 않고 표면에서 산소와 급격히 산화 반응하여 연소하는 현상 즉, 목탄 등이 열분해에 의해서 가연성 가스를 발생하지 않고 그 물질 자체가 연소하는 현상으로 불꽃이 없는 것(무염연소)이 특징이다. 예를 들면 목탄, 코크스, 금속(분・박・리본 포함) 등의 연소가 해당되며 나무와 같은 가연물의 연소 말기에도 표면연소가 이루어진다.

048 액체 가연물질과 고체 가연물질의 증발연소 형태는 같다. (O | X)

정답 O

해설 **증발연소(Evaporating Combustion)**
고체 가연물질이 열분해를 일으키지 않고 증발하여 증기가 연소되거나 먼저 융해된 액체가 기화하여 증기가 된 다음 연소하는 현상을 말한다. 이것은 액체 가연물질의 증발연소 형태와 같으며, 황(S), 나프탈렌($C_{10}H_8$), 파라핀(양초) 등이 있다.

049 분해연소 물질에는 목재・석탄・종이・섬유・플라스틱・합성수지・고무류 등이 있다. (O | X)

정답 O

해설 　분해연소(Decomposing Combustion)
고체 가연물질을 가열하면 열분해를 일으켜 나온 분해가스 등이 연소하는 형태를 말한다. 열분해에 의해 생기는 물질에는 일산화탄소(CO), 이산화탄소(CO_2), 수소(H_2), 메탄(CH_4) 등이 있으며, 분해연소 물질에는 목재·석탄·종이·섬유·플라스틱·합성수지·고무류 등이 있다. 이들은 연소가 일어나면 연소열에 의해 고체의 열분해는 계속 일어나 가연물이 없어질 때까지 계속된다.

자기연소(Self Combustion, 내부연소)
가연물이 물질의 분자 내에 산소를 함유하고 있어 열분해에 의해서 가연성 가스와 산소를 동시에 발생시키므로 공기 중의 산소 없이 연소할 수 있는 것을 말한다. 위험물안전관리법 시행령 별표 1의 제5류위험물인 니트로셀룰로오스(NC), 트리니트로 톨루엔(TNT), 니트로글리세린(NG), 트리니트로페놀(TNP) 등이 있으며 대부분 폭발성을 지니고 있으므로 폭발성 물질로 취급되고 있다.

050 다음 설명하는 현상을 쓰시오.

- (㉠)현상 : 선화 상태에서 연료가스의 분출속도가 증가하거나 주위 공기의 유동이 심하면 화염이 노즐에 정착하지 못하고 떨어져 화염이 꺼지는 현상을 말한다. 버너의 경우 가연성 기체의 유출속도가 연소속도보다 클 경우 일어난다.
- (㉡) : 연소 시 가스와 공기의 혼합이 불충분하거나 연소온도가 낮을 경우 등 여러 가지 요인으로 노즐의 선단에 적황색 부분이 늘어나거나, 그을음이 발생하는 연소현상이다.

정답 　㉠ 블로우 오프(Blow-off), ㉡ 불완전연소

해설 　불완전연소의 원인
- 공기의 공급이 부족 할 때
- 연소온도가 낮을 때
- 연료 공급 상태가 불안정할 때

051 수평방향, 수직방향, 계단 중 연기의 유동속도가 가장 빠른 것은 계단이다. (O | X)

정답 　O

해설 　연기의 유동 및 확산은 벽 및 천장을 따라 진행하며 일반적으로 수평방향으로는 0.5~1m/sec 정도로 인간의 보행속도 1~1.2m/sec보다 늦다. 그러나 계단실 등에서의 수직방향은 화재 초기상태의 연기일지라도 1.5m/sec, 중기 이후에는 3~4m/sec로 인간의 보행속도보다 빨라지며, 굴뚝효과가 발생하는 건물구조에선 5m/sec 이상이 된다.

연기의 유동속도
- 수평방향 : 0.5~1(m/sec)
- 수직방향 : 2~3(m/sec)
- 계단(화재초기) : 약 1.5[m/sec]
- 계단(화재중기) : 3~4[m/sec]

052 연기의 유해생성물질 중 설명에 맞는 것을 빈칸에 쓰시오.

- (㉠) : 무색·무취·무미의 환원성이 강한 가스로서 300℃ 이상의 열분해 시 발생한다. 13~75%가 폭발한계로서 푸른 불꽃을 내며 타지만 다른 가스의 연소는 돕지 않으며, 혈액중의 헤모글로빈과 결합력이 산소보다 210배에 이르고 흡입하면 산소결핍 상태가 된다. 인체에 대한 허용농도는 50ppm이다.
- (㉡) : 황을 포함하고 있는 유기 화합물이 불완전 연소하면 발생하는데, 계란 썩은 냄새가 나며 0.2% 이상 농도에서 냄새 감각이 마비되고 0.4~0.7%에서 1시간 이상 노출되면 현기증, 장기혼란의 증상과 호흡기의 통증이 일어난다. 0.7%를 넘어서면 독성이 강해져서 신경 계통에 영향을 미치고 호흡기가 무력해진다.
- (㉢) : 물질의 완전 연소 시 생성되는 가스로 무색·무미의 기체로서 공기보다 무거우며 가스 자체는 독성이 거의 없으나 다량이 존재할 때 사람의 호흡 속도를 증가시키고 혼합된 유해 가스의 흡입을 증가시켜 위험을 가중시킨다. 인체에 대한 허용농도는 5,000ppm이다.
- (㉣) : 일명 아황산가스라고도 하며, 유황이 함유된 물질인 동물의 털, 등이 연소하는 화재 시에 발생하는 것으로 무색의 자극성 냄새를 가진 유독성 기체로 눈 및 호흡기 등에 점막을 상하게 하고 질식사할 우려가 있다.
- (㉤) : 질소성분을 가지고 있는 합성수지, 동물의 털, 인조견 등의 섬유가 불완전 연소할 때 발생하는 맹독성 가스로 0.3%의 농도에서 즉시 사망할 수 있다. 청산가스라고도 하며, 인화성이 매우 강한 무색의 화학물질로 연소 시 유독가스를 발생시키고, 특히 수분이 2% 이상 포함되어 있거나 알칼리 등이 포함되어 있으면 폭발할 우려가 크다.
- (㉥) : 열가소성 수지인 폴리염화비닐(PVC), 수지류 등이 연소할 때 발생되며 2차 세계대전 당시 독일군이 유태인 대량학살에 사용했을 만큼 맹독성가스이다. 허용농도는 0.1ppm(mg/m^3)이다.
- (㉦) : PVC와 같이 염소가 함유된 수지류가 탈 때 주로 생성되는데, 독성의 허용농도는 5ppm(mg/m^3)이다. 향료, 염료, 의약, 농약 등의 제조에 이용되고 있고, 자극성이 아주 강해 눈과 호흡기에 영향을 준다.
- (㉧) : 합성수지인 불소수지가 연소할 때 발생되는 연소생성물로서 무색의 자극성 기체이며 유독성이 강하다. 허용농도는 3ppm(mg/m^3)이며 모래나 유리를 부식시키는 성질이 있다.
- (㉨) : 질산셀룰오스가 연소 또는 분해될 때 생성되며 독성이 매우 커서 200~700ppm 정도의 농도에 잠시 노출되어도 인체에 치명적이다.
- (㉩) : 질소 함유물이 연소할 때 발생하는 연소생성물로서 유독성이 있으며 강한 자극성을 가진 무색의 기체로 흡입 시 점액질과 기도조직에 심한 손상을 초래하고, 타는 듯한 느낌, 기침, 숨 가쁨 등을 초래한다. 냉동시설의 냉매로 많이 쓰이고 있으므로 냉동창고 화재 시 누출가능성이 크므로 주의해야 하며, 독성의 허용 농도는 25ppm이다.

정답 ㉠ 일산화탄소(CO), ㉡ 황화수소(H_2S), ㉢ 이산화탄소(CO_2), ㉣ 이산화황(SO_2), ㉤ 시안화수소(HCN), ㉥ 포스겐($COCl_2$), ㉦ 염화수소(HCl), ㉧ 불화수소(HF), ㉨ 이산화질소(NO_2), ㉩ 암모니아(NH_3)

053 화재현장에서 발생하는 유독가스에 관한 내용이다. 다음 빈칸을 채우시오.

종 류	발생조건	허용농도(TWA)
( )	불완전 연소	( )ppm
아황산가스(SO_2)	중질유, 고무, 황화합물 등의 연소	( )ppm
염화수소(HCl)	( )	( )ppm
( )	우레탄, 나일론, 폴리에틸렌, 고무, 모직물 등의 연소	( )ppm
( )	열경화성 수지, 나일론 등의 연소	( )ppm
포스겐($COCl_2$)	( )	( )ppm

정답

종 류	발생조건	허용농도(TWA)
일산화탄소(CO)	불완전 연소	50ppm
아황산가스(SO_2)	중질유, 고무, 황화합물 등의 연소	5ppm
염화수소(HCl)	플라스틱, PVC	5ppm
시안화수소(HCN)	우레탄, 나일론, 폴리에틸렌, 고무, 모직물 등의 연소	10ppm
암모니아(NH_3)	열경화성 수지, 나일론 등의 연소	25ppm
포스겐($COCl_2$)	프레온 가스와 불꽃의 접촉	0.1ppm

054 다음 설명에 맞는 연기이동 현상을 쓰시오.

- (㉠) : 여름철과 같이 외기가 건물 내부보다 따뜻할 경우 하향으로 공기가 이동하게 되는 흐름이다.
- (㉡) : 건물에 하나의 개구부만 있는 화재 구획실에서 공기는 화재구획실로 흐를 것이고 뜨거운 연기는 구획실 밖으로 흘러갈 것이다. 그러나 발화지점 주변에 개방된 개구부가 여러 곳 존재한다면 화재구역에서 개구부 사이의 압력차는 무시된다.
- (㉢) : 화재구획실과 그 주변 사이의 압력차에 의한 이 효과로 인해 연기가 상층으로 이동하게 되고 화염으로부터 연기가 이동할 때 온도강하는 열전달과 희석작용에 기인하여 이 효과는 화염으로부터 거리가 멀어질수록 감소하게 된다.
- (㉣) : 건물 내부와 외부 공기밀도 차이로 인해 발생한 압력 차이에 의해 발생하는 현상이다.
- (㉤) : 빌딩 내의 냉난방 및 화재 시 연기의 이동에 대한 주요 고려대상이며, 틈새가 많거나 창이나 문이 많은 건물인 경우 영향을 더욱 많이 받는다.
- (㉥) : 화재확산을 가속하고 화재 진화 시 멀리 연기를 보내거나, 화재발생 구역으로 신선한 공기를 제공하여 연소를 돕게 된다.
- (㉦) : 엘리베이터가 샤프트 내에서 이동할 때 발생하는 효과를 말한다.

정답 ㉠ 역굴뚝효과, ㉡ 팽창, ㉢ 부력, ㉣ 굴뚝효과, ㉤ 바람, ㉥ HVAC 시스템, ㉦ 엘리베이터 피스톤 효과

055 건물 내부의 압력이 외부의 압력과 일치하는 수직적인 위치가 생기는데 이 위치를 건물의 중성대 (NPL ; Neutral Pressure Level)라 한다. (O | X)

정답 O

056 대원과 대피자들의 활동공간과 시야가 확보되어 신속히 대피할 수 있는 중성대 활용방법은 상층개구부를 개방하는 것이다. (O | X)

정답 O

057 중성대를 상층(위쪽)으로 올리기 위해선 배연 개구부 위치는 상층부 개구부의 파괴가 가장 효과적이며, 그 다음으로 지붕의 가장자리 파괴, 지붕중앙부분 파괴 순서가 효과적이다. (O | X)

정답 X

해설 중성대를 상층(위쪽)으로 올리기 위해선 배연 개구부 위치는 지붕중앙부분 파괴가 가장 효과적이며, 그 다음으로 지붕의 가장자리 파괴, 상층부 개구부의 파괴 순서가 효과적이다.

058 과열액체의 급격한 비등에 의한 증기폭발은 화학적 폭발이다. (O | X)

정답 X

해설 진공용기의 파손에 의한 폭발현상, 과열액체의 급격한 비등에 의한 증기폭발, 고압용기에서 가스의 과압과 과충전 등에 의한 용기의 파열에 의한 급격한 압력개방 등이 물리적인 폭발이며, 대표적인 예로 BLEVE(Boiling Liquid Expanding Vapor Explosion)를 들 수 있다.

059 중합폭발은 대부분 가연성 가스가 공기 중에 누설되거나 인화성 액체 저장 탱크에 공기가 혼합되어 폭발성 혼합가스를 형성함으로써 점화원에 의해 착화되어 폭발하는 현상이다. (O | X)

정답 X

해설 산화폭발에 관한 설명이다.

060 산화에틸렌(C_2H_4O), 아세틸렌(C_2H_2), 히드라진(N_2H_4) 같은 분해성 가스와 디아조화합물 같은 자기분해성 고체류는 분해되면서 폭발하며 이는 단독으로 가스가 분해되어 폭발하는 것이다. (O | X)

정답 O

061 촉매반응은 고분자 물질의 원료인 단량체(모노머, Monomer)에 촉매를 넣어 일정온도, 압력하에서 반응시키면 분자량이 큰 고분자를 생성하는 반응을 말하며, 촉매폭발을 하는 가스로는 시안화수소(HCN), 산화에틸렌(C_2H_4O) 등이 있다. (O | X)

정답   X

해설   중합반응에 관한 설명이고, 시안화수소(HCN), 산화에틸렌(C_2H_4O) 등은 중합폭발을 하는 가스이다.
* 촉매폭발은 촉매에 의해서 폭발하는 것으로 수소(H_2)+산소(O_2), 수소(H_2)+염소(Cl_2)에 빛을 쪼일 때 일어난다.

062 기상폭발은 가스폭발(혼합가스폭발), 가스의 분해폭발, 분무폭발 및 증기폭발로, 응상폭발은 혼합위험성 물질에 의한 폭발, 폭발성 화합물의 폭발, 분진폭발로 분류할 수 있다. (O | X)

정답   X

해설   증기폭발은 응상폭발이고, 분진폭발은 기상폭발이다.

063 증기폭발의 종류에는 보일러 폭발, 수증기 폭발, 극저온 액화가스의 증기폭발, 전선폭발이 있다. (O | X)

정답   O

064 분진의 미분상태는 200mesh(76μm) 이하이다. (O | X)

정답   O

해설   분진의 발화폭발 조건
- 가연성 : 금속, 플라스틱, 밀가루, 설탕, 전분, 석탄 등
- 미분상태 : 200mesh(76μm) 이하
- 지연성 가스(공기)중에서의 교반과 운동
- 점화원의 존재

065 가연성 분진의 착화폭발 기구의 순서를 번호순으로 쓰시오.

> ① 기체가 공기와 혼합하여 폭발성 혼합기가 생성된 후 발화되어 화염이 발생된다.
> ② 입자표면의 분자가 열분해 또는 건류작용을 일으켜서 기체 상태로 입자 주위에 방출한다.
> ③ 입자표면에 열에너지가 주어져서 표면온도가 상승한다.
> ④ 화염에 의해 생성된 열은 다시 다른 분말의 분해를 촉진시켜 공기와 혼합하여 발화 전파한다.

정답   ③ - ② - ① - ④

066 분진폭발의 연소시간이나 폭발압력은 가스폭발에 비교하여 작으나 연소속도가 빠르고, 에너지가 크기 때문에 파괴력과 타는 정도가 크다. (O | X)

정답 X

해설 연소속도나 폭발압력은 가스폭발에 비교하여 작으나 연소시간이 길다.

067 생선가루, 설탕, 밀가루, 고무류, 후춧가루 등은 폭발성 분진이다. (O | X)

정답 O

068 분진의 입자체적이 표면적에 비하여 클수록, 평균 입자경이 작고 밀도가 클수록, 작은 입경의 입자를 함유할수록 분진의 폭발성이 용이하고 높다. (O | X)

정답 X

해설 분진의 입도와 입도분포
- 분진의 표면적이 입자체적에 비하여 커지면 열의 발생속도가 방열 속도보다 커져서 폭발이 용이해진다.
- 평균 입자경이 작고 밀도가 작을수록 비표면적은 크게 되고 표면 에너지도 크게 되어 폭발이 용이해진다.
- 입도분포 차이에 의한 폭발특성 변화에 대해서는 상세히 알 수 없으나 작은 입경의 입자를 함유하는 분진의 폭발성이 높다고 간주한다.

069 평균입경이 동일한 분진인 경우, 분진의 형상에 따라 폭발성이 달라진다. 즉, 편상, 침상, 구상 입자 순으로 폭발성이 증가한다. (O | X)

정답 X

해설 구상, 침상, 편상 입자 순으로 폭발성이 증가한다.
  * 암기 : 구침편

070 입자표면이 공기(산소)에 대하여 활성이 있는 경우 폭로시간이 길어질수록 폭발성이 커지며, 최대폭발압력 상승속도는 입자의 크기가 작을수록 증가한다. (O | X)

정답 X

해설 입자표면이 공기(산소)에 대하여 활성이 있는 경우 폭로시간이 길어질수록 폭발성이 낮아진다. 따라서 분해공정에서 발생되는 분진은 활성이 높고 위험성도 크다. 최대폭발압력 상승속도는 입자의 크기가 작을수록 증가하는데 이는 입자의 크기가 작을수록 확산되기 쉽고 발화되기 쉽기 때문이다.
  * 분진 속에 존재하는 수분은 분진의 부유성을 억제하고 대전성을 감소시켜 폭발성을 둔감하게 한다. 반면에 마그네슘, 알루미늄 등은 물과 반응하여 수소를 발생하므로 위험성이 더 증가한다.

**070
-1** 일반적으로 폭발범위는 온도상승에 의하여 넓어지게 되며 온도 의존성은 불규칙적이다. 또한, 폭발한계의 압력 의존성은 다소 규칙적이다. 상한계는 일반적으로 압력상승에 따라 폭발범위가 증가한다.
(O | X)

정답   X

해설 일반적으로 폭발범위는 온도상승에 의하여 넓어지며, 온도 의존성은 비교적 규칙적이다. 폭발한계의 압력 의존성은 다소 복잡하다. 상한계는 일반적으로 압력상승에 따라 폭발범위가 증가한다. 폭발상한계는 산소농도가 증가할수록 크게 증가한다.

071 폭발의 영향은 4가지로 구분할 수 있는데 (   ), (   ), (   ) 그리고 (   )으로 설명할 수 있다.

정답   압력, 비산, 열, 지진

072 개방된 대기 중에서 혼합가스가 발화할 경우 연소가스는 자유로이 팽창하여 화염속도가 늦은 경우 압력과 폭발음이 거의 발생하지 않지만 화염속도가 빠르고 압력파를 만들면 폭발음이 발생하게 되는데 이러한 경우를 폭연이라 한다. (O | X)

정답   O

해설   폭 굉
발열반응의 연소과정에서 압력파 또는 충격파의 전파속도가 음속보다 빠르게 이동하는 경우를 말하는 것으로 충격파란 초음속으로 진행하는 파동이며, 충격파를 받는 매질은 같은 압력의 단열 압축보다 높은 온도상승을 일으킨다. 매질이 폭발성이면, 그 온도상승에 의하여 반응이 계속 일어나 폭굉파를 일정속도로 유지한다.

증기운폭발(UVCE ; Unconfined Vapor Cloud Explosion)
- 대기 중에 대량의 가연성가스가 유출되거나 대량의 가연성액체가 유출되면 그것으로부터 발생하는 증기가 공기와 혼합해서 가연성 혼합 기체를 형성하고 발화원에 의하여 발생하는 폭발을 증기운폭발이라고 한다. 개방된 대기 중에서 발생하기 때문에 자유공간 중의 증기운폭발이라고 한다.
- 증기운폭발이 발생하는 과정은 유출한 물질이 저장되어 있는 상태에 따라, 특히 압력과 온도에 따라 달라지므로 다음과 같은 과정으로 발생한다.
  - 상온, 대기압에서 액체이며 인화점이 상온보다 낮은 물질(가솔린) : 유출한 액체는 지면으로부터 열이 공급되면 액면에서 연속적으로 증기를 발생하여 주위에 확산한다.
  - 상온, 가압 하에서 액화되어 있는 물질(LPG, 액화부탄) 또는 그 물질의 비점 이상의 온도에 있지만 가압되어서 액화된 물질(반응기 내의 벤젠, 핵산) : 고압 하에서 기상과 액상의 평형상태에 있는 물질이 대기 중으로 유출되는 경우, 유출된 액체의 온도는 비점까지 낮아지며 순간적으로 기화한다. 플래시 증발(flash evaporation) 이라고도 한다.
  - 대기압하에서 저온으로 하여 액화된 물질(LNG) : LNG와 같이 아주 낮은 온도에 있는 저온 액화가스가 유출되면 지면 및 주위의 열에 의하여 급속한 비등을 일으킨다. 지면의 온도가 저하되면 증발속도는 저하되지만 단시간에 대량의 가연성 증기운이 생긴다.

BLEVE(블레비)현상(Boiling Liquid Expanding Vapor Explosion)

- 프로판 등 액화가스탱크의 외부에서 화재가 나면 탱크가 가열되어 내부의 액체에 높은 증기압이 발생하고 그 증기압이 탱크의 내압을 초과하게 되면 결국 탱크는 파열에 이르게 된다.

  이때 파열이 발생하는 지점은 탱크의 기상부와 면하는 부분인데, 그것은 액상부와 면하는 지점은 외부에서 화염에 의한 열을 받는다 해도 그 열을 내부의 액상으로 효과적으로 전달시키나 기상부와 면하는 지점은 액체보다 낮은 기체의 열전도율로 인해 열을 효과적으로 전달하지 못하고 축적하여 결국 높아진 내압을 견디지 못하면 국부적인 가열에 의한 강도 저하에 따른 파열이 일어나기 때문이다.

- 파열이 발생하면 탱크내부에 액화된 상태로 저장되어 있던 가스는 빠르게 기화하면서 파열점을 통해 외부로 확산된다. 확산된 가스는 주변의 공기와 혼합되어 폭발성 혼합기를 형성하고 존재하는 화염을 착화에너지로 하여 다시 폭발하게 된다. 이 현상을 단계별로 분석하면 물리적 폭발이 순간적으로 화학적 폭발로 이어지는 것으로 볼 수 있다. 이 현상을 BLEVE라고 한다.

- 예를 들어 단계적으로 설명하면, 프로판 탱크가 화염에 노출되면 탱크 내의 압력이 상승한다. 이 때문에 안전밸브가 작동하고 내압을 방출한다. 그러나 탱크가 너무 가열되면 안전밸브로는 파열을 방지할 수 없다. 압력용기 등에 사용되는 두께 13mm의 강판은 보통 최저 인장응력이 414MPa, 설계응력이 100MPa인데 화재에 노출되면 690℃에서 8분 후에 그 값에 도달하게 된다. 이 온도에서는 압력에 의하여 2.5분 후에 파열된다고 예상된다. 실제 화재에서 파열될 때까지의 시간은 10~30분이다.

- 탱크의 일부가 파괴되면 그때까지 탱크 내부에서 평형상태에 있던 기상부와 액상부가 압력이 방출되기 때문에 평형이 깨어진다. 이것을 보상하고 열역학적으로 평형이 되려면 상압고온의 액상부가 급격히 증발하여 기체로 되는 수밖에 없다. 이 때문에 내용물은 미세화하면서 강한 힘으로 용기에 부딪혀서 이것을 파괴함과 동시에 외부로 분출된다. 이때 주위에는 이미 화염이 존재하므로 즉시 이 증기운이 착화하여 폭발적으로 연소를 일으켜 화염이 발생된다.

  BLEVE에 의해 발생된 화염은 최초엔 지표면 부근에서 발생하여 거대하게 성장하는데, 반구형의 형태를 형성한 후 부력에 의해 상승하면서 버섯모양으로 변하는데 이 화염을 파이어볼(Fire Ball)이라 한다.

Fire Ball

- 대량의 증발한 가연성 액체가 갑자기 연소할 때 생기는 구상의 불꽃을 말한다.
- 전형적인 Fire Ball의 성장은 다음과 같다. ① 액화가스의 탱크가 파열하면 순간증발을 일으켜 가연성 가스의 혼합물이 대량 분출하고, ② 이것이 발생하면 지면에서 반구상(A)의 화염이 되어 부력으로 상승하는 동시에 주변의 공기를 빨아들인다. ③ 주변에서 빨아들인 화염은 공모양(B)으로 되고 더욱 상승하여 버섯모양(C)의 화염을 만든다. 이를 Fire Ball이라 하며 Fire Ball의 경우는 그 복사열로 인한 피해가 심각하여 매우 위험하다.

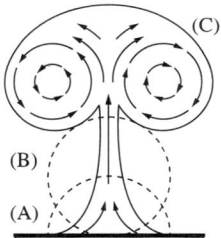

소방전술 2-1

04 구조개론

1 구조개론

001 특수구조대는 대형·특수 재난사고의 구조, 현장 지휘 및 지원 등을 위하여 소방청 또는 소방본부에 설치하되, 소방본부에 설치하는 경우에는 시·도의 규칙으로 정하는 바에 따른다. (O | X)

정답 X

해설 직할구조대에 관한 기준이다.

002 일반구조대는 소방대상물, 지역 특성, 재난발생 유형 및 빈도 등을 고려하여 시·도의 규칙으로 정하는 바에 따라 지역을 관할하는 소방서에 설치한다. (O | X)

정답 X

해설 특수구조대에 관한 기준이다.

일반구조대
시·도의 규칙으로 정하는 바에 따라 소방서마다 1개 대(隊) 이상 설치하되, 소방서가 없는 시·군·구의 경우에는 해당 시·군·구 지역의 중심지에 있는 119안전센터에 설치할 수 있다.

003 고속국도구조대는 직할구조대에 설치하여야 한다. (O | X)

정답 X

해설 고속국도구조대는 특수구조대의 하나로서 직할구조대에 설치할 수 있다.

특수구조대의 종류
* 암기 : 화수고산지
- 화학구조대 : 화학공장이 밀집한 지역
- 수난구조대 : '내수면어업법'에 따른 내수면 지역
- 산악구조대 : '자연공원법'에 따른 자연공원 등 산악지역
- 고속국도구조대 : '도로법'에 따른 고속국도
- 지하철구조대 : '도시철도법'에 따른 도시철도의 역사(驛舍) 및 역 시설

그 밖의 구조대
- 테러대응구조대 : 테러 및 특수재난에 전문적으로 대응하기 위하여 소방청과 시·도 소방본부에 각각 설치하며, 시·도 소방본부에 설치하는 경우에는 시·도의 규칙으로 정하는 바에 따른다.
- 국제구조대
  소방청장은 국외에서 대형재난 등이 발생한 경우 재외국민의 보호 또는 재난발생국의 국민에 대한 인도주의적 구조활동을 위하여 국제구조대를 편성하여 운영할 수 있다. 소방청장은 구조대의 효율적 운영을 위하여 필요한 경우 국제구조대를 소방청에 설치하는 직할구조대에 설치할 수 있다.

- 119항공대

  소방청장 또는 소방본부장은 초고층 건축물 등에서 요구조자의 생명을 안전하게 구조하거나 도서·벽지에서 발생한 응급환자를 의료기관에 긴급히 이송하기 위하여 119항공대를 편성하여 운영한다.

004 119항공대원은 구조대원의 자격기준 또는 구급대원의 자격기준을 갖추고, 소방청장이 실시하는 항공 구조·구급과 관련된 교육을 마친 사람으로 한다. (O | X)

정답 O

005 국가·지방자치단체 및 '공공기관의 운영에 관한 법률' 제4조에 따른 공공기관의 구조관련 분야에서 근무한 경력이 1년 이상인 사람은 구조대원이 될 수 있다. (O | X)

정답 X

해설 구조대원은 소방공무원으로서 다음 어느 하나에 해당하는 사람 중에서 소방청장·소방본부장 또는 소방서장이 임명한다.
- 소방청장이 실시하는 인명구조사 교육을 받았거나 인명구조사 시험에 합격한 사람
- 국가·지방자치단체 및 '공공기관의 운영에 관한 법률' 제4조에 따른 공공기관의 구조관련 분야에서 근무한 경력이 2년 이상인 사람
- '응급의료에 관한 법률'에 따른 응급구조사 자격을 가진 사람으로서 소방청장이 실시하는 구조업무에 관한 교육을 받은 사람

006 대원의 안전에 위협이 되는 심각한 위험상황이 발생하여 현장에서 긴급히 대원을 철수시킨다던가 하는 급박한 경우 반드시 명령통일의 원칙을 준수하여야 한다. (O | X)

정답 X

해설 명령통일이라고 하는 것은 '한 대원은 오직 한 사람의 지휘관에게만 보고하고 한 사람의 지휘만을 받는다'는 것이다. 단지 계급이 높다고 해서 자신의 직접 명령 계통에 있지 않은 대원에게 지시·명령을 내리는 것은 현장의 혼란을 가중시킬 뿐이므로 절대적으로 피해야 한다. 대원의 안전에 위협이 되는 심각한 위험상황이 발생하여 현장에서 긴급히 대원을 철수시킨다던가 하는 급박한 경우 외에는 반드시 명령통일의 원칙을 준수하여야 한다.

007 모든 사고현장에 있어서 가장 우선하여 고려할 사항은 사고의 안정화(Incident Stabilization)이고 그 다음 인명의 안전(Life Safety), 재산가치의 보존(Property Conservation)의 순서이다. (O | X)

정답 X

해설 인명의 안전(Life safety) 다음 사고의 안정화(Incident Stabilization), 재산가치의 보존(Property Conservation)의 순서이다.

008 인명을 구조하는 과정에 있어서는 구조대상자의 생명을 보전하는 것이 가장 중요하므로 구명(救命)을 최우선으로 하고 다음에 신체구출, 정신적, 육체적 고통경감, 피해의 최소화의 순으로 구조활동의 우선순위를 결정한다. (O | X)

정답 O

009 초기대응 절차(LAST)에 맞는 순서를 빈칸에 한글로 쓰시오.

> 1단계 - (　　) → 2단계 - (　　) → 3단계 - (　　) → 4단계 - (　　)

정답 현장 확인(Locate) → 접근(Access) → 상황의 안정화(Stabilization) → 후송(Transport)

010 현장지휘소 위치를 정하는 기준은 상황판단이 용이하고 안전한 장소를 택하는 것으로 '3UP'의 기준을 적용한다. 상황판단이 용이하도록 높은 곳에 위치하고 풍상측, 상류측에 위치하여 위험물질의 누출이나 오염 등에 의한 영향을 최소화하려는 것이다. (O | X)

정답 O

2 구조활동의 전개요령

011 구조활동의 순서를 번호순으로 쓰시오.

> ① 구조대상자의 구명에 필요한 조치를 취한다.
> ② 구조대상자의 상태 악화 방지에 필요한 조치를 취한다.
> ③ 현장활동에 방해되는 각종 장해요인을 제거한다.
> ④ 2차 재해의 발생위험을 제거한다.
> ⑤ 구출활동을 개시한다.

정답 ③ - ④ - ① - ② - ⑤

012 장애물 제거 시 장애는 중심부에서 주위로 향하여 순차적으로 제거한다. (O | X)

정답   X

해설   장애물 제거 시의 유의사항
- 필요한 기자재를 준비한다.
- 대원의 안전을 확보한다.
- 구조대상자의 생명·신체에 영향이 있는 장애를 우선 제거한다.
- 위험이 큰 장애부터 제거한다.
- 장애는 주위에서 중심부로 향하여 순차적으로 제거한다.

013 기자재 선택 시 급할 때는 가장 고가의 장비를 선택하고, 동등의 효과가 얻어지는 경우는 조작이 간단한 것을 선택한다. (O | X)

정답   X

해설   기자재 선택 시 유의사항
- 사용 목적에 맞는 것을 선택한다. 절단 또는 파괴, 잡아당기거나 끌어올리는 등의 구조활동을 펼치기에 적합한 장비를 선택한다.
- 활동공간이 협소하거나 인화물질의 존재, 감전위험성, 환기 등 현장상황을 고려하여 특성에 맞는 것을 선택한다.
- 긴급 상황에 맞는 것을 선택한다. 급할 때는 가장 능력이 높은 것을 선택한다.
- 동등의 효과가 얻어지는 경우는 조작이 간단한 것을 선택한다.
- 확실하게 효과를 기대할 수 있는 것을 선택한다.
- 위험이 적은 안전한 장비를 선택한다.
- 다른 기관이나 현장 관계자 등이 보유하는 것과 현장에서 조달이 가능한 것으로 효과가 기대되는 것이 있으면 활용을 적극적으로 검토한다.

014 구급대 요청 시 필요한 구급차의 대수는 구급대 1대당 중증 또는 심각한 경우는 1인, 중증은 2인, 경증은 정원 내를 대략의 기준으로 한다. (O | X)

정답   O

015 활동상 의학적 조언을 필요로 하는 경우 전문 의료진을 요청한다. (O | X)

정답   O

016 구조작업에 대한 회의나 브리핑은 대원들의 신뢰확보를 위하여 가족들과 함께 진행하고 전담요원이 그 결과를 설명해주는 것이 좋다. (O | X)

정답   X

해설   구조작업에 대한 회의나 브리핑은 대원들이 자유롭게 이야기 할 수 있도록 가족이 없는 곳에서 진행하고 전담요원이 그 결과만을 설명해주는 것이 좋다.

017 시각장애인을 구조하는 경우 큰소리로 상황을 차분하고 자세하게 설명하여 안심시키도록 한다. (O | X)

정답 X

해설 시각장애인의 경우에는 일반인에 비하여 청각과 촉각이 매우 발달되어 있다. 큰 소리를 내지 않도록 한다.

018 구조대원은 근무 중에 위험물·유독물 및 방사성 물질에 노출되거나 감염성 질병에 걸린 구조대상자와 접촉한 경우에는 그 사실을 안 때부터 48시간 이내에 소방청장 등에게 보고하여야 한다. (O | X)

정답 O

소방전술 2-2

05 구조장비

1 구조장비 개론

001 체인톱이나 해머드릴 등 고속 회전부분이 있는 장비의 경우 실밥이 말려들어갈 수 있으므로 면장갑은 착용하지 않는 것이 원칙이다. (O | X)

정답 O

002 분진이나 작은 파편이 발생하는 작업을 수행할 때에는 반드시 헬멧(또는 방수모)의 실드 등 보호안경을 착용한다. (O | X)

정답 X

해설 분진이나 작은 파편이 발생하는 작업을 수행할 때에는 반드시 보호안경을 착용한다. 헬멧(또는 방수모)의 실드만으로는 충분히 보호되지 않는다.

003 일반적인 2행정기관(동력절단기, 체인톱, 발전기 등)의 경우 엔진오일을 별도로 주입하므로 오일의 양이 적거나 변질되지 않은지 수시로 점검한다. (O | X)

정답 X

해설 4행정기관(유압펌프, 이동식 펌프 등)의 경우 엔진오일을 별도로 주입한다.

004 일반적인 2행정기관(동력절단기, 체인톱, 발전기 등)의 경우 오일의 혼합량이 너무 많으면 엔진에 손상을 입어 기기의 수명이 단축될 수 있고, 반면 오일의 양이 적으면 시동이 잘 걸리지 않고 시동 후에도 매연이 심하다. (O | X)

정답 X

해설 오일의 혼합량이 너무 많으면 시동이 잘 걸리지 않고 시동 후에도 매연이 심하다. 반면 오일의 양이 적으면 엔진에 손상을 입어 기기의 수명이 단축될 수 있다.

005 공기 중에 인화성 가스가 있거나 인화성 액체가 근처에 있을 때에는 동력장비의 사용을 피할 것. 마찰 또는 타격 시 발생하는 불꽃과 뜨거운 배기구는 발화원이 된다. (O | X)

정답　O

006 지하실이나 맨홀 등 환기가 불충분한 장소에서는 장시간 작업하지 않도록 하고 배기가스에 의한 질식의 위험이 있으므로 엔진장비를 활용하지 않는 것을 원칙으로 한다. (O | X)

정답　O

007 엔진장비에 연료를 보충할 때에는 반드시 시동을 끄고 장비를 이동시킬 때에는 작동을 중지시킨다. (O | X)

정답　O

2　구조장비 조작

008 로프총은 언제든 신속하게 사용할 수 있게 안전핀을 누른 상태로 장전시켜 두어야 한다. (O | X)

정답　X

해설　즉시 발사할 것이 아니면 장전하여 두지 말아야 하며, 만약 장전 후 잠시 기다리게 될 경우에는 반드시 안전핀을 눌러둔다.

009 견인탄은 탄두와 날개를 완전하게 결합하고 견인로프가 풀리지 않도록 결착한다. 사용한 견인탄은 탄두에 이상이 없는 경우에 날개를 교환하면 재사용할 수 있다. (O | X)

정답　O

010 공압식과 화약식에 사용하는 견인탄은 내경이 같기 때문에 교환 사용이 가능하다. (O | X)

정답　X

해설　공압식과 화약식에 사용하는 견인탄은 내경은 같으나 재질과 중량에 차이가 있으므로 교환 사용하지 않도록 한다.

011 마취총은 동물에 의한 인명피해의 우려가 있는 동물을 생포하기 위해 사용하며 블로우건에 비하여 사정거리는 짧고, 비교적 정확성이 있으나 유효 사거리 20m 이내에서는 파괴력이 강해서 자칫 동물에 상해를 줄 우려가 있다. (O | X)

정답 X

해설 블로우건에 비해 사정거리가 길다.

012 동물에 대한 마취총 사격 부위는 피하지방이 얇은 쪽에 쏘는 것이 효과적이지만 다리의 근육이 많은 부분을 조준하여야 하며 중요 부위에 맞아 장애가 발생하는 것에 주의한다. (O | X)

정답 O

013 마취약은 언제든 신속하게 사용할 수 있게 주사기에 약제를 주입해 놓는다. (O | X)

정답 X

해설 마취약은 주사기에 약제 주입 후 2~3일이 지나면 효과가 다소 떨어지므로 약제는 현장에서 조제해 쓰는 것이 좋다.

014 마취하여 포획된 동물은 43℃ 이상에서는 스스로 생존하기 어려우므로 수시로 체온을 측정하여 정상체온(37~40℃)을 유지하도록 한다. (O | X)

정답 O

015 내충격력이 가장 좋은 로프 재료는 나일론이고, 인장강도가 가장 뛰어난 것은 H. Spectra Polyethylene, 내마모성이 가장 좋은 재료는 폴리에스터이다. (O | X)

정답 X

해설 로프 재료에 따른 성능 비교

성능 \ 종류	마닐라삼	면	나일론	폴리에틸렌	H. Spectra® Polyethylene	폴리에스터	Kevlar® Aramid
비중	1.38	1.54	1.14	0.95	0.97	1.38	1.45
신장율	10~15%	5~10%	20~34%	10~15%	4% 이하	15~20%	2~4%
인장강도	7	8	3	6	1	4	2
내충격력	5	6	1	4	7	3	7
내마모성	4	8	3	6	1	2	5
전기저항	약	약	약	강	강	강	약

016 주로 구조현장에서는 내·외피의 구분이 없이 3~5개 정도의 심지를 꼬아 만드는 꼬임로프가 주로 쓰인다. (O | X)

정답　X

해설　꼬임로프는 특히 구부리기가 곤란하여 다루기가 힘들고 마모도가 높기 때문에 구조현장에서 잘 사용되지 않고 주로 중량물 작업현장에서 쓰인다.

017 현재 구조대에서 사용하는 로프는 대부분 세밀하게 직조된 외피 안에 섬유를 꼬아서 만든 여러 가닥의 심지가 들어 있는 케른만텔(Kern Mantel 일반적으로 영어발음인 '컨먼틀'로 부른다)로프이다. (O | X)

정답　O

018 로프의 성능은 신장율과 충격력으로 표시한다. (O | X)

정답　X

해설　인장력과 충격력으로 표시한다.

019 다음은 매듭과 꺾임에 의한 로프의 장력변화이다. 빈칸을 채우시오.

매듭의 종류	매듭의 강도(%)
매듭하지 않은 상태	100
8자매듭	(㉠)
(㉡)	70~75
이중 피셔맨매듭	65~70
피셔맨매듭	(㉢)
(㉣)	60~70
말뚝매듭	60~65
옭매듭(엄지매듭)	60~65

정답　㉠ 75~80, ㉡ 한겹고정매듭, ㉢ 60~65, ㉣ 테이프매듭

020 개인용 로프는 제원 11mm 이하 × (20m 이상)이고, 보관가방을 포함한다. (O | X)

정답　X

해설 로프의 성능기준

구 분	성능기준
개인용 로프	제원 : 9mm 이하 × (20m 이상) 구성 : 보관가방 포함
정적로프	내용 : 11mm 이상 구성 : 보관가방 포함
동적로프	내용 : 10.2mm 이상 구성 : 보관가방 포함
수난구조로프	내용 : 11mm 이하 구성 : 보관가방 포함

021 구조활동에 사용하는 로프는 신축성에 따라 크게 동적로프(Dynamic Rope)와 정적로프(Static Rope)로 구분할 수 있다. (O | X)

정답 O

022 정적로프는 자유낙하가 발생할 수 있는 암벽등반에 유리하다. (O | X)

정답 X

해설 동적로프는 자유낙하가 발생할 수 있는 암벽등반에 유리하다.
- 정적로프는 신장율이 5% 미만 정도로 하중을 받아도 잘 늘어나지 않으며 마모 내구성이 강하고 파괴력에 견디는 힘이 높은 반면 유연성이 낮아 조작이 불편하고 추락 시의 하중이 그대로 전달되는 결점이 있다.
- 동적로프는 신장율이 7% 이상 정도로서 신축성이 높아 충격을 흡수하는 데 유리하므로 자유낙하가 발생할 수 있는 암벽등반에 유리하다.

023 일반 구조활동용으로는 동적로프나 세미스태틱(Semi-static Rope) 로프가 적합하다. (O | X)

정답 X

해설 일반 구조활동용으로는 정적로프나 세미스태틱(Semi-static Rope) 로프가 적합하다.

024 보통 정적로프는 부드러우면서 여러 가지 색상이 섞인 화려한 문양이다. (O | X)

정답 X

해설 보통 동적로프는 부드러우면서 여러 가지 색상이 섞인 화려한 문양이고 정적로프는 뻣뻣하며 검정이나 흰색, 노란색 등 단일 색상으로 만들어져 외형만으로도 비교적 쉽게 구분이 가능하다.

025 로프는 그늘지고 통풍이 잘되는 곳에 보관하도록 한다. (O | X)

정답 O

026 정기적으로 로프를 세척하여 이물질을 제거하도록 한다. 세척할 때에는 미지근한 물에 중성 세제를 알맞게 풀어 로프를 충분히 적시고 흔들어 모래나 먼지가 빠져나가도록 한다. (O | X)

정답 O

027 일반적인 로프의 수명이다. 빈칸을 채우시오.

> **시간 경과에 따른 강도 저하**
> - 로프는 사용 횟수와 무관하게 강도가 저하된다.
> - 특히 (㉠)년 경과 시부터 강도가 급속히 저하된다.
> - (㉡)년 이상 경과된 로프는 폐기한다(UIAA 권고사항).
>
> **로프의 교체 시기(관리가 잘 된 로프 기준, 대한산악연맹 권고사항)**
> - 가끔 사용하는 로프 : (㉢)년
> - 매주 사용하는 로프 : (㉣)년
> - 매일 사용하는 로프 : (㉤)년
> - 스포츠 클라이밍 : 6개월
> - 즉시 교체하여야 하는 로프 : 큰 충격을 받은 로프(추락, 낙석, 아이젠) 납작하게 눌린 로프 손상된 부분이 있는 로프

정답 ㉠ 4, ㉡ 5, ㉢ 4, ㉣ 2, ㉤ 1

028 런너(Runner)라고도 부르는 슬링은 같은 굵기의 로프보다 강도가 우수해서 등반 또는 하강 시에 로프 대용으로 자주 사용한다. (O | X)

정답 X

해설 슬링은 형태에 따라 판형슬링(Tape Sling)과 관형슬링(Tube Sling)으로 구분한다. 로프에 비해 상대적으로 값이 싸기 때문에 짧게 잘라서 등반 시의 확보, 고정용 또는 안전벨트의 대용 등으로 다양하게 활용한다. 슬링은 같은 굵기의 로프보다 강도는 우수하지만 충격을 받았을 때 잘 늘어나지 않기 때문에 슬링을 등반 또는 하강 시에 로프 대용으로 사용하는 것은 매우 위험하다.

029 구조활동 시에는 반드시 상단용과 상·하단형 벨트를 사용해야 한다. (O | X)

정답 X

해설 상·하단 벨트가 착용이 다소 번거롭기는 하지만 추락 시 충격을 몸 전체로 분산하여 부상위험을 줄여주기 때문에 구조활동 시에는 반드시 상·하단형 벨트를 사용해야 한다.

030 스톱하강기(Stopper)는 로프의 역회전을 방지할 수 있는 구조로 주로 확보용 장비이다. (O | X)

정답 X

해설 그리그리에 관한 설명이다.

하강기류
- 8자 하강기(Descension 8 Clamp)
  로프를 이용해서 하강해야 하는 경우 사용한다. 작고 가벼우면서도 견고하고 사용이 간편하다. 전형적인 하강기는 8자 형태이지만 이를 약간 변형시킨 "구조용하강기"(Big8)나 튜브형 하강기도 많이 사용된다. 구조용 하강기는 일반적인 8자 하강기에 비하여 제동 및 고정이 용이한 것이 장점이다.
- 그리그리(GriGri)
  스토퍼와 같이 로프의 역회전을 방지할 수 있는 구조로 주로 확보용 장비이다. 주로 암벽 등에서 확보(belay)하는 장비로 사용되며 짧은 거리를 하강할 때 이용하기도 한다.
- 스톱하강기(Stopper)
  스톱은 로프 한 가닥을 이용하여 제동을 걸어주는 장비로 하강 스피드의 조절이 용이하고 우발적인 급강하 사고를 방지할 수 있기 때문에 최근 구조대에서 사용이 증가하고 있는 추세이다.

031 구조활동 시에는 잠금장치가 있는 카라비너를 사용하는 것을 원칙으로 하고 횡 방향으로 충격이 걸리지 않도록 설치해야 한다. (O | X)

정답 O

032 등강기는 한 방향으로만 움직일 수 있다. (O | X)

정답 O

해설 등강기(Ascension Clamp, Jumar)
로프를 활용하여 등반할 때 보조장치로 사용되며 로프에 결착하여 수직 또는 수평으로 이동할 수 있도록 고안된 기구이다. 톱니가 나있는 캠이 로프를 물고 역회전을 하지 못하도록 함으로써 한 방향으로만 움직이게 된다. 등반기, 쥬마, 유마르 등으로도 불리며 등반뿐만 아니라 로프를 이용하여 물건을 당기는 경우 손잡이 역할도 할 수 있어 사용범위가 매우 넓다. 손잡이 부분을 제거하여 소형화하고 간편히 사용할 수 있도록 변형된 크롤(Croll), 베이직(Basic) 등 유사한 장비도 있다.

033 도르래 사용 시 물체의 중량을 W, 필요한 힘을 F로 했을 때, F는 물체가 매달려 있는 줄의 가닥수에 반비례하며 물체가 움직인 거리에는 비례한다. (O | X)

정답 X

해설 물체의 중량을 W, 필요한 힘을 F로 했을 때, F는 물체가 매달려 있는 줄의 가닥수에 반비례하며 물체가 움직인 거리에도 반비례한다. 즉, 로프를 3m 당겼을 때 물체가 1m 이동하도록 도르래가 설치되었다면 필요한 힘은 1/3로 줄어든다.

034 다음 설명에 맞는 특수도르래를 영문을 포함하여 쓰시오.

> - (㉠) : 도르래와 쥬마를 결합한 형태의 장비로 도르래의 역회전을 방지할 수 있어 안전하게 작업이 가능하고 힘의 소모를 막을 수 있다. 도르래 부분만 사용할 수도 있고 쥬마, 베이직의 대체 장비로도 사용이 가능하다.
> - (㉡) : 로프로 물체를 인양하거나 하강시킬 때 로프가 꼬여 장비나 구조대상자가 회전하는 것을 방지하는 장비이다. 카라비너에 도르래가 걸린 상태에서 360° 회전이 가능하다.
> - (㉢) : 도르래 하나에 걸리는 하중을 2개의 도르래로 분산 시켜주므로 외줄 선상의 로프나 케이블 상에서 수평 이동할 때 용이하고 다른 도르래를 적절히 추가하여 쉽게 중량물을 이동시킬 수 있다.

정답   ㉠ 정지형 도르래(WALL HAULER), ㉡ 로프꼬임 방지기(SWIVEL), ㉢ 수평2단 도르래(TANDEM)

035 퀵드로의 카라비너는 열리는 곳이 서로 반대방향 또는 같은 방향으로 향하도록 끼우고 개폐부분이 끝을 향하도록 하는 것이 편리하고 안전하다. (O | X)

정답   O

036 측정용 구조장비에는 방사선 계측기, 방사성 오염 감시기, 잔류 전류검지기, 매몰자 전파탐지기가 있다. (O | X)

정답   X

해설   매몰자 전파탐지기는 탐색 구조용 장비이다.

탐색 구조용 장비
- 영상탐지기(Collapsed Space Victim Visual Detector), 써치탭(Search TAP)
- 매몰자 음향탐지기(Collapsed Space Victim Acoustic Detector)
- 매몰자 전파탐지기(Collapsed Space Victim Electromagnetic detector)

037 측정·관리해야 하는 주요 대상 방사선은 하전입자(γ선, X선), 전자기파(α선, β선) 및 중성자이다. (O | X)

정답   X

해설   측정, 관리 주요 대상 방사선 : 하전입자(α선, β선), 전자기파(γ선, X선) 및 중성자

038 하전입자(α선, β선), 전자기파(γ선, X선) 및 중성자를 직접 측정(검출)해서 식별할 수 있는 계측기(검출기)는 없다. (O | X)

정답   O

해설 이들 방사선을 직접 측정(검출)해서 식별할 수 있는 계측기(검출기)는 없다. 측정방법으로 계측기에 걸린 전기장과 방사선의 전리작용으로 발생하는 전류를 측정하는 간접적인 방법이 대표적이며, 일부 특정 방사선 경우 필름을 감광시키는 현상을 이용하기도 한다.

039 개인 선량계(Personal Dosimeter)의 종류로는 필름뱃지, 열형광선량계(TLD ; Thermoluminescence Dosimeter), 포켓선량계, 포켓이온함 외에 포켓 알람미터나 전자개인선량계 등이 있다. (O | X)

정답 O

040 다음 설명에 맞는 개인선량계를 쓰시오.

- (㉠) : 방사선이 공기를 이온화시키는 원리를 이용, 이온화된 전하량과 비례하여 눈금선이 이동 되도록 하여 현장에서 바로 피폭된 방사선량을 알 수 있도록 되어 있다.
- (㉡) : 방사선의 사진작용을 이용하여 필름의 흑화도로 피폭선량을 측정한다.
- (㉢) : 전하량을 별도의 기구로 측정하여 피폭된 방사선량을 알 수 있다.
- (㉣) : 방사선을 받은 물질에 일정한 열을 가하여 물질 밖으로 나오는 빛의 양으로 피폭선량을 측정한다.

정답 ㉠ 포켓선량계, ㉡ 필름뱃지, ㉢ 포켓이온함, ㉣ 열형광선량계

041 핵종 분석기(Radionuclide Analyzer)는 개인이 휴대하여 실시간으로 방사선율 및 선량 등 측정하며 기준선량(율) 초과 시 경보하여 구조대원의 안전을 확보하기 위한 장비이다. 가장 보편적으로 사용되는 장비이며, 주로 GM관, 비례계수관, 무기섬광체를 많이 사용한다. (O | X)

정답 X

해설 방사선측정기에 관한 설명이다. 방사선 측정기는 연 1회 이상 교정하여 사용하여야 한다.
핵종 분석기(Radionuclide Analyzer)
개인이 휴대하여 실시간으로 방사선량 측정 및 핵종을 분석하는 장비로서 감마선 스펙트럼을 분석하여 감마 방사성 핵종의 종류를 파악한다. 주로 무기 섬광물질 또는 반도체를 사용하여 제작되며 핵종분석기능 이외에도 방사선량률, 오염측정과 같은 다양한 기능을 탑재하는 경우가 일반적이다. 다른 휴대용 장비들에 비해 상대적으로 무게와 부피가 크므로 항시 휴대 운용은 제한적이다.

042 방사성 오염감시기(Radiation Contamination Monitor)는 방사능 오염이 예상되는 보행자 또는 차량을 탐지하여 피폭여부를 검사하는 장비로서 주로 알파, 베타 방출 핵종의 유출 시 사용한다. 일반적으로 선량률 값을 제공하지 않고, 시간당 계수율 정보를 제공한다. 따라서 측정하고자 하는 물체 및 인원에 대한 방사성 오염여부와 미치는 영향에 대한 판단용으로 사용된다. (O | X)

정답 X

| 해설 | 방사성 오염감시기(Radiation Contamination Monitor)는 일반적으로 선량률값을 제공하지 않고, 시간당 계수율 정보를 제공한다. 따라서 측정하고자 하는 물체 및 인원에 대한 방사성 오염여부 판단용으로 사용되며, 미치는 영향에 대해서는 추후 정밀검사가 필요하다. |

043 잔류전류감지기의 측정능력을 빈칸에 쓰시오.

전 압	고감도	저감도	초점감지
120V	(㉠)	1m	7.5cm
120V (지중선)	1m	(㉡)	(㉢)
7,200V	(㉣)	(㉤)	6cm

정답 ㉠ 5m, ㉡ 0.3m, ㉢ 2.5cm, ㉣ 65m, ㉤ 21m

044 절단구조용 장비에는 동력절단기, 체인톱, 공기톱, 유압절단기가 있다. (O | X)

정답 O

045 동력절단기는 대상물에 날을 먼저 댄 후에 절단날을 회전시켜야 한다. (O | X)

정답 X

해설 대상물에 날을 먼저 댄 후에 절단날을 회전시키지 않도록 한다.

046 동력절단기 철재 절단날은 기름을 엷게 발라둔다. (O | X)

정답 X

해설 **동력절단기의 일상점검**
- 철재 절단날은 휘발유, 석유 등에 접촉되지 않도록 하고 유증기가 발생하는 곳에 보관해서도 안 된다. 접착제가 용해되어 강도가 크게 저하될 수 있다.
- 목재용 절단날을 보관할 때에는 기름을 엷게 발라둔다.
- 철재용, 콘크리트용 절단날에 심하게 물이 묻어 있는 경우에는 폐기하고 너무 장기간 보관하지 않도록 한다. 절단날에 이상 마모현상이 있을 때는 즉시 교환한다.

047 체인톱은 반드시 체인이 정지된 상태에서 절단을 시작한다. (O | X)

정답 X

| 해설 | 체인톱 킥백(Kick Back)에 유의한다.
- 킥백은 장비가 갑자기 작업자 방향으로 튀어오르는 현상을 말하며 주로 톱날의 상단부분이 딱딱한 물체에 닿을 때 발생한다.
- 절단 시에는 정확한 자세를 취한다. 정확한 자세로 핸들을 잡고 있으면 킥백 현상이 발생할 때 자동적으로 왼손이 체인브레이크를 작동시키게 된다.
- 조작법이 완전히 숙달되지 않은 대원은 절대로 톱날의 끝 부분을 이용한 절단작업을 하지 않도록 한다.
- 반드시 체인이 작동하는 상태에서 절단을 시작한다.
- 여러 개의 나뭇가지를 동시에 절단하지 않는다.

048 일반적으로 쇠톱날은 전진 시 절단되도록 장착하지만 공기톱의 경우 톱날 보호를 위해 후진 시 절단되도록 장착한다. (O | X)

정답 O

049 유압절단기 절단날이 하향 10~15° 각도를 유지하도록 절단하여야 날이 미끄러지지 않고 절단이 용이하다. (O | X)

정답 O

050 에어백(Lifting Air Bag) 사용 시 2개의 백을 사용하는 경우 작은 백을 위에 놓는다. 위의 백을 먼저 부풀려 위치를 잡고 균형유지에 주의하면서 두 개의 백을 교대로 부풀게 한다. 공기를 제거할 때에는 반대로 한다. (O | X)

정답 X

해설 아래의 백을 먼저 부풀려 위치를 잡고 균형유지에 주의하면서 두 개의 백을 교대로 부풀게 한다.

051 에어백 사용 시 버팀목은 필수이다. (O | X)

정답 O

052 2개의 에어백을 겹쳐 사용하면 부양되는 높이와 능력이 증가한다. (O | X)

정답 X

해설 2개의 에어백을 겹쳐 사용하면 부양되는 높이는 높아지지만 능력이 증가하지는 않는다. 즉, 소형 에어백과 대형 에어백을 겹쳐서 사용하여도 최대 부양능력이 소형 에어백의 능력을 초과하지 못하는 것이다.

053 4행정 엔진은 연료와 엔진오일을 별도로 주입하므로 엔진펌프의 종류를 확인해 두어야 한다. 중형 이상의 엔진은 대부분 4행정 엔진이다. (O | X)

정답 O

054 유압엔진펌프 사용 후에는 시동을 끄고 유압밸브를 잠근다. (O | X)

정답 X

해설 사용 후에는 유압밸브를 잠그고 시동을 끈다.

055 유압엔진펌프의 압력이나 장비의 이상 유무를 점검할 때에는 반드시 유압호스에 장비를 연결하고 확인한다. (O | X)

정답 O

056 유압전개기를 사용 후에는 안전을 위해 전개기의 팁을 완전히 닫아야 한다. (O | X)

정답 X

해설 사용 후에는 전개기의 팁을 완전히 닫지 말고 벌려서 약간의 틈새를 두어야 한다. 이는 모든 유압장비에 공통되는 사항으로서 날이 완전히 닫힌 상태에서 닫히는 방향으로 밸브를 작동하면 날이 파손될 수 있기 때문이다. 또한 날을 완전히 닫아두면 유압이 해제되지 않아 나중에 작동하지 못하게 되는 경우가 발생할 수도 있다.

057 유압전개기의 주요 문제점 및 해결 방안이다.

(1) 커플링이 잘 연결되지 않을 때 유압 오일을 확인하고 양이 부족하면 보충한다. (O | X)

(2) 커플링이 잘 연결되지 않을 때 핸들의 밸브가 잠겨 있는지 확인한다. (O | X)

(3) 전개기가 압력을 유지하지 못할 때 안전스크류를 조인다. (O | X)

(4) 전개기가 압력을 유지하지 못할 때 핸들의 밸브가 잠겨 있는지 확인한다. (O | X)

(5) 컨트롤 밸브를 조작하여도 전개기가 작동하지 않을 때 펌프를 테스트한다. (O | X)

(6) 컨트롤 밸브 사이에서 오일이 샐 때 커플링의 풀림 여부를 확인한다. (O | X)

정답 (1) X, (2) X, (3) X, (4) O, (5) O, (6) O

해설 　주요 문제점 및 해결 방안

문제점	조치방법
커플링이 잘 연결되지 않을 때	• Lock Iing을 풀고 다시 시도한다. • 유압호스에 압력이 존재하는지 점검한다. • 엔진작동을 중지하고 밸브를 여러 번 변환 조작한다(만일 이것이 안 될 때에는 강제로 압력을 빼 주어야 함 → 압력제거기를 사용하거나 A/S 요청).
컨트롤 밸브를 조작하여도 전개기가 작동하지 않을 때	• 펌프를 테스트 한다(펌핑이 되고, 매뉴얼 밸브가 오픈포지션에 있어야 함). • 유압 오일을 확인하고 양이 부족하면 보충한다.
전개기가 압력을 유지하지 못할 때	• 핸들의 밸브가 잠겨 있는지 확인한다. • 실린더 바닥의 밸브를 재조립한다.
컨트롤 밸브 사이에서 오일이 샐 때	• 커플링의 풀림 여부를 확인한다. • 안전스크류를 조인다. • 계속 오일이 새면 씰을 교환한다.

058 유압 램을 사용할 때는 램이나 대상물이 미끄러지거나 튕겨나가지 않도록 버팀목을 대주고, 얇은 플라스틱이나 합판 등인 경우에는 램이 뚫고 들어갈 수 있으므로 압력 분산을 위하여 받침목을 대주어야 한다. (O | X)

정답　O

059 사람의 호흡운동은 보통 분당 14~20회로, 1회에 들이마시는 공기량은 성인 남성의 경우 약 500cc 정도이며 심호흡을 할 때에는 약 2,000cc, 표준 폐활량은 3,500cc이다. (O | X)

정답　O

060 평균작업 시 호흡량은 20~30L/분, 격한 작업은 40~50L/분이고, 최고의 격한 작업은 80L/분이다. (O | X)

정답　X

해설　호흡량은 개개인의 체력, 경험, 작업량, 긴장도 등에 따라 다르지만 일반적으로 평균 작업은 30~40L/분, 격한 작업은 50~60L/분, 최고의 격한 작업은 80L/분이다.

061 용기 내 압력이 높은 경우는 호흡에 충분한 공기량이 보급되지만 압력이 낮아짐에 따라 흡기량도 계속 줄어들어 어느 압력 이하에서는 호흡에 필요한 공기량의 보급이 곤란하게 된다. (O | X)

정답　O

062 다음 빈칸을 채우시오.

- 사용가능시간(분) = $\dfrac{[용기내압력(MPa) - (\quad)] \times (\quad)}{(\quad)}$

- 탈출개시압력 = $\dfrac{탈출소요시간(min) \times [\quad](L)}{[\quad](L)} + [\quad](MPa)$

정답
- 사용가능시간(분) = $\dfrac{[용기내압력(MPa) - 여유압력(MPa)] \times 용기용량(L)}{분당호흡량(L)}$

- 탈출개시압력 = $\dfrac{탈출소요시간(min) \times 매분당호흡량(L)}{용기용량(L)} + 여유압력(MPa)$

063 공기호흡기는 100% 유독가스 중에서도 사용할 수 있다. (O | X)

정답 O

해설 100% 유독가스 중에서도 사용할 수 있지만 암모니아나 시안화수소 등과 같이 피부에 염증을 일으키는 가스와 방사성 물질이 누출된 장소에 진입하는 경우에는 별도의 보호장비를 착용하여야 한다.

064 가급적 현장에 도착하기 직전에 면체를 장착하고 현장에서 완전히 벗어난 후에 면체를 벗는다. (O | X)

정답 X

해설 가급적 현장에 진입하기 직전에 면체를 장착하고 현장에서 완전히 벗어난 후에 면체를 벗는다. 시야가 좋아졌다고 오염되지 않은 곳이라는 보장은 없다. 장착 후에는 불필요하게 뛰는 것을 피하며 호흡을 깊고 느리게 하면 사용 가능 시간을 연장할 수 있다.

065 바이패스 밸브는 평소에 쉽게 열리고 압력이 걸리면 개폐가 더욱 용이하다. (O | X)

정답 X

해설 양압조정기에 갑작스런 충격이 가해지거나 이물질로 인해서 고장이 발생할 수 있다. 이때에는 면체 좌측의 바이패스 밸브를 열어 공기를 직접 공급해 줄 수 있다. 바이패스 밸브는 평소에는 쉽게 열리지 않지만 압력이 걸리면 개폐가 용이하다. 바이패스 밸브를 사용할 때에는 숨 쉰 후에 닫아주고 다음번 숨 쉴 때마다 다시 열어준다.

066 공기호흡기 유지·관리상 주의사항이다.

(1) 고압조정기와 경보기 부분은 분해하여 조정한다. (O | X)

(2) 면체는 젖은 수건으로 세척 한 후 마른수건으로 잘 닦고 햇볕에서 말린다. (O | X)

(3) 실린더 내의 공기는 공기호흡기를 사용하는 안전에 직접적인 영향을 미치므로 항상 청결하게 유지되어야 한다. 따라서 충전되는 공기는 산소농도 (㉠)~(㉡)% 이내, 이산화탄소는 (㉢)ppm 이하, 일산화탄소는 (㉣)ppm 이하, 수분은 (㉤)g/m³ 이내, 오일 미스트는 (㉥)mg/m³(단, 측정값이 표시되지 않는 방식의 분석기를 사용하는 경우에는 색상의 변화가 없을 것) 이내, 총 탄화수소는 (㉦)ppm 이하, 총 휘발성유기화합물 500μg/m³ 이하를 유지하도록 규정하고 있다. 또한 고압용기에 충전된 호흡용 공기는 매 (㉧)마다 공기를 배출한 후 새로운 공기를 충전하여 보관한다.

정답 (1) X, (2) X, (3) ㉠ 20, ㉡ 22, ㉢ 1,000, ㉣ 10, ㉤ 25, ㉥ 5, ㉦ 25, ㉧ 6개월

해설 공기호흡기 유지·관리상 주의
- 용기와 고압도관, 등받이 등을 결합할 때에는 공구를 사용하는 부분인지 정확히 판단한다. 대부분의 부품은 손으로 완전히 결합할 수 있다.
- 용기는 고온 직사광선을 피하여 보관하고 충격을 받지 않도록 조심스럽게 다룬다. 특히 개폐밸브의 보호에 유의하고 개폐는 가볍게 한다.
- 공기의 누설을 점검할 때는 개폐밸브를 서서히 열어 압력계 지침이 가장 높이 상승하는 것을 기다려 개폐밸브를 잠근다. 이 경우 압력계 지침이 1분당 1MPa 이내로 변화할 때에는 사용상에 큰 지장은 없다.
- 사용 후 고압도관에 남아있는 공기를 제거하고, 안면 렌즈에 이물질이 닿지 않도록 한다.
- 고압조정기와 경보기 부분은 분해조정하지 않는다.
- 실린더는 고온 직사광선을 피하여 보관하고 충격을 받지 않도록 조심스럽게 다룬다. 특히 개폐밸브의 보호에 유의하고 개폐는 가볍게 한다. 사용한 후에는 깨끗이 청소하고 잘 닦은 후 고온 및 습기가 많은 장소를 피해서 보관한다. 최근에 보급되는 면체에는 김서림 방지(Anti-Fog) 코팅이 되어 있어 물로 세척하면 코팅이 벗겨질 수 있다. 젖은 수건으로 세척한 후에는 즉시 마른 수건으로 잘 닦고 그늘에서 건조시킨다.
- 실린더 내의 공기는 공기호흡기를 사용하는 안전에 직접적인 영향을 미치므로 항상 청결하게 유지되어야 한다. 따라서 충전되는 공기는 산소농도 20~22% 이내, 이산화탄소는 1,000ppm 이하, 일산화탄소는 10ppm 이하, 수분은 25mg/m³ 이내, 오일 미스트는 5mg/m³(단, 측정값이 표시되지 않는 방식의 분석기를 사용하는 경우에는 색상의 변화가 없을 것) 이내, 총 탄화수소는 25ppm 이하, 총 휘발성 유기 화합물 500μg/m³ 이하를 유지하도록 규정하고 있다. 또한, 고압용기에 충전된 호흡용 공기는 매 6개월 마다 공기를 배출한 후 새로운 공기를 충전하여 보관한다.

067 특수보호복 전담자는 119안전센터 또는 119구조대에서 근무한 경력이 3년 이상이어야 한다. (O | X)

정답 X

해설 소방기관의 장은 특수보호복을 담당하는 전담자를 지정하여야 하며, 특수보호복 전담자는 다음의 기준에 적합한 사람이어야 한다.
- 119안전센터 또는 119구조대에서 근무한 경력이 5년 이상일 것
- 중앙소방학교·지방소방학교 또는 전문교육기관에서 실시한 화생방사고 대처요령 등 관련과목을 이수할 것

068 방사능보호복의 세트는 방사능보호복(밀폐식 공기호흡기 착용형, NBC마스크 착용형 등), 개인선량경보계로 구성된다. (O | X)

정답 O

069 "화학보호복"이라 함은 신경·수포·혈액·질식 등의 화학작용제 및 유해물질로부터 인체를 보호하기 위하여 완전밀폐형으로 제작되는 보호복을 말한다. (O | X)

정답 X

해설 "화학보호복"이라 함은 신경·수포·혈액·질식 등의 화학작용제 및 유해물질로부터 인체를 보호하기 위하여 공기호흡기가 내장된 완전밀폐형으로 제작되는 보호복을 말한다.

070 1회용 화학보호복은 재사용 할 수 없다. (O | X)

정답 X

해설 화학보호복의 세트는 화학보호복·공기호흡기·쿨링시스템·통신장비·비상탈출 보조호흡장비·검사장비(테스트킷)·착용보조용 의자·휴대용 화학작용제 탐지기 및 소방용 헬멧으로 구성한다.
화학보호복은 그 수명 및 제작사의 일반적 기준에 따라 1회용(Disposable, Limited), 재사용(Reusable, Unlimited)으로 구분되며 수요기관의 예산범위, 소방대원의 선호도에 따라 결정될 수 있으나, 1회용 화학보호복이라 할지라도 제독 등 관리상 철저를 기하면 재사용할 수 있고, 재사용할 수 있는 화학보호복이라 할지라도 유독물질에 장시간 노출되어 오염되었을 경우에는 폐기를 권장한다.

071 공급업체로부터 수령 시, 보호복 착용 전, 보호복 사용 후 및 매년 1회 이상 보호복의 결함 상태를 확인하기 위하여 검사를 실시하여야 한다. (O | X)

정답 X

해설 보호복 사용 후 다시 착용하기 전(오염, 손상, 또는 변형된 보호복은 다시 사용해서는 안 된다)

072 화학보호복(레벨 A) 착용방법의 순서를 번호대로 쓰시오.

> ① 무전기를 착용한다.
> ② 공기조절밸브에 호스를 연결한다.
> ③ 화학보호복 안면창에 성애방지제를 도포한다(손수건과 함께 휴대하는 것이 좋음).
> ④ 공기조절밸브호스를 공기호흡기에 연결한다.
> ⑤ 공기호흡기 면체를 목에 걸고 등지게를 착용한다.
> ⑥ 화학보호복 하의를 착용한다.
> ⑦ 공기호흡기 실린더를 개방한다.
> ⑧ 면체를 착용하고 양압호흡으로 전환한다.
> ⑨ 헬멧과 장갑을 착용한다.
> ⑩ 보조자를 통해 상의를 착용 후 지퍼를 닫고 공기조절밸브의 작동상태를 확인한다.

정답 ④ – ⑦ – ③ – ⑥ – ⑤ – ① – ② – ⑧ – ⑨ – ⑩

073 야간투시경은 적외선의 방사를 이용한 것이고, 열화상 카메라는 적외선 반사를 이용한 것이다. (O | X)

정답 X

해설 열화상 카메라(Thermal Imaging Camera)
- 야간투시경(Night Vision)
  카메라에서 적외선파장을 발산하여 측정하거나 달빛을 증폭하여 물체를 화면에 표시하는 것으로 다큐멘터리에서 동물의 움직임을 촬영할 때의 야시경과 같이 초록색 화면으로 보는 것이 그 예이다.
- 열화상 카메라(Infrared Thermal Camera)
  IR 카메라라고 부르기도 하는데 적외선을 방사하지 않고 동물 등이 방사하는 적외선을 이용한다. 피사체가 물체나 동물인 경우 물체의 온도에 따라 일정한 파장의 빛을 방출되는 원리를 이용한 것이다.
* 정리하면 야간투시경은 적외선의 반사를 이용한 것이고, 열화상 카메라는 적외선 방사를 이용한 것이라 할 수 있다.

06 기본구조훈련

1 로프매듭법

001 좋은 매듭의 조건은 매듭법을 많이 아는 것이다. (O | X)

정답 X

해설 매듭법을 많이 아는 것보다는 잘 쓰이는 매듭을 정확히 숙지하는 것이 더욱 중요하다. 야간이나 악천후에도 능숙히 설치할 수 있어야 하고 다른 사람에게도 안전하게 해줄 수 있어야 한다.

002 될 수 있으면 매듭의 크기가 큰 방법을 선택한다. (O | X)

정답 X

해설 매듭은 정확한 형태를 만들고 단단하게 조여야 풀어지지 않고 하중을 지탱할 수 있다. 될 수 있으면 매듭의 크기가 작은 방법을 선택한다. 매듭부분으로 기구, 장비 등을 통과시켜야 하는 경우가 있기 때문이다.

003 매듭의 끝 부분이 빠지지 않도록 주매듭을 묶은 후 옭매듭 등으로 다시 마감해 준다. 이때 끝 부분이 빠지지 않도록 충분한 길이를 남겨두어야 하는데 매듭에서 로프 끝까지 11~20cm 정도 남겨두도록 한다. (O | X)

정답 O

004 로프는 매듭 부분의 강도가 가장 강하다는 사실을 기억한다. (O | X)

정답 X

해설 끊어지지 않는 로프는 존재하지 않고 풀어지지 않는 매듭도 없다. 따라서 사용 중에 로프와 매듭부분에 이상이 없는지 수시로 확인한다. 로프는 매듭 부분의 강도가 저하된다는 사실을 기억한다.

005 용도에 따른 매듭의 형태를 빈칸에 쓰시오.

- (㉠) : 로프를 지지물 또는 특정 물건에 묶는 방법
- (㉡) : 한 로프를 다른 로프와 서로 연결하는 방법
- (㉢) : 로프의 끝이나 중간에 마디나 매듭·고리를 만드는 방법

정답   ㉠ 움켜매기(結着), ㉡ 이어매기(連結·結合·結束), ㉢ 마디짓기(結節)

006 마디짓기(결절)의 종류를 빈칸에 쓰시오.

옭매듭, ( ), 8자매듭, ( ), ( ), 줄사다리매듭, ( ), 두겹고정매듭, ( )

정답   두겹옭매듭, 두겹8자매듭, 이중8자매듭, 고정매듭, 나비매듭

007 설명에 맞는 매듭법을 빈칸에 쓰시오.

- (㉠) : 로프에 마디를 만들어 도르래나 구멍으로부터 로프가 빠지는 것을 방지하거나 절단한 로프의 끝에서 꼬임이 풀어지는 것을 방지할 때 사용하는 가장 단순한 형태의 매듭이다.
- (㉡) : 로프의 중간에 고리를 만들 필요가 있을 때 사용한다. 간편하게 매듭할 수 있는 방법이지만 힘을 받으면 고리가 계속 조이므로 풀기가 힘들다.
- (㉢) : 매듭이 8자 모양을 닮았다. 옭매듭보다 매듭부분이 커서 다루기 편하고 풀기도 쉽다.
- (㉣) : 간편하고 튼튼하기 때문에 로프에 고리를 만드는 경우 가장 많이 활용된다. 로프에 고리를 만들어 카라비나에 걸거나 나무, 기둥 등에 확보하고자 하는 경우 등에 폭넓게 활용한다.
- (㉤) : 로프 끝에 두개의 고리를 만들 수 있어 두개의 확보물에 로프를 고정하는 경우에 매우 유용하다.
- (㉥) : 로프에 일정한 간격을 두고 수개의 옭매듭을 만들어 로프를 타고 오르거나 내릴 때에 지지점으로 이용할 수 있도록 하는 매듭이다.
- (㉦) : 로프의 굵기에 관계없이 묶고 풀기가 쉬우며 조여지지 않으므로 로프를 물체에 묶어 지지점을 만들거나 유도 로프를 결착하는 경우 등에 활용한다. 구조활동은 물론이고 어디서든 자주 사용되는 중요한 매듭이어서 '매듭의 왕(king of knots)'이라고 까지 부른다.
- (㉧) : 로프의 끝에 두 개의 고리를 만들어 활용하는 매듭이다. 수직맨홀 등 좁은 공간으로 진입하거나 구조대상자를 구출하는 경우 유용하게 활용하며 특히 완만한 경사면에서 확보물 없이 3명 이상이 한줄 로프를 잡고 등반하는 경우 중간에 위치한 사람들이 이 매듭을 만들어 어깨와 허리에 걸면 로프가 벗겨지지 않고 활동이 용이하다.
- (㉨) : 로프 중간에 고리를 만들 필요가 있을 경우에 사용하며 다른 매듭에 비하여 충격을 받은 경우에도 풀기가 쉬운 것이 장점이다. 중간 부분이 손상된 로프를 임시로 사용하고자 하는 경우에 손상된 부분이 가운데로 오도록 하여 매듭을 만들면 손상된 부분에 힘이 가해지지 않아 응급대처가 가능하다.

정답   ㉠ 옭매듭, ㉡ 두겹옭매듭, ㉢ 8자매듭, ㉣ 두겹8자매듭, ㉤ 이중8자매듭, ㉥ 줄사다리매듭, ㉦ 고정매듭, ㉧ 두겹고정매듭, ㉨ 나비매듭

008 이어매기(연결)의 종류를 빈칸에 쓰시오.

( ), 한겹매듭, ( ), ( ), ( ), ( )

정답　바른매듭, 두겹매듭, 8자연결매듭, 피셔맨매듭, 이중피셔맨매듭

009 설명에 맞는 매듭법을 빈칸에 쓰시오.

- (㉠) : 묶고 풀기가 쉬우며 같은 굵기의 로프를 연결하기에 적합한 매듭이다. 로프 연결의 기본이 되는 매듭이며 힘을 많이 받지 않는 곳에 사용하지만 굵기 또는 재질이 서로 다른 로프를 연결할 때에는 미끄러져 빠질 염려가 있어 직접 안전을 확보하는 매듭에는 적합하지 않다. 짧은 로프가 서로 다른 방향으로 묶이면 로프가 미끄러져 빠지게 되므로 주의해야 한다.
- (㉡) : 굵기가 다른 로프를 결합할 때에 사용한다. 주 로프는 접어둔 채 가는 로프를 묶는 것이 좋으며 로프 끝을 너무 짧게 묶으면 쉽게 빠지므로 주의한다.
- (㉢) : 한겹매듭에서 가는 로프를 한 번 더 돌려 감은 것으로 한겹매듭보다 더 튼튼하게 연결할 때에 사용한다.
- (㉣) : 많은 힘을 받을 수 있고 힘이 가해진 경우에도 풀기가 쉬워 로프를 연결하거나 안전을 확보하기 위한 매듭으로 자주 사용된다.
- (㉤) : 두 로프가 서로 다른 로프를 묶고 당겨서 매듭부분이 맞물리도록 하는 방법이다. 신속하고 간편하게 묶을 수 있으며 매듭의 크기도 작다. 두 줄을 이을 때 연결매듭으로 많이 활용되는 매듭이지만 힘을 받은 후에는 풀기가 매우 어려워 장시간 고정시켜 두는 경우에 주로 사용한다.

정답　㉠ 바른매듭, ㉡ 한겹매듭, ㉢ 두겹매듭, ㉣ 8자연결매듭, ㉤ 피셔맨매듭

010 움켜매기(결착)의 종류를 빈칸에 쓰시오.

( ), ( ), ( ), ( ), ( )

정답　말뚝매기, 절반매듭, 잡아매기, 감아매기, 클램하이스트매듭

011 설명에 맞는 매듭법을 빈칸에 쓰시오.

- (㉠) : 로프의 한쪽 끝을 지지점에 묶는 매듭으로 구조활동을 위해 로프로 지지점을 설정하는 경우 많이 사용한다. 묶고 풀기는 쉬우나 반복적인 충격을 받는 경우에는 매듭이 자연적으로 풀릴 수 있으므로 매듭의 끝을 안전하게 처리하여야 한다.
- (㉡) : 로프를 물체에 묶을 때 간편하게 사용하는 매듭이다. 묶고 풀기는 쉬우나 결속력이 매우 약하기 때문에 단독으로는 사용하지 않는다.
- (㉢) : 안전벨트가 없을 때 구조대상자의 신체에 로프를 직접 결착하는 고정매듭의 일종으로 구조대상자의 구출이나 낙하훈련 등과 같이 충격이 심한 훈련이나, 신체에 주는 고통을 완화하기 위하여 사용된다. 긴급한 경우 이외에는 사용하지 않도록 한다.
- (㉣) : 굵은 로프에 가는 로프를 감아매어 당기는 방법으로, 고리부분을 당기면 매듭이 고정되고 매듭부분을 잡고 움직이면 주 로프의 상하로 이동시킬 수 있으므로 로프등반이나 고정 등에 많이 활용한다. 감는 로프는 주 로프의 절반정도 굵기일 때 가장 효과적이며 3회 이상 돌려 감아야 한다.
- (㉤) : 자기 제동(Self Locking)이 되는 매듭으로 주 로프에 보조로프를 3~5회 감고 로프 끝을 고리 안으로 통과시켜 완성한다. 하중이 걸리면 매듭이 고정되고 하중이 걸리지 않으면 매듭을 위 아래로 움직일 수 있다.

정답 ㉠ 말뚝매기, ㉡ 절반매듭, ㉢ 잡아매기, ㉣ 감아매기, ㉤ 클램하이스트매듭

012 설명에 맞는 응용매듭을 쓰시오.

- (㉠) : 맨홀이나 우물 등 협소한 수직공간에 구조대원이 진입하거나 구조대상자를 구출할 때 사용한다.
- (㉡) : 들것을 사용할 수 없는 장소에서 안전벨트 없이 구조대상자를 끌어올리거나 매달아 내려 구출할 때 사용하는 방법이다. 경추나 척추 손상이 의심되는 구조대상자 또는 다발성 골절환자에게는 사용하면 안 된다.
- (㉢) : 안전벨트 대용으로 하강 또는 수평도하 등에 사용할 수 있는 매듭이다. 3m 정도 길이의 로프나 슬링의 끝을 서로 묶어 큰 원을 만들고 허리에 감은 다음, 등 뒤의 로프를 다리사이로 빼내어 카라비나로 연결한다. 로프보다는 슬링을 이용하는 것이 신체에 가해지는 충격을 줄일 수 있다.

정답 ㉠ 두겹고정매듭, ㉡ 세겹고정매듭, ㉢ 앉아매기(간이 안전벨트)

013 로프정리에는 둥글게 사리기, 나비모양 사리기, 8자모양 사리기, 사슬 사리기 및 어깨매기가 있다.

(O | X)

정답 O

014 설명에 맞는 로프정리 방법을 쓰시오.

> - (㉠) : 비교적 짧은 로프를 신속하게 사릴 때 사용한다. 무릎이나 팔뚝을 이용하여 로프를 신속히 감아 나간다.
> - (㉡) : 50~60m 정도의 비교적 긴 로프를 사릴 때 사용하는 방법이다.
> - (㉢) : 로프의 길이가 60m 이상이 되면 사리면서 한 손으로 잡고 있을 수 없게 된다. 이때에는 로프를 어깨로 올려서 사리게 된다.
> - (㉣) : 나비형 사리기와 함께 로프가 꼬이지 않게 사리는 방법으로 풀 때 꼬이지 않는 장점이 있다. 굵고 뻣뻣한 로프나 와이어로프 등을 정리할 때 편리하다.
> - (㉤) : 과거에는 주로 화물차 기사들이 사용한 방법이지만 원형이나 8자형 사리기보다 꼬이거나 엉키는 확률이 현저히 낮다. 이 방법은 마지막 끝처리가 잘 되어야 하는데, 잘못될 경우 푸는 방법도 잘 익혀 두어야 한다.
> - (㉥) : 로프를 휴대하고 장거리를 이동하기 위한 방법이다.

정답 ㉠ 둥글게 사리기, ㉡ 한발감기, ㉢ 어깨감기, ㉣ 8자모양 사리기, ㉤ 사슬 사리기, ㉥ 어깨매기

2 로프설치

015 로프를 직접 묶어 하중을 받게 되는 곳을 지지점(支持點) 또는 확보점(確保點)이라고 하며 특히 수직방향으로 설치하는 로프가 묶이는 곳은 현수점(懸垂點)이라고 따로 구분하기도 한다. (O | X)

정답 O

016 아무런 장비나 도구 없이 로프와 사람의 힘만으로 로프를 연장하는 방법으로 연장 로프에 걸리는 하중이 많지 않은 경우에 사용한다. (　　)을 이용하면 작업이 끝난 후에도 매듭을 풀기가 용이하다.

정답 당김줄매듭(Trucker's Hitch)

3 하 강

017 오버행(Over-hang) 하강은 독일의 한스 듈퍼(Hans Dulfer)가 개발한 하강법으로 "듈퍼식하강" 또는 "압자일렌(Abseilen)", "S자 하강법" 등으로 부른다. (O | X)

정답 X

해설 신체감기 하강에 관한 설명이다. 오버행(Over-hang) 하강은 암벽의 일부가 처마처럼 튀어나온 부분에서 하강하는 것이다.

소방전술 2-4

07 응용구조훈련

1 특수 진입법

001 화재현장에서 발생하는 연기는 크기 0.1~1.0μ의 고체미립자(주로 탄소입자, 분진)이며 수평으로 0.5~1m/s, 수직으로는 화재초기에 1.5m, 중기 이후에는 3~4m의 속도로 확산된다. (O | X)

정답   O

002 이산화탄소 자체는 허용농도 5,000ppm의 독성이 거의 없는 기체이지만 한정된 공간에서 다량의 이산화탄소가 발생하면 10% 농도에서 의식을 상실하고 결국 산소부족으로 질식하게 된다. (O | X)

정답   X

해설   20% 농도에서 의식을 상실하고 결국 산소부족으로 질식하게 된다.

003 산소농도 6%에 이르게 되면 의식불명 증상이 나타난다. (O | X)

정답   X

해설   산소부족 시 발생하는 신체적 증상
- 17% : 산소부족을 보충하기 위해 호흡이 증가하며 근육운동에 장애를 받는 경우도 있다.
- 12% : 어지러움, 두통, 급격한 피로를 느낀다.
- 9% : 의식불명이 된다.
- 6% : 호흡부전과 이에 동반하는 심정지로 몇 분 이내에 사망한다.

004 화재현장에서 발생하는 거의 대부분의 사망사고는 일산화탄소 중독에 의하여 발생한다. (O | X)

정답   O

005 다음 빈칸을 채우시오.

> 일산화탄소는 산소와의 친화력이 헤모글로빈의 (㉠)배에 이르고 (㉡)% 농도에서도 의식을 잃고 사망에 이르는 극히 유독한 기체이다. 일산화탄소의 IDLH는 (㉢)ppm이다. 일산화탄소의 농도가 (㉣)ppm 이상인 경우 위험하며 농도가 (㉤)% 이상인 경우에는 아무런 육체적 증상이 없이 의식을 잃고 사망할 수 있으며 그 이하의 농도에서도 장시간 노출되면 안전하지 않다.

정답   ㉠ 210, ㉡ 1, ㉢ 1,200, ㉣ 500, ㉤ 1

006 화재현장에서 발생하는 유독가스에 관한 설명이다.

(1) 일산화탄소(CO)는 불완전 연소 시 발생한다. (O | X)

(2) 아황산가스(SO_2)는 열경화성 수지, 나일론 등의 연소 시 발생한다. (O | X)

(3) 시안화수소(HCN)는 중질유, 고무, 황화합물 등의 연소 시 발생한다. (O | X)

(4) 암모니아(NH_3)는 우레탄, 나일론, 폴리에틸렌, 고무, 모직물 등의 연소 시 발생한다. (O | X)

(5) 염화수소(HCl)는 플라스틱, PVC 등의 연소 시 발생한다. (O | X)

(6) 포스겐($COCl_2$)은 프레온 가스와 불꽃의 접촉 시 발생한다. (O | X)

정답   (1) O, (2) X, (3) X, (4) X, (5) O, (6) O

해설   화재현장에서 발생하는 유독가스

종류	발생조건	허용농도 (TWA)
일산화탄소(CO)	불완전 연소시 발생	50 ppm
이황산가스(SO_2)	중질유, 고무, 황화합물 등의 연소시 발생	5 ppm
염화수소(HCl)	플라스틱, PVC	5 ppm
시안화수소(HCN)	우레탄, 나일론, 폴리에틸렌, 고무, 모직물 등의 연소	10 ppm
암모니아(NH_3)	열경화성 수지, 나일론 등의 연소시 발생	25 ppm
포스겐($COCl_2$)	프레온 가스와 불꽃의 접촉	0.1 ppm

007 화재현장에서 발생하는 유독가스의 허용농도(TWA)를 쓰시오.

- 일산화탄소(CO) : (㉠)ppm
- 아황산가스(SO_2) : (㉡)ppm
- 염화수소(HCl) : (㉢)ppm
- 시안화수소(HCN) : (㉣)ppm
- 암모니아(NH_3) : (㉤)ppm
- 포스겐($COCl_2$) : (㉥)ppm

정답   ㉠ 50, ㉡ 5, ㉢ 5, ㉣ 10, ㉤ 25, ㉥ 0.1

소방전술 2-5

08 구조기술

1 일반 구조활동

001 화재현장 1차 검색은 화재가 진압되어 위험 요인이 다소 진정된 후에 진행한다. (O | X)

정답   X

해설   1차 검색
- 화재가 진행되는 도중에 검색작업이 진행되는 것을 말하며 생명의 위험에 처한 사람을 신속히 발견해 내는 것이 목적이다. 때로는 1차 검색이 극히 불리한 상황에서 진행되지만 그럼에도 불구하고 신속하고 빈틈없이 이루어져야 한다. 대원들은 가능한 한 빨리 구조대상자들의 위치를 파악하여야 한다. 가능하다면 인명 검색과 함께 새로이 발견되는 상황에 대하여도 보고한다.
- 반드시 2명 이상의 대원이 조를 이루어(Two in, Two out) 검색하는 원칙을 지켜야 서로의 안전을 책임지고 신속히 검색작업을 진행할 수 있다.
- 검색을 진행할 때에는 화재건물의 내부 상황에 따라 똑바로 서거나 포복자세를 취한다. 연기가 엷고 열이 약하면 걸으면서 수색하는 것이 용이하지만 연기가 짙은 경우에는 포복자세를 취함으로써 시야를 확보할 수 있고 물체에 걸려 넘어지거나 계단 사이로 추락하는 것을 방지할 수 있다. 포복자세로 계단을 오를 때에는 머리부터, 내려갈 때는 다리부터 내려가는 것이 안전하다.

2차 검색
- 화재가 진압되어 위험 요인이 다소 진정된 후에 진행한다. 2차 검색은 빈틈없이 살피면서 공을 들여야 하는 작업으로 또 다른 생존자를 발견하고 혹시 존재할지도 모르는 사망자를 확인하는 작업이다. 화재진압과 환기 작업이 완료되면 2차 검색을 위한 대원들을 진입시킨다.
- 2차 검색은 신속성보다는 꼼꼼함이 필요하다. 1차 검색 때에 발견하지 못한 공간이나 위험성을 확인해야 하므로 절대 소홀히 할 수 없는 작업이다. 1차 검색과 마찬가지로 좋은 소식이든 나쁜 소식이든 새로이 확인되는 사항이 있으면 즉시 보고한다.

002 고층빌딩을 검색할 때에는 불이 난 층과 바로 위층, 그리고 최상층이 가장 중요한 검색장소이다. (O | X)

정답   O

003 수관을 따라 탈출해야 하는 경우 다른 대원이 위치를 알 수 있도록 큰소리를 외치고 커플링의 결합 부위를 찾아서 암커플링이 향하는 쪽으로 기어나간다. (O | X)

정답   X

해설 숫커플링이 향하는 쪽으로 기어나간다. 암커플링이 향하는 방향은 관창 쪽이 되어 화점으로 향하게 된다.

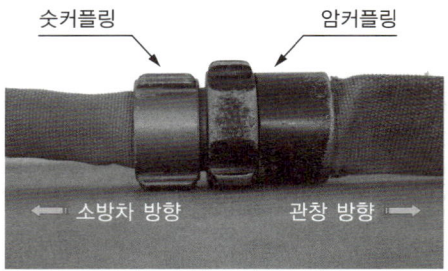

004 건너뛰기 호흡법(Skip Breathing)은 평소처럼 숨을 들이쉬고 내쉬어야 할 때까지 숨을 참고 있다가 내쉬기 전에 한 번 더 들이마신다. 들이쉬는 속도는 평소와 같이하고 내쉴 때에는 천천히 하여 폐 속의 이산화탄소 농도를 조절한다. (O | X)

정답 O

2 전문 구조기술

005 자동차 사고의 일반적 특성 중 하나는 현장 접근 장애요인은 많으나 활동 공간이 넓다는 것이다. (O | X)

정답 X

해설 자동차 사고의 일반적 특성
- 현장 접근이 용이하고 활동공간이 넓다.
  자동차 사고는 대부분 차량과 차량이 출동하는 형태로 도로상에서 발생한다. 따라서 수난사고나 산악사고와 달리 사고발생 현장에 접근하기가 쉽고 구조 활동에 장애가 되는 환경적인 요인이 적은 편이다.
- 출동 장해요인이 많다.
  자동차 사고가 발생하면 주변의 차량이 정체되어 현장접근이 지연되는 경우가 많다. 특히 출퇴근 러시아워 시간에 사고가 발생하면 현장 접근이 심각하게 지연되고 주변의 차량과 군중으로 구조활동에 심각한 장해를 받을 수도 있다.
- 사상자가 발생한다.
  자주 출동하는 사고 중의 하나인 엘리베이터 고장의 경우 구조대상자는 많이 발생하지만 부상을 입거나 사망자가 발생하는 경우는 매우 드물다. 그러나 교통사고는 대부분의 경우에 사상자가 발생하고 때에 따라서는 예상보다 훨씬 심각한 상황이 전개되는 경우도 있다.
- 2차 사고의 발생 위험이 높다.
  사고로 차량이 손상되면 연료가 누출되어 화재나 폭발이 발생하기도 하며, 적재된 위험물질이 누출되는 등 2차 사고가 발생할 위험성이 높다. 특히 안개, 강우, 강설 등으로 시야가 확보되지 않고 운전 여건이 좋지 않을 때에는 다수의 차량이 연쇄 충돌하는 사고가 발생하기도 한다.
- 재난 수준의 대형사고가 발생할 수도 있다.
  버스 등 대중교통수단의 사고나 위험물질 적재 차량에서 사고가 발생하면 많은 사상자가 발생하는 재난 수준의 사고가 발생할 수도 있다.

006 자동차 사고 대응 시 구조대는 거리상의 최단 경로를 이용해서 출동하는 것이 중요하다. (O | X)

정답 X

해설 구조대는 거리상의 최단 경로를 이용해서 출동하는 것이 아니라 최소시간으로 현장에 접근할 수 있는 길을 택하는 것이 중요하다. 사고 발생시간이 오전 8시라면 도심의 사무실 밀집지역을 피하는 것이 좋고 명절이나 연말연시에 사고가 발생하면 백화점 주변이나 대형 상가나 밀집 지역은 우회하는 것이 좋다. 이처럼 평소 시기별, 시간대별 교통의 흐름도 파악하고 있어야 한다.

007 유도표지의 설치 범위는 도로의 제한속도와 비례한다. 즉, 시속 80km인 도로에서 사고가 발생한 경우 사고지점의 후방 80m 정도에 유도표지를 설치한다. (O | X)

정답 X

해설 유도표지의 설치 범위는 도로의 제한속도와 비례한다. 즉, 시속 80km인 도로에서 사고가 발생한 경우 사고지점의 후방 15m 정도에 구조차량이 주차하고 후방으로 80m 이상 유도표지를 설치한다.

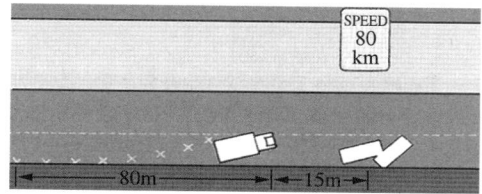

008 곡선도로에서 구조차량은 최소한 곡선구간이 시작되는 지점에는 주차하여야 한다. (O | X)

정답 O

해설 곡선도로에서는 구조차량의 주차위치를 더욱 신중하게 고려하여야 한다. 곡선 부분을 지나서 주차하게 되면 통행하는 차량들이 직선 구간에서는 구조차량을 발견하지 못하고 회전한 직후 구조차량과 마주치게 되므로 추돌사고가 발생할 확률이 높다. 따라서 구조차량은 최소한 곡선구간이 시작되는 지점에는 주차하여야 한다.

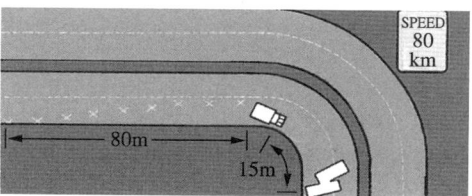

009 에어백을 겹쳐서 사용할 때에는 2층을 초과하지 않도록 한다. 작은 백을 위에 놓고 큰 백을 아래에 놓는다. (O | X)

정답   O

010 배터리의 전원을 차단할 때에는 + 선부터 차단한다. (O | X)

정답   X

해설   배터리의 전원을 차단할 때에는 – 선부터 차단한다. 차량의 프레임에 접지가 되어 있으므로 +선부터 차단하다 전선이 차체에 닿으면 스파크가 발생하기 때문이다. 그러나 일부 에어백은 차량의 배터리와 별도로 동작하기 때문에 각별한 주의가 필요하다.

011 강화유리는 유리판 두 장을 겹치고 그사이에 얇은 플라스틱 필름을 삽입, 접착한 것이다. (O | X)

정답   X

해설
- 안전유리(Safety Glass) : 안전유리는 유리판 두 장을 겹치고 그 사이에 얇은 플라스틱 필름을 삽입, 접착한 것이다. 이 유리는 전면의 방풍유리(Wind Shield)에 사용되며 일부 차량은 뒷 유리창에도 사용한다. 이 유리에 충격을 가하면 중간의 필름층 때문에 유리가 흩어지지 않고 붙어있게 된다. 이 유리는 파편으로 운전자와 승객이 부상당하는 것을 막기 위해서 사용한다.
- 강화유리(Tempered Glass) : 열처리된 강화유리는 측면 도어의 유리창과 후면 유리창에 사용된다. 이 유리는 충격을 받으면 유리면 전체에 골고루 금이 가도록 열처리되었다. 즉, 충격을 받으면 전체가 작은 조각들로 분쇄된다. 따라서 일반 유리와 같이 길고 날카로운 조각들이 생기지 않아 유리파편에 의한 부상 위험이 줄어든다. 반면 분쇄된 유리조각에 의해 손이나 노출된 피부에 작은 손상을 입을 수 있고 특히 눈에 유리조각이 박힐 수도 있다.

012 차유리절단기는 톱날 부분으로 안전유리를 잘라서 제거할 수 있다. 도구 뒷부분으로 유리창 모서리에 충격을 가하여 구멍을 뚫고 톱날부분을 넣어 잘라낸다. (O | X)

정답   O

013 전면의 안전유리는 파괴도구로 내려치는 것으로 유리창을 파괴할 수 있다. (O | X)

정답   X

해설   전면의 안전유리는 깨어져 흩어지지 않기 때문에 파괴도구로 내려치는 것만으로는 유리창을 파괴할 수 없다. 가장 좋은 방법은 차 유리 절단기를 이용해서 유리창을 톱으로 썰어내듯 절단하는 것이다. 만약 이 장비가 없다면 손도끼를 이용해서 유리창을 차근차근 절단해 낸다.

014 열처리된 유리를 사용하는 측면이나 후면 유리창들은 모서리 부분을 날카롭고 뾰족한 도구로 강하게 치면 쉽게 파괴할 수 있다. (O | X)

정답 O

015 물에 빠진 사람을 구출할 때 4가지 원칙은 '던지고, 끌어당기고, 저어가고, 수영한다'이다. (O | X)

정답 O

016 구명보트에 의한 구조 시 보트는 바람을 등지고 접근하면 너무 빠르게 다가가기 때문에 맞바람을 맞고 서서히 속도를 조절하여 구조대상자에게 접근하는 것이 용이하다. (O | X)

정답 X

해설 보트는 바람을 등지고 구조대상자에게 접근하는 것이 좋다. 강풍이 불 때 맞바람을 맞고 접근하게 되면 구명보트에 구조대상자가 부딪혀 다칠 우려가 있다. 구조대상자가 흘러가는 방향으로 따라가면서 구조하는 것이 더욱 용이하다. 그러나 풍향과 풍속, 유속, 익수자의 위치 등 고려해야 할 여건이 많으므로 일률적으로 적용하는 것은 곤란하다.

017 작은 보트로 구조할 때에는 좌우 측면으로 구조대상자를 끌어올리고, 모터보트인 경우 보트의 전면이나 측면으로 끌어올리는 것이 적합하다. (O | X)

정답 X

해설 작은 보트로 구조할 때에 좌우 측면으로 구조대상자를 끌어올리면 보트가 전복될 우려가 있으므로 전면이나 후면으로 끌어올리는 것이 안전하다. 모터보트인 경우 구조대상자가 스크류에 다칠 수 있으므로 보트의 전면이나 측면으로 끌어올리는 것이 적합하며 이 경우 보트가 한쪽으로 기울어지지 않도록 주의한다.

018 직접 구조기술 중 구조대상자가 의식이 있을 때 가장 많이 사용되는 방법은 '손목 끌기'다. (O | X)

정답 X

해설 구조대상자가 의식이 있을 때 가장 많이 사용되는 방법은 '가슴잡이'다. '손목 끌기'는 주로 구조대상자의 전방으로 접근할 때 사용한다.

019 구조대상자가 의식을 잃었을 때 구조하는 방법으로 '한 겨드랑이 끌기', '두 겨드랑이 끌기', '손목 끌기'가 있다. (O | X)

정답 O

020 잠수물리에 관한 설명이다.

(1) 물속에서는 빛의 굴절로 인하여 물체가 실제보다 25% 정도 가깝고 크게 보인다. (O | X)

(2) 환경에 따라 다르지만 대체로 빨간색은 15~20m의 수심에서 사라지며, 노랑색은 20m 수심에서 사라진다. (O | X)

(3) 소리의 속도는 공기보다 수중에서 약 4배 느리게 전달된다. (O | X)

(4) 물은 공기보다 약 25배 빨리 열을 전달한다. (O | X)

(5) 물속 10m에서는 1기압 상태에 놓이게 된다. (O | X)

(6) 어떤 물체의 무게가 물속에서 차지하는 부피에 해당하는 물의 무게보다 가벼우면 그 물체는 물에 뜨게 된다. 이것을 양성부력이라 하고, 반대로 물의 무게보다 무거우면 가라앉게 되며, 이것을 음성부력이라고 한다. (O | X)

(7) 다이버가 수면에서 1분에 15L의 공기가 필요하다면 20m에서는 30L의 공기가 필요하다. (O | X)

(8) 수심이 깊어지면 공기 소모 시간은 같은 비율로 증가하고 반대로 공기 소모율은 같은 비율로 줄어든다. (O | X)

정답 (1) O, (2) O, (3) X, (4) O, (5) X, (6) O, (7) X, (8) X

해설 잠수물리
- 저 항
  밀도란 단위 부피에 대한 질량의 비율을 말한다. 물의 밀도는 약 9,800N/m³이며 공기의 밀도는 약 12N/m³에 불과하다. 따라서 수중에서는 빛의 전달, 소리의 전달, 열의 전달 등 여러 가지 측면에서 대기 중과 많은 차이를 보이며 특히 높은 밀도 때문에 많은 저항을 받아 행동에 제약을 받고 체력소모가 크다.
- 빛의 전달 및 투과
  물속에서는 빛의 굴절로 인하여 물체가 실제보다 25% 정도 가깝고 크게 보인다. 물의 색깔은 여러 요인의 영향을 받는다. 예를 들면, 적도의 해수는 짙은 파랑색인 반면에 고위도 해역의 해수는 남색이다. 이러한 차이는 주로 고위도 해역에 플랑크톤의 생물이 더 많이 존재하기 때문이며, 플랑크톤이 국부적으로 일정해역에서 번성하면 '적조'나 '녹조' 현상이 발생한다. 해수를 컵에 담고 보아도 파란색을 띠지는 않는다. 파장이 가장 짧은 청색광선이 깊이 파고 들어가 산란되어 바다가 파랗게 보이는 것이다. 색깔은 수심이 깊어질수록 흡수된다. 환경에 따라 다르지만 대체로 빨간색은 15~20m의 수심에서 사라지며, 노랑색은 20m 수심에서 사라진다.
- 소리의 전달
  수중에서는 대기보다 소리가 4배 정도 빠르게 전달되기 때문에 소리의 방향을 판단하기 어렵다. 수중에서는 말을 할 수 없으므로 손동작이나 몸짓으로 수화를 사용하여 의사를 전달하기도 하며 수중에서도 사용가능한 기록판에 글씨나 그림을 그리기도 한다. 전문적인 산업잠수에서 유·무선 시스템을 이용한 수중 통화 장치를 이용하여 직접 대화가 가능하기 때문에 이런 시스템은 레저스포츠 다이빙에도 많이 보급되어 있다.

- 열의 전달

  물은 공기보다 약 25배 빨리 열을 전달한다. 따라서 우리가 물속에서 활동하게 되면 쉽게 추워진다는 것을 알 수 있다. 물속에서 활동할 때에는 체온 손실을 막을 수 있는 잠수복이 반드시 필요하며 수온에 따라 적절한 잠수복을 선택하여야 한다.

- 수 압

  일반적으로 해수면에서의 기압은 대체로 높이 10.33m, 밑면적 1cm^{2}인 물(담수)기둥의 밑바닥이 받은 압력과 같다. 물 1L의 무게는 1kg이므로 그 물기둥의 부피를 계산하여 무게를 산출하면 1.033L의 부피에 1.033kg이 된다. 이것을 1대기압(atm)이라고 하며 영국식 단위계인 Psi(Pound per Square Inch)로는 14.7Psi이다. 우리가 수중으로 들어가면 기압과 수압을 동시에 받게 된다. 이렇게 수중에서 실제로 받는 압력을 절대압이라 한다. 즉, 물속 10m에서는 2기압 상태에 놓이게 된다.

- 부 력

  부력이란 부피에 해당하는 물의 무게만큼 뜨는 성질로서 그것을 조절할 수 있다면 물속으로 잠수하는 데 있어서 아주 편리하다. 어떤 물체의 무게가 물속에서 차지하는 부피에 해당하는 물의 무게보다 가벼우면 그 물체는 물에 뜨게 된다. 이것을 양성부력이라 하고, 반대로 물의 무게보다 무거우면 가라앉게 되며, 이것을 음성부력이라고 한다. 이 두 현상을 적절히 조절하여 뜨지도 가라앉지도 않을 때 중성부력을 가진다고 하며 "부력을 조절한다."라고 표현한다.

- 공기소모
  - 바닷물에서는 수심 매 10m(33피트)마다 수압이 1기압씩 증가하며 다이버는 물속의 압력과 같은 압력의 공기로 호흡을 하게 된다. 이것은 수심 20m에서 다이버는 수면에서보다 3배나 많은 공기를 호흡에 사용한다는 뜻이다. 즉, 다이버가 수면에서 1분에 15L의 공기가 필요하다면 20m에서는 45L의 공기가 필요하다.
  - 많이 사용하는 80CuFt 공기통은 2,265L의 공기를 압축하여 사용한다. 이것은 대기 중에서 정상적인 성인 남자가 약 150분 정도 호흡할 수 있는 공기량이다. 이 공기량은 얕은 수영장에서라면 거의 2시간에 걸쳐 다이버가 호흡할 수 있는 양이지만 수심 20m에서는 50분 정도밖에 호흡할 수 없다. 안전을 위한 공기의 여분을 764L라고 가정한다면 다이버는 1,500L를 사용할 수가 있다. 수심별로 다이버가 소모하는 공기량과 소모되는 시간은 다른 조건을 무시한 상황에서 다음 표와 같다.

[수심과 공기소모량의 관계]

수심(m)	절대압력(atm)	소모시간(분)	공기소모율(L/분)
0	1	100	15
10	2	50	30
20	3	33	45
30	4	25	60
40	5	20	75

※ 이 표에서 수심이 깊어지면 공기 소모시간이 같은 비율로 줄어들고 반대로 공기소모율은 같은 비율로 증가함을 알 수 있다. 그 외에 추위라든지 활동의 유형에 따라 변하는 정도가 다르므로 이것을 반영해야 한다.

021 잠수장비의 구성 중 기본장비에는 수경, 숨대롱, 잠수복, 중량벨트, 호흡기 등이 있다. (O | X)

정답　X

해설
- 기본장비 : 수경(Mask), 숨대롱(Snorkel), 오리발(Fins), 잠수복(Suit), 모자(Hood), 신발(Booth), 장갑(Glove)
- 부력 장비 : 중량벨트(Weight Belt), 부력조절기(BC ; Buoyancy Compensator)
- 호흡을 위한 장비 : 공기통(Tank), 호흡기(Regulator)
- 계기 및 보조장비 : 압력계(Pressure Gauge), 수심계(Depth Gauge), 나침반(Compass), 다이브 컴퓨터(Dive Computer), 보조장비(Accessories) : 기타 보조장비로는 칼, 신호기구, 잠수용 깃발, 수중랜턴, 잠수표 등이 있다.

022 잠수장비의 구성 및 관리에 관한 내용이다.

(1) 수경을 사용한 후에는 민물로 깨끗이 세척한 후 습기를 완전히 제거하고 케이스에 넣어 직사광선에 의한 노출을 피하고 그늘지고 건조한 곳에 보관하여야 한다. (O | X)

(2) 숨대롱(Snorkel)을 보관할 때는 수경과 분리하여 민물에 씻어서 그늘지고 건조한 곳에 보관한다. (O | X)

(3) 오리발(Fins) 사용 후에는 민물로 씻어서 햇빛에 잘 말려야 한다. (O | X)

(4) 중량벨트(Weight Belt)는 수면에서 휴식을 위한 양성부력을 제공해주며 비상시에는 구조장비 역할까지 담당할 수 있다. (O | X)

(5) 호흡기는 고압의 공기통에서 나오는 공기를 다이버에게 주변의 압력과 같게 조절하여 주는 장치로 옥토퍼스(Octopus)라고 부른다. (O | X)

(6) 압력계(Pressure Gauge)는 다이버에게 최대 수심과 잠수시간을 계산하여 감압에 대한 정보를 알려주는 것이다. (O | X)

(7) 공기통의 수압 검사는 처음 구매 후 5년 만에, 이후에는 3년마다, 육안검사는 1년마다 검사하는 것을 권장한다. (O | X)

(8) 수심계에는 현재의 수심과 가장 깊이 들어간 수심을 나타내는 바늘이 2개가 있다. 수심은 m, 또는 Feet로 표시한다. (O | X)

정답 (1) O, (2) O, (3) X, (4) X, (5) X, (6) X, (7) O, (8) O

해설 잠수장비의 구성 및 관리
- 기본장비
  - 수경(Mask) : 수경은 물속에서 사물을 관찰할 수 있도록 눈을 보호하고 코로 물이 들어가는 것을 막아준다. 수경을 선택할 때 가장 중요한 부분은 수경 내에 반드시 코가 들어가 수경압착에 대한 방지를 할 수 있는 것으로 자기 얼굴에 잘 맞고 사용하는 데 불편하지 않아야 한다. 수경을 사용한 후에는 민물로 깨끗이 세척한 후 습기를 완전히 제거하고 케이스에 넣어 직사광선에 의한 노출을 피하고 그늘지고 건조한 곳에 보관하여야 한다.
  - 숨대롱(Snorkel) : 수면에서 숨대롱을 사용하여 공기통의 공기를 아낄 수 있으며 물밑을 관찰함과 동시에 수면에서 쉽게 수영할 수 있게 해준다. 숨대롱은 간단하면서도 호흡저항이 적고 물을 빼기가 쉬워야 한다. 내부의 물을 쉽게 배출시킬 수 있도록 배수밸브가 부착된 것을 많이 사용한다. 보관할 때는 수경과 분리하여 민물에 씻어서 그늘지고, 건조한 곳에 보관한다.
  - 오리발(Fins) : 오리발은 물에서 기동성과 효율성을 높여주고 최소의 노력으로 많은 추진력을 제공해 준다. 오리발을 사용함으로써 다이버들은 수영할 때보다 손을 자유롭게 움직일 수 있다. 오리발은 자기 발에 맞고 잘 벗겨지지 않는 것을 선택한다. 사용 후에는 햇빛을 피하여 민물로 씻어서 보관하여야 하며 장기간 보관 시에는 고무부분에 분가루나 실리콘 스프레이를 뿌려 두는 것이 좋다.
  - 잠수복(Suit) : 물속에서는 열 손실이 아주 빠르기 때문에 찬 물 속이 아니더라도 체온을 보호해주어야 한다. 바닷가나 해저에서 입을 수 있는 상처로부터 몸을 보호해 주고 비상시에는 잠수복이 양성부력이므로 체력소모를 줄여 준다. 잠수복은 신체와 잠수복 사이에 물이 들어오는 습식(Wet Suit)과 물을 완전히 차단하여 열의 손실을 막아주는 건식(Dry Suit)이 있다. 보편적으로 수온이 24℃ 이하에서는 발포고무로 만든 습식잠수복을 착용하고 수온이 13℃ 이하로 낮아지면 건식 잠수복을 착용하도록 권장한다. 사용한 후에는 깨끗한 물로 씻어서 직사광선을 피해서 말리며, 옷걸이에 걸어서 보관하는 것이 바람직하다.
  - 모자(Hood), 신발(Booth), 장갑(Glove) : 수중에서 머리는 잘 보호되어야 하며, 특히 열 손실이 많은 부위이기 때문에 차가운 물속에서는 반드시 보온을 해야 한다. 잠수신발과 잠수장갑은 잠수복과 같은 네오프렌으로 된 것을 주로 사용하며 손발의 보호 및 보온 기능을 한다. 사용 후에는 민물로 깨끗이 씻어 말리고 접어서 보관하지 않는다.
- 부력 장비
  - 중량벨트(Weight Belt)
  사람의 몸은 물속에서 거의 중성 부력을 갖게 되나 잠수복을 착용하므로 잠수복의 원단과 스타일에 따라 부력이 더 증가한다. 따라서 다이버는 적당한 무게의 중량벨트를 착용해야 한다. 중량벨트는 간단히 웨이트(weight)라고 부르며 납으로 만들어진다. 현재 중량벨트에 쓰이는 납은 표면을 플라스틱이나 우레탄으로 코팅하여 오염을 방지하도록 하고 있다.
  본인에게 알맞은 중량벨트의 선택방법은 모든 장비를 착용한 상태에서 눈높이에 수면이 위치하도록 하는 것이다. 이때 호흡을 하게 되어도 수면이 눈높이에서 크게 이탈되지 않고 아래위로 움직임을 알 수 있다. 이것은 잠수 활동 시 매우 중요한 기술이다.
  - 부력조절기(BC ; Buoyancy Compensator) : 수면에서 휴식을 위한 양성부력을 제공해주며 비상시에는 구조장비 역할까지 담당할 수 있다. 잠수복과 중량벨트의 조화로 부력이 중성화되었으나, 잠수복의 네오프렌은 기포로 형성되었기 때문에 수압을 받으면 그 부피가 줄어들어 부력이 저하된다. 이때 부력조절기 안에 공기를 넣어주면 자유롭게 부력을 조절할 수 있게 된다. 부력조절기는 아주 질긴 재질을 사용하여 제작된 것이다. 강한 충격에도 찢어지지 않기 때문에 부력조절기가 터지지는 않을지 불안해할 필요는 없다. 사용 후 깨끗한 물로 씻어야 하고, 내부도 물로 헹구어서 공기를 넣어 통풍이 잘 되는 곳에서 말려야 한다.

- 호흡을 위한 장비
  - 공기통(Tank), 실린더(Cylinder), 렁(Lung), 봄베(Bombe), 탱크(Tank) 등 다양한 명칭으로 불리는 공기통은 고압에서 견딜 수 있고 가벼운 소재로 제작되며 알루미늄 합금을 많이 사용한다.
    공기통 맨 윗 부분에 용량, 재질, 압력, 제품 일련번호, 수압 검사날짜 및 수압검사표시, 제조사 명칭 등이 표시되어 있다. 수압 검사는 처음 구입 후 5년 만에, 이후에는 3년마다, 육안검사는 1년마다 검사하는 것을 권장한다. 고압가스 안전 관리법에서는 신규검사 후 10년까지는 5년마다, 10년 경과 후에는 3년마다 검사를 받도록 규정하고 있다. 공기통은 매년 내부의 습기 및 기름 찌꺼기 유무 등을 점검하고 운반할 때나 보관할 때에는 공기통이 손상되지 않도록 주의한다. 장기간 보관할 때 공기통에 공기를 50bar로 압축하여 세워두고, 다음번 사용할 때에는 공기통을 깨끗이 비우고 새로운 공기를 압축하여 사용한다.
  - 호흡기(Regulator)
    호흡기는 고압의 공기통에서 나오는 공기를 다이버에게 주변의 압력과 같게 조절하여 주는 장치이다. 따라서 다이버는 호흡기로 물속에서 편안히 공기로 숨을 쉴 수 있다. 호흡기는 2단계에 걸쳐 압력을 감소시킨다. 처음 단계에서는 탱크의 압력을 9~11bar(125~150Psi)까지 감소시키고, 이 중간 압력은 두 번째 단계를 거쳐 주위의 압력과 같이지게 된다. 비상용 보조호흡기는 옥토퍼스(Octopus)라고 부른다. 호흡기뿐만 아니라 모든 잠수장비는 사용 후에 깨끗한 물로 씻어야 한다. 특히 호흡기는 민물(강) 잠수는 깨끗한 물 세척만으로 좋을 수 있으나, 바닷가에 접한 소방서(구조대)는 사용 빈도에 따라서 1년에 한 번 정도는 전체 분해 후 청소, 소모품교환을 하는 일명 "오바홀(Overhaul)"을 하는 것을 권장한다(전문기관에 의뢰).
- 계기 및 보조장비
  - 계 기
    ⓐ 압력계(Pressure Gauge)
      압력계는 잠수활동에 있어서 필수적인 장비이다. 이것은 공기통에 남은 공기의 압력을 측정한다고 하여 잔압계라고도 한다. 이것은 자동차의 연료계기와 마찬가지로 공기통에 공기가 얼마나 있는가를 나타내주는 호흡기 1단계와 고압호스로 연결하여 사용한다.
    ⓑ 수심계(Depth Gauge)
      수심계는 주변 압력을 측정하여 수심을 표시하는 것이다. 수심계에는 현재의 수심과 가장 깊이 들어간 수심을 나타내는 바늘이 2개가 있다. 수심은 m, 또는 Feet로 표시한다.
    ⓒ 나침반(Compass)
      수중 활동 시에는 방향감각을 잃어버릴 위험성이 있다. 이때 나침반은 중요한 장비가 된다.
    ⓓ 다이브 컴퓨터(Dive Computer)
      다이버에게 최대 수심과 잠수시간을 계산하여 감압에 대한 정보를 알려주는 것이다. 또한 다이브 컴퓨터는 다이버의 공기 소모율을 계산하여 최대 잠수가능 시간과 비교하여 현재의 공기압으로 활동 가능 시간을 나타내며 기타 잠수에 필요한 여러 가지 정보를 제공한다.
  - 보조장비(Accessories)
    기타 보조장비로는 칼, 신호기구, 잠수용 깃발, 수중랜턴, 잠수표 등이 있다.

023 압력평형이 잘되지 않으면 약간 상승하여 실시하고 다시 하강한다. 이때 무리하게 귀의 압력균형을 하거나 통증을 무시하고 잠수하면 고막이 손상을 입을 수 있으며 하강 중에는 절대로 코를 막고 불어주면 안 된다. (O | X)

정답 X

해설 **압력평형**
잠수 중 변화하는 수압에 적응하기 위해 신체 또는 장비와의 공간에 들어 있는 기체부분의 압력을 수압과 맞춰주는 것으로 흔히 "이퀄라이징"(Equalizing) 또는 "펌핑"이라고 부른다. 귀의 압력 균형은 하강이 시작되면 곧 코와 입을 막고 가볍게 불어 준다. 압력을 느낄 때마다 수시로 불어주며 숙달되고 나면 마른침을 삼키거나 턱을 움직여 압력평형을 해준다. 압력평형이 잘되지 않으면 약간 상승하여 실시하고 다시 하강한다. 이때 무리하게 귀의 압력균형을 하거나 통증을 무시하고 잠수하면 고막이 손상을 입을 수 있으며 상승 중에는 절대로 코를 막고 불어주면 안 된다.

024 상승 중에는 부력조절기 내의 공기와 잠수복이 팽창하여 부력이 증가하므로 왼손으로 부력조절기의 배기 단추를 잡고 위로 올려 공기를 조금씩 빼면서 분당 9m, 즉 6초에 1m를 초과하지 않는 속도로 상승한다. (O | X)

정답 O

025 상승 시 정상적인 호흡을 계속하고 비상시에는 상승하기 전에 숨을 내쉬는 것이 필요하다. 이때 자기가 내 쉰 공기방울 중 작은 기포가 올라가는 것보다 조금 빠르게 상승해야 하며 수면에 가까워질수록 속도를 줄인다. (O | X)

정답 X

해설 상승 시 정상적인 호흡을 계속하고 비상시에는 상승할 때에 숨을 내쉬는 것이 필요하다. 이때 자기가 내 쉰 공기방울 중 작은 기포가 올라가는 것보다 느리게 상승해야 하며 수면에 가까워질수록 속도를 줄인다. 수심 5m 정도에서는 항상 5분 정도 안전 감압정지를 마치고 상승해야 한다.

026 긴급상황에서의 조치 중 비상용 호흡기(OCTOPUS)를 이용한 상승을 할 때 공급자는 즉시 요청자에게 자기의 비상용 호흡기를 줘야 한다. (O | X)

정답 X

해설 긴급상황에서의 조치
• 비상 수영 상승
  – 수중에서 호흡기가 모두 고장을 일으키거나 공기가 떨어졌을 때 안전하게 수영해서 수면으로 상승하는 방법이다. 수심이 얕을수록 쉽게 할 수 있으며 보통 15~20m 이내의 수심에서는 용이하게 성공할 수 있다.
  – 먼저 비상상태임을 인지하고 최대한 노력하여, 에너지를 소비하지 않고 상승하는 마음가짐을 가진다. 가능한 한 천천히 올라오는 것이 좋으나 그럴 여유가 없는 긴급한 상황이므로 정상보다 빨리 올라온다. 상승하는 도중에는 폐 속에서 팽창되는 공기가 저절로 빠져나갈 수 있도록 고개를 뒤로 젖혀 기도를 열어주어야 한다.

- 오른손은 위로 올리고 왼손은 부력조절기의 배기 단추를 눌러 속도를 줄인다. 상승 중에 '아~'하고 소리를 계속 작게 내고 있으면 적당한 량의 공기가 폐에서 나가게 된다. 공기가 다했다고 호흡기를 입에서 떼어버리면 안 된다. 깊은 곳에서 나오지 않던 공기가 외부 수압이 낮아지면 조금 나올 수 있기 때문에 상승 중에 5m마다 한 번씩 호흡기를 빨아본다.

  만약 수면까지 올라갈 수 없을 것 같은 경우나 올라오는 속도를 빨리하고 싶으면 웨이트 벨트를 풀어버린다. 얕은 곳에 올라올수록 상승 속도를 줄인다. 팔과 다리를 활짝 벌리고 누우면 속도가 줄어든다.
- 수면에 도달하면 오리발을 차면서 부력조절기에 입으로 공기를 넣고 몸을 뒤로 눕혀 안정을 취한다.

• 비상용 호흡기(OCTOPUS)를 이용한 상승

수중에서 공기가 떨어진 다이버가 짝의 도움을 받아 상승하는 방법이다. 공기가 떨어진 다이버는 그 즉시 신호를 보내어 자신이 위급한 상황임을 알리고 비상용 호흡기로 공기를 공급해 줄 것을 요청한다. 공급자는 즉시 자신이 물고 있던 호흡기를 요청자에게 주고 자신은 자기의 비상용 호흡기를 찾아 입에 물고 호흡한다. 이때 공급자는 요청자의 오른손 부력조절기 어깨끈을 오른손으로 붙잡아 멀어지는 것을 방지하며 부력조절에 신경을 써서 급상승을 방지해야 한다.

• 짝호흡 상승
- 수심이 깊고 짝이 비상용 호흡기를 가지고 있지 않은 경우에 한 사람의 호흡기로 두 사람이 교대로 호흡하면서 상승하는 방법으로 가장 힘들고 위험한 방법이다. 비상 수영 상승을 하기에는 수심이 너무 깊고 짝호흡을 할 줄 아는 짝이 가까이 있을 경우에만 이 방법을 택한다.
- 먼저 자기 짝에게 공기가 떨어졌으니 짝호흡하자는 신호를 보낸다. 신호를 받은 즉시 왼손을 뻗어 공기 없는 짝의 어깨나 탱크 끈을 잡고 가까이 끌어당겨서 오른손으로 자신의 호흡기를 건네준다. 호흡기를 건네줄 때는 똑바로 물 수 있도록 해주고 짝이 누름 단추를 누를 수 있도록 호흡기를 잡는다. 이때 공기를 주는 사람이 계속 호흡기를 잡고 있어야 한다.
- 호흡은 한 번에 두 번씩만 쉰다. 호흡을 참고 있는 동안에는 계속 공기를 조금씩 내보내면서 상승한다. 호흡의 속도는 평소보다 약간 빠르게 깊이 쉬어야 하며 너무 천천히 하면 기다리는 짝이 급해진다. 가능한 한 상승속도는 정상속도(분당 9m)를 초과하지 않도록 한다.

027 홀데인의 이론은 압력 하의 기체가 액체 속으로 용해되는 법칙을 설명하며 용해되는 양과 그 기체가 갖는 압력이 비례한다는 것이다. (O | X)

정답 X

해설 헨리의 법칙

압력 하의 기체가 액체 속으로 용해되는 법칙을 설명하며 용해되는 양과 그 기체가 갖는 압력이 비례한다는 것이다. 예를 들어 압력이 2배가 되면 2배의 기체가 용해된다. 이 개념은 스쿠버 다이빙 때에 그 압력 하에서 호흡하는 공기 중의 질소가 체내조직에 유입되는 과정과 관계가 있다. 사이다 뚜껑을 열면 녹아있던 기체가 거품이 되어 나오는 것을 보았을 것이다. 사이다는 고압의 탄산가스를 병 속에 유입시킨 것이기 때문이다. 이것은 잠수 후 갑작스런 상승으로 외부 압력이 급격히 저하되어 혈액 속의 질소가 거품의 형태로 변해 감압병의 원인이 되는 원리와 같다.

028 헨리의 법칙 이론은 용해되는 압력이 다시 환원되는 압력의 2배를 넘지 않는 한 신체는 감압병으로부터 안전하다는 이론이다. (O | X)

정답 X

해설 홀데인 이론
용해되는 압력이 다시 환원되는 압력의 2배를 넘지 않는 한 신체는 감압병으로부터 안전하다는 이론이다. 오늘날 사용되는 미해군 잠수표(테이블)는 이러한 이론에 기초를 둔 것이다. 제한된 시간과 수심으로 정리된 테이블에 따르면 감압병을 일으키는 거품이 형성되지 않는다. 상승속도는 유입되는 질소의 부분압력이 지나치지 않을 정도의 수준에서 지켜져야 한다.

029 잠수 후 상승속도를 분당 9m로 유지하면서 수면으로 상승하면 체내의 질소를 한계 수준 미만으로 만들 수 있다. 따라서 상승 중 감압정지를 하지 않고 일정의 수심에서 최대로 머물 수 있는 시간이 수심에 따라 제한되어 있다. 이것을 "최대 잠수가능시간" 또는 "무감압 한계시간"이라 한다. (O | X)

정답 O

해설 최대 잠수가능시간(무감압 한계시간)
잠수 후 상승속도를 분당 9m로 유지하면서 수면으로 상승하면 체내의 질소를 한계 수준 미만으로 만들 수 있다. 따라서 상승 중 감압정지를 하지 않고 일정의 수심에서 최대로 머물 수 있는 시간이 수심에 따라 제한되어 있다. 이것을 "최대 잠수가능시간" 또는 "무감압 한계시간"이라 한다. 안전을 위해 이러한 최대 잠수가능시간 내에 잠수를 마쳐야 한다. 잠수표는 이러한 최대 잠수가능시간을 수심별로 나열하여 감압병을 예방하고자 만든 것이다.

깊이(m)	시간(분)	깊이(m)	시간(분)	깊이(m)	시간(분)
10.5	310	21.0	50	33.5	20
12.2	200	24.4	40	36.5	15
15.2	100	27.4	30	39.5	10
18.2	60	30.0	25	45.5	5

030 우리가 안전한 상승을 할지라도 체내에는 잠수하기 전보다 많은 양의 질소가 남아 있다. 이것을 잔류질소라 하고 호흡에 의해 12시간이 지나야 배출된다. (O | X)

정답 O

해설 잔류질소
우리가 안전한 상승을 할지라도 체내에는 잠수하기 전보다 많은 양의 질소가 남아 있으며(잔류질소) 호흡에 의해 12시간이 지나야 배출된다. 그러므로 물에 다시 들어가는 경우 계속적으로 축적된 질소의 영향으로 변화되는 시간과 수심을 제공하여 재 잠수는 줄어든 시간 내에 마쳐야 한다.

031 잠수에 사용되는 용어를 빈칸에 쓰시오.

(1) (　　　) : 수면에서 하강하여 최대수심에서 활동하다가 상승을 시작할 때까지의 시간

(2) (　　　) : 잠수 진행과정을 일종의 도표로 나타내어 보는 것

(3) (　　　) : 잠수 후 체내에 녹아 있는 질소의 양(잔류질소)의 표시를 영문 알파벳으로 표기한 것

(4) 가장 작은 양의 질소가 녹아 있음을 나타내는 기호는 (　　　)

(5) (　　　) : 잠수 후 재 잠수 전까지의 수면 및 물 밖에서 진행되는 휴식시간

(6) 실제 잠수 시간이 최대 잠수가능시간을 초과했을 때에 상승 도중 감압표상에 지시된 수심에서 지시된 시간만큼 머무르는 것을 (　㉠　)라 하고, 머무르는 시간을 (　㉡　)이라 함

(7) (　　　) : 스쿠버 잠수 후 10분 이후에서부터 12시간 내에 실행되는 스쿠버 잠수

(8) 재 잠수 때에 적용할 잠수시간의 결정은 총 잠수시간으로 전 잠수로 인해 줄어든 시간 (　㉢　)과 (　㉣　)을 (　㉤　)하여 나타냄

(9) 최대 잠수 가능조정 시간은 (　㉥　)에서 (　㉦　)을 (　㉧　) 나머지 시간

(10) 모든 스쿠버잠수 후 상승할 때에 수심 5m 지점에서 약 5분간 정지하여 상승속도를 완화하는데 이러한 상승 중 정지를 (　　　)라 함

　정답　(1) 실제 잠수시간
　　　(2) 잠수계획 도표
　　　(3) 잔류 질소군
　　　(4) A
　　　(5) 수면 휴식시간
　　　(6) ㉠ 감압정지, ㉡ 감압시간
　　　(7) 재 잠수
　　　(8) ㉢ 잔류 질소시간, ㉣ 실제 재 잠수시간, ㉤ 합
　　　(9) ㉥ 최대 잠수가능시간, ㉦ 잔류질소시간, ㉧ 뺀
　　　(10) 안전정지

032 잠수병의 종류를 빈칸에 쓰시오.

> - (㉠) : 수중으로 깊이 내려갈수록 호흡하는 공기의 압력이 증가함에 따라 공기 중의 질소 부분압도 증가하는데 이에 따라 고압의 질소가 인체에 마취작용을 일으킨다.
> - (㉡) : 지나치게 많은 산소를 함유한 공기를 호흡하게 될 때 일으킨다.
> - (㉢) : 다이빙 중에 공기를 아끼려고 숨을 참으면서 호흡한다든지 힘든 작업을 할 경우에 생긴다.
> - (㉣) : 다이버가 오랜 잠수 후 갑자기 상승할 때 나타난다.
> - (㉤) : 압력이 높은 해저에서 압력이 낮은 수면으로 상승할 때 호흡을 멈추고 있으면 나타난다.

정답 ㉠ 질소마취, ㉡ 산소중독(Oxygen Toxicity), ㉢ 탄산가스중독, ㉣ 감압병(Decompression Sickness), ㉤ 공기색전증(Air Embolism)

해설 잠수병의 종류와 대응
- 질소마취
  - 수중으로 깊이 내려갈수록 호흡하는 공기의 압력이 증가함에 따라 공기 중의 질소 부분압도 증가하는데 이에 따라 고압의 질소가 인체에 마취작용을 일으킨다. 개인에 따라 차이는 있지만, 일반적으로 수심 30m 지점 이상으로 내려가면 질소마취의 가능성이 커진다.
  - 증세는 몸이 나른해지고 정신이 흐려져 올바른 판단을 내릴 수 없으며 술에 취한 것과 같은 기분이 들어 엉뚱한 행동을 하게 되는 것이다. 질소마취는 후유증이 없기 때문에 질소마취에 걸렸다 하더라도 수심이 얕은 곳으로 올라오면 정신이 다시 맑아지는데, 스포츠 다이빙에서는 30m 이하까지 잠수하지 않는 것이 좋다.
- 산소중독(Oxygen Toxicity)
  - 산소는 사람이 생존하는 데 가장 중요한 요소이지만 지나치게 많은 산소를 함유한 공기를 호흡하게 되면 오히려 산소중독을 일으킨다. 산소의 부분압이 0.6 대기압 이상인 공기를 장시간 호흡할 경우 중독되는데 부분압이 이보다 더 높으면 중독이 더 빨리 된다. 호흡 기체 속에 포함된 산소의 최소 한계량과 최대 허용량은 산소의 함유량(%)과는 관계가 없고 산소의 부분압과 관계가 있다. 인체의 산소 사용 가능 범위는 약 0.16 기압에서 1.6 기압 범위이다. 산소 부분압이 0.16 기압 이하가 되면 저산소증이 발생하고 산소 분압이 1.4~1.6 기압이 될 때 나타난다. 1.4는 작업 시 분압이고 1.6은 정지 시 분압이라고 표현하는데 사실 1.6은 Contingency Pressure라고 해서 우발적으로라도 노출되어서는 안 되는 부분압이라는 의미이다.
  - 증세로는 근육의 경련, 멀미, 현기증, 발작, 호흡곤란 등이며 예방법으로는 순수산소를 사용하지 말고 반드시 공기를 사용하는 것이다.
- 탄산가스중독
  - 인체는 탄산가스를 배출하고 산소를 흡입해야 하는데 잠수 중에 탄산가스가 충분히 배출되지 않고 몸속에 축적되면 탄산가스 중독을 일으킨다. 탄산가스 중독의 원인은 다이빙 중에 공기를 아끼려고 숨을 참으면서 호흡한다든지 힘든 작업을 할 경우에 생긴다.
  - 증세로는 호흡이 가빠지고 숨이 차며 안면 충혈과 심할 경우 실신하기도 한다. 예방법은 크고 깊은 호흡을 규칙적으로 하는 것이다.
- 감압병(Decompression Sickness)
  - 우리가 숨 쉬는 공기는 인체의 혈액을 통해 각 조직으로 보내진다. 공기는 질소와 산소가 대부분인데 이 가운데 산소는 신진대사에서 일부 소모되지만 질소는 그대로 인체에 남아있다. 다이빙해서 수압이 증가하면 질소의 부분압이 증가하여 몸속에 녹아들어가는 질소의 양도 증가하는데, 만약 다이버가 오랜 잠수 후 갑자기 상승하면 외부 압력이 급격히 낮아지므로 몸속의 질소가 과포화된 상태가 되고 인체의 조직이나 혈액 속에 기포를 형성하는 감압병에 걸리게 된다. 감압병 증세는 80% 정도가 잠수를 마친 후 1시간 이내에 나타나며 드물게는 12~24시간 이후에 나타나기도 한다. 증세는 신체부위 어느 곳에 기포가 생겼는가에 따라 다르게 나타나는데, 경미한 경우 피로감, 피부가려움증 정도지만 심한 경우 호흡곤란, 질식, 손발이나 신체 마비 등이 일어난다.

- 치료법은 재가압(Re-compression) 요법으로 다이버를 고압 챔버에 넣고 다시 압력을 가해서 몸속에 생긴 기포를 인체에 녹아들어가게 하고 천천히 감압하는 것이다. 재가압을 위해서 다이버를 물속에 다시 들어가게 하는 것은 매우 위험하다. 감압병을 예방하는 방법은 수심 30m 이상 잠수하지 않으며, 상승 시 1분당 9m의 상승 속도를 준수하는 것이다.
- 공기색전증(Air Embolism)
  - 압력이 높은 해저에서 압력이 낮은 수면으로 상승할 때 호흡을 멈추고 있으면 폐속의 공기는 팽창하고 결국에는 폐포를 손상시키며, 공기가 폐에서 혈관계에 들어가 혈관의 흐름을 막음으로써, 혈류를 공급받아야 되는 장기에 기능 부전을 일으켜 발생하는 질환을 통칭하여 공기색전증이라 한다.
  - 증세는 기침, 혈포(血泡), 의식불명 등이며 치료법은 감압병과 마찬가지로 재가압 요법을 사용해야 한다. 예방법은 부상할 때 절대로 호흡을 정지하지 말고 급속한 상승을 하지 않으며, 해저에서는 공기가 없어질 때까지 있어서는 안 된다는 것이다.

033 증세에 맞는 잠수병을 쓰시오.

- (㉠) : 몸이 나른해지고 정신이 흐려져 올바른 판단을 내릴 수 없으며 술에 취한 것과 같은 기분이 들어 엉뚱한 행동을 하게 된다.
- (㉡) : 근육의 경련, 멀미, 현기증, 발작, 호흡곤란 등의 증상이 있다.
- (㉢) : 경미한 경우 피로감, 피부가려움증 정도지만 심한 경우 호흡곤란, 질식, 손발이나 신체 마비 등이 일어난다.
- (㉣) : 호흡이 가빠지고 숨이 차며 안면 충혈과 심할 경우 실신하기도 한다.
- (㉤) : 기침, 혈포(血泡), 의식불명 등의 증상이 있다.

정답 ㉠ 질소마취, ㉡ 산소중독(Oxygen Toxicity), ㉢ 감압병(Decompression Sickness), ㉣ 탄산가스중독, ㉤ 공기색전증(Air Embolism)

034 줄을 사용하지 않는 탐색형태를 빈칸에 쓰시오.

- (㉠) : 해안선이나 일정간격을 두고 평행선을 따라 이동하며 물체를 찾는 방법으로 물체가 있는 수심과 위치를 비교적 정확하게 알고 있을 경우에 유용하다.
- (㉡) : 탐색 구역을 "ㄹ"자 형태로 탐색하는 방법으로 장애물이 없는 평평한 지형에서 비교적 작은 물체를 탐색하는 데 적합하다.
- (㉢) : 비교적 큰 물체를 탐색하는 데 적합한 방법으로 탐색구역의 중앙에서 출발하여 이동거리를 조금씩 증가시키면서 매번 한쪽 방방으로 90°씩 회전하며 탐색한다.

정답 ㉠ 등고선 탐색, ㉡ U자 탐색, ㉢ 소용돌이 탐색

035 줄을 이용한 탐색형태를 빈칸에 쓰시오.

> - (㉠) : 시야가 좋지 않으며 탐색면적이 좁고 수심이 깊을 때 활용하는 방법이다. 인원과 장비의 소요가 적은 반면 탐색할 수 있는 범위가 좁다.
> - (㉡) : 조류가 세고 탐색면적이 넓을 때 사용한다. 원을 그리며 진행하다 계획된 지점이나 방파제 등의 장애물을 만날 경우 줄을 늘리고 방향을 바꾸어서 반대 방향으로 전진하며 탐색한다는 것이다.
> - (㉢) : 시야가 좋고 탐색면적이 넓을 때 사용하는 방법이다. 탐색구역의 외곽에 평행한 기준선을 두 줄로 설정하고, 기준선과 기준선에 수직방향의 줄을 팽팽하게 설치한다.
> - (㉣) : 시야가 좋지 않고 탐색면적이 넓은 지역에 사용한다. 탐색하는 구조대원의 인원수에 따라 광범위하게 탐색할 수 있고 폭넓게 탐색할 수 있으나 대원 상호 간에 팀워크가 중요하다.

정답 ㉠ 원형탐색(Circling Search), ㉡ 반원탐색(Tended Search), ㉢ 왕복탐색(Jack stay Search), ㉣ 직선탐색(Sajas Search)

036 표면공급식 잠수는 행동범위에 제약이 없고, 장시간 체류할 수 있어 효율적이며, 수상과 수중의 잠수사 간에 통화가 가능하며, 수상에서 잠수사의 수심을 정확히 측정할 수 있으며, 또한 잠수사의 모든 행동을 표면에서 지휘·통제할 수 있다. (O | X)

정답 X

해설 표면공급식 잠수(Surface Supplied Diving System)란 선상이나 육상의 기체공급원(공기 또는 혼합기체)으로부터 유연하고 견고한 생명호스를 통해 물속의 잠수사 헬멧에 기체를 지속적으로 공급해주는 방식으로 행동범위에는 제약을 받지만 무엇보다 장시간 체류할 수 있어 효율적이며, 수상과 수중의 잠수사 간에 통화가 가능하며, 수상에서 잠수사의 수심을 정확히 측정할 수 있으며, 또한 잠수사의 모든 행동을 표면에서 지휘·통제할 수 있다.

037 잠수 활동이 수중조사 및 탐색이라면 표면공급식 장비를 선택해야 한다. (O | X)

정답 X

해설 잠수 활동이 수중조사 및 탐색이라면 기동성과 활동성에 제한받지 않는 스쿠버 장비를 선택하는 것이 바람직하다. 그러나 아래의 장·단점에서 비교되듯이 장시간을 요하는 잠수 활동은 표면공급식 장비를 선택해야 한다. 잠수 활동에 있어서 해저 체류시간과 1일 활동시간은 준수되어야 하며, 어떠한 방법에 의해서건 해저 체류시간에 영향을 미치는 요소는 신중히 검토해야 한다. 스쿠버 잠수도 여러 장점을 가지고 있지만 표면 공급식 잠수는 제한적으로 사용되고 있으며, 반드시 비감압 잠수를 해야 한다는 원칙과 짝 잠수를 해야 한다는 것을 명심해야 한다.

스쿠버 잠수와 표면공급식 잠수

구 분	스쿠버 잠수	표면공급식 잠수
한계수심	• 비감압 한계시간을 엄격히 적용 • 안전활동수심 60ft(18m)에 60분 허용 • 130ft(40m)에서 10분 허용, 단, 100ft(30m) 이상 잠수 시 반드시 비상기체통 또는 트윈(Twin) 기체통을 착용	• 공기잠수 시 최대 작업수심 190ft(58m) • 60ft(18m) 이상, 침몰선 내부, 폐쇄된 공간 등에는 반드시 비상기체통을 착용
장 점	• 장비의 운반, 착용, 해체가 간편해 신속한 기동성을 발휘한다. • 잠수 활동 시 적은 인원이 소요된다. • 수평, 수직 이동이 원활하다. • 수중활동이 자유롭다.	• 공기공급의 무제한으로 장시간 해저체류가 가능하다. • 양호한 수평이동과 최대 조류 2.5노트까지 작업이 가능하다. • 줄 신호 및 통화가 가능하므로 잠수사의 안전 및 잠수 활동을 확인할 수 있다. • 현장 지휘 및 통제가 가능하다.
단 점	• 수심과 해저체류시간에 제한을 받는다. • 호흡 저항에 영향을 받는다. • 지상과 통화를 할 수 없다. • 조류에 영향을 받는다(최대 1노트). • 잠수사 이상 유무 확인 불능 • 오염된 물, 기계적인 손상 등 신체보호에 제한을 받는다.	• 기동성이 저하된다. • 수직이동이 제한된다. • 기체호스의 꺾임이 있다. • 혼자서 착용하기가 불편하다.

* 장단점을 반드시 비교하여 암기해야 한다.

038 건축구조물의 종류를 빈칸에 쓰시오.

- (㉠) : 구조체인 기둥과 보를 부재의 접합에 의해서 축조하는 방법 목조, 철골구조 방식
- (㉡) : 기둥과 보가 하나로 성형된 것으로 라멘(Rahmen)구조라고 함 철근콘크리트, 철골철근콘크리트조 방식
- (㉢) : 내력벽면을 구성하는 데 있어 벽돌, 블록, 돌 등과 같은 조적재인 단일 부재를 교착재(모르타르)를 사용하여 쌓아 올린 구조
- (㉣) : 트러스를 3각형, 4각형, 6각형 등의 형태로 수평, 수직방향으로 결점을 접합하여 구조체를 일체화시켜 지지하는 구조로서 주로 지붕구조물이나 교량에 사용되는 구조양식
- (㉤) : 모든 하중을 인장력으로 전달하게 하여 힘과 좌굴로 인한 불안정성과 허용응력을 감소시켜 지붕 및 바닥 등을 인장력을 가한 케이블로 지지하는 구조, 주로 교량에 사용된다.
- (㉥) : 합성수지 계통의 천으로 만든 곡면으로 공간을 덮는 텐트와 같은 구조 원리를 이용하여 내면에 균일한 인장력을 분포시켜 얇은 막을 지지하는 구조 체육관 등과 같이 넓은 실내공간이 필요한 구조물의 지붕에 사용
- (㉦) : 철근콘크리트 등의 얇은 판이 곡면을 이루어서 외력을 받게 되는 구조로서 쉘(shell)과 돔(dome)이 있다.
- (㉧) : 평면판을 접어서 휨 모멘트에 저항하는 강성을 높여 외력에 저항할 수 있도록 일체화시킨 구조로서 지붕구조에 주로 사용된다.

정답 ㉠ 가구식, ㉡ 일체식, ㉢ 조적식, ㉣ 입체트러스, ㉤ 현수구조, ㉥ 막구조, ㉦ 곡면구조, ㉧ 절판구조

039 콘크리트의 클리프(Creep)란 콘크리트에 일정한 하중을 주면 더 이상 하중을 증가시키지 않아도 시간의 흐름에 따라 변형이 더욱 진행되는 현상을 말한다. (O | X)

정답   O

040 재령이 적은 콘크리트에 재하시기가 빠를수록, 물 : 시멘트비(W/C)가 클수록, 대기습도가 적은 곳에 콘크리트를 건조상태로 노출시킨 경우, 양생이 나쁜 경우, 재하응력이 클수록 클리프는 증가한다. (O | X)

정답   O

041 콘크리트는 800℃에서 콘크리트 중의 $Ca(OH)_2$의 분해로 인한 강한 흡열피크가 발생한다.
(O | X)

정답   X

해설
- 콘크리트의 흡열 Mechanism
  - 콘크리트는 200~400℃에서 모세관수 및 갤수(Gel Water)의 증발로 인한 강한 흡열피크가 발생한다.
  - 600℃에서는 콘크리트 중의 $Ca(OH)_2$의 분해로 인한 강한 흡열피크 발생
  - 800℃에서는 콘크리트 중의 $CaCO_3$의 분해로 인한 흡열피크 발생
- 콘크리트의 손상원인
  - 각 부분별 온도 차이에 의한 온도응력
  - 콘크리트를 구성하는 시멘트 Paste(시멘트 몰탈) 내의 수산화칼슘 분해
  - 석회질 골재의 Calcination(煆燒/생석회 가루화)
  - 고온에서 석영질 골재의 Phase(狀) 변화
- 화재가 콘크리트에 미치는 영향
  - 표면경도 : 균열, 가열에 따른 약화
  - 균열 : 290℃에서는 표면균열, 540℃에서는 균열 심화
  - 변 색
    ⓐ 230℃까지는 정상
    ⓑ 290~590℃ : 연홍색이 붉은색으로 변색
    ⓒ 590~900℃ : 붉은색이 회색으로 변색
    ⓓ 900℃ 이상 : 회색이 황갈색으로 변색(석회암은 흰색으로 변색)
  - 굵은 골재 : 573℃로 가열 시 부재 표면에 위치한 규산질 골재에서는 Spalling 발생

042 콘크리트의 화재성상에 관한 설명이다.

(1) 콘크리트는 약 300℃에서 강도가 저하되기 시작하는데 힘을 받고 있는 경우에 강도 저하가 더 심하게 일어나며 응력이 미리 가해진 상태에서는 온도의 영향을 늦게 받는다. (O | X)

(2) 철근 콘크리트 중의 철근은 인장력을 받으며, 콘크리트는 압축력을 받는다. (O | X)

(3) 온도가 증가됨에 따라 재료의 탄성이 저하되고 약화된다. (O | X)

(4) 열팽창에 의한 압축응력이 콘크리트의 압축강도를 초과할 경우 열응력에 따른 균열이 발생한다. (O | X)

(5) 콘크리트가 고온을 받으면 알칼리성을 지배하고 있는 $Ca(OH)_2$가 소실되며 이에 따라 철근부동태막(부식을 방지하는 막)이 상실되어 박리가 일어난다. (O | X)

(6) 열팽창에 의한 압축응력이 콘크리트의 압축강도를 초과할 경우 콘크리트가 중성화된다. (O | X)

(7) 화재에 따른 콘크리트의 온도가 500℃를 넘으면 냉각 후에도 잔류신장을 나타낸다. (O | X)

정답 (1) X, (2) O, (3) O, (4) X, (5) X, (6) X, (7) O

해설 콘크리트의 화재성상
- 압축강도의 저하
  콘크리트는 약 300℃에서 강도가 저하되기 시작하는데 힘을 받고 있지 않은 경우에 강도 저하가 더 심하게 일어나며 응력이 미리 가해진 상태에서는 온도의 영향을 늦게 받는다. 철근콘크리트는 강도를 유지해야 하는 주요 구조부에 주로 사용된다. 앞서 본 바와 같이 철근 콘크리트 중의 철근은 인장력을 받으며, 콘크리트는 압축력을 받는다. 따라서 화재 시 콘크리트의 압축강도 저하는 주요구조부의 강도에 치명적인 영향을 미쳐 붕괴위험성을 가져올 수 있다. 고온에서는 콘크리트의 압축강도가 저하되며 콘크리트 중의 철근의 부착강도는 극심하게 저하된다.
- 탄성계수의 저하
  온도가 증가됨에 따라 재료의 탄성이 저하되고 약화된다. 이는 모든 물체의 공통적인 현상이지만 힘을 받는 구조물에 있어서 탄성의 저하는 치명적인 결과를 초래할 수도 있다.
- 콘크리트의 박리(剝離)
  열팽창에 의한 압축응력이 콘크리트의 압축강도를 초과할 경우 박리가 일어난다. 박리 속도는 온도 상승 속도와 비례하며 콘크리트 중의 수분함량이 많을수록 박리 발생이 용이하다. 즉, 구조물 내의 수증기압 상승으로 인장응력이 유발되고 박리가 발생하는 것이다. 콘크리트의 박리는 골재의 종류, 구조물의 형상에 따라 영향을 달리 받는다.
- 중성화속도의 급격한 상승
  콘크리트가 고온을 받으면 알칼리성을 지배하고 있는 $Ca(OH)_2$가 소실되며 이에 따라 철근부동태막(부식을 방지하는 막)이 상실되어 콘크리트가 중성화된다. 콘크리트는 기본적으로 알칼리성을 띠고 있어 내부 철근의 산화속도를 늦춘다. 철근은 알칼리성인 콘크리트 속에서는 거의 부식되지 않는다. 따라서 콘크리트의 중성화(알칼리성의 상실)는 철근콘크리트의 수명을 단축시키는 근본적이고 치명적인 원인이 된다.

- 열응력에 따른 균열 발생
  표면온도와 콘크리트 내부의 온도 차이에 의한 열팽창율 차이에 따라 내부 응력이 발생하고 이 열응력이 콘크리트의 압축강도보다 커지면 균열이 발생한다.
- 콘크리트 신장의 잔류
  화재에 따른 콘크리트의 온도가 500℃를 넘으면 냉각 후에도 잔류신장을 나타낸다.

043 콘크리트 내부에 포함된 수분이 급격한 온도 상승에 따라 수증기화하고 이 수증기가 콘크리트를 빠져나오는 속도보다 더 많이 발생할 때 콘크리트에서 폭열이 발생한다. (O | X)

정답 O

해설 콘크리트의 폭열(爆裂)
콘크리트 내부에 포함된 수분이 급격한 온도 상승에 따라 수증기화하고 이 수증기가 콘크리트를 빠져나오는 속도보다 더 많이 발생할 때 콘크리트에서 폭열이 발생한다. 즉, 시멘트 결합수가 가열로 상실되고 조직이 해이되며, 열응력과 함께 콘크리트의 O계수 및 압축강도가 저하되고 급격한 온도상승에 따른 내부 증기압 때문에 콘크리트 일부가 폭열하는 것이다. 이것은 콘크리트 배합이 잘못된 경우이거나 온도가 급격히 상승하는 경우에 볼 수 있는 현상으로 철근과 콘크리트의 열팽창 차이에 따라 철근의 부착력이 감소하여 콘크리트의 표층이 벗겨지고 파괴되는 현상이다. 콘크리트가 폭열되면 잘게 부서지며 콘크리트 조각이 비산되어 주변에 피해를 초래하기도 한다.
- 콘크리트 폭열에 영향을 주는 인자
  - 화재강도(최대온도)
  - 화재의 형태(부분 또는 전면적)/구조물의 변형 및 구속력의 강도결정
  - 골재의 종류
  - 구조형태/보의 단면, 슬래브의 두께
  - 콘크리트의 함수량/굳지 않은 습윤 콘크리트는 높은 열에 의한 증기압으로 쉽게 폭열
- 콘크리트의 화재지속으로 인한 파손 깊이
  - 80분 후(800℃에서) 0~5mm
  - 90분 후(1,000℃에서) 15~25mm
  - 180분 후(1,100℃에서) 30~50mm

044 일반적으로 붕괴 안전지역은 건물 높이의 1.5배 이상으로 한다. (O | X)

정답 O

해설 붕괴 안전지역의 설정

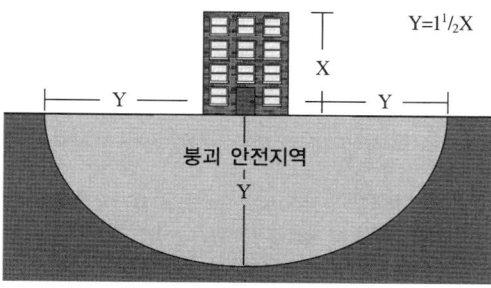

045 설명에 맞는 붕괴 유형을 쓰시오.

> - (㉠) : 이 유형의 붕괴는 마주 보는 두 외벽 중 하나가 결함이 있을 때 발생한다. 결함이 있는 외벽이 지탱하는 건물 지붕의 측면 부분이 무너져 내리면 삼각형의 공간이 발생하며 이렇게 형성된 빈 공간에 구조대상자들이 갇히는 경우가 많다. 파편이 지지하고 있는 벽을 따라 빈 공간으로 진입하는 것이 붕괴위험도 적고 구조활동도 용이하다.
> - (㉡) : 가구나 장비, 기타 잔해 같은 무거운 물건들이 바닥 중심부에 집중되었을 때 이 유형의 붕괴가 일어날 수 있다. 이 유형의 붕괴에서는 양 측면에 생존공간이 만들어질 수 있는 가능성이 높다. 이 유형의 공간이 형성된 경우 벽을 따라 진입할 수 있으며 잔해 제거 및 구조작업을 하기 전에 대형 잭이나 버팀목으로 붕괴물을 안정시킬 필요가 있다.
> - (㉢) : 이 붕괴는 각 붕괴의 유형 중에서 가장 안전하지 못하고 2차 붕괴에 가장 취약한 유형이다. 건물에 가해지는 충격에 의하여 한쪽 벽판이나 지붕 조립부분이 무너져 내리고 다른 한쪽은 원형을 그대로 유지하고 있는 형태의 붕괴를 말한다. 이때 구조대상자가 생존할 수 있는 장소는 각 층들이 지탱되고 있는 끝 부분 아래에 생존공간이 생길 가능성이 많다.
> - (㉣) : 이 유형의 붕괴는 마주보는 두 외벽에 모두 결함이 발생하여 바닥이나 지붕이 아래로 무너져 내리는 경우에 발생한다. 이 붕괴에 의해 형성되는 공간은 다른 경우에 비해 협소하며 어디에 형성될 것인지 파악하기가 곤란하다. 생존자가 발견될 것으로 예측되는 공간이 거의 생기지 않는 유형이지만 잔해 속에 생존자가 있다고 가정하고 구조활동에 임하여야 한다.

정답 ㉠ 경사형 붕괴, ㉡ V자형 붕괴, ㉢ 캔틸레버형 붕괴, ㉣ 팬케이크형 붕괴

046 붕괴사고 현장에서 인명탐색 시 구조의 4단계를 번호순으로 쓰시오.

> ① 정 찰　　　　　　　　　　　② 신속한 구조
> ③ 일반적인 잔해제거　　　　　④ 부분 잔해제거

정답 ② - ① - ④ - ③

해설 구조의 4단계
- 1단계 : 신속한 구조
  신속한 구조는 현장에 도착 당시 바로 눈에 뜨이는 사상자를 구조하는 즉각적인 대응이다. 이 구조작업은 위치가 분명하게 파악되고 구조방법을 신속히 결정할 수 있는 구조대상자에게만 적용된다.
- 2단계 : 정찰
  정찰은 건물이 튼튼하게 보호받을 수 있는 부분, 특히 비상대피시설, 계단 아래의 공간, 지하실, 지붕근처, 부분적으로 무너진 바닥아래의 공간, 파편에 의해 닫혀진 비상구가 있는 방 등 어느 정도 안전이 보장받을 수 있는 곳에 갇혀있는 사람들이나 심각한 부상으로 자력탈출이 불가능한 구조대상자의 위치를 파악하는 수색단계이다.
  수색작업은 절대로 생략할 수 없는 중요한 사항이며 3단계의 진행과 동시에 이루어져야 한다.
- 3단계 : 부분 잔해제거
  1단계와 2단계 과정에서 인명구조와 수색활동을 위해 일부의 잔해물은 제거되었지만 본격적인 구조작업을 위해서 제거하여야 할 잔해물을 신중히 선정하고 조심스럽게 작업을 시작한다. 잔해물을 제거할 때에는 다음과 같은 사항을 종합적으로 고려하여 계획을 세우고 순차적으로 작업을 진행한다.

1) 실종자가 마지막으로 파악된 위치
2) 잔해물의 위치와 상태
3) 건물의 붕괴과정에서 이동되었을 것으로 예상되는 지점
4) 붕괴에 의해서 형성된 공간
5) 구조대상자가 보내는 신호가 파악된 곳
6) 구조대상자가 갇혀있을 곳으로 예상되는 위치

- 4단계 : 일반적인 잔해제거
  4단계의 잔해제거는 구조작업에 필요한 다른 모든 방법을 동원하고 나서 실시되는 최후 작업이다. 아직도 실종 중인 사람이 있거나 도저히 구조대상자에게 도달할 수 없는 경우 조직적으로 해당영역을 들어내는 방식으로 진행한다. 이 작업은 극도로 주의하며 신속하게 진행해야 한다. 구조대원은 특히 모든 형태의 파괴장비를 사용할 때 진동이나 붕괴 등에 의한 추가손상에 각별히 주의하여야 하며 적절한 사전경고를 통하여 불의의 사고를 예방하여야 한다.

* 암기 : 신정부일

047 선형탐색법은 붕괴구조물 상부에서의 잔해더미 탐색이 불가능하거나 안전하지 못할 때 사용하면 효과적이다. (O | X)

정답 X

해설 주변탐색법에 관한 설명이다.
- 넓은 공지(선형탐색)
  강당이나 넓은 거실, 구획이 없는 사무실에서는 선형탐색법을 이용한다. 3~4m 간격으로 개활구역을 가로질러 일직선으로 대원들을 펼친다. 반대편에 이르기까지 전체 공간을 천천히 진행한다.
- 주변 탐색
  이 탐색법은 붕괴구조물 상부에서의 잔해더미 탐색이 불가능하거나 안전하지 못할 때 사용하면 효과적이다. 구조대원 4명이 탐색지역 둘레로 균일한 거리로 위치를 잡고 적절한 탐색을 한 후 각자 시계방향으로 90° 회전한다. 이 절차는 모든 대원들이 4회 이동이 끝날 때까지(자기의 처음 위치로 돌아올 때까지) 반복한다.

048 지주설치 시 같은 크기의 나무기둥은 지주가 길수록 더 큰 하중을 견딜 수 있다. (O | X)

정답 X

해설 지주가 짧을수록 더 큰 하중을 견딜 수 있다.

049 정방형 기둥보다는 같은 단면을 가지는 직사각형 기둥이 더 큰 하중을 견딘다. (O | X)

정답 X

해설 같은 단면을 가지는 직사각형 기둥보다는 정방형 기둥이 더 큰 하중을 견딘다.

050 지주 아래에는 쐐기를 박아 넣되 기둥이 건물의 무게를 지탱할 수 있을 때까지 박아 넣고 쐐기를 꽉 조여야 한다. (O | X)

정답 X

해설 지주 아래에는 쐐기를 박아 넣되 기둥이 건물의 무게를 지탱할 수 있을 때까지 박아 넣어야 한다. 쐐기를 꽉 조일 필요는 없는데 이는 꽉 조인 쐐기가 벽이나 바닥을 밀어내어 건물의 손상을 더할 수 있기 때문이다.

051 '항공기 사고'라 함은 항공기 운항에 있어 안전을 저해하는 여러 현상에 의해 인명 또는 재산에 피해를 준 사태가 발생했음을 의미한다. (O | X)

정답 O

052 near miss나 기체 시스템의 고장 등으로 긴급 착륙을 하는 경우 항공기 사고(Aircraft Accident)라 한다. (O | X)

정답 X

해설 항공기 사고의 구분
'항공기 사고'라 함은 항공기 운항에 있어 안전을 저해하는 여러 현상에 의해 인명 또는 재산에 피해를 준 사태가 발생했음을 의미한다. 항공기가 승객이 탑승한 직후부터 이륙하여 착륙 후 탑승자 전원이 항공기에서 안전하게 내릴 때까지의 전 과정을 '운항'이라고 하는데 이러한 운항 중에 발생하게 되는 이상상태는 다음 세 가지로 나뉜다.
- 항공기 사고(Aircraft Accident)
  항공기의 추락, 공중 또는 지상에서의 충돌, 화재발생, 엔진이나 기체의 폭발 및 불시착 등과 같은 규모가 큰 이상사태에 의하여 탑승자나 제3자가 사망, 행방불명, 중상을 당하거나 기체 또는 지상시설 등이 크게 손상됐을 때 이를 '항공기 사고'라고 한다.
- 운항 중 사건(Inaccident)
  항공기가 지상에서 활주 중 다른 항공기나 기타 구조물과 가벼운 충돌을 하는 경우, 공중에서 사고의 발생 가능성이 있는 여러 가지 상황들이라고 볼 수 있는 near miss나 기체 시스템의 고장 등으로 긴급 착륙을 하는 경우 또는 공항에서의 항공교통관제(ATC) 규칙을 위반하는 행위 등과 같은 이상상태, 즉 항공기가 운항 준비사태 또는 운항 중에 탑승자나 제 3자에게 가벼운 손상 또는 지상의 시설을 파손, 기타 안전운항에 영향을 미칠 정도의 위반행위 등 항공기 사고 보다 가벼운 이상 사태를 '운항 중 사건'으로 분류한다.
- 운항 장애(Irregularity)
  운항준비상태 또는 운항 중에 발생한 항공기 사고와 운항 중 사건보다 가벼운 이상사태를 '운항 장애'라고 한다. 예를 들면, 착륙장치(Landing gear)의 타이어가 펑크가 나서 지상 활주가 불가능할 때 지상에서 출발했다가 사정에 의하여 회항하는 경우 또는 대체 비행장에 착륙하는 경우 등이다.

053 공항에서의 항공교통관제(ATC) 규칙을 위반하는 행위 등과 같은 이상상태를 운항 장애(Irregularity)라 한다. (O | X)

정답 X

해설 52번 문제 참조

054 대체 비행장에 착륙하는 경우 운항 중 사건(Inaccident)으로 분류한다. (O | X)

정답 X

해설 52번 문제 참조

055 구조대상자용 벨트(Horse Collar)는 구조용 의자(Rescue Seat)와 같은 용도로 사용하며 의식이 있고, 척추 등의 손상이 없는 구조대상자에게만 사용한다. (O | X)

정답 O

해설 주요 항공구조장비의 종류와 제원
- 외부 구조인양기(AS365N2용)

구 분	외부용(AS365N2용)
인양 능력	600 LBS(275.4kg)
작동 원리	전기적 모터

케이블 길이	• 300ft
	• 케이블 구간별 색깔 표시
	  – 후크~3m : 적색
	  – 중간 부분 : 도색하지 않음
	  – 후크 반대방향 끝~4.5m : 적색

케이블 구성	7 × 19 = 133가닥(외경 0.68inch)
용량 및 냉각시간	• 250 LBS (10회)↘ ⇒ (1 cycle)이며, • 600 LBS (6회)↗ (2 cycle마다 45분간 냉각시간 적용)
사용 횟수 계기	없음(각종 구조·훈련 중 사용횟수를 기록유지 필요)
정비시간 사용기간	3개월, 1년, 18개월, 4년, 5년, 10년 검사
사용횟수	25회, 50회, 100회, 250회, 500회, 1,000회 검사
장착 위치	항공기 우측 후방기체문 전방 상단
케이블 속도	0~0.75m/sec(150ft/min)

• 구조망
- 수난, 화재사고현장에서 다수의 구조대상자를 구조하기 위한 구조장비이다.
- 외부 화물인양기에 연결하여 사용한다.
- 크기는 대, 중, 소형으로 분류되며, 3인용(중형)의 경우 높이 170~190cm, 무게 35kg 내외, 길이 10~16m, 탑승인원 1~3명이다.
- 구조대상자 탑승 시 반드시 보조 로프를 연결하여 안전을 유지한다.
- 구조낭의 문이 항공기 후미 방향으로 향하도록 화물인양기에 연결한다.
- 인터폰, 수신호로 기내 유도자와 상호 연락을 긴밀히 유지한다.

- 육상, 수상에서 사용이 가능하다.
- 점검사항
    ⓐ U볼트의 조임상태를 점검한다.
    ⓑ 주·보조로프의 파손유무와 길이를 조정하여 날림을 방지한다.
    ⓒ 철 구조물의 균열 및 부식상태를 점검한다.
    ⓓ 철 구조물과 로프의 연결상태를 점검한다.
    ⓔ 구조낭문의 개폐용 연결고리(카라비너)의 상태를 확인한다.
- 구조용 의자(Rescue Seat)
    - 항공기가 착륙할 수 없는 장소에서 구조대상자를 인양하는 구조장비이다.
    - 최고 탑승인원이 3명이다.
    - 수상에서 사용 시 물에 뜰 수 있도록 부력장치를 부착하였다.
    - 구조대원이나 구조대상자가 주변 색깔과 쉽게 구분할 수 있도록 적색 부력장치를 부착하였다.
    - 장애물 지역에서 사용 시 다리를 접어서 내릴 수 있다.
    - 구조대상자를 안전하게 인양하기 위한 안전벨트가 설치되어 있다.
    - 구조인양기를 내릴 때 바람에 날리지 않도록 일정한 중량 12kg(부력장치포함)을 유지해야 한다.
    - 사용 전 다리의 작동상태와 안전벨트의 파손유무를 확인해야 한다.
    - 탑승 시 구조인양기 후크와 구조용 의자의 연결 부분을 잡지 않도록 주의해야 한다.
    - 탑승자는 다리를 모으고 하향풍에 의한 흔들림을 최소로 한다.
    - 안전벨트를 완전히 장착하며, 안전벨트 후크가 잠겼는지 확인한다.
    - 시선은 항상 기내 유도자를 보면서 수신호로 상호 의사를 전달한다.
    - 항공기 비상시 행동을 염두에 두며 인양기를 내릴 때 신체의 충격완화를 위해 허리와 무릎을 약간 굽힌 상태에서 발 앞꿈치 부분으로 사뿐히 착지하도록 한다.
    - 탑승할 구조대상자 수는 1회 1~3명까지 인양이 가능하기 때문에 구조대상자 수에 따라 접어진 의자를 펼쳐 사용할 수 있다.
    - 구조용의자를 탑승한 상태에서 인양 시 하향풍에 의해 회전이 되어 의식을 잃지 않도록 하며 기내 유도자는 탑승자를 기내로 안전하게 끌어들여 의식 여부를 관찰한다.
    - 인양기를 내리고 올릴 때 장갑을 착용한 오른손으로 인양기 케이블을 가볍게 잡아 흔들림과 장력을 유지하여 충격을 방지할 수 있다.
    - 육상·수상·산악사고 현장에서 공통으로 사용할 수 있다.
- 구조대상자용 벨트(Horse Collar)
    - 구조용 의자(Rescue Seat)와 같은 용도로 사용하며 의식이 있고, 척추 등의 손상이 없는 구조대상자에게만 사용한다.
    - 구조대상자의 가슴에 걸어서 1명만 인양할 수 있다.
    - 구조대상자를 안전하게 인양하기 위한 안전벨트가 부착되어 있다.
    - 무게가 2kg이며 육상(산악) 및 해상(수상)에서 사용이 가능하며 특히 산악사고현장에서 장애물이 없는 충분한 공간이 있을 때만 사용이 가능하다.
    - 목표물에 접근 전 과다하게 인양기를 내리면 항공기 속도에 의해 뒤로 날려 헬기 주·보조 날개에 감길 수 있다.
- 구조용 바구니(Rescue Basket)
    - 구조용 의자(Rescue Seat)와 같은 용도로 사용할 수 있다.
    - 육·수상에서 움직일 수 없는 구조대상자를 구조인양할 때 사용하는 구조장비이다.
    - 1명만 탑승할 수 있으며 수상에서 사용할 때는 부력장치를 부착하여 사용하면 물에 뜰 수 있게 하여 항공구조대원이나 구조대상자가 쉽게 발견, 탑승할 수 있는 효과적인 장비이다.
    - 구조인양 시 하향풍에 의한 흔들림과 회전방지를 위해 장갑을 오른손에 끼고 구조 인양기 케이블을 가볍게 지지해 준다.
    - 육·수상에서 사용 가능하며 산악구조 시 장애물이 없는 지역에서도 사용이 가능하다.

056 설명에 맞는 엘리베이터 안전장치를 〈보기〉에서 골라 쓰시오.

| 보기 |

각층 강제 정지장치
정전등
통화설비 또는 비상벨
완충기(Buffer)
조속기(Governor)
도어 인터록스위치(Door Interlock Switch)
화이널 리미트 스위치(Final Limit Switch)
리미트 스위치(Limit Switch), 비상정지장치(Safety Device)
전자브레이크(Magnetic Brake)

- (㉠) : 만일 로프가 절단된 경우라든가, 그 외 예측할 수 없는 원인으로 카의 하강속도가 현저히 증가한 경우에, 그 하강을 멈추기 위해, 가이드레일을 강한 힘으로 붙잡아 엘리베이터 몸체의 강하를 정지시키는 장치로 조속기에 의해 작동된다.
- (㉡) : 최상층 및 최하층에 근접할 때에, 자동적으로 엘리베이터를 정지시켜 과주행을 방지한다.
- (㉢) : 카내에 빌딩관리실을 연결하는 엘리베이터 전용 설비
- (㉣) : 정전 시 승객의 불안감을 완화시키기 위하여 설치된 장치로, 이 장치는 바닥 면에 1룩스 이상의 밝기를 유지하도록 되어 있는데 조도 유지 시간은 보수회사 및 구조대의 이동시간 등을 고려할 때 1시간 이상이 적당하다.
- (㉤) : 엘리베이터의 운전 중에는 브레이크슈를 전자력에 의해 개방시키고 정지 시에는 전동기 주회로를 차단시킴과 동시에 스프링 압력에 의해 브레이크슈로 브레이크 휠을 조여서 엘리베이터가 확실히 정지하도록 한다.
- (㉥) : 리미트 스위치가 어떤 원인에 의해서 작동하지 않을 경우, 안전 확보를 위해 모든 전기 회로를 끊고 엘리베이터를 정지시킨다.
- (㉦) : 어떤 원인으로 카가 중간층을 지나치는 경우, 충격을 완화시키는 것으로 통상 정격속도가 60m/min 이하의 경우는 스프링(㉦)을/를, 60m/min을 초과하는 것에는 유압(㉦)을/를 사용한다.
- (㉧) : 모든 승강도어가 닫혀있지 않을 때는 카가 동작할 수 없으며, 카가 그 층에 정지하고 있지 않을 때는 문을 열 수가 없도록 하기 위해 승장도어의 행거 케이스 내에 스위치와 자물쇠가 설치되어 있다. 엘리베이터의 안전상 비상정지 장치와 더불어 중요한 장치이다.
- (㉨) : 카의 속도를 일정하게 유지한다.
- (㉩) : 심야 등 한산한 시간에 승객을 대상으로 한 범죄를 예방하기 위한 것으로서 이 장치를 가동시키면 목적층에 도달하기까지 각층에 순차로 정지하면서 운행할 수 있다.

정답 ㉠ 비상정지장치(Safety Device), ㉡ 리미트 스위치(Limit Switch), ㉢ 통화설비 또는 비상벨, ㉣ 정전등, ㉤ 전자브레이크(Magnetic Brake), ㉥ 화이널 리미트 스위치(Final Limit Switch), ㉦ 완충기(Buffer), ㉧ 도어 인터록스위치(Door Interlock Switch), ㉨ 조속기(Governor) ㉩ 각층 강제 정지장치

057 붕괴사고 중 건축물 붕괴의 주원인은 해체작업 현장에서의 오조작, 굴착에 따른 흙의 제거로 지하공간의 형성, 점검불량물품의 불안정한 적재, 기계의 진동 등이다. (O | X)

정답   X

해설   굴착에 따른 흙의 제거로 지하공간의 형성은 토사붕괴의 원인이다.

붕괴사고의 주원인

사고구분	원 인
토사붕괴	• 함수량의 증가로 흙의 단위용적 중량의 증가 • 균열의 발생과 균열로 움직이는 수압 • 굴착에 따른 흙의 제거로 지하공간의 형성 • 외력, 지진, 폭발에 의한 진동
건축물 붕괴	• 해체작업 현장에서의 오조작, 점검불량 • 물품의 불안정한 적재, 기계의 진동 등 • 자동차 충돌에 의한 가옥, 담의 도괴

058 가스는 통상적으로 압축가스, 액화가스, 용해가스의 3가지 종류로 분류되기도 하고 가스의 성질에 따라 가연성 가스, 조연성 가스, 불연성 가스로 분류되기도 하며 인체에 유해한 위험성 여부에 따라 독성, 비독성 가스로 분류되기도 한다. (O | X)

정답   O

해설   가스의 분류

구 분	분 류	성 질	종 류
가스 상태에 따른 분류	압축가스	상온에서 압축하여도 액화하기 어려운 가스로 임계(기체가 액체로 되기 위한 최고온도)가 상온보다 낮아 상온에서 압축시켜도 액화되지 않고 단지 기체 상태로 압축된 가스	수소, 산소, 질소, 메탄 등
	액화가스	상온에서 가압 또는 냉각에 의해 비교적 쉽게 액화되는 가스로 임계온도가 상온보다 높아 상온에서 압축시키면 비교적 쉽게 액화되어 액체 상태로 용기에 충전하는 가스	액화암모니아, 염소, 프로판, 산화에틸렌 등
가스 상태에 따른 분류	용해가스	가스의 독특한 특성 때문에 용매를 추진시킨 다공 물질에 용해시켜 사용되는 가스로 아세틸렌 가스는 압축하거나 액화시키면 분해 폭발을 일으키므로 용기에 다공 물질과 가스를 잘 녹이는 용제(아세톤, 디메틸포름아미드 등)를 넣어 용해시켜 충전	아세틸렌

분류	종류	설명	예시
연소성에 따른 분류	가연성가스	산소와 결합하여 빛과 열을 내며 연소하는 가스를 말하며 수소, 메탄, 에탄, 프로판 등 32종과 공기 중에 연소하는 가스로서 폭발 한계 하한이 10% 이하인 것과 폭발 한계의 상/하한의 차가 20% 이상인 것을 대상으로 함	메탄, 에탄, 프로판, 부탄, 수소 등
	불연성가스	스스로 연소하지도 못하고 다른 물질을 연소시키는 성질도 갖지 않는 가스	질소, 아르곤, 이산화탄소 등 불활성가스
	조연성가스	가연성 가스가 연소되는 데 필요한 가스. 지연성 가스라고도 함	공기, 산소 염소 등
독성에 따른 분류	독성가스	공기 중에 일정량 존재하면 인체에 유해한 가스, 허용농도가 200ppm 이하인 가스	염소, 암모니아 일산화탄소 등 31종
	비독성가스	공기 중에 어떤 농도 이상 존재하여도 유해하지 않은 가스	산소, 수소 등

059 가스용기의 도색 시 용기의 상단부에 폭 2cm의 녹색(산소는 백색)의 띠를 두 줄로 표시하여야 한다. (O | X)

정답   X

해설   백색(산소는 녹색)의 띠를 두 줄로 표시하여야 한다.

060 "의료용" 표시 – 각 글자마다 백색(산소는 녹색)으로 가로·세로 5cm로 띠와 가스 명칭 사이에 표시하여야 한다. (O | X)

정답   O

해설   가스용기의 도색 방법

가스 종류	도색의 구분		
	가연성가스, 독성가스	의료용	그 밖의 가스
액화석유가스	밝은 회색	–	–
수 소	주황색	–	–
아세틸렌	황 색	–	–
액화암모니아	백 색	–	–
액화염소	갈 색	–	–
그 밖의 가스	회 색	회 색	회 색
산 소	–	백 색	녹 색
액화탄산가스	–	회 색	청 색
헬 륨	–	갈 색	–
에틸렌	–	자 색	–
질 소	–	흑 색	회 색

아산화질소	-	청색	-
싸이크로프로판	-	주황색	-
소방용용기	-	-	소방법에 따른 도색

061 LPG는 공기보다 무거워 낮은 곳에 고이게 되므로 특히 주의한다. (O | X)

정답 O

062 가스를 차단할 수 없고 주변에 연소될 위험도 없다면 굳이 화재를 소화하기보다는 안전하게 태우는 방안을 강구하는 것이 좋다. (O | X)

정답 O

063 대량의 눈이 쌓인 지역에 기온이 올라가면 눈의 접착력이 약해지면서 눈의 밑바닥에서 슬립이 일어나 눈이 무너져 내리게 되는데 이를 표층 눈사태라 한다. (O | X)

정답 X

해설 전층 눈사태에 관한 설명이다.

064 눈처마(Cornice) 붕괴는 바위 등 돌출 부분이 발달하여 밑으로 수그러지며 공기층의 공동이 생기게 되므로 눈으로 보고 판단하는 부분보다 훨씬 뒤의 선에서 붕괴된다. (O | X)

정답 X

해설 눈사태는 적설량과 눈의 질(質) 그리고 기온과 지형, 지표면(地表面)의 경사각(傾斜角)에 의해서 일어난다. 통계상으로 눈사태는 경사가 31~55° 사이에서 제일 많이 발생한다. 등산 또는 비박 시에는 이런 경사가 있는 좁은 골짜기는 피하는 것이 좋다.
• 표층 눈사태
  눈이 내려 쌓이게 되면 눈은 표면의 바람과 햇볕, 기온에 의해 미세하게 다시 어는 현상이 발생한다. 이를 크러스트(Crust)라 하는데 이 위에 폭설이 내려 쌓이면 크러스트된 이전의 눈과 새로운 눈 사이에 미세한 층이 발생하고 눈의 무게를 이기지 못할 정도가 되면 결국 눈이 흘러내리게 된다. 이런 눈사태를 표층 눈사태라고 한다.
• 전층 눈사태
  대량의 눈이 쌓인 지역에 기온이 올라가면 눈의 접착력이 약해지면서 눈의 밑바닥에서 슬립이 일어나 눈이 무너져 내리게 되는데 이를 전층 눈사태라 한다. 기온이 올라가 적설의 밑바닥이나 급한 비탈, 또는 슬랩면에서 눈 녹은 물이 흐르고 있는 상태가 가장 위험하다.
• 눈처마(Cornice) 붕괴
  눈 쌓인 능선에서 주의할 것이 눈처마의 붕괴이다. 눈처마는 바위 등 돌출부분이 발달하여 밑으로 수그러지며 공기층의 공동이 생기게 되므로 눈으로 보고 판단하는 부분보다 훨씬 뒤의 선에서 붕괴된다.

065 산에서 안개가 심하거나 일몰이나 눈이 쌓여 지형을 분간하기 힘든 경우 자신은 어떤 목표물을 향하여 전진하고 있다고 생각하고 있지만 사실은 큰 원을 그리며 움직여 결국 출발지점에 도착하는 경우가 있다. 이를 "링반데룽(Ringwanderung)" 또는 "환상방황"이라 한다. (O | X)

정답 O

066 번개는 3~4시에 가장 많이 발생하고 16~17시에 가장 적다. (O | X)

정답 X

해설 번개의 발생 시간대

발생순위	많이 발생하는 시간대	비 교
1	16~17시	제일 많다
2	15~16시	다음으로 많다
3	14~15시	그 다음으로 많다
4	23~24시	적 다
5	3~4시	가장 적다

- 양떼구름, 소나기구름 그리고 태풍이 있을 때는 반드시 번개가 있다는 것을 알고 쇠붙이는 몸에서 분리(分離), 절연(絕緣)시키고 쇠붙이가 있는 곳에서 멀리 피하는 것이 안전하다. 대피할 때에는 반드시 낮은 곳으로 이동하고 거기서도 벼락이 치는 각도를 생각해야 한다.
- 번개가 칠 때의 대피요령

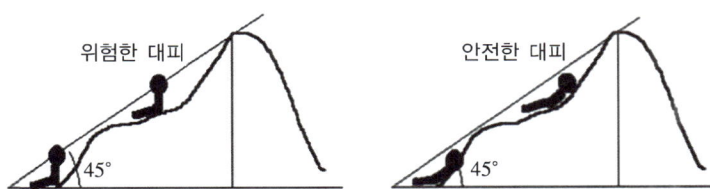

067 산에서의 일출 일몰은 평지와 차이가 있다. 특히 깊은 계곡에서는 일출 시간은 30분~1시간 정도 늦고 일몰시간은 30분~1시간 정도 빠르다. (O | X)

정답 O

068 슬랩(Slab) 등반처럼 마찰력이 주된 목적이라면 뻣뻣한 암벽화가 좋다. (O | X)

정답 X

해설 암벽화
- 암벽화는 암벽의 상태에 따라 기능이 서로 다른 암벽화를 몇 켤레 준비하면 그 선택 여하에 따라서 암벽등반을 좀 더 용이하게 할 수 있다.
- 예를 들어 슬랩(Slab) 등반처럼 마찰력이 주된 목적이라면 부드러운 암벽화가 좋다. 암벽화는 맨발이나 혹은 얇은 양말 한 켤레를 신고 발가락이 펴진 상태에서 꼭 맞는 것이 좋다. 수직벽이나 약간 오버행(Overhang)진 훼이스(Face)에서는 홀드(Hold)의 모양에 따라 선택한다. 홀드의 돌기가 손끝 정도만 걸리는 각진 것이라면 뻣뻣한 암벽화가 좋으며, 이것도 발에 꼭 맞게 신어야 한다. 부드러운 암벽화일지라도 발가락이 약간 굽어질 정도로 꼭 맞게 신으면 작은 돌기의 홀드에서 뻣뻣한 것보다 더욱 효과적일 수 있다.

  * 참고
    - 슬랩(Slab) : 30~70° 정도 비탈진 암벽면
    - 오버행(Overhang) : 90°를 넘는 암벽면, '하늘벽'이라고도 함
    - 훼이스(Face) : 바위면
    - 홀드(Hold) : 암벽등반 시 손으로 잡을 수 있는 바위의 돌출 부분

069 볼트(Bolt)나 피톤(Piton) 등은 유동확보물이라 하고 너트(Nut)나 후렌드(Friends)류는 고정확보물이라고 한다. (O | X)

정답 X

해설 확보물
확보물은 등반자가 추락했을 때 제동시키는 일종의 지지점이다. 암벽에 망치로 두들겨 박는 볼트(Bolt)나 피톤(Piton) 등은 고정확보물이라 하고 바위가 갈라진 틈새(Crack)에 설치하는 너트(Nut)나 후렌드(Friends)류는 유동확보물이라고 한다.
특히 유동확보물들은 크랙의 형태과 크기에 따라 다양한 장비를 활용하게 되며 구조활동 중에 대원들이 직접 설치하게 될 경우도 많으므로 그 사용방법을 정확히 알아두어야 한다.

* 여러 가지 확보물

너트   후렌드   피톤(하켄)

070 LC(Lethal Concentration)는 대기 중 유해물질의 치사 농도(ppm)이다. (O | X)

정답 O

071 TD(Toxic Dose) : 실험동물에 대하여 24시간 내 치사율로 나타낼 수 있는 투여량(mg/kg)이다. (O | X)

정답 X

072 LD(Lethal Dose) : 사망 이외의 바람직하지 않은 독성작용을 나타낼 때의 투여량이다. (O | X)

정답 X

073 IDLH(Immediately Dangerous to life and Health) : 작업장에서 허용되는 농도이다. (O | X)

정답 X

074 TLV(Threshold Limit Value), TWA(Time Weighted Average)는 건강이나 생명에 즉각적으로 위험을 미치는 농도이다. (O | X)

정답 X

해설 유해물질 관련 용어
- LC(Lethal Concentration) : 대기 중 유해물질의 치사 농도(ppm)
- TD(Toxic Dose) : 사망 이외의 바람직하지 않은 독성작용을 나타낼 때의 투여량
- LD(Lethal Dose) : 실험동물에 대하여 24시간 내 치사율로 나타낼 수 있는 투여량(mg/kg)
  ※ 「경구투여 시 LD50 ≤ 25mg/kg(rat)」이라는 의미는 「쥐를 대상으로 실험했을 때 쥐의 몸무게 1kg당 25mg에 해당하는 양을 먹였을 경우 실험대상의 50%가 사망했다」는 의미
- IDLH(Immediately Dangerous to life and Health) : 건강이나 생명에 즉각적으로 위험을 미치는 농도
- TLV(Threshold Limit Value), TWA(Time Weighted Average) : 작업장에서 허용되는 농도

075 유해그림에 맞는 표시방법을 쓰시오.

(1)  : (   )

(2)  : (   )

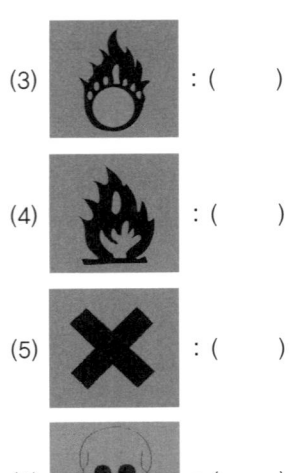

(3) : (　　　)

(4) : (　　　)

(5) : (　　　)

(6) : (　　　)

정답 (1) 폭발성, (2) 부식성, (3) 산화성, (4) 인화성, (5) 유해성, (6) 독성

해설 표시방법

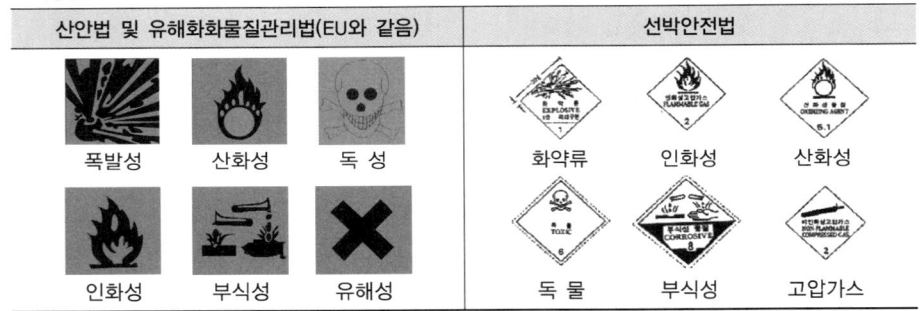

076 DOT는 마름모꼴 표지에 숫자와 그림, 색상으로 표시하며 숫자는 특성을 색상은 물질의 종류(Division Of Class)를 나타낸다. (O | X)

정답 X

해설 미국 교통국(Department Of Transportation) 수송표지 DOT로 약칭되는 미 교통국에서 위험물질을 운송할 때 부착토록 하는 표지(Placard)이다. 도로, 철도, 해운, 항공 등 수송 수단을 막론하고 위험물질에 이 표지를 붙이도록 하고 있으며 외국 수출·입 물품들도 이 규정을 적용받으므로 이에 대한 지식이 필요하다. DOT는 마름모꼴 표지에 숫자와 그림, 색상으로 표시하며 숫자는 물질의 종류(Division Of Class)를 색상은 특성을 나타낸다.

077 DOT 각 placard의 색상과 의미를 빈칸에 쓰시오.

- (㉠) : 가연성(Flammable)
- 오렌지 : (㉡)
- (㉢) : 산화성(Oxidizer)
- 녹색 : (㉣)
- (㉤) : 금수성(Not Wet)
- (㉥) : 중독성(Inhalation)

정답 ㉠ 빨간색, 폭발성(Explosive), ㉡ 노란색, ㉢ 불연성(Non-Flammable), ㉣ 파란색, ㉤ 백색

  * 암기 : 빨가 오폭 노산 녹불 파금 백중

DOT placard

Division of Class	Hazard	Placard
1	폭발성 물질 (Explosive)	오렌지
2	가스 (Gases)	빨간색 / 녹색 / 백색 / 노란색
3	액체물질 (Liquids)	빨간색
4	고체물질 (Solids)	(빨간색·백색) 파란색 빨간색
5	산화제 (Oxdizer)	노란색
6	중독성 물질 (Poisons)	백색

7	방사능 물질 (Radioactive)	(노란색·백색)
8	부식성 물질 (Corrosives)	(백색·흑색)

078 미국 방화협회(NFPA) 표시법 마름모 형태의 도표는 해당 화학물질의 "인체유해성", "위험성", "반응성", "기타 중요한 특성"을 나타내고 특별한 위험성이 없는 "0"에서부터 극도의 위험을 나타내는 "3"까지 네 가지 숫자 등급을 이용하여 각 위험성의 정도를 나타낸다. (O | X)

정답   X

해설   도표는 해당 화학물질의 "인체유해성", "화재위험성", "반응성", "기타 중요한 특성"을 나타내고 특별한 위험성이 없는 "0"에서부터 극도의 위험을 나타내는 "4"까지 다섯 가지 숫자 등급을 이용하여 각 위험성의 정도를 나타낸다.

079 빈칸을 채우시오.

- 마름모형 도표에서 왼쪽은 (㉠)색으로 (㉡)을, 위쪽은 (㉢)색으로 (㉣)을, 오른쪽은 (㉤)색으로 (㉥)을 나타낸다.
- 특히 하단부는 주로 (㉦)과의 반응을 표시하기 위해 사용된다.
- "(㉧)"는 물의 사용이 위험하다는 것을 나타내고 산화성 화학물질은 (㉨), (㉩)로 표시하기도 한다.

정답   ㉠ 청, ㉡ 인체유해성, ㉢ 적, ㉣ 화재위험성, ㉤ 황, ㉥ 반응성, ㉦ 물, ㉧ ₩, ㉨ O, ㉩ ×

해설   NFPA 704 표시법

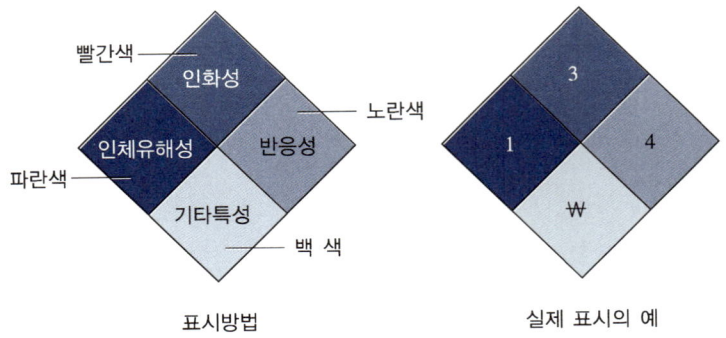

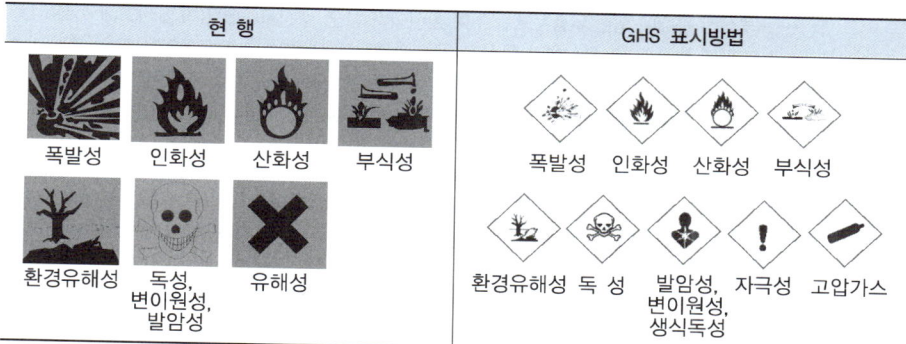

국내 표시법과 GHS 심벌의 비교

* GHS 표시방법은 필수암기사항이다.

080 각 경계구역의 표시 색상을 빈칸에 쓰시오.

- 위험지역(Hot Zone) : (㉠)
- 경고지역(Warm Zone) : (㉡)
- 안전지역(Cold Zone) : (㉢)

정답   ㉠ 붉은색, ㉡ 노란색, ㉢ 녹색

081 각 특성에 맞는 경계구역을 쓰시오.

- (㉠) : 제독·제염소를 설치하고 모든 인원은 이곳을 통하여 출입하도록 해야 한다. 제독·제염을 마치기 전에는 어떠한 인원이나 장비도 이 지역을 벗어나서는 안 된다.
- (㉡) : 사고가 발생한 장소와 그 부근으로서 누출된 물질로 오염된 지역을 말하며 구조와 오염제거활동에 직접 관계되는 인원 이외에는 출입을 엄격히 금지하고 구조대원들도 위험지역에 머무는 시간을 최소화하여야 한다.
- (㉢) : 지원인력과 장비가 머무를 수 있는 공간으로 이곳에 대기하는 인원들도 오염의 확산에 대비하여 개인보호장구를 소지하고 풍향이나 상황의 변화를 주시하여야 한다.

정답   ㉠ 경고지역(Warm Zone), ㉡ 위험지역(Hot Zone), ㉢ 안전지역(Cold Zone)

누출물질에 대한 조치
- 유독성 물질
  독극물과 유독성 가스는 사람과 자연에 큰 피해를 준다. 독성물질이 퍼지는 경로는 다양하기 때문에 발견자는 무조건 전문 진료를 받도록 한다. 유독물질을 보관, 사용하거나 이송하는 경우에는 관련 법규에 따라 독극물임을 표시하도록 규정되어 있다. 유독성물질이 누출된 사고임이 판명된 경우 현장활동에 임하는 대원들의 안전에 유의하고 사고가 더 이상 확산되지 않도록 누출된 물질의 차단과 처리에 중점을 두도록 한다.

- 부식성 물질
  부식성 물질에 의한 누출사고는 주로 황산이나 염산, 수산화나트륨(가성소다)에 의하여 발생한다. 염산은 증기압이 높고 강한 부식성과 독성이 강하기 때문에 대응에 각별히 주의가 필요하다. 대부분의 경우 대량의 물로 신속히 세척하여 중화시키는 것이 유효하지만 대량으로 누출된 경우 2차 오염으로 심각한 피해를 입힐 수 있으므로 모래나 흙 등으로 둑을 쌓아서 누출을 차단하는 방법을 강구한다. 화학적 방법에 의한 중화는 반드시 관련 전문가와 협의가 필요하다.
- 폭발물
  폭발물로 의심되는 물질 또는 폭발 우려가 있는 상황이라면 주변 사람들을 신속히 대피시켜야 한다. 특히 주의해야 하는 상황이 화재로 시작되는 폭발이다. 예를 들어, 화재가 발생한 트럭에 폭발물질이 적재되어 있다면 물로 화재를 진압하고 현장에는 꼭 필요한 인원만 접근하도록 한다. 폭발물로 의심되는 물체가 있다면 전문 폭탄처리반이 올 때까지 현장을 차단하고 대기하며 핸드폰이나 무전기 같은 전자장비를 주변에서 사용하지 않도록 한다. 폭파 협박 또는 폭발물에 의한 테러가 의심되는 물체가 발견된 경우에는 안전거리를 설정한다.
- 기타 물질들에 대한 조치
  최초 대응자가 모든 화학물질에 적합한 조치를 취할 수는 없다. 어떤 형태로든 위험 물질과 관련된 사고가 발생하면 사고장소를 통제하고 경계구역 내에서 인명을 대피시키는 것이 최우선 과제이다. 위험물 처리에 관한 전문교육을 받지 않은 사람은 화학 물질의 종류를 파악하려고 노력하기보다는 전문가의 도착을 기다리며 현장을 차단하는 것이 더 옳은 선택이 된다. 특히 시각이나 후각, 촉각 등으로 위험물질의 종류를 판별하려고 해서는 안 된다.

082 설명에 맞는 방호복의 등급을 쓰시오.

- (㉠) : 방독면과 같은 공기정화식 호흡 보호장비를 사용한다.
- (㉡) : 헬멧과 방호복, 공기호흡기로 구성된다. 위험물질의 비산에 의하여 손상을 입을 수 있는 액체를 다룰 경우 사용한다. 장갑과 장화가 방호복과 일체형인 경우도 있고 분리된 장비도 있다. 분리된 장비를 사용할 때에는 손목과 발목, 목, 허리 등을 밀폐하여 유독물질이 방호복 안으로 들어오지 못하게 해야 한다.
- (㉢) : 분진이나 증기, 가스 상태의 유독물질을 차단할 수 있는 최고등급의 방호장비이다. 착용자뿐만 아니라 공기호흡기까지를 차폐할 수 있는 일체형 구조이며 내부의 압력을 높여 외부의 공기와 접촉하지 않도록 한다. IDLH 농도의 유독가스 속으로 진입할 때나 피부에 접촉하면 손상을 입을 수 있는 유독성 물질을 직접 상대하며 작업하는 경우에 사용한다.
- (㉣) : 호흡 보호장비가 없이 피부만을 보호하는 수준이다. 소방대원의 경우 헬멧과 방화복, 보안경, 장갑을 착용한 상태가 해당한다. 위험이 없는 Cold zone에서 활동하는 대원만 이 방호복을 착용한다.

정답 ㉠ C급 방호복, ㉡ B급 방호복, ㉢ A급 방호복, ㉣ D급 방호복

083 오염을 방지하고 정화하는 조치를 제독 또는 제염이라고 한다. 일반적으로 유독 물질의 경우 '제독'이라는 표현을 사용하고, 방사능 물질의 경우에는 '제염'이라고 한다. (O l X)

정답 O

084 제독소는 Cold Zone 내에 위치하며 경계구역 설정과 동시에 설치하여야 한다. (O | X)

정답 X

해설 제독소는 Warm Zone 내에 위치한다.

085 제독소 내부는 오염지역에 가까운 구획부터 Red trap, Yellow trap, Green trap의 3단계로 구획하고 Red trap에서부터 제독을 시작한다. (O | X)

정답 O

해설 제독소
사고로 인하여 발생한 오염자 및 제독 작업에 참여한 대원의 제독을 위하여 제독소를 설치한다. 제독소는 Warm Zone 내에 위치하며 경계구역 설정과 동시에 설치하여야 한다. 전용 장비를 이용하여 제독소를 설치할 수 있지만 수손방지막을 활용하여 간이제독소를 설치할 수 있다. 40mm 또는 65mm 수관으로 땅에 적당한 크기의 구획을 만들고 그 위를 수손방지막으로 덮으면 오염물질이 밖으로 흐르지 않도록 할 수 있다. 제독소 내부는 오염지역에 가까운 구획부터 Red trap, Yellow trap, Green trap의 3단계로 구획하고 Red trap에서부터 제독을 시작한다. 구획의 크기는 제독인원에 비례하여 결정한다.
1) Red trap 입구에 장비수집소를 설치하고 손에 들고 있는 장비를 이곳에 놓도록 한다. 장비는 모아서 별도로 제독하거나 폐기한다.
2) 방호복을 입은 상태에서 물을 뿌려 1차 제독(Gross Decon)을 한다.
3) Yellow trap으로 이동하여 솔과 세제를 사용하여 방호복의 구석구석(발바닥, 사타구니, 겨드랑이 등)을 세심하게 세척한다.
4) 습식제독작업이 끝나면 Green trap으로 이동해서 동료의 도움을 받아 보호복을 벗는다.
5) 마지막으로 공기호흡기를 벗는다. 보호복의 종류에 따라 공기호흡기를 먼저 벗어야 하는 경우도 있다. 보호복과 장비는 장비수집소에 보관한다.
6) 현장 여건에 따라 샤워장으로 이동하여 탈의하고 신체 구석구석을 씻도록 한다.
7) 휴식을 취하면서 건강상태를 확인한다.

086 누출물질의 처리 중 화학적 방법에는 흡수, 유화처리, 희석, 응고 등이 있다. (O | X)

정답 X

해설 화학적 방법의 종류 : 흡수, 유화처리, 중화, 응고, 소독

087 흡착과 흡입은 누출물질의 처리 중 물리적 방법에 해당한다. (O | X)

정답 O

해설 물리적 방법의 종류 : 흡착, 덮기, 희석, 폐기, 밀폐·격납, 세척·제거, 흡입, 증기확산

088 다음 설명에 맞는 누출물질의 처리방법을 쓰시오.

> - ( ) : 주로 액체 물질에 적용하는 방법이다.
> - ( ) : 주로 기름(Oil)이 누출되었을 경우에 사용하며, 특히 원유 등의 대량 누출 시에 적용한다.
> - ( ) : 주로 부식성 물질에 사용하는 방법이다.
> - ( ) : 오염물질의 농도를 낮추어 위험성을 줄이는 방법이다.
> - ( ) : 실내의 오염농도를 낮추기 위해 창문을 열고 환기한다.

정답 흡수, 유화처리, 중화, 희석, 증기확산

해설 누출 물질의 처리
- 화학적 방법
  - 흡수(Absorption) : 주로 액체 물질에 적용하는 방법이다. 누출된 물질을 스펀지나 흙, 신문지, 톱밥 등의 흡수성 물질에 흡수시켜 회수한다. 둘 이상의 서로 다른 물질을 동시에 흡수시키고자 하는 경우에는 화학반응에 따르는 위험성이 없는지 확인하여야 한다.
  - 유화처리(Emulsification) : 유화제를 사용하여 오염물질의 친수성을 높이는 방법으로 처리한다. 주로 기름(Oil)이 누출되었을 경우에 사용하며, 특히 원유 등의 대량 누출 시에 적용한다. 환경 오염문제로 논란이 될 수 있다.
  - 중화(Neutralization) : 주로 부식성 물질에 사용하는 방법이다. 중화과정에서 발열이나 유독성 물질생성, 기타 위험성이 발생할 수 있으므로 화학자의 검토가 필요하고 위험을 감소시키기 위해서 오염물질의 양보다 적게 조금씩 투입하여야 한다.
  - 응고(Solidification) : 오염물질을 약품이나 흡착제로 흡착, 응고시켜 처리할 수 있다. 오염물질의 종류와 사용된 약품에 따라 효과가 달라진다. 응고된 물질은 밀폐, 격납한다.
  - 소독(Disinfection) : 주로 장비나 물자, 또는 환경 정화를 위해 표백제나 기타 화학약품을 사용해서 소독한다. 사람의 경우에는 화학약품을 사용하는 것보다 물로 세척하는 것이 더 효과적이다.
- 물리적 방법
  - 흡착(Adsorption) : 활성탄과 모래는 일반적으로 널리 사용되는 흡착제이다. 대부분의 화학물질을 사용하는 장소에는 기본적으로 활성탄이나 모래를 비치하고 있다.
  - 덮기(Covering) : 고체, 특히 분말 형태의 물질은 비닐이나 천 등으로 덮어서 확산을 방지한다. 휘발성이 약한 액체에도 적용할 수 있다.
  - 희석(Dilution) : 오염물질의 농도를 낮추어 위험성을 줄이는 방법이다. 가스가 누출된 장소에 신선한 공기를 불어 넣거나 수용성 물질에 대량의 물을 투입하는 방법을 사용한다.
  - 폐기(Disposal) : 장비나 물품에 오염이 심각하여 제독이 곤란하거나 처리비용이 과도하게 소요되는 경우에는 해당 물품을 폐기한다.
  - 밀폐, 격납(Over packing) : 오염물질을 드럼통과 같은 밀폐 용기에 넣어 확산을 차단하는 방법이다.
  - 세척, 제거(Removal) : 오염된 물질과 장비를 현장에서 세척하거나 제거한다. 제거된 물질은 밀폐 용기에 격납한다.
  - 흡입(Vacuuming) : 고형 오염물질은 진공청소기로 흡입, 청소하여 위험성을 줄일 수 있다. 일반 가정용 진공청소기는 미세분말을 통과시키기 때문에 분말 오염물질에는 적용할 수 없다. 정밀 제독을 위해서는 고효율미립자 필터를 사용한 전용 진공청소기를 사용한다.
  - 증기 확산(Vapor Dispersion) : 실내의 오염농도를 낮추기 위해 창문을 열고 환기시킨다. 고압송풍기를 이용하면 보다 효과적으로 오염물질을 분산시켜 빠른 시간에 농도를 낮출 수 있다.
* 누출 물질의 처리에 대한 방법은 반드시 암기해야 한다.

참고자료 : 생활안전 및 위험제거 참고자료

1. 119생활안전대 개요 중 업무특성
   ① 활동영역의 다양성
   생활안전대 업무는 문개방, 장신구 제거를 비롯하여 대형고드름 등 낙하우려 위험물 제거·안전조치, 벌집 제거 등 피해우려 야생동물 포획 및 퇴치와 같은 구조활동 분야와 급·배수지원과 오작동 소방시설 처리와 같은 민생지원 분야 등 활동영역이 다양하고 광범위하다.
   ② 비긴급성과 잠재적 위험성(비긴급성에 유의)
   목전의 급박한 위험상황은 아니지만, 별도의 조치 없이 방치할 경우 긴급한 위험성으로 발전하거나 현재는 소규모 위험성을 내재하고 있으나 이를 제거하지 않으면 준긴급·긴급으로 확대·발전할 수 있다. 특정의 경우 일반인에게는 위험이 되지 않으나 특정인에게는 위험과 위협이 될 수 있는 관계로 생활안전 민원은 민원인의 입장에서 위험, 위협을 판단하여야 할 필요성이 있다.
   ③ 주민 밀접성
   주민의 생활과 활동과정에서 발생하는 사고가 대부분으로 생활안전 사고는 특정지역과 분야에 해당하는 사안이 아닌 어느 곳에서나 불특정 다수에게 발생할 수 있는 사고가 대부분으로 일상생활과 밀접한 경우가 많다.
   ④ 관련 법령의 다양성
   동물의 경우 "동물보호법", "야생생물보호 및 관리에 관한 법률" 및 "총포·도검·화약류 등 단속법" 등과 관련되는 것을 비롯하여 실종의 경우 "유실물법", "개인정보보호법", "위치정보의 보호 및 이용 등에 관한 법률" 등 경찰 관련 법령 등 생활안전업무의 다양성만큼이나 관련 법령이 다양하여 여러 분야와 부서에 걸쳐있는 업무라 할 수 있다.

2. 119생활안전대 활동근거
   ① 119생활안전대 편성운영
   ㉠ 소방지원활동(소방기본법 제16조의2)
   소방청장·소방본부장 또는 소방서장은 공공의 안녕질서 유지 또는 복리증진을 위하여 필요한 경우 소방활동 외에 다음 각 호의 활동(이하 "소방지원활동"이라 한다)을 하게 할 수 있다.
   • 산불에 대한 예방·진압 등 지원활동
   • 자연재해에 따른 급수·배수 및 제설 등 지원활동
   • 집회·공연 등 각종 행사 시 사고에 대비한 근접대기 등 지원활동
   • 화재, 재난·재해로 인한 피해복구 지원활동
   • 119에 접수된 생활안전 및 위험제거활동(화재, 재난·재해, 그 밖의 위급한 상황에 해당되지 아니하는 것을 말한다)
   ㉡ "119생활안전대 편성·운영에 관한 규정"
   • '119생활안전대'란 119생활안전 활동에 필요한 차량 및 장비를 갖추고, 소방공무원, 의무소방원 또는 의용소방대원 등으로 편성된 단위조직으로 규정하고, 소방본부장 또는 소방서장은(이하 "소방본부장 등"이라 한다) 119생활안전서비스를 제공하기 위해 119생활안전대(이하 "생활안전대"라 한다)를 편성하여 운영할 수 있도록 하였다. '119생활안전활동'이란 119에 접수된 출동요청 중에서 위험성은 있으나 긴급을 요하지 않는(준 긴급 또는 잠재 긴급) 구조 및 위험제거 등 생활안전 지원 활동으로 정의하고 있다.
   • 즉, 119에 접수된 출동 요청 중에서 분초를 다투는 응급한 구조업무는 전문 구조장비 및 인력을 갖춘 '119구조대'에서 수행하도록 하고, 국민의 생명·신체 및 재산에 위해요소는 있으나 처리에 급박성을 요하지 않는 비 응급 생활안전 지원 및 위험제거 활동은 '119생활안전대'에서 수행토록 업무수행체계를 이원화함으로써 응급구조 상황 대응능력을 강화하고, 보다 친절하고 효율적인 119생활안전서비스를 제공하도록 하였다.
   ② 관련규정
   ㉠ "119구조·구급에 관한 법률" : 안전사고 및 감염방지, 구조활동의 기록, 구조활동 증명서 발급 등
   ㉡ "소방장비관리규칙" : 차량 및 장비유지관리
   ㉢ "소방장비조작 및 훈련기준" : 장비교육훈련
   ㉣ "야생생물보호 및 관리에 관한 법률" : 유해동물
   ㉤ "총포·도검·화약류 등 단속법" : 로프발사총, 마취총, 석궁 등 보관

ⓑ "마약류 관리에 관한 법률": 동물포획용 마취제, 희석제 사용 및 관리
ⓢ "동물보호법": 유기동물
ⓞ "유실물법": 구조된 물품취득 처리
ⓩ "소방기본법" 제19조(화재 등의 통지) 및 제59조(과태료): 허위신고
ⓒ "민원업무처리에 관한 법률": 구조활동증명서 발급 등
ⓚ "개인정보보호법": 119신고자에 대한 개인정보 보호
ⓔ "위치정보의 보호 및 이용 등에 관한 법률": 이동통신 위치조회 등

③ 119생활안전대의 활동범위

119에 접수된 출동요청 중에서 비응급(준긴급·잠재긴급) 생활안전 구조 및 위험제거 등 생활안전 활동영역은 다음과 같다.

업무분야	세부추진활동			비 고
	중분류		소분류	
구조활동	인 명	단순구조	문개방, 장신구 제거, 좁은 틈 신체고립 등	• 준긴급 • 잠재긴급
		안전조치	대형고드름 등 낙하우려 위험물 제거, 강풍 등에 의한 피해우려 위험시설 안전조치	
	동 물	보호조치	유기동물, 천연기념물 및 반려동물 등 보호	
		포획(퇴치)	벌집제거 등 피해 우려 야생동물 포획 및 퇴치	
	단순 응급처치		긴급을 요하지 않는 단순 응급처리	
민생지원	급수·급전		긴급 식수(먹는샘물) 공급, 비상전원·조명 공급	
	배 수		침수지역 배수지원	
	생활안전서비스 관련 소방안전교육		유치원, 초·중·고 학생 및 일반인 대상 119생활안전서비스 관련 소방안전교육 실시	
	기 타		오작동 소방시설 처리	

소방전술 3-1

09 응급의료 개론 및 장비운영

1 응급의료 개론

001 응급의료종사자는 의사와 응급구조사를 말한다. (O | X)

정답　X

해설　응급의료종사자는 의료인과 응급구조사이다.

002 응급환자는 크게 2가지로 분류될 수 있다. 즉시 응급처치를 하지 않으면 생명의 보전이 어려운 위급한 환자와 여러 종류의 다양한 응급환자로 구분되며, 위급한 환자에게는 숙련된 소생술이 적용되고, 후자의 경우는 일반적인 응급처치가 시행되어야 한다. (O | X)

정답　O

003 응급환자가 발생하였을 때에 대부분의 경우에는 근처에 있는 최초 반응자가 처음으로 환자를 접촉하게 되므로, 최초 반응자에게 기본적인 응급처치법을 교육시키고 응급의료체계를 이용하는 방법을 교육시키고 있다. (O | X)

정답　X

해설　일반인에 관한 설명이다(문제 4 해설 참조).

004 응급의료서비스 체계의 인력 중 지도의사는 모든 응급환자에게 포괄적이고 효과적인 응급치료를 제공하는 전문 의료인으로서 의료적인 처치 이외에도 전문요원의 교육, 응급의료체계의 구성과 운영방법 등에 대한 제반 업무를 수립하고 평가하는 모든 과정을 담당한다. (O | X)

정답　X

해설　응급의학 전문의에 관한 설명이다.

　　　응급의료서비스 체계 – 인력
　　　• 일반인 : 응급환자가 발생하였을 때에 대부분의 경우에는 근처에 있는 일반인이 처음으로 환자를 접촉하게 되므로, 일반인에게 기본적인 응급처치법을 교육시키고 응급의료체계를 이용하는 방법을 교육시키고 있다.

- 최초 반응자(First Responder) : 전문적인 응급구조사와는 달리 응급처치에 관한 단기간의 교육을 받고 일상 업무에 종사하면서 응급환자가 발생하였을 때에는 응급구조사가 현장에 도착할 때까지 응급처치를 시행하는 요원(경찰, 소방, 보건교사, 안전요원 등)을 말한다.
- 응급간호사 : 응급환자의 특수성으로 인하여 간호 분야에서도 전문성이 요구되고 있으며, 응급실 내에서의 간호활동 뿐만 아니라 현장처치에서도 응급간호사가 일부 역할을 수행하고 있다.
- 응급구조사 : 국내에서는 응급구조사를 1급과 2급으로 구분하고 있으며, 2급 응급구조사는 기본 심폐소생술, 응급환자의 척추나 팔다리의 고정, 환자 이동과 이송 등에 필요한 기본적인 의료행위만을 수행하게 된다. 1급 응급구조사는 대학이나 대학교의 응급구조학과를 졸업하거나 보건복지가족부장관이 인정하는 외국의 응급구조사 자격인정을 받은 경우, 그리고 2급 응급구조사로서 3년 이상의 실무 경험이 있어야만 응시자격을 갖는다. 1급 응급구조사는 이송과정에서 기도삽관, 인공호흡기 사용, 수액처치 등과 같은 제반 응급처치를 할 수 있다.
- 구급상황요원 : 119구급상황관리센터에서 구급대 출동지시, 응급처치 안내 및 의료상담을 수행하는 요원이다.
- 지도의사 : 구급차등의 운용자는 관할 시·도에 소재하는 응급의료기관에 근무하는 전문의 중에서 1인 이상을 지도의사로 선임 또는 위촉하여야 한다. 지도의사의 업무로는 다음과 같다.
  - 응급환자가 의료기관에 도착하기 전까지 행하여진 응급의료에 대한 평가
  - 응급구조사의 자질향상을 위한 교육 및 훈련
  - 이송중인 응급환자에 대한 응급의료 지도
- 응급의학 전문의 : 모든 응급환자에게 포괄적이고 효과적인 응급치료를 제공하는 전문 의료인으로서, 의료적인 처치 이외에도 전문요원의 교육, 응급의료체계의 구성과 운영방법 등에 대한 제반 업무를 수립하고 평가하는 모든 과정을 담당한다.

* 지도의사와 응급의학 전문의는 비교해서 암기해야 한다.

005 응급처치의 시간척도에서 전문치료팀과 장비가 대기 장소에서 출발하여 환자가 있는 장소까지 도착하는 데 소요된 시간을 출동시간이라 정의한다. (O | X)

정답 X

해설 응급처치의 시간척도
응급환자의 발생 신고로부터 전문 치료팀이 출동을 시작할 때까지 소요되는 시간을 출동시간(Mobilization Time)이라고 하며, 전문 치료 팀과 장비가 대기 장소에서 출발하여 환자가 있는 장소까지 도착하는 데 소요된 시간을 반응시간(Response Time), 현장에서 환자를 이동시킬 수 있도록 안정시키는 데 소요되는 시간을 현장처치시간(Stabilization Time)이라고 정의한다.

006 응급의료기관은 중앙응급의료센터, 권역별 응급의료센터, 전문 응급의료센터, 지역별 응급의료센터, 지역별 응급의료기관으로 분류되어 있다. (O | X)

정답 O

해설 우리나라 응급의료체계 관련부서
- 보건복지부 : 응급의료에 관한 주요 정책을 수립하고 평가하며, 지원하는 대부분의 행정업무를 주관한다. 보건의료정책실에서 실제 업무를 수행하고 있다.
- 소방청 : 소방청은 응급환자의 이송, 현장 및 이송 중의 응급처치, 응급상황실 등의 운영을 맡고 있다.
- 응급의료기관 : 의료기관 중 종합병원 이상의 큰 규모를 응급의료기관으로 분류하여 응급실을 운영하고 있다. 응급의료기관은 다시, 중앙응급의료센터, 권역별 응급의료센터, 전문 응급의료센터, 지역별 응급의료센터, 지역별 응급의료기관으로 분류되어 있다.

- 응급의료지원센터 : 응급의료를 효율적으로 제공할 수 있도록 응급의료자원의 분포와 주민의 생활권을 감안하여 지역별로 응급의료지원센터를 설치·운영한다.
- 대한응급의학회 : 응급의학 전문의들로 구성된 학술의료단체로서 응급의료에 관한 정책자문을 하며, 주요 과제에 대한 공동연구를 수행하고 실제적인 자료를 수집하고 평가한다.
- 한국보건산업진흥원 : 보건의료에 대한 각종 정책에 대한 연구 및 평가 사업을 시행하고 있으며, 대부분은 보건복지부와 같은 정부의 연구지원금으로 운영된다.
- 기타 : 한국응급구조학회, 대한응급구조사협회, 대한심폐소생협회 등이 있다.

007 구급차 출동체계의 유형 중 혼합형은 일반구급차가 도착하여 중증으로 판단되면 특수구급차를 요청하는 출동체계이다. (O | X)

정답 O

해설 **구급차 출동체계의 유형**
- 일원화된 출동체계 : 응급환자의 중증도에 관계없이 1가지 유형의 구급차만 운용한다(선진국 : 특수구급차, 후진국 : 일반구급차).
- 혼합형의 출동체계 : 일반구급차가 현장에 도착하여 중증으로 판단되면 특수구급차를 요청한다.
- 이원화된 출동체계 : 전화상담원에 의해 경증은 일반구급차, 중증은 특수구급차를 출동시키며, 혼합형의 출동체계와 유사하다.

008 응급구조사의 법적책임 중 치료기준에서 유사한 훈련과 경험을 가진 분별력 있는 사람이 유사한 상황에서 장비를 이용하여 동일한 장소에서 어떻게 행동할 것인지 판단하는 기준은 사회 관행으로 정해진 기준이다. (O | X)

정답 O

009 치료기준 중 제도화된 기준은 응급의료에 관련된 조직과 사회에서 널리 인정된 학술적인 사항에 의한 기준을 말한다. (O | X)

정답 X

해설 전문적 기준에 관한 설명이다(문제 10 해설 참조).

010 전문적 기준이란 특수한 법률과 응급구조사가 속해있는 단체에서의 권장사항에 의한 기준을 말한다. (O | X)

정답 X

해설 제도화된 기준에 관한 설명이다.

응급구조사의 법적책임 - 치료기준
응급구조사는 주어진 상황에서 적절한 행동을 할 의무가 있으며, 반대로 일부 행동은 삼가해야할 의무를 가지게 된다. 일반적으로 응급구조사는 그의 행위나 활동이 타인에게 해를 줄 가능성이 있다면 타인의 안전에 관해 우선적으로 관심을 가져야 한다. 응급구조사가 응급환자에게 적절한 치료를 위하여 행동해야만 하는 방식을 치료기준이라고 한다.

법적 책임을 나타내는 사항

분류	내용	분류	내용
치료기준	사회의 관행으로 정해진 기준	면책의 양식	응급구조사의 법규
	법률에 의한 기준		의료행위의 면책
	전문적 또는 제도화된 기준		면허 또는 증명의 효과
과실주의	유 기	책 임	호출에 응답할 의무
동의의 법칙	묵시적 동의	의무기록과 보고	특수상황에서의 보고
	미성년자 치료에 있어서의 동의		범죄에 관한 보고
	정신질환의 동의		사망자에 대한 사항
	치료 거부권		

- 사회관행으로 정해진 기준
  일반적으로 사회에서 이루어지는 관행은 응급처치의 기준을 결정하는 데 중요한 요소가 될 수 있다. 즉, 유사한 훈련과 경험을 가진 분별력 있는 사람이 유사한 상황에서 장비를 이용하여 동일한 장소에서 어떻게 행동할 것인지에 대해 판단하는 기준을 말한다.
- 법률에 의해 정해진 기준
  관행 이외에도 응급의료의 기준은 법규, 법령, 조례 또는 판례에 의하여 정해진다. 이러한 기준을 위반하는 것은 사법적으로는 추정된 과실을 범하는 것이다. 따라서 응급구조사는 법률이 정하는 응급처치 범위의 기준을 잘 알고 해당 범위 내에서 응급의료행위를 하여야 한다. 응급의료에 관한 법령에서는 1급과 2급 응급구조사의 업무범위를 정해 놓고 있다.
- 전문적 또는 제도화된 기준
  전문적 기준은 응급의료에 관련된 조직과 사회에서 널리 인정된 학술적인 사항에 의한 기준을 말한다. 제도화된 기준은 특수한 법률과 응급구조사가 속해 있는 단체에서의 권장사항에 의한 기준을 말한다. 따라서 전문적 또는 제도화된 기준을 준수하려면 첫째, 응급구조사는 그들이 속한 조직이 공포한 기준에 익숙해야 한다. 둘째, 응급구조사가 속해 있는 조직이 합리적이고 현실적인 기준을 제정하도록 노력하여야 하며, 응급구조사에 불합리한 측면을 부과하지 않도록 하여야 한다.

011　응급구조사의 법적책임 중 동의의 법칙에는 고시된 동의, 묵시적 동의, 미성년자 치료에 있어서의 동의, 정신질환자의 동의, 치료거부권이 있다. (O | X)

정답　O

해설　동의의 법칙
- 고시된 동의
  응급구조사가 제공하는 환자치료에 대해 그 내용을 알고 이해하며, 동의한다는 환자의 표현을 말한다. 즉, 고시된 동의는 그 환자가 합리적인 결정을 하도록 필요한 모든 사실을 설명한 후에 환자로부터 얻는 동의이다. 고시되어야 할 중요한 내용으로는 '① 환자에게 발생하거나 발생 가능한 진단명 ② 응급검사 및 응급처치의 내용 ③ 응급의료를 받지 않을 경우의 예상결과 또는 예후 ④ 기타 응급환자가 설명을 요구 하는 사항 등'으로 환자가 동의하기 이전에 절차와 범위를 충분히 이해해야 한다. 또한 환자는 그러한 판단을 내릴 만큼 충분한 정신적 혹은 육체적 능력을 갖고 있어야 한다. 응급구조사가 직면하는 상황의 대부분은 환자에게서 문서화된 동의를 얻어낸다는 것이 현실적으로 어렵다. 그러나 문서화된 동의 대신에 구두 동의는 얻을 수 있을 것이다. 구두 동의는 증명되기는 어렵지만, 법적으로 유효하며 구속력을 갖는다.

- 묵시적 동의

  즉시 응급처치가 절실하게 필요한 사람이라면, 응급처치에 동의했을 것이라고 추정한다. 법률적으로 사망이나 영구적인 불구를 방지하기 위하여 긴급한 응급처치를 필요로 하는 환자는 그에 대한 치료와 이송에 동의해야 한다는 입장이다. 그러나 이러한 묵시적 동의는 긴급한 상황에만 국한된다. 무의식환자와 쇼크, 뇌 손상, 알코올이나 약물중독 등의 피해자들이 그 실례이다. 일반적으로 묵시적 동의는 환자가 의식불명 또는 망상에 빠져 있거나, 신체적으로 동의할 수 없는 경우에 적용된다. 환자의 동의를 구할 수 없으나 책임을 질 만한 보호자나 친척이 있는 경우에는 그들에게 허락을 얻어내는 것이 바람직하다. 대부분의 경우, 법률은 배우자나 친척 등에게 동의가 불가능한 환자를 대신하여 동의할 수 있는 권리로 인정하고 있다.

- 미성년자 치료에 있어서의 동의

  법률은 미성년자가 응급처치에 대해서 유효한 동의를 할 만한 판단력을 갖추지 못했다고 인정한다. 그 예로 민법은 행위무능력자의 범주에 미성년자를 포함하고 있으며 미성년자에 대한 동의권은 부모나 후견인에게 주어진다. 이러한 규정에도 불구하고 미성년자가 하는 동의는 개개인의 나이와 성숙도에 따라서 일부는 유효하기도 한다. 긴급한 응급상황이 존재한다면 미성년자를 치료하는 것에 대한 동의는 묵시적일 수 있으나, 가능하면 친권자나 후견인의 동의를 구해야 한다.

- 정신질환자의 동의

  정신적으로 무능한 사람은 치료를 받는 데 있어서, 응급처치의 필요성에 대한 어떠한 정보가 제공되었다 하더라도 동의할 수 없다. 그러나 한 개인이 법에 의해서 심신 상실로 법원에 의해 금치산자로 선고되지 않았다면 그의 능력에는 의문의 여지가 많다. 금치산자로 결정이 내려진 경우에는 친권자나 후견인 같은 사람이 환자를 대신하여 동의권을 갖는 경우가 대부분이다. 많은 상황에서 응급구조사는 착란상태에 빠져 있거나 정신적 결함이 있는 환자를 만나게 된다. 이러한 증상은 환자가 실제적으로 동의를 할 수 있는지의 여부를 결정하는 데 반드시 고려되어야 한다. 긴급한 응급상황이라면 묵시적 동의가 적용되어야 한다.

- 치료 거부권

  환자는 응급의료인의 치료행위에 대해 치료 거부권을 갖는다. 환자가 치료나 이송을 거부하는 경우에 응급구조사는 매우 난처한 상황에 처하게 된다. '법적으로 고소당할 위험을 무릅쓰고 환자를 돌볼 것인가', 아니면 '환자를 방치하여 악화되는 위험에 빠뜨려서 과실이나 유기로 고소될 것인가' 등의 혼란스러운 상황에 직면할 수 있다. 한 개인이 치료를 거부할 때, 응급구조사는 그의 정신상태가 온전한가의 여부를 판단하려고 시도해야 한다. 의심스러운 경우에는 정신적 결함이 있다고 간주하여 치료를 시행하는 것이 최선의 방법이다. 환자를 유기함으로써 상태가 악화되도록 하는 결정을 내리는 것보다는 처치를 시행하는 것이 법적 관점에서 더 유리하다. 환자가 치료받기를 거부하는 모든 경우에, 응급구조사는 인내와 차분한 설득을 통하여 상황을 해결할 수 있어야 한다. 그러나 완고하게 거부하는 경우, 거부하는 사람(부모, 후견인, 보호자 등)에게 거부를 자인한다는 내용의 공식문서에 서명을 하도록 하는 것이 필요하다. 이러한 서약서는 일반적인 보고서와 응급구조사가 기재하는 보고서와 함께 보관되어야 한다.

012 아동학대, 범죄행위에 의한 손상, 약물에 관련된 손상에 대해서는 반드시 보고해야 한다. (O | X)

정답 X

해설 중대한 범죄행위에 의한 손상 시 특별히 보고가 요구되는 사항이다. 일반 모든 범죄행위가 아니기 때문에 지문에 유의한다.

기록과 보고
- 의료 책임에 대한 응급구조사의 최상의 방어는 교육, 충분한 처치, 고도로 숙련된 기술, 그리고 철저한 문서의 기록 등이다. 훌륭한 응급의료서비스를 제공하는 것 다음으로 성실하게 기록된 문서는 소송에 대한 최선의 보호책이 될 수 있다.

- 대부분의 의학계와 법조계 전문인은 응급의료 상황에 대한 완전하고 정확한 기록이 법적인 분쟁에 대한 중요한 보호막이라고 믿고 있다. 완전한 기록이 없거나 또는 기록이 불완전하다면, 응급구조사가 그 사건을 증언해야 할 때에 당시 상황이나 활동을 기억에만 의존해야 한다. 사람의 기억에 대한 신뢰도가 낮으므로 법적인 피해를 당하게 될 수 있다.
- 기록과 보고에 관련된 2가지 중요한 원칙은 첫째, 보고서로 기록되어 있지 않은 행위는 행해진 것이 아니며, 둘째, 불완전하고 정확하지 않은 기록은 불완전하거나 비전문적인 의료의 증거라는 것이다. 모든 사고와 환자에 대하여 정확한 기록과 보고서를 작성하여 보관함으로써 이러한 법적 문제로부터 보호받을 수 있다.
- 특별히 보고가 요구되는 사항
  - 아동학대 : 우리나라에서도 어린이를 보호하도록 법령으로 규정해 놓고 있다. 의사로부터 일반인에 이르기까지 보고의 의무를 부여하고 있다. 그러나 이러한 보고가 가해자에 대한 비방, 중상 및 명예훼손이 될 수 있으며, 이로 인하여 고소를 당할 수 있으므로 보고서를 정확히 작성하여야 한다.
  - 중대한 범죄행위에 의한 손상 : 상해, 총상, 자상 또는 독약과 같은 중대한 범죄행위에 의하여 손상이 발생한 경우에는 보고하여야 한다.
  - 약물에 관련된 손상 : 어떤 경우에 있어서도 약물(마약, 향정신성 약물 등)에 관련된 손상은 반드시 보고해야 한다. 따라서 응급구조사는 어떠한 약물이 사용된 경우에 보고하여야 하는지 법의 규정에 대해서 잘 알고 있어야 한다.
  - 그 외에 보고해야 할 것들 : 자살기도, 교사상, 전염병, 성폭행 등에 대해서도 보고해야 한다.
- 범죄 현장
  범죄가 일어났을 가능성을 예시하는 증거가 있다면 응급구조사는 즉시 수사기관에 연락한다. 만약, 현장에서 범죄행위가 진행 중이 아니라면 수사기관이 도착하기 전이라도 환자에게 필요한 응급처치를 시행하고 병원으로 이송해야 한다. 응급처치가 시행되는 동안에 구급대원은 불가피하게 필요한 것 이상으로 범죄현장을 훼손하지 말아야 한다.
- 사망한 경우
  특별한 경우가 아니면 응급구조사는 사망선고를 임의로 내려서는 안 된다. 생명이 유지되거나 환자가 소생할 수 있는 기회가 있다면 응급구조사는 현장에서 또는 의료기관으로 이송 중에 생명보존을 위한 모든 노력을 다해야만 한다. 그러나 때때로 사망이 명백한 경우가 있다. 즉, 사후강직이 시작되었거나, 목이 절단되어 있거나, 신체가 불에 완전히 탔거나, 신체의 일부가 소실된 광범위한 머리 손상인 경우 등 이다. 이러한 경우 응급구조사에게 요구되는 유일한 응급조치는 시체를 보존하고 당시의 상태를 기록하는 것이다.

2 소방대원의 안녕

013 죽음에 대한 정서반응 중 가장 첫 번째는 '분노'이다. (O | X)

정답 X

해설 죽음에 대한 정서반응
- 부정 : 죽어가고 있는 환자의 첫 번째 정서 반응으로 의사의 실수라 믿으며 기적이 일어나길 기다린다.
- 분노 : 초기의 부정반응에 이어지는 것이 분노이다. 이 반응은 말이나 행동을 통해 격렬하게 표출 될 수 있다. 소방대원은 이런 감정을 이해해 줄 필요는 있으나 신체적인 폭력에 대해서는 단호하게 대처해야 한다. 또한 경청과 대화를 통해 공감대를 형성하는 것도 좋은 방법이다.
- 협상 : '그래요. 내가, 하지만…' 과 같은 태도를 나타낸다. 매우 고통스럽고 죽을 수도 있다는 현실은 인정하지만 삶의 연장을 위해 다양한 방법으로 협상하고자 한다.

- 우울 : 현실에 대한 가장 명백하고 일반적인 반응이다. 환자는 절망감을 느끼고 우울증에 빠지게 된다.
- 수용 : 환자가 나타내는 가장 마지막 반응이다. 환자는 상황을 현실로 받아들이고 그들이 할 수 있는 최선을 다하려고 노력한다. 이 기간 동안 가족이나 친구의 적극적이고 많은 도움이 필요하다.

014 위험물질에 대한 처치단계에서 최초 반응자는 위험물로부터 사람과 재산을 보호하고, 위험물로부터 안전한 거리에 위치하며, 확대를 저지한다. (O | X)

정답 X

해설 최초 대응자에 관한 설명이다.

위험물질에 대한 처치 단계

단 계	처 치
최초 반응자	위험물질의 위험성을 인지하고 알리며 필요하다면 지원을 요청한다.
최초 대응자	• 위험물로부터 사람과 재산을 보호한다. • 위험물로부터 안전한 거리에 위치한다. • 확대를 저지한다.
전문 처치자	• 위험물 유출을 막거나 봉합, 정지시킨다. • 처치자에 대한 활동을 명령하거나 협조해 준다.

015 4염화탄소(드라이클리닝 약품)에 노출되면 바로 그 자리에서 결과가 나타나지만 부식제 접촉은 나중에 간질환이 발생할 수 있다. (O | X)

정답 X

해설 위험물질은 여러 형태(유독 가스, 부식성 액체, 독성 가루 등)가 있다. 어떤 형태이든 개인 안전을 위한 보호장비를 착용해야 하며 개인 건강에 영향을 줄 수 있다. 이러한 영향은 현장에서 또는 후에 나타날 수 있다. 예를 들면, 부식제 접촉은 바로 그 자리에서 결과가 나타나지만 4염화탄소(드라이클리닝 약품)에 노출되면 나중에 간질환이 발생할 수 있다. 위험물질은 산업 현장, 탱크로리, 심지어 부엌 등 우리 주변 어디에서나 볼 수 있다. 현장 출동 중 탱크로리 사고라면 유출에 대한 결과를 예상하고 그에 따른 지원을 요청해야 하며 가스 누출사고라면 같은 증상과 징후로 다수의 환자가 발생될 수 있음을 알아야 한다. 현장 위험물질이 있다고 판단된다면 우선 안전거리를 유지하고 바람을 등지거나 높은 지대에 위치해 있어야 한다. 그 다음 위험물질이 어떤 것인지 관계자나 표시된 글을 통해 알아보아야 한다. 위험물임을 확인하면 출입을 통제하고 위험물 제거반의 지원을 요청한다. 만약 개인 안전장비를 착용하지 않았다면 현장에 들어가거나 위험물에 노출된 환자를 처치해서는 안 된다.

016 응급구조현장에서 개인의 안전을 확보하기 위한 단계를 순서대로 쓰시오.

> ① 상황에 맞는 개인안전장비를 착용한다.
> ② 구조계획을 세운다.
> ③ 상황에 대한 전반적인 평가를 실시한다.
> ④ 안전한 구조를 위해 적절한 인원 및 장비를 사용해야 한다.
> ⑤ 주위변화에 주위를 기울인다.

정답   ① - ③ - ② - ⑤ - ④

3 감염방지 및 개인 보호 장비

017 전염질환의 특징 중 전염경로에서 공기에 의한 전파에 해당하는 질병은 폐렴, 수두, 풍진, 결핵, 백일해이다. (O | X)

정답   X

해설   폐렴의 전염경로는 입과 코의 분비물이다(18번 문제 해설 참고).

018 잠복기가 가장 긴 전염질환은 간염이다. (O | X)

정답   X

해설   잠복기가 가장 긴 전염질환은 후천성면역결핍증(AIDS)이다.

전염질환의 특징

질 병	전염 경로	잠복기
후천성면역결핍증(AIDS)	HIV에 감염된 혈액, 성교, 수혈, 주사바늘, 모태감염	몇 개월 또는 몇 년
수 두	공기, 감염부위의 직접 접촉	11~21일
풍 진	공기, 모태감염	10~12일
간 염	혈액, 대변, 체액, 오염된 물질	유형별로 몇 주~몇 개월
뇌수막염(세균성)	입과 코의 분비물	2~10일
이하선염	침 또는 침에 오염된 물질	14~24일
폐렴(세균성, 바이러스성)	입과 코의 분비물	며 칠
포도상구균 피부질환	감염부위와의 직접 접촉 또는 오염된 물질과의 접촉	며 칠
결 핵	호흡기계 분비(비말 등), 공기	2~6주
백일해	호흡기계 분비물, 공기	6~20일

019 뇌수막염(세균성)의 전염경로는 입과 코의 분비물이다. (O | X)

정답 O

해설 18번 해설 참조

020 감염의 기본예방법 중 사용한 바늘은 구부리거나, 자르지 말고 다시 뚜껑을 씌운 후 그대로 주사바늘 통에 즉시 버린다. (O | X)

정답 X

해설 사용한 바늘은 다시 뚜껑을 씌우거나, 구부리거나, 자르지 말고 그대로 주사바늘 통에 즉시 버린다.

021 부득이 바늘 뚜껑을 씌울 때는 한손으로 조작하여 바늘뚜껑을 주사바늘에 씌운 후 닫도록 한다. (O | X)

정답 O

해설 **감염의 기본 예방법**
- 날카로운 기구를 사용할 경우에는 손상을 당하지 않도록 주의한다.
- 바늘 끝이 사용자의 몸 쪽으로 향하지 않도록 한다.
- 사용한 바늘은 다시 뚜껑을 씌우거나, 구부리거나, 자르지 말고 그대로 주사바늘 통에 즉시 버린다.
- 부득이 바늘 뚜껑을 씌워야 할 경우는 한 손으로 조작하여 바늘 뚜껑을 주사바늘에 씌운 후 닫도록 한다.
- 주사바늘, 칼날 등 날카로운 기구는 구멍이 뚫리지 않는 통에 모은다.
- 심폐소생술 시행 시 반드시 일 방향 휴대용 마스크를 이용하며 직접 접촉을 피한다.
- 피부염이나 피부에 상처가 있는 처치자는 환자를 직접 만지거나 환자의 검체를 맨손으로 접촉하지 않도록 한다.
- 장갑은 한 환자에게 사용하더라도 오염된 신체부위에서 깨끗한 부위로 이동할 경우 교환해야 한다.

022 공기에 의한 전파경로에 대한 예방법으로 이동이 불가피할 경우 환자에게 수술용 마스크를 착용하도록 한다. (O | X)

정답 O

023 비말에 의한 전파경로에 대한 예방법으로 환자와 1m 이내에서 접촉할 경우는 환자에게 마스크를 씌운다. (O | X)

정답 X

해설 공기전파는 환자에게 씌우고 비말은 본인이 착용한다.

024 생물체가 아닌 환경으로부터 세균의 아포를 제외한 미생물을 제거하는 과정은 세척이다. (O | X)

정답 X

해설 소독에 대한 설명이다.
* 용어의 종류 암기 : 세, 소, 멸, 살, 화

025 살균제란 미생물 중 병원성 미생물을 사멸시키기 위한 물질을 말한다. (O | X)

정답 O

해설 소독과 멸균 용어의 정의
- 세척(Cleaning) : 대상물로부터 모든 이물질(토양, 유기물 등)을 제거하는 과정으로 소독과 멸균의 가장 기초 단계이다. 일반적으로 물과 기계적인 마찰, 세제를 사용한다.
- 소독(Disinfecting) : 생물체가 아닌 환경으로부터 세균의 아포를 제외한 미생물을 제거하는 과정이다. 일반적으로 액체 화학제, 습식 저온 살균제의 의해 이루어진다.
- 멸균(Sterilization) : 물리적, 화학적 과정을 통하여 모든 미생물을 완전하게 제거 하고 파괴시키는 것을 말하며 고압증기멸균법, 가스멸균법, 건열멸균법, H_2O_2 Plasma 멸균법과 액체 화학제 등을 이용한다.
- 살균제(Germicide) : 미생물 중 병원성 미생물을 사멸시키기 위한 물질을 말한다. 이중 피부나 조직에 사용하는 살균제를 피부소독제(Antiseptics)라 한다.
- 화학제(Chemicals) : 진균과 박테리아의 아포를 포함한 모든 형태의 미생물을 파괴하는 것으로 화학멸균제(Chemical Sterilant)라고도 하며, 단기간 접촉되는 경우 높은 수준의 소독제로 작용할 수 있다.

026 세균, 바이러스, 일부 진균을 죽이지만, 결핵균이나 세균 아포 등과 같이 내성이 있는 미생물은 죽이지 못하는 소독 수준은 중간 수준의 소독이다. (O | X)

정답 X

해설 낮은 수준의 소독이다.

소독 수준
- 물체의 표면에 있는 미생물 및 세균의 아포를 사멸하는 데 있어 그 능력별 수준을 다음과 같이 나눌 수 있다. 제품의 설명서를 잘 참조하여 효과적이고 적절한 소독을 하도록 한다.
  - 높은 수준의 소독(High Level Disinfection) : 노출시간이 충분하면 세균 아포까지 죽일 수 있고 모든 미생물을 파괴할 수 있는 소독수준이다.
  - 중간 수준의 소독(Intermediate Level Disinfection) : 결핵균, 진균을 불활성화시키지만, 세균 아포를 죽일 수 있는 능력은 없다.
  - 낮은 수준의 소독(Low Level Disinfection) : 세균, 바이러스, 일부 진균을 죽이지만, 결핵균이나 세균 아포 등과 같이 내성이 있는 미생물은 죽이지 못한다.
- 소독효과의 영향인자들
  - 소독제의 농도 : 미생물 오염의 종류와 농도
  - 유기물의 존재 : 접촉 시간
  - 물리적·화학적 요인 : 생막(Biofilm)의 존재

027 사고현장 안전계획에서 다뤄야 할 사항으로는 1)예상되는 위험물질과 노출 시 증상 및 징후 2)현장에서의 작업계획, 커뮤니케이션 시스템 3)응급상황의 징후 및 대피로 4)제독계획이다. (O | X)

정답 X

해설 안전브리핑의 내용이다.

위험물사고현장 구급 활동 시 안전한 대응

- 사고 현장 안전계획
  각각의 사고에는 사고유형별 안전계획에 의해 현장활동을 진행해야 하며 현장대원들은 이를 숙지해야 한다. 사고유형별 안전계획에는 다음과 같은 사항이 포함되어야 한다.
  - 사고지역 및 주변지형(고지대, 저지대, 수로, 강 등), 위험물질 노출가능 지역
  - 사고현장 내 물리적・화학적 위험물질 파악
  - 기상 상황(현재부터 작업완료 날까지) 및 초기 현장상황
  - 현장 대응조직 구성(사고관리 체계)
  - 현장 통제범위 설정 및 개인안전 보호장비 등급 결정
  - 환자 및 장비 제독에 필요한 물품 정의
  - 사고 구역 내 활동 중인 각각의 팀의 역할 분담
  - 공기오염 측정 장비, 대피안내 과정 및 대피 경로
- 안전 브리핑
  안전 브리핑은 사고현장 진입 전에 수행되어야 하며 진입대원뿐 아니라 추후 투입되어야 하는 팀도 받아야 한다. 브리핑에서 다뤄야 하는 사항으로는 다음과 같다.
  - 예상되는 위험물질과 노출 시 증상 및 징후
  - 현장에서의 작업 계획, 커뮤니케이션 시스템
  - 응급상황의 징후 및 대피로
  - 제독 계획

028 안전브리핑은 사고현장 진입 전에 수행되어야 하며, 진입대원 뿐 아니라 추후 투입되어야 하는 팀도 받아야 한다. (O | X)

정답 O

029 위험물사고 현장 도착 직후 해야 할 일 중 위험물 성분 및 물질형태, 노출 경로를 파악하는 것은 현장 평가 요소에 해당된다. (O | X)

정답 X

해설 정보 수집 사항의 내용이다.

현장 평가 요소와 정보 수집 사항 비교

현장 평가 요소	정보 수집 사항
• 연기 및 증기, 고여 있는 액체가 있는지 • 눈・코・피부 자극 증상 • 차량 및 저장물 표시 및 방사선 표시	• 사고유형 및 신고자 번호 • 위험물 성분 및 물질형태, 노출경로 • 환자수와 증상

* 구조실무에서의 위험물 사고현장 대응과도 비교해 볼 것.

030 빠른환자이동, 독립적 호흡장치(SCBA) 사용, 산소저장낭이 달린 BVM사용은 오염통제구역에서의 구급활동에 해당한다. (O | X)

정답 X

해설 오염구역에서의 활동에 해당한다.

위험물사고현장 구역 분류

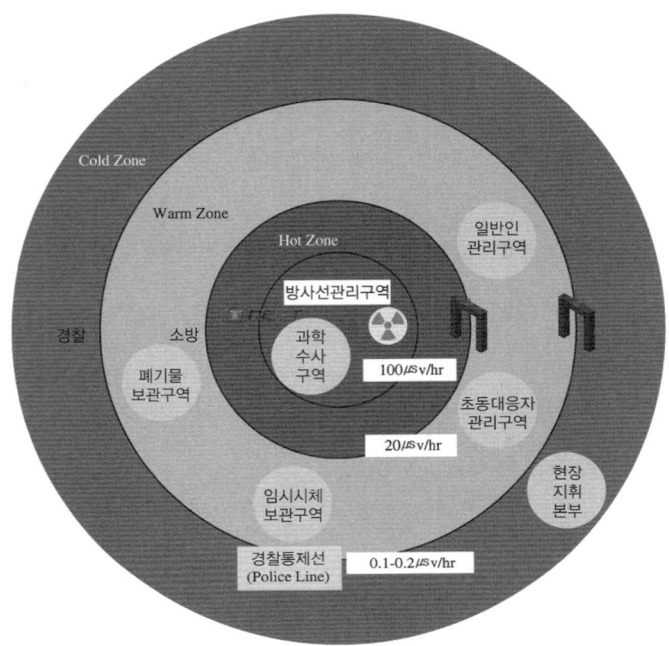

031 제독활동은 오염구역에서의 구급활동이다. (O | X)

정답 X

해설 오염통제구역 활동에 해당한다.

오염구역에서의 구급활동
오염구역에서 개인보호장비를 착용한 상태에서 환자를 평가하고 처치하는 것은 어려우므로 오염구역에서의 환자처치는 다음과 같이 제한될 수밖에 없다. 이때 중요한 사항은 환자이동으로 인한 오염구역 확장을 주의해야 한다.
- 빠른 환자 이동(단, 척추손상 환자 시 빠른 척추고정 적용)
- 오염된 의복과 악세사리를 현장에서 가위를 이용해 제거 후 사용한 의료기구 및 의복은 현장에 남겨두고 환자만 이동한다(의복 및 의료기구는 오염되었다는 가정하에 실시한다).
- 들것에 시트를 2장 준비 또는 이불을 가져가 옷을 제거한 환자의 신체를 덮어 주어야 한다.
- 환자의 추가 호흡기계 오염을 방지하기 위해서 독립적 호흡장치(SCBA)를 사용해야 한다.
- 양압환기가 필요한 환자의 경우 산소저장낭이 달린 BVM을 사용해야 한다.

오염 통제구역에서의 구급활동
- 오염 통제구역은 오염구역과 안전구역 사이에 위치해 있으며 제독 텐트 및 필요시 펌프차량 등이 위치해 오염을 통제하는 구역이다. 이 구역 역시 오염 가능성이 있는 곳으로 적정 장비 및 훈련을 받은 최소인원으로 구성되어 제독활동을 진행해야 한다.
- 오염구역 활동이 끝난 후에는 대원들은 제독활동을 해야 하며 환자들은 오염구역에서 제독텐트에 들어가기 전에 전신의 옷과 악세사리를 벗어 비닐백에 담아 밀봉 후 다시 드럼통에 담아 이중으로 밀봉해야 한다(이때, 유성펜을 이용해 비닐백 위에 이름을 적는다).
- 제독 텐트는 좌·우로 남녀를 구분하여 처치하며 보통 가운데 통로는 대원들이 사용한다. 텐트 내부는 호스를 이용해 물이나 공기 또는 약품으로 제독활동을 하며 텐트 출구 쪽에는 1회용 옷과 슬리퍼 또는 시트가 준비되어 있다.
- 오염통제구역 내 구급처치는 기본인명소생술로 기도, 호흡, 순환(지혈), 경추 고정, CPR, 전신중독 평가 및 처치가 포함된다. 정맥로 확보 등과 같은 침습성 과정은 가급적 제독 후 안전구역에서 실시해야 하며 오염통제구역에서 사용한 구급 장비는 안전구역에서 사용해서는 안 된다.

안전구역에서의 구급활동
안전구역은 현장지휘소 및 인력·자원 대기소 등 현장활동 지원을 하는 구역으로 구급대원이 활동하는 구역이기도 하다. 대량환자의 경우 Triage를 통해 환자를 분류한 후 우선순위에 따라 병원으로 이송해야 한다.

4 해부생리학

032 해부학적 기본용어에서 중간선이란 코에서 배꼽까지 수직으로 내린 선으로 인체를 좌우로 나눈다. (O | X)

정답 O

033 안쪽/가쪽은 몸통에 가까이 있는지 멀리 있는지를 나타낸다. (O | X)

정답 X

해설 몸통이 아니라 중앙선이다.

034 등을 바닥에 대고 바로 누워 침상의 다리 쪽을 45° 높여서 머리가 낮고 다리가 높게 하는 자세는 변형된 트렌델버그 자세이다. (O | X)

정답 X

해설 변형된 트렌델버그-쇼크자세와 트렌델버그를 구분해야 한다. 쇼크자세는 머리와 가슴이 수평이고, 트렌델버그는 머리가 가슴보다 밑으로 가 있는 자세로 쇼크 시 호흡이 힘들어진다.

자 세
현장에 도착했을 때의 환자자세 그리고 처치자세를 표현할 때 사용한다.
- 바로누운자세(Supine) : 얼굴을 위로 향하고 누운 자세
- 엎드린자세(Prone) : 얼굴을 아래로 향하고 누운 자세

- 옆누움자세(Lateral Recumbent) : 좌·우 측면으로 누운 자세(많은 외상환자들은 척추손상을 예방하기 위해서 앙와위를 취해주고 임부의 경우는 원활한 순환을 위해 좌측위를 취해준다)
- 앉은 자세(Fowler's Position) : 윗몸을 45~60° 세워서 앉은 자세
- 트렌델렌버그 자세(Trendelenburg Position) : 등을 바닥에 대고 바로 누워 침상의 다리쪽을 45° 높여서 머리가 낮고 다리가 높게 하는 자세이다. 쇼크 시에 사용하지만 장시간 사용시 호흡을 힘들게 할 수 있어 이 체위를 사용하지 않도록 권하고 있다.
- 변형된 트렌델렌버그 자세(Trendelenburg Position) : 머리와 가슴은 수평되게 유지하고 다리를 45°로 올려주는 자세이다(혈액이 심장으로 돌아오는 정맥 귀환량을 증가시켜 주어 심박출력을 강화하는 데 효과가 있기 때문에 쇼크 자세로 사용된다).

바로누운자세	엎드린자세	옆누움자세
앉은 자세	트렌델렌버그 자세	변형된 트렌델렌버그 자세

035 근육에는 골격근육, 심장근육, 내장근육이 있고, 골격근육은 수의근이고 심장근육, 내장근육은 불수의근이다. (O | X)

정답 O

036 나이가 어린 소아일수록 구강호흡을 한다. (O | X)

정답 X

해설 코가 막혔을 때 입으로 숨을 쉬는 것을 모르기 때문에 비강호흡을 한다.

037 들숨은 능동적 과정으로 더 많은 공기가 들어올 수 있도록 가슴을 팽창시키는 것으로서 가로막과 늑간근의 이완으로 이루어진다. (O | X)

정답 X

해설 가로막과 늑간근의 수축으로 이루어진다.

038 호흡평가의 내용으로는 분당 호흡수, 호흡의 규칙성, 호흡의 질, 호흡의 깊이이다. (O | X)

정답 O

해설 호흡평가 내용
- 분당 호흡수 : 연령에 따라 다양하며 성인은 분당 12~20회, 소아는 분당 15~30회, 영아는 분당 25~50회 호흡한다.
- 호흡의 규칙성
- 호흡의 질 : 호흡음, 가슴 팽창정도, 호흡양상(어려움), 호흡음이 가슴 좌·우 모두 똑같은지, 가슴이 적절하게 팽창되는지, 호흡하는 데 힘들어하지 않는지 살펴본다.
- 호흡의 깊이 : 허파에 들어오고 나가는 공기량을 결정하고 허파꽈리에서의 충분한 가스교환을 할 수 있는 양이어야 한다. 얕은 호흡은 비정상적인 호흡으로 이러한 증상 및 징후를 평가하는 것은 구급대원의 중요한 역할 중 하나이다.
  * 암기 : 호규질깊

039 청색증, 창백, 차갑고 축축한 피부는 비정상적인 호흡의 증상 및 징후이다. (O | X)

정답 O

해설 비정상적인 호흡의 증상 및 징후
- 너무 빠르거나 느린 호흡
- 불규칙한 호흡
- 비정상적인 호흡 양상
  - 호흡음이 비대칭적이거나 미약 또는 없음
  - 비대칭적 또는 부적절한 가슴 팽창
  - 호흡보조근 사용 등 힘들게 호흡함(특히, 소아인 경우)
- 얕은 호흡
- 피부 : 청색증, 창백, 차갑고 축축한 피부
- 고통스러운 호흡, 헐떡거림, 불규칙한 호흡은 심장마비 전에 종종 나타남
- 빗장뼈 윗부분, 갈비뼈 사이 등 피부 견인

040 소아의 비정상적인 호흡양상은 비익확장, 빈맥, 피부견인 등이 있다. (O | X)

정답 X

해설 성인과 다른 소아의 비정상적인 호흡양상은 다음과 같다.
- 느린맥 : 허파꽈리에 불충분한 산소가 공급되는 징후로 저산소증을 의미한다.
- 비익 확장 : 비정상적인 호흡을 알 수 있는 중요한 징후이다.
- 널뛰기 호흡 : 정상적으로는 가슴과 배가 동시에 팽창·수축되어야 하나 반대로 되는 경우를 말한다. 이는 날숨이 빨라질 때 생기는 비효율적인 호흡이다.
- 피부 견인 : 갈비뼈 사이나 아래, 빗장뼈 위 그리고 복장뼈 아랫부분의 피부나 조직에서 관찰되며 성인보다 소아에게 더 잘 나타난다.
- 시끄러운 호흡음(고음 또는 그렁거리는 소리)

041 동맥은 탄력 있는 불수의근으로 두꺼운 벽을 갖고 있다. (O | X)

정답　O

042 영·유아 CPR에 주요 사용되는 동맥은 노동맥이다. (O | X)

정답　X

해설　영·유아 CPR 시에 맥박을 촉지하는 부위는 위팔동맥이다.

042 -1 모세혈관은 정맥계와 동맥계로 연결되어 있다. 모든 정맥은 산소교환이 필요한 혈액을 심장으로 다시 이동시키는 역할을 한다. (O | X)

정답　X

해설　정맥은 심장으로 혈액을 다시 이동시키는 역할을 하고 있으며 왼심방으로 혈액을 공급하는 허파정맥을 제외하고는 산소교환이 필요한 혈액을 이동시킨다.

043 혈액은 혈구와 혈장으로 구성되어 있다. 그 중 혈소판은 끈적거리는 노란색 액체로 조직과 세포에 필요한 당과 같은 영양성분을 포함하고 있다. (O | X)

정답　X

해설　혈장에 대한 설명이다. 혈소판은 혈액응고에 필수요소이다.

044 저관류 상태인 쇼크의 기본 증상과 징후는 불안감과 흥분, 차고 끈적거리고 창백한 족, 저체온 등이 있고 초기에는 느린맥을 보이다 후기로 갈수록 빠른 맥이 나타난다. (O | X)

정답　X

해설　관 류
　　　조직으로의 혈액순환을 관류라고 한다. 원활한 혈액순환을 위해서는 심장, 혈관, 혈액의 3가지 요소가 제 기능을 해야 한다. 만약 한 부분이 제 기능을 수행하지 못하면 저관류라 하며 조직은 산소공급을 받지 못하고 폐기물도 버리지 못한다. 저관류 상태를 쇼크라 하고 기본 증상과 징후는 다음과 같다.
　　　• 의식변화 : 불안감과 흥분
　　　• 말초혈관 순환장애 : 허약감, 무력감, 차고 끈적거리고 창백한 피부, 영·유아에게서의 모세혈관 재충혈 지연
　　　• 생체징후 변화 : 빠른맥(초기), 빠른 호흡, 얕고 불규칙하며 힘든 호흡, 저혈압(후기)
　　　• 기타 : 동공 확대, 심한 갈증, 오심/구토, 저체온, 창백한 피부, 입술이나 안구 결막에 청색증

045 비뇨생식기계에는 콩팥, 방광, 요도, 고환과 난소를 포함한 남, 여 생식기관이 있다. (O | X)

정답　X

해설　고환과 난소는 내분비계이다.

046 피부는 외부로부터 신체를 보호하는 역할을 하며 냉각, 온각, 통각, 촉각, 압각의 5가지를 갖고 있다. (O | X)

정답 O
* 암기 : 냉온통촉압

047 피하조직은 여러 기능을 수행하는 혈관, 신경, 땀샘, 털주머니 그리고 지방 분비선을 갖고 있다. (O | X)

정답 X

해설 진피에 관한 설명이다.
피부는 외부로부터 신체를 보호하는 역할을 하며 냉각·온각·통각·촉각·압각의 5가지 감각을 갖고 있다. 외부온도의 변화에 따라 혈관수축·땀 등으로 체온을 유지하기도 한다. 피부는 3개의 기본층으로 구성되어 있다. 표피는 가장 바깥에 있는 층으로 피부색을 결정하는 색소를 갖고 있다. 진피는 표피 아래층으로 여러 기능을 수행하는 혈관, 신경, 땀샘, 털주머니 그리고 지방분비선을 갖고 있다. 피하조직은 진피아래층으로 충격을 흡수하고 조직을 보호하는 지방조직으로 구성되어 있다.

5 무선통신 및 기록

048 이송 중 통신내용은 환자의 주 호소 등을 자세히 전달해야 하며, 환자 처치와 동시에 이루어져야 한다. (O | X)

정답 X

해설 이송 중 통신내용은 간결해야 하며 환자 처치를 우선적으로 실시한 후에 해야 한다. 만약 계속적인 처치가 필요한 환자이며 이송할 기관과 통신할 시간이 없다면, 상황실에 도움을 요청해 상황실에서 통신하도록 해야 한다. 이송 중에 환자 상태가 악화되거나 호전되는 변화가 있다면 반드시 이송할 기관과 상황실에 알려야 한다.

049 환자의 유형별, 지역별로 통계를 내어 필요한 인원 및 장비를 재배치 할 수 있고, 환자평가와 처치내용을 재평가해서 추가적인 구급교육을 제공할 수 있는 것은 기록지의 교육·연구 기능이다. (O | X)

정답 X

해설 행정적 기능에 관한 설명이다.
기록지의 기능
의료기능, 법적기능, 행정적 기능, 교육·연구 기능

049-1 대형사고 시 한 환자에 대한 응급처치가 중복될 수 있으므로 환자분류표(Triage Tag)를 이용해야 하고, 폭발물이나 유류를 적재한 차량화재가 있는 경우에는 화재차량으로부터 600~800m 밖에 위치한다. (O | X)

| 정답 | O |

| 해설 | **대형사고 최초 도착 시 차량 배치요령**
• 도로 외측에 정차시켜 교통장애를 최소화하도록 하며, 도로에 주차시켜야 할 때에는 차량주위에 안전표지판을 설치하거나 비상등을 작동시킨다.
• 구급차량의 전면이 주행차량의 전면을 향한 경우에는 경광등과 전조등을 끄고 비상등만 작동시킨다.
• 사고로 전깃줄이 지면에 노출된 경우에는 전봇대와 전봇대를 반경으로 한 원의 외곽에 주차시킨다.
• 차량화재가 있는 경우에는 화재차량으로부터 30m 밖에 위치시킨다.
• 폭발물이나 유류를 적재한 차량으로부터는 600~800m 밖에 위치한다.
• 화학물질이나 유류가 누출되는 경우에는 물질이 유출되어 흘러내리는 방향의 반대편에 위치시킨다.
• 유독가스가 누출되는 경우에는 바람을 등진 방향에 위치시킨다.

050 즉각적인 처치를 시행할 경우 안정화 될 가능성과 소생가능성이 있는 경우는 응급환자로 분류한다. (O | X)

| 정답 | X |

| 해설 | 긴급환자로 분류한다.
 * 암기 : 긴적응황비녹

051 전신적 반응이 발생하더라도 적절한 조치를 행할 경우 즉각적인 위험 없이 45-60분 정도 견딜 수 있는 상태는 비응급환자로 분류한다. (O | X)

| 정답 | X |

| 해설 | 응급환자로 분류한다.

응급환자분류표
■ 긴급구조대응활동 및 현장지휘에 관한 규칙 [별표 7] 〈개정 2020.11.25〉
중증도 분류표(제22조제3항 관련)

중 증 도 분 류 표		일련번호	
보행여부: 가능 / 불가능		호흡: 정상 / 비정상	
맥박: 정상 / 비정상		의식: 정상 / 비정상	
분류지: 분류시간:		O ● I O ● II O ●III O	
이름:	나이:	성별: 남 / 녀	
발견된 장소:			
주요 손상명 및 처치			
생체징후	혈압 /	호흡 맥박	의식
구급차	119 / 119 외		
이송의료기관			
이송(출발)시간			
O	사 † 망		
I	긴 급		
II	응 급		
III	비 급		

052 START 분류법에서 긴급환자는 의식장애, 호흡수 30회/분 이하, 말초맥박 촉진 불가능의 증상이 있는 환자이다. (O | X)

정답 X

해설 호흡수 30회/분 초과이다.

START 분류법 요약
- 우선 걸을 수 있는 환자는 지정된 장소로 이동하라고 말한다.
- 남아 있는 환자에 대해 의식, 호흡, 맥박을 확인하여 분류한다.
  - 긴급환자 : 의식 장애, 호흡수 30회/분 초과, 말초맥박 촉진 불가능
  - 응급환자 : 의식 명료, 호흡수 30회/분 이하, 말초맥박 촉진 가능
  - 지연환자 : 기도 개방 후에도 무호흡, 무맥
- 지정된 장소로 온 환자들을 다시 평가하면서 분류한다.

1단계 : Modified M.A.S.S(분류중점-선착대)
- 거동이 가능한 환자는 비응급으로 그룹화할 수 있다.
- 거동이 불가능하나 반응이 있는 환자는 응급으로 그룹화할 수 있다.
- 거동이 불가능한 환자는 긴급으로 그룹화할 수 있는데, 여기에는 BLACK(지연)환자가 포함되어 있으며, 이는 호흡 유무로 감별가능하다.

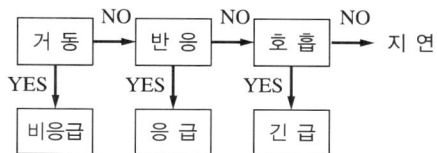

2단계 : START(이송중점-후착대 도착) ※ 임시응급의료소 설치되면 시작
- 거동이 가능한 환자는 비응급으로 그룹화하고 추후 다시 개별적인 평가를 한다.
- 거동이 불가능한 환자에서는 'R(호흡수) P(맥박수) M(의식수준)' 세 가지 요소를 체크하고 한 가지라도 이상이 있을 경우에는 긴급, 모두 이상 없을 경우에는 응급으로 분류한다. 다만, 호흡이 전혀 없는 환자에서는 기도 확보를 시도해보고, 호흡이 있다면 RED, 없다면 BLACK으로 분류한다.

R : 호흡 10~30/min
P : 말초맥박 촉재됨
M : 의식상태 명료

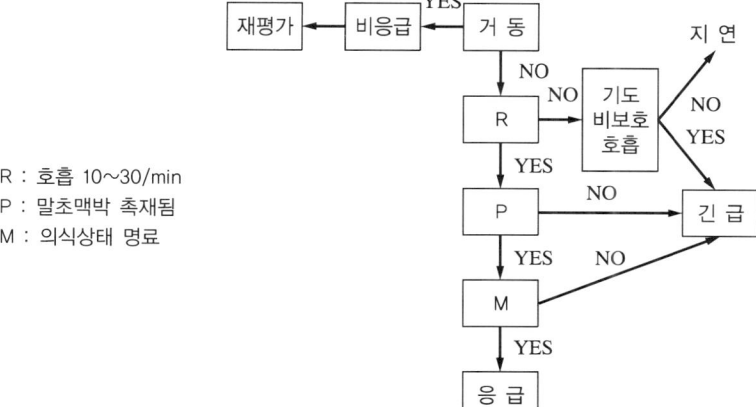

053 START 분류법의 환자평가는 RPM을 기본으로 한다. 호흡은 없고 맥박이 있다면 긴급환자로 분류한다. (O | X)

정답 O

054 START 분류 시 의식이 명료하다면 비응급환자로 의식장애가 있다면 응급환자로 분류한다.
(O | X)

정답 X

해설 START 분류법은 신속, 간결 그리고 일관성 있게 분류해야 한다. 환자평가는 RPM[Respiration(호흡), Pulse(맥박), Mental Status(의식 수준)]을 기본으로 한다.
- 지정된 곳(구급차 또는 근처 건물 등)으로 모인 환자는 의식이 있으며, 지시를 따를 수 있고 걸을 수 있으므로 뇌로의 충분한 관류와 호흡·맥박·신경계가 적절히 작용한다는 것을 알 수 있다. 따라서 비응급환자로 분류하고 지정된 곳으로 가지 못하는 환자는 긴급, 응급, 지연환자로 분류된다.
- 남아 있는 환자 중에서 우선순위를 분류하는데 의식 장애가 있는 환자를 우선으로 START 분류법을 이용해 신속하게 분류해야 한다. 분류하는 도중에는 환자 상태에 따라 아래의 3가지 처치만을 제공하고 다른 환자를 분류해야 한다.
  - 기도 개방 및 입인두 기도기 삽관
  - 직접 압박
  - 환자 상태에 따른 팔다리 거상
- 호흡 확인 : 호흡이 없는 환자가 기도개방처치로 호흡을 한다면 긴급환자, 그래도 호흡이 없다면 지연환자로 분류한다. 호흡수가 분당 30회 이상이면 긴급환자, 30회 이하라면 응급환자로 분류한다.
- 맥박 확인 : 환자 상태가 무의식, 무호흡, 무맥이라면 지연환자로 분류하고 호흡은 없고 맥박이 있다면 긴급환자로 분류한다. 호흡과 맥박이 모두 있는 환자라면 다음 환자로 넘어가야 한다.
- 의식수준 : 의식이 명료하다면 응급환자로 의식장애가 있다면 긴급환자로 분류한다.
- 지정된 장소에 모인 환자 : 걸을 수 있다고 해서 모두 비응급환자라 분류해서는 안 되며 그 중에서도 의식장애, 출혈, 쇼크 전구증상 있는 환자가 있을 수 있다.

따라서 START 분류법에 의해 호흡, 맥박, 의식 수준을 평가해 재분류해야 한다.

6 환자 들어올리기와 이동

055 통나무 굴리기 방법 중 고정판을 준비하는 것은 다리부분의 보조자이다. (O | X)

정답 O

056 환자의 상태가 즉각적인 이송이나 응급처치를 요하는 경우에 사용하는 것으로 쇼크, 가슴손상으로 인한 호흡곤란 등이 있을 때 이동하는 방법은 긴급이동이다. (O | X)

정답 X

해설 응급이동에 관한 설명이다.

057 긴급이동에는 1인 환자 끌기, 담요 끌기, 긴급구출 등이 있다. (O | X)

정답 X

해설 긴급구출은 응급이동에 해당한다.

058 주 들것은 환자의 머리가 진행방향으로 먼저 와야 하며 대원 모두 진행방향을 향해 위치하여야 한다. (O | X)

정답 X

해설 환자의 다리가 진행방향으로 먼저 와야 하며 대원 모두 진행방향을 향해 위치해야 한다.

059 분리형 들것은 주로 운동 중 사고나 척추손상환자에게 사용되며 알루미늄이나 경량의 철로 만들어졌다. (O | X)

정답 X

해설 등 부분을 지지해 주지 못하기 때문에 척추손상환자의 경우는 사용해서는 안 된다.

060 호흡곤란이나 가슴통증 호소 환자는 환자가 편안해 하는 자세를 취해주는 것이 좋다. 보통은 좌측위나 회복자세를 취해준다. (O | X)

정답 X

해설 보통은 좌위나 앉은 자세를 취해준다.

7 응급의료 장비 사용법

061 호흡유지 장비로는 입인두 기도기, 코인두 기도기, 후두튜브, 흡인기 등이 있다. (O | X)

> 정답 X
>
> 해설 입인두 기도기, 코인두 기도기, 후두튜브는 기도유지 장비이다.

062 출혈이 있는 경우 지혈효과가 있고 부목압력을 수시로 확인하여야 하는 외상처치 장비는 진공부목이다. (O | X)

> 정답 X
>
> 해설 공기부목이다.

063 전신 진공부목은 척추고정이 가능하다. (O | X)

> 정답 X
>
> 해설 전신진공부목은 척추고정이 안 된다.

064 긴 척추고정판은 들것이 아니라 전신부목이다. (O | X)

> 정답 O
>
> 해설 들것으로 많이 사용되어지다 보니 들것으로 오인하는 경우가 많지만 척추손상이 의심되는 환자를 고정하는 전신용 부목

10 임상응급의학

001 환자평가의 단계는 현장 안전 확인 – 1차(즉각적인) 평가 – 주요병력 및 신체검진 – 세부신체검진 – 재평가로 나누어진다. (O | X)

정답 O

002 1차 평가의 주요 목적은 치명적인 상태를 발견하고 바로 이송하기 위해서이다. (O | X)

정답 X

해설 1차 평가의 주요 목적은 치명적인 상태를 발견하고 현장에서 바로 처치하는 것이다. 평가 내용은 다음과 같다.
- 환자의 전반적인 상태
- 환자 평가 : 의식, 기도, 호흡, 순환
- 치명적인 상태에는 즉각적인 처치를 실시(기도 유지, 산소공급, 인공호흡 제공, 치명적인 출혈에 대한 지혈 등)
- 이송 여부 결정

003 1차 평가의 단계는 첫인상 – 의식수준 – 기도 – 호흡 – 순환 – 위급정도 판단(이송 여부 판단)이다. (O | X)

정답 O

004 의식수준의 4단계 중 질문에 적절한 반응이나 대답은 할 수 없으나 소리나 고함에 반응하는 상태(신음소리도 가능)는 V 단계이다. (O | X)

정답 O

해설 의식수준은 다음과 같은 4단계로 나눌 수 있다.
- A(Alert 명료) : 질문에 적절한 반응이나 대답을 할 수 있는 상태
- V(Verbal Stimuli 언어지시에 반응) : 질문에 적절한 반응이나 대답은 할 수 없으나 소리나 고함에 반응하는 상태(신음소리도 가능)
- P(Pain Stimuli 자극에 반응) : 언어지시에는 반응하지 않고 자극에는 반응하는 상태
- U(Unresponse 무반응) : 어떠한 자극에도 반응하지 않는 상태

005 비정상적인 호흡의 징후를 보이는 모든 환자에게는 포켓마스크나 BVM으로 양압환기를 제공해 주어야 한다. (O | X)

정답 X

해설 비정상적인 호흡의 징후를 보이는 모든 환자에게는 비재호흡마스크를 통해 고농도의 산소(85% 이상)를 공급해 주어야 한다. 만약, 호흡이 없거나 고통스럽거나 산소 공급으로도 호전되지 않는다면 포켓마스크나 BVM으로 양압환기를 제공해 주어야 한다.

006 순환평가는 맥박유무, 외부출혈 유무, 피부를 통한 순환평가로 한다. (O | X)

정답 O

007 피부를 통한 순환평가에서 실혈, 쇼크, 저혈압, 정신적 스트레스로 인한 혈관 수축 시 비정상적인 양상은 청색증이다. (O | X)

정답 X

해설 창백한 양상을 띤다. 인종에 따라 피부색이 다르므로 손톱, 입술 그리고 아래 눈꺼풀을 이용해 평가하는 것이 좋다. 비정상적인 양상은 다음과 같다.
- 창백 : 실혈, 쇼크, 저혈압, 정신적 스트레스로 인한 혈관 수축
- 청색증 : 부적절한 호흡 또는 심장 기능 장애로 인한 저산소증
- 붉은색 : 심장질환과 중증 일산화탄소 중독, 열 노출
- 노란색 : 간 질환
- 얼룩덜룩한 색 : 일부 쇼크 환자

008 열이 있거나 중증 열 손상 환자의 피부온도와 상태는 차갑고 축축하다. (O | X)

정답 X

해설 피부온도와 상태
적절한 평가를 위해 대원의 손등을 이용해 평가하면 좋다. 만약 장갑을 끼고 있다면 벗고 체액이나 피가 묻지 않은 부분에 대고 평가해야 한다(환자 배 등). 정상 피부는 따뜻하고 건조한 상태로 비정상적인 경우는 다음과 같다.
- 차갑고 축축함 : 관류가 부적절한 경우와 혈액량이 감소된 경우(열손상 환자, 쇼크 환자, 흥분 상태)
- 차가운 피부 : 차가운 환경에 노출된 환자
- 뜨겁고 건조함 : 열이 있거나 중증 열 손상 환자

009 2차 평가의 병력과 생체징후를 측정하기 위해 SAMPLE력을 사용한다. (O | X)

정답   O

해설   SAMPLE력
- S(Signs/Symptoms) : 징후 및 증상
- A(Allergies) : 알레르기
- M(Medications) : 복용한 약물
- P(Pertinent Past Medical History) : 관련 있는 과거력
- L(Last Oral Intake) : 마지막 구강 섭취
- E(Events) : 질병이나 손상을 야기한 사건

010 구급대원이 문진이 아닌 시진, 촉진, 청진 등을 이용해서 알아낸 객관적인 사실을 증상이라 한다. (O | X)

정답   X

해설   징후이다. 증상은 환자가 말하는 주관적인 내용으로 가슴이 아프다, 숨이 가쁘다, 토할 거 같다 등이다.

011 빠르고 규칙적이며 강한 맥박의 원인으로는 쇼크나 출혈후기가 있다. (O | X)

정답   X

해설   빠르고 규칙적이며 강한 맥박의 원인으로는 운동, 공포, 열, 고혈압, 출혈 초기, 임신 등이고, 쇼크, 출혈 후기는 빠르고 규칙적이며 약한 맥박이다.

012 소아가 산소가 결핍될 경우 심장마비 전에 느린맥이 나타난다. (O | X)

정답   O

해설   맥박 양상

맥 박	원 인
빠르고 규칙적이며 강함	운동, 공포, 열, 고혈압, 출혈 초기, 임신
빠르고 규칙적이며 약함	쇼크, 출혈 후기
느 림	머리손상, 약물, 중독, 심질환, 소아의 산소결핍
불규칙적	심전도계 문제
무 맥	심장마비, 중증 출혈, 중증 저체온증

소아 : 정상 맥박보다 느린 경우에는 기도와 호흡을 즉각적으로 평가해야 한다. 산소가 결핍될 경우 심장마비 전에 느린맥이 나타나기 때문이다. 기도유지를 위해서는 이물질 제거 및 흡인을 실시하고 호흡을 돕기 위해 포켓마스크나 BVM을 통해 보조 산소기구로 인공호흡을 실시해 줘야 한다. 호흡은 정상이나 느린맥인 경우에는 많은 양의 산소를 공급해 주어야 한다.

013 동공모양이 수축된 원인으로는 살충제 중독, 마약남용, 녹내장약, 안과치료제 등이 있다. (O | X)

> 정답 O

> 해설 동공반응

동공모양	원인
수 축	살충제 중독, 마약남용, 녹내장약, 안과치료제
이 완	공포, 안약, 실혈
비대칭	뇌졸중, 머리손상, 안구 손상, 인공눈
무반응	뇌 산소결핍, 안구부분손상, 약물남용
불규칙한 모양	만성질병, 수술 후 상태, 급성 손상

014 비외상 환자 중 무의식 환자의 환자평가 과정은 '빠른 외상평가 실시-현 병력 및 SAMPLE력 평가-기본 생체징후 평가' 순이다. (O | X)

> 정답 X

> 해설 무의식환자는 현 병력 및 SAMPLE력 평가를 환자에게 직접 할 수 없으므로 가족 주변인 등에게 정보를 얻어야 한다.
> 주요 병력 및 세부 신체검진(비외상 환자)
> 비외상 환자의 주요 병력 및 신체검진은 주 호소와 현 질병에 초점을 맞추어야 한다. 비외상 환자평가 과정 중에는 현 질병에 대한 정보와 SAMPLE력 그리고 기본 생체징후를 평가해야 한다. 신체검진은 주 호소와 현 질병과 관련되어 신속하게 평가되어야 한다. 평가는 환자가 의식이 있는지, 없는지에 따라 달라진다.
> • 무의식 환자 : 빠른 외상평가 실시 → 기본 생체징후 평가 → SAMPLE력
> • 의식 환자 : 현 병력 및 SAMPLE력 평가 → 주요 신체검진 실시 → 기본 생체징후 평가

015 현 병력 – OPQRST 중 통증이 시작된 시점을 묻는 질문은 T에 해당한다. (O | X)

> 정답 X

> 해설 의식이 있는 환자
> 현 병력 – OPQRST
> 의식이 있는 경우는 많은 정보를 얻을 수 있다. SAMPLE력과 신체검진을 실시하고 OPQRST를 질문한다. 이 검진은 특히 호흡이 가쁘거나 가슴통증을 호소할 때 중요하다.
> • Onset of the event : 증상이 나타날 때 무엇을 하고 있었는지?(휴식 중/활동/스트레스), 시작이 갑자기 또는 천천히 시작됐는지?(혹은 만성적인지)
> • Provocation or Palliation : 어떤 움직임이나 압박 또는 외부요인이 증상을 악화 또는 완화시키는지?(쉬면은 진정이 되는지?)
> • Quality of the pain : 어떻게 아픈지 환자가 표현할 수 있게 개방형으로 질문한다.
>   – 표현 : 날카롭게 아픈지/뻐근한지/짓누르는 아픔인지/찢어지게 아픈지 등
>   – 패턴 : 지속되는지/간헐적으로 나타나는지 등

- Region and Radiation : 어느 부분이 아픈지 그리고 아픈 증상이 다른 부위까지 나타나는지? 이것은 종종 턱과 팔에 방사통을 호소하는 심근경색환자 진단에 중요 요소가 될 수 있다.
- Severity : 어느 정도 아픈지?(0에서 10이라는 수치로 비교 표현/0은 통증이 없는 것을 의미하며 10은 죽을 것 같은 통증을 의미한다)
- Time(history) : 통증이 얼마간 지속되는지? 통증이 시작된 이후로 변화가 있었는지?(나아졌는지/심해졌는지/다른 증상이 나타났는지) 이전에도 이런 통증을 경험했는지? 질문은 개방형 질문을 사용해서 단답형의 대답이 나오지 않도록 주의해야 한다.

016 중증외상 환자의 환자평가 순서는 현장확인과 1차 평가, 손상기전 확인 → 기본 소생술 제공 → 척추고정 → 이송여부 결정 → 의식수준 재평가 → 빠른 외상평가 → 기본 생체징후 평가 → SAMPLE력 → 세부 신체검진 순이다. (O | X)

정답   X

해설   척추고정을 기본 소생술보다 먼저 해야 한다.
* 암기 - 현손척기이재 빠기샘세

경증 외상 순서
현장 확인과 1차 평가, 손상기전 확인 → 주 호소와 손상기전과 관련된 부분 신체검진 → 기본 생체징후 평가 → SAMPLE력 → 세부 신체검진

017 위급한 환자는 적어도 매 5분마다 재평가를 실시하고, 기타환자는 매 15분마다 실시한다. (O | X)

정답   O

※ 여기서부터 소방교 승진시험 제외 부분입니다.

018 호흡부전 시 기본적인 처치과정으로는 기도 개방, 유지와 산소 공급, 필요시 흡인 등이다. (O | X)

정답   X

해설   응급처치-호흡곤란 및 호흡부전
- 호흡곤란 증상 및 징후가 나타나면 생명이 위험하므로 즉각적인 처치가 필요하다.
- 기본적인 처치과정
  - 기도를 개방하고 유지한다.
  - 호흡을 돕기 위해 산소를 공급한다.
  - 호흡이 없는 환자에게는 인공호흡을 실시하고 부적절한 호흡을 하는 환자에게 양압환기를 제공한다.
  - 필요시 흡인한다.

019 기도의 경로는 코, 입, 인두, 후두, 기관지, 기관, 세기관지, 허파의 경로로 구성되어 있다. (O | X)

정답 X

해설 기도는 공기가 들어오고 나오는 통로로 코, 입, 인두, 후두, 기관, 기관지, 세기관지, 허파의 경로로 구성되어 있다.

020 의식이 있는 환자이거나 척추손상이 의심될 경우 사용하는 기도유지 방법은 하악견인법(턱 들어올리기)이다. (O | X)

정답 X

해설 의식이 없는 환자이거나 척추손상이 의심될 경우 사용하는 방법이다.

021 구토반사가 없는 무의식 환자인 경우에만 입인두기도기를 사용할 수 있다. (O | X)

정답 O

022 입인두기도기의 적당한 크기를 사용하는 것은 매우 중요하다. 너무 긴 기도기의 삽입은 혀를 뒤로 밀어 넣을 수 있다. (O | X)

정답 X

해설 기도기의 위치

적절한 위치	부적절한 위치	
	너무 긴 기도기의 삽입 (후두덮개를 눌러 완전폐쇄유발)	너무 짧은 기도기의 삽입 (혀를 뒤로 밀어 넣음)

023 코인두기도기의 삽관 전에 비수용성 윤활제를 기도기에 발라준다. (O | X)

정답 X

해설 비수용성 윤활제는 감염과 조직손상 위험이 있으므로 사용해서는 안 된다.

024 BVM에 관한 설명이다. 괄호 안을 쓰시오.

> 백은 짜고 나면 다시 부풀어 올라야 하며, 세척이 용이하고 (㉠)상태이어야 한다. 산소 연결구를 통해 (㉡)L/분의 산소를 연결시키고 밸브는 비재호흡 기능을 갖고 있다. 산소저장낭은 거의 (㉢)%의 산소를 공급하며 저장낭이 없는 BVM이라면 (㉣)~(㉤)%의 산소를 공급한다.
> 백은 크기에 따라 다르지만 (㉥)~(㉦)L를 보유할 수 있다. 한 번 공급하는 양은 적어도 (㉧)L가 되어야 한다.

정답   ㉠ 멸균, ㉡ 15, ㉢ 100, ㉣ 40, ㉤ 60, ㉥ 1, ㉦ 1.6, ㉧ 0.5

025 1인 BVM 사용법으로 1회의 호흡량은 500~600mL를 유지하고 1초에 걸쳐 실시하여야 한다. 성인환자의 경우 5~6초마다 1회 백을 누르고 소아의 경우 3~5초마다 1회 백을 눌러야 한다. (O | X)

정답   O

026 BVM은 CPR 동안에도 사용할 수 있다. 만약, 1명의 구급대원만이 있는 경우라면 CPR 시 BVM보다 포켓마스크를 이용하는 것이 시간적으로나 효과에서도 효율적이다. (O | X)

정답   O

027 BVM은 기도절개관을 삽입한 환자에게도 인공호흡을 위해 사용할 수 있는데 2인 처치법의 순서로는 ① 관을 막고 있는 분비물을 제거한다. ② 중립자세로 환자의 머리와 목이 위치하도록 한다. ③ 적절한 크기의 마스크로 관 주위를 덮는다. ④ 환자 나이에 따른 적절한 비율로 인공호흡을 실시한다. 순이다. (O | X)

정답   X

해설   소아용 마스크로 관 주위를 덮는다.

028 장착용 흡인기구는 효과적인 사용을 위해 흡인관 끝부분에서 30~40L/분의 공기를 흡인해야 하며, 흡인관을 막았을 때 300mmHg 이상의 압력이 나와야 효과적인 흡인이 될 수 있다. 휴대용 역시 40L/분으로 공기를 흡인해야 한다. (O | X)

정답   O

029 흡인 팁은 연성 플라스틱으로 다양한 크기가 있다. 보통은 구토물이나 두꺼운 분비물을 흡인하기에 충분하지 않으며 경성팁을 사용할 수 없는 경우를 대비해 만들어졌다. (O | X)

정답 O

해설 흡인 카테터에 관한 설명이다.

연결관, 팁, 카테터
효과적인 흡인을 위해서는 적절한 기구를 사용해야만 한다.
- 연결관 : 흡인기에 부착되어 있는 연결관은 두꺼워야 하고 변형이 없고 직경이 커야만 한다. 또한, 흡인으로 변형되지 않아야 되고 큰 분비물도 통과할 수 있어야 한다. 마지막으로 사용하기 편리하게 충분히 길어야 한다.
- 흡인 팁 : 경성 인두 흡인 팁을 주로 사용하며 입과 인후에 있는 분비물을 효과적으로 흡인할 수 있다. 연성보다 직경이 넓어 큰 이물질을 흡인할 수도 있다. 경성은 무의식 환자에게 좋으나 의식이 약간 있거나 회복된 환자에게 사용할 때는 주의해야 한다. 이는 인두를 자극하면 구토반사를 일으켜 미주신경을 자극해 느린맥이 나타나기 때문이다.
- 흡인 카테터 : 연성 플라스틱으로 다양한 크기가 있다. 보통은 구토물이나 두꺼운 분비물 등을 흡인하기에 충분하게 크지 않으며 경성 팁을 사용할 수 없는 경우를 대비해 만들어졌다. 예를 들면 코인두기도기나 기관 내관과 같은 튜브를 갖고 있는 환자를 흡인할 때 주로 사용된다.

030 성인의 경우 한 번에 15초 이상 흡인해서는 안 된다. (O | X)

정답 O

해설 기도 유지와 흡인이 필요한 환자는 종종 의식이 없거나 호흡 또는 심정지 환자이다. 이러한 환자는 호흡공급이 매우 중요한데 흡인하는 동안은 산소를 공급할 수 없으므로 1회 15초 이상 실시하면 안 되며 흡인 후 인공호흡 또는 산소 공급이 제대로 이루어지는지 확인해야 한다. 15초 흡인하면 양압환기를 2분간 실시해야 한다.

031 맥박-산소포화도 측정기구는 정상 산소포화도는 97~100%이며, 97% 이하인 경우에는 저산소증을 나타낸다. (O | X)

정답 X

해설 정상 산소포화도는 95~100%이며 95% 미만인 경우에는 저산소증을 나타낸다.

032 COPD(만성폐쇄성폐질환) 환자의 경우 혈중 이산화탄소 농도가 낮아질 경우에만 호흡하는 'Hypoxic Drive' 현상이 나타날 수 있기 때문에 고농도 산소를 공급해서는 안 된다. (O | X)

정답 X

해설 COPD(만성폐쇄성폐질환) 환자의 경우 호흡을 조절하는 혈중 이산화탄소 수치가 항상 높기 때문에 호흡조절 기능을 상실할 수 있다. 이 경우 혈중 이산화탄소 농도가 낮아질 경우에만 호흡하는 'Hypoxic Drive' 현상이 나타날 수 있다. 하지만 고농도산소를 공급하지 않는 것이 공급하는 것보다 더 해롭기 때문에 공급해 주어야 한다.

033 호흡곤란, 청색증, 의식장애, 약간의 호흡곤란을 호소하는 COPD환자, 가슴 통증 환자에게는 비재호흡마스크를 통해 분당 10~15L/분으로 고농도의 산소를 공급하여야 한다. (O | X)

정답 X

해설 비재호흡마스크와 코삽입관의 비교

기 구	유량(L/분)	산소(%)	적응증
비재호흡마스크	10~15	85~100	호흡곤란, 청색증, 차고 축축한 피부, 가쁜 호흡, 가슴통증, 의식장애, 심각한 손상
코삽입관	1~6	24~44	마스크 거부환자, 약간의 호흡곤란을 호소하는 COPD환자

- 비재호흡마스크
  BVM과 자동식 인공호흡기를 제외하고 비재호흡마스크는 고농도의 산소를 제공할 수 있는 방법으로 구급대원에게 많이 사용된다. 고농도의 산소를 공급하기 위해서는 마스크를 잘 밀착시켜야 하며 크기는 연령별로 성인용, 아동용, 소아용으로 나누어진다. 저장낭은 마스크를 착용하기 전에 부풀려야 하며 저장낭을 부풀리기 위해서는 마스크와 저장낭을 손으로 연결하고 백을 부풀려야 한다. 저장낭은 항상 충분한 산소를 갖고 있다가 환자가 깊게 들여 마실 때 1/3 이상 줄어들지 않게 해야 한다. 적절한 산소량은 보통 10~15L/분으로 환자의 날숨은 저장낭으로 다시 들어오지 않는다. 이 마스크는 85~100%의 산소를 제공할 수 있다(85% 이상의 산소를 종종 고농도산소라고 불린다). 압력조절기로 최소의 산소량을 보낼 수 있는 양은 8L/분이고 최고량은 10~15L/분이다.
- 코삽입관
  약 24~44%의 산소를 환자의 비공을 통해 제공해 준다. 흘러내리지 않게 귀에 걸어 고정시키며 마스크에 거부감을 느끼는 환자나 약간의 호흡곤란을 호소하는 COPD(만성폐쇄성폐질환) 환자에게 주로 사용된다. 산소량은 1~6L/분 이하여야 하며 그 이상이면은 비점막이 건조되어 불편감을 느낄 수 있다.

환자의 호흡 상태에 따른 적절한 처치방법

환자 상태	징 후	처 치
• 정상 호흡 • 호흡은 정상이나 내외과적 상태로 인해 추가 산소가 필요한 경우	• 호흡수와 깊이 정상 • 비정상적인 호흡음 없음 • 자연스러운 가슴의 움직임 • 정상 피부색	• 코삽입관 : 환자의식이 명료하고 정서적으로 안정되었을 때 사용 • 비재호흡마스크 : 환자가 흥분되었거나 말을 끊어서 할 때 사용
• 비정상 호흡 • 호흡은 있으나 너무 느리거나 얕은 경우 • 짧게 끊어 말하거나 매우 흥분한 상태이며 땀을 흘릴 때 • 마치 잠을 자는듯한 상태	• 호흡은 있으나 충분하지 않음 • 호흡수 또는 깊이가 비정상 수치 • 호흡음 감소 또는 결여 • 이상한 호흡음 • 창백하거나 청색증	• 포켓마스크, BVM, 자동식인공호흡기를 통한 양입환기, 환자의 자발적인 호흡을 도와주는 처치로 빠르거나 느린 호흡에 대해 적정호흡수로 교정하는 역할을 함 • 주의 : 비재호흡마스크는 호흡이 부적절하거나 없는 환자에게 사용하게 되면 충분한 산소를 공급할 수 없음
무호흡	• 가슴상승이 없음 • 입이나 코에서의 공기흐름이 없음 • 호흡음이 없음	• 포켓마스크, BVM, 산소소생기를 이용해 양입환기(성인은 10~12회/분, 소아는 12~20회/분) • 주의 : 소아의 경우 산소소생기를 사용해서는 안 됨

034 소아의 경우 해부학적으로 기도가 좁고 쉽게 부종으로 폐쇄되고 영유아의 혀는 성인에 비해 구강 내 훨씬 적은 공간을 차지한다. (O | X)

정답 X

해설 소아의 경우 해부학적으로 다음과 같다.
- 입과 코가 작아 성인에 비해 쉽게 폐쇄될 수 있다.
- 영유아의 혀는 성인에 비해 구강 내 많은 공간을 차지한다.
- 기도가 연약하고 유연하다.
- 기도가 좁고 쉽게 부종으로 폐쇄된다.
- 가슴벽이 약하고 호흡할 때 가로막에 더욱 의존한다.

035 세기관지는 가스교환이 이루어지는 허파꽈리라 불리는 수 천 개의 작은 공기주머니와 연결되어 있다. 오른쪽 허파는 2개, 왼쪽 허파는 3개의 엽을 갖고 있다. 배와 가슴을 나누는 것은 가로막이다. 들숨은 가로막과 늑간근이 이완할 때 일어나고, 날숨은 이러한 근육이 수축될 때 일어난다. (O | X)

정답 X

해설 공기는 입과 코로 들어와서 인두를 지나간다. 코 뒤에 위치한 부분은 코인두, 입 뒤에 위치한 부분은 입인두라고 한다. 인두 아래 부분은 인두후두부이고 그 아래에는 공기와 음식이 따로 들어갈 수 있도록 2부분으로 나누어진다. 식도는 음식물이 위로 들어가는 길이고 기관은 공기가 허파로 들어가는 길이다. 음식물이 기관으로 들어오는 것을 막기 위해 후두덮개가 있어 음식물이 들어오면 기관 입구를 덮는다. 후두덮개 아래, 기관 윗부분은 후두라고 하며 여기에 성대가 있다. 반지연골은 후두 아래 부분에 있다. 기관은 기관지라 불리는 2개의 관으로 나눠진다. 기관지는 각각 좌·우 허파와 연결되어 있고 다시 세기관지로 나누어진다. 세기관지는 가스교환이 이루어지는 허파꽈리라 불리는 수 천 개의 작은 공기주머니와 연결되어 있다. 오른쪽 허파는 3개, 왼쪽 허파는 2개의 엽을 갖고 있다. 배와 가슴을 나누는 것은 가로막이다. 들숨은 가로막과 늑간근이 수축할 때 일어난다. 이 때 갈비뼈는 올라가고 팽창되며 가로막은 내려간다. 이로 인해 흉강 크기는 증가하고 허파로의 공기유입을 증가시킨다. 날숨은 이러한 근육이 이완될 때 일어나며 흉강 크기는 작아지고 갈비뼈는 아래로 내려가고 수축되며 가로막은 올라간다.

036 소아의 호흡기관은 성인에 비해 기도가 작아 쉽게 폐쇄되고 반지연골이 성인보다 덜 발달되어 있어 딱딱하다. (O | X)

정답 X

해설 신생아와 소아의 경우에는 다음과 같이 성인과 다른 점이 있다.
- 성인에 비해 기도가 작아 쉽게 폐쇄된다.
- 혀가 성인에 비해 입안 공간을 많이 차지해서 쉽게 기도를 막을 수 있다.
- 기관이 작고 연해서 부종, 외상, 목의 신전·굴곡에 의해 쉽게 폐쇄된다.
- 반지연골이 성인보다 딱딱하지 않다.
- 가슴벽이 부드러워 호흡할 때 가로막에 더 의존한다.

037 호흡계 질환 중 허파기종은 세기관지 염증, 점액의 과도한 분비로 세기관지로부터 점액을 제거하려는 섬모운동을 방해한다. (O | X)

정답   X

해설   만성기관지염에 관한 설명이다.

038 천식은 COPD가 아니다. (O | X)

정답   O

해설   호흡계 질환에 따른 증상 및 징후

질병	설명
허파기종	COPD는 허파꽈리벽을 파괴하고 탄력성을 떨어뜨린다. 과도한 분비물과 허파꽈리가 손상 받아 허파에서 공기이동을 저하시킨다.
만성기관지염	세기관지 염증, 점액의 과도한 분비는 세기관지부터 점액을 제거하려는 섬모운동을 방해한다.
천식	• 천식은 COPD가 아니다. 알레르기, 운동, 정서적인 스트레스, 세기관지 수축, 점액 분비로 일어난다. 고음의 천명음과 심각한 호흡곤란이 나타난다. • 천식은 노인이나 소아환자에게 많으며 불규칙한 간격으로 갑자기 일어난다. 간격 사이에서는 증상이 없어진다.
만성심부전	심장으로 인해 야기되거나 허파에 영향을 미친다. 심부전은 적정량을 뿜어내지 못해 허파순환이 저하되어 허파부종을 일으킨다. 따라서 호흡곤란이 야기되며 시끄러운 호흡음, 빠른맥, 축축한 피부, 창백하거나 청색증, 발목 부종이 나타난다. 심한 경우 핑크색 거품의 가래가 나오기도 한다.

039 소아는 저산소증에서 성인보다 빨리 청색증이 나타나며 또한 성인과 달리 저산소증에서 맥박이 느려진다. (O | X)

정답   X

해설   소아는 저산소증에 성인보다 늦게 청색증이 나타난다.

040 심질환의 증상과 징후로는 가슴, 윗배의 통증과 느린 호흡 그리고 빠른맥 등이 있다. (O | X)

정답   X

해설   심질환의 증상과 징후는 다음과 같다.
• 가슴, 윗배, 목 또는 왼쪽 어깨에 통증, 압박감, 불편감
• 빠른 호흡
• 빠른맥
• 갑작스럽게 많은 땀을 흘림
• 오심/구토
• 흥분 또는 불안감
• 절박감
• 부정맥
• 비정상적인 혈압

041 심장박동조절부위에 문제가 있는 경우 빠른맥과 느린맥 모두 나타날 수 있으며 불규칙한 맥박을 나타내기도 한다. (O | X)

정답   O

042 심질환 환자의 응급처치는 산소포화도를 측정하여 90% 미만일 경우 코삽입관으로 4~6L의 산소를 공급하고 그 후에도 산소포화도가 90% 이상을 초과하지 못할 경우에는 마스크 또는 비재호흡마스크를 통해 높은 농도의 산소를 공급한다. (O | X)

정답   O

042-1 만성기관지염은 심장의 부적절한 수축으로 몸의 일부 기관, 허파에 과도한 체액이 축적되는 상태를 말한다. (O | X)

정답   X

해설   울혈성 심부전증(Congestive heart failure, CHF)
심장의 부적절한 수축으로 몸의 일부 기관, 허파에 과도한 체액이 축적되는 상태를 말한다. 이러한 축적은 부종을 야기한다. 울혈성 심부전증은 심장의 판막질환, 고혈압, 허파기종으로 인해 나타날 수 있다.

043 심장마비 환자 생존사슬은 성인과 소아 둘 다 동일하다. (O | X)

정답   O

해설   성인 심장마비환자 생존사슬

| 심정지의 적절한 예방과 신속한 심정지 확인 | 신속한 신고 | 신속한 심폐소생술 | 신속한 제세동 | 효과적 전문소생술과 심정지 후 통합치료 |

* 구급대원의 인원에 따라 동시에 실시할 수 있다.
• 신속한 심정지 확인과 신고(일반인인 경우)한다.
• 신속한 심폐소생술 실시 : 도착 즉시 30:2의 비율로 가슴압박과 인공호흡을 실시한다.
• 신속한 제세동 실시 : 심장마비는 심장의 전기 자극이 매우 빠르거나 조화를 이루지 못할 때 일어난다. 적절한 제세동 실시는 많은 경우 정상으로 회복시킬 수 있다.
• 효과적인 전문 소생술 : 자발순환을 회복시키려면 약물투여로 확보, 혈관수축제 또는 항부정맥제 등의 약물투여, 전문기도유지술 등의 전문 소생술을 시행하여야 한다.
• 심정지 후 통합 치료 : 최근에 자발순환이 회복된 환자에서 통합적인 심정지 후 치료가 강조되고 있다. 심정지 후 치료는 일반적인 중환자 치료와 더불어 저체온 치료, 급성심근경색에 대한 관상동맥중재술, 경련발작의 진단 및 치료 등의 포함된 통합적 치료과정이다.

소아 심장마비환자 생존사슬
성인 심정지가 종종 갑자기 심장 자체의 문제로 일어나는 반면 소아의 경우 호흡 문제나 쇼크에 의해 이차적으로 나타나는 경우가 많다. 따라서 이러한 심정지를 야기시키는 문제를 근본적으로 낮추는 노력과 소생과 회복을 최대화하는 것이 중요하다. 미국과 달리 한국의 경우 대한심폐소생협회에 따르면 신속한 신고 후 심폐소생술을 할 것을 권장하고 있다.
- 심정지 방지(즉, 호흡문제와 쇼크에 대한 처치)
- 신속한 신고(응급의료체계 발동)
- 초기 수행능력을 가진 목격자에 의한 심폐소생술 실시
- 효과적인 전문 소생술(전문 처치병원으로 이송 및 상태 호전을 포함한다)
- 심정지 후 통합치료

044 성인 심정지가 종종 갑자기 심장 자체의 문제로 일어나는 반면 소아의 경우 호흡문제나 쇼크에 의해 이차적으로 나타나는 경우가 많다. (O | X)

정답 O

045 심실빈맥은 심장의 다른 부위에서 불규칙한 전기적 자극으로 일어나며 심장은 진동할 뿐 효과적으로 피를 뿜어내지 못한다. (O | X)

정답 X

해설 심실세동에 관한 설명이다.
- 심실세동(V-Fib)
  심장마비 후 8분 안에 심장마비 환자의 약 1/2에서 나타난다. 이는 심장의 많은 다른 부위에서 불규칙한 전기적 자극으로 일어나며 심장은 진동할 뿐 효과적으로 피를 뿜어내지 못한다. 초기에 제세동을 실시하면 매우 효과적일 수 있다.
- 심실빈맥(Ventricular tachycardia, V-Tach)
  리듬은 규칙적이나 매우 빠른 경우를 말한다. 너무 빨리 수축해서 피가 충분히 심장에 고이지 않아 심장과 뇌로 충분한 혈액을 공급할 수 없다. V-Tach은 심장마비 환자의 10%에서 나타나며 심실빈맥 환자의 제세동은 반드시 맥박을 확인한 후 맥박이 촉지되지 않는 환자에게만 실시하여야 한다.

046 제세동기 패치 부착방법으로는 전외, 좌우, 전후 위치법이 있다. (O | X)

정답 O

047 호흡은 있으나 무의식, 무맥 환자는 심장충격기 적응증 환자이다. (O | X)

정답 X

해설 심장충격기 적응증
- 모든 심장마비 환자
- 1세 미만의 영아에게는 소아 제세동 용량으로 변경시킨 뒤에 심장충격기를 적용 하나, 소아용 패드나 에너지 용량 조절장치가 구비되어 있지 않은 경우에는 1세 미만의 영아에게도 성인용 심장충격기를 사용하여 2~4J/kg로 제세동 한다.
- 심실세동, 무맥성심실빈맥, 불안정한 다형심실빈맥을 보이는 환자

- 단, 다음 상태가 있는 경우에는 사용해서는 안 된다.
  - 의식, 맥박, 호흡이 있는 환자(오히려 사망에 이르게 할 수 있다)
  - 심각한 외상환자의 심정지 환자
  - 대부분 심각한 출혈과 생체기관이 한 개 또는 둘 이상 손상이 되며 환자에게 제세동이 실시된다고 하여도 성공의 가능성은 없다. 또한 이러한 심각한 외상의 경우에는 현장에서 가능하면 최소한의 시간을 사용하여야 하고 환자는 수술이 가능한 병원으로 신속히 이송되어야 한다.

048 심장마비 환자의 AED와 CPR 처치 시 2분간 5주기의 CPR을 실시한 후 리듬을 재분석한다. 회복 상태라면 호흡과 맥박을 확인하고 산소공급과 신속한 이송을 실시한다. (O | X)

정답 O

049 고형체의 배내 장기에는 이자, 지라, 쓸개, 콩팥이 있다. (O | X)

정답 X

해설 고형체 소화기관은 이자, 지라, 간, 콩팥이 있다.
* 암기 : 이지간콩

배내 장기 및 구조

장 기	유 형	기 능
식 도	속이 빈 소화기관	음식물을 입과 인두로부터 위까지 이동시킨다.
위	속이 빈 소화기관	가로막 아래 위치한 팽창기관이며 작은창자와 식도를 연결한다.
작은창자	속이 빈 소화기관	샘창자, 공장, 회장으로 구성되었으며 큰창자와 연결되어 있다. 영양소를 흡수한다.
큰창자	속이 빈 소화기관	물을 흡수하고 대변을 만들어 직장과 항문을 통해 배출시킨다.
막창자	속이 빈 림프관	소화기능이 없는 림프조직이 풍부한 장 주머니로 통증과 수술이 필요한 염증반응이 나타날 수 있다.
간	고형체의 소화기관, 혈액조절과 해독 기능	혈액 내 탄수화물과 다른 물질의 수치 조절, 지방 소화를 위한 담즙분비, 해독작용
쓸 개	속이 빈 소화기관	작은창자로 분비되기 전 담즙 저장
지 라	고형체의 림프조직	비정상 혈액세포 제거 및 면역반응과 관련
이 자	고형체의 소화기관	음식을 흡수 가능한 분자로 만들어 작은창자로 내려보내는 효소를 분비하고 혈당을 조절하는 인슐린 분비
콩 팥	고형체의 비뇨기계	노폐물을 배출하고 여과시키며 물, 혈액, 전해질 수치를 조절하고 독소를 배출한다.
방 광	속이 빈 비뇨기계	콩팥으로부터 소변 저장

050 간헐적이고 마치 분만통증과 같은 복통은 흔히 복강을 따라 벽쪽 복막에서 나타나는 통증이다. (O | X)

정답   X

해설   복 통
- 내장 통증
  배내 장기는 많은 신경섬유를 갖고 있지 않아 종종 둔하고 아픈 듯 또는 간헐적으로 통증이 나타나 정확한 위치를 알아내기 힘들다. 간헐적이고 마치 분만통증과 같은 복통은 흔히 배내 속이 빈 장기로 인해 나타난다. 그리고 둔하고 지속적인 통증은 종종 고형체의 장기로 인해 나타난다.
- 벽 쪽 통증
  복강을 따라 벽쪽 복막에서 나타나는 통증이다. 넓게 분포하고 신경섬유로 인해 벽 쪽 복막으로부터 유발된 통증은 내장 통증보다 더 쉽게 부위를 알 수 있으며 묘사할 수 있다. 벽 측 통증은 복막의 부분 자극으로 직접 나타난다. 이러한 통증은 내부출혈로 인한 자극 또는 감염·염증에 의해 나타날 수도 있다. 또한 날카롭거나 지속적이며 국소적인 경향을 나타낸다. SAMPLE력을 조사할 때 환자는 이러한 통증을 무릎을 굽힌 자세 또는 움직이지 않으면 나아지고 움직이면 다시 아프다고 표현하기도 한다.
- 쥐어뜯는 듯한 통증
  복통으로는 흔하지 않은 유형으로 대동맥을 제외한 대부분의 배내 장기는 이러한 통증을 느끼는 감각을 갖고 있지 않다. 배대동맥류(Abdominal Aortic Aneurysm)의 경우 대동맥 내층이 손상 받아 혈액이 외층으로 유출될 때 등 쪽에서 이러한 통증이 나타난다. 유출된 혈액이 모여 마치 풍선과 같은 유형을 나타내기도 한다.
- 연관 통증
  통증 유발부위가 아닌 다른 부위에서 느끼는 통증으로 예를 들어 방광에 문제가 있을 때 오른 어깨뼈에 통증이 나타나는 것을 말한다. 방광으로부터 나온 신경이 어깨부위 통증을 감지하는 신경과 같이 경로를 나눠 쓰는 척수로 돌아오기 때문이다.
※ 주의 사항 : 심근경색으로 인한 통증은 배의 불편감(마치 소화가 안 되는 듯한)으로 나타나기도 한다. 이러한 통증은 보통 윗배에 나타나므로 주의해야 한다.

051 배대동맥류의 경우 대동맥 내층이 손상 받아 혈액이 외층으로 유출될 때 등 쪽에서 쥐어뜯는 듯한 통증이 나타난다. (O | X)

정답   O

해설   50번 해설 참조

052 복통 시 시진, 촉진 및 청진을 통해 신속하게 배 신체검진을 실시한다. (O | X)

정답   X

해설   청진을 통해 장음을 듣는 것은 병원 전 단계에서 많은 시간이 소요되므로 현장에서는 시진과 촉진을 통해 평가해야 한다.
- 시진 : 배 팽창, 변색, 비정상적인 돌출 또는 기타 비정상적인 외형을 살피고 배의 모양이 최근 들어 변했는지를 물어야 한다.
- 촉진 : 몇 개의 손가락 끝을 이용해 부위별로 부드럽게 눌러야 한다. 촉진 중에 딱딱한 느낌이 든다면 환자에게 통증을 느끼는지 질문해야 한다. 처음에는 부드럽고 얕게 촉진해서 환자가 아무런 불편감을 호소하지 않는다면 다음에는 좀 더 깊게 촉진하도록 한다. 만약 첫 촉진에서 통증, 불편감이나 이상을 발견했다면 추가 촉진은 필요하지 않다.

053 담낭염은 만성 알코올 환자에게 흔히 나타나며 윗배 통증을 호소한다. (O | X)

정답 X

해설 췌장염에 관한 설명이다.

복통유발 질병
- 충수돌기염(꼬리염)
  수술이 필요하며 증상 및 징후로는 오심/구토가 있으며 처음에는 배꼽 부위 통증(처음)을 호소하다 RLQ부위의 지속적인 통증을 호소한다.
- 담낭염(쓸개염)/담석
  쓸개염은 종종 담석으로 인해 야기되며 심한 통증 및 때때로 갑작스러운 윗배 또는 RUQ 통증을 호소한다. 또한 이러한 통증을 어깨 또는 등 쪽에서도 나타날 수 있다. 통증은 지방이 많은 음식물을 섭취할 때 더 악화될 수 있다.
- 췌장염(이자염)
  만성 알코올 환자에게 흔히 나타나며 윗배 통증을 호소한다. 췌장(이자)이 위아래, 후복막에 위치해 있어 등/어깨에 통증이 방사될 수 있다. 심한 경우 쇼크 징후가 나타나기도 한다.
- 궤양/내부출혈
  배출혈은 일반적으로 두 형태로 나뉠 수 있다. 첫 번째로 소화경로 내부출혈로 위궤양을 예로 들 수 있다. 이 유형은 식도에서 항문까지 어느 곳에서도 나타날 수 있으며 혈액은 구토(선홍색 또는 커피색) 또는 대변(선홍색, 적갈색, 검정색)으로 나온다. 이로 인한 통증은 있을 수도 있지만 없을 수도 있다. 두 번째 유형은 복강 내 출혈로 외상으로 인한 지라출혈이 있다. 출혈은 복막을 자극하고 복통/압통과도 관련이 있다.
- 배대동맥류
  배를 지나가는 대동맥벽이 약해지거나 풍선처럼 부풀어 올랐을 때 나타난다. 약하다는 것은 혈관의 안층이 찢어져 외층으로 피가 나와 점점 커지거나 심한 경우 터질 수 있다. 만약 터진다면 사망가능성이 높아진다. 작은 크기인 경우에는 즉각적인 수술이 필요하지 않다. 병력을 통해 배대동맥류를 진단받은 적이 있고 현재 복통을 호소한다면 즉각적인 이송을 해야 한다. 혈액유출이 서서히 진행된다면 환자는 날카롭거나 찢어질 듯한 복통을 호소하고 등 쪽으로 방사통도 호소할 수 있다.
- 탈 장
  복벽 밖으로 내장이 튀어나온 것을 말하며 무거운 물건을 들거나 힘을 주었을 때 나타날 수 있다. 보통 무거운 것을 들은 후 갑작스러운 복통을 호소하고 배나 서혜부 촉진을 통해 덩어리가 만져질 수 있다. 매우 심한 통증을 호소하나 장이 꼬이거나 막혔을 때를 제외하고는 치명적이지 않다.
- 신장/요로 결석
  콩팥에 작은 돌이 요로를 통해 방광으로 내려갈 때 심한 옆구리 통증과 오심/구토 그리고 서혜부 방사통이 나타날 수 있다.

054 순환계는 3개의 주요 요소(심장, 혈관, 혈액)로 구성되어 있다. (O | X)

정답 O

055 일반적으로 성인은 1L, 소아는 0.5L, 신생아는 0.1L 실혈될 경우 위험하다. (O | X)

정답 O

056 외부출혈이라도 옷, 장식천, 깔깨, 땅 등에 흡수된 실혈량은 측정할 수 없으며 내부출혈인 경우 더더욱 알 수 없다는 문제점이 있다. (O | X)

정답 O

057 정맥출혈은 산소가 풍부하지 않으며 저압 상태이므로 검붉은 색을 띠며 흘러나오는 양상을 나타낸다. (O | X)

정답 O

해설 출혈 형태
- 동맥출혈 : 동맥이나 세동맥 손상으로 일어난다. 산소가 풍부하고 고압 상태이므로 선홍색을 띠며 심박동에 맞춰 뿜어져 나온다. 보통 양이 많으며 고압으로 인해 지혈이 어렵다. 지혈되지 않으면 쇼크 증상을 초래하며 열상에서 많이 나타난다.
- 정맥출혈 : 정맥이나 세정맥 손상으로 일어난다. 산소가 풍부하지 않으며 저압 상태이므로 검붉은 색을 띠며 흘러나오는 양상을 나타낸다. 열상에서 많이 나타나며 지혈이 쉽다.
- 모세혈관 출혈 : 모세혈관은 얇고 출혈도 느리며 스며 나오듯이 나온다. 색은 검붉은 색이며 찰과상에서 흔히 볼 수 있다. 지혈이 쉬우며 실혈량도 적고 자연적으로 지혈되는 형태이다. 평가할 때 고려해야 할 요소로는 상처 형태나 부위에 따라 출혈의 정도가 달라진다.

058 치명적인 출혈일 경우 응급처치 중에서는 지혈을 가장 먼저 실시해야 한다. (O | X)

정답 X

해설 지혈 – 치명적인 출혈인 경우에는 기도와 호흡을 제외한 응급처치 중에서는 제일 먼저 실시해야 한다. 지혈을 위한 방법으로는 보통 3가지(직접 압박, 거상, 압박점)가 있으며 만약 지혈이 안 될 경우에는 지혈대를 이용해야 한다.

059 지혈을 위한 방법으로는 보통 3가지(직접압박, 거상, 압박점)가 있으며 지혈대와 같이 사용하면 더욱 효과적이다. (O | X)

정답 X

해설 만약 지혈이 안 될 경우에는 지혈대를 이용해야 한다. 절단 부위로부터 치명적인 출혈을 보일 때 마지막 수단으로 보통 사용된다.

060 내부출혈은 외부출혈과 달리 느린맥, 갈색이나 붉은색의 구토물, 검고 끈적거리거나 팽창된 배 등의 증상 및 징후가 나타난다. (O | X)

정답 X

해설 내부출혈의 특징적인 증상 및 징후는 빠른맥이다.

061 빠른맥은 쇼크의 초기징후로 나타나며 출혈이 계속되면 저혈류로 진행되어 말초 혈류는 급격히 감소된다. (O | X)

정답 O

해설 실혈로 인한 쇼크를 저혈량성 쇼크라고 한다. 순환계는 실혈에 따른 보상반응으로 맥박이 빨라지고 혈관을 수축시켜 조직으로의 관류를 유지하려고 한다. 따라서 빠른맥은 쇼크의 초기 징후로 나타나며 출혈이 계속되면 저혈류로 진행되어 말초 혈류는 급격히 감소된다. 이러한 과정으로 허약감, 약한 맥박, 창백하고 끈적한 피부를 나타낸다. 혈류량 저하는 조직기능 저하로 이어져 아래와 같은 다양한 반응이 나타난다.

실혈에 따른 각 조직의 반응 및 증상/징후

기 관	실혈 반응	증상 및 징후
뇌	심장과 호흡기능 유지를 위한 뇌 부분의 혈류량 감소	의식 변화 : 혼돈, 안절부절, 흥분
심혈관계	심박동 증가, 혈관수축	빠른호흡, 빠르고 약한 맥박, 저혈압, 모세혈관 재충혈 시간 지연
위장관계	소화기계 혈류량 감소	오심/구토
콩 팥	염분과 수분 보유 기능 저하	소변생산량 감소, 심한 갈증
피 부	혈관 수축으로 인한 혈류량 감소	차갑고 창백하며 축축한 피부, 청색증
팔·다리	관류량 저하	말초맥박 저하, 혈압 저하

062 혈종은 타박상과 비슷하나 진피와 피하지방 조직층에 좀 더 큰 혈관과 조직손상으로 나타난다. (O | X)

정답 O

063 가슴의 갑작스런 압력이 가해졌을 때 심장과 허파에 압력이 전달되고 가슴 내의 피를 밖으로 짜내어 머리와 목 그리고 어깨로 전달되는 현상을 외상형질식이라 하고, 이는 폐쇄성 압좌상의 특수한 형태이다. (O | X)

정답 O

064 연부조직손상의 응급처치 중 호흡곤란이나 쇼크 증상 및 징후가 나타나면 인공호흡을 실시하고 부목과 얼음찜질은 통증을 감소시킨다. (O | X)

정답 X

해설 호흡곤란이나 쇼크 증상 및 징후가 나타나면 고농도의 산소를 공급한다. 호흡정지나 호흡장애가 나타나면 인공호흡을 실시한다.

065 결출상은 피부나 조직이 찢겨져 너덜거리는 상태로 많은 혈관 손상으로 종종 출혈이 심각하다. (O | X)

정답 O

066 드레싱과 붕대는 지혈과 추가 오염을 예방하기 위해 손상부위에 거즈 등을 붙이는 처치로 항상 멸균 상태이어야 한다. (O | X)

정답 X

해설 붕대는 드레싱한 부위가 움직이지 않게 하는 처치로 멸균상태일 필요는 없다.

067 드레싱한 부분을 현장에서 제거해서는 안 된다. 단, 일반드레싱의 경우 피로 흠뻑 젖은 경우 새 드레싱으로 교체하며 직접압박을 해야 한다. (O | X)

정답 O

068 적합한 개방성 가슴창의 드레싱은 플루터 밸브라 한다. 이 형태의 드레싱은 흉강으로부터 공기의 유입을 억제한다. (O | X)

정답 O

069 개방성 배 손상 시 무릎과 엉덩이 상처가 없다면 무릎을 구부리도록 해 복벽에 가해지는 스트레스를 줄여준다. (O | X)

정답 O

해설 무릎과 엉덩이에 상처가 없다면 무릎을 구부리도록 한다(무릎 아래에 베게나 말은 이불을 대어 준다). 이 자세는 복벽에 가해지는 스트레스를 줄여준다.

070 관통상 지혈 시 관통부위를 직접 압박한다. (O | X)

정답 X

해설 관통부위가 아닌 옆 부분을 직접 압박한다.

071 표피와 진피가 손상된 경우로 발적, 창백하거나 얼룩진 피부, 수포가 나타나는 것은 2도 화상이다. (O | X)

정답 O

071-1 처치와 이송 전에 화상범위를 파악하기 위한 9법칙은 환자의 손바닥크기를 1%라 가정하고 평가하면 된다. (O | X)

정답   X

해설   처치와 이송 전에 화상범위를 파악해야 하며 '9법칙'이라 불리는 기준을 이용한다. 9의 법칙은 범위가 큰 경우 사용하며, 범위가 작은 경우에는 환자의 손바닥크기를 1%라 가정하고 평가하면 된다. 소아의 경우 성인과 달리 몸에 비해 머리가 크므로 달리 평가해야 한다. 일부 응급의료체계에서는 각각의 다리를 14%로 계산하기도 한다.

072 강산이 엎질러져 발등에 체표면적 2%의 3도 화상을 입은 52세 환자는 중증도 분류상 중증도이다. (O | X)

정답   X

해설   손, 발, 회음부, 얼굴화상은 면적에 상관없이 중증이다.

성인의 중증도 분류

중증도 분류	화상 깊이 및 화상 범위
중 증	• 흡인화상이나 골절을 동반한 화상 • 손, 발, 회음부, 얼굴화상 • 체표면적 10% 이상의 3도 화상인 모든 환자 • 체표면적 25% 이상의 2도 화상인 10세 이상 50세 이하의 환자 • 체표면적 20% 이상의 2도 화상인 10세 미만 50세 이후의 환자 • 영아, 노인, 기왕력이 있는 화상환자 • 원통형 화상, 전기화상
중증도	• 체표면적 2% 이상, 10% 미만의 3도 화상인 모든 환자 • 체표면적 15% 이상, 25% 미만의 2도 화상인 10세 이상 50세 이하의 환자 • 체표면적 10% 이상, 20% 미만의 2도 화상인 10세 미만 50세 이후의 환자
경 증	• 체표면적 2% 미만의 3도 화상인 모든 환자 • 체표면적 15% 미만의 2도 화상인 10세 이상 50세 이하의 환자 • 체표면적 10% 미만의 2도 화상인 10세 미만 50세 이후의 환자

소아의 중증도 분류

중증도 분류	화상 깊이 및 화상 범위
중 증	전층 화상과 체표면의 20% 이상의 부분층 화상
중증도	체표면의 10~20%의 부분층 화상
경 증	체표면의 10% 미만의 부분층 화상

072-1 화상환자의 1차 평가 시 화상부위를 평가하는 것이 가장 중요하다. (O | X)

정답 X

해설 화상환자의 1차 평가와 2차 평가
① 1차 평가
환자의 기도를 평가하는 것이 1차 평가에서 가장 중요하다. 특히 응급구조사는 호흡곤란, 천명(환자의 상기도가 막혔다는 위험 신호), 안면부 화상, 눈썹이나 코털이 탄 경우, 코와 구강내의 그을음, 기침, 가래에 그을음이 섞인 경우, 쉰 목소리, 목 주위를 둘러싼 화상 등이 있는지 자세히 관찰하여야 한다. 이런 징후가 발견되면 흡입 화상의 가능성이 크므로 기도유지에 주의한다.
② 2차 평가
2차 평가를 시작할 때는 생체징후를 우선 측정한다. 화상이 없는 팔다리에서 혈압을 측정하여야 유용하지만 팔다리전체가 화상을 입었으면 소독된 거즈를 상처부위에 감고 측정한다. 심혈관 질환 등의 병력이 있었거나 심한 화상을 입은 경우에는 심전도 감시를 한다.

072-2 화상환자의 응급 처치 시 화상 입은 부위의 반지, 목걸이, 귀걸이와 같은 장신구를 제거하고 피부에 직접 녹아 부착된 합성물질 등이 있다면 즉시 떼어내야 한다. (O | X)

정답 X

해설 화상 입은 부위의 반지, 목걸이, 귀걸이와 같은 장신구는 제거하고 피부에 직접 녹아 부착된 합성물질 등이 있다면 떼어 내려고 시도하지 말아야 한다.

072-3 화상환자의 응급 처치 시 손상부위 오염을 방지하기 위해서 건조하고 멸균된 거즈로 드레싱 한다. 손과 발의 화상은 거즈로 분리시켜 드레싱 해야 하며, 수포를 터트리거나 연고, 로션 등을 바르면 안 되고, 중증화상은 체온유지기능을 저하시키기 때문에 보온을 유지해야 한다. (O | X)

정답 O

해설 응급 처치
- 손상이 진행되는 것을 차단한다.
  옷에서 불이나 연기가 난다면 물로 끄고 기름, 왁스, 타르와 같은 반고체 물질은 물로 식혀 줘야 하며 제거하려고 시도해서는 안 된다.
- 기도가 개방된 상태인지 계속 주의를 기울여야 한다.
  기도화상, 호흡곤란, 밀폐공간에서의 화상환자는 고농도산소를 주어야 한다.
- 화상 입은 부위를 완전히 노출하기 위해 감싸고 있는 옷을 제거한다.
  화상 입은 부위의 반지, 목걸이, 귀걸이와 같은 장신구는 제거하고 피부에 직접 녹아 부착된 합성물질 등이 있다면 떼어 내려고 시도하지 말아야 한다.
- 화상 중증도를 분류한다.
  - 중증이라면 즉각적으로 이송해야 하며 그렇지 않다면 다음 단계의 처치를 실시하도록 한다.
  - 경증화상(2도 15%)이라면 국소적인 냉각법을 실시한다.
- 손상부위 오염을 방지하기 위해서 건조하고 멸균된 거즈로 드레싱 한다.
  손과 발의 화상은 거즈로 분리시켜 드레싱 해야 하며 수포를 터트리거나 연고, 로션 등을 바르면 안 된다.
- 보온을 유지한다.
  중증화상은 체온유지기능을 저하시키기 때문이다.
- 화상환자에게 발생된 다른 외상을 처치하고 즉시 화상치료가 가능한 병원으로 이송한다.

072
-4 파크랜드 수액요법 시 중등에서 중증화상 환자는 모두 정맥로를 확보해야 한다. 또한 병원으로의 이송은 대개 1시간 이내이기 때문에 초기 주입하는 수액량으로 환자의 몸무게 kg당 0.25ml를 화상 면적과 곱한 양을 주는 것이 합리적이다. (O | X)

정답 O

해설 파크랜드 수액요법
- 화상 입은 면적이 크면 병원전 처치에서 적극적인 수액 요법을 시행하라는 의료지도가 있을 수 있다.
- 중등에서 중증화상 환자는 모두 정맥로를 확보해야 한다.
- 2개의 굵은 혈관 주사를 확보한 후 각각에 1,000ml의 생리식염수나 링거액을 연결한다.
  ※ 4ml × 환자 몸무게(kg) × 2/3도 화상의 체표면적(%) = 24시간 동안 주어야 할 수액량
- 화상 후 첫 8시간 동안 전체 수액의 반을 준다.
- 병원으로의 이송은 대개 1시간 이내이기 때문에 초기 주입하는 수액량으로 환자의 몸무게 킬로그램당 0.25ml를 화상 면적과 곱한 양을 주는 것이 합리적이다.
- 화상 환자에서 수액을 줄 때는 기도 상태와 호흡음을 자주 주의 깊게 감시해야 한다.
  ※ 0.25ml × 환자 몸무게(kg) × 화상면적 = 수액량

073 교류는 직류보다 심한 화상을 입히며 전기가 들어온 곳과 나온 곳이 몸에 표시되어 남아있다. (O | X)

정답 O

074 뼈와 근육을 연결하는 힘줄이 비정상적으로 잡아 당겨져 생기는 근골격계 손상은 염좌이다. (O | X)

정답 X

해설 근골격계 손상 형태
근골격계가 어떤 형태의 손상을 입었는지 정확하게 진단하는 것이 임무가 아니며 아프고 붓고 변형된 팔다리를 응급 처치하는 것이 구급대원의 임무이다. 처치는 추가 손상 방지와 부목 등을 이용해 손상 부위를 안정시켜 통증을 감소시키는 데 목적이 있다. 다음은 일반적인 근골격계 손상 용어이다.
- 골절 : 뼈가 부러진 경우를 말하며 심각한 출혈과 통증 그리고 장기간 안정이 필요하다. 관절을 형성하는 뼈의 끝부분이나 성장판이라 불리는 아동의 성장부위 골절은 심각한 결과를 초래한다.
- 탈구 : 연결부분에 위치한 관절의 정상 구조에서 어긋난 경우로 관절부위의 심한 굴곡이나 신전으로 발생한다. 손가락 관절과 어깨, 엉덩이에서 종종 발생한다.
- 염좌 : 관절을 지지하거나 둘러싼 인대의 파열이나 비정상적인 잡아당김으로 생긴다. 보통 인체에 변형된 충격(뒤틀림 등)으로 인해 발생한다.
- 좌상 : 뼈와 근육을 연결하는 힘줄이 비정상적으로 잡아 당겨져 생긴다.

075 근골격계 손상에서 1차 평가를 실시하고 ABC상에 문제가 있다면 부분부목 등 즉각적인 처치를 하고 신속한 이송을 실시한다. (O | X)

정답 X

해설 ABC상에 문제가 있다면 즉각적인 처치를 하고 신속한 이송을 실시한다. 대신 부분 부목이 아닌 전신을 긴 척추보호대로 고정시킨 후 이송한다.

076 경성부목의 종류로는 골절부목, 진공부목, 철사부목, 성형부목, 알루미늄부목 등이 있다. (O | X)

정답 X

해설 진공부목은 연성부목이다(가장 많이 사용되는 연성부목은 공기부목과 진공부목이다).
* 암기 : 경성에 있는 철사가 골절을 당해 성형을 해서 알루미늄 박스가 되었다.

077 심각한 근골격계 손상 환자는 부목을 이용해 철저히 고정하고 신속하게 이송해야 한다. (O | X)

정답 X

해설 심각한 손상 환자는 부목으로 고정하기 위해 시간을 지연해서는 안 되며 신속하게 이송해야 한다.

078 척추는 머리를 지지해 주고 뇌의 기저부분에서 골반까지 이어지고 척수를 유지하고 보호해준다. (O | X)

정답 X

해설 척추는 머리를 지지해 주고 뇌의 기저부분에서 골반까지 이어지고 척수를 유지하고 보호해준다. 척추는 인체를 지탱하는 중요한 역할을 하고 있으며 33개의 척추뼈로 구성되어 있다(목뼈 7개, 등뼈 12개, 허리뼈 5개, 골반의 뒷벽을 구성하는 엉치뼈 5개, 꼬리뼈 4개).

079 척추의 손상기전 중 압박은 척추의 아래나 위로부터 직접 힘이 가해진 것으로 차량충돌, 낙상 그리고 다이빙에서 일어난다. (O | X)

정답 O

해설 척추손상의 손상기전
- 굴곡 : 척추의 앞쪽으로 굽은 것으로 정면충돌과 다이빙에서 보통 일어난다.
- 신전 : 척추의 뒤쪽으로 굽은 것으로 후방충돌에서 보통 일어난다.
- 측면 굽힘 : 척추의 측면으로 굽은 것으로 측면충돌에서 종종 일어난다.
- 회전 : 척추가 꼬인 것으로 차량 충돌과 낙상에서 일어난다.
- 압박 : 척추의 아래나 위로부터 직접 힘이 가해진 것으로 차량충돌, 낙상 그리고 다이빙에서 일어난다.
- 분리 : 척수와 척추 뼈가 따로따로 분리되어지는 힘에 의한 손상으로 목매달기와 차량충돌에서 일어난다.
- 관통 : 어떤 물체가 척수나 척주에 들어오는 경우로 총이나 칼에 의한 손상에서 일어난다.

080 짧은 척추고정판과 구출고정대(KED) 장비가 있다. 이 장비들은 차량 충돌 사고로 차에 앉아 있는 환자가 척추손상이 의심될 때 고정을 위해 사용되며 머리, 목, 몸통을 고정시켜 준다. (O | X)

정답 O

081 전신 척추고정 기구는 머리를 고정시킨 후에 가슴과 골반을 끈으로 고정시켜야 한다. 이는 몸무게로 인해 목뼈가 좌우로 흔들릴 수 있기 때문이다. (O | X)

정답 X

해설 환자의 가슴과 골반을 끈으로 고정시킨 후에 머리를 고정시켜야 한다. 만약, 머리를 먼저 고정시키면 몸무게로 인해 목뼈가 좌우로 흔들릴 수 있기 때문이다.

082 얼굴부분 손상의 징후로는 귀나 코에서 뇌척수액이 흘러나옴, 눈 주위 반상출혈, 귀 뒤 유양돌기 위에 반상출혈 등이 있다. (O | X)

정답 X

해설 머리뼈 손상의 징후이다. 머리뼈 손상의 징후는 다음과 같다.
- 상당한 힘에 의한 손상기전
- 두피에 심각한 타박상, 깊은 열상, 혈종
- 머리뼈 표면에 함몰과 같은 변형
- 귀나 코에서 혈액이나 맑은 액체(뇌척수액)가 흘러나옴
- 눈 주위 반상출혈(너구리 눈)
- 귀 뒤 유양돌기 주변 반상출혈(Battle's sign)

083 저혈당은 갑자기 나타나는 반면 고혈당은 서서히 진행된다. (O | X)

정답 O

084 고혈당 환자의 호흡에서는 아세톤 냄새가 나기도 한다. (O | X)

정답 O

해설 저혈당과 고혈당을 비교했을 때에 3가지 전형적인 차이점이 있다. 저혈당은 갑자기 나타나는 반면 고혈당은 보통 서서히 진행된다. 그 이유는 고혈당인 경우 뇌로 혈당이 전달되는 반면 저혈당은 혈당이 뇌에 도달할 수 없어 갑자기 경련이 일어나기 때문이다. 피부를 살펴보면 고혈당 환자는 따뜻하고 붉으며 건조한 피부를 갖는 반면 저혈당 환자는 차갑고 창백하며 축축하다. 고혈당 환자의 호흡에서는 아세톤 냄새가 나기도 하며, 종종 빠르고 깊은 호흡을 나타내고 구갈증, 복통, 구토 증상도 나타난다. 하지만 고혈당과 저혈당을 분명히 구분하기 위해서는 혈당측정기를 이용해 판단해야 한다.

085 의식장애가 있는 당뇨환자의 일반적인 증상 및 징후는 차고 축축한 피부와 빠른맥이다. (O | X)

정답 O

해설 의식장애가 있는 당뇨환자의 일반 증상 및 징후는 다음과 같다.
- 중독된 모습(마치 술에 취한 듯), 빠르고 분명치 않은 말, 비틀거리는 걸음
- 무반응
- 폭력적이고 호전적인 행동
- 흥분 상태
- 무의미한 행동
- 경련
- 배고픔 호소
- 차고 축축한 피부
- 빠른맥

086 의식이 있는 뇌졸중 환자를 평가하는 방법으로 FAST를 사용한다. (O | X)

정답 O

해설 FAST
- F(face) : 입 꼬리가 올라가도록 웃으면서 따라서 웃도록 시킨다. 치아가 보이지 않거나 양쪽이 비대칭인 경우 비정상이다.
- A(arm) : 눈을 감고 양손을 동시에 앞으로 들어 올려 10초간 멈추도록 한다. 양손의 높이가 다르거나 한 손을 전혀 들어 올리지 못할 경우 비정상이다.
- S(speech) : 하나의 문장을 얘기하고 따라 하도록 시킨다. 말이 느리거나 못한다면 비정상이다.
- T(time) : 시계가 있다면 몇 시인지 물어보고 없다면 낮인지 밤인지 물어본다.
* 기출문제 중에 '의식이 없는'이라고 바꿔서 출제된 적이 있다.

087 뇌졸중 환자 응급처치 시 의식이 없거나 기도를 유지할 수 없는 의식저하 상태라면 기도를 유지하고 고농도산소를 공급하고 마비된 쪽을 위로 한 측와위 형태로 이송한다. (O | X)

정답 X

해설 마비된 쪽을 밑으로 한 측와위 형태로 이송한다.

088 중독의 일반적인 노출경로 중 흡입은 일산화탄소중독이 가장 흔하고, 유기 인산화합물과 용매와 같은 화학물질의 단순 피부접촉으로도 중독된다. (O | X)

정답 X

해설 노출경로 중 흡입과 흡수를 구분한다.

노출경로
- 구강 복용 : 일반적인 노출 경로로 아이들의 경우 호기심으로 흔히 일어나고 성인의 경우 자살을 시도하기 위해 과다 복용하는 경우가 많다.
- 흡입 : 일산화탄소중독이 가장 흔하다.
- 주입 : 주사기를 이용해 혈관에 약물을 주입하거나 곤충이나 뱀에 물렸을 때를 말한다.
- 흡수 : 유기인산화합물과 용매와 같은 화학물질의 단순 피부접촉으로도 중독된다.

089 저체온증 환자의 호흡과 순환 둘 다 초기에는 빠르다가 후기에는 느려진다. (O | X)

정답 O

해설 1차 평가동안 다음과 같은 저체온증 증상 및 징후가 있는지 평가해야 한다.
- 첫인상 : 주변 환경, 외상과 손상
- 의식 수준 : 저체온증이 진행되면서 의식은 떨어진다. 초기에는 약간의 감정변화, 조작능력 저하, 기억상실, 언어장애, 어지러움, 감각 장애 등이 나타난다. 판단력 장애로 환자는 옷을 벗는 행동을 하고 심한 경우에는 반응이 없거나 무의식상태를 보인다.
- 호흡 : 초기에는 비정상적으로 빠르다가 후기에는 느려진다.
- 순환 : 초기에는 빠르다가 후기에는 느려진다. 중증 저체온증에서는 맥박이 30 이하로 떨어지고 팔다리의 순환이 감소되어 촉지하기 힘들다. 피부는 창백하거나 청회색을 종종 나타낸다.

중심체온에 따른 증상 및 징후

중심체온	증상 및 징후
35.0~37.0℃	오 한
32.0~35.0℃	오한, 의식은 있으나 언어 장애가 나타남
30.0~32.0℃	오한, 강한 근육 경직, 협력장애로 기계적인 움직임, 생각이 명료하지 못하고 이해력도 늦으며 기억력 장애 증상
27.0~30.0℃	이성을 잃고 환경에 대한 반응 상실(바보같은 모습), 근육 경직, 맥박과 호흡이 느려짐, 심부정맥
26.0~27.0℃	의식 손실, 언어지시에 무반응, 모든 반사반응 상실, 심장기능 장애

090 저체온증 환자의 일반적인 응급처치로 환자가 무반응이거나 반응이 적절하지 않다면 주요 동맥이 표면에 흐르는 곳에 따뜻한 것을 대주는 등 적극적인 처치를 한다. (O | X)

정답 X

해설 의식에 따른 처치방법에 유의한다.
　　보온 및 열 공급
　　• 무반응이거나 반응이 적절하지 않다면 다음과 같은 소극적인 처치법을 실시한다.
　　　– 차갑거나 젖거나 조이는 옷은 제거한다.
　　　– 이불을 덮어준다.
　　　– 구급차 내 온도를 올린다.
　　• 의식이 명료한 상태라면 적극적인 처치법을 실시한다.
　　• 인체 외부 특히, 주요 동맥이 표면에 흐르는 곳에 따뜻한 것을 대준다(가슴, 목, 겨드랑이, 서혜부).

091 초기 또는 표면 국소 한냉손상은 일명 동상이라고 불리며 하얀 피부색을 띤다. (O | X)

정답 X

해설 **국소 한냉손상**
　　초기 또는 표면 국소 한냉손상은 일명 동창(Chilblain)이라고도 하며 피부가 하얗게 되거나 창백하게 변색된다.
　　후기 또는 깊은 국소 한냉손상은 일명 동상(Frostbite)이라고 불리며 하얀 피부색을 띤다.

092 초기 또는 표면 국소 한냉손상은 손상부위를 문지르거나 마사지 해 혈액순환을 돕는다. (O | X)

정답 X

해설 **초기 또는 표면 손상인 경우 처치**
　　• 손상 부위를 부목으로 고정한다.
　　• 소독 거즈로 드레싱 한다.
　　• 손상 부위의 반지나 액세서리를 제거한다.
　　• 손상부위를 문지르거나 마사지하지 않는다.
　　• 다시 추위에 노출되지 않도록 주의한다.

후기 또는 깊은 손상인 경우 처치
- 손상 부위를 부목으로 고정한다. 특히, 다리부분 손상인 경우에는 걷지 않도록 한다.
- 마른 옷이나 드레싱으로 손상부위를 덮는다.
- 손상 부위의 반지나 액세서리를 제거한다.
- 손상부위를 문지르거나 마사지하지 않는다.
- 물집을 터트리지 않는다.
- 손상부위에 직접적인 열이나 따뜻하게 회복시키는 처치법을 실시하지 않는다.
- 다시 추위에 노출되지 않도록 주의한다.

093 열손상에서 가장 위험한 단계로 체온조절기능 부전으로 나타나는 것은 일사병이다. (O | X)

정답 X

해설 열사병이다.
- 열경련은 더운 곳에서 격렬한 활동으로 땀을 많이 흘려 전해질(특히, 나트륨) 부족으로 나타난다.
- 일사병은 체액소실로 나타나며 보통 땀을 많이 흘리고 충분한 수분을 섭취하지 않아 발생한다.

094 일사병은 피부가 차갑고 창백하며 축축하다. (O | X)

정답 O

095 열손상 환자의 피부가 뜨겁고 건조하거나 축축한 경우라면 물이나 이온음료를 마시게 하고 그렇지 않다면 좌측위로 병원으로 이송한다. (O | X)

정답 X

해설 **열손상 환자의 응급처치**

시원한 곳으로 이동(냉방된 구급차 등)

많은 양의 산소 공급

정상이거나 차가우며 창백하고 축축한 피부의 경우	뜨겁고 건조하거나 축축한 피부인 경우
시원하게 옷을 벗기고 느슨하게 한다.	시원하게 옷을 벗기고 느슨하게 한다.
부채질 등 증발을 이용해 시원하게 해준다.	목, 겨드랑이, 서혜부에 차가운 팩을 댄다.
다리를 약간 올리고 앙와위를 취해준다.	차가운 물로 몸을 축축하게 해주고(수건, 스폰지 이용) 부채질(선풍기) 해준다.
반응이 있고 구토가 없다면 앉아서 물이나 이온음료를 마시게 하고 그렇지 않다면 좌측위로 병원으로 이송한다.	구강으로 아무것도 주어서는 안 되며 냉방기를 최고로 맞춰 놓고 신속하게 이송한다.
이송 중 계속 환자를 평가 및 처치한다.	이송 중 계속 환자를 평가 및 처치한다.

096 익수란 물에 잠긴 후에 질식에 의하여 사망하는 경우로 정의된다. (O | X)

정답 X

해설 익사(Drowning)란 물에 잠긴 후에 질식에 의하여 사망하는 경우로 정의된다. 익수(Near Drowning)는 물에 잠긴 후에 최종결과에 관계없이 일시적이더라도 환자가 생존한 경우를 의미한다.

097 스쿠버 다이빙과 관련된 응급상황 중 하강과 관련된 압력손상으로 감압병이 있다. (O | X)

정답 X

해설 감압병은 상승할 때 발생한다.

스쿠버 다이빙과 관련된 응급상황
잠수 깊이와 급격한 압력 변화로 인해 압력손상을 입을 수 있다.
- 하강과 관련된 압력손상 : 내려가는 동안 물의 무게와 중력으로 잠수부 신체에 압력이 약해질 것이다. 내이와 부비동과 같이 공기로 채워진 인체 공간은 압착되고 귀와 얼굴의 통증을 유발한다. 심한 경우에는 고막이 파열되어 출혈이 생길 수도 있다.
- 상승과 관련된 압력손상 : 잠수부에게 대부분 치명적인 손상을 주는 경우가 수면으로의 급격한 상승에서 기인한다. 인체에 있는 가스는 수면으로 올라오면서 팽창하는데 팽창된 가스는 조직을 심한 경우 파열시키기도 한다.
  - 치아 : 구강 내 공기 주머니 팽창은 심한 통증을 유발시킨다.
  - 위장 : 복통을 유발하고 트림이나 방귀가 자주 나온다.
  - 허파 : 허파의 일부분을 파열시키며 피하조직으로 공기가 들어가 피하기종을 유발할 수 있다. 혈류에 들어간 공기는 기포나 기포덩어리가 되어 일반 순환과 관류를 방해하는 공기색전증을 유발하기도 한다. 공기색전증으로 심장마비, 경련, 마비 증상이 나타날 수 있다.
- 감압병(DCS ; Decompression Sickness)
  - 공기 중에 약 70%를 차지하는 질소 가스가 조직과 혈류 내 축적되면서 발생한다. 보통 빠르게 상승할 때 발생하며 증상이 나타나는 시간은 30분 이내에 50%, 1시간 이내에 85%, 3시간 이내에 95%가 나타난다. 증상은 질소방울이 어느 인체 부위에 나타나는가에 따라 달라지는데 보통 두통, 현기증, 피로감, 팔다리의 저린 감각, 반신마비 등이 나타나며 드물게는 호흡곤란, 쇼크, 무의식, 사망도 나타난다. 예방법으로는 수심 30m 이상 잠수하지 않으며, 상승 시 1분당 9m의 상승속도를 준수하는 것이다. 감압병이 의심된다면 꼭 진찰을 받아야 하는데 그 이유는 상태가 악화될 수 있기 때문이다.
  - 감압병의 증상 및 징후 : 의식 변화, 피로감, 근육과 관절의 심부통증 피부 가려움증과 얼룩 또는 반점, 저린 감각 또는 마비 질식감, 기침, 호흡곤란, 중독된 듯한 모습, 가슴통증 등

098 뱀에 물린 경우 물린 부위에서 몸과 먼 쪽으로 묶어준다(단, 지혈대가 아닌 탄력붕대 이용). (O | X)

정답 X

해설 물린 부위에서 몸 쪽으로 묶어준다(단, 지혈대가 아닌 탄력붕대 이용).

099 임신부는 보통 여자보다 혈류량과 심박동수가 증가하고 생식기계에 공급되는 혈관의 수와 크기가 증가한다. 이는 혈압을 증가시키고 임신 말기 자궁은 소화기계를 압박해 소화를 지연하거나 토하게 한다. (O | X)

정답 X

해설 맥박은 증가하고 혈압은 감소한다.

100 앙와위의 임부는 하대정맥을 눌러 심장으로 가는 혈류량을 감소시켜 저혈압을 유발시킨다. (O | X)

정답 O

해설 임신기간 중 생리적 변화

변 화	의 미
혈류량과 혈관분포정도가 증가한다.	맥박은 증가하고 혈압은 감소한다.
자궁이 커지면서 소화기계를 압박한다.	구토할 가능성이 높아진다.
자궁이 하대정맥을 눌러 심장으로 가는 혈류량을 감소시킨다.	앙와위는 저혈압과 태아절박가사를 초래할 수 있다.

101 태아가 분만경로로 들어와 태어날 때까지는 분만의 과정 중 3기이다. (O | X)

정답 X

해설 분만은 태아가 나오는 과정으로 세 단계로 나눠진다.
- 1기 : 규칙적인 자궁수축을 시작으로 자궁목이 얇아지고 점차적으로 확장되어 완전히 확장될 때까지(10cm)
- 2기 : 태아가 분만경로로 들어와 태어날 때까지
- 3기 : 태아가 나온 후 기타 적출물(태반, 제대, 양막 등)이 나올 때까지

102 태아의 머리가 완전히 나왔다면 한 손으로 계속 지지해 주고 다른 손은 소독된 거즈로 닦고 구형흡입기로 코, 입 순으로 흡인한다. (O | X)

정답 X

해설 소독된 거즈로 닦고 구형흡입기로 입, 코 순으로 흡인한다. 코를 먼저 흡인하면 신생아는 헐떡거리거나 호흡을 시작하게 되고 이때, 입에 있는 태변, 혈액, 체액, 점액이 허파에 흡인될 수 있다.

103 아프가 점수는 각각 출생 1분과 5분에 측정하는데 건강한 신생아의 전체 점수의 합은 10점이다. (O | X)

정답 O

104 신생아의 상태가 입술이 푸르스름하고, 맥막수는 100회 이하, 코 안쪽을 자극할 때 얼굴을 찡그리며, 근육 긴장력이 없고 호흡은 느리고 불규칙적이다. 아프가 점수를 쓰시오. ( )

정답 4점

105 위 104번 신생아의 아프가 점수로 볼 때 심한 질식 상태이며 기관 내 삽관, 산소공급, CPR을 실시해야 한다. (O | X)

정답 X

해설 0~2점일 때 실시한다.
신생아의 상태는 아프가 점수(Apgar score)를 이용하여 평가할 수 있다.
출생 1분과 5분에 각각 측정하는데, 건강한 신생아의 전체 점수의 합은 10점이다. 대부분의 신생아들은 생후 1분의 점수가 8~10점이다. 6점 이하이면 신생아의 집중관리가 필요하므로 기도확보 및 체온유지를 하면서 신속히 병원으로 이송한다.
- 일반적인 외형(Appearance, 피부색) : 몸 전체가 분홍색이면 2점, 몸은 분홍빛이지만 발과 입술이 푸르스름하면 1점, 몸 전체가 청색을 띠거나 창백하면 0점이다.
- 맥박(Pulse) : 청진기를 사용할 수 없는 경우에는 손가락으로 제대의 박동수를 촉지하여 측정한다. 100회 이상의 맥박수는 2점이고, 100회 이하이면 1점, 맥박이 없으면 0점이다.
- 반사흥분도(Grimace, 찡그림) : 코 안쪽을 자극할 때, 신생아가 기침이나 재채기를 하면 2점, 얼굴만 찡그리면 1점, 반응이 없으면 0점이다.
- 활동력(Activity, 근육의 강도) : 구부린 상태에서 곧장 뻗으려고 하면 2점, 약하게 뻗을 수 있으면 1점, 근육 긴장력이 없으면 0점이다.
- 호흡(Respiration) : 규칙적이며 빠른 호흡(울음)은 2점, 느리고 불규칙적이면 1점, 호흡이 없으면 0점이다.
- 아프가 점수(출생 후 1분, 5분 후 재평가 실시)

평가내용	점 수		
	0	1	2
피부색(일반적 외형)	청색증	몸은 핑크, 손과 팔다리는 청색	손과 발까지 핑크색
심장 박동수	없음	100회 이하	100회 이상
반사흥분도(찡그림)	없음	자극 시 최소의 반응/얼굴을 찡그림	코 안쪽 자극에 울고 기침, 재채기 반응
근육의 강도(움직임)	흐늘거림/부진함	팔과 다리에 약간의 굴곡 제한된 움직임	적극적으로 움직임
호흡(숨 쉬는 노력)	없음	약하고 느림, 불규칙적	우렁참

- 8~10점 : 정상출산으로 기본적인 신생아 관리
- 3~7점 : 경증의 질식 상태, 호흡을 보조함, 부드럽게 자극, 입~코 흡인
- 0~2점 : 심한 질식 상태, 기관 내 삽관, 산소공급, CPR

106 건조, 보온, 체위잡기, 산소공급, 흡인, 촉각자극은 모든 신생아에게 적용된다. (O | X)

정답   X

해설   모든 신상아에게 적용되는 소생술은 건조, 보온, 체위잡기, 흡인, 촉각자극이다.
* 암기 : 건보체흡촉
신생아 소생술 단계

107 두 번째 제대감자의 결찰높이는 첫 번째 제대에서 신생아 쪽으로 5cm 정도 떨어져 결찰한다. (O | X)

정답   O

108 신생아가 호흡하지 않거나 맥박이 뛴다면 제대가 신생아의 목을 조이는 상황과 CPR을 실시해야 하는 상황일 경우를 제외하고 제대를 결찰해서는 안 된다. (O | X)

정답   O

109 소아는 가슴벽이 부드럽고 호흡할 때 가로막보다는 호흡보조근에 더 의존한다. (O | X)

정답   X

해설   호흡할 때 호흡보조근보다 가로막에 더 의존한다.

110 소아와 영아는 성인과 달리 인공호흡이 시작되자마자 기도유지기를 위치시켜야 하고 초기 인공호흡을 위해서 신속하게 사용되어야 한다. (O | X)

정답   X

해설   초기 인공호흡을 위해서 사용되어서는 안 된다. 왜냐하면 소아나 영아의 호흡 노력과 산소화는 100% 인공호흡의 결과로 종종 빠르게 나아지므로 가끔은 기도유지기가 필요하지 않다. 기구사용은 오히려 상태를 악화시킬 수 있으며 빠른 호흡 향상이 나타날 수 있으므로 가급적이면 기도유지기 사용을 피해야 한다. 기도유지기 합병증으로는 연부조직 손상으로 출혈이나 부종, 구토 그리고 느린맥이나 심장마비를 유발할 수 있는 미주신경 자극이 있다.

111 소아의 경우 상기도 폐쇄에 대해 보이는 이물질을 손가락으로 제거하는 것은 올바른 처치법이나 하기도 질환에서 손가락을 입에 넣는 것은 기도폐쇄를 유발할 수 있는 경련이 나타날 수 있게 때문에 주의를 기울여야 한다. (O | X)

> 정답 O

112 소아의 저혈류량 쇼크에 따른 기관 반응에서 말초맥박 촉지 못함, 저혈압, 청색증, 모세혈관 재충혈 지연 등은 중증도에 해당한다. (O | X)

> 정답 X

> 해설 저혈압은 실혈량 45% 이상인 중증에 해당한다.

소아의 저혈량 쇼크에 따른 기관 반응

기 관	경증(실혈량 30% 이하)	중등도(실혈량 30~45%)	중증(실혈량 45% 이상)
심혈관계	• 약하고 빠른 맥박 • 정상 수축기압 (80~90 + 2 × 나이)	• 약하고 빠른 맥박 • 말초맥박 촉지 못함 • 낮은 수축기압 (70~80 + 2 × 나이)	• 서맥후 빈맥 • 저혈압 (<70 + 2 × 나이) 이완기압 촉지 못함
중추신경계	흥분, 혼돈, 울음	기면상태 통증에 둔한 반응	혼수상태
피 부	차갑고 얼룩진 색, 모세혈관재충혈 지연	청색증 모세혈관재충혈 지연	창백, 차가운 피부
소변량	점점 줄어듦	아주 조금	없 음

113 환자의 행동변화 요인으로 안절부절, 혼돈, 청색증, 의식장애는 저혈당으로 인한 것이다. (O | X)

> 정답 X

> 해설 환자의 행동 변화를 초래하는 내과적, 외과적 상태는 많이 있다.
> • 저혈당 : 엉뚱하거나 적개적인 행동(마치 술을 마신 듯한 행동), 어지러움, 두통, 실신, 경련, 혼수, 빠른호흡, 허기, 침이나 코를 흘리고 빠른맥 증상이 빠르게 나타남
> • 산소결핍 : 안절부절, 혼돈, 청색증, 의식장애
> • 뇌졸중 : 혼돈, 어지러움, 언어장애, 두통, 기능상실이나 반신마비, 오심/구토, 동공 확대
> • 머리외상 : 흥분에서부터 폭력까지 다양한 의식변화, 분별없는 행동, 의식장애, 기억상실, 혼돈, 불규칙한 호흡, 혈압상승, 빠른맥
> • 약물 중독 : 약물에 따른 다양한 증상 및 징후
> • 저체온증 : 몸의 떨림, 무감각, 의식장애, 기면, 비틀걸음, 느린 호흡, 느린맥
> • 고체온증 : 의식장애

114 성인의 심폐소생술 지침은 심정지 확인 → CAB's 순이며, 분당 100~120회의 속도로 30:2의 비율로 실시한다. (O | X)

정답 O

해설 CAB's 단계별 내용

구 분	평 가	내 용	주의사항
반응확인	의식확인	어깨를 두드리면서 "괜찮으세요?"라고 크게 소리쳐서 반응을 확인	응급의료체계 신고(119), 반응이 없으면 즉시 119신고 및 자동심장충격기 요청
호흡, 맥박	호흡확인 (맥박확인)	• 호흡의 여부 및 비정상 여부 판별 (일반인) • 호흡과 맥박 동시 확인(의료제공자)	• 무호흡, 비정상 호흡(심정지) 판단 • 의료제공자의 경우 호흡확인과 동시에 목 동맥에서 맥박확인(5~10초 이내)
C(순환)	가슴압박	• 일반인 : 인공호흡 없이 가슴압박만 하는 가슴압박소생술을 하고 인공호흡을 할 수 있는 사람은 가슴압박과 인공호흡을 같이 시행 • 의료제공자 : 심폐소생술 실시 • 가슴압박 : 인공호흡 비율 30:2	• 압박위치 : 가슴뼈의 아래쪽 1/2 • 압박깊이 : 성인 약 5cm, 소아 4~5cm, 영아 4cm • 압박속도 : 분당 100~120회
A(기도)	기도개방	인공호흡하기 전 기도개방 실시	• 비외상 : 머리기울임 → 턱 들어올리기 • 외상 : 턱 밀어올리기법
B(호흡)	인공호흡	기도개방 후 인공호흡 실시(1회에 1초간 총 2회)	가슴 상승이 눈으로 확인될 정도로 2번 인공호흡 실시, 인공호흡을 과도하게 하여 과환기를 유발하지 말 것

환자 평가
환자 평가는 중요한 부분으로 평가 없이 환자를 처치하거나 소생술을 실시해서는 안 된다.
• 반응의 확인
 - 심정지 환자의 치료에서 중요한 첫 단계는 즉시 환자의 반응을 확인하는 것이다. 환자의 어깨를 두드리면서 "괜찮으세요?"라고 크게 소리쳐서 의식반응을 확인한다. 쓰러져 있는 환자의 머리나 목의 외상이 의심되면 불필요한 움직임을 최소화하여 손상이 악화되지 않도록 한다.
 - 반응을 확인하여 무반응 시에는 119신고와 함께 자동심장충격기를 요청한다. 만약 환자가 반응이 없고, 호흡이 없거나 심정지 호흡처럼 비정상적인 호흡을 보인다면 심정지 상태로 판단한다. 특히, 심정지 호흡은 심정지 환자에게서 첫 수 분간 흔하게 나타나며, 이러한 징후를 놓치면, 심정지 환자의 생존 가능성은 낮아진다.
• 호흡과 맥박 확인
 - 의식반응을 확인한 후 반응이 없으면 119신고와 자동심장충격기 요청을 한 후 맥박과 호흡의 여부 및 비정상 여부를 5~10초 이내에 판별해야 한다. 특히 심정지 호흡이 있는 경우에는 살아 있는 것으로 착각을 하게 되고 심정지 상황에 대한 인지가 늦어져 가슴압박의 시작이 지연되기 때문이다. 만약 반응이 없고 정상 호흡이 아니라고 판단이 되면 심정지 상황으로 인식해야 한다.
 - 비정상 호흡 중 판단이 필요한 중요한 호흡은 심정지 호흡(Agonal Gasps)이다. 심정지 호흡은 심정지 환자에서 발생 후 초기 1분간 40% 정도에서 나타날 수 있다. 심정지 호흡을 심정지의 징후라고 인식하는 것이 신속한 심폐소생술을 진행하고 소생 성공률을 높이는 데 매우 중요하다. 의료제공자의 경우 호흡확인과 동시에 목동맥에서 5~10초 이내에 맥박을 확인한다.
 - 여러 연구 결과에서 심정지 의심 환자의 맥박 확인 과정은 일반인뿐 아니라 의료인에게도 어렵고 부정확한 것으로 알려져 있다. 의료제공자도 심정지를 확인하는 과정에서 맥박을 확인하는 데 너무 많은 시간을 소모하는 것으로 나타났다. 맥박은 성인 심정지 환자에서 목동맥의 촉지로 확인하는데 응급의료종사자도 10초를 넘지 않아야 하며, 맥박확인을 위해 가슴압박을 지연해서는 안 된다.

가슴압박

- 효과적인 가슴압박은 심폐소생술 동안 심장과 뇌로 충분한 혈류를 전달하기 위한 필수적 요소이다. 가슴압박으로 혈행을 효과적으로 유지하려면, 가슴뼈의 아래쪽 절반 부위를 강하게 규칙적으로 그리고 빠르게 압박해야 한다. 성인의 심정지 경우 가슴압박의 속도는 적어도 분당 100회 이상을 유지하면서 120회를 넘지 않아야 하고, 압박 깊이는 약 5cm를 유지해야 한다.
- 가슴을 압박할 때 손의 위치는 '가슴의 중앙'이 되어야 한다. 또한 가슴압박 이후 가슴의 이완이 충분히 이루어지도록 한다. 가슴압박이 최대한으로 이루어지기 위해 가슴압박이 중단되는 시간과 빈도를 최소한으로 줄여야 한다.
- 가슴압박과 인공호흡의 비율은 30:2로 한다. 가슴압박을 시작하고 1분 정도가 지나면 압박 깊이가 줄어들기 때문에 매 2분마다 또는 5주기(1주기는 30회의 가슴압박과 2회의 인공호흡)의 심폐소생술 후에 가슴압박 시행자를 교대해주는 것이 구조자의 피로도를 줄이고 양질의 심폐소생술을 제공할 수 있다. 임무를 교대할 때에는 가능하면 가슴압박이 5초 이상 중단되지 않도록 한다.
- 1인 또는 2인 이상의 구조자가 심폐소생술을 하는 경우 성인의 가슴압박 대 인공호흡의 비율은 30:2를 유지한다. 기관 내 삽관 등 전문기도가 유지되고 있는 경우에는 더 이상 30:2의 비율을 지키지 않고 한 명의 구조자는 분당 100회 이상 120회 미만의 속도로 가슴압박을 계속하고 다른 구조자는 백-밸브 마스크로 6초에 한 번씩(분당 10회) 호흡을 보조한다. 심폐소생술의 일관적인 질 유지와 구조자의 피로도를 고려하여 2분마다 가슴압박과 인공호흡을 교대할 것을 권장한다.

심폐소생술 지침의 연령에 따른 요약

심폐소생술 수기	성 인	소 아	영 아
심정지의 확인	• 무반응 • 무호흡 혹은 심정지호흡 • 5초 이상 10초 이내 확인된 무맥박(의료인만 해당)		
심폐소생술의 순서	가슴압박 - 기도유지 - 인공호흡		
가슴압박 속도	분당 100~120회		
가슴압박 깊이	가슴뼈 아래쪽 1/2(약 5cm)	가슴 깊이의 1/3(4~5cm)	가슴 깊이의 1/3(4cm)
가슴 이완	가슴압박 사이에는 완전한 가슴 이완		
가슴압박 중단	가슴압박의 중단은 최소화(10초 이내)		
기도유지	머리기울임-턱들어올리기(외상환자 의심 시 턱 밀어올리기)		
가슴압박 : 인공호흡			
전문기도 확보 이전	30 : 2 (1인 · 2인 구조자)	30 : 2(1인 구조자) 15 : 2(2인 구조자)	
전문기도 확보 이후	6초마다 인공호흡(분당 10회) ※ 단, 1회 인공호흡을 1초에 걸쳐 실시하며 가슴압박과 동시에 환기되지 않도록 주의한다.		

115 가슴압박이 부적절하여 발생하는 합병증으로는 갈비뼈골절, 심장파열, 심장눌림증, 대동맥손상 등이 있다. (O | X)

정답 X

해설 갈비뼈골절은 가슴압박이 적절하여도 발생하는 합병증이다.

심폐소생술의 합병증

가슴압박이 적절하여도 발생하는 합병증	갈비뼈골절, 복장뼈골절, 심장좌상, 허파좌상
부적절한 가슴압박으로 발생하는 합병증	상부 갈비뼈 또는 하부갈비뼈의 골절, 기흉, 간 또는 지라의 손상, 심장파열, 심장눌림증, 대동맥손상, 식도 또는 위점막의 파열
인공호흡에 의하여 발생하는 합병증	위 내용물의 역류, 구토, 허파흡인

116 만 1세 이하 영아에게는 가슴밀어내기보다 복부밀어내기가 더욱 효과적이다. (O | X)

정답 X

해설 만 1세 이하 영아에서는 복부밀어내기를 실시하지 않는다.

117 배 밀어내기는 이물질이 나오거나 환자가 의식을 잃을 때까지 계속 실시한다. (O | X)

정답 O

118 영아의 이물질 제거과정은 5회 등 두드리기와 5회 배 밀어내기를 실시해야 한다. (O | X)

정답 X

해설 소아의 경우는 성인과 이물질 제거과정이 비슷하나 영아(만 1세 이하)인 경우 5회 등 두드리기와 5회 가슴 밀어내기를 이물질이 나오거나 의식이 사라질 때까지 반복적으로 실시해야 한다. 의식이 사라지면 바로 흉부압박부터 시작하여 CPR을 실시한다.
- 처치자의 무릎 위에 영아를 놓고 의자에 앉거나 무릎을 꿇고 앉는다.
- 가능하다면 영아의 상의를 벗긴다.
- 처치자의 아래팔에 영아 몸통을 놓고 머리가 가슴보다 약간 낮게 위치시킨다. 이때, 손으로 영아의 턱과 머리를 지지하고 기도를 누르지 않게 유의하며 아래 팔은 다시 허벅지에 위에 놓는다.
- 손 뒤꿈치로 영아의 양 어깨뼈 사이를 이물질이 나오게 강하게 5번 두드린다. 두드린 손을 영아 등에 놓고 손바닥은 머리를 지지(뒤통수)하고 다른 손은 얼굴과 턱을 지지하며 영아를 뒤집어 머리가 몸통보다 낮게 위치시킨다.
- CPR 압박부위를 초당 1회의 속도로 5회 압박한다.

성인과 다른 점은 다음과 같다.
- 영아는 간이 상대적으로 크기 때문에 배 밀어내기를 실시하지 않는다.
- 이물질이 눈으로 보이는 경우에만 손가락으로 제거한다.

영아 기도폐쇄 처치

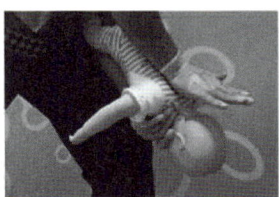

1단계 등 두드리기 5회

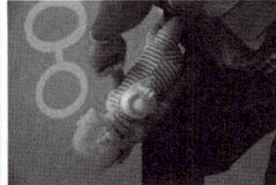

2단계 가슴압박 5회

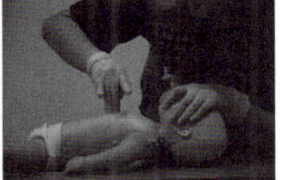

3단계 의식소실시 CPR

119 구급활동일지는 119구급대원이 출동한 모든 환자가 작성대상으로 미이송은 포함되지 않는다. (O | X)

정답 X

해설 작성대상 : 119구급대원이 출동한 모든 환자(이송 및 미이송 모두 포함)

120 작성 기준에 해당하는 모든 환자에 대하여 구급활동일지 및 해당 환자(심정지, 중증외상, 심·뇌혈관계) 응급처치 세부상황표를 작성한다. (O | X)

정답   O

121 위의 기록지 해당 여부에 대한 기준이 모호한 경우 일단 작성하지 않는다. (O | X)

정답   X

해설   해당 여부에 대한 기준이 모호한 경우 일단 작성 후 수정한다.

122 작성 시 공통사항으로 모든 시간은 24시간제로 작성한다. 또한 각 항목의 '기타'란은 체크하지 않는 것을 원칙으로 하고, 유사항목도 없어 불가피하게 체크할 경우에는 그 내용을 상세히 기재한다. (O | X)

정답   O

2025 시대에듀 소방승진 소방전술 최종모의고사

개정11판1쇄 발행	2025년 07월 25일 (인쇄 2025년 05월 26일)
초 판 발 행	2014년 07월 24일 (인쇄 2014년 07월 24일)
발 행 인	박영일
책 임 편 집	이해욱
편 저	김영규
편 집 진 행	윤승일 · 유형곤
표지디자인	조혜령
편집디자인	김기화 · 장성복
발 행 처	(주)시대고시기획
출 판 등 록	제10-1521호
주 소	서울시 마포구 큰우물로 75 [도화동 538 성지 B/D] 9F
전 화	1600-3600
팩 스	02-701-8823
홈 페 이 지	www.sdedu.co.kr
I S B N	979-11-383-9363-8 (13350)
정 가	37,000원

※ 이 책은 저작권법의 보호를 받는 저작물이므로 동영상 제작 및 무단전재와 배포를 금합니다.
※ 잘못된 책은 구입하신 서점에서 바꾸어 드립니다.